WASSERZIEHER / WOHER?

WOHER?

Ableitendes Wörterbuch der deutschen Sprache

Von

Dr. ERNST WASSERZIEHER

Achtzehnte, durchgesehene Auflage,
besorgt von
WERNER BETZ

FERD. DÜMMLERS VERLAG · BONN

Dümmlerbuch 8301

WASSERZIEHERs

Bücher zur deutschen Sprachpflege

Die Brüder Grimm, Alexander und Wilhelm von Humboldt, Bopp, Brugsch und andere Größen auf sprachwissenschaftlichem Gebiet haben ihre unvergänglichen Schöpfungen dem Verlag Ferdinand Dümmler anvertraut. Getreu seiner über 165jährigen Überlieferung konnte er auch einem Wasserzieher – einem Quellenfinder – zur Volkstümlichkeit verhelfen, zu Nutz und Frommen aller echten Freunde unserer Muttersprache.

Woher? Ableitendes Wörterbuch der deutschen Sprache
18. Auflage (189. Tausend). 458 Seiten
(Dümmlerbuch 8301)

Hans und Grete. 2500 Vornamen erklärt
18., neubearbeitete und erweiterte Auflage (137. Tausend). 171 Seiten
(Dümmlerbuch 8305)

Schlechtes Deutsch
9. Auflage (34. Tausend). 78 Seiten
(Dümmlerbuch 8306)

Führer durch die deutsche Sprache
6. Auflage. (21. Tausend). 122 Seiten
(Dümmlerbuch 8307)

Weitere Dümmlerbücher auf Seite 460

ISBN 3-427-83018-7

Printed in Germany by Boss-Druck, Kleve

Inhalt

Aus dem Vorwort zur ersten Auflage

Wer sich erst einigermaßen eingelesen hat, der wird finden, daß die Lebensgeschichte eines Wortes oft so anziehend ist wie die eines Menschen; daß weite Blicke in längst vergangene Zeiten sich eröffnen, über die die Geschichte sonst schweigt; daß, wer die Entwicklung unserer Sprache kennt, damit auch einen Einblick in den Werdegang unserer Kultur tut; *Wortgeschichte* ist zugleich *Sach-* und *Kulturgeschichte*, Sprachgeschichte ist Menschheitsgeschichte.

Folgende *Grundsätze* waren bei der Einrichtung des Wörterbuches maßgebend: Auf das Stichwort folgen die mittel- und althochdeutschen Formen, also gewissermaßen die gerade aufsteigende Ahnenreihe: es sind die Formen, in denen das Wort unserer Altvordern vom 12.–15. und vom 8.–11. Jh. erklang, jedoch ist der Raumersparnis wegen die mh. Form meist weggelassen worden, wenn sie von der heutigen nicht abweicht. Sodann wird stets die gotische Sprachform gegeben, die die älteste germanische Lautform überhaupt darstellt; leider ist sie uns in vielen Fällen nicht erhalten. Es folgen in mehr oder weniger reichlicher Auswahl, je nach der Wichtigkeit des Wortes, die übrigen germanischen Sprachen, wobei aus praktischen Gründen das Englische (samt seinen älteren Sprachformen) besonders berücksichtigt ist; aber auch das Altnordische, Dänische, Schwedische, Niederländische finden sich vertreten. Geradezu stiefmütterlich behandeln die bekannten großen Wörterbücher das heutige *Plattdeutsch;* ich habe reichliche Proben davon gegeben, und zwar, was wohl keiner Begründung bedarf, in der Mundart des beliebten plattdeutschen Dichters, Fritz Reuters. Die älteren Zeiten dieser Mundart, das Mittel- und Altniederdeutsche, finden ebenfalls gelegentlich Berücksichtigung. So entsteht ein Lautbild unserer Sprache während eines Zeitraumes von mehr als einem Jahrtausend.

Bei dem *Erbgut*, also *den* Wörtern, die unser Volk schon besaß, als es noch als Glied des indogermanischen Urvolkes mit den jetzt getrennten Völkern zusammen wohnte, sind die urverwandten Sprachformen des Lateinischen und Griechischen, des Slawischen (und zwar meist in dessen ältester Form, dem Altbulgarischen) und des Indischen (Sanskrit) mitgeteilt und dabei stets betont worden, wo es sich um bloße wissenschaftliche Vermutungen (»Hypothesen«) handelt und wo man auf sicheren Ergebnissen fußt. Dieses uralte ererbte Sprachgut bildet freilich nur einen kleinen Teil unseres heutigen Bestandes, wenn man von den zahllosen später entstandenen Ableitungen und Zusammensetzungen absieht.

Eine wichtige Gruppe unseres Sprachschatzes ist das *Lehngut*, d. h. diejenigen Wörter, die schon in frühen Zeiten aus anderen Kultursprachen, namentlich aus dem Lateinischen und Griechischen, oft zugleich mit der

Sache, die sie bezeichneten, zu uns kamen und deren Form so gut eingedeutscht wurde, daß sie wie echt deutsche Wörter anmuten. Hierbei ist der Zeitpunkt ihres Eintritts angegeben, soweit das möglich war. In Betracht kommen da Ausdrücke der Kirche und Schule, des Obstbaus, der Gartenkunst, sowie vieles, was dazu diente, das einfache Leben der alten Deutschen zu verfeinern, z. B.: Kirche, Schule, schreiben, Tinte, Mauer, Wall, Straße, Spiegel, Kohl, Kirsche, Münze.

Besonderen Wert habe ich auf *die Verknüpfung des Verwandten*, das äußerlich oft nicht als zusammengehörig erscheint – auf die Verzahnung wie Goethe sagt – gelegt; überall, wo es irgend angeht, ist auf verwandte Wörter verwiesen, und so sind Zusammenhänge hergestellt, Brücken geschlagen worden, wodurch das sprachliche Verständnis und die sprachliche Einsicht mächtig gefördert werden. Glieder einer Wortfamilie sowie Wortfamilien untereinander sind verknüpft worden, und oft wird der Leser überrascht sein, wie weit sich die Verwandtschaft erstreckt: Was sonst zusammenhanglos für sich allein stand, gewissermaßen in der Luft schwebte, wird so als zusammengehörig erwiesen; ich bemerke, daß überall, wo sich keine Erklärung findet, eine solche eben mit den jetzigen Mitteln der Sprachwissenschaft nicht möglich ist.

Möchte das Wörterbuch zur tieferen Erkenntnis, zum innigeren Verständnis unserer Muttersprache das Seinige beitragen, möchte es die Liebe zu dem köstlichen Schatze, den wir in ihr besitzen, stärken und tiefer begründen, möchte endlich das Wort Goethes immer mehr zur Wahrheit werden:

»Menschen lernten wir kennen und Nationen, so laßt uns,
Unser eigenes Herz kennend, uns dessen erfreun.«

Bonn und *Halberstadt* 1917/18

Dr. Ernst Wasserzieher,
Oberlyzealdirektor a. D.

Aus dem Vorwort zur achten Auflage

Kurz vor dem Erscheinen der siebenten Auflage hat ein erlösender Tod dem bis zum äußersten unermüdlich tätigen, hochverdienten Schöpfer dieses Werkes die ewige Ruhe gegeben.

Auf Wunsch des Heimgegangenen hat der Herr Verleger mir die Neubearbeitung übertragen.

An sehr vielen Stellen sind die Angaben über den Ursprung erweitert, so manches »unerklärt« ist auf Grund der rüstig fortschreitenden Forschung nunmehr verschwunden.

Leer (Ostfriesland), im Frühjahr 1930 **Dr. P. Herthum**

Vorwort zur dreizehnten Auflage

Ein Wörterbuch kann nie fertig sein, weil die Sprache nie fertig ist. Das weiß niemand besser als der Bearbeiter eines Wörterbuches. Darum scheint die Klage geradezu ihren festen Platz im Wörterbuch-Vorwort zu haben. Kaspar Stieler schreibt (nach Scaliger): »Man lass' ein Wörterbuch nur den Verdammten schreiben. Dies' Angst wird wol der Kern von allen Martern bleiben.« Eberhard Gottlieb Graff klagt in der Vorrede seines Althochdeutschen Sprachschatzes: »Welche lange mühselige Arbeit hat dieses Werk mir auferlegt, welchem Gram und Kummer, welchen Kränkungen und Verletzungen mich ausgesetzt, welche Opfer von mir gefordert! Gesundheit, Besitz und Erwerb habe ich für dasselbe hingeben müssen; ja selbst der Fürsorge für die Meinigen hat es mich beraubt ...« Und bei Matthias Kramer heißt es in der Vorrede zu seinem Nieder-hochdeutschen Wörterbuche (Nürnberg 1719): »Wie wol die Lehrmeistere / welche GOtt besonders beruffen / und tüchtig gemacht hat / dergleichen schöne Bücher / vornemlich Wörter- / und Redarten-bücher / ans Licht zu bringen / und dadurch zum Kirchen- / und zum Staats-gebäu die Grundfesten zu legen / sich um das gemeine Wesen verdient machen; ob wol solche Männer / heut zu Tage / von der undanckbar- / und lieblosen Welt sehr schlechte Belohnung zu gewarten; ja verachtet / und in einen Winckel gestoßen werden.« Vielleicht können diese Sätze manche ihrer heutigen Nachfahren im Geiste trösten.

Wasserziehers Wörterbuch war schon bei seinem ersten Erscheinen im Jahre 1918 ein ausgesprochener Erfolg. Friedrich Kluge, gewiß einer der Zuständigsten, nannte damals das Buch seines Schülers Wasserzieher einen »sicheren Führer von gründlicher Sachkenntnis und Stoffbeherrschung«. Das Werk füllte offenbar wirklich eine Lücke aus. Selten erfährt man, auch heute noch in den Zeiten der »Demoskopie«, wer eigentlich zu den Lesern eines Buches gehört. Da mag ein Zeugnis wie dieses über Barlach interessant sein: »Nach sprachlichen Erörterungen, Untersuchungen über die Herkunft der Wörter, denen er (Barlach) sich gelegentlich gern hingab und wobei er seinen zuverlässigen Wasserzieher, stets griffbereit in der kleinen Handbücherei auf dem winzigen Schreibtisch, zu Rate zog, gerieten wir bald ins Persönliche« (P. Schurek, Begegnungen mit Ernst Barlach, 1946, S. 65). Wie viele tätige, mitarbeitende Leser der Wasserzieher von jeher gehabt hat, zeigt ein Blick in die Vorworte der früheren Auflagen. Ich möchte hoffen und wünschen, daß diese Anteilnahme auch in Zukunft erhalten bleibt, daß insbesondere auch viele Verbesserungs- und Vermehrungsvorschläge eingehen.

Mir kam es bei der Neubearbeitung vor allem darauf an, das Wörterbuch auf den gegenwärtigen Stand der Wortforschung zu bringen. Außerdem wurde die Zahl der Stichwörter vermehrt, auch die der Fremdwörter.

Manche etymologisch völlig durchsichtige Neubildungen sehr zeitgebundener Art wie etwa »Ami / amerikanische Zigarette« wurden nicht aufgenommen. Sonst aber wurde gegenüber Neubildungen, auch umgangssprachlicher Art, eher großzügig verfahren.

Was die einleitenden Listen angeht, so weiß jeder Kundige ja z. B., wie unsicher oft die Einteilung in indogermanisches Erbgut und germanisches Sprachgut ist; aber er weiß auch, wie heilsam der Zwang zu konkreteren Vorstellungen oft sein kann. Wer nicht mehr an eine einheitliche indogermanische Ursprache glaubt (s. z. B. N. S. Trubetzkoy, Gedanken über das Indogermanenproblem, *Acta Linguistica I*, 81, 1939), der wird unter urverwandten Wörtern und Wurzeln diejenigen verstehen, die zur Zeit der Bildung der indogermanischen Sprachfamilie von mehreren Gliedern übernommen wurden.

Herrn Prof. Dr. P. Herthum, der über zwanzig Jahre lang dem Wasserzieher seine Kraft gewidmet hat, und Herrn Dr. K. Linnartz habe ich für freundliches Mitlesen einer Korrektur zu danken.

Bonn, im März 1952 **Werner Betz**

Vorwort zur vierzehnten und fünfzehnten Auflage

In der großen Bestandsaufnahme unserer Welt, die im Schatten der atomaren Entwicklung mit um so größerem Eifer betrieben wird, spielen Wörterbücher ihre besondere Rolle. Dieses in seinen Anfängen nun über vier Jahrzehnte alte Wörterbuch möchte auf die Frage nach den Ursprüngen unserer Wörter, ihrer Entfaltung und ihrem heutigen Leben auch weiterhin eine mit der Entwicklung unserer Sprachkenntnis fortschreitende Antwort geben.

Der Bearbeiter dankt allen, die ihm Anregungen und Verbesserungsvorschläge zukommen ließen, und hofft zugleich, daß auch die neue Auflage zuweilen vom Etymon zum Logos führe, der mehr ist als das Wort: der lebendige Geist.

München/Auressio, März 1959/September 1961 **Werner Betz**

Vorwort zur sechzehnten bis achtzehnten Auflage

Über die Etymologie sind zwei mehr oder weniger populäre Mißverständnisse verbreitet, die einander diametral entgegengesetzt sind: das eine glaubt mit der Etymologie das Wesen zu fassen, mit der Etymologie des Wortes »Wesen« das Wesen des Wesens – das andere sieht in der Aufdeckung der Etymologie nur eine sehr veraltete Vergangenheit, eine nutzlose Rekonstruktion. Die Etymologie des Wortes »sein« ist so wenig das Wesen des Seins wie die Etymologie des Wortes »Gott« das Wesen Gottes ist: die Etymologie gibt jeweils nur einen zur Zeit der Namengebung gültig gewesenen Benennungsgesichtspunkt (der u. U. wesentlich sein kann, es aber keineswegs sein muß). Wer auf der anderen Seite im Etymon nur eine belanglose Reminiszenz zu sehen vermag, dem wird wohl jegliche Geschichte als mögliche Deuterin des Gegenwärtigen stumm bleiben. Daß der Benutzer den rechten Weg zwischen diesen beiden Extremen finde, auch dazu möchte das Wörterbuch in seiner neuen Bearbeitung wiederum beitragen.

Neu geordnet in stärkerem Maße wurde in der siebzehnten Auflage der einleitende Teil, die allgemeine Übersicht über den Wortschatz nach den verschiedensten Gesichtspunkten. Neu eingefügt wurden Kapitel über die Twensprache und die Umgangssprache.

Die achtzehnte, durchgesehene Auflage schließt sich weitgehend an die siebzehnte Auflage an.

Wolpadingen-Ennersbach,
Frühjahr 1974 **Werner Betz**

Abkürzungen

(vorwiegend sprachwissenschaftliche im vorliegenden Wörterbuch)

a. = an, aus
Abl. = Ableitung, abgel. = abgeleitet
ablg. = altbulgarisch, alt-, kirchenslawisch, älteste bekannte slawische Sprachstufe, wie unter den german. Spr. das Gotische
Abstr. = Abstraktum (Tugend, Not)
Adj. = Adjektiv, Eigenschaftswort
Adv. = Adverb, Umstandswort
ae. = altenglisch, s. ags.
afries. = altfriesisch
afz. = altfranzösisch (bis etwa 1500)
ags. = angelsächsisch (bis etwa 1100), auch altenglisch genannt, 1100–1500 mittelenglisch
ah. = althochdeutsch, bis etwa 1100
ai. aind. = altindisch, Sanskrit
Akk. = Akkusativ, 4. Fall
Akt. = Aktiv, Tätigkeitsform
altir. air. = altirisch
an. anord. = altnordisch, altisländisch, älteste Stufe d. Skandinavischen
and. = altniederdeutsch, altsächsisch, die älteste Stufe des heutigen Plattdeutsch
anfrk. = altniederfränkisch
apers. = altpersisch, altwestiranisch
ar. = arabisch
aram. = aramäisch
arm. = armenisch
Art. = Artikel, Geschlechtswort
as. = altsächsisch, s. and.
aslaw. = altslawisch, s. ablg.
awest. = awestisch, altostiranisch

Bed. = Bedeutung
Bed.-W. = Bedeutungswandel
Bew. = Bewirkungswort, Faktitivum, Kausativum, z. B. sengen, blenden, ätzen (von singen, blind, essen)
Bez. = Bezeichnung
bildl. = bildlich, übertragen
bulg. = bulgarisch

č = czechisch s. tschech.

d. = der, die, das, des, dem, den
dä. = dänisch
Dat. = Dativ, 3. Fall
dicht. = dichterisch
dtsch. = deutsch

e. = ein, eine, einer, eines
eng. = englisch
entl. = entlehnt
entspr. = entsprechend

f = Femininum, Substantiv oder Hauptwort weiblichen Geschlechts
F.N. = Familienname
fries. = friesisch
fz., bisweilen auch ausdrücklich nfz. = neufranzösisch, französisch, seit etwa 1600

gall. = gallisch
geb. = gebildet
Gen. = Genitiv, 2. Fall
germ. = germanisch, auch gemeingermanisch, d. h. gotisch, nordisch, deutsch, niederländisch, englisch
gew. = gewöhnlich
got. = gotisch, älteste erhaltene germanische Sprache
gr. = griechisch (altgriechisch)
gr.-lt. = griechisch-lateinisch. Wörter, die aus dem Gr. ins Lat. und von da in latinisierter Form zu uns gelangt sind
Grdb., Grbd. = Grundbedeutung

H., Herk. = Herkunft
hd. = hochdeutsch, schriftdeutsch i. Gegensatz z. d. Mundarten
hebr. = hebräisch
hess. = hessisch
hom. = homerisch

i. = in, im
Idg. = Indogermanen
idg. = indogermanisch
Imp. = Imperativ, Befehlsform
Inf. = Infinitiv
intr. = intransitiv »ziellos«
ir. = irisch
irrt. = irrtümlich
it. = italienisch

jem. = jemand
Jh. = Jahrhundert
jidd. = jiddisch, die seit dem 15. Jh. bezeugte, vom Mhd. ausgehende, um hebräische und slawische Elemente vermehrte Sprache der mittel- und osteuropäischen Juden

kelt. = keltisch, die Sprache der früheren Gallier (in Frankreich) u. Britannier (auf den britischen Inseln), vor Einwanderung der Germanen auch in Süd- u. Westdeutschland; noch heute in der Bretagne, in Wales, Irland u. Nordschottland

Kf. = Koseform, Kurzform
Komp. = Komparativ, 1. Steigerungsform

l(a)t. = lateinisch
latin. = latinisiert, ins Lat. übers., in lat. Form, z. B. Allodium, Ordalien, Alsatia (Elsaß), Carolus (Karl)
lautm. = lautmalend, schallnachahmend
Lb. = Lehnbedeutung, s. IV. c
Lbi. = Lehnbildung, s. IV.
lett. = lettisch
Lf. = Lehnformung, s. IV. a
lit. = litauisch
Lp. = Lehnprägung, s. IV. b
Lsch. = Lehnschöpfung, s. IV.
Lüs. = Lehnübersetzung, s. IV. a
Lüt. = Lehnübertragung, s. IV. a
Lw. = Lehnwort

m. = mit
m = Maskulinum, Hauptwort männlichen Geschlechts
M.-A. = Mittelalter
mag. = magyarisch
mak. = makedonisch
md. = mitteldeutsch (obersächs., thür., hess. Gebiet)
mgr. = mittelgriechisch
mh. = mittelhochdeutsch, Sprache unserer Vorfahren etwa 1100 bis 1350, erste Blütezeit der Literatur
mir. = mittelirisch
ml(a)t. = mittellateinisch, das Latein d. Mittelalters, bes. d. Kirche
mnd. = Mittelniederdeutsch, älteres Niederdeutsch
mndl. = mittelniederländisch
mu. = mundartlich, dialektisch

n. = nach
n = Neutrum, Hauptwort weder männl. noch weibl. Geschlechts
nd. = nieder- oder plattdeutsch
ndl. = niederländisch, holländisch
Nf. = Nebenform (Karre, Karren)
nh. = neuhochdeutsch, etwa seit 1350, wobei die Zeit bis etwa 1650 als ›frühneuhochdeutsch‹ noch einmal eine eigene Sprachepoche darstellt
nlat. = neulateinisch
nordd. = norddeutsch
npers. = neupersisch

oberd. = oberdeutsch, das Gebiet des Bayrischen und Alemannischen
od. o. = oder
ofr. = ostfriesisch
O.N. = Ortsname (auch Länder-, Gebirgs- u. Flußname)

Part. = Partizip, Mittelwort
Pass. = Passiv, Leideform d. Zeitworts
pers. = persisch
pl. = plattdeutsch, niederdeutsch
P.N. = Personenname
poln. = polnisch
port. ptg. = portugiesisch
Präp. = Präposition
prov. = provenzalisch, in Südostfrankreich gesprochen

rom. = romanisch, die Sprachen der Völker, die das Lat. jedes in seiner Art veränderten u. weiter entwickelten: Italiener, Spanier, Katalanier, Portugiesen, Franzosen, Provenzalen, Rhätoromanen (geringe Reste in einigen Alpentälern), Rumänen
rotw. = rotwelsch, Gaunersprache
Rückw. = Wanderung deutscher Wörter ins Romanische u. von da wieder zu uns

s. = siehe
Sa. = Sammelname, Kollektivum, z. B. Gewölk zu Wolke, Gesang zu singen, Genick zu Nacken
schriftd. = schriftdeutsch, Sprache der Literatur und der Gebildeten
Schriftspr. = Schriftsprache
schw. = schwedisch
serb. = serbisch
slaw. = slawisch, die Sprachen der Wenden (Sorben), Polen, Tschechen, Slowaken, Ukrainer, Russen, Serbokroaten u. Slowenen, Bulgaren usw.
sold. = soldatensprachlich
sp. = spanisch
splat. = spätlateinisch
Spr. = Sprache (Kanzleispr., Rechtsspr., Jägerspr.)
stud. = studentisch, Studentensprache
subst. = substantiviert, z. B. das Essen zu essen

tautol. = tautologisch
toch. = tocharisch; die seit 1904 in Handschriften aus Ostturkestan entdeckte indogerm. Sprache
tschech. = tschechisch
türk. = türkisch

u. = und
u. a. = und andere
u. ä. = und ähnliche

übh.	= überhaupt
übs.	= übersetzt
Übs.	= Übersetzung
übtr.	= übertragen, in übertr. Bedeutung, bildlich
umg.	= umgangssprachlich
Urspr.	= Ursprung, ursp. = ursprünglich
urv.	= urverwandt, d. h. Wurzeln der betreffenden Sprachen, die schon in idg. Urzeit zurückgehen
usw.	= und so weiter
v.	= von, vom
vb.	= Verbum
Verkl., Vkl.	= Verkleinerungswort, Diminutivum (Buch – Büchlein, Haus – Häuschen)
vgl.	= vergleiche
viell.	= vielleicht
vlat.	= vulgärlatein
volkset., VE.	= volksetymologisch
volkst.	= volkstümlich
W.	= Wort, Wörter
wal.	= walisisch
westmd.	= westmitteldeutsch
Wz.	= Wurzel, ursprüngl. Wortelement, von dem andere abgeleitet sind, z. B. *skel* spalten, dazu Schild, Scholle; *stigh* schreiten, dazu steigen, Stiege, Steig, steil usw.
z.	= zu
zgs.	= zusammengesetzt
Zs.	= Zusammensetzung
zus.	= zusammen
Zss.	= Zusammensetzungen
zsgz.	= zusammengezogen
z. T.	= zum Teil
Ztw.	= Zeitwort, Tätigkeitswort, Verbum
†	= veraltet
*	= ursprünglich (eigentlich); auch erschlossene (nicht überlieferte) Form
>	= wird zu
<	= entstanden aus
~	= ergänze das Stichwort

Abkürzungen

(allgemeinerer Art)

(vgl. auch B 22 und besonders das Kurzwortlexikon von E. Pfohl, Stuttgart 1934, sowie J. Greiser, Lexikon der Abkürzungen, 2. Aufl. Osnabrück 1955)

A

A (und O)	= erster und letzter Buchstabe des griech. Alphabets; in der Bedeutung: alles
A (Amp)	= Ampere. Einheit der Stromstärke
a. a. O.	= an angegebenem Orte
abgek.	= abgekürzt
Abk.	= Abkürzung
a. c.	= lat. *anni currentis*, laufenden Jahres
Acc.	= lat. *accepi*, ich habe empfangen, oder akzeptiert s. d.
a. Chr.	= lat. *ante Christum natum*, vor Christi Geburt
a. D.	= außer Dienst
a. D.	= lat. *anno Domini*, im Jahre des Herrn (Christus)
ADAC	= Allgemeiner Deutscher Automobil-Club
ADB	= Allgemeine Deutsche Biographie
ADN	= Allgemeiner Deutscher Nachrichtendienst (Ost-Berlin)
AG	= Aktiengesellschaft
a. G.	= als Gast
ad hoc	= lat. zu diesem Zweck
ad inf.	= lat. *ad infinitum*, bis ins Unendliche
ad lib.	= lat. *ad libitum*, nach Belieben
ad us(um)	= lat. zum Gebrauch
à j.	= fz. *à jour*, bis auf diesen Tag
à la	= fz. in der Art von
ante	= siehe: *a. Chr.*
a. o.	= außerordentlich
A.O.K.	= Allgemeine Ortskrankenkasse
AP	= *Associated Press*
a. St.	= Kalender alten Stils
ASTA	= Allgemeiner Studenten-Ausschuß
at.	= Atmosphäre
A.T.	= Altes Testament
Atgw.	= Atomgewicht

B

B.A.	= *Bachelor of arts*
BBC	= *British Broadcasting Corporation*
BDA	= Bund Deutscher Architekten
Benelux	= Belgien, Nederland, Luxemburg
bes.	= besonders
Bez.	= Bezeichnung
bez.	= 1. bezahlt; 2. bezüglich
BGB	= Bürgerliches Gesetzbuch
BIZ	= Bank für internationalen Zahlungsausgleich, Basel
BP	= Bayern-Partei
b(r). m.	= lat. *brevi manu*, kurzerhand
b. w.	= bitte wenden
bzw.	= beziehungsweise

C

C	= Celsius
ca.	= lat. *circa*, etwa
cand.	= lat. *candidatus*, Kandidat, s. d.
cbm	= lat. Kubikmeter
ccm	= Kubikzentimeter
CDU	= Christlich-Demokratische Union
cf(r)	= lat. *confer*, vergleiche
cg	= Zentigramm
cif	= engl. *cost, insurance, freight* d. h.: Kosten, Versicherung, Fracht
cl	= Zentiliter
cm	= Zentimeter
cm^2	= Quadratzentimeter
cm^3	= Kubikzentimeter
Co.	= Kompanie, Kaufmännische Gesellschaft
c(on)f	= siehe: *cf.*
cos	= lat. *cosinus*, Winkelfunktion
cr.	= lat. *currentis*, laufenden (Monats oder Jahres)
cresc.	= *crescendo*, it. wachsend
CSU	= Christlich-Soziale Union
c. t.	= lat. *cum tempore*, mit Zeit, d. h. 15 Min. später
CVJM	= Christlicher Verein junger Männer

D

D.	= dringend
d. Ä.	= der Ältere
DB	= Deutsche Bundesbahn
d. B.	= durch Boten
d. c.	= it. *da capo*, noch einmal, desgleichen
d. d.	= lat. *de dato* (vom Tage der Ausstellung)

dcm = Kubikdezimeter
del. = 1. lat. *delineavit*, er hat es gezeichnet; 2. lat. *deleatur*, es ist zu streichen
DER = Deutsches Reisebüro
DGB = Deutscher Gewerkschaftsbund
d. h. = das heißt
dm = Dezimeter
*dm*² = Quadratdezimeter
DM = Deutsche Mark
d. i. = das ist
Dipl. = Diplom
Diss. = lat. Dissertation
dito = it. dasselbe, ebenso
do. = it. *dito* s. d.
d. O. = der Obige
DP = Deutsche Partei
DP = *displaced person*
DPA = Deutsche Presse-Agentur
Dr. = Doktor
d. R.(es.) = der Reserve
DRGM = Deutsches Reichs-Gebrauchs-Muster
DRP = 1. Deutsches Reichspatent; 2. Deutsche Reichspost
dto. = dito
Dtzd. = Dutzend
d. u. = dauernd untauglich
Dz. = Doppelzentner
D-Zug = Durchgangszug

E

ebd. = ebenda
Ed. = lat. *Editio*, Ausgabe
ed. = lat. *edidit*, hat herausgegeben
e. G. = eingetragene Gesellschaft
e. h. = ehrenhalber
E. K. = Eisernes Kreuz
EKD = Evangelische Kirche Deutschlands
em. = *emeritus*, »ausgedient«
E.M.K. = Elektro-motorische Kraft
ERP = *European Recovery Program* (Europäisches Wiederaufbau-Programm)
Ers. = Ersatz
etc. = lat. *et cetera*, und so weiter (usw.)
ev. = evangelisch
e. V. = eingetragener Verein
evtl. = eventuell, etwa
Ew. = Euer, Eure
E-Zug = Eilzug

F

F = Fahrenheit
FD = Ferndurchgangszug
FDGB = Freier Deutscher Gewerkschaftsbund
FDJ = Freie Deutsche Jugend
FDP = Freie Demokratische Partei
FDT = Ferndurchgangs-Triebwagen
ff. = 1. folgende; 2. sehr fein; 3. *fortissimo*
fl. = Gulden (›Florin‹)
fm. = Festmeter
F. O. = Fundort
fob = *free on board*
Fol = Folio (Blatt, Buchformat)
f. s. = fz. *faire* (oder *faites) suivre*, Post nachsenden

G

geb. = geboren
gesch. = geschieden; geschichtlich
ggf. = gegebenenfalls
GI = *Government Issue* (von der Regierung zugeteilt, Bezeichnung für amerikanische Soldaten, da alle Ausrüstungsstücke den Stempel *GI* tragen)
GmbH = Gesellschaft mit beschränkter Haftung
grat. = gratis, umsonst

H

h = lat. *hora*, Stunde
ha = Hektar
habil. = habilitiert
h. c. = *honoris causa* (ehrenhalber)
hg(g). = herausgegeben
hl = Hektoliter; heilig
Hldr. = gebunden in Halbleder
Hlw. = gebunden in Halbleinwand
H. P. = Haltepunkt (Bahn)
h. p. = *horse-power*, Pferdestärke

I

i. A. = im Auftrage
ib. = lat. *ibidem*, ebendaselbst
id. = lat. *idem*, derselbe, dasselbe
i. e. = lat. *id est*, das ist
IHS = Jesus, lat.-griech. I, H (großes gr. ä)
i. J. = im Jahre
incl. = *inclusive*
I.N.D. = lat. *In nomine Dei*, Im Namen Gottes
Ing. = Ingenieur
I.N.R.I. = lat. *Jesus Nazarenus Rex Judaeorum*, Jesus aus Nazareth, König der Juden (Mark. 15, 26)
i. R. = im Ruhestande
I. R. = lat. *Imperator Rex*, Kaiser und König
I.R.O. = *International Reconstruction Organization*
it. = lat. *item*, ebenso
iur. = lat. *iuris*, des Rechtes
i. V. = in Vertretung

J

Jg. = Jahrgang
Jh., Jdt. = Jahrhundert
Joh. = Johannes-Evangelium
jr. = lat. *junior*, der Jüngere
jun. = lat. *junior*, der Jüngere

K

kath. = katholisch
kg = Kilogramm
kg/m = Kilogramm-Meter
KHz = Kilohertz
k. o. = *knock out*
Kominform = Kommunistisches Informationsbüro
Komintern = Kommunistische Internationale
konf. = konfirmiert
KPD = Kommunistische Partei Deutschlands
Kr. = Krone
kr. = Kreuzer
Krad = Kraftrad
Kripo = Kriminal-Polizei
k.(u.)k. = kaiserlich und königlich (österreichisch)
kv = kriegsdienstverwendungsfähig
kw = Kilowatt

L

l. c. = lat. *loco citato*, am angeführten Ort
LDP = Liberal-Demokratische Partei
lib. = lat. *liber*, Buch
Lic. = Lizentiat, lat. *licentia* = Freiheit (zum Dozieren)
LKW = Lastkraftwagen
l. M. = laufenden Monats
loc. = siehe: *l. c.*
log. = Logarithmus, griech. *logarithmos* = Verhältniszahl
L. S. = lat. *loco sigilli*, am Ort des Siegels, anstatt des Siegels
Luc., Luk. = Lukas-Evangelium
L-Zug = Luxuszug

M

M.A. = Mittelalter
Mag. = lat. *Magister*
maj. = lat. *major* oder *maior*, der Größere
Marc., Mark. = Markus-Evangelium
Matth. = Matthäus-Evangelium
M.d.B. = Mitglied des Bundestages
M.d.L. = Mitglied des Landtages
m.E. = meines Erachtens
med. = lat. *medicinae*, der Medizin
M.E.Z. = Mitteleuropäische Zeit
mg = Milligramm
min. = lat. *minus*, weniger; Minute
m.p. = lat. *manu propria*, eigenhändig

N

NATO = *North Atlantic Treaty Organization*
n.b., *N.B.* = lat. *nota bene*, merke wohl
n. Br. = nördliche Breite
n.Chr. = nach Christi Geburt
ndr. = nieder-
N.N. = 1. Normalnullpunkt, 2. lat. *nomen nescio*, den Namen weiß ich nicht
NO = Nordost
ns. = nationalsozialistisch
NS = Nachschrift
n. St. = (Kalender) neuen Stils = Gregorianischer Kalender
N.T. = Neues Testament
NW = Nordwesten
NWDR = Nordwestdeutscher Rundfunk

O

O = Osten
o.B. = ohne Befund, ohne Beruf
OdF. = Opfer des Faschismus
O.E.Z. = Osteuropäische Zeit
O. F M. = Franziskanerorden
OHG = offene Handelsgesellschaft
o.J. = ohne Jahr
ö.L. = östlicher Länge
OP = Operationssaal
O. P. = Dominikanerorden
op. = lat. *opus*, Werk
O.S.B. = Benediktinerorden
östl. = östlich

P

pa. = lat. *prima*
p. a. = lat. *per adresse*, an die Anschrift von
pag. = lat. *pagina*, Seite
Pen-Club = *International Club of Poets, Playwriters, Editors, Essayists and Novelists*
p. f. = fz. *pour féliciter*
p. f. v. = fz. *pour faire visite*
phil. = lat. *philosophiae*, der Philosophie s. d.
p.m. = lat. *pro mille*, für 1000
PP. = lat. *Patres*, Mehrzahl von Pater, Ordensgeistlicher
P.P. = lat. *praemissis praemittendis*, nach Vorausschickung des Vorauszuschickenden, d. h. der Anrede
p.p., *ppa.* = lat. *per procura* s. d.
p.p.c. = fz. *pour prendre congé*, um Abschied zu nehmen

prot. = protestantisch
pr. pa. = lat. *per procura*
P.S. = lat. *post scriptum*, Nachgeschriebenes
Ps. = Psalm
PS = Pferdestärke
P.T. = lat. *praemisso titulo*, dasselbe wie *P.P.*

Q

qcm = *q* als Abkürzung von Quadrat in Maßen, jetzt abgekürzt durch hochgestellte 2, z. B. cm^2
q.e.d. = lat. *quod erat demonstrandum*, was zu beweisen war

R

RAF = *Royal Air Force*
rel. = religiös
rer. nat. = lat. *rerum naturalium*, der Dinge der Natur
rer. oec. = lat. *rerum oeconomiae*, der Dinge der Hausverwaltung, siehe: Ökonom
rer. pol. = lat. *rerum politicarum*, der Dinge des Staatswesens
rer. techn. = lat. *rerum technicarum*, der Dinge der Technik
resp. = lat. *respective*, dass. wie bzw.
Rev. = engl. *reverend*, ehrwürdig, Titel eines Geistlichen
RIAS = Rundfunk im amerikanischen Sektor (Berlins)
R.I.P. = lat. *requiescat in pace*, er ruhe in Frieden
RM = Reichsmark
rm = Raummeter
R.P. = fz. *Réponse payée*, Antwort bezahlt
R.P.x = siehe: R.P. und x (als Bezeichnung der Geldsumme)

S

s. = siehe
S. = Seite
Sa. = lat. *summa*, Summe
s.a. = lat. *sine anno*, ohne Jahr
s.Br. = südliche Breite
S.C. = Senioren-Convent
sc. = 1. lat. *scilicet*, nämlich; d. h. ergänzend
2. lat. *sculpsit*, hat (den Kupferstich) gestochen
Schupo = Schutzpolizei
SED = Sozialistische Einheitspartei Deutschlands
s.e.e.o. = lat. *salvo errore et omissione* (Irrtum und Auslassung vorbehalten)
sen. = lat. *senior*, der ältere
sig. = lat. *sigillum*, Siegel
sin. = lat. *Sinus*
sm. = Seemeile
s. o. = siehe oben
SO = Südost
Soc. = fz. *Société;* siehe: sozial
SOS = Not-Morsezeichen: ...———..., gedeutet als engl. *save our souls*, rettet unsere Seelen
SPD = Sozialdemokratische Partei Deutschlands
SS oder S.S. = Sommer-Semester
SSV = Südschleswigscher Verband
St., st. = Sankt, lat. *sanctus*, heilig
s.t. = lat. *sine tempore*, ohne Zeit, d. h. pünktlich
Stagma = Staatlich genehmigte Gesellschaft zur Verwertung musikalischer Aufführungsrechte
StGB = Strafgesetzbuch
stud. = lat. *studiosus*, Lernender
SW = Südwest

T

tab. = lat. *tabula*, Tafel
tang. = lat. *tangens*, berührend
Tb(c) = Tuberkulose
tg. = siehe: *tang.*
theol. = lat. *theologiae*, der Theologie
tit. = lat. *titulus*, Überschrift
Tom. = lat. *tomus*, Band

U

u oder u. = und
u. a. = und andere
u. ä. = und ähnliche
u.a.m. = und andere(s) mehr
u.A.w.g. = um Antwort wird gebeten
u.A.z.n. = um Abschied zu nehmen
u. dgl. = und dergleichen
UdSSR = Union der sozialistischen Sowjet-Republiken
UKW = Ultrakurzwelle
u.M. = unterm Meeresspiegel
UNESCO = *United Nations Educational, Scientific and Cultural Organization*
UNO = *United Nations Organization*
UP = *United Press*
urk. = urkundlich
USA = *United States of America*, Vereinigte Staaten von Nordamerika
u.s.f. = und so fort
usw., u.s.w. = und so weiter
u.v.a. = und vieles andere

V

V = Volt
VA = Voltampère

v. Chr. = vor Christi Geburt
vgl. = vergleiche
v.g.u. = vorgelesen, genehmigt, unterschrieben
vid. = lat. *videatur*, man sehe
V.P. = Versuchsperson
Vulg. = Vulgata
v.v. = *vice versa*, umgekehrt

W

W.C. = Wasserklosett
wdh. = wiederhole
WE = Wärme-Einheit
WEZ = Westeuropäische Zeit
WS, W.S. = Winter-Semester
w.z.b.w. = wie zu beweisen war

Y

YMCA = *Young Men's Christian Association*

Z

z.B. = zum Beispiel
z.D. = zur Disposition
z.H., z.Hd. = zu Händen
ZPO = Zivilprozeßordnung
z. S. = zur See
z.T. = zum Teil
z.Z., z.Zt. = zur Zeit

Benutzte Wörterbücher und sonstige Werke

Deutsch

K. v. Amira: Germ. Recht (1913, 4. Aufl. 1960). [Der Sprach-] *Brockhaus.* 6. Aufl. (1951). *Crecelius:* Oberhessisches Wörterbuch (1897/99). *ten Doornkaat-Koolman:* Wtbch. der ostfries. Spr. 1879/84. *Fr. Dornseiff,* Der deutsche Wortschatz nach Sprachgruppen (1934, 5. Aufl. 1959). Der Große *Duden,* 14. Aufl. Mannheim, hgg. v. *P. Grebe* (1954), 15. Aufl. Leipzig, hgg. v. *H. Klien* (1959); vgl. dazu W. *Betz,* Der zweigeteilte Duden, in: Der Deutschunterricht 5/1960. *Fr. Eberhardt,* Militärisches Wörterbuch (1940). *Sigm. Feist:* Etymolog. Wtbch. der gotischen Sprache (1939 ff. 3. Aufl.). *H. Fischer* u. *W. Pfleiderer:* Schwäbisches Wtbch. (1904 ff.). *Alfr. Götze:* Frühneuhochdeutsches Glossar (1930). *Graff:* Althochd. Sprachschatz (1834–1842). *Jac.* u. *Wilh. Grimm:* Deutsches Wtbch. (1854–1961). *L. Hertel:* Thüringer Sprachschatz 1895. *M. Heyne:* Deutsches Wtbch. (1905/06). *Kluge-Götze-Mitzka:* Etymologisches Wtbch. der deutschen Sprache, 19. Aufl. 1963. *Lexer:* Mittelhochd. Handwtbch. (1872–1876). *Littmann:* Morgenländ. Wörter im Deutschen, 2. Aufl. 1924. *R. Loewe:* Deutsches etymolog. Wtbch. (Sammlung Göschen, 1930). *Lokotsch:* Etymolog. Wtbch. der europäischen (germ., roman. u. slaw.) Wörter oriental. Ursprungs (1927). Ders.: Etymolog. Wörterbuch der amerikan. (indian.) Wörter im Deutschen (1926). *Mensing:* Schleswig-Holstein. Wtbch. (1927 ff.). *Müller-Zarncke:* Mittelhochd. Wtbch. (1854 ff.). *H. Paul:* Deutsches Wtbch. 5. Aufl. v. W. Betz (1957 ff.). *O. Sarrazin:* Verdeutschungs-Wtbch. (1918). *Schade:* Altdeutsches Wtbch. (1882 ff.). *Schiller* u. *Lübben:* Mittelniederd. Wtbch. (1875 ff.). *Schirmer:* Wörterb. der deutschen Kaufmannssprache (1911). *Schmeller:* Bayer. Wtbch. (1827–37, 2. Aufl. 1872–77). *Hans Schulz:* Deutsches Fremdwörterbuch, I, 1913. II. 1926–42 (L–P) Sch.-Basler. *H. Suolahti:* Die deutschen Vogelnamen (1909). *Trübners* Deutsches Wörterbuch, hgg. von *Götze-Mitzka,* (1939/56). *Vilmar:* Idiotikon v. Kurhessen (1868). *Weigand:* Deutsches Wtbch., 5. Aufl., bearb. v. K. v. Bahder, Herm. Hirt u. Karl Kant (1909/10). *Woeste-Nörrenberg:* Wtbch. der westfäl. Mundart (1930).

K. G. Andresen: Über deutsche Volksetymologie (1919). *Behaghel:* Die deutsche Sprache (9. Aufl. 1953). *K. Bergmann:* Im Spiegel der Sprache (1929). *Bruckner:* Die Sprache der Langobarden (1895). *Büchmann:* Geflügelte Worte. *Berth. Delbrück:* Einl. in das Studium der indogerman. Sprachen (1919). *H. Delbrück:* Geschichte der Kriegskunst (1920 ff.). *Eitzen:* Der Irrgarten der Sprachen (1929). *Theodor Frings: Germania Romana* (1932). *Gamillscheg: Romania Germanica* (I–III 1934–36). Ed. *Hermann:* Sprachwissenschaftlicher Kommentar zu ... Homer (1914). Ders.: Die Sprachwissenschaft in der Schule (1923). *J. Hoops:* Reallexikon der germ. Altertumskunde (1911 ff.). *Karsten:* German.-finnische Lehnwortstudien (1915). *Fr. Kauffmann:* Deutsche Altertumskunde (1913 ff.). *P. Kretschmer:* Einleitung in d. Geschichte der griech. Sprache (1896); ders.: Wortgeographie d. hochd. Umgangssprache (1918). *Lamer:* Wtbch. der Antike (1933). *M. J. van der Meer:* Histor. Grammatik der niederländ. Sprache (1927). *O. Meisinger:* Vergleichende Wortkunde (1932). *Meyer-Lübke:* Einf. in d. Studium d. roman. Sprachwissenschaft (3. Aufl. 1920). *R. Much:* Deutsche Stammeskunde (1920). *G. Neckel:* Kulturkunde der Germanen (1934); *ders.:* Altgerm. Kultur (1934). ders.: Germanen und Kelten (1929). *H. Paul:* Prinzipien der Sprachgeschichte. 5. Aufl. (1920). *Reallexikon* der Vorgeschichte, hgg. v. *Max Ebert* (1924 ff.). *Sieg* u. *Siegling:* Tocharische Grammatik (1931). *O. Schrader:* Sprachvergleichung u. Urgeschichte (1907); *ders.* u. *Nehring:* Reallexikon d. indogerm. Altertumskunde (1917 ff.). *Fr. Seiler:* Die Entwicklung der deutschen Kultur im Spiegel des deutschen Lehnworts (1905 ff.). *J. Sofer:* Lateinisches u. Romanisches aus d. *Etymologicae* des Isidorus v. Sevilla (1930). *Herm. Usener:* Götternamen (1896). *de Vries:* Altgerman. Religionsgeschichte (1935/37, 2. Aufl. 1956/57).

Zeitschriften, u. a.: *Muttersprache,* 1886–1944, Zeitschrift des Allgem. deutschen Sprachvereins (dazu die »Wissenschaftlichen Beihefte«). 1949 ff. hgg. im Auftrage der Gesellschaft für Deutsche Sprache. *Zeitschrift für deutsche Sprache* (Fortführung der *Zeitschrift für Deutsche Wortforschung,* begr. v. Friedr. Kluge), Neue Folge (Bd. 16 ff.), hgg. v. *W. Betz* (1960 ff.).

Andere germanische Sprachen

Niederländisch. *J. Franck: Etymologisch Woordenboek der nederlandsche Taal* (1912). Supplement v. C. B. van Haeringen (1936).

Skandinavisch. *Falk* u. *Torp:* Norwegisches-dän. etymol. Wtbch., Deutsche Ausg. (1910 ff.). *F. Holthausen:* Wtbch. d. Altwestnordischen (1948). *A. Johannesson:* Isländ. etymol. Wtbch.

(1951/56). *J. de Vries:* Altnord. etymol. Wtbch. (1957 ff.). *E. Hellquist: Svensk etymologisk Ordbok* (3. Aufl. 1948).

Englisch. *Murray: A new English Dictionary* (1888 ff.), ferner: *Muret-Sanders* (1908). *Holthausen:* Etymolog. Wtbch. der engl. Sprache (1927), *ders.:* Altengl. etymolog. Wtbch. (1932–1934). *P. F. Ganz:* Der Einfluß des Englischen auf den deutschen Wortschatz 1640–1815 (1957).

Weitere Sprachen

Romanisch. Grundriß der roman. Philologie (hgg. v. *G. Gröber). Fr. Diez:* Wtbch. der roman. Sprachen (1887). *Meyer-Lübke:* Romanisches etymologisches Wörterbuch (3. Aufl. 1935).

Provenzalisch. *E. Levy:* Provenzalisches Supplement-Wtbch. (1894 ff.) zu *Raynouard: Lexique Roman* (1838 ff.). *E. Mackel:* Die german. Elemente in d. französ. u. provenzal. Sprache (1887). *F. Mistral: Dictionnaire Provençal-Français* (1932).

Italienisch. *B. Migliorini – A. Duro: Prontuario Etimologico della lingua Italiana* (1950). *D. Olivieri: Dizionario Etimologico Italiano* (1953). *G. Alessio u. C. Battisti: Dizionario etim. Italiano* (1950/57).

Spanisch. *Diccionario de la lengua española* (Madrid 1925). *V. Gracia de Diego: Diccionario Etimológico Español e Hispanico* (1954).

Portugiesisch. *A. Nascentes: Dicionário Etimológico da Lingua Portuguesa* (1932).

Französisch. *Sachs-Villatte:* Wtbch. *Gamillscheg:* Etymolog. Wtbch. der franz. Spr. (1928). *Littré: Dictionnaire de la langue française* (1863 ff.). *Bloch* (u. *v. Wartburg)* : *Diction. étymologique de la langue française* (1932, 1960[3]). *W. v. Wartburg:* Französ. etymolog. Wörterbuch (1928 ff.).

Slawisch. *Berneker:* Slawisches etymolog. Wtbch. (1908 ff.). *R. Trautmann:* Baltisch-slaw. Wörterbuch (1923). *M. Vasmer:* Russ. etym. Wtbch. (1950/57).

Griechisch. *O. Hoffmann:* Die Makedonen, ihre Sprache und ihr Volkstum (1906). *Prellwitz:* Etymolog. Wtbch. der griech. Spr. (1905). *Boisacq: Diction. étymologique de la langue grecque* (4. Aufl. 1950). *Hj. Frisk:* Griech. etymol. Wtbch. (1956 ff.).

Lateinisch. *Du Cange: Glossarium mediae et infimae Latinitatis,* neu hgg. v. Favre (1883–88). *A. Walde:* Latein. Etymolog. Wtbch., 3. Aufl. *Walde-Hofmann* 1938/54.

Indogermanisch. *Walde-Pokorny:* Vergleichendes Wtbch. der indogerm. Sprachen (1927/32). *J. Pokorny:* Idg. etym. Wtbch. (1951 ff.).

Namenbücher

A. Bähnisch: Die deutschen Personennamen (1920). *Brechenmacher:* Deutsches Namenbuch (1928). *Buck:* Oberdeutsches Flurnamenbuch (1931). *Förstemann:* I. Personennamen (1900), II. Ortsnamen usw., hgg. v. Jellinghaus (1913). *Otto Goebel:* Niederdeutsche Familiennamen der Gegenwart (1936). *Heintze-Cascorbi:* Die deutschen Familiennamen (1933). *A. Socin:* Mittelhochd. Namenbuch (1903). *Gottschald:* Deutsche Namenkunde (1932). *K. Linnartz:* Unsere Familiennamen (I. II. 3. Aufl. 1958). *Schönfeld:* Wtbch. der altgerm. Personen- u. Völkernamen (1911). *Edward Schröder:* Die deutschen Personennamen (1907). *J. J. Egli: Nomina geographica,* 2. Aufl. 1893. *G. Werle:* Die ältesten germ. Personennamen (1910).

EINLEITENDER TEIL

Gliederung des Wortschatzes

A

I. Ererbtes

Unter Ererbtem verstehen wir die Wörter (oder Wurzeln), die unsere Vorfahren schon besaßen, als sie noch, vereinigt mit anderen indogermanischen Völkern in der Urheimat[1] (Südost- oder Ostmitteleuropa?) zusammen wohnten; es sind meist die Ausdrücke für das Nächstliegende, das sinnlich Wahrnehmbare. Körperteile, Haustiere, eine Anzahl wilder Tiere, einige Waldbäume, Verwandtschaftsnamen, ein kleiner Kreis von Zahlen (1–10, 100, jedoch nicht 1000), die einfachsten Lebensäußerungen, Tätigkeiten und Eigenschaften, wie: gehen, stehen, decken (den Körper mit Kleidung und die Hütte mit einem Dach), süß, voll, dürr, nackt; die wichtigsten Bezeichnungen in Viehzucht und Ackerbau. Kaum dürfte es ein Wort geben (außer den paar Zahlen von 1–10), das in allen Sprachen bewahrt geblieben wäre; bald sind es indisch, persisch und griechisch, bald griechisch, lateinisch und deutsch, bald deutsch, slawisch und keltisch, bald auch andere, aus mehr oder weniger als drei Sprachen herrührende Gruppen. Je mehr Parallelformen, um so wahrscheinlicher die Herkunft aus indogermanischer Urzeit.

Je weiter zurück die Zeit liegt, um so mehr ist man auf Vermutungen angewiesen, darum müssen auch Hypothesen gewagt werden, denn scheinbar weit Auseinanderliegendes ist oft nahe verwandt. Ohne solche tastenden, unsicheren Annahmen würde die Sprachforschung überhaupt keine Fortschritte machen; die spätere, glücklichere Forschung wird manches Angenommene als unhaltbar erweisen und Sicheres an seine Stelle setzen; manches wird wohl nie befriedigend erklärt werden.

Im Verlauf nun der weiteren Entwicklung der indogermanischen Völker verloren die Germanen einerseits manche alte Wurzel, andererseits bildeten sie, den Verlust zu decken, neue Stämme. Was jene betrifft, so genügt es, *po-* (trinken) und *do-* (geben) anzuführen, die beide in anderen indogermanischen Sprachen, z. B. dem Lateinischen und Griechischen, reich entwickelt erscheinen. Während von diesen Wurzeln keine Spur mehr bei uns erhalten ist (wenn je vorhanden), lassen sich von anderen solche noch verfolgen. Was ist z. B. Acker ursprünglich anderes, als der Ort, wohin das Vieh ge-

---

[1] Vgl. dazu W. Wißmann, Der Name der Buche, 1952;
P. Thieme, Die Heimat der idg. Gemeinsprache, 1954.

trieben wurde? Noch im vorigen Jahrhundert wird diese Bedeutung in der Schweiz bezeugt. Wie sich aber treiben zu Trift verhält, so lateinisch *agere* zu *ager*, griechisch *agrós*, deutsch Acker; darin darf man zugleich wohl eine Stütze für die Annahme sehen, daß die Indogermanen ursprünglich eher ein viehzuchttreibendes als ackerbauendes Volk waren; Acker = Weideland nahm dann allmählich mit fortschreitendem Kulturwandel den Sinn »bebautes Feld« an.

a, -ach (Endung), Aar, Aas, ab, aber, Achse, Achsel, acht, Acht (ächten), achten, Acker, Ader, Ahle, Ahn, ahnden, ahnen, Ahorn, Ähre, all, Alp, alt, an, ander, Angel, Angst, ant-, Apfel(?), Arm, arm, Arsch, Art, Asche, Ast, Atem, auch, Aue (s. -a, -ach), Auer(-ochs, -hahn), auf, Auge, aus, Axt, Backe, backen, Bad, Bahre, Balg, Balken, Ball (Kugel), Bann, bar, -bar (fruchtbar u. a.), Bär, Barre, Barren, Barsch, barsch, Bart, Barte, Base(?), Bast(?), bauen, Bauch, beben, bei, beide, Beil, beißen, bellen, Berg, bersten, Beule, bewegen, Biber, biegen, Biene, bieten, billig(?), binden, Birke, bitten, bitter, blähen, blasen, Blatt, blau, bleiben, bleichen, bleuen, Blick, blind, Blitz, blöde(?), blühen, Blüte, Blume, Bock, Boden, Bohle, Bohne, bohnen, bohren, Borke(?), braten, brauchen, Braue, brauen, braun, brechen, Brei, Bremse, brodeln, Brodem, Bruder, brummen, Brunnen(?), Buche, Bude, Bug, Bühne(?), Bulle (Stier), Dach, Dachs, dämmern, Dampf(?), Darm, Darre, Daumen, decken, Degen (Kriegsmann), dehnen, Deichsel, dein, denken, dicht, dick, Diele, Ding, Dohne, Dolde, Donner, Dorn, dörren, drechseln, Dreck, drehen, drei, dreschen, dringen, drohen, Drohne, dröhnen, Drossel, du, dulden, dumm, Düne, Dung, dünn, Dunst, dürr, Durst, Eber, Ecke, Ecker, Egge, Ehe, ehern, Ehre, Ei, Eibe, Eiche, eichen, Eid, eigen, eilen, ein, Eiter, Elch, elf, Elle, emsig, Ende, eng, Enkel (Fußknöchel), Enkel (Kindeskind), ent-, Ente, er, Erbe, Erbse, Erde, Erle, Ernst(?), Erz, es, Esche, Espe, Esse, essen, euch, euer, Euter, ewig, Fach, Faden, fahl, Fahne, fahren, fallen, Falte, Falter, Farn, Färse, faul, Faust, fechten, Feder, feil, Feim (abgefeimt), Feind, feist, Feld, Fell, Felsen, Fenn, Ferkel, fern, Ferse, feucht, Feuer, Fichte, Filz, finden, finster, First, Fisch, flach (= blach), Flachs, Fladen, flechten, flehen, fliehen, fliegen, fließen, Flinte, fluchen, Flunder, Flur, Flut, Fohlen (Füllen), Föhre, Förde (Furt), Forelle, forschen, fragen, Frau, frech, frei, Freund, Friede, frieren, frisch, froh, fromm, Frosch, früh, Fuchs, fügen, fühlen, führen, fünf, für, Furche, Fürst, Furt, Fuß, Futter, Gabel, gähnen, Galgen, Galle, Gans, Garbe, gären, Garn, garstig, Garten, Gast, Gaumen, ge-, gebären, gedeihen, Geier, geil, Geisel, Geiß, Geist, Geiz, gelb, Gelenk, gelten(?), gemein, genesen, genießen, genug, Ger, gern, Gerste, Gerte, geschehen, gestern, gewinnen, Giebel, Gier, gießen, Gilde(?), gleich, Gleis, Glied, glimmen, glühen, Gold, gönnen(?), graben, gram, Granne, Gras, Grat, grau, greifen, Grimm, Gruß, Grütze, gürten, Haar, haben, Hader (Streit), Hader (Lumpen), Hafen(?), -haft, Hag, Hagel, Häher, Hahn, Halle, Halm, Hals, halten, Hamen, Hammer, Hand, hängen, Harke, Harm, Harn, hart, haschen, Hase, Hasel, Haß, Haube, hauen, Haufen, Haupt, Haut, heben, Heer, hehlen, hehr, heil, heim, heischen, heiß, heiter, helfen, hell, Helm, Hemd, herb, Herbst, Herde, Hermelin, Herz, Heu, hier, Himmel(?), Hinde, hinken, Hirn, Hirsch, Hirse(?), hoch, Höcker, Hof, hoffen, hohl, Hohn, holen, Hölle(?), Holm, Holz, Honig, hören, Horn, Hornisse, Hort, Huf, Hufe, Hüfte, Huhn, Humpen, Hund, hundert, Hunger, hüpfen(?), Hürde, Hut, ich, ihn, ihr, Igel, Imker, Imme, in, irre, ja, jagen(?), Jahr, Jammer, jäten, je, Joch, jung, Käfer, Kalb, kalt, kauen, keck, Kehle, kehren (fegen), kennen, kerben, Kern, Keule, Kiefer (Kinnbacken), kiesen (küren, Kur), Kind, Kinn, Kitt, Klafter, Klage, Klaue, kleben, Klei, Kleie, Klette, Kloß, Knabe, Knäuel, Knecht(?), kneten, Knie, Knoten, Köder, Kohle(?), Kolben, kommen, können, Korn, kosten (schmecken), Kot, Kragen, Kranich, Kraut(?), Kring, Kropf, Kröte, Krume, krumm(?), Kuh, kühn, Lache(?), lachen, Lachs, Laden, laden (aufladen), lahm, Laib, Laich, Land, lang, Lappen, lassen, Laster, laß (lästig), Latte, lau, Laub, Laube, Lauge, Laus, lauschen, laut, lauter, Leben, Leber, lecken, Leder, legen, Lehen, Lehm (Leim), lehren, Leib, leicht, leihen, Leim (Lehm), Lein, Leine, leise, leisten, leiten, Leiter, Lende, lenken(?), Lenz, lernen, lesen, Leumund, Leute, Licht, lieb, liederlich, liegen, lind, Linde, link, Lippe, List, Lob, Loch, Locke, locken, Loden, Löffel, Loh, Lohe (Glut), Lohn, los, Lot, Luchs, lügen, Lunge, lungern, Lust, Luv, machen, Made, Magd, Magen, mager, mähen, Mahl (Mal), mahlen, Mähne, mahnen, Mahr, Mähre, Maid, Mal, (zer-) malmen, Malz, manch, mangeln, Mann (man), Mark (Grenze), Mark (im Knochen), Masche, Mast (am Schiff), Mast (Futter), Matte (Wiese), Maus, Meer, Mehl, mehr, mein, Meineid, meinen, Meise, melken, Menge, mengen, messen, Messer, Met, Metze, meucheln, Mieder, Miete, Milbe, Milch, mild, Milz, minder, Minne, missen, Mist, Mistel(?), mit, Mitte, Moder, mögen, Mohn, Möhre, Monat, Mond, Moor, Moos, Mord, Morgen, Motte, Mücke, Mühe, Muhme, Mund, munter, mürbe, Mus, Mut, Mutter, Nabe, Nabel, Nachen, Nacht, Nacken, nackt, Nagel, nagen, nah, nähen, nähren, Name, Narbe, Nase, naß, Natter, Nebel, Neffe, nehmen(?), Neid, neigen, nein, nennen, Nessel, Nest, Netz, neue, neun, nieder, Niere, niesen(?), Nixe, Nord(?), Not, nun, Nüster(?), Nuß, Nutzen, ob (oben, ober), Ochse, öde, Ofen, Oheim, ohne, Ohr, Osten, Ostern, Otter (Fisch-), Polster, Qual, Quappe, quarren, Quaste, Queck(silber), Quecke, Quelle, quer, Quirl, Rabe, Rachen, rächen, Rad, ragen, Rahm(?), Rahmen, Rain, Rams (Zwiebel, Lauch), Rand, rasch, rasen, rasseln, Rast, raten, Ratte, Raub, Rauch, Räude, raufen, rauh, Raum, raunen, Raupe, rauschen, räuspern, Rebe, Reb(huhn), Rechen, rechnen, recht, Recke, recken, Rede(?), Regen, Reh, reichen, Reihe, Reim, rein, reiten, renken, retten, Riegel, Riemen, Riese, Riff, Rind, Rinde, Ring, rinnen, Rippe, röcheln, Rogen, Roggen, roh, Roß, Rost, rot, Rotz, Rübe, Rücken, Ruder, Ruhe, Ruhm, rümpfen, Runzel, Rüssel, rüsten(?), Rute, Saal, säen, Saft(?), Säge, sagen, Sahne(?), Saite, Salbe, Salweide, Salz, -sam, Same, Sand, satt, Sattel, Sau, sauer, saufen, saugen, Säule, Saum, schaben, Schade, schaffen, Schaft, Schale (Hülse), Scham, Schande, Schar (Pflugschar), scharf, Schatten, schauen, Schauer (Wetterdach, Scheuer), Schauer (Regen-), scheel, Scheibe, scheiden, scheinen, Scheit, Schemen, Scherbe, scheren, scherzen, Scheuer, schieben, schief, Schien(bein)?, schier, schießen, Schilf, Schimmel, schimmern,

Schimpf(?), schinden, Schirm, schlafen, schlaff, schlagen, Schlange, Schlehe, Schleie, Schleife, Schleim, schleißen, schließen, Schlinge, Schlitten, schlucken, schlüpfen, Schmach, schmal, schmauchen, schmecken, schmeicheln, schmeißen, schmelzen, Schmer (schmieren), Schmerz, Schmied, schmiegen, Schnabel (schnappen), schnarchen, Schnee, schnöde, Schnupfen (schnauben, schnüffeln), Schnur[1], Schnur[2], Scholle(Erd-), schön, Schote, Schramme, schreien(?), schreiten, schroten, Schub, Schuld, schütten(?), Schwager, Schwäher (Schwieger-), Schwamm, Schwan, schwanger, Schwäre, Schwarm, schwarz, schweben, Schwefel(?), schweigen, Schwein, Schweiß, Schwelle, schwer, Schwert, Schwester, schwingen, schwitzen, schwören, schwül (schwelen), sechs, Segge, Segel(?), sehen, Sehne, sehnen, sehr, seihen, Seil, Seim, sein, seit, Seite, selig, senden(?), Sense, Sieb, sieben, Sieg, singen(?), sinken, Sinn, Sippe, Sitte, sitzen, so, Sohn, Sole, sollen, Sommer, sonder, Sonne, Sorge, spähen, spalten, Span(?), sparen, Spaten, Specht, Speck, Speer, speien, Sperling, Spinne, Sporn, sprechen, Sprenkel (Fleck), Spreu(?), springen, sprühen, Spule(?), sputen, Stab, Stahl, Staken, Stall, Stamm, stampfen, Stapfe, Star, stark, starren, stauchen, Staude, stauen, stechen, stecken, stehen, stehlen(?), steif, Steig, Stein, stellen, sterben, Stern, Sterz, stet, Steuer, stieben (Staub), Stier, Stift, still, Stimme (?), Stirn, Stock, stöhnen, Stollen, Stör, Storch, stoßen, Strahl, Strang, sträuben, streichen, Streit, streng, Streu, Strick, Stroh, Strom, Strudel, Stück, Stuhl, Stumpf, Sturm, Stute, suchen, Süd, Sühne, süß, Tag, Tal, Tanne, tapfer, Tat, Tau (Wasser), Tau (Strick), taub, taugen, Taumel, tausend, Teer, Teich, Teig, Teil, Tenne, tief, Tier, toben, Tochter, Tod, toll, Ton (Erde), Topf(?), Tor (Narr), Tor (Tür), Torf, tosen, tot, traben, träge, tragen, trampeln, Tran, Träne, Traube, trauen, Treber, treffen(?), treiben(?), Trester, treten, treu, triefen, Trog, Tropfen, Trost, trübe(?), trügen, Trumm, Trümmer, Tuch(?), Tülle(?), -tum, Tümpel, tun, tunken, Tür, übel, üben, über, um, un-, und, Unke, uns, unten, unter, üppig, Vater, ver-, verdrießen, verwesen, Vetter, Vieh, viel, vier, Vlies, Vogel, Volk, voll, von, vor, Waage, wach, wachsen, wacker, Wade, Waffe, Wagen, Wahl, Wahn, wahr, wahren, währen, Waise, Wal(-fisch), Wald, walken, wallen(?), walten, walzen, Wamme, wann, Wanst, warm, warnen, warten, -wärtig, -wärts, Warze, waschen, Wasen (Rasen), Wasser, waten, Watt, weben, Wechsel, wecken, weder, Weg, weh, wehen, wehren, weichen, Weide (Baum), Weide (Futterplatz), weifen †, weigern, weihen, Weile, weinen, weise, Weise, weiß, weit, welk, Welle, wenig, wer, werben, werden, werfen, Werg, Werk, wert, Wesen, Wespe, Westen, Wette, Wetter, wetzen, Wicht, Widder, wider, wie, Wiege, wiehern, Wiesel, wild, Wille, Wind, winden, winken, Winter, Wipfel, wippen, wir, Wirbel, wirken, (ver)wirren, Wisch, wissen, Wittum, Witwe, wo, Woche, Woge, wohl, wohnen, wölben, Wolf, Wolke, Wolle, wollen, Wonne, Wort, Wucher, wund, Wunsch, Würde, würgen, Wurm, Wurz, Wust, Wut, Zacken, zagen, zahm, Zahn, Zähre, Zange, Zaun, zausen, Zeche(?), Zehe, zehn, zehren, Zeichen, zeigen, zeihen, Zeile, Zeit, zer-, Zeug, ziehen, Ziel, ziemen, -zig, Zimmer, zittern(?), zu, Zunge, zwei, Zweifel, Zweig, Zwerch(fell).

II. Germanische und deutsche Wörter

Das sind solche Wörter, für die außerhalb des Germanischen bisher noch keine sicheren Entsprechungen nachzuweisen sind; zum Teil sind sie nur dem Deutschen im engeren Sinne eigen. Diese Wörter können u. U. schon beim indogermanischen Urvolk vorhanden gewesen sein, da ja mit großen Verlusten im Wortschatz zu rechnen ist. Vielleicht gehören daher auch manche der folgenden Wörter zum »Erbgut«.

Abend, Adel, After, Amboß, Ameise, Ammer, Anger, Anke², Antlitz, arg, Armut, Bach, Bahn, Bake, bald, balzen, Bank, Baum, Beere, Beet, Bett, Beichte, Bein, Bengel, Besen, Beute, Beutel, bieder, Bild, Binse, blank, blaß, bloß(?), Blut, bölken, Bolzen, böse, Braut, breit, brennen, bringen, Brot, Brücke, brühen, Brust, brüten, Bube, Burg(?), Busen, deuten, Dieb(?), dienen, Dirne, Distel(?), Docht, Dogge, Dohle, Dorsch(?), Dotter, dreist, Drossel, drücken, ducken, dumpf, dunkel, dürfen, düster, eben, echt, edel, Efeu, Eifer, eitel, Ekel, elend, Elster, erbarmen, etlich, Fächer, Farbe, Fasching, faseln, fassen, fasten, fegen(?), Fehde, Feile, Feme, Fetzen, Fink, Flagge, Flanke, Flasche, flau, Fleck, Fleisch, Fleiß, Flieder, Fliese, Flitter, flüstern(?), folgen, foppen, fordern, fremd(?), fressen, Frevel, Frist, Funke, fürchten, ganz, gar, Gasse, Gatte, Gatter, Gau(?), gaukeln, Gaul(?), geben, Geck, Geige, gellen, Gemach, Gemahl, genau, gerben, gering, Geschirr, Geschlecht, geschwind, Geselle, gesund, Getreide, gewähren, Gewand, Geweih, Gicht, Gift, glauben, glimpflich, Glück, Gott(?), Graf, greinen, Greis, grell, grob, Groll, groß, grün, Grund, gucken, gut, Habicht, Hacken (Ferse), hacken, Hafer, Haff, hager, Hain, Haken, halb, Halfter, Hammel, Hamster, Harfe, harren, Haspe, hauchen, Haus(?), Hecht, heftig, Heide(-land), heikel, heiser, heißen, Held(?), hemmen(?), Hengst(?), Herberge, Herd, Hering, Herr, heucheln, Hexe, hissen, Hobel, hocken, hold, Holunder, Hopfer, Horst, Hose, Huld, Hüne, Hütte(?), Iltis, Kahn, Kanker(?), Kanne, kappen, karg, Kasten, kaum(?), Kegel, kehren (wenden), keifen, Keil, Keim, Kerl, keuchen, Kiefer (Baum), Kiel (Feder-), Kiel (Schiffs-), Kieme, Kien, Kies, kirre, kläffen, Klamm, Klammer, Klang, Klee, Kleid, klein(?), Klepper, klingen, Klippe, klopfen, Kluft, klug, Klumpen, Knall, Knauser, Knoblauch, Knochen, Knopf, Knorpel, Knorren, Knospe, Kobold, Kolben, König, Kraft, Krampe, Krampf, krank, kraus, Krebs, Kreis, Kresse, kriechen, Krieg, Krippe, Krücke, Krug, Krüppel(?), Kuchen, Küchlein, Kugel, kühl, Kuß, (ein)laden, Laffe, Laken, Lamm(?), Last, Lauch(?), lauern(?), laufen, lechzen, leck, ledig, Leiche(?), leid(?), leiden, Leiste(?), Lerche, (ver)letzen, leugnen, -lich, Lid, Liesch, Liesen, lispeln, locker, Los, Luder, Luft, lugen, Lumpen, Maat, mäkeln, Makler, malen, Mandel (15 Stück), Marder, Maser (im Holz), Masern, Matrose, Maul, meiden, Meißel, melden, Memme, Mensch, Mistel, Mops, Möwe, müssen, Muße, Napf, Narr, naschen, necken, Nelke, niedlich, Niete (Nagel), nörgeln, Obst, oder, offen, oft, Ort, Pack (Packen), pflegen, Pflicht, Pflock, Pflug(?), Pfote, Pfuhl(?), platzen, plötzlich, plump, Plunder, Pocke, Pökel, prägen, prahlen, prall, prangen, Pranger, prassen, prellen, prickeln, Prügel, Prunk, Pudel, purzeln, pusten, Puter, Qualm, raffen, Rahe, rammen, Rang, Ranzen, Rasen, Reede, reffen, regen, Reif, Reif(en), reif, Reiher, Reis (Zweig), Reise, reißen, Reue, riechen, ringen, Rispe, Rock, Rocken, roden, Rohr, Rost (Gitter), Rüde, rufen, rügen, rühren, rupfen, Rüster, Ruß, sacht, sanft, sausen, Schabernack, Schaf, schal, Schale (Trink-), Schalk, schallen, schalten, Schatz, schaudern, Schaukel, Schaum(?), Scheffel, Schelm, schelten, schenken, Scheu, schicken, Schiefer, Schierling, Schiff(?), Schilf, Schinken, Schlamm, schlau, schlecht, schleichen, Schleier, schleifen, schlemmen, schlenkern, Schleppe, Schleuder, schleunig, Schloße (Hagel), Schlot, schlottern, Schlucht, schlummern, schlürfen, schmarotzen(?), Schmetterling, schmollen, schmoren, schmunzeln, Schmutz, Schnake, Schnauze, Schnecke, schneiden, schnell, Schnepfe, Schnörkel, Schopf, schräg, Schrank, schrecken, schrill(?), schroff, schröpfen, schrumpfen, schüchtern, Schuft, Schulter, schüren, schürfen, Schurke, schwach, Schwaden², Schwanz, schweifen, schwelgen(?), schwellen, schwimmen, schwinden, See, Seele(?), seicht, Seife, selten, sieden, Spange, Spanne, Sparren, spät, Speiche, Speichel, Spiel, Spieß, spitz, spleißen, Spott, spritzen, spröde, Sprosse, Spuk, Spur, stammeln, Stange, Stapel, Stelze, stief-, stinken(?), stolz, stören, Strafe, straff, Strand, Strauch(?), streben, strekken, streifen, Strolch, strotzen, Strumpf, stumm, stürzen, Sülze, Sumpf, Sund, Tadel, Takel, Talg, Tand, Tang, tappen, Tatze(?), Taube, tauchen, taufen, tauschen, täuschen, teuer, Trauer, Traum, trennen, Treppe, trinken, trocken, Troddel, Trödel, Trotz, Truhe, Ufer, Unflat, ur-, Wabe, Wacholder, Wachs, Wand, wandern, Wange, Ware, Wasen, Weib, Weihe (Vogel), Welt, Werder, Wiege, wimmeln, Wimpel, Wirt, Wrack, zäh, Zahl, Zander, zanken, Zapfen, Zelt(?), Zier, Zink, Zinn, Zinne, Zipfel, Zofe, Zopf, zünden, Zweck, Zwerg(?), zwingen(?).

III. Lehnwörter

(Vgl. auch Liste IV)

Unter Lehnwörtern versteht man im allgemeinen die lautlich eingedeutschten Fremdwörter. Das Fremdwort wird zum Lehnwort, sobald es im lebendigen Sprachbewußtsein nicht mehr als Fremdling empfunden wird.

Sehen wir von Affe, Apfel, Linse, Silber und einigen andern ab, die dem Sprachforscher ganz besondere Schwierigkeiten bieten, so stammen die ältesten Lehnwörter aus dem Keltischen, also aus der Sprache unserer westlichen Nachbarn, der Gallier; es sind: Amt, Geisel, Glocke (Reich wohl doch nicht); das erste nachweisbare lateinische Lehnwort ist Kaiser. Von der näheren Berührung der Deutschen mit den Römern an, ergießt sich ein wahrer Strom von Italien nach Nordeuropa. Die römische Baukunst brachte uns Wörter wie Mauer, Söller, Pfeiler, Ziegel u. a.; der Verkehr und Handel: Straße, Meile, Kiste, Sack, Pfund, Münze; der Garten-, Obst- und Weinbau: Pflanze, Pflaume, Pfirsich, Rettich, Kohl, Wein, Kelter, Most; die Kochkunst: Koch, Küche, Kessel, Schüssel u. a. Die eindringenden Wörter verdrängten entweder heimische oder sie traten in Lücken; dies ist der Fall mit den südlichen Pflanzen, die die Römer nach Germanien brachten; aber die Deutschen ließen auch über den fremden, modischen (wie Spiegel, Tafel, Tisch) alte, einheimische Wörter in Vergessenheit geraten (got. *skuggwa*, ahd. *scūkar* 'Schattenbehälter', got. *biuþs*, ahd. *biot)*.

Mit Einführung des Christentums nahm die Entlehnung römischer (und griechischer) Wörter stetig zu. Viele Ausdrücke der Kirche und Schule, des Schreibens und Lesens, sind Lehngut, das im 10. und 11. Jahrh. schon als eingebürgert gelten kann. Jedoch für die wichtigsten Vorstellungen wurden auch hier meist alte einheimische Wörter mit neuen Lehnbedeutungen verwandt: Gott, Himmel, Sünde, Buße, heilig, Geist, Seele usw.

Den lateinischen Einfluß löste dann später der französische ab: Soldat, Palast, Turnier, Manier, Abenteuer, Lanze. Latein und Französisch wirken seit einem Jahrtausend auf unsere Sprache ein. Im 16. Jahrh. überwog lateinischer Einfluß, im 17. und 18. französischer; im 19. sind beide vielleicht gleich stark; nur kommt noch eine ganze Reihe Sprachen, vor allem Englisch, hinzu. Das Erbgut hat sich bisher stärker erwiesen als alles Lehngut; es bildet immer noch die Grundmauern des Sprachbaus.

Die meisten Lehnwörter machen einen durchaus deutschen Eindruck, sowohl ihrer Form als ihrer Betonung nach. Unsere Sprache besaß früher stärker die Fähigkeit, fremdes Gut einzudeutschen und ihm ein heimatliches Kleid anzuziehen. Wer sieht Wörtern wie Abenteuer, Arzt, Brille, Engel, Kirche, Körper, Essig, falsch, Form, Insel ihre lateinische oder griechische Herkunft an? Ausnahmen bestätigen die Regel: und wenn z. B. Januar, Altar, Kapelle, Kruzifix, Kastell, Majestät, Notar, Oblate uns in Form und Betonung fremdartig anmuten, so rührt das von der fortgesetzten Beeinflussung durch das fremde Wort her; es kommt sogar vor, daß eine schon gut eingedeutschte Form später wieder durch eine fremdartigere ersetzt wird (Jänner – Januar, Banner – Panier). Neben dem fremdartig betonten Kapelle bestehen die Städtenamen Kappel, Kappeln mit deutscher Betonung der Stammsilbe.

Abenteuer, Abseite, Abt, Achat, Alabaster, Alaun, Almosen, Alphabet, Altar, Amazone, amen, Ampel, Amt, Anker, Apostel, Apotheke, April, Arche, Armbrust, Arznei, Arzt, August, Baldachin, Baldrian, Balsam, Banner (= Panier), Barchent, Barke, Basis, Bastard, Becher, Becken (s. Bassin), Begine, Bestie, Bezirk (s. Zirkel), Bibel, Birne, Bischof, Börse (Bursche), Bottich, Brezel, Brief, Brille, Buchsbaum, Büchse, Büffel, Bulle², bunt, Bursche (Börse), Butter, Charakter, Cherub, Chor, Christ, Chronik, Dam(-hirsch), Dattel, Datum, dauern (währen), Dechant, Dekan, Delphin, Diadem, Diakon, Diamant, dichten, dotieren, Drache, Dromedar, Dutzend, Eben(-holz), Eider, Eimer, Elefant, Element, Elen, Elfenbein, Engel, Epistel, Erker, Esel, Essig, Estrich, Evangelium, Exempel, Exemplar, Fabel, Fackel, Fakultät, Falke, falsch, Fasan, Fee, fehlen, Feier, Feige, fein, Felleisen, Fenchel, Fenster, Fest, Fibel, Fieber, Fiedel, Figur, Firlefanz, Firnis, Fistel, Flamme, Flaum, Flegel, Florin, Föhn, Forke, Form, forsch, Frucht, Gallert, Galmei, Geisel, Gemme, Gemse, Gips, Glocke, Grad, Granat, Granit, Grenze, Grille, Groschen, Gummi, Gurgel, Hanf (schon v. Chr.), hantieren (nicht zu Hand), Harnisch, Historie, Hospital, Hostie, hurtig, impfen, Ingwer, Insel, Jänner (Januar), Joppe, Jubel, Jurist, Kabel, Kachel, Käfig, kahl, Kaiser, Kalif, Kalk, Kamel, Kamille, Kamin, Kammer, Kampf, Kampfer, Kanzel, Kanzlei, Kanzler, Kapaun, Kapelle, Kapitel, Kaplan, Kappe, Kappes (Kappus), Karat, Kardinal, Karfunkel, Karpfen, Karre, Karte, Käse, Kastanie, kasteien, Kastell, Kastellan, Kattun, kaufen, Kelch, Keller, Kellner, Kelter, Kemenate, Kerker, Kerze, Kessel, Kette, Ketzer, Kirche, Kirsche, Kissen, Kiste, klar, Klause, Klausel, Klistier, Kloster, Koch, Kohl, Koller (Harnisch), Koller (Krankheit), Kopf, Koppel, Koralle, Korb, Körper, Komet, Komtur, Konzil, kosen, kosten (wert sein), Kreatur, kredenzen, Kreide, Kreuz, Kristall, Krokodil, Krone, Kruste, Kruzifix, Kübel, Küche, Kümmel, Kummet, Kürbis, kurz, Küster, Kutte, laben, Laie, Lakritze, lamentieren, Lampe, Lanze, Larve, Lasur (Azur), Laterne, Lattich (Huflattich), Latwerge, Laune, Laute, Lawine, Legat (päpstl. Gesandter), Legende, Leier, Lektion, Lettner, Lilie, Linie, Litanei, Litze, Lorbeer, Löwe, Magnet, Mai, Majestät, Makel, Mammon, Mandel, Mangel (Glättrolle), Manna, Mantel, Markt, Marmel, Marter, März, Masse, Materie, Matratze, matt, Matte (Decke), Mauer, Maulbeere, Maultier, mausern, Meier (Gutsverwalter), Meile, Meister, Melodie, Mennig, Mergel, Messe (kirchl.), Mesner, Metall, Mette, Minze, Mispel, Mohr, Mönch, montieren, Mörser, Mörtel, Most, Mostrich, Mühle, Müller, Münster, Münze, Murmel(tier), Muschel, Myrrhe, Myrte, Natur, Nonne, Norm, Notar, Note, November, Novize, Oblate, Ohm (Flüssigkeitsmaß), Oktober, Öl, Olive, opfern, Orden, ordnen, ordentlich, Orgel, Orient, Paar, Pacht, Palast, Palme, Panier, Panther, Panzer, Papagei, Pappe, Pappel, Papst, Parabel, Paradies, Paragraph, Partei, Passion, Pastor, Pate, Patriarch, Pause, Pech, Pein, Pelikan, Pelz, Pergament, Perle, Person, Pestilenz, Petersilie, Petition, Petschaft, Pfaffe, Pfahl, Pfalz, Pfand, Pfanne, Pfarre, Pfau, Pfeffer, Pfeife, Pfeil, Pfeiler, Pfennig, Pferch, Pferd, Pfingsten, Pfirsich, Pflanze, Pflaster, Pflaume, pflücken, Pforte, Pfosten, pfropfen, Pfründe, Pfühl, Pfund, Pfütze, Phiole, Phönix, Pickel(haube), Pilger, Pilz, Pinne, Pinsel, Plage, Plan (ebener Platz), Planet, Planke, Platz, Poet, polieren, Porree, Port, Posaune, Prälat, Präsent, predigen, Preis, Presse (Wein-), Priester, Prior, Prinz, Privilegium, Probe, Prophet, Propst, Prosa, Provinz, Prozeß, prüfen, Psalm, Psalter, Pulver, Punkt, Purpur, Quader, Quartier, Quatember, Quentchen, quitt, Quitte, Regel, regieren, Reich (?), reich, Reis, Reliquie, Remter (= Refektorium), Rente, Rettich, Revier, Rhinozeros, Rolle, Rose, Rotte, Rubin, Sabbat, Sack, Safran, Sakrament, Sakristei, Salamander, Salbei, Salm, Sam(me)t, Samstag, Sankt, Saphir, Sarg, Satan, sauber, Saum(tier), Schach, Schächer, Schachtel (Rückw.), Schalmei, Schanze (Glückswurf), Scharlach, Scharmützel (Rückw.), scheckig, Schemel, Schindel, Schöps, Schraube, schreiben, Schrein, Schule, Schurz, Schürze, Schüssel, Schuster, Segen, Seide, Seidel, Sekte, Semmel, Senf, September, Serie, Sichel, sicher, Siegel, Silbe, Silber, Sims, Sirene, Sirup, Skorpion, Smaragd, Socken, Sohle, Sold, Söller, spazieren, Speicher, Speise, Spende, Spesen, Spezerei, Spiegel, Spinat, Spind, Spital, Spund, Stiefel, Stola, Straße, Strauß (Vogel), Sultan, Summe, Synagoge, Tafel, Tamburin, Tanz, Taxe, Tempel, Teppich, Teufel, Text, Thron, tilgen, Tinte, Tisch, Titel, Ton (Laut), trachten, Trichter, tünchen, Turm, Turnier, Tyrann, Ulme, Vasall, Veilchen, verdammen, Vers, Vesper, Vikar, Viper, Vision, visitieren, Vize-, Vogt, Wall, Weiher, Weiler, Wein, Wicke, Winzer, Wirsing, Zeder, Zeisig, Zelle, Zelter, Zentner, Zepter, Zettel, Ziegel, Ziffer, Zimt, Zinnober, Zins, Zirkel, Zither, Zobel, Zoll, Zucker, Zwetsche, Zwiebel, Zypresse.

IV. Lehnprägungen

Grundsätzlich gibt es zum Ausdruck einer fremden Vorstellung oder Sache nur drei verschiedene Möglichkeiten: Entlehnung des Wortkörpers mitsamt der neuen Bedeutung, Entlehnung der Bildungsart mitsamt der neuen Bedeutung, Entlehnung nur der neuen Bedeutung – Lehnwort, Lehnbildung, Lehnbedeutung. Am einfachsten liegen die Dinge beim Lehnwort: ein fremdes Wort, also Wortkörper und Wortbedeutung, wird in die eigene Sprache herübergenommen: Birne, Mauer, Bischof, Pfalz, Palast, Palais, Kaiser.

Bei den Lehnbildungen müssen wir jedoch einige Untergliederungen unterscheiden. Die Lehnbildung können wir allgemein definieren als die Neubildung eines Wortes aus dem Stoff der eigenen Sprache durch den Anstoß eines fremden Vorbildes. Aber das Verhältnis zu diesem Vorbild kann dreifacher Art sein. Das Vorbild kann Glied für Glied in die eigene Sprache übersetzt werden: *locus communis* wird »Gemeinplatz«, *curriculum vitae* »Lebenslauf«, *clairvoyant* »Hellseher«, *présence d'esprit* »Geistesgegenwart«, *maidenspeech* »Jungfernrede«, *misericordia* got. »*armahairtiþa*«, Weltanschauung schwed. »*världåskadning*«, Scheinwerfer dän. »*lyskaster*«. Diese genaue Glied-für-Glied-Übersetzung nennen wir Lehnübersetzung.

Daneben gibt es aber auch Fälle von Lehnbildungen, bei denen nur ein Teil des fremden Vorbildes genau nachgebildet wird, während im übrigen freier und unabhängiger verfahren wird: Objekt wird zu »Gegenstand« (nachdem vorher auch die genauere Lehnübersetzung »Gegenwurf« versucht worden war), *patria* zu »Vaterland«, *paeninsula* zu »Halbinsel« (während das Französische und das Holländische die genauere Lehnübersetzung *presqu'île* bzw. *schiereiland* haben), *eremita* zu »Einsiedler«, Radio zu »Rundfunk«, *broadcasting* zu isl. *útvarp*, *purgatorium* zu »Fegefeuer«, *oboedientia* wird zu ahd. *horsami* und weiter »Gehorsam«. Diese Fälle einer nur teilweisen und freieren Übertragung des Vorbildes nennen wir Lehnübertragung.

Schließlich gibt es noch eine dritte Art von Lehnbildungen, bei denen das fremde Vorbild lediglich den Anstoß zur Neubildung des Übersetzungswortes in der eigenen Sprache gibt, ohne daß irgendeine formale Nachahmung geschieht. Das geschah z. B., als nach dem ersten Weltkrieg für das bis dahin gebrauchte und jetzt für deutsche Erzeugnisse verbotene Wort *Cognac* ein Ersatz durch die schon seit 1907 bezeugte Neubildung »Weinbrand« geschaffen wurde. Ebenfalls als für das Tainesche *Milieu* die dänische Bezeichnung »*omverden*« gebildet wurde. Ebenso Kraftwagen für Automobil und Flugzeug für Aeroplan. Das älteste deutsche Buch, der Abrogans, bietet für *philosophus* die schöne Lehnbildung *unmezwizzo* »Unmäßigwisser«. Eine solche von ihrem Vorbild formal unabhängige Lehnbildung nennen wir Lehnschöpfung. Ihr gegenüber fassen wir die formal abhängigen Formen der Lehnbildung, Lehnübersetzung und Lehnübertragung also, als Lehnformung zusammen. Andererseits können wir den Lehnwörtern gegenüber Lehnbildungen und Lehnbedeutungen gemeinsam als Lehnprägungen bezeichnen.

Fassen wir unsere Gliederung des Wort-Lehngutes noch einmal in einem Schema zusammen, so sieht sie folgendermaßen aus:

Lehnwort (Vgl. Liste III u. V) — Lehnprägung

Lehnprägung: Lehnbildung — Lehnbedeutung

Lehnbildung: Lehnformung — Lehnschöpfung

Lehnformung: Lehnübersetzung — Lehnübertragung

(Vgl. hierzu W. Betz, Deutsch und Lateinisch, Bonn 1949, bes. S. 11 u. S. 25ff., Der Deutschunterricht 1951/1 S. 21ff.; F. Maurer-Stroh, Deutsche Wortgeschichte I² 127ff., 1958.)

IVa. Lehnformungen (Lehnübersetzungen und Lehnübertragungen)

Abgezogen: *abstract;* Ableitung (logisch): *deductio;* abtrünnig: *apostata;* allmächtig: *omnipotens;* Allvater: Edda *alfõđr.*; anbeten: *adorare;* Anpassung: lt. *adaptatio;* Anschwemmung: lt. *alluvio;* Anspielung: lt. *allusio;* Auferstehung: lt. *resurrectio;* Auffahrt: lt. *ascensio;* Auflage (Steuer): fz. *impôt;* Augendiener: eng. *eye-servant;* Ausdruck: lt. *expressio;* auseinandersetzen: lt. *exponere;* Ausnahme: lt. *exceptio;* Ausstellung: fz. *exposition;* außerordentlich: lt. *extraordinarius;* Ballettratte: fz. *rat de ballet;* barmherzig: got. *armahairts*, lt. *misericors;* (einen Gläubiger) befriedigen: *lt. pacāre*, fz. *payer;* Beisitzer: lt. *assessor;* Bekehrung: lt. *conversio;* Berufung: lt. *vocatio*, gr. *klēsis;* Beweggrund: *lt. motivum;* Blaustrumpf: eng. *bluestocking;* Blumenkohl: ital. *cavolfiore;* Brennpunkt: lt. *punctum ustionis;* Bruchstück: lt. *fragmentum;* (Goethes) Bürgergeneral: fz. *citoyen général;* Dampfer: eng. *steamer;* Dienstbarkeit: (jur.) Servitut; Dreibund (Schubart 1789): *triplealliance;* Dunstkreis: Atmosphäre; duldsam: tolerant; Dunkelmänner: *viri obscuri;* Durchlaucht: *Illustris;* Durchmesser: *diameter;* durchsichtig: *perspicuus;* Edelrost: lt. *aerugo nobilis;* Ehrenmann: *vir honestus;* Ehrenwort: fz. *parole d'honneur;* Eierstock: *ovarium;* Eigenname: *nomen proprium;* Eindruck: *impressio;* einfältig, ah. *einfalt:* lt. *simplex(?);* Einfalt: *simplicitas;* Einhorn, ah. *einhurno* (9. Jh.): gr.-lt. *monoceros;* einprägen: lt. *imprimere;* Einsiedel, ah. *einsidilo:* gr.-lat. *monachus*, Mönch; eintönig: gr. *monotonos*, fz. *monotone;* Eintagsfliege: gr.-lt. *ephemera;* empfindsam: lt. *sentimentalis*, eng. *sentimental;* Emporkömmling: fz. *parvenu;* Entartung: lt. *degeneratio;* entdecken: *découvrir;* (Gedanken) entwickeln: lt. *explicare;* Erbschleicher: lt. *heredipeta;* Erbsünde: lt. *peccatum hereditarium;* Erlöser: lt. *redemptor;* Erdbeschreibung: gr.-lat. *geographia;* Erdkreis:

lt. *orbis terrarum;* erheblich: mlat. *relevans;* unerheblich: *ir-relevans;* erlaucht: *illustris;* Erleuchtung: lt. *illūminatio;* Eselsbrücke: *pons asinorum;* Fegefeuer: lt. *ignis purgatorius;* Fernglas, Ferngucker: ndl. *verrekyker* (Lippersheym 1608); Fernrohr: Teleskop; Fernsprecher (Stephan 1875): *téléphonie électrique;* Fixstern: *fixa stella;* Flugblatt (Schubart 1787): *feuille volante;* ders. 1780 folgenschwer: *gros de conséquence;* Fortschritt: lt. *progressus,* *fz. progrès;* Fragezeichen (1641): *signum interrogationis;* Freidenker (1715): eng. *freethinker;* Freigeist: fz. *esprit libre;* Freimaurer: eng. *free-mason,* fz. *francmaçon;* Freudenmädchen: fz. *fille de joie;* Füllhorn: lt. *cornu copiae;* Gefreiter: lat. *exemptus;* Gegenbesuch: fz. *contrevisite;* Gegenfüßler: gr.-lt. *antipodes;* Gegend: roman. *contrata,* fz. *contrée;* Gegengewicht: fz. *contrepoids;* Gegenmine: *contremine;* Gegensatz: lt. *oppositio;* Gegenstand: lt. *objectum;* Gegenteil: lt. *pars adversa;* Gegner: lt. *adversarius;* Geistesgegenwart (Herder): *présence d'esprit;* Gelbschnabel: fz. *bec jaune;* Gemeinplatz (Wieland): *locus communis,* eng. *commonplace;* Gerstenkorn (am Auge): lt. *hordeolum,* fz. *grain d'orge, orgelet,* schweiz. (Lehnw.) *ürseli;* Geschäftsmann (Zt. Goethes u. Schillers): *homme d'affaires;* Geschäftsträger (1775): *chargé d'affaires;* Gesichtspunkt (Leibniz): *point de vue;* Gevatter: lt. *compater;* Gewissen (Notker um 1000): lt. *conscientia;* Gewissensfreiheit: *libertas conscientiae (Boëthius);* Gläubiger: lt. *creditor;* Gleichgewicht: lt. *aequilibrium,* fz. *équilibre;* Großfürst: russ. *velikij knjaz;* Großherzog (Fischart): *Gran duca* (v. Florenz); Großkönig: gr. *mégas basiléus;* Großmacht: *grande puissance;* Großmutter, ~vater (12. Jh.: fz. *grand'mère* u. *grandpère);* Gründonnerstag (um 1200): *dies viridium;* Grünspan: mlat. *viride hispanicum;* Handbuch: lt. *manuale;* handhaben: *manu tenere;* Handschrift: lat. *manuscriptum;* Handstreich (um 1813): fz. *coup de main;* Hasenscharte: lt. *labium leporinum;* Hauptmann 1842 in Preußen f. Kapitän; Heide: lt. *paganus;* Heiland: lt. *salvator;* Heißsporn (A. W. Schlegel): eng. *Hotspur;* helldunkel: fz. *clair-obscur;* Hellseher (18. Jh.): fz. *clairvoyant;* hervorragend: lt. *eminens, excellens;* Herzog (ah. *herizogo):* gr. *stratelátēs;* Hintergedanke: fz. *arrière-pensée;* Hinterwäldler: eng. *backwoodsman;* Hirtenbrief: lt. *epistola pastoralis;* Hochkirche: eng. *High church;* Hochverrat (18. Jh.): fz. *haute trahison;* höfisch, höflich: fz. *courtois;* Höfling: fz. *courtisan;* Höllenstein (18. Jh.): fz. *pierre infernale;* hörig: lt. *cliens;* Hörsaal: lt. *auditorium;* Hühnerauge: mlt. *oculus pullīnus;* Hundstage (15. Jh.): mlt. *dies caniculares;* Industrieritter (18. Jh.): *chevalier de l'industrie;* inständig: lat. *instans;* Jahrbücher (16. Jh.): lat. *annales;* Jungfernrede (18. Jh.): eng. *maiden-speech;* Justizmord (Schlözer 1782): fz. *meurtre juridique* (Voltaire); Kaiserschnitt: *sectio caesarea;* Kanonenfutter: *food for powder* (Shakespeare); Kegelschnitt (Kepler): *sectio conica;* Keilschrift: *inscriptio cunata;* Kirchenlicht (n. Matth. 5, 14): *lumen ecclesiae* (Augustins Ehrenname); Klapphut (Campe): *chapeau claque;* Kriegsschauplatz (Ende 17. Jh.): *théâtre de la guerre;* Ladenhüter (17. Jh.): *gardeboutique;* Landsmannschaft (18. Jh.): *Collegium nationale;* läßliche Fehltritte: lt. *peccata venialia;* Lebenslauf (17. Jh.): lt. *curriculum vitae;* Leberflecken: lat. *maculae hepaticae;* Lehrstuhl (Stieler 1691): gr.-lt. *cathedra;* Leitartikel (1848): eng. *leading article;* Leiter (physik.): *conductor;* Lichtung (19. Jh.): fz.

clairière; Löwenzahn (Pfl.): *leontodon;* Luftpumpe (18. Jh.): *antlia pneumatica* (Otto v. Guericke 1654); Machtvollkommenheit: lt. *plenipotentia;* Meerbusen: lt. *sinus maritimus;* Meerschaum: fz. *écume de mer;* Mehrheit: lt. *maioritas;* Menschenfeind (16. Jh.): gr.-lt. *misanthropus;* ~freund: *philanthropus;* ~fresser (17. Jh.): *anthropophagus;* Menschlichkeit: lt. *humanitas;* Milchstraße: lt. *via lactea;* Milchzahn (Fischart): gr. *neógilos odūs;* Minderheit (Campe): fz. *minorité;* minderjährig: lt. *minorennis;* Mißheirat (18. Jh.): fz. *mésalliance;* Mitesser (17. Jh.): mlt. *comedo;* Mitlauter (17. Jh.): lt. *consonans;* Mitleid: lt. *compassio*, gr. *sympátheia;* Mitschüler (16. Jh.): lt. *condiscipulus;* Mittelalter (Ende 18. Jh.): lt. *medium aevum*, fz. *moyen-âge;* mittelbar: *mediatus;* reichsunmittelbar: *immediatus;* Mittwoch: mlt. *media hebdomas;* Montag usw.: lt. *dies Lunae;* Nachschrift (17. Jh.): *postscriptum;* Nächste (bibl.): lt. *proximus;* Nashorn (16. Jh.): gr.-lt. *rhinocerus;* Nebensonne: gr. *par(h)ēlion;* Nenner (15. Jh.): mlt. *de-nominator;* Nesselfieber: *febris urticata;* nichtsdestoweniger: lt. *nihilominus;* Nießbrauch: lt. *usus fructus;* Nordlicht (18. Jh.): dän. norweg. *nordlys;* Nußknacker: lt. *nuci-frangibulum;* Oberfläche: lt. *superficies;* öffentliche Meinung: fz. *opinion publique;* Osterfeuer: *ignis paschalis* (Bonifatius); Papiergeld (18. Jh.): fz. *papier-monnaie*, eng. *paper-money;* Perlmutter: fz. *mèreperle;* alte Perücke (Questenberg!): fz. *perruque trop agée;* Pfadfinder (19. Jh.): eng. *pathfinder;* Pferdekraft: eng. *horsepower*, zuerst *James Watt;* Prinzgemahl: eng. *Prince-Consort;* Randbemerkung (Campe): lt. *nota marginalis;* rechtgläubig: *orthodox;* Rechtschreibung (16. Jh.): gr.-lt. *orthographia;* Redensart (17. Jh.): *façon de parler;* Reinertrag: fz. *produit net;* Reinschrift: lt. *mundum;* Ritter (1100): mndl. *riddere*, fz. *chevalier;* Röteln: lt. *rubeolae;* Rücksicht: lt. *respectus;* Rundreise (1812 Reinhard: Goethe): fz. *tournée;* Sammetpfötchen: fz. *patte de velours;* Schäferstunde (18. Jh.): *heure du berger;* Schaumwein (18. Jh.): *vin mousseux;* Scheingrund: lt. *speciosus praetextus;* scheinheilig (Fischart): ndl. *schijnheilig;* Scherbengericht (18., 19. Jh.): gr. *ostrakismós;* Schlafwagen: eng. *sleeping-car;* Schlafwandler: lt. *somnambulus;* Schlüsselbein: lt. *clavicula;* Schneeballen (Pfl.): fz. *boule de neige;* Schneidezähne: lt. *dentes incisores;* Schöngeist (Thomasius): fz. *bel-esprit;* schöne Seele: *belle âme;* schreiende Farbe: fz. *couleur criarde;* Schrittmacher: eng. *pacemaker;* Schutzengel: kirchenlat. *angelus tutelaris;* Schwanengesang: lt. *cygnea vox* (Cic. d. orat. III, 6); schwarzer Markt: fz. *marché noir;* Schwerpunkt (Chr. Wolff): *centrum gravitatis;* Schwertel (Pfl.) ah. *swërtala*, lt. *gladiolus;* Schwindsucht: gr.-lt. *phthisis;* selbstisch (Goethe): egoistisch; Selbstmord (17. Jh.): lt. *suicidium* (vgl. Freitod: *mors voluntaria);* mein Vater selig(en Gedächtn.): lt. *beatae memoriae;* Siebenmeilenstiefel: fz. *(Perrault) bottes de sept lieues;* Spiegeleier (18. Jh.): *œufs au miroir;* Staatsmann: fz. *homme d'état;* Staatsstreich (18. Jh.): *artificium politicum* u. = Verfassungssturz (1848): fz. *coup d'état;* Stammbaum (17. Jh.): lt. *arbor generationis;* Statthalter: mlt. *locum tenens:* fz. *lieutenant du roi;* Stelldichein (17. Jh.): fz. *rendezvous** Kriegsw.; Stilleben (18. Jh.): eng. *still life;* Stimmvieh: nordamerik. (19. Jh.) *voting cattle* v. Deutschen u. Iren!; Sturmbock: lt. *aries;* Stützpunkt: fz. *point d'appui;* Tafelrunde (König Artus): afz. *table ronde;* Tageblatt: fz. *jour-*

nal; Tagebuch: lt. *diarium*, fz. *journal*, gr.-lt. *ephemerides;* Tagegelder übersetzt (falsch) Diäten; Tagesordnung (parlam.): eng. *order of the day*, fz. *ordre du jour;* Tapet (= Tischdecke im Sitzungszimmer), aufs ~ bringen: fz. *mettre une affaire sur le tapis;* Tatbestand: lt. *species facti;* Tatsache: lt. *res facti*, engl. *matter of fact;* Tituskopf: fz. *coiffure à la Titus* (Talma 1791 ff.); Tölpel: mndl. *dorpere*, afz. *vilain;* Tragweite: fz. *portée* * Schußweite; Treppenwitz (19. Jh.): fz. *esprit d'escalier;* übereinstimmen: lt. *concordare*, gr. *symphōnein;* Überfluß *(ūbervluʒ)*: mlt. *superfluitas;* Übername (schon mh. Bei-, Nebenname): lt. *supernomen;* übertragen (sprachl.): metaphorisch; Übertragung: lt. *translatio;* Umsicht: *circumspectus;* Umstand: *circumstantia;* Umwelt (Baggesen): dän. *omverden;* unerbittlich: lt. *inexorabilis;* unermeßlich (* relig.): lt. *immensus;* unfehlbar: lt. *infallibilis;* ungeschliffen: fz. *impoli;* Unstern: fz. *désastre;* Unterordnung: lt. *subordinatio;* Umwälzung: lt. *revolutio;* Urbild: gr.-lt. *prototypus*, *archetypus;* Urschrift: gr.-lt. *autographum;* Veitstanz: mlt. *chorea sancti Viti;* veröffentlichen: lt. *publicare;* Versicherung (Seew.): ital. *assicuranza*, *assicurazione;* Versucher (relig.): lt. *tentator;* vertagen (parlam.): fz. *ajourner* (1798 ff.), eng. *adjourn;* vervielfältigen: lt. *multiplicare;* Vieleck: gr.-lt. *polygōnum;* Vielweiberei: gr.-lt. *polygamia;* Viereck (um 1400): lt. *quadrangulus;* Vogelschau: fz. *vue d'oiseau;* Völkerrecht: lt. *ius gentium;* Völkerwanderung: *lt. migratio gentium;* Volkslied (Herder): eng. *popular song;* Vollblut (Pferdezucht): eng. *full blood;* Vollmacht: lt. *plenipotentia;* vorbereiten: *praeparare;* Vorgebirge: lt. *promontorium;* Vorherbestimmung (relig.): lt. *praedestinatio;* Vorhut: fz. *avantgarde;* vorletzter: lt. *paenultimus;* vornehm: lt. *praecipuus;* Vorsicht (relig.): *providentia;* vor*sündflut*lich (16. Jh.), *antediluvianus* (16. Jh.); Vorurteil: *praeiudicium;* Vorwand *(fürwand)*: lt. *praetextus;* Waffenstillstand (17. Jh.): fz. *armistice;* wahrscheinlich: lt. *verisimile;* Währung: ital. *valuta;* Wahrspruch, 19. Jh. Verdikt, aus d. Engl.: lat. *veredictum;* Wälzer (18. Jh.) scherzh. f.: lt. *volumen;* Wasserleitung: *aquae ductus;* wasserscheu: gr.-lat. *hydrophobia;* Wechselbrief: ital. *lettera di cambio;* Wechselreiterei * (bei d. alten Post): ndl. *wisselruiterij;* Weisheitszahn (1717): *dens sapientiae*, gr. *sōphronistḗr;* Weltbürger (17. Jh.): gr. *kosmopolítēs;* Wendekreis (18. Jh.): *circulus tropicus;* meine Wenigkeit: lt. *mea parvitas*, eng. *my humble self;* Wiegendruck (19. Jh.): lt. (Mehrz.) *incunabula;* widerrufen: lt. *revocare;* wiederholen: lt. *repetere;* Wiedertäufer: gr.-lt. *anabaptista;* Wohlgefallen: lt. *bene placitum;* Wohltat: ah. *wolatāt*, lt. *beneficium;* Wolkenkuckucksheim: gr. *nephelo-kokkygiā;* Würdenträger: kirch.-lt. *dignitarius;* Zähler: mlt. *numerator;* Zahlwort: lt. *numerāle;* Zerknirschung (relig.): lt. *contritio (cordis);* zerstreut: lt. *distractus*, fz. *distrait;* Zeugnis: *testimonium;* züchtigen: lt. *castigare;* natürl. Zuchtwahl: eng. *natural selection;* Zufall, mh. *zuoval*, lt. *accidens;* Zweikampf: lat. *duellum;* Zweirad: eng. *bicycle;* Zwieback: ital. *biscotto*, fz. *biscuit;* Zwicker: fz. *pince (-nez);* Zwischenspiel: lt. *interludium.*

IV b. Lehnschöpfungen

Bahnsteig – Perron, Bannware – Konterbande, Ergebnis – Resultat, Fahrgast – Passagier, Fahrkarte – Billett, Fallbeil – Guillotine, Feingefühl – Takt, Freistaat – Republik, Geburtshelfer – Accoucheur, Gesichtskreis – Horizont, Hauptwort – Substantiv, Hochschule – Universität, Kehrreim – Refrain, Kraftwagen – Automobil, Lockspitzel – *agent provocateur*, Mundart – Dialekt, Nebenbuhler – Rivale, Schattenriß – Silhouette, Sinnbild – Symbol, Strichpunkt – Semikolon, tarnen – camouflieren, Verfasser – Autor, Weinbrand – Cognac.

IV c. Lehnbedeutungen

Die weitaus häufigste Form der zwischensprachlichen Beeinflussung ist die Lehnbedeutung. Jede Übersetzung stellt im Grunde schon den Versuch einer Lehnbedeutung dar. Als *spiritus sanctus* zum ersten Male mit Heiliger Geist übersetzt wurde, wurde damit gleichzeitig allen anderen Bedeutungen von *spiritus* der Weg zum Geist geöffnet, so wie später dann auch *esprit* manches von seinem Inhalt als Lehnbedeutung an Geist weitergab.

Alle Wörter der Religion, soweit sie alte Wörter sind, haben Lehnbedeutungen angenommen, so z. B. Beichte, Beten, Buße, Demut, ewig, fasten, Glauben, Gnade, Gott, Heil, heilig, Himmel, Hölle, Reue, Sünde, taufen usw.

Diesen Vorgang der Übernahme einer Lehnbedeutung erleben wir alle noch täglich. Wenn heute im Deutschen gelegentlich gesagt wird »Ich habe es nicht realisiert« und damit gemeint ist »Es ist mir nicht bewußt geworden«, dann ist das ein Anglizismus nach »*I didn't realise it*« – eine Lehnbedeutung des deutschen Wortes realisieren, die aus dem Englischen herübergenommen wurde.

Die Zahl der Lehnbedeutungen ist Legion, und darum müssen diese Andeutungen hier genügen.

V. Fremdwörter

Die Fremdwörter sind in den meisten Fällen durch ihre fremdartige Form und Betonung zu erkennen.

Wir haben das Eintreten der fremden Wörter nach Jahrhunderten eingeteilt: zunächst die Übergangszeit, d. h. das späte Mittelalter bis zum Beginn der Neuzeit: Advokat, Barbier, Komödie, Minute, Pirat, Phantasie machen nicht mehr den Eindruck von Lehnwörtern; doch gibt es noch gut eingedeutschte Beispiele.

Nicht immer ist es leicht, den Zeitpunkt des Eintrittes eines Wortes zu bestimmen; manche kommen vereinzelt schon im Mittelalter vor und werden erst später geläufig und eingebürgert; so findet man Pöbel und Physik schon im Parzival erwähnt: 350, 29 *(bovel)* und 481, 15 *(fisiken)*; wir führen es aber erst unter den Fremdwörtern des 16. Jahrh. auf. Als eingebürgert kann ein Fremdwort gelten, wenn es von den Schriftstellern allgemein gebraucht wird oder wenn die Wörterbücher es erwähnen. Damit sind die

Schwierigkeiten der richtigen Einordnung eines Fremdworts aber noch nicht alle aufgezählt.

Hotel ist schon 1727 in der Bedeutung ›Herrenhaus‹ bezeugt, als Gasthof aber erst 1776 bei Goethe; General = Feldherr tritt erst im 16. Jh. auf, als Oberer von Mönchsorden jedoch schon im 13. Liberal bedeutete im 16. Jh. freigebig; als politischer Parteiname erwirbt es erst im 19. Jh. Bürgerrecht. Larve bezeichnet im 14. Jh. nur Maske, im 18. tritt dazu die Bedeutung Puppe (des Schmetterlings). Konfekt gibt es schon im 14., Konfektion erst im 19. Jh. Im Mittelalter kannte man schon Kompanie (als Gesellschaft), im 16. Jh. bezeichnete man damit Handelsgesellschaften; ein militärischer Ausdruck wurde das Wort aber erst im 30jährigen Kriege. Im 13. Jh. erscheint Kommune, erst im 19. das dazu gehörige Eigenschaftswort kommunal. Kolonisieren tritt im 16. Jh. auf, Kolonie im 17., Kolonist im 18., Kolonialwaren aber erst im 19. Jh.! Kommis bezeichnet heute nur noch den Handlungsgehilfen, früher (noch bei Schiller) den amtlich Beauftragten, wo wir jetzt Kommissar sagen würden. Während es den Monteur[1] erst im 19. Jh. gibt, kannte schon das Mittelalter den Ausdruck montieren. Die »Mode« stammt aus dem 17. Jh., das Eigenschaftswort modern drang erst im 18. ein. Insel tritt schon im Mittelalter auf, isolieren ist ein ganz neues Fremdwort (19. Jh.). Interesse ist im 16. Jh. eingebürgert, interessant erst im 18.; Takt als musikalischer Ausdruck ist seit dem 16. Jh. üblich, in dem Sinne Schicklichkeit, Anstandsgefühl seit dem 18. Gelungene Eindeutschungen kommen auch in der neueren Zeit vereinzelt vor. Staat (17. Jh.) klingt gut deutsch, und vollends das von Ludwig Jahn aus dem fz. *tourner* geschaffene turnen erscheint viel deutscher als das schon im Mittelalter entlehnte Turnier. Student, ebenfalls schon im Mittelalter üblich, hat die lat. Betonung bewahrt. Der glücklich gebildeten ah. Form Pfalz aus lat. *palatium* folgt im 12. Jh. Palast mit fremdartiger Betonung, und im 18. Jh. hielt man es für nötig, für deutsche Fürstensitze die französische Form desselben Wortes, *palais*, zu gebrauchen. Parieren wird man an drei Stellen finden (16., 17., 18. Jh.), weil es sich eben um Ableitungen von drei ganz verschiedenen Stammwörtern handelt.

Vollständigkeit in diesen Listen war schon aus Rücksicht auf den Raum nicht möglich; sie sollen ja auch nur zur Ergänzung des Wörterbuchs dienen.

Wir beginnen das Verzeichnis der Fremdwörter mit dem 15. Jh., das eine Übergangszeit darstellt und ebenso gut den Beschluß des Lehnwörterverzeichnisses bilden könnte. Scharfe Grenzen gibt es in der Sprachgeschichte noch weniger als in der politischen Geschichte.

15. Jahrhundert

Advokat, Alchimie, Almanach, Apparat, Artikel, Atlas (Zeug), Bankett, Barbar, Barbier, Barett, Bastei, Cholera, Degen (Waffe), Dolmetsch(er), Dose, Ginster, Golf, Gymnasium, Haubitze, investieren, Investitur, Jacke, Kalender, Kanal, Kaneel, Kapitän, karmesin, Kartause, Kommissar, Kommune, Komödie, Kompaß, Kompromiß, Konfekt, Konsonant, Konstitution, Konsul, Kopie, Küraß, Kurbel, Lineal, Magister, Mameluck, Medizin, Minute, Monstranz, Muster, Mütze,

[1] 1917 wurde einmal als amtliche Bezeichnung Richtmeister einzuführen versucht.

Orthographie, Pädagog, Pantoffel, Papier, Patrizier, Patron, Pedell, Peitsche, Phantasie, Pirat, Pirol, Podagra, Polier, Polizei, Pomeranze, Pomp, Portal, Praktik, Pranke, Proviant, Prozession, Puls, Pult, Puppe, Quadrat, Quart, radieren, Region, Register, requirieren, Residenz, Reverenz, Revers, Rezept, Ries (Papier), Rosine, Rosmarin, Rubrik, rumoren, rund, Säbel, Salat, Salpeter, Sekretär, Semikolon, Sentenz, Sklave, Skrofel, Skrupel, Spargel, Spelunke, Sporteln, Stieglitz, Student, subtil, Tapete, taxieren, Teller, Tenor, Testament, Tiger, Traktat, Tresor, Tribunal, Tribüne, Tribut, Tuffstein, Uhr, vexieren, Zitadelle, zitieren.

16. Jahrhundert

addieren, ade, Admiral, adoptieren, Affekt, Agent, agieren, Akademie, Akkord, Akzent, Alarm, Alkohol, Allegorie, Alligator, Alphabet, Alt, Altan, Amalgam, Ananas, Anatomie, Anemone, Appell, Appetit, Apostroph, applaudieren, apropos, Äquator, Architekt, Aristokratie, Arithmetik, Aroma, Arrest, arretieren, arrogant, Arsenal, Arsenik, Aß, Assessor, Astrologie, Astronomie, Atlas (Kartensammlung), Attentat, Audienz, Auktion, Autor, Autorität, bacchantisch, Bagage, Ballade, Banane, Bandit, bankerott, Baron, Basar, Bibliothek, Bilanz, Billard, birschen (pirschen), Biskuit, Blasphemie (s. blamieren 17. Jh.), Büfett, Bussard, Chamäleon, Chirurg, Damast, Defekt, deklamieren, delikat, Devise, Diät, differieren, diktieren, direkt, diskret, Dissident, Distanz, dividieren, Doktor, Dolch, doppelt, Echo, Edikt, edieren, Effekt, Eldorado, Eleganz, Eremit, Essenz, Etymologie, Examen, Exkrement, Experiment, Extrakt, Exzeß, Faktotum, fallieren, famos, fanatisch, Ferien, Fideikommiß, Fiskus, fix, fixieren, Flor, Flöte, Folie, Fraktur, Fragment, Fregatte, Frettchen, Frikassee, Furie, Furier, Furnier, Galosche, Garnison, General (kirchlich schon 13. Jh.), Geograph, Geometer, Geste, Gletscher, Gnom, Gran, Grammatik, grassieren, gratis, gratulieren, Grazie, Gurke, Halunke, Horde, Horizont, Hummer, Humor, Husar, Hyäne, Hypothek, Idiot, Ignorant, imitieren, Infant, Interesse, Injurie, inquirieren, Inspektion, installieren, Instanz, Instrument, Inventar, Janitschar, Jasmin, Jauche, Justiz, Juwel, Kanarienvogel, Kaninchen, Kannibale, Kanon, Kantor, Kaper (Strauch), Kapitulation, Kapuziner, Karawane, Karbunkel, kassieren, Katalog, Katarrh, Katechismus, katholisch, Kaution, Kavallerie, Klima, Kloake, Kohlrabi, Kollation, Kollege, Kollekte, Kolon, Komma, Kommentar, Kompagnon, komponieren, Konfession, konfirmieren, konfiszieren, konfus, konjugieren, konservieren, Konsorte, Konstruktion, Konterbande, Kontor, Kontrakt, Kontrapunkt, Konversation, Konzession, Kordel, Korinthe, Kork, Kultus, Kur, Kurier, kurieren, Kurrende, Kurs, Kutsche, Kux, Labyrinth, Lakai, Lärm, Latz, legieren (vermachen), Legion, Leutnant, liefern, Literatur, Lyzeum (als Mädchenschule 20. Jh.), Magazin, Magie, Magistrat, Mais, Major, Makulatur, Malachit, Malve, Mandat, Manier, Marketender, Marmor, Marzipan, Maske, Material, Mathematik, Matrikel, Matrone, mechanisch, Melone, Meute, meutern, Mineral, Mission, Moll, Monarch, Monstrum, Monument, Morast, Motette, Motiv, Muff (Rückw.), Mumie, Munition, Muskel, Muskete, Mystik, narkotisch, Nation, Negation, Nerv, nett, neutral, Nomade, Null, Objekt, offerieren, Offizier, Oleander, operieren, Opium, opponieren, Orakel, Ordonnanz, Original, Ostentation, Pakt, Panazee, Parenthese, parieren (gehorchen), Park, Partisane, Pasquill, Paß, Passage, Passagier, passen, passieren, Pastete, Patient, Patriot, Patrone, Pavian, Pedal, Pennal, perfekt, Periode, Perspektive, Pest, Petrefakt, Philolog, Philosoph, Phlegma, Physik, Pietät, Pilot, Pöbel, Pokal, Polyp, Popanz, Porphyr, Portion, Porzellan, Positur, Posse, Post, Postament, Posten (Betrag), Postille, Postillion, Potentat, Präbende, Prahm, Präparation, präsentieren, Präsident, Presse (Buchdrucker-), Prinzipal, privat, Profeß, Profession, Professor, Profit, Profoß, Proportion, prosit, protegieren, Protestant, Protokoll, provozieren, Puder, Pumpe, Qualität, Quantität, Quartal, quittieren, Rakete, Ranunkel, Rapier, rar, Raspel (Rückw.), Rebell, Refektorium, Reformation, Regent, Regiment, Rektor, Religion, renovieren, Rentner, reparieren, repetieren, Repressalie, Reputation, reservieren, Resignation, Respekt, Rest, Restauration, Retorte, revidieren, rezitieren, Rhabarber, Salmiak, salutieren, sanguinisch, Sardelle, Sardine, Satisfaktion, Sauce, Scharbock, Scharteke, Schleuse, Schmirgel, Serviette, Session, simulieren, Soldat, Sophist, Sorte, Spektakel, Spekulation, Spinett, Spiritus, Staket, Stipendium, Subjekt, Substantiv, Substanz, Superintendent, suspendieren, Sylphe, Taft, Takt, Talar, Talk, Tasse, Temperatur, Termin, Thema, Theologie, Tinktur, Torte, total, Tradition, Tragödie, traktieren, Troß, Trott, trotten, Trumpf, Tulpe, Tumult, Universität, Utopie, Vademekum, vakant, Ventil, Vitriol, Vokabel, Vokal, Zeremonie, Zitrone, zivil, Zylinder.

17. Jahrhundert

absurd, adieu, Adjutant, Affäre, affektiert, akkurat, Akt, Aktuar, Alkoven, Allee, alliieren, alterieren, Amarant, Amethyst, amüsieren, Antipathie, Apanage, apart, Archiv, Arie, Artillerie, Artischocke, Atheist, Auditorium, Auster, Aversion, Axiom, Bagatelle, Bai, Bajonett, Balkon, Ballett, Ballon, Bambus, Bank (Geld-), Baracke, Barde, Bastion, Bataillon, Batterie, Bergamotte, Billett, Biwak, bizarr, blamieren (s. Blasphemie 16. Jh.), blessieren, blockieren, Blockade, blümerant, Bombe, Bratsche, brav, Bresche, Brigade, Brokat, brünett, brutal, Canaille, Chaos, Chef, Courage, Cousin, Dame, Defensive, Delinquent, desertieren, Despot, devot, Dezember, Dialekt, Dialog, Dosis, Dragoner, Droge, Duell, Effekten, Elixier, emanzipieren, Eminenz, engagieren, entern, Equipage, Eskadron (Schwadron, Geschwader), Eskorte, Exequien, exerzieren, Existenz, expreß, extravagant, extrem, Exzellenz, Familie, Fasson, fatal, Fazit, feudal, Fidibus, filtrieren, Finanzen, Finesse, fingieren, Finte, Flanke, Flibustier, Florett, florieren, Foliant, Folio, Fontäne, frank, frisieren, frivol, Front, Fuge, Funktion, Furage, Gage, Galan, galant, Galerie, Galopp, Gardine, Gaze, Gitarre, Gondel, Granate, grotesk, Grotte, Harlekin, Harmonie, heroisch, Hokuspokus, honett, horribel, human, Idee, Idiom, Individuum, Infanterie, infam, Ingenieur, inkognito, Jacht (holl., nicht engl.), Janhagel, Journal, Juchten, Kabine, Kabinett, Kadaver, Kai, Kalesche, Kamerad, Kamisol, kampieren, Kanone, Kap, Kaper (Seeräuber), Kapital, Karabiner, Karosse, Karotte, Kartätsche, Kartell, Karussell, Kasematte, Kasse, Kataster, Katheder, Kavalier, Kavalkade, Kaviar, Klient,

Knute, Koffer, kokett, Kolik, Kolonie, Kolorit, Koloß, komisch, Komitee, Kommando, Kommiß (-brot), Komödiant, Kompanie, Komplize, Kompliment, Komplott, kompromittieren, Kondolenz, Konferenz, Konkurrent, Konnexion, Konstabel, konsumieren, Konterfei, Konto, Konzert, kordial, Korporal, Korrespondenz, Korsar, Krawatte, Kredit, krepieren, Kritik, Kronprinz, Kuppel, Kürassier, kurios, Küste, laborieren, Lack, Lafette, lakonisch, Lama, legal, Legat (Schenkung), Letter, Lexikon, liquidieren, Liste, Livree, Logarithmus, Logik, Luxus, Machination, Magnat, Majorat, Mama, Mandarin, Manufaktur, Marke (Rückw.), Marmelade, marode, Marone, Marsch, marschieren, martialisch, Maschine, Maskerade, massiv, Mätresse, Matrose (Rückw.), Maxime, Medaille, Miene, Million, Mine, Miniatur, miserabel, Möbel, Mode, Modell, Moment, Moral, Muse, Musik, Mysterium, Nektar, netto, Nipp(sache), Nische, nobel, Notiz, Nummer, Nymphe, Ode, Offensive, Offerte, Ökonom, Onkel, Opal, Oper, Operette, Orkan, Orlog(schiff), oval, Ozean, Page, Palette, Palisade, Pallasch, Pandekten, Papa, Parade, parat, Pardon, parieren (beim Fechten), Parität, Parodie, Parole, Partitur, Pasch, Patent, pathetisch, Pedant, permanent, perplex, Perücke, Phosphor, Phrase, physisch, Pietismus, pikant, Pille, Pionier, Pistole, Plakat, platt, Plattform, Poesie, Police, Politik, Pomade, Ponton, Porto, Posamentier, Prämie, Praxis, Präzedenz(fall), präzis, Prinzessin, Priorität, profan, Professur, Projekt, Promenade, Promotion, prompt, prostituieren, Prozedur, Prozent, Quäker, Quarantäne, Quintessenz, Rabatt, rabiat, Radieschen, Rang (Rückw.), Rapport, Rarität, rasieren, räsonieren, real, Redoute, reduzieren, reflektieren, Regal (Fach), regalieren, Rekrut, Rendezvous, Renegat, Renommee, Republik, Reserve, resolut, Ressort, Resultat, Retirade, Revision, Revolte, Risiko, riskieren, rüde, Salve, Schabracke, schächten, Schafott, Schakal, Schaluppe, Scharlatan, scharmant, Schärpe, Schatulle, Schikane, Schokolade, Schwadron, Sekunde, Sellerie, Seminar, Senior, separat, Serail, Serenade, Sergeant, Signal, Skelett, Skizze, Sofa, solenn, solid, Sonett, Sorbett, souverän, Spalier, Spaß, spedieren, Spion, Staat, Stafette (Rückw.), Standarte, Statue, Stigma, Stoff, Strapaze, Striegel, Strophe, Sympathie, Tabak, Tabelle, Taille, Talent, Tambur, Tante, Temperament, Tempo, Terrain, Terzerol, Tolpatsch, Tonsur, Tornister, Tort, Tour, tragisch, Train, Transport, Traß, Triller, Triumph, Trompete, Trupp, Turban, Union, universal, Valuta, via, Visite, Volontär, Volumen, vulgär, Vulkan, Weste, Zar, Zenit, zensieren, Zichorie.

18. Jahrhundert

abnorm, abonnieren, abstrakt, Agio, Agraffe, Akten, Aktie, Akustik, Allotria, Amphibie, Amphitheater, Amulett, Analogie, Anarchie, Anekdote, Annalen, Annonce, anonym, Anthologie, antik, Antipode, Äonen, Apfelsine, Aprikose, Archäologie, Arkade, Arrak, arrangieren, Asbest, Asket, Aspirant, Aster, Ästhetik, Asyl, Äther, Athlet, Atmosphäre, Attest, Attribut, Autodafé, Autodidakt, Autokrat, Automat u. a. mit auto-, Azur, Balustrade, barock, Basalt, Bassin (s. Becken), Belletrist, Belvedere, Benefiz (um 1800), Berserker, bigott, Billion, Biographie, Blonde (Spitze), Blondine, Boje, Bombast, Bonbon, borniert, Boskett (Bukett), Botanik, Bouillon, Bowle, Brigant, brillant, Bronze, Broschüre, brüsk, bugsieren, Büro, burlesk,

Büste, Champagner, Champignon, Chaussee, Chemie, Chemisett, Chiffre, Chiragra, Chrestomathie, Clique, Dämon, Debatte, defilieren, definieren, Defizit, Deïst, Demagog, Demokrat, Depesche, Dessert, dezent, Diarrhöe, Diäten, Dilettant, Diplom, Dividende, Dokument, Dom, Domäne, Domino, Drama, dressieren, Dynastie, echauffieren, Egoist, eklektisch, Ekstase, elastisch, elegant, elegisch, Elfe, Ellipse, Emaille, Emblem, empirisch, energisch, enorm, Enthusiast, Epidemie, Epigramm, episch, Episode, Epoche, Estrade, etablieren, Etage, Etappe, Etikette, Etui, eventuell, evident, Exil, exotisch, Fabrik, fade, Fassade, Fata Morgana, Faun, Fayence, Fetisch, Fiaker, Fiber, fidel, Fiktion, Filet, Flanell, flau, Floskel, Flottille, Fond, Fonds, Fossilien, Frack, fungieren, Gala, galonieren, Gamasche, Gauner, Gazelle, Gelee, Gelatine, Gendarm, Generation, generös, genial, Genie, genieren, Glacis, Gouvernante, Graphit, Grenadier, Grimasse, Gruppe, Guillotine, Havarie, Heiduck, Hekatombe, Heraldik, Hermandad, hermetisch, Hoboe, Honorar, Hotel (Gasthof), Hymne, Hypochonder, Hypothese, Hysterie, ideal, identisch, Idyll, Illusion, Illustration, impertinent, imponieren, Indianer, Industrie, Influenza, Initiative, Insekt, Instinkt, interessant, Intermezzo, intim, Intrigant, Ironie, jovial, just, Jux, Kabale, Kadett, Kaffee, Kaffer (nicht aus d. Volksnamen), Kakao, Kaliko, Kamee, Kanapee, Känguruh, Kantate, Kantine, Kanton, Kantschu, Kanu, Karaffe, Karbonade, Karikatur, Karmin, Karneval, Kartoffel, Karton, Kaserne, Kasino, Kaskade, Kassette, Kaste, Katafalk, Katakombe, Katastrophe, Kategorie, Kiosk, Klarinette, Klausur, Klavier, Klub, Knaster, Kokarde, Kolonist, Kolonne, Kolporteur, Kombination, Komment (gegen 1800), Kommers, Kommode, kompetent, kompilieren, Konditor, Kondor, Kondukteur, Konflikt, Konklave, konsequent, Konsole, konstant, Konteradmiral, Kontinent, Kontrast, Kontrolle, Kontur, konzentrieren, Korridor, Korsett, Korvette, Kostüm, kraß, Krater, Kreole, Krethi u. Plethi, Krise, kulant, Kulisse, Kultur, Kumpan, Kuratel, Kutter, Lava, lax, legieren (vermischen), Lektüre, Levante, Levkoje, Libelle, Likör, Limonade, Liturgie, Lloyd, Loge, lokal, Lorgnette, Lotterie, Lotto (Rückw.), loyal, Mahagoni, Majolika, Makkaroni, Makrone, malträtieren, Mamsell, Manie, Mansarde, Manchester, Manschette, Mantille, Marine, Marionette, markieren, Markise, Maroquin, Marotte, Matador, Matjeshering, Matrize, Mazurka, Mausoleum, Mechanik, Melodrama, Menagerie, Mentor, Meridian, Mestize, Metamorphose, Metapher, Meteor, Methode, Mignon (Rückw.), Migräne, Mikroskop, Militär, Miliz, Mime, Minister, Misanthrop, mobil, modern, mokieren, Molluske, Mosaik, Moschee, Moschus, Motto, Mulatte, Museum, Musselin, Myriade, mysteriös, Nabob, naiv, Narkose, Neger, Negligé, Nekrolog, Nepotismus, Niete (Los ohne Gewinn), Nimbus, Niveau, normal, Novelle, Novität, obskur, obstinat, obszön, Omelette, Optik, Optimismus, Orange, Orang-Utan, Orchester, ordinär, Organ, Orgie, orientieren, orthodox, Ottomane, Ouvertüre, Oxhoft, Oxyd, pädagogisch, Pagode, Paladin, Palais (Palast, Pfalz), Pamphlet, Pandur, Paneel, panisch, Pantheismus, Pantheon, Pantomime, paradox, parallel, Paralyse, Parasit, parieren (wetten), Parkett, Parlament, Parochie, Partie, Parvenü, Parzelle, paschen, passiv, Pastell, Pathos, Patrouille, Pavillon, Pekesche, Pendant, Pendel, penibel, Pension, Pensum, perfid, Peripherie, Perpendikel, Perron, persiflieren, pervers, Petrefakt, Phänomen, Phantom, Philanthrop, Physiognomie, Physiologie, Pianoforte, Picknick, Piedestal, Pinasse, Pinie, pittoresk, placieren, plädieren, Plan (Grundriß), Plantage, Plastik, Platane, Platin, Plattform, plausibel, Plebejer, Pleonasmus, Pol, Polemik, Polonäse, populär, Pore, Portefeuille, Portepee, Portier, Porträt, Position, positiv, Posten (Wache), Potenz, Potpourri, poussieren, Prädikat, prägnant, praktisch, Prätendent, preziös, Primadonna, Primaner, Primel, Prinzip, Prise, Prisma, probat, Problem, Produkt, Profil, Programm, Prokura, Proletarier, Proselyt, Prospekt, Protest, provisorisch, Provisor, prüde, pseudonym, Psychologie, Publikum, Pudding, pulsieren, Punsch, Pupille, Quadrille, Quartett, Rabatte, radikal, raffiniert, Ragout, Rampe, rangieren, ranzig, Raps, Raptus, Rasse, Ration, Rebus, Redakteur, redigieren, reell, Reform, Refrain, Regatta, Reglement, regulär, reklamieren, Rekonvaleszent, relativ, Relief, Relikten, Remise, Remonte, Remuneration, renitent, Renommage, renommieren, Repräsentant, Requiem, Reseda, Revanche, Revue, Rezensent, Rezitation, Ritual, Rival, Roastbeef, Robe (Rückw.), robust, Rokoko, Rouleau, Route, Rum, Saffian, Saison, Saline, Salon (Rückw.), Sandale, Sansculotte, Sappe, sarkastisch, Satire, Schablone, schäkern, Schal, Schalotte, Scharade, Scharpie, Schellack, Schema, schofel, Schoner, Schorlemorle, Sektion, Semester, Sensation, sentimental, Serenissimus, Service, Servis, Siesta, Silhouette, Singular, Sinfonie, Situation, Skala, Skalp, Skandal, skeptisch, Sockel, Soda, Solo, Sonate, Sonde, sonor, Sopran, Soubrette, Souffleur, Souterrain, sozial, Spediteur, speziell, spezifisch, Sphäre, Spirale, Spleen, Staffage, Station, Statist, Stenographie, Steppe, Stil, stoisch, strikt, stupide, subaltern, subjektiv, Subordination, Symbol, Symmetrie, Symptom, Syndikat, Synode, Syringe, System, Szene, Tablett, Taktik, Talisman, Tarif, Taste, tätowieren, Tattersall, Tautologie, Taxus, Technik, Tee, Teint, Teleskop, Tendenz, Terrasse, Terrine, Terzett, Theater, Theorie, Thermometer, These, Tiara, Tirade, Titan, Toast, Toilette, tolerant, Torso, transparent, transpirieren, Trapez, Travestie, Treff (Kleeblatt), Tresse, Trikolore, trivial, Trophäe, Trüffel, Tusche, Typus, Ukas, Ulan, Ultimatum, ultramontan, Uniform, Urne, Usurpator, Utensilien, vag, Vagabund, Vampir, Vanille, Variation, Vase, Vaudeville, Vegetabilien, Vegetation, vertikal, Veteran, Veto, Vignette, Villa, violett, Violine, Virtuose, vivat, Xenie, Yankee, Zelot, Zement, zentral, Zervelat(wurst), Zirkular, Zirkus, ziselieren, Zitat, Zone, Zoologie, Zyane, Zyklus, zynisch.

19. Jahrhundert

agitieren, Agrarier, annektieren, Antisemit (1879), Ar (1868), Arabeske, Asphalt, Attentäter, Automobil (um 1900), banal, Banause (um 1800), blasiert, Bonmot, Bonne, boxen, Boykott, Brigg, Brise, Brosche, Cerevis, Chauvinismus, Coupé, Coupon, Dementi, Droschke, Dusche, Dynamit, Enklave, erratisch, Exkönig (-minister, -mönch u. a.), Explosion, Export, fesch, Feuilleton, Fiasko, Filiale (Filialkirche schon 16. Jh.), Filigran, Film (um 1900), Fjord, Flirt (gegen 1900), forsch, Foyer, Fraktion, Franktireur (1870), Furore, Geiser, generell, Germanist, Glacé, Gong, Grog, Gulasch, Hektar (1868), Herbarium, Humbug, Humoreske, Hypnose, improvisieren, Impuls, Inserat, intelligent, Internationale (1864), Interview (nach 1870), isolieren, Jockei, Jod, Jute, Kalauer (1879), Kali, Kamarilla, Kandelaber, Kandis, Kater (um 1850 aus Katarrh), Kautschuk, Kilogramm (1868), Klischee, Klosett, Koks, Kolonialwaren, Komfort, Kommis, kommunal, Kompott, Konfektion, konservativ, Konsols, konstatieren, Krawall, Kretin, Krinoline, Kurve, Lapidar(stil), Lapsus (1837), Lawn-Tennis, Legitimität, liberal (= politisch freisinnig; dagegen = freigebig schon 16. Jh.), lila, Liter (1868), Litewka, Lithographie, Lokomotive, Lupe, lynchen, Mammut, mediatisieren, Mensur, Meter (1868), Milieu (nach 1870), Militarismus (nach 1860), Mob, Mole, Molekül, Monteur, Moskito, Motor, Nihilist, Nirwana, Oase, Obstruktion (polit. Schlagwort seit 1897), offiziell, oktroyieren (1848), Omnibus, optieren (nach 1864), ostentativ, Ozon (1839), Paletot, Panoptikum, Panorama, Panslawismus (vor 1850), Paraffin, Parfüm, Paria, Partikularismus, Partner, Pastille, patent, Patina, Pauschquantum, pekuniär, Pessimismus, Phonetik, Phonograph, Photograph, Plagiat, Plaid, Plateau, Plombe, Podium, Pogrom (um 1900), Poliklinik, Polizist, Polka, Polytechnikum, Pompadour, Pony, Porter, Portemonnaie, Pose, Prärie, Prestige, primär, primitiv, prinzipiell, Prognose, Propaganda, Propeller, Protoplasma, Putte, Qualifikation, Radium, rapid, Rate, Razzia, Regisseur, Reklame, Rekord, Rendant, Repertoire, Reporter, Reptil, Restaurant, Retourbillett, Revolver, riskant, Rosette, Roué, Rowdy, Rüsche, Sabotage, Scheck, Schlips, Schrapnell, Sekt, Serum, sexuell, Ski, Skulptur, Soiree, Soutane, Spiritismus, Spirituosen, Sport, Sprit, stigmatisieren, Stratege, Streik, Surrogat, synonym, Taifun, Talmi, Tantieme, Techniker, Techtelmechtel, Telegraph, Telegramm, Telephon, Terrakotta, Theismus, Therme, tiptop, Tomate, Torpedo, trainieren, Trajekt, Tram (-bahn, nach 1870), Trichine, Trick, Trikot, Tropen, tropisch, Trottoir, Tschako, Tuberkel, Tunnel, Turbine, turnen, Typhus, Variété, Vegetari(an)er, Ventilation, Veranda, Verdikt, Vestibül, Veterinär, Viadukt, Vivisektion, Waggon, Zentimeter (1868), Zigarre, Zötus, Zyklon.

20. Jahrhundert

Antenne, Astronaut, Automation, Bikini, Callgirl, Detektor, Devisen, Faschismus, fotogen, Inflation, Integration, interzonal, Jazz, Jeep, Kardiogramm, Kolchos, Kosmonaut, Kraul(schwimmen), Layout, Marketing, Megaphon, Mikrophon, Public Relations, Radar, Radio, Sild, Spurt, Start, Taxigirl, Teenager, telegen, Telekratie, Television, Test, Valuta.

VI. Neubildungen und Neuverwendungen der jüngsten Zeit

a. Wörter, die seit 1933 und während des 2. Weltkrieges entstanden (bzw. vorwiegend in Gebrauch kamen)

Eine Untersuchung der Sprachwandlungen seit 1933 dürfte besonders interessante psychologische Aufschlüsse über die Ereignisse jener Jahre geben können. Bisher ist an größeren Untersuchungen außer dem Buch des Romanisten Victor Klemperer: *LTI* (1947) nur die Arbeit von Cornelia Berning: *Die Sprache des Nationalsozialismus* erschienen (in der Zs. f. Dt.

Wortf. 16/1960ff., jetzt auch als Buch: '*Abstammungsnachweis*' *bis* '*Zuchtwart*', *Vokabular des Nationalsozialismus*, 1964). Die Zeitschrift »Die Wandlung« brachte eine Reihe »Aus dem Wörterbuch des Unmenschen« (die inzwischen 1957 auch als Buch erschienen ist). Über die Soldatensprache des 2. Weltkrieges, die oft die politischen Machthaber schlagartig entlarvte, fehlt leider noch jede größere Untersuchung und Sammlung – wenigstens im Druck. Vielleicht können die folgenden wenigen Beispiele zu Sammlungen anregen.

Affenschaukel (Adjutantenschnüre), Ahnenpaß, Alter Kämpfer (Pg. vor 33), Altreich, Arbeitsfront, artfremd, Atombombe, aufnorden, ausgebombt, auslasten, ausrichten (die weltanschauliche Schulung), Austauschstoff (Ersatz), Behelfsheim, Bleib übrig (Berliner Gruß gegen Kriegsende), Blitzkrieg, Blitzmädel (Nachrichtenhelferin), Blubo (Blut- und Boden-Stil), Bolona! (Bombenlose Nacht), Bombenfrischler, Bombenteppich (Lüs. v. eng. *bombcarpet)*, Bräuteschule, deutschgläubig, Drahtfunk, an den Drücker kommen, Düsenjäger, Ehestandsdarlehen, einkesseln, Eintopf, entrümpeln, Erbhofgesetz, Fallschirmjäger, Ferntrauung, kleine Fische, flachfallen, Flak (Fliegerabwehrkanone), fliegergeschädigt, Fremdarbeiter, Frontbegradigung, Führerprinzip, Gauleiter, Gehwarzen, Gemeinschaftsempfang, Gleichschaltung, Goldfasan (hoher Parteifunktionär), Gröfaz (größter Feldherr aller Zeiten), Großraumordnung, Heldenklau (der nach neuen Soldaten für die Front sucht), Hiwi (Hilfswilliger), Igelstellung, Jugendweihe, Kessel (rund herum abgeschnittene Frontstellung), Kriegsberichter, Kohlenklau, Kristallnacht, Kulturschaffende, Kunstbetrachter, KZ, Luftschutz, Masche, Matratzenhorchdienst (Schlafen), Meyers Wunderhorn (Luftschutzsirene, wegen Görings Rede »Ich will Meyer heißen, wenn ...«), Mutterkreuz, Nahkampfspange, Napola (Nationalsozialistische Erziehungsanstalt), Null-acht-fünfzehn, nullkommanichts, Ordensburg, Ordensjunker, organisieren (etwas auf nicht ganz legale Weise besorgen), Ostmark, Pak, Panzerfaust, Pflichtjahrmädel, pfundig, Pfunds-, Plutokratie, Propagandakompanie, Pulk (Gruppe von Flugzeugen usw.), Quisling, Rassenschande, Reichsbischof, Reichseinsatzredner, Reichskulturkammer usw., Reichsparteitag, Rollbahn, Rückvolkung, schlauchen (jem. hart anpacken), Schnorchel (Vorrichtung für den Luftaustausch), schräger Vogel, Schrumpfgermane, Schulungsbrief, Semigrant, Sicherheitsdienst, Sonderführer, Staatsschauspieler, Stalinorgel (Geschütz), Stenz, Störsender, Stuka (Sturzkampfflieger), totaler Krieg, Traumfabrik, Umbonzifizierung, Umschulung, Vierjahresplan, V-Mann (»Vertrauensmann«: nachrichtendienstlicher Fachausdruck für Agenten), Volksempfänger, Volksgerichtshof, Volksoffizier, Volkssturm, Volkswagen, Volkswohlfahrt, Wehrbetreuung, Wehrkraftzersetzung, Wehrmachtshelferin, Wehrwirtschaftsführer, wehrwürdig, Winterhilfe.

b. Wörter, die seit 1945 entstanden oder besonders in Gebrauch kamen

Aktivist, Ami (Amerikaner, Zigarette), Anhalter (per A. fahren, trampen), Astronaut, Aufhänger (journal. Fachsprache: anreizender

Anfang), Automation, Besatzer, Bikini, Bundesdorf, Bundeshauptstadt, usw., Callgirl, Camping, Demokratur, Diskothek, Elektronengehirn, entnazifizieren, entnazisieren, Eiserner Vorhang, Europa-Armee, Filmselbstkontrolle, Fragebogen, fraternisieren, Gehirnwäsche (Korea 1953), Grenzmoral, Halbstarke, Heimatvertriebene, idiotensicher, Jeep, Kalter Krieg, Knolli Brandy (Rübenschnaps der Vorwährungszeit), Knüller (journalistischer Reißer), Koexistenz, Kollaborateur, Kollektivschuld, Kompensationsgeschäft, Kosmonaut, Krimi, Lastenausgleich, Lieschen Müller, Luftbrücke, Managerkrankheit, Masche (= Trick), Maximalverzichter (Normalverbraucher), Mini-Bikini, Mitläufer, Moped (motorisiertes Pedal 1953), Motel (Motorfahrer-Hotel 1953), Musiktruhe, Nordrhein-Westfalen, OdF (Opfer des Faschismus), Onkelehe, Opusmusik, Parkograph, Persilschein, Picassoeuter (Milchtüte), Playboy, Polizeiaktion (= Krieg, der keiner sein soll), Quiz, Rabatzer (Kinderschmuggler), Remigrant, Restdeutschland, Resistentialismus, Rückversicherer, Rufmord, Schnulze, Schwerstarbeiterzulage, Seifenkistenrennen, sexy, Soforthilfe, Soll (Übersoll), Soziale Marktwirtschaft (1948: Müller-Armack), Spruchkammer, ständiger Begleiter, Striptease, Südweststaat, supranational, taktieren (= Taktik anwenden), Taxigirl, Teenager, Toto, Trizonesien, Twen, Unbewältigte Vergangenheit, UT-Ware (unter der Theke), verdrängte Beamte, Verfolgte (des Naziregimes), Veronikas, Vertriebene, Volksdemokratie, volkseigener Betrieb, Volkspolizei, Volksrichter, Währungsreform, Wiedergutmachung, Wiedervereinigung, Wirtschaftswunder.

B

1. Artikel, Geschlechtswort, seine Verschmelzung mit dem Dingwort (Aufhebung der Wortgrenze)

Driburg *(to der Iborg)*, Hannover (am hohen Ufer), Tannenkirch (elsäss. = die Annenkirche, K. d. heil. Anna), Eichicht b. Saalfeld: »Mäch« = im Eichicht, ähnl. O.N. Eßbach: Meßbach u. Maspich, Au am Berge b. Saalfeld: Rā (= in der Au usw.); **arabisch:** Alchimie, Algebra, Alkali, Alkohol, Alkoran, Alkoven, Almansor der Sieger, Elixier, Elmira die Fürstin; bei Gibraltar *(gebel al Tarik* = Berg des Tarik) steckt d. Art. i. d. Mitte, Alcázar die Festung, Alhambra die rote Festung; nicht hierher gehören Almanach, Almosen, Alphabet, Alraune; **spanisch:** Alligator, Eldorado; **portug.:** Oporto der Hafen; **griechisch:** Tautologie, Stambul (s. Politik); **französisch:** Lafette *(l'affût* z. lt. *fustis)*, Lille *(l'isle)* die Insel; **italienisch:** Alarm u. Lärm (Dat. Mehrz.); **slawisch:** Troppau (mit deutschem Artikel: an der Oppa).

Im Dänisch-Norwegischen wird der Artikel im allgemeinen an das Dingwort angefügt: Glommen (Fluß), Alsen (Insel); der Glommen, die Insel Alsen sind also eigentlich tautologisch.

Losreißung des l, das irrtümlich für den Artikel gehalten wurde, in Azur (eig. Lasur) u. Unze »Jaguar« (< it. *lonza)*.

2. Assimilation und Dissimilation (Angleichung und Ausweichung)

a) *Unter Assimilation* versteht man die Angleichung, Anpassung eines Konsonanten an den nächstfolgenden, z. B. entfangen – empfangen, entfehlen – empfehlen, entfinden – empfinden, fünf – mu. fümf, Inbiß – Imbiß, Hindbeere – Himbeere, Hohenburg – Homburg, Hunbold – Humboldt, Löwenberg – Lemberg, Schauenburg – Schaumburg, Windbraue – Wimper, Grünmahd – Grummet, Hochfahrt – Hoffart, Amtmann – Ammann, Barlast – Ballast, Hagebutte – Hambutte, krumb – krumm, Lamb – Lamm, Nadlergasse in Wien – Naglerg., lt. *sterla* – *stella* (Stern), lt. *urcsus* Bär – später *ursus*, *consto* – kosten, *adcapio* – *accipio*, *adligo* – alliieren, *adparatus* – Apparat, *adrogans* – arrogant, *inpertinens* – impertinent, *interlegens* – intelligent, *columna* – fz. *colonne;* zu *adsideo* dabeisitzen gehört Assessor. Bequemlichkeit ist die Ursache dieser sprachlichen Erscheinung. Nicht immer kommt es bis zur Verschmelzung, d. h. soweit, daß der erste Konsonant im zweiten verschwindet, wie in *annoncer* von *adnuntio*, intelligent von *interlegens*. Aber impertinent läßt sich leichter und bequemer aussprechen als inpertinent, denn die Bildung von m und p geschieht an enger benachbarten Stellen im Munde als die Bildung von n und p. Hamfel mh. *hantvol*, Mumpfel = Mundvoll, Vkl. Mümpfele.

b) *Unter Dissimilation* versteht man die Verunähnlichung zweier benachbarter gleicher oder ähnlicher Konsonanten, z. B.: l und r: Dörper – Dörpel (Tölpel), Barbier – volkstümlich auch Balbier, Erker – alem. Ärkel, l und n: mh. *kliuwelīn* – Knäuel, ah. *chlovolouh* – Knoblauch, Schmettenling (: Schmetten): Schmetterling, ah. *thinstar* – nh. finster, Bergfried – Belfried (fz. *beffroi*, eng. *belfrey)*, lt. *mortarium* – Mörtel, lt. *prunum* – Pflaume (mu. aber auch Prumme), lt. *morum* mh. *mūr(bere)* – Maul(beere), lt. *marmor* – Marmel, Marbel; Flachfeld – Blachfeld, Tartoffel – Kartoffel, lt. *turtur* – Turtel(taube), lt. *peregrinus* – Pilgrim, Pilger, fz. *pèlerin*, it. *pellegrino;* lt. *caeluleus* himmelblau (v. *caelum* Himmel) – *caeruleus*, lt. *medidies*, Mittag – *meridies*, lt. *libella* – fz. *niveau*, fz. *gonfanon* – *gonfalon* Fahne, gr. *lat. papyrus* – eng. *taper* (Kerze), sp. *Barcinona* – *Barcelona*, *madrideño* – *madrileño*, *Bononia* – *Bologna*.

Die Dissimilation beruht wohl auf einem Bedürfnis nach Abwechselung, einer Scheu vor der Wiederkehr des Gleichen.

3. Ausstoßung eines Selbstlautes

begleiten, Beicht(e), binnen, Binse, bleiben, Brille, draußen, erbarmen, fressen, Glaube, gleich, Gleis, Gleisner, Glied, Glimpf, glimpflich, Glück, Gnade, Gmünd, Gmunden, Gmünden (Städte), gönnen, Gunst, haußen, hinnen, Knote, Pracht. O.N.: Bloh b. Oldenburg, mh. *bī loh* bei dem Walde, s. Loh.

4. Bedeutungswandel

Wie alles in der Natur, so ist auch die Sprache fortwährendem Wechsel unterworfen, und zwar sowohl in den Lauten als auch in der Bedeutung. In Jahrhunderten und Jahrtausenden sind diese Veränderungen so groß geworden, daß scheinbar ganz neue Wörter entstanden sind mit vielfach ganz veränderter Bedeutung. Wollte man demnach alle Wörter zusammenstellen, die einen Bedeutungswandel erlitten haben, so müßte man das Wörterbuch abschreiben. Im folgenden sind nur einige Proben gegeben, und zwar sowohl aus dem Bereich alter deutscher Wörter wie auch der Lehn- und Fremdwörter.

albern, anführen (= täuschen), Anmut, anstecken, Anstand, Anwalt, bald, begreifen, bescheiden, blamieren, elend, ehrlich, fix, freilich, Geselle, geschickt, Gift, Hagestolz, Heide (Nichtchrist), Heirat, hell, Hochzeit, hübsch, Kamerad, Kellner, Ketzer, klein, Klepper, Knabe (eng. *knave* Schurke), Knecht (eng. *knight* Ritter), kühn (eng. *keen* scharf), kulant, kurios, Kuvert (eig. Bedecktes, dann Bedeckendes), Laune, lungern, Muße (z. müssen), Reihe, Saison (Saatzeit), Salär (Salzgeld), schildern (den Schild mit Wappen bemalen), schlecht (schlicht), Sprengel, Statist (Staatsmann, stumme Person auf d. Bühne), umständlich b. Goethe auch »sachlich u. genau«, vielleicht.

5. Bewirkungswörter

Im Germanischen wurden durch Anhängung der Endung *-jan* Tätigkeitswörter gebildet, die ein Bewirken ausdrücken (Faktitiva, Kausativa): senken < sankjan (bei starken Verben also vom Präteritalstamm) = sinken machen, röten* <* *rōtjan* = rot machen.

atzen, ätzen (essen machen), beizen (beißen ∼), beugen, bücken (biegen ∼), blecken (die Zähne blikken lassen), blenden (blind ∼ od. wie blind ∼), dämpfen (dampfen ∼), denken (dünken ∼), drängen (dringen ∼), ducken (tauchen ∼), ergötzen (Unangenehmes vergessen ∼), einflößen (hineinfließen ∼), erlegen (erliegen ∼), fällen (fallen ∼), flößen (fließen ∼), führen (fahren ∼), füllen (voll ∼), glätten (glatt ∼), heften (haften ∼), kränken (krank ∼), lähmen (lahm ∼), länden (landen ∼, eine Leiche; westdtsch.), läuten (laut ∼), legen (liegen ∼), leiten (ah. *lidan* = gehen ∼), nähren (genesen ∼), nicken (neigen ∼), plätten (platt ∼), prellen (prallen ∼), regen (rege, ragen ∼), rennen (rinnen, laufen ∼), reizen, ritzen (reißen ∼), säugen (saugen ∼), schellen (schallen ∼), schicken (mh. *schehen* = eilen ∼), schlitzen (schleißen ∼), schmälen, schmälern (schmal ∼), schmücken (schmiegen ∼), schwemmen (schwimmen ∼), (ver)-schwenden (schwinden ∼), schwenken (schwingen ∼), schnitzen (schneiden ∼), schönen (schön ∼), senden (z. germ. *sin þan* gehen, also gehen ∼), senken (sinken ∼), setzen (sitzen ∼), spreizen (spreiten ∼), sprengen (springen ∼), stäuben (stieben ∼), steigern (steigen ∼), tränken (trinken ∼), wägen (wiegen ∼), wärmen (warm ∼), wecken (wach ∼), wenden (winden, drehen ∼), zwängen (zwingen ∼), kränken auch = kranken ∼, lähmen = lahmen machen.

6. Christianisierung des Wortschatzes

(Vgl. auch Liste IVc: Lehnbedeutungen)

1. Viell. schon z. Z. des *gotischen* Arianismus, meist donauaufwärts: Bischof *(aipiskaupus)*, Engel, Erzengel *(arkaggilus)*, fasten *(fastan)*, Heide *(haiþno* Heidin), Pfaffe *(papa)*, Pfingsten *(paintekuste)*, Pfinztag bayr. = Donnerstag: gr. *pémptē (hēmérā)*, taufen *(daupjan)*, Teufel *(diabaulus)*.

2. Seit der katholischen Zeit (nur e. kl. Auslese): Abendmahl, Aberglaube, Abgötterei, Ablaß, Absolution, Abt, -ei, Äbtissin, Adorant = Anbeter, Advent, Agape, Allerbarmer, Allerheiligen, Allerseelen, Almosen, Altar u. Abl. Anachoret = Klausner, Einsiedler, Anathema, Andacht, apokalyptisch, Apostat, Apostel, Apsis, barmherzig, bekreuzigen, benedeien, Chiliasmus, Chor u. Abl., Chrisam (Chrisma), Dekan (Dechant), Demut, Diakon, Diaspora, Diözese, Dom, Dreifaltigkeit, Englischer Gruß, Epiphanienfest, Erbsünde, Eucharistie, Evangelium, Ewige Lampe, Exequien, Exerzitien (Andachtsübungen), Exkommunikation (Kirchenbann), Feier, Gevatter, Gewissen, Glocke, Häresie u. Abl., Heterodoxie (Irrlehre), Hierarchie, Hirtenbrief, das Hochwürdigste Gut, Hora, Hostie, Inbrunst, Inkarnation, Inquisition, Interdikt, Investitur, kanonisch(es Recht) u. a., Kanzel, Kapelle, Kaplan, Kartause, kasteien, Kathedrale, katholisch, Kelch, Kirche, Klause u. Abl., Klerus, Kloster, Konsekration, Konvent, Konzil, Kreuz u. Abl., Krypta, Küster, Kutte, Kyrie eléison (Kyrieleis), Laie, läßliche (=geringere) Sünden, Lettner, Leutpriester (= *plebanus)*, (Mariä) Lichtmeß, Litanei, Marter u. Abl., Mesner, Messe, Mette, Ministrant, Mitra, Mönch, Monstranz, Münster, None, Nonne, Oblate, opfern u. Abl., Orden, Orgel, Papst, Paradies, Pate, Patriarch(at), Pein, Pfaffe, Pfarre, Pilger (Pilgrim), Plage, Pfründe, Prälat, predigen, Priester, Prior, Propst, Quatember, Refectorium-Remter, Regel, Sakrament, Samstag, Schule, Segen, Sigrist (Sakristei), Spende, Talar, verdammen, vermaledeien, Vesper.

7. Doppelformen (Zwillingswörter)

(Vgl. auch Liste 29 und 55)

Doppelformen entstehen auf die verschiedenste Weise. Nicht selten stellt sich neben das schrift- oder hochdeutsche Wort eine mundartliche, bes. niederdeutsche Form, so z. B. Schacht neben Schaft, sacht neben sanft, Lippe neben Lefze, fett neben feist u. a. In der Bedeutung beider Formen besteht bisweilen ein sehr geringer oder gar kein Unterschied (fett – feist), oft aber bezeichnen sie ganz verschiedene Begriffe (Schacht – Schaft). Bei Entlehnung aus fremden Sprachen erklären sich die Doppelformen dadurch, daß die Entlehnung zwei-, bisweilen sogar dreimal zu ganz verschiedenen Zeiten stattgefunden hat. Als die deutsche Sprache noch die Kraft besaß, Fremdes derartig sich anzupassen, daß man ihm die ausländische Herkunft nicht mehr ansah, entstand aus lat. *palatium* Pfalz, einige Jahrhunderte später das schon weit weniger eingedeutschte Palast, und endlich, in der Rokokozeit, benannten deutsche Fürsten ihren Wohnsitz *palais*, ohne sich erst die Mühe zu machen, dem Wort ein mehr deutsches Gepräge zu geben. Umgekehrt werden aber auch Doppelformen geschaffen dadurch, daß deutsche Wörter ins Romanische übergehen und in fremder Form wieder zurückkehren: Stapel, Staffel – Etappe, Leiste – Liste u. v. a.

Endlich sind in der folgenden Zusammenstellung auch Wörter, meist echt deutsche, aufgenommen, die, demselben Stamm entsprossen, im Laufe der Zeit eine verschiedene Entwicklung genommen haben und zu einer ganz verschiedenen Bedeutung gelangt sind, wie darben – dürfen, Made – Motte, Stock – Stück, zeigen – zeihen u. a.

Abenteuer – Advent, Achter(deck) – After(rede), Adel – edel, Advokat – Vogt, Alarm – Lärm, Armee – Armada, Atem – Odem, Ausflug – Ausflucht, Azur – Lasur, Balance – Bilanz, Bassin – Becken, Bausch (u. Bogen) – Pauschal(-summe), be- – bei, bekömmlich – bequemlich, Beleg – Belag, Berber, Berberei, Berberroß – Barbar, Barbarei, bescheiden – beschieden, bestallt – bestellt, beteuern – bedauern, Bett – Beet, bewegt – bewogen, Blamage – Blasphemie, Blick – Blitz, Bord – Borte – Brett, Bote – Büttel – Pedell, brav – barbarisch, Brezel – Bratsche, Brief – Breve, Brille – Beryll, Bude – Baude, Bukett – Boskett, Bursche – Börse, Chaos – Gas, Chiffre – Ziffer, dann – denn, darben – dürfen, das – daß, Dechant – Dekan, Dejeuner – Diner, diabolisch – teuflisch, dichten – diktieren, Diplom – Doppel – Duplikat, drucken – drücken, erhaben – erhoben, Estrade – Straße, Etappe – Stapfe – Stapel – Staffel, expedieren – spedieren, fahl – falb, Fasson – Faktion (noch i. Herders Cid), fast – fest, Feier – Ferien, feist – fett, fern – firn, flach – Blach(feld), Blach(frost): Frost ohne Schnee, Furt – Förde, Gabel – Gaffel, gedackt – gedeckt, gediegen – gediehen, Geschwader – Schwadron – Eskadron, gelehrt – gelahrt, Gitarre – Zither, Haber – Hafer, Hain – Hagen, hegen – (be)hagen, heimisch – hämisch, Hölty – Holtei, Hospital – Hotel – Spital – Spittel, Inder – Indianer, Jungfrau – Jungfer, Käfig – Koje, Kaiser – Zar, Caesar; Karl – Kerl, Katafalk – Schafott, Katarrh – Kater, Kattun – gr. Chiton, keck – erquicken, Kerker – Karzer, Knabe – Knappe, Kobold – Kobalt, Kompagnon – Kumpan, Komtur – Kommandeur, Konrektor – Korrektor, Konstabel – Konstabler – *Connétable*, (zus.)koppeln – kuppeln, Kurve – Kurbel, Laffe – Lappen, Lake – Lache, legal – loyal, Leier – Lyra, Leine – Linie, Lein – Linnen, Leiste – Liste, Lippe – Lefze, Loch – Luke, Lump – Lumpen, Made – Motte, Magd – Maid, Major – Meier, Makler – Mäkler, Mann – man, Meister – Magister, massig – massiv, Menü – Minute, Metall – Medaille – Medaillon, Ministerium – Metier, Möbel – Mobilien, Mond – Monat, Mörser – Mörtel, Moschus – Muskat, Mucke – Mücke, Muskel – Muschel, nach – nah, Natter – Otter, Nelke – Näglein, Nichte – Niftel, Oleander – Rhododendron, Pacht – Pakt, Parabel – Parole, Park – Pferch, Partei – Partie, Passau – Batavia, passen – passieren – paschen, Pfalz – Palast – Palais, Pfründe – Präbende – Proviant, Praktik – Praxis, Predigt – Prädikat, pressen – pressieren, Priester – Presbyter, Propst – Profoß, Provinz – Provence, prüfen – proben – probieren, pulsieren – poussieren, Pulver – Puder, Punkt – Spund, punzen – punktieren, Purpur – Porphyr, Quentchen – Quinta, Rabe – Rappe – Rappen, radieren – rasieren, raffen – reffen,

Ranke – Ränke, Rasen – Wasen, räsonnieren – rationieren, reagieren – redigieren, Relikten – Reliquien, reuten – roden, Ritter – Reiter, Ruf – (Ge)rücht, sanft – sacht, Schach – Scheck, Schachtel – Schatulle, Schaft – Schacht, scheuen – scheuchen, schlaff – schlapp, schlecht – schlicht, schleifen – schleppen, Schnitter – Schneider, schon – schön, Schüler – Scholar, Segen – Sign(al), Skorbut – Scharbock, Sopran – Souverän, Sorbet – Sirup, Staat – Etat – staatlich – stattlich, Staffel – Stapel – Etappe, Stapellauf – Staffellauf, Stamm – Steven, Stock – Stück – Stuck, Straße – Estrade, tasten – taxieren, Teint – Tinte, trachten – traktieren, Triumph – Trumpf, Trog – Truhe, Tropf – Tropfen, Tulpe – Turban (früher Tulban), Tür – Tor, Urlaub – Erlaubnis, Vogt – Advokat, Wabe – Waffel, Waffe – Wappen, Wasen – Rasen, Werg – Werk, zehren – zerren, zeigen – zeihen, Ziffer – Chiffre, Zigarre – Zikade, Zopf – Topp, fz. *singulier* – *sanglier* Eber (allein lebendes wildes Schwein).

8. Eigennamen als Gattungsnamen

Achat, Achillesferse, Adonis, Ahr(bleichert) sowie d. vielen and. deutschen Weinmarken, Akademie, Alabaster, Alfenid *[Halphen]*, Amerika *[Amerigo Vespucci]*, Ammoniak, Ampère (Einheit der elektr. Stromstärke), vgl. Ohm, Volt, Watt u. a., Apfelsine, Arabeske, Argand (~brenner n. d. Erfinder), Argusaugen, ~blick, Ariadnefaden, Arnheim (Geldschrank), Arras, Rasch (Wollstoff), it. *arazzo* (Teppich): O.N. Arras, Artesischer Brunnen n. d. Landschaft Artois, Atlas (Karten), Auer[licht], Augiasstall, August(us), Monat und Aust = Ernte. – Babel, Baedeker (n. d. Verleger), Bajonett, Balboa (Münze in Panama), Baldachin, Bandonium (Ziehharmonika n. d. Erfinder Band), *Barège* (Stoff: Stadt i. d. Pyrenäen), Batist, Benediktiner, bengalisches Feuer, Berline (Wagen), Berlinismus (seit Lavater), Berlitz-(schule), Bessemer(~birne, ~stahl), Bertillon(sches) Verfahren: Abnehmen von Fingerabdrücken, Blüthner(klavier), Bluse, Boonekamp (Magenbitter), Boule (Rokokomöbel), Bockbier (n. d. Stadt Einbeck), Boykott, Bramarbas, Brockhaus (vgl. Herder, Meyer u. a. Nachschlagewerke), Broi (Broyhan 16. Jh.), Brougham (zweisitz. Wagen), Browning, Bunsen(~brenner, ~element). – Campecheholz, Carpenterbremse, Catilina(rische Existenzen), Cato (strenger Richter), Caudinisches Joch (321 v. Chr.), Celsius (vgl. Fahrenheit u. Réaumur), Chassepot (vgl. Mannlicher, Mauser u. a.), Chateau-Lafitte u. d. vielen anderen Weinorte u. ~arten z. B. Bordeaux, desgl. in Deutschland, Italien, Griechenland, Portugal, Spanien usw., Chauvin(ismus), Cheviot (Tuch u. a. engl. E.N.), Christ, Cicero(ne), Cognac, Coué(ismus). – Daguerre(otypie), Daimler(motor), Damast, Damaszener, Damokles(schwert), Danaer(geschenk, Verg. Aen. II, 49), Dahlie (n. d. schwed. Botaniker), Danaiden(faß, ~arbeit), Derby, Diesel(motor), Dobermann, Donquichotterie (Bismarck 20. 4. 1848 i. d. Magdeburger Zeitung), Diokletian(ische Verfolgung), Douglas(tanne), Draisine, Drakonische Strenge, Duden (Rechtschreibebuch). – Elzevir(format), Enzian, Erisapfel. – Fasan, Fata Morgana, Fauna, Fayence, Fes, Fiaker, Flora (röm. Göttin), Florin,

Forsythia (: Forsyth), span. *fucar* (reicher Mann) geht auf d. Augsburger Fugger zurück, Fuchsie (n. Leonh. Fuchs 16. Jh.). – Galvani(smus), Gamasche: *Gadamas (Nordafrika), Ganymed(es) (Kellner), Gauß (magnet. Maßeinheit), Gavotte, Georgine = Dahlie nach d. Petersburger Professor Georgi, Gillette(klinge), Glauber(salz), Gobelin, Gordischer Knoten (O.N. Gordion in Phrygien), Gorgonen-(blick), der Gotha, gotisch, Graham(brot), Grimm (u. alle Nachfolger), Grog, Grünspan, Guillotine, Guinee, Gutenberggotisch (Schriftgattung). – Harlekin, eine Havanna und die anderen Zigarrensorten, z. B. Brasil, Sumatra, Havelock (nach dem engl. General in Ostindien 1857ff.), Hebe (Kellnerin, vgl. Ganymed), Hecuba (Begr. des Gleichgültigen), Heller, Herculische Kräfte, Herme, Hertz (Maßeinh. der elektr. Schwingungen), Hiobspost, Homerisches Gelächter (Ilias I, 599), Hussiten. – Janhagel, Janmaat, Januar (u. a. Monatsnamen), Jeremiade, Jesuit, Jockei (Jonk), Joule (engl. Physiker, elektr. Arbeitseinheit), jovial, Judas(kuß, -lohn), Junonische Gestalt. – Kainszeichen, Kaiser, Kalabreser, Kalauer, Kaliko, Kamelie, Kammertuch (: Cambrai), Kanarienvogel, Kartause, Karyatide, Kaschmir (Gewebe aus tibetanischer Ziegenwolle), Kassandra(rufe), Kilowatt, Kneipp(kur), Kolophonium, (Rotte) Korah, Kassel(er Rippenspeer), Korinthe, Krawatte, Kremser, Krigar(ofen), Krimmer (Schafpelz), Krimstecher (1854ff.), Krösus, Kupfer, Kürschner (Nachschlagebücher), Kutsche. – Landauer, Leporello(liste), Litfaß(säule) (1854 in Berlin), Lloyd, La-Tène-Zeit, Lazarett, Lazzarone, Leghorn (engl. Name für Livorno, Hühnerrasse), Lynch(justiz). – Macadam, Mäzen (: Maecenas, hoher Gönner), Maggi (Suppenwürze), Mansarde, mensendieck(en) (Gymnastik), Morse(apparat, -zeichen usw.), Mentor (Ratgeber). – Nanking (Baumwollzeug), Napoleon (Münze, Cognac), Nestor, Nickel, Nikotin, Nimrod. – Ohm (Maßeinheit), Olympia(de), Ostern. – Palladium, Pandora (Büchse), Panik, Parmesan(käse), Parseval (Luftschiff), Pasquill, Pergament, Pfirsich, Phäaken(leben), Phaeton, Philippika (Demosthenes und Cicero), Philister, Pintscher (: Pinzgau), Pitaval (Sammlung berühmter Rechtsfälle), Polonäse, Pompadour, Portwein, Potemkin(sche Dörfer), Prahlhans, Praline, Prießnitzkur (Umschlag), Proteus(artig), Prokrustes(bett), Fürst-Pückler(-Eis), Pulman(wagen), Pylades (treuer Freund), Pyrrhus(sieg). – Quisling, Quitte. – Raglan (Mantel mit Pelerine nach dem Lord Raglan, im Krimkrieg), Rabitz(wand), Raiffeisen(vereine), Rhabarber, Rodomontade: Rodomonte, prahlerischer Held bei Bojardo und Ariost, röntgen (mit ~strahlen durchleuchten), Rüpel. – Sadismus, Salmiak, Samariter, Sandwich(brötchen) nach dem Earl of ~ 1792, Sardelle, Sardine, Sarder (Karneol), zu O.N. Sardes vgl. Sardonyx, Saxophon, Schalotte (: Askalon), Schrapnell (nach dem Erfinder *Shrapnel)*, Schreber(garten, nach dem Leipziger Arzt), Schweizer(degen), Silhouette, Sisyphus(arbeit), Sklave, Soxhlet (Verfahren, die Milch keimfrei zu machen; nach dem Münchener Chemiker ~), Spencer (enganschließende Jacke, nach dem Earl of ~, 1845), Straß (künstlicher Edelstein), Sybarit, Syenit (: Syene = Assuan). – Taler, Talmi, Tantalus(qualen), Tarantel, Tater (Tatarennachricht), Tattersall, Teddy (Spielbär, *Teddy bear*, nach d. Präsidenten Theodore Roosevelt, Teddy = Koseform für Theodore), Tesching (n. d. O.N. Teschen), Thersites (Ehrabschneider), Thespis(karren), Wanderbühne (Horaz *ars poetica* 276), Titane, Titus(kopf), Tivoli, Trikot, Tüll, Türkis. – Ulster(mantel, nach d. irischen Provinz), Urias(brief). – Vandalismus, Varinas, Veitstanz, verbalhornen (siehe: Balhorn), Vertiko(w) (?), Volt (Einheit der elektr. Spannung: Volta). – Wallach, Walnuß, Watt (s. oben Kilowatt; Einheit der elektr. Leistung). – Xanthippe, Xeres (engl. Sherry). – Zar, Zeiß (Fernglas), Zeppelin, Zwetsche.

9. Erweichung (Vokalisierung) des g

Ähnlich erweicht das Italienische das lt. *l* zu *i*: *templum* – *tempio*, *platea* – *piazza*, *plus* – *più* usw.

ah. *agidĕhsa* – Eidechse, *Agadora* – Eider, *bigiht* – *bīht* Beichte, *gitregidi* – Getreide; Hag, Hagen – Hain (pl. Nienhagen – hd. Neuenhain), Magd – Maid, Magister – Meister, Pegel – peilen, mh. *sëgense* – Sense, u. v. a., steigen – steil, Tag – (ver)tei(digen), ostfries. Diemat – Tagemat (u. messen), tragen – Getreide. Degenhard – Deinhard, Eginhar – Einhart, Laghene (um 1300 in Göttingen) – Leine, *Maginza* – Mainz, Raginhart – Reinhart, Reineke; Regenstein am Harz – Reinstein, viell. z. ragen, Rübezagel – Rübezahl, Siegfried – Seyfried, Seifert, Siefert; Vogt – Voit.

10. Exotische Wörter

arabisch[1]**:** Admiral, Albatros, Alchimie, Algebra, Alhambra, Alizarin (*alizari* Krappwurzel), Alkalde (ar.-span. Gemeindevorsteher), Alkali (Aschen-, Laugensalz), Alkazar (Palast), Alkohol, Alkoran, Alkoven, Allah, Amalgam, Ambra (gr.-ar.), Antimon (ar.-mlat.), Arrak, Arsenal, Artischocke, Atlas, Azimut (Richtungswinkel), Azulejos (ar.-span., blaue Tonfliesen), Azur (pers.-ar.), Balsam, Barchent (Berkan), Beduine, Berberitze (Sauerdorn), Bezoar (-stein, -ziege), Borax (*buraq*), Burnus, Chiffre, Deneb (Stern im Schwan), Dragoman, Dschebel (in Gibraltar), Dschin (lat. *genius*), Elixier, Emir, Fakir (Selbstpeiniger, Bettelmönch), Feluke (Ruderschiff), Gala, Gamasche, Gazelle, Gazi (Kämpfer für d. Islam), Giraffe, Harem, Hasard, Haschisch (Hanf), Havarie, Hedschra, Imam, Iman (Beteurung, Glaube), Intarsia, Irade (Befehl), Islam (»Hingebung«), Joppe, Kaaba, Kadi, Kaffee, Kaffer, kalfatern, Kali, Kaliber, Kalif, Kamel, Kamsin (»50tägiger« Glutwind), Karaffe, Karat, karmesin, Karmin, Kattun, Kismet (unabwendbares Schicksal), Koran, Laute, Magazin, Mahdi, Makame (Erzählung in gereimter Prosa), Mameluck, Marabut (moh. Priester), Marzipan, Maske, Matratze, Merino, Minarett, Mokka, Monsun, (Fata) Morgana, Moschee, Muezzin, Mufti, Mumie, Muselman, Nabob (»Statthalter«), Nadir, Rajah (»Herde«), Rasse, Razzia (ar.-fz. Streifzug),

---

[1] Es läßt sich nicht immer zwischen arabisch u. persisch unterscheiden. Manche Wörter kommen auch aus d. Indischen u. sind uns durch Arabien oder Persien übermittelt. Vgl. auch *E. Littmann*, Morgenländ. Wörter im Deutschen, 1924, und *K. Lokotsch*, Etymolog. Wörterb. d. europ. Wörter oriental. Ursprungs, 1927.

Ribisel (ar.-mlat.), Ries (Papier), Risiko, Safran, Saker (Falke), Samum, Satin, Scheich (Schech), Scheriat (Gesetz), Scherif, Schirokko (*šarqī* Ostwind), Sirup, Sofa, Sorbet, Sultan, Sure (Abschn. des Korans), Taburett (ar.-fz.), Talisman (gr.-ar.), Talk, Tamarinde, Tambour, Tara (Gewicht der Verpackung), Tarif, [Tasse], Watte, Wesir (»Stütze«: *wazara* tragen, »Minister«), x-beliebig, Zechine (ar.-ital.), Zenit, Zibet (-katze), Ziffer; ferner durch arab. Vermittlung die vorderasiatischen: Baldachin, Damast, Gaze, Musselin.

persisch[1]**:** Arsenik(?), Azur, Babusche (*pāpūš*, arab. *bābūš)*, Bakschisch (Trinkgeld), Bazar, Benzin (pers.-nlat.), Bülbül (Nachtigall), Derwisch, Diwan, [Dumdum], Ferman (Erlaß des Oberherrn), Gasel (Gedichtform), Gaze, Gurke (*angōrah)*, Jasmin, Kamee, Kaper, Karawane, Karussell, Kedive, Kelim, Khaki (erd-grau), Lack (pers.-ind.), Lasur, matt, Mirza (Herr, Prinz), Mumie, Naphtha (pers.-gr.), Padischah (Großherr), Paradies, Peri (Fee), Pilaw (Reisspeise), Roche (pers.-fz. *rukh* Turm im Schachspiel), Rose, Saffian, Salamander, Sandale, Satrap, Schach, Schah, Schal, Schecke, Schikane, Serdar (Sirdar), Serail, Softa (»f. d. Wissenschaft Erglühter«, Mönch, Student), Spinat, Taf(fe)t, Tasse, Teppich, Tiara, Tiger, Tulpe, Turban, Zinnober, Zitwer (Beifußart *zädwār)*.

türkisch u. tatarisch: Aga (Herr), Baschlik (Kopfumhüllung), Bassa = Pascha, Beg = Bei, Beglerbeg (Herr der Herren), Bergamotte, Chan (Tatarenfürst), Dei (früher in Algerien), Dolman (Pelz), Dolmetscher, [dudeln], Efendi (Herr aus gr. *authéntēs)*, Giaur (Nichtmohammedaner), Handschár (gebogener, langer, zweischneidiger Dolch), Horde (tat.), Janitscharen, Jaschmak (Schleier), Joghurt, Kaftan, Káik (kl. Ruderboot), Kalpak (hohe Lammfellmütze u. a.), Kantschu (led. Geißel), Kapudan-Pascha (türk. Großadmiral), Karbatsche (tat. Riemenpeitsche), Kaviar, Kasak, Kiosk, Konak (Wohnung hoher Staatsb.), Kukuruz (Mais), Nargileh (Wasserpfeife), Odaliske, Ottomane (niedr. Sofa), Paschalik, Redif (Landwehrm.), Sandschak (*Fahne, Statthalterschaft), Schabracke (Satteldecke), Spahi-*sipâhî* (»Krieger«, Reiter), Ulan (*tat.), Wali, Wilajet, Yatagan (gekr. Dolch). (Man beachte in vielen Wörtern die Vokalharmonie!)

indisch (im weitesten Sinn): Aloe(?), Bangalo (Bungalow, Europäerlandhaus), Batik (gemusterter Baumwollstoff), Beriberi (singhal.), Beryll (s. Brille), Betel(pfefferstrauch, Drawidaspr.), Brahma (u. Abl.), Buddha, Curry (ind.-eng. Gewürzpulver), Datura (ai. Stechapfel), Daturin (Gift), Dschangel, Dschungel, Dumdum, [Indigo], Ingwer, Jatagan (Krummschwert), Joga (Seelenübung), Jute, Kaliko, Kampfer, Kandis(zucker), Kaschemme (zigeun. *katšīma)*, Katechu (ind. Akazie, Gerbstoff), Kauri (»Porzellanschnecke«), Kawi (»fein« m. vielen Sanskritw. a. d. alten Literaturspr. Javas), Khaki (s. pers.), Kohinur (»Lichtberg«), Kopra (*khopra)*, Kornak (Elefantenführer), Korral (Elefantenpferch), Korund, Kuli, Lack (s. pers.), Laskar (ostind. Matrose), [lila], Maharadscha, Maja (»Wunderkraft«), Mandarin, Moschus, Mull, Muskat, Nabob (s. arab.), Nirwana, Opal, Orange, Panther, Paria (tamul.), Perkal (weißes Baumwollgewebe), Pfau, Pfeffer, Punsch, Pyjama (*paējāma)*, Reis,

[1] s. S. 52

Rupie, Saccharin, Sahib (Herr), Sandel(holz), Sanskrit, Saphir, Schakal, schampunieren (eng. *shampoo*, hindost. *čāmpo* presse), Smaragd, Swastika(kreuz), Tarlatan (Baumwollgewebe), Toddy (eng. Palmwein, hindost. *tārī)*, Teak(baum, ind.-eng.), Zitz (ai. *citrá* bunt), Zucker(kand), (Zucker)kand.

malayisch u. polynesisch: Amok(läufer = blindwütig Mordender), Areka(nuß), Atoll (Lagunenriff), Bambus, Batik (s. ind., = javan. »gesprenkelt«), Gecko (Eidechse), Gingang (javan. baumwoll. Zeug), Gong (javan. Schallbecken), Guttapercha, Kakadu, Limone, Lori (Papagei, *lūri)*, Mangrove, Orang-Utan, Orang Lama (weitgereister Mensch, Matrose, ndl. *oorlam)*, Pagode, Papagei, Patschuli, Sago, tabu, tätowieren (polyn.), Tomback, Trepang (Seegurke), Zimt.

chinesisch: Dschonke (Dschunke), Kaolin, Kotau, Ma-Jong (chines. Domino: *ma* Sperling + *djung* Spiel), Sampan (leichter Kahn), Tael, Taifun, Tamtam, Tee.

mongolisch: Dschiggetai (Halbesel), Kumyß (gegor. Pferdemilch), [Groß]-Mogul, Schamane (Zauberer).

tibetisch: Dalai-Lama, Yak.

sibirisch: Mammut.

japanisch: Bonze, Bushido (ritterl. Ehrenkodex), Geisha *(gšiëa)*, Gingko, Harakiri, Jinrikischa (ostasiat. »Manneskraftwagen«), Jiu-Jitsu, Kimono, Mikado, Samurai (Adel), Shinto(ismus = Ahnenverehrung), Soja(bohne).

ägyptisch: Alabaster, Almanach, Ammoniak, Barke *(barît)*, Bluse, Eben(holz), Gummi, Ibis, Lilie *(rēri)*, Mastaba (Grabanlage), Natron, Nonne, Oase, [Papier], Pharao, Pyramide, Senf(?).

koptisch (Tochtersprache des Altägyptischen, i. 2.–17. Jh. gesprochen, jetzt im tägl. Gebrauch erloschen): *p-ehe-môut* (Nilpferd: hebr. Behemoth, riesenhaftes Untier).

Sonstige *afrikanische Sprachen:* Asagai (südafrik. Speer), Banane (portug. *banana*, an d. Elfenbeinküste *bana)*, Baobab (senegal. Affenbrotbaum), Basalt (äthiop.), Boma (Befestigung durch Dornen), Durra (Mohrenhirse), Fes (marokk.), Giraffe (s. arab.), Gnu (Antilopenart: ndl. *gnoe:* Kafir *ngu)*, Gorilla (westafrik.-punisch ?), Ki-(Sprache)suaheli, Kola (westafr.), Kral (hottent.), Marabu (ostafr. Storchenart), Okapi (giraffenart. Tier), Quagga (hottent., Zebraart), Schimpanse, Sorghum (Mohrenhirse), Tsetse(fliege), Zuave (kabyl. *Swawa*).

amerikanisch: *Mexiko u. Mittelam.:* Cojote (Schakal), Curaçao, Kakao, Tomate; Batate (Knollenfrucht), Hängematte (*karaib.), Hurrikan (s. Orkan), Kannibale, Kanu, Kazike, Kolibri (karaib.), Leguan (hait.), Mahagoni (westind.), Mais (hait.), Piroge (kar. Einbaum), Savannen (kar. *zavana)*, Schokolade, Tabak, Zigarre(?).

Perú u. ehemal. Inkareich: Alpaka (Kamelziege), Alpaka(wolle), China(rinde), Chinin *(kina)*, Cinchona (Fieberrindenbaum), Chinchilla, Condor, Guano *(huanu)*, Kokain *(coca)*, L(l)ama, Puma = Kuguar (Silberlöwe), Quipu (Knotenschrift der Inkas), Vicuña.

Sonstiges Südamerika: Kurare (Pfeilgift), Ananas (brasil. *Tupi)*, Gáucho, Ipecacuanha (Wurzel, brasil.), Jaguar, Kaiman (Krokodil), Kakerlak, Kassawa, Kautschuk, Kolibri, Maniok *(Tupi)*, Palisander, Pampa, Piassava, Quillaja(rinde), Tapioka (bras.), Tapir, Tukan (Pfefferfresser), Tupi (Indianersprache in Brasilien), Topinambur (bras.), Yam[swurzel].

nordamerikanisch: Apachen *(epatch* Mann, span. *los Apaches)*, Manitu (gr. Geist Algonkin), Mokassin (indian. Schnürstiefel), Mustang (Steppenpferd), Opossum (virgin. Beutelratte), Squaw (Indianerin), Skunk (Algonkin), Tomahawk, Totem (Algonkin), -ismus (göttl. Verehrung v. Namens- u. Wappentieren), Wampun (Schnur u. Gürtel v. Muscheln, dient als Geld), Wigwam (»Haus« Algonkin 1628ff.), Wyandotte(huhn * in Michigan); Yankee.

eskimoisch: Anorak, Iglu, Kajak.

australisch: Bumerang, Dingo (wilder Hund), Emu(strauß = Kasuar), Känguruh, Wombat (Beutelmaus).

11. Familien (Wortfamilien)

Aus Mangel an Raum können nur einige Proben gegeben werden. Bei Angabe der Grundbedeutung kommt es auf den Begriff, nicht die Wortklasse an. Die Wurzel zu dem Begriff des *Hellen* bezeichnet etwa das Zeitwort leuchten, das Eigenschaftswort hell, den Quell des Hellen, die Sonne, also das Haupt- oder Dingwort; die Wurzel zu dem Begriff des *Deckens*, *Bedeckens* entwickelt sich ähnlich zu dem Zeitw. decken, bedecken, zu dem Hauptwort Dach (lt. *tectum*, aber auch *toga*, das den Körper bedeckende Kleidungsstück) usw. Die Wortklassen, deren wir jetzt 10 oder 11 annehmen, haben sich erst allmählich gebildet und entwickelt und sind auch heute noch nicht streng geschieden. So ist das Zeitw. essen auch Hauptwort: Essen; der, die, das (das hinweisende Fürwort) ist auch Artikel; das ist auch Bindewort geworden, geschrieben daß; viele Eigenschaftswörter werden als Dingwörter gebraucht: männisch (Mensch), golden (Gulden), vgl. hierüber Liste 30, Abt. 1 bis 4, wo Dingwörter aufgeführt werden, die urspr. Partizipien waren; Dingwörter mit vorgesetzten Verhältniswörtern sind Eigenschaftswörter geworden: zufrieden, behend; Komparative (Herr, baß) und Superlative (Oberst, Fürst) werden im Sprachgefühl zu Positiven, die Mehrzahl (Brille, Tür) wird zur Einzahl, Eigennamen werden zu Gattungsnamen (Damast, Pfirsich), Gesehenes (Spektakel) wird zu Gehörtem, Gehörtes (hell) zu Gesehenem, der Stoffname (Hammer, Flinte, Lot) wird zum Werkzeugnamen, Artikel und Dingwort ergeben zusammen ein Dingwort (Eldorado, Algebra, Lärm), Namen v. Körperteilen werden zu Bez. v. Dingen (Bug, Fuß, Elle), Partizipien werden zu Eigenschaftswörtern (abgefeimt, kalt, dünn, blümerant), Eigenschaftswörter werden zu Hauptwörtern (Ampfer, Weizen, Botanik, Moral) usw.; vgl. Nr. 26 Metaphern.

a. deutsche:

Bahre, gebären, nd. bören, eng. *bear*, Bürde = lt. Fort(una), gebühren, Gebärde, Gebaren, entbehren, (frucht)-bar, Zuber, Eimer, Börde, Berenike.

biegen, beugen, bücken, Bogen, Bug, Beule, Beutel, Bügel, Bühel, Bucht, Bauch, Busen, Buckel.

Blatt, Blume, blühen, Blüte, Blust, Blatter, blähen, blasen, blattern (Grdb.: schwellen).

blinken, blink, blank, blicken, Blick, Blitz, blaß, bleich, blinzeln, Blech, blecken (Grdb.: glänzen, hell).

brauen, brodeln, braten, brühen, brüten, Brot, Brodem.

dehnen, dünn, gedunsen, Dohne, Donner, Ton (Grdb.: spannen).

drehen, Draht, drillen, drall, drechseln. F.N. Dreier, Dreseler.

drei, Drell, Drillich, Drilling, Tresse.

dürfen, bedürfen, Bedürfnis, Notdurft, darben, biderb, bieder.

fahren, erfahren, Vorfahr, Fährte, Gefährte, Fahrt, Fähre, Furt, Förde, führen, Prahm, Ferge, fertig, urv. Pore, Pirat, Empirie, lt. *per* durch (Grdb.: sich fortbewegen).

fließen, Fließpapier, Fluß, Einfluß, Überfluß, flüssig, überflüssig, Floß, Flosse, Floßfeder, Flotte, flott, Flut, einflößen.

Glanz, glatt, Glas, Glast, Glatze, glitzern, gleißen, Glimmer, gleiten, glau, glühen, Glut (Grdb.: glänzen).

graben, Grab, Griffel, Grube, Gruft, grübeln, Gracht.

haben, heben, behäbig, Behuf, -haft, haften, Heft, heften, Hafen, Haff, Hefe, Hebel, Heber (Grdb.: halten, fassen).

Heer, verheeren, Herberge, Herzog, Herold.

hegen, Hag, Hagen, Hain, Hecke, Hagestolz, Hexe (Grdb.: umschließen).

hehlen, Helm, Hölle, Hülle, Hülse, Höhle, hohl.

hoch, Hochzeit, Höhe, Höcker, Hügel, O.N.: Homburg, Hannover.

Hort, Hütte, Haut, Haus, Hut, Hose (Grdb.: decken, verbergen, schützen).

kiesen, küren, erkoren, Kurfürst, Willkür, Walküre, eng. *choose*, fz. *choisir*.

Knopf, Knospe, Knauf, Knoten, Knödel, knüpfen, Knüppel, Knüttel, Knorren (Grdb.: schwellen, Auswuchs).

können, Kunst, kennen, kund, kühn.

Krampf, Krampe, Krempe, krumm, krank, Krüppel, Krücke, kriechen, Kropf, Kranz (Grdb.: gebogen).

lehren, lernen, List, leisten, Leiste, Leisten, Gleis.

Leib, Leben, leben, bleiben (Grdb.: beharren, Gegensatz: vergehen).

lieben, Liebe, loben, Lob, geloben, glauben, erlauben, Urlaub.

mahlen, Mehl, Milbe, Mühle, Müller, Malter, zermalmen, Maulwurf, Müll, Mull (Grdb.: zerreiben).

mahnen, meinen, Minne, Minna, Mignon, urv. Münze, Moneten, Monument, monieren (Grdb.: erinnern).

Malz, Milz, schmelzen, Emaille.

messen, Maß, Metze, ermessen, vermessen, gemäß, sich anmaßen, Mond, Monat.

schaben, schaffen, Schaft, Schacht, Schuppe, Schöffe, Schöppe, Schaffner, Geschäft, Geschöpf, -schaft (Grdb.: bilden, gestalten, zunächst in Holz).

Schale, Scholle, Schild, Schell(-fisch), Schell(-lack), (Grdb.: spalten).

schauen, schön, schon, schonen, scheinen, Schimmer, Schimmel, schier, Schemen (Grdb.: sichtbar).

Schaum, Schauer, Scheuer, Scheune, Schober, Schote (Grdb.: bedecken).

schieben, Schaufel, Schubjack, Schüppe, Schober, Schopf.

schützen, schütten, schütteln, erschüttern, Schutt, Schotter.

schwingen, Schwinge, schwenken, Schwung, Umschwung, Schwank, (Glocken-, Laden-)schwengel, unerschwinglich, überschwenglich, schwunghaft, schwungvoll.

stehen, Statt, statt, Stätte, Stadt-, -stett, -städt, -stetten, gestehen, verstehen, Stamm, Steven, Stollen, Stolle, Stulle, stützen, Stand, Ständchen, ständig, Ständer, Stunde, Gestade, Staden, stets, stellen, Stelle, anstellig, still, Stall, Gestell, Gestalt, ungestalt, Anstalt, Stuhl, Stute, urv. Station, Statist, Statistik, Stativ, Statur, Statue, Statut, Stanze, Etage, etablieren, (Re)st (Grdb.: Ruhe, Festes).

taufen, tauchen, tief, Teufe, abteufen, Tümpel, Topf, Tobel, Dümmer (See).

welsch, Walachei, Wallach, Walnuß, Wales, wallisisch, Cornwall, Wallone, Walchensee, Waadt (fz. *Vaud*).

wiegen, wägen, erwägen, wagen, Waage, gewogen, bewogen, verwegen, Wucht, wuchtig, Gewicht, wichtig, Woge, Wagen, Weg, weg, wegen, Wegerich, wackeln (Grdb.: bewegen).

ziehen, zucken, zücken, entzücken, Zug, Zeug, Zeuge, Ziehung, Zögling, Herzog, Zucht, züchten, züchtigen, züchtig, zögern, Zaum, Zügel.

zwei, entzwei, zwölf, zwanzig, Zwieback, Zwielicht, Zwietracht, zwiefach, Zweifel, Verzweiflung, Zwitter, Zwilling, Zwilch, Zwirn, Zwist, zwischen, Zweig, Zuber, eng. *between* bei zweien.

b. fremde:

Fabel, Fatum, Fee, fatal, Fatalismus, Fama, famos, infam, Infant, Professor, Konfession (Grdb.: sprechen).

Faktum, Faktor, Faktotum, Faksimile, Fakultät, Konfekt, Konfektion, perfekt, defekt, Defekt, Affekt, Fabrik, Defizit, Effekt, infizieren, desinfizieren, Präfekt, Refektorium, Kalfaktor (Chauffeur), Satisfaktion, Manufaktur, Fazit, Fasson, Faktion, Profit, Konterfei, Fetisch, F.N.: Faber – Schmied (Grdb.: tun, machen).

Figur, Fiktion, Finte, fingieren (Grdb.: bilden).

Firma, Farm, Konfirmation, Firmung, Firmament (Grdb.: fest).

Flor, florieren, Florin, Florett, Floskel (Grdb.: blühen, Blume).

Genius, Genus, Genie, genial, Genealogie, General, generell, Generation, Genitiv, genetisch (Grdb.: erzeugen).

Kap, Chef, Kapitän, Korporal, Kapital, Kapitel, Kapitulation, Kapitell, Kapitäl, Kapitol, Kappes, Kataster, Kadett (Grdb.: Haupt, Spitze).

Klausur, Klause, Klausel, Kloster, pl. Klus, Klosett, inklusive, exklusive (Grdb.: schließen).

Körper, Korps, korpulent, Korsett.

Kurs, Kurier, kurant, Kurrent(schrift), kursiv, Kurrende, Korridor, Korso, Korsar, Konkurrent, Exkurs, Konkurs (Grdb.: laufen).

manus lt. (Hand): Manier, Mandat, Manifest, Manöver, Manschette, Manufaktur, Manuskript.

mobil, immobil, demobil, Möbel, Immobilien, Moment, Motiv, Mob, Meute (Grdb.: bewegen).

Orden, Ordnung, ordentlich, ordnen, Order, Ordonnanz, ordinieren, Ordinarius.

Passion, passiv, Patient, Pathos, Sym-, A-, Antipathie (Grdb.: leiden).

Pension, Pensum, Stipendium, Kompendium, Pfund (Grdb.: Gewogenes).

Post, Posten, Posto, postieren, Pose, Position, (im-, kom-)ponieren) (Grdb.: stellen).

12. Form und Verwandtschaft

a. Wörter, die trotz verschiedener äußerer Form zusammengehören

Aas essen, applaudieren Explosion, Auge ereignen, bereit Reede, Bescherung Schar, Bollwerk Boulevard, brav barbarisch, Bulle² Billett, Büttel Pedell, Chaussee Kalk, Christ Kretin, feudal Vieh, Genosse (pl. Genote) Knote, Jalousie Zelot, Kalk Chaussee, Karte Kartätsche Kerze, kommen bequem, Kontrapunkt kunterbunt, Korb Korvette, Kran Geranium, kurz Schürze, Küste Kotelett, Lakritze Glyzerin, Leiter lehnen, Libelle Niveau, Lippe Löffel?, Lotse leiten, Magister Meister, Major Meier, Makler machen, Malve Malachit, Malz schmelzen Emaille, Manier Manöver Manschette Manufaktur Manuskript, Mars März Martin martialisch ausmerzen, Ministerium Metier, (Det)mold – (Ge)mahl, nachahmen Ohm, Nagel Nelke, nicht Wicht, Oleander Rhododendron, Parabel Parlament Polier Parole, Punkt Spund, radieren rasieren, Radieschen Rettich, Rain Rennsteig, Remter Refektorium, sichten Sieb, Siesta Sexta, sitzen Holstein (Land), Wursten (s. Wurte) * Wurtseten, Sopran Souverän, spähen Spion Spiegel spekulieren, stammeln stumm, stampfen Stempel, stattlich Staat (Aufwand, Putz), steppen Stift, Stiel Stil, Stoff ausstaffieren, stören Sturm, tasten taxieren, tauchen taufen teufen tief, tauen verdauen, Teppich Tapete, Tölpel Dörfler, treiben Trift, Tugend tüchtig taugen, Turban Tulpe, überwinden gewinnen, vergessen ergötzen, verteidigen Tag – Ding, Wachs wichsen, wahr zwar albern, Weiler Villa, weinen wenig, werben Werft, Wittum widmen, Wucher wachsen, zehren zerren, Zucker Sachar(in).

b. Wörter, die trotz gleicher oder ähnlicher Form nicht zusammengehören

abluchsen Luchs, anberaumen Raum, anderweit weit, Armbrust Arm Brust, Ball¹ Ball², Band Bande (Schar), Bann Banner, bar = bar, Beispiel Spiel, Berg Bergamotte, blau bleuen, Borste Borte, braten Braten, Bremse Bremse, Brosame Brot, Degen Degen, derb verderben, Dose Dosis, eichen Eiche, eigen ereignen, Einöde öde, Eisbein Eis, Faden Faser, fallen fallieren, Falter falten, fehlen befehlen empfehlen, Feld Feldstuhl, Felleisen Fell Eisen, Gelände Geländer, gleißen Gleisner, greifen Vogel Greif, Griffel Griff, Halfter Halfter, halten halt, Hamen Hamen, Hand hantieren, Harz Harz, Hecke Hecke, heischen anheischig, Huf Hufe, Jubel Jubel, Kasse kassieren, Kater Kater, kehren kehren, Kette Kette, Kiefer Kiefer, Kiel Kiel Kiel, klug ausklügeln, Koller Koller, kosten kosten, Kreis kreisen Kreisel, kritteln Kritik, Kur Kur Kur, Lampe Lampe, Lattich (Huf-)lattich, Laub Laube, laut Laute lauter, leid leiden, Leiter leiten, Lerche Lärche, letzen verletzen, leuchten Wetterleuchten, lichten lichten, locken (froh)locken, löschen löschen, Macht machen, Makel Makler mäkeln, Mandel Mandel, Mangel Mangel, Mark Mark Mark, Marsch Marsch, Mast Mast, Matte Matte, Maul Maultier Maulbeere Maulwurf, Maus mausern, Menge mengen, Mergel ausmergeln, Mesner Messe messen Messer, Moor Morast, Mull

Mull Müll, Mund (Vor)mund, Niete Niete, noch noch, ob ob, Pause durchpausen, Pinsel Pinsel, Plan Plan Plan, Platz platzen, Polier polieren, Pomade Pomade, prangen Pranger, Pudel Pudel, Puffer Puffer, quitt Quitte, Rahm Rahmen, Rauch Rauchwaren, Raum anberaumen, Reck recken Recke, reich reichen, rennen Rennstieg Ren(n)tier, Reif Reif reif, Riemen Riemen, ringen umringen, Rose Rosine Rosmarin Rosenmontag, Rübezahl Zahl, ruchbar ruchlos, Rücken rücken, Rüde rüde, Ruhe geruhen, Rumpf rümpfen, Saumtier säumen säumen, Schachtel Schachtelhalm, (Schaf)-garbe Garbe, Schale Schale, Schanze Schanze, schlapp Schlappe, Schleife schleifen, Schwaden Schwaden, Schwelle schwellen, selig selig (s. Liste 54), sichten sichten, siegen versiegen, Spieß Spieß, Spindel Spind, Stand Standarte, Star Star, steppen Steppe, Stift Stift, stolz Hagestolz, Strauß Strauß Strauß, stutzen stutzen, suchen Sucht, Sündflut Sünde, Takt Taktik, Tau Tau, Tolpatsch Tölpel, Ton Ton, trachten Tracht, Trappe Trappe, trauen traut, treffen Treff, tuschen vertuschen, Wachs wachsen, wähnen erwähnen, wahr Wahrzeichen, weich Weichbild, Weiler weilen, weissagen weise sagen, Wicht wichtig, Wind Windhund, Wittum Witwe, Zelt Zelter, Zinn Zinne.

13. Formelhafte Wendungen

häufig mit End- oder Stabreim, bisweilen tautologisch

Schon im religiösen und geschichtlichen Stil, z. B. »die Orte, wo Christus gelebt, gelehrt u. gelitten hatte« (Helmolt, Weltgeschichte III 382); vgl. »*Ego (Christus) sum via, veritas et vita* «(Widukind v. Korvei z. J. 928); Heinrich I. eroberte Brennaburg *fame ferro frigore* (I 35) nach Livius; mit Ach und Krach, mit Ach und Weh, in Acht und Bann (mh. *ze ahte u. ze banne)*, in Amt und Würden, alt und jung, angst und bange, arm und reich, Art und Weise, backen und banken, bar und blank, in Bausch und Bogen, nichts zu beißen und zu brechen, blink und blank, Blatt und Blüte, bleich und blaß, blutt und bloß, ein Haus in Bau und Besserung erhalten, zwischen Baum und Borke, nichts zu brocken und zu beißen, braun und blau, Brief und Siegel, Bürger und Bauer, Buß- und Bettag, Blitz und Donner = Blitz und Hagel (Fluch), mit Bomben und Granaten, *entre chien et loup* (= zw. Hund und Wolf = im Zwielicht), einen Canossagang tun, sich drehen und wenden, dann und wann, drauf und dran, Dach und Fach, Dichter und Denker, Disteln und Dornen, durch dick und dünn, Donner und Doria, drehen und deuteln, drunter und drüber, dumm und doof, echt und recht, an allen Ecken und Enden, erb- und eigentümlich, mit Fahnen und Standarten, in Fährden und in Nöten, Feld und Flur, Feuer und Flamme, fix und fertig, Fleisch und Bein, frank und frei, Fried' und Freundschaft, mit Fug und Recht, gang und gäbe, ganz und gar, auf Gedeih und Verderb, Gift und Galle, Geld und Gut, glänzen und gleißen, Glück und Glas, Glück und Glanz, geschniegelt und gebügelt (ebenfalls: geschniegelt und gestriegelt), gestiefelt und gespornt, Gnad' und Gunst, Grund und Boden, Gut und Blut, gut und gern, gehopst (gehuppt) wie gesprungen, mit Hacke und Schaufel, mit Händen und

Füßen, mit Hangen und Bangen, mit Hängen und Würgen, hampeln und pampeln, hell und dunkel, mit Helm und Panzer, wie Hund und Katze, mit hurr di Burr, Hab' und Gut, Hals über Kopf, Hack und Pack (Pöbel), Handel und Wandel, Hall und Schall, Haus und Hof, Haus und Hütte, mit Haut und Haar, mit Herz und Hand, hegen und pflegen, heilig und hehr, hoch und hehr, nd. heil und deil, Heim und Herd, Heil und Hort, Halt und Hort, Hehler und Stehler, Himmel und Hölle, Himmel und Erde, hoch und heilig (schwören), hieb- und stichfest, hin und her, Hinz und Kunz, Hof und Hufe (liegende Habe), hoffen und harren, Hülle und Fülle, hüten und hegen, Hümpler und Stümpler (Pfuscher und Bönhasen bei Luther), weder gehauen noch gestochen, Irrungen und Wirrungen, Jahr und Tag, Kind und Kegel, Kisten und Kasten, klipp und klar, Knall und Fall, Kopf und Kragen, durcheinander wie Kraut und Rüben, Krethi und Plethi, kraus und krumm, kreuz und quer, mit Kappe und Schelle (= als Narr), krumm und schief, krumm und lahm, nichts zu kratzen und zu beißen, Küche und Keller, kurz und bündig, kurz und gut, kurz und klein, kurz und körnig, kribbeln und krabbeln, kribbeln und wibbeln, Land und Leute, lang und breit, langen und bangen, Last und Leid, leben und weben (Apostelgeschichte 17), je länger je lieber, niemand zu Liebe und niemand zu Leide, Leid und Leben, wie er leibt und lebt, mit Leib und Seele, Licht und Luft, Licht und Schatten, zwischen Lipp' und Kelchesrand, los und ledig, los und frei, Lug und Trug, in Lust und Leid, Lust und Liebe, nach Lust und Laune, luv und lee, mit Mann und Maus, mit Mann und Roß und Wagen, durch Mark und Pfennig = durch Mark und Bein, markten und mäkeln, wie Milch und Blut, morsch und mürbe, bei Nacht und Nebel, mit Nadel und Zwirn, nackt und bloß, niet- und nagelfest, Nücken und Tücken, null und nichtig, zu Nutz und Frommen, an Ort und Stelle, Pech und Schwefel, Pfeil und Bogen, pochen und poltern, pochen und prachern (Bürger), quengeln und quälen, aus Rand und Band, rank und schlank, rainen und greinen (= weinen), rainen und steinen (= umgrenzen?), in Rappuse und Raub (bei Luther), ohne Rast und Ruh', »rast' ich, so rost' ich«, mit Rat und Tat, »erst raten, dann taten«, recken und strekken, in Reih' und Glied, Richter und Schlichter, mit Rohr und Stange (vgl. Christi Marterwerkzeuge), Roß und Reiter, Ruck und Zuck, rumpeln und pumpeln, rumpf und stumpf (Fischart), mit Sack und Pack, ohne Saft und Kraft (vgl. lat. *sucus et sanguis)*, weder Salz noch Schmalz, in Samt und Seide, samt und sonders, ohne Sang und Klang, in Saus und Braus, schaffe un schärre (= schaffen und scharren, elsäss.), Schall und Rauch, ohne Scham und Scheu, schalten und walten, Schand- und Landlüge, schaben und schinden, Schatten und Schemen, Scheuel und Greuel, schiedlich und friedlich, Schimpf und Schande, Schimpf und Glimpf, schlecht und recht, schlicht und einfach, in Slick und Slamm (nd.), »Vieh, Schiff und Geschirr« (totes und lebendes Inventar), hinter Schloß und Riegel, auf Schritt und Tritt, Schrot und Korn, Schirm und Schild, Schutz und Schirm, Schutz und Trutz, Schutt und Moder, mit Schwert und Spieß, schwimmen wie 'ne bleierne Ente, singen und sagen, Spott und Hohn, starr und steif, starr und stumm, Stecken und Stab, steif und fest, steif und stur (nd.), Stein und Bein, Stein des Anstoßes, über Stock und

Stein, über Stock und Block, stramm und strack, stramm und fest, mit Stumpf und Stiel, Sünde und Schande, (im altfriesischen Recht) *setta and sella* = versetzen und verkaufen, vor Tau und Tag, wie Tag und Nacht, mit Teller und Tasse, auf Tod und Leben, Trug und Tücke, Trug und Tand (E. M. Arndt), Tür und Tor, zwischen Tür und Angel, auf Treu und Glauben, trau schau wem?, *met hand en tand* (Zahn) *vast houden (ndl.)*, verbast und verbistert (nd.), vergessen und vergeben, verraten und verkauft, verzerrt und verzogen, wägen und wagen, nicht wanken und nicht weichen, wie Wasser und Feuer, Weg und Steg = Waih un Schtaih (elsäss.), Wehr und Waffen, Weib und Kind, weit und breit, wetten und wagen, mit Willen und Wissen, Wind und Wetter, Wind und Wogen, Wind und Wellen, »mir ist wind und wehe«, wund und weh, »'wiß und wahrhaftig«, in Wort und Weise, »in Gedanken, Worten und Werken«, Zeichen und Wunder, Zeichen der Zeit (Mt. 16, 3), zeitlich und ewig, zerren und zurren, Zins und Zehnt, Zins und Zoll, ohne Zahl und Ziel, ohne Zaum und Zügel, mit Zittern und Zagen, ohne Zuck und Muck, zupfen und zerren, Zweck und Ziel, Zucker und Zimt, zippeln und zappeln.

14. Fremde Endung (und Betonung) deutscher Wörter[1]

-ieren: abschattieren f. abschatten, *amtieren*, bal(l)hornis~, (ein)ballieren, buchstab~ (früher buchstaben), drangsal~, gast~, geistreichis~, glas~ (Glasur), grund~, halb~, haus~, hof~, inhaft~, irrlichtel~ (Goethe), laut~, lav~, *prob*~, schatt~, schnabul~, sinn~, *spaz*~, stolz~, verlust~, verschimpf~, watt~; **-ei:** *Arzn*~, Bäkker~, Bücher~, Drost~, Esel~, Gaster~, Kinder~, Liebel~, Scherer~, Völler~, Auskunft~, Kauffahrt~schiff, Lombard~; aber nicht Aglei, Lorelei; **-lei:** aller~, mancher~.

Albertus, Alberta, Albertine, Austrägal(gericht), Cárolus, Hubertus, Askania, Alsatia, Holsatia, Bandage, Blumist, *burschikos*, Fastage = Faßwerk (Tonnenvorrat), *Festivität*, feudal, Fri(e)dericus, Futteral, Grobian, Hallore, Harfenist, Hobelist, Hornist, Karoline, pl. Kledasche, Kleinodien (für Kleinode), Kneipier, Konkneipant, Kopernikus, Lagerist, Molkerist, Nelkenist, Landratur (nur im Rheinland gehört!), Lappalie, Lastadie, Lekkage, *Lieferant*, Luftikus, morganatisch, Ordalien, Paukant, Pauschal(summe), Pedell, Pfiffikus, *postalisch*, Runologie, Sammelsurium, schauderös, Schlendrian, Schmieralien, Schnurrant (Bettelmusikant): schnurren, m. Musik betteln, Schuftikus, Schwachmatikus, Schwiemelant, Schwulität, Sperenzien, Staket, statiös, Stellage, Stoffage, Surius (s. sauer), Takelage, Tonnage; Lutheraner, Lutheriden = Nachk. Luthers, *Börsianer*, Kantianer, Wagnerianer, Weimaraner, Anhaltiner, Bernhardiner, Badenser, Bremenser, Jenenser, Rigenser, Hanseaten, Hanswurstiade, Jobsiade, Stinkadores (schlechte Zigarre), Wuppdizität (Berlin 1882), Zinkenist.

Betonung: Forelle, Hermelin, Holunder, lebendig, leibhaftig, luthérisch, Schlaraffe, schmarotzen, Wacholder; *Doktóren*, *Professóren*, *Charaktére* (z. *Dóktor*, *Proféssor*, *Charákter*) u. a.

[1] Die *kursiv* gedruckten sind Lehnwörter.

15. Griechische Wörter

a) Griech. Eigenschaftswörter, bei denen häufig *téchnē* Kunst zu ergänzen ist:

Arithmetik, Arsenik(?), Ästhetik, Basilika, Botanik, Epik, Ethik, Grammatik, Hygiene, Kirche, Klinik, Kolik, Kritik, Lyrik, Mathematik, Mechanik, Metaphysik, Methodik, Metrik, Mimik, Mosaik, Museum, Musik, Mystik, Optik, Panik, Physik, Plastik, Polemik, Politik, Scholastik, Sophistik, Statik, Taktik, Technik.

b) Absinth, Amethyst, Amnestie, Analphabet, Anarchie, Anekdote, anonym, apathisch, Asbest, Asyl, Atheist, Atom, Diamant. – Nicht ins Wörterbuch aufgenommen: Akatholik (Nichtk.), Amarant (unverwelklich, Tausendschön), Ambrosia (Unsterblichkeit), Anachronismus, (Neur)asthenie, s. **a-, an-** in Liste 54.

Diese kleine Auslese nur einigermaßen befriedigend zu ergänzen, fehlt der Raum, es würde den Rahmen des Buches vollständig sprengen. Es gibt neuerdings eine eigene Darstellung: F. Dornseiff, Griechische Wörter im Deutschen, 1950.

16. Hebräische Wörter

Es bestehen seit sehr früher Zeit einige auffallende Übereinstimmungen, z. B. bei den Zahlen 6 und 7 und bei dtsch. Horn, slaw. *krn*, lt. *cornu*, griech. *kéras*, wenn man hebr. *keren* heranzieht mit denselben Hauptkonsonanten.

a) Hebräische, biblische Wörter: Amen, Cherub, Eben(holz), Gehenna, Hosianna, Jubel(jahr), (Krethi und Plethi), Mammon, Manna, Mene Tekel, Passah (*pesach* Verschonung), Pharisäer, Philister, Rabbi, Sabbat, Satan, Schiboleth, Sekel, sela (* Finale, Ps. 3, 3), Seraph, Tohuwabohu.

b) sonstige (z. T. rotwelsche): acheln (essen: ākhal), Aloe, betucht (sicher), Bisam, Bocher (»Schüler«: *bāchūr* Jüngling), Dalles (*dallūth* Armut), dibbern (*dābūr* Wort), Ganef, Gauner (Jauner: *jānā* übervorteilen), Kabale, Kaffer (ungebild. Mensch), kapores (werden), Kassiber (heiml. Schreiben: *kāthabh* schreiben, *kěthībhā* Geschriebenes), keß, Kessel (Dummkopf): *kesīl*, fett, Kies (= Geld: *kis* Beutel), Kluft = Gewand (nhbr. *qillūph* Rinde, Schale), kochem (»gescheit«: *chachām* weise), Kochemer (Schelm), Kohl[2] (= Unsinn), koscher, Kümmelblättchen, Mackes (Schläge *makkōth*), Massel (Glück), Massematten (»Geschäfte« *ma'aseh* u. *matthān* »nehmen u. geben«), Matze (Ostergebäck *mazzāh*), meschugge, mies = häßlich, Pleite, Sack, Schacher, schächten, schäkern, Schaute (Narr: *šōte*), dazu Stuß (*šĕtuth* Dummheit, Verdruß), schicker, Schicksel, Schlamassel (schlimm u. nheb. *mazol* Geschick; Masselbruche* Glück u. Segen, daraus scherzhaft durch Mißverständnis »Halsbruch«), Schmiere (stehen: nhebr. *šĕmīrā* Bewachung), Schmu, Schmus, schofel, Talmud, Zider, Zores, Zossen, Zypresse.

17. Kanzleisprache[1]

Die Eigentümlichkeiten der Kanzleisprache bestehen zum großen Teil im Satzbau, gehören also nicht in ein Wörterbuch, am wenigsten in ein ableitendes. Es gibt jedoch auch bezeichnende Wortbildungen, von denen hier einige Zusammensetzungen angeführt seien.

-nahme: Bezug~, Einfluß~, Einsicht~, Einver~, Empfang~, Fühlung~, Inangriff~, Inanspruch~, Inaugenschein~, Inbetrieb~, Kenntnis~, Maß~, (früher -regel), Rücksicht~, Stellung~, Vernehmlassung.

-betrieb: Abdeckerei~, Apotheken~, Bäckerei~, Fabrik~, Gastwirtschafts~, Geschäfts~, Kürschnerei~, Landwirtschafts~, Molkerei~, Mühlen~, Unterrichts~; Inbetriebnahme, landwirtschaftlicher Betriebsunternehmer.

-zwecke: Die Kohlen werden benötigt für Drusch~, Frühdrusch~, Dampfpflug~; die Schweine, Kühe sollen verwendet werden zu Nutz-, Zucht-, Zug-, Schlachtzwecken; Pferde zu Spannzwecken; Gebäude zu Wohn-, Lazarett-, Unterrichtszwecken; Brennstoffe für Hausbrand~, Heiz~; Heidekraut für Streu~; Zucker f. Einmach~; Museums~, Schul~; Bücher, geeignet zu Geschenkzwecken; Beschaffung eines Automobils zu Kreiszwecken; Beleuchtungszwecke.

-mengen: Getreide~, Kohlen~, Mehl~, Milch~, Speckmengen.

-mäßig: fahrplan~, kräfte~, leistungs~, planversorgungs~, wohnungs~.

Ferner: diesfallsig, diesbezüglich, sotan, besagter, selbiger usw.

18. Katholische Kirche

(*Vgl. Liste IV a, c u. 6*)

Ausdrücke, betr. ihre Geschichte, Einrichtungen und Gebräuche.

Absolution, Albe, Allokution, Ambo(n), Ampel, Amt (Hoch~), Angelus, Aschermittwoch, Askese, Autodafé, Begine, Benediktiner, Benefiziat, Breve, Brevier, Bulle, Definitor, Dominikaner, Eminenz, Enzyklika, Exzellenz, Faltstuhl (s. Fauteuil), Fastnacht, Fegefeuer, Firmung, Franziskaner, Fronleichnam, General, Generalvikar, Gründonnerstag, Guardian, Hirtenbrief, Hochamt, Hostie, Hungertuch, Infallibilität, Installation, Inthronisation (siehe Thron), Jesuit, Jubeljahr, Kalvarienberg, Kammerer, Kanon, Kapitel, Kapitular, Kapuziner, Kardinal, Karmeliten, Kartäuser, Kasel, Kleriker, Kommunion, Kongregation, Konklave, Konvertit, Konzil, Kulturkampf, Kurie, Laienskapulier, Lateran, Legat, Lichtmeß, Litanei, Ministrant, Minorist, Minorit, Novize, Offizial (bischöfl. Gerichtsvogt), Ölung (letzte), Ordination, Pallium, Patene, Präbendar, Präbende, Präfekt, Prälat, Primas, Prior, Profeß, Propaganda, Prosynodalexaminator, Redemptorist, Reverendissimus, Rosenkranz, Sakristei, Siebenschläfer, Skapulier, Soutane, Spiritual, Stigmatisation, Stola, Superior, Syllabus, ultramontan, Vatikan, Vulgata, Wallfahrt, Weihbischof, Weihrauch, Weihwasser.

[1] Vgl. die Abhandlung darüber auf S. 135–144 in Wasserziehers »Leben und Weben der Sprache«, 8. Auflage.

19. Steigerung (Komparative und Superlative)

ander, baß, (für)baß, Eltern, ehe, erst, ferner, förder, Fürst, Herr, Jünger, leider, letzt, Oberst.

Lehn- u. Fremdwörter: Generalissimus, Honoratioren, intim, Magister (Meister), Major (Meier), Majuskel, Maximum (Maxime), Minimum, Minister, Presbyter (Priester), Primus (Sup. z. lt. *pris* †), Prior (Komp. z. lt. *pris* †), Prinz, Serenissimus, Simplizissimus, Summe.

20. Körperteile und Tiernamen in übertragener Bedeutung

Für eine ungeschichtliche Betrachtung wird es nicht klar, daß es sich beim eisernen Nagel, beim Schiffsbug, bei der Eisenbahnschiene, bei der Elle, dem Faden usw. um Übertragungen handelt, daß die Bezeichnung des Körperteiles das Ursprüngliche war und wegen der Ähnlichkeit auf Gegenstände übertragen wurde. (Bildersprache der Technik.)

a) Blatt*achsel*, Erz-, Wasser*ader*, *Arm*leuchter, Fluß-, Meer*arm*, Hebelarm, Auge (d. Kartoffel), Bull*auge* (Schiffsfenster), Schleif*backen* (am Wagen), Schlüssel*bart*, Stuhl-, Tisch*bein*, *Beiß*zange, Schild*buckel*, Meer*busen*, *Elle* (Ellenbogen), *Faden* (Umspannen der Arme), *Flanke*, *Flügel*, Front (Heerwesen), Fels*grat*, Lampen*fuß*, F. des Berges, Ketten*glied*, Flaschen-, Keller*hals*, *Häuptel*salat, *Kehle*, d. rückwärtige Abschluß eines Forts, Hohl*kehle*, *Klafter*, Berg-, Balken-, Brücken*kopf*, Kraut-, Kohl-, Mohn~, ~salat, Nagel-, Säulen~, *Knie* (am Ofenrohr), Heiz*körper*, *Krag*stein, *Nagel* (am Finger, dann Holz-, endlich eiserner), Berg-, Felsen*nase*, Pech~ (an d. Burg), Nadel*öhr*, Blatt*rippe*, ~des Bootes, lt. *costa* Rippe: Küste, Berg-, Messer*rücken*, *Rumpf* (z. B. Korntrichter in d. Mühle, F.N. Korn-, Schüttrumpf f. Müller, nd. * *Schüdderump*, anders Wilh. Raabe!), ~ e. Schiffes, Flugzeuges, *Scheitel*punkt, Winkel*schenkel*, *Schiene* (Schienbein = Schienknochen), Kometen*schweif*, *Sehne* (am Bogen), Graben-, Tal*sohle*, *Spanne*, *Speiche* (*Armknochen), Stirnkühler, ~licht, Treppen*wange*, *Zahnrad*, Land*zunge* usw.

b) Affe (Tornister), Ramm*bär*, *Biber*schwanz (Dachziegelform), Säge-, Dengel*bock*, *Eber*kopf, (d. altgerman. Keil in d. Schlacht), s. Boa, *Eulen* u. *Krebse* (Buchhandel), Zwiebel*fisch* (Buchdruck!), *Folter* s. Fohlen, *Frosch* (hüpfendes Feuerwerk), *Fuchs* (Teil des Schornsteins, unterirdische Dampfleitung), ~schwanz (kl. Säge), Gas-, Wasser*hahn*, Hammelsprung, *Hasen*scharte, Gruben*hund*, *Igel* (altschweiz. um 1500, ein d. Spieße n. allen Seiten vorstreckender Haufe), (Igel auch Ackergerät, Geld*katze*; *Krähenfüße* (um die Augen), *Krähennest* (Ausguck), *Kranich* (Kran); *Kuhfuß* (Gewehr, Soldatensprache); s. Lupe; s. Muschel; s. Muskel; Feld*schlange*; *Pferd* (Turngerät); *Pudel* (beim Kegelspiel); *Raupe* (besondere Form der Schulterstücke); s. Torpedo; *Widder* (zum Wasserheben; Rammbock) = fz. *bélier* *Wolf* (Maschine z. Zerkleinern des Fleisches; Hautentzündung), Wolfsrachen, Bücherwurm.

21. Kultur- und sittengeschichtlich wichtige Wörter

(Kleine Auswahl)

Sprachgeschichte ist auch Sachgeschichte; die Geschichte eines Wortes ist häufig die Geschichte eines Abschnittes der Kultur und der Sitten.

a. deutsche:

Acker, Adel (edel), Buch (Buchstabe, schreiben, lesen, Feder, ritzen), Demut, Ding, Ehe, Elend, Flinte, fromm, Garten, Gast, Gift, Gulden, Hagestolz, Hammer, Heide, hübsch, Kobold, König, Kopf, Kremser, Laib, Messer, Monat (Mond), Reise, Schatz, schenken, schildern, schlecht, Sklave, Vieh, Wand, Wappen, Werwolf, Zaun, Zeche, Zimmer, Zweck.

b. fremde:

Apfelsine, Boulevard, Brille, Bursche, Grenze, Kaiser, Kamin (Kemenate), Kapelle, Kartoffel, Kultur, Laune, Lord, Meile, Münze, Palast, Person, Post, Provinz, Salär, Straße, Tapete (Teppich), Uhr.

22. Künstlich gebildete Dingwörter, Phantasienamen

(vgl. das Abkürzungsverzeichnis)

Das früheste ist wohl Kabal(ministerium) unter Karl II. in England, nach den Anfangsbuchstaben der 5 Minister, zurückgetreten 1674 (nicht zu Kabale); Agfa (Aktiengesellschaft f. Anilinfabrikation), Asta (Allgem. Studentenausschuß), Automobil, Autobus, Avus (Automobil-, Verkehrs-, Übungsstraße; bei Berlin), Buna (synth. Gummi, aus Butadin + Natrium), Esperanto, Flak, Gas, Postille, Tedeum; Formen von Zeitwörtern: Debet, *Exequatur*, Faksimile, Faktotum, Fazit, *Imprimatur*, Inserat, Krédit, Messe, *Nolimetangere*, Plazet, Referat, Reseda, Salve, Transfer, Vademékum, Valét, Veto; aus Anfangsbuchstaben gebildete, meist nach engl.-amerik. Muster (Buchstabenwörter, zuerst als Telegrammadressen gebraucht): *DIN* = Deutsche Industrienormung, *Fiat* = *Fabbrica Italiana Automobili Torino*, Hapag (Hamburg-Amerikanische Paketfahrt-Aktiengesellschaft), Kadetten (russ. Partei, konstitutionelle Demokraten), Komintern = Kommunistische Internationale, Leica (Leitzkamera), Mitropa (= Mitteleuropäische Schlaf- u. Speisewagen-Aktiengesellschaft), Obraldruck nach Oscar Brandstetter in Leipzig, Schupo (= Schutzpolizei), Ufa (= Universum-Film-Akt.-Ges.), Nato (= North Atlantic Treaty Organization); ferner: Kilowatt, Kodak, Margarine, Odol, Volapük u. v. a.

23. Lautmalende (schallnachahmende) Wörter

ach, ächzen, babbeln, blöken, donnern, Eule, fauchen (pfauchen), Fink, flirren, gackern, girren, Glocke (?), Glucke, grell, grunzen, gurren, heulen, Hummel, husch, jauchzen, jaulen, jodeln, johlen, juchen, kichern, Kiebitz, Kikeriki, Kladderadatsch, Klappe, klappen, klappern,

Klaps, klatschen, klimpern, klingeln, klingen, klirren, knacken, knarren, knattern, knicken, knirschen, knistern, knurren, knuspern, krachen, krächzen, kreischen, kreißen, Kuckuck, lachen (?), lispeln, lullen, lutschen, Miau, meckern, Mischmasch, munkeln, murmeln, murren, niesen, paddeln, paffen, Pfnüsel (alem.-tirol. Schnupfen), piepen, plappern, plärren, plätschern, platzen, plaudern, poltern, puffen, pusten, quaken, quieken, quietschen, rattern, säuseln, schnarchen, schnattern, schnurren, Schorle-Morle, summen, ticken, Tick-tack, Tingel-tangel, Töff-Töff, tralala, trällern, Trommel, Truthahn, Tusch, tuscheln, Uhu, Unke, Wauwau, weh, Wiedehopf (?) (vgl. lt. *ŭpŭpa*, gr. *epops)*, wiehern, Wirrwarr, wispern, zirpen, zischeln, zischen, zwitschern.

24. = ling (= ing), s. = ing i. Liste 54

ist wahrsch. entstanden aus -ing, mh. *inc*, das die Abstammung bezeichnet u. häufig an Wörter auf ah. *-al*, *-il*, *-ul*, mh. nh.-el trat; in falscher Analogie und vielleicht auch des Wohlklangs wegen wurde das l auch da angefügt, wo es eigentlich nicht hingehört. Ist Nachkomme, Abkömmling, Sohn die Grundbedeutung von -ing, -ling, so erklärt sich auch, daß es etwas Junges, Kleines, Geringes (daher nicht selten Tadelnswertes) bezeichnet: Jüng~, Spröß~, Frisch~, Hänf~, Pfiffer~, Finger~, Höf~, Dichter~, Wüst~. In Karoling, Edeling gehört das l zum Namen; an Hering, Mess~, Flem~ (Nachkomme von Flamen), Thür~ ist kein l angefügt; bei König, Pfennig ist das n ausgefallen. Die Endung -ling dient heute meistens zur Bildung neuer Wörter mit verächtlichem Nebensinn.

Abkömmling, Ästling (junger Vogel), Bein~, Blend~, Brüst~ (Bluthänfling), Bück~ (Bücking), Däum~, Dichter~, Dril~, Dral~ (untersetzter Mensch), Eindring~, Emporkömm~, Enger~, Erst~, Fäust~, Feig~, Find~, Finger~, Finster~, Flücht~, Französ~, Fremd~, Frisch~, Frömm~, Früh~, Gründ~, Günst~, Häkker~, Häft~, Hänf~, Häupt~, Höf~, Impf~, Jähr~, Jämmer~, Jüng~, Kämmer~, Keim~, Kohlweiß~, Kömm~ (Goethe), Kümmer~, Lehr~, Lieb~, Lück~, Miet~, Misch~, Nest~, Neu~, Pfiffer~, Pfleg~, Prüf~, Ries~, Roh~, Röm~, Rund~, Säm~, Säug~, Schäd~, Schier~, Schil~, Schmetter~, Schöß~, Schröt~ (schwäb.) = Hornschröter (Hirschkäfer), Schütz~, Schwäch~, Send~, Setz~, Silber~, Sonder~, Spät~ (schwäb.) = Herbst, Speier~ (Eberesche), Sper~, Spröß~, Steck~, Ster~, Stich~, Sträf~, Süß~ (fader Mensch), Täuf~, Weich~, Weiß~, Wild~, Witz~, Wollüst~, Wüst~, Zier~, Zög~, Zücht~, Zwil~.

25. Mehrzahl

Wörter, die urspr. Mehrzahl sind, aber im Volksbewußtsein als Einzahl empfunden werden. Die kursiv gedruckten sind deutsch, alle übrigen Fremd- oder Lehnwörter.

Alarm (Lärm), *Antwort*, Ära, Bibel, Birne, Brille, Bursche, Canaille, *Drüse*, *Ernte*, Fee, Feier, Folie, *Frauenzimmer*, *Hüfte*, *Imme*, Inkunabel, Kamerad, Kanzel, Keks, Kirsche, Koblenz, Koks, Kolli, Legende, Lilie, Meile, Muselman, Omelette, Omnibus, Orgie, *Ostern*, Pfingsten, Pflaume, Prämie, Rekrut, Rips, *Schläfe*, Schlips, *Stute*, *Tücke*, *Türe*, *Vieh*, *Weihnachten*, *Zähre*, mein Lebtag.

Dative (oder Ablative, Lokative) sind: Omnibus, Rebus, Ostern, Pfingsten, Weihnachten.

Dative sind zahlreiche Länder- und Ortsnamen: Preußen, Bayern, Sachsen, Westfalen, Lothringen, eig. b. den Preußen usw.; München b. d. Mönchen, Sigmaringen b. d. Nachkommen Sigmars, Baden z. d. Bädern, Barmen b. d. Heuhaufen, Beuron b. d. Häusern; Trier, Paris, Reims, Soissons sind aus den alten Volksnamen i. d. Mehrz.: *Treviri*, *Parisii*, *Remi*, *Suessiones* entstanden.

Wörter, die i. d. Mehrzahl gebraucht u. als solche auch empfunden werden:

Alfanzereien, Eltern, Faxen, Flausen, Flitterwochen, Geschwister, Gewissensbisse, Gliedmaßen, Händel, olle Kamellen, Kinkerlitzchen, Kosten, Ländereien, Lebensmittel, Leute, Machenschaften, Masern, Mißhelligkeiten, Nachwehen, Niederschläge, Ordalien, Ränke, Rauchwaren, Röteln, Sämereien, Sperenzien, Sporen, Trümmer, Umtriebe, Unkosten, Unstimmigkeiten, Vergnügungen, Zeitläufte.

fremde: Annalen, Äonen, Auspizien, Diäten, Exequien, Ferien, Finanzen, Genitalien, Imponderabilien, Ingredienzien, Insignien, Kaldaunen, Kameralia, Katakomben, Konsols, Konsorten, Kosten, Machinationen, Manen, Memoiren, Moneten, Penaten, Personalien, Präliminarien, Realien, Regalien, Spesen, Spirituosen, Tropen, Utensilien, Vegetabilien, Zerealien.

26. Metáphern (Übertragungen, Bilder)[1]

Die meisten Wörter haben ursprünglich eine sinnliche Bedeutung (Dach Deckendes, Wolf Zerreißender, Wegschleppender, Fluß Fließendes); *ein* Merkmal wird auf das Ganze übertragen, die anderen werden weggelassen (der Fluß fließt ja nicht nur, er ist auch naß, glänzend usw.). Jedes Wort ist also eigentlich symbolisch, metaphorisch. Viele, vielleicht die meisten Metaphern, empfinden wir nicht mehr als solche; andere erkennen wir deutlich als solche u. bilden sie oft neu (den Spieß umkehren, mit d. Tür ins Haus fallen usw.).

Wir können in der Geschichte der Sprache wurzelhafte, d. h. unbewußte, durch einen gewissen Wortmangel erzeugte Metaphern (z. B. das Kind sagt: das Haus des Vogels, weil es Nest noch nicht kennt) von den mehr oder weniger bewußten, phantasiemäßigen, dichterischen Metaphern unterscheiden; man überträgt den Namen eines Dinges auf ein anderes auf Grund eines beiden gemeinsamen Merkmals (Haar der Bäume = Laub); unterscheidet man Sinnliches u. Geistiges in der Welt, so ergeben sich Metaphern: Man

[1] Vgl. Alfred Biese, Philosophie des Metaphorischen, Hamburg 1893; Hedwig Konrad, Étude sur la métaphore, Paris 1939.

überträgt *a)* Sinnliches auf Geistiges, *b)* Geistiges auf Sinnliches, *c)* Sinnliches auf Sinnliches, *d)* Geistiges auf Geistiges. – Der unendliche Reichtum der Beziehungen des Geistigen und des Sinnlichen ruft das Bild hervor; ein Gleichnis oder ein Vergleich (wie -) stellt das Verwandte äußerlich einander gegenüber, die Metapher verwebt beides ineinander. Ungemein wichtig ist die Metapher in der Geschichte der Sprache für den Bedeutungswandel; z. B. ein Wort, das ursprünglich nur eine örtliche oder zeitliche Beziehung hatte, wird auch begründend (weil, eig. die Weile) verwandt; jedes fremdsprachliche Wörterbuch zeigt dies, nicht minder das deutsche. Was ursprünglich nur vom lebenden Wesen galt, wird auf leblose übertragen: der Wind erhebt sich, eilt durch die Straßen, fegt die Blätter, macht sich auf, springt auf, legt sich, schläft ein usf. Aus einem Sinnesgebiet wird ins andere übertragen: süß = zuckersüß, dann ein süßes Mädel, ein süßer Gesang; ebenso bitter, scharf, hoch, tief, hell, (Ohren)schmaus, (Augen)weide usw.

Für das Geistige haben wir ursprünglich wohl nur wenige Wörter. Also muß das Sinnliche dafür eintreten. Wie die Natur in ewiger Menschwerdung begriffen ist (Jean Paul), so wird auch die Sprache mit jedem großen Menschen neugeboren; so rühmt Albert Kestner an dem jungen Goethe, daß er sich bildlich auszudrücken liebe – und wie verwandelt sich die Natur in seinem Geiste! (Willkommen und Abschied, Mailied, Mahomets Gesang u. a.). Die Metapher ist nur ein Abbild des Werdens einer Dichtung selbst als einer Verschmelzung von Innerem und Äußerem. Sie ist nicht bloß Schmuck, sondern eine innere Notwendigkeit des Sprachgeistes oder der Phantasie. Wenn alles Vergängliche ein Gleichnis ist, so ist die Sprache das Gleichnis des Gleichnisses.

Einige Proben:

abgebrannt, abgedroschen, abgefeimt, abgeschmackt, Abschaum, Absicht, Angst, Anliegen, Anmut, anschwärzen, Ansicht, Anstand, Antrag, Anwandlung, aufbieten, auffallen, auffassen, aufgeblasen, aufgeräumt, aufgeweckt, aufrichtig, Aufsatz (Schriftstück), aufschieben, aufschneiden, Ausbund, Ausgeburt, ausgelassen, Auskunft, ausmerzen, ausstechen, auswendig, Auswurf, Gebang, sich bäumen, befangen, begehen (ein Fest), begreifen, Beifall, beilegen (schlichten), bemänteln, bemoost (Haupt), benebelt, bereit, beschließen, bestechen, durchfallen, Durchlaucht, einbilden, Eindruck, einfach, Einfall, Einfalt, Einfluß, eingefleischt, einleuchtend, einsilbig, eintränken, Einwurf, Elend, entlarven, sich entpuppen, entrüstet, entsetzt, sich entspinnen, entwerfen, entwickeln, entzücken, erbauen, erfahren, erhaben, erinnern, erlaucht, erörtern, erpicht, erschrekken, erwägen, erziehen, exzentrisch, Fallstrick, fertig, Galgenstrick, gefallen, gefaßt, Geizhals (-kragen), geschraubt, gewandt, gewiegt, Gewissensbiß, grübeln, hartnäckig, hochtrabend, hold, Kelch (Blüten-), Kobalt, Kran, Lump, Maus (an d. Hand), Nickel, raffiniert, Schwermut, Tiefsinn, Tropf, überspannt, verschlagen, verschwommen, Vortrag, Wildfang, Windsbraut, Zweck.

27. Mischbildungen

(Kontaminationen)

gibt es auch in anderen Sprachen. So leitet man *Diamant* ab von gr. *adámās* + *diaphanés* durchsichtig; fz. *écurie* Pferdestall: ahd. *scūra* Scheuer, v. prov. *escura* + afz. *escuierie* (Knappendienst): fz. *écuyer* Knappe (: lat. *scutarius* Schildträger); afz. *guerredon*, eng. *guerdon*, Lohn: ah. *widarlōn* + lat. *dōnum* Gabe; eng. *parchment* Pergament (afz. *parchemin*, mlat. *particamīnum): Pergamēnum* + *parthica pellis* parthisches Leder; eng. *squarson* Gutsherr u. Pfarrer: *squire* + *parson* (= *persōna); fz. *merise* Vogelkirsche: *amer* bitter + *cerise* (Kirsche); fz. *patarafe* Gekritzel: *parafe* Schnörkel + *patte* Pfote, Klaue; *pirouette* Drehrädchen: *pivot* Drehzapfen + *girouette* Windfahne; fz. *refuser* zurückweisen: lt. *recusare* + *refutare;* fz. *royaume: royal* + lt. *regimen* Lenkung, Leitung; it. *saldo:* lt. *solidus* fest + *validus* stark + it. *soldare* besolden; it. *stamberga* schlechte Hütte: *stanza* + *albergo;* ah. *scoldiner* Söldner: lt. *solidus* + ah. *scolan* sollen; *german.* fz. *grimper* klettern: *gripper* »m. d. Krallen ergreifen« + *ramper* kriechen (ah. *rimphan* zs. krampfen, »rümpfen«) soll zu den *deutschen* Beispielen überleiten: Aufklaricht (gebildet v. Heinr. Leo † 1878): Aufklärung + Kehricht; belfern: bellen + bäffen(?); Demokratur: Demokratie + Diktatur; Geschwürm (b. Luther): Gewürm + Geschwür; klirren: klingen + schwirren; kribbeln: kriechen + krabbeln; Kringel: Kreis + Ringel(?); Randal (student.): Rant (Auflauf, rennen) + Skandal; schmunzeln (lächeln): schmutzeln + schmunzen (Human. Gym. 1932 S. 51); Schnörkel: ma. Schnögel (Schnecke) + Schnirre (altmärk. Schleife, Schlinge) od. + Zirkel; schnurrios (Wilh. Raabe): schnurrig + kurios; mir *schwant:* mir schwebt vor + mir ahnt; in Schwirbel geraten (Turnvater Jahn): Schwindel (Taumel) + Wirbel; vorwiegend: vorherrschend + überwiegend; zwirbeln (in kreisförm. Bewegung setzen): zirbeln + werben, Wirbel (ah. *sih zerban* sich im Kreise drehen).

28. Modewörter der neueren Zeit, s. auch Liste 35 u. VI

(Kleine Auswahl)

a) Abwertung, Auf~, Be~, Ver~, Ent~, Um~, anfordern, Anliegen, ankommen (= wirken), anlaufen; Aufbruch (z. neuen Zielen), Auflockerung (des Zahlungsverkehrs), ausgerechnet, ausgeschlossen (unmöglich), auslasten, auslösen = hervorrufen (Beifall, Heiterkeit), unter Beweis stellen, Ausmaß, auswerten, sich auswirken, Belange (Werte), im Bilde sein (Bescheid wissen), (es geht ihm) blendend, bombensicher, denkste (ein typischer Fall von ~), Einstellung, man ist so oder so eingestellt, einwandfrei, Erleben (Kunst-), Entrümpelung, erneut (wieder, nochmals), erstklassig, erstmalig, fabelhaft, festnageln, fraglos, genau (für engl. *exactly)*, (der Angriff wurde) glatt (abgewiesen), Gleichschaltung, großzügig, (er hat keine) Hemmungen, hundertprozentig, Knilch, ja Kuchen! (iron. Verneinung), knorke (*berlin.* = tipp topp), desgl. schnuppe, pipe, pomade (gleichgültig), keß (fein, schneidig), letzten Endes, Mitläufer, neuzeitlich, pfundig (= großartig), prima, rassig, restlos, richtig gehend, Rückversicherer, schmissig, schräg(e) (Musik), selten schön (sehr schön), selbstredend, tiefschürfend(e Darlegungen), (nicht) tragbar, Umbruch (z. and. Geisteshaltung), sich umstellen, unbedarft, unterbelichtet, unterstreichen (betonen), verankern, verheerend, vollschlank, vorbildlich (musterhaft), Zahlungserleichterung, auf jem. zukommen.

b) aktuell, arriviert (vorwärts gekommen), Attraktion, Bluff, Demokratur, eminent, evident, existentiell, Integration, katastrophal, Komplex, koordinieren, Mentalität, mondän, Neuorientierung, ondulieren, Opportunismus, Outsider, prominent, pyramidal, Rationalisierung, stupend, supranational, Trizonesien, vitalste Interessen u. integrierende Bestandteile.

29a. Nieder- (und mittel-)deutsche Wörter und Lautformen

Eine Anzahl Wörter ist aus nieder- (und mittel-)deutschen Mundarten ins Hoch- oder Schriftdeutsche übernommen worden. Es sind zum großen Teil Ausdrücke, die sich auf das Seewesen, das Leben an der Küste, norddeutsche Landschaft, Art und Sitten beziehen. Vielfach handelt es sich aber nur um niederdeutsche *Lautformen*, die die oberdeutschen verdrängt haben; nicht selten sind jedoch die Wörter mit oberdeutscher Form daneben bestehen geblieben, so daß nun zwei Formen vorhanden sind, die zuweilen auch in der Bedeutung voneinander abweichen. Solche ober-(hoch-)deutschen Wörter und Formen sind in Klammern beigefügt.

achter (after), ahnen, alle (werden, sein), anrüchig, ausstaffieren, Bagger, Bärme (Hefe), Beffchen, Beute, blaken, behagen, Bernstein, berüchtigt, beschwichtigen, Biwak, Block (Bloch), Boot, Bord, Borke (Rinde), Bremse (Fliege), Brise, Bucht, Buhne, Bulle, Damm, dauern (mich dauert), Daune (Flaum), Deck, Deich, Dogge, dösig, drall, dreist, Drell, Drohne, dröhnen, drollig, Drost (Truchseß), Ducht, dumpf, Düne, Dünung, düster, Ebbe, echt, Egge, Eintracht, fett (feist), fahl (falb), Flagge, Flaus, Fleet, Flieder, Fliese, flink, flott, Flotte, flügge, Fracht, fühlen, Fusel, Gaffel (Gabel), Geest, Gerücht, glau, Gör (Kind), Gosse, Gracht, Hafer (Haber), Hafen, Haff, Hälfte, Hängematte, hapern, Harke (Rechen), Hede (Werg), heucheln (md.), hissen, Holm, Hügel (md., oberd. Bühel), Hummer, Hüne, Juchten (hd. Juften, v. russ. *juftu)*, Kabel, Kabeljau, Kahn (Nachen), Kajüte, Kaneel (Zimt), Kante, kappen, keifen, kentern, Kerl (Karl), Kiel (am Schiff), Kladde, Klippe, knabbern, Kneipe, knicken, Knirps, Knote (grober Kerl, eig. Genote = Genosse), Koje, Köter, Krabbe, Krakeel, Krempe, Krug (Dorfschenke), Kruke, Küken, landen, Landratte, Lappen, lavieren, leck, Lee, Lehm (Leim), lichten, Linnen (Lein), Lippe (Lefze), löschen (die Ladung e. Schiffes), Lotse, Lump, Lunte, Luv, Machandel, man (nur), Marsch (Niederung), Masern, mengen, Moder, Mops, Mörike, morsch, Möwe, Nelke (Nägelein), Nichte (mh. Niftel), nippen, Otter (Natter), Pegel, peilen, Pelle (Haut), Pesel (beste Stube), plump, Plunder, Prahm, prall, prickeln, puffen, Pumpe, pusten, Puter, putzig, Quacksalber, Qualle, Quappe, Quark, quasseln, racken, Racker, Range, rappeln, Reck, Reede, reffen (Segel, Flachs), Reineke, Ricke (zu

Reh?), Riff, Rinne, Robbe, roden (reuten), Roggen, ruppig, sacht (sanft), Schacht (Schaft), Schachtelhalm, schief, Schildpatt, schlapp (schlaff), schlau, schleppen (schleifen), schlendern, Schlick, Schlucht (Schluft), Schnack, schnacken, Schnauze, Schnurrbart, Schoner, Schrulle, schrumpeln, Schubbjack, Schuft, Schüppe, sichten, sickern(?), Spind, Sprotte, Spuk, sputen, Stapel (Staffel), Staken, stattlich (zu Staat), stauen, steil, Stempel (neben stampfen), Steven (Stamm), stöhnen, Stoppel, stoppen (stopfen), stottern, stramm, strampeln, Strand, Strippe, Stufe, Stulle, Stulpe, stülpen, Süd (Sund z. B. in Sundgau), (ver)söhnen (sühnen), Suppe, Tadel (ah. *zadal* Mangel), Takel, Tau (Seil), tauschen, Teckel (Dackel), Teer, Topp (Zopf), Torf, Tran, Treppe (Stiege), Tümpel, Tute, Ufer (Gestade), verblüffen, Wappen (Waffe), Watt, Wippe, Wirrwarr, Wrack, wringen (ringen).

29b. Oberdeutsch n fehlt im Niederdeutschen (bzw. Englischen)

ander – eng. *other*, Ansgar – Oskar, Ansowald, Answald – Oswald, Dunst – Dust, eng. *dust*, fünf – fiw, eng. *five*, Gans – Gaus, eng. *goose*, Gunther (Günther) – Gütersloh(?), Mund – eng. *mouth*, Kundrun – Gudrun, sanft – sacht, eng. *soft*, (ge)schwind (stark, schnell) – (Hrot)-swit, Roswitha = starker Ruhm, weitberühmt, Sund (z. B. Sundgau), Sund-Remda in Thüringen – Süd, eng. *south*, uns – eng. *us*, mh. *vlins* Steinsplitter: Fliese, Zahn (lt. *dent-*, gr. *odont-)* – eng. *tooth*.

30. Partizipien

(Wörter, die ursprünglich Partizipien sind)

1. Deutsche Tätigkeitsform

Feind – Hassender; Freund – Liebender; Heiland – Heilender; Weigand † – Kämpfender; Wind – Wehender; Zahn – Essender.

2. Deutsche Leideform

Absud – Gesottenes, Gekochtes; alt – herangewachsen; Durchlaucht, Erlaucht – Erleuchteter; feist – gemästet; fett – gemästet; Gefreiter – (vom Schildwachdienst) befreiter (Soldat); gewiß – gewußt; Gewissen – Gewußtes; Gicht – Besprochenes(?); Gift – Gegebenes; kalt – gefroren; kund – gekannt; Laut – Gehörtes; Mitgift – Mitgegebenes; recht – gerichtet; satt – gesättigt; tot – getötet; trunken – wer getrunken hat; wund – verwundet; zart – gezerrt, zerfasert.

3. Fremde Tätigkeitsform

Die idg. Partizipendung –nt (m. verschiedenem vorhergehenden Vokal) ist noch oft erkennbar: Adjutant, Rendant, Dozent, Kontinent, Horizont.

Abiturient – abgehen Wollender; Adjutant – Helfender; Agent – Handelnder; Assistent – dabei Stehender; Bonvivant – gut Lebender; Delinquent – sich Vergehender; Dilettant – sich Ergötzender; Dissident – Auseinandersitzender; Dozent – Lehrender; Emigrant – Auswandernder; Essenz – Seiendes, Wesentliches (einer Sache); Quintessenz – das 5. Seiende; Exzellenz – Hervorragende; Gratulant – Glück Wünschender; Horizont – Begrenzender; Infant – nicht Sprechender; Ingredienzien – die hineingehenden (Bestandteile); Intendant – Ausdehnender, Beaufsichtigender; Klient – Hörender, Höriger; Koblenz (lt. *confluentes)* – Zs.fließende (nämlich Rhein und Mosel); Konkurrent – Mitlaufender; Konsonant – Mittönender; Kontinent – Zs.hangendes (Land); Kontingent – (den Einzelnen) betreffender (Beitrag); Kurant, Kurrent – laufende, gangbare (Münze, Schrift); Kurrende – laufende (u. singende Schülerschar); Leutnant – die Stelle (des Hauptmanns) Haltender, Vertretender; Levante – sich erhebende, aufgehende (Sonne); Lord – des Brotes Wartender; Marketender – Handeltreibender; Okzident, Orient – untergehende, aufgehende (Sonne); Ozon – riechendes (Gas); Patent – offenstehender (Freibrief); Pedant – Erziehender; Pendant – (gegenüber) Hängendes; Phänomen – Erscheinendes; Präsens, Präsent – Davorseiendes; Präsident – Vorsitzender; Prätendent – Ausstrekkender; Protestant – Bezeugender; Quintessenz s. Essenz; Regent – Herrschender; Rekonvaleszent – Wiedergenesender; Rendant – Zurückgebender (s. Rente unter 4); Sekundant – Helfender; Sergeant – Dienender; Skribent – Schreibender; Student – sich Befleißigender; Superintendent – Beaufsichtigender; Tangente – (den Kreis) berührende (Linie); Transparent – durchscheinendes (Bild); Vagant, Vagabund – Umherschweifender.

4. Fremde Leideform

Adjunkt – Hinzugefügter; Advokat – (z. Schutz) Herbeigerufener (s. Vogt); Affekt – Angetanes; Akt – Getanes; Allee – begangener (Weg); Altan – Erhöhtes; Anekdote – (noch) nicht herausgegebene (daher bes. anziehende Erzählung); Aphorismus – begrenzter, abgerissener (Ausspruch); Apparat – Zubereitetes, Gerüstetes; Armada, Armee – bewaffnete (Macht); Atom – nicht Geschnittenes, Unteilbares; Attest – Bezeugtes; Attribut – Zugeteiltes; Biskuit – zweimal Gebackenes; Brokat – Gesticktes; Chaussee – mit Kalk gepflastertе (Landstraße); Christus – Gesalbter; Coupé, Coupon – Abgeschnittenes; Couplet – verbundenes (Strophenpaar); Datum – Gegebenes; Depot – Niedergelegtes; Deputat – Abgeschnittenes; Devise – Abgeteiltes; Duplikat – zweimal Gefaltetes; Edikt – Ausgesagtes; Effekt – Bewirktes; Eldorado – das vergoldete (Land); Elite – Ausgewähltes; Enklave – eingeschlossenes (Stück Land, Gstz. Exklave); Epigramm – Daraufgeschriebenes (Sinngedicht); Esplanade – Ausgeebnetes; Estrade, Straße – erhöhter (Raum), gepflasterter (Weg); Etikette – Aufgestecktes (Kennzeichen an der Ware); Extrakt – Herausgezogenes; Exzerpt – Herausgepflücktes (lt. *carpo* pflücke); Fabel, Fatum – Gesagtes; Faktum – Getanes (s. Konfekt, Konfektion); Fideikommiß – auf Treu und Glauben Anvertrautes; fix – fixiert; Frikassee – zerbröckeltes (Fleisch); Gelee – Gefrorenes; Insekt – Eingeschnittenes (Kerbtier); Instinkt – Gereiztes, Getriebenes; Institut – Eingerichtetes; Irredenta – unerlöstes (Volk, Land); Kandidat – weiß Gekleideter; Kantate – Gesungenes; Karbonade – Geröstetes; Klause, Kloster, Klausur – Abgeschlossenes; Kollekte – Zusammengelesenes, Gesammeltes; Komposition, Kompott – Zusammengestelltes, -gesetztes; Konfekt, Konfektion – Verfertigtes (s. Faktum); Konfession – Ausgesprochenes, Bekanntes; Konglomerat – Zus.gerolltes, -gekittetes, -gehäuftes; Konklave – Abgeschlossenes; Konkordat – Zusammengestimmtes; Konterfei – Gegen-, Nachgemachtes; Kontrakt – Zs.gezogenes; Konvertit – Umgewendeter, Bekehrter; Kredit – Geglaubtes, Anvertrautes; Kreide – gesiebte (Erde), lt. *terra creta;* Kruzifix – ans Kreuz geheftetes (Bild oder Zeichen Christi), s. Präfix, Suffix; Legende – zu Lesendes; Livree – geliefertes (Kleid); Mameluck – Beherrschter; Mammon – Hinterlegtes; Mandat – in die Hand Gegebenes (Auftrag); Manifest – mit der Hand Gestoßenes, Gefaßtes (öffentliche, amtliche Erklärung); Manufaktur – mit der Hand Gemachtes; Manuskript – mit der Hand Geschriebenes; Messe – entlassene (Gemeinde), geschicktes (Essen); Mestize – Vermischter; Monstranz, Muster – Gezeigtes; Negligé – nicht Gesammeltes, Beachtetes, daher Vernachlässigtes (Morgenkleid); Note – Bemerktes, bekannt Gemachtes; Objekt – Entgegengeworfenes, s. Subjekt, Projekt; Oblate, Offerte – Entgegengebrachtes, Angebotenes; Ornat – geschmücktes (Kleid); Pacht, Pakt – Verabredetes; Pinte – gemaltes (Eichzeichen, Gefäß mit solchem); Plakat – Aufgelegtes, -geklebtes; Plan, Esplanade – ausgebreiteter (Raum); Porträt – Hervorgezogenes, ans Licht Gebrachtes; Prädikat, Predigt – Ausgesagtes; Präfekt – Vorgesetzter; Präfix – vorn Angeheftetes (Vorsilbe), s. Suffix, Kruzifix; Prälat – Vorgezogener; Präparat – Vorbereitetes; Printe – Eingedrücktes, Gepreßtes; Prise – Genommenes (Schiff, Tabak); Produkt – Hervorgezogenes, -gebrachtes; Profit – vorwärts Gemachtes (Nutzen); Profoß, Propst – Vorgesetzter; Projekt – Vor-, Hingeworfenes, s. Objekt, Subjekt; Propaganda – Fortzupflanzendes; Prosa – geradeaus gewendete (Rede), s. Vers; Proselyt – Hinzu-, Herübergekommener; Puls – Getriebenes, in Bewegung Gesetztes; Punkt – eingestochenes (Loch); Rate – berechneter (Teil); Redoute – Zurückgeführtes, Zurückgezogenes (Bauwerk, Verschanzung, Ort, Maskenball); Regesten – Zurückgetragenes (Urkundensammlung); Rekrut – Wiedergewachsenes (neuangeworbene Mannschaft); Relikten – zurückgelassene (Witwen u. Kinder); Remise – Zurückgestelltes; Rente – Zurückgegebenes, Eingeliefertes (s. Rendant); Resultat – Zurück-, Herausgesprungenes; Resümee – Zs.gefaßtes; Retorte – Zurückgebogenes (krummhalsiges Glas); Revers – Umgekehrtes; Rezept – Wiedergenommenes (und Gutgeheißenes); Rotte – abgetrennter (Teil des Heeres); Route – (durch Wald u. Feld) gebrochener (Weg), lt. *rupta (via);* Salat, Sauce – Gesalzenes; Sankt – unverletzlich gemacht; Satire – gefüllte (Schüssel, dann bildlich); Schrift – Eingeritztes, Geschriebenes (lt. *scriptum*, s. Manuskript); Soldat – besoldeter (Krieger); Speise, Spesen, Spende – Ausgegebenes, Dargereichtes; Statue, Statut – Aufgestelltes, Festgesetztes; Straße – gepflasterter (Weg s. Estrade); Subjekt – nach unten Geworfenes, s. Objekt, Projekt; Suffix – unten Angeheftetes (Nachsilbe), s. Präfix, Kruzifix; Text – Gewebtes; Tinte, Teint – Gefärbtes (Wasser, Haut); Toast – gedörrte (Brotschnitte); Torte – Gedrehtes, Gewundenes (ringförmiges Backwerk); Traktat – (schriftlich) Behandeltes; Vers – Gewendetes (beim Pflügen: Furche), dann beim Schreiben: Zeile, s. Prosa; Vogt – Herbeigerufener (z. Schutz), s. Advokat; Vulgata – allgemein verbreitete (lt. Bibelübersetzung); Zitat – Herbeigerufenes, Angeführtes (Wort, Ausspruch) u. a.

31. Rhotazismus[1]

Laute werden oft mit anderen vertauscht, besonders, wenn sie an dicht benachbarten Stellen der Sprachwerkzeuge gebildet werden. So geht das stimmhafte s häufig in r über. Seit einigen Jahrhunderten verdrängt freilich das Gaumen-r das Zungen-r, namentlich in den Städten nicht nur Deutschlands, sondern auch Frankreichs, von wo die Bewegung (zur Zeit der *Précieuses)* ausgegangen zu sein scheint.

Neben den deutschen sind auch lt. Beispiele gegeben.

lt. *arbōs* – *arbor* (Baum), lt. *asa* – *ara* (Opfertisch, Altar), got. *asans* – ah. *aran-mānōd*, Ernte, got. *auso*, lt. *auscultāre* hören – lt. *auris* Ohr, (Öse – Öhr), aus got. *us* – er-, ur-, got. *basi* – Beere, lt. *casmen* – *carmen* (Gedicht, Lied), lt. *castus* (enthaltsam, keusch) *cassus* leer, nichtig, zu *caseo* (entbehre) – *careo*, lt. *corulus* – Hasel, lt. *corpus* – Gen. *corporis*, lt. *disemo* – *dirimo* (nehme auseinander), got. *dius* – Tier, *nd.* dösig, Dusel, eng. *dizzy* – Tor, Eisen – eng. *iron*, lt. *Etrusci* (Bew.) – *Etruria*, Färse – Farren, lt. *(dies) festus* – *feriae*, Fest – Ferien, *flos* Blume – Gen. *floris*, eng. *freeze*, mu. (Remscheid) frie-sen – frieren, Geißel – Ger, lt. *genus* – Gen. *generis*, † gesen, Gischt, pl. Gest, eng. *yeast* Hefe – gären, lt. *geso*, *gessi*, *gestum* – *gero* (trage, führe), Hase – eng. *hare*, lt. *hasta* (Speer) – Gerte, *hausjan* – hören, lt. *honōs (honestus* ehrbar) – *honor*, got. *huzd* – Hort, got. lt. *is* – er, kiesen – küren, kören, erkoren, (Ver)lies, (Ver)lust, eng. *lose, lost* – (ver)lieren, (ver)loren, lt. *lisa* – *lira* Furche, dtsch. (Ge)leise, List – lehren, meist – mehr, ah. *mezzisahs*, – *mezzirahs* Messer, Moos – Moor, *mōs* Sitte – Gen. *mōris*, (ge)nesen – nähren, lt. *ōs*, *ōris* Mund: *ōra* Küste, *Ostia* (Stadt), lit. *ůstà* Mündung; Ost, Osten, *Ostara*, Ostern lt. *Ausosa* – lt. *Aurora*, got. *raus* (verw. Reuse) – Rohr, eng. *rise*, *raise* – *rear*, erheben, lt. *scelus* – Gen. *sceleris*, Schwester – lt. *soror*, mh. *was*, nh. *war*, Wesen, wesen (pl. = sein) – währen, got. *wasjan* – eng. *wear* Kleider tragen, ah. *werian*. P.N.: Artus – Arthur, Weser, germ.-lat. *Visurgis* – Werra (* *Wirar-aha)*.

[1] Vgl. auch Abschnitt 2 über Dissimilation.

32. Romanische Entlehnungen[1]

Der Übergang germanischer Wörter ins Französische, Italienische, Spanische usw. geschah meist nicht auf literarischem Wege, sondern im mündlichen Verkehr: die Germanen drangen in Italien, Frankreich und Spanien (ja in Nordafrika) ein. Solche Entlehnungen in den romanischen Sprachen gibt es weit mehr, als es bei oberflächlicher Betrachtung scheint. Ein besonderer Abschnitt ist denjenigen Wörtern gewidmet, die als Fremdwörter wiederum ins Deutsche zurückkehrten (Rückwanderung). Nur eine Auswahl:

Ahle fz. *alêne*, Allod fz. *alleu* Freigut, Backbord, fz. *bâbord*, it. *babordo*, Bahre fz. *bière*, Bake, Boje (Wahrtonne) fz. *bouée*, bald, it. *baldo* kühn, fz. *baudir* aufmuntern, Balken it. *balcone*, sp. *balcon*, fz. *ébauche* Entwurf (s. pausen), Ball it. *balla* (Ballen), fz. *balle*, langob. it. *palla* Kugel, got. *bandwa* Zeichen, fz. *bannière*, Bank fz. *banc*, *banque*, it. *banca*, *banco*, Bann fz. *ban*, *banal*, it. *bandito*, * *baro* Mann, it. *barone*, fz. *baron*, Barre, Barren it. *barriera*, fz. *barrière*, it. *barricata*, sp. *barricada*, fz. *barricade*, Barsch afz. *bars*, nfz. *bar*, Bast it. *basto*, fz. *bât* Saumsattel, *bâtir* heften, Bauer (Vogelb.) afz. *buron* Hütte, Bergfried it. *battifredo* (Holzturm), fz. *beffroi*, besiegen *bésigue* (Kartenspiel), Beute fz. *butin*, Biber it. *bevero*, fz. *bièvre*, Bickel † (Kugel) it. *biglia*, sp. *billa*, fz. *bille* (s. Billard), Bier fz. *bière*, binden, Binde it. *bendare*, *benda*, fz. *bandage* Verband, Bise (Nordostwind) fz. *bise*, blank it. *bianco*, fz. *blanc*, blau fz. *bleu* (s. blessieren), Block it. *bloccare*, *bloccata* (s. Blockade), fz. *bloc*, *bloquer*; blöde vlat. * *exblaudire*, afz. *esbloir*, nfz. *éblouir*, blond it. *biondo*, fz. *blond*, Bollwerk fz. *boulevard*, Bolzen it. *bolzone*, Boot it. *batello*, sp. *batel*, fz. *bateau*, Bord fz. *bord*, it. *bordo* (Rand), böse prov. *bauzar* betrügen, Bracke it. *bracco*, fz. *braque*, braun it. *bruno*, fz. *brun*, Braut fz. *bru* (Schwiegertochter), brechen fz. *brèche* (s. Bresche), it. *breccia* Trümmergestein, brodeln fz. *brouiller*, brummen fz. *bramer*, Brombeere fz. *framboise* (Himbeere), Brünne afz. *broigne* Panzer, Bugspriet fz. *beaupré*, Burg it. *borgo*, fz. *bourg*, sp. *burgo* (Marktflecken), Dachs it. *tasso*, sp. *tejon*, fz. *taisson*, Deich fz. *digue*, dreschen it. *trescare* tanzen, Eibe sp. port. *iva* (Günsel), fz. *if*, Eiderdaune (isländ.) fz. *édredon*, Eidgenossen *Huguenots*, Elle fz. *aune*, it. *alna*, Elster fz. *agace*, Eulenspiegel fz. *espiègle* (Schelm), *espièglerie* (Schelmerei), fahl, falb it. *falbo*, fz. *fauve*, Fahne ah. *gundfano*, Kampf ~, it. *gonfalone*, afz. *gonfanon*, nfz. *gonfalon*, Felsen fz. *falaise* Klippe, Fenn † (Sumpf, Moor) it. sp. *fango*, fz. *fange*, Filz it. *feltro*, fz. *feutre* (s. Filter), Fladen it. *fiadone* (Honigwabe), sp. *flaon*, fz. *flan* (Fladen, Torte), flitzen od. fliegen fz. *flèche* Pfeil, Flur fz. *fleur* Oberfläche, Franke fz. *franc*, *français* (s. frank, frankieren, Franz, Franzose), Fracht sp. *flete*, port. *frete*, fz. *fret*, Friede * *ex-frid-are* fz. *effrayer* erschrecken, aprov. *es-fredar* »aus d. ~ bringen«, frisch it. *fresco*, fz. *frais* (s. Freske), fromm ah. *frumjan* fördern, afz. *formir*, nfz. *fournir*, prov. sp. port. *fornir*, it. *fornire* (vollenden), Fuder fz. *foudre* großes Weinfaß (dagegen *foudre* Blitz v. lt. *fulgur)*, Futter fz. *fourrage*, *fourrager* (s. Furier, Fu-

[1] Vgl. J. Brüch, Der Einfluß der germanischen Sprachen auf das Vulgärlatein, Heidelberg 1913; Ernst Gamillscheg, Romania Germanica I–III, 1934/36.

rage), Garbe prov. sp. *garba*, fz. *gerbe*, gären fz. *guiller*, Garten it. *giardino*, fz. *jardin*, Geier, Gerfalke it. *gerfalco*, fz. *gerfaut*, Geige it. prov. sp. *giga*, fz. *gigue*, Gemse fz. *chamois*, it. *camozza*, gram it. *gramo* (betrübt), greifen it. *grifo*, *gripo*, fz. *griffe*, *griffer*, greinen prov. *grinar*, it. *digrignare* (d. Zähne fletschen), greis it. *griso*, *grigio*, fz. *gris* (grau), Grieß prov. *greza*, fz. *grès* (Sandstein), *grèle* (Hagel), an. *grima* Maske, fz. *grimace*, Halle it. *alla*, fz. *halle*, Halsberge afz. *halberc*, nfz. *haubert*, fz. *halte!*, Harfe it. sp. prov. *arpa*, fz. *harpe*, hart fz. *hardi*, Hase fz. *hase* (Hasenweibchen), Haspe it. *aspo* sp. *aspa* (Haspel), hassen, Hader afz. *hadir*, nfz. *haïr*, Hast, got. *haifsts* Streit fz. *hâte*, Heister fz. *hêtre*, Hellebarde it. sp. port. prov. *alabarda*, fz. *hallebarde*, Helm port. it. *elmo*, sp. *yelmo*, afz. *healme*, nfz. *heaume*, Herberge it. *albergo*, prov. *alberc*, afz. *herbergier*, fz. *héberger* be∼n, fz. *auberge*, Herde afz. *herde*, Hering fz. *hareng*, prov. *arenc*, it. *aringa*, Hermelin it. *armellino*, sp. *armino*, fz. *hermine*, Herold it. *araldo*, sp. *heraldo*, port. *arauto*, fz. *héraut* (s. Heraldik), Hippe it. *accia*, fz. *hache*, port. *facha*, prov. *apcha*, sp. *hacha* (Axt), ah. *hlanca*, it. *fianco*, prov. fz. *flanc* (s. Flanke), hohl fz. *houle*, »hohle See«, Schlagwelle, Hohn it. *onta*, fz. *honte*, *honnir*, Hopfen fz. *houblon*, Hose it. *uosa* (Gamasche), fz. *houseaux* hohe Gamaschen, afz. *hose*, asp. *huesa*, Hütte sp. *huta*, fz. *hutte*, jäh it. *gajo*, sp. *gayo*, port. *gaio*, prov. fz. *gai* (heiter, munter), Kegel it. *quiglia*, fz. *quille*, kiesen, küren fz. *choisir*, Klette fz. *glouteron*, Krampe it. *grampa*, fz. *crampon*, Krapfen it. *grappa*, fz. *agrafe*, kratzen sp. prov. *gratar*, it. *grattare*, fz. *gratter*, Krebs fz. *écrevisse*, *crevette*, Kresse it. *crescione*, fz. *cresson*, Krippe it. *greppia*, fz. *crêche*, Kropf it. *groppo*, *groppa*, sp. *grupa*, fz. *croupe* (Kruppe d. Reittieres), Krücke sp. *cloque*, port. *croque* (Bootshaken), it. *crocco* (Haken), *gruccia* (Krücke), fz. *croc* (Haken), *crosse* (Krummstab), Kuchen it. *cuccagna*, fz. *cocagne* (Schlaraffenland), sp. *cucaña* (Volksfest), Landsknecht fz. *lansquenet*, Last it. port. *lasto*, sp. *lastre*, fz. *lest* (Ballast), Latte it. *latta*, prov. sp. port. *lata*, fz. *latte*, lau afz. *flo*, *flau*, nfz. *flou* (s. flau), Laube mlat. *laubia*, it. *loggia*, port. *loja*, fz. *loge*, *loger*, *logis*, lauern fz. *lorgner*, *lorgnette*, *lorgnon*, laufen it. *galoppare*, sp. port. *galopar*, fz. *galoper*, lecken it. *leccare*, fz. *lécher*, leid it. *laido*, prov. *lait*, fz. *laid* (häßlich), Leiste prov. sp. port. it. *lista*, fz. *liste*, lenken, Gelenk fz. *flanc*, it. *fianco*, Lied (seit Franz Schubert) fz. *le lied*, Lippe fz. *lippe* (dicke Unterlippe), *lippu*, List it. port. *lesto*, sp. *listo*, fz. *leste* (gewandt), Los it. *lotto*, sp. port. *lote*, fz. *lot*, *loterie*, *lotir*, Luder fz. *leurre*, Maat fz. *matelot*, Magen it. *magone*, Marder sp. port. *marto*, it. *martora*, fz. *martre*, Markgraf it. *marchese*, fz. *marquis*, Marschall fz. *maréchal*, Maser afz. *maserin* Schale (Becher) aus ∼holz, Meise fz. *mésange*, Merk(zeichen) fz. *marquer* kennzeichnen, it. *marco*, *marcare*, Minne fz. *mignon* (Liebling), Moos prov. *mossa*, fz. *mousse*, Morchel fz. *morille*, Mord fz. *meurtre*, Muff (dumpfiger Geruch, Schimmel) it. *muffa*, sp. *moho*, port. *mofo*, fz. *moufette*, *mofette*, Napf ah. *hnap*, fz. *hanap* (Humpen), it. *nappo*, prov. *enap*, Nestel it. *nastro* (Band), Nord it. sp. *norte*, fz. *nord*, Nudel fz. *nouille*, Ost fz. *est*, ndl. *plak* flaches Brett, fz. *plaque*, *plaquer*, *placard* (s. Plakat), Quarz it. *quarzo*, fz. *quartz*, Quehle (Zwehle, Handtuch) it. *tovaglia*, sp. *toalla*, prov. *toalha*, fz. *touaille*, eng. *towel*, raffen it. *arraffiare*, fz. *rafler* (entreißen), Rand sp. *randa* (Besatz), port. *renda*

(Kante), Raub it. *ruba*, *rubare*, prov. *rauba*, sp. *ropa*, port. *roupa*, fz. *dérober*, *robe* (Kleid), recken it. *recare*, Reede it. sp. *rada*, fz. *rade*, Reif an. *hrīm* Rauh~, fz. *frimas*, Reiher (Nf. mh. *heiger)* it. *aghirone*, sp. *airon*, prov. *aigron*, afz. *hairon*, nfz. *héron*, *aigrette*, Reim it. sp. *rima*, fz. *rime*, Reinhard fz. *renard* (verdrängte *volpil*, *goupil* v. lt. *vulpeculus)*, Reiter fz. *reître*, Riege it. *riga*, Ring it. *aringo* (Kampfplatz), *aringa* (öff. Rede), fz. *rang*, *harangue*, sp. port. *arenga* (Rede), prov. *renc*, ah. *raspōn*, it. *raspare*, sp. *raspar* (abschaben), fz. *râper*, *râpe* (s. Raspel), Rock sp. *roquete*, it. *rocchetto*, fz. *rochet* (Chorhemd), Rocken it. *rocca*, sp. *rueca*, Rohr got. *raus*, prov. *raus*, fz. *roseau*, rösten it. *arrostire*, fz. *rôtir*, Roß fz. *rosse*, Saal it. sp. port. prov. *sala*, fz. *salle*, *salon*, Sal(weide) fz. *saule*, Sauerkraut fz. *choucroute*, Schächer (Räuber) afries. *skāk* Beute, Raub, prov. *escacs*, afz. *eschiec* (Raub), nfz. *échec* (Verlust), Schale fz. *écaille*, it. *scaglia*, Schalk (Knecht) it. *scalco* (Küchenmeister), Schar (Menge) afz. *eschiere*, it. *schiera*, scharf it. *scarpa*, sp. *escarpa*, fz. *escarpe* (Böschung), *escarper*, scharren fz. *déchirer*, Schaum it. *schiuma*, port. prov. *escuma*, fz. *écume*, Schelle it. *squilla*, *(squillare* hell klingen, erschallen), prov. *esquella*, sp. *esquila*, afz. *eschiele*, schenken afz. *eschancier*, nfz. *échanson* (Mund-schenk), sp. *escanciar* (kredenzen), scherzen it. *scherzare*, *scherzo*, scheuen it. *schivare* (meiden), *schifo*, sp. *esquivo* (spröde), afz. *eschiver* fliehen, schick fz. *chic*, Schiene (Schienbein) it. *schiniera* (Beinharnisch), *schiena*, sp. prov. *esquena*, fz. *échine* Rückgrat, Schiff it. *schifo*, fz. *esquif*, *équipage*, sp. port. *esquife*, sp. *esquifar*, afz. *esquiper*, nfz. *équiper*, Schilling it. *scellino*, sp. prov. fz. *escalin*, Schirm, schirmen, it. *schermire* fechten (mh. *schirmen* fechten), prov. afz. *escrimir*, nfz. *escrimer*, it. *scherma*, sp. port. *esgrima* (Fechtkunst), schleißen, schlitzen prov. *esclatar*, it. *schiattare*, fz. *éclater*, Schlinge port. sp. *eslinga* (Länge), fz. *élingue* Schleuder, Schlinge, Schmalz it. (mu.) *smalzo* Butter, schmelzen, Schmelz sp. port. *esmalte*, it. *smalto*, afz. *esmail*, *nfz. émail*, Schnapphahn (Strauchdieb) fz. *chenapan* schnell it. *snello*, afz. prov. *isnel*, mndl. *schokken* zs.stoßen, fz. *choc* (Stoß) *choquer* anstoßen, Schöffe it. *scabino*, fz. *échevin*, Scholle wallon. fz. *houille* Steinkohle, Schoppen fz. *chope*, *chopine*, *chopiner* zechen; Schuppen fz. *échoppe* (kleine Bude), Seife lt. *sapo*, it. *sapone*, fz. *savon*, Sinn it. *senno*, spähen it. *spia*, *spiare*, sp. *espia*, *espiar*, fz. *espion*, *épier* (s. Spion), Spanne it. *spanna*, fz. *empan*, sparen fz. *épargner*, Sparren, fz. *espar* große Stange, afz. *esparre*, Spat fz. *spath*, it. *spato*, Specht fz. *épeiche*, Sperber it. *sparviere*, asp. *esparval*, fz. *épervier*, Spieß (Brat~) fz. *épois* (Geweihende), Sporn it. *sprone*, sp. *espolon*, afz. *esperon*, nfz. *éperon*, Sprehe (Star) afz. *esprohon*, springen it. *springare*, *spingare* (zappeln), spritzen it. *sprizzare*, *spruzzare*, Sprotte eng. *sprat*, fz. *esprot*, Spule it. *spuola* (Weberschiffchen), fz. *espole* (Garn), *épolin* (Weberspule), Staken it. *stacca* (Haken), sp. port. *estaca* (Pfahl), Stall it *stallo* (Wohnung, Sitz), *stalla* (Stall), afz. *estal*, fz. *étalon* Hengst *(equus ad stallum)*, nfz. *étal* (Ladentisch, Fleischbank), *étaler* ausstellen, stampfen, it. *stampare* (drucken), *stampa* (Druck), sp. port. *estampar* (drucken), fz. *estamper* (stempeln), *estampe* (Kupferstich), Stange it. *stanga*, (Fuß-) Stapfe it. *staffa* (Stegreif, Bügel), stecken it. *stecco* Dorn, Steinbock it. *stambecco*, fz. *bouquetin*, Steuerbord fz. *tribord*, it. *tribordo*, Stock it. *stocco*

(Stoßdegen), fz. *estoc, étoc, étau*, stolz afz. *estout* (daher eng. *stout)*, Stör mlt. *sturīo*, it. *storione*, fz. *esturgeon*, sp. *esturion*, Strahl it. *strale* (Pfeil), streben afz. *estriver* (kämpfen), nfz. *estrif* (Streit), streichen, fz. *étriquer* (abkürzen), streuen it. *sdrajare* (hinlegen), *striepe* (nd.) Lederschlinge, fz. *étrier* Steigbügel, sp. *estribo*, Stück ah. *stucchi*, it. *stucco* (Gips), fz. *stuc*, Sturm it. *stormo* Kampf, Getümmel, afz. *estor*, *estormir* anstürmen, Süd fz. *sud*, Sülze it. *solcio*, Suppe, nd. *supen*, got. *supōn* würzen, fz. *soupe*, it. *zuppa*, sp. *sopa*, Taler it. *tallero*, ndl. *daalder*, eng. *dollar*, Torf fz. *tourbe*, traut it. *drudo* (Geliebter), prov. *druda* (Geliebte), Treue mlt. *treuga*, it. *tregua*, fz. *trêve* (Waffenstillstand), trinken fz. *trinquer*, Trog it. *truogo*, mh. *trotten* treten, it. *trotto*, fz. *trot* (Trab), vb. *trotter*, sp. ptg. *trotar*, Trumm fz. *trumeau*, Fensterpfeiler, Pfeilerspiegel, Trupp germ.-lat. *troppus* Herde, *troupe rangée* doppelt germ. = *phalanx* (Boisacq), fz. *troupe*, sp. *tropa* (Menschenhaufe), it. *troppo*, fz. *trop* zuviel, Tülle fz. *douille* (Röhre), Ungeziefer afz. *atoivre* (Getier), verbannen frk. *firbannjan*, fz. *forbannir*, Vieh got. *faíhu*, it. *fio*, prov. *feu*, afz. *fieu*, nfz. *fief* Lehen (s. feudal), Wabe, Waffel asp. *guafla*, fz. *gaufre*, wach, wachen fz. *guet*, *guetter*, it. *guatare* beobachten, † *guaita* Wache, sp., ptg. *a-guaitar*, wahren fz. *garer*, *gare* Bahnhof, Wagen *waggon*, Wald afz. *gualt*, *gaut*, it. O.N. *Gualdo (Tadino)*, walken it. *gualcare*, fz. *gauchoir* (Tuch)Walke, Walther fz. *Gautier*, Walzer fz. *valse*, Wange it. *guancia*, Wanten † it. *guanto*, fz. *gant* (Handschuh), warten it. *guardare*, fz. *garder*, Wasen (Rasen) fz. *gazon* (warnen), ah. *warnōn* sich vorsehen, fz. *garnir* ausstatten, it. *guarnire*, sp. *guarnecer*, fz. *garnison*, it. *guarnigione*. Was ist das? fz. *vasistas* Guck-, Klapp-, Schiebefenster, waten it. *guadare*, *guado* = fz. *gué* Furt, Weh it. *guajo* (Leid, Geheul), fz. *ouais*, wehren fz. *guérir* (heilen), weiden (= jagen) * *waidanjan*, fz. *gagner* gewinnen *(ses éperons* s. Sporen verdienen, doppelt german.!) *gain* Gewinn, it. *guadagnare*, sp. *guadañar*, weisen † fz. *guiper*, *guipure*, Weise it. *guisa*, fz. *guise*, welk *gauche* (links), Wer(wolf) fz. *(loup-)garou*, werfen afz. *guerpir*, nfz. *déguerpir* (i. Stich lassen), Westen fz. *ouest*, Wette it. *gaggio*, fz. *gage* (Pfand), Wilhelm afz. *Villalme*, nfz. *Guillaume*, Wimpel fz. *guimpe* (Schleier), winden it. *ghindare*, sp. *guindar*, fz. *guinder*, wirr mlt. *guerra*, it. sp. ptg. *guerra*, fz. *guerre*, skandin. *vik* (Bucht, Wikinger?), eng. *wicket* Pförtchen, fz. *guichet* kl. Tür, Schalter, and. *witan* achtgeben, sehen, fz. *guide* Führer, *guider* leiten, it. *guida*, *guidare*, Woge fz. *vague*, *voguer* rudern, it. *vogare [*fz. *être en vogue]*, Zacken sp. *taco* (Pflock), fz. *tache*, *attacher*, Zahn it. *zanna* (Hauer), Zapfen it. *zaffo*, fz. *tape*, *tapon*, *tampon*, *taper* verstopfen, Zeine oberd. Korb, it. *zana*, sp. *zaina* Schäfertasche, Zecke it. *zecca*, fz. *tique*, Zickzack fz. *zigzag*, Zink sp. fz. *zinc*, port. it. *zinco*, Zitze fz. *tette*, it. *tetta*, Zopf it. *toppo*, sp. *tope* (oberste Spitze, Knopf), afz. *top*, nfz. *toupet*. Viele Namen z. B. *Charles*, *Guillaume*, *Henri*, *Louis*, *Edouard*, *Adelaïde*.

33. Rückwanderung

Zahlreiche Wörter, die in früheren Zeiten aus dem Deutschen in romanische Sprachen, namentlich ins Französische und Italienische, übernommen wurden, sind später wieder, und zwar meist in fremdem Gewande, ins Deutsche zurückgewandert; vgl. Konrad Krause, Rückentlehnte Wörter im Deutschen (Neuphilol. Monatsschrift, 10. Jahrg., Heft 9, 1939).

Agraffe fz. *agrafe*, ah. *krapho* Haken, Krapfen, verw. mit Krampe, Allod, allodial, mlt. *allodium*, ah. *alōt* v. *al* ganz, *ōt* Besitz, arrangieren fz. *arranger*, s. Rang, Bagage, Bagatelle fz. *bagage*, *bagatelle*, (anord. *baggi* Bündel, Pack), Balkon fz. *balcon*, it. *balcone*, Balken ah. *balko*, Ballen fz. *ballon*, Ball mh. *bal*, Bank (Geld-) it. *banca*, fz. *banque*, (Bankett), Bande, Bandit, Banner, Panier, banal it. *banda*, fz. *bande*, it. *bandito* (eig. Verbannter), fz. *bannière*, fz. *banal* zu mlt. *bannalis* – alle beruhen auf Bann, got. *bandwa* Zeichen, Baron fz. *baron*, ah. *baro* Mann, Bastard fz. *bâtard* (dtsch. Ursp.), Biwak fz. *bivouac*, nd. Biwake = Beiwache, Blockade, blockieren it. *bloccata*, *bloccare*, fz. *bloquer* (Block), blond fz. *blond* (verlorenes dtsch. Wort), Boulevard fz. *boulevard* (Bollwerk, mh. *bolwerc)*, Bresche fz. *brèche* (brechen), brünett fz. *brunet* (braun), (Bukett), drollig fz. *drôle* (dtsch. Ursp.), Emaille fz. *émail* (Schmelz), Equipage fz. *équipage* (Schiff), Etappe fz. *étape*, afz. *etaple* (Stapel, Staffel), Fauteuil fz. *fauteuil* (ah. *falt-stuol)*, Filter, filtrieren, it. *feltrare*, *feltro*, fz. *filtrer*, *feutre* (Filz), Flamberg fz. *flamberge* (Flanke, bergen); Flanke, flankieren fz. *flanc*, *flanquer* (ah. *hlanca*, nh. lenken), flau afz. *flau*, nfz. *flou* (lau), s. Flotte, Frack fz. *frac*, *froc* Mönchskutte, mlat. *froccus*, ah. *hroc* (Rock), frank fz. *franc* (Franke), Franzose fz. *Français* (Franke), Freske it. *fresco* (frisch, ah. *frisc)*, Fries fz. *frise*, frisieren, fz. *friser* (dtsch. Ursp.), Furage, furagieren fz. *fourrage* (Futter, ah. *fuotar)*, furnieren afz. *formir*, nfz. *fournir* (frommen, ah. *frumjan*), Gage fz. *gage* (* fränk. *waddi* Wette, Pfand), s. (Gala), Galopp, Garage, Garantie fz. *garantie*, *garantir* (ah. *wërento* der Gewährleistende), Garde fz. *garde* (ah. *warta* Wache), Garderobe fz. *garderobe* (ah. *warta*, *rouba* Kleid), garnieren fz. *garnir* (warnen, wahren), s. Garnison, Girlande fz. *guirlande*, it. *ghirlanda* (pl. Wierelande), gravieren, Graveur fz. *graver* (graben), Grimasse fz. *grimace* (ags. *grima* Maske, ah. *grimmizōn* (wütend sein), Gruppe fz. *groupe* (Kropf eig. hervorstehende Rundung), Guipüre fz. *guipure* (Weife = Garnwinde), s. Haschee fz.: d. Hackfleisch, Hast fz. *hâte* (heftig), Herold, Heraldik afz. *heralt*, nfz. *héraut* (ah. *heriwalto)*, hurtig fz. *heurter* stoßen, installieren, Installation, Installateur, nlt. *installāre* einrichten (ah. *stal* Stall, Ruheort), Kruppe fz. *croupe* (Kropf), Kutte fz. *cotte*, ah. *chozzo* grobes Wollenzeug, Liste it. *lista*, fz. *liste* (Leiste, ah. *līsta)*, Loge fz. *loge*, Loggia it. *loggia* (Laube), Lotto, Lotterie it. *lotto* (Los), Mannequin fläm. *manekin*, Marke, merken, markieren, fz. *marque* (Mark ah. *marca* Bezeichnung) Marquis, Marquise fz. *marquis* (Markgraf), Marschall fz. *maréchal* (ah. *marahscalc* Pferdeknecht), morganatisch mlt. *morganatica* (ah. *morgan)*, Muff fz. *moufle* Fausthandschuh, (Pack), (Park), Pedell mlt. *pedellus*, *bidellus* (Büttel, ah. *bital)*, Plakat fz. *placard* (germ. Ursp.), (Poltron), (Predella), (Rakete), Rang fz. *rang* (Ring, ah. *hring)*, rangieren (s. arrangieren), Raspe fz. *râpe* Reibeisen (ah. *raspōn)*, Regal it. *riga* (dtsch. Ursp.), Robe fz. *robe* (Raub, ah. *roub* Kriegsbeute, Kleid), Salon fz. *salon* (Saal), Schachtel, Schatulle mlt. *scatula*, it. *scatola* (Kasten, ah. *kasto)*, Scharmützel it. *scaramuccia* (mh. schirmen = fechten), Schärpe fz. *écharpe* (ah. *scharpe* Tasche od.: ndfränk.-lat. *scrippa*, *scirpa)*, schick fz. *chic*, Schock (Nervenanfall) fz. *choc*, Spion fz. *espion* (spähen), Staffette sp. *estafeta*, it. *staffetta* (Stapfe), Staket it. *stacchetta* (Staken, stecken), Standarte, Standard fz. eng. *standard*, afz. *étendard* (altfränk. **standōrd*), Stuck, Stukkateur it. *stucco* (Stück, ah. *stucki)*, (Suppe), tanzen fz. *danser* (ah. *dansōn)*, it. *targa* s. Tartsche, Zarge, Tick fz. *tic* (dtsch. Ursp.). Toupet fz. *toupet* (Zopf, nd. Top), [Trampolin], trotten fz. *trotter*, it. *trottare* (treten), Trupp fz. *troupe*, Tschako magyar. *csako* (Zackenhut), Waggon eng. *waggon* (Wagen).

34. Sammelnamen

Noch lebt im Sprachbewußtsein das Gefühl für die ursprüngliche Bedeutung der Vorsilbe ge-[1], nämlich das Zusammenfassende, Zusammengehörige, z. B. Berg – Gebirge, Tier – Getier, Stuhl – Gestühl, Wolke – Gewölk. Häufig hat das ge- seine zusammenfassende Bedeutung verloren; Gesims, Gehirn bedeutet nichts anderes als Sims, Hirn, Gestirn ist nicht mehr die Menge der Sterne, sondern ein einzelner Stern (ebenso Gewächs, Gewehr), brauchen und gebrauchen unterscheiden sich kaum. Vielfach ist auch die Zusammengehörigkeit der einfachen und zusammengesetzten Wörter im Bewußtsein geschwunden: spannen – Gespenst, Macht – Gemächt, Land – Gelände, tragen – Getreide, Nacken – Genick, schmieden – Geschmeide, Saal – Geselle. Bisweilen sind die Wörter untergegangen, zu denen der Sammelname gebildet wurde, z. B. *tumel* (Getümmel), *lëhtar* (Gelichter), *sinþan* (Gesinde, Gesindel) u. a.

Ader – Geäder, Ast – Geäst, Balken – Gebälk, bauen – Gebäude, Bein – Gebein, beißen – Gebiß, Berg – Gebirge, bilden – Gebild, binden – Gebinde, Blut – Geblüt, brauen – Gebräu, Bruder – Gebrüder, Busch – Gebüsch, Darm – Gedärm, decken – Gedeck, dichten – Gedicht, fahren, Fahrt – Gefährte, fassen – Gefäß, Feder – Gefieder, folgen – Gefolge, Fuge – Gefüge, Hag – Gehege, Haus – Gehäuse, Hof – Gehöft, hören – gehören, Gehör, kraus – Gekröse, Land – Gelände, mh. *lander* (Zaun) – Geländer, mh. *lanke* z. lenken, (Weiche) – Gelenk, mh. *leis* Spur – Geleise, Gleis, lassen – Gelaß, läuten – Geläute, legen – Gelege (Eier im Nest), Gelage, ah. *lëhtar* (Mutterschoß) – Gelichter, machen – gemach, Gemach, ah. *mahal* (Vertrag) – Gemahl, malen – Gemälde, Mauer – Gemäuer, Mus – Gemüse, Mut – Gemüt, Nacken – Genick, Nebel – schwäb. G(e)nibel, packen – Gepäck, Rahmen – Geräms (Goethe); raten, Rat – geraten, Gerät, rauchen – Gerauche, rauschen – Geräusch, richten – Gericht, rieseln – Geriesel, Rippe – Gerippe, rollen – Geröll, rufen – Gerücht, rumpeln – Gerümpel,

[1] Urverwandt mit lt. *cum*, *com-*, *con-*, gr. *xyn-*, *syn-*, s. Liste 54.

rüsten – Gerüst, Saal – Geselle, schaffen – Geschöpf, Geschäft, schießen – Geschoß, Geschütz, schirren – Geschirr, schlagen – Geschlecht, ungeschlacht, schmecken – Geschmack, schmieden – Geschmeide, schwellen – Geschwulst, Schwester – Geschwister, schwären – Geschwür, sehen – Gesicht, setzen – Gesetz, germ. *sinþan* (gehen) – Gesinde, Gesindel, setzen – Gesäß, ah. *spannan* (spannen) – Gespann, ah. *spanan* (verlocken) – Gespenst, spielen – Gespiel, Staden – Gestade, stammeln – Gestammel, Stein – Gestein, stellen, Stelle, Stall – Gestell, Gestalt, Stern – Gestirn, stieben, stöbern – Gestöber, sträuben, struppig – Gestrüpp, Strauch – Gesträuch, Stuhl – Gestühl, Stute – Gestüt, Tafel – Getäfel, Tier – Getier, tosen – Getöse, tragen – Getreide, treiben – Getriebe, mh. *tumel* (Lärm) – Getümmel, Vater – Gevatter, Vogel – Geflügel (vorher Gevügel), wachsen – Gewächs, walten – Gewalt, waschen – Gewäsch, wehren – Gewehr, weiden – (Ein-) geweide, werben – Gewerbe, (mh. *wāt* Kleidung scheint nicht verw.) – Gewand (eig. Gesamtheit d. Kleidungsstücke), Wetter – Gewitter, wirren – Gewirr, wissen – Gewissen, Wolke – Gewölk, G(e)wülk (schwäb.), Wurm – Gewürm, ah. *zëbar* (Opfertier) – Geziefer, Ungeziefer, Zeit – Gezeiten, Zelt – Gezelt, ziehen, Zucht – Gezücht, Zweig – Gezweig.

35. Schlagwörter, s. auch Liste 28

Sie entstehen meist plötzlich, zugleich mit den Begriffen, die sie darstellen, bleiben aber auch bestehen und werden weiter gebraucht, wenn sich der Begriff mit einem anderen Inhalt gefüllt hat. Vgl. O. Ladendorf, Histor. Schlagwörterbuch, Berlin 1906.

Einige Beispiele:

abrüsten (Ende 19. Jh.), Agrarier (nach 1880), alldeutsch, die neue Ära (1858), arteigen, Aufklärung (18. Jh.), Chauvinismus, demokratisches Prinzip (Görres), Diktatur des Proletariats, Dolchstoßlegende, Einheitsschule, ewiger Friede, Exponent der Partei, Flucht i. d. Öffentlichkeit (1896 Marschall v. Bieberstein), formale Bildung, Frauenemanzipation (Ende 19. Jh.), Führerprinzip, Gedankenfreiheit (Schiller), Generalstreik, Europäisches Gleichgewicht, Gleichschaltung (mit der NSDAP), d. gotische Mensch, Hammelsprung im Sinne der röm. *itio in partes*, Hochfinanz, Humanität (Herder), Imperialismus (eng. Ursp.), Kanalrebellen (1899), Kapitalismus, klerikal, Koexistenz, Kulturkampf, liberal, fürstliche Libertät (z. Zt. des Verrates von Metz, Toul u. Verdun, 1552), Marxismus, mekkern, Grundsatz der off. Tür (1900), Paneuropa (1925), Parteibonzentum, Parteiismus, Pazifismus, Platz an der Sonne, Preßfreiheit, Renaissance, Revolverpresse, (polit.) Scharfmacher, Soziale Marktwirtschaft (1948), Steuerschraube (1860 ff.), Stimmvieh, Systempresse, getarnte Gewalten, Toleranz (18. Jh.), der totale Staat, ultramontan, Verelendung der Massen, Verständigungsfriede, Völkerbund, Völkerpsychologie (Lazarus u. Steinthal), Volksstaat, Weltbürger, Weltliteratur (Goethe), werktätige Bevölkerung, (Überwindung der) Wirtschaftskrise, Umwertung aller Werte (Nietzsche), (das deutsche) Wirtschaftswunder.

36. Slawische Wörter

Balalaika (russ. dreisait. Zither), Barsoi (russ. Windhund), Bemme (poln. *pomazka* Butterschnitte), dalli (poln. *dalej*, * ostmd. vorwärts, geschwind!), Dolch, Dolmetsch, Droschke, [dudeln], Grenze, [Gurke], Halunke, Haubitze, Jauche, Jause (österr. Vesper), Kabache (russ. Hütte), Kalesche, [Kantschu], Karausche (Fisch), Karbatsche, Knute (*skandin.), Kopeke ($^1/_{100}$ Rubel), Kren (bayr.-österr. Meerrettich), Kretscham, Krinitz (erzgeb.-vogtl. Kreuzschnabel), Kummet, Kux, Litewka, Nerz, Pallasch, Peitsche, Pekesche, Petschaft, Pistole (Waffe), Plinse (russ. *blinez* dünner Buchweizenkuchen), Plötz(e), Pogrom, Polka, pomadig, Pomuchel (Dorsch), Popanz, [Pracher], Prahm, Preisel (-beere), Pußta, Quark, Rap(p)use, Reizker (*č. ryzec* d. Rötliche, eßb. Pilz), Robot, Rubel, Säbel, Sämischleder, Samowar, Sarraß (schwerer Säbel, poln. *za* für + *raz* Hieb, Stoß), [Scharwenzel], Schmetterling, Schmock (sloven. *šmok* Narr, s. Gust. Freytags Journalisten), Schöps, Sklave, Staupe, Steppe, Stieglitz, [Tornister], Trabant, Tschamara (poln. Schnürrock), Tschapka (poln. Ulanenhelm), Ukas, Vampir, Wildschur, Woilach (russ. woll. Pferdedecke), Woiwod(e) (poln. Heerführer, Fürst, Statthalter), Wruke, Zar, Zeisig, Zobel, Zille (Kahn).

37. Soldatensprache des Ersten Weltkrieges

Soldatische Gruppen gehören wohl zu den variationsfreudigsten Sprachgebrauchern und Worterfindern. Der deutschen Soldatensprache widmete während des Ersten Weltkrieges Otto Mausser eine Untersuchung (1917). Wörtersammlungen der damaligen Soldatensprache bieten weiter u. a.: Gustav Hochstetter, Der feldgraue Büchmann, 1916; S. Graff u. W. Bormann, Schwere Brocken, 1925. Aus der (ganz gewiß auch nicht vollständigen) Fülle dieser Sammlungen seien hier nur einige Beispiele gegeben:

etwas abkochen (stehlen), Aspirinaugust (Sanitäter), Barras (Kommiß, vor dem Krieg schon für »Kommißbrot«), Backspier (Ordensschnalle, Marine), Bibelhusar (Feldgeistlicher), Etappenschwein, Frontschwein, Heimatschuß, Heldenkeller (bombensicherer Unterstand – im 2. Weltkrieg: Luftschutzkeller), Ifl (Infanterieflieger), iflen (für die Infanterie fliegen), kalte Füße haben (kein Geld haben – im 2. Weltkrieg: Angst haben), Kanal voll haben (leid sein), Karo einfach (trockenes Kommißbrot), Kavalierschuß (= Heimatschuß), Knopflochfieber (Ordenssehnsucht), Knochenschuster (Arzt), Latrinengerücht, Lysolmäuschen (Krankenschwester), Miefbeutel (Hängematte), Miefquirl (Ventilator, Marine), Nazi (Österreicher), Negerschweiß (Tee – im 2. Weltkrieg: Kaffee), Schlunz (Lazarett, Marine), Schweißfußindianer (Infanterist), Sündenabwehrkanone: Esak (ev. S.), Kasak (kath. S.), Teufelsabwehrkanone (Feldgeistlicher), Trichterprolet (Infanterist), zackig (straff).

38. Stoff und Name

Bezeichnungen, die auf den Stoff hinweisen, aus denen ein Gegenstand gemacht wurde, sind geblieben, obwohl der Stoff inzwischen ein anderer geworden ist. Solche Wörter bieten neben dem sprachlichen auch kulturgeschichtliches Interesse. Einige Beispiele:

Apfelwein, bayr. Asch (tiefes Gefäß aus d. Holz d. Esche), Milchäsche (obersächs.); Bleifeder, Bleistift (früher aus Blei); Brille (zunächst aus Beryll, später aus Glas); eng. *broom* Besen (nicht aus Ginsterreisern); Büchse (eig. aus Buchsbaum gefertigt); Buch, Buchstabe (eig. aus Buchenstäben); Falzbein (oft aus Metall); Feder (eig. der Gans, jetzt aus Stahl); Fliedertee, Flinte eig. Feuerstein, dann die damit versehene Waffe; gr. *gráphō* schreibe, urv. dtsch. kerben (eig. eingraben, in Stein, Metall, Wachs); ähnlich auch eng. *write* eig. ritzen; Goldplombe: Plombe, ursp. aus Blei (lt. *plumbum* Blei), plombieren, Hammer (eig. = Stein, Fels, dann Werkzeug, Waffe daraus, jetzt aus Eisen); Himbeerlimonade (it. *limone* = Zitrone!), Horn (Tier~), dann aus Metall; Johannisbeermarmelade (»Marmelade« aus Quitte!); Kodex (zunächst aus Holz); Lot = Blei, Gewicht daraus, jetzt nur noch Gewicht ($^1/_{16}$ kg); Malzkaffee; Messer, *mazzisahs* Speiseschneider, der 2. Teil = Stein, dann Steinwerkzeug; Papier (Papyrusstaude); Pinasse (Schiff aus Fichtenholz); vgl. gr. *kynéē* (Mütze aus Hundefell) aber eig. widersinnig *kynéē aigeíē* wörtl. »Hundefellmütze aus Ziegenfell«! (*aix* Ziege).

39. Studentensprache

(Kleine Auswahl)

Abfuhr, abgebrannt (= ohne Geld), Angströhre (Zylinder), Anhieb, anpumpen, anzapfen, auskneifen, Backfisch, einen Bären an- u. losbinden, bemoostes Haupt, berappen, Bierbaß, Blamage u. Abl.: z. B. blamoren, Blech (reden), blechen, bluten müssen, Brandbrief = Bettel-, Mahnbr., Brandfuchs, brummen, Bude, büffeln, (Ex)-Bummel, Bursch(e), burschikos, Alt-, Jungbursch, Cerevis u. Abl., Chargierter, Contrahage, etw. deichseln, durchfallen, Ehrenhandel, sich einpauken, erzbrav, erzfidel, Exkneipe u. a., in die Falle = zu Bett gehen, fidel u. Abl., Fidibus, fiduzit (Antw. auf Schmollis), flott, ein forscher Kerl, krasser Fuchs, Haupthahn, Hecht = Rauch, heimleuchten, honorig, Kaffer, Karambolage, Kartell u. Abl., Karzer, Kater, Katzenjammer, keilen = Füchse abfangen, Kneipe, Kolleg, Komment, Konkneipant, Knicker, Knote, knüll, Kohl (= Unsinn), Kommers, kreuzbrav u. a., Kümmeltürke, Landesvater, ledern = traurig, erbärmlich, Leibbursche, -fuchs, sich löffeln, sich nicht lumpen lassen, Manichäer = Gläubiger, Mensur, Moneten, Moos, Mucker, nassauern, ochsen, patent, Paukant, Pech, Pennal, ein Pereat, Philister u. Abl., picheln = trinken, Polyp = Polizist, prellen, Prolet, Prosit, Pudel = Pedell, pumpen, Ramsch, Randal, rappelköpfig, (an-)rempeln, Renommage, Renommist, Salamander, salbadern, Schindluder, schmeißen (= z. besten geben), Schmollis, Schorlemorle, schwadronieren, Schwager, schwänzen, Schwefelbande, Sekundant, Seniorenkonvent, Spitz, stibitzen = ausführen, Stoff = Bier, Streber, Stürmer, Suite u. Abl., sumpfen u. Abl., Tatterich, trist, tuschieren (= beleidigen), Ulk, umsatteln, verkloppen, verknaxen, einen Wechsel schwingen, Wichs, fauler Zauber, Zichorie = Zigarre.

Dazu manche der deutschen Wörter mit *fremder* Endung unter 14.

40. Tätigkeits- und Leideform vertauscht

Bedienter ist der Form nach einer, der bedient wird. Schwer zu erklären ist die aktivische Bedeutung der passiven Form. Vielleicht hieß es ursprünglich Bediensteter, eine Form, die auch heute noch nicht ganz verschwunden ist. Das wäre dann der mit oder bei einem Dienste Beschäftigte, Tätige; die Vorsilbe be- ist ja nur eine abgeschwächte Form von bei. Vielleicht hieß es aber Bedienender.

Arrestant heißt der Form nach der Verhaftende, lt. *arrestans*, Gen. *arrestantis;* dagegen ist *arrestatus* passives Partizip und ergäbe deutsch Arrestat. Das n wäre irrtümlich eingetreten. Aber vielleicht ist das t am Schluß ursprünglich ein d, und das Wort ginge auf *arrestandus* zurück. Es läge dann ein Gerundivum vor und bedeutete der zu Verhaftende.

elegant (lat.-fz.) ist Part. Präs. zu *eligĕre* (fz. *élire)* auswählend, soll aber ausgewählt heißen.

Ähnlich: bedacht, beredt, gewillt, verdient, pflichtvergessen, ungegessen, ungebeichtet, ungebetet, gedienter (Soldat), gelernter (Arbeiter, Kaufmann), ursp. Passiv; umgekehrt: betreffend (der betreffende Abschnitt); in Goethes Werther borgt der Held Pistolen »zu einer vorhabenden Reise«.

41. Tautologie (Doppelnennung) und Pleonasmus

Bezeichnung eines Begriffes durch zwei gleichbedeutende (oder wenigstens Ähnliches bezeichnende) Wörter, von denen oft das eine durch das andere verdeutlicht wird, weil die Bedeutung im Laufe der Zeit dem Sprachbewußtsein entschwunden oder verdunkelt ist, z. B.

Angst und bange, Auerochs, Bibelbuch, Biestmilch, Blachfeld, Braun der Bär, Chinarinde, Dachziegel, Dambock, Diebstahl, Ebenholz, Eckesachs (f. Schwert), Eidergans, Eidschwur, Eifersucht, Elentier, Femgericht, Gallapfel, gegessen, (eig. geessen), Goldgulden, grasgrün, Grenzmark, Guerillakrieg, Habergeiß, Haderlump, Halskragen, Heiterkeit, heutigen Tages, Hirschkäfer, Kanonenrohr, Kaufmann (lt. *caupo)*, Kebsweib, Kiefer[2], Knebelbart, körperlich, Laib Brot, Lebkuchen, Lindwurm, Mastbaum, Maulbeere, Maultier, Mitglied, Murmeltier, mutterseelenallein, Pachtkontrakt, Pachtvertrag, Pontonbrücke, quicklebendig, frühnh. quitledig, ~los, reisefertig, Ren(n)tier, Sackgasse, Salweide, Sauerampfer, Schellhengst, Schienbein, Schwiegermutter, Sparlüntje (Braunschw.) Sturmwind, tagtäglich, Thunfisch, Tigertier, Tragbahre, Tuffstein, Turteltaube, Vogelbauer, Walfisch, Windhund, wortwörtlich; Oberarzt, Hochaltar (doppelte Tautologie!). – Äbtissin, Diakonissin, Prinzessin, Hindin, zeigen doppelte weibliche Endung; runde Scheibe, Vorbedingung, Mithilfe; gute Besserung; alter Greis; reich an einer Fülle von Sehenswürdigkeiten; er bat um die Erlaubnis, gehen zu dürfen; er verdient mit Recht den Beinamen der Große; mein Freund soll ihm angeblich mitgeteilt haben; wir sprechen die Bitte aus, das Weitere veranlassen zu wollen. Hedwig, Hildegunde, Stubbenkammer, Wüste Gobi, span. *el Puente de Alcántara* (roman. u. arab.); elsäss. O.N. Pfundesbrücke (1): lat. *pontellus*, Pratmatten (1): lat. *prātum*, Wiese, die finnische Landschaft *Satakunta*, worin »hundert« zweimal aus urindogermanischer Zeit übernommen wurde (** śata + kuntóm*).

42. Twensprache?

Vor rund zehn Jahren tauchte im Deutschen ein neues Wort auf: *Twen*, und zwar anscheinend zuerst in Anzeigen der Textilindustrie: die Kleidung für den Twen. Es sah wie eine Entlehnung aus dem Englischen oder Amerikanischen aus, aber es war die Kürzung eines deutschen Reklamemannes aus eng. *twenty*, der zum vorher entlehnten *Teenager* nun auch ein zugkräftiges Schlagwort für die Zwanzigjährigen haben wollte.

Sondersprachen der Jugend, Schülersprachen, Studentensprachen, Soldatensprachen hat es immer gegeben, Sondersprachen, die bewußt für andere unverständlich sein wollen, wie das in den letzten Jahren z. B. auch für manche Ausdrücke der sogenannten »Halbstarken« gilt – in anderer Bezeichnung eben die Teenager und Twen. Wiederum haben wohl Reklameabsichten – u. a. einer Zeitschrift – mitgespielt, als aus einigen alten umgangssprachlichen Ausdrücken, einigen Wörtern der Gaunersprache und einigen wirklichen Neuprägungen gleich eine neue Sprache gemacht wurde, eben die Twensprache, und dazu dann auch noch ein »Wörterbuch der Teenager- und Twensprache« unter dem Titel »Steiler Zahn und Zickendraht« (Schmiden bei Stuttgart 1960, mit grotesken Falschheiten) sowie E. G. Welter, Die Sprache der Teenager und Twens (Frankfurt/M 1961, auch recht unzulänglich) und H. Marcus, Zum Twendeutsch, in: Zs. f. Dt. Wortforschung 18/1962.

Es sind nur rund 240 Wörter, die 1960 aufgeführt und z. T. mit unverstandenen grammatischen Ausdrücken erklärt werden (Hengst, ein »Nomen agentis«!) – also nicht einmal die bescheidenen Ansprüche der »Tausend Worte« werden erreicht. Zum großen Teil sind es Wörter der allgemeineren und schon älteren Umgangssprache wie etwa: abbauen, abgebrüht, im Eimer sein, Flamme, Karre, Knochenklempner (vgl. Knochenschuster, Liste 37), Kragenweite, Sargnagel, sauer, Scheich, Stern, komischer Vogel, Zicke, zickig u. a. Andere Wörter entstammen letzten Endes der Gaunersprache, dem Rotwelsch, so etwa dufte »schick«, Ische »Mädchen«, Kies »Geld«, Mosse »Frau«. Wirkliche Neuprägungen der Halbwüchsigen der letzten Jahre scheinen die rund ein Dutzend Bildungen mit Zahn (= »Mädchen«) zu sein, so etwa Auspuffzahn »Sozia, Motorbraut«, Eckzahn »Mauerblümchen«, Fangzahn »abweisendes Mädchen«, Milchzahn »sehr junges Mädchen«, Schneidezahn »lockeres, scharfes Mädchen«, Stammzahn »festes Mädchen«, steiler Zahn »schickes Mädchen«, Stiftzahn »älteres Mädchen«,

Stoßzahn »attraktives Mädchen«, Überzahn »Supermädchen«, Weisheitszahn »Mädchen mit Brille«, Wimmerzahn »Sängerin«, Gebiß »mehrere Mädchen, Mädchengruppe«. Neubildungen der Halbwüchsigen scheinen auch z. B. Bediene und Verlade zu sein, Bediene für »eine Sache, die gefällt«, Verlade für eine, »die mißfällt«.

Twensprache? Richtiger muß es wohl heißen: ein paar Ausdrücke zwischen Jargon und Slang, die von der Reklameindustrie zur Twensprache aufgeputscht wurden. Das wurde z. B. in München besonders deutlich, als eine Journalistin dieser Twensprache an der Quelle auf den Grund gehen wollte und dabei von einem 14jährigen Volksschüler, der sich besonders kenntnisreich im Twendeutsch zeigte, auf die Frage, wo er diese Ausdrücke her habe, die Antwort bekam: »Die hab ich vom Film. Ich gehe doch jeden Samstag ins Kino.« Und als abschreckendes Beispiel für dieses Twendeutsch wie für ähnliche Manipulationen mit der Sprache überhaupt sei hier zum Schluß noch ein Schlagertext in der »Twensprache« abgedruckt:

Baby, du und ich alleine,
Und der Mond bringt's auf die dufte Scheine,
Und dein Blick gesteht mir auf die Stumme,
Du bleibst immer meine Brumme,
Und dein Kuß ist 'ne Bochiene,
Baby, das ist die Bediene!

(Zum ganzen aber möge man noch den vorzüglich unterrichtenden Aufsatz von Joachim Stave vergleichen, »Wenn Zähne sich unterhalten«, in: Muttersprache 71/1961, S. 148ff.)

43. Umgangssprache

Die am häufigsten gesprochene (nicht geschriebene) Sprache ist die Umgangssprache, jene breite Schicht zwischen Mundart und Hochsprache, die, von beiden beeinflußt, im Spannungsfeld zwischen beiden eine dritte Schicht bildet. Man kann sie mit P. Kretschmer (Wortgeographie der hd. Umgangssprache 1918, S. 10) noch einmal in drei Stufen teilen: Vortrags- oder Öffentlichkeitssprache, Verkehrs- oder Alltagssprache, familiäre Sprache. Das sind also drei Stufen, die sich von der Hochsprache zur Mundart hin bewegen. Die Übergänge zwischen den einzelnen Stufen wie zur Hochsprache einerseits und zur Mundart andererseits sind fließend.

Die Umgangssprache übernimmt lautliche Züge der Mundart auch bei hochsprachlichem Wortschatz, so wie Goethe im Faust »Ach neige« reimt auf »du Schmerzensreiche«: Goethes Umgangssprache, die hier auch in seine Schriftsprache eindrang, war stark frankfurterisch geprägt. Das gleiche erleben wir noch, wenn etwa Heuss oder Adenauer auch in ihren öffentlichen Reden im Lautlichen stark schwäbisch oder rheinisch geprägt waren. Auch im Syntaktischen finden sich solche umgangssprachlichen Züge, so etwa, wenn nach dem Komparativ – auch in öffentlicher Rede – »wie« statt »als« gebraucht wird oder wenn *wegen* mit dem Dativ statt mit dem Genitiv verbunden wird: »wegen mir« statt »meinetwegen« usw.

Im Wortschatz weicht die Umgangssprache von der Hochsprache dadurch ab, daß sie entweder ein mundartliches Wort aufnimmt wie etwa Topfen, Jause, Anke, Reibekuchen, Bickbeeren oder daß sie landschaftlich von mehreren Ausdrücken der Hochsprache jeweils nur einen gebraucht wie etwa bei Samstag/Sonnabend, Abendessen/Nachtessen, Kopfweh/Kopfschmerzen, Bauchweh/Leibschmerzen, Pferd/Roß usw. Vielleicht ist es auch ein stilistisch niedrigeres Wort, das die Umgangssprache gegenüber der Hochsprache verwendet, wie das z. B. schon Jacob Grimm für einen bestimmten Körperteil im 2. Band seines Wörterbuches unter dem in hessischer Lautform gegebenen Stichwort »Bobo« in schöner Abgrenzung festgestellt hat: »ein in der Sprache der Ammen, Mädchen, Mütter allgemein übliches Wort, traulicher als der Hintere oder Steiß, feiner als Arsch, und in der Rede Gebildeter verwendbar«.

Die moderne Umgangssprache ist in erster Linie ein Produkt der Stadt. In kritischer Beobachtung des Zeitgeschehens entstehen hier zuerst als individuelle Neubildungen oder Neuverwendungen Ausdrücke wie Knüller, Lieschen Müller, knorke, Masche, Schnulze, Armleuchter, Sargnagel, Arbeiterdenkmal, Demokratur usw. (vgl. auch Liste VI!). Die Erfolge der einzelnen Neuprägungen sind verschieden, manche werden bald in der Umgangssprache fast allgemein geläufig, andere bleiben auf kleinere Gruppen beschränkt und wieder andere überleben den Augenblick ihrer Prägung kaum. Aber von dieser Schicht der Umgangssprache gehen die meisten Neuerungen auch unserer gegenwärtigen Hochsprache aus, hier ist ihr Versuchsfeld und ihre Quelle. Die Umgangssprache bildet ein riesiges Sammelbecken, aus dem der Strom der Hochsprache sich immer neu auffüllt. In dieses Sammelbecken münden zunächst die Ströme der Mundarten, dann aber auch die immer neuen Schöpfungen des Volksmundes und Volkswitzes. Zwei Gründe haben nun in den letzten Jahrzehnten die Umgangssprache so besonders weit und besonders stark wirksam werden lassen: einmal die ungeheure Vervielfältigung und Ausbreitung alles Sprachlichen durch die moderne Technik und zum andern die bewußte Aufnahme umgangssprachlicher Wörter und Wendungen in die Zeitungs- und Literatursprache.

(Vgl. H. Küpper, Wörterbuch der deutschen Umgangssprache 1955, 1963²; W. Betz, Neuere Literatur zu Hochsprache, Mundart und Umgangssprache, in: Der Deutschunterricht 2/1956; J. Stave, Das Sprachbarometer, in: Muttersprache 1953ff.)

44. Umstellung (Metáthesis), bes. des r

Albert, Bertha – Albrecht, Pracht (eng. *bright* glänzend), Anken (fränk. u. schwäb.) = Nacken, Bernstein, eng. *burn* – brennen, bersten mh. *brësten*, Bord – Brett, Born (eng. *bourn* Bach) – Bronn, Brunnen, Borste – eng. *bristle*, Christian – Kirsten, Kersten, Karsten, -der (in Holunder) – got. *triu*, eng. *tree*, Dorf – Bottrop, Ohrdruf, Wamdrup, pl. dörtein, dörtig – hd. dreizehn, dreißig, durch – eng. *through*, Elbe – slaw. Labe, Eller (nd.) – Erle (hd.), Feld – flach, Flöz, Flunder, Ferdinand – Friedenand; forschen – fragen, ags. *first* – Frist, ags. *forsc* – Frosch, ags. *forst* – Frost, lt. *forma* – gr. *morphé*, fürchten – pl. früchten, eng. *fright*, Garbe – grabschen; Holz – gr. *kládos*, lat. *corpus*, ah. *hrëf* (noch altes Reff), ags. *hrif*, kerben – gr. *gráphō*, Kolben – Kloben, Klub; Korn, Kern – lt. *granum*, Kulm – Chlum, lt. *plenus* – dtsch. voll, Roland – it. Orlando, lt. *turba* – fz. *trouble*, Warze – pl. Wratt, Wespe, eng. *wasp* – ags. *wæps*, ah. *wafsa*, mh. *wefse*.

45. Unerklärte Wörter

Das sind solche, deren Ursprung oder Herkunft bisher nicht sicher zu erklären sind. Viele dieser Wörter sind altdeutsch, oft auch germanisch, vielleicht sogar vorgermanisch.

Affe, all, Alpaka[2], Apfel Amtsschimmel, Assel, Bagger, Barras, bestechen, Biene, Bier, Binse, Blei, Block, Brente, Brise, Bronze, Buhne, Dill, Dult, Efeu, Eidechse, Eisen, eitel, faseln, Feme, finster, Fleiß, ganz, Gaukler, Gaul, Gicht, Göpel, gönnen, Hamster, Harke, herb, hätscheln, Hering, Heuer, Hopfen, Humbug, Imme, jäten, ja, Jolle, jucken, Jul, Kaff[1], Katze, Kebse, knorke, Kralle, krank, Krieg, Krug, laufen, Laus, Leber, Leder, Liesch, Liesen, Linse, Luft, Lurch, Maser, mau, Metall, Mief, Mistel, Molch, Napf, naß, Nobiskrug, Obst, Pauke, Perle, Pfand, pflegen, Pfriem, Pfote, plündern, Pose[1], Priel, Reif[1], Riesling, rodeln, Rost[2], Rüde, Rudel, Salbader, Säule, Scharteke, Schimpf, Schleier, schmarotzen, Schmollis, schnell, Schorlemorle, schwanen, Schwegel, schwellen, See, sehnen, Snob, Spiel, Spieß, spitz, spröde, spülen, Strafe, straff, streben, Sünde, Tadel, tarnen, tragen, Traube, treten, trocknen, Troddel, trödeln, Tuch, tüfteln, Volk, Wamme, Wermut, Wunder, Zacke(n), zäh, Zieger, Zier, Zink, Zinn, Zotte, Zwerg.

46. Verdeutschungen[1], die Erfolg hatten

Um die Wende zum 19. Jahrh. entfaltete Campe (1746–1818), der vielseitige und fruchtbare Pädagoge und Schriftsteller, Bearbeiter des Robinson, eine eifrige Tätigkeit auf dem Gebiet der deutschen Sprachwissenschaft und Sprachlehre und unternahm es auch, fremde Ausdrücke und Wörter zu verdeutschen. Die weitaus meisten seiner Übersetzungen haben sich nicht durchgesetzt und gerieten bald wieder in Vergessenheit. Wir bieten hier eine Anzahl derjenigen, die heute völlig geläufig sind. Bemerkt sei noch, daß Campes Bemühungen von den Zeitgenossen z. T. heftig bekämpft und auch diejenigen seiner Übertragungen mit Spott zurückgewiesen wurden, die uns heute in Fleisch und Blut übergegangen sind. Karl Friedr. Reinhard braucht in einem Briefe an Goethe 1812 Rundreise für Tournee und nennt diese Übersetzung: campisieren.

Auch Phil. v. Zesen († 1689), Harsdörffer († 1658) und Schottel († 1676) hatten mit manchen deutschen Neuprägungen für Fremdwörter Erfolg. Von Zesen geschaffen oder empfohlen wurden z. B. Augenblick (Moment), Gesichtskreis (Horizont), lustwandeln (spazieren), Sinngedicht (Epigramm), Verfasser (Autor), Vertrag (Kontrakt); von Schottel stammen Ausdrücke der Sprachlehre, z. B. Doppelpunkt (Kolon), Mundart (Dialekt), Sprachlehre (Grammatik), Wörterbuch (Lexikon), Zeitwort (Verb), Lustspiel (Komödie), Trauerspiel (Tragödie). – In neuerer Zeit war der Allg. Deutsche Sprachverein in diesem Sinne tätig und – seit 1948 – die Gesellschaft für Deutsche Sprache.

[1] Vgl. den nächsten Abschnitt. Ausführlich handelt hierüber Ed. Engel, Deutsche Sprachschöpfer, 1919. Zu Campe vgl. W. Betz, Sprachlenkung und Sprachentwicklung, in: Sprache und Wissenschaft. Göttingen 1960.

Zur Frage des Fremdworts überhaupt, des notwendigen und des überflüssigen, seines Nutzens und Schadens überhaupt, vgl. H. Rechtmann, Das Fremdwort und der deutsche Geist (1949), und Goethe: »Die Gewalt einer Sprache ist nicht, daß sie das Fremde abweist, sondern daß sie es verschlingt.«

Abteil – Coupé, Anfangsgründe – Elemente, Anrichte – Kredenz, ausdrucksvoll – expressiv, Ausfall und Ergebnis – Resultat, Ausweis – Legitimation, Bahnsteig – Perron, Beweggrund – Motiv, Bittsteller – Supplikant, Briefwechsel – Korrespondenz (seit Harsdörffer 1644), Bruchstück – Fragment, Dreibund – Tripelallianz, Durchmesser – Diameter (17. Jh.), Eilbote – Courier, *messengerboy*, Einbürgerung – Naturalisation, Einzahl – Singular, empfindsam – sentimental (18. Jh.), Emporkömmling – Parvenü, enteignen – expropriieren, entsprechen – respondieren (Wieland 1750), Erbschleicher – lt. *heredipeta* (um 1700), Erdgeschoß – *parterre*, Fahrgast – Passagier, Fahrkarte – Billett, Fahrrad – Veloziped (nach 1880), Fallbeil – Guillotine, feinfühlig – taktvoll, Feingefühl – Takt, Feinkost – Delikatesse, Fernsprecher – Telephon, Festland – Kontinent, Flugschrift – Pamphlet, Broschüre, Flurstück – Parzelle, Freistaat – Republik, Gefallsucht – Koketterie, Geistesgegenwart – fz. *présence d'esprit*, Gemeinplatz, vorher Gemeinort – lt. *locus communis*, eng. *commonplace*, großartig – grandios, Haushaltplan – Etat, Hausrat – Mobiliar, Heerschau, Rundschau – Revue (17. Jh.), Heißsporn – eng. *Hotspur* (Schlegel 1800), Helldunkel – it. *chiaroscuro*, fz. *clair-obscur*, Hochschule – Universität, Akademie, Höchstleistung – Rekord, Hörsaal – Auditorium, Jahrhundert – Säkulum, Kehrreim – Refrain (Bürger), Kerbtier – Insekt, Kimmung – Horizont, Laufbahn – Karriere, Lehrgang – Cursus (C.), Lehrsatz – *theorema* (um 1650), Leidenschaft – Passion (v. Z.), Liebreiz – *charme* u. Grazie, Lockspitzel – *agent provocateur*, Mehrzahl – Plural, Nebenbuhler – Rivale, Rechtsgang – Prozeß, Ruhegehalt – Pension, Rundfunk – Radiotelegraphie, Rundreise – Tournee, Schaffner – Conducteur, Scheinwerfer – fz. *réverbère* (1791), Schriftsteller – Autor (1750), Schwarzseher – Pessimist, Seitendeckung – ~ détachement, Sinnbild – Symbol, sinnverwandt, gleichbedeutend – synonym, Sommerfrische – it. *refrigerio* (gegen 1850), Spannkraft – Elastizität, Stelldichein, Treffpunkt – Rendezvous, Streifwache, Spähtrupp – Patrouille, Tagfahrt (österr.) – Termin, Tatbestand – *species facti*, Tatsache – lt. *res facti*, Trübsinn – Melancholie, Umlauf – Zirkular, Umwelt – fz. *milieu*, Verhältniswort – Präposition, verhängnisvoll – fatal, Vermächtnis – Legat, verwirklichen – realisieren, Vorhut, Nachhut – Avantgarde, Arrièregarde, Weltbürger – Kosmopolit (17. Jh.), Weisung – Direktive (als Befehlsart), Werbung – Reklame, Wettbewerb – Konkurrenz, Wetterwarte – Meteorologische Station, Zartgefühl – Delikatesse, Zeitpunkt – Moment, Zerrbild – Karikatur, zerstreut – fz. *distrait* (18. Jh.), Zweikampf – lat. *duellum* (v. Z.), Zwischengeschoß – fz. *entresol* od. it. *Mezzanin* (Wien), Zwischenspiel – it. *intermezzo*.

47. Verdrängung deutscher Wörter durch fremde, Ersatz fremder durch deutsche[1]

Eine Anzahl deutscher Wörter ist (manche schon im frühen M.-A.) durch fremde teils verdrängt, teils beiseite geschoben, und zwar so, daß vielfach das Fremde uns geläufiger geworden ist als das Einheimische, daß bisweilen sogar dieses durch jenes erklärt werden muß. Andererseits hat die deutsche Sprache zuzeiten, namentlich seit der Wende des 18. Jahrh., fremde Wörter durch einheimische zu ersetzen versucht, teils mit, teils ohne Erfolg. Der Sprachgebrauch schwankt bei vielen dieser Wörter, sie werden häufig nebeneinander gebraucht. Besonders wenig Aussicht auf Einbürgerung haben Ersatzwörter, wie z. B. Fernsprecher und Anschrift für Telephon und Adresse, weil die dazu gehörigen Zeitwörter (telephonieren, adressieren) bis jetzt keine befriedigende Verdeutschung gefunden haben.

Altschrift – Antiqua, Anke – Butter, Anschrift – Adresse, Aue – Insel, Besuchskarte – Visitenkarte, Bezieher – Abonnent, beziehungsweise, beziehentlich – respective, Bolle – Zwiebel, Börse, Geldtäschchen – Portemonnaie, Briefumschlag – Kuvert, Docke – Puppe, Drahtbericht – Telegramm, drahten – telegraphieren, Dult – Fest, Ehrenschutz – Protektorat, Eibe – Taxus, Eiland – Insel, Elch – Elentier, Facharzt – Spezialarzt, Fahnenflüchtiger – Deserteur, Fallsucht – Epilepsie, Federkraft – Elastizität, Freischärler – Franktireur, Füllung, füllen – Plombe, plombieren (20.Jh.), Geißel – Peitsche, gewürfelt – kariert, Gleicher – Äquator, Heckenschütze – Franktireur, Kammergut – Domäne, Kammerrat – Finanzrat, Klüngel – Clique, Kringel – Brezel, Kundschafter – Spion, ah. *láhhi* – Arzt, Laube – Arkade, † ~ auch Theaterloge (Bühnenlaube = Proszeniumsloge), Lehrstuhl – Katheder, Leibchen, Mieder – Korsett, Losung – Parole, Mannszucht – Disziplin, Mark – Grenze, Morgenland – Orient, Muhme – Tante, Mundtuch – Serviette, s. Tellertuch, Oheim – Onkel, Pappkasten – Karton, Pflanzer – Plantagenbesitzer, Pförtner – Portier, ah. *quirn*, eng. *quern* – Mühle, Reiterei – Kavallerie, Schau-, Denkmünze – Medaille, Schirmherr – Protektor, Schmer – Butter, Senkel, ah. *senchil* – Anker, sieden – kochen, Soll und Haben – Debet und Kredit, Staatskunst – Politik, Steindruck – Lithographie, Stock, Stockwerk – Etage, Strichpunkt – Semikolon, Teilhaber – Sozius, Kompagnon, Tellertuch – Serviette s. Mundtuch, Tonsetzer – Komponist, Trottel – Kretin, Tunke – Sauce, Umlauf – Zirkulation, Umschlag – Kuvert, Urbild, Urschrift – Original, währen – dauern, Wert, Werder – Insel, Wichs – Gala, Zipperlein – Podagra.

[1] Vgl. den vorhergehenden Abschnitt.

48. Verhüllende Redeweise

Euphemismen; nach Grimm Glimpfwörter

abfahren, absegeln (sterben), ausgehen (Pflanzen), einem d. Dach umdecken = versteigern, Engelmacherei, eingehen (Tiere), Kadaver, fallen auf dem Schlachtfelde (und nicht wieder aufstehen), auf dem Platze bleiben, ins Gras beißen, jem. umbringen, eig. um die Ecke bringen (und dort, wo es niemand sieht, töten), an die Wand stellen (erschießen), aus dem Wege räumen, jem. kalt machen, das Zeitliche segnen, entschlafen, erblassen (Schillers Bürgschaft), erbleichen, heimgehen, zur ewigen Ruhe eingehen, z. gr. Armee gehen, einberufen werden, wenn mir etwas Menschliches begegnen sollte, zu seinen Vätern versammelt werden, sich ein Leid antun, ihn deckt der Rasen; niederkommen, in anderen Umständen; Kammerjäger, Langfinger, lange Finger machen, jem. das Bad segnen, er sitzt (im Gefängnis), sie hat es ihm angetan; Gift (eig. Gabe, dann schädliche Gabe, ebenso fz. *poison* Getränk, dann schädliches G.) vgl. vergeben!; Götz v. Berlichingen!; am Abend besuchen; potztausend, ~blitz, ~wetter (für Gottes Tausend usw., um den Namen G. nicht zu mißbrauchen; ähnlich, für fz. *sacré nom de Dieu:* (17. Jh.) sackerlot, *sacrebleu, parbleu, morbleu* für *dieu);* sapperment aus Sakrament, verflixt (verflucht); ich schere mich den Kuckuck darum, geh' zum Kuckuck (Teufel); nichts Gutes, d. alt' böse Feind (Luther), der Böse, Versucher, Widersacher, d. Leibhaftige, dieser u. jener, Gottseibeiuns, gr. die Eumeniden = Wohlmeinenden (die Rachegöttinnen); übers Ohr hauen; hinters Licht führen; Fehltritt; sich vergehen; blaue Bohne; eng. *inexpressibles* (Hosen); verschlimmbessern; vollschlank.

49. Verkleinerungswörter, Kurz- und Koseformen

a. deutsche Wörter:

Ärmel, Bänkel(sänger), Beffchen, Besing (Beere), bißchen, Brötchen, Bündel, Büschel, Eichel, Enkel, Erpel(?), Fähnlein, Ferkel, Fohlen (Füllen), Forelle, Fräulein, Füllen, Gesindel, Gösch, Grübchen, Heimchen, Hermelin, Hügel, Kitze, Knöchel, Kränzchen, Kreisel, Kringel, Krümel, Kübel, Küken (Küchlein), Mädchen, Märchen, Maßliebchen, (sein) Mütchen (kühlen), Nelke, Nessel, Nestel, Nichte, Rädels(führer), Ringel, Runzel, Schenkel, Scherflein, Schnaderhüpfel, Spatz, Spätzle, Ständchen, Teckel (Dackel?), Troddel, Tüpfelchen, Tüttelchen (doppelte Vkl.), Wanze.

b. Lehn- und Fremdwörter:

Ampel, Artikel, Assel, Aurikel, Bagatelle, Ballett, Basilisk, Bazillus, Bibel, Billett, Blankscheit, Boskett (Bukett), Brezel, Cedille, Chemisett, Couplet, Etikette, Feuilleton, Floskel, Flottille, Frettchen, Folter, Gondel, Grisette, Guerillakrieg, Idyll, Jackett, Jockey, Kabinett, Kamarilla, Kaninchen, Karnickel, Kapelle, Kapitel, Kapsel,

Karat, Karbunkel (Karfunkel), Karriole, Kartell, Karussell, Kasino, Kasserolle, Kassette, Kastagnette, Kastell, Klarinette, Klausel, Kordel, Kornett, Korsett, Korvette, Kotelett, Kotillon, Kunkel, Kuppel, Lanzette, Libelle, Libretto, Mantille, Modell, Muschel, Muskel = Mäuschen, Niveau, Novelle, Nudel, Obelisk, Onkel, Palette, Palmette, Paneel, Partikel, Parzelle, Perle, Pikkoloflöte, Pille, Pinsel, Pinzette, Plakette, Platin, Podium, Primel, Pupille, Pustel, Quentchen, Radieschen, Rakete, Ranunkel, Rolle, Rondel, Rosette, Säckel, Sardelle, Sardine, Schachtel, Schatulle, Schalmei, Scharmützel, Siegel, Sockel, Sonatine, Spachtel (Spatel), Spinett, Sporteln, Staffette, Staket, Statuette, Stiefelette, Stilett, Tabelle, Tablett, Tablette, Tamburin, Tuberkel, Tunnel, Vanille, Veilchen, Vignette, violett, Violine, Zervelat(wurst), Zettel, Zigarette, Zirkel, Zitadelle.

c. Eigennamen (deutsche und fremde):

Attila (Etzel, Väterchen), Augustulus, Böcklin (Böcklein), Börnecke (Ansiedelung) an einer kleinen Quelle, Bretagne (kleines Britannien), Bürgel (Bürglen), Dornröschen, Enzio, Etzel, Faustulus, Franklin, Caligula (Soldatenstiefelchen), Fritz, Füßlein, Füßli, Gambetta, Götz, Gödeke zu Gottfried, Hainichen, Hallein (kleines Hall), Heinz, Hinz zu Heinrich, Hirzel (z. Hirsch), Hispaniola, Hölderlin, Kamenz (Ansiedelung am kleinen Stein, Berge), Köchly, Korinna (gr. kleines Mädchen), Kurt, Kuno, Kunz (alle 3 z. Konrad), Lampe (der Hase zu Lambert, Lambrecht), Leibl, Matz (z. Matthias), Metze (z. Mathilde), Moltke, Mörike, Mosel (kelt. *Mosella* z. Maas, kelt. *Mosa)*, Oberlin, Ortler (s. Ort), Petz (z. Bär), Pfälzel, Pfeffel (z. Pfaff), Portiunkula, Regulus, Reineke, Reuchlin, Riehl, Rigoletto, Rümelin, Rüpel (z. Ruprecht), Rütli, Scherl, Schneewittchen, Stoffel (Töffel), Tassilo, Ursula, Uz (z. Ulrich), Venezuela (Kleinvenedig), Wulfila (Ulfilas, Wölfchen).

50. Verneinung

der keine Bejahung (mehr) entspricht; bei den mit * versehenen ist die Bejahung begrifflich kein Gegensatz.

un||ablässig, abweislich, anbringlich, aufhaltsam, aufhörlich, ausbleiblich, auslöschlich, aussprechlich, ausstehlich, bändig, beholfen, beirrt, benommen*, beschadet, bescholten, beschreiblich, besehen, beugsam, botmäßig, denklich, durchdringlich, entwegt, erbittlich, erfindlich, ergründlich, erhört, erläßlich, ermüdlich, ersättlich, ersetzlich, erschöpflich, erschütterlich, fehlbar, flätig, geberdig, gefähr, gefüge, gehalten, geheuerlich, gelenk, gemein*, gereimt*, gesäumt*, geschlacht, geschliffen*, geschminkt*, gestüm, gezogen, heilvoll, heimlich*, leugbar, liebsam, nachahmlich, nahbar, nennbar, nütz, päßlich, rettbar, säglich, scheinbar*, tadelig, trüglich, übertrefflich, umgänglich*, umschränkt, umstößlich, umwunden*, unterbrochen*, verbesserlich, verbrüchlich, verfroren*, vergeßlich*, vergleichlich, verhofft, verhohlen, verkennbar, vermerkt*, vermittelt*, vermutet*, verrichtet(-er

Sache), versehens, verunglimpfen, verwandt*, verweilt, verwüstlich, verzüglich, vorgreiflich, wegsam, weigerlich, widerleglich, wiederbringlich, wirsch, wirtlich, zählig, zertrennlich, ziemlich*.

Un||bill, bilden, flat, fug, geheuer, gemach, gestüm, getüm, geziefer, hold, stimmigkeiten; das ist nicht weit her, nicht geheuer, nicht fakkeln, sich nicht entblöden, sich nicht lumpen lassen; kein Hehl daraus machen, nicht viel Federlesens machen; alles, was nicht niet- u. nagelfest ist; nicht ruhen u. rasten; nicht wanken u. weichen; desavouieren, Immortelle, immens, immun, impertinent, improvisieren, Individuum, Infallibilität, infam, Infant, Infinitiv, Injurie, inkognito, inkommodieren, intakt, Invalide; Imponderabilien (unwägbare Stoffe, Dinge; meist bildl.).

51. Verschollene und wiederbelebte Wörter

vornehmlich durch Klopstock, Wieland, Herder, Goethe, die Romantiker, Richard Wagner (vgl. dazu W. Kuhberg, Verschollenes Sprachgut u. seine Wiederbelebung in nhd. Zeit, 1933).

Aar, Abenteuer, Acht, Ahn, Altvorderen, anheben, Barde, baß, behagen, Blachfeld, bieder (Lessing), Brünne, bürsten = trinken (Uhland), Degen (E. Galotti I, 4), Eiland, eitel (lauter), Elch, Elfe, fahen, Fahrnis (bewegliche Habe, Mobilien), Fehde, Ferge, freislich (schrecklich), frommen, Gau, gelahrt, Ger, Glast, Gleisner, Götterdämmerung, griesgrämig, gülden, Hain, Halle, Harm, Harnisch, hasten, hauchen, hehr, Heim, Heimat, Hinde, Hort (gehortetes Geld f. Thesaurierung), Hüne, Imbiß, Kämpe, Königtum, kosen, Leumund, Lindwurm, Maid, Mär, Mark, Marmelstein, Minne, Norne, Ortband, Qualm = Betäubung, raunen, Recke, Riege, Rune, Schemen, sehren, Sippe, Skalde, stattlich, Stegreif, Tarnkappe, Tarnung, Ting, ungefüge, Ungetüm, Ur, vergeuden, Walhalla, Walküre, weidlich, Werder, Widersacher, Wisent.

52. Verstärkung

abgrundtief, allein, allerliebst, balken-, stickenduster(e Nacht), baumlang, bildschön, bitterböse, blitzblau, Blitzmädel, blitzsauber, ~schnell, ~wenig, blutfrisch v. Fischen, blutjung, bockstehkragensteif, Bombenerfolg, Bombenhitze, brechend voll, brettnageldumm, brühwarm, eiskalt, erzdumm, Erzengel, faustdick, federleicht, felsenfest, fuchsfeuerrot, fuchswild (fuchsteufelswild), funkelnagelneu, furchtbar groß, gallenbitter, giftgrün, Goldkind, gottsjämmerlich, bleigrau, gritzegrau, grundfalsch, grundgelehrt, haarscharf, hageldicht, Heidengeld, heilfroh, himmelhoch, ~weit verschieden, in aller Herrgottsfrühe, herzlich wenig, hochfein, hochnotpeinlich, hochrot, höllisch weit, Hundekälte, hundetreu, kerndeutsch, klitzeklein, knallrot, knüppeldick, knüppelhart, kreideweiß, kreuzbrav, kreuzfidel, kreuzlendenlahm, krottenfalsch (Kröte), kugelrund, kunterbunt, lammfromm, mäuschenstill, mausetot, Million, Mordsgaudi (alem.), Mordskerl, mucksmäuschenstill, mutterseelenallein (doppelt), namenlos, neunmalkariert(er Halunke), niegelnagelneu, patschpudelnaß, pechschwarz, Pferdekur, piekfein, Prachtkerl, pudelnärrisch, ~wohl, quietsch-, urfidel, kohlrabenschwarz, pechschwarz, rußschwarz, recht gut, Regimentstolpatsch, Riesenglück, ritzerot (kurhess.), sack(siede)grob, saugrob, schachmatt, schlohweiß, schneeweiß, schockschwerenot, sehr groß, sperrangelweit (offen), spickaalfett, spindeldürr, spinnefeind, splitternackt, spottbillig, springlebendig (v. Fischen u. Krebsen), stark vermehrt, Staatsmädel, steinalt, steinreich, sternhagelvoll, stichdunkel, stockdumm, stockfinster, stocksteif, streng vertraulich, strohdumm, teufelswild, sündhaftteuer, Tausendschön, tiefbetrübt, tiefgekühlt(e Vollmilch), bomben*sicher*, todsicher, totenstill, Übermensch, überreich, unaussprechlich, unheimlich heiß, ~ still, Unmenge, Unsumme, Unzahl, uralt, butter-, dotter*weich*, vollsaftige Apfelsine, wildfremd, wunderschön, wundervoll, bodenlos dumm, endlos lang, unendlich groß, namenlos unglücklich, unmenschlich teuer; Singrün, Sintflut.

53. Volksdeutung (Volksetymologie), kleine Auswahl[1]

Das Volk sucht sich unverstandene Wörter und Ausdrücke verständlich zu machen, indem es sie umbildet, an Näherliegendes, Bekanntes anlehnt, unbekümmert um sachliche oder sprachliche Richtigkeit. Es unterliegen ebensowohl fremde als auch echt-deutsche Wörter der volkstümlichen Umdeutung und Eindeutschung. Vgl. Herm. Usener (zu Lyk- in Eigennamen: licht) »Die Kzf. *lyk* (in *leukós)* ... hat zeitig ihre Lebensfähigkeit eingebüßt, so daß das *Gaukelspiel der Volksetymologie den stammfremden Begriff lykos* Wolf unterschieben konnte«.

Abseite, Armbrust, Beispiel, blümerant, Brosame, Einöde, Erlkönig, Feldstuhl, Felleisen, Goldcreme = eng. *coldcream*, Hagestolz, Hängematte, Hebamme, Höhenrauch, Hüfthorn, Huldreich [Zwingli]: Uodalrich, Karfunkel, Kater (Katarrh), Kientopp, Kohlmeise, Kohlrübe, maulhenkolisch f. melancholisch, Pfotengram = Podagra (Fischart), aus *unguentum Neapolitānum* umgewendeter Napoleon, Maulwurf, Murmeltier, Palatschinken Eierkuchen (östr.), aus rumän. *plăcintă:* Schinken, Reißmatismus aus Rheumatismus, Ringlotten (östr. z. B. in Graz) aus Reineclauden, Rosmarin, Schwibbogen, Sündflut, Tausendgüldenkraut (fälschl.: *centum* 100) u. *aurum* (Gold), Trampeltier (Dromedar), Vielfraß, weissagen, Wetterleuchten, Zanktippe f. *Xanthippe*, d. Hühnerart *Rhode Islander*, woraus mu.: »rote Isländer« od. Rotländer!

[1] Vgl. dazu: Über deutsche Volksetymologie von K. G. Andresen, 1919.

54. Vor- und Nachsilben

sind ursprünglich selbständige Wörter, deren eigentliche Bedeutung sich in manchen Fällen gar nicht mehr, in manchen nur schwer erkennen läßt. Dazu kommt, daß sie oft vieldeutig sind und das Verschiedenste, sogar Gegensätzliches, bezeichnen; oft sind sie durch vielfachen Gebrauch lautlich abgeschliffen und begrifflich stark abgeschwächt.

a. deutsche:

-a, -aa, -au, -aue, -ach, -ache (-aff, -ef, -ep) – vgl. H. Dittmaier, Das Apa-Problem, Löwen 1955 – einst selbständiges Wort: Wasser, wäßriges Land, urv. mit lt. *aqua*, idg. *akwa*, russ. *Oká*, gr. viell. *Achelōos*, *Apiā* alter Name der *Pelopónnēsos*, *Messapiā* Landschaft Unteritaliens, kelt. auch *avon* Fluß *(Stratford on Avon)*, pers. *Gul-āb* Rosenwasser, jetzt meist Endung zur Bildung v. Fluß- (danach auch Orts-) Namen: Fulda, Werra, dass. W. ist Weser, früher Wesera, Werraha, Lahn, mh. *Loganaha*, Altenaue (1568): Altona, Öland (mehrere Inseln), Aa i. Westfalen, Kurland, Livland, Schweiz (im ganzen 22mal), Königsau i. Nordschleswig, Radau i. Harz, Emmā i. Schweden, Alandsinseln, Achim, Aach i. Baden, Ache, Achen, Achensee i. Tirol, (Kreuznach aber kelt. *Cruciniācum)*, Laasphe i. Westf. (Lachswasser), Wieseck (Wiesenbach), Achleitner, der die an der Ache liegende Leite (Abhang) bewohnt, s. lehnen, Ahe, Ehe (friesisch), Efze (hess.), Ohe (Hessen), Ahausen, Salzach, Aar, Ahr, Urach, Elsaff, Aschaff (Eschenwasser) dazu Waldaschaff u. Aschaffenburg, Affenthal i. Baden, Honnef, Hennef, Walluf, pl. Lennep; Olpe, Jemappes; Schlirf (Slieraffa Schlammwasser), Zwischenahn i. Old. zwischen den Wassern; Aegir Herr d. Meeres; s. Aachen unter Au, dagegen Andernach zur kelt. Endung *Antunnācum;* u. -ach z. B. im Schwarzwald Birk*ach*, Weid*ach*, Stöck*ach* = Birk*icht*, Weid*icht* (= Gebüsch u. Ort, wo Baumstümpfe stehen), Binsicht = *binuzzahi*.

In slawischen Namen wie Prenzlau, Spandau ist au an Stelle eines früheren ow (Prenzlow, Spandow) getreten. Donau lat. *Danuvius*, im Nibelungenlied *Tuonouwe*, ist vorkelt., entspricht iran.-sarmat. *dānu* Fluß in Don *(Tanais)*, Dniepr *(Danapris)*, Dniestr *(Danastrus)*.

ant-, ent-, emp- – Grdb. hin, zu, gegen, urv. ist lt. *ante* vor, gr. *antí* gegen: Antlitz, Antwort, Antwerpen gegenüber den Werften, entgelten, empfangen, ent- in entschlafen (Anfang), in ~arten, ~christlichen, ~eignen (Veränderung), in ~bieten (Verstärkung); nicht hierher gehören: entgegen, entbehren, entlang, entweder, entzwei.

-at, -ut, -od, -öde – dieselbe Endung in verschiedener Form, unerklärt: Heimat, Armut, Kleinod, Einöde (öde ist nicht verwandt). Urverwandt ist lt. *-ātus* in *magistrātus*, *senātus*. Heirat gehört zu Rat.

-au, -aue – s. **-a, -aa** usw.

-bar – tragend, tragfähig, z. got. *bairan*, ah. *beran*, pl. bören; urv. gr. *phérō*, lt. *fero;* acht~, dank~, eß~, frucht~, halt~, Zuber. Nicht verwandt ist bar = bloß in barfuß, bares Geld.

be- – die vollere Form ist bei, Grdb. unsicher; bisweilen zsgz.: bang, Beichte, binnen, bleiben, s. ge-.

-bert, -brecht – glänzend (got. *bairhts*, ah. *bëraht*, eng. *bright)*, oft

Bestandteil von P.N.: Adalbert, Albert, Albrecht durch Adel (d. h. Besitz, vornehme Abstammung) glänzend, entl. fz. F.N. *Flaubert* = *Chlodobert* Ruhm u. Glanz, Bertram glänzender Rabe (oder Schild, falls Rand vorliegt), Gumpert, Gumprecht im Kampf glänzend, Berthold der glänzend Waltende (s. walten), Bertha die Glänzende (entspricht begrifflich dem lt. *Clara* leuchtend, hell), s. Pracht. Schubert gehört zu Schuhwerker.

-bold – Witz~, Rauf~, Trunken~, v. mh. *bolt*, *balt* kühn, eng. *bold*, s. bald. F.N. Humboldt (Humblot): Hüne u. kühn.

-chen – nord- und jetzt überwiegend schriftdeutsche Verkleinerungsform, südd. -lein, ah. *-chīn*, nd. *-kīn* = **-cha* + *īn*, *-ka* + *īn;* nd. *skipikīn* u. Nelke. Auf 10 Wörter mit -chen kommen 3 mit -lein. Goethe schreibt noch Mägdgen (Mädchen). Echt plattdeutsch ist die Form ke, z. B. Reineke kleiner Reinhart, Nelke (ursp. Gewürznelke) kleiner Nagel, nd. Form, mu. auch Nägelchen. P.N.: Engelke, Mörike; die Form weist auf nordd. Herkunft der Familie des schwäb. Dichters.

dar-(bieten) s. da.

-der – in Holun~, Maßhol~, Wachol~, Affolter, Heister, Rüster, Flieder, darin steckt got. *triu* Baum (eng. *tree);* ah. *hiufal-tra* Heckenrose, Hiefe, got. *weina-triu* Weinstock, Königswinter; urv. aind. *daru*, *dru* Baum, Holz, gr. *dóry*, *drȳs* (Dryade Baumnymphe), *déndron* (Rhododendron) O.N.: Schlüchtern, Vallendar b. Koblenz, Drübeck (Tarbile) b. Wernigerode = Baumbach(?), Haltern i. Westf.

ent- Grdb. 1. gegen: got. *andstandan* entgegenstehen; 2. Loslösung: entfliehen, ~setzen, ~mannen, ~blößen, s. ant-.

er- ah. *ar-*, *ir-*, *er-*, – in ~finden, ~langen, ~hören usw. ist die lautlich abgeschwächte Form von **ur,** s. dieses.

-er ah. *-āri* – in Lehrer, Schneider, u. a., Bezeichn. desj., d. e. Tätigk. ausübt, v. lt. *-ārius;* nicht hierher gehören Messer, Kaiser, Meter, Adler, Holunder, Pilger, sicher, die alle 7 unter sich verschiedene Endungen haben (Erklärung im Wörterbuch).

-fach – ein~, mannig~, zehn~ = ein, manche, zehn Fächer, Abteilungen habend.

-falt, -faltig, -fältig – Einfalt, einfältig (nur noch bildl.), mannigfaltig = eine Falte, manche Falten habend, gr. *dí-paltos*, *di-plásios* zweifaltig.

für – s. ver.

ge- got., ah. *ga-* – Grdb.: Zusammengehörigkeit, Vollständigkeit, urv. mit lt. *cum* mit, gr. *xyn*, *syn* zusammen, lat. *cōntio* = *conventio* = *got. ga-qumþs* Zusammenkunft, *commūnis* = ge-mein; oft zur Bildung von Sammelnamen: Wetter – ~witter, Berg – ~birge, Nacken – ~nick, oft aber völlig abgeschwächt, so daß die Bedeutung nicht verändert wird: Hirn – ~hirn, Stern – ~stirn, Sims – ~sims, Zelt – ~zelt; bisweilen zsgz.: Glaube, gleich, Glück, Gnade gönnen s. be-.

Die Vorsilbe **ge-** hat (nach Grimm) »von allen Vorwörtern den weitesten Wirkungskreis u. die reichste Geschichte«.

-haft got. *audahafts* glückselig, ah. *-haft*, ags. *hæft* – eig. verbunden mit, festgemacht an, zu heben, haben, Heft, haften: leib~, leb~, teil~, fehler~, herz~, hab~ (tautol.), entspricht lautlich lt. *captus* gefangen. Dazu -haftig: leib~, wahr~.

-halben – zu ah. *halba* Seite, Richtung: allenthalben, meinethalben, krankheitshalber, außerhalb. In halb, Hälfte tritt die ursp. Bedeutung zurück.

-heit (keit) urv. aind. *kētúš* Lichterscheinung, Bild, Gestalt – got. *haidus* ah. *heit* Art u. Weise, Person, Geschlecht, Stand, Form, Gestalt, bes. schöne Gestalt, ags. *-hād*, eng. *-head*, *-hood*. Kindheit = Stand, Art des Kindes, Menschheit = Menschengeschlecht, Dummheit = dumme Art u. Weise, Tapferkeit, Heiterkeit (hier ist das Wort *doppelt* vorhanden). Die Bedeutung *schöne* Gestalt hat das Wort in den rund 80 weiblichen altdeutschen P.N. auf **heit**, v. denen Adelheid (dah. fz. *Adélaïde)* noch heute üblich ist. -keit: *heilecheit* = Heiligkeit.

-hold, -old, -olt – zu walten, als zweiter Bestandteil von P.N.: Berthold der glänzend Waltende, Reinhold der im Rat Waltende (dah. it. *Rinaldo)*, Helmolt der im Helm Waltende, dazu Gen. Helmholtz Sohn des im Helm Waltenden.

-ig – wahrsch. z. eigen, das ursp. Part. z. got. *aigan* besitzen, haben ist, also: lebend~ – das Leben besitzend, freud~ – Freude habend, ew~ (falls zu Ehe gehörig) – das Recht, Gesetz habend.

-in – in Löw~, König~, Schneider~, früher auch Bernauer~, Karsch~, Miller~, jetzt mu.: die Müllern, die Schulzen, die Meiern.

-ing[1], **-ingen, -ung, -ungen** – bezeichnet Abstammung, Nachkomme, Sohn: Edeling – Sohn eines Edeln, dass. W. ist der P.N. Adelung; Karolinger Nachkommen des Karl; Capetinger; König ah. *kuning* eig. Nachkomme eines (edlen) Geschlechtes (eng. verkürzt zu *king);* Förstemann verzeichnet 213 männliche, 26 weibliche P.N. mit dieser Endung. Zahlreiche Ortsnamen auf -ingen, -ing, -ungen schließen sich an Personen an, die sie gegründet haben; es sind meist Dative der Mehrzahl: Tübingen, Berlichingen, Sigmaringen (bei den Nachkommen des Siegmar, des Siegberühmten), Winningen a. d. Mosel, Sickingen aber verkürzt aus Sickingheim. Förstemann bietet 1500 solcher Ortsnamen. In den meisten ist d. erste Bestandteil völlig verdunkelt u. heute nicht mehr zu erklären.

P.N.: Körting Nachkomme des Körte, Korte, Kurt (Vkl. z. Konrad); Lortzing, Mensing, Humperdinck (z. Humbert wie ein Riese glänzend, s. Hüne), Henning Sohn d. Johannes, Hartung, O.N.: Lothringen bei den Nachkommen des Lothar, Kissingen, Reutlingen, Tuttlingen; östlich vom Lech gekürzt: Freising, Straubing. In Mitteldeutschland: Meiningen (früher Meinungen). Davon schwer zu trennen ist: -ungen, -ingen, das z. Anger gehört: Salzungen Ansiedlung an einer Wiese mit Salzquelle, Wildungen w. bewachsener Ort, Gröningen grüne Aue, Thyrungen (Dorf a. Harz); Norddeutschl.: Kehdingen, Winningen u. Schneidlingen b. Aschersleben, Lüffingen i. d. Altmark, Garding, Tönning, Mohrungen i. Ostpreußen. In Marengo steckt viell. dieselbe Endung in it. Form, Wirsing gehört nicht hierher; vgl. die langob. Endung in *falco ramingo* Astfalke (*»Ästling«*, junger F., der schon v. Zweig zu Zweig fliegen kann; schon westgot. lt. *gardingus* Palastmann.

-isch in ird~, preuß~, maler~, weib~, (Abstammung, Herkunft).

-ke – in Reineke, Mörike, Engelke, Nelke, s. chen.

-lar – nach Förstemann zu leer, also unbebautes Land, Öde; besser wohl zu Lager, eng. *lair:* (ah. *gilāri* Wohnung): Brede~, Holz~, Fritz~, Gos~ (Ansiedlung a. d. Gose),

[1] Siehe -ling in Liste 24.

Lind~, Us~, Wetz~, Lahr, Laar, Laer, Leer, Lohr i. Spessart, Kevelaer, Dat. Mehrz. Pöchlarn, mh. *Bechlaren*, Leer *(Hleri)* viell. urv. gr. *klēros*, Landlos, Landgut (nach Oskar Weise).

-leben – als zweiter Teil von etwa 150 O.N. bes. in Thüringen und d. Provinz Sachsen; ein Günters~ bei Würzburg, Haders~ an d. nördl. Grenze. Die v. den *Angeln* im frühen Mittelalter besiedelten »Engeldörfer« b. Sondershausen sind Ebe~, Bente~ u. a. benachbart. Es bedeutet Verharren, Bleiben, dann Überbleibsel, Erbschaft, Nachlaß, Nachkommenschaft. Gottlieb Gotteskind, got. *Gudilaib*, Dietleib, pl. Detlef Volkssohn, Olaf, eig. Oslaf Göttersohn, s. Asen. *Thorleif*. Das Zeitwort leben ist natürlich dasselbe und bedeutet eigentlich verharren (im Gegensatz zu sterben, vergehen); ebenso auch bleiben, wo die Vorsilbe be-, bi-, bei- eng m. d. Wort verschmolzen ist. Bei O.N. auf **-leben** kann man den ersten Teil ohne Bedenken als P.N. betrachten, denn es handelt sich meist um die Hinterlassenschaft eines Verstorbenen. Freilich ist dieser P.N. oft so verdunkelt, daß keine befriedigende Erklärung möglich ist: Wege~ b. Quedlinburg = Hinterlassenschaft eines Wigo (Kämpfer, s. weigern); Eis~, Aschers~ (s. Esche), Oschers~, Erms~, Hars~, Hart~, Feuchters~ (beide auch als F.N.), Fallers~, Haders~ dä. *Haderslev;* in Gardelegen ist das b zu g geworden, in Berssel b. Halberstadt ist -leben ganz unkenntlich geworden.

Verwandt ist auch elf (früher eilf) und zwölf; der 2. Bestandteil -lf scheint -lib, -leben zu sein, vor das eins und zwei getreten ist; also elf = eins über, zwölf = zwei über (zehn).

-lein – oberd. Vkl.-Form: ah. *chind-ilin*, darin *-ilo*, vgl. got. *Badwila* = *Totila*. Büch~, Böck~; P.N.: Reuchlin, Böcklin, Ton auf der ersten Silbe, s. -chen.

-lich – z. got. *leiks* Fleisch, Leib, *waira-leiks* männlich; freundlich (eng. *friendly);* vgl. gr. *ēlikos* solcher, *pēlikos* v. welchem Aussehen, wie groß, wie alt? – eig. d. Leib, d. Gestalt (e. Freundes) habend; männ~, weib~, kind~, wesent~, bild~, ähn~, gleich. Als die urspr. Bedeutung dem Bewußtsein entschwunden war, wurde -lich an alle beliebigen Wörter (auch Nichtdingwörter) gehängt, z. B. öffent~, eigent~.

-ling – in Feig~, Jüng~, Schwäch~, Sper~, Zög~, Zwil~; ursprüngl. dass. wie -ing, s. Liste 24; it. *casa-lingo* häuslich nach *camarlingo* v. ah. *charmarlinc* Kämmerling.

-los – (eng. – *less)* in arg~, leb~, sorg~, ruch~, brot~, sprach~, wehr~, ehr~, z. verlieren (eng. *lose)*.

-mar[1] – verw. m. Meer, Marsch, Moor, Maar (Eifel): Weimar, Weitmar, Wismar, Flandern, Dümmer, s. flach, Meer.

-mar[2] – got. *mērs* berühmt: (s. Märchen) Dietmar, Detmer (im Volke berühmt), Vilmar (viel berühmt).

miß- – in ~griff, ~trauen, urv. ai. *mithu*, Grdb.: verfehlt, unrecht (eng. *amiss* unrecht, fehlerhaft), dazu missen, vermissen.

-nd mit vorhergehendem Vokal, Kennzeichen des germ. u. idg. Partizips: lebend, sehend, Heiland, Weigand, Wigand (Kämpfender, z. weigern, nur noch P.N.), Freund, Feind, Zahn (Essender, bis zur Unkenntlichkeit abgeschliffen).

-nis – in Hinder~, Geheim~, unerklärt; ah. *galīhnissi* Gleichnis, got. *ibn-assus* Eben-, Gleichheit.

-rich – als Bestandteil von P.N. und O.N., dass. W. wie reich, Grdb.: mächtig, Herrscher, Reich, ursp.

viell. keltisch, früh eingedeutscht urv. mit lt. *rēx* König: Fried~ (Friedensfürst), Hein~ (Hausherr), Richard (durch Macht stark), Österreich (Ostreich); Wege~, Wüte~, aber nicht Ente~.

-rode, -roda, -reut, -ried, -rad, -rath schwäb. -ruit, tirol. -reit – zu roden, reuten, bezeichnet als Endung von O.N. die Stelle, wo d. Gründer der Ansiedlung d. Wald ausgerodet hat; d. erste Teil solcher O.N. enthält daher meist einen P.N.: Gernrode – Ansiedlung d. Markgrafen Gero; Wernigerode nach Warin, dem Abt zu Corvey; aber auch die Himmelsrichtung: Suderode, Osterode, Westerode; rhein. Gräfrath – thür. Gräfenroda, Roda, Friedrichroda, Oberrad, Bayreuth (Rodung der Bayern), Höllriegelgereut (Oberbay.), Benrath b. Düsseldorf, Ried, Reit, Fürstenried, Naurod b. Wiesbaden (neu gerodetes Land), Ottrott, Radbruch Rodung i. Sumpf; Rastede (Old.) gerodete Stätte; Vkl. Rütli, Kreuth.

-sal – in Lab~, Müh~, Scheu~, Trüb~, unerklärt; s. **-selig**; verk. got. *swartizl* Tinte, Anhängsel, Einschiebsel, Füllsel, Gemengsel.

-sam ah. *-sam*, got. *lustu-sams* ersehnt – in heil~, gleich~, lobe~, ursp. passend, ähnlich, gleich, urv. gr. *homós* gleich, lt. *similis* ähnlich, ai. *samás* derselbe, gleich; ah. *der samo* derselbe, got. *sa sama;* dazu gehört (zu)sammen, sammeln, samt.

-schaft – (eng. *-ship)* eig. Beschaffenheit, z. schaffen: Freund~ (eng. *friendship)*, Beleg~, Bürg~, Kamerad~, Mann~, Sipp~, Land~, Lieb~.

-selig – in arm~, feind~, hold~, müh~, trüb~, Ableitung zu **-sal**, nicht verwandt mit selig (glücklich). Seligenstadt a. M. gehört wahrsch. zu Salweide.

-sen, -son, -zen, -s, -z – Sohn, als zweiter Bestandteil zahlloser F.N. bes. in Norddeutschland (Schleswig-Holstein) und Dänemark: Hansen, Jensen, Ibsen, Andersen, Lorenzen, Mommsen, Nissen, Wolters (Walters Sohn), Helmholtz (Sohn des im Helme Waltenden), Schmitz (Sohn des Schmiedes), Clasen, Klasing, Klages, alle zu Nikolaus, englisch-amerikanisch: Robinson, Emerson, Nelson, Wilson.

-te – in sagte, legte, suchte, viell. Rest des Zeitw. tun (tat sagen, tat legen, tat suchen). Solche Zeitw., die die Vergangenheit nicht ohne Hilfe von tun bilden können, nannte Jacob Grimm schwache, starke dagegen die, welche es aus eigener Kraft vermochten: rufen – rief, sprechen – sprach, singen – sang.

-tel – Teil: Drittel.

-tum – ah. *tuom* Urteil, Gericht, Macht, got. *dōms* Urteil, an. *dōmr*, z. tun: Reich~, König~, Christen~. Selbständig besteht das Wort noch im Dänischen: *dom* Urteil, *dommer* Richter, und im Englischen: *doom* Urteil, *deem* urteilen, meinen, urv. ai. *dhaman* Satzung, Brauch; s. **-te.** pl. Inge*düms* z. B. Füllung einer Bratgans; b. Fr. Reuter Ingedäum(s) Eingeweide, Hausgerätschaft. F.N.: Thümmel. Nicht hierher gehört Viztum, s. **vize.**

un- verw. m. ohne – verneinend, gegensätzlich (Untiefe), aber auch verstärkend (Unmenge), bisweilen ganz abgeschwächt: Unkosten – Kosten; mh. ah. got. and. ags. eng. *un-;* an. *ū-*, *ō-;* urv. lt. *in-*, gr. *a-*, *an-*, aind. *an-;* unbet. idg. **ne* nicht, got. ah. *ni*, lat. *ne-*.

-ung – in Hoffnung, Zeitung, Rettung, Festung, Waldung (eng. *-ing)*, ah. *meinunga* Gedanke.

ur- got. *us*, *uz* – Grdb.: aus, hervor, ursprünglich, anfänglich; Urteil (Ausgeteiltes), pl. noch: von Ur tau En'n von Anfang bis z. Ende; die jüngere Form ist **er-:** Urlaub – erlauben, got. *us-fulljan* aus-, erfüllen, Urkunde – erkennen; s. **er-.**

ver- – mh. *ver-*, ah. *far-*, *fir-*, got. *fra-gildan* vergelten, *fair-haitan* verheißen, Grdb.: Entgegengesetztes, Verändertes, Verschlechtertes, doch oft abgeschwächt: ~bieten, ~dienen, ~langen, ~lernen, ~lieren, ~wirren, ~zichten, fressen (z. essen wie bleiben z. leben), ~teidigen, ~treten (Stellvertr.), ~mauern (Absperrung), ~bleiben, ~danken (Steigerung). Die volleren Formen von **ver-** sind **vor, für,** got. *faúr*, *faura-gaggan* vorangehen, ai. *purás*, gr. *páros*, urverw. lt. *per*, *prō (por-)*, gr. *pará*, *peri*, *prŏ*, ai. *pári*, *pura*, *prā*. Verdikt gehört nicht hierher.

-wärts ah. (genet.)-*wërtes*, *inwërt* inwendig – ab~, auf~, ah. *ūfwërtes*, rück~, himmel~, zu einem verschwundenen Zeitwort, das mit lt. *verto* drehe, wende urv. ist; die Grdb. ist also gewendet, gerichtet nach; dazu **-wärtig** in aus~, gegen~, wider~; got. *and-waírþs* gegen~.

-wert, -wörth, -werder, -wärder – das alte deutsche W. wurde v. Insel (lt. *insula)* verdrängt u. fristet nur noch in O.N. sein Dasein: Werder b. Berlin, Werder (Magdeburg), Marienwerder, Finkenwerder, Billwärder b. Hamburg, Kaiserswerth, Nonnenwerth, Donauwörth, Wörth, Wöhrd (Donauinsel b. Regensburg), Wörde (Straße i. Leer), Wertheim, F.N. Anderwert.

-wig – Kämpfender, aus ders. Wz. wie weigern u. lt. *vinco* siege: Hed~, Lud~ (Wigand, Weigand). Nicht zu verwechseln damit *wīch* heilig. Wiking zu an. *vikja* weichen.

-win – Freund: Alwin, Alboin (Elfenfreund), Baldewin od. Balduin (fz. *Baudouin)* kühner Freund, Name d. Esels i. d. Tierfabel, s. **bald.**

zer- – mh. *zer*, ah. *zar-*, *zer-*, *zir-*, Grdb.: Auseinandergehen, Trennung: ~brechen, ~knirscht. F.N. Zer(r)enner, Hüttenarbeiter, der d. Eisen »zerrinnen« macht. ~streut, verw. mit zwei, lat. *dis-;* vgl. got. *dis-skreitan* * zer-schroten.

-zig – mh. *zec*, ah. *zug*, got. *tigjus*, pl. *tig*, anord. *tigr*, ags. *tig*, eng. *ty*, z. idg. Wz. *dek* zehn: zwanzig = zweimal zehn, achtzig = achtmal zehn.

b. fremde:

a-, vor Vokalen **an-** – gr. Verneinung *(alpha privativum)*, urv. mit dtsch. un-, ohne, lt. *in-*, in e. kleinen Zahl v. Fremdwörtern: akatholisch, Atheist, anonym, Analphabet, Amnestie, Asbest, s. Liste 15b, ai. die Schlange *An-anta* d. Endlose.

ad- – lt. *ad* zu, an, nach, gegen, in vielen Fremdwörtern, häufig dem folgenden Konsonanten angeglichen: addieren, adoptieren, Advent, Abenteuer, Affekt, Akkord, akzeptieren, appellieren, annektieren, Assessor; s. Liste 2; nicht hierher gehört Admiral.

ana- – (gr.) auf, hinauf, wieder, zurück; analog, Analyse, Anagramm, Anachronismus Fehler gegen d. Zeitrechnung.

anti- – gr. *anti* gegen, urv. dtsch.

ant-, ent-, lt. *ante* vor, in Antichrist ~pathie, ~pode, ~septisch, ~these, ~libanon, ~taurus, ~deutsch.

archi- – gr. in ~tekt, Arzt, s. erz. O.N.: Archangelsk. Nicht hierher gehört Archibald (eig. Erkembald echter Held); vgl. got. *aírkniþa* gute Art.

auto- – gr. *autós* selbst: ~biographie, ~chthón aus d. Lande *(chthón* auch in Melanchthon = Schwarzerd) selbst stammend, Urbewohner ~didakt, ~krat, Tautologie, ~mobil (der 2. Teil des Wortes ist latei nisch); nicht hierher gehört Autodafé.

de- – lt. u. fz. *de*, Grdb.: von, ab, aus (Gegensatz): ~batte, ~fekt, ~finieren, ~klination, ~kolletiert, ~montieren, ~sperat, ~vot.

dia- – gr. *diá* durch, hindurch, auseinander: ~dem, ~log; nicht hierher gehört Diamant.

dis-, di- – lt. *dis-*, urv. zer-, Grdb.: auseinander, Trennung, Gegensatz, aus ders. Wz. wie *duo*, dtsch. zwei; diskret, Dissident, disponieren, Dispens, Differenz.

-ei – aus d. rom. Endung *-ia*, *-ie* (unerklärt), trat ursp. nur an fremde W.: Barbarei, Pfarrei, Propstei, Kanzlei, Melodei, dann auch an deutsche: Bäckerei, Raserei; Ländereien, Auskunftei, Kartei, s. -lei.

epi-, ep- – gr. *epí* = auf, bei, zu, nach- ~demie, ~gramm, ~log, ~stel, ~sode, Epoche, Bischof (zsgz. aus gr.-lt. *episcopus* Aufseher).

erz- – v. gr. *archi-* – Haupt-, erstes, vorzüglichstes, z. *árchō* bin der erste, fange an: ~engel, ~bischof, vgl. span. *arz-obispo*, ~schelm, ~dumm, Arzt, Architekt, s. archi.

ek-, ex-, – gr. *ek*, *ex* aus: Ekstase, Ellipse; urv. ist lt. *ex*.

eu- – gr. gut; Eugen, weibl. Form Eugenie, der Wohlgeborene, Eukalyptus, Euphemismus, Eucharistie, Evangelium, Eulalia die Wohlredende, Eumeniden die Wohlmeinenden, Eumenes der Wohlmeinende, Euphrosyne die Frohe, Heitere, Euphorion, Euböa Insel m. schönen Rindern.

ex-, e- – lt. *ex*, *ē* aus, vor: Exempel, Exzellenz, Exkönig, Edikt, elegant, emanzipieren.

hekto- – gr. *hekatón* hundert: Hektar, Hektoliter, Hekatombe (= 100 Rinder), hektographieren, s. kilo.

hyper- gr. über, mit diesem urv.: Hyperbel, Hyperkritik, hypermodern, s. **super-**.

hypo- gr. unter: **Hypochonder, Hypotenuse, Hypothese, Hypothek.**

-ieren – bei Zeitwörtern (par~, photograph~, halb~), v. fz. *-ier* aus lt. *-iare*, *-igare*.

in- – lt. u. roman. *in*, auch dem folgenden Konsonanten angeglichen: Inserat, Institut, Inventar, imponieren, Impuls, s. Liste 2.

in- – lt. u. rom. Verneinung, urv. mit dtsch. un: Individuum, infam, Injurie, inkognito, Immobilien.

inter- – lt. u. roman. *inter* zwischen (*in* m. Adv.-Endung *-ter*): ~esse (eig. das Dazwischensein), ~national, ~mezzo; Interlaken lt. *inter lacūs* zwischen den Seen; mit Angleichung (Assimilation): intelligent.

kata-, kat- – gr. *katá* herab, hinunter, (Bewegung, Richtung): Katalog, ~pult, ~rakt, ~strophe, kategorisch, katholisch, Katakomben, aber nicht Kataster.

kilo- – gr. *chílioi* tausend: ~gramm, ~meter, ~watt, s. **hekto-.**

kon-, kom- – lt. *cum* mit, urv. mit ge- und gr. *syn*, altattisch *xyn*, Grdb.: Zusammengehörigkeit, Vollständigkeit: Konferenz, Konfession, Konsul, Kompanie, Kumpan, Kommode, Kommiß, Kommunion, Konto, Kontorkosten, Koblenz.

kontra-, konter- – lt. *contra*, fz. *contre* gegen: Konteradmiral, Kontertanz, Kontrast, Kontrolle, kunterbunt.

-lei mh. *leie* – in einer~, aller~, mancher~, v. afz. *lei* Art u. Weise, fz. *loi* Gesetz, z. lt. *lex* (Akk. *lēgem*) Gesetz, s. **-ei.**

mono- – gr. *mónos* einzig, allein, Monade, Monarch, Monogramm, Monopol, Monolog, Mönch (allein Lebender), O.N.: München Ansiedlung b. d. Mönchen, Monaco, Münster.

pan- – gr. *pān* alles: Panazee, ~athenäen, ~dekten, ~egyrisch,

~kratius (Allherrscher), ~optikum, ~slawismus, ~theismus, Pántheon, ~toffel, ~tomime, ~dóra, Palérmo (eig. Pánhormos alles in sich aufnehmender Hafen), Paneuropa; Pan, Panik, panisch gehört nicht hierher.

par- – fz. *par* v. *lt. per* durch: ~terre, ~venü.

para-, par- – gr. *pará*, urv. mit dtsch. ver, lt. *per*, bei, neben, gegen, hin, darüber hinaus, daher auch Verfehltes, Irriges: ~bel, ~graph, ~lyse, ~sit, Parochie, Parodie.

per- – lt. durch: perfekt, permanent, Person (Volkset.), Pilger, Pilgrim (*peregrinus* zu *ager*, eig. der über Land Gehende).

peri- – gr. *perī* um, herum: ~ode, ~pherie.

poly- – s. Wörterbuch.

prä- – lt. *prae* vor, urv. dtsch. vor, für: ~tendent, ~dikat (eingedeutschtere Form Predigt), ~zis, ~lat.

pro- – lt. *pro* vor, für, mit diesen urv.: ~jekt, ~vinz, ~fan, ~zeß, ~fit, ~sa, prompt, Propst (v. lt. *propositus*).

pro- – gr. *prŏ* vor, urv. lt. *pro*, dtsch. vor, für: ~gramm, ~blem.

re- – lt. u. rom. *re-* zurück, wieder, it. auch *ri-*: ~aktion, ~dakteur, ~form, ~signation, ~spekt, ~zitieren, Rente, Rest; das e wird m. d. folgenden Vokal oft verschmolzen: Rabatt, raffiniert. Nicht hierher gehört Republik.

sub – lt. *sub* unter, oft an d. folgenden Laut angeglichen: ~jekt, ~skribieren, ~til, Supplikant, Surrogat, suspendieren.

super – lt. *super* über, urv. dtsch. über, gr. *hypér*: ~intendent, ~klug.

syn-, sym- – gr. *syn*, altattisch *xyn* zusammen, urv. mit dtsch. ge-, lt. *cum*, *con*: Symbol, Sympathie, Synode, synonym, Silbe, aus *syllabē* zsgz.

trans- – lt. ursp. wahrsch. Part. z. Inf. (*in-*, *ex-*) *trare* (hinein-, hinaus-)gehen: über, hinaus, jenseit (dah. auch fz. *très* sehr); Transfiguration: Verklärung (Christi), ~port, ~parent, ~himalaja, ~vaal; s. entern, Darm.

vize- lt. Abl. *vice* Wechsel (das urv. ist); stellvertretend: ~könig, ~konsul, ~feldwebel; Viztum † v. *vicedominus* Stellvertreter eines Herrn, Fürsten, jetzt P.N.: Vitzthum v. Eckstädt.

55. Vorschlags-é in fz. Wörtern

germanischer Herkunft

blöde *éblouir*, Eulenspiegel, Eulenspiegelei *espiègle*, *espièglerie*, Krebs *écrevisse*, Schale *écaille*, scharf *escarpe*, Scharmützel *escarmouche*, Schärpe *écharpe*, Schaum *écume*, Schelde *Escaut*, (Mund-)schenk *échanson*, scheuen *esquiver*, Scheuer *écurie*, Schiene *échine*, Schiff *esquif*, *équipage*, Schilling *escalin*, Schirm *escrime*, schleißen, schlitzen *éclater*, Schlinge *élingue*, Schmelz *émail*, Schöffe *échevin*, Schuppen *échoppe*, Sklave *esclave*, spähen *épier*, *espion*, sparen *épargner*, Sparren *épars* eng. *spell* (s. Beispiel) *épeler*, Specht *épeiche*, Sperber *épervier*, (Brat-)spieß *épois* (Geweihende), Sporn *éperon*, Sprotte *esprot*, Spule *espole* (Garn), Stall *étal* (Ladentisch), *étalon* (Zuchthengst), stampfen *estamper* (stempeln), *estampe* (Kupferstich), Stapel *étape*, stecken *étiquette* (angestecktes Schild), Stock *estoc*, *étoc*, *étau*, Stör *esturgeon*, streichen *étriquer* (abkürzen).

56. a. Wochentags-, b. Monatsnamen

a) Die Babylonier nannten die Wochentage nach den Planeten, semitische Händler brachten die Namen nach Rom. Dort wurden sie umgebildet; die Germanen änderten sie wieder nach ihren Anschauungen um; 3 tragen noch heute die Namen germ. Götter; 2 führen farblose Ersatznamen: Mittwoch, Sonnabend. Hebräisch ist Samstag, lateinisch ist Saterdag (mnd. u. ostfries.), eng. *saturday*. Besonders beachtenswert sind d. oberpfälzischen Benennungen: Sunda, Munda, Irda (= Er(ch)tag Tag des Ares), Mida, Pfinsda (gr. *pémptē* Pfinztag), Freida, Samsda.

b) Alle sind lat., die letzten 4 durch Zahlwörter bezeichnet: 7., 8., 9., 10. Monat; bei d. Römern galt d. März lange Zeit als erster Monat.

Die Monatsnamen, die Karl d. Große einzuführen versuchte, sind: *Wintarmānōth*, *Hornung*, *Lentzinmānōth*, *Ostarmānōth*, *Winnemānōth (wunne* Wiese, Weide), *Brachmānōth*, *Hewimānōth*, *Aranmānōth* (Erntem.), *Witumānoth* (Holzm.), *Windumemānōth* (M. der Weinlese: lat *vindēmia)*, *Herbistmānōth*, *Heilagmānōth. (Einhardi Vita Karoli M.* 29.*)* Neuere Benennungsversuche: 1. Hartung (Jänner), 2. Hornung (Feber), 3. Lenzing (März), 4. Ostermond (April), 5. Wonnemond (Mai), 6. Brachmond (Juni), 7. Heuert (Juli), 8. Ernting (August), 9. Scheiding (September), 10. Gilbhard (Oktober), 11. Nebelung (November), 12. Julmond (Dezember), ah. *hertimānōd* (Dez. u. Jan.) Hartmonat.

57. Zusammensetzungen, deren einfache Formen nicht mehr üblich oder verdunkelt sind

(nach)ahmen, (ge)bären, (ent)behren, (ver)blüffen, (un)botmäßig, (ver)brämen, (Neben)buhler, (ge)bühren, (ver)dammen, (ver)dauen, (ver)derben, (an)fachen, (be)fehlen, (emp)fehlen, (abge)feimt, (ein)flößen, (be)freit, (ver)gällen, (be)gegnen, (be)gehren, (be)geistern, (ver)gessen, (ver)geuden, (be)ginnen, (be)gnügen, (ver)güten, (be)hagen, (be)haupten, (ver)heeren, (be)helligen, (ver)hunzen, Kar(freitag), (zer)knittern, (er-, ge-, ver)langen (nur in: langen und bangen), (be)leidigen, (ver)letzen, (ver)leumden, (ver)lieren, (ge)lingen, (Ant)litz, (Ge)mahl, (ver)mählen, (Ge)mälde, (zer)malmen, (ge)mein (eng. *mean)*, (aus)mergeln, (aus)merzen, (Vor)mund, (auf)mutzen, (ge)nau, (ge)nesen, (ver)nichten, (ge)nießen, (ge)nug, (er)örtern, (ver)pönen, (em)pören, (ver)quicken, (ge)rade, (ge)ring, (ver)ringern, (aus)rotten, (ge)ruhen, (blut)rünstig, (ge)schehen [mh. *schëhen* = eilen], (be)scheren, (er)schüttern, (ver)schwenden, (ge)schwind, (ver)sehren, (ver)siegen, (Ge)sinde, (Ge)sindel, (ver)söhnen, (Ge)spenst, (aus)staffieren, (aus-, be-, ge)statten, (an)strengen, (ge)sund, (Ge)tümmel, (ge)wahr, (Ge)wand, (be)wegen, (Ge)weih, (ver)wesen, (an-, ab)wesend, (auf)wiegeln, (ver)wirren, (un)wirsch, (Un)geziefer, (um)zingeln.

58. Zusammensetzungen, die den Eindruck einfacher Wörter machen (vgl. auch Liste 1 u. 3)

acht, Adler, albern, Altar, Amboß, Amt, Arzt, Ballast, bange, behende, Beichte, beide, Binse, Bischof, bleiben, blümerant, Böhmen, Butter, Wadoppel, dort, Drillich, Drittel, (Viertel usw.), Drost, Efeu(?), elend, elf, Elster, etwa, fressen, Frevel, Gendarm, Grummet, Heirat, Hektar, heuer, heute, Hexe, Hoboe, Holunder, hüben, hundert, Iltis, immer, irgend, jeder, jemand, jetzt, Jungfer, Junker, kein, Kiefer (Baum), Komment, Konto, Kontor, Kossat, kosten, Lady, Levkoje, Lord, Mamsell, Mandat, Manöver, Marschall, Matrose, Messer, Nachbar, neben, nein, Nest, nicht, nichts, nie, niemand, nirgend, Nuntius, nur, Oboe, Pantoffel, Pferd, Pilger, Plafond, Polyp, Postille, Prinz, prompt, Propst, Prosa, Quatember, Rente, Rest, Samt, Sarg, Schulze, Schuster, sicher, solch, Sperber, tausend, traun, Treff, trivial, Verdikt, Wacholder, Wanze, welch, Welt, Wimper, Wispel, Wurzel, Zuber, zwanzig, zwar, Zweifel, Zweig, Zwillich, Zwilling, Zwitter, zwölf. Admiral u. a. arab. W. (Liste 1). Span.: *avestrutz*, fz. *autruche* v. lt. *avis struthio* Vogel Strauß. Dümmer (See i. Hannover), dumpfes, d. h. sumpfiges Meer od. zu »tief«. Hannover am hohen Ufer, Pommern (s. unter Meer), Zermatt zur Matte, u. v. a.

Umgekehrt: Einfache Wörter, die den Eindruck von Zs. machen: Hebamme, Leumund, schurigeln, weissagen.

Wörterbuch

A

Die Zahl hinter Ortsnamen zeigt an, wie viele Orte des Namens es gibt.

-a, -ach usw. s. Liste 54[1]).

a-, an- gr. Vorsilbe, s. Liste 15a u. 54.

Aak *n*, **Aake** *f* Boot am Niederrhein; aus Nachen durch Abfall des *n*.

Aal *m* mh. ah. *āl*, ags. *ēl*, eng. *eel*, dä. *aal*, viell. urv. mit dem 2. Teil von lt. *angu-illa*, gr. *énch-elys;* schlüpfrig wie ein ~; sich aalen = faul herumliegen.

Aalraupe *f* seit 16. Jh. der Fisch *gadus lota.*

Aar *m* mh. ah. *aro*, got. *ara*, anord. schw. dä. *örn*, ndl. *arend*, ags. *earn*, eng. † *erne*, urv. gr. *órnīs* Vogel, ablg. *orĭlŭ*, lit. *erēlis*, kelt. *er*, *eryr* Adler, viell. der sich Erhebende, urv. lt. *orior*, gr. *órnymai* erhebe mich; Arnold, wie ein Aar waltend, Kf. Arno (-old, -olt = walt, auch in Reinhold), Arndt, Gen. Ahrens, Arnz. O.N.: Arnach, Arnegg, Arnstadt, Arnsberg, Arnsdorf (18), Arnstein (8), Arnheim, Arnswalde; s. Adler, walten, Sperber.

Aas *n* mh. ah. *ās*, ags. *ǣs*, z. essen, lt. *ēsum: edere* essen, also eig. Speise (d. Raubtiere), noch 17. Jh. Himmels~ = H.speise; aasen = verschwenden; s. äsen.

ab mh. *abe*, *ab*, ah. *aba*, got. *af*, ags. eng. *of*, schw. dä. *af*, urv. lt. *ab*, gr. *apó*, ind. *ápa*. Zs.: Abart *f* früher schlechte A., jetzt Neben-, Spielart; ~bild *n* erst 17. Jh. üblich; jem. abblitzen lassen, bildl. 19. Jh., (eig. d. Pulver auf der Pfanne blitzt ohne Erfolg auf); ~danken ursp. e. Amt dankend niederlegen; mnd. *dankelbrēf* Entlassungsbrief; ~decker *m* Schinder, eig. der dem gefallenen Vieh die Decke (= Haut) abzieht; s. Abgott.

† **abäschern,** sich ~ (sich außer Atem bringen: Asche).

Abbau *m* *bergm.; modern: A. von Beamten usw.

Abderiten gr. Stadt *Abdēra* in Thrakien, vgl. Krähwinkler u. Schilda.

Abc-Schütz *m* = Anfänger seit 16. Jh., vorher einfach „Schütz".

Abele *f* mnd. Pappel, v. afz. *albel*, *aubel* zu lat. *albus.*

Abend *m* mh. *ābent*, ah. *āband*, ndl. *avond*, eng. *eve* Vorabend, *evening* (mit Abl.silbe), schw. *afton*, dä. *aften;* an. *aptann*, viell.: gr. *opsé* spät, *epí* auf; früher oft = Vor~ Tag vor e. Fest (Sonn~, hl. ~); ~mahl *n* früher = ~essen, jetzt nur noch Sakrament d. Altars.

Abenteuer *n* mh. *āventiure* v. fz. *aventure* z. mlt. *adventura (advenire* auf jem. zukommen, sich ereignen) s. Advent.

aber ah. *abur*, got. *afar* nach, ai. *aparám* später, wiederum, dagegen, Grdb.: später, abgeleitete Bed.: 1. Wiederholung z. B. ~mals, ~tausend; 2. Verkehrtes: ~ hier „von - weg", ~witz, ~glaube, ndl. *overgeloof* Abergl. = lt. *super-stitio;* ~ acht *f* eig. Oberacht »höchste Acht«; *diu übere āhte* (Sachsenspiegel).

Aber||glaube *m* seit 15. Jh. (bei

[1]) Sämtliche Vor- und Nachsilben sind in Liste 54 verzeichnet.

Luther Mißglaube); ~witz *m* Unverstand, Blödsinn, s. Witz, wissen.

abgedroschen (bildl.) eig. ganz ausgedroschen.

abgefeimt z. Feim (nur noch mundartlich) mh. ah. *veim* Schaum, eng. *foam*, lt. *spūma* Schaum, ai. *phēna-s*, also eig. abgeschäumt, ganz rein, vollkommen in seiner Art, nur noch i. bösem Sinne, s. raffiniert, Abschaum.

Abgeordneter *m* seit 17. Jh. allg., = Parlamentsmitglied jünger.

abgeschmackt eig. geschmacklos, (bildl.) albern, kindisch, früher abgeschmack, z. geschmack = wohlschmeckend.

Abglanz *m* = Widerspiegelung des Glanzes, von Bodmer 1750 geprägt.

Ab||gott *m* eig. falscher Gott; ~-göttisch, got. *afguþs* gottlos; ah. *abgot* = *īdōlum*.

abhanden kommen, ah. *abe hantum*, vgl. vorhanden.

Ab||hang *m* 17. Jh., ~hängig (bildl.) s. Halde u. Leite.

abhauen umg. »weggehen«.

abhold 18. (obd. 15.) Jh., s. hold.

Abhub *m* 18. Jh., eigentl. Speisereste.

Abiturient *m* v. nlat. *abituriens* der (nach bestandener Reifeprüfung v. d. höh. Schule) abgehen will.

Abklatsch *m*, urspr. Druckersprache »roher Probeabzug«, dann übertragen »minderwertige Nachahmung«.

Ab||kommen *n*, ~kömmling *m*, ~kunft *f*, ~kommen *n* Übereinkunft, z. kommen, vom Ziel ~.

abkratzen 19. Jh. volkst. = weggehen u. sterben.

Ablaß *m* Nachlassung, Vergebung d. zeitlichen Sündenstrafen i. d. kath. Kirche, ah. *ablāʒ*, *got. aflēts: aflētan* erlassen, s. lassen.

Ablaut *m* gesetzmäßiger Wechsel d. Vokale (singen – sang – gesungen, Binde – Band – Bund, sprechen – sprach – gesprochen, Spruch – Sprichwort usw.), v. Jacob Grimm 1819 eingeführt; s. Umlaut.

abluchsen Intensivbildung zu ablugen wie krächzen zu krachen, zs. gefallen mit einer Bildung zu Luchs.

abnorm 18. Jh. v. lt. *abnormis*, fz. *anormal*, s. Norm, normal, enorm.

abonn||ieren, ~ement *n* 18. Jh. v. fz. *abonner*, *abonnement* (Vorausbezahlung) z. *bon* gut.

Abort *m* (Ton auf d. 1. Silbe) eig. abgelegener, versteckter Ort, auch Abórt betont mit irrt. Anlehnung an d. Lehnwort aus lt. *abórtus* Fehlgeburt.

abrichten früher = unterrichten (ohne Nebensinn d. Mechanischen), s. richten: Jägersprache.

abrüsten nach fz. *désarmer* seit 1862 (Paul Lindau).

Absatz *m* = Stiefel~ schon Grimmelshausen.

Abschaum *m* (nur noch bildl.) s. abgefeimt.

Abschied *m* früher = Abscheiden, Tod z. scheiden.

abschüssig z. schießen.

Abseite *f* † mh. *apsīte* Chorabschluß, v. mlt. *absida* (gr. *apsīs* Verbindung, z. *háptō* verbinde), irrt. an Seite angelehnt.

abseits = unerlaubte Stellung zwischen Ball u. gegnerischem Tor beim Fußball, 20. Jh. nach engl. *off side*.

Absicht *f* 17. Jh., ~lich 18. Jh. (nur noch bildlich).

Absinth *m* v. gr. *apsínthion* Wermut, u. *apsinthos* (*-intho-* vorgriech. vgl. *Korinthos*, Labyrinth) s. Liste 15 b.

absolut unbedingt, unumschränkt, vollendet, ~**ismus** *m* unbeschränkte Herrschaft, ~**ion** *f*, absolvieren, lossprechen, durchmachen, beenden, z. lt. *absolvo* löse ab, *absolūtus* losgelöst, befreit.

abspannen 1. = schlaff machen, 2. Gesinde durch Verlockung abziehen, weglocken.

abspenstig 16. Jh. z. mh. *spanen*, verlocken, ah. *spanst* Verlockung, frühnhd. *abspennig;* s. Gespenst, widerspenstig.

Abstecher *m* Ende 18. Jh. = Nebenreise, zuerst pl. enen Afstäker maken (wahrsch. eig. Bootsfahrt).

abstinent (lt.) enthaltsam: *abstinēre* sich enthalten.

abstrakt eig. abgezogen, dann gedacht, nicht mit Sinnen wahrnehmbar, 18. Jh., z. lt. *abstraho* ziehe ab (Gegensatz: konkret).

Absud *m* Ende 18. Jh. eig. Abgesottenes, Abgekochtes, z. sieden, Sud.

absurd widersinnig, ungereimt, abgeschmackt, 18. Jh., v. lt. *absurdus* eig. v. e. Tauben (*surdus* taub) herrührend, einen schlechten Ton gebend.

Abszeß *m* Eitergeschwür, lat. *abscessus;* in der medizin. Fachliteratur schon im 18. Jh., sonst erst 19. Jh.

Abt *m* Vorsteher d. Klosters, mh. *apt*, ah. *abbāt*, ags. eng. *abbot*, it. *abate*, fz. *abbé* Abt, Weltgeistlicher v. spätgr. *ábbās* Vater, syr. *abbā* Vater; Abtei *f*, Äbtissin *f* (mit dopp. weibl. Endung, wie Prinzessin, Diakonissin). O.N.: Appenzell, *Abbatiscella*, fz. *Abbeville*, *Abbazía* (Istrien): mlat. *abbatīa*.

Abteil *n* schon 1420 Schisma, Kirchenspaltung; 1886 für Coupé (Sarrazin).

abtrünnig (heute tadelnd) ah. *abatrunnīg* z. *trinnan*, woher auch trennen, also eig. wer sich v. etwas getrennt hat.

Abwehr *f* seit Mitte 19. Jh. auch für ›Gegenspionage‹.

abwesend, Abwesenheit *f* z. mh. *abewēsen* fehlen.

Abzeichen *n* urspr. nur = natürl. Kennzeichen, neuerdings = Vereins-, Partei-~, usw.

ach Ausruf; mit ~ u. Krach; ächzen.

Achat *m* mh. *achates*, v. gr. *achátēs* n. d. Fluß Achates in Sizilien, wo dieser Halbedelstein (nach Plinius) zuerst gefunden wurde.

acheln hebr. *ākhal* = essen, seit 16. Jh. im Rotwelsch, schon bei Fischart.

achromatisch (es Fernrohr), vgl. gr. *a-chrōmátistos* un-gefärbt: *chrōma* Farbe.

Achse *f* ah. *ahsa*, ags. *eax*, urv. lt. *axis*, gr. *áxōn*, ind. *akša*, ablg. *osĭ*, lit. *ašis* viell. z. Wz. *ag* treiben, s. Acker; F.N.: westd. Esser Assenmacher (nordd. Stellmacher). **Achsel** *f* (lautl. wie Nabe - Nabel), ah. *ahsala*, urv. lt. *āla* Flügel, **axla*.

acht ah. and. *ahto*, got. *ahtau*, ags. *eahta*, eng. *eight*, anord. *ātta*, dä. *otte*, urv. lt. *octo* (fz. *huit* m. irrt. *h*, s. Malheur), gr. *oktṓ*, tochar. *okät*, ablg. *osmi*, aind. *aštáu* z. **ak-*, *ok-* (s. Ecke) spitz, ursp. viell. Dualis **oketou* = 2 mal 4 Fingerspitzen, wozu neun = neu als Beginn einer neuen Zählung passen würde.

Acht[1] *f* Aufmerksamkeit, ah. *ahta*, nur noch i. Verbind. wie ~ haben, geben, sich in ~ nehmen, außer ~ lassen, Grdb.: sinnen, ags. *eahtian* erwägen, got. *aha* Verstand; ~en ah. *ahtōn*, be~en, ver~en, Ob~ *f* Acht ob, über etwas, ~bar, ~sam, Achtung f; urv. gr. *óknos* Bedenklichkeit, toch. *āks* wach sein.

Acht[2] *f* mh. *āhte*, ah. *āhta* Verfolgung; ächten, ~ und Bann, weltl. u. geistl. Rechtsausschließung, urv. ir. *ēcht* (< **anktu-*) »Totschlag aus Rache«, viell. gr. *anánkē* Zwang.

Acker *m ah. acchar*, got. *akrs*, an. *akr*, eng. *acre* (entl. fz. *acre*) Morgen Landes, urv. lt. *ager*, gr. *agrós*, ai. *ájras* Trift, Flur, z. idg. Wz. *ag* treiben, s. Achse; also Acker eig. Weideland f. d. Vieh (*ag:* Acker = treiben: Trift); als d. Ackerbau d.

Viehzucht i. d. Hintergrund drängte, blieb doch d. alte Bez. bestehen.

ad- lt. Vorsilbe s. Liste 54 b.

Adamsapfel *m* wie schon hebr. *tappnach haadam* = Apfel Adams für den männl. Kehlkopf.

Adder *f* = Natter (s. d.) mit Anlautverlust.

addieren 16. Jh. v. lt. *addo* (ad zu, hinzu, *dō* gebe).

ade mh. *adē* v. afz. *adé* zu Gott! Gott befohlen, später v. *adieu* verdrängt u. nur noch dichterisch.

Adebar *m* nd. westmd. »Storch« <nd. **odaboro* < * *udafaran* »Sumpfgänger« (vgl. Anglia 60, 35); früh umgedeutet in nd. *ōdaboro* »Glücksbringer«.

Adel[1] *m* z. ah. *ōt* Gut, Besitz (O.N.: Einöd, Altenöd, Hohenöd, Schaföd), *adal* Geschlecht, bes. vornehmes, im Ablaut dazu ah. *(u)odal* Erbsitz, Stammgut; dän. norweg. *odalbonde* freier Grundbesitzer, Odalgut-Allodialgut; s. Allod. Der Adelige od. Edle ist also viell. ursp. wer Besitz hat, wer von guter Abstammung ist und die anderen an Macht u. Ansehen überragt, so daß edel bald e. Eigenschaft bezeichnet; geistig-sittliche Bedeutung nimmt das W. seit der Mystik im MA. an: *diu edele sēle, daz edele herze.* Bed.-Entw. vom Äußeren z. Inneren; d. Umgekehrte ist selten d. Fall (häßlich eig. hassenswert, dann unschön). O.N.: Halberstadt, früher auch ohne h, viell. gegründet von Adalbero, Albero (2.: Bär). P.N.: Editha, Adolf, Edelwolf, Adelheid (entl. fz. *Adélaïde*, verk. Adele, Ada) vornehme Gestalt, Almut, Adalbert, Albert, Albrecht durch vornehme Abstammung glänzend = Odebrecht, s. Pracht, -bert; *Uodalrich*, Uhland 1) *uodal, Alfons*, ah. *Adalfuns*, viell. aber eig. *Hadufuns* kampfbereit, s. Hader, Haß; adelig, adeln; s. edel, Adler.

Ad(d)el[2] *m* mu. = Jauche, viell. z. gr. *asis* (<**atis*) »Schlamm« oder gr. *ónthos* »Kot«.

Adept *m* Eingeweihter, *Goldmacher: lt. *adipisci* erlangen.

Ader *f* pl. Are, ah. *ādara* bezeichnete früher auch Nerven, Muskeln, Sehnen, Eingeweide, urv. gr. *ētor* Herz (nicht als Körperteil), *ētron* Unterleib, poetische ~, Erz~, geädert.

Adhäsion *f* Anziehung: lt. *adhaerēre* festhangen.

Adjektiv *n* Eigenschaftswort, lt. *adjectivum* z. *adjicio* werfe, füge hinzu (zum Hauptwort).

Adjunkt *m* (Amts-)Gehilfe. lt. *adiungĕre* beigesellen; vgl. Forstadjunkt.

Adjutant *m* 17. Jh. v. sp. *ayudante* z. lt. *adjūtans*, *(adjūto* helfe).

Adler *m* mh. *adelar*, 16. Jh. Adeler, v. ah. *adal* - edel, *aro* Aar; jetzt ist einfaches Aar die gewähltere Bezeichnung.

Admiral *m* 16. Jh. afz. *admiral* (sp. *almirante)* v. arab. *amīr-al-mā* Herr des Meeres *(amīr* = Emir, *al* Artikel, irrt. an lt. *admiror* bewundere angelehnt, s. Emir.

adoptieren 16. Jh. v. lt. *adopto* nehme an, bes. an Kindes Statt, s. optieren.

Adress||e *f* 17. Jh. v. fz. *adresse;* i. d. Bed. »feierliches Schreiben« n. eng. *address* Schreiben d. Volksvertretung a. d. König, 19. Jh. ~ieren v. fz. *adresser* z. lt. *directus (dirigo* richte gerade, lenke); ~at *m*, s. direkt.

adrett v. fz. *adroit* geschickt z. lt. *ad-directus* grade gerichtet.

Advent *m* v. lt. *adventus* Ankunft (Christi); ~ist *m* (Sekte); s. Abenteuer.

Adverb *n* Umstandswort, v. lt. *adverbium (ad verbum)* zum Zeitwort gehörig.

Advokat *m* 15. Jh. v. lt. *advocātus* Herbeigerufener (zur Rechtshilfe); stärker eingedeutscht: pl. Avkat, s. Vogt.

Aëronaut *m* † Luftschiffer: gr. *āḗr* + *naútēs*.

Aëroplan *m* † Flugzeug, -maschine, v. gr.-lt. *āḗr* Luft, lt. *plānus* eben.

Affäre *f* Angelegenheit, 17. Jh. v. fz. *affaire*, eig. *à faire* zu tun.

Affe *m* ah. *affo*, pl. Ap, eng. *ape*, č. *opice;* vor germ. Lautversch. entl. v. kelt.-gr. *abránas?;* äffen, nachäffen, affig, ~nschande *f* 19. Jh.; s. Maul~, Schlar~; soldat. = Tornister.

Affekt *m* 16. Jh. v. lt. *affectus* Gemütsbewegung z. *afficio (ad-facio)* tue hinzu, versetze in e. Stimmung; ~ieren 17. Jh. v. fz. *affecter* künsteln, ~iert geziert; gespreizt.

After *m* Hinterteil, ah. *aftaro: aftar* hinter, nachfolgend, eng. *after* nach, pl. achter (hinter, nach), Achterdeck *n*, Straßennamen, z. B. i. Köln Achtergäßchen, i. Bonn Acherstraße (ohne t); (vgl. Schacht - Schaft, sacht - sanft), verw. ist aber; Afterwinter *m* Nachwinter (H. Sachs); fränk. Aftermöndi Dienstag; schwäb. ~möntig; ~miete *f;* oft hat after die Bed. d. Verkehrten, Unechten, Schlechten: Afterrede *f*, ~größe *f*, ~königin *f* (Maria Stuart I, 6), ~weisheit *f*, ~kritik *f*.

Agave *f* gr. *agauós* leuchtend, glänzend; *Agauḗ* E.N.

Agent *m* 16. Jh. v. it. *agente*, z. lt. *agens* handelnd v. *ago* treibe, handele.

Aggregat(zustand): lt. *ad* + *grex, gregis* Herde, *aggregāre* beigesellen.

Ägide *f* Schutz, neuerdings v. fz. *égide*, gr. *aigís* der m. e. Ziegenfell (gr. *aix* Ziege) überzogene Schild d. Zeus u. der Athene, *Sturm-, Wolkenschild. P.N.: Ägidius Schildmann, Kf. F.N.: Egidy, Gille, Ilgen.

agitieren 19. Jh. v. fz. *agiter* erregen (bes. polit.), z. lt. *agito* setze in Bewegung, z. *ago;* Agitator *m*.

Agnat *m* lt. **ad-gnātus* Blutsverwandter im Mannesstamm, Schwertmage.

Agnostizismus *m* (gr. lt.) Unerkennbarkeit des Übersinnlichen.

Agonie *f* gr. *agōnía* Todes*kampf*.

Agraffe *f* 17. Jh. v. fz. *agrafe* Spange z. ah. *krāpfo* Haken, s. Liste 32 u. 33.

Agrarier *m* Schlagwort nach 1870 v. lt. *agrārius* z. *ager* Acker.

Agrasl *f* österr. = Stachelbeere, mhd. *agrāz* Obstbrühe, mlat. *agresta.*

Agronom *m* Landwirtschaftskundiger, gr. *agronómos* *feldbewohnend.

Ahlbeere *f* schwarze Johannisbeere in Schleswig-Holstein; Ahl = unfruchtbare Sandschicht?

Ahle *f* Stahlspitze d. Schuhmachers, ah. *āla*, eng. *awl*, urv. ai. *ārā*, entl. fz. *alêne*, sp. *alesna*, it. *lesina:* germ. **alasnō, alansō.*

Ahn *m* mh. *ane*, ah. *ano* Großvater (alem. schweiz. Ähni, Ehni, Schillers Tell); ndl. *aanheer*, urv. lt. *anus* alte Frau, lit. *anyta* Schwiegermutter, gr. *annís* Großmutter, ~en Mehrz. Vorfahren; Ur~, ~herr *m*, ~frau *f*, s. Enkel.

Ahne *f* mhd. *agene* Spreu; Stengelsplitter von Flachs oder Hanf; verw. mit Ähre (s. d.).

ahnden † rächen, strafen, z. ah. *an(a)do* Zorn, *antōn* strafen, viell. z. Präp. an; nicht verw. m. **ahnen** (bei Klopstock u. noch Goethe oft i. d. Form ahnden), mh. *anen* voraussehen: *ane* an, *mich anet* »es kommt mich an«; Ahnung *f*.

ähnlich ah. *ana(gi)līh*, got. adv. *analeikō: ana* an u. *leik* Leib; ähneln erst 18. Jh. (früher ähnlichen).

ahoi Schifferruf: Boot ahoi! = B. kommt.

Ahorn *m* urv. lt. *acernus* ahornen: *ac-* »*spitz*«, gr. *ákarna.*

Ähre *f* ah. *ehir*, *ahir*, got. *ahs*, pl. Ohr, eng. *ear*, dä. schw. *ax*, urv. lt. *ăcus*, *ăceris* Granne, gr. *áchnē* Spreu, z. idg. Wz. *ak* spitz, scharf, stachelig; verw. ist Ecke u. mu. Achsel *f*, lt. *aculeus* Stachel.

Akademie *f* 16. Jh. v. gr. *Akadēmia* nach einem Helden Akádemos benannter Platz i. Athen, wo Platon lehrte.

Akazie *f* v. gr. *akakía* z. *akís* Spitze, *ákantha* Dorn, vgl. Akanthus (Bärenklau), Ecke, Ähre.

Akelei *f* ah. *ag(e)leia*, mh. *ackelei*, v. mlat. *aquileja* (wohl zu lat. *aquila* »Adler« nach der Blattform).

Akkord *m* Übereinkunft, Zusammenklang, 16. Jh. v. fz. *accord*, gr. lt. *ad* + *chorda* Saite.

akkurat eig. m. Sorgfalt (it. lt. *cūra)* bereitet, genau; ~esse *f* dtsche. Neubildung m. fz. Endung, s. sicher, Kur.

Akkusativ *m* lat. Wenfall, ursp. das Verursachte bezeichnender F.: gr. *ptōsis aitiatikē*, durch die falsche Lüs. ins Lat. aber aus dem »Verursachungs«-Fall zum »Anklage«-Fall geworden.

Akrobat *m* Seiltänzer, gr. *akrobatéō* gehe auf Zehen *(ákros* spitz + *bainō* schreite).

Akropolis *f* gr. Oberstadt.

Akrostichon *n* Leistenvers: *ákros* spitz + *stīchos* Reihe, Vers, vgl. Distichon.

Akt *m* Handlung, Aufzug i. Drama, Stellung e. lebenden Modells u. Zeichnung, v. lt. *actus* z. *ago* handele; ~en Verhandlungsschriften v. lt. *acta;* ~ie *f* Anteilschein 18. Jh. v. ndl. *actie* (lt. *actio* Handlung); ~ionär *m* 19. Jh.; ~uar *m* 16. Jh. eig. wer amtliche Verhandlungen aufschreibt, v. lt. *ăctuārius;* ~iv v. lt. *āctīvus* tätig; ~iv *n* Tätigkeitsform d. Zeitworts; ~ivist *m* eifrig tätiger Parteianhänger; ~uell; s. Agent agitieren, reagieren, Redakteur, Autodafé.

Akustik *f* Lehre vom Schall, 18. Jh. z. gr. *akúō* höre, urv. (s. hören).

akut(e Krankheit): lt. *acūtus* heftig (b. Horaz *acūtus morbus* hitziges Fieber).

Akzent *m* Wort-, Silbenton, um 1500 v. lt. *accentus*, Lüs. v. gr. *pros-ōdía.*

akzeptieren v. fz. *accepter* annehmen z. lt. *accepto* z. *capio* fasse.

alaaf niederrhein. Karnevalsruf = Hoch! A. Költe! Wohl = »alles ab« wie mh. *wol ab* = Hoch!

Alabaster *m* schon got. *alabalstraun*, ~gefäß, v. gr. *alábastron* Kalksteinart in Ägypten.

Alant[1] *m* (Pfl.) * wachsend: got. *alan* wachsen = lt. *alĕre:* gr. *álthomai* werde heil.

Alant[2] *m* (karpfenartiger Fisch) auch Nerfling genannt = ah., and. *alund* wegen d. dicken Kopfes viell.: Alant[1], mu. Alat, Alatsee b. Füssen im Allgäu.

Alarm *m* 16. Jh. v. fz. *alarme*, sp. *alarma*, it. *all'arme* = zu den Waffen, 16. Jh. Lerman, Ellérman; ~ieren; s. Lärm, Gendarm, Armee.

Alaun *m* mh. *alūn*, v. lt. *alūmen*, bitteres Tonerdesalz; Aluminium *n* Metall d. ~- od. Tonerde.

Alb *m* s. Alp.

Albatros *m* Sturmvogel, eng. *albatros*, angloind. *albatross*, sp. ptg. *alcatraz:* arab. *alqādūz* der Krug.

Albe *f* weißes Ärmelgewand der kathol. Geistlichen: lt. *alba (vestis).*

Alber *m f* ah. *albari* Pappel, v. spätlat. *albarus* < *albulus* weißlich.

albern pl. alwsch, mh. *alwaere* einfältig, ah. *alawāri* ganz wahr, aufrichtig, gütig, freundlich, starker Bed.-W. ins Ironische (vgl. einfältig, schlicht; vgl. gr. *euēthēs:* gutmütig: töricht, fz. *bonhomme* Dummkopf); s. all, wahr, zwar, schlecht, einfältig.

Albino *m* sp. Weißling (b. Menschen u. Tieren), z. lt. *albus* weiß.

Album *n* lt. Stammbuch, z. *albus*

weiß, also eig. unbeschriebenes (Blatt). Noch um 1850 bestand d. ~ oft aus losen Blättern. **Albus** *m* Weißpfennig, Hauptkleinmünze i. 15.–17. Jh.; **Albumin** *n* (nlat.) Eiweißstoff.

Alchimie *f* (s. Chemie) mh. *alchemie* v. mlt. *alchimia*, z. gr. *chēmeía (chymós* Saft, zu *chéō* gieße), Lehre v. d. feuchten Dingen, durch Vermittlung d. Araber, daher mit d. arab. Artikel *al-*. **Algebra** *f* Buchstabenrechnung v. arab. *aljabr* Verbindung getrennter Teile z. e. Ganzen; it. sp. *algebra*, fz. *algèbre*. **Alkali** s. Kali. **Alkohol** *m* v. sp. *alcohol*, arab. *alkuḥl* *Bleiglanz zum Färben der Brauen. **Alkoven** *m* v. sp. *alcoba* Schlafgemach, arab. *alqubba* gewölbtes Gemach, s. Liste 1.

alert it. *all'erta* auf d. Höhe: lt. *erecta;* lebhaft.

Alfanzerei *f* Gaukelei, mh. *alevanz* Schalk, Possen, *vanz* Schalk, südd. alefanzig auch eigensinnig; it. *all'avanzo* zum Vorteil.

Alfenid *n*, Art Neusilber, n. d. Erfinder *Halphen* 1850ff., fz. *alfenide*.

Alge *f* v. lt. *alga* Meergras, Grdb. Schleimiges, Schlüpfriges.

Algebra, s. Alchimie.

Alibi *n* lat. *álibi* anderswo, Nachweis der Abwesenheit vom Tatort; seit Anf. 19. Jh., viell. über fz. Juristensprache.

Alimente lt. Mehrz. *alimenta (alĕre)* Versorgung armer Kinder seit Nerva (staatl. u. durch reiche Privatleute).

Alk *m* Tauchvogel, isl. *ālka*, ags. *alce*, eng. *auk*.

Alkali, Alkohol, Alkoven, s. Alchimie.

all mh. ah. and. *al*, got. *alls*, ags. *all*, eng. schw. dä. *all;* s. albern, allein, allmählich; pl. all, »schon« got. Dat. Mehrz. *alamannam* = der Menschheit; Alemannen M. insgesamt, tüchtige M.; fz. *Allemands*, wenn nicht: got. *alhs:* sueb. Stammesheiligt.: gr. *alkḗ* Wehr, Schutz; **alle werden, alle sein,** mu. viell. »verbraucht« zu ergänzen. **allein** mh. *al-ein* (verstärktes ein), eng. *alone*. **aller||dings** mh. *aller dinge* (Gen. Mehrz.) gänzlich, seit 19. Jh. zwar, freilich, gewiß; ~hand mh. *aller hande* (Gen. Mehrz.) von allen Arten; ~lei mh. *aller leige* von allen Arten; *lei* v. afz. prov. *ley* Art u. Weise z. lt. *lēg-* (Stamm z. *lex* Gesetz), nfz. *loi*. **Aller||heiligen** (Gen. Mehrz.) mh. *aller heiligen tac*, 1. Nov., ~seelen 2. Nov. **Allmende** *f* ah. *alagimeinida*, Gemeinbesitz an Grund u. Boden, Gemeindetrift, -land. **Allod** *n* † freies, vererbliches Eigentum, v. mlt. *allodium*, v. ah. *al* ganz, *ōt* Besitz (Gegensatz: Lehngut *feudum*, s. feudal). P.N.: Odo, Otto d. Begüterte, Edward, Eduard Vermögenswart (entl. it. *Odoardo)*, Edmund 2. T. Schutz, Edgar ah. *Otker* (entl. fz. *Ogier)* zs. aus *ōt* 2. T. *ger* Wurfspieß; Ulrich, mh. *Uodalrich*, Erbgut u. Herrscher; *Uodalland:* Uhland; nicht verw. ist Kleinod, s. Adel. **Allvater** *m* Lüs. der an. Bezeichnung Odins, *alfaðir*, durch Gottsched u. Klopstock.

Allee *f* Baumgang, 17. Jh. v. fz. *allée* z. *aller* gehen.

Allegorie *f* Sinnbild 16. Jh. v. gr. *allēgoría* eig. anders gesagt (als gemeint): *állos* ander, *agoreúō* rede öffentlich z. *agorā́* Versammlung, Markt, s. Kategorie, Panegyrikus.

Alligator *m* 16. Jh. v. eng. *alligator*, aus sp. *el lagarto* z. lt. *lacerta* Eidechse; Al- ist also Artikel (s. Eldorado).

alliieren, sich, 17. Jh. v. fz. *s'allier* z. lt. *ad-ligo* binde etwas an. **Allianz** *f* Bündnis.

Alliteration *f* Stabreim, gleicher Konsonanten- und Vokalanlaut, z. B. Roland der Riese, Mann u. Maus, v. neult. *alliteratio* z. *ad* zu, *litera* Buchstabe, s. Liste 13.

allmählich mh. *almechlich* m. irrt. Anlehnung an Mal, s. gemach, gemächlich.

Allotria Mehrz. ungehörige, törichte Dinge, Spielerei, 18. Jh. v. gr. *allótrios* fremdartig *(állos* ander).

Allüren Mehrz. fz. *allure* *Gangart, Arten des Benehmens.

alluvial (nlat.) angeschwemmt: lat. *ad-luere* anspülen, *alluvio* Anschwemmung, Alluvium (jüngstes Erdzeitalter).

Alm *f* bayr. Nf. z. **Alpe** *f* Gebirgsweide, viell. z. voridg. Wz. *alb* Berg, hoch, Alpen, gall.-gr. *Alpeis*, lat. *Alpēs*, ir. *ailp* (alpin 19. Jh.), Albion (Berginsel), Rauhe Alb, Herrenalb. Allgäu (Alpgäu), Achalm Wasseralp (?). O.N. (keltisch u. altitalisch): Alba (mehrere hochgel. Städte), Albalonga, Albanien, Albany (i. England).

Almanach *m* Jahrbuch, Kalender ägypt.-gr. *almenichiaká* (nur Mehrz).

Almosen *n* mh. *almuosen*, ah. *alamuosan*, ags. *ælmesse*, eng. *alms*, *fz. aumône*, sp. *limosna*, it. *limosina*, v. gr. *eleēmosýnē* Erbarmen, z. *eleéō* bemitleide, davon (Kyrie) eléison, s. dies. P.N.: Eleonore die Mitleidige, falls nicht entstellt aus Heliodora Sonnengeschenk, Pantáleon Allerbarmer.

Aloe *f* v. gr. *alóē:* hebr. *ahālīm (pl.)*, ~holz pl. Ahlweh.

Alp *m* bedrückende Traumgestalt, mh. *alp* gespenstiges Wesen, anord. *ālfr*, urv. viell. aind. *ṛbhū* »Bildner, Elfe«, viell. auch gr. *elephaíromai* schädige, betrüge, u. *olophōios* ränkevoll; oder zu gr. *alphós* weißer Ausschlag?; dass. W. wie Elfe; Alpdruck *m*. P.N.: Alberich Elfenfürst (dah. it. *Alberico*, fz. *Auberon* später *Oberon)*, Alfred durch Elfen beraten, *Alberada*, Alboin, Albin, Alwin Elfenfreund; s. Mahr.

Alpaka[1] *n* seidenart. Stoff n. d. peruan. *alpaco* Kamelziege, e. Lama-Art.

Alpaka[2] *n* »Neusilber«, Kunstwort?

Alphabet *n* nach d. beiden ersten griech. Buchst. Alpha *(a)* u. Beta *(b)*; An~ *m* des Lesens u. Schreibens Unkundiger, gr. *an||alphábētos;* s. Liste 15b u. 54.

Alraun *m*, **Alraune** *f* Pflanze m. Zauberwirkung, mh. *alrūne*, ah. *alrūna*, z. all u. got. *rūna* Geheimnis, s. Rune, raunen.

als mh. *als*, *alse*, *alsō* eig. »ganz so«; **also** eng. *also* auch.

alt mh. ah. krimgot. *alt*, pl. *oll*, got. *alþeis*, ags. *ald*, eng. *old*, altes Part. z. got. *alan* aufwachsen, also durch Nahrung groß geworden, aufgewachsen, urv. lt. *altus* hoch, *alo* ernähre; dazu Alter *n*, Koalition, Proletarier; Altertum *n*, veralten, altern, Eltern; s. Welt. In Weyers Ortslexikon sind 70 Spalten O.N. mit alt: Altenburg, pl. Oldenburg (5), Oldendorf (21). **altfränkisch** 14. Jh. anfangs sowohl lobend wie tadelnd, dann vorherrschend unmodern. **althochdeutsch** Sprachform des Deutschen bis etwa 1100 1819 v. Jac. Grimm geprägt. **altklug** früher durch Alter klug, jetzt: für d. Alter zu klug (nur v. Kindern). **altnordisch** Vorstufe der nordischen Sprachen im M.-A. von den Grimms 1811 als Lüs. des dän *oldnordisk* gebildet. **Altvordern** ah *altvordoron*. **Altweibersommer** *m* erst um 1800, schöne Herbsttage, herum fliegendes Gespinst kleiner Spinnen (bayr. Marienfäden, Muttergottesgespinst); ndl. *mariendraadjes* (= fz *fils de la Vierge)*.

Alt *m* tiefe Frauenstimme, v. it *alto*, lt. *altus* hoch, i. Gegens. z. tiefen Männerstimme, s. exaltiert Baß.

Altan *m* südd. Altane *f* Sölle 15. Jh. v. it. *altana* z. *alto* hoch

Altar *m* mh. *altāre*, ah. *altār* v. lt. *altāre* z. *altus* hoch u. *āra* Opfertisch, eig. Erhöhtes, urspr. v. Rase

u. Erde, dann v. Steinen; demnach ist Altar tautol. u. Hochaltar doppelt tautol. gebildet, falls nicht *āra* (alat. *āsa)* z. Wz. *as-* brennen, glühen gehört *(arēre* trocken sein).

alterieren aufregen: spätlat. *alterāre* ändern, anders, schlimmer machen.

Alternative *f* Wahl zw. zwei Möglichkeiten, Zweifel, lat. *alternātio, alternātim* abwechselnd.

Altruismus *m* Nächstenliebe, Wirken für andere, fz. *altruisme* (Comte), vgl. ital. *altrui:* *lat. *alteri huic (dat.)*, Gegens. Egoismus.

Aluminium s. Alaun.

Alumnat *n* Erziehungsanstalt: *alumnus* Zögling: *alĕre* s. alt.

Amalgám *n* chem. Verb. v. Metallen mit Quecksilber, bildl.: enge Verbindung; v. arab. sp. it. *amalgama* Verquickung, z. gr. *málagma* weicher Körper?

Amazonen gr. Mehrz. *amāzónes:* skyth. **Amajani* herrschendes Weib (Mutterrecht!)?

Ambo(n) *m* * erhöhter Platz f. Vorleser in altchristl. Kirchen: gr. *anabaínō* steige hinauf.

Amboß *m* ah. *anabōʒ* (Lüs. v. lat. *incus?)* z. *bōʒan* schlagen, ags. *bēatan*, eng. *beat*, also eig.: worauf man schlägt, urv. lat. *con-fut-āre* niederschlagen.

Ambra *m* * Bernstein fz. *ambre*, sp. *ambar:* arab. *'anbar*.

Ambrosia *f* Unsterblichkeit verleihende Götterspeise, zsgs. aus *an* = un, s. Liste 54 u. Wz. *mṛt* Tod.

Ameise *f* mh. *ameiʒe*, ah. *āmeiʒa*, ags. *æmette*, eng. *ant*, poet. *emmet*, mu. Emois (schwäb.) Imse, Emse, fränk. Emese(n), z. Meißel = Abschneidende, got. *maitan* abhauen.

amen Gebetsschluß, mh. *āmen*, v. hebr. *amēn* wahrhaftig, wahrlich, so geschehe es.

Amerika nach *Amerīgo Vespucci* 1507 v. Martin Waldseemüller *terra America* benannt.

Amethyst *m* violetter Schmuckstein, v. gr. *améthystos (methyō* bin berauscht, s. Liste 15b); der ~ galt früher als Schutzmittel geg. Trunkenheit; s. Met.

Amme *f* wahrsch. altes Lallwort d. Kinder, auch i. andern Spr. vorkommend, z. B. sp. *ama*, gr. *ammia*, nicht verw. ist Hebamme.

Ammer[1] *f* (Finkenart); eig. ~-Vogel, zu ah. *amar* Sommerdinkel.

Ammer[2] *f* (Sauerkirsche) u. Amarelle: lt. *amārus*.

Ammoniak *n* v. lat. *(sal) ammoniăcum* ammonisches Salz, weil i. d. Oase d. ägyptischen Gottes Ammon gefunden; zsgz. Salmiak.

Ammonit *m* Ammonshorn, versteinerte Seeschnecke.

Amnestie *f* Straferlaß, 17. Jh. v. gr. *amnēstia* Nichtgedenken (des Unrechts), s. Mnemotechnik; Liste 15a, 54.

amortisieren allmählich tilgen: mlat. *amortisāre: ad mortem* z. Tode.

Ampel *f* Hängelampe, v. lt. *ampulla* Fläschchen, Gefäß s. Pulle.

ampeln strebend nach etwas zappeln, helfen; viell. dass. wie hampeln, s. d.

Ampfer *m* ah. *ampfaro*, eig. Adj. = bitter, sauer, urv. *amārus* (fz. *amer)* bitter; Sauerampfer ist tautol. geb., s. Liste 41, vgl. Ammer[2].

Amphibie *f* Lurch, 18. Jh. v. gr.-lt. *amphibium* beidlebiges Tier (z. gr. *amphí* z. beiden Seiten, *bios* Leben).

Amphitheater *n* Rundtheater 18. Jh. v. gr. *amphí, théatron* Schauspielhaus.

amputieren um 1800 v. lt. *amputo* schneide ab, s. de-, disputieren, putzen.

Amsel *f* ah. *amsala*, ags. *ōsle*, eng. *ouzel*, urv. lt. *merula (*mesula)*.

Amt *n* mh. *ambet*, ah. *ambahti*, got. *andbahti* Dienst, ags. *anbiht*, v. kelt. *amb-achtos* Herumgeschickter (v. Caesar i. Gallischen Krieg

VI, 15 erwähnt), daher auch lat. *ambactus* Bote, Diener, it. *ambasciata*, fz. *ambassade* Botschaft, Vertretung e. Staates, mu. Ambacht (w.) Handwerkerzunft. – Zollamt, Hoch∼, Amtmann *m*, schweiz. Amman (F.N.: Ammon), ∼sgenosse *m* 16. Jh. für lt. *collēga*, ∼sschimmel nach dem Hannoverschen Schimmel im Amtswappen oder volksetym. umgedeutet nach dem österr. *simile* Formular, ∼swalter ns. Bezeichnung für Funktionär, ∼ieren m. fz. Endung s. Liste 14.

Amulett *n* 18. Jh. v. lt. *amulētum* z. *amolior* wende ab, also eig. Abwendungs-, Schutzmittel, s. demolieren.

amüsieren 17. Jh. v. fz. *amuser* z. **ad-mūsare* d. Maul aufreißen machen, *mūsus* »Schnauze«, Maul.

an mh. *ane*, ah. *ana*, got. *ana*, and. *an*, ags. eng. *on*, urv. gr. *aná* auf, an, apers. *ana* auf, über, gehört, wie alle Präp., zum ältesten Sprachgut; lt. *an-hēlāre* aufatmen.

Anachoret *m* Klausner, Einsiedler: gr. *ana-chōréō* ziehe mich zurück.

Anachronismus *m* gr.-lat. »Zeitverstoß«, 18. Jh.

Anagramm *n* gr. *anágramma* Rätsel, das auf Versetzung *(aná-)* der Buchstaben *(grammata)* beruht.

analog um 1800 v. gr. *análogos* nach der Vernunft *(lógos)* übereinstimmend; Analogie *f* s. logisch.

Analphabet s. Alphabet.

analysieren (meist bildl.) zergliedern, 18. Jh. v. fz. *analyse* z. gr. *analýō* löse wieder auf; Analyse *f*.

Ananas *f* 16. Jh. brasil. *(Tupi)*, über das Portug. u. Frz. ins Deutsche gekommen.

Anarchie *f* Gesetzlosigkeit, 18. Jh. v. fz. *anarchie* z. gr. *archós* Führer, *an-* un-, ohne, s. Liste 15b, 54.

Anarchist *m* in der 2. Hälfte des 19. Jhs. von England ausgehend.

Anáthema *n* Verfluchung, Bannfluch, schon gr.-got. *anaþaima* e. Verfluchter.

Anatomie *f* Zergliederung v. Leichen, 16. Jh. v. gr. *anatomia* z. gr. *anatémnō* schneide auf, s. Atom.

anbahnen (bildl.) erst 19. Jh. seit Campe.

anberaumen (nicht z. Raum, sondern) z. mh. *rāmen* z. Ziele nehmen, streben, Vorschläge machen, *rām* Ziel; 17. Jh. Kanzleispr.

Anbetracht, in ∼, 18. Jh. Kanzleispr.

anbiedern, sich, 19. Jh. z. bieder.

anbinden (mit jem.) Streit anfangen, früher aufbinden (vom Aufsetzen d. Helmes z. Kampf); kurz angebunden eig. schnell z. Kampf bereit.

Andacht *f* ah. *anadāht*, z. denken.

Andauche *f* † Abzugsgraben, spätmhd. *ādūche* $<$ lat. *aquaeductus*.

ander ah. *andar*, got. *anþar*, aind. *ántara*, lit. *añtras*, zu *añs* jener, eig. Komp., der zweite. **anderweit** eig. z. 2. Male, z. mh. *weide* Fahrt (nicht z. weit), vgl. mh. *drīweit* ...

Anekdote *f* ganz knappe pointierte Geschichte, 18. Jh., v. fz. *anecdote* z. gr. *anékdotos* (lt. *inedita* Mehrz.) nicht herausgegeben, noch unbekannt u. darum bes. anziehend; s. Dosis u. Liste 15a.

Anemone *f* Windröschen, v. gr. *anemṓnē* z. *ánemos* Wind (urv. lt. *anima*, *animus* Geist, Seele, eig. Hauch); s. Asthma.

Anerbe *m* mh. der nächste Erbe.

Aneroid(barometer) gr.-fz. *anéroïde: a-nērós* nicht feucht + *eidos* Gestalt.

anfachen z. † fachen = anblasen, anwehen; s. entfachen, fächeln.

anfangen mh. *anevāhen* eig. angreifen, verdrängte allmählich beginnen; s. fangen. **Anfangsgründe** Mehrz. 18. Jh. für lt. *elementa* Grundstoffe.

anführen ursprünglich Militär

sprache, = betrügen schon 16. Jh.

Anführungszeichen *n* Lüs. v. *signum citationis* (1749).

Angebinde *n* Festgeschenk (weil früher an d. Arm gebunden), 17. Jh.

Angel *f* (*m* mu. u. noch bei Goethe) ah. *angul*, an. *ǫngull m*, Fisch~, Tür~, Grdb.: gekrümmt, urv. lt. *uncus*, gr. *ónkos* Haken; *ankýlos* krumm, *ánkistron* ~haken, s. Anker.

Angelus *m* Angelusläuten *n* Englischer Gruß, mit *Angelus Domini* beginnendes dreimalig. tägl. Gebet.

angenehm mh. *genaeme*, got. *andanēms* z. *andniman* annehmen (also eig. was man annimmt), s. genehm.

Anger *m* Grasland, ah. *angar*, and., an., dä. *eng* Wiese, s. Engerling; *Angrivarii;* O.N.: Engern, Engers b. Koblenz, lat. *ancrae* Tal, gr. *ánkos* Tal, Bucht, vgl. Angel, oberd. Wang (s. Wange).

Angst *f* ah. *angust*, z. ah. *angi* eng, beengendes Gefühl, urv. lt. *anxius*, *angustus*, eng.: *angĕre* zs.-drücken; gr. *anchō* schnüre zs., ~mann *m* nd. Bezeichnung des Henkers, ~röhre *f* (scherzh. Wien 1848); s. eng, bange.

Angster *m* spätmh. Flasche oder Trinkgefäß mit engem Hals, entl. aus it. *anguistara* zu lat. *angustus* eng.

Anhang *m* 15. Jh. Lüs. v. lat. *appendix.*

anheim eig. an das Haus; ~stellen, ~ geben, Kanzleispr. 16. Jh.

anheimeln schweiz., 18. Jh. schriftd.

anheischig, sich ~ machen, irrt. an heischen angelehnt, z. ah. *antheiȝ* Versprechen, got. *andahait* Bekenntnis, s. heißen.

Anhöhe *f* erst Ende 18. Jh. = Amberg.

Anilin *n* arab. *annīlah* Indigo, *an-nīl* das Blaue: pers. *nīl: ai. nīla-*.

Anis *m* mh. *anīs*, *enīs*, v. gr.-lat. *anīsum* »Dill«, z. gr. *ánēson*, *ánēthon.*

Anke[1] *m*, alem. Ankete = Butterung; F.N. ~nbrand, alte, in der Schweiz noch gebräuchliche dtsch. Bez. f. Butter, ah. *anko*, urv. ai. *anj* salben, lt. *unguentum;* s. Butter, Schmer. **Anke**[2] *f* ah. *anka* Genick, südwestd.

Anker *m* (verdrängte früh Senkel, ah. *senchil*, doch noch Schnürsenkel = Schuhriemen) ah. *anchar*, eng. *anchor*, schw. *ankare*, v. lt. *áncora* z. gr. *ánkyra* Anker, Grdb.: Gekrümmtes, s. Angel.

Anlage *f* eig. der Entwurf, dann auch die Ausführung: ~ des Gartens, der Fabrik.

anmaßen, sich, etwas für sich als angemessen erkennen, erst später: über d. berechtigte Maß hinaus.

Anmut *f* (b. Goethe noch *m)* s. Mut.

annektieren aneignen (bes. ein Land) 1862ff. v. lt. *ad-necto* knüpfe an, vereinige; Annexion *f*.

Annonce *f* 18. Jh. v. fz. *annonce* z. lt. *ad-nuntio* zeige an, s. Nuntius.

Anode(nstrahl): gr. *án-odos* Aufweg, Eingang, Gegens. *kát-hodos* (Kathodenstrahl).

anonym 18. Jh. v. gr. *anōnymos* z. *ónoma* Name, s. Liste 15a, 54.

Anorak *m* 20. Jh. eskim. Windbluse.

anranzen * heftig an*rennen*, anfahren, schelten.

anrüchig früher anrüchtig, zu Gerücht (nicht z. riechen), s. ruchbar.

Anschovis *f* Sardellenart; eng. *anchovy;* sp. ptg. *anchova:* bask. *anchu.*

Ansehen *n* ansehnlich, angesehen, alle meist bildl.

anspielen eig. d. Spiel anfangen, dann übertragen »andeuten«; so nur noch Anspielung *f*.

Anstalt *f* Einrichtung, Schule, mh. *anstalt* Begründung, z. stellen.

Anstand *m* Standort d. Jägers, schickliches Verhalten, 18. Jh., ~slos, s. Stand.

anstellig eig. mu. schweiz., um 1800 schriftd., von Lavater, dann

v. Schiller (Tell I, 3) gebraucht, aber schon früher pl. anstellsch; z. stellen.

anstrengen mh. *strengen* stark machen, z. streng, eng. *strong* stark.

ant- s. Liste 54.

Antagonist *m* Widersacher, gr. *ant-agōnistḗs.*

Antarktis *f* Südpolgebiet, gr. *antí* + *arktis* Nordpolgegend: *árktos* Sternbild des Bären.

antediluvianisch vorsintflutlich, um 1600 v. lt. *ante* vor, *diluvium* Überschwemmung.

Antenne *f* lat. *antemna*, lat. u. ital. *antenna* (Marconi!) * Segelstange, Rahe, Auffänger, Luftleiter b. Rundfunk.

Anthologie *f* Gedichtsammlung, eig. Blumenlese, 18. Jh. v. gr. *anthologia: ánthos* Blume + *légō* sammle.

Anthrazit *m* älteste Steinkohle, gr. *anthrax, -akos* Kohle, zur Endung vgl. gr. lat. *anthracītis* Karbunkel; s. Indanthren.

Anthropologie *f* 17. Jh. Lehre v. Menschen (gr. *ánthrōpos* u. *lógos); anthropomorph* menschenähnlich, 2. *morphḗ* (s. Form), Gestalt.

antichambrieren z. fz. *antichambre* Vorzimmer; Campe nannte als scherzhaftes Ersatzwort »vorzimmern«; s. Kammer.

antik 18. Jh. fz. *antique*, it. *antico*, z. lt. *antīquus* alt *(ante* vor, vorher). Antiquar *m*, *gelehrter Forscher, antiquiert. Antike *f* Altertum, Kunstwerk des Altertums; Antiqua lat. Schriftgattung. Gegens. Fraktur.

Antilope *f* z. mgr. *anthólops*, mlat. *antalopus*, Blumenauge.

Antipathie *f* 17. Jh. v. gr. *antipátheia* Abneigung *(anti* = gegen, *páthos* Leiden, Gefühl); s. Apathie, Pathos, Homöopathie, u. Liste 54.

Antipode *m* gr. 1. Gegenfüßler (in Neuseeland), 2. übertr. Widersacher; *antí* gegenüber + *pūs, podós* Fuß.

Antisemit *m* 1879/80 geprägt v. Wilh. Marr.

Antlitz *n* ah. *antlitzi*, Vermischung v. got. *wlits* u. *lūdi* (beide = Angesicht), 1. T. got. *and* entlang, gr. *antí* gegenüber.

Antwort *f* mh. *antwurt*, ah. *antwurtī*, got. *andawaúrdi*, eig. Gegenworte (Mehrzahl), s. ant- i. Liste 54 u. schwören; ver~en, über~en (Bed.-W.); Rück~ Ende 19. Jh. (tautol.).

Anwalt *m* eig. der waltet, Gewalt hat, dann der e. Sache f. e. andern führt, bes. vor Gericht, mh. *anwalte*, ah. *anwalto*, ags. *onweald;* s. walten.

Anwesen *n* Grundbesitz seit 16. Jh. früher = Anwesenheit.

anzetteln s. Zettel², den Z. (Aufzug eines Gewebes) machen, F.N.: Zettler.

Anzug *m* Gesamtbezeichnung der Kleidung, 18. Jh. aus md. Mundarten; = Herrenanzug erst jünger.

Äolsharfe *f* (seit Goethe, Faust 28) *Aiolos* Gott d. Winde (Odyssee X).

Äon *m* meist Mehrz., Ewigkeiten, v. gr. *ai(w)ōn*, lt. *aevum* Ewigkeit.

Apanage *f* standesgemäßer Unterhalt f. fürstliche, nicht erbberechtigte Personen, 17. Jh. v. fz. *apanage* z. splat. *appano* gewähre Unterhalt *(pānis* Brot), s. Kumpan, Kompanie, (Marzipan).

apart 17. Jh. v. fz. *à part* bei Seite.

Apathie *f* Stumpfheit v. gr. *apátheia (a-* verneinend, *páthos* Gefühl, Leiden); apathisch, s. Pathos, Sympathie, Antipathie u. Liste 15a, 54.

Apfel *m* ah. *apful*, pl. Appel, krimgot. *apel*, eng. *apple*, urv. air. *ubull*, gall. *avollo*, ablg. *(j)ablŭko*, viell. aus einer nicht -idg. Sprache Nordwestindiens. Aug~, Erd~, Gall~, Zank~. O.N.: ~bach, ~stetten, Apolda, Aplerbeck, Affoltern, Affolterbach, Apfaltsbach, Effeltrich, ndl. *Apeldoorn*. F.N. Affolter

(Solothurn); ah. *affol-ter* = ags. *apul-dr;* Apfelschimmel, ah. *apfulgrā*, im Eng. umgedeutet zu *dapple-grey* »geflickt grau«. O.N. *Abella* hierher?

Apfelsine *f* (Heimat Südchina) v. ndl. mu. *appelsien* (18. Jh. Norddeutschland) nach fz. *pomme de Sine* (Apfel aus China), daher mu. md. *appeldesine*, holl. *sinaasappel*, süddeutsch (die aus Italien stammenden Bez.) Orange u. Pomeranze, s. Pfirsich.

Aphorismus *m* eigtl. »abgerissener«, eine allgemeine Wahrheit enthaltender Ausspruch, Gedankensplitter; aphoristisch abgerissen, v. gr. *aphorismós* abgegrenzter Satz, zu *aphorízō* begrenze, s. Horizont.

Apokalypse *f* Offenbarung (St. Johannis), v. gr. *apokálypsis* Enthüllung, z. *apokalýptō* enthülle, s. Kalypso unter Halle u. Hehl.

apokryph gr. *apókryphos* * verborgen, unecht, unterschoben.

Apologie *f* gr. *apología* (Sokrates') Verteidigung(srede), Schutzschrift; *Apologet*, Verteidiger bes. d. Christentums, ~isch *apologētikós*.

apoplektisch gr. *apóplēktos* schlagflüssig; *apó* v. weg + *plēttō* schlage.

Apostat *m Julianus Apóstata* d. Abtrünnige; gr. *apo-státēs*, vgl. got. *af-stass* Abfall.

Apostel *m* Lehrbote Christi, ah. *apostolo (u. zwelifboto)*, z. *apo-stéllō* sende aus; s. Epistel, stellen.

Apostroph *m* Häkchen v. gr. *apóstrophos* abgewandt *(apó* weg, *stréphō* wende), ~ieren; s. Strophe, Katastrophe.

Apotheke *f* mh. (13. Jh.) *apotēke*, pl. Apteik, v. gr. *apothḗkē* Aufbewahrungsort, Warenlager z. *apotithēmi* lege nieder, bewahre auf, s. Theke, Bibliothek, Hypothek.

Apotheose *f* gr. *apo-théōsis* Vergötterung.

Apparat *m* 15. Jh. v. lt. *apparātus* Zurüstung, s. parat, Parade.

Appell *m* v. fz. *appel* in milit. Bedeutung seit 18. Jh.

appellieren eine höh. Entscheidung anrufen, v. lt. *appellāre* anrufen.

Apperzeption *f* lat.-fz., klare u. bewußte Auffassung u. Wahrnehmung, fz. *aperception* v. *Leibniz* gebildet n. *perception*.

Appetit *m* 15. Jh. v. fz. *appétit*, z. lt. *appetītus* Lust, v. *appeto (ad + peto)* verlange, greife an, s. kompetent, Petition, repetieren.

applaudieren 16. Jh. v. lt. *applaudo*, klatsche Beifall (Applaus), s. plausibel, Explosion.

Apposition *f* (erklärender) Zusatz, Beifügung: lat. *ap-positio*.

appretieren (Gewebe) zubereiten, glänzend machen, 18. Jh. v. fz. *apprêter;* dazu noch im 18. Jh. deutsche Neubildung: Appretur *f*.

Aprikose *f* 17. Jh. v. ndl. *abrikoos* z. fz. *abricot*, it. *albercocco*, sp. *albaricoque;* alle gehen zurück auf lt. *praecoquus* frühreif, frühzeitig (eig. vorher gekocht) u. *al* arab. Art. in *albarqūk;* angel. an lat. *aprīcus* sonnig.

April *m* mh. *aprille*, v. lt. *aprīlis* der (die Erde) öffnende *(aperio* öffne, it. *aprile*, sp. *abril*, fz. *avril*, eng. *april);* dtsch. Bez.: *ōstarmānōt;* ~narr: Lüs. v. eng. *~fool;* ~scherz.

Aquädukt *m* Wasserleitung; lat. *aquaeductus*, mh. *ādūht*, vgl. d. altköln. Familie *Aducht*.

Aquarell *n* um 1800 v. it.-fz. *aquarelle* Wasserfarbengemälde, z. lt. *aqua* Wasser; **Aquarium** *n*, 1857 aus England.

Äquator *m* 16. Jh. v. lt. *aequātor* Gleicher, z. *aequo* mache gleich, s. egal; sp. Ecuadór Land am ~.

Ar *m n* Flächenmaß v. 100 *qm*, v. fz. *are* (1793) z. lt. *ārea* Fläche (1868); s. Hektar; aber zu lt. *arēna* Sand(boden) südwestd. Öhrn, Ährn, Ern (auch: *āra* Altar?) Hausflur; Areal.

Ära *f* um 1800 Zeitrechnung, -alter, splat., eig. Mehrz. z. lt. *aes* Erz, später *f* Einz.

Arabeske *f* eig. Verzierung nach arab. Art, im 18. Jh. v. fz. *arabesque*, it. *arabesco*.

Arbeit *f* mh. *arebeit*, ah. *arabeit*, got. *arbaiþs*, eig. Mühsal, Not, Beschwerde and. *arbēd*, ags. *earfod*, eng. fehlt, wahrsch. aus einer Wz. * *orbh-* »verwaist«, urv. lt. *orbus* (s. arm), slaw. *robot* Fronarbeit, aslaw. *rabu* Knecht.

archaisch gr. *archaíos* * anfänglich, altertümlich.

Archäologie *f* * Kenntnis des Alten, Altertumskunde.

Arche *f* Kasten, kastenartiges Schiff des Noah, ah. *arahha*, got. *arka* v. lt. *arca* Kasten z. *arceo* verschließe.

Archipel *m* mgr. *archipélagos*, * Hauptmeer, Inselmeer.

Architekt *m* 16. Jh. v. lt. *architectus* Baukünstler, z. gr. *archi-* Haupt- u. *téktōn* * in Holz arbeitender Handwerker; s. Technik, Erz-, Arzt, Dachs.

Architrav *m* Säulenbalken, it. *architrave*, gr. *archi-* Haupt- u. lt. *trabs, trabis* Balken.

Archiv *n* Urkundensammlung 17. Jh. v. lt. *archīvum*, gr. *archeion* obrigkeitliches Gebäude, zu gr. *archḗ* Anfang, Spitze, Regierung; Archivar *m*, s. Erz.

arg mh. *arc*, ah. *ar(a)g* geizig, feige, ags. *earg*, langob. *arga* (Eigenschaften, d. bei d. Germanen als schlimmer Schimpf galten), dann nichtswürdig mu. (schwäb.) arg lieb = sehr l., pl. wi sünd uns ~ = wir haben uns erzürnt, ver~en, ärgern, ah. *argirōn* schlechter machen, ~wohn *m*, ndl. *argwaan*, s. Wahn.

Arie *f* 15. Jh. v. it. *aria* Gesang, über frz. *aire* zu lat. *agere* (H. Eggebrecht, Stud. z. musikal. Terminologie, 1955).

Arier *m* aind. *arya*, iran. *airya* Herr, d. Erhabene; nach dem Vorgang des Eng. (17. Jh.) wurde das Adj. *arisch (arian, aryan)* zuerst auf die idg. Sprachen, dann auch auf die idg. Völker angewandt, bes. im 3. Reich unter rassischen Gesichtspunkten. Die Sprachwissenschaft beschränkt jetzt den Terminus auf die indo-iranischen Sprachen; urv. lt. *orior*, gr. *órnymai* erhebe mich, *Irān, Erān* = altpers. Gen. Mehrz. *Ariyānām*, viell. zu dems. St. auch *Ario-vistus*, wenn nicht: *Hario-*Heerweiser; ir. *aire*, *airech* »*nobilis*«; s. Aar, Orient.

Aristokratie *f* 16. Jh. v. fz. *aristocratie*, z. gr. *áristos* d. vornehmste, beste, *kratéō* herrsche, s. Demokrat, Autokrat.

Arithmetik *f* 16. Jh. v. gr.-lt. *arithmética* zum Zählen u. Rechnen gehörige (Kunst), gr. *arithmós* Reihe, Zahl, urv. ags. *rīm* Zahl, s. Liste 15 a.

Arkade *f* Bogenhalle, -gang, 18. Jh. v. fz. *arcade*, altprov. *arcada*, it. *arcata*, z. lt. *arcus* Bogen, für älteres Laube; s. Erker, Hartschier.

***Arkebuse** *f* fz. *arquebuse*, it. *archibuso:* ndl. *haakbus* Hakenbüchse, angel. an lt. *arcus* Bogen.

Arktis *f* Nordpolgebiet: gr. *árktos* = Bär(in); nach dem im Norden stehenden Sternbild des Bären.

Arlesbaum *m* s. Kornelkirsche.

Arm *m* mh. ah. and. eng. *arm*, got. *arms*, anord. *armr*, ags. *earm*, urv. lt. *armus* Ober~, Schulterblatt, ai. *irma*, aslaw. *rame*, neupers. *arm*. * »eingefügt«; gr. *arariskō* füge, lat. *artus* Glied. idg. W., wie auch andere Bez. v. Körperteilen (Auge, Fuß, Herz, Knie). ~e. Flusses, Wegweisers, Kronleuchters, Vkl.: **Ärmel** mh. *ermel*, ah. *armilo*.

arm ah. *ar(a)m*, mh. and. ndl. *arm*, got. *arms*, ags. *earm*, eng. fehlt (dafür rom. Lehnw. *poor)*, urv. lat. *orbus* Waise, beraubt; also: beklagenswert; armer Sünder, arme Seele;

~selig, ärmlich; verarmen; s. Armut, Arbeit.

Armada s. Armee.

Armbrust *f* volkst. für lt.-gr. *arcuballista* Schleuder-, Wurfmaschine (lt. *arcus* Bogen, gr. *bállō* werfe), mit irrt. Anlehnung an Arm u. Brust, vgl. Arkebuse.

Armee *f* 17. Jh. v. fz. *(force) armée* bewaffnete (Macht), it. *armata*, sp. *armada*, daher Armada *f* 16. Jh. Kriegsheer, -flotte, z. lt. *armo* bewaffne, s. Alarm. P.N.: it. Armida.

Armut *f* ah. *aramuotī*, z. arm, irrt. an Mut angelehnt, s. Kleinod, Einöde.

Aroma *n* v. gr. *árōma* Gewürz.

Arrak *m* 18. Jh. v. arab. *'araq* Saft, berauschendes Getränk.

arrangieren 18. Jh. ordnen, schlichten, v. fz. *arranger* z. *rang* Reihe, Rang, v. dtsch. Ring.

Arrest *m* Haft, 15. Jh. v. fz. *arrest*, nfz. *arrêt* z. mlt. *arresto* verhafte; Arrestant = Arrestat *m* s. Liste 40, arretieren, früher arrestieren, s. Rest.

arrogant anmaßend, 16. Jh. v. fz. *arrogant* z. lt. *ar-rogāre* verlangen, sich anmaßen; Arroganz *f*.

Arsch *m* ah. mh. *ars*, idg. **orsos*, gr. *orros* Steißbein, armen. *or*, hettit. *arraš* After, dazu gr. *ūrá* **orsá* Schweif, Nachhut, s. Wiesel.

Arsenal *n* Zeughaus, 16. Jh. v. it. *arsenale*, sp. fz. eng. *arsenal*, arab. *dār-as-sinā'a* Haus der Handwerkerarbeit, daher it. altvenez. *darsena*.

Arsenik *n* v. gr. *arsenikón* männlich, stark wirkendes (Gift), od. v. arab. *azzernīkh:* pers. *zernī (zar* Gold).

Art *f* mh. *art*, urv. aslaw. *rodŭ* Geschlecht, armen. *ordi* Sohn, aind. *ṛtá* passend, recht, gr. *ártios* angemessen, lat. *ars*, ags. *eard* Lage, Fügung, Schicksal.; arten, aus~en, ~ig, bös~ig, Ab~, Mund~.

Arterie *f* gr. *artēría* jede starke Ader; **Arteriosklerose** Arterienverkalkung, 2. T.: *sklēróo* mache steif.

Artikel *m* im M.-A. v. lt. *articulus* Glied, Abteilung, Geschlechtswort, kaufm. = Ware. Vkl. z. *artus* zus. Gefügtes, Gelenk; s. Arm; Leit~ Lbi. nach eng. *leading article* 19. Jh., artikulieren, unartikuliert.

Artillerie *f* 17. Jh. v. fz. *artillerie*, sp. *artilleria*, it. *artiglieria* Geschütz, z. prov. *artilha* Festungswerk, afz. *atiller* ausrüsten, viell. = *atirier (tire* Ordnung, afrk. *tērī*, ah. *ziarī* Zier).

Artischocke *f* fz. *artichaut*, it. *articiocco*, sp. *alcarchofa:* arab. *alharšaf*.

Artist *m* Künstler (vorw. im Zirkus) v. fz. *artiste* z. *ars* Kunst im 18. Jh. noch vom Künstler allgemein.

Arve *f* Zirbelkiefer: schweiz. *arbe* (verw. *Arle* Legföhre: Vorarlberg); vgl. Zirbel.

Arzt *m* ah. *arzāt*, v. lt. *archiāter*, gr. *archiātrós (archi-* = Erz-, Ober-, wie in Architekt, Erzbischof; *iātrós* Heilkundiger, s. Psychiater); also eig. Oberheilkundiger: Oberarzt ist also eigentl. tautol.; ah. *lāhhi*, got. *lēkeis* wurde verdrängt, (eng. † *leech*, dä. *læge);* viell. »Besprecher«, mh. *lāchenīe* Besprechung, Hexerei, urv. gr. *legō;* besteht noch als P.N.: Lachner, Lachmann, Lechner.

As, Aß *n* ursp. Eins auf d. Würfel, i. Kartenspiel, v. fz. *as* z. lt. *ās* Einheit b. Münzen u. Gewichten.

Asbest *m* 18. Jh. Steinflachs v. gr. *ásbestos* unauslöschlich, s. Liste 15a, 54.

Asche *f* ah. *asca*, got. *azgō*, eng. *ashes*, viell. urv. lt. *ārēre* trocken sein, tochar. as, gr. *ázō* dörre, *eschára* Herd, *asbólē* Ruß, *àsbolos* Kohlenstaub, ai. *āsas* Asche; s. Altar: oskisch *aasa*, lt. *āra*, einäschern, dazu n. d. Farbe Äsche (Fisch); **Aschenbrödel**, vgl. *kolruselin* = gr. *kaminṓ* P.N. Kohlrausch? **Aschenputtel** *n* eig. Küchenjunge, beide: mh. *brodeln* in d. Asche wühlen, s. brodeln.

Aschermittwoch *m* seit 15. Jh., vorher *aschtac*, Mittw. vor d. 1. Fastensonntag, nach dem für diesen Tag seit dem 10. Jh. üblichen Aschenkreuz auf Scheitel oder Stirn.

Asen Mehrz. nord. f. dt. Ansen *anses* (Jordanes) Halbgötter, an. *āss* Gott, viell. = Balken (als Götterstandbild, vgl. venet. *ahsu-)*, viell. z. Wz. *ans* gnädig sein, »Gönner«, oder z. got. *us-anan* hauchen (Wind- u. Seelengotth.), Götter d. Germanen; P.N.: Oswald durch Gott waltend, Olaf, Oluf (Oslaf) Gottes Kind, s. -leben i. Liste 54, Anselm durch Gott schützend, s. Helm; O.N.: Osnabrück, falls nicht zu Hase, Oschersleben n. e. mit Ase gebild. P.N.

äsen fressen (v. edlem Wild), Äsung *f*, Geäse (Maul v. Hirsch- u. Rehwild), s. Aas.

Asien bedeutet viell. Sonnenaufgang; vgl. Europa, Orient, Levante, Nippon.

Askese *f* b. d. Griechen Abhärtung f. d. Wettlauf, *áskēsis* Übung; i. Christentum: Abtötung d. sinnlichen Triebe; Asket *m askētḗs* Büßer.

Asphalt *m* Erdpech, 19. Jh. v. gr. *ásphaltos*, als Straßenpflaster um 1835 von Paris ausgehend.

Aspik *m* Fleischgelee; eng. fz. *aspic* Schlange u. Fleischgelee, it. *aspide*, lt. *aspidem*, gr. Akk. *aspída: aspís* Natter.

Assel *f* (Keller~) viell. v. lt. *asellus* kleiner Esel, z. *asinus* Esel wegen d. Farbe, od.: essen.

Assessor *m* 16. Jh. v. lt. *assessor* Beisitzer z. *adsidēre* bei jem. sitzen.

Assistent *m* 16. Jh. v. lt. *assistens* z. *ad-sistĕre* bei jem. stehen, unterstützen.

Ast *m* got. *asts*, urv. gr. *ózos: osdos*, arm. *ost*, Grdb. viell. Knoten; verästeln, sich einen ~ lachen (rotw. ~ = Buckel); schwäb. Nast, Nästle (auch P.N.).

Aster *f* 18. Jh. v. gr. *astḗr* Stern; Asteroiden; Astralleib *m* verklärter Leib. **Astrologie** *f* Sterndeuterei, v. gr. *astrología* v. *ástron* Stern u. *légō* »berechne«, »lege aus«; **Astronomie** *f* Sternkunde, v. gr. *astronomía*; 2) : *némō* verteile, ordne; Astroláb(ium) z. Bestimmen (»ab-nehmen«) der Höhe der Gestirne; s. Estrich, Stern. **Astronaut** *m* Weltraumfahrer 1961, eig. »Sternschiffer«, 2. T. gr.-lat. *nauta* »Seemann«; vlg. Kosmonaut.

Ästhetik *f* Wissenschaft vom Schönen, 18. Jh. seit Baumgarten v. gr. *aisthētikḗ (téchnē)* (Kunst) der Wahrnehmung, Anschauung, z. *aisthánomai* nehme wahr; Ästhét *m* 20. Jh.

Asthma *n* Engbrüstigkeit, 18. Jh. v. gr. *ásthma (*ansthma* z. *ánemos* s. Anemone) z. *asthmaínō* atme schwer.

Asyl *n* Freistatt lt. *asȳlum*, v. gr. *ásȳlos* unberaubt, sicher; s. Liste 15 b.

Atavismus *m* Rückschlag in die Ahnenformen, Wiederauftreten von Eigenschaften entfernter Vorfahren, v. lt. *atăvus* Ahne z. *avus* Großvater; 19. Jh.

Atelier *n* Künstlerwerkstatt, 14. Jh. *astelier* »Ort, wo viele Späne sind«, afz. *astele* Span, Splitter: galloroman. *astella*, *astula* lt. *assula*.

Atem *m* Nf. Odem, ah. *ātum (wīho ā.* der heilige Geist), afries. *ēthma*, urv. *aind. ātmán* *Seele, Hauch, Geist, viell.: gr. *atmós* Dampf, Dunst; s. Atmosphäre.

Atheist *m* 17. Jh. z. gr. *átheos* gottlos *(theós* Gott), s. Liste 15 a, 54.

Äther *m* Himmelsluft, i. d. Physik: lat. *aether* feiner, d. Weltall durchziehender Stoff, als dicht. W., (Bodmer 1732, Klopstock) v. gr. *aithḗr* z. *aíthō* leuchte, brenne (Ätna brennender Berg?); ~isch.

Athlét *m* 18. Jh. v. gr. *athlētḗs* Wettkämpfer.

Atlas[1] *m* Mehrz. Atlasse, 16. Jh. v. arab. *atlas* glattes, seidenes Zeug.

Atlas[2] *m* Mehrz. Atlanten, zuerst bei Mercator i. Duisburg 1595, nach e. sagenhaften König Atlas i. Mauretanien. Atlantis (sagenhafte Insel), davon Atlantischer Ozean.

Atmosphäre *f* Dunstkreis d. Erde, 18. Jh. gebildet v. gr. *atmós* Dunst u. *sphaíra* Kugel, s. Sphäre, Atem.

Atom *n* Urstoffteilchen, v. gr. *átomos* unteilbar (*a-* verneinend, *témnō* schneide), s. Tempel u. Liste 15b, 54.

ätsch Ausruf der Schadenfreude 18. Jh.

Attacke *f*, **attackieren** z. fz. *attaquer*, it. *attaccare* angreifen, eig. anheften, prov. *estacar* (ndl. *staak* Pfahl).

Attentat *n* 17. Jh. v. lt. *attentātum* z. *ad-tento* taste, greife an, Attentäter *m* 1844 zuerst scherzhaft an Übel-, Missetäter angelehnt.

Attest *n* 18. Jh. z. lt. *adtestor* bezeuge, s. Protest, Testament, *testis* Zeuge.

Attich *m* ah. *attah*, mh. *attech* v. gr. lat. *acte* Holunder; oder v. gallolat. *odocus*.

Attila *m* Schnürenrock d. Husaren.

Attribut *n* Eigenschaft, v. lt. *attribūtum* Zugeteiltes, z. *ad-tribuĕre* zuteilen, beilegen; s. Tribut.

ätzen 1. Bew. zu essen (s. d.), 2. beizen (man veranlaßt die Säuren, etwas zu »essen«).

Au, Aue *f* wasserumflossenes Land, feuchtes Gelände, Insel, mh. *ouwe*, ah. *ouwa* Wasser, Strom, Insel, Halbinsel, Wiesenland, anord. *ey*, * *agwjō*, dä. *ö*, ags. *ēg* Insel (*ēglond*, *īglond*, eng. *island* mit irrt. *s)*, ndl. *eiland;* Grdb.: Wässeriges, d. h. Insel od. Wiese; urv. (gram. *Wechsel)* lt. *aqua* Wasser, idg. **akwā*. O.N.: Au (123), Aue (32), pl. Odorp, Mainau, *Augia dives* Reichenau, *Aviones* (Tacitus Germ. 40 = ~bewohner), Rheinau, Altena, Altona, Adenau, Goldene Aue, Batavia Betuwe, = gutes Wasserland, s. besser, Passau (Bataverstadt, dort lag in d. röm. Kaiserzeit eine batavische Besatzung, andere sehen aber *Bat-avi* als Suffix an, wie in *Chám-ăvi!)*, Skandinavien, Fär-öer (Schafinseln), fries. Wangeroog u.a.; Hiddensee (eig. Hiddensöe Hedins Insel), Anglesey (Angelninsel), Norderney, Greifswalder Oie, Orsoy, s. Roß; Donau (zwar vorgerm., aber m. dtscher Endung); Aachen v. lt. *aquis* bei d. Wassern (Heilquellen), fz. *Aix* Name mehrerer Badeorte; *Aigues Mortes* tote Wasser, Stadt i. Südfrankr.; s. -a, -ach, Eiland.

auch mh. *ouch*, ah. *ouh*, pl. *ok*, and. *ōk*, ndl. *ook*, afries. *āk*, ags. *ēc*, *eac*, eng. † *eke* vergrößern, auch, anord. *auk*, dä. *og*, schw. *och*, got. *auk* denn, aber (alle in gleicher od. ähnl. Bed.), zu idg. Wz. *auk* vermehren; ah. *ouhhan*, got. *aukan*, ags. *ecan*, hierher Ekel-(Ökel-)name; Zu-, Spitzname = an. *aukanafn*; urv. gr. *aúxō*, lt. *augeo* vermehre; lit. *áugti* wachsen, ai. *ugrá* gewaltig, gr. *au-ge* wiederum; Augustus Mehrer (d. Reiches); s. Auktion, Autor.

Audienz *f* eig. Gehör, dann Empfang bei Fürsten, 16. Jh. v. fz. *audience*, it. *audienza*, mlt. *audientia* Gehör zu lt. *audio* höre; Auditeur *m* † v. mlt. *auditor* Hörer, Richter; Auditorium *n* 17. Jh. Hörsaal.

Auerhahn *m*, ah. *ūrhano*, vgl. aisl. *orri* Birkhuhn: gr. *árrhēn* männlich.

Auerochs *m* mh. ah. ags. *ūr*, viell. n. d. Farbe: urv. ai. *usrás* Stier, rötlich; s. Ur.

auf mh. ah. *ūf*, and. *up*, pl. up, ags. *upp*, eng. *up*, got. *iup* aufwärts; verw. m. oben, über, offen. **aufbegehren** s. gären; **aufbrechen** d. Gegenteil v. d. Lager aufschlagen; **aufbringen** jem. aufregen (aufgebracht), e. Schiff ~ (kapern, wegnehmen); **(sich)** ~**donnern** nd. *sik updunnern* sich wie e. »Dame« ~putzen: mecklenb. *dunner* Dame (Donna)? vgl.

aufgetakelt; ~**gedunsen** z. mh. *dinsen* anschwellen, viell. z. dehnen.

aufgelegt (bildl.) m. unklarer Entw.; **aufgeräumt** (bildl.) i. heiterer Stimmung, z. aufräumen, ordnen durch Wegschaffung des Überflüssigen, Beengenden. **Aufhebens machen** Fechterausdruck: prahlerisches Aufheben d. Waffen vor Beginn d. Kampfes. **aufhören** * d. Unterbrechung e. Arbeit u. Hinhören auf etw. and. od. auf. e. Verbot hören; **aufgeklärt, Aufklärung** *f* 18. Jh.; ~**mutzen,** *herausstreichen; mh. *mutzen*, putzen; **aufpassen** durch etw. gehen (fz. *passer)*, Acht darauf haben; (sich) **aufrappeln** = (sich) aufraffen; **aufrichtig** (übtr.) offenherzig, dass. wie aufrecht, i. d. Höhe gerichtet, **Aufruhr** *m* ndl. *oproer*, eng. *uproar* z. rühren = heftig bewegen, s. Ruhr. **Aufsatz** *m* auch von Geschriebenem schon im 18. Jh.; **aufschlagen** d. Augen, e. Buch, den Preis erhöhen. **aufschneiden** prahlen, 17. Jh.: m. d. großen Messer ~, viell. Jägerspr. = »aufbrechen«; **Aufschnitt** *m* (kalter) erst Mitte 19. Jh. **Aufschwung** *m*, A. am Reck, Turnerwort 19. Jh., dann auch übertragen. **Aufwand** *m* übertrieb. Ausgaben, 18. Jh. z. aufwenden; s. Vorwand. **aufwiegeln** schweiz. 16. Jh. z. bewegen = erregen.

Auge *n* mh. *ouge*, ah. *ouga*, pl. *Og'*, got. *augō*, ags. *eage*, *ēge*, eng. *eye*, anord. *auga*, schw. *öga*, dä. *öje*, urv. lt. *oculus*, s. okulieren, gr. *ósse* f. *ókje* d. beiden Augen, s. Optik, Ossa (= *Okja* Wartberg, Schauberg), ablg. russ. *oko*, *č. oko*~ *(okno* Fenster, vgl. eng. *window* Wind~), lit. *akis*, ai. *akši*, tochar. *ak*, *ek*, z. Wz. *okw-* sehen; äugen (v. Wild) Augapfel *m*, Augenblick *m* eig. Aufschlagen der Augen, jetzt nur zeitlich; ~nbraue *f*, s. Braue, Wimper, ~nlid *n* ah. *hlit* Deckel, ~nschein *m*, ~nspiegel *m* 1850 v. Helmholtz erfunden, ~nweide *f* z. ah. *weida* Futter, Speise, (übtr.) Erquickung; s. ereignen.

August *m* der achte Monat, ursp. *sextīlis* (der sechste, da d. Römer mit März anfingen), dann nach Kaiser Augustus (= Mehrer) benannt. Der v. Karl d. Gr. eingeführte Name *aranmānōt* Erntemonat wurde verdrängt; pl. Orenklatsch = Erntefest, 2): *collatio*, ält. nh. *augst* im Augst = in d. Ernte, einaugsten; mh. *ougest* Aust Ernte, austen ernten; it. *agosto*, fz. *août;* viele Städte heißen n. d. Kaiser Augustus, z. B. Augsburg, Augst bei Basel, Aosta *Augusta*, Saragossa *(Caesarea Augusta)*, Badajoz lt. *Pax Augusti* Augustusfriede, *Autun* = *Augustodunum* = Augsburg, s. auch Düne.

Auktion *f* 16. Jh. v. lt. *auctio* Vermehrung, Versteigerung, z. *augeo* vermehre; s. auch, Autor, August.

Aula *f* Festsaal, v. gr. *aulḗ* Hof, Vorhalle, z. gr. *iaúō* schlafe urspr. wohl = nächtliche Viehhürde rund ums Haus.

Aureole *f* lt. fz. Heiligenschein, Strahlenkrone, mlt. *aureola*, fz. *auréole*, lt. *aureolus* golden.

Aurikel *f* Schlüsselblume, *auricula* Öhrchen, Ohrläppchen, z. *auris* Ohr.

aus ah. *ūz*, got., and. ags. *ūt*, eng. *out*, ndl. *uit*, pl. *ūt*, dä. *ud*, schw. *ut*, urv. ind. *ud;* dazu außen, got. *ūta*, v. außen *ūtana*, ags. *ūtan* v. außen, ohne; pl. būten; 1): be- s. Liste 54, ndl. *buiten*, O.N.: Buitenzorg, F.N.: *Buitendijk;* äußerst (aind. *uttamás)*, außer, veräußern.

Ausbeute *f* 16. Jh. = Kriegsbeute, dann bes. Ertrag v. Bergwerken, jetzt allgemein; **Ausbund** *m* Muster, das Beste, Schönste, nur noch bildl. (~ v. Klugheit, Schönheit), jetzt auch nach d. schlechten Seite entwickelt (~ v. Tollheit); ursp. Kaufmannswort: Schaustück, sichtbar auf d. Warenpaket gebunden (bei

Messern, Gabeln, Scheren usw.). **ausfällig** = grob nach dem milit. ausfallend erst seit d. 2. Hälfte des 19. Jhs. (Freytag, Journ.). **Ausflucht** *f* Flucht aus e. Ort, 18. Jh. noch dasselbe wie Ausflug, dann Vorwand, schlechte Entschuldigung. **Ausflug** *m* mh. *ūȝvluc*, erstes Ausfliegen d. Vögel u. Bienen; Anf. 19. Jh.: kleine Reise.

Ausgeburt *f* nur noch i. schlechtem Sinne, 18. Jh. (doch Goethe, Dichtung u. Wahrh. VII: ~ des 7jähr. Krieges = Minna v. Barnhelm).

ausgelassen eig. v. Vieh (aus d. Stalle) nur noch bildl., 2. v. Butter, Schweineschmalz: ausgekocht, rein. Fett; s. gelassen.

Ausguck *m* Lüs. v. nd. *ūtkīk* 19. Jh. = Mann u. Ort des A.s.

ausheben Soldaten ~, 18. Jh.

auskneifen 19. Jh. stud., den Körper zusammendrücken, um nicht gesehen z. werden; ähnlich: sich drücken.

Auskunft *f* dazu Ende 19. Jh. Auskunftei *f*. **Ausland** *n* 18. Jh. Klopstock.

Ausmaß *n* = Umfang.

ausmergeln s. Mark[1].

ausmerzen als untauglich ausscheiden, eig. Schafe aus der Herde ~, wohl nach »März« umgedeutet aus »ausmerten« (zum Martinstag) oder aus merkezen, mit e. Strich bezeichnen; s. Mark[1], engl. *to mark out*.

ausrotten s. reuten, roden.

Aussatz *m* mh. *ūȝsatz* = Lepra (d. Kranke ah. *ūȝsāzeo)* ansteckender Hautausschlag; die Kranken mußten im M.-A. vor der Stadt wohnen, waren »ausgesetzt«, gehörten z. d. *undersiechen*, in Isolierbaracken untergebracht; mh. Bez. war eig. *miselsuht* (z. B. im Armen Heinrich v. Hartmann v. Aue), viell.: lt. *miselus* (die Kranken = arme Leute).

Ausschuß *m* spätmh., sowohl das als geeignet wie als ungeeignet Ausgeschiedene: Kommission u. Abfall.

ausschweif||end, ~ungen Mehrz. *f*. z. ausschweifen †, nur noch bildl.

Aussperrung *f* Lbi. nach eng. *lockout* 2. Hälfte 19. Jh.

ausstaffieren, m. Zutaten versehen, putzen (meist i. komischem Sinn), nd. *ūtstofferen*, 17. Jh. schriftd., z. Stoff.

Ausstand *m* in neuester Zeit für Streik (eng. *strike); ausstehen* = außer Dienst sein. **ausstechen** (übtr.) jem. übertreffen, wahrsch. v. Turnier: m. d. Lanze v. Pferde stechen, stoßen. **Aussteuer** *f* z. mh. *ūȝstiuren* ausrüsten; s. Steuer.

Auster *f* wahrsch. v. ndl. *oester* z. lt. *ostrea*, gr. *óstreon (astakós* Hummer), dah. auch eng. *oyster*, fz. huitre.

Australien Südland, v. lt. *austrālis* südlich z. *auster* Südwind, s. Asien, Europa. **Austrasien** d. östl. germ. Teil des alten Frankenreiches (dag. Neustrien, d. »neue Westen«); *Ostarrīche* latinis. *Austria.*

ausweiden s. Weidmann, Eingeweide.

Ausweis *m* verdrängt seit 17. Jh. älter. gleichbedeut. Ausweisung.

auswendig, etwas ~ können, lernen, hersagen, d. h. eig. ohne Einsicht in d. Buch, v. dem man nur d. Außenseite vor sich hat, z. wenden, Wende; 16. Jh. – Das Französ. zeigt hier einen andern Gedankengang *(apprendre par cœur).*

Autarkie *f* Selbstgenügsamkeit, wirtschaftl. Unabhängigk., in sich geschlossene Wirtschaft, gr. *autós* selbst u. *arkein* genügen, hinreichen.

Auto- erstes Glied vieler Zs., vom gr. *autós* selbst: ~bus *m* 20. Jh., ~chthon *m* aus d. Erde selbst (Entsprossener), Ureingesessener, ~didakt *m* durch Selbstunterricht Gebildeter, zu *didáskō* lehre, ~gramm *n* eigenhändige Schrift, z. *gráphō* schreibe, ~krat *m* Selbstherrscher, z. *kratéō* herrsche, ~mat *m* sich selbst bewegende Maschine, Selbsttriebwerk z. gr. *autómatos* selbsthandelnd, ~mation *f* nach amerik. ~ (1952) für die volle Automatisierung eines Produktionsvorgangs mit Hilfe eines Elektronengehirns, ~mobil *n* Selbstfahrer, Kraftwagen, z. lt. *mōbilis* beweglich, Ende 19. Jh., 1875 fz. *véhicule (voiture) automobile* (dafür seit d. 1. Weltkrieg umgangssprachl. nur noch Auto), ~nom polit. selbständig, z. gr. *nómos* Gesetz, s. Liste 54, authentisch, *authentikós;* aus ngr. *aphentēs (ē = ī:* gr. *authéntēs)* Urheber: türk. *Effendi.* Authentie »Echtheit«, häufiger Authentizität.

Autodafé *n* feierliche Verkündigung der Urteile d. span. Inquisition, worauf bei Hartnäckigkeit Hinrichtung der Ketzer erfolgte; später auch Verbrennung v. Büchern, v. port. *auto da fé*, sp. *auto de fé*, d. h. Glaubensakt, v. lt. *actus fidei;* jetzt nur noch übtr.; s. Akt.

Autor *m* Verfasser, Schriftsteller 15. Jh. v. lt. *auctor* Urheber zu *augeo* ziehe groß, vermehre, befördere; eng. *author* m. irrt. *h;* ~isieren, ~ität *f* v. lt. *auctoritās*, Ansehen; s. auch Auktion, August.

Ave Maria *n* Gebet »Gegrüßet seist du, Maria«, 1): *lat. avē* (vgl. gr. *chaire)* *phoinik. (karthag.) Lehnw. *hawē* »Du sollst leben«, urverw. m. E.N. Eva = hebr. *Chawwah* Leben.

Aviatik *f* 20. Jh. Flugwesen, beruht wie fz. *aviateur* Flieger, *aviation* Luftschiffahrt, *avion* * Vögelchen, Flugzeug auf lt. *avis* Vogel, vgl. unter »Taube«.

Aviso *m* sp. *barca de aviso;* Jacht f. Nachrichtendienst, vgl. fz. *aviser (: avis* = lt. *ad visum)*, berichten. Pl. Avisen im 17. Jh. = Zeitungen (wie noch heute dän. *avis)*.

Axiom *n* keines Beweises bedürftiger Lehrsatz, 17. Jh. v. gr. *axíōma* Ansehen, Würde, unbezweifelter Lehrsatz.

Axt *f* mit spätem t (wie Palast, Papst u. a.), pl. Ex, mh. *ackes*, *ax*, ah. *ackus*, got. *aqizi*, ags. *æx*, eng. *axe*, anord. *öx*, schw. *yxa*, dä. *ökse*, urv. lt. *ascia*, gr. *axínē*.

Azalea (Azalee) *f* Felsenstrauch gr. *azaléos* trocken, dürr.

Azur *m* himmelblau, 18. Jh. v. fz. *azur*, it. *azzurro*, z. pers. *lājuward*, arab. *lāzaward* blauer Stein *lapis lazuli* aus dem Bergwerk z. Lädschward. Das *l* wurde irrt. als fz. Artikel angesehen und weggelassen; s. Lasur, sp. *azulejos* buntfarbige (blaue) Fliesen u. Ziegel.

B

Baas u. Bas, ndl. *baas* Herr, Hausvater, Meister, Heuer~ (skandin. *hyrebas)*, Zimmer~ u. a., eng.-amer. *boss* Meister; * Kosew. (vgl. Base »des Vaters Schwester«).

babbeln schwätzen, 16. Jh. lautmalend wie fz. *babiller*, eng. *babble.*

Bach *m* (auch *f* z. B. Katzbach) mh. *bach*, ah. *bah*, as. *beki*, pl. Bäk eng. *beck*, ndl. *beek*, anord. *bekkr* dä. *bäk;* mir. *búal* (<**bhoglā)* fließ Wasser; gemeingerm. W., Flußname *Paganza:* Pegnitz, O.N. oberd. Ans~, Eschen~, Wittels~ nd.: Reinbek, Wandsbek, Hagenbeck, Hastenbeck, Einbeck = *Embeke* »am~«, Altenbeken u. a. Förste mann verzeichnet 600 O.N. auf -bach, -bek, -beke, dazu 200 m. Bach anfangend; Bakenstr. i. Halberstadt, F.N.: Inderbek, van der Becke, Overbeck der jenseits d. Baches Wohnende, Thorbeke (zur, zum Bach), tirol. Pacher; viell. z. Wz. *bheg-*, *bhog-*, zu der viell. auch lit. *bangà* Welle gehört.

Bache *f* † Wildsau, ~r 2jähr. Keiler, verw. m. mu. Bachen = Schinken, Speckseite; entl. afz. *bacon* (daher eng. *bacon)*; s. Backe[1].

Bachstelze *f* zu stelzen = auf Stelzen gehen, viell. aber nd. Wachstert, Bachstert = bewege den Schwanz, Wippstertge, Wippzagel, eng. *wagtail;* s. Sterz.

Back *f* seem. 1. Eßschüssel v. spätat. *bacca* wie fz. *bac;* 2. Tisch, von dem eine Backschaft (die zu einer Schüssel gehörigen) ißt: Backen und Banken! (Essensruf); 3. Vorderaufbau des Schiffes; vgl. auch Bassin u. Becken.

Backbord *n* linke Seite d. Schiffes, Gegensatz: Steuerbord. Das Steuer befand sich b. d. altgerm. Schiffen auf d. rechten Seite, so daß d. Steuermann der linken Seite den Rücken zukehrte (eng. *back)*, *aback* hinten, ndl. *achterbaks* zurück.

Backe[1] *f*, **Backen** *m* fleischige Erhöhung, Rückenstück, Hinterschenkel, vw. mit Bache, ah. *bakko* Speckseite.

Backe[2] *f* Wange, m. d. vorigen nicht vw.; Kinnbacken *m*, ah. *chinnibahho:* gr. *phagṓn* Kinnb. (Mehrz. *phagónes* * Esser).

backen ah. *bacchan*, schwäb. *bahen*, ags. *bacan*, eng. *bake*, schw. *baka*, dä. *bage*, urv. gr. *phṓgō* röste; Bäcker *m* südd. Beck (auch F.N.); F.N. Bach(er), Bachofen, Boeckh.

Backfisch *m* eig. kleiner, junger, besser z. Backen geeigneter Fisch, dann seit dem 16. Jh. für ein junges, halbwüchsiges Mädchen; Fisch scherzh. öfter f. Mädchen: Gold~.

Bad *n* ah. dä. schw. *bad*, eng. *bath*. Baden als Orts- u. Ländern., auch i. Zs. (Wiesbaden u. a.), ist Dat. Mehrz., eig. zu den Bädern, vgl. *Aquisgranum* Aachen. **Bader** *m* mh. *badaere* der d. öffentliche Bad Besorgende, d. i. M.-A. zugleich d. Haar schnitt u. d. Bart schor, sowie leichtere ärztliche Verrichtungen machte, dazu bähen, ah. *bājan* »durch warme Umschläge erweichen«; urv. ablg. *banja* Bad.

Bagage *f* Reise-, Heeresgepäck, 17. Jh. v. fz. *bagage*, sp. *bagaje*, z. mlt. *baga* Sack, Kasten, eng. *bag* Tasche, anord. *baggi* Bündel, Last; dav. afz. *bague*, Bagatelle *f* 17. Jh. v. fz. *bagatelle*, eig. kleiner Pack, dann Kleinigkeit, andere leiten it. *bagatella* v. lt. *baca* Beere ab (vgl. it. *bagola)*.

Bagger *m* nd. Maschine z. Schöpfen v. Sand u. Schlamm, mndl. *baggher* Schlamm: russ. poln. *bagno* Sumpf?

Bahn mh. *bane*, mnd. mndl. *bāne;* Grdb. Geschlagenes(?), z. an. *bani* Totschläger; ~en, an~en (bildl.), Lauf~, Eisen~ 19. Jh.

Bahre *f* mh. *bāre*, ah. *bāra*, pl. Böhr, ags. *bēr*, eng. *bier*, z. idg. Wz. *bher* tragen, ai. *bhārás m* Bürde, gr. *phérō*, gr. *phéretron*, lt. *feretrum* ~, makedon. *bérō*, lt. *fero*, *fert(ilis)* = (frucht)tragend, fruchtbar, pl. bören (Adebar s. d.), got. *baíran*, ah. *bëran*, eng. *bear* tragen, gebären, s. Urbar, gebären, gebühren, Bärme, Eimer, Zuber, Metápher; Bürde, lautl. = lt. *fort(una)* (v. Schicksal) Getragenes, Gebrachtes; -bar (frucht~, dank~ usw.); entl. it. *bara*, fz. *bière* Bahre; Tragbahre (tautolog.), Bahrrecht *n*, Gebärde *f*, Gebaren *n*. Hackelberend, Hakelbernt (z. got. *hakuls* Mantel, also [Wolken-] Mantelträger), irrt. auch Hackelberg, der wilde Jäger, Beiname Wodans; gr. *Amphora f* Zweiträger, dah. Eimer (s. d.); makedon.

P.N. Berenike, gr. *Pherenike* (lt. Form: *Veronica)* die Siegbringende; gr. *phōsphóros* Lichtträger, Morgen- u. Abendstern, lat. *Lucifer;* dann kirchlich: Fürst der Finsternis; s. -bar i. Liste 54, ferner Börde.

Bai *f* iber. lt. *baia* Bucht; O.N. *Bāiae*, fz. *baie*, it. *baia*, eng. *bay*, sp. port. *bahia (Bahía* de *Todos os Santos* Allerheiligenbucht, mit gleichn. Stadt, weil am 1. Nov. 1503 entdeckt).

Bajonett *n* 17. Jh. v. fz. *baïonnette* Spieß an d. Flinte, früher in Bayonne i. Südfrankreich hergestellt.

Bake *f* nd. Schiffszeichen auf See, bes. a. Hafeneinfahrten, mnd. *bāke* aus afries. *bāken*; mh. *bouchen*, ah. *bouhhan*, and. *bōkan*, ags. *beacen*, eng. *beacon* Zeichen, Leuchtturm, *beckon* winken.

Bakel *m* 17. Jh. Schulmeisterstock v. lat. *baculus*.

Bakelit *n* Kunststoff, 1909 nach Leo Hendrik Baekeland.

Bakkalaureus *m* nlt. *baccalaureus*, mlt. *baccalāris*, afz. *bacheler* Knappe, eng. *bachelor*, air. *bacglach* Schäfer, Bauer v. *bacgall* Stab, lt. *baculum;* nicht: *lat. laurus* Lorbeer, nur volksetym. angelehnt.

Bakterie *f* Anf. 19. Jh. v. gr. *baktēría* u. *baktērion* Stab (lt. *baculum)*, n. d. Form dieser Lebewesen, s. Bazillus.

balancieren v. fz. *balancer* z. *balance* Waagschale, lt. *bilanx* zwei Waagschalen habend *(bīs* zweimal); s. Bilanz, Biskuit.

bald mh. *balde* kühn, schnell, sogleich, ah. *baldo* (Adv.) wie got. *balþaba;* mh. ah. *balt* dreist, kühn, tapfer, schnell, ags. *b(e)ald*, eng. *bold* kühn; Balder (Gott)?, Balduin mh. *Baldewin* kühner Freund, Name d. Esels i. Tierepos (entl. fz. *Baudouin*, auch F.N.); Theobald, Humboldt, Humblot (s. Hüne); entl. it. *baldo* kühn, Garibaldi; s. Ger, -bold in Liste 54.

Baldachin *m* Thronhimmel, mh. *baldekīn* v. it. *baldacchino*, eig. Stoff aus Bagdad (mh. *Baldac)*.

Baldower(er) *m* Kundschafter, aus dem Rotwelsch, (aus)baldowern.

Baldrian *m* v. mlt. *valeriana* Gesundheitskraut, s. Valet, Invalide.

Balg *m* mh. *balc* Haut, got. *balgs* Schlauch (eig. Tierhaut z. Aufbewahren v. Flüssigkeiten), z. germ. Wz. *belg* anschwellen (s. Polster), urv. lt. *follis* Blasebalg, gr. *thýlakos* Sack, Beutel, gall.-lt. *bulga* Ledersack, air. *bolgaim* blase auf, *Belgae* d. Stolzen; pl. Bülge Welle, eng. *belly* Bauch, *bellows* Blasebalg; sich balgen mu. eig. zornig reden, dann sich prügeln; reizender ~ (Kind), nd. ~ unartiges Kind, ndrhein. Umstell. *blāch;* s. Ball[1].

Balken *m* Holzstamm, and. ah. *balko*, ags. *balca*, eng. *balk*, urv. gr. *phálanx* Walze, Nebenf. Mz. *phálangai;* entl.: fz. *balcon*, it. *balcone* eig. Balkenvorsprung, 17. Jh. als **Balkon** *m* zurückgekehrt; s. Katafalk, Schafott, s. Bohle.

Ball[1] *m* mh. ah. *bal;* entl. fz. *balle* Kugel; ballen d. Form einer Kugel geben; s. Balg, Ballen, Ballon Bowle, Zwiebel; fz. *ballotage* Kugelwahl.

Ball[2] *m* 17. Jh. v. fz. *bal* z. gr. sikeliot. *ballízein*, lt. *ballare* tanzen ai. *balbalīti* wirbelt. **Ballett** *n* 17. Jh. it. *balletto*, Vkl. z. *ballo* Tanz, fz. *ballet;* Ballerine *f*, Bajadere: ptg. *bailadeira*, *bailar* tanzen.

Ballade *f* v. fz. *ballade*, prov. *balada*, it. *ballata* Tanzlied. Die heutige Bed. (seit Bürger) n. d. Vorbild der alten schott.-eng. *ballads;* so ist d. W. südl.-rom., der Begriff nord.-germ.

Ballast *m* nd., Schiffsausdruck dann bildl. Überflüssiges, Beschwerendes; um 1400 nd. u. an. *ballast* u. *barlast* <* *barmlast* zu as. *barm* Schoß (oder = bare, bloße Last?)

vgl. ags. *bearm (scipes)* Schoß (des Sch.).

Ballei *f* Bezirk eines Ritterordens, mlat. *ballia*, afz. *baillif* Verwalter, Ztw. *baillir*, lt. *bajulus* Träger.

Ballen *m* rundl. Erhöhung an Hand u. Fuß, Paket m. Waren, z. Ball[1].

Ballon *m* 17. Jh. v. it. *ballone*, fz. *ballon*, z. Ball[1].

Balsam *m* ah. *balsamo*, got. *balsan*, v. gr. *bálsamon*, arab. Ursp., hebr. *bāšam* ~strauch; (eng. *balm*, fz. *baume*, it. *balsamo).*

baltisch, Belt spätmh. *beltemere*, nlt. *mare Balticum* (Ostsee), nicht: lt. *balteus Gürtel*, eher: lit. *baltas*, aslaw. *bělŭ* weiß, urv. gr. *phanós* lichtglänzend.

Balustrade *f* fz. Brüstung, Säulengeländer, it. *balaustrata*, *balaustro* Geländerdocke: gr. *balaústion* Blüte des wilden Granatbaums.

Balz *f* Auftakt zur Begattung d. Fasans, Auerhahns u. a.; 14. Jh., zu westf. Bolz »Kater«?

Bambus *m* 16. Jh., ndl. *bamboes*, in e. (nicht idg.) Dravidasprache *banbu*.

banal eig. dem Bann, d. Gerichtsbarkeit unterworfen, jedem zugänglich, um 1800 v. fz. *banal*, z. Bann.

Banane *f* um 1600 v. sp. port. *banana*, westafrik. Urspr.

Banause *m* Spießbürger v. niedriger Denkart, um 1800 v. gr. *bánausos* Handwerker, *baunos* u. *auō* = lt. *uro* brenne, *Ofenheizer; s. Bönhase.

Band *n* (Zeugstreifen) *m* z. binden, Mehrz. Bänder, Bande, Bände; Einband, bändigen, anbändeln; entl. fz. *bande* (am Billard), *bandage* Verband, beide ins Deutsche als Fremdw. zurückgekehrt; am laufenden ~ = schnell aufeinander. **Bande** *f* Schar (jetzt nur i. üblem Sinne) 18. Jh. v. fz. *bande*, it. *banda* Schar, v. got. *bandwa* Zeichen, Fahne, also eig. unter e. Fahne versammelte Kriegerschar (s. Fähnlein i. Schillers Jungfrau I, 9); fz. *banderole* Wimpel, sp. *banderilla* Widerhaken m. Fähnchen (Stierkampf!); s. Banner, Panier.

Bandit *m* 16. Jh. v. it. *bandito* * in Acht u. Bann Erklärter, z. dtsch. Bann.

bange = eng. mit Vorsilbe be-, also eig. beengt, m. Ausfall des e, wie i. glauben, bleiben, gleich, gönnen u. a., s. Angst.

Bank[1] mh. *banc*, eng. *bench*, dä. *bænk*; entl. it. *banca*, *banco*, fz. *banc*, *banque*. Dass. W. ist **Bank**[2] *f* Wechsel-, Spielbank, v. it. *banca* (Rückw.); Bankier *m*, Bankherr drang nicht durch, Banknote *f*. **Bänkelsänger** *m* 18. Jh., weil d. herumziehenden Sänger auf Bänken stehend sangen; ~ert spätmh., vgl. Bastard auch mlat. *scamnifex*. **Bankett** *n* 16. Jh. v. it. *banchetto*, fz. *banquet*, v. Bank[1].

Bankerott *m* 16. Jh. v. it. † *banca rotta* zerbrochene Bank (dem Zahlungsunfähigen wurde der Wechseltisch zerbrochen), fz. *banqueroute f*, it. *bancarotta*, eng. *bancrupt;* Campes Verdeutschung Bankbruch 1795 drang nicht durch, s. Liste 46; Staats~ (Kant 1797).

Bann *m* Grdb. Gesagtes, urv. gr. *phánai* sagen, lat. *fāri* sagen, s. Fabel; mh. ah. *ban* Gebot od. Verbot unter Strafandrohung (Heer~ = Einberufung d. Heeres), Gerichtsbarkeit (Blut~ Recht über Leben u. Tod), s. banal; Bandit; bannen (verbannen aus d. Lande weisen); fz. entl. *forbannir*, *abandonner*.

Bannmeile *f* Stadtbezirk, Weichbild; entl. fz. *ban*, *banlieue*, 2. T. ist kelt. *leuga* Meile. ~fluch *m*, ~bulle *f*, ~wald *m* (wo Holzfällen verboten ist), ~ware *f* 1807 Lsch. Campes f. Konterbande.

Banner *n* Heerfahne, mh. *baner*, *banier*, v. fz. *bannière*, v. got. *bandwa* Zeichen, s. Band, Panier.

bannig gewaltig, sehr nd.

Banse *f* ~n *m* Scheunenraum neben d. Tenne, got. *bansts* *m* Scheuer, ~n Garben einschichten, urv. gr. *phátnē* Krippe; aus d. Westgot. entl. span. *banasta* großer Korb.

-bar s. Liste 54

bar bloß, pl. bor, eng. *bare;* an. *berr* nackt, bloß, ~fuß, pl. barst(!), barhaupt, bares Geld eig. offen hingezählt; Bareis = Eis ohne Schnee, Barfrost, urv. ablg. *bosū*, lit. *bãsas* barfuß, eig. nackt (*s* = *r*, Rhotazismus; s. Liste 31); Barschaft *f*.

Bar *f* Anf. 20. Jh. v. eng. *bar*, s. Barre.

Bär *m* mh. *bër*, ahd. *bëro*, pl. Bor, ags. *bera*, eng. *bear*, anord. schw. dä. *björn*, Tabuname (für den idg. Bärennamen, der in gr. *árktos* u. lat. *ursus* u. viell. im an. P. N. *Yrsa* erhalten) n. d. Farbe »der Braune«, lit. *beras*, lett. *bērs* braun; germ. russ. *berlóga* ~enlager, im Tierepos Braun, s. Biber. Im ablg. u. russ. heißt d. Bär Honigesser *(medv-ädj)*, s. Met. P.N.: Bernhard (Kf. Benno) stark wie e. Bär. F.N.: Behrend, Gen. Behrens, schwäb. Benz, vgl. langobard. *Benso (di Cavour)*. Seebär (bildl.); s. Berserker. Bernburg s. brennen.

bärbeißig kaum z. mh. *barn*, *baren* Krippe (v. Pferden), krippenbissig, zänkisch; s. Paar; wohl (18. Jh.): v. d. Art der zur Bärenhatz abgerichteten Jagdhunde.

Baracke *f* 17. Jh. v. fz. *baraque*, it. *baracca*, sp. *barraca* z. *barro* Lehm.

Barbar *m* roher Mensch, v. gr. *bárbaros* Ausländer, Nichtgrieche, eig. stammelnd, also: wer d. gr. Sprache radebrecht; urv. lt. *balbus*, aind. *barbharah* stammelnd; i. 17. Jh. Barbar (später Berber) Bewohner Nordafrikas, d. Berberei; s. brav, Rhabarber, Berberroß; P.N.: Barbara die Fremde, fz. Vkl. Babette.

Barbe *f* Bartfisch, v. lt. *barbus: barba* Bart; ah. *barbo*, Bartkarpfen, vgl. schwed. *skäggkarp*.

Barbier *m* v. fz. *barbier*, z. lt. *barba* Bart.

Barchent *m* rauhes Baumwollenzeug v. mlt. *barracanus* Zeug aus Kamelshaaren, arab. *barakan*, pers. *baraka* grob. Tuch (f. Derwische).

Barde *m* altkelt. Sänger, seit Schottel und Klopstock irrt. auf dtsch. Sänger bezogen: gr. *phrázō*, * *phradjō*, weise an, erzähle(?).

Bärenhaut *f* in der Redensart auf der B. liegen = faulenzen im Anschluß an Tacitus' Germania Kap. 15 u. 17 seit den Humanisten d. 16. Jhs.

Barett *n* 15. Jh. v. fz. *barrette*, it. *berretta* Mütze, auch Birett, z. mlt. *birrētum*, *barrētum*, Mantel, Bischofskleid.

Bariton *m* tiefer Tenor, 18. Jh. v. it. *baritono*, z. gr. *barýtonos* tief *(barýs* schwer, tief, *-tonos* z. *teínō* spanne), s. Barometer, Ton².

Bark *m* ah. *paruh* verschnittener Eber.

Barke *f* eng. *bark*, *barge*, aisl. *barki*, sp. it. *barca*, fz. *barque;* über spätlat. *barca* < * *barica* v. gr. *bāris* ägyptischer floßartiger Nachen; Barkasse *f*, Barkarole *f* Gondellied.

Bärme *f* pl. Barm = Gest (: gären), oberd. Hefe, u. Germ, verw. mit brauen u. Brot ebenso urverw. mit lat. *fermentum* Sauerteig, s. brauen u. Hefe.

barmherzig mh. *barmhërzec*, ah. *armhërzi*, ags. *earmhort*, got. *armahaírts*, m. Vorsilbe bi-, be- (s. Liste 3) *biarmhërzi*, also nicht z. ah. *barm* Schoß, Busen, sondern kirchl. Lüt. v. lt. *misericors (cor* Herz, *misereri* sich erbarmen); s. erbarmen.

barock seltsam, wunderlich; der auf d. Renaissance folgende Stil i. 17. Jh., erst 19. Jh. (Wieland hat noch barockisch) v. fz. *baroque* (1531) z. port. *barroco* schiefrund, v. Perlen u. Edelsteinen gesagt, nicht nach Federigo Barocci (1526-1612).

Barometer *m n* Wetterglas, 17. Jh. v. gr. *báros* Schwere, Druck, *métron* Maßstab; s. Bariton, Meter, Thermometer, Hexámeter.

Baron *m* 16. Jh. v. fz. *baron*, it. *barone*, mlt. *baro*, z. ah. *baro* freier Mann, vgl. an. *beriask* streiten, entl. russ. *bárin* Herr; ~esse v. it. *baronessa.*

Barras *m* Kommißbrot (vor 1900), Kommiß (1. Weltkr.): jidd. *baras* o. breton. *bara* »Brot«?

Barre *f* **Barren** *m* Riegel, Stange, Schranke, Schlagbaum; d. Grdb. tritt noch in Zs. hervor (Goldbarren, Sandbarre vor d. Flußmündung), mh. *barre* v. fz. *barre* (eng. *bar* Stange, Gerichtsschranke, Schenktisch); Barren (Turngerät) seit Jahn; Barriere *f* 18. Jh. v. fz. *barrière*, it. *barricade*, Barrikade *f* Straßensperre (bes. bei Aufständen) 18. Jh. v. fz. *barricade*, it. sp. *barricata, - da.*

Barsch *m* eßbarer Raubfisch, pl. Börs, aus e. germ. Wz. m. Grdb.: rauh, scharf; verw.: Borste, Bürste; dazu **barsch** »stachlich«, nd., 17. Jh. schriftd.; Nebenf. (= ah.) Berschich.

Bart *m* mh. ah. *bart*, ags. eng. *beard*, urv. lt. *barba* aus *farba* (it. *barbarossa* Rotbart), lett. *barda*, ablg. *brada.* Dazu **Barte** *f* ah. *barta*, mh. *barte* also eig. »die Bärtige«, Beil, Axt (s. Hellebarde), Barte *f* Fischbeinzahn des Walfisches; Schlüsselbart; Bed.-W.: »d. Eisen hängt vom Stiel wie e. Bart herab«; F.N. ~nschmied, Bardenheuer.

Basalt *m* vulkanisches Gestein, 16. Jh. entstellt aus gr. lt. *basanítēs* b. Plinius, afrik. Ursp.

Basár *m* eig. Ladenreihe i. orient. Städten, 16. Jh. v. fz. *bazar*, pers. Urspr., slaw. O.N. *Novibazar* »Neumarkt«.

Base *f* ah. *basa* = *fadarswēsō* (s. Schwester), seit dem 17. Jh. durch Cousine ersetzt; Klatsch~.

Basilika *f* v. gr. (*stoá*) *basilikē* königliche (Halle, Galerie), dann Gerichtshaus, Gebäude f. Handel (Börse) u. Rechtspflege, endlich kirchl. Bauten v. ähnl. Form. **Basilisk** *m* v. gr. *basilískos* kleiner König, »Königseidechse«, z. *basileús* König.

Basis *f* Grundlinie, -lage, mh. *basis* v. gr. *básis* (fz. *base*); basieren um 1840.

Baß *m* 16. Jh. v. it. *basso* tief, dor. gr. *bāssōn* tiefer.

baß † Adv. z. besser, ah. *baz*, s. fürbaß.

Basse *m* nd. Schwein, dän. schwed. *basse* (Wild)schwein; zu ags. *bār* Eber? oder Koseform zu isl. *barri?*

Bassin *n* 18. Jh. v. fz. *bassin* z. mlt. *baccinum* flache Schlüssel, s. Becken.

Bast *m*, basteln um 1800, urverw. lt. *fascia* Binde, entl. it. *basta* Heftnaht, *basto* Saumsattel, s. bosseln.

basta 17. Jh. v. it. sp. *basta* es ist genug, s. topp.

Bastard *m* mh. *bastart* v. afz. *bastard*, it. *bastardo* »der auf dem Sattel erzeugte« z. mlat. *bastum* Saumsattel. Vgl. Bankert.

Bastei *f* vorspringendes Bollwerk e. Festung, 14. Jh. Pastey, v. it. *bastia* (altit. *bastire*, fz. *bâtir* bauen); viell.: germ. * *bastjan* flechten; Bastion *f* fz. 17. Jh., it. *bastione;* Bastille *f* Festung, bes. die in Paris, zerstört 1789.

basteln s. bosseln.

Bastonnade *f* Stockschläge, 18. Jh. v. fz. *bastonnade*, it. *bastonata* (fz. *bâton*, it. *bastone* Stock).

Bataillon *n* 17. Jh. v. it. *battaglione*, fz. *bataillon* z. *bataille* Schlacht z. lt. *battuere* schlagen; früher Fähnlein *n* (Schillers Jungfrau I, 9);

Batterie *f* 17. Jh. v. fz. *batterie*, seit Franklin auch elektr. Kraftspeicher, s. Rabatt, Debatte.

Batist *m* v. fz. *batiste*, kaum nach d. (unbezeugten) Leinweber *Baptiste* i. Cambrai (13. Jh.), s. Liste 8.

Batzen *m* Klumpen z. batzen »zus.kleben« < * **backezen** (wie blitzen < **blickzen**); dann (wegen ihrer Dicke) die Ende 15. Jh. i. Bern geprägte Münze m. d. Berner Wappen, d. Bären, die auch bald nach Bätz, dem Bären, umgedeutet wurde; s. Rappen, Kreuzer, Florin, Heller, Taler.

Bauch *m* mh. *būch*, ah. *būh*, pl. Buk, viell. z. biegen, Bug, Bucht, also Grdb.: Rundung; Schiffs~, gr. *phýskē* **phygskē* Magen- u. Dickdarm, Spottn. *(Ptolemaios V.) Physkōn* »Schmerbauch«.

Baude *f* Sennhütte, Wirtshaus i. schles. u. böhm. Gebirge, Nf. z. Bude, v. **bauen** mh. *būwen*, ah. *būan* wohnen, pflanzen, bebauen, got. *bauan* wohnen, ags. *bōgian* (Bau), z. idg. Wz. *bhū* sein, werden, entstehen, erzeugen, woher auch gr. *phýō* bringe hervor *(phýsis* Natur, *phýma*, *phýtón* Gewächs, eig. Hervorgebrachtes, Geschaffenes), ai. *bhávati* er ist, lt. *fui* ich bin gewesen, *futūrus* werdend; vorbauen (bildl.), erbauen (oft bildl.), Bude, Nachbar, eng. *husband* Gatte, eig. Part. der d. Haus Bewohnende, aisl. *hūsbōndi*.

Bauer[1] *m n* (Vogel~, mu. Korb), mh. ah. *būr*, ags. *būr* Wohnung, eng. *bower* Laube, Landsitz. O.N.: Bauerbach Ansiedlung am Bach, pl. (Ibben)-büren, (Falling)bostel = *būrstal* Wohnstätte od.: Burg; Beuron (Dat. Mehrz. b. d. Häusern), Blau-, Kaufbeuren, Beerfelden, Wesselburen, viell. Tribur (z. drei), entl. afz. *buron* Hütte; z. dems. Stamm gehört: **Bauer** *m* Landmann, pl. Bur, mh. *gebūre*, ah. *gibūro* (F.N. Gebauer!) z. *būr* Wohnung, also Mitbewohner, Dorfgenosse = ndl. ostfr. F.N. Buurman, s. Nachbar, Geselle.

Baum *m* mh. ah. *boum*, got. *bagms*, pl. Bom, ags. *bēam*, eng. *beam* Balken, Strahl, an. *baðmr* Baum(?); sich bäumen, sich wie e. Baum aufrichten; Ein~, Mast~, Stamm~, ~schule *f*, ~wolle *f* mh. *boumwol*. F.N.: Bungert, Bangert (Baumgarten); ~el Schaukel, ~eln (viell. nachträglich an »Baum« angelehnt und ursp. z. *bammeln*. Glockengeläute »bimbam«; Bimmelbammel).

Bausch *m* Anschwellung, Wulst, mh. *būsch*: lt. *fūstis* Knüttel, verw m. Bauch, s. d.; in ~ u. Bogen eig m. auswärts u. einwärts gehender Biegung, daher ohne Berechnung i einzelnen, da d. Abweichungen sich ausgleichen; s. Pauschquantum Pauschalsumme.

baxen † für boxen (s. d.), nd. *bak sen* schlagen, dän. *bakse;* lautmalend german. W.; 18. Jh. (Fiesco V, 7)

Bazillus *m* 1872 v. Ferd. Cohn geprägt, v. lt. *bacillum* Stäbchen z. *baculus*, *baculum* Stab, s. Bakterie

be- s. Liste 54.

Beamter *m* 17. Jh. Kurzform *beamt* für *beamtet*.

beanstanden = tadeln ers 2. Hälfte 19. Jh., vorher = anstehen lassen.

beben (Luther), oberd. *bidmen* (Basel 1522), mh. *biben*, ah. *bibēn* an. *bifa*, ags. *biofian*, eng. fehlt, z idg. Wz. *bhī* sich fürchten, wohe auch ablg. *bojati* sich fürchten, a. *bibhēti* fürchtet sich, lit. *baim* Furcht; Bevereske (pl.) Zitterpappe

Becher *m* ah. *bēhhāri*, anord. *b karr*, schw. *bägare*, eng. *beaker*, v mlt. *bicārium* Trinkgefäß (it. *bi chiere)*, gr. *bīkos* ird. Gefäß f. Wein

Becken *n* ah. *becchin*, v. mlt. *bacc num* flache Schüssel (it. *bacino*, f *bassin*, eng. *basin)* spätlt. *bacc* Wassergefäß, s. Back, s. Bassi Pickelhaube.

Bedarf *m* mnd. *bedarf*, galt i 18. Jh. noch als veraltetes Kanzle wort.

bedauern mh. *betūren*, *betiuren*

tiure teuer, noch b. Lessing mit t; s. dauern², teuer, beteuern.

Bede s. bitten.

bedeppert entrundet zu † betöbern »betäuben«.

bedeutend noch b. Goethe meist i. ursp. Sinne, z. B. Hermann u. Dorothea V 108, 209 (er tat bedeutend den Mund auf, er sprach d. bedeutenden Worte).

Bedienter s. Liste 40.

bedingen mh. *bedingen* Vertragsbestimmungen festsetzen, ah. *dingōn* z. *dinc* rechtliche Verhandlung, s. Ding.

bedürfen ah. *bidurfan*, s. dürfen.

Beere *f* mh. *ber*, ah. *beri*, got. *basi*, ndl. *bezie*, pommerisch *Besingen* Heidelbeeren, ags. *berie*, eng. *berry*, ags. *basu* rot, s. Liste 8.

Beet *n* 17. Jh. md., eig. dasselbe wie Bett (mh. *bette*, *betti* Beet, Bett, eng. *bed* Beet, Bett) got. *badi;* Grdb. viell.: (Schlaf)grube; Gartenbetter A. v. Haller).

Beete *f* rote Rübe, v. lt. *bēta* (dah. auch fz. *bette*, eng. *beet);* flämischer F.N. van Beethoven der vom Rübenhofe, -garten.

befangen Part. (nur noch bildl.) . Adj. geworden, z. ah. *bifāhan* umfangen, einnehmen.

befehlen ¹) † anvertrauen, (Gott befohlen), ²) durch Willensäußerung bestimmen, mh. *bevëlhen*, ah. as. *bifelhan* z. got. *filhan* begraben, bergen, *ana-filhan* übergeben, mh. *bivilde* Begräbnis, Grdb. anvertrauen; gl. empfehlen; nicht verw. fehlen.

Beffchen *n* nd. d. zwei längl. weißen Läppchen am Kragen d. ev. Geistlichen, v. mlt. *biffa* Mantel, Überwurf, mnd. *beffe* Chorrock u. Chorhut der Prälaten.

beflissen s. Fleiß.

befugt Part. zu † befugen, berechtigen; Befugnis *f*.

Befund *m* 18. Jh. Tatbestand, bes. mediz. oder jurist.

begabt Lüs. der Mystik v. mlat. *dotātus* (mit den Gnadengaben Gottes).

begehen ein Feld, e. Straße; meist bildl.: e. Fest, e. Unrecht; (Leichen-) Begängnis *n;* wohl altes Kultwort.

begehren mh. *begërn*, *gërn*, ah. *gërōn*, z. *gër* gierig; auf∼ südd. z. gären; Begierde *f*, begierig; s. Gier, gern, Geier.

Begeisterung *f* zuerst bei Gottsched.

Beginen, Beghinen *f* Mitglieder e. Frauenvereins, die ohne eig. Klausur u. Ordensgelübde zus. wohnen, wahrsch. n. d. Priester Lambert le Bègue od. Beghe (der Stammler) † 1177, der in Lüttich d. erste Haus dieser Art gründete.

beginnen ah. *biginnan*, ags. *beginnan*, eng. *begin*, got. *duginnan*, unerklärt; durch anfangen meist verdrängt.

begleiten eig. begeleiten, s. leiten.

begreifen greifen, betasten, jetzt nur bildl.: m. d. Verstande erfassen; begreiflich, Begriff *m* 18. Jh. philos. Ausdruck; i. Begriff sein (im Werden); begriffsmäßig, ∼stutzig.

behäbig z. mh. *behaben* festhalten, also eig. festhaltend, seit Goethe: Wohlhabenheit zeigend, (vgl. mh. *gehebig* besitzend), s. haben.

behagen, Behagen *n* behaglich, an. *haga* passen, hess. *behagel*, F.N. Behaghel, (behäglich noch b. Lessing), wahrsch. z. Hag, hegen, ah. *kihagan* gehegt, Hecke; Grdb.: umschließen, schützen, s. Gehege.

behalten, Behälter *m*, **Behältnis** *n* z. halten; vorbehalten.

behaupten eig. sich als Haupt v. etwas zeigen; dann erfolgreich verteidigen, endlich entschieden e. Meinung aussprechen.

behelligen *helligen* durch Verfolgung ermüden, z. mh. *hellic* ermüdet, erschöpft, pl. u. schweiz. hellig.

behende eig. bei d. Hand, ah. *bihenti*, zum Adj. geworden, s. bange, zufrieden, apart.

Behörde *f* eig. wo etwas hingehört, obrigkeitliche Gerichts-, Verwaltungsstelle, 18. Jh. Kanzleiw. z. gehören; Zubehör *n*, mh. *zuobehoeren* zugehören, zukommen.

Behuf *m* mh. *behuof* Geschäft, Zweck, Kanzleiw., nur noch: z. d. ~, behufs, ndl. *behoeven* bedürfen; ags. *behōflīc* notwendig; eng. *behoof* Nutzen, ndl. *behoef* Gebrauch; s. haben, heben, -haft, Haft.

bei vollere Form f. be-, mh. ah. *bī*, got. *bi*, ags. *bī*, eng. *by*, urv. gr. *amphí*, ah. *umbi* um (z. B. i. *Amphitheater)*.

Beichte *f* Sündenbekenntnis vor d. Priester, vorchristl.: Aussage vor Gericht, ah. *bigiht*, z. *bijëhan* bekennen *(jëhan* sagen), ai. *yā́cati* fleht; Urgicht = Aussage, Bekenntnis, nd. (Fr. Reuter) gichten = besprechen; Beichtstuhl.

beide mh. ah. *bēde*, *beide*, eng. *both*, got. *ba pō skipa* Stellung wie im griech. Urtext »beide die Schiffe«, urv. gr. *ámphō*, lt. *ambō*, lit. *abù*, ablg. *oba*, ind. *ubháu* (alle mit Vorschlagssilbe).

Beiderwand *f n* * beiderlei Stoff, Gewebe aus Leinen u. Wolle. 2. *wāt* s. weben.

beiern ndl. *beieren* m. d. Klöppel an d. Glocke schlagen.

Beifall *m*, jm. beifallen † seiner Meinung beitreten, so noch b. Goethe u. Stifter, ~klatschen, s. Einfall, Zufall.

Beifuß *m* (Wermutart) ah. *bībōʒ*, frühnh. *peipus* (als Gewürz) * Beigestoßenes (um böse Geister abzustoßen, PBB 62, 55); s. Amboß.

Beil *n* mh. *bīl*, ah. *bīhal*, ags. *bill* Schwert, eng. *bill* Axt; an. *bīlda*, lat. *findere* spalten, schwäb. Brobeil = Brotmesser; viell. z. beißen.

Bein *n* eig. Knochen, dann d. Glieder z. Gehen, mh. ah. *bein*, ags. *bān*, eng. *bone* Knochen: unerklärt. Die Grdb. zeigen Zs. wie Schlüssel~, Elfen~ (Elefantenknochen), Falz~, Fisch~ (Walfischkn.), ~haus, Ge~ u. a. sowie noch d. Redensart »Stein u. ~ schwören« vgl. dazu Freidank 164, 17 *din zunge briche doch bein unde stein;* s. dag. Eisbein.

Beispiel *n* irrt. an Spiel angelehnt mh. ah. *bīspël* lehrhafte Erzählung, Gleichnis, Sprichwort, ags. *bīspel* Fabel, z. ah. mh. *spël* Erzählung, Fabel, got. *spill*, ags. and. eng. *spel* Erzählung, got. *spillōn* verkündigen (Zs. *gospel* Gottes Wort, Evangeli-um, eig. *godspell);* viell.: gr. *apeil* Drohung, lat. *ap-pellare* ansprechen entl. fz. *épeler* buchstabieren, s. Kirchspiel.

Beistrich *m* 17. Jh. von Schotte u. a. *(beystrichlein)* für Komma.

beißen mh. *bīʒen*, ah. *bīʒan*, p. biten, ags. *bītan*, eng. *bite*, anord. *bīta*, schw. *bita*, dä. *bide*, m. e. schar-fen Werkzeug, bes. m. d. Zähne zerkleinern, spalten; i. d. altgerm. Dichtung heißt es auch v. Schwert es beißt (jetzt noch: Beißzange, tau-tol.); ind. Wz. *bhid* spalten, zer-brechen, lt. *findo* spalte, aind. *bhi-dāmi* spalte, **Biß** ah. *biʒʒo*, eng. *b-m;* bißchen, verbissen (meist bildl. verbeißen = abbeißen (v. Wild s. bitter, Imbiß, Beil.

Beißker *m* (Fisch) v. obersorb. *piskoŕ* zu beißen umgedeutet.

Beißzange *f* 16. Jh. als medizi-Instrument.

beizen 1. m. Falken jagen (Reihe-beize), 2. m. e. scharfen Flüssigke-behandeln, mh. *beitzen*, ah. *beiʒe-* eig. beißen machen, Bew. z. beißen vgl. ätzen.

Bekassine *f* Sumpfschnepfe, f *bécasse*, vlat. *beccus*, fz. *bec* Schnabe-

beklommen 18. Jh. schriftd.; klemmen, klamm.

bekommen, eig. beikommen, hi-zukommen, zu etwas gelange-dann erhalten; eng. *become* jet-

meist werden, sich ziemen; dieselb. Entw. zeigt lt. *convenio;* bekömmlich s. bequem.

bekümmern s. Kummer.

belämmert mu. nordd. s. lahm.

Belange Mehrz. neues Wort f. Werte, Interessen: ndl. *belang* Anliegen, Wichtigkeit.

belangen z. langen (d. Hände nach etwas ausstrecken), s. lang, erlangen.

Beleg *m* Urkunde als Nachweis; bisw. verwechselt m. Belag *m* (krankhafter i. Halse, Spiegelbelag); Belegschaft *f*, 19. Jh. ursprüngl. nur vom Bergwerk.

Belemnit *m* (Versteinerung) * Donnerkeil, gr. *bélemnon* Geschoß: *allō* werfe.

belichten in allgem. Bedeutung schon 16. Jh., photogr. Mitte 19. Jh.

bellen ah. ags. *bellan*, eng. *bell, bellow* schreien, brüllen, *bell* Glocke, urv. ind. *bhaš* bellen; Grdb.: schreien, später auf Hund u. Fuchs beschränkt, (vgl. blaffen); belfern, Bellhammel, eng. *bellwether* Leithammel, 2. Widder, fz. *bélier;* Hillebille Schallbrett d. Köhler.

Belletrist *m* 18. Jh. in Goethes Werther z. fz. *belles lettres* schöne Wissenschaften, Literatur, s. Schöngeist.

Belvedere *n* um 1700 v. it. *belvedere* schöne Aussicht, fz. *belle vue.*

Bemme *f* ostmd. v. wendisch. poln. *pomazka* Butterschnitte, Luther: *putterpomme, butterbam; e* aus dem Umlaut der Diminutivform.

bemoost (bildl.) um 1800 stud., bemoostes Haupt.

benedeien † v. lt. *benedīco* sage, wünsche Gutes; gebenedeit, nur v. d. Jungfrau Maria. P.N.: Benedikt (gesegnet), F.N.: Bänsch, Besch; Benediktiner *m.* Gstz. vermaledeien, lt. *maledīcere* schmähen.

Benefiz *n* Vorstellung z. Gunsten e. Schauspielers, um 1800 v. fz. *bénéfice*, lt. *beneficium* Wohltat, s. Faktum.

Bengel *m* eig. Holz z. Schlagen, Prügel (oft mit Stacheln besetzt), dann roher Mensch (vgl. Flegel), endlich junger Bursche; nd. *bangen* klopfen, an. *banga*, eng. *bang* schlagen; mh. *bunge* Trommel. Zier~ (Lichtenberg).

Benzin *n* wurde zuerst aus Benzoe-Harz hergestellt, das arab. *lubān dschāwi* javan. Weihrauch heißt; daraus span. *benjuy*, it. *benzoi*, fz. eng. *benzine.*

bequem ah. *biquāmi* passend, tauglich, ags. *gecwēme* angenehm, passend, z. got. *qiman*, ah. *kuman* kommen, sich ziemen, passen; eng. *become* ziemen, zukommen, s. kommen; sich ~en.

berappen bezahlen * rotw., seit 1840 stud. v. d. Schweizer Münze Rappen, s. Rappe.

beredt eig. beredet, Part. z. bereden s. Liste 40.

Bereich *m* u. *n* 1796 von Heynatz empfohlen; davon Lüs. ndl. *bereik n.*

bereit ah. *bireiti*, ags. *geræde*, eng. *ready*, got. *garaiþs* festgesetzt, wahrscheinl. z. reiten (z. Reiten gerüstet), ~en bereits, s. Reede, fertig.

Berg *m* mh. *bërc*, ah. *bërg*, got. *bairgahei* Gebirge, mir. *bri*, Akk. *brig* ~ *Brigantia* Bregenz, eng. † *barrow* Grabhügel, urv. aind. *bṛhánt-* Höhe, verw. mit slaw. *bereg* Ufer, Grdb. hoch; ~fahrt *f* (stromauf): ~mann; bergen (s. d.); s. Burg, Gebirge. O.N.: Berg (186), Bergen (30), Bergedorf (3), Bergheim (22), Barkhausen, *Burgundiones* »Bergbewohner«.

Bergamotte *f* Birnenart, 17. Jh. v. it. *bergamotta* Anlehn. an O.N. *Bergamo*, fz. *bergamot*, z. türk. *bēg-armūdī* Fürstenbirne.

bergen got *bairgan* bewahren, erhalten, ags. *beorgan, byrgan*, eng. *bury* begraben, urv. ablg. *brĕga* behüte, bewahre; s. Berg, Burg, Borke, verbergen, Herberge.

Bergfried *m* eig. hölzerner Verteidigungsturm, dann Burg-, Glocken-, Rathaus-, einzeln stehender Turm, v. mh. *bërc* Berg u. *vrīde* Schutz; entl. mlt. *berfrēdum*, afz. *beffroi*, it. *battifredo*, s. Friede.

Beriberi singhal. *bhari* Schwäche od.: hindostan. *beri* Schaf (wegen d. steifen Ganges der Kranken).

bericht||en eig. zurecht machen in Ordnung bringen, z. recht; kirchl. m. d. Sterbesakram. versehen, d. letzte Abendmahl reichen. Bericht *m*, ~er mod. Kurzform für Berichterstatter, vereinzelt schon 19. Jh. (Varnhagen), ~igen 18. Jh.

Berme *f* waagerechter Absatz an e. Böschung, eng. *berm* Wallabsatz, eng. *brim* Rand, verbrämen; O.N. Bremen »Uferrand«.

Bernstein *m* v. nd. *bernen* brennen, schmelzen, eng. *burn*, älter auch Barn-, Bornstein, eig. brennender, brennbarer Stein; man kannte den Urspr. dieses Harzes nicht; s. brennen, elektrisch, Glas. F.N. nd. Bornträger = ~dreher(?).

Berserker *m* wütender Krieger, anord. *bër* Bär, *serkr* Kleid, eig. in Bärenfell gekleideter Krieger; ~wut *f* (bei Goethe, Eichendorff).

bersten mh. *brësten*, ags. *berstan*, anord. *bresta*, eng. *burst*, s. brechen, Gebresten: air. *brissim* breche.

-bert s. Liste 54.

berüchtigt Part. z. † berüchtigen, s. Gerücht, ruchbar, anrüchig, Ruf, mnd. *beruchten* verleumden.

berühmt Part. z. † berühmen, s. Ruhm.

Beryll s. Brille.

Besan *m* achterer Mast, 16. Jh. aus arab. *mazzān* über it. *mezzano* u. ndl. *besane*.

beschaffen eig. dass. wie geschaffen; Beschaffenheit *f*.

bescheiden belehren, bestellen, endgültig erklären; bescheiden Part. Adj. belehrt, erfahren, dann zurückhaltend, eig. dass. wie beschieden = zugewiesen (genieße, was dir Gott beschieden; mein bescheiden, d. h. mir beschiedenes, bestimmtes Teil); Bescheid *m* eig. Urteil, Klarlegung, dann Auskunft; Bescheidenheit *f* eig. richtige Einsicht; s. scheiden.

bescheren mh. *beschern*, *schern*, ah. *scerian* bestimmen, zuteilen, z. dems. Stamm wie eng. *share* Anteil: Bescherung *f*.

beschlagen Part. Adj. gut bewandert (v. Hufbeschlag, also eig. durch Eisenbeschlag dauerhaft).

beschummeln betrügen, viell. zu rotw. *Schund* »Kot«; vgl. beschuppen = (beschupsen), rotw. *schuppen* wegputzen, mausen, »fortstoßen« schieben.

Beschwerde *f* drückende Last dann Äußerung u. Klage darüber Lbi. nach lt. *gravāmen?* s. schwer sich beschweren, beschwerlich.

beschwichtigen nd. 18. Jh. schriftd., mh. *swiften* stillen, ah. *giswiftōn* still werden: got. *sweiban* aufhören.

beschwören ah. *biswerian*, got. *biswaran*, s. schwören[1].

Besen *m* mh. *bësem*, *bësen*, ah. *bësamo*, pl. Bessen, ags. *besma*, urv. lt. *fiscus* »(geflochtener)Korb«.

besessen Part. v. besitzen, (bildl. v. e. bösen Geist ~, geplagt.

besinnen, Besinnung s. Sinn.

besitz||en (meist bildl., b. Lessing aber noch: sie besaß d. Thron) ~ung *f*, ~tum *n* 17. Jh.

besonders z. mh. *sunder*, ah. *suntar* abgetrennt, s. sondern.

besser Komp. z. e. verloren gegangenen Adj., dann zu gut, mh. *bezzer:* ah. *bezziro*, got. *batiza*, eng. *better*, ai. *bhadrás* gut, tüchtig; Adv. baß † wird nicht mehr als Komp. gefühlt; s. fürbaß, Buße, Batavia, Betuwe (s. Au); hierher zu *Ba*... Vorteil *batten* nutzen: got. *gabatnan* Nutzen erlangen.

best ags. *betst*, ah. *bezzist*, go...

batists; * ~haupt *n* ~es Stück Vieh aus d. Nachlaß eines Leibeigenen.

bestall||en, ~t, i. e. Amt gesetzt (meist wohlbestallt), ~ung *f*, Kanzleiw. 15. Jh. z. bestellen; s. installieren.

bestätigen z. stet, stetig, eig. dauernd machen.

bestatten beerdigen, eig. an seine Statt, Stätte bringen, dann m. allem Nötigen versehen, auch † eine Braut ~ (jetzt ausstatten), s. Statt.

bestechen (bildl.) 16. Jh., stechend untersuchen? (aus der Bergmannssprache?), ält. nh. (m. Gold) verleiten, gewinnen.

Besteck *n* früher Futteral des B.s, wie noch in schwäb. *Bestecke* = Buchhülle.

bestellen i. vielen Bed., ah. *bistellan;* Nf. bestallen; z. stellen.

Bestie *f* v. lt. *bestia* wildes Tier (fz. *bête*), Nf. Biest; bestialisch.

bestimmen eig. durch die Stimme bezeichnen, festsetzen; bestimmt Part. Adj. um 1800.

bestrichener Raum (Geschoßbahn).

bestreiten eig. bekämpfen, jetzt nur noch: durch Reden; = leisten s. 17. Jh.

bestürzt Part. Adj. z. † bestürzen = m. etwas Umgestülptem beschütten, jetzt nur bildl., s. stürzen.

Besuch *m*, **~en** z. suchen.

betagt sehr alt, z. † betagen.

betätigen Ende 18. Jh. (oft i. Goethes Prosa), älter betedigen, z. mh. *tagedinc, teidinc*, eig. verhandeln, an tätig angelehnt, s. Ding, verteidigen.

beten ah. *bëtōn*, z. mh. *bëte*, ah. *bëta*, got. *bida* Bitte, s. bitten, Gebet.

beteuern heilig versichern, mh. *betiuren* zu kostbar finden, s. bedauern.

Betón *m* Gußmörtel, v. fz. *béton* z. lt. *bitūmen* Erdharz, s. Zement.

betrachten, Betrachtung *f*, **beträchtlich, in Anbetracht** (Kanzleispr.) z. trachten.

betragen (sich), **Betrag** *m*, **Betragen** *n* z. tragen.

betreffen, betroffen (Bed.-W.), in **betreff, betreffs** Kanzleispr. um 1800, z. treffen.

betreuen z. treu.

Bett *n* mh. *bet*, ah. *betti* Bett, Beet, got. *badi*, ags. eng. *bed* Bett, Beet; noch i. 18. Jh. wird Bett u. Beet oft nicht unterschieden, Harzfluß Bode = (Fluß)bett, urv. lt. *fodio* grabe, ai. *bā́dhatē* drückt, s. Beet.

betteln ah. *bëtalōn* z. bitten.

betucht »reich«, aus jidd. *betuche* »sicher«.

beugen mh. *böugen*, ah. *bougen*, ags. *bōgan*, eng. *bay* † schw. *böja*, Bew. z. biegen; vor~ (bildl.).

Beule *f* mh. *biule*, ah. *biula*, Blatter, ndl. *buil*, ags. *byle*, eng. *bile* Geschwür, pl. Bul, z. got. *ufbauljan* aufblasen: air. *bolach* Blatter; z. biegen, Buckel, Bügel, Bucht.

Beute *f* mh. *biute*, Grdb. Wechsel, Tausch, Verteilung, z. mnd. *būten* tauschen, verteilen; * *bi-ūtian*, an. *yta* darreichen, z. *ūt* hinaus; 15. Jh. Kriegsbeute; dah. fz. *butin;* s. Ausbeute; Freibeuter *m* Seeräuber, *vrībūter*.

Beutel *m* mh. *biutel*, ah. *būtil*, pl. Büdel: Beule, ~schneider *m*, Wind~.

bewahren z. wahren, **bewähren** z. wahr; bewährt Part. Adj.

bewandert eig. viel gereist, dann kundig, s. erfahren.

bewegen[1] (Präter. *bewog)*, ah. *biwëgan*, got. *gawigan* (st. Ztw.) ~, schütteln, rütteln, erschüttern, erregen, z. idg. Wz. *wegh* sich fort~, ziehen, fahren, urv. lt. *veho*, ai. *váhāmi* fahre; gr.-mu. *wechétō* soll bringen, aslaw. *vesti* fahren; s. Weg, Wagen, wecken, Woge, wackeln; bewegt v. Gefühl ergriffen (s. bewegen[2]), bewogen z. etwas veranlaßt; Beweggrund *m* 18. Jh. f. Motiv; aufwiegeln (schweiz.).

bewegen² (Präter. bewegte), Bew. zu bewegen¹, got. *gawagjan*, *~ machen.

Beweis *m* z. mh. *bewīsen* belehren, s. beweisen.

bewenden lassen (es dabei ~) eig. bis z. e. Punkte gehen u. sich dann umwenden; bewandt (selten).

bewußt Part. z. ah. *biwizzan* völlig wissen; ~sein *n.*

bezichtigen z. mh. *biziht* Beschuldigung, s. zeihen.

beziehungsweise Kanzleisprache 19. Jh. f. lt. *respective* beziehentlich, bezüglich, um 1800.

Bezirk *m* mh. *zirc*, v. lt. *circus* Kreis, gr. *kírkos.*

Bibel *f* mh. *biblie* v. lt. *biblia* Mehrz. z. gr. *biblíon* Büchlein, v. *byblos:* (O.N. *Byblos* phönik. Stadt), *bíblos* Bast der Papyrusstaude, s. Fibel. **Biblio|thek** *f* (16. Jh. meist Liberey v. lt. *libraria*, z. *liber* Buch), 2.: z. gr. *thḗkē* Behälter, s. Theke, Apotheke; ~graphie *f*, ~phile *m*, s. graphisch, Philanthrop.

Biber *m* ah. *bibar*, ndl. *bever*, ags. *beofor*, eng. *beaver*, urv. lt. *fiber*, lit. *bebrus*, ablg. *bebrŭ*, z. idg. Wz. *bher* braun, aind. *babhrú*, also eig. d. Braune, s. Bär, braun; entl. it. *bevero* Fischotter, fz. *bièvre.* O.N.: Biberach (4), Bebra (2), Bevern, Bibra, ndl. Beverloo, Beverbruch (Saterland); eng. F.N. *Beaverbrook*, ~bach., slaw. Bober, s. -a, -ach i. Liste 54.

bieder mh. *bíderbe*, ah. *bīdarbi* brauchbar, z. *durfan* nötig haben, also eig. e. Bedürfnis entsprechend, lange verschollenes W., 1759 v. Lessing empfohlen; ~mann *m*, anbiedern, ~meierstil *m* 1815–48, durch Bescheidenheit u. Nüchternheit gekennzeichnet (Biedermeier komische Figur i. Gedichten Eichrodts 1853ff.).

biegen ah. *biogan*, got. *biugan*, ags. *būgan*, eng. *bow* sich verbeugen, urv. lt. *fugio*, gr. *pheúgō* biege aus, fliehe, ai. *bhujáti* biegt; aus~, ein~; s. beugen, bücken, Bogen, Bug, Bügel, Bühel, Buckel, Beule, Bauch, Bucht, Busen.

Biene *f* mh. *bine*, ah. *bini*, *bia*, ags. *bēo*, eng. *bee*, Wz. *bhi* beben, schwirren? oder urv. mit bauen? der Bien (Imkersprache) = ~nschwarm; Bayenturm in Jülich (~n als Abwehrwaffe!), ags. P.N.: Beowulf Bienenwolf (= Bär).

Bier *n* ah. *bior*, ags. *bēor*, eng. *beer* (anord. jedoch *öl*, dä. *öl*, ags. *ealu*, eng. *ale)*, Klosterwort? 6./7. Jh. v. vlat. *biber* »Trunk«? od. dissimiliert aus **breor* zu brauen? Wohl kaum entlehnt aus türk. *buza.*

Biese *f* alem. Nordostwind ah. *bisa*, mh. *bise*, frühnhd. *beiswind*, z. germ. Wurzel *bis* aufgeregt einherstürmen; entl. fz. *bise.*

Biesen bunte Vorstöße an d. Uniform; nd. Nebenform zu Binse?

bieten ah. *biotan*, got. *biudan*, ags. *beōdan*, eng. *bid* gebieten, dä. *byde;* gr. *pyth-ésthai* sich künden lassen, erfahren, ai. *budh-* wachen, bemerken (Buddha), ent-~, ge-~, ver-~, Gebiet, erbötig, Gebot, Bote, Büttel, Pedell. P.N.: Bodo, Botho, Marbod (s. Marschall).

bigott frömmelnd, v. fz. *bigot*, irrt. an Gott angelehnt, span. *hombre de bigote* Mann v. festem Charakter *(bigote* = Knebelbart!) od. Neckn. der französ. Normannen?, vgl. Heinrich »Jasomir Gott« d. Babenberger.

Bilanz *f* Rechnungsabschluß i. Einnahme u. Ausgabe, kaufm. W., gleich vielen anderen i. 17. Jh. a. d. Ital. Aus lt. *bilanx* »zwei Waagschalen habend« wurde it. *bilancia* Waage, dann Gleichgewicht, s. Satire. Dass. W. ist **Balance** *f* Gleichgewicht, balancieren, das Gleichgewicht halten, v. fz. *balancer.*

Bilch *f* Haselmaus, ah. *bilih* v. aslaw. *pluchu* <**pilchu*, verw. mit lit. *pelē* Maus.

Bild *n* mh. *bilde*, ah. *bilidi*, and. *bilithi*, viell. z. german. Stamm *bil-* mit urspr. magischer Bdtg., vgl. Bilwis »Kobold«, billig, Weich∼; mh. *dīn bilde* = du.

bild||**en** eng. *build* bauen (Bed.-Verengung), **∼nis** *n*, **∼ung** *f* noch bei Goethe oft Gestalt, dann geistige Veredlung; ∼sam 18. Jh., von d. ∼fläche verschwinden.

Billard *n* 18. Jh. v. fz. *billard*, z. *bille* beinerne Kugel, it. *biglia*, ah. *bikkil* Würfel od.: castil. *vilorta*, *vilorto* Schäferstab: lt. *vitis* Rebe + *retorta* Weidenband (und neuer Kreuzung mit *volumen* »Band«?), daraus bask. *billarda*.

Billett *n* 18. Jh. v. fz. *billet* z. it. *bolletta* Zettel, v. mlt. *bulla* Kapsel nebst urkundl. Schreiben, dann dieses selbst, s. Bulle².

billig ah. *billīh*, angemessen, ziemend; seit 18. Jh. auch wohlfeil; ∼en, s. Bild, Weichbild.

Billion *f* 18. Jh. v. fz. *billion* (nach *million* gebildet) z. lt. *bīs* zweimal; Million mal Million, b. d. Franzosen nur 1000 Millionen (1 Milliarde).

Bilsenkraut ah. *bilisa*, ags. *beolone*, gall. *Belenos* = Apollon (vgl. lt. *Apollināris)*.

Bimsstein *m* Steinart vulk. Urspr., ah. *pumiȝ*, ags. *pumic-stān*, v. lt. *pūmex*.

bin (ich) ah. *bim*, got. *im*, ags. *ĕam*, eng. *am*, gr. *eimí* **esmi*, ai. *ásmi*, eng. *to be* verw. gr. *phýō*, lt. *fio* werde, ai. *bhávāmi*, s. *bauen*.

binden ah. *bintan*, eng. *bind*, z. idg. Wz. *bhendh* fesseln, ai. *badhnáti* bindet, lt. *offendimentum* Kinnband der Priestermütze *(apex)*; Band *m*, *n*, Binde *f*, Gebinde *n*, Angebinde *n*, Bund *m*, Ausbund *m*, Bündel *n*, bündig, bändigen, anbändeln, Verbindung *f*, Verband *m:* entl. it. *benda* Binde, *bendare* verbinden, Binder (südd.) = Böttcher. F.N.: Bender, Faßbender, Weißbinder (hess.) »Maler, Anstreicher«.

binnen nur noch zeitlich (räumlich i. ∼land, ∼see), mh. *binnen*, eig. *biinnen*, s. Liste 3 und 54.

Binse ah. *binuȝ*, eng. *bent (-grass)*, Riedgras, kaum zu naß (»b. d. Nassen wachsend«); ∼nwahrheit *f* selbstverständliche W. (dürftig wie e. ∼). O.N.: Bentheim, Benteloo, Pinzgau, nd. Bentwisch = obd. Binzwangen.

Biographie *f* 18. Jh. v. gr. *biographía (bios* Leben, *gráphō* schreibe). **Biologie** *f* Lebenskunde gr. *lógos*.

Birett *n*, s. Barett.

Birke *f* ah. *bircha*, pl. Bark, ags. *birce*, eng. *birch*, schw. *björk*, urv. ablg. *brĕza*, lit. *berzas*, ai. *bhūrjas*, lt. *fraxinus* Esche (Bed.-W.); gr. *phorkós* weißgrau s. Barke, Borke. O.N.: Birkicht (wie Eichicht in Thüringen), schwäb. Birkach, slaw. Prießnitz, Preßwitz = Birkenort, Berkert (Birkhart), Birkenwald, Beresina Birkenfluß, Berka (5), Barkhausen (7).

Birne *f* eig. Mehrz. z. mh. *bir*, ah. *bira*, v. lt. *pirum* (it. sp. *pera*, fz. *poire*, ndl. *peer*, ags. *peru*, eng. *pear)*. F.N.: Bierbaum, Behrbohm = ndl. Peerenboom; s. Perle.

birschen, pirschen, pürschen mit Spürhunden jagen, mh. *birsen* v. afz. *berser* m. d. Pfeil jagen, mlt. *bersare*.

bis mh. *biȝ*, zsgz. aus *bi* u. *zi* zu, od. *aȝ* zu, got. *at*, lt. *ad?;* bislang mh. *biȝ sō lange*.

Bisam *m* (Moschus) v. hebr. *besem* Wohlgeruch, mlt. *bisamum*.

Bischof *m* mh. ah. *biscof*, ags. *biscop*, eng. *bishop*, v. gr. *epískopos* dah. got. *aípiskaúpus* Aufseher (it. *vescovo*, afz. *evesque*, nfz. *évêque);* Bistum *n;* Bismarck: Bischofsmark, s. Mark; Fischhausen Stadt i. Ostpreußen, arg verstümmelt aus Bischofshausen.

Biskuit *n* 17. Jh. v. fz. *biscuit*, it. *biscotto*, Zwieback; zweimal Gebackenes, v. lt. *bīs* zweimal, *coctus* gekocht, gebacken, s. Zwieback, Aprikose, Koch.

bißchen Verkl. z. Biß, s. beißen.

bitten mh. ah. *bitten*, got. *bidjan*, ags. *biddan*, eng. *bid* gebieten (wozu *beg* bitten), anord. *bidja*, schw. *bedja*, dä. *bede*, urv. gr. *peíthō* berede, erbitte, lt. *fido* vertraue, verlasse mich auf... (Bed.-W.); † Bede *erbetene Unterstützung, Abgabe, Steuer; Bitte *f*, beten, betteln.

bitter beißend, scharf, ah. and. *bittar*, ags. eng. *bitter*, zu beißen; jetzt auf d. Geschmack beschränkt; erbittern, verbittern, ~lich weinen (bildl.): urv. lt. *foedus* häßlich: *findo*.

Biwak *n* (milit.) Feldwache, -lager, 17. Jh. v. fz. *bivouac*, z. mnd. *bīwake* Beiwache (Rückw.), schweiz. *biwacht*.

bizarr 17. Jh. v. fz. *bizarre* aus it. *bizzarro* zu lat. *vitiosus* »wild« (vgl. H. Meier, Anh. f. d. Stud. d. n. Spr. 196/1960, 317).

Blach, Balg s. Balg.

Blachfeld *n* z. mh. *blach* flach (tautol.), nd. *bleek* Fläche.

blähen durch Luft ausdehnen (bildl. sich~), mh. *blaejen*, ah. *blājan*, ags. *blāwan*, eng. *blow* blasen, wehen, urv. lt. *flāre* blasen; dazu blasen, wahrsch. auch Blatt, Blatter; s. Flöte.

blaken (v. d. Lampe) rußen, verw. eng. *black* schwarz, nd. Black (Tinte), Blackpott = Tintenfaß (Fr. Reuter); urv. lt. *flagro* flamme, gr. *phlégō*.

blamieren beschämen, bloßstellen, 17. Jh. v. fz. *blâmer* tadeln, z. mlt. *blasimo*, v. gr. *blasphēméō* rede Böses nach, 2: *phēmí sage;* Blasphemie *f* Gotteslästerung, Blamage *f* stud. erst nach 1750 geb. (ein fz. W. *blamage* gibt es nicht!) Bloßstellung, s. Prophet.

blank mh. *blanc*, ah. *blanch*, eng. *blank*, z. blinken (blink u. blank), verw. m. lt. *fulgēre*, gr. *phlégein* leuchten, ai. *bhrājate* strahlt, entl. it. *bianco;* ~vers *m* (Shakespeare). Nicht hierher gehört Blankscheit *n*, Korsettstange, aus fz. *planchette* z. *planche* Planke entstellt. P.N.: it. Bianca, fz. *blanc* weiß. O.N.: Blankenburg (7), Blankenberg (fz. *Clermont)*, Blankenese blanke (kahle) Bergnase, -vorsprung, Montblanc glänzender Berg, s. Lampe.

blasen ah. *blāsan*, got. *uf-blēsan*, schw. *blasa*, dä. *blæse* (eng. *blast* Windstoß) wahrsch. z. blähen, Grdb.: Anschwellen; dazu Blase, Blatt, Blatter, Blüte, Blume, blühen.

blasiert abgestumpft, teilnahmslos, Ende 18. Jh. v. fz. *blasé* »übersättigt«, aprov. *blazir* *versengen.

Blasphemie s. blamieren.

blaß mh. ah. *blas (blas ros* Pferd m. weißer, leuchtender Stirn), s. bleich; erblassen, verblassen; Blesse *f* weißer Stirnfleck v. Pferd u. Rind, eng. *blaze*.

Blatt *n* mh. ah. *blat*, ags. *blæd*, eng. *blade* Blättchen, Klinge, schw. dä. *blad*, z. idg. Wz. *bhlē* blasen, schwellen, lat. *florēre* s. blühen; urv. gr. *phýllon*, lt. *folium* Blatt; s. Liste 11. Herz~, Tage~, blättern, abblattern; vom ~ spielen, das Blättchen wendet sich; Blatt = Schulter (v. Wild).

Blatter *f* mh. *blātere* Blase, Pocke, ah. *blāttara*, ags. *blǣdre*, eng. *bladder*, s. blasen, blähen, Blatt.

blau ah. *blāo*, pl. *blag*, ags. *blāw*, eng. *blue*, urv. lt. *flāvus* blond, gelb, das, wie die Farbennamen meist, starken Bed.-W. erlitt. Entl.: fz. *bleu*. Blauer Montag (nach umg. blau-betrunken [Rausch vom Sonntag]?), blaues Wunder (~e Blume der Romantik): Blaufuß = Beizfalke; bleuen, durchbleuen gehört nicht z. blau. O.N.: Blaubeuren.

Blaustrumpf *m* 18. Jh. Lüs. v. eng. *blue-stocking*. Von den um 1750 bei Frau Montague i. London sich versammelnden Herren u. Damen e. literar. Kränzchens trug einer blaue Strümpfe.

Blech *n* ahd. *blēh*, z. Wz. *blik* glänzen; dazu bleich; nd. Blickslager, Blechner *m* südd. Klempner, schwäb. Flaschner; blechen = zahlen 18. Jh. stud.

blecken (d. Zähne) * blicken machen, gr. *phlégō* leuchte; ~ nd. »blinken«.

Blei *n* mh. *blī*, gen. *blīwes*, ah. *blīo*, pl. Bli *, *blīvom:* lit. *blyvas* blau z. idg. **bhlei*-glänzen?

bleiben mh. *belīben*, ah. *bilīban*, pl. *bliwen*, ags. *belīfan*, got. *bileiban*, Bleibe *f* 20. Jh.: Wandervögel; s. leben, Leib, gr. *lípos* Fett, *liparés* beharrlich, lit. *lipti* kleben.

bleich ah. *bleih*, pl. ndl. *bleek*, ags. *blāc*, eng. *bleak* Weißfisch, *bleach* bleichen; z. Wz. *blik*, lit. *blizgù* flimmere; s. blaß, Blech.

blenden blind od. wie blind machen, (oft bildl.), Bew. z. blind; Blendwerk *n*, verblendet (bildl.).

Blesse s. blaß.

blessieren † 17. Jh.: fränk. *blēta* blauer Fleck: fz. *blesser* verwunden, afz. *blecier* weich schlagen.

bleuen prügeln, schlagen, v. Volksbewußtsein z. blau gestellt, ah. *bliuwan*, got. *bliggwan* schlagen, eng. *blow* Schlag; Bleuel *m* Werkzeug z. Schlagen, Pleuelstange.

blicken, Blick *m* eig. heller Strahl d. Auges u. d. Blitzes, s. Blitz; Augenblick, Silberblick.

blind mh. ah. *blint*, got. *blinds*, ags. eng. *blind*, an. *blunda* d. Augen schließen, lit. *blandýti* d. A. niederschlagen, ~lings, Gen., s. blenden, ~gänger (Artill.).

Blindschleiche *f* mh. *blintslīche*, ah. *blintslīhho*, and. *blindeslīko*, eig. blinder Schleicher, weil früher fälschlich f. blind gehalten, eng. *blindworm*.

blinken 16. Jh. z. Wz. *blik*, dazu: blink, blank, Blick, Blitz, Blech, bleich, blinzeln; vgl. blaken = schwelen.

Blitz *m* mh. *blitze*, *blic*, z. Blick gehörig. Noch bei Goethe (Schluß d. Werther): ein Nachbar sah d. Blick v. Pulver. ~junge, ~mädel 18. Jh. (Verstärkung), s. Blick, blitzen **bliczen*, ah. *blëcchazzen;* ~ableiter (1783). ~krieg 1939 ff.

Block *m* Holz-, Steinmasse, 17. Jh. nd. (statt hd. Bloch), Grdb. zur Absperrung dienender Klotz. Entl. fz. *bloc*, *bloquer* (daher blockieren, Blockade *f*), Häuserblock (zuerst i. Amerika = Häuserviereck; ~walter (1933/45,); verw. m. Balken? Blockhaus, entl. fz. *blocus* *Balkenhaus, dann kl. Fort.

blöde schüchtern, scheu, ah. *blōdi* zaghaft, an. *blauþr* schwach, got. *blauþjan* kraftlos machen; entl. fz. *éblouir* blenden.

Blödsinn *m* 18. Jh., ~ig 17. Jh., sich nicht entblöden.

blöken lautm., vgl. gr. *blēché*, erst nh. aus nd. blöken.

blond 17. Jh. v. fz. *blond*, it. *biondo* german. Ursp., urv. ind. *bradhná*?, rötlich; ~ine *f*, ~e *f* feine seid. Spitze (n. d. Farbe).

bloß eig. unbewaffnet, unbekleidet, mh. *bloȝ*, pl. blot, Blöße *f* sich eine Blöße geben (Fechtersprache); entblößen, viell.: gr. *phlauros* gering, schlecht s. blöde.

blühen mh. *blüejen*, ah. *bluojan* z. Wz. *blō;* Blüte *f*, Blust *m* †, schweiz. F.N.: Bohnenblust, s. blähen, blasen, Blatt. **Blume** *f* mh. *bluome*, got. *blōma*, eng. *bloom*, *blossom*, urv. lt. *flōs* z. *flōreo*, **floseo* blühe, s. Blatt i. Liste 11.

blümerant 17. Jh. v. fz. *bleumourant* sterbendes Blau, Modefarbe des Barock, deren man überdrüssig war, dah. eig. ~ vor d. Aug., dann schwindlig.

Bluse *f* 19. Jh. v. fz. *blouse*, viell. nach Pelusium i. Ägypten, wo noch z. Zeit der Kreuzzüge blaue Kittel verfertigt wurden.

Blut *n* mh. ah. *bluot*, pl. Blaud, ags. *blōd*, eng. *blood* Blut, *bleed* bluten, blühen; eng. *bless* segnen, aeng. *blēdsian* *m. Opferblut besprengen; in ~arm, ~jung, ~sauer, ~wenig dient Blut z. Verstärkung; wohl eher von ~rot ausgehend (vgl. steinreich - ~hart) als zu bloß, pl. blot.

Blutegel s. Egel.

blutrünstig so verwundet, daß d. Blut rinnt; s. rinnen.

Boa *f* lt. *boa* **bova* Wasserschlange: (19. Jh.) schlangenförm. Halspelz.

Bö *f* nd. Windstoß, fries. *böi*, schw. *by*, dä. *byge*, ndl. *bui;* dazu böig.

Boche fz. »Deutscher« (mit abschätzigem Klang) 1874 *tête boche* harter Schädel, 1896 *tête de boche*, vgl. *tête carrée;* z. *caboche* Nagel mit breitem Kopf? vor 1870 *Alboche*, 1): *allemand?*

Bock *m* mh. ah. *boc*, ags. *bucca*, pl. Buck, eng. *buck*, an. *bukkr*, armen. *buc* Lamm, schon idg., pl. Buxen Hose aus Bocksleder, s. Buckskin; Bock, Sitz d. Kutschers, 18. Jh.; Bockbier v. *aimbock* aber z. Einbeck, wo es zuerst gebraut wurde (daher fz. *boc*, *bock);* bocken wie e. Bock springen u. ausschlagen; einen ~ schießen; Bock = Fehler, vgl. eng. *bull* F. u. Bulle; ins Bockshorn jagen (entstellt aus ah. *bokkes hamo* »Bockshemd, -fell«, in das der Bestrafte gesteckt wurde). F.N.: Vkl. Böcklin; F.N. ~ oft: *Bucco* = Burghard.

Boden *m* bei Luther u. sogar Rückert noch Bodem, mh. *boden*, *bodem*, ah. *bodam*, ags. *botm*, eng. *bottom*, urv. lt. *fundus* (s. Fond), ind. *budhnás*, gr. *pythmén* Grund, Boden; ~los (bildl.), ~see: O.N.: Bodman *(villa Podama):* F.N.: Bodmer; s. Bühne, Bottich, Bönhase.

Bofist *m* 16. Jh. nd. aus älterem *vohenfist* ›Füchsinnenfist‹ (s. Fist); der Pilz wird schon gr. *lykóperdon* ›Wolfsfurz‹ genannt.

Bogen *m* mh. *boge*, ah. *bogo*, ags. *boga*, eng. *bow*, s. biegen, Bucht; Spitz~, Brief~, Ellen~, Regen~.

Bohle *f* dickes Brett, an. *bolr* Baumstamm, s. Bollwerk.

Bohne *f* mh. *bōne*, anord. *baun*, ags. eng. *bean*. Keine ~ (als Zeichen d. Wertlosen), germ. (b. Plinius) Nordseeinsel Baunonia.

bohnen nd., auch bohnern, d. Fußboden m. Öl od. Wachs glätten, ndl. *boenen* scheuern; Wz. wahrsch. *bhān* glänzen, ind. *bhānú-* Schein, gr. *phan-*, s. Phantasie, Fenster.

bohren ah. *borōn*, ags. *borian*, eng. *bore*, urv. lt. *foro* bohre, gr. *pharáō* pflüge; Bohrer *m*, verbohrt (bildl.).

Boje *f* Seezeichen, mh. *boie*, afz. *boye* (mndl. *boeye)* aus nfränk. **bōkan* »Zeichen« (s. Bake), nd. schwimmende Ankertonne, ndl. *boei*, eng. *buoy*, fz. *bouée*.

-bold s. bald u. Liste 54.

Bolle *f* s. Zwiebel.

Böller *m*, mh. *boler*, *pöler* Wurfmaschine, kleiner Mörser, z. mh. *boln* schleudern; Bolzen.

Bollwerk *n* Verteidigungswall, Festungswerk, fester Damm am Flußufer, wahrsch. z. Bohle; (od.: *boln* schleudern?) entl. fz. *boulevard* Prachtstraße an Stelle d. früheren Festungswälle (bes. i. Paris).

Bolschewik *m* auf dem Londoner Parteitag 1903 schied sich d. Russ. Sozialdem. Arbeiterpartei i. d. unbedingt marxist. Bolschewiki unter Führung Lenins u. d. revisionist. Menschewiki (nach russ. bolsche mehr, mensche weniger), also Bolschewiken eig. d. damalige Mehrheit; Bolschewismus *m*, s. Nihilist, Spartakus.

Bolzen *m* mh. ah. *bolz*, ags. eng. dä. *bolt*, viell. z. mh. *boln* schleudern; lit. *baldas* Stoßzange, air. *buille* Schlag, entl. it. *bolzone* [Armbrust!].

Bombast *m* Schwulst, 18. Jh. v. eng. *bombast* Watte, dann Schwulst, pers. *pänbä*, gr.-lt. *bombacium*, fz. *bombasin* Baumwolle.

Bombe *f* 17. Jh. v. fz. *bombe*, it. sp. *bomba*, vgl. gr. *bómbos* dumpfes Geräusch; bombardieren, Bombardement *n* 18. Jh., Bombenhitze *f*, ~nsicher; ~er *m* = Bombenflugzeug, ~en = mit Bomben bewerfen.

Bonbon *m* 18. Jh. v. fz. *bonbon*, schwäb. Gutsle, hess. Zuckerstein, Hannover, Magdeb. Bolchen. **Bonne** *f* v. fz. *bonne* Dienstmädchen, z. *bon* gut, s. Liste 11, 30. **Bonus** *m* (lt.) Zugabe, Gewinnanteil (fz. *bon* Gutschein). **Bonvivant** *m* Lebemann, eig. gut Lebender.

Bönhase *m* (nicht: Banause!) nd. nichtzünftiger Arbeiter, Pfuscher, ndl. *beunhaas*, eig. der auf d. Boden (pl. Bähn), nicht i. offener Werkstatt arbeitet, jetzt meist bildl., s. Boden; ~ntum f. Dilettantismus von Börries v. Münchhausen geprägt.

Bonze *m* japan. *bonzo* Mönch, chines. *fan-seng*, Frommer, dann Priester, spöttisch seit 18. Jh.

Boot *n* nd. 17. Jh. schriftd. wahrsch. v. eng. *boat*, ags. *bāt*, anord. *bátr*, urv. lt. *fodio* grabe, also ursp. ausgehöhlter Baumstamm, Einbaum; entl. fz. *bateau* Flußschiff.

Bord *m* nd. Rand, bes. Schiffsrand, nd. mh. ah. *bort*, ndl. *boord*, ags. *bord*, eng. *board*, entl. it. *bordo;* s. Borte, Brett; schon got. *fōtubaúrd* Fußbrett, eng. *board* auch: *brord* Rand, vgl. an. *broddr* Spitze, verw. aslaw. *brazda* Furche; fz. entl. *aborder* anlegen, entern.

Börde *f* fruchtbare Ebene (b. Magdeburg, Warburg, Soest), v. nd. *börde*, *gebörde* Gerichtsbezirk, z. *boren*, *boeren* gebühren, und weiter zu ak. *beran* tragen.

Bordell *n* v. it. *bordello*, fz. *bordel* Hüttchen, Freudenhaus 16. Jh.; s. Brett.

borgen ah. *borgēn* schonen, Sicherheit gewähren, d. Zahlung erlassen, leihen, ags. *borgian* behüten, borgen, eng. *borrow*, viell. z. bürgen, bergen,

Borke *f* nd. eng. *bark*, anord. *borkr* Rinde, bisher nicht sicher erklärt, viell. zur Wz. *bher-* »schneiden«.

Born *m* nd. (pl. börnen d. Vieh tränken), hd. Brunnen. O.N.: Börnecke (3), Börnicke (2) kleine Quelle, Bornhofen a. Rh., Simmern im Hunsrück (Siebenborn), Bornhöved, schwäb. O.N.: Bronnhaupten.

borniert geistig beschränkt, 18. Jh. v. fz. *borné* z. *borne* Grenze.

Borretsch *m*, spätmh. ~, bot.-mlt. *Borrago* v. arab. *abu arraq* »Vater des Schweißes« (als schweißtreib. Mittel); vgl. *Arrak*.

Börse *f* lederner Geldbeutel, Versammlungs- u. Geschäftshaus d. Kaufleute, mh. *burse*, v. mlt. *bursa*, *bursārius* Säckelmeister eines Klosters, dass. W. wie Bursche; eine Fam. *van der Burse*, die 3 Geldbeutel im Wappen führte, gab einem Platze *de burse* in Brügge den Namen, wo sich im 15. Jh. ausländ., vor allem ital. Kaufleute trafen. Börsianer *m* 19. Jh.; s. Bursche.

Borste *f* ah. *burst*, eng. *bristle*, aisl. (Edda) *gullinbursti* d. goldborst. Eber, z. idg. Wz. *bhers* spitz, zackig, urv. lt. *fāstigium* äußerste Spitze, Giebel, s. Bürste (entl. fz. *brosse)*, barsch, Barsch.

Borte, Borde *f* Rand, Einfassung. Band aus Seide u. Goldfäden, ah. *borto* Besatz, Saum; entl. it. *bordo*, fz. *bord*, *border* einfassen; s. Bord.

Böschung *f* 17. Jh. milit., z. Busch, schweiz. *bosch* Rasen.

böse mhd. *boese* schlecht, ahd. *bōsi* nichtig, schwach; z. einer idg. Wurzel *bhu*-blasen wie norweg. *baus* »stolz« oder zu schwed. *boss* Strohabfall? **Bosheit** *f* boshaft, erbosen. **Bösewicht** *m* (s. Wicht).

Boskett *n* 18. Jh. v. fz. *bosquet;* it. *boschetto* Hain, z. it. *bosco* Busch, s. Busch, Bukett.

bosseln[1] kleine Arbeit tun, Kegel schieben (mhd. *bōʒ-kugel)* mh. *bōʒeln*, *bōʒen* schlagen.

bosseln[2] Relief-Arbeit verrichten, fz. *bosseler*, *bosse*, it. *bozza* »Relief«; bossieren »i. Wachsformen«; (basteln »Spielarbeit machen«, wohl zu Bast).

Botanik *f* Pflanzenkunde v. gr. *botánē* Weide, Gras, z. *bóskō* weide.

Bote *m* ah. *boto*, and. *bodo*, ags. *boda*, z. bieten, eig. (d. Willen) Bietender, Verkündender; Botschaft *f*, Botschafter *m* 17. Jh. i. Wien f. fz. *ambassadeur;* unbotmäßig; s. Büttel, Pedell.

Botel *n* »Bootshotel« nach Motel (FAZ 22. 7. 61, S.18).

Bottich *m* hölzernes Gefäß, mh. *boteche*, ah. *botahha*, mlt. *butica* Kübel (*buta* Faß); Böttcher *m* (südd. Scheffler); F.N.: Böttcher, Bödeker, Bädeker, Büttner.

Bouillon *f* v. fz. *bouillon* eig. Aufkochen, z. *bouillir* kochen, lt. *bullire* Blasen werfen, wallen; 18. Jh.

Bouquet *n* s. Bukett.

Bowle *f* v. eng. *bowl*, mh. *bolle* Knospe, kugelf. Gefäß, ags. *bolla* Gefäß. ah. *hirni-*, ags. *hēafodbolla* Hirnschale, eng. *bowl* Kugel, Napf, Schale, viell. z. Ball[1].

boxen 19. Jh. v. eng. *box* m. d. Faust kämpfen, im 18. Jh. auch baxen.

Boykott *m* Verrufserklärung, v. eng. *boycott*, n. d. Gutsverwalter Boycott i. Irland, über den d. Landliga 1880 d. Bann aussprach, worauf niemand mehr für ihn arbeitete u. mit ihm verkehrte; boykottieren jem. geschäftlich oder gesellschaftlich schneiden.

brach Acker, der n. d. Ernte umgebrochen ruht (nicht bestellt wird), ah. *brācha*, pl. Brak, die Brache, umgepflügtes Land, z. brechen; Brachmonat Juni, ~vogel (mecklenb. *grot brakfogel)*, ~schnepfe, auch d. Misteldrossel. F.N.: Bracher.

Bracke *f* ah. *bracko* Spürhund, daher it. *bracco*, fz. *braque*, v. mh. *braehen* riechen: lt. *fragrāre*.

Brackwasser *n* Mischung aus Fluß- u. Seewasser, eng. *brack* Salzwasser, ndl. *brak* salzig.

Brägen *m* nd. Gehirn, eng. *brain*, urv. gr. *brechmós* Vorderkopf.

Brakteat *m* auf e. Seite geprägte dünne Münze, lt. *bractea (brattea)* (Gold-)Blättchen.

Bram- in B.-segel, B.-stange wahrscheinlich = Prunksegel usw.; vgl. altschwed. *bram* Prunk.

Bramarbas *m* Großsprecher, Prahlhans, ursp. Name e. prahlenden Riesen i. e. Gedicht 1707, v. sp. *bramar*, fz. *bramer* schreien (v. Hirsch), z. ah. *brēman* brummen; ~ieren.

Brand *m* mh. ah. *brant*, zu brennen; ~en 18. Jh., ~ung *f* (flammenartige) Bewegung u. Geräusch d. Wellen, brenzlig, ~fuchs *m* Student i. 2. Semester (Buch d. Richter 15); ~marken eig. e. Zeichen einbrennen, z. B. d. Pferden und Herden; ~schatzen anstatt z. sengen u. brennen m. e. Schatzung belegen. **Brand,** an. *brandr* = Schwert, n. d. flammenartigen Gestalt (entl. ist fz. *brandon* Feuer, it. *brando* Schwert); 81 altdtsche P.N. auf -brand: Hildebrand Schlachtschwert ähnlich sp. *tizona* Schwert des Cid, z. lt. *titio* Brand; ~er, m. Brennstoff gefülltes Schiff.

Branntwein *m* pl. Bramwin, eig. gebrannter Wein, da früher aus Wein hergestellt, entl. fz. *brandevin*.

Brasse *f* Tau am Ende der Raa 18. Jh. v. ndl. *bras*, fz. *bras* aus lt. *brachium* Arm.

Brassen *m* (Fisch) ah. *brahsa*, mh. *bra(h)sem;* z. ah. *brehan* glänzen?

Braten *m* mh. *brāte*, ah. *brāto* Fleisch; **braten** mh. *brāten*, ah. *brātan*, beide ursp. nicht verw., erst später zs. gebracht, verw. m. Brodem, brüten: lt. *fretum* Brandung u. *fretāle* Bratpfanne; s. Wildpret; ~wurst, mh. *brātwurst* z. mh. *brāte* Fleisch, also ursp. »Dauerwurst aus schierem Fleisch« (ohne Speck u. a.); ~rock *m* vgl. eng. *roastmeat-clothes* Festkleidung; * Gewand der Leipziger Stutzer.

Bratsche *f* Armgeige, v. it. *viola da braccio*, z. lt. *brāchium* Arm, s. Brezel.

brauchen ah. *brūhhan*, pl. *bruken*, got. *brūkjan*, ags. *brūcan*, eng. *brook* genießen, brauchen, urv. lt. *fruor* genieße, < * *frugwor*, *frūx* Frucht, *brauch-bar; Brauch *m* ah. *brūh*.

Braue *f* mh. *brā*, *brāwe*, ah. *brāwa*, anord. *brā*, got. *brahv augins* Augenblick, z. e. Wz. die »flimmern« bdt.; das idg. Wort für »Braue« in ags. *brū*, an. *brūn*, urv. gr. *o-phrýs*, aind. *bhrū*, ablg. *brŭvĭ*. Vorspiel z. Faust, Vers 9: Augenbraune, schwäb., Schillers Räuber 4, 2: das Augenbraun, s. Wimper.

brauen mh. *brūwen*, *briuwen*, ah. *briuwan*, eng. *brew*, Wz. *bhru* m. allgemeinerer Bed.; vgl. lt. *dēfrūtum* gek. Most; F.N. ndl. *Brouwer*, Breuer oberd. Breyer; verw. m. Brot, brodeln, brühen, braten, viell. auch Bier; thrak. *brŷtos* Gerstenbier, Obstmost.

braun mh. ah. *brūn*, anord. *brunn*, ags. *brūn*, eng. *brown*, ndl. *bruin*, urv. lit. *beras*, ind. *babhrú* (rotbraun); entl. it. *bruno*, fz. *brun*; s. Bär, Biber. P.N.: Bruno, gr. Phryne (Hetäre) die Braune; Kröte; mh. *briune* = *vāgīna*. O.N.: Braunschweig pl. Brunswig (eng. *Brunswick)*, 2. z. ah. *wīh* Ort, s. Weichbild.

Bräune *f* Halsentzündung (v. braunroter Farbe), Diphtheritis.

Brausche *f* mh. *brūsche*, m. Blut unterlaufene Beule, durch Schlag, Stoß, Wurf verursacht, pl. Brusch, vgl. schwäb. *brausch* brüchig; Bröschen, Brust d. Tiere.

brausen mh. *brūsen;* Brause *f* an d. Gießkanne u. im Bade; pl. Brus' d. Gießk., Brausekopf *m* 18. Jh.

Braut *f* Verlobte, mh. *brūt* Neuvermählte, ebenso ags. *brȳd*, eng. *bride*, got. *brūþs* (Schwiegertochter; entl. fz. *bru)*, dazu **Bräutigam** *m* eig. Mann d. Braut (d. h. der Neuvermählten) m. altem Genetiv *-i* (wie in Nachtigall), mh. *briutegome*, ah. *brūtigomo*, ags. *brȳdguma*, eng. *bridegroom* (m. irrt. *r* durch Anlehnung an *groom* Jüngling); d. 2. Teil ist got. *guma* Mann, urv. lt. *homo*.

brav 17. Jh. v. fz. *brave* z. lt. *barbarus* barbarisch, wild, unbändig, it. sp. *bravo* wild.

brechen ah. *brĕhhan*, got. *brikan*, z. idg. Wz. *bhrag*, wozu auch lt. *frango*, Perf. *frēgi;* s. brach, Bresche, Brosame, prägen; an~, auf~, zerbrechlich, gebrechlich, unverbrüchlich. Brecher eng. *breaker* Sturzsee, Brandung.

-brecht s. -bert i. Liste 54.

Brei *m* mh. *brī*, ah. *brio*, verw. m. lat. *friāre* zerreiben.

breit and. *brēd*, ags. *brād*, eng. *broad*, got. *braiþs;* ~en, ver~e(r)n. O.N.: Breda, Bredde Straße i. Witten; O.N. Bremke-Bredenbeke, s. Bach; ähnl. geb. ist lt. *Latium* breite (Ebene).

Bremse[1], **Breme**, *f* große Stechfliege, mh. *brĕme*, ah. *brĕme* (ohne *s*), z. brummen, F.N. Bre(h)m; Bremse urspr. nd.

Bremse[2] *f* Hemmschuh, mh. *bremse* Klemme, von mnd. *premese*, ndl. *pram* Zwang; got. *ana-praggan* bedrängen; bremsen, Bremser *m*.

brennen mh. *brinnen*, zurückgehend auf zwei verschied. Ztw.: got. *brinnan* brennen, *brannjan* anzünden, die verschmolzen wurden; ags. *birnan*, *bærnan*, eng. *burn*, s. Brand, Brunst, Bernstein. Brennpunkt *m* 18. Jh. mu. Barnstein = gebrannter (Ziegel-)Stein; O.N.: Bernburg aus gebrannten (Ziegel-) steinen erbaute Burg; Barneberg, Barnstädt (vom Kohlenbrennen); brenzeln »verbrannt riechen u. schmecken« Vkl. v. brenzen; brenzlig.

Brente *f* viereckig geformtes Mandelgebäck bes. i. Frankfurt a. M., andere Form für Printe (s. dies), doch an brennen (rösten) angelehnt.

Bresche *f* 17. Jh. v. fz. *brèche* Bruch, Lücke (eng. *breach)*, z. germ. *brĕkan* brechen (Rückw.).

Brett *n* mh. ah. *brĕt* z. ders. Wz. wie Bord, it. *bordello*, s. Pritsche; schwäb. Britt; Brettl, Überbrettl *n* s. Kabarett.

Breve *n* päpstl. Schreiben i. minder feierlicher Form, 15. Jh. v. lt. *breve* kurzes (Schreiben), z. *brevis* kurz; dass. W. wie Brief.

Brevier *n* d. liturgische Buch d. kath. Geistlichen, das kirchl. Stundengebet (tägl. Lobopfer) für d. Kirchenjahr enthaltend, v. lt. *breviārium* kurzes Verzeichnis, z. *brevis* kurz.

Brezel *f* ah. *brezitella*, v. * *brachiatellum* kleiner Arm (n. d. Form) z. lt. *brāchium* Arm, s. Bratsche, Kringel (d. echt dtsch. W.). F.N. Bretzler.

Brief *m* ah. *briaf*, v. *lt. brevis (libellus)* od. *breve (scriptum)* kurzes (Schreiben). Ursp. hatte d. W. d. feierlichere Bed. Urkunde, daher Adels~, Kauf~, Lehens~, Schuld~, ver~te Rechte, ~ u. Siegel; anord. schw. *bref* Urkunde, dä. *brev;* vgl. eng. *brief* kurz; fz. *brevet* Erlaß.

Brigade *f* Heeresabteilung v. 2 Regimentern unter e. Generalmajor, 17. Jh. v. fz. *brigade*, v. it. *brigata* Gesellschaft, Trupp, Heerschar.

Brigant *m* Räuber, v. it. *brigante* z. *brigare*, im Streithaufen kämpfen; viell. v. got. *brikan* brechen, streiten; dazu Brigade.

Brigg *f* zweimastiges Segelschiff, 19. Jh. v. eng. *brig;* vgl. *brigantine* ~schoner, *it. *brigantino* Piratenschiff.

Brikett *m n* Preßkohlenstein 1766 erfunden, aber erst seit Mitte des 19. Jhs. häufiger verwandt, v. fz. *brique* Backstein: mndl. *bricke*.

brillant 18. Jh. v. fz. *brillant*, z. *briller*, it. *brillare* glänzen, funkeln, v. gr.-lt. *beryllus*, gr. *bḗryllos* durchsichtiger meergrüner Edelstein, ursp. ind. W.; prakrit. *vēlūriya;* daher **Brille** *f* (um 1300 erfunden), ursp. Mehrz., mh. *berille*, *barille;* früher wurde d. Beryll, dann d. Bergkristall, endlich Glas verwendet.

bringen ah. *bringan*, got. *briggan*, and. *brengjan*, ags. *brengan*, eng. *bring*, dän. *bringe*, schw. *bringa* aus dem Deutschen entlehnt; auf~, aufgebracht (bildl.).

Brink *m* nd. erhöhter Grasplatz, Anger; *brinksitter* = Kleinhufner; an. *bringr* Hügel, eng. dän. schwed. *brink* Rand, Ufer, *Erhöhung, ostfries. O.N. Brinkum, Faren ~ 1): Föhre, F.N. Brinkmann, ten Brink, Sand~, Stein~.

Brisanz (geschoß) * Sprengkraft, brisante Ladung, vgl. fz. *poudre brisante.*

Brise *f* frischer, kühler Wind, 18. Jh. v. eng. *breeze*, sp. *brisa*, fz. *brise.*

Brocken *m* mh. *brocke*, ah. *brocko*, got. *ga-bruka* abgebrochenes Stück, z. brechen; daher einbrocken, bröckeln, bröckelig.

brodeln mh. *brodeln* kochend aufwallen; Aschenbrödel eig. Küchenjunge, s. Asche, brauen, entl. fz. *brouiller* durcheinander mischen.

Brodem *m* heißer Dunst, mnd. *brādem*, ags. *brǣþ* Dunst, s. brauen, brühen, braten, brodeln.

Brokat *m* gold- od. silberdurchwirkter Seidenstoff, v. it. *broccato* z. *broccare* sticken, daher fz. *brocart*, ptg. span. *brocado*, s. Brosche.

Brombeere *f* mh. *brāmber*, ah. *brāmberi*, z. ah. *brāmo* Dornstrauch, Wz. *bher* spitz (russ. *borŭ* Nadelwald), aus ndl. *braambezie* entl. fz. *framboise* Himbeere (Bed.-W.).

Verw. ist ags. *brōm*, eng. *broom* Ginster, s. Pfriem.

Bronchien Luftröhrenäste, gr. Mz. *brónchia*, bronchial, Bronchitis; s. Kragen u. Pranger.

Bronnen *m* oberd. (schwäb.) Nf. z. Brunnen; O.N.: Niederbronn, Heilbronn, Maulbronn u. a.

Bronze *f* 18. Jh. v. fz. *bronze*, it. *bronzo*, mlat. *bronzium*, viell.: pers. *birinğ* Kupfer.

Brosame *f* mh. *brōsme*, ah. *brōsma* Krume, Bröckchen, ags. *brȳsan* zerreiben, urv. lt. *frustum* Brocken.

Brosche *f* v. fz. *broche* Spieß, Nadel, *brocher* stechen; Broschüre *f* geheftete kleinere Schrift, 18. Jh. v. fz. *brochure;* s. Brokat.

Brot *n* mh. ah. *brōt*, and. *brōd*, ags. eng. *bread;* ältere Bez. war Laib, s. dieses; z. brauen, durch Glut bereiten; ~neid *m*, ~studium *n* Ende 18. Jh.

Bruch[1] *m* z. brechen; Schiff~, Wolken~, Wort~, Ab~, u. a.; ~stück *n* 17. Jh. Lüt. v. lt. *fragmentum*.

Bruch[2] *m n* (m. langem u) feuchte Wiese, Sumpfboden (Oderbruch, Düsternbrook b. Kiel), mh. *bruoch*, ah. *bruoh*, ags. *brōc*, eng. *brook* Bach, urv. kelt. *mrog* < **brog*-Land; s. auch Brühl; in die Brüche gehen = verloren g. (i. d. Sumpf geraten). O.N.: Broich, Grevenbroich (Rheinland), Gräfenbruch, Hunteburg, Hoensbroech, Wildenbruch, pl. Uhlenbruck; Brokmerland, Teil Ostfrieslands, Bruchsal, Brüssel; F.N. Brockhoff, Brauckhoff, Brauckmann, Bro(c)kmann, Brockhaus, Dumbroich u. a.

† **Bruch**[3] *f* oberd. (Oberschenkel-) Hose: eng. *breech* Steiß, *breeches* Hosen, gall.-lt. *brāca*, *Gallia brācāta* = ah. *bruoh*, mh. *bruoch* wohl * germ., urv. lt. *(suf)frāgines* »Hinterschenkel«.

Brücke *f* ah. *brucka*, ndl. *brug*, pl. Brügg, ags. *brycg*, eng. *bridge;* O.N.: Bruck, Innsbruck, Brugg, Brügge, Zweibrücken; F.N.: schwäb. Bruckmann, Bruckner, Brückner, Brucker eig. Erheber d. Brückenzolls; urv. aslaw. *bruvuno* »Balken«, gall. *Samaro-brīva* = *Amiens* ~ über d. Somme; s. Prieche.

Bruder *m* mh. ah. *bruoder*, got. *brōþar*, pl. Brauder, eng. *brother*, schw. dä. *broder*, urv. lt. *frāter*, gr. *phrātōr* (Mitglied e. Geschlechts), air. *brā́thir*, toch. *pracar*, aind. *bhrā́tar-*, ablg. *bratrŭ*; verbrüdern.

Brühe *f* mh. *brüeje*, z. brühen, viell. verw. m. braten, brüten.

Brühl *m* † sumpfige m. Buschwerk bewachsene Wiese od. eingehegte Fläche (Zs. f. dt. Alt. 84, 174), mh. *brüel*, ah. *bruil*, fz. *breuil* Buschwerk, it. *broglio*, gall. mlt. *brogilus;* verw. mit Bruch[2], s. d.; Orts- u. Straßenn.: Brühl b. Köln, der Brühl i. Leipzig, Gotha, Erfurt, Kassel u. bei Quedlinburg; Brill (auch F.N.), viell. auch Brohl a. Rhein. Flurn. Breil, Broyl, Bruel u. a.

brüllen mh. *brüelen*, s. prahlen.

brummen ah. *brēman*, germ. Wz. *brem*, urv. *fremo* knirsche, gr. *brémō* rausche, ai. *bhramá* wirbelnde Flamme, vgl. an. *brim* Brandung u. eng. *brim-stone* Schwefel, s. Bremse[1], Brunft; brummen (i. Gefängnis sitzen), 19. Jh.; s. Bremse.

brünett bräunlich 17. Jh. v. fz. *brunet*, it. *brunetto*, s. braun.

Brunft *f* das Brüllen, Schreien d. Rot- u. Schwarzwildes i. d. Begattungszeit, z. brummen. In demselben Sinn wird Brunst: brennen gebraucht.

Brünne *f* † Panzer, ah. *brunna*, got. *brunjo*, anord. *brynja:* air. *bruinne* Brust. Brunhild die im Panzer Kämpfende; bulg. (aus d. Got.) *bronja*, ablg. *brŭnja*, afz. *broigne* aus d. Germ.

Brunnen *m* mh. *brunne* Quelle, ah. *brunno*, got. *brunna*, ags. *burna*, eng.

bourn † Bach, urv. gr. *phréar*, lt. *ferveo* walle, brenne, air. *brennim* sprudele, z. brennen i. d. Grdb. wallen, sieden, also: Wallendes; s. Born. O.N.: Brunn (29), Brünn (3), Mespelbrunn, Maulbronn, Quickborn, Paderborn, Bornheim, Praunheim, s. Born u. Liste 44; F.N. Ambronn, alem. F.N. Debrunner, s. Dam-.

Brunst *f* got. *ala-brunsts* Brandopfer, ah. mh. z. brennen, oft f. Brunft gebraucht; Inbrunst, brünstig.

brüsk barsch, v. fz. *brusque*, it. *brusco*, it. *brusca* Bürste, Striegel, v.lat. *bruscum* »Knollen (am Ahorn)«; fz. *brusc* Mäusedorn; ~ieren.

Brust *f* pl. Bost, got. *brusts*, ags. *brēost*, eng. *breast;* verw. m. air. *bruinne* ~ s. Brünne, sich brüsten (bildl.), Brüstung *f* 18. Jh.; s. Büste.

Brut *f* mh. *bruot*, ndl. *broed*, ags. *brōd*, eng. *brood* Brut, Hecke; Grdb.: erwärmen, erhitzen; brüten, pl. bröden, ags. *brēdan*, eng. *breed;* s. braten, brühen.

brutal roh 17. Jh. v. fz. *brutal* viehisch, z. lt. *brūtus* schwerfällig, unvernünftig (viell. urv. m. gr. *barýs* schwer); dazu **brutto,** v. it. *brutto* roh; B.gewicht = Rohgewicht, m. Verpackung; Gegensatz: Netto.

Bube *m* mh. *buobe* Knabe, Diener, zuchtloser Mensch, südd. Bua ohne üblen Nebensinn; ah. E.N. *Buobo.* Büberei *f*, bübisch. Verw. sind: eng. *boy* Knabe, *baby* Mädchen; O.N. Bubenreuth.

Buch *n* mh. *buoch*, ah. *buoh*, got. *bōka*, pl. Bauk, ndl. *boek*, ags. *boc*, eng. *book;* d. Einzahl bedeutete ursp. d. einzelne Schreibtafel aus Buchenholz, d. Mehrz. got. *bōkōs* Schriftstück, Urkunde, Buch (vgl. lt. *littera* ~stabe, Mehrz. *litterae* Schriftstück, Brief); buchen 18. Jh. Das Schreiben auf solche Holztafeln (lt. *fraxineae tabellae)* wird zuerst für das 6. Jh. bezeugt; daher jetzt noch ~stabe, s. dieses u. lesen. **Bücherei** *f* 1658 Comenius.

Buche *f* ah. *buohha*, eng. *beech*, ndl. *beuk(enboom)*, urv. lt. *fāgus*, gr. *phēgós* Speiseeiche, russ. *buz* Holunder, kaum zu aind. *bhā*-Glanz. Über die Buche als Zeuge für die europ. Urheimat der Idg. vgl. jetzt W. Wißmann, Der Name der ~, 1952. O.N.: Buch (101), Puch, Buchen (20), Büchen (7), Buchheim, Bockenheim, Bochum, Bokum, Bockum, eng. Buckingham, Buchholz (86), Buxtehude, pl. Bocholt, Bockholt, schon b. Caesar, Gallischer Krieg VI, 10: *silva Bācēnis* Buchenwald (zwischen Kassel u. d. Main), mlat. *Bōcōnia* d. Rhön; O.N. Buchloe = F.N. Baukloh s. Loh; O.N. u. F.N.: rhein. Bachem (Buchenheim), pl. Böken, Bückeburg, slaw. Buckow, Bukow, Buckau (häufig); Melibokus; entl. abulg. *buky*, dah Bukowina 'Buchenland'.

Buchsbaum *m* mh. *buhsboum*, v lt. *buxus*, gr. *pýxos*, woher it. *bosso* fz. *buis*, eng. *box* Büchse, Schachtel dazu **Büchse** *f* Behälter, Dose, Feuer gewehr, ah. *buhsa*, lt. *buxis* bes Arznei~, südital. *bussola*, fz. *bous sole* (Schiffs-)Kompaß, v. gr. *pyxi* Dose aus Buchsbaum, s. Liste 38.

Buchstabe *m* ah. *buohstap*, and *bōkstaf*, ags. *bōcstæf*, an. *bōkstafr* Im Gegensatz zu den »Stäben« de Runen wurden die im »Buch« ver wandten lt. Schriftzeichen »Buch staben« genannt; buchstabieren 17. Jh. früher buchstaben; s. Buch lesen, Stab.

Bucht *f* nd., schriftd. seit 17. Jh z. biegen, See ~ (1675).

Buchweizen *m* nd., im M.-A. au Asien eingeführt, v. d. der Buch ecker ähnlichen Gestalt d. Frucht entl. eng. *buckwheat*, aus ndl. *boek weit.*

Buckel *m* pl. Puckel, Höcker de

Rückens, nach dem erhöhten Metallbeschlag auf d. Schilde v. lt. *buccula* Erhöhung, Rundung, *Bäckchen; O.N. Katzen ~ im Odenwald, s. Bühl.

bücken, sich, verstärkende Bildung z. biegen wie schmücken z. schmiegen.

Bückling[1], **Bücking** *m* geräucherter Hering, mndl. *bocksharink*.

Bückling[2] *m* Verbeugung, z. bükken, eig. sich bückender Mensch.

Buckskin, auch **Buxkin** *m* v. eng. *buck* (Reh-)bock, *skin* Haut, s. Bock.

Bude *f* mh. *buode*, an. *būđ*, urv. *lit. bùtas* Haus, altir. *both* Hütte, z. bauen.

Budget *n* eng. 19. Jh. Ranzen, Beutel, Sack, dann Vorrat, endlich Staatshaushalt, v. fz. *bougette* Ranzen, lt.-gall. *bulga*, s. Balg.

Büfett *n* Schenk-, Anrichtetisch, 16. Jh. v. fz. *buffet*, it. *buffetto*, ob: afz. *buffet* Tresterwein, später *vin le buffet* bes. guter Wein?

Büffel *m* v. fz. *buffle*, it. *bufalo*, . gr. *búbalos* * *afrik.* Gazellenart, spätlt. Nebenf. *bufalus*, wilde Ochsen bezeichnend; danach 16. Jh. **büffeln,** eifrig studieren, vgl. ochsen.

Bug *m* oberes Gelenk d. Vorderbeine d. Tiere, übtr.: Vorderteil d. Schiffes, mh. *buoc*, ah. *buog*, ags. *bōg*, eng. *bough* Ast, *bow* Bug d. Schiffes, urv. gr. *pḗchys* Armbug, dor. *pā̆chys*, **phāch-* ai. *bāhu-*, ablg. *āzu*, armen. *bazuk* Arm.

Bügel *m* eig. Gebogenes, s. Busen; ~eisen *n*, ~n = plätten.

bugsieren e. Schiff ins Schlepptau nehmen, 17. Jh. ndl. *boegseeren*, v. ptg. *puxar* ziehen, schleppen, v. lt. *pulsāre*.

Bugspriet *n* über d. Schiffsbug schräg nach vorn ragende Stange, eng. *bowsprit*, v. ndl. *boegspriet* (*spriet* schräge Stange), daher fz. *beaupré* m. stark volksetymol. Schreibung, s. sprießen.

Bühl, Bühel *m* ah. *buhil*, ostschweiz. Büchel, z. biegen, also eig. Biegung der Erde, Buckel. F.N.: Bücheler, Pichler, Aichbichler. O.N.: Beuel b. Bonn, Beul (Honnef, Neuenahr), Bühel (3), Bühl (39), Büchel (26), Pichl, Dinkelsbühl, Pichelswerder »hügelige Insel«; F.N. Bühler, Varnbüler.

Buhl||e *m* mh. *buole* Verwandter, Geliebter, ah. P.N. *Buolo*, pommersch *böleken* Geschwister; vgl. lett. *bālulītis* Brüderchen; später nur Geliebter, Geliebte, so noch b. Goethe (König i. Thule), auch m. üblem Nebensinn; ~en, ~erin *f*, ~erisch, Neben~er *m*.

Bühne *f* mh. *büne*, wahrsch. z. Boden, s. Bönhase. Dass. W. ist **Buhne** *f* nd. Uferschutz aus Weidengeflecht u. a.

Bukett *n* 18. Jh. v. fz. *bouquet* Blumenstrauß, eig. kleiner Busch, z. *bois* Busch, Wald, Holz, it. *bosco*, s. Busch, Boskett.

Bulle[1] *m* nd. Zuchtstier; dafür schwäb. Hummel, Hagen; eng. *bull*, *bullock*, anord. *bole*, urv. gr. *phállos* m. Glied; ~enbeißer *m* 18. Jh.

Bulle[2] *f* kaiserl. (1356) u. päpstl., später nur noch päpstl. Verordnung, v. lt. *bulla* Wasserblase, eng. *bill* Urkunde, Rechnung; s. Billett, Knopf, Kugel, Kapsel, die i. d. Kapsel befindliche kaiserl. oder päpstl. Urkunde, s. Billard; fz. *bulletin*, it. *bulletino*.

bummeln vgl. bammeln, * hangend hin- u. herschweben, v. d. Glocke; **Bummel** 1) mu. = Troddel, Quaste, 2) *m* stud. um 1850 gemächlicher Spaziergang.

Bund *m* mh. *bunt* Fessel, Bündnis, z. binden; Vkl. Bündel *n* ags. *byndele*, eng. *bundle;* bündig, zus. gedrängt, fest, bestimmt; kurz und bündig, s. Ausbund. **Bundschuh** *m*, 15. Jh. einteiliger Bauernschuh mit Riemen zum Festbinden; Feldzeichen der Bauernkriege.

Bunker *m* eng. 18. Jh. * Kohlen~, seit d. 1. Weltkrieg betonierte Unterstände, Sperranlagen.

bunt erst seit Luther = mannigfarbig, mh. *bunt* schwarz u. weiß gefleckt od. gesprenkelt, z. B. pl. wittbunt (v. Kühen), auch rot~, schwarz~, viell. v. lt. *punctus* gestochen, getüpfelt, punktiert; n. Heyne stammt ~ aus d. Klöstern, wo es das m. verschiedenen Farben *Gestickte* bezeichnete; auch gr. *stiktós* gestochen u. bunt.

Bürde *f* ah. *burdi*, got. *baúrþei*, eng. *burden*, z. idg. Wz. *bher* tragen, s. Bahre, entbehren, gebären.

Büre *f* Bettüberzug nd. s. **Büro.**

Burg *f* mh. *burc* befestigter Ort, Schloß, Stadt, ah. and. *burg*, *burug*, got. *baúrgs* Stadt; den Germanen war Burg, was uns heute Stadt ist; ags. *burh*, eng. *borough* Flecken, schw. dä. *borg*. Aus d. Germ. stammt spätl. *burgus* »Kastell« (am *Limes)* nebst it. *borgo*, fz. *bourg*, *bourgeois* Bürger, vlat. *burgensis;* idg. Wz. *bhrgh* bergen, schützen, gr. *pyrgos* = *teichos* Mauer, (trotz d. Bdtg. aber kaum: *Pergamon);* Burg, also eig.: Schützendes, Bergendes; oberd. Burgemeister *m* (b. Goethe) jetzt Bürgermeister, älteste Form *burcmeister*. O.N.: Burg (67), Burgen (2), Burgau, Bürgel, Bürglen, Magdeburg, Straßburg, Biebrich (eig. Biburg = Beiburg, Vorburg, nicht z. Biber), pl. Borbeck, Burgbach; in Frankreich Bourg (32), Cherbourg (jedoch nicht Bourges, das n. d. Biturigern heißt); in Spanien häufig Burgo u. Burgos (Mehrz., weil aus mehreren Orten zus.gewachsen) nach d. vielen v. d. Goten angelegten Burgen; Bregenz (lt. Form *Brigantia)* v. kelt. *brig* bergen; Burgunder Burgbewohner (?), Bornholm Burgunderinsel. Förstemann verzeichnet 179 weibl. P.N. auf -burg, z. B. Hildburg die durch Kampf Schützende, Waldburg, Walpurgis; Burkhard (Burckhardt, Burchard, Borchert, Borgert, Busse u. a.) der kraftvoll Schützende. 2) *hart:* gr. *kratos*. **Burgfriede** *m* mh. *burcvrīde*, Vertrag z. Sicherheit d. Burg- od. Stadtgebiets, dann dieses selbst; i. polit. Sinne: Beiseitelassen der Parteibelange m. Rücksicht auf d. allg. Wohl. **Bürger** *m* mh. *burgaere*, ah. *burgāri*, ags. *burgware* (vgl. Römer: *Rómware)* Bewohner e. Burg, Stadt; ~lich, s. Borgis unter Letter.

Bürge *m* der Sicherheit Leistende, ah. *burigo*, z. borgen, dazu bürgen, verbürgen.

burlesk spaß-, possenhaft, v. fz. *burlesque*, it. *burlesco*, z. sp. *burla* Posse, Spaß, z. lt. *burrula* zottiges Gewand: *burrae* läppisches Zeug.

Büro *n* Geschäftszimmer, Schreibtisch, 18. Jh. v. fz. *bureau*, z. afz. *burel* grobes wollenes Tuch, dann d. damit bedeckte Tisch, z. lt. *bura burra;* Bürokrat *m* z. gr. *kratéō* herrsche; *bureaucratie* um 1750; Sankt Bürokratius scherzh. Neubildung.

Bursche *m* dass. W. wie Börse (s. d.), Genossenschaft, bes. v. Studenten, die gemeinsam i. dems. Hause leben, dann d. einzelne Bewohner, v. lt. *bursa* Leder, Beutel z. gr. *býrsa* abgezogene Rindshaut (z. *būs* Kuh); entl. norw. *busse*, ndl. *borst*. **Burschenschaft** *f* seit 1815 wo sich d. Studenten, zunächst i. Jena, z. Pflege vaterl. Sinnes verbanden. **burschikos** 18. Jh. stud. = flott, derb als Adv. m. gr. Endung *-ikōs* gebildet, dann auch Adj.

Bürste *f* Abl. z. Borste, pl. Böst ~nbinder, trinken wie ein ~ 16. Jh.

Bürzel *m* schweiz. *borzen* hervorstehen, ah. *bor*, s. empor.

Busch *m* mh. *busch*, *bosch*, *pusch* ndl. *bosch*, schw. *buske*, dä. *busk* davon mlt. *buscus*, *boscus* Strauchwerk, woher auch it. *bosco*, sp. por *bosque*, fz. *bois: busk* (fränk.) Wal

bûche Holzscheit. Verkl.: Büschel; s. Bukett, Boskett.

Buschklepper *m* Straßenräuber, 17. Jh. eig.: Waldreiter, s. Klepper.

Busen *m* mh. *buosem*, *buosen*, ah. *buosam*, and. *bōsom*, ags. *bōsm* Schoß, eng. *bosom*, wohl z. Wurzel *bhu*-schwellen, air. *būas* Bauch; ~freund *m*, Meer~ *m*.

Bussard *m* Mäusefalke, 16. Jh. v. fz. *busard:* lautm. lt. *būteo* (daher auch eng. *buzzard*, ndl. *buizert).*

Buße *f* rechtliche od. kirchliche Genugtuung, ah. *buoȥa* Besserung, Heilung, Abhilfe, Strafe, and. *bōta* Besserung, got. *bōta* Nutzen, ags. *bot*, eng. *boot*, Nutzen, Vorteil; dazu Ein~, baß, besser, büßen, ah. *buoȥȥan*, got. *botjan;* Altbüßer = Flickschuster, Lückenbüßer *m* eig. was e. Lücke ausbessert, s. Lücke. F.N. Ketelböter.

Büste *f* 18. Jh. v. fz. *buste*, it. *busto* auf einem Grabmal angebrachtes Brustbild; lt. *bustum* Leichenbrandstätte.

Butt *m* (Fisch): eng. *butt* Stein~ vgl. *turbot*, aschwed. *törnbut*, Heil~ nd. *but* stumpf.

Bütte *f*, **Butte** *f* mh. *būte*, ah. *butin*, anord. *bytta*, ags. *byden*, eng. *butt* großes Faß v. fz. *botte* Weinfaß, z. mlt. *butina*, gr. *pȳtínē*, tarent. *bȳtínē* Flasche, s. Bottich, Büttner = Böttcher, Küfer.

Buttel, Buddel *m*, *f* v. fz. *bouteille* Flasche, 17. Jh.

Büttel *m* unterer Gerichtsdiener, mh. *bütel*, ah. *butil*, ags. *bydel* Bote, ndl. *beul*, eng. *beadle* Gerichtsdiener, z. bieten: eig. der (den Willen d. Obrigkeit) Bietende, Verkündende, s. Pedell.

Butter *f* schwäb. bayr. *m* mh. *buter*, ah. afries. *butera*, pl. Botter, nd. Bodderköst Hochzeit, ags. *butere*, eng. *butter*, v. gr. *bútyron*, viell. skyth. Ursp. u. volkset. in *būs* Kuh u. *tyrós* Käse gedeutet (dah. it. *burro*, fz. *beurre);* s. Schmer, Anke.

Butzenscheibe *f* kleine Scheibe aus buntem Glas m. »Butzen«, d. h. schlackenartigen Erhöhungen i. d. Mitte; ursp. Nürnberger Bez. ~n-dichter, Bezeichnung f. eine verniedlichende Altertümelei in der Dichtung (1884 P. Heyse), ~ lyrik.

Byzantinismus *m* Liebedienerei bes. Fürsten gegenüber wie i. alten Byzanz, um 1870.

C

Etwa fehlende Wörter sind unter K und Z verzeichnet, z. B. Kanaille.

Cadre *m* fz. Rahmen: it. *quadro* Viereck, Stammtruppe eines Rahmenheeres.

Cerevís *n* kleine, runde Studentenmütze ohne Schirm, 19. Jh. v. mlt. *cerevisia* Bier, kelt. Ursprungs.

Chamäleon *n* 16. Jh. v. gr. *chamailéōn* Erdlöwe z. gr. *chamaí* auf der Erde, *léōn* Löwe, übertr. ~ sehr veränderlicher Mensch.

Champignon s. Kampf.

Chance *f* Glücksfall, Aussicht, v. fz. *chance*, it. *cadenza*, z. mlt. *cadentia* Fallen d. Würfel (lt. *cado* falle), s. Schanze, Kaskade, Kasus, Kadaver, Okzident.

Chaos *n* gestaltlose Masse, Wirrwarr, 17. Jh., v. gr. *cháos* gähnende Leere, z. *chaínō* gähne, s. gähnen, Gas.

Charakter *m* seit 18. Jh. (bes. übtr. i. geistiger Hinsicht), v. gr. *charaktḗr* Eingegrabenes (Zeichen), Gepräge, z. *charássō* ritze.

Charge *f* fz. Amt, Dienstgrad; Chargierte (stud.) fz. *charger*, mlt. *carricare* beladen, s. Karikatur.

Chauffeur *m* fz., Kraftwagenfahrer, -führer, -lenker, v. *chauffer* heizen, vlat. * *calefāre* = *calefacere* warm machen.

Chaussee 18. Jh. v. fz. *chaussée* Kunststraße, z. lt. *(via) calciata* m. i. Kalk gelegten Steinen gepflasterte (Straße), v. *calx* Kalk.

Chauvinismus *m* übertriebener Nationalstolz, n. e. Rekruten Chauvin i. Lustspiel *La cocarde tricolore* der Brüder Cogniard 1831; 1870 v. fz. *chauvinisme.*

Chef *m* Oberhaupt, Vorgesetzter, 17. Jh. v. fz. *chef*, lt. *caput* Haupt, Kopf; s. Kap, Kapitän, Kapitel.

Chemie *f* für älteres *Chymie* n. gr. *chēmeíā* Säftemischung, *chȳmós* Metallguß, s. Alchimie.

Chemisett *n* Vorhemdchen, v. fz. *chemisette*, Verkl. z. *chemise* Hemd, n. lt. *camisia*, s. Hemd, Hamen, Leichnam, Kamisol.

Cherub *m* hebr. Mehrz. Cherubim, eig. fabelhaftes Tier, dann Engel. P. N.: it. Mehrz. Cherubini s. Greif.

Chiffre *f* Namenszug, Geheimschrift, v. fz. *chiffre* Zahlzeichen, z. arab. *sifr* leer, Null (s. Ziffer); chiffrieren = verschlüsseln.

Chinarinde *f* nicht z. China; in der Inkasprache heißt *quina* ~rinde, also Tautologie, s. Liste 41; Chinin *n.*

Chiragra *n* Handgicht, s. Podagra.

Chirurg *m* früher Wundarzt, jetzt Arzt, soweit er m. d. Messer eingreift, v. gr. *cheirurgós* eig. m. d. Hand arbeitend *(cheir* Hand, *érgon* Werk).

Chlor *n* chemisches Element, v. gr. *chlōrós* blaßgrüngelb (Davy 1811); Chloroform *n* s. gelb, Jod.

Cholera *f* v. gr. *cholérā* Gallensucht, z. *cholē* Galle; cholerisch leicht erregt, zornig, n. gr. *cholerikós* gallensüchtig; s. Koller².

Chor¹ *m* Sängerschar, vollstimmiger Gesang, n. gr. *chorós* Tanzplatz (Terpsíchore die Tanzfrohe z. *térpomai* ergötze mich) dann Reigen, Sängerschar, auch: **Chor²** *n* Ort i. d. Kirche, wo die Sänger (Geistliche) standen; ~al *m.*

Chrestomathie *f* Mustersammlung v. Gedichten od. Prosastücken, v. gr. *chrēstomátheia; chrēstós* brauchbar, *manthánō* lerne, also eig. Erlernen d. Brauchbaren, s. Mathematik.

Christus v. gr. *christós* gesalbt, z. *chríō* bestreiche, salbe; **Christ** *m* mh. *kristen*, ah. *christāni*, eig. Adj. v. gr. *christiānós* Bekenner Christi; P.N.: ~ian (~ine), Christophorus (Christusträger) verk. Christoph, Stoffel, Töffel, Kirsten, Kersten, Karsten, Kasten, Kassen, Kirschten, Kirstein, Kirschstein. ~baum *m* 18. Jh. = Weihnachtsbaum in Straßburg 1539/1642. ~enheit, ah. *christanheit.* ~kind = alem. *wienecht-chindli.* Ostfries. Karstid, Kastid = Weihnachtszeit.

Chron||ik *f* mh. *krōnike*, v. gr. Mehrz. *biblía chroniká* Zeit-, Geschichtsbücher; ~ische Krankheit (langsame, dauernde), ~ologisch d. Zeitfolge nach, ~ometer *m* Zeitmesser, genau gehende Uhr.

Clan schott. Stammverband (gäl.): lt. *planta.*

Clique *f* 18. Jh. v. fz. *clique* Rotte, Sippschaft, vgl. *claque* gedungene Beifallklatscher im Theater, s. Klüngel

Clown *m* engl. (= Bajazzo): lt. *colonus*, *Bauerntölpel.

Coupé *n* Halbkutsche, Eisenbahnabteil, v. fz. *coupé*, v. *couper* schneiden, s. Abteil. **Coupon** *m* Abschnitt, Zinsschein, v. fz. *coupon.*

Couplet *n* fz. eig. Verbundenes, zs. gekoppeltes, also (Strophen)paar, z. *coupler* paarweise zuteilen, v. *couple* Paar, z. lt. *copula* Band, Riemen, Verbindung, s. Koppel, kuppeln.

Cour *f* Hof, Höflichkeit, v. fz. *cour*, it. *corte*, z. mlt. *cortis* fürstl. Hof z. *cohors* eig. eingezäunter Raum; *Cortes* span. Landstände 1137ff; Gürzenich (Köln): *curtina* Gehöft? die ~ machen jem. umwerben, s. Garten, Kur[3].

Courage *f* Mut, 17. Jh. v. fz. *courage*, it. *coraggio*, z. fz. *cœur* Herz, it. *cuore* (lt. *cor)*. Für das fz. Sprachgefühl sind d. W. auf *-age* männlich, für das deutsche weiblich.

Cousin *m* Vetter, 17. Jh. v. fz. *cousin*, it. *cugino*, z. lt. *consobrīnus* Geschwisterkind; Cousine *f* Base v. *cousine*, *consobrīna*.

Creme *f* 18. Jh. v. fz. *crème* (gr.-lt. *chrisma)* Salbe, Rahm, Sahne, Bestes.

Croupier *m* fz. »Spielgehilfe« (der hinter d. Bankhalter steht): *croupe* Kruppe d. Pferdes, also germ. Herkunft.

Curry *m s* ind.-eng. scharfes Gewürz: tamul. *kari*.

D

da[1] räumlich: an dem Ort, mh. *dā*, *dār*, ah. *dār*, ndl. *daar*, and. *thar*, eng. *there*, anord. got. *þar*, urv. ai. *tárhi* damals, s. dar.

da[2] zeit- u. grundangebend, mh. *dō*, and. ags. anord. *þā;* wie da[1] gleichen Stammes wie der Artikel der.

Dach *n* ah. *dah*, pl. Dack, ags. *þæc*, eng. *thatch* Stroh(dach), anord. *þak*, urv. lt. *tego* decke, *tectum* Dach, *toga* Hülle, gr. *tégos* Dach; ai. *sthag-*, lit. *stogas* Dach.

Dachs *m* mh. *dahs*, (F.N. Daser *~jäger), eig. viell. (kunstvoll) Bauender, urv. gr. *téktōn* (s. Architekt), lt. *texo* webe; ai. *táksati* zimmert, entl. fz. *taisson*, sp. *tejón*, it. *tasso* (auch F.N.), dazu **Dackel** *m* (erst Ende 19. Jh. bezeugt), nordd. Teckel (Ende 18. Jh.) auch *Dächsel* (Anf. 18. Jh.), viell. vorhistor. Ableitung v. Dach(s) mit dem Werkzeug-Suffix *-l*.

Dahlie *f* n. d. schwed. Botaniker Dahl, der sie 1788 in Mexiko entdeckte; *Georgine* heißt sie auch n. d. Skt. Petersb. Prof. Georgi.

Dalles *m* Pleite, Armut; v. heb. *dalluth* Armut.

dalli schnell, v. poln. *dalej* vorwärts! 19. Jh.

Damast *m* Seiden-, Leinen- u. Wollstoff m. eingewebten Bildern, 16. Jh. v. it. *damasto*, n. Damaskus i. Syrien, wo solche Stoffe hergestellt wurden (dah. auch fz. *drap de Damas* 14. Jh., eng. *damask*, ndl. *damast)*. **Damaszener** *m* Stahl v. Damaskus damaszieren, d. Stahl flammend ätzen, it. *damaschinare*, fz. *damasquiner*.

Dame *f* 17. Jh. v. fz. *dame* z. lt. *domina* Herrin *(dominus* Herr*)*, *domna*, it. *donna*, sp. *doña*. Mit Possessiv: fz. *madame*, it. *madonna*, früher als Anrede üblich, jetzt nur noch v. d. Jungfrau Maria gesagt; els. O.N. Dammerkirch: *Domina Maria*.

Damhirsch *m* tautol. aus mh. *tāme*, ah. *tāmo*, *dāmo* gebildet, von kelt.-lt. *dāma* Gemse, Reh, Antilope (fz. *daim);* daneben ags. *dā*, eng. *doe*, wohl zu air. *dam* Ochse, gr. *damalis* junge Kuh, Mädchen; *alem.* O.N. Debrunnen, Dewald, Dewangen, s. Renntier, Elentier, Maultier u. Liste 41.

dämlich, bair. *damisch;* urv. lat. *tēmulentus* trunken.

Damm *m* nd., mh. *tam*, afries. *dam*, *dom*, anord. *dammr*, eng. *dam*, got. *faúr-dammjan* verdämmen, verhindern viell. <idg. *dhobmo* – fest und urv. mit tapfer, aslaw. *debelo* dick, toch. *tāppo* Mut. F.N.: Vandamme entspricht begrifflich ndl. van Dyck. F.N. Bavendamm = Obendiek.

dämmern, Dämmerung *f* ah. *demar: dinstar* finster, z. idg. Wz. *tem* dunkel sein, woher auch ind. *tamas* Finsternis, ablg. *tima* Dunkelheit, lt. Mz. *tenebrae* Finsternis, ai. *támisrā;* Götter∼ (alte Umdeutung von an. *ragnarǫk* Götterschicksal).

Dämon *m* böser Geist, v. gr.-lt. *daemon*, gr. *daímōn* Gottheit, Geist, (kirchl.) böser Geist; ∼isch, teuflisch, v. e. bösen Geist besessen; *daimónion* (Sokrates!) innere göttl. Stimme; »das Unbewußte« oft = das ∼ische (b. Goethe); *Desdemona:* gr. *deisidaímōn* Götter fürchtend.

Dampf *m* mh. ah. *dampf*, eng. *damp*, Dunst, z. mh. *dimpfen* dampfen, rauchen; dämpfen mh. *dempfen* eig. rauchen machen, d. h. das Feuer ersticken; Dampfer *m* 19. Jh., Lüs. v. eng. *steamer;* s. dumpf, dämpfig »kurzatmig« (v. Pferden).

Dandy Stutzer um 1830 v. eng. ∼, Kf. z. Andrew; Dandysmus 1835.

Dank *m* mh. *danc*, and. *thank*, got. *þagks*, eng. *thank;* ursp. = Gedanke (an e. Wohltat), z. denken.

dann erst 18. Jh. v. denn geschieden, ah. *danne*, *denne*, eng. *than*, *then*, die ursp. auch nicht getrennt waren.

dar = da[1], in Zs. ist r noch erhalten: daran, darin, da(r)nach, darbieten, ∼legen, ∼tun, Darlehen u. a.

darben ah. *darbēn* entbehren, mangeln, got. *gaþarban* sich enthalten, *þarba* Mangel, and. *tharbōn* entbehren, ags. *þearfian* ermangeln, in Ablaut: dürfen, s. bieder.

Darm *m* mh. ah. *darm*, afries. *therm*, anord. *þarmr*, ags. *þearm*, schw. dä. *tarm*, wahrsch. z. idg. Wz. *ter-* durchbohren, gr. *tramis*, lt. *trāmes* Weg, *trans* i. Liste 54, gr. *tórmos* Loch, Grdb.: Durchgang.

Darre *f* s. dorren.

daß mh. ah. daȥ, got. *þata*, eng. *that*, dasselbe wie das, gr. *to*, aind. *tad*, erst i. 16. Jh. v. Maaler in Zürich geschieden: Ich weiß, daß er kommt, lautet ursp. m. Verschiebung d. Satzpause: Ich weiß das, er kommt.

Dativ *m* Wemfall, v. lt. *(cāsus) datīvus* der das Geben anzeigende Fall.

Dattel *f* mh. ah. *dahtilboum*, v. it. *dattilo*, z. gr. *dáktylos* Finger, wegen d. fingerartigen Gestalt d. Frucht; mu. Dachtel, Tachtel, s. Ohrfeige.

Datum *n* 14. Jh. v. lt. *datum* gegeben als Unterschrift v. Urkunden, lt. *litteras dare* e. Brief schreiben, jetzt noch i. feierlichen Erlassen: gegeben d. 1. Januar; datieren, s. Mandat.

Daube *f* Seitenbrett e. Fasses, mh. *duge*, Faßdaube, schwäb. Daug, ndl. *duig*, v. mlt. *doga*, *dova* (dah. auch it. *doga*, fz. *douve)*, z. gr. *dochḗ* Gefäß, *déchomai* nehme auf.

dauern[1] nd. leidtun (er dauert mich), mh. *mich tūret ein ding*, mich dünkt etwas kostbar, teuer, zu teuer, z. *tiure*, teuer. Bei Luther u. sogar Lessing noch tauern; bedauern.

dauern[2] währen, mh. *tūren*, *dūren* v. lt. *dūrāre* (fz. *durer)*.

Daumen *m* pl. Dum, mh. *dūme*, ah. *thūmo*, afries. *thuma*, eng. *thumb*, z. Wz. *tū* schwellen, lt. *tumeo* schwelle, (gr. *týlos* Wulst, Schwiele) also eig. dicker Finger.

Daune *f* pl. Dun, eng. *down*, anord. *dūnn* Flaumfeder; Eider∼ davon fz. *édredon:* Wz. *dhu* schütteln.

Daus[1] *m* ursp. = zwei, jetzt As höchste Karte i. dtsch. Spiel, mh *dūs* v. *afz. dous* (nfz. *deux)* z. lt. *duos.*

Daus², ei der ~ ! mlt. *dusius* Hausalbe?, ~männer = Teufelskerle.

Debatte *f* Wortgefecht 18. Jh. v. fz. *débat* zu *débattre* streiten, verhandeln; debattieren, s. Rabatt.

Debet lt. »er schuldet« = das Soll; (Post)-Debit, lt. *dēbitum*, it. *debito* Vertrieb (Absatz).

Début fz. z. B. erstes Auftreten e. Schauspielers, 2: *but* Ziel, ist wie *buter* u. *bouter* stoßen viell. germ. Ursprungs.

Dechant *m* dasselbe W. wie **Dekan,** v. lt. *decānus* Unteroffizier, der 10 (lt. *decem)* Mann befehligte; langob. Ortsvorsteher *(Liutprand)*, bischöfl. Beamter (Friaul); Aufseher über 10 Mönche, als Kirchenamt i. d. kath. Kirche Vertreter eines Dom- oder Landkapitels; in Hessen, Bayern, Württemb. = Superintendent; a. d. Universität Vorsitzender e. Fakultät; it. *decano*, fz. *doyen*, eng. *dean.*

decken ah. *deckan*, ags. *þeccan*, eng. fehlt, anord. *þekja*, wie Dach z. idg. Wz. *teg* umhüllen, schützen, woher auch gr. *stégō* schütze, ai. *sthágati* verhüllt, lt. *tego (toga* Gewand), s. Dach, Tiegel, Ziegel. Dazu Deck *n*, Verdeck *n* (eng. *deck)*, Decke *f* ah. *decki*, Deckel *m*, gedackte Pfeife Ausdruck i. Orgelbau.

Defekt *m* Mangel, 16. Jh. v. lt. *dēfectus* z. *dēficio* fehle; defekt (schadhaft), Defizit *n* Fehlbetrag, v. lt. *dēficit* es fehlt, südd. Abmangel, s. Fazit, Profit.

defensiv 16. Jh. v. mlt. *dēfensīvus* z. *dēfendo* verteidige, s. Offensive, Manifest.

defilieren 18. Jh. v. fz. *défiler* i. e. Reihe gehen, z. *file* Faden, Reihe, lt. *fīlum* Faden, fz. *défilé* Engweg.

defin||ieren erklären, v. lt. *dēfīnio* begrenze *(fīnis* Ende, Grenze); ~ition *f*, ~itiv endgültig.

deftig nd. trefflich, tüchtig, gediegen, an. *dafna* gedeihen, eng. *deft* gewandt, flink; got. *gadōfs* schicklich, passend; urv. lt. *faber* Werkmeister u. lit. *dabnùs* zierlich.

Degen¹ *m* Schwert, v. mlt. *dagua* Dolch (fz. *dague*, ndl. *dagge*, eng. *dagger)* aus kelt. *dag(er)* Dolch?

Degen² *m* tüchtiger Kriegsmann, fälschlich mit Degen¹ zus. geworfen (alter Hau~), ah. *dëgan*, and. *thegan*, ags. *þegn* Knabe, Diener, Freiherr, Vasall, Großgrundbesitzer, aisl. freier Untertan, eng. *thane*, urv. gr. *téknon* Knabe; 18. Jh. neu belebt (Lessing, E. Galotti I, 4), z. Wz. *tek* gebären, s. Kind. F.N.: Heerdegen, Deinhard = ~hart.

Degeneration *f* (lt.) Entartung, *dēgenerāre (dē + genus)* aus d. Art schlagen, landwirtsch. b. Vergil.

Degradation *f* spätlt. *dēgradāre (dē- + gradus* Grad, Rang) herabsetzen, milit. Rangerniedrigung.

dehnen mh. ah. *denen*, got. *ufþanjan*, ags. *þennan*, urv., ai. *tanṓti* spannt, gr. *teínō*, lt. *tendo*, *tenus*, *-oris* ausgespannte Schnur, *verbo tenus* dem bloßen Worte nach; s. Donner, dünn, Dohne, Ton², gedunsen, stöhnen, tanzen.

Deich *m* nd. Schutzdamm (entl. fz. *digue)* mh. *tīch*, *dīch*, pl. Dick, an. *dīki*, afries. ags. *dīc*, eng. *dike (ditch* Festungsgraben), wohl urv. lit. *diegti* »stechen«, lat. *fīgō* »stecke«, also eig. viell. »Ausgestochenes«; ~hauptmann, ~graf (vgl. Diekgraf in Th. Storms Schimmelreiter). F.N.: van Dyk, Oberdieck.

Deichsel¹ *f* mh. *dīhsel*, ah. *dīhsala*, ags. aisl. *þisl*, pl. Diestel: lt. *tēmo* **texmo* Wagen~, Pflugbaum z. Wz. *tengh* ziehen; **deichseln** »etw. zustande bringen«.

Deichsel² *f* kurzstiel. Axt, ah. *dëhsala* Beil, Hacke: aslaw. *tesati* hauen, s. Dachs.

Dejeuner s. Diner.

Dekan s. Dechant.

deklamieren 16. Jh. v. lt. *dēclāmo* trage vor; s. pro-, reklamieren.

delikat fein, kostbar, wohlschmekkend, zart, heikel, v. fz. *délicat* z. lt. *dēlicātus* üppig, lockend; ~esse *f* Feinkost, Leckerbissen, s. Zartgefühl.

Delinquent *m* Angeklagter, Verbrecher, 17. Jh. z. lt. *dēlinquĕre* sich vergehen, Delikt (lt. *dēlictum)* Verbrechen, Straftat.

Delirium *n* lt. Fieberwahn, z. *dēlīāre* v. d. Ackerfurche abweichen, dann: verrückt sein, z. *līra* Furche, s. lehren, Geleise.

Delle *f* ah. *telili*, mh. *telle* eigentl. Tälchen, ags. eng. *dell.*

Delphin *m* Tümmler, mh. *telfīn, delfin,* auch *merswīn,* v. gr.-lt. *delphīnus* (Sinnbild d. Menschenfreundlichkeit): *delphýs* (= ai. *gárbhas* Mutterleib *uterus),* * Bauchfisch. Im 12. Jh. nahm ein südfranzös. Graf den Delphin i. sein Wappen, wonach d. Land Dauphiné hieß. Es wurde 1349 d. französ. König überlassen unter d. Bedingung, daß d. älteste Sohn Dauphin hieße. O.N. *Delphoi:* Wz. *delph* hohl.

Delta *n* dreieckig gestaltetes Land zwischen den Mündungsarmen e. Stromes (zunächst des Niles), n. d. gr. Buchstaben *Δ (delta).*

Demagog *m* v. gr. *dēmagōgós* Volksführer, jetzt i. üblem Sinn; gr. *dēmos* Volk, *ágō* führe. **Demokrat** *m* 2. z. gr. *kratéō* herrsche. P.N.: Demosthenes i. Volke stark = Volk-hart, Damokles i. Volke berühmt, fast = Demophōn.

Demarkation(slinie) Abgrenzungslinie.

dementieren der Unwahrheit zeihen, in Abrede stellen; **Dementi** *n* Widerruf, Ableugnung, v. fz. *démentir* Lügen strafen, z. *mentir,* lt. *mentīri* lügen.

demolieren fz. *démolir,* v. lt. *dēmolīri* eig. d. Last herabnehmen, dann niederreißen, zerstören, s. Mole, Amulett.

Demontage *f* bes. 1945ff. Abbau von Industrien, Maschinen.

Demut *f* mh. *diemüete,* ah. *diomuotī,* lt. *humilitas,* Milde, Bescheidenheit, aus *dio* Gefolgsmann (germ. *wulþu-þewaz* = Gefolgsmann des Ullr), *muot* Gesinnung, also eig. d. Gesinnung e. Gefolgsmannes. Wort u. Begriff kamen durch d. Christentum auf; s. dienen, Dirne.

dengeln s. Tenne, ah. *tangol* Hammer, eng. *ding* schlagen, an. *dengja.*

Dengler *m* = Kaltschmied, vom Geradehämmern der Scharten an d. Sensen usw. F.N.: ~ u. Dingler.

denken got. *þagkjan,* ags. *þencan,* eng. *think,* aus ders. Wz. wie dünken, Dünkel, Dank: lt. *tongēre* kennen; Denkmal *n*, Gedanke *m*, Gedächtnis *n*, Andacht *f*, Verdacht *m*, bedacht, bedächtig. **Denkzettel** *m* bei Luther noch »Zettel, auf den man etwas schreibt, um es nicht z. vergessen«, jetzt nur noch bildl. P.N.: Tankred (Dankrat) denkender Rat.

denn ursp. dasselbe wie dann.

Depesche *f* Eilschreiben, dann (19. Jh.) Telegramm, v. fz. *dépêche* (18. Jh.), *dépêcher* Gegenbildung v. *empêcher* hindern, lt. **impedicare* verstricken.

Depositen Mz. Einlagen, lt. *dēpositum, dēpōnere* (als anvertrautes Gut) niederlegen, fz. *dépôt* f. Waffen- u. Kriegsgerät; Depotfund (archäol.) »Verwahrfund«.

Depp *m* umg. Trottel, z. ah. *bedeben?* oder zu bedeppert (s. d.)?

deputieren v. lt. *dēputo* schneide ab, ordne ab, v. *dē-* u. *puto* reinige, beschneide; Deputat *n* Bestimmtes, Ausgesetztes an Naturalien neben d. Gehalt; Deputation *f* Abordnung; s. am-, disputieren.

der die das, Artikel, z. Pronominalstamm *to* wie gr. *tó,* lat. *(is)tud.*

derb mh. ah. *dërb, dërp* ungesäuert, an. *þiarfr,* vgl. lit. *drabnùs (óras)* drückend(es) schwül(es Wetter); später = dicht, kräftig, groß, grob.

Derwisch *m* mohamm. Mönch, pers. *därwēš*, eig. = arm.

desertieren fahnenflüchtig werden, 17. Jh. v. fz. *déserter*, z. lt. *dēsero* verlasse, z. *dē* u. *sero* verknüpfe, s. Serie; Deserteur *m*.

deshalb 1: des Genet. des Grundes, 2: mh. *halbe* Seite, Richtung.

Desinfektion *f* Beseitigung des Ansteckungsstoffes, fz. *désinfecter* »entgiften«, lt. *dis* ent- + *inficere* (Gift) hineinbringen; vgl. entkeimen.

Despot *m* Gewaltherrscher, Zwingherr, 17. Jh. v. gr. *despótēs* Gebieter, **dems-potes*, 2) ai. *pati-h*, lit. *Dimstipatis* (Gott) Herr des Gehöftes.

Dessert *n* Nachtisch, 18. Jh. v. fz. *dessert*, z. *desservir* d. Speisen abtragen.

desto ah. *dës diu*, zsgz. *dësde*, *dës* Genet. d. Grundes, *diu* Instrum. (d. Maßes): das.

Detach||ement *n* abgezweigte Truppenabteilung, ~ieren, ~iertes Fort.

Detektiv *m* lt. *dētegere* aufdecken, offenb., (1868); eng. *detective (policeman)* (1856), 1871 fz. *détective*.

Deut *m* kleinste Münze, dann das Geringste (ich kümmere mich keinen ~ darum) 18. Jh. v. ndl. *duit*, eng. *doit* Scheidemünze, eig. abgeschnittenes (Stück) aisl. Münze *þveiti: đwītan* (ags.) abschneiden; vgl. Rubel.

deuten mh. *diuten*, pl. düden, ndl. *duiden*, ags. *geþēodan* übersetzen, z. mh. *diet* Volk, also eig. volkstümlich, d. h. verständlich machen, »verdeutschen«; deuteln, deutlich, zweideutig.

deutsch ah. *diutisc*, and. *thiudisk*, mlat. *theodiscus* volkstümlich (nicht lateinisch) v. d. Sprache (786ff.), wahrscheinl. entstanden als Lüs. von lt. *(lingua) vulgaris* als *theod*- (= *vulgus* Volk) + isk- (= *-aris)*; vgl. Maurer-Stroh, Dt. Wortgeschichte I² 122ff., 1958 u. Betz in Festschr. Joh. Spörl 1965. Notker (um 1000) *diutisca zunga*, dann v. Land u. Leuten, pl. dütsch, ndl. *duitsch* (daher eng. *dutch* holländisch) ags. *þeōdisc*, dä. *tysk*, schw. *tysk*, z. mh. *diet*, ah. *deot*, *diot*, got. *þiuda* Volk: »~ ist ja eigentlich ein übersetztes *vulgaris*« Dt. Wörterb. 4, 1, 2, 2963. (18. Jh. noch vielfach teutsch.) Rede deutscher = deutlicher (Schillers Räuber IV, 5). P. N.: Dietmar, Dittmar, Ditmer, Detmer im Volk berühmt, Dietrich, Diedrich Volksfürst (lt.-gr. beeinfl. Form: Theodorich, entl. fz. *Thierry)*, Dietbald (halbgriech. Theobald) volkskühn (entl. fz. *Thibaut)*; Kf. Tieck Tiedge, ah. *Diotiko*, Tietz, Dietz, Thiele, Thielemann; Dithmarschen s. Gau; Deutschland 1469 *Dūtsland;* O.N.: Ditfurth, Detmold, Ditmold Volks-Versammlungsstätte (s. Gemahl), Teutoburg, Volksb., Diedenhofen, dass. W.: Dietikon b. Zürich z. d. Höfen d. Dieting (Sohn d. Volksmanns); Dietwart [Sport!]. Der Dietweg b. Reutlingen schon vorgeschichtl.; urverw. lit. *tauta* Volk, Nation, illyr. *Teuta-* in P. N., sabin. *touta* Volk, Gemeinde, osk. *touto* = *civitas*, air. *tūath*.

Devise *f* Wahl-, Sinnspruch, 16. Jh. v. fz. *devise*, it. *divisa* Abteilung d. Wappenschildes, dann d. darauf befindliche Spruch, zu lt. *dīvido* teile; Auslandswährung (seit etwa 1923).

devot ergeben, fromm, oft in üblem Sinne, 17. Jh. lt. *dēvōtus* z. *dēvoveo* weihe als Opfer, gebe dahin, fz. *dévoué;* ~ion *f*.

Dezember *m* 12. Monat, v. lt. *december* 10. Monat, da d. römische Zählung m. d. März anfing, z. lt. *decem* zehn; dtsche. Bez.: Christ-, Heilig-, Wintermonat; s. d. übrigen Monate.

Dezennium *n* Jahrzehnt, 17. Jh. z. lt. *decem;* Dezimal||rechnung *f*,

~system *n* 18. Jh. **dezimieren** v. lt. *decimāre*, eig. d. 10. Mann töten, dann übh. d. Reihen vermindern, 18. Jh.

dezent 18. Jh. v. lt. *decens* z. *decēre* ziemen.

diabolisch s. Teufel.

Diadem *n* eig. Stirnbinde als Zeichen königl. Würde b. d. Persern, v. gr. *diádēma* z. *diadéō* binde um.

Diagnose *f* gr. *diágnōsis* (Krankheits)erkennung. Diagnostik Kunst, d. Krankh. zu erkennen.

Dialekt *m* Mundart, v. gr. *diálektos* *f* Unterredung, Landessprache; ~ik *f* Disputierkunst, Wissenschaft d. Denkformen, täuschendes Spiel m. Begriffen.

Dialog *m* Wechselgespräch, v. gr. *diálogos* Unterredung, s. Katalog, Prolog.

Diamant, Demant *m* mh. *diemant*, *dēmant* (it. sp. *diamante*, fz. *diamant)* z. gr. *adámās* Stahl, eig. unbezwinglich, v. *damázō* bändige, s. zahm, an *diaphanḗs* durchsichtig angelehnt.

Diarium *n* Tagebuch, 18. Jh. v. lt. *diārium* z. *diēs* Tag, s. Diäten, Journal.

Diarrhöe *f* Durchfall, v. gr. *diárrhoia* z. *diarrhein* durchfließen, 18. Jh.

Diät *f* Lebensordnung, bes. i. Essen u. Trinken (~ halten) aus gr. *díaita* Lebensart, ärztliche Vorschrift, ~etik (der Seele). Nicht verw. m. **Diäten,** Mehrz. Tagegelder f. Beamte, namentlich auf Reisen, aus mlt. *dieta* Tagereise, Tagegeld z. *diēs* Tag.

dicht mh. *dīhte*, urv. lit. *tankùs* dicht, ai. *tanákti* zieht zs., gerinnt, bei Luther ticht, eng. *tight;* ~en »dicht machen«.

dichten mh. *tihten*, ah. *tihtōn*, *dihtōn* auf altgerm. Grundlage (ags. *dihtan* ordnen, mh. *tīchen* schaffen) v. lt. *dictāre* hersagen, abfassen, diktieren; altes deutsches W. für Dichter: ah. *scof*, as. ags. *scop;* Dichterling *m* schlechter Dichter, um 1700; s. diktieren.

dick ah. *dicki*, and. *thikki*, afries. *thikke*, eng. *thick*, anord. *þykkr*, dicht, dick, verw. m. dicht. Dickicht *n* Jägersprache 18. Jh.

Dieb *m* mh. *diep*, ah. *diob*, got. *þiufs*, pl. Dēf, anord. *þjofr*, eng. *thief*, viell.: (vgl. got. Adv. *þiubjo* heimlich) lit. *tūpti* sich niederkauern, ~stahl *m* (tautol.), Gau~, Tage~.

Didaktik *f* Lehrkunst: gr. lt. *methodus didactica (Comenius* ff.).

Diele *f* mh. *dil*, ah. *dili* Bretterbelag, Fußboden, pl. *del* Hausflur, Tenne, aisl. *þīl* Bretterwand, ags. *þel* Brett, eng. *deal;* viell. urv. lt. *tellūs* Erde, Erdboden, gr. *tēlía* Würfelbrett, ablg. *tīlo* Boden, aind. *tala* Fläche. O.N. (F.N.): Delbrück.

Diemen *m* nd. Heu- od. Getreidehaufen, v. fz. *dîme:* lt. *decima* Zehnte; vgl. Feimen.

dienen ah. *dionōn*, pl. deinen, z. got. *þius*, urnord. *þewar* Gefolgsmann, Diener, ags. *þēow;* ah. mh. *diu* Dienerin, s. Dirne, Demut. Bedienter *m* s. Liste 40. **Dienst** *m* ah. *thionost;* **Dienst||bote** *m*, spätmh. *dienestbote*, ~magd *f* 14. Jh., ~mädchen *n* 19. Jh.

Dienstag *m* mh. *dinstac*, *dienstac*, häufig *zīstac*, schwäb. Zeuschtig, afries. *tiesdei*, schw. *tisdag*, anord. *tȳsdagr*, dä. *tirsdag*, ags. *tiwesdæg*, eng. *Tuesday*, mndl. *dinxendach*, ostfries. Dingsdag z. *Thingsus* (s. Ding), Beiname des *Zīo*, ags. *Tīw*, anord. *Tȳr* Kriegsgott d. Germanen; verw. gr. *Zeus* oberster Gott, lt. *deus* Gott, ind. *Dyāus* Licht-, Himmelsgott, lit. *devas*. Bei d. Römern ist Dienstag *Martis diēs* Tag d. Mars, davon fz. *mardi*, it. *martedì*. O.N.: Ciesburc alter Name f. Augsburg; Dinslaken, s. Lache, Liste 56, *Ciuuari* Ziumänner = Alemannen; südostd. Er(ch)tag beruht wohl auf entl. gr. *Areōs hēméra* = lat. *Martis dies.*

diesig (unsichtig), ndl. *dijzig*, Wz. *tem* s. dämmern.

Dietrich *m* (rotw.) »Diebshaken« Nachschlüssel; seit etwa 1400 erscheint der P.N. in dieser wohl als Tarnung gedachten Übertragung.

dikt||ieren v. lt. *dictāre* wiederholt sagen, vorsagen, befehlen, z. *dīco* sage; ~ator *m* unumschränkter Machthaber, Diktatur *f*; s. dichten.

Dilemma *n* gr. *dílēmma* (Klemme). Wahl unter 2 unangenehmen Dingen, eig. 2mal Genommenes, -gefaßtes, s. Diplom.

Dilettant *m* Kunstliebhaber, Nichtfachmann, Halbwisser, ~ismus (Oberflächlichk.), v. it. *dilettante* z. *dilettare* ergötzen, 18. Jh. v. lt. *dēlectare* also eig. sich Ergötzender.

Dill *m* ah. *tilli*, eng. *dill*, gr. *thállō* blühe oder *thȳlás* Sack?

diluvial lt. *dīluvium* Überschwemmung, Sintflut, fz. *déluge*.

DIN Abkürzung für **D**eutsche **In**dustrie-**N**orm(ung); einheitliche Größen, 1922 vom Normenausschuß der deutschen Industrie eingeführt; s. Liste 22.

Diner *n* Mittagessen, 18. Jh. v. fz. *dîner*, afz. *disner*, z. mlt. *disjējūnāre* das Fasten brechen. Das W. ist dasselbe wie *déjeuner* frühstücken (*jeun* nüchtern).

Ding *n* ah. mh. *dinc* öffentliche Verhandlung vor d. Volksgemeinde, rechtliche u. gerichtliche Verhandlung, Gerichtstag, später i. allg. verschwommener Bedeutung, anord. *thing* Gerichtsverhandlung, Volksversammlung, schw. *ting*, eng. *thing*, dä. *ting* (*Folketing*, *Landsting*, *Storting* Volksvertretung i. Dänemark u. Norwegen). Die Bed. »Verhandlung« schimmert noch durch i. dingen, ah. *dingōn*, aisl. *þinga*, Bedingung, verteidigen (wo n ausfiel); dingfest, eig. für e. Rechtsverhandlung fest; s. allerdings. Wird als Grdb. Tagsatzung, Termin angenommen, so kann lt. *tempus* Zeit urv. sein; s. Sache, langob. *thinx* zur bestimmten Zeit (got. *þeihs*) stattfindende Volksversammlung, lgbd.-lt. *thingāre* = and. *thingon*, »Aller guten Dinge sind drei«: d. Angeklagte wurde dreimal vor d. Volksversammlung geladen. O.N.: Dingelstedt, Ochtendung (Eifel) *of demo dinge* auf dem Gericht, dass. W. ist viell. Ofterdingen. Thie, Tie, Thye, Namen v. Straßen u. Plätzen in vielen Orten Norddeutschlands, deuten auf Gerichtsstätten, s. Dienstag, Denghoog (Thinghügel) auf Sylt, isländ. *þingbrekka*; 2) s. Brink, altwestf. *ding(h)boike*, 2) Buche, ndl. *dingspel* Gerichtsbarkeit, *dingwaarder* Präsident eines Gerichtshofes.

Dinkel *m* ah. *thinkil*, *dinkil*; O.N.: ~sbühl, s. Spelt, Einkorn, Emmer, Fesen.

Dioskuren Mehrz. gr. *Dióskūroi* Söhne des Zeus (u. der Leda) = Kastor u. Polydeukes, lat. Pollux; als Zwillingsgestirn lat. *Gemini*.

Diözese *f* v. gr. *dioíkēsis* Haushaltung z. *oíkos* Haus, dann Verwaltung; *dioecesis* bei d. Neueinteilung d. röm. Reiches unter Diocletian, Statthalterschaft, endlich kirchl.: Bischofsgebiet, Sprengel, s. Ökonom, Parochie, Weichbild.

Diphtherie, Diphtheritis *f* Bräune, Entzündung d. Haut, z. gr. *diphthéra* abgezogene (Tier-)haut.

Diphthong *m* 16. Jh. von gr.-lt. *diphthongus* »Zweilaut«.

Diplom *n* Bestallungs-, Ernennungsurkunde, v. gr. *díplōma* Beglaubigungsschreiben, eig. zwiefach Gefaltetes, z. *diplóō* falte zus.; ~at *m* Angehöriger des auswärtigen Dienstes, eig. Urkundenkenner; s. doppel.

Diptam, Diktam *m* Spechtwurz, mlt. *diptamnus*, *dictamnus*, v. kret. Berge *Diktē*.

direkt in gerader Richtung auf

etwas, geradezu, 16. Jh. v. lt. *dīrēctus* z. *dīrigĕre* lenken, geraderichten (fz. *droit)*, ~or *m*, ~ion *f*, ~orium *n*, s. regieren, dressieren, Adresse, Rektor, Regel.

Dirne *f* jetzt meist i. üblem Sinn, mh. *dierne*, ah. *diorna* Dienerin, Mädchen, nd. ndl. *deern*, z. dienen.

dis- s. Liste 54.

Diskant *m* höchste Singstimme, Sopran, mh. *discante* v. *mlt. discantus*, *Auseinandergesungenes i. Gstz. z. Grundstimme, dem Tenor; später auf d. obere Stimme beschränkt.

Diskont *m* Abzug bei Zahlung vor d. Ziele, 17. Jh. v. it. *disconto*, verkürzt *sconto* Abzug, z. mlt. *discomputus* (dah. auch eng. *discount)*.

diskret zurückhaltend, rücksichtsvoll, verschwiegen, 16. Jh. v. lt. *discrētus* z. *discerno* sondere ab, unterscheide.

diskutieren v. lt. *discutĕre* auseinanderschlagen, zerteilen, dann erörtern, besprechen, z. *dis-* u. *quatio, quasso* schüttele, erschüttere, zerschlage, s. kassieren; 16. Jh.

Dispens *m* Erlaß, Befreiung, 18. Jh. v. fz. *dispense* z. lt. *dispensāre* austeilend abwägen; ~ieren, s. Pensum.

dispo||nieren 16. Jh. v. lt. *dispōno* bringe i. Ordnung; ~sition *f*.

disputieren v. lt. *disputāre* ins reine bringen, abwägen, abhandeln, z. *dis-* u. *puto* reinige, beschneide, ordne, überlege, glaube, meine; Disputation *f:* s. am-, deputieren, putzen.

Dissertation *f* Schrift z. Erlangung d. Doktorwürde, v. lt. *dissertatio* z. *disserto* setze auseinander.

Dissident *m* der keiner anerkannten Kirche od. Religion Angehörige, 16. Jh., ~en 1573 ff. in Polen = Protestanten, v. lt. *dissidens* z. *dissidēre* abseits sitzen, nicht übereinstimmen.

Distel *f* ah. *distila*, anord. *þistill*, eng. *thistle*, Grbd. viell. Stechende, vgl. ai. *tiktás* scharf.

Distichon *n* *Zweizeiler 2: gr. *stichos* Reihe, erg. *epígramma*.

Distrikt *m* Gebiet, Landstrich, 16. Jh. v. mlt. *districtus* Gerichtsgebiet, eig. straff gespannt, gebunden, s. strikt.

Disziplin *f* Lehrfach d. Wissenschaft, Zucht, Ordnung, mh. *discipline* geistliche Zucht, v. lt. *disciplīna* Lehre, Zucht.

dito desgleichen, 17. Jh. v. it. *detto* gesagt, Einwirkung v. fz. *dit:* lt. *dictum* gesagt.

Divi||dende *f* Gewinnanteil, 18. Jh. v. fz. *dividende*, z. lt. *dividendus (dīvido*, zerteile), ~dieren, ~sion *f*, s. Individuum, Devise.

Diwan *m* 18. Jh. v. fz. *divan*, it. *divano*, z. arab.-pers. *dīwān* Gerichtshof, türk. Staatsrat, 1647 ff., Versammlung, Ruhebett, Sammlung v. Gedichten (Goethe).

Döbel, Dübel *m* Holzpflock, ah. *tubili*, mh. *tübel*, mnd. *dovel*, z. gr. *týphos* Keil.

doch ah. *doh*, and. *thoh*, got. *þáuh* wenigstens = *þau* + *h* = lat. *que*, eng. *though*, Grbd.: Gegensatz.

Docht *m* mh. ah. *tāht*, anord. *þāttr* Schnur, urv. mit armen. *t'ek'em* drehe, flechte, webe, lat. *texo*.

Dock *n* ausgemauerter Raum zur Trockenlegung u. Ausbesserung d. Schiffe, erst nh. v. eng. *dock*, vgl. Daube: mlat. *doga* Behälter, gr. *dochḗ, déchomai* nehme auf; ~en ins ~ schaffen.

Docke *f* ah. *tocka*, Strang oder Bündel Garn, fries. *dok* Knäuel, dann (daraus hergestellt) Puppe f. Kinder, dä. *dukke*, schwed. *docka* Puppe. *Töggelischuel* Kleinkinderschule in St. Gallen.

Dogge *f* 16. Jh. * taugliches Haustier?: ags. *docga* z. ags. *dugan* taugen, nützen? v. eng. *dog* (woher auch fz. *dogue)*, 18. Jh. mit nd. gg, s. Flagge, Egge, Roggen.

Dogma *m*, unumstößlicher Lehrsatz, Lehrmeinung i. Wissenschaft

u. Kirche, v. gr. *dógma* z. *dokéō* meine, s. orthodox, paradox.

Dohle *f* mh. *tahele, dāhele* neben *tāhe*, ah. *tāha*, pl. *Tålk*, südwd. (16. Jh.) Tul(e): mu. *tullen* = dahlen, schwatzen, dalkete Red' (Anzengruber).

Dohne *f* Bügel m. Schlinge z. Vogelfang, mh. *don, done* Spannung, ah. *dona* Zweig, Ranke, alts. *thona*, z. idg. Wz. *ten* spannen, dehnen, lat. *tenus* Strick, aslaw. *teneto, tonotŭ;* s. dehnen, dünn, Donner, Ton².

Doktor *m* höchste Würde der Hochschule i. allen Fakultäten, dann volkst. Arzt, v. lt. *doctor* Lehrer, Gelehrter, z. *doceo* lehre; Doktrin *f* »Lehre« (Paracelsus), s. Dozent.

Dokument *n* Urkunde, beweiskräftiges Schriftstück, 18. Jh. v. lt. *documentum* Beweis z. *doceo.*

Dolch *m* 16. Jh. durch lt. *dolo*, gr. *dólōn* Stockdegen (kl. Dolch d. Meuchelmörder) wurde wohl ein germ. W. (an. *dálkr* Messer) umgeformt; entl. tschech. poln. *tulich.*

Dolde *f* Form d. Blütenstandes, mh. *tolde*, ah. *toldo* Wipfel, viell. urv. gr. *thólos* Rundgebäude, Kuppeldach, *thállos* Zweig.

dolichokephal gr. *dólichos* lang u. *kephalḗ* Haupt, Kopf.

Dolle *f* Ruderpflock, mnd. *dolle*, an. *þollr*, ags. *đoll*, eng. *thole*, urv. gr. *tȳlos* Nagel, Pflock. **Dollbord** *m* ob. Planke der Bordwand eines Ruderbootes.

Dolman *m* Husarenjacke, türk. *dolaman* (d. Janitscharen), 16. Jh.

Dolmen *m* (kelt.) vorgeschichtl. * Steintisch, Grabdenkmal, breton. *dol* Tisch u. *men* Stein, vgl. breton. *menhir* Steinsäule.

Dolmetscher, Dolmetsch *m* mh. *tolmetze, tulmetsche*, geht über *č. tlumač*, magyar. *tolmács*, türk. *tilmač* im letzten Grunde zurück auf die kleinasiat. (nicht indogerm.) Mitannisprache (15. Jh. v. Chr.) *talami* »Sprecher«.

Dolomiten Mehrz., 1791 n. d. fz. Geologen Dolomieu († 1801); Dolomit, »Bitterkalk«.

Dom *m* bischöfliche Kirche, dann übh. große, prächtige Kirche; wie it. *duomo*, fz. *dôme* v. lt. *domus (ecclesiae)* Haus des Klerus, später auch Gotteshaus *(domus Dei);* fz. *dôme* auch Kuppel: gr. spätlt. *dōma* terrassenförmiges Dach eines Hauses.

Domäne *f* Krongut, 18. Jh. v. fz. *domaine*, mlat. *domanium* z. lt. *dominium* Herrschaft *(dominus* Herr).

Dominikaner *m* Mitglied d. Bettelordens, v. hl. Dominicus 1220 gestiftet; lt. *dominicus* d. Herrn (Jesu) gehörig. **Domino** *m* Maskenkleid, Spiel; Person im ~, 18. Jh. v. it. sp. *domino* seidener Mantel, eig. Kleidung d. Geistlichen, z. lt. *dominus* Herr (z. *domus*, also eig. zum Hause Gehöriger), später auch geistlicher Herr. **Domizil** *n* Wohnsitz 18. Jh. v. lt. *domicilium.* **Dompfaff** *m* Gimpel, wegen seines schwarzen Oberkopfes ähnlich der Kappe des Geistlichen, 16. Jh., nd. *dōmpape.*

Donner *m* ah. *donar*, anord. *þōrr* (auch Name d. Gewittergottes), ags. *þunor*, eng. *thunder*, schwäb. Donder, z. idg. Wz. *ten* dehnen, spannen: kelt. *Tanaros*, lt. *tonāre* ~n; s. dehnen, dünn, Dohne, stöhnen. ~keil *m*, aufge~t, ver~n (bildl.). O.N.: ~berg, ~smarck.

Donnerstag *m* dem Donar, Thor geweihter Tag, ah. *toniris-, donarestac*, anord. *þōrsdagr*, eng. *Thursday*, dä. schw. *Torsdag*, Lüs. v. lt. *Jovis diēs* Tag d. Jupiter (it. *giovedi*, fz. *jeudi)*, s. Liste 56.

doof nd. dumm (= taub), seit d. 1. Weltkrieg allgemeiner.

doppel 16. Jh. v. fz. *double*, z. lt. *duplus* (gr. *diplóos* zwiegefaltet, doppelt, s. Diplom), ~gänger *m* 19. Jh.; s. Duplikat, Dublette, Dublone.

Dorf *n* mh. ah. *dorf*, pl. Dörp, ndl. *dorp*, afries. *thorp*, ags. *þorp, þrop*, eng. *thorp* (i. Ortsn.) got. *þaúrp*

Acker, Land, urv. lit. *trobà* Gebäude, ir. *treb* Wohnung, altgall. *Atrebates* Anwohner: *Artois* u. O.N. *Arras*. Gegen 1200 O.N. auf -dorf; m. Umstellung: Ohrdruf, Dorf a. d. Ohre, Wilsdruff, Bottrop i. Westf., Wamdrup i. Nordschleswig.

Dorn *m* mh. ah. *dorn*, got. *þaúrnus*, anord. ags. eng. *thorn*, dä. *torn*, urv. ablg. *trŭnŭ* Dorn; s. Leichdorn, Dorn i. Auge 4. Mos. 33, 55. O.N.: Dornburg, viell. zsgz. a. Doringe-, Thüringerburg, aber O.N. *Dorla* = *Turnolohun* ~busch.

dorren (ver~) dürr werden; got. *ga-þairsan, ga-þaúrsan;* dörren, mh. *derren*, urv. lt. *torreo*, gr. *tersō* trockne; Darre, ah. *darra*, gr.-att. *tarrós*, homer. *tarsós* ~, Flechtwerk, Vorrichtung z. Dörren; s. dürr, Durst, Toast.

Dorsch *m* nd., 16. Jh. schriftd., an. *þorskr*, schw. dä. *torsk:* dörren, Stockfisch, viell. urv. russ. *treská*.

dort ah. *thorot*, got. *þar*, afries. *thard* ~hin; Abl. z. dar, da, 2. Teil lt. *(ali)-uta* oder z. -wärts?

Dose *f* 17. Jh. zunächst Behälter f. Schnupftabak, v. ndl. *doos*, Vkl. Döschen, wohl:

Dosis *f* Gabe (Arznei) v. gr. *dósis* z. *dídōmi* gebe, urv. lt. *do* gebe, s. Anekdote. **dotieren** e. Stelle m. Einkünften versehen, v. lt. *dōtāre* z. *dōs* Mitgift; Dotation *f* Schenkung.

Dotter *n* mh. *totere*, ah. *totoro*, and. *dodro*, ags. *dydring* das Gelbe im Ei; Grbd. in ags. *dot* Punkt, Fleck, pl. Dutt (Knoten aus Haarflechten).

Doyen *m* (fz.) im diplomat. Korps, lt. *decānus;* s. Dekan.

Dozent *m* Hochschullehrer z. lt. *doceo* lehre; doziere; s. Doktor, Dokument.

Drache *m* mh. *trache*, ah. *trahho*, v. lt. *draco* (als Feldzeichen), gr. *drákōn* (ags. *draca*, eng. *dragon*, fz. *dragon)* z. gr. *dérkomai* blicke scharf, eig. scharfblickendes (Tier), rum. *draku* Teufel; urv. ah. *zoraht* glänzend, hell; Haus~ (scherzh.).

Dragoman *m* = Dolmetsch: arab. *tardschūman*, mh. *tragemunt*.

Dragoner *m* 17. Jh. v. fz. *dragon* Drache, als Bild i. d. Fahne; spätlt. *draconārius* Drachenträger, (d. Feldzeichen seit Trajan, v. d. Parthern entl.), Zshang m. China?

Draht *m* mh. ah. *drāt*, ags. *þræd*, eng. *thread* Faden, eig. Gedrehtes, z. drehen; ~en f. telegraphieren Ende 19. Jh., ~lich, ~ig, ~verhau, ~zieher *m* bildl., umg. auf ~ sein.

Draisine *f* 1817 n. d. badischen Forstmeister Karl v. Drais.

drall nd. derb, stramm, straff, schriftd. erst 18. Jh. (b. Lessing) eig. rasch sich drehend, mh. *gedrollen* rund gedreht: drillen.

Drama *n* 18. Jh. v. gr. *drāma* Handlung z. *drān* tun, handeln, s. drastisch.

Drang *m* mh. *dranc*, ags. *þrong*, eng. *throng* Gedränge, Menge; z. dringen.

drängen mh. *drengen*, Bew. z. dringen = dringen machen, Drang ausüben.

Drangsal *f* Beschwerde, Leiden, erst nh. ~ieren.

drapieren, *Draperie*, mlt. *drappus* (germ. Urspr.?), fz. *drap* Tuch, *drapeau* Fahne, it. *drappo*, sp. ptg. *trapo*, vgl. lit. *drāpanos* Weißzeug.

drastisch kräftig wirkend, zunächst v. Arzneien, v. gr. *drastikós* tätig, kräftig: *drān* tun; s. Drama.

draußen ah. *dār ūȥȥana* »dort außen«.

drechseln z. Drechsler, pl. dresseln, drehen, urv. lt. *torqueo* drehe F.N.: Dreseler u. z. T. Dreßler.

Dreck *m* mh. ah. *drēc*, an. *þrekkr* eng. *dregs* Satz, Hefe, urv. lat *stercus* Kot.

drehen mh. *draejen*, ah. *drāen*, ags *þrāwan*, eng. *throw* werfen; urv. lt *tero* drehe, *terebra* Bohrer, gr. *torno*

Dreheisen, *téretron* Bohrer; Draht *m*, drall, drillen, drechseln, P.N.: pl. Dreyer; Dreher als jüd. P.N.: = Trier, also Stadtname wie Bonn, Mainz u. a., schwäb. F.N. Dreßler »Schatzmeister« aber: gr.-lt. *thesaurus*.

drei wie alle Zahlen v. 1–10 aus idg. Wz., mh. ah. *drī*, got. *thrija*, ags. *þrēo*, eng. *three*, and. *thria*, ndl. *drie*, anord. *þrír*, lt. *trēs*, *tria*, gr. *treis*, *tria*, ablg. *trije*, lit. *trys*, ai. *tráyas;* dazu Drell, Drillich, Drilling, Treff, Tresse, Triumph, trivial. O.N.: Treffurt, Trebra, Tribur, Triberg, Langendreer b. Witten, doch nicht Driburg (s. Eibe), s. Trio, Trilogie.

dreist nd. noch nicht bei Luther; 18. Jh. auch dreust (b. Goethe: sich erdreusten), pl. drist (gottesfürchtig u. driste), ags. *þrīste* *keck andringend <* *þrinh-st-ia* z. dringen.

Drell *m* eig. leinenes Zeug aus dreifachen Fäden, dass. wie Drillich, s. drei, Tresse, Samt.

dreschen ah. *drēscan*, got. *þriskan*, ags. *þerscan*, eng. *thrash*, *thresh*, schw. *tröska;* urv. aslaw. *trěsku* Krach; aus dem Germ.: it. *trescare* trampeln; d. Grdb. d. Wz. zeigt, daß d. Korn ursp. ausgetreten wurde; noch heute wird z. B. Raps u. Hirse v. Pferden »ausgeritten«, s. Kelter.

Dresen *m* Tresen = Laden-, Schanktisch, ah. *treso* v. lat. *thesaurus*.

dressieren abrichten, 18. Jh. v. fz. *dresser*, it. *dirizzare* geraderichten, v. lt. *dīrēctus* gerade, s. direkt, Adresse.

drillen einexerzieren 17. Jh., auch = säen m. d. Maschine, eig. drehen, bohren, ndl. *drillen*, eng. *thrill*, *drill* bohren, verw. m. drehen, drall.

Drillich *m* dasselbe wie Drell, Nachbildung des lt. *trilīx*, ah. *drilīh* dreifädig, s. Litze, Zwillich.

Drillinge *m* Mehrz., früher Dreilinge.

dring||en ah. *dringan*, ags. *þringan*, got. *þreihan* (be)drängen; ~lich, auf~lich, gedrungen; s. dreist.

Drog||e *f* 16. Jh. v. fz. *drogue*, z. pl. *drög* trocken, aus mnd. *drogefate* mißverstanden; ~erie *f*, ~ist *m*.

drohen mh. *drōn*, *dröuwen*, ah. *drewen*, *drouwen* (ags. *þrēan)*, dem lautlich dräuen entspricht (wie froh: freuen, Stroh: streuen); urv. gr. *trȳō* plage, russ. *travítĭ* hetzen, air. *trū* Elend.

Drohne *f* Bienenmännchen, mh. *trēne*, ah. *trēno*, and. ags. *drān*, eng. *drone*, viell. verw. m. dröhnen, nd. ndl. *dreunen*, anord. *drynja*, *drynr* Gedröhn, got. *drunjus* Schall, urv gr. lakon. *thrōnax*, *ten-thrḗnē* Wespe, z. idg. Wz. *dhren*.

drollig nd. 18. Jh. schriftd., viell. z. fz. *drôle* lustig, possierlich, z. ndl. *drol* Kegel, Knirps: drillen drehen, F.N. (tirol.) Drollinger.

Dromedar *n* mh. *tromedār*, v. lt. *dromedārius* Schnelläufer, z. gr. *dromás* laufend; volkst. Trampeltier.

Droschke *f* v. russ. *drožki* z. *daróga* Weg seit 1815 in Berlin.

Drossel[1] *f* mh. *trostel*, ah. *drōsca*, *drōscala;* ags. eng. *throstle*, urv. lt. *turdus*, viell. z. **Drossel**[2] † (Kehle), eng. *throat*, dann also kehlfertiger, viel singender Vogel, s. erdrosseln.

Drost(e) *m* = *drotsetta*, *drossēte* i. alten Nieders. d. adel. Verwalter (Landrat) e. Bezirks, i. Hannover war Drost Titel d. Präsidenten d. sechs Regierungen bis 1885, später noch i. Mecklenburg, hd. Truchseß, mh. *truhtsaeȝe*, ndl. *drossaard;* Landdrostei *f* (jetzt Regierungsbez.). F.N.: Droste-Hülshoff, Droste zu Vischering, s. Truchseß.

Druck *m* mhd. ah. *druc*, ndl. *druk*, ags. *tryce*, schw. *tryck*, dä. *tryk*. Ab~, Aus~, Ein~, Nach~, Vor~ (f. Formular). Von d. dazu gehör. Ztw. **drücken u. drucken** ah. *drucchen*, an.

þrykia, (vgl. lit. *trúkti* entzweireißen), die eig. dieselben Wörter sind, hat sich drucken erst i. 19. Jh. ganz n. d. Seite d. Buchdrucks entwickelt, noch Goethe braucht bisw. drucken f. drücken (s. zucken: zücken, rucken: rücken); sich drükken, Drückeberger *m* Ende 19. Jh.

Drude *f* Zauberin, gespenstisches Wesen, Unholdin, Alp, meist i. bösem Sinne (i. gutem b. Weber, Dreizehnlinden), mh. *trute*, dä. *drude*, im Ablaut zu treten (wie got. *trudan*, an. *troða)?* ~nfuß = Pentagramma (in Goethes Faust).

Druide *m* altgallischer Priester v. kelt. *druvid-* *d.- Eichen Wissende, Kennende: Priester, Wahrsager.

Druse *f* im Gestein: eng. *dross* Schlacke, ags. *drōs*~.

Drüse *f* eig. Mehrz. mh. *drüese* z. *druos*, ah. *druosī*, ndl. *droes;* ohne sonstige Entsprechungen.

Dschungel *m* sumpfige m. Dickicht u. Schilf bewachsene Gegend, 19. Jh. v. eng. *jungle*, ind. Urspr.

du mh. ah. *du*, and. afries. *thu*, got. ags. anord. *þu*, eng. *thou*, schw. dä. *du*, urv. lt. *tu*, gr. *sý*, äol. u. dorisch *tý*, lit. *tu*, ai. *tvam (tad tvam asi* das bist du) Akk. *tvām;* duzen (s. d.), vgl. fz. *tutoyer*.

Dublette *f* zweimal od. öfters vorhandene Stücke. Münzen, Bücher usw., 18. Jh. v. fz. *doublet*. **Dublone** *f* frühere Goldmünze, Doppeldukaten, um 1600 v. fz. *doublon*, z. *double* doppelt.

Dückdalben *f* (Duckdalben) Mz. Vbdg. v. 3 Pfählen z. Anlegen v. Schiffen, angelehnt an d. Herzog v. Alba fz. *duc d'Albe:* ndl. *duiken* tauchen, *dukdalf*, Dallen (Dalben) Pfahlbündel; zu *duiken* auch *Düker* (nd.), 1. Wasserleitg. unter e. Deich, Flusse, 2. Tauchente, od.: Diekdalben. »Deichpfähle«?

ducken nd. mh. *tucken*, *tücken* sich schnell beugen, verw. mit tauchen; pl. sick duken; Duckmäuser *m*, mh. *tockelmūsen* (*n*) Heimlichkeit, 2. z. mausen, mh. *mūsen* mausen, schleichen.

dudeln auf e. Blasinstrument, schlecht spielen, 17. Jh. v. poln. *dudlič*, *č*. *dudy* Sackpfeife; Dudelsack *m* 17. Jh.: türk. *düdük* Flöte.

Duell *n* 16. Jh. v. lt. *duellum* (alte Form für *bellum* Krieg) zu *duo* zwei; ~ant *m*, ~ieren. **Duett** *n* Zwiegesang, 18. Jh. v. it. *duetto* z. *due* zwei; Dualismus *m*.

Duft *m* leichter dünner Nebel, wohlriechende Ausdünstung, mh. *tuft* feine Ausdünstung, Nebel, Reif, ah. *duft* Frost, nd. *duft* übler Geruch, an. *dupt* Staub; z. mh. *dimpfen* dampfen u. Dampf, ~en, ver~en, ~ig leicht neblig, meist aber zart (v. Geweben).

dufte umg. ›fein‹, 19. Jh. aus jidd. *toff*, hebr. *ṭōb* ›gut‹.

Dukaten *m* v. mlt. *ducātus*, it. *ducato*, nach der Münzaufschrift Herzog Rogers v. Apulien (1140): *si tibi, Christe, datus...iste ducatus* (»Herzogtum«).

duld||en Grbd. tragen, ertragen mh. ah. *dulten*, ags. and. *tholian*, eng. *thole*, got. *þulan*, urv. lt. *tuli* ich habe getragen, *tollo* hebe auf, *tolero* ertrage, gr. *tálās* duldend, elend *tlēnai* ~, Ge~ *f*, ~er *m* (erst bei Klopstock), ~ung *f* 16. Jh., s. tolerant.

Dult *f* ah. mh. *tult*, got. *dulþ* Fest, verdrängt durch (Jahr)markt urv. gr. *thalía* Festgelage? oder z. ah. *twelen* betäubt sein, verweilen Vgl. Feier u. Fest.

dumm nd. W., mh. *tump* ungeehrt, unklug, kraftlos, ah. *tump* töricht, stumm, taub, stumpfsinnig ags. eng. *dumb*, anord. *dumbr*, got. *dumbs* stumm, s. *taub*, toben, vgl. gr. *typhlós* blind, Wz. *dhumbh* dunkel; **Dummerian** *m* eig. dummer Jahn, Johann, 17. Jh., s. Grobian

dumpf 18. Jh., ndl. *dompig*, z.

Dampf, eng. *dank* dunstig, feucht, vgl. dunkel.

Düne *f* nd. Sandhügel am Meer 15. Jh., ndl. *duin*, ags. *dūn* Hügel, eng. *down* Hügel, Düne, ags. *adūne, of-dūne* vom Hügel herab, z. an. *dyja* schütteln, ai. *dhūnṓti* schüttelt, lit. *dujà* Stäubchen; s. Daune; das ü – statt u. oder au – deutet auf holländische Herkunft hin; Dünung *f* = Wellengang. O.N.: Dünkirchen, Duhnen (b. Cuxhaven), Dunwich (Suffolk).

Dung *m* ah. *tunga;* ah. *tunc* unterird. m. Dünger bedeckter Webekeller: gr. *táphos* Grab (?), **dhengh*, lit. *dengiù* decke: vgl. Tacitus Germania Kap. 16.

dunkel mh. *tunkel*, ah. *tunchal*, afries. *diunk*, an. *dǫkkr*, viell. z. dumpf.

Dünkel *m* zu **dünken**, nur unperönl. (mich dünkt, mich deuchte; got. *þugkjan)*, v. denken.

dünn ah. *dunni*, and. *thunni*, ags. *þynne*, eng. *thin*, urv. lt. *tenuis* dünn, zart, schmal, gr. *tanaós*, ai. *tanú-* lang, ausgedehnt, dünn, ablg. *tĭnŭkŭ* dünn; s. dehnen, Tenne, Dohne, Donner, Ton².

Dunst *m* ah. *tunist* Sturm, ags. *dūst*, eng. *dust* Staub, ai. *dhvasati* stiebt ausein. wie Staub, s. Dust.

Duodez(format) *Zwölftel(bogen)-größe (bei Büchern), kleines Format; ~imalsystem (»Zwölferzählung«) in Sumer, Akkad, Babylon usw.

düpieren 18. Jh. fz. *duper* anführen, *dupe* (*f*) (lautm.!) Gimpel, Narr.

Duplikat zweite Ausfertigung e. Urkunde. z. lt. *duplicāre* verdoppeln, z. *duo* zwei, s. doppel.

Dur *n* (Tonart) v. lt. *dūrus* hart, dauern², Moll.

durch mh. *durh*, ah. *duruh*, got. *þaírh:* gr. *teréō*, *teírō* durchbohre; got. *þaírko* Öhr; eng. *through* durch, *thorough* gänzlich, durchaus, vgl. got. *trúkau* reiße; O.N. Dorste = *Dorstide* im Sösetal * Durchstelle = Furt, auch Dorsten a. d. Lippe? **durchbrennen** stud. 19. Jh., ~bruchschlachten (1. Weltkr. z. B. Gorlice u. Isonzo, 1939ff.). **Durchgänger** *m* Ausreißer, 17. Jh. nur v. Soldaten, jetzt allg.; **Durchhaus** *n* südostd. 18. Jh. Haus mit Durchgang (von einer Straße in die andere); **Durchlaucht** *f* Titel f. fürstl. Personen unter d. Herzog, mh. Part. *durchlūht* z. *durchliuhten* durchleuchten, hell strahlen, glänzen, Nachbildung v. lt. *illūstris* erleuchtet, strahlend, s. leuchten, licht, erlaucht. **Durchmesser** *m* 17. Jh. Lüs. v. gr. *diámetros*. **Durchschnitt** *m* 18. Jh., abwertend erst Ende 19. Jh. **durchtrieben** eig. m. etwas ganz erfüllt, durchzogen, heute bildl. i. üblem Sinn wie ndl. *doortrapt*, s. abgefeimt, gerieben, raffiniert.

dürfen Freiheit z. etwas haben, ah. *durfan* Grund, Ursache haben, brauchen, dürfen, bedürfen, got. *þaúrban*, ags. *þurfan* nötig haben; wohl urv. mit gr. *terpo* sättige, lit. *tarpá* Gedeihen; dürftig, bedürftig, bedürfen; s. bieder, darben.

dürr ah. *durri*, an. *þurri*, ags. *þyrre*, got. *þaúrsus* trocken, dazu Darre, dörren, verdorren, urv. lt. *terra* trockenes (Land) i. Gegensatz z. Meer, ai. *tr̥šúš* lechzend; O.N. Durlach, 2. Lache, Dürrbach (Durbeke?); **Durst** *m* pl. Döst, ndl. *dorst*, ags. *þyrst*, eng. *thirst*, schw. dä. *törst*, got. *þaúrstei*.

Dusche *f* Brause, um 1800 v. fz. *douche* z. it. *doccia*, lt. *ductus* Zug, (Wasser-)leitung, altköln. F.N. Aducht: *aquae ductus*.

Düse *f* 19. Jh., v. tschech. *duse* Höhlung des Geschützes; ~njäger (seit 2. Weltkrieg).

Dusel *m* nd. Schwindel, geistige Betäubung, (student.) unverdientes Glück, 17. Jh. schriftd. dösig, ah. *tusīg*, pl. däsig, ndl. *duizelig*, eng. *dizzy* schwindlig, ags. *dysig;* ~ig,

~n; verw. m. Tor, töricht, ndl. *dwaas* töricht, zu idg. Wz. *dhus.*

Dust *m* † noch i. Goethes Faust 1116; nd. Staub, eng. *dust*, lautlich dass. wie hd. Dunst.

düster nd., 16. Jh. hd., afries. *thiustere*, and. *thiustri*, ndl. *duister*, ags. *þȳstre*, urv. russ. *tusk* Finsternis.

Düte *f* nd. Tüte, Tute (Herm. u. Dor. VII, 202 Deute), s. Tute.

Dutzend *n* 14. Jh. totzen, tutzen, v. fz. *douzaine*, it. *dozzina* (fz. *douze* zwölf, zu lt. *duodecim); eng. dozen;* ~ware *f*, ~mensch *m*.

duzen mh. (Parzival 749, 29), vgl. du.

Dwarslinie (v. Schiffen), nd. s. quer.

Dynamit *n* starker Sprengstoff, 1867 v. Nobel erfunden, v. gr. *dýnamis* Kraft, Gewalt; Dynámik *f*; **Dynamo** so verkürzt zuerst in England f. Dynamo = elektr. Maschine (Werner Siemens 1867 ff.); **Dynast** *m* i. M.-A. Machthaber e. kleinen Landes, Graf eigner reichsfreier Gebiete, v. gr. *dynástēs* Herrscher; Dynastie *f* Herrschergeschlecht, Fürstenhaus.

E

Ebbe *f* nd., 17. Jh. schriftd., and. *ebbiunga*, afries. ags. *ebba*, eng. schw. *ebb*, dä. *ebbe*, wohl z. ab <**abjan* Wegbewegung (des Meeres); s. Robbe, Krabbe, Egge, Roggen, Bagger u. a. nd. W.

eben ah. and. *ëban*, ndl. *even*, anord. *jafn*, got. *ibns*, ags. *efn*, eng. *even*, viell. * *imnos:* lt. *imitari* nachahmen, *imāgo* Bild. Ebene *f;* schwäb. O.N. Ebnat, b. Arnstadt d. Ebanotte (**ebanoti);* ~bürtig, ~falls (ebenen Falls), ~bild *n*, ~maß *n*, s. neben; ~ (Adv.) ah. *ëbano*, eng. *even;* der Ebenhoch mittelalterl. Belagerungsturm.

Ebenholz *n* schon i. M.-A. v. lt. *ebenus:* gr. *ébenos* z. ägypt. *hbnj:* Luther schreibt Hebenholz; Ebenist Kunsttischler.

Eber *m* ah. and. *ebur*, ags. *eofor*, an. *jǫfurr* Fürst, Herr, urv. lt. *aper* Eber, aslaw. *vepri* Wildschwein. P.N.: ~hard stark wie e. ~, zsgz. Ebert; Ewerding, ~wein, Frit||jof 1) Friede, Schutz, 2) starker Fürst, fz. O.N. *Avricourt* ~ Eberhardshof. O.N.: ~sdorf, ~swalde.

Eberesche *f* 16. Jh. viell.: air. *iba* Eibe, Esche.

Eberraute *f* gr.-lt. *abrotonum* spätmh. *eberitz*, 2. angel. an Raute

echauffieren erhitzen, 18. Jh. v fz. *échauffer*, zu lt. *excalfacĕre* erhitzen (*ex* aus, *calidus* warm, *faci* mache).

Echo *n* (noch b. Herder *f*) Widerhall. 16. Jh. v. gr. *ēchṓ* Schall, z. gr *ēchéō* töne, schalle, s. Katechese.

Echse *f* falsch aus Eidechse (s. d. abgeleitet (1836 Oken).

echt nd. zsgz. aus *ēhacht* für ah *ēhaft* gesetzlich, rechtsgültig, ehelic geboren, mnd. *echte hove hebben* = rechtm. Hof halten. afries. *āft* gesetz lich, 17. Jh. schriftd.; s. Ehe, ewi

Ecke *f*, oberd. Eck *n*, oft vo spring. Fels (Deutsches Eck in Kob lenz), ah. *ecka*, ags. *ecg* Spitz Schneide, Schwert, eng. *edge*, anor *egg* Spitze, urv. lt. *aciēs* Schneid Schärfe, *acuo* spitze, schärfe, *ac* Nadel, gr. *akís* Spitze, *ákros* spi (Akrópolis Oberstadt, Burg, bes. Athen; Akrokorinth), zu idg. W *ak* spitz, s. Egge, Ähre, Akazi

Ahorn. P.N.: Eginhard (Einhard, Eike, Ecke), Ekkehard, Eckart, Eckert der Schwertgewaltige, Egbert, Egmont, s. Mund².

Ecker *f* Buch~, Frucht d. Buche (schwäb. Buchele), auch d. Eiche, (aber nicht verw. m. Eichel) z. got. *akran* Frucht, eng. *acorn:* lt. *agrestis*, gr. *ágrios* wild, an. *akarn*, aslaw. *jagoda* Frucht, tochar. *oko*, *okar* e. Pflanze; O.N. Eckersmühlen (Mittelfranken).

edel ah. *edili* v. vornehm. Geschlecht, adelig, ausgezeichnet; später auf d. Sittliche übtr., s. Adel. Edelmann *m* 15. Jh., ~mut *m* 17. Jh., ~ing *m*, P.N.: Adelung, ~rost *m* 19. Jh. s. Patina.

Eden (hebr.) Garten, Lieblichkeit, Paradies.

Edikt *n* landesherrliche Verordnung, 17. Jh. v. lt. *ēdictum* Aussage, Befehl * Äußerung des Praetors, zu *ēdīco (ex-dīco)* sage aus.

edieren herausgeben, bes. Bücher 16. Jh. v. lt. *ēdo (ex* aus, *do* gebe); Edition *f*.

Efeu *m* ah. *ēbah*, *ēbahewi*, volkset. an Heu angel.,ags. *ifig*, eng. *ivy;* urv. lt. *ibex* Steinbock (eig.: Kletterer); auch an Laub angelehnt: mnd. *iwlōf*, ndl. *eiloof*.

Effekt *m* Wirkung, Erfolg, 16. Jh. v. lt. *effectus* zu *efficio* führe aus, bewirke; dazu ~en Staats- u. Wertpapiere, auch Habseligkeiten (Reise~en), s. Faktum.

egal gleichförmig, -gültig, 17. Jh. v. fz. *égal*, zu lt. *aequālis* v. *aequo* mache gleich, s. Äquator eichen.

Egel *m* ah. *ēgala*, bei Luther Eigel, Wz. *egh* stechen, verw. m. Igel, Blut~.

Egge¹ *f* nd. Form f. hd. Ecke, Tuchkante, -leiste, s. Salband. **Egge²** nd. Ackerbaugerät, mh. *egede*, ah. *egida*, urv. gr. *oxínē*, lt. *occa*, *occāre* eggen; Grbd. spitz, scharf, s. Ähre.

Egoismus *m* Ich-, Selbstsucht, 18. Jh. m. lt. Endung v. fz. *égoisme;* Egoist *m* zu lt. *ego* ich.

Ehe *f* mh. *ē*, *ēwe*, ah. *ēwa* Gesetz, Ehe, and. *ēo* Gesetz, ags. *æw* Gesetz, Ehe. Aus Gesetz, Recht wurde allmählich durch Bedeutungsverengung Rechtsverhältnis zw. Mann u. Frau, *ewig(geltend)?; urv. ai. *ēvas* Gang, Sitte, s. echt. P.N.: Ewald durch Gesetz waltend, s. walten: Ewart Ewert; Ehehalten (südd.) Dienstboten.

eher ah. *ēr* früher, got. *airis: air* früh: gr. *ēri* morgens; s. erst.

ehern mh. *ēren*, ah. *ērin*, got. *aiza-(smiþa)*, urv. lt. *aes*, ind. *áyas* Erz.

Ehr||e *f* ah. and. *ēra* Ehre, Schutz, Gnade, ags. *ār* Ehre, Hilfe, Gnade, an. *eir* Gnade, Milde, got. *aistan* achten: lt. *aestimāre*, gr. *aídomai* scheue, verehre; ~en, ~bar, ~lich (Bed.-W.), ~würdig, ~geizig. **Ehrensold** *m* um 1700 f. Honorar, Ehrung *f* s. Ovation.

Ei *n* mh. ah. *ei*, hess. *āëg*, krimgot. *ada*, an. *egg*. dä. *æg*, and. *ei*, ags. *æg*, eng. *egg*, urv. lt. *ōvum*, gr. *ōón* * *ōvión*, aslaw. *jaje*, altir. *og;* Grdb. unklar, viell.: gr. *oiōnós*, lt. *avis* Vogel. F.N.: Ayrer (Eierhändler).

Eibe *f* Taxus, mh. *īwe*, ah. *īwa*, ags. *eow*, *ēoh*, eng. *yew*, anord. *ȳr*, ~ u. Bogen, urv. kymr. *yw*, ablg. *iva* Weide, entl. fz. *if*, sp. port. *iva*. O.N.: Eibenstock, Eibingen b. Rüdesheim, Eyb, Eyba, Eybach, Ibach, Iberg (Tell I, 2, 58), Eyburg, Eibenhart, Eibenhorst, Ibenhorst, Iburg, Driburg (to der Iburg); Eifel = ~ngehölz, 2): loh s. Loh.

Eiche *f* mh. *eich*, ah. *eih*, pl. Eik, ags. *āc*, eng. *oak*, an. *eik* Baum, urv. gr. *aigílōps* (~nart), *aígeiros* Schwarzpappel; lt. *aesculus* * *aegsculus* Berg~. O.N.: Aich (52),Aicha (23), Aiching (8), Eichstädt, Eichicht, Eichsfeld, pl. Eickhoff, Eickhorst, Ekensund, Ocholt (Eichholz) i. Old., Schönaich, fläm. Eecloo. F.N.: Ekhof.

Eichel *f* Verkl., ah. *eihhila*, also das Junge d. Eiche.

eichen, aichen (nicht z. Eiche), Maße u. Gewichte amtlich berichtigen u. beglaubigen, mh. *īchen* abmessen, entl. aus spät-lt. *aequāre* ~, gleich machen, s. *egal.*

Eichhörnchen *n* ah. *eihhorn*, ndl. *eekhorn*, an. *īkorni*, (Eckernförde: ~bucht), ags. *ācweorna*, 2. T. = unreduplizierte Form v. lt. *viverra*, lit. *vaĩveris*, aslaw. *věvera*, idg. Name des ~ s, irrt. an Horn angelehnt; Eichkätzchen *n*, pl. umgekehrt: Katteiker; eng. *squirrel* ist lt.-rom.

Eid *n* mh. *eit*, ah. *eid*, got. *aiþs*, eng. *oath;* air. *óeth; *Gang*, lt. *īre: itum(?)*, vgl. schwed. *edgång* ~esleistung. **Eidam** *m* † mh. *eidem*, ah. *eidum*, afries. *athom*, awest. *aēta* Anteil u. gr. *aisa* gebührender A. am Erbe beim Einheiraten.

Eidechse *f* (falsch: Echse) mh. *egedëhse*, ah. *egidëhsa*, 1. ah. *egi*, gr. *óphis*, *échis*, ai. *ahis*, Schlange? 2. *dëhsa*, mh. *dëhse* Spindel?, vgl. russ. *weretenica* ~: *wereteno* Spindel.

Eider *f* ~gans, ~daune v. isländ. *æþr*, woher auch eng. *eider*, *eiderduck*, fz. *édredon;* im 17. Jh. kam Vogel u. Name zu uns; ~: ai. *ātí* (e. Wasservogel), gr. *ōtís* Trappe.

Eifer Luther eyffer, bayr. östr. eig. Eifersucht, Zorn, viell.: *eibar* herb = ags. *āfor*, schriftd. 15. Jh.; ~er *m*, sich er~n, ~sucht *f*, Feuer~ (b. Luther).

eigen ah. *eigan*, and. *ēgen*, an. *eigenn*, eng. *own*, eig. Part. z. got. *áigan*, got. *aih* habe, ai. Part. *īšana-*, ags. *āgnian* besitzen, eng. *owe* schuldig sein, *own* zu eigen haben, besitzen; ~heit *f*, ~schaft *f*, ~tum *n*, ~name *m*, ~brödler (~brötler) *m*, ~brödelei *f*; eigentlich, in genauem Sinne, früher eigenlich (s. öffentlich, ordentlich); leib~ 15. Jh., s. -ig i. Liste 54.

Eiland *n* mh. *eilant*, umgedeutet zu *einlant* allein liegendes Land, v. mndl. afries. *eiland*, aisl. *eyland* * Auenland, ags. *ēglond*, eng. *island* (mit irrt. s, durch fz. *isle*, jetzt *île*, v. lt. *insula*, veranlaßt), schw. *ö(land);* der 1. Teil = Aue (s. d.).

eil||en mh. *īlen*, ah. *īlan*, and. *ilian*, urv. lit. *eiti* gehen, ablg. *iti*, lt. *eo* Inf. *īre*, gr. *iénai* gehen, z. Wz. ei *(ī)* gehen, s. gehen; ~bote *m* 18. Jh. für Kurier, ~zug *m* 19. Jh., er~en.

Eimer *m* mh. *einber*, *eimber*, pl. Emmer, ah. *eimbar*, *einbar*, *ambar*, ndl. *emmer*, v. gr.-lt. *amphora* zweihenkeliger Krug, vulgärlt. *ampora*, jedoch volkst. gedeutet als ein-ber (s. Bahre, Zuber), an *einem* Henkel getragen.

ein[1] mh. ah. *ein*, and. *ēn*, pl. *ēn*, ndl. *een*, ags. *ān*, eng. *a*, *an*, *one*, got. *ains*, urv. lt. *ūnus* (früher *oenus*, älter *oinos)*, gr. *oinós*, *oiné* 1 auf d. Würfeln, s. Ewer, kein, nein, allein.

ein[2] hin-ein, ah. mh. *īn*, got. *inn*.

Einback *m* als Gegenwort zu Zwieback gebildet? Anf. 19. Jh.

ein||bilden, ~gebildet, ~bildung *f* **Einbildungskraft** *f* z. bilden.

einbüßen eig. etwas zur Buße, Besserung hineingeben, 15. Jh., s. Buße.

einfach 15. Jh. eig. ein Fach habend, s. Fach.

Einfall *m* 14. Jh. meist bildl. unerwarteter Gedanke, aber noch: dem Haus droht ~, s. Beifall, Zufall

Einfalt *f* mh. *einvelte*, ah. *einfaltī* got. *ainfalþei*, v. Adj. mh. *einvalt* ah. *einfalt*, got. *ainfalþs* schlicht eig. eine Falte habend, nd. 16. Jh *d. schlichten u. eynfoldighen Lüde* Die Bed. ging v. Einfachheit, ungekünsteltem Wesen allmählich über z. Beschränktheit; vgl. gr. *di-palto*. zwiefach; Einfaltspinsel beschränkter Mensch; s. albern, schlecht, Pinsel[2].

einflößen z. fließen; **Einfluß** *m* eig d. Hineinfließen, jetzt meist bildl

einfriedigen v. mh. *vride* Umzäunung, s. Friede.

eingeboren(er Sohn Gottes) = einzig geb., einig, einzig, ah. *einboran* Lbi. nach lt. *ūnigenitus*, got. *ainaha* = lt. *ūnicus*, ah. *einag*, aslaw. *inokŭ*.

Eingeborener *m* = Einheimischer, Farbiger 19. Jh. als Lüs. v. fz. *indigène* (aber schon ah. *inboran* als Lüs. v. lt. *indigena).*

eingefleischt Verdeutschung des kirchlich-lt. *incarnātus*, z. B. eingefleischter Junggeselle, der d. Begriff eines Junggesellen verkörpert.

Eingeweide *n* mh. *ingeweide, geweide* Eingeweide, Speise, weil den Hunden zur »Weide« vorgeworfen: ah. *weida* Speise, s. Weide², Weidmann, ausweiden, weidwund = ins ~ getroffen.

Einglas *n* 19. Jh. Lbi. nach fz. *monocle.*

einhellig † mh. *einhëllec* übereinstimmend, eig. dens. Hall, Klang habend; ah. *in ein hëllen* übereinstimmen, Gegens. unhellig (Zwingli) mißhellig, s. hell, hallen.

einleuchten wie e. Licht hell eindringen, nur noch bildl.

Einöde *f* mh. *einoede, einoete* Einsamkeit, in Bayern: für sich liegender Bauernhof, ah. *einōti (n)* aus *ein* u. *-ōti* (s. Kleinod, Armut, Heimat) irrt. an öde angelehnt; die Nachsilbe *ōti* verw. m. lt. *-ātus* (in *senātus, magistrātus).* O.N.: Einöd (11), Einöden (5), ags. *ānad (n).*

einsam erst im 15. Jh. aus ein- u. -sam gebildet, s. -sam.

einschärfen z. scharf (nur bildl.).

einschwärzen rotw. *swercze* Nacht: schwarz; Einschwärzer = Schmuggler.

Einsiedler *m* mh. *einsidel*, ah. *einsidilo* (Verdeutschung v. gr. *monachós*, s. Mönch), aus *ein-* u. *sidilo* der sich ansässig macht, ansiedelt, z. ah. *sëdal* Sitz, s. siedeln. O.N.: Einsiedel (15), Einsiedeln Dat. Mehrz. mh. *ze den einsidelen.*

einsilbig übtr. wortkarg, 18. Jh.

einst mh. ah. *einest, eines*, ags. *ǣnes*, Gen. v. *ein* m. angefügtem *t* (s. eigentlich, wöchentlich, Axt, Obst u. a.).

Eintänzer *m* bezahlter Tänzer, nach d. 1. Weltkrieg; Gigolo.

Eintopf *m* Eintopfgericht, 1933/45, zeitweise staatlich verordnet.

Eintracht *f* z. tragen, mh. *über ein tragen* übereinstimmen (nicht z. trachten); einträchtig i. Luthers Bibelübs., während Eck u. d. Schweizer Übersetzer »einerlei Sinnes« haben, s. Zwietracht.

ein||tränken zugefügtes Übel vergelten, eig. e. schädlichen Trank eingießen, s. Gift; ~wecken 1906: F.N. Weck, ~wenden Rechtspr. 17. Jh., ~wand *m*, ~wandfrei = tadellos; ~wurf *m* Rechtsspr. 16. Jh., ~zahl *f* v. Campe 1801 f. Singular gebraucht; Einzelwesen *n* v. Campe 1791 f. Individuum gebraucht.

einzeln Vkl. ah. *einaz* ~, pl. enzelt.

einzig verdrängte früheres einig = lt. *ūnicus*, irrt. d. einzigste (auch b. Goethe u. Heine).

Eis *n* mh. ah. *īs*, pl. Is, an. *iss*, ags. *is*, eng. *ice*, schw. dä. *is*, apers. *isu, isav* = frostig, eisig. O.N.: Island.

Eisbein¹ *n* nordd., Schienbein d. Schweines als Gericht, weil aus dem Eisknochen Schlittschuhe gemacht wurden.

Eisbein² *n* † = Hüftknochen, ah. *īspein* v. lat. *ischia* v. gr. *ischíon* Hüfte; eng. *ice-bone*, s. Bein.

Eisen *n* entl. aus kelt.-illyr. *isarno*, pl. Isen, mh. *īsen*, got. *eisarn*, ags. *iren*, eng. *iron*, dä. *jern*; altir. *īarn;* eisern übertr. hart, unerbittlich, schamlos (Stirn), fest, zäh; (milit.) ~e Rationen; ~er Vorhang um 1920 (vgl. Zs. f. Dt. Wortforsch. 17/1961); Isolde kelt., doch gedeutet als die in Eisen Waltende; Isegrim Eisenhelm (Name d. Wolfes, s. Grimasse); Iserlohn Wald i. Eisenerzgebiet; s. Loh; O.N.: Eisenberg, Isenburg. F.N.: Eisner Eisenhändler, ~menger.

eitel mh. *ītel*, ah. *ītal* leer, pl. *idel*, eitel, ags. *idel* leer, unnütz, wertlos, eng. *idle* müßig; ~Gold, ~Freude, ~fritz (nichts als nur Fr.); vereiteln.

Eiter *m* Gift, an. *eitr*, eng. *atter* Gift, ah. *eiȥ* ~beule, Eiter, urv. gr. *oídos* Geschwulst, *Oidípūs* 2): Fuß.

Ekel *m* nd., 16. Jh. schriftd. meist Eckel, verw. m. heikel, früh. Nbf. Erkel, mh. *erklich* »leidig«, eng. *irk* ärgern, verdrießen, mu. irgeln, verw. m. mnd. *ēgelen*, dagegen gehört Ekelname (Ökeln. »Beiname«), an. *aukanafn* z. got. *aukan* mehren, urverw. lat. *augēre*, s. auch.

Ekliptik *f* Sonnenbahn, gr. *ékleipsis* *Aus-bleiben-, Verfinsterung d. Sonne u. d. Mondes.

Ekstase *f* Verzückung v. gr. *ékstasis* * das Außersichgeraten; ekstatisch.

Ekzēm *n* Ausschlag, Flechte, z. gr. *ekzéein* auf-, auskochen, also eig. v. Körper ausgesottene, ausgestoßene, unreine Säfte, s. Zelot.

elastisch 18. Jh. v. gr. *elastikós*, z. *elaúnō* treibe, setze i. Bewegung.

Elbe *f* pl. Elwe, obersächs. Alwe könnte viell. Fließendes, Fluß heißen wie viele Flußnamen, da es für die Anwohner eben nur den einen Fluß gab, s. Rhein, Strymon (unter Strom). Auch Isar, Iser, Yser, Isère, Oise, Ister (jetzt Donau), Weichsel, Ebro, Duero, Indus, Ganges, Niger, Nil, Jordan, Parana, Orinoko, Save, Don bedeuten höchstwahrsch. Fluß. Verw. ist schw. *elf* (Dalelf, Indalself, Torneelf, Umeelf u. v. a.), dä. *elv* Fluß, gr. *Alpheīos;* Alf (2 Flüsse i. Rheinl.), fz. *Aube*. Andere Erkl. ~ * die Weiße, Helle.

Elch *m* mh. *ëlhe*, ah. *ëlaho*, ags. *eolh*, an. *elgr;* entl. lt. *alcēs*, gr. *álkē*, s. Elen. O.N.: Ellwangen Feld des Elchs.

Eldorado *n* fabelhaftes Goldland, dann Paradies, 16. Jh. v. sp. *el dorado (pais)* das vergoldete (Land); die 1. Silbe ist Artikel; s. Alligator u. Liste 1.

Elefant *m* ah. *ëlafant*, *hëlfant*, ags. *elpend*, v. gr.-lt. *elephas* (Akk.; *elephantem)*, viell. zu gr. *elephaíromai* »schädige«; s. Elfenbein; got. *ulbandus* Kamel (Markus 10), afz. *olifant* Elfenbeinhorn, südd. F.N. Molfenter (Hausbezeichn. »im..«), Olwel südd. Scheltw.

elegant auserlesen, fein, geschmackvoll, 18. Jh. v. fz. *élégant*, lt. *ēlegans* z. *ēligĕre* auswählen, Eleganz: *ēlegantia;* s. Kollege, Lektion, Legende.

Eleg||ie *f* wehmütig-zärtliche Dichtung, 18. Jh. v. gr.-lt. *elegia;* ~isch.

elektrisch 18. Jh. v. neult. *electricus* (W. Gilbert 1600), z. gr. *ēlektron* Bleichgold, Bernstein, an dem d. bekannte Eigensch. schon i. Altertum beobachtet wurde, s. Bernstein.

Element *n* 17. Jh. v. lt. *elementum* Grund-, Urstoff, s. Anfangsgründe; ~ar (Goethe: urkräftig).

Elen, **~tier** *n* Hirschart, v. lit. *elnis*, z. gleich. Stamm wie Elch, urv. gr. *ellós* Hirschkalb. Der 2. Bestandteil ist tautol. angefügt (s. Maultier); ~antilope.

elend mh. *ellende* i. fremden Lande befindlich, daher unglücklich, ah. *elilenti* i. d. Fremde, verbannt, and. *elilendi* fremd, ausländisch. Der 1. Bestandteil *eli-* (urv. lt. *alius*, gr. *állos* ein anderer) wurde allmählich verdunkelt; Bed.-W. v. »in d. Fremde« zu »verlassen, unglücklich«. Elend *n* noch bei Goethe 1797 (Hermann u. Dor. V) i. ursp. Sinne; Elend i. Harz, Elsaß *n* anderer Sitz, *Eli-sāzzo* (Bewohner d. and. Rheinufers) Wohnsitz, Allendorf (22 mal), soweit nicht z. alt gehörig.

elf, eilf †, mh. *eilf*, *eilif*, ah. *einlif* pl. ölben, anord. *ellifu*, got. *ainlif*, ags *en(d)leofan*, eng. *eleven;* zgs. aus ein u. *-lif*, das z. idg. Wz. *leikw-* übrig sein, gehört, urv. lt. *linquo*, gr. *leipō* lasse (Relikten, Ellipse), also laß eins übrig (über 10), lit. *vienúo-lika*, s. zwölf, leben, -leben i. Liste 54.

Elfe *f* seit Wielands Übs. v. Shakespeares Sommernachtstraum 1764 üblich, an. *alfr*, dä. *elve*, ags. *ælf*, eng. *elf*, s. Alp; Erlkönig irrt. f. Elfenkönig durch Herders Übersetzung von dän. *eller(konge)* mit Erle statt mit Elfe; vgl. Eller, Erle. P.N.: Alfred, s. Alp.

Elfenbein *n* mh. *hëlfenbein* (mit irrt. *h)*, ah. *hëlfantbein*, eig. Elefantenknochen, s. Elefant, Bein.

Elite *f* fz., v. *élire* auswählen, z. lt. *ēligĕre* auswählen, **electa* also eig. Ausgewählte, Auserlesene; ~truppen.

Elixier *n* eig. Stein der Weisen, dann feinster Auszug e. Stoffes, Kraft-, Heiltrank, arab.W., *aliksīr* v. gr. *xērion* trocknes Pulver, s. Liste 1.

Elle *f* ah. *elina*, pl. El, got. *aleina*, ags. *eln*, eng. *ell*, eig. Vorderarm, n. dem, wie auch sonst n. Körperteilen (Fuß), gemessen wurde. Urv. lt. *ulna*, gr. *ōlénē*, lit. *olektis* Ellenbogen, Arm, Elle; entl. fz. *aune*, it. *alna* Elle, ~nware = Ausschnittw.; ~reiter, früher Ellenwarenhändler z. Pferd.

Ellenbogen *m* mh. *elenboge*, ah. *elinbogo*, ags. *elnboga*, eng. *elbow*, eig. Armbiegung.

Eller *f* nd. s. Erle. O.N.: Ellershagen, O.N. F.N.: Ellerbeck.

Ellipse *f* länglicher (also eig. mangelhafter) Kreis, Kegelschnittlinie; Auslassung v. Worten, die zu ergänzen sind; 18. Jh. v. gr. *élleipsis* Mangel, Auslassung.

Elster *f* mh. *egelster*, ah. *agalstra*, and. *agastra*, ags. *agu* z. Wurzel *ag*, got. *agis* Furcht od. z. spitz (wie Egge)? fz. *agace* v. ah. *agaza*.

Eltern Mehrz. mh. *eltern*, *altern*, ah. *eltiron*, pl. Öllern, s. Liste 19.

Emaille *f* Schmelz, 18. Jh. v. fz. *émail*, z. dtsch. *smelt;* s. schmelzen, Malz, Milz.

emanzipieren zur Gleichberechtigung freilassen, 17. Jh. v. lt. *ēmancipāre* eig. d. Sohn aus d. väterlichen Gewalt entlassen, v. *ex* aus, *manus* Hand, *capio* fasse; durch Handauflegung ergriff man Besitz v. d. gekauften Sklaven; jetzt Schlagwort, bes. der Frauenbewegung i. 19. Jh.

Emblem *n* Sinnbild, 18. Jh. v. gr. *émblēma* eig. Hineingeworfenes, dann eingelegte Metallarbeit, s. Problem.

Embolie *f* Verschleppung fester Körperchen durch d. Blutwege, gr. *émbolon* Keil, Pflock, vgl. Thrombose.

Emigrant *m* Auswanderer, in Frankreich seit 1790 *émigré*, in Deutschland bes. nach 1933.

Eminenz *f* seit 1630 unter Urban VIII. Titel d. Kardinäle, v. lt. *ēminentia* Erhabenheit z. *ēminēre* hervorragen.

Emir *m* arab. Fürst, 18. Jh. v. arab. *amir* Befehlshaber, s. Admiral.

Emmer *m* Dinkel, mit Umlaut z. ah. *amari*, s. Ammer[1].

empfangen mh. *enpfāhen*, früher *entfāhen*, ah. *intfāhan*, and. *antfāhan*, ags. *onfōn* (entgegen u. fangen).

empfehlen eig. anvertrauen, übergeben, s. ent-, befehlen.

empfind||en aus ent u. finden, ah. *intfindan* = entg. finden; ~bar † (bei Lessing), ~lich, ~lichkeit *f*, ~sam, z. T. Ersatzworte für sentimental, Sentimentalität, bes. zur Wertherzeit; ~ung *f*, ~elei *f*.

Empir||ie *f* 18. Jh. v. gr. *empeiría* Erfahrung; ~isch (Gegensatz: theoretisch, deduktiv), s. Pirat, fahren.

empor mh. *enbor*, ah. *inbore* in d. Höhe, mh. ah. *bor* Höhe; empör||en, ~ung *f*, Empore *f* Galerie i. d. Kirche 19. Jh.

Emporkömmling *m* um 1800 nach fz. *parvenu.*

emsig mh. *emzec*, ah. *emaȥȥig* beständig, beharrlich; z. ai. *ama-* Andrang, an. *ama* plagen, *Amaler* die Andrängenden, sich Anstrengenden.

Ende *n* ah. *enti*, got. *andeis*, eng. *end*, urv. air. *etan*, ai. *ántas* Ende; ursp. räumlich, dann auch zeitlich; s. -ant; enden, verenden, Endung *f* (nur noch grammat.).

Endivie *f* vulgärlt. † *intivea*, lt. *intibum*, gr. *éntybon* (arab. *hindab)* v. ägypt. *tybi* Januar?

Energ||ie *f* Tatkraft, 18. Jh. v. fz. *énergie*, zu gr. *enérgeia (en* in, *érgon* Werk) s. Organ, Chirurg, Liturgie.

eng ah. *engi*, and. *engi*, ags. *enge*, eng. fehlt., got. *aggwus:* gr. *ánchō* schnüre zu, *anchi*, *engýs* nahe, s. Angst, bange.

engag||ieren verbindlich machen, z. e. Dienst verpflichten, um 1700 v. fz. *engager* verpfänden, verpflichten; ~ement *n* s. Gage, Wette.

Engel *m* ah. *engil*, *angil*, and. *engil*, ags. *engel*, eng. *angel*, got. *aggilus*, v. lt. *angelus*, apers.-gr. *ángaros*, gr. *ángelos* eig. Bote (dah. auch it. *angelo*, fz. *ange)*, davon † englisch = engelhaft (Gellert: englische Madam, Schiller: englisches Mädchen, Goethe, Faust I: englisch lispeln); englischer Gruß: lat. *Ave Maria* (Luk. 1, 28). P.N.: Engelbert, -brecht u. a. lt. Angela, Angelika, s. Evangelium.

Engerling *m* Maikäferraupe, mh. *engerlinc*, ah. *engirinc*. Vkl. zu ah. *angar*, urv. lt. *anguis*, lit. *angìs* Schlange.

England mh. Engellant n. d. Angeln, die i. 5. Jh. aus Schleswig kamen; Angelburger (eig. -bauern) Straße i. Flensburg. Angelroda u. Angelhausen b. Arnstadt zeigen, daß d. Angeln bis Thüringen wanderten; ebenso Feld-, Holz-, Kirch-, Westerengel b. Sondershausen.

enk euch (bayr.-östr.) ist d. Rest d. alten Dualform, vgl. got. Genet. *igqara* euer = enker bis z. mfränk. oberpfälz. Grenze, Dat. Akk. *igqis* euch beiden.

Enkaustik *f* Malerei m. eingebrannten Wachsfarben, gr. *enkáō* brenne ein *(enkaustikḗ téchnē)*; v. *énkauston* *Eingebranntes, it. *inchiostro* Tinte, fz. *encre*, eng. *ink*, holländ. u. ostfries. *inkt*, nd. *enkt*.

Enkel[1] *m* mh. *enenkel*, ah. *eninchili*, Verkl. z. ah. *ano* Ahn, Großvater, als dessen Ersatz er galt, also Großväterchen. Im 17. Jh. steht vielfach Neffe für Enkel, vgl. lat. *nepōs*, wie überhaupt die Verwandtschaftsbez. oft schwankten. s. Onkel.

Enkel[2] *m* Fußknöchel, ah. *anchal*, ags. *oncléow*, eng. *ancle*, altfries. *onclef*, urv. lt. *angulus* Winkel.

Enklave *f* v. fremdem Gebiet eingeschlossenes Land, 19. Jh. v. fz. *enclave* z. lt. in u. *clāvis* Schlüssel; s. Konklave, Klavier.

enorm um 1700 v. fz. *énorme* z. lt. *ēnormis (ex* aus, *norma* Regel, Richtschnur), s. Norm, abnorm, normal.

ent- s. Liste 54.

entbehren nicht haben, Mangel leiden, vermissen, ah. *inbēran* = nicht ertragen, ermangeln, s. Bahre u. ant- i. Liste 54.

entblöden, sich nicht entblöden im Sinne v. »sich nicht scheuen«, sich erdreisten; entblöden »ermutigen« wurde als »blöde sein« aufgefaßt u. darum neu verneint.

Ente *f* mh. *ant*, ah. *anut*, pl. *åhnt*, ags. *ened* (eng. fehlt, dafür *duck* z. tauchen), urv. lt. *anas*, *anatis*, lit. *antis*. Enterich *m* ah. *antrēhho*, mnd. *antdrake*, 2) eng. *drake*, an -rich in Wegerich, Friedrich angelehnt, s. Erpel. Zeitungs~ um 1850, u. fz. *canard*, frühnhd. *blaue ente* »Erlogenes«, Stock~, Wild~.

enteignen 1807 v. Campe f. expropriieren empfohlen.

Entelechie *f* gr. *entelécheia* »uranfänglich angelegter und sich fortdauernd auswirkender Wesens-, *Vollendungs*zustand« (Aristoteles) *en* in, an, *telos* Erfüllung, Vollendung u. *échein* haben.

Entente *f* Staatenbündnis, *entente cordiale*, herzliches Einvernehmen (z. B. zwischen Frankreich u. England 1904), fz. *entente* z. *entendre* hören, verstehen, lt. *intendere*.

entern i. Krieg e. Segelschiff m. Haken heranziehen u. nehmen, um 1700 v. lt. *intrāre* betreten, fz. *entrer*, sp. *entrar*, s. trans- i. Liste 54.

entfachen z. † fachen, anblasen, anwehen, e. Feuer entzünden; jetzt meist übtr.: Mut, Begeisterung ~, s. anfachen, fächeln.

entgeg||en mh. *engegen*, ah. *ingegin*, *ingagan* i. d. Richtung, an. *ī gegn*, ags. *ongēan* gegen, eng. *again* wieder; ~nen erwidern, b. Goethe noch ~en kommen, begegnen; s. gegen.

entgelten ah. *intgëltan*, s. gelten, gelt, Geld, Gilde.

Enthusiast *m* begeisterter Mensch, Schwärmer, 16. Jh. v. gr. *enthūsiastés* z. *enthūsiázō* bin eines Gottes voll, *éntheos* = gottbegeistert; Enthusiasmus *m*, enthusiastisch.

entlang nd., 18. Jh. schriftd., and. *andlang*, ags. *ondlong*, eng. *along*, an. *endi langr* Adj., * zum Ende *reichend;* vermischt mit nachgestelltem mnd. *in lanc* »in die Länge«.

entpuppen, sich, eig. aus d. Schmetterlingspuppe herauskommen; übtr.: sich als den zeigen, der man eigentl. ist.

entrüsten, mh. *entrüsten* »d. Rüstung abnehmen«, dann (16. Jh.) »außer Fassung br.«.

entscheiden s. scheiden; entschieden Part Adj. festbestimmt, um 1800.

entschließen, sich, **entschlossen, Entschluß** *m*, **Entschließung** *f* 17. Jh., als Ergebnis e. Beratung Ende 19. Jh. f. Resolution.

entsetzt außer Fassung gebracht, in großer Furcht, eig. aus d. Sitz u. so aus d. Ruhe gebracht, z. entsetzen, meist e. belagerte Stadt befreien; s. erschreckt.

entsprechen schweiz. Lüs. v. fz. *répondre* (um 1500), 1759 v. Lessing empfohlen; jetzt auch = folgen, z. B. einer Einladung, einem Antrag; Kanzleisprache.

enttäuschen um 1800, eig. aus e. Täuschung reißen; Lüs. v. fz. *détromper*.

entweder mh. *eintwëder*, ah. **eindе-wëder* eins v. beiden, s. weder.

entwenden eig. abwenden, seit 16. Jh. auch stehlen.

entwerfen mh. entwerfen »auseinanderwerfen« = zeichnen 16. Jh. **Entwurf** *m* 17. Jh.

entwickeln nur noch bildl., Fachwort d. Photographie; Goethes Iphig. II, 2 noch: sich von e. Netz ~. Entwicklung (Paracelsus).

entwischen vgl. entwetzen, in Mecklenb. »Hei wutscht eben um de Eck«, mu. schnell entlaufen.

entzücken hinreißen, eig. ent-, wegreißen, s. zucken, zücken, verzückt.

entzwei (m. falschem t), mh. *enzwei*, ah. *in zwei* in zwei (Teile); ~en z. mh. *zweien* trennen; eng. *in two*, fz. *en deux*.

Enzian *m* ah. *encian* v. lt. *gentiāna*, wohl volkset. n. d. illyr. König Genthios (170 v. Chr.); Pflanze u. Branntwein.

Enzyklopädie *f* wiss. Nachschlagewerk i. übersichtl. Darstellung, 18. Jh. v. fz. *encyclopédie* v. gr. *énkyklos* kreisförm., *paideía* Unterricht, s. Zyklus.

Eolith *m* vorgeschichtliches Steingerät (gr. *lithos*) aus d. Zeit d. Morgenröte (*ēōs*) der Menschheit.

Epauletten Mehrz. Achselstücke d. Offiziere, 18. Jh. v. fz. *épaulettes* Vkl. z. *épaule* Schulter, v. lt. Vkl. *spatula* z. *spatha* * Rührlöffel, Schulterblatt, s. Spaten.

ephemér »nur e. Tag dauernd«, gr. *ephēmeros;* 19. Jh.; ~ isch 18. Jh.

Epidemie *f* 18. Jh. v. mlt. *epidemia* z. gr. *epidēmios* über d. Volk *dēmos*, verbreitete (z. ergänzen: Krankheit).

Epigone *m* (schwacher) Nachfolger, Nachahmer, geflügelt seit Immermann 1836; v. gr. *epígonoi* Nachgeborene, s. epi- i. Liste 54.

Epigramm *n* Sinngedicht (Logau, Lessing u. a.) 18. Jh. v. gr. *epígramma* eig. darauf Geschriebenes.

Epilep||sie *f* Fallsucht, 18. Jh. v. gr. *epilēpsía;* ~ tisch.

Epilog *m* Schluß-, Nachwort, meist i. Versen, 18. Jh. v. gr. *epílogos.*

Epiphanie (gr.) Fest der Erscheinung Christi (6. Jan.); *epiphaneíās* (Nomin. *epipháneia).*

episch eig. das Heldengedicht betr., dann erzählend, 18. Jh. v. gr. *epikós* z. *épos* Wort, Erzählung, Epos, s. erwähnen.

Episode *f* Zwischenhandlung, Einschaltung, 18. Jh. v. gr. *epeisódion* eig. noch dazu Kommendes, Einschiebsel im Drama (Dialog zw. je 2 Chorliedern).

Epistel *f* Brief, bes. i. d. Bibel, v. lt. *epistula*, gr. *epistolē* eig. Übersandtes, z. *epi-stéllō* trage auf, s. Apostel, stellen.

Epitheton *n* Beiwort, gr. * Hinzugesetztes.

Epoche *f* Zeitabschnitt, 18. Jh. v. fz. *époque*, z. gr. *epochē* Haltepunkt.

Eppich *m* mh. *epfich*, ah. *epfīh*, v. lt. *apium* Sellerie, eig. Bienenkraut, z. *apis* Biene; mu. u. bei Dichtern (Platen: Reim auf Teppich, Goethe auch für Efeu).

Equipage *f* Kutsche, Ausrüstung z. Reise; eig. Schiffsmannschaft. 17. Jh. v. fz. *équipage*, zu *équiper* e. Schiff ausrüsten, bemannen, afz. *esquiper* (z. germ. *skip* Schiff, Gefäß), s. Schiff.

er mh. ah. *ër*, got. lt. *is.*

er- s. Liste 54.

erbarmen ah. *irbarmēn*, Lbi. n. lt. *misereri* wie got. *arman*, wovor d. Vorsilben *ir-*, *ab-* gesetzt wurden, ags. *of-estuian* (s. barmherzig, Gnade, Glaube, grade u. a. i. Liste 3).

erbau||en e. Haus, (bildl.) geistig, bes. religiös aufrichten, erheben (Lb. n. lt. *aedificare);* ~ ung *f*, ~ lich.

Erbe *n* ohne Mehrz., ah. *erbi*, *arbi*, got. *arbi*, ags. *yrfe*, eng. fehlt, ndl. *erf;* ~ *m* ah. *arbeo erbo*, got. *arbja*, urv. gr. *orphanós*, lt. *orbus* beraubt, verwaist, air. *orbe*, armen. *orb* Waise, germ. E.N. Arbogast; Erbhofbauer (1933/45).

Erb||feind *m* mh. *erbe-vīnt* der Teufel, von Kaiser Maximilian in polit. Sinn gebraucht; ~ schleicher *m* 17. Jh. Lüs. von lt. *heredipeta;* ~ sünde *f* mh. *erbesünde* (Lüs. v. lt. *peccatum hereditarium).*

Erbse *f* mh. *arweiȝ*, ah. *araweiȝ*, in Franken Erwes, pl. Arwt, as. *er-(iw)it*, an. *ertr*, schw. *ärt*, urv. lt. *ervum* Hülsenfrucht, gr. *órobos*, *erébinthos* (s. wegen *intho*-Absinth).

Erde *f* ah. *ërda*, pl. Ird, got. *airþa*, eng. *earth*, ndl. *aarde*, and. *ërtha*, urv. gr. *éraze* auf die, zur Erde, iran. *Aremati* Erdmutter; irdisch, irden, erden (Antenne), beerdigen, Erdgeschoß *n* um 1800, Erdteil *m* 19. Jh.

erdrosseln durch Zudrücken d. Kehle töten, zu † Drossel = Kehle, ah. *drozȝa*, eng. *throat*, *throttle*, entl. it. *strozzare* erwürgen, *strozza* Kehle, s. Drossel.

ereignen, sich mh. *eröugen* vor Augen treten, ah. *irougen*, z. Auge, b. Lessing noch eräugnen, dann dringt ei durch unter Anlehnung an eignen.

Eremit *m* Einsiedler, 16. Jh. v. gr. *erēmítēs* z. *érēmos* einsam, s. arm; ~ age *f*.

erfahren eig. durch Reisen u. Wandern sehn u. hören, mh. *ervarn* ah. *irfaran* durchwandern (Länder).

fahrender Schüler = wandernder Student, s. fahren; erfahren Part. kundig, vgl. lt. *peritus* u. leiden.

ergattern mu. nordd. spähend ausfindig machen u. so erlangen, (v. Raubtieren), *durchs Gatter erreichen, 16. Jh.; ausgattern (Lessing).

ergeben ah. *irgeban* übergeben, mh. ergeben, einbringen; sich ~ sich in jem. Gewalt geben; ~ als Part. u. Adj.: treu zu jem. haltend; Ergebung *f*, Ergebnis *n*, um 1800 v. Campe f. Resultat vorgeschlagen, ergiebig.

ergötzen mh. *ergetzen* (so noch bei Goethe) eig. Bew. z. vergessen, ah. *irgeȝȝan*, also: Unangenehmes vergessen machen, entschädigen, vergüten, vergnügt stimmen; (Übergang von e in ö: zwölf, Löwe, Löffel u. a.).

erhaben ah. *irhaban* hervorragend (erhabene, getriebene Arbeit, Relief, bes. in Metall), seit 18. Jh. meist übtr., altes Part. (neben erhoben) zu erheben; davon erheblich, eig. v. Gewicht, dann v. Bedeutung übh., Kanzleispr. 16. Jh., s. heben, Urheber.

erholen, sich ah. *irholōn* holen, mh. *sich erholen (der nōt)*.

erinnern ah. *innarōn* jem. auf etwas aufmerksam machen, daß er einer Sache inne wird, 16. Jh., s. in.

erkenntlich (dankbar) erkennend, 17. Jh.

Erker *m* mh. *ärker*, *erker*, v. nordfz. *arquière* Schießscharte, fz. *archière*, mlat. *arcārium* Schützenstand.

erklären 1) erläutern, 2) öffentlich aussprechen, z. lt. *clārus* deutlich, klar; mh. *erklœren* hell machen.

erklecklich z. † erklecken, ausreichen, mh. *klecken*, *tönend schlagen, fränk. es kleckt = es langt; 17. Jh.

erkoren Part. zu erkiesen, s. kiesen.

erlangen s. lang, mh. * sich verlängernd ergreifen.

erlauben mh. *erlouben*, *erlöuben*, ah. *irlauban*, got. *uslaubjan*, Grbd. d. Wz. *lub:* gutheißen (dazu Glaube u. Liebe) Altes Abstr.: Urlaub *m*, neuere Bildung: Erlaubnis *f*, mit Verlaub†.

erlaucht mh. *erliuht*, md. *erlūht*, erleuchtet, berühmt, Part. z. *erliuhten;* seit 1829 Titel d. Häupter ehemals reichsständischer gräflicher Häuser; s. Durchlaucht, leuchten, licht.

erläutern klarmachen, mh. *erliutern*, s. lauter.

Erle *f* ah. *erila*, *elira*, pl. Eller, mnd. *else*, anord. *ǫlr*, *elre*, ags. *alor*, eng. *alder*, urv. lt. *alnus*, **alsnos*, ablg. *jelĭcha*. **Erlkönig** *m* 1778 i. Herders Übs. der dä. Ballade »Erlkönigs Tochter«, mißverstanden aus dä. *ellerkonge* eig. *elverkonge* Elfenkönig. O.N.: Erlach, Erlangen *Erlangon* (Dat. Mz.), Urk. v. 1002, *Erlwang, s. Wange, pl. Ellerbek, Ellerbruch, Ellerbrook, Aliso (heute Elsen); Fluß Else, Ilse, Olsa, entl. sp. *alisa* (got. * *alisa).*

erledigen ledig, frei machen, abmachen, s. ledig; mh. *erledigen.*

erlegen eig. e. Wild, e. Feind niederlegen; e. Summe ~ eig. auf d. Zahltisch legen, als Part.: er ist s. Wunden ~, z. erliegen; mh. *erlegen.*

erlesen ausgesucht, vorzüglich, Part. z. † erlesen, ah. *irlësan* auslesen, das Beste heraussuchen, s. lesen.

Erlös *m* um 1800 zu erlösen, befreien, Geld gewinnen, s. los.

Erlöser *m* bes. Christus als Befreier v. d. Sünde, mh. *loesaere*, *erloesaere*, ah. *irlōsari*, Lüt. v. lat. *salvātor*, s. lösen, los.

ermessen eig. ausmessen, vgl. lat. *meditor*, gr. *médomai* ersinne = ermesse, dann als Ausdruck der Kanzleisprache 16. Jh. übtr.: erwägen, beurteilen, s. messen; ah. *irmezzan.*

ermitteln (früher auch ausmitteln) feststellen, ausfindig machen, um 1800.

ermutigen, entmutigen um 1800.

Ernst *m* mh. *ërnest*, ah. *ërnust* Kampf, (»blutiger ~«), Festigkeit, Ernst, ags. *eornost* Kampf, eng. *earnest*, an. *ern*, got. (Adv.) *arniba* fest, sicher; Adj. ernst erst nh. P.N.: Ernst = entschlossener Kämpfer.

Ernte *f* mh. *ärne*, ah. *aran*, got. *asans* Ernte, Herbst, z. germ. Wz. *as* Feldarbeit tun, urv. russ. *ósenj* Herbst, ernten; mh. *arnen*, 16. Jh. *erndten*, ags. *earnian*, eng. *earn*.

Erntemonat *m* ah. *aranmānōth* v. Karl d. Gr. für August eingeführt; Ernting.

erobern eig. der obere werden, ah. *obarōn;* s. ober, über.

erörtern v. allen Seiten betrachten, besprechen, mh. *örtern*, *ortern* genau untersuchen, zu *ort* Anfang, Ende, Spitze, also eig.: bis an d. äußersten Spitzen verfolgen, s. Ort; (philosoph.: *loci grammatici*, *logici*, *metaphysici)*.

Erosion *f* Zernagung, Zerklüftung eines Gebirges, lat. *ērōsio*, *ē-rōdĕre* zernagen.

erotisch die Liebe betreffend, seit Wieland 1775, nach fz. *érotique* v. gr. *erōtikós*, zu *érōs* Liebe. P.N.: Erato die Liebliche, Erasmus d. Liebenswürdige.

Erpel *m* mu. f. Enterich: an. *iarpr*, ags. *eorp*, as. P.N. *Erpo*, ah. *erpf* dunkelbraun; *Arpus* Chattenfürst *Tacit. ann.* II, 7. F.N. Arpel; Erfa Braunwasser.

erpicht 17. Jh.; eig.: m. Pech festgeklebt, zunächst v. Vogel auf d. Leimrute, nur noch bildl.

erquicken neu beleben, ah. *irquicchan* wieder lebendig machen, zu *quëc* lebendig; verquicken; s. keck, Quecksilber, Quickborn, Kochbrunnen.

erratisch verirrt, zerstreut; ~er Block v. lt. *errāticus*, zuerst fz. *bloc erratique;* 19. Jh.; s. Findling.

Errungenschaft *f* Rechtsspr. 16. Jh. z. Bez. der in d. Ehe erworb. Güter n. lt. *acquaestus;* 19. Jh. in allg. Bed.

Ersatz *m* schweiz. gleichgeltende Strafe, erst im 18. Jh. in allg. Bed., i. 1. Weltkrieg ins Französ. übernommen; s. heimatlos.

erschöpfen eig. ausschöpfen (e. Brunnen), jetzt bildl. (Geduld, Kräfte); mh. *erschepfen*.

erschrecken nordd. auch sich ~ (ich habe mich erschrocken), s. Schreck.

erschüttern ah. *irscutten*, s. Schutt.

erschwingen eig. schwingend in Bewegung setzen, im Schwunge reichen, meist bildl.: aufbringen (ich kann d. Kosten nicht ~); erschwinglich, unerschwinglich, 18. Jh.; mh. *erswingen*.

ersehen ursp. = erblicken, ah. *ersehan;* jetzt als Ergebnis einer Wahrnehmung; aus~.

ersprießlich zu † ersprießen, (gedeihen), Kanzleispr. 16. Jh., v. Luther noch bekämpft.

erst Superlativ zu ehe, ah. *ēr;* ah. and. *ēristo* d. erste (Kompar. got. *airiza* d. ältere, Vorfahr, ah. *eriro)*, ah. *ērist*.

erstatten mh. *erstaten* an die Statt setzen.

ersticken ah. *irsticchen* mit d. Atem stecken bleiben, mh. *erstecken* jem. ersticken.

ersuchen ah. *irsuochen*, über »heimsuchen« = bitten seit 16. Jh.

ertappen erwischen, eig. m. d. Hand fassen, s. tappen; 16. Jh.

Ertrag *m* Gewinn, z. tragen; ertragen eig. bis z. Ende tragen, aushalten; s. Getreide.

erwägen s. wägen.

erwähnen (nicht z. wähnen u. Wahn), ah. *giwahannen*, dazu *giwaht* Erwähnung, Ruhm, zu Wz. *wok* reden, urv. lt. *vōx* Stimme, *voco* rufe, gr. *ossa** = *wokja* Gerücht, *épos*, kypr. *wépos*, ai. *vácas*, eig. Gesprochenes, s. Vokal, Vokabel.

erwidern eig. zurückgeben, früher auch erwiedern, s. wider; ah. *arwidarōn.*

Erz *n* mh. *erze*, ah. *aruzzi*, and. *arut*, vgl. ablg. *ruda* ~ u. lat. *aes rude* »rohes Metall«, viell. aus urbabylon. sumer. *urud* Kupfer. O.N.: Arzbach, Arzberg.

Erz- s. Liste 54. ~bischof, ~engel, ~herzog (mlat. *archi-dux)*, ~schelm, ~faul, ~dumm, v. gr. *archi-* zu *árchō* bin der erste, fange an, s. Arzt, Architekt, Archiv.

erzählen s. zählen; ah. *irzellen.*

erziehen urspr. herausziehen (noch bei Goethe: meine Pferde konnten m. Halbchaise kaum erziehen), dann aufziehen (Pflanzen, Tiere, Kinder, zunächst körperlich), jetzt vorwiegend geistig; ah. *irziohan.*

es mh. ah. *ëȥ*, Genet. *ës*, aus ders. idg. Wz. wie er; in gewissen Redensarten ist es Gen.: ich bin es satt, ehe er sich's versah.

Esch *m* † (bebaute Flur), got. *atisk*, ah. *eȥȥisc*, urv. lat. *ador* Spelt.

Esche *f* mh. *asch*, ah. *asc*, aisl. *askr*; verw. aslaw. *jasenŭ*, *jasika* dazu Mähr. Gesenke, lat. *ornus (*ōsinos)*, wilde Berg~, lit. *úosis*, ndl. *esch*, eng. *ash*, bayr. Asch, Gefäß aus Eschenholz. O.N.: Eschenbach (12), Eschwege (Eschenwasser), 2): *wāc* bewegtes Wasser, Aschersleben ah. *Asce(gers)leibon* Erbe, Nachlaß e. Mannes namens Eschenspeer; in lt. Form Ascharien, Askanien, Askanien; Ascheberg, Essen, Waldesch, Kirchesch, Asbach (15), Aspach (8), Eschweiler (u. F.N. Eschstruth [2], mh. *struot* Gebüsch) Asseburg, Aschaff (Eschenfluß), Aschau (12). Der älteste dtsch. O.N. ist das v. Tacitus (Germania 3) erwähnte *Asciburgium* Asberg (Eschenberg) b. Moers.

Esel *m* ah. *esil*, got. *asilus*, v. lt. *asinus*, got. *asilu-qaírnus* Eselsmühle, Mühlstein = ags. *esulcweorn*, gr. *ónos*, **osnos*, arm. *ēš*, sumer. *anšu*, s. Assel.

Esels||brücke *f* Lüs. v. mlt. *asini pons* Übersetzungshilfe beim Lernen (18. Jh.). ~ohr *n* umgeschlagene Ecke im Buch (17. Jh.).

Eskadron *f* Reiterschar, Schwadron (etwa 150 Pferde) 17. Jh. v. fz. *escadron*, it. *squadrone* zu lt. *quadrus* viereckig, also eig. im Viereck stehende Schar; s. Quadrat, Geschwader, Quader.

Eskaladiergerüst, künstl. Hindernis, fz. *escalade* Erklettern (mit Sturmleitern), it. *scalare* mit Leiter ersteigen.

† **Eskarpe** *f* fz. Innenwand e. Festungsgrabens, s. scharf.

Eskorte *f* Begleitmannschaft, Schutzgeleit, um 1700 v. fz. *escorte*, it. *scorta* von *scorgere*, zu mlt. *excorrigĕre* zurechtweisen, geleiten.

Espe *f* Zitterpappel, mh. *aspe*, ags. eng. dä. *asp*, aslaw. *asika;* zittern wie Espenlaub. O.N.: Aspenstedt b. Halberstadt, schwed. F.N. *Asp-lund.*

Esperanto *n* der Hoffende, Deckname für *Dr. med.* Zamenhof i. Warschau, der 1887 unter diesem Namen seine selbsterfundene Sprache veröffentlichte; die Wörter stammen meist a. d. Romanischen, s. Volapük.

Esplanade *f* 17. Jh. fz. *esplanade* freier Platz z. Spazierengehen, d. unbebaute Raum zw. d. Zitadellen u. d. Häusern; z. lt. *explānāre* ausebnen, s. Plan².

Esse *f* Schmiede, Feuerherd, Rauchfang, Schornstein, ah. *ëssa* Herd d. Metallarbeiter, z. idg. Wz. *as* brennen (lt. *ardeo* brenne, *āridus* dürr).

essen ah. *ëȥȥan*, got. *itan*, pl. eten, anord. *eta*, ags. *etan*, eng. *eat*, schw. *äta*, urv. lt. *ĕdo*, gr. *esthíō*, lit. *edmi*, ai. *ádmi*, s. Aas, äsen, fressen, Zahn; Bew. ätzen.

Essenz *f* ursp. alchim. W. 16. Jh. v. lt. *essentia* Wesen, Auszug, z. *esse* sein, also eig. das Seiende, Wesentliche, s. Quintessenz.

Essig *m* mh. ah. *ezzih*, dä. *eddike*, schw. *ättika*, v. lt. *atēcum*, Umstellung v. *acētum*, zu *acēre* sauer sein, also eig. sauer gewordener (Wein).

† **Estafette** *f* (reitender Eilbote), it. *staffa* Steigbügel, *langob. W.: stapfen.

Estrade *f* etwas erhöhter Teil e. Raumes, Tribüne, um 1700 v. fz. *estrade*, z. lt. *strātum* Lager (*sterněre* hinbreiten), s. Straße.

Estrich *m n* Pflaster, Boden (am Rhein auch: Dachboden), ah. *astrīh*, v. frühmlat. *astricus*, *astracus* Pflaster, nicht: *astrum* Stern, obwohl d. Fußboden oft sternförmige Verzierungen trug, sondern: gr. *óstrakon* Scherbe, neugr. (auf Kythera) *astráki*, vgl. mlt. *astracum*, it. *lastrico* l) ist Artikel), afz. *aistre*.

etablieren gründen, errichten, (sich) niederlassen, 17. Jh. v. fz. *établir*, z. lt. *stabilīre* befestigen.

Etage *f* Stockwerk, Geschoß, 17. Jh. v. fz. *étage*, z. mlt. *staticum*, *stagium* Stand, Standort v. *stare* stehen, sich aufhalten, s. Courage.

Etappe *f* Verbindung d. Truppenfront m. d. Heimat, 18. Jh. v. fz. *étape*, afz. *estaple*, das zurückgeht auf Stapfe, Stapel, Staffel.

Etat *m* Haushaltsplan e. Staates, e. Stadt, übh. jed. Gemeinschaft, 18. Jh. v. fz. *état* Staat, Zustand, s. Staat.

etepetéte 18. Jh. zimperlich, iron. Verdoppelung von nd. *ete*, *öte* = geziert.

Ethik *f* Sittenlehre, 17. Jh. v. gr. *ēthikós* sittlich, zu *ē̆thos* Gewohnheit, *Sitte*, m. diesem über die idg. Wz. *su̯edh* urv.

Ethno-graphie *f* Völkerbeschreibung, gr. *éthnos* u. *gráphō*; ~logie Völkerkunde, 2) *lógos*.

Etikette *f* aufgestecktes Kennzeichen, Zettel an Waren m. Preis, Hofsitte, Förmlichkeit, um 1700 v. fz. *étiquette*, das zurückgeht auf nd. *sticke* od. mndl. *steken* m. Verkl.-Endung *-ette* u. Vorschlags *-e*, zu stecken.

etlich irgendeiner, nur noch als Mehrz. (einige) üblich, mh. *ëtelich*, ah. *ëtalīh*, *edeslih* (Lüs. v. lt. *aliquis*), 16. Jh. auch etzlich; den 2. Bestandteil -lich s. unter Leiche.

Etmal *n* seem. Essenszeit, Zeit v. Mittag bis Mittag, Schiffstagereise, afries. *et-mēl*, mnd. *māl* Frist, Periode.

Etui *n* Behältnis, Futteral, 18. Jh. v. fz. *étui* viell. v. ah. *stūcha* Ärmel, nh. mu. Stauche (Pulswärmer), oder v. afz. *estnier* < vlt. * *studiare* »eifrig bemüht sein«?

etwa eig. irgendwo, mh. *ëte(s)wā*, *ëtewār*, ah. *ëtteswār* irgendwo, von *et-* u. *wār* wo. **etwas** mh. ah. *ëtewaz*.

Etymologie *f* Wortforschung, Ableitungslehre, 16. Jh. v. gr.-lt. *etymologia*, gr. *étymos*, *eteós*, * *setewos*, *se* = *es* in * *esmí* = *eimí* bin, *esse* (wirkl.) sein = ai. *satyás*, eng. *sooth* wahr, echt, 2) *légō* rede.

euch mh. *iuch*, ah. *iuwih*, got. *izwis*, and. afries. *iu*, ags. *eow*, eng. *you*.

Eucharistie *f* v. gr. *eucharistía* dankbare Gesinnung, Danksagung; i. d. kath. Kirche: Altarsakrament.

euer mh. *iuwer*, *iwer*, ah. *iuwēr*, got. *izwar*, ags. *eower*, eng. *your*.

Eugenik *f* Lehre v. d. Rasseveredlung, gr. *eugenés* edelgeboren 1883 v. Galton geprägt.

Eule *f* mh. *iule*, *iuwel*, ah. *ūwila* ndl. *uil*, anord. *ugla*, pl. Uhl, ags. *ūle*, eng. *owl*, wahrsch. lautm. wie Uhu, Kuckuck, s. heulen, Ulk O.N. Uhlenhorst (pl.) b. Hamburg nd. *ulenvlucht* Flugzeit der ~n Abenddämmerung. **Eulenspiegel** *m* Till ~, Ulenspeigel (nd. *ūlen* = fegen u. Spiegel = *podex*), Schalksnarr i. 14. Jh., wegen seiner Streiche bekannt, starb i. Mölln unweit Lübeck; ~ei *f* ausgelassener Streich, entl. fz. *espiègle* Schelm, Schalk, *espièglerie* mutwilliger Streich.

Eunuch *m* Haremswächter, 18. Jh. v. gr. *eunūchos* Betthüter.

Euphemismus *m* verhüllende Redeweise (Liste 48), z. gr. *eu* gut, *phēmí* sage, s. Prophet; s. eu- i. Liste 54.

Europa viell. Sonnenuntergang, gr. *érebos* das Dunkel (dann Totenreich, Unterwelt), semit. Urspr., s. Asien.

Euter *n m* mh. *iuter*, ah. *ūtar*, *ūtiro*, and. *ūder*, eng. *udder*, urv. lt. *ūber*, gr. *ūthar*, ind. *udhar*, lit. *ūdruti*, trächtig sein.

Evakuierung *f* d. Entfernen der Bevölkerung a. e. Kampfgebiet: fz. *évacuer*.

Evangelium *n* ah. *evangēljō*, got. *aiwangēljō*, v. gr. *euangélion* gute, frohe Botschaft, von *eu* gut, *ángelos* Bote, ags. Lüs. *godspell*, eng. *gospel*; s. Engel, Euphemismus.

eventuell möglicherweise, 18. Jh. v. fz. *éventuel* zu mlt. *eventualis* zufällig, möglich (*eventus* Ausgang).

Evolution *f* stetige, ruhige Entwicklung (auch im staatl. Leben): lt. *evolvĕre*.

Ew. in Ew. Majestät usw. = Eure Maj., nach d. älteren Schreibung für euer = ewer, mh. *iwer*, *iuwer*.

Ewer *m* kleines flaches Schiff, and. *ēnvare* »Einfahrer«.

ewig ah. *ēwig*, zu *ēwa* Ewigkeit, got. *aiws* Zeit, Ewigkeit, urv. lt. *aevum* Ewigkeit, Leben, *aetās* (* *aevi-tas*) Lebens-, Zeitalter, *ae(vi)ternus*, gr. *aiṓn*, * *aiwōn*; *aieí*, *aeí* immer, s. je.

exakt genau, pünktlich, 17. Jh. fz. *exact*, v. lt. *exactus* Part. z. *exigo* (*ex-ago*) führe hinaus, vollende.

exaltiert überspannt, 18. Jh. v. fz. *exalté* zu lt. *exaltāre* erhöhen (*altus* hoch), s. alt, Alt.

Examen *n* Prüfung, 16. Jh. v. lt. *exāmen*, herausgetr. Schwarm, Zünglein a. d. Waage: *ex-ago* treibe aus, untersuche.

Exegese *f* Schrifterklärung, bes. d. Bibel, um 1800 v. gr. *exḗgēsis* z. *exēgéomai* führe aus, lege aus.

Exekut||ion *f* Vollziehung e. Urteils, e. Hinrichtung, gerichtliche Zwangshilfe, 15. Jh. v. lt. *exsecutio* zu *exsequor* verfolge, vollziehe, s. Exequien, -ive d. vollziehende Gewalt im Staat.

Exempel *n* Muster, Beispiel, Rechenaufgabe, v. lt. *exemplum* Probe, Muster, eig. zur Probe Herausgenommenes, zu *eximĕre* herausnehmen; 13. Jh.; dazu:

Exemplar *n* einzelner Schrift-, Bildabdruck, Einzelstück, v. lt. *exemplar* Musterbild, Beispiel; ~isch.

Exequien Mehrz. Totenfeier, Seelenamt, Seelenmesse i. d. kath. Kirche, v. lt. *exsequiae* Leichenzug, -begängnis, zu *exsequi* bis ans Ende begleiten, s. Exekution; 17. Jh.

exerzieren (milit.) 16. Jh. v. fz. *exercer*, lt. *exerceo* übe.

Exkönig, Exminister u. a. Zss. gegen 1800 nach *exconsul* gewesener Konsul, unlat. Bildung!

Exil *n* Verbannung, 18. Jh. v. lt. *exilium*, *exsilium*, viell.: *solum*, also Leben außerh. des heim. Bodens (s. Schwelle), Exulant (16. Jh. ff.): *exsulāre* e. Verbannter sein, jedoch als *ihsili* schon im M.-A. **Existenz** *f* eig. philos. Ausdruck: Dasein, 17. Jh. v. fz. *existence*, z. lt. *existentia*, v. *exsistĕre* heraustreten, entstehen. Existentialismus. **Exklave** *f* Gebietsausschluß, vgl. Enklave. **exkommunizieren** bannen, aus d. kirchl. Gemeinschaft ausschließen, v. lt. *excommunicāre*, 16. Jh. **Exorzismus** *m* Teufelaustreibung, lt. *exorcismus* schon b. Tertullian: gr. (N.T.) *exorkízō* beschwöre d. bösen Geister (*ex* + *hórkos* Eid). **exotisch** ausländisch, fremdartig, 18. Jh. v. gr.

exōtikós. **expedieren** abfertigen, absenden, befördern, 16. Jh. v. lt. *expedīre;* Expedition *f* Abfertigung, Unternehmung, Feldzug, s. spedieren. **Experiment** *n* Versuch (bes. in Physik u. Chemie, Paracelsus) v. lt. *experīmentum* zu *experior* versuche, 17. Jh. **Explosion** *f* um 1800 v. fz. *explosion*, z. lt. *explōsio* Ausklatschen, v. *explōdĕre* klatschend hinaustreiben (eig. Bühnenwort), s. applaudieren. **Exponent** lt. *expōnens* Darsteller, Träger, Vertreter, lt. *expōnĕre* * aus-setzen, -stellen. **Export** *m* Ausfuhr, um 1800 v. eng. *export*, z. lt. *exportāre* hinausschaffen, s. Import, Transport, Rapport. **expreß** ausdrücklich, besonders, 16. Jh. v. lt. *expressus* ausgedrückt, deutlich, z. *exprimĕre* ausdrücken. **Expreß** (eng.) »Blitzzug«. **Expressionismus** *m* 1901, Ausdruckskunst, Gegensatz: Impressionismus. **Expropriation** *f* Enteignung (dies v. Campe um 1800 vorgeschlagen) v. lt. *ex* aus, *proprius* eigen. **Extemporale** *n* aus dem Stegreif gefertigte Übersetzung z. lt. *ex tempore* ohne, aus der Zeit, sogleich. **extra** besonders, außerordentlich, lt. *extrā* außer, außerhalb; ~post *f*, ~blatt *n*, ~zug *m* jetzt Sonderzug. **Extrakt** *m* Auszug (aus Stoffen, Büchern), 16. Jh. v. lt. *extractum*, z. *extraho* ziehe heraus, s. Kontrakt. **extravagant** ausschweifend, phantastisch, 18. Jh. v. fz. *extravagant*. **Extrem** *n* Übertreibung, v. lt. *extrēmum* das Äußerste. **Exzellenz** *f* früher Anrede f. d. oberste Beamtenklasse (Minister), höhere Offiziere (vom Generalleutnant an), Gesandte u. kathol. Bischöfe, 16. Jh. v. lt. *excellentia* Vortrefflichkeit, Herrlichkeit, zu *excellĕre* hervorragen; s. Halm. **exzentrisch** eig. v. Mittelpunkt (lt. *centrum)* abweichend, astron. Ausdruck, dann übtr. = ausschweifend überspannt. **Exzerpt** *n* Auszug (aus Schriften) v. lt. *excerpo* lese aus, z. *carpo* pflücke. **Exzeß** *m* Ausschreitung, Unfug, 16. Jh. Rechtsspr. (schon b. Luther) v. lt. *excessus* das Herausgehen, zu *excēdĕre* herausgehen.

F

Fabel *f* mh. *fabele* v. lt. *fābula*, eig. Gesagtes, *fāri* sagen, kundtun; ~haft unglaublich (16. Jh. fabulisch, fabulosisch); ~n, fabulieren; Fatum *n* eig. Gesagts, Schicksal; s. Infant, infam, Konfession, Fee, Prophet, Bann.

Fabrik *f* 18. Jh. v. fz. *fabrique* Werkstätte z. lt. *fabrĭca* Kunst, Ausübung d. Baukunst, Werkstätte, z. *faber* ausübender Künstler, z. *facĕre* tun, machen; s. Faktum, Fakultät.

Fach *n* mh. *vach*, ah. *fah*, auch Mauer, Wasserschwelle, pl. Fack, z. fügen, also Gefügtes, Abgeteiltes (räumlich u. zeitlich). Übtr.: begrenztes Gebiet e. Wissenschaft (erst 18. Jh.), ~arzt 20. Jh. für Spezialarzt, ~mann *m;* urverw. lt. *pāgus* Gau, *pangere* befestigen, gr. *pēgnýnai*. O.N. Fach, Vacha, Fachingen nach d. Flechtwerken z. Lachsfang (n. Edw. Schröder) »Fischwehr«, vgl. gr. *págē* Schlinge Fischreuse.

-fach s. Liste 54.

fächeln 17. Jh. z. † fachen, mh *fochen*, mlt. *fcāre* anzünden (s. anfachen) leicht blasen, wehen; **Fächer** *m* 17. Jh. (Hofmannswaldau 167 sagt dafür Sonnenschatten).

Fackel *f* mh. *vackel*, ah. *facchala*, v. lt. *facula*, z. *fax* Kienbrand; fackeln † (eig. v. d. Fackel oder Flamme gesagt) hin- u. herbewegen, schwanken, zaudern, endlich flunkern (Goethe: die Mutter hat gefackelt); meist verneinend: nicht (lange) fackeln, 18. Jh.

fade ohne Saft u. Kraft, geschmacklos, 18. Jh. v. fz. *fade*, * *fatidus*, z. lt. *fatuus* albern, einfältig, abgeschmackt u. *vapidus* kahmig.

Faden *m* ah. *fadam*, *fadum*, and. *fathmos*, ags. *fæþm* beide ausgestreckte Arme, eng. *fathom* Klafter, Faden, dä. *favn* Umarmung, Längenmaß (got. *faþa* Zaun), schw. *famn* Busen, Längenmaß, Grdb.: Umspannung d. Arme, die als Maß diente (noch jetzt seemännisch); dann Faser, Garn, sofern es z. Abmessung diente, also soviel Garn, als man m. ausgestreckten Armen abmißt; urv. gr. *petánnȳmi* breite aus, lt. *pat-* ausgebreitet (*pateo* stehe offen, s. Patent); s. Fuß, Ellbogen u. Liste 20; ~scheinig 18. Jh. v. durchscheinenden Fäden, 19. Jh. auch übtr.; einfädeln.

Fagott *n* Baßpfeife, hölz. Blasinstrument, it. *fagotto* bdt. auch »Bündel«, »d. Ansatzrohr erscheint gebündelt«; 17. Jh.

fähig 16. Jh. z. † fahen (s. fangen) eig. fassend, nur noch übtr.: imstande.

fahl mh. *val* bleich, verwelkt, ah. *falo*, *falawēr*, ndl. *vaal*, ags. *fealu*, eng. *fallow*, lit. *palvas*, urv. lt. *pallidus* bleich, gr. *poliós* grau, ablg. *plavŭ* weißlich, ai. *palita* grau; entl. fz. *fauve* falb, it. *falbo* s. falb, *Vaal* (Fluß), *Veluwe* fahle Aue.

fahnden mh. *vanden*, ah. *fantōn* besuchen, ags. *fandian* prüfen, z. finden; auf etwas ~, nach etwas spüren, es zu erwischen suchen, festg. *Adalfuns*, sp. *Alfonso*.

Fahne *f* mh. *vane*, ah. *fano*, got. ags. *fana* Tuch (*ougafano* Schleier, *halsfano* Halstuch, *tischfano* Mundtuch), *gundfano* Kriegsfahne, Kampfzeichen (daher fz. *gonfalon*, it. *gonfalone*), eng. *fane*, *vane* Wetterfahne, urv. lt. *pannus*, gr. *pēnē* Gewebe; aslaw. *o-pona* Vorhang, lit. *pinù* flechte; Fähnrich *m* 15. Jh. eig. Fahnenträger; ~njunker; F.N. Fendrich; Venner (schweiz.), *milit. Oberhaupt eines Stadtteils, schwäb. F.N. Fen(d)er; Fähnlein *n* Vkl. auch Kriegerschar unter e. F. (16 ~, Schillers Jungfrau I, 9). ~ Korrekturabzug, Streifen, Schriftsatz (Buchdruck).

Fähre *f* mh. *ver*, ndl. *veer*, and. *ferja*, schw. *färja*, eng. *ferry*, z. **fahren** mh. *varn*, ah. *faran* sich v. e. Ort zum andern bewegen, gehen (noch in Franken), kommen, got. *faran* wandern, ziehen, an. *fara* sich bewegen, Grbd.: sich fortbewegen (mh. *varnde habe* bewegliche Habe), aber auch: sich befinden (fahr wohl dä. *farvel*, eng. *farewell*, eng. *fare* sich befinden, gut od. schlecht), urv. gr. *perān* durchdringen, *póros* Gang, lt. *perītus* erfahren, (*ex*)*perior* erfahre, versuche, erprobe, z. idg. Wz. *por*, *per*, lt. *portāre* tragen, ai. *píparmi* führe hinüber; s. führen, erfahren, Gefährte, Vorfahr, Ferge, fertig, Prahm, Experiment (Versuch), Pore, Pirat, Empirie. **fahrig** Ende 18. Jh. unbeständig, unruhig; fahrlässig, um 1500 z. fahren lassen = sich selbst überlassen, vernachlässigen; widerfahren. **Fahrrad** *n* Ende 19. Jh. f. Veloziped, s. Radfahrer, radeln. **Fahrt** *f* mh. ah. *vart*, and. *fard*, ndl. *vaart*, ags. *fȳrd*; Ferge *m* †; Fährte *f* eig. Mehrz. z. Fahrt; s. Hoffart. O.N. Verden, nd. F.N. *Terveer*.

Faksimile *n* genaue Nachbildung e. Handschrift, 19. Jh. v. lt. *fac simile* mach ähnlich! s. Similistein.

Faktor *m* Zahl, durch deren Vervielfältigung e. Produkt entsteht, 18. Jh.; übtr.: Geschäftsführer in Druckereien v. lt. *factor* Verfertiger. Faktorei *f* Handelsniederlassung i. fremden Erdteilen. **Faktotum** *n fac tōtum* »mach alles!« wer zu allem zu brauchen ist, 16. Jh. **Faktum** *n* Tatsache v. lt. *factum;* **faktisch** tatsächlich, 18. Jh.; **Faktur** *f* Rechnung b. Lieferung d. Waren. **Fakultät** *f* Kraft, Fähigkeit, Lehrbefähigung, dann bes. die Universitäts~, v. lt. *facultās* Fähigkeit, mlt. auch Zunft, alle z. *facĕre* tun, machen; s. Fabrik, Konfekt, perfekt, defekt, Defekt, Affekt, Konterfei, Fetisch, Fazit, Profit, Fasson.

falb blaßgelb, weißlichgelb (oberd.) für nd. fahl, i. d. Bed. jetzt unterschieden; der Falbe, blaßgelbes Pferd, ah. *falawiska, valwisch* Asche(nstäubchen). F.N. Fahlbusch (Südhannover); entl. fz. *flammèche* Feuerfunke, an *flamme* angelehnt.

Falbel *f* Faltenbesatz (jetzt Volant genannt), v. it. sp. *falbala,* woher auch eng. *furbelow;* 18. Jh.

fälisch als Rassenbezeichnung 1922 von H. F. K. Günther eingeführt.

Falk||e *m* ah. *falcho* mit *k*-Suffix v. *falo* (s. fahl), entl. spätlt. *falco,* fz. *faucon,* it. *falcone,* eng. *falcon.* Falkenier *m,* ~aune, ~onett kl. Feldgeschütz (16.–17. Jh.); F.N. Falk, schwäb. Falch.

fall||en mh. *vallen,* ah. and. *fallan,* an. afries. *falla,* ags. *feallan,* eng. *fall,* Grbd.: Bewegung nach unten, urv. lit. *púolu, pùlti* fallen; **Fall** *m,* Ab~, Bei~, Durch~, Ein~, Un~, Zu~, Falle *f.* **fällen** Bew. z. fallen: mh. *vellen,* ah. *fellan* zu Fall bringen; e. Urteil fällen; s. gefallen. **Fallbeil** *n* um 1800 v. Campe empfohlen für fz. *guillotine.* **fällig** zu Falle kommend, bes. in Zs. wie bau~, fuß~, rück~; dann: die Summe ist ~. **Fallreep** *n* nd. Öffnung, Tür an d. Bordwand eines Schiffes, aus *fallen* gleiten, *reep* Tau, also eig. Strickleiter z. Hinabgleiten, Treppe, dann Treppenöffnung, ~tor, nd. *falter,* ~gatter, ~schirm (18. Jh. J. Paul), ~ ~truppen (2. Weltkrieg). **falls** eig. Gen. z. Fall. **Fallstrick** *m* eig. Strick, d. über etwas fällt (um es z. fangen), v. Luther geprägt (Luc. 21,35); Fallsucht *f* Epilepsie, Hinfallen unter Zuckungen, ah. *fallendiu suht,* s. Seuche, Sucht.

fallieren zahlungsunfähig werden, 16. Jh. v. it. *fallire* (z. lt. *fallo* betrüge, täusche), s. fehlen.

falsch mh. *valsch,* v. afz. *fals* (nfz. *faux),* z. lt. *falsus* (eig. Part. z. *fallĕre* täuschen), pl. = wütend, giftig, ah. *gifalscōn* fälschen, fälschlich; s. fehlen.

Falschmünzer *m* seit 16. Jh. u. bei Campe; bei Goethe 1797 noch falscher Münzer.

falten mh. *valten,* got. *falþan,* ags. *fealdan,* eng. *fold,* schon idg.; Falte *f,* Faltstuhl *m* † s. Fauteuil.

Falter *m* Schmetterling, nicht z. falten, mh. *vīvalter,* ah. *fīfaltra,* z. idg. Wz. *pel,* urv. lt. *pāpilio* Schmetterling, it. *farfalla,* schweiz. *pipolder,* gr. *pallō* schüttle, *pelemízō* schwinge, also »d. Flügel schwingend«, s. flattern, Fledermaus.

-faltig, -fältig s. Liste 54.

falzen regelmäßig zus.legen u. glätten, bes. Papier (beim Buchbinden): *valzan* hämmernd fügen, ah. *anavalz* Amboß: lt. *pellere* * *pelder.* stoßen, treiben; Falzbein *n* (ursp. aus Knochen), s. Filz, Bein.

Familie *f* 16. Jh. v. lt. *familia* eig. Dienerschaft, Gesinde; vorher (noch bei Luther) Haus = Hausgenossenschaft (d. Kaiser u. sein H.); familiär vertraut, v. lt. *familiāris* z. Hause, Gesinde gehörig.

famos prächtig, herrlich, 19. Jh. stud. v. lt. *fāmōsus* berühmt, z. *fāma* Ruf, Gerücht, s. infam; 17. Jh. in der Gerichtssprache = berüchtigt.

Fanál *m* Feuerzeichen, um 1800 v. fz. *fanal* z. gr. *phānós* Leuchte, ngr. *phanári* Leuchtfeuer, ~turm, daher d. meist altadligen Fanarioten in Konstantinopel; s. Phantasie, Fenster.

fanat||isch schwärmerisch, blindwütig erregt, vom Nat. Soz. ins Positive verkehrt; 18. Jh. v. lt. *fānaticus* z. *fānum* Tempel, gottgeweihter Ort; ~ismus *m*, fanatisieren (1793ff.), s. profan.

Fanfare *f* Trompetensignal, 18. Jh. v. fz. *fanfare*, über sp. aus arab. *farfār* »geschwätzig«.

fangen Grbd.: greifen, mh. *vāhen*, ah. got. *fāhan*, an. *fa*, ags. *fōn*, eng. fehlt, aber *fang* Hauer; noch im 16. Jh. fahen, s. fähig; urv. lt. *pangere* befestigen, *pāx* Friede, gr. *pássalos (* pakjal-)* Pflock, ai. *paša* Schlinge, Strick; an~, emp~, be~, unbe~, Umfang, verfänglich, Finger.

Fant *m* † junger, eitler Mensch, vermischt mit it. *fante* Knabe z. lt. *infans* Kind aus nd. *vent*, *fente* junger Mensch, v. ndl. *vennoot* »Femgenosse«. F.N.: Grotefend großer Kerl.

Farbe *f* mh. *varwe*, ah. *farawa*, mnd. *verwe*, ah. *faro* farbig, entl. fz. *fard* Schminke; vgl. tschech. *barva*, *barviti*, Wz. *pork-* gesprenkelt in Forelle. Ztw. färben, farbig.

Farce *f* Fleischfüllsel 18., Posse 17. Jh. v. fz. *farce*, z. lt. *farcīre* füllen.

Farm *f* Landgut i. Nordamerika, 19. Jh. v. eng. *farm*, z. fz. *ferme* fester Besitz, mlt. *firma*, s. Firma, Firmung, Konfirmation.

Farn *m n* mh. ah. *varn*, *varam*, ags. *fearn*, eng. *fern*, urv. gr. *pterís* Farnkraut, *pterón* Flügel, ai. *parnám* Flügel, Feder, Blatt; also Grbd.: federähnliches (Blatt).

Farre(n) *m* Stier, mh. *varre*, ah. *farro*, urv. gr. *póris*, *portax* junges Rind, lt. *parĕre* gebären; Färse *f*, dass. wie Sterke. F.N.: Varrentrapp (Ochsenspur).

farzen im Ablaut z. ah. *fërzan* u. Furz, urv. gr. *perdomai;* vgl. Fist.

Fasan *m* mh. *fasān*, *fasant*, v. lt. *phasianus*, gr. *phāsiānós* Vogel v. Flusse Phasis i. Kolchis (dah. auch it. *fagiano*, fz. *faisan*, eng. *pheasant)*.

Faschine *f* Reis- u. Strauchbündel beim Batterien-, Feldschanzen-, Wasserbau, 17. Jh. v. it. *fascina*, fz. *fascine* Reisigbündel, z. lt. *fascis*, it. *fascio* Bündel.

Fasching *m* mh. *vaschanc*, *vastschanc* Ausschenken des Fastentrunks.

Faschismus *m* it. *fascismo* (1922ff.), altröm. *fascēs* Rutenbündel m. Beil, die v. d. Liktoren den höh. Beamten vorangetragen wurden; Faschist Anhänger des ~.

faseln töricht, verwirrt reden, 18. Jh.: ält. nhd. *fasen* m. d. Geist irr umherschweifen, ah. *fasōn* suchen, aufspüren? anderes W. »Unrecht Gut faselt (gedeiht) nicht« (J. P. Hebel): Fasel-, Zuchtschwein (mh. *vasel)*.

Faser *f* (Pflanzen~, Holz~, Woll~) zu † Fasen *m* ah. *fasa* u. *faso;* Fädchen *n* (Hermann u. Dor. IX); splitterfaselnackt = nackt bis auf d. letzte Franse *(fasel)*.

Faß *n* ah. *faʒ* Faß, Gefäß, Schrein, Kasten aus Holz (aber Salz~, Tinten~), pl. Fatt, eng. *vat*, an. *fat*, eig. Zusammenfassendes, Umschließendes, lit. *púodas*, s. Gefäß, fassen. ~bender, nd. ~bönner, ~hauer (auch F.N.).

Fassade *f* Vorderseite e. Gebäudes, Schauseite, 17. Jh. v. it. *facciata*, 18. Jh. v. fz. *façade*, z. *face* Gesicht, lt. *faciēs*, s. Front.

fassen ah. *faʒʒōn*, ags. *fatian* in e. Faß tun, s. Fessel, Fetzen; gefaßt (übtr.) mit festem Sinne; auf~, Fassung *f* (auch bildl.), s. ver~, fesseln; Faß *n*.

Fasson *f* Gestalt, Form, bes. der

Kleidung, 16. Jh. v. fz. *façon* Art u. Weise d. Tuns, it. *fazione* Gestalt zu lt. *factio-nem* das Machen.

fast mh. *vaste* fest, stark, sehr, tüchtig (noch in Schillers Tell II, 2), ah. *fasto*, Adv. z. *festi* (ohne Umlaut wie schon, s. d., zu schön).

fasten ah. mh. *fasten*, got. *fastan*, anord. *fasta*, eng. *fast*, z. fest im Sinn von: an sich halten, eine (religiöse) Vorschrift beobachten, sich d. Speise enthalten; vgl. aslaw. *postiti;* ~tuch, vgl. südd. Hungertuch.

Fastnacht *f* Tag vor Aschermittwoch, Beginn d. großen Fasten, s. Fasching.

fatal eig. verhängnisvoll, jetzt abgeschwächt: unangenehm, 17. Jh. v. fz. *fatal*, lt. *fātālis* vom Schicksal bestimmt, z. *fātum* eig. Gesagtes, dann Götterspruch, Schicksal, nicht abgeschwächt in ~ismus *m*, ~ist *m*.

Fata Morgana *f* Luftspiegelung, n. d. Volksglauben das Werk der arab. Zauberin od. Fee M.; it. *fata Morgana:* arab. *marǧān* Koralle, gr. *margarítēs* Perle, s. Fabel, Fee.

Fatzke *m* alberner Mensch, Berliner Ausdruck, 19. Jh. z. Fax (s. Faxen) + -ke (wie in Steppke, Piefke, Raffke).

fauchen bes. v. Katzen, auch pfauchen, mh. *pfūchen* zur Interjektion *pfūch;* lautm.

faul mh. *vūl*, ah. *fūl*, got. *fūls*, eng. *foul;* Grbd. in Verwesung befindlich, oft bildl., urv. gr. *pȳon*, lt. *pūs* Eiter, ai. *pū́jati* wird faul, lit. *pū́liai* Eiter, *puti* faulen, lt. *putēre* stinken; ~enzen 16. Jh. (Streckf.), ~pelz *m* 19. Jh.; ~e Fische = verdächtige Ausreden; Pfahlgasse, früher faule G., i. Halberstadt.

Faun *m* altit. Waldgott m. Ziegenfüßen, bildl. Lüstling, 18. Jh. v. lt. *Faunus*. **Fauna** *f* Tierwelt, v. lt. *Fauna* altitalische segenspendende Flurgöttin, z. *favēre* günstig, gewogen sein; seit Linnés *Fauna Suecica* 1746.

Faust *f* ah. *fūst*, eng. *fist;* urv. aslaw. *pesti* Faust, idg. *pnqsti-* die geballten 5 Finger. ~pfand *n* in d. Hand gegebenes Pfand, 19. Jh., ~recht *n* Recht d. Stärkeren 16. Jh., ~dick. **Fäustel** *m* Schlägel der Bergleute.

Fauteuil *m* Lehnsessel, 18. Jh. v. fz. *fauteuil*, afz. *faldestuel*, aus germ. *faltstuol* zus.gefalteter, -klappbarer Stuhl (fälschlich Feldstuhl).

Faxen Mehrz. Narrenspossen, alberne Gebärden (~ schneiden, b. Goethe), vgl. thüring. *facksen* schnell u. schlecht schreiben z. mu. *fickfacken* hin- u. herbewegen.

Fayence *f* Halbporzellan, Steingut, nach Faenza i. Italien, v. fz. *fayence*, 18. Jh.

Fazit *n* Ergebniszahl, Summe e. Rechnung, 16. Jh. v. lt. *facit* es macht, s. Faktum, Defizit (unter Defekt).

Februar *m* lt. Name d. dtsch. Monats Hornung, v. lt. *februārius*, nach *februa* (Mehrz.), jährl. Reinigungs- u. Sühneopfer am alten Jahresschluß, s. September.

fechten ah. *fĕhtan*, ags. *feohtan*, eng. *fight*, wahrsch. urv. lit. *pèszti* rupfen, lt. *pectĕre* kämmen, gr. *pékein;* fechten = betteln (von Handwerksburschen), * v. d. Fechtspielen der Handwerker; s. Fuchtel, Pygmäe.

Feder *f* Vogel~, später ~kiel z. Schreiben, dann auch dessen Ersatz v. Stahl, endl. elastisches Stück Stahl übh., mh. *vëder*, ah. *fëdara*, pl. Fedder, eng. *feather*, Grbd.: fliegen, idg. Wz. *pet*, ai. *pátram* Flügel, gr. *pétomai* fliege, *pterón* Flügel, ablg. *pero* Feder, lt. *penna* (aus *petsna)* Feder; ~fuchser *m* Schreiber (verächtlich), z. Faxen(?), od. fuchsen, plagen, quälen, ~kraft *f* Elastizität, 18. Jh., ~lesen *n* * niedrige Schmeichelei, umständliches Verfahren, eig. Ablesen der Federn vom Kleid Höhergestellter, jetzt nur noch: nicht viel ~lesens (keine Umstände) machen; ~messer *n* eig. Messer z. Schneiden d. Gänsekiele; federn elastisch sein; ~spiel *n* zur Beize abgerichteter Falke (weil er z. Spiel, z. Unterhaltung dient, ähnlich Windspiel), s. Gefieder, Fittich.

Fee *f* fabelhaftes, Schicksal bestimmendes weibl. Wesen, mh. *feie*, v. afz. *feie*, fz. *fée*, z. mlt. *fāta* Schicksalsgöttin, Parze, eig. Mehrz. v. *fātum* Götterspruch, Schicksal, z. *fāri* sprechen, sagen (it., rumän. *fata*, sp. *hada*, eng. *fay*, *fairy)*, feien, gefeit; s. fatal, Fabel, Fata Morgana.

Feez *m* 19. Jh. Unsinn, Jux, viell. z. mh. *fatzen* foppen; o. z. Fete, fz. *fête?*

fegen mh. *vëgen* reinigen, putzen, fegen, an. *fægia* glänzend machen, Harald *Haarfagr* Schönhaar, zu got. *fagrs* passend, ags. *fæger*, eng. *fair* schön, rein, glänzend; Schwertfeger; d. Bed. ist jetzt meist auf d. Reinigen m. d. Besen beschränkt, s. fügen. **Fegefeuer** *n* (Lüs. v. mlt. *ignis purgātōrius*, nach der kath. Lehre d. Ort, wo d. Seelen vor Eintritt in d. Himmel v. läßlichen Sünden geläutert werden), mh. *vëgeviur*.

Feh *n* sibir. graues Eichhörnchen, buntes Pelzwerk, v. mh. *vëch* bunt; Fechwerk (Pelzwerk) 16. Jh., urv. gr. *poikílos* bunt. F.N.: Fechner.

Fehde *f* mh. *vēhede*, ah. *fēhida* Haß, Feindschaft, Streit, pl. Feide, Adj. ags. *fah* geächtet, friedlos, ah. *gifēh* feindselig, eng. *foe* Feind, got. *bi-faihōn* überlisten, urv. lit. *piktas* böse, gr. *pikrós* bitter, lt. *piget* es verdrießt. Im 18. Jh. neu belebt (Bodmer).

fehlen mh. *vēlen*, v. fz. *faillir* fehlen, eig. vorbeistoßen beim Gegeneinanderrennen i. Turnier, z. lt. *fallo* täusche, s. *fallieren*, falsch; fehl, Fehl *m*, Fehler *m*, ver~; nicht verw.: be~, empfehlen.

Feier *f* mh. *vīre*, ah. *fīra* Festtag, Feier, v. mlt. *fēria* Ruhetag, v. lt. *fēriae* Ruhetage. Daher auch (i. d. Bed. Jahrmarkt, der an kirchlichen Feiertagen stattfand) it. *fiera*, fz. *foire*, eng. *fair;* s. Ferien, Fest, Messe, Dult.

feig mh. *veige*, ah. *feigi*, vom Verhängnis z. Tode bestimmt; (bergm.) »den Einsturz drohend«, tirol. ~ fast reif (v. Obst); verhängnisvoll, verflucht, ebenso and. *fēgi*, ndl. *veeg*, ags. *fæge*, eng. † *fey*, anord. *feigr*, erst spät i. heutiger Bed.; urv. lit. *paīkas* dumm? ~ling *m* um 1800.

Feige *f* mh. *vīge*, ah. and. *fīga*, v. it. *fīcus* (fz. *figue*, prov. *fīga)*, gr. *sȳkon* (boiot. *tȳkon)*, s. Ohrfeige.

feil ah. *feili*, an. *falr*, urv. gr. *pōléō* verkaufe, wohl~. **feilschen** mh. *veilsen* kleinlich um d. Preis handeln, s. Monopol.

Feile *f* ah. *fīhala*, ags. *feol*, eng. *file*, z. aind. *pimśáti* »hackt aus«, gr. *peikō* kratze, *pikrós* scharf. F.N. Fehlhauer = Feilenhauer.

Feim *m*, urv. lt. *pumex* Schaumstein, s. abgefeimt.

Feimen *m* Getreide- oder Heuhaufen, mnd. *vīme* und *dīme*, ah. *fīna;* Nebenformen: Fimme u. Diemen (s. d.).

fein mh. *vīn*, *fīn*, um 1200 v. fz. *fin* eig. vollkommen, echt, z. lt. *fīnis* das Äußerste, *fīnītus* vollendet, vollkommen; daher eng. *fine*, it. sp. *fino;* ~korn nehmen (b. Zielen), s. Finanzen, Finesse, raffiniert.

Feind *m* mh. *vīnt*, *vient*, ah. *fīant*, pl. Find, ndl. *vijand*, ags. *feond*, eng. *fiend*, got. *fijands*, eig. Part. zu idg. Wz. *pi*, ai. *pīyati* schmäht, also der Hassende; got. *fijan* hassen, got. *faian* tadeln, ags. *feon*, *faian* tadeln, s. Freund, Heiland, Zahn, Fehde.

feist obd. meist vom Wild, eig. Part., ah. *feizit*, ags. *fæted*, ah. *feiʒ* fett, an. *feitr;* urv. lt. *opīmus*, gr. *pīōn*, *pīdax* Quelle, *gemästet; das Feist = Fett, s. fett.

feixen 19. Jh. grinsen, urspr. wie ein Narr; zu Feix, Nf. zu Fex, s. d.

Felchen *m*, Felche mh. *velche f* Bodenseefisch; * ferche (Behaghel) verwandt m. Forelle (vgl. alem. *chilche* Kirche).

Feld *n* mh. *vëlt*, ah. *fëld*, and. *folda* Erde, afries. ags. *feld*, eng. *field*, z. idg. Wz. *pḷth* breit, flach sein, ai. *pṛthivī* die breite = gr. *plateia* (s. Platz), aslaw. *polje* Feld (Polen = Feld, Fläche, Ebene), s. Fladen, Flöz; ~geschrei (Kennwort) *n*, ~marschall *m* 16. Jh. Lüs. von frz. *marichal de camp*, s. Marschall, ~scher *m* † Militärarzt, s. scheren, ~stuhl *m* irrt. statt Faltstuhl, s. Fauteuil; ~webel *m* 16. Jh. ~weibel, s. Weibel. Etwa 400 O.N. auf -feld u. viele damit anfangende: Feldkirchen, Feldafing, Veltheim, Velbert (ah. Feldbrahti), schwäb. O.N. »Auf den Fildern«.

Felge *f* Radkranz, ndl. *radvelge*, ah. *fëlga*, ags. *felg*, eng. *felly;* ~nhauer = Stellmacher; F.N. Felgentreu * ~ndreher.

Fell *n* mh. ah. *vël*, got. *fill*, ags. eng. *fell*, anord. *fjall*, urv. lt. *pellis* Haut, gr. *pélla* Haut, Leder, *erysípelas (n)* Hautentzündung, d. Rose, auch in *péltē* kl. Lederschild, lit. *pleve* Netzhaut, Haut.

Felleisen *n* lederner Reisesack, Mantelsack, mh. *velīs*, aus dem unerkl. fz. *valise*, mlt. *valisia:* arab. *walīḥa* Getreidesack? an Fell u. Eisen irrt. angelehnt.

Felonie *f* Arglist u. Untreue gegen d. Lehnsherrn, fz. *félonie* (kelt. Urspr. ir. *feall* betrügen: lt. *fallĕre)*.

Fels, Felsen *m* mh. *velse*, ah. *felis* (daher fz. *falaise* Klippe), viell. verw. m. an. *fjall* Berg, vgl. gr. *pella* Stein u. d. makedon. O.N. *Pella*. O.N.: Drachen~, Linden~, Stolzen~, ~berg.

Feme *f* i. M.-A. d. heimliche Freigericht bes. auf westfäl. Boden, mh. mnd. *veime*, ndl. *veem* Gemeinschaft, dunklen Ursprungs.

Fenchel *m* ah. *fënahhal*, eng. *fennel*, v. lt. *foeniculum* (it. *finocchio*, fz. *fenouil);* gr. Marathōn bdt. Fenchelfeld.

Fender *m* Stoßdämpfer bei Schiffen v. eng. *fender* 17. Jh. zu *fend* v. lt. *defendere*.

Fenn *n* Sumpfland, mh. *venne*, afries. *fenne* durch Gräben eingehegtes Stück Marschland, ndl. *veen*, ags. eng. *fen*, got. *fani*, entl. it. *fango*, fz. *fange* Schlamm; O.N.: Hohes Venn, Veen, Fenn (Hochebene i. Reg.-Bez. Aachen) Venn Moor b. Coesfeld (Westf.), Vennelager, Fenne (Dörfer), Forsthaus Venne u. Venusberg b. Bonn, Venusberg-Str. i. Hamburg, Venedig i. Hildesheim, Venedische Str. i. Magdeburg (falls nicht wendische Str.), Vienenburg, Fambach, (auch F.N.); Venlo, umgekehrt Löwen, eig. Loveen, s. Loh; ostfr. Rhauderfehn, ndl. O.N. Zutphen (Gelderland, Ausspr. Süttfen), Ventrup.

Fenster *n* ah. *venstar*, v. lt. *fenestra*, z. gr. *phaínō* (dazu Phantasie, Fanal) mache sichtbar. Das Lehnwort verdrängte d. dtsche. Bez. got. *áugadaúrō* Augentor, ags. *eagdyrel* Augenloch, an. *vindauga* (woher eng. *window)*, dä. *vindue* Windauge, s. bohnen.

Ferge *m* † mh. *verge*, ah. *ferjo* zu *ferian* got. *farjan* schiffen; F.N. Ferger; s. fahren.

Ferien Mehrz., 16. Jh. Tage, an denen kein Gericht gehalten wird, jetzt arbeitsfreie Tage, bes. in Gericht u. Schule (18. Jh.), v. lat. *fēriae;* daf. schwäb. »Vakanz«; s. Feier, Fest.

Ferkel *n* mh. *verkel*, *verhelīn*, ah. *farhilī*, Vkl. zu ah. *farah*, *farh* Schwein, ags. *fearh*, eng. *farrow*, urv. lt. *porcus*, mir. *orc* Schwein, lit. *paršzas*.

fern ursp. räumlich, dann auch zeitlich entlegen, alt, ah. *ferrana* ~her, ags. *feorran*, ah. *ferro* ~, got.

fairra, schwäb. O.N. Ferrenberg, s. firn; urv. gr. *pérā* weiter, *pérān* jenseit, lt. *porro* vorwärts.

Ferse *f* ah. *fërsana*, got. *fairzna*, urv. gr. *ptérna*, lt. *pernīx* schnell, * m. leistungsfähiger ~.

fertig eig. z. Fahren, Gehen bereit, dann: zu e. Tätigkeit geschickt (sprach~), mh. *vertic* gangbar, fahrbar, ah. *fartīg*, z. *fart*, also eig. zur Fahrt gerüstet, im Begriff abzureisen; jetzt nur noch in allg. Bed.: s. bereit, rüstig. ~en, ab~en, an~en, recht~en, ~keit *f*, leicht~, schlag~, fried~, willfährig (früher willfertig).

Fes *m* rote wollene Mütze, arab. *tarbusch*, n. d. Stadt Fes, wo sie hergestellt wird; um 1800.

fesch flott u. elegant, 1838 Gutzkow, 1860 wienerisch, n. eng. *fashionable* modisch, fein.

Fessel *f* ah. *fezzil*, an. *fetill*, ursp. Schwertgehenk, dann in allg. Bed. zu fassen u. vermischt m. ah. *fezzera*, mh. *vezzer* Band; fesseln, entfesseln; urv. lt. *ex-ped-īre*, *pedica* Schlinge, *compes* Fuß~, gr. *pédē*; fesselnd (bildl.).

Fest *n* mh. *vëst*, v. lt. *fēstum* (it. *festa*, fz. *fête)*, ~ivität *f*; dtsch. eingebürg.: Dult *f* bayr. Jahrmarkt, s. Feier, Ferien.

fest mh. *veste*, ah. *fasti* stark, standhaft, fest, and. *fast*, eng. *fast*, an. *fastr:* armen. *hast*, s. fast; ~ung *f*, be~igen; **~land** *n* um 1800 für Kontinent.

Fetisch *m* Naturgegenstand (Holz, Stein usw.) als Götze verehrt bei Naturvölkern, 17. Jh. v. port. *feitiço*, fz. *fétiche*, zu lt. *factīcius* nachgemacht *(facio* mache*)*, s. Faktum.

fett nd. 16. Jh. seit Luther für oberd. feist gebraucht; jem. sein ~ geben, entweder ironisch od. für falsch verstandenes fz. *donner son fait à quelqu'un?*

Fetzen *m* mh. *vëtze*, wahrsch. zu *vazzen* kleiden, bekleiden, *vaz* Kleidung, s. Faß, fassen.

feucht mh. *viuhte*, ah. *fūhti*, pl. fucht, ags. *fūht*, z. Fenn, urv. ai. *pañka* Schlamm.

feudal d. Lehnswesen betr., dann vornehm, v. nlt. *feudālis* zu *feodum* Lehngut, fz. *(seigneur) féodal*, z. got. *faihu* Vermögen, Habe, s. Vieh.

Feuer *n* ah. *fiur*, pl. Füer, ags. *fyr*, eng. *fire*, urv. gr. *pȳr*, umbr. *pir*, tochar. *por*, *pwār; č. pȳr* glühende Asche; s. Funke; bildl.: in ~geraten, ~ u. Flamme sein; ~probe *f* eig. v. d. Läuterung d. Goldes, ~wehr, freiwill. Barmen 1745, ~werker *m* z. ~werk, früher auch = Kanonengeschosse; anfeuern, feurig (beide bildl.).

Feuilleton *n* Unterhaltungsteil d. Zeitung (unter d. Strich), um 1800 v. fz. *feuilleton* kleines Blatt, Beiblatt, z. *feuillet* Druckblatt, Blatt im Buche, z. *feuille* Blatt, lt. *folium*, s. Folie.

Fex *m* Narr, tirol. Berg~, Theater~, 19. Jh. z. Faxen, s. d. Vgl. dtsch.-lt. Narrifex.

Fez s. Feez.

Fiaker *m* österr. Mietkutsche, 18. Jh. v. fz. *fiacre* i. Paris, wo im Gasthause zum heil. Fiacrius Mietwagen ausgeliehen wurden (1650).

Fiasko *n* um 1840 v. it. *far fiasco* über fz. *faire fiasco* (eig. wohl e. leere Flasche machen) Mißerfolg haben, durchfallen; s. Flasche.

Fibel[1] *f* Spange, Sicherheitsnadel, schon i. d. Bronzezeit, v. lt. *fībula*, *fīgere* heften; 19. Jh.

Fibel[2] *f* Abc-Buch, 15. Jh. aus Bibel (mit f für b in Kindersprache?), da die Fibel früher meist relig. Lesestoff enthielt.

Fiber *f* Muskelfaser, 18. Jh. v. lt. *fibra*.

Fichte *f* mh. *viehte*, ah. *fiohta*, schwäb. *fūcht*, urv. lt. *pīnus*, gr. *peúkē*, *pitys* (Pityusen Fichteninseln), lit. *puszis*. O.N.: Feuchtlache Wald b. Ansbach (s. Loh); Feuchtwangen, südd. O.N. in Zs.-wang(en) Ebene, Feld; Fichtelgebirge.

Fickmühle *f* südd. beim Mühlespiel = Doppelmühle; z. mhd. *vicken* hin- u. herfahren; md. dafür *Zwickmühle.*

Fideikommiß *n* unveräußerliches Stammgut, 17. Jh. v. lt. *fideicommissum* eig. auf Treu u. Glauben Anvertrautes.

fidel lustig, heiter, 17. Jh. v. lt. *fidēlis* treu, stud. (Bed.-W.), dem Frohsinn treu; Fidulität *f*; P.N.: Fidelis, Fidelio.

Fidibus *m* z. Anzünden d. Pfeife, 17. Jh. stud.: *fīdus* treu, »immer zur Verfügung«, m. scherzh. Endung *-ibus*, vgl. Schwulibus, od. launige Umdeutung: Horaz Od. I 36 *ture et fidibus* »mit Rauch u. ~«.

Fieber *n* ah. *fiebar*, v. lt. *febris* (dah. auch eng. *fever*, fz. *fièvre*, sp. *fiebre).*

Fiedel *f* mh. *videl*, ah. *fidula*, lat. *fidēs* (gr. *sphídē)* Darmsaite, z. mlt. *vitula:* it. *viola.*

fiepen lautm. an *piepen* angel., Jägersprache vom Reh.

fies nd. ndrhein. eklig, zu Fist, s. d.

Figur *f* eig. Geformtes, Gebildetes, mh. *figūre*, v. lt. *figūra*, z. *fingo* bilde; ~ieren s. Finte, fingieren, Teig.

Filet *n* feines Netzwerk, Lendenbraten, um 1800 v. fz. *filet*, eig. dünner Faden, z. lt. *fīlum* Faden.

Filiale *f* Tochter- od. Nebenkirche, 16. Jh. v. lt. *fīliālis* kindlich, z. *fīlia* Tochter, dann allg. auch Tochterstelle, Zweigstelle e. Geschäfts, e. Bank usw.

Filigran *n* feine Flechtarbeit aus Gold- u. Silberfäden, v. it. *filigrana* z. lt. *fīlum* Faden, *grānum* Korn, s. Gran; im 17. Jh.

Film *m* Ende 19. Jh. v. eng. *film* »Membran« (urv. mit Fell) zunächst als Foto-Aufnahmematerial, dann auch für das bewegliche Lichtbild sowie die gesamte daraus entwickelte Kunstindustrie.

Filou *m* fz. Halunke, 17. Jh., z. eng. *fellow* Bursche, gegen 1800 gemildert zu »Schlaukopf«.

Filter *m n* v. 16. Jh. **filtrieren** (filtern) v. *filtrare*, z. mlt. *feltrum, filtrum* v. ah. *filz*, also eig. Flüssigkeit durch e. Filz od. Haare laufen lassen, s. Liste 33.

Filz *m* dichtes Gewebe v. Haaren od. Wolle, mh. ah. *vilz*, altnd. schw. dä. *filt*, ags. eng. *felt*, wohl z. lt. *pello* < * *pel-d-o* schlage; entl. mlt. *filtrum*, it. *feltro*, fz. *feutre;* Filz im M.-A. bäurischer Mensch (wegen d. Kleidung), Geizhals; Hutfiltergasse (Bremen).

Finanz||en Staatseinkünfte, 17. Jh. v. fz. *finançes*, it. *finanze*, zu mlt. *finantia* öffentliche Leistung an Geld, ursp. Schlußleistung v. rom. *finare*, lt. *fīnīre* endigen; Einzahl nur in ~minister *m*, ~lage *f*, ~amt, Hoch~ *f;* Finale *n* it. (musik.).

find||en ah. and. *findan*, got. *finþan*, ags. *findan*, eng. *find*, an. schw. *finna*, s. fahnden; ah. *fendo* Fußgänger; Nebenf. *funden* eilen, urv. ai. *pánthās* Pfad, gr. *pátos*, lat. *pōns pontis* Brücke, Prügelweg durch Sümpfe, gr. *pontos* Meer. Dazu ab~en, emp~en, er~en, ~ig, spitz~ig, ~ling *m* 1) Findelkind, 2) erratischer Block.

Finesse *f* List, Verschmitztheit, 17. Jh. v. fz. *finesse* Feinheit; s. fein.

Finger *m* ah. *fingar*, got. *figgrs*, an. *fingr*, ags. eng. *finger*, wohl z. fünf (s. d.), frühnh. *fingerlein* Ring; ~spitzengefühl.

fingieren erdichten, lügnerisch vorgeben, 16. Jh. v. lt. *fingĕre* formen, gestalten; dazu Fiktion *f* Erdichtung, Annahme, s. Figur, Finte.

Fink *m* ah. *fincho*, schw. *fink*, ags.

finc, eng. *finch*, viell. lautm. wie gr. *spingos* (pink ~!), schwed. *spink*.

Finne[1] *f* Bläschen i. d. Haut, mh. *vinne*, *pfinne*, ndl. *vin*, mnd. *vinne* Blatter; über Grundbed. »spitz« dass. wie

Finne[2] *f* Flosse, v. nd. *finne* urv. lt. *pinna*.

finster ah. *finstar*, *thinstar*, *dinstar*, and. *finistar* ~nis, urv. aslaw. russ. *tima* ~nis, ai. *tamisrā* dunkle Nacht, wozu auch and. *thimm* dunkel (vgl. Dämmer), s. Liste 2b; ~ling = *vir obscūrus* Dunkelmann.

Finte *f* eig. Trugstoß, Streich od. Stoß beim Fechten, bei dem d. eig. Ziel verdeckt wird, dann Kniff, Verstellung, 17. Jh. v. it. *finta*, vlat. **fincta* List, fz. *feinte* Verstellung, Trugstoß, z. lt. *fingĕre* formen, dichten, vorgeben, täuschen; s. Figur, fingieren.

Firlefanz *m* Nichtiges, Albernes, Zweckloses, mh. *firlifanz* Art Tanz, wahrsch. v. fz. *virelai* Ringellied, angel. an mh. *tanz*.

Firma *f* Handelsname, unter d. e. Geschäft geführt wird, 18. Jh. v. it. *firma* (mlt. *firma*) sichere, bindende Unterschrift e. Handlungshauses, dann dieses selbst, z. lt. *firmus* fest, s. Farm. **Firmament** *n* v. lt. *firmāmentum* Himmelsfeste (schon i. M.-A.), z. *firmāre* festmachen. **Firm||ung** *f* d. Taufe ergänzendes Sakrament d. kath. Kirche, durch d. Bischof erteilt, v. lt. *confirmatio* Kräftigung, dazu ~en, ah. *firmōn*, daneben ~eln, s. Konfirmation.

firn mu. i. d. Alpen, mh. *virne*, ah. *firni* alt, vorjähr., ags. *fyrn*, and. *fern* vergangen, got. *fairneis* alt; urv. gr. *pérysi* vom vorigen Jahr, lt. *pérnai*, ai. *parút* = ält. gr. *péryti* entspr. genau fränk. ferten »vorjährig«, Firnewein *m* alter Wein; Firn *m* eig. Altschnee, Gletscher, tirol. Ferner; O.N.: Virneburg (Eifel); F.N. Firnhaber, ~korn; s. fern.

Firnis *m* mh. *firnis*, v. fz. *vernis*, viell. z. mlt. *veronicem*, wohlriechendes Harz, it. *vernice:* mgr. *berenīkē:* makedon. kyren. O.N. *Berenīkē*.

First *m f* (schweiz.) oberste Kante od. Spitze d. Dachs, Berggipfel, ah. *first*, ndl. *vorst*, ags. *fyrst*, pl. Fast, schon idg., ai. *pṛṣṭhám* Rücken, Gipfel; entl. fz. *faîte*.

Fisch *m* mh. *visch*, ah. *fisc*, eng. *fish*, an. *fiskr*, got. *fisks*, urv. lt. *piscis*, air. *iasc;* urverw. (?) č. *piscoř* Beißker, s. d.

Fisematenten Mz. »Flausen, leere Ausflüchte«, fz. mh. *visamënt* Gesicht, Aussehen, *visieren* Wappenfiguren beschreiben, fz. *viser* ins Auge fassen, verm. m. *visae patentes* geprüftes Patent.

Fisk||us *m* Staatskasse, Staatsschatz, 16. Jh. v. lt. *fiscus* aus Binsen geflochtener Korb, dann Geldkorb, Kasse, Staatskasse; ~alisch.

Fist *m* mh. *vist* »leise abgehende Blähung«, z. Wz. *peis* blasen, urv. aslaw. *pištą* flöten, lat. *spirare;* vgl. Furz, Bofist.

Fistel *f* tiefliegendes Geschwür, ah. *fistul* v. lt. *fistula* Röhre, Rohrpfeife, eiterndes Geschwür m. Röhre; ~stimme *f* erzwungene hohe Stimme, n. d. Ähnlichkeit m. d. Ton d. Rohrpfeife.

Fittich *m* ah. *fëttāh*, z. Feder.

Fitze *f* bestimmte Garnmenge, ah. *fiza*, as. *fittea*, ags. *fitt* Abschnitt eines Gedichts; urv. gr. *petsa* u. Fuß. **fitzen** in Fitzen einteilen, ver~, verwirren.

fix gewandt, schnell, stud., z. lt. *fixus* angeheftet, fest; ~stern *m* (scheinbar) feststehender Stern, lt. *stella fixa;* ~ieren festsetzen, starr ansehen, Ende 18. Jh. v. fz. *fixer*; ~ u. fertig, fixe Idee.

flach ah. *flah*, pl. flack, ags. *floc*, eng. *fluke* Flunder (eig. Flachfisch), urv. *Pelasgoi* (<* *Pelag-skoi)* Flachlandbewohner, lt. *plaga* Seite, Gegend, ablg. *ploskŭ* flach, gr. *pláx*

Fläche, gr. lt. *placenta* flacher Kuchen; Feld, Blachfeld (tautol.), Fläche, Flöz, Flunder, Flur, Fladen (?); Flandern viell. ursp. Fladmari flacher Sumpf, Niederung, s. Meer, Moor.

Flachs *m* ah. *flahs*, pl. Flaß (F.N.: Flaskamp), ags. *fleax*, eng. *flax*, z. idg. Wz. *plek* flechten, gr. *plékō* flechte, lt. *plico* falte; s. flechten, kompliziert.

flackern mh. *vlackern*, ah. *flogarōn*, viell. urv. mit lt. *plangere* schlagen.

Fladen *m* ah. *flado*, flaches Gebäck, z. flach od. z. platt, urv. gr. *platýs* eben, *pláthanon* Kuchenbrett, s. Feld, Flöz; Kuh~; lt. P.N.: Plautus Plattfuß.

Flagge *f* nd. (wie Bagger, Egge u. a. mit gg), ndl. *vlag*, dä. *flag*, schw. *flagg*, eng. *flag: flag* schlaff hangen; flaggen um 1800.

Flamberg *m* Schlachtschwert, 16. Jh. aus fz. *flamberge* (s. Liste 33), das nach *flambe* Flamme umgedeutet aus *Flo-*, *Froberge* = *Frodeberga (hrod* Ruhm, bergen = schützen); so hieß d. Schwert d. *Renaut (Raginwalt) de Montauban.*

Flamingo (ptg.): lat. *flamma*, fz. *flamant: flamenc* prächtig.

Flamme *f* mh. *vlamme*, v. lt. *flamma*, älter *flagma* z. *flagrāre* brenne; flammen, flimmern; Ori-, Gold- erst Kirchen-, dann fz. Reichsfahne (Schillers Jungfrau, Prolog 4).

Flanell *m* 18. Jh. v. eng. *flannel*, kymr. *gwlanen* wollen, fz. *flanelle*, it. *flanella* neben *frenella.*

Flanke *f* Seite, um 1600 v. fz. *flanc*, das, wie it. *fianco*, auf ah. *hlanca* Seite (zu lenken) beruht; flankieren.

Flaps *m* nordd. Flegel, (Kleist, Zerbroch. Krug 6): mnd. *flabbe* Maul.

Flasche *f* mh. *vlasche*, ah. *flasca*, Metall-, Leder- u. Glasgefäß, verw. mit flechten; entl. mlt. *flasca*, *flasco* ~nfutteral, durch d. Weinhandel (it. *fiasco*, afz. *flasche*, nfz. *flacon)* verbreitet (Rückw.); Flaschner (südd.) Spengler, Klempner (stellte Flaschen aus Blech und Zinn her); Fläschchen; s. Fiasko; ~npost um 1800, durchgesetzt um 1870 von G. v. Neumayer (vgl. Köln. Zeit. 9. 8. 38); ~zug 1663 (Furttenbach).

flattern mh. *vladern*, später oft flutteren, flotteren, eng. *flutter*, s. Fledermaus, Falter.

flau matt, schwach, schlaff, 18. Jh. v. ndl. *flauw* bleich, matt, schwach, ohnmächtig, eig. Kaufmannswort: d. Geschäft ist flau, z. afz. *flau*, fz. *flou;* viell. v. dtsch. lau, ah. *hlāo* (Rückw.); ab~en.

Flaum *m* zarter Federwuchs (Flaumfeder), jetzt meist erster Bartwuchs, mh. *phlūme*, ah. *pflūma*, ags. *plūm*, früh entl. v. lt. *plūma* Feder; dafür dtsch. Daune. Vgl. Flaus.

Flaus, Flausch *m* eig. Büschel, Wolle, dann dicker, wollener Rock, 18. Jh. v. nd. *vlūs* stud., vgl. lit. (mu.) *plùskos* Haarzotten, urv. m. lat. *plūma* Flaumfeder, ~rock *m;* s. Vlies.

Flausen Mehrz. Vorspiegelung, Ausflüchte, 18. Jh. wahrsch. z. Flaus.

Flaute *f* Windstille, s. flau.

Fläz, Flöz *m* nordd. Flegel wohl zu mnd. **vlotes* Abrahmlöffel, zu mnd. *vlot* Rahm; s. Flott; sich hinfläzen.

Flechse *f* 17. Jh. durch mediz. Fachsprache v. lt. *flexus* Biegung.

flechten ah. *flëhtan*, an. *flëtta*, got. *flahta* Zopf, zu idg. Wz. *plek* flechten, woher auch lt. *plico*, *plecto* falte, flechte, gr. *plékō*, s. Flachs kompliziert, perplex; Flechte *f* (Pflanze), Flechte (Hautausschlag), mh. *vlehte.*

Fleck *m* Grbd. Fetzen, losgerissenes Stück Tuch, Leder, andersfarb. Stelle, mh. *vlëc*, ah. *flëc*, *flëccho*, Flecken *m* größeres Dorf, Stück

Raum; urv. lt. *plaga* Gegend; s. flicken.

fleddern rotw. bestehlen, zum folgenden Fleder-; dazu Leichenfledderer.

Fledermaus *f* ah. *flëdarmūs*, ags. fehlt, eng. *flittermouse* (meist aber *bat)*, in manchen Gegenden auch für Schmetterling gebraucht (Pfalz, St. Gallen, Tirol), s. flattern. Flederwisch *Federwisch nach mh. *vlederen* *flattern, sich hin- u. herbewegen.

Flegel *m* ah. *flegil*, ags. *fligel*, eng. *flail*, v. spätlt. *flagellum* Dreschflegel; eig. Werkzeug, dann Bauer, endlich Grobian; schwäb. ~ = Druckfehler.

flehen ah. *flëhōn*, got. *gaþlaihan* trösten, freundl. zureden, Grbd. schmeicheln, falsch sein, dann inständig bitten; ~tlich.

Fleisch *n* ah. *fleisc*, and. *flēsc*, eng. *flesh; flitch* Speckseite; Fleischer *m* nordd., Metzger süd- u. westdtsch., zer~en, s. eingefleischt.

Fleiß *m* mh. ah. *vlīʒ*, ndl. *vlijt*, as. afries. ags. *flīt* Streit; ohne sichere Anknüpfung; mit Fleiß = absichtlich; geflissentlich, beflissen, dienstbeflissen, Handlungsbeflissener.

flennen erst nh., verächtlich für weinen, eig. d. Gesicht verziehen, verw. m. mh. *vlans* Mund, mu. nordd. Flunsch = verzogener Mund, mürrisches Gesicht, s. Schüppe.

fletschen nur noch: die Zähne ~, eig. breit schlagen od. machen, z. ah. *flaz* (vgl. Flatsche, Schwert m. breiter Klinge: flach?).

Flibustier *m* Freibeuter, Seeräuber bes. i. 17. Jh. i. Westindien, span. *filibustero, finibustero* < lt. (in) *finibus terrae* an den Enden der Welt (woher die Seeräuber kamen).

flicken zu Fleck; jem. etwas am Zeuge ~ = ihm etwas anhaben, eig. e. schadhafte, d. Flickens bedürftige Stelle herausfinden (u. tadeln).

Flieder *m* nd.; and. O.N. *Fliadarlōh*, »~gebüsch« (hd. Holunder), 16. Jh. schriftd., s. -der i. Liste 54.

Fliege *f* ah. *flioga*, pl. Fleig, ags. *flēoge*, eng. *fly*, schw. *fluga*, dä. *flue*, z. **fliegen** got. *usflaugjan* im Fluge fortführen, urv. lit. *plankti* schwimmen; s. fließen (sich schnell bewegen!); Flieger *m* 20. Jh., s. Flügel, flügge, Geflügel, Vogel, Flocke.

fliehen ah. *fliohan*, ags. *flēon*, eng. *flee*, anord. *flyja*, got. *þliuhan* (th statt f), s. Flucht, flüchtig, Floh.

Fliese *f* dünne Ton- od. Steinplatte f. Fußböden u. Wände, v. nd. *vlīse*, ndl. *vlijs:* ah. mh. *vlins* Steinsplitter, z. Flinte.

fließen mh. *vlieʒen*, ah. *flioʒʒan*, ndl. *vlieten*, ags. *flēotan*, eng. *fleet*, urv. lett. *pludēt* obenauf schwimmen, lit. *plustu* ins Schwimmen geraten, gr. *pléō* schwimme, schiffe, lt. *pluit* es regnet, z. idg. Wz. *plu;* fließende Rede, Fließpapier (auf dem d. Tinte zerfließt), Bew. einflößen = hineinfließen machen; Fluß, flüssig, Floß, Flosse, Flotte, flott, Flut, Fleet = Gracht. **flöten** (verloren) gehen, v. pl. fleeten, fleuten: das Geld ist fleuten gahn, nd. um 1750.

Fliete *f* Aderlaßeisen, geht auf gr. *phlebotómon* zur., *phleps* Ader u. *témnō* schneide, vlt. *fletoma*, ah. *fliedima*, eng. *fleam* ~, Lanzette, ostfries. Fliemstriker. F.N.: Fliedner.

flimmern, erst nh., älter flimmen, s. Flamme.

flink eig. glänzend, blank, dann hurtig, schnell, nd., 17. Jh. schriftd. zu flinken, glänzen; s. flunkern, bayr. *flank* Funke.

Flinte *f* eig. Schießgewehr m. Feuerstein, 17. Jh. (nach Luntenbüchse d. 16. Jh.): schwed. *flinta*, v. nd. *vlint*, eng. *flint* Feuerstein, ah. *flins* Kiesel, gr. *plínthos* Ziegel, s. Liste 38. u. Fliese.

flirren 17. Jh. lautm. angel. an flattern u. flittern.

Flirt *m* Liebelei, Kurmacherei, um 1890 aus eng. *flirt* von afz. *fleureter* »mit Blumen verzieren«.

Flitter *m* erst mh., eig. dünne Gold-, Silber-, Messingblechplättchen, dann bildl.: gehalt- u. wertloser Tand; Grbd. unstete Bewegung, z. mh. *vlittern* flüstern, kichern, ah. *flitarezzen* schmeicheln, liebkosen; Flitterwochen.

Flitzbogen *m* erst nh., 16. Jh. v. fz. *flèche* Pfeil, das auf ein afränk. * *fliugika* »Fliegendes, Pfeil« zurückgeht; nordd. flitzen sich eilig bewegen, Flitsch *m* Befiederung e. Pfeiles.

Flocke *f* ah. *flocho*, schw. *flocka*, eng. *flock*, urv. lett. *plauki* Schnee~n, lett. *plaũkas* Woll~n.

Floh *m* mh. *vlōch*, ah. *flōh*, ags. *flēah*, eng. *flea*, wahrsch. z. fliehen, also eig. d. Flüchtige.

Flor *m* 1) Blüte, Blumenfülle, lat. *in flōre;* 2) Samt, dünnes durchsichtiges, ursp. geblümtes Gewebe (bes. zur Trauer), 16. Jh. v. ndl. *floers*, v. fz. *velou(r)s;* bildl. Damenflor. **Flora** *f* Pflanzenwelt, v. lt. *Flōra* Blumengöttin. **Florett** *n* Stoßdegen, 17. Jh. v. fz. *fleuret*, it. *fioretto*, sp. *florete*, wegen des blümchenartigen Knopfes an d. Spitze. **florieren** blühen, gedeihen, 17. Jh. v. lt. *flōreo;* **Florin** *m* zuerst in Florenz geprägter Gulden, v. mlt. *flōrīnus*, Florenz hatte e. Lilie i. Wappen, it. *fiorino* Blümchen. **Floskel** *f* Redeblume, zierliche od. schwülstige Redensart, Ende 18. Jh. v. lt. *flōsculus* Blümchen, alle z. lt. *flōs*, Gen. *flōris* Blume, s. Flirt.

Floß *n* mh. ah. *vlōȝ*, ags. *flēot*, *flota* Schiff, eng. *fleet* Flotte, zu fließen; poln. (entl.) Flissak (Weichsel-) Flößer.

Flosse *f* ah. *floȝȝa*, z. fließen.

Flöte *f* mh. *vloite*, v. afz. *flaüte*, nfz. *flûte* (eng. *flute)*, z. lt. *flātus* das Blasen, Hauchen, v. *flāre* blasen, blähen; flöten gehen, s. fließen.

flott nd. schwimmend (vom Schiff), dann bildl. flink, lebenslustig, 18. Jh. stud. zu fließen; **Flott** *m* (Hamburg) Rahm, eig. (oben) Schwimmendes, dä. *flöde;* Entenflott, Wasserlinse.

Flotte *f* 17. Jh. v. it. *flotta*, fz. *flotte*, die aus d. German. entl. sind (Rückw.!); ags. *flota*, an. *floti*, mnd. *vlōte*, alle: fließen; Flottille *f* kleine Flotte (18. Jh.), v. sp. *flotilla*.

Flöz *n* waagerechte Gesteinschicht, Lagerstätte d. Erzes u. d. Kohle, ah. *flezzi*, as. ags. *flett* Hallenboden, nd. *Flett* Diele, an. *flet* Gemach; Grbd.: flachliegend, ah. *flaz* flach, verw. ist Feld, Fladen, Flunder.

fluchen mh. *vluochen*, ah. *fluohhōn*, got. *flōkan* beklagen, ags. *flōcan* schlagen, urv. lt. *plango* schlage (an d. Brust), klage, gr. *plāgā* Schlag, Wz. *plak* (Bed.-W., wie so oft, vom Äußeren auf d. Gesinnung); Fluch *m*.

Flucht *f* ah. *fluht*, eng. *flight*, z. fliehen; flüchten, flüchtig, Flüchtling *m* (um 1700), Zu~; ~linie *f* 19. Jh. z. nd. *flugt* z. fliegen.

Flückhering, Flickh. *m* aufgeschnittener geräucherter Hering, z. nd. *flicken* in Stücke reißen.

Fluder *m n* Mühlengerinne, ah. *flōdar*, mhd. *flōder;* auch Holzfloß.

Flug *m* mh. *vluc*, ah. *flug*, ags. *flyge*, z. fliegen; e. ~ Stieglitze (Löns); ~blatt *n* fliegendes Blatt, ~zeug *n*, ~schrift *f* um 1800; An~, Aus~; s. flugs.

Flügel *m* mh. *vlüegel*, z. fliegen; pl. Flüchten, Flünken; Flügel *m* großes Klavier in ~form, 18. Jh.; ~kleid *n* 18. Jh. Kinderkleid m. 2 breit. ~artigen Streifen auf d. Rücken (aber i. Schillers Jungfrau V, 14 = leichtes Gewand, z. Fliegen geeignet), ~mann *m*, ~tür *f* 18. Jh., geflügelt; s. überflügeln.

flügge nd.; mh. *flücke*, ah. *flucki*, imstande zu fliegen.

flugs schnell, im Fluge, Gen. z. Flug, mh. *vluges*.

Fluh *f*, Felswand (im Tell), ah. *fluoh*, urv. gr. *plax* Fläche; Nagel ~ (Gesteinsart).

Flunder *f* nd. Art Scholle, flacher Fisch, Plattfisch, eng. *flounder*, dä. *flynder*, schw. *flundra;* Grbd.: flach, s. Flöz, verw. lat. *planta* Fußsohle u. gr. *platýs* breit.

flunkern eig. schimmern, flimmern, nur noch übtr.: aufschneiden, lügen, vorspiegeln, s. flink 18. Jh.

Flunsch *m* mürrisches, beleidigtes Gesicht; einen ~ ziehen, machen, s. flennen.

Flur *f m* mh. *vluor*, urv. lt. *plānus* flach, eben, air. *lār* Boden, Grbd. also: ebenes Land, dann Acker, Vorplatz, Diele, Hausflur, eng. *floor*, an. *flōrr*, s. flach, Feld; ~schütz, s. schießen.

Fluß *m* mh. ah. *vluz*, z. fließen; flüssig, Ein~, Über-~ beide meist bildl., s. Elbe.

flüstern nd., ältere nh. Form flistern; z. ah. *flistiran* liebkosen?

Flut *f* pl. Flaut, ah. *fluot*, got. *flōdus*, ags. *flōd*, eng. *flood*, z. fließen.

flutschen, fluschen nd. vorwärtskommen, glücken, bekannt gew. seit 1813, lautm.

Fohlen *n* nd. (hd. Füllen), mh. *vol*, ah. *folo*, junges Pferd, got. *fula* junger Esel, urv. gr. *pōlos* junges Pferd, lt. *pullus* Junges; die Fohle (schweiz.) = Stute s. Füllen, Folter.

Föhn *m* Südwind, schweiz. auch Funderwind (Südwind), ah. *phōnno* Wirbelw., Tauw., v. lt. *favōnius* Westwind, z. *foveo* wärme.

Föhre *f* mh. *vorhe*, ah. *forha*, ags. *furh*, eng. *fir*, dän. *fyr* gehört m. Fichte, Birke, Buche z. d. Bäumen, die schon d. Jdg. kannten; urv. ind. *pargāi* Steineiche, lt. *quercus (*perkus)* Eiche. O.N.: Farrach, schwäb. Forbach.

folgen mh. *volgen*, ah. *folgēn*, ags. *folgian*, eng. *follow*, vgl. sehen.

Foliant *m* Buch i. Folio (Bogengröße), 17. Jh. z. lt. *folium* Blatt.

Folie *f* Unterlage v. Metall für Edelsteine u. Spiegel, v. mlt. *folia* Mehrz. Metallblättchen, z. *folium*, jetzt meist bildl.; was dem daneben Befindlichen Bedeutung, Glanz verleiht, s. Treff. **Folio** *n* Bogengröße, ~format, v. lt. *in folio* i. Blattgröße, s. Zentifolie; 16. Jh.

Folter *f* v. mlt. *poledrus* kleines Pferd, Marterwerkzeug, wegen d. Ähnlichkeit m. e. Pferde; sp. *potro* kleines Pferd, Fohlen, Folter; auch d. Römer nannten ein Marterwerkzeug *eculeus (equuleus)* kleines Pferd, s. Fohlen.

Fond *m* Hintergrund, Rücksitz, um 1800; dass. W. ist **Fonds** *m* Grundvermögen, Geldvorrat, v. fz. *fond*, *fonds*, zu lt. *fundus* Grund u. Boden, s. Fundament, Plafond um 1700.

Fontäne *f* 17. Jh. v. fz. *fontaine* Springbrunnen, it. *fontana* z. lt. *fōns* Quelle, z. *fundo* gieße; schon um 1200 mh. *fontāne.*

foppen necken, z. besten haben, 15. Jh. rotw., eig. lügen, betrügen, eng. *fob* (meng. *fobbe* Betrüger).

Förde *f* s. Furt.

fordern eig. verlangen, daß etwas vorwärts kommt, ah. *fordorōn*, z. vorder; früher auch fodern (noch bei Goethe u. Rückert).

fördern z. vorder, fürder, eig. etwas vorwärts schaffen, bringen, Erz, Kohle ~, d. Schritte ~; jetzt meist übtr.; Gegensatz: hindern z. hinter; ah. *furdiren.*

Forelle *f* Vkl. z. mh. *vorhen*, ah. *forhan*, and. *forna*, urv. gr. *perknós* bunt, ai. *pṛ́śni-* gesprenkelt, eig. gesprenkelter Fisch; schweiz. F.N.: Fórel, schwäb. Fóarell. O.N.: Forchheim, s. Liste 14.

Forke *f* Gabel f. Heu, Mist, v. lt. *furca*, ah. *furcha.* O.N. Furkapaß.

Form *f* mh. *forme* v. lt. it. *forma;* gr. *morphḗ*, dah. Morpheus gestaltender (Traum-)gott; förmlich, ~en, ~ieren, in~ieren, ~al, ~at *n*,

~ation *f*, ~el, *f*, ~ell, ~ular *n*, Reform *f*. O.N.: port. Formosa schöne (Insel).

forsch kräftig, derb, 19. Jh. stud. z. fz. *force* (lat. *fortis* stark) Kraft; Forsche *f; naß* ~.

forschen ah. *forscōn*, aus idg. Wz. *prk*, aus der auch fragen u. lt. *pōsco (*porc-sco)* fordere stammt.

Forst *m f* ah. forst < * *forhist* »Föhrenwald« (? s. Föhre), dann: außerhalb d. allgemeinen Benutzung d. König vorbehaltener Wald (zu lat. *foris* »draußen«?); so schon i. Urkunden d. Merowinger u. Karolinger, daher afz. *forest*, mlt. *forestis*, it. *foresta*, sp. *floresta* (irrt. an *flor* Blume angelehnt), »Bannwald«.

Fort *n* Festungswerk, 16. Jh. v. fz. *fort* z. lt. *fortis* stark, s. Komfort. O.N.: Belfort.

fort mh. *vort*, ags. eng. *forth*, verw. m. vor, vorder, fordern, fördern; Fortschritt *m* seit etwa 1750 als Lüs. v. fz. *progrès*, s. fürder.

Forum *n* im alten Rom Marktplatz, öffentl. Platz, wo Staatsangelegenheiten beraten u. Gericht gehalten wurde, z. *foris* außerhalb, i. Gegensatz zum Hausinnern, verw. ablg. *dvorŭ* Hof, s. Tor². O.N.: Friaul u. Fréjus: *Forum Julii*, Klagenfurt (volkset.) *Claudii forum;* um 1800.

fossil versteinert, ~ien Versteinerungen, 18. Jh. v. lt. *fossīlis* ausgegraben, z. *fodio* grabe.

Foyer *n* Wandelhalle i. Theater, v. fz. *foyer* eig. heizbarer Raum, z. lt. *focārius* d. Herd betreffend *(focus* Herd); um 1800.

Fracht *f* nd. Schiffsausdruck, 17. Jh. schriftd., eig. Preis d. Überfahrt, dann d. Ladg. selbst, ah. *fr-ēht* Lohn, *Vereignung, got. *aihts* Besitz, eng. *freight*, mnd. *vracht*.

Frack *m* 18. Jh. (z. B. in Goethes Werther) v. eng. *frock* Kittel, Bluse z. fz. *froc* Mönchskutte, mlat. *froccus* (wohl nicht mlat. *floccus*, flockiger Stoff), aus and. * *hrok*.

fragen ah. *frāgēn*, got. *fraíhnan* aus ders. Wz. wie forschen, wie auch lt. *precāri* bitten, ferner urv. aslaw. *prositi;* Fragezeichen *n* 17. Jh.

Fragment *n* Bruchstück, 16. Jh., v. lt. *frāgmentum*, z. *frango* breche.

† **fraislich** schreckhaft, durch Richard Wagner neubelebt, mh. *vreislīch*, ah. *freisōn* in Gefahr u. Schrecken sein, *freisa* Schreck, got. *fraisan* versuchen, prüfen; † Fraisch, Freis »Gericht«, obd. mu. auch »Epilepsie«.

Fraktion *f* Vereinigung polit. Gesinnungsgenossen i. Reichs- u. Landtag, v. fz. *fraction* Bruchteil, angel. an Faktion »Partei« v. lt. *factio* seit 16. Jh. **Fraktur** *f* deutsche Druckschrift, gebrochene Schrift i. Gegensatz z. abgerundeten lt. od. Altschrift *(Antiqua)*, v. lt. *frāctūra* Bruch, s. Refrain; 16. Jh.

frank frei, unabhängig; ~ u. frei 15. Jh. v. fz. *franc*, vom dtsch Stammesnamen d. Franken, allgemein d. freien Mann bezeichnend vgl. eng. *franklin* Freisasse, ags *franca*, an. *frakka*, s. Sachsen, daher sp. it. *franco;* frankieren, postfrei machen (1660), Franktireur *m* 1870 v. fz. *franctireur* Heckenschütze z *tirer* schießen; Frank *m* Geldstück * m. d. Münzinschr. *Francorum rex* s. altfränkisch. Gallofranken = Franzosen 1790ff.

Franse *f* Saum, Band m. Fäden od. Troddeln, mh. *franze* Schmuck Stirnband, v. fz. *frange*, it. *frangia* z. lt. Mehrz. *fimbriae* Fasern.

Franziskaner *m* Mitglied d. von heil. Franz v. Assisi 1209 gestifteten Bettelordens, s. Minorit.

Franz||ose *m* mh. *Franzois*, *Franzeis*, v. fz. *François*, *Français*, mlt *Franciensis*, zu lt. *Francia* Land d Franken; d. Name d. erobernden Franken ging auf d. unterworfenen Einwohner d. Landes über; ~öslin *m*, ~mann *m* (i. Faust noch: Franze), ~band *m* Ledereinband n. französ. Art, ~branntwein *m*, ~brot *n;* s. frank.

frappant auffallend, 18. Jh. v. fz. *frappant* schlagend z. *frapper* v. ndl. *flappen* klatschen, ins Gesicht schlagen; frappieren stutzig machen; frappiert.

Fraß *m* mh. *vrāȝ*, zu fressen, s. Vielfraß.

Fratz *m* alberner Mensch, Narr, 16. Jh. v. Fratze *f* verzerrtes, entstelltes Gesicht (~en schneiden), früher Possen, albernes Gerede: it. *frasca* belaubter Ast, Mz. *frasche* Possen, vlat. **virasca:* lat. *virēre* grünen (Schankzeichen!).

Frau *f* mh. *vrouwe*, ah. *frouwa* Herrin, Gebieterin, Gemahlin, pl. Fru, ndl. *vrouw*, anord. *Freyja* (Name der Göttin), weibl. Form zu ah. *frō*, got. *frauja*, ags. *frēa*, anord. *Freyr* (Name d. Gottes) Erster (vgl. ablg. *prŭvŭ)*, Herr, zu e. schon idg. Wz. s. Fron, Fürst; Frauenzimmer *n*, Frauengemach, dann auch dessen Insassen, Frauenwelt, weibliches Geschlecht, später d. Sammelname auf d. Einzelwesen übertragen, s. Bursche, Kamerad, Kanaille, Rekrut. **Fräulein** *n f* mh. *vrouwelīn* adeliges Mädchen, Edelfräulein (so noch im Faust), 19. Jh. auch bürgerl. Mädchen (früher Jungfer, dann Mamsell), pl. Frölen, noch b. Reuter adeliges Mädchen, s. Jungfer, nd. F.N. Vreven (~Evas Sohn, Verlorn ~ Leonoras Sohn, Vernaleken ~ Adelheids Sohn).

frech mh. *vrēch*, ah. *frēh*, got. nur i. d. Zs. *faihufriks* geldgierig, ursp. kühn, tapfer (Wolf *Freki)*, viell.: gr. *spargáō* schwelle, strotze.

Fregatte *f* früher dreimastiges schnellsegelndes Kriegsschiff, heute noch in d. Zs. ~nkapitän (dem Oberstleutnant entspr.), 16. Jh. v. it. *fregata*.

frei mh. *vrī*, ah. *frī*, got. *freis*, pl. fri, ags. *frēo*, eng. *free*, ndl. *vrij*, afries. *frī*, Grbd.: lieb, geliebt, *bevorzugt, noch ostschweiz. ~ = lieb, freundl., artig. Urv. ai. *priyás* lieb, liebend z. Wz. *prī* erfreuen, s. Freund, Friede. F.N.: Frey(enmut). Dazu ~en, got. *frijōn*, pl. *frigen*, werben, zur Ehe nehmen, ~er *m*, ~lich, mh. *vrīlīche* *frei heraus, sicherlich, allerdings, eig. Adv. zu frei, ~heit, Gedanken~heit, zuerst b. Schiller, ~herr *m*. ~**beuter** *m* Seeräuber, 16. Jh., ndl. *vrijbuiter*, ~**denker** *m* 18. Jh. Lüs. v. eng. *freethinker* »De-ist«, ~**geist** *m* 17. Jh. ~**maurer** *m* 18. Jh. Lüs. v. eng. *freemason;* erste Loge i. England 1717, wahrsch. aus Dtschld. stammend; ~schütz *m;* ~sinnig um 1800. ~**tag** *m* mh. *vrītac*, ah. *frīatag*, ags. *frīgedæg*, eng. *Friday*, n. d. Göttin d. Liebe *Fria* (Lüs. v. lt. *Veneris dies* Tag d. Venus, fz. *vendredi*, it. *venerdì);* ~tisch *m*. O.N.: Frintrop (frei u. Dorf).

fremd mh. *vremede*, ah. *framadi*, got. *framaþs*, z. ah. got. *fram* vorwärts, weg, entfernt, ags. *from*, eng. *from* weg von, s. fromm, früh, Fürst; ~wort *n* 19. Jh., be~en, ent~en.

Frequenz *f* zahlreicher Besuch, 17. Jh. v. lt. *frequentia*.

Freske *f* Malerei auf frischem, nassem Kalk, 18. Jh. v. it. *fresco* frisch, z. ah. *frisc*, s. frisch (Rückw.).

fressen ah. *frēȝȝan* essen (auch v. Menschen gesagt), got. *fra-itan* verzehren, also essen, verstärkt durch *fra-* ver-, gefräßig, s. Vielfraß.

Frettchen *n* Wieselart z. Kaninchenfang, 16. Jh. v. fz. *furet*, it. *furetto* kleiner Dieb, z. lt. *fūr* Dieb.

Freude *f* ah. *frewida*, mh. *vreude* z. froh; freuen.

Freund *m* mh. *vriunt*, ah. *friunt* Freund, Verwandter, ~schaft = Verwandtsch. (Luther), ags. *frēond*, eng. *friend*, afries. *friond*, ndl. *vriend*, pl. Fründ, got. *frijōnds* z. *frijōn* lieben, Liebender (vgl. lt. *amicus* z.

amare lieben), s. frei, Feind, Heiland; F.N.: ndl. Devrient.

Frevel *m* mh. *vrevel* Kühnheit, ah. *fravalī* Frechheit, z. Adj. *vrevele* kühn, frech, später gesetzwidrig, zsgz. aus *fra* + *afali* kühn, ah. *fravali* übermütig; freventlich, ags. *frœfele*, an. *afl* Kraft, got. *abrs* stark. F.N.: Fröbel der Kühne.

Friede *m* mh. *vride*, ah. *fridu*, pl. Fred, ags. *freodo* (eng. fehlt, dafür *peace* v. fz. *paix* z. lt. *pāx)* zu ders. Wz. wie frei, also eig. Zustand d. Liebe, got. *ga-friþōn* versöhnen; zufrieden, einfriedigen. 220 männl., 46 weibl. P.N.: Gottfried, Siegfried, Winfried, Friedensfreund, Friedrich (Kf. Fritz, Fritsch, Frick, Fricke) Friedensfreund, schützender Herr. O.N.: Fritzlar, *Frideslar;* 2: s. -lar in Liste 54.

Friedhof *m* z. mh. *vrīde* eingehegter Raum, mh. *vrithof*, ah. *frīthof*, *vrītēn* hegen, z. got. *freidjan* schützen, hegen, 16. Jh. Freithof.

frieren mh. *vriesen*, ah. *friosan*, oberpf. »es friest mich«, ndl. *vriezen*, anord. *friōsa*, ags. *frēosan*, eng. *freeze*, schw. *frysa*, dä. *fryse*, s. Rhotazismus i. Liste 31; unverfroren, urv. lat. *pruīna*, ai. *pruṣvā* Reif.

Fries[1] *m* krauser Wollstoff eng. *frieze*, fz. *frise*, v. mnl. *frise* »krauses Tuch«, das ebenso auf afries. *frisle* Haarlocke zurückgeht wie in d. bild. Kunst ~[2] der an Wand od. Fußboden sich herumziehende Zierstreifen, 16. Jh. v. fr. *frise*.

Friesel *n* Krankheit, Fieber m. hirsekornartigen Bläschen, schweiz. *frĭsel*, idg. * *pres-ilo*, aslaw. *proso* Hirse, russ. *prosjanica* Hirsegrütze u. ~ausschlag, 17. Jh.

Frikassee *n* 17. Jh. v. fz. *fricassée* zerschnittenes Fleisch i. Brühe, z. gallorom. * *frīgicare* braten, rösten.

frisch mh. *vrisch*, ah. *frisc*, afries. ags. *fersc*, anord. *ferskr*, eng. *fresh*, urverw. aslaw. *prěsĭnŭ*, entl. fz. *frais*, it. *fresco*, s. Freske.

Frischling *m* junges Wildschwein, eig. frisch geborenes Schwein, ah. *friscing*, Opfertier. afz. *fresange*.

fris||ieren 16. Jh. v. fz. *friser*, eng. *frizz* kräuseln, altfries. *frisle* Lockenhaar; ~ur *f*, ~eur *m*.

Frist *f* festgesetzter Zeitraum, später Aufschub, mh. ah. *vrist*, afries. *ferst*, ags. *first;* fristen (das Leben), wohl * *frī-st* Schonung z. Frieden.

frivol 17. Jh. v. fz. *frivole* leichtfertig, z. lt. *frīvolus* wertlos * zerbrechlich, *friāre* zerbröckeln.

froh mh. *vrō*, ah. *frō*, afries. *frō*, anord. *frār* hurtig, flink; Grdb.: flink; fröhlich; frohlocken, aber z. mh. *lecken*, *leichen*, got. *laikan* hüpfen, springen, s. Freude, Wetterleuchten, löcken, F.N.: Frölich, Fröling.

fromm mh. *vrum* tüchtig, wacker, nützlich, s. 16. Jh. auf d. Religiöse gerichtet (aber noch: zu Nutz u. Frommen, frommes Pferd); afries. *fremo*, *from* nützlich, ags. *from*, *fram* tapfer, tüchtig, z. got. ah. *fram* vorwärts, got. *fruma*, ags. *forma* d. erste, urv. lit. *pirmas* d. erste, lt. *prīmus*, gr. *prŏmos* Vorderster, Vorkämpfer; frommen; s. fremd, vor, fort, Fürst, früh, Furnier.

† **fron** mh. *vrōn* d. Herrn betreffend, ihm gehörig, z. ah. *frō*, got. *frauja* Herr, anord. Gott *Freyr*; ~dienst *m* Dienst d. Unfreien für d. Herrn; ah. *frōno* herrschaftl.; fronen = dem Gemeinwesen, der Gemeinde dienen (schweiz.) = *gmeinwerchen* (Jerem. Gotthelf), ~ fasten (südd.-schweiz.) Quatemberfasten, Weihfasten. F.N. Frohmüller, -meyer; frönen jetzt meist bildl. (z. B. e. Leidenschaft) dienen; ~vogt *m*; ~leichnam *m* d. Herrn Leib, s. Leiche, Leichnam, i. d. kath. Kirche das heiligste Altarsakrament; das Fest (Donnerstag nach d. Dreifaltigkeitsfest) wurde 1311 auf d. ganze Kirche ausgedehnt; mh. *vrōnbote*

Gerichtsbote; s. Frau, Leichnam. O.N.: Fronhofen, Fronhausen.

Fronde *f* »Schleuder«, frondieren fz. *fronder*, »Widerspr. erheben« seit Mazarin 1648ff. im geschichtl. Stil allgem. bekannt geworden: »Aufsässigk.«, Frondeur Mißvergnügter, *fronde:* lt. *funda* Schleuder u. *frons* Stirn, vgl. *affronter* d. Stirn bieten, trotzen.

Front *f* Vorderseite; im Krieg; die d. Feinde zugekehrte Seite d. Truppen, 17. Jh. v. fz. *front* Stirn, z. lt. *frōns;* kon~ieren, s. Fassade.

Frosch *m* ah. *frosk*, ags. *forsc* u. *frogga*, eng. *frog*, an. *froskr*, urv. rum. *broasca*, alban. *breska*, z. russ. *prygat* hüpfen, also Hüpfender, ai. *právatē* springt auf.

Frost *m* eng. *frost*, z. *frieren*.

frottieren reiben, 18. Jh. v. fz. *frotter* z. lt. *frĭo*, *frico* reibe.

frotzeln necken, bay.-österr. f. sonst. *uzen*, viell. z. Fratz.

Frucht *f* mh. ah. *vruht*, dä. *frugt*, v. lt. *frūctus;* Früchtchen *n* ungeratener junger Mensch; ~en, be~en.

frugal einfach, mäßig, 18. Jh. v. fz. *frugal*, z. lt. *frūgālis* mäßig, z. *frūx* Frucht.

früh mh. *vrüeje*, ah. *fruoji*, z. idg. Wz., aus der auch vor, vorder, Fürst, fremd, fromm stammen: gr. *prōios*. **~ling** *m* verdrängte i. 15. Jh. Lenz (jetzt dichter.). **~stück** *n* mh. *vrüestücke* eig. Stück (Brot), das man frühmorgens ißt.

Fuchs *m* mh. ah. *vuhs*, pl. Voß, ndl. *vos*, ags. eng. *fox*, Grdb. wohl geschwänztes Tier (ai. *púccha-* Schweif), got. *faúhō;* übtr.: rötlichbraunes Pferd, rothaariger oder schlauer Mensch, Student i. 1. Semester (um 1700), s. Brandfuchs unter Brand; fuchsen, wie e. ~ behandeln, quälen, ärgern; ~ig; Feder~er, Pfennig~er *m*. Schul~ (Pedant); ~wild (verstärkend); Fähe Füchsin, ah. *foha (f)*. O.N. Vohwinkel.

Fuchsie *f* n. d. Botaniker Leonhard Fuchs (16. Jh.) v. Linné im 18. Jh. benannt.

Fuchtel *f* 16. Jh., nicht scharfer Degen, Schlag damit, unter d. ~ stehen; mu. fuchtig (wütend) zu fechten wie Windel zu winden usw.; ~n.

Fuder *n* mh. *vuoder*, ah. *fuodar* Wagenlast, ein Fuder Heu, Weinmaß v. verschied. Größe (900–1500 Liter); verw. m. Faden; entl. fz. *le foudre*.

Fug *m* meist nur: mit ~ u. Recht, mh. *vuoc* Schicklichkeit, Un~.

fügen mh. *vüegen*, ah. *fuogen* passend gestalten, verbinden, urv. lt. *pāx* Friede, *compāgēs* Fuge; slowen. *paz* Fuge *f* (i. Mauerwerk); zu~, ver~, Fügung *f*, Gefüge *n*, gefügig, befugt = berechtigt; s. fegen, Fach.

Fuge *f* Tonstück, i. dem e. Stimme n. d. andern dasselbe Thema i. verschied. Tonlage wiederholt. 17. Jh. v. it. *fuga*, z. lt. *fuga* Flucht.

fühlen seit Luther allg. schriftd., mh. *vüelen*, ah. *fuolen*, pl. fäuhlen, afries. *fela*, ags. *fēlan*, eng. *feel*, an. *falma* unsicher tasten; viell. urv. lt. *palma* Hand, wozu ah. *folma* Hand, and. *folm* gut paßt; auch lt. *palpare* streicheln?

führen ah. *fuoren*, Bew. z. fahren. Fuhre *f*, Führung *f*, Abfuhr *f*, s. verführen.

Fülle *f* ah. *fullī*, **Füllhorn** *n* Lüs. v. lt. *cornu copiae* 18. Jh., Füllsel *n*.

füllen got. *fulljan*, anord. *fylla*, ags. *fyllan*, eng. *fill*, lt. *com-*, *implēre*, gr. *pim-plē-mi*, Abl. z. voll.

Füllen *n* mh. *vülīn*, ah. *fulīn* (südd.), Fohlen (nordd.), pl. Föllen u. Fählen.

fummeln 18. Jh. mu. sehr verbreitet wie lautmal. schwed. *fumla*, ndl. *fommelen*, eng. *fumble*.

Fundament *n* Grundlage, v. lt. *fundāmentum*, z. *fundāre* d. Grund legen, s. Fond, Fonds, Plafond; ah. mh. *fundament*.

Fundgrube *f* eig. bergmänn. W. (14. Jh., Mspr. 1963, 169) jetzt meist bildl., z. finden.

fünf mh. *vünf*, ah. *funf*, *finf*, pl. fiw, got. *fimf*, anord. *fimm*, afries. ags. *fīf*, eng. *five*, urv. russ. *pjatj*, č. *pět*, lt. *quinque* * (sabinischer P.N.: Pompeius Fünfmann), gr. *pénte*, äol. *pémpe*, ind. *pañca;* s. Punsch. – Fünfte Kolonne »getarnte Feindgruppe im gegnerischen Lager« (Emilio Mola Sept. 1936 Madrid).

fungieren e. Amt verwalten, 17. Jh. v. lt. *fungor;* Funktion *f* v. *functio* Verrichtung.

Funke *m* ah. *funcho;* got. *fōn* Feuer, ostschweiz. = Freuden*feuer*, ~nsonntag nach Aschermittwoch; neuerdings Funker, ~n = drahtlos telegraphieren; Rundfunk usw.; ~ln, ~lnagelneu neu wie e. eben aus d. Schmiede gekommener Nagel.

Funzel, Funsel *f* mu. nordd. trübe Öllampe, bayr. funkezen ~ln.

für mh. *vür*, ah. *furi*, ursp. dasselbe wie vor (F.N. Fürbringer = Rechtsanwalt; vgl. schweiz. Fürsprech, fürnehm, vornehm, Fürwitz, Vorwitz, Fürtuch *n* südd. Schürze, »für Freuden« noch bei Goethe), abgeschw.: ver-; s. vor.

Furage *f* v. fz. *fourrage* Futter (volkst. auch Futterage); **Furier** *m* 16. Jh. v. fz. *fourrier* Quartiermacher; furagieren, alle auf dtsch. Futter über mlt. *foderare* zurückgehend.

fürbaß † weiter (er schritt fürbaß), eig. besser fort, vorwärts, s. baß, vor.

Furche *f* mh. *vurh*, ah. *furuh*, ags. *furh*, eng. *furrow*, urv. ir. *rech* *, *pr̥kā*, lt. *porca* Beet (zwischen ~n).

Furcht *f* mh. *vorhte*, ah. *forahta*, Abstr. z. **fürchten,** mh. *vürhten*, ah. *forahtan*, and. *forahtian*, ags. *forhtian*, got. *faúrhtjan*, pl. früchten (s. unverfroren); F.N. Früchtenicht, eng. *fright;* furchtbar, furchtsam.

fürder †, **~hin** ah. *furdir*, Steigerung z. fort.

Furie *f* 17. Jh. rasendes, böses Weib v. lt. *furiae* Mehrz. Wut, dann Rachegöttinnen. **Furore** machen, Aufsehen erregen, 18. Jh. v. it. *furore* Raserei, zu lt. *furĕre* rasen.

Furnier *n* dünnes Brett besseren Holzes z. Bekleiden billiger Holzarten, z. fz. *fournir* versehen, versorgen, afz. *formir*, v. ah. *frumjan* nützen, verbessern, s. fromm; 16. Jh.

Fürst *m* mh. *vürste*, ah. *furisto*, ags. *fyrst*, eng. *first*, an. *fyrstr*, afries. *forsta*, Superl. z. ah. *furi*, got. *faúr* vor, also d. Vorderste, Erste, vgl. lt. *prīnceps* Fürst v. *prīmus*, gr. *prýtanis;* s. fremd, fromm, früh.

Furt *f* (gang-, fahrbare Stelle) mh. ah. *vurt*, and. *ford*, afries. *forda*, ags. eng. *ford*, urv. lt. *portus* Hafen, *porta* Tor, gr. *póros* Furt (*Bósporos* Kuhfurt), altpers. *peretu* Brücke, dah. Euphrat der Wohlbebrückte, skyth. *Porata* = Flußn. Pruth; schw. dä. *fjord*, An~ = Anlände, Landungsplatz (Luther: Apg. 27, 8 Gut~), schlesw.-holst. **Förde** *f* eng. *firth* (aus d. Nord. entl.), alle zu fahren. O.N.: Furth, Fürth, Er~, Frank~, eng. Oxford (*Oxenaford*) usw.; s. Port. č. *brodŭ* Furt in Deutsch-, Böhm. – Brod.

Furunkel *m* Blutschwäre, lt. *fūrunculus* * Spitzbube, Räuber, Nebenschößling am Weinstock.

Furz *m* auch Forz, s. farzen, Fist.

Fusel *m* schlechter Branntwein, »Couragewasser« 18. Jh., dag. schweiz. Bundes~ nicht im schlechten Sinn; viell. z. lt. *fusile* gießbar f. d. Ergebnis d. Destillation.

Füsilier *m* 17. Jh. v. fz. *fusilier* z. *fusil* Flinte: * *focīle:* lt. *focus* Herd Feuer, * Steinschloß; ~en, erschießen.

Fusion *f* Verschmelzung (im Bankwesen!): lt. *fundere* gießen.

Fuß *m* ah. *fuoȥ*, pl. Faut, got. *fōtus*, ndl. *voet*, ags. *fōt*, eng. *foot*, an *fjōtr*, dä. *fod*, urv. lt. *ped-* (Stamm z. *pes*), gr. *pod-* (Stamm zu *pūs* Ödipus Schwellfuß, s. Trapez); lit *padas* Fußsohle, ai. *pād-* Fuß; ~en (meist bildl.). Fuß als Maß auch in Zins~. O.N.: Füssen am Lech (z. d. Füßen der Berge; nicht zu lt. *fauces* Engpaß). F.N.: pl. Hinkfoot, Tovote zu Fuß, schweiz. Vkl. Füßli.

futsch volkst. = weg, verloren, Ende 18. Jh., auch pfutsch, lautmal.; Weiterbildungen: futschikato, futschito.

Futter[1] *n* Menschen- u. Tiernahrung ah. *fuotar*, got. *fōdjan* nähren, eng. *feed*, ah. *vatōn* (= lt. *pāscere* weiden), urv. gr. *patéomai* esse, aslaw. *pasti;* (vgl. eng. *foster* nähren, pflegen, *foster-brother* Milchbruder); ~neid = Brotneid; s. Furage.

Futter[2] *n* Unter ~ (d. Kleidung) ah. *fuotar* Überzug, got. *fōdr* Schwertscheide; entl. it. *fodero*, fz. *fourreau* Scheide; Futteral *n* mit lt. Endung: mlt. *fotrum*. urverw. ai. *pắtram* Behälter, *pắti* schützt; dieses leitet in d. Bdtg. wieder über: Futter[1] *(pāscere* weiden: *pāstor* Hirt = Pfleger, Beschützer).

G

Gabe *f* ah. *gĕba*, eng. *gift*, pl. Gaw, got. *giba*, ags. *gifu*, z. geben, s. Gift.

gäbe, gang u. ~ ursp. von Münzen = Kurs habend, üblich, verbreitet; gäbe was sich leicht geben läßt, gäng (auch gang) was gehen kann.

Gabel *f* ursp. landwirtsch. Gerät (Heu~), später Eßgerät, ah. *gabala*, nd. *gaffel*, urv. ir. *gabul* ~, gegabelter Ast, *Vulva*, gall.-lt. *gabalus* Galgen; viell. auch Giebel; aufgabeln mu. nordd. O.N.: Gablenberg.

Gaffel *f* nd. Form (vgl. Staffel – Stapel), Segelstange m. gabelförm. Ausschnitt, wo d. Nationalflagge gehißt wird.

gackern 16. Jh. lautm. *gagag* d. Gans, südd. Gaggala »Ei«.

Gadem, Gaden *m* südd. Gemach, Zimmer, ah. *muosgadem* Speisekammer. O.N.: Berchtesgaden, *Berchtoldes gadem*. In Ansbach ein-, zwei-gädiges Haus; Gaden = Stockwerk; F.N. Gademer.

gaffen ah. *chapfēn*, eig. m. offenem Munde ansehen, ndl. *gapen* gähnen (s. Chaos) = an. *gap* Loch, *gapa* gähnen, eng. *gape* d. Mund aufmachen, gähnen.

Gagat *m* s. Jett.

Gage *f* früher Sold beim Militär, dann Gehalt d. Schauspieler, 17. Jh. v. fz. *gage* (v. germ. * *wadja* Pfand); s. engagieren, Wette.

gähnen ah. *ginēn*, ags. *gionian*, eng. *yawn*, pl. *hujahnen*, viell. urv. m. gr. *chaínō*, *chaunos* klaffend, lt. *hiare* ~; s. Chaos.

Gala *f* Fest-, Hof-, Prachtkleid, 17. Jh. v. sp. it. *gala*, arab. Urspr. *chil'a* Ehrengewand (span. *vestido de* ~); Galán *m* Liebhaber (z. B. Goethes Faust) um 1600 v. sp. *galano* artig; galant, artig, höflich (bes. gegen Frauen), 17. Jh., sp. *galante*, fz. *galant*. Im 18. Jh. bezeichnet es d. neueste Mode; Galanteriewaren, kleine, feine Gegenstände für Luxus u. Putz; **galonieren** m. Borten, Tressen besetzen, v. it. *gallonare*, fz. *galonner*, verbrämen; s. Galerie; schweiz. Galon *(m)* = Offizierstresse, vgl. fz. *galonné* auch = Offizier.

Galeasse it. *galeazza* größ. Kriegsschiff, vor allem span.; ferner sp. *galeón* Galeone, Galione, Segelkriegsschiff (15.–17. Jh.).

Galeere *f* eig. Ruderkriegsschiff i. Mittelmeer, wo d. Ruderer, oft Kriegsgefangene, angekettet waren,

17. Jh. v. it. port. sp. *galera*, fz. *galère*, mlt. (9. Jh.) *galea*, mgr. *galaía*, Fisch, eig. Wiesel.

Galerie *f* schmaler bedeckter Gang, langer Saal, Museum, 16. Jh. v. it. *galleria*, fz. *galerie*, mlt. (10. Jh.) *galeria* Vorhalle vor d. Kirche (Rom), das wohl aus *Galilaea* dissimiliert ist.

Galgen *m* mh. *galge*, ah. *galgo*, ags. *gealga*, eng. *gallows*, got. *galga* (auch = Kreuz Christi): lit. *žalgà* Stange; ~frist *f*, ~strick *m* beide i. 16. Jh., ~humor *m* 19. Jh.

Galle *f* ah. *galla*, an. *gall*, ags. *gealla*, urv. gr. *cholḗ*, lt. *fel* Galle, *flāvus* gelb; tschech. *žluč;* Galle als Sinnbild d. Bitterkeit u. Sitz d. Zornes, gr. *chólos* ~ u. Zorn; daher: vergällen, d. ~ läuft ihm über, Gift u. ~, s. gelb (u. blau); nicht z. ~, vielmehr: lt. *galla* gehört **Gallapfel** f. mh. *eichapfel.*

Gallert *m*, **Gallerte** *f* mh. *galhart*, *galreide*, viell. zu mlt. *galatina* Gelee.

Gal(l)imathias *m* sinnloses Gerede, fz. *galimatias* (16. Jh.): mgr. *chalimázeis* du rasest n. d. Disputationsjargon der Sorbonne?; vgl. eng. *gallimaufry* Mischmasch.

Galmei *m* Zinkerz, mh. *kalemīn* v. gr. lt. *cadmīa* über mlt. *lapis calaminăris*, fz. *chalemine.*

Galopp *m* 17. Jh. v. fz. *galop*, aber schon i. M.-A. vorkommend *(galopieren, walopieren)*, wahrsch. z. got. *hlaupan* laufen, and. *hlōpan* m. d. Vorsilbe ge-, ga- u. rom. Endung; od. wegen *waloper:* fränk. * *wala hlaupan* gut (wohl) laufen?

Galosche *f* Überschuh, 16. Jh. v. fz. *galoche*, it. *galoscia*, sp. *galocha*, wohl aus spätlt. *gallicula*, das für *solea Gallica* »Gallische Sandale« nach *caligula* gebildet.

Galvanismus *m* Lehre v. d. galv. Strömen n. d. it. Physiker Galvani (1737-98), benannt v. Volta 1796.

Gamasche *f* 17. Jh. v. fz. *gamache* Beinbekleidung, dieses v. sp. *guadamací* (Leder aus Gadames, Stadt i. Tripolis); ~ndienst kleinl. Dienstbetrieb.

Gambit *n* Art ein Schachspiel zu beginnen, v. span. *gambito*, arab. *ǧambī* seitlich.

Gambrinus *m* Herzog, *Jan primus* Johann I »Ehrenmitglied der Brauergilde zu Brabant († 1294)« (Th. Matthias); s. Prima, Prinz.

Ganerbe *m* † ah. *ge-an-erbo*, *ganarbo* Mitanerbe, Erbbeteiligter, s. Liste 3, entspr. lt. *(pl.) coheredes.*

Gang *m* mh. *ganc*, ah. *gang*, ags. *gong*, eng. *gang* Hause, got. *gaggs* Gasse, schweiz.-österr. u. südd. ~ auch »Korridor«, z. ah. *gangan* gehen; urv. ai. *jáñghā* Unterschenkel, Fuß; lit. *žengiù* schreite; ~bar.

gang und gäbe s. gäbe.

gängeln e. Kind beim Gehen leiten, 16. Jh.; Gängelband *n* 18. Jh., pl. auch: wiegen (Wiege).

Gangster amerik.-eng. *gang* Bande, Rotte, Haufen (~ *of thieves* Diebesbande), *gangster* Bandenmitglied.

Gans *f* mh. ah. *gans*, pl. Gaus, afries. ags. *gōs*, eng. *goose*, an. *gās*, urv. ai. *hansás (m)*, lt. *anser* (früher *hanser)*, gr. *chḗn*, dor. *chān*, tschech. P.N. Hus. Nur wenige Vogelnamen sind den Idg. gemeinsam. Entl.: sp. *ganso*, prov. *gante*, afz. *gante*, *jante*, germ. *gantae* b. Plinius; ah. *ganazzo*, ags. *ganot* Gänserich *m* 17. Jh. zu Gans, (anders Enterich! s. Ente), aslaw. *gąsĭ*, 16. Jh. meist Ganser, mu. Ganter, Ganert, Ganauser (Wien).

Gänsefüßchen Mehrz. Anführungszeichen, um 1800 J. Paul; schon 1749 wurde *signum citationis* mit Anführungszeichen lehnübersetzt.

Gant *f* (südd.) Zwangsversteigerung, v. fz. *encan*, it. *incanto*, z. lt. *in quantum* für wieviel? ver~en, ~ner Bankbrüchiger, mh. *gant* 14. Jh.

ganz eig. unverletzt, heil, mh. ah. *ganz, kanz*; ergänzen; wohl urv. lit. *ganeti*, aslaw. *goneti* genügen.

gar bereit gemacht, fertig gekocht, schwäb. zu Ende = nordd. »alle«, ah. *garo, garawēr* urv. lt. *formus* warm, ags. *gearo*, eng. *yare* bereit, hurtig. **Garaus** *m* völliges Ende, b. Glockenschlag in oberd. Reichsstädten = * vollständig (alle hinaus!), jem. den ~ machen; s. gerben.

Garage *f* Kraftwagenschuppen; wie fz. *gare* Ausladestelle (1840ff. »Bahnhof«): german. *warōn* * bewahren, beachten.

Garantie *f* Bürgschaft, 17. Jh. v. fz. *garantie*, z. ah. *wērēnto* (z. *wērēn* gewähren), vgl. eng. *warrant* Gewähr, Recht, Urkunde; Garant, »Gewährsmann«, Bürge. Rückw. s. Liste 33.

Garbe *f* mh. ah. *garba*, eig. d. Zus.-gegriffene z. mu. nordd. grapschen, urv. ai. *gṛbhṇā́ti* ergreift; entl. mlt. sp. *garba*, fz. *gerbe*. Nicht dazu gehört Schaf~, ags. *gĕarwe*, eng. *yarrow*, ah. *garwa*.

Garde *f* Schutz-, Leibwache, 15. Jh. v. it. *guardia*, fz. *garde*, z. ah. *warta* Warte, spähendes Lauern, z. *wartēn* spähen, and. *wardōn* auf d. Hut sein, schützen. **Garderobe** *f* fz. 16. Jh.; s. warten, Raub.

Gardine *f* 17. Jh. v. ndl. *gordijn*, z. fz. *courtine* Bettvorhang, lt. *cortina* Vorhang; ~npredigt 18. Jh. = ndl. *gordijnpreek* (seit 1630) nach dem Bettvorhang und der nächtlichen Strafpredigt der Frau, vgl. engl. *curtain lecture*.

gären mh. *gërn, jësen*, ah. *jësan* urv. gr. *zéō* siede, ai. *yásyati* siedet, sprudelt (s. Zelot), entl. fz. *guiller* s. Geiser; südd. u. pl. aufbegehren (Goethes Werther 12. 8. 71: aufgären); Gischt. O.N.: Geismar, Geislar, Geistingen deuten auf kohlensaure Quellen.

Garn *n* mh. ah. schw. dä. an. *garn*, ndl. *garen*, ags. *gearn*, eng. *yarn*, eig. Schnur aus Därmen, urv. gr. *chordḗ* Darm, Darmsaite, *haruspex* Eingeweideschauer, lit. *žarnà*; s. Midder.

Garnele *f* Krabbe, nach ihren langen »Barthaaren«, Grannen (s. d.) benannt.

garnieren einfassen, verzieren, ausschmücken, 17. Jh. v. fz. *garnir*, it. *guarnire* versehen, ausstatten, z. ah. *warnēn, warnōn*; s. warnen, wahren; **Garnison** *f* Besatzung, Gesamtheit d. Truppen i. e. Stadt, Standort, 16. Jh. v. fz. *garnison*; it. *guarnigione*. **Garnitur** *f* Besatz, Gesamtheit zs. gehöriger Gegenstände, 18. Jh. v. fz. *garniture*.

garstig eig. verdorben schmekkend, schmutzig, dann widerwärtig, häßlich, mh. *garst* ranzig, verdorben, an. *gerstr* mürrisch, urv. lit. *grasùs* ekelhaft, bitter.

Garten *m* mh. *garte*, ah. *garto*, pl. Goren, afries. *garda*, got. *garda* Stall, Gehege, Hürde, daneben mh. *gart*, ah. *gart* Kreis, Garten, and. *gard* eingefriedigtes Land, ags. *geard* Umfriedigung, eng. *yard* Hof, an. *garđr* Wall, Zaun, Mauer, norw. *gaard* Hofreite, got. *gards* Haus, z. got. *gaírdan* gürten, umschließen, urv. gr. *chórtos* Gehege, Hof, verw. m. *chorós* Tanzplatz, s. Chor; lt. *hortus* Garten, lt. *cohors* Hofraum für Vieh (später auch Kohorte, Truppenabteilung); lit. *gar̃das* »Hürde«, slaw. *gradŭ* Einfriedigung, Burg, Stadt. O.N.: Stuttgart (Stutengarten), Garding, slaw. Rugard, Stargard = Altenburg, Naugard Neustadt, Gradisca, Graz, Garz (6mal), Groitsch, Greiz, Königgrätz, Belgrad, Belgard = Weißenburg; russ. *gorod* Stadt (Nowgorod = Neuenburg, Neustadt; Petrograd 1915), poln. *grod*, č. *hrad* (Hradschin, Burg i. Prag). Aus d. Germ. entl.: it. *giardino*, fz. *jardin* (afz. *jart*, nordfz. *gardin*, woher eng. *garden*);

s. gürten, Kur³, Cour. Kinder~ (1837 Fröbeli. Blankenburgi. Thür.). Wingert = Wein~, vgl. schweiz. Bungert Baum~. F.N.: Bangert.

Gas *n* neugeb. v. d. Alchimisten, Philosophen u. Arzt van Helmont i. Brüssel (1577–1644), u. zw. nach gr. *cháos* (»Luft«, Paracelsus). D.W. drang in alle Kultursprachen (z. B. fz. *gaz*, eng. sp. *gas*); ~kampf 1915ff. ~maske.

Gasse *f* eig. ungepflasterter Weg in d. Stadt (Gegensatz: Straße, die v. Stadt z. Stadt führt, Landstraße), mh. *gazze*, ah. *gazza*, got. *gatwō*, anord. schw. *gata*, dä. *gade*; viell. verw. ags. *geat*, eng. *gate* Tor, and. *gat*, afries. *jet*, an. *gat* Loch (Kattegat), Gatt = Meerbusen. Eng. *gate* Weg ist i. 12. Jh. d. Altnord. entl. P.N.: Geßner, Geßler (schwäb.). **Gassenhauer** *m* 16. Jh. = Bummler, Pflastertreter, hauen früher auch = laufen, dann das von ihm gesungene Lied.

Gast *m* mh. ah. *gast* Fremdling, ~, got. *gasts*, and. *gast*, eng. *guest*, an. *gestr*, dä. *gæst*, schw. *gäst*, urv. lt. *hostis* Fremdling, Feind, ablg. *gostĭ* ~; der Fremde galt ursp. ohne weit. als Feind, d. Bed.-W. i. Germ. vollzog sich allmählich i. freundl. Sinne. So ist auch lt. *hospes* Gastfreund = *hosti-postis* Gastherr; s. Hospital, Hospiz, Hotel; Tisch~, Stamm~, Fahr~, Zaun~. ~frei. pl. Toppgasten = Matrosen, Signal~.

gastrisch d. Magen betreffend (z. B. ~es Fieber), 18. Jh. v. gr. *gastḗr* Unterleib, Magen.

Gatt *n* nd. Loch, auch ›Hinterteil‹ seem. Spei~ ›Speiloch‹, dazu Kattegatt, urv. gr. *chódanos* ›Hinterteil‹.

Gatte *m* mh. *gate* Genosse, später Ehegatte; and. *gigado*, ags. *gegada* Genosse; got. *gadiliggs* Verwandter, mh. *gaten* vereinigen; Grbd.: Zusammengehöriges, Passendes, Verwandtes; Gattin *f* 18. Jh.; dazu mu. gätlich passend; Gattung *f* durch Ähnlichkeit, Verwandtschaft Zs.-gehöriges, s. gut; eng. *together* zusammen, *gather* sammeln: aslaw. *godŭ* günstige Zeit, lit. *gadas* Übereinkunft.

Gatter *n* ah. *gataro* Tor, z. Gatte; ausgattern, heiml. durch e. ~ spähen (Lessing); s. ergattern.

Gau *m* (Goethe: das Rhein~, bayr., schwäb., schweiz. das Gäu) mh. *gou*, ah. *gouwi*, got. *gawi* Landschaft, Gegend, afries. *gā*, *gō*; * *gaawja* Landschaft am Wasser od. urv. armen. *gav-ar* Landstrich? in etwa 300 Zs.: Pader~, Sund~, (Süd~, im Elsaß), Harz~, Was~, Rhein~, Breis~, Henne~ usw.; ~dieb f. jäh.

Gauch *m* eig. Kuckuck, dann Narr, Schelm, ah. *gouh*, an. *gaukr* Kuckuck, lautmal.

Gaukler *m* mh. *goukelaere*, ah. *goukalāri* Taschenspieler, wohl nur beeinflußt v. lt. *joculātor* Spaßmacher, z. *jocus* Scherz, verw. aber mit *goukil* Zauberei, im Ablaut zu mh. *giege* Narr.

Gaul *m* mh. *gūl* Ungetüm, Eber, später Pferd, jetzt meist schlechtes Pferd, schwed. mu. *gule* altes Pferd, viell. z. Wz. v. gießen als »Samengießer«; vgl. Ochse.

Gaumen *m* mh. *goume*, ah. *goumo*, an. *gomr*, schw. *gom*, ags. *goma*, eng. *gum* Zahnfleisch; urv. lit. *gomurŷs* z. Wz. *gheu-* klaffen.

Gauner *m* Betrüger, früher u. mh. schwäb. Jauner, Joner, junen, jonen (um 1500) rotw. »falsch spielen wie ein Jonier«; jenisch = rotwelsch.

Gaze *f* feines, netzartiges Gewebe, Flor, v. fz. *gaze*, 17. Jh. Gaß, 18. Jh. Gaze, Gase, v. arab. *gazz* Roh-, Flockseide, pers. *qazz*.

Gazelle *f* Art Antilope, Hirschziege, 17. Jh. v. fz. *gazelle*, sp. *gazela*, zu arab. *ghazāl*.

ge- s. Liste 54.

Gebärde *f* mh. *gebaerde*, ah. *gibārida*, z. ah. *gibārēn* sich gebaren *bār* »Art wie sich etw. zeigt«, z. Wz. *bher* tragen, s. Bahre; Gebaren *n*, unbärdig.

gebären ah. and. *gibëran*, got. *gabairan*, ags. *geberan*, eng. *bear* tragen, gebären, urv. ai. *bhárati* sie trägt; s. Bahre.

Gebäude *n* mh. *gebiuwe*, auch bestelltes Feld, ah. *gebiuweda*, zu bauen: -*gibudli*: nd. O.N.: -büttel (-büll), z. B. Wolfenbüttel, Niebüll.

Gebein *n* Gesamtheit d. Knochen, mh. *gebeine*, ah. *gibeini*, Sa. v. Bein.

geben ah. *gëban*, got. *giban*, ags. *gifan*, eng. *give*, an. *gefa*, pl. gewen, schw. *giva*, dä. *give*; urv. air. *gabim* nehme; s. Gabe, Gift, Mitgift. P.N.: nord. Gefion die Gebende, *Gëbehart*, *Gëbewin* u. a.

Gebet *n* ah. *gibët*, *gabët*, zu beten, bitten.

Gebiet *n* Befehlsbereich, mh. *gebiete* Gerichtsbarkeit, z. gebieten, s. bieten, Gebot, alem. ohne Ge-, Basel-, Berner-, Züribiet.

Gebild(e) *n* Werk (Schiller: ~ der Menschenhand), feine Leinwand m. eingewebten Figuren; ursp. Sa. v. Bild, ah. *gibilide*.

gebildet seit 18. Jh. meist bildl.

Gebinde *n* eig. Zs.gebundenes (Garn, Draht), dann bes. Faß (Gegensatz: Flasche). F.N. Faßbinder.

Gebirge *n* ah. *gabirgi*, 18. Jh. auch Gebürge, Sa. zu Berg.

Geblüt *n* Gesamtheit d. Blutes, es steckt ihm im ~, von fürstl. ~; *geblüete* 15. Jh.

Gebot *n* ah. *gabot*, *gibot*, ags. *gebod*, z. bieten, gebieten.

gebrauchen, Gebrauch s. brauchen.

gebrechen fehlen, Grbd.: Bruch, Abbruch, somit Verlust, Mangel; Gebrechen *n*, gebrechlich; mh. *gebrechen*.

Gebresten *n* Mangel, Gebrechen, zu ah. *gibrëstan* fehlen, mangeln; bresthaft, Herzensbrast (Mörike); s. bersten.

Gebrüder Mehrz. mh. *gebruoder*, ah. *gibruoder*, and. *gibrōthar;* hier tritt d. Bedeutung v. ge- (Zusammengehörigkeit) noch klar hervor, s. Liste 34 u. 54.

gebühr||en sich ziemen, zukommen (als Recht od. Pflicht), ah. *burjan* erheben; Gebühren Mehrz. Zahlung (Gerichtssprache), got. *gabaúr* Sammlung, Steuer; mit ah. *in bor* in die Höhe (s. empor) im Ablaut z. Wz. *bher* tragen. Nach ~, über ~, un~lich; s. Bahre, Börde.

Geburt *f* mh. *geburt*, *burt*, ah. *giburt*, *burt*, ags. *gebyrd*, eng. *birth*, got. *gabaúrþs* z. gebären, also eig. Getragenes; s. Bahre.

Geck *m* Narr, alberner, eitler Mensch, rhein. auch Faschingsnarr; als Adj.: er ist geck (verrückt, närrisch), verdreht; wenn nicht lautmal. (vgl. südl. Gagg u. gaga) viell. z. mnd. *geck* »drehb. Deckel«.

Gedächtnis *n*, **Gedanke** *m* z. denken, gedenken.

gedeihen ah. *gidīhan*, got. *gaþeihan*, ags. *gethēon;* **gediegen**, ah. *gidigan* zunächst bergmänn. rein, dann übtr. ~er Mensch, ~e Bildung, eig. älteres Part. zu gedeihen; urv. lit. *tenkù* reiche hin.

Gedinge *n* Akkordarbeit, s. bedingen; **Aus~** Altenteil.

gedrungen fest zusammen, kräftig (z. B. vom Körperbau), eig. Part. zu dringen; not~.

Geduld *f* mh. *gedult*, *dult*, ah. *gidult*, *dult*, *thult*, zu dulden.

gedunsen, aufgedunsen eig. Part. zu ah. *dinsan*, † (noch hess.) dinsen zerren, viell. verw. m. dehnen; s. tanzen.

geeignet um 1800 zu eignen für früheres geeigenschaftet als Übers. v. qualifiziert.

Geest *f* höher gelegenes, sandiges Land v. fries. *gāst*, nd. *gēst*, ags. *gœsne*, ah. *geisi(nē)*, schweiz. *güst* unfruchtbar, s. Marsch². O.N.: Juist,

Geistbeck, Geiststr. i. Göttingen, ostfr. O.N. u. F.N. Tergast.

Gefahr *f* erst nh. für mh. *gevare* Hinterlist, ah. *fāra* Nachstellung, got. *fērja* Nachsteller, eng. *fear* Furcht, befahren = befürchten, z. idg. Wz. *per*, lt. *perīculum* ~, s. fahren; Gefähr||de *f* † ~den, ~lich; s. ungefähr.

Gefährte *m* mh. *geverte*, ah. *gifarto*, z. Fahrt, fahren, * Fahrtgenosse.

gefallen ah. *gifallan* zufallen, z. Teil werden: der Würfel, das Los fällt mir wohl od. übel, heute meist ohne Zusatz, daher noch schweiz. Gfell (= Gefäll), »Glück«, *gfellig* glücklich, s. ge- i. Liste 54.

Gefallsucht *f* um 1800 v. Campe für Koketterie empfohlen.

Gefäß *n* ah. *givāʒi* Ladung, *faʒʒōn* beladen, eig. Gerät, Ausrüstung, später Geschirr; z. fassen, Faß; Blut~, Lymph~, Staub~.

gefaßt (übtr.) innerlich vorbereitet, ruhig; s. fassen; s. 17. Jh.

gefeit s. Fee.

Gefieder *n* mh. *gevidere*, ah. *gifidiri*, Sa. zu Feder, früher (bis um 1800) auch = e. Menge Vögel.

Gefilde *n* Sa. z. Feld dichterisch.

geflissentlich mit Fleiß, absichtlich, zu † geflissen Part. v. † fleißen; s. Fleiß.

Geflügel *n* Sa. z. Flügel mh. *gevlügele* Vogelschar, das schließlich ältere Gevögel (ah. *gifugili*, mh. *gevügele)* verdrängt; jetzt auf »eßbares Federvieh« beschränkt.

geflügelte Worte 1864 v. Büchmann, Lüs. v. Homers *épea pteróenta* gebildet.

Gefreiter *m* ursp. vom Schildwachstehen befreiter Soldat, Lbi. n. lt. *exemptus* »ausgenommen« (v. Wachdienst), 16. Jh.

gegen ah. *gegin*, *gagan*, Gegner *m*, s. gen, ent~, entgegnen, be~; **Gegend** *f* mh. *gegende*, Lüs. v. fz. *contrée*, it. *contrada*, z. lt. *contrā* gegen (eig. Gelände, das gegenüber liegt); **~stand** *m* 17. Jh. für Objekt, eig. Gegenüberstehendes (ursp. philos. W., dann allg.); **~wart** *f* ah. *geginwertī* eig. etwas anderem entgegen gerichtet, aus gegen u. -wärts (heimwärts usw.), z. lt. *vertere* wenden.

Gehabe *n* (merkwürdiges) Benehmen, sich gehaben, ah. *sich gihabēn*, vgl. eng. *to behave*.

Gehalt *m* was e. Sache enthält, d. Wertvolle daran, bes. bei Münzen; ~ *n* Besoldung, 18. Jh.

Gehäuse *n* eig. Sa. zu Haus, jetzt Behältnis; Uhr~.

Gehege *n* Einfriedigung, Sa. z. Hag, s. dies u. hegen, schweiz. F.N. Kägi, * *gehegi*.

geheim erst 15. Jh. für früheres heimlich, beide eig. = zum Heim (Haus)gehörig, dann vertraut, endlich verborgen; s. Heim.

Geheiß *n* nur noch: auf sein ~ u. ä., zu heißen.

gehen mh. ah. *gēn*, *gān*, pl. *gahn*, krimgot. *geen*, schwäb. *gao'*, afries. ags. *gān*, eng. *go*, dä. *gaa*, gehen auf germ. *gai* u. *gē-* zurück; urv. ai. *jáhati* verläßt; gr. *kíchēsi* erreicht; s. Gang; Zs. be~, er~, Ver~ *n*.

geheuer mh. *gehiure* sanft, anmutig, lieblich, an. *hȳrr* freundlich, heute nur noch verneint (es ist nicht ~), wahrsch. z. heim (unheimlich), u. z. ah. *hīwon* Hausgenossen, s. Heirat, (= lt. *cīvēs* Mitbürger): ai. *çévas* traut, Haus; s. un~.

Gehirn *n* mh. *gehirne*, Sa. z. Hirn.

Gehöft *n* z. Hof.

Gehölz *n* z. Holz. **gehorchen** z. horchen.

gehören d. Grbd. v. ge- = Zusammenfassung, Zs.gehörigkeit hat sich durchgesetzt; gehörig, zugehörig, s. Liste 34.

gehorsam auf d. Willen e. andern hörend (u. ihn erfüllend); ah. *gihōrsam*, Lbi. n. lt. *oboediens*.

Gehre *f*, ~n *m* Zwickel, Einsatz, dreieckiges, keilförm. Stück Zeug od. Land. ah. *gēro*, ags. *gāra*, eng. *gore*; z. Ger, entl. fz. *giron*, it. *gherone*; O.N. Gehren.

Gehudel *n* (Schiller) z. Hudler Lumpenkerl 16. Jh.

Geier *m* mh. ah. *gīr*, ursp. Adj. ah. *gīri* gierig, s. gern, gähnen.

Geifer *m* aus d. Munde fließender Speichel, mh. *geifer*, 16. Jh. geifen, gaffen; dazu geifern, wüten, eig. so, daß d. Speichel ausfließt; verw. m. gähnen u. Geier wie ags. *gipian* gähnen.

Geige *f* mh. *gīge* (ältere Bez. Fiedel), an. *gīgia*; viell.: *geiga* schräg gehen, »nach d. Bewegung des Streichbogens«, schweiz. *giege* hin u. her bewegen, entl. fz. *gigue*, it. *giga*.

geil mh. ah. *geil* kräftig, üppig, mutwillig, freudig z. ags. *gāl* sehr freudig, im Lit. *gailùs* jähzornig, scharf, got. *gailjan* erfreuen; entl. fz. *gaillard* ausgelassen, it. *gagliardo* munter. P.N.: Gelimer, Gela, Gehl, Gellert; s. Geisel.

Geisel *m f* mh. *gīsel*, ah. *gīsal*, ags. *gīsel*, an. *gīsl*, hervorrag. Person, die als Bürge dient, vgl. air. *gīall* ~: *gell* Pfand, *gellaid* er bürge, verspreche; nur kelt. u. germ.; P.N.: Giselher, Gisela, Gilbert.

Geiser *m* heiße Quelle, Sprudel, 19. Jh. v. isländ. *geysir* z. gären, *geysa* in heft. Bewegung setzen, aisl. *gjōsa* hervorströmen; ah. *gussi* Überschwemmung.

Geiß *f* (südd.), mh. ah. *geiz*, got. *gaits*, ags. *gāt*, eng. *goat*, urv. lt. *haedus* <* *ghaidos*, vgl. schweiz. Gitzi »Zicklein«. F.N. (schwäb.) Gaiser, Gaiswaid (Flur- u. F.N.); O.N. Gaisberg, Gaisbach.

Geißel *f* ah. *geisala*, Peitsche, ndl. *geesel*, ~*monnik* (= mönch) Flagellant, an. *geisl* Stab, Stock; z. Ger.

Geist *m* mh. ah. *geist*, and. *gēst*, afries. ags. *gāst*, eng. *ghost*; wohl z. an. *geisa* wüten, got. *usgaisjan* von Sinnen bringen, * relig. Ekstase; ~licher *m* 15. Jh., ~esgegenwart *f* 18. Jh. Lüs. v. fz. *présence d'esprit*; Be~erung *f*.

Geiz *m* mh. ah. *gīt* Gier, Habgier, frühnh. *geit*; spätmh. *gīze* dagegen v. ~en mh. *gītsen*, *gīten*; ~ig mh. *gītec*, ah. *gītag*, got. *gaidw* Mangel, urv. lit. *geidžiù* begehre; ~hals *m* 16. Jh., eig. gieriger Rachen; ~kragen *m* 19. Jh., s. Kragen.

Gekröse *n* mh. *gekroese* d. kleine Gedärm, z. kraus.

Gelage *n* Schmauserei, z. legen, Lage; eig. was d. Gesellschaft z. Verzehren zs.legt. Vgl. auch Zeche.

Gelände *n* Landschaft, bes. milit. Sa. zu Land, ah. *gilenti*.

Geländer *n* Sa. zu mh. *lander* Stangenzaun, viell. verw. m. Latte u. m. lit. *lentà* Brett.

gelangen ah. *gilangōn* * e. langen Weg gehen.

Gelaß *n* Raum zum Aufbewahren, z. mh. *gelāzen* sich niederlassen.

gelassen ruhig bei Gemütsbewegung, mh. *gelazen* gottergeben (eins d. Lieblingsw. Goethes); s. ausgelassen. **Gelassenheit** = Gott-Ergebenheit 16. Jh., von den Pietisten durchgesetzt.

Gelatine *f* reiner Knochenleim, 18. Jh. v. fz. *gélatine*, z. lt. *gelātus* gefroren (*gelāre* frieren); s. Gallert, Gelee.

gelb mh. *gēl*, ah. and. *gēlo*, Gen. *gēlwes*, pl. gel, ags. *geolo*, eng. *yellow*, ndl. *geel*, entl. it. *giallo*, urv. lt. *helvus*, gr. *chlōrós* (s. Chlor), ablg. *zelenŭ* ~, phryg. *zelkia* Gemüse, ai. *háriš* ~, grün; s. Gold, glühen, Galle; ~schnabel *m*, vergilbt.

Geld *n* mh. ah. *gëlt* Vergeltung, Ersatz, dann: was als Zahlung dient (t ist in Entgelt erhalten); s. gelten.

Gelee *n* verdickter Fruchtsaft, * Gefrorenes: zu fz. *gelée*; s. Gallert, Gelatine, 18. Jh.

gelegen eig. was zus. liegt (s. ge-), benachbart, zur Hand passend (zu ~er Zeit); dann: es ist mir daran ~, er kommt mir un~; ~heit *f* eig. Art u. Weise d. Liegens, Gelege *n* Eier i. Nest; s. legen, liegen.

Geleise *n* meist Gleis, s. dies.

geleiten feierlich u. dicht. f. begleiten, s. leiten; Geleitzug *m* (v. Schiffen), Geleitsmann s. Lotse. F.N.: Leitzmann?

Gelenk *n* mh. *gelenke* Biegung, Taille, eig. Sa. z. mh. *lanke* biegsamer schmaler Leib zwischen Brust u. Hüfte, jetzt auch auf d. andern biegsamen Körperteile übtr.; gelenk, ~ig, zu ah. *hlancha*, *lancha* Hüfte, Lende, Weiche, »Lankstich«, ags. *hlenca*, eng. *link* Glied, Gelenk, an. *hlekkr* Ring, Kette, schw. *länk*, dä. *länke* Glied, z. lenken; entl. fz. *flanc*, it. *fianco*, s. Flanke, schwäb. F.N. Klenk, Klink.

Gelichter *n* Sa. mh. *lëhtar* (z. Bdtg. vgl. gr. *adelphós* Bruder) Mutterschoß, seit 17. Jh. nur verächtlich; z. liegen.

gelingen ah. *gilingan* Erfolg haben, ursp. nur unpersönlich, s. leicht, Lunge; gelungen = seltsam, ursp. stud.

Gelle *f* Nebenform z. Jolle, s. d.

gellen ah. *gëllan* durchdringend schallen, an. *gialla* ertönen (Giallarhorn u. -brücke), ah. *galan* singen; s. Nachtigall.

geloben ah. *gilobōn*, eig. billigen; das, was vorgeschlag. wird, versprechen (Gelobt. Land), z. loben, s. Gelübde.

gelt gelle süd- u. westd. = nicht wahr? eig. 3. Pers. Sing. Konj. v. gelten: soll es gelten?

Gelte *f* mu. Kübel, ah. *gellita* v. mlt. *galleta*. F.N. Geldenhauer.

gelten ah. *gëltan*, eig. zahlen, zurückzahlen, urv. aslaw. *žlędą* »zahle«; dann: e. gewiss. Preis haben, got. *fragildan* vergelten, and. *geldan*, ursp. wohl auf relig. Opfer bezügl., also d. Gotte etwas als Gegenwert zum Dank od. als Sühne darbringen, anord. *gjalda*, afries. *jelda*, ags. *gieldan* opfern, weihen, eng. *yield* zugestehen, nachgeben; entl. lit. *geliúoti*; s. Gilde; Geld, Vergeltung, entgelten, gültig, gleichgültig. See-, Weltgeltung *f* um 1900.

Gelübde *n* mh. *gelübede*, ah. *gilubida* zu geloben.

Gelze *f* ah. *gelza* verschnittene Sau, an. *gylta*, ags. *gielte*.

Gemach *n* mh. *gemach* Ruhe, Bequemlichkeit (Gegenteil: Un~), bequemes Zimmer, ah. *gimah* Bequemlichkeit, Vorteil; ~ bequem, langsam; all~, gemächlich ah. *gimahlīh*, allmählich, alle z. machen.

Gemahl *m*, *n* mh. *gemahele* Bräutigam, Gatte, Braut, Gattin, ah. *gimahalo* Bräutigam, Gatte, *gimahala* Gattin, z. got. *maþl* Versammlung, ah. *mahal* Versammlung, dann der in d. Versammlung geschlossene Vertrag, bes. Ehevertrag, ah. *gimahalen* zs.sprechen, verloben, got. *maþljan* reden, s. vermählen; Mahlschatz (Brautgabe) mh. *mahelschaz* *m* †, Mahlstatt *f* †. O.N.: Detmold, ah. *Thēotmalli* Volksgerichtsstätte (s. deutsch), Versmold (in Westf.), viell. der Malberg bei Ems und Mecheln.

Gemälde *n* ah. *gīmālidī* 17. Jh. Gemähl, z. malen.

gemäß (Lieblingsw. Goethes) mh. *gemaeȥe*, Maß haltend, angemessen, ah. *gimāȥȥi*, z. messen; sach~.

gemein mh. *gemeine* zus.gehörig gemeinsam, allgemein, ah. *gimeini*, and. *gimēne*, ags. *gamǣne*, eng. *mean* gemein, niedrig, got. *gamains* (ohne üblen Sinn), urv. alat. *comoinis*, lt. *commūnis* gemeinsam, allgemein (*moenus*, *munus* Amt); Gemeinde früher Gemeine, polit. u. kirchl. Gemeinschaft, wofür bis ins 19. Jh. auch Gemeinheit *f* (noch b. Schiller); ~geist *m* (erst b. Herder), ~sinn *m*, ~platz *m* als Lüs. v. lt. *locus commūnis* (früher auch Gemeinort) zuerst b. Wieland; ~wesen *n* Übs. v. lt. *rēs pūblica*.

gemessen kurz u. bestimmt, steif (~er Befehl, ~es Wesen), zu messen.

Gemme *f* ah. *gimma*, v. lt. *gemma* Knospe, urv. m. Rebenkamm, * *gembna*: gr. *gómphos* s. Kamm, dann (wegen d. Glanzes) Edelstein, später geschnittener Stein, bes. Ringstein m. vertieftem Bilde (Intaglio), Steine m. erhabenem Bilde: Kameen, s. dies.

Gemse *f* mu. Gams *m*, ah. *gamiza*, *gamz*, it. *camozza*, fz. *chamois*, lt. *camox* (5. Jh.), viell. v. sp. pt. *gamo*, bask. *gama* Damhirsch (z. bask. *gamas* Hörner?).

Gemüse *n* Sa. z. Mus, eig. breiartige Speise, dann d. eßbaren Feld- u. Gartenpflanzen; mh. *gemüese* Mus.

Gemüt *n* mh. *gemüete* eig. Sa. z. Mut, Gesamtheit d. seelischen Stimmungen u. Kräfte; gemütlich, eig. d. Gemüt betr., jetzt meist bequem, behaglich, langsam.

gen † Nf. zu gegen (gen Himmel), ah. *gegin*, mh. *gen*, *gein*.

genau mh. *nouwe*, *genouwe* (Adv.); sorgfältig, ndl. *naauw*~, pünktlich (ah. *hniuwan* stoßen u.: gr. *knýō* schabe); ags. *hnēaw* karg, knickerig; schw. *noga*~.

Gendarm *m* um 1800 Landpolizist, vorher schwere Kavallerie, v. fz. *gendarme* eig. *gens d'armes* Leute der Waffen, Leibwache d. fz. Könige, dann Straßenpolizei, s. Alarm.

Genealogie *f* Geschlechterkunde, folge, -register v. gr. *geneá* Geburt, Iphigenie Kraftgeborene), *-lógos* kundig. **general-** in vielen Zs. von lt. *generālis* allgemein, ~beichte *f*, ~pardon *m*, ~probe *f*; ~versammlung, jetzt oft durch Haupt- ersetzt; ~isieren verallgemeinern; generell = allgemein. **General** *m* 16. Jh. v. fz. *général*, eig. *capitaine général*; im M.-A. hieß der oberste Befehlshaber *houbetman*. Im 17. Jh. kam d. Superl. Generalissimus hinzu; als kirchl. Bez. (oberster Vorsteher v. Orden) ist ~ schon im 13. Jh. üblich, ~stab (Gneisenau 1807ff.).

Generation *f* Menschengeschlecht v. lt. *generātio* Zeugung z. *generāre* zeugen. **Genesis** *f* gr. Entstehung; genetisch (vgl. *genetḗ* Abstammung) aus d. Anfängen entwickelnd, aufbauend. **Genetiv, Genitiv** *m* Wesfall, Besitzfall v. lt. *cāsus genetīvus*, der d. Herkunft bezeichnende Fall. **Genius** *m* angeborener Schutzgeist, schöpferischer Geist, v. lt. *genius*, entl. pers. arab. *dschin* in *Ginnistân* »Feenland« (Lessing, Nathan IV/4), lt. *geniālis* dem ~ geweiht, schöpferisch begabt. **Genie** *n* v. fz. *génie*, s. Ingenieur. **Genre** *n* Gattung, um 1800 v. fz. *genre*, alle z. lt. *genus* Geschlecht, Art; ~bild *n* Gemälde a. d. Alltagsleben.

genehm, z. nehmen, s. angenehm; annehmbar, ~igen, ~igung *f*.

genesen m. d. Leben davonkommen, gerettet werden, ah. *ginēsan* am Leben bleiben, v. e. Kinde entbunden werden, got. *ganisan*, ags. *genesan* errettet werden, ndl. *geneesheer* Arzt, z. Wz. *nes*; ai. *Nāsatyāu* (Götterärzte), gr. *néomai* kehre zur., *nóstos* Heimkehr, *Néstōr* * d. immer Wiederkehrende, s. nähren.

Genever *m* ndl. Wacholder, fz. *genièvre*, lt. *jūniperus*.

Genick *n* eig. Sa. zu Nacken, mh. *genicke*, ah. *nack*, ags. *hnecca*, eng. *neck*, s. Nacken; ~schuß.

Genie s. Genealogie.

genieren 18. Jh. v. fz. *gêner* z. *gêne* Zwang, Qual, nicht v. kirchenlt. *gehenna* Hölle, sond. germ. Urspr. (ah. *jēhan* sagen — s. Beichte —, entl. afz. *gehir* gestehen), fz. (13. Jh.) *gehine* durch d. Folter erpreßtes Geständnis, noch 14. Jh. *gehiner* foltern!

genießen ah. *giniozan*, *niozan*; s. Nutzen, Genosse, Nießbrauch.

Genosse *m* * wer m. jem. d. Vieh (ah. *nōz*) auf derselben Weide hat

(Haus~), Gefährte, Teilhaber, mh. *genōȝe*, ah. *ginōȝo*, *Saxnōt*, ags. *Seaxnēat* Schwertgenoß, Bein. d. Ziu. Ende 19. Jh. sozialdem. Bez. u. Anrede, dann Volks~; s. Nutzen, Kompagnon, Gesell.

Gentleman *m* 18. Jh. v. eng. *gentleman*, löste im 19. Jh. den Weltmann als deutsches Gesellschaftsideal ab.

genug ah. *ginuog*, *ginuogi* (Adj.) genügend, pl. (ge)naug, ags. *genōg*, eng. *enough*, got. *ganah*, ah. *ginah* es genügt; urv. lt. *nancīscor* erlange, *nactus sum* habe erreicht; Genüge *f*, genügen, genugsam, genügsam, Vergnügen *n*, vergnüglich.

Geograph *m* v. gr. *gē* Erde, *gráphō* schreibe; ~ie *f*. **Geologie** *f* Lehre v. Beschaffenheit u. Geschichte d. Erde. **Geognosie** *f* Lehre v. d. Schichten der Erdrinde, Gesteinkunde (*gnōsis* Erkenntnis). **Geometrie** *f* Raumlehre, 2. *metréō* messe. **Geodäsie** *f*, Feldmessung, 2. *daíomai* teile zu. Georg = Landmann, (s. Organ), pl. Jürgen, Jarres, Görres, Jörg, Jork, viell. auch Yorck (v. Wartenburg).

Gepäck *n* Sa. zu Pack, beim Militär seit 18. Jh. für fz. *bagage*.

Gepard *m* fz. *guépard*, † *gapard*, Jagdleopard, mlt. *cattus pardus* Pardelkatze, vgl. *leo-pardus*.

Ger *m* Wurfspieß, Speer, mh. ah. *gēr*, ags. *gar*, an. *geirr* lange verschollen, 19. Jh. neu belebt, nebst Geißel z. e. Wz., die Stab, Schaft, Stock bedeutet, kelt.-gr. *gaison*, gall. lt. *gaesum* schwerer Speer, gr. *chaios* Hirtenstab; P.N.: German, Gerhard. 2. stark, fest, Gerwin (latinis. Gervinus) ~freund, Gerbert ~ glänzend, Gertrud (s. Drude), Rüdiger, Roger ~berühmt. Berengar 1. z. Bär, s. Gerte, Garibaldi ~kühner, F.N. Garrel(t)s: Gerwalt, Gerold.

gerade, grade 1) ah. *giradi*, mh. *gerat* hurtig, dann schlank (Gegens.: krumm), übtr. offen, ehrlich, z. got. *raþs*, ah. *hrat* leicht, schnell, 2) ah. *girat* durch zwei teilbar: got. *garaþjan* zählen: lt. *rătus* berechnet.

Geräms *n* (noch b. Goethe) Gitterwerk, z. Rahmen, vgl. ndl. *geraamte* Gerippe, rhein. Knochengerämster.

Geranium *n* Storchschnabelgewächs, v. gr. *géranos* Kranich; s. Kran.

Gerät *n* Sa. z. Rat, ah. *girāti* Beratung, dann Ausrüstung, Besitztum an Werkzeugen (Hausrat, Vorrat, Unrat, Heirat), s. Liste 34.

geraten verstärktes raten, wohin ~, wohl~ (gelingen), z. Rat, Hilfe werden, got. *garēdan* auf etw. bedacht sein, aufs Geratewohl; s. raten, Rat.

geraum zu Raum, jetzt nur noch zeitlich: geraume Zeit (noch b. Goethe u. E. T. A. Hoffmann örtlich).

Geräusch *n* mh. *geriusche*, z. rauschen.

gerben ah. *garawen*, z. gar, also eig. gar, fertig machen. (Beschränkung auf d. Lederbereitung seit 13. Jh.), schon ah. *lēdargarawo* Gerber.

gerecht eig. dass. wie recht (gerade, richtig, noch bei Goethe: z. gerechter Zeit), in allen Sätteln ~, ah. *girēht*, got. *garaíhts*; ~igkeit *f*, ~same *f*, mund~.

gereichen eig. dass. wie reichen, nur noch: zur Ehre, Freude ~ u. ä.

Gericht *n* mh. *gerihte* angerichtete Speise, rechtsprechende Körperschaft, s. richten, recht.

gerieben zu reiben (bildl.) schlau, verschmitzt, s. abgefeimt, raffiniert.

gering ah. *giringo* (Adv.): Adj. *(gi) ringi*; urv. gr. *rhimpha* leicht; ring (schwäb.-alem.), ringer (Hebel) leichter, besser, ~schätzig, ~fügig, verringern.

gerinnen ah. got. *garinnan* zus. laufen (v. Menschen), aus rinnen u. ge- i. d. Grbd. zusammen; s. rinnen, rennen.

Gerippe *n* Sa. z. Rippe, 17. Jh.

Germanen ursprünglich wohl Name eines Einzelstammes, der auf das Gesamtvolk übertragen wurde, wie von den Franzosen *Allemands*, den Nordleuten *Sachsen*, den Ungarn *Schwaben*. Noch nicht sicher gedeutet, aber wahrscheinl. german. Wortstamm, der entweder an **ermana* (ah. *irmin-)* oder an **germana-* (im Göttinnennamen *Garmangabis* u. im ags. *geormenleaf* Malve) anzuschließen wäre. *Germanen* würde dann »der Großstamm« oder »die Hohen« (wie *Chauci)* bedeuten. Zu erwägen bleibt auch, ob der Wortstamm lat. *(germani* = Brüder) und eine Übersetzung des german. **swēbōz* = Brüder (eines Kultverbandes, einer Thinggemeinschaft) darstellt (Tunberg); o. z. Zaunwurzel * *gher-* als Thinggenossen (Trier)?

gern ah. *gërno*, ags. *georne* z. mh. *gërn*, *gëren*, ah. *gërōn* verlangen, begehren, eng. *yearn;* Grbd. begierig (jetzt abgeschwächt), got. *faíhugaírns* habsüchtig, 1. s. Vieh; s. begehren, gierig, Geier.

Gerste *f* *gërsta*, pl. der Gasten, urv. lt. *hordeum*, Grbd.: stachlig, ags. *gorst* Stechginster, Brombeerstrauch: lt. *horrēre* starren: gr. *krithḗ*?

Gerte *f* ah. *gartī*, *gerta* Stab, Zweig, z. *gart* Stab, got. *gazds* Stachel, eng. *yard* Elle, urv. lt. *hasta* Speer, ablg. *žrĭdĭ* dünne Stange, s. Ger; hierher gehören n. Edw. Schröder Gerda *(gardjo* ~, schlank wie e. ~, junge Pflanze aufwachsend), Arm-, Irmingard, Hildegard u. a.

Geruch *m* z. riechen; »in gutem ~ stehen« jedoch wahrsch. z. Gerücht.

Gerücht *n* mnd. *gerüchte*, mh. *gerüefte*, ah. *gihruofti* Ruf, Leumund, d. Form m. ch; s. rufen.

geruhen (Hofsprache), irrt. an ruhen angelehnt, mh. *geruochen* »belieben«, sorgen, gewähren, genehmigen, ah. *giruochan*, ags. *recan*, eng. *reck* sich kümmern, zu mh. *ruoche*, ah. *ruohha* Sorgfalt, Berücksichtigung, verw. m. ah. *rahha* Rechenschaft, Rede, viell.: gr. *arḗgō* helfe, *arōgós* Helfer; s. rechnen.

Gerümpel *n* (z. rumpeln) schlechter Hausrat; neu: entrümpeln.

Gerüst *n* z. rüsten, früher in allg. Bed., jetzt meist Gestell aus Lattenwerk beim Bau; Knochen~.

gesamt mh. *gesament*, ah. *gisamanōt*, Part. z. *samanōn* sammeln; s. dies u. samt.

Gesäß *n* eig. Ort, auf d. man sitzt, mh. *gesaeȝe*, ah. *gisaȝi* Sitz, Niederlassung, z. sitzen.

Geschäft *n* z. schaffen, jetzt meist auf d. Handel beschränkt, im 18. Jh. auf Staatsgeschäfte bezogen, daher Geschäftsmann = Staatsmann, Beamter (oft bei Goethe); ~ig, ~lich.

geschehen ah. *giscëhan*, ags. *scēon*, Grbd. d. Wz.: eilen, springen, sich plötzlich wenden, urv. aslaw. *skokŭ* Sprung; s. Geschichte, schicken, Geschick, Schicht, Schuh.

Geschein *n* Knospe u. Blüte d. Weinstocks, zu scheinen(?).

gescheit (gescheut, m. irrt. Anlehnung an scheuen), mh. *geschīde*, z. scheiden, also eig. geistig sondernd, gut deutend.

Geschichte *f* eig. was geschieht, dann d. Erzählung davon, mh. *geschiht*, ah. *gisciht*, z. geschehen.

Geschick *n* höhere Fügung, Fähigkeit sich leicht i. etwas z. finden, mh. *geschicke* Begebenheit, Ordnung, z. geschehen, schwäb. Schick *m;* entl. fz. *chic* 19. Jh.

geschickt eig. Part. z. schicken, ursp. geschickt z. etwas (zur Arbeit), dann auch ohne Zusatz mh. *geschicket* geordnet, bereit, passend.

Geschirr *n* ah. *giscirri* Werkzeug, noch in Franken, Gefäß, jetzt meist v. Porzellan, Ton: *scëran* schneiden,

* Geschnitztes; Pferde~ = Riemenwerk.

geschlacht nur noch verneint: un~, mh. *geslaht*, ah. *gislaht* wohlgeartet, z. mh. *slahte* Art, s. schlagen; **Geschlecht** *n* ah. *gislahti* Stamm, Beschaffenheit, Sa. z. mh. *slahte*, ah. *slahta* (entl. poln. *szlachta* »Adel«) Art, Verwandtschaft; Menschenschlag, jem. nachschlagen, n. jem. schlachten, ah. *slahan*, * e. Richtung nehmen, nacharten.

Geschmack *m* z. schmecken, seit 17. Jh. auch bildl., bes. ästhetisch Lb. n. fz. *goût*, sp. *gusto*.

Geschmeide *n* eig. Geschmiedetes, ah. *gasmīdi* Metall, metallne Waffen u. Schmuck, Sa. z. ah. *smīda*, z. germ. Wz. *smi* in Metall arbeiten; geschmeidig, was sich leicht schmieden läßt, biegsam; s. Metall.

Geschmeiß *n* belästigende Insekten (Schmeißfliege), bildl. v. Menschen (Hof~) eig. Kot d. Raubvögel; s. schmeißen.

geschniegelt, nur i. d. Redensart ~ u. gebügelt, (auch: gestriegelt), z. Schnecke: v. frühnh. *schnīchl* Haarlocke (in Schneckenform).

Geschöpf *n* 16. Jh. nh. *geschöpf*, zu *schepfen, scheffen;* s. schöpfen, schaffen.

Geschoß *n* 1) was geschossen wird, 2) Stockwerk, mh. *geschoȝ*, ah. *giscoȝ* v. schießen, schnell emporwachsen wie d. Schößling einer Pflanze.

geschraubt bildl. = gekünstelt.

Geschrei *n* mh. *geschrie*, Sa. z. schreien. In »Viel ~ u. wenig Wolle« ist Geschrei viell. verdorben aus südd. Gescherei (der Schafe).

Geschütz *n* eig. Sa. z. mh. *schuȝ*, *schutz* Schuß, dann einzelne Kanone; mh. *geschütze* Bogen.

Geschwader *n* 16. Jh. v. it. *squadra* Heerhaufen, dann Reiterschar, heute nur noch Kriegsschiffgruppe u. Flug~, selten Vogelschwarm (Schiller, Kraniche), z. mlt. *exquadrāre* viereckig machen, also eig. im Viereck aufgestellter Haufe; s. Schwadron, Eskadron, Quadrat.

geschweige nur noch in Verneinungssätzen, eig. ich schweige, zu mh. *geswīgen* schweigen.

geschwind mh. *geswinde*, 16. Jh. auch schwinde, mu. nordd. schwinne, Grbd. stark, got. *swinþs*, im Ablaut z. gesund; s. bald, schnell. P.N.: Hrotswit (Roswitha) ruhmstark; latin. Suitbertus stark glänzend, Suidger st. Ger, F.N. Zwitzers.

Geschwister Mehrz. mh. *geswister*, eig. Sa. zu Schwester, später auch v. Brüdern gebraucht; s. Gebrüder.

Geschworener s. schwören.

Geschwulst *f* zu schwellen, ah. *giswulst*.

Geschwür *n* mh. *geswër*, ah. *kiswër*, 18. Jh. Geschwür; s. schwären, schwer.

Geseire(s) *n* 20. Jh. leeres Geschwätz, v. neuhebr. *gezērā* Behauptung.

Gesell||e *m* ah. *gisello*, *gisellio* eig wer m. jem. dens. Saal, dass. Hau[s] bewohnt, dann Gefährte, Freun[d] (oft bei Goethe), jetzt Handwerks-gehilfe; Grbd. noch in ~en, ~ig ~schaft; s. Saal, Gefährte, Genosse Kamerad, Kompagnon, Kumpan Kollege.

Gesetz *n* eig. Festgesetztes, mh *gesetze* (neben *gesetzede)*, z. setzen.

gesetzt Part. z. setzen, als Adj ruhig, ernst; in ~em Alter über d Jugend hinaus, 18. Jh.; als absolut[e] Partizipialkonstruktion: ~er ruf Lbi. n. lt. *posito casu*, 17. Jh.

Gesicht *n* Sehkraft, Gesichtssinn dann übertr. auf d. ganzen Vorderteil d. Kopfes (früher Antlitz), mh *gesiht*, ah. *gisiht;* auch = Vision übernatürliche Traumerscheinun[g] (Mehrz. Gesichte).

Gesims *n* s. Sims.

Gesinde *n* Dienerschaft, ah. *gi-sindi*, ags. *gesiþ* Reise- u. Kriegsgefolge d. Fürsten, zu ah. *sin[d]* Heereszug, Reise, got. *sinþs* We[g] *sinþan* gehen, *gasinþa* Reisegefährte; Bew. senden; verw. air. *sēt* Weg; Verkl. Gesindel *n*, mh. *gesindelīn* kl. Gefolge (verächtlich erst i. 18. Jh.); s. Sinn.

gesinnt z. Sinn, eine Gesinnung habend (freundlich ~), irrt. bisw. m. gesonnen (die bestimmte Absicht, d. Willen haben) vertauscht; Gesinnung *f*.

gesittet, Gesittung *f* s. Sitte.

Gespan *m* Gefährte, Genosse: mh. *gespan* * wer d. gleichen Spanndienste leistet; dag. ungar. *Gespan* »Bezirksoberster«, magyar. *ispan*, slaw. *zupan*, F.N. Suphan, Sauppe.

gespannt eig. v. Bogen, dann v. Hahn d. Flinte, endl. übtr. auf Auge u. Ohr.

Gespenst *n* ah. *gispanst*, and. *gispensti* Lockung, Trugbild, z. *spanan* locken, reizen, s. abspenstig, urv. lt. *sponte* nach Willen, gr. *spáō* ziehe.

Gespiel(e) *m* mh. *gespile*, z. Spiel, schwäb. = Brautführer u. Brautfräulein.

Gespinst *n* z. spinnen, (bildl.) Hirn ~ = trügerisch Ausgesonnenes.

Gespons, Gesponst *m f n* † (Ehe ~), mu. Gspusi v. lt. *spōnsus* *spōnsa* Verlobte(r), fz. *époux (épouse)* Gatte (Gattin); mh. *gesponse*.

Gestade *n* eig. südd. (nordd. Ufer), jetzt dichter.; mh. *gestat*, z. stehen; got. *staþs*. O.N.: Stade, s. Staden.

Gestalt *f* eig. Part. z. stellen, noch in ungestalt, wohl ~, der ~, ah. *gistalt* beschaffen, erhalten, oft m. neuer Endung ~et; s. stellen; ~en.

gestatten ah. *gistatōn*, eig. günstige Stätte, Gelegenheit geben, z. ah. *stata* Standpunkt s. Statt.

Geste *f* v. lt. *gestus* Gebärdenspiel d. Schauspieler, z. *gerĕre* an sich tragen; **gestikulieren** v. lt. *gesticulāri* pantomimisch ausdrücken.

gestehen ah. *gistān* stehen, vor Gericht stehen, zugestehen, bekennen; geständig, Geständnis *f*.

Gestein *n* eig. Sa. z. Stein.

Gestell *n* eig. Sa. z. Stall, ah. *gistelli;* s. Stall, stellen, Stelle.

gestern ah. *gëstaron*, ags. *geostra*, eng. *yesterday*, dä. *igaar*, eig. den andern Tag v. heute an, rück- od. vorwärts, got. *gistradagis* morgen, ah. *ēgëstern* übermorgen, an. *igœr* morgen, gestern (viell. noch eine alte Bed. »nicht heute«); urv. lt. *heri*, * *hesi*, ai. *hyás*, gr. *chthés*, alban. *dje*.

Gestirn *n* eig. Sa. z. Stern, ah. *gistirni* Gesamtheit d. Sterne, jetzt einzelner Stern.

Gestöber *n* meist Schnee ~ ; s. stöbern, stieben.

Gestrüpp *n* z. struppig, sträuben.

Gestühl *n* Gesamtheit d. Stühle (bes. i. d. Kirche), s. Stuhl.

Gestüt *n* Pflegestätte für Zuchtpferde, Sa. z. Stute; O.N. Stuttgart.

Gesuch *n* Bitte bes. an Behörden, mh. *gesuoch m* = Suchen, Gewinn, Erwerb, Ertrag; s. suchen.

gesund mh. *gesunt*, ah. *gisunt*, ags. *gesund*, eng. *sound;* im Ablaut z. geschwind.

Getäfelt *n* **getäfelt** s. Tafel.

Getier *n* Sa. z. Tier.

Getöse *n* mh. *gedoeze*, Sa. zu *dōz*, ah. *diozan*, mh. *diezen;* s. tosen.

getrauen sich, mh. *getrouwen*, ah. *gitrūwēn;* s. trauen, treu.

Getreide *n* mh. *getregede* ursp. alles, was getragen wird: Kleidung, Gepäck, Früchte d. Erde, ah. *gitregidi* Ertrag, Besitz, dann beschränkt auf d. Ertrag d. Körnerfrucht, jetzt diese selbst; s. tragen.

getreu zu treu, mh. *getriuwe*, ah. *gitrūwi*.

Getriebe *n* eig. Triebwerk e. Mühle, Uhr, dann auch d. Menschen, d. Welt, d. Verkehrs, z. treiben.

getrost, wie gemut z. Mut gebildet z. Trost, zeigt noch dessen Grdb. (Vertrauen); s. Trost, trauen.

Getto, Ghetto *n* (seltener *m*) 17. Jh. v. it. *ghetto* Judenviertel, z.

hebr. *ghet* Absonderung o. verderbt aus *Aegyptius?*

Getümmel *n* Sa. z. mh. *tumel;* s. tummeln, Taumel.

Geusen, s. Gösch.

Gevatter *m* mh. *gevatere*, ah. *gifatero* geistlicher Mitvater, Taufpate, n. mlt. *compater* gebildet; s. Pate.

geviert eig. Part. ah. *gevierōt*, z. *vieren;* ~meile *f* Quadratmeile, ins ~ im Quadrat.

Gewächs *n* eig. Sa., jetzt Einzelpflanze, s. wachsen.

gewahr ah. and. *giwar* aufmerksam, beobachtend, scharfsinnig, ah. *wara* Acht, eng. *aware;* nur noch i. d. Verbindung ~ werden; ~sam *m*, ~en wahrnehmen; s. wahren; wahr ist nicht verw.

gewähren ah. *giwërēn* leisten, afries. *wera* Gewähr leisten; s. Garantie, s. Wirt.

Gewalt *f* z. walten, ah. *giwalt* eig. Fähigkeit, Befugnis, später Zwang. ~tat *f*, ~marsch; Sprach~ zuerst b. Schiller 1781.

Gewand *n* ah. mh. *gewant* Stoff, Zeug, Kleidung, eig. Sa.: Gesamtheit d. Kleidungsstücke, dann einzelnes (* umgewendetes, in Falten gelegtes) Kleid; s. Leinwand.

gewandt geschickt, eig. Part. z. wenden (wer sich z. wenden versteht), erst 18. Jh. allg. üblich.

gewärtig zu † gewarten, noch in Schillers Bürgschaft, s. warten.

Gewäsch *n* z. waschen, nur bildl.: geistloses, törichtes Gerede.

Gewehr *n* eig. Sa. z. wehren, Waffe überh., ah. *giwerī* Schutzw., dann Einzelwaffe, bes. Flinte, ~e Hauer d. Keilers.

Geweih *n* mh. *gewīge*, *gewīhe*, *hirȝgewīe*, kaum z. mh. *wīc*, ah. *wīg* Kampf, Kampfmittel d. Hirsches, vielm. »Geäst« des Hirsches, mnd. *hertes-twīch* Hirsch~, also: Zweig.

Gewerbe *n* z. werben, eig. Dreh-, Bewegungspunkt, mh. *gewërbe* Gelenk, Wirbel, Tätigkeit, auch Truppenwerbung; später auch Bewerbung (um e. Frau), jetzt: berufsmäßige Beschäftigung zum Erwerb; s. werben, Wirbel; Gewerbefleiß *m* Industrie.

Gewerk(e) *m* Inhaber v. Kuxen (Anteilscheinen) e. Bergwerks, mh. *gewërke* Handwerks-, Zunftgenosse, Teilhaber e. Bergwerks; Gewerkschaft *f* alle Inhaber d. Bergwerks, seit 1868 auch Arbeiterverband (n. d. Vorbild v. eng. *trade-union);* s. Kux.

Gewicht *n* mh. *gewihte*, ags. *gewiht*, eng. *weight*, dä. *vægt*, schw. *vikt*, zu wiegen²; s. Wucht.

gewieft gerissen 20. Jh., wohl eher im Ablaut z. ah. *weibōn* (s. Weibel) sich hin- u. herbewegen als v. fz. *vif*.

gewiegt gewandt, wohlerfahren, eig. Part. z. wiegen¹ (in etwas gewiegt, d. h. v. d. Wiege an erzogen); s. Wiege.

gewinnen ah. *gawinnan*, *winnan*, z. Wz. *wen* sich anstrengen, bes. i. Krieg (s. überwinden), ags. *winnan* sich bemühen, streiten, eng. *win* gewinnen, got. *gawinnan* leiden.

gewiß eig. Part. z. Wz. *wid* v. wissen, ah. *giwis*.

Gewissen *n* ah. *giwiȝȝanī* (Notker Ps. 68, 20) * Kenntnis, früh auf d. Religiöse u. Sittliche bezogen, Lüs. v. lt. *conscientia* = gr. *syn-eidēsis* (daf. got. *miþwissei);* schwed. *samvete;* vgl. russ. *sovjestj;* s. wissen; ~sfreiheit 1648 u. (Zesen) 1661.

Gewitter *n* Sa. zu Wetter, 16. Jh. = Wetter, Witterung, Wetter m Blitz u. Donner, schon ah. *giwitiri* schwäb. = Wetter.

gewogen wohlgeneigt, zugetan eig. Part. z. mh. *gewëgen* wägen Gewicht haben, angemessen sein; s wägen.

gewöhnen mh. *gewenen*, ah. *giwennan*, v. Part. Adj. mh. *gewon*, ah *giwon*, jetzt gewohnt (mu. noch gewohne); Gewohnheit *f*, gewöhnlich s. wohnen.

Gewölbe *n* mh. *gewelbe*, z. wölben.

Gewölk *n* Sa. z. Wolke, mh. *gewülke*, *gewölke* z. *wolken*.

Gewürm *n* Sa. z. Wurm.

Gewürz *n* Sa. z. † **Wurz,** eng. *wort*, Pflanze, Kraut; würzen eig. m. aromat. Kräutern versetzen; Wurz nur noch i. Zs. (Nies~, Schwarz~).

Gezäh(e) *n* Arbeitsgeräte der Bergleute, mh. *gezouwe* Gerät, mh. *zouwen* gelingen, v. statten gehn, ags. *tawian* bereiten, urnord. um 400 (Horn von Gallehus) *tawiđo* »ich verfertigte«.

Gezeiten Mehrz. Wechsel v. Ebbe u. Flut, mh. *gezīt*, eng. *tide*, s. Zeit.

† **Geziefer** *n* noch b. Th. Storm, schwäb. fränk. Ziefer = Haustiere, s. Un~.

Gezücht *n* Sa. z. Zucht »Aufgezogenes«, nur noch verächtlich: Ottern~ (Luther), ~ d. Schlangen (Schiller).

Giaur *m* v. türk. *gjaur* Ungläubiger, im Orient Schimpfname für alle Nichtmohammedaner: pers. *gäbr* Feueranbeter.

Gicht *f* mh. *giht*, Zuckungen, Krämpfe, ~ = Gicht »Aussage«, durch Zauber eingegebenes Leiden, z. mh. *jëhen* sprechen, »Besprochenes«?; s. Beichte.

Gickel *m* mu. verdoppelt aus e. lautmalenden westd. *gul:* *güggel* 16. Jh., s. Gigerl.

Giebel *m* ah. *gibil*, an. *gafl*, got. *gibla* oberste Spitze, Zinne, ndl. *gevel*, ah. *gëbal* Schädel, Pferdeschädel am Hausgiebel, urv. gr. *kephalḗ* Kopf, makedon. *gabalá*.

Gier *f* ah. *girī*, v. *gër* begehrend, dazu gern, Begierde, begierig, Neugier, begehren, Geier; mu. nordd. gieren, heftig verlangen, urv. gr. *chará* Freude, ai. *háryati* hat gern.

gießen mh. *giezen*, ah. *giozan*, got. *giutan*, and. *giotan*, mnd. *gēten*, ags. *gēotan*, urv. lt. *fundo*, gr. *chéō;* s. Guß, Gosse, Götze. O.N.: Kissingen »Gußquelle«, Gießen, ah. *zi den giezōn* bei den Flüssen, Zs.fluß v. Wieseck u. Lahn; ähnlich Koblenz v. lt. *confluentēs* die zus.fließenden (Rhein u. Mosel); Gose b. Goslar(?).

Gift *n* (*m* noch b. Goethe im Faust, b. Fr. Reuter u. im Schwäb.), mh. ah. *gift*, eig. Gabe, wie noch eng. *gift*, für schädliche, tödliche Gabe, vergeben † (= vergiften); vgl. fz. *poison* Gift aus lt. Akk. *potionem* Trank; Mitgift *f* got. *fra-gifts* Verleihung, Verlobung, s. Liste 48.

Gigant *m* Riese, v. gr. *gigās* (dah. auch fz. *géant*, eng. *giant*, it. *gigante*).

Gigerl *m* Hahn u. Modegeck (wienerisch) um 1885, dann stutzerhafter Mensch; z. Gickel; s. kokett, Geck.

Gilde *f* v. mnd. *gilde;* ndl. *gild* Innung, an. *gildi*, eng. *guild;* Grbd. Opferschmaus, dann geschlossene Gesellschaft z. gelten (eig. opfern), entl. fz. *guilde*. F.N.: ~meister.

Gimpel *m* früher Gumpel, Blutfink, dann einfältiger Mensch (da d. ~ leicht z. fangen ist), z. oberd. *gumpen* = hüpfen; verw. mh. *gampf* Schwanken, urv. gr. (Hesych) *athemb-úsă* ausgelassen.

Ginster *m* ah. *geneste*, *genster* v. lt. *genista*, fz. *genêt;* daher d. Beiname *Plantagenet* für d. Haus Anjou, weil es d. Ginsterpflanze im Wappen führte.

Gipfel *m* mh. *gipfel*, *güpfel* Verkl. z. *gupf* Spitze, m. Kuppe verw.; ~punkt um 1800 Kulminationspunkt; ~n.

Gips bayr.-schwäb. Ips *m* v. lt. *gypsum*, gr. *gýpsos*, arab. *jibs?*

Giraffe *f* 14. Jh. v. it. *giraffa*, z. arab. *zarrāfah (džrāfa)*, mh. *schraffe*.

Girlande *f* v. it. *ghirlanda*, fz. *guirlande*, viell. z. ah. *wiara* Kranz, mh. *wieren* umflechten, pl. wiren wickeln, pl. Wir, eng. *wire* Draht, pl. Wierelande Blumen- u. Laubgewinde; urv. lt. *vieo* winde, *viriae* Armschmuck; 18. Jh.

Giro *m* it. v. gr. *gŷros* Kreis, Umlauf d. Geldes, s. kauern; 17. Jh.

girren mh. *gërren*, garren lautm. bes. v. Tauben.

Gischt *m* brausender Schaum, früher Gäscht, Gescht, mh. *gëst, jëst*, ndl. *gist*, pl. Gest Hefe, eng. *yeast* Hefe, z. mh. *jësen*, ah. *jësan* gären, urv. gr. *zestós* gekocht, schwäb. Jäscht = Jähzorn; O.N. Jesa schäumendes Wasser; s. gären; Jast ungestüme Eile (Schiller, Hebel, schweiz.).

Gitarre *f* v. sp. *guitarra*, fz. *guitare*, it. *chitarra*, lt. *cithara*, v. gr. *kithárā* s. Zither; 17. Jh.

Gitter *n* mh. *geter*, Nf. z. Gatter.

Glacéhandschuh *m* v. fz. *gant glacé* zu *glacer* m. Eis überziehen, glänzend machen z. lt. *glaciēs* Eis.

Glacis *n* Abdachung d. Festungswerke der Vorwerke oft m. Bäumen bepflanzt, um 1700 v. fz. *glacis* Abdachung v. afz. *glacier* gleiten, z. lt. *glaciēs* Eisfläche; s. Gletscher.

Glanz *m* mh. *glanz*, verw. m. glatt, Glas, Glast, Glatze, gleißen, glitzern, Glimmer, gleiten, Ab~ (Bodmer f. Reflex).

Glas *n* mh. ah. ndl. *glas*, *glänzend, mh. *glanst*, eng. *glass*, an. *gler*, ags. *glære* (Baumharz); ~ieren eig. mit e. Glasmasse überziehen, ~ur *f* Entl. ist lt. *glēsum, glaesum* Bernstein, eines d. ältesten deutschen W. b. d. Römern; Tacitus, Germania 45.

Glast *m* (dichter. u. südd.) Glanz, mh. *glast*, z. Glas.

glatt mh. ah. *glat* glatt, glänzend, and. *gladmōd* fröhlich, ags. *glæd* glänzend, froh, eng. *glad* fröhlich, an. *glađr* glänzend, froh, schw. dä. *glad;* urv. lt. *glaber*, **gladhros* (vgl. *ruber* rot), aslaw. *gladŭkŭ* ~. Als Adv. heißt glatt völlig (ohne daß etwas übrig bleibt: d. Angriff wurde ~ abgewiesen); s. Glanz, Glas. F.N.: ~haar, O.N. Gladbeck, Gladbach.

Glatze *f* kahle Stelle auf dem Kopf, mh. *glaz* Kahlkopf, z. glatt; schwäb. F.N.: Glatzle.

glau mu. nordd. bei Lessing u. Droste-Hülshoff, hell, scharf (bes. v. d. Augen), klug: ah. *glau*, an. *gløggr* klug, got. *glaggwo* genau. P.N.: Glaubrecht durch Klugheit glänzend, umgedeutet in glaub recht; f. -bert. Liste 54.

Glaube *m* mh. *geloube*, ah. *giloubo*, pl. Glowen, ags. *geleafa*, eng. *belief;* glauben, pl. löwen, Grbd. d. Wz. *lub* gutheißen, sich etwas lieb, vertraut machen, Vertrauen haben, got. *galaubjan* ~: *galaufs* wertvoll, kostbar: s. erlauben, loben, lieben; Gläubiger *m* übers. it. *creditore*, 15. Jh.

Glaubersalz *n* 1658 v. d. Chemike J.R. Glauber in seiner Schrift *De natura salium* beschrieben.

gleich mh. *gelīch*, ah. *gilīh*, got. *galeiks*, aus *ga-*, *ge-* u. got. *līka* Körper (s. Leiche), also dens. Körper, dies. Gestalt habend; s. -lich jeglich, Leiche, solch, welch; Gleichheit *f*, ~en, ver~en.

-gleichen (meines~) erstarrte Gen., mh. *mīngelīche*.

Gleicher *m* Äquator z. lt. *aequu* gleich.

Gleichgewicht *n* 17. Jh. Lüs. v. lt *aequilibrium*.

gleichgültig gleich viel gelten (noch i. 18. Jh.: gleichgültige Münzen), dann unerheblich.

Gleichnis *n* Ebenbild, vergleichende bildl. Rede, Parabel (bei Jesus) ah. *gilihnissa*.

gleichsam gleich als, ah. *same sama* ebenderselbe, eng. *same*, gr *homós*, ai. *sama*.

Gleis *n* mh. *geleis* Weg, urv. lt *līra* Furche; s. lehren, lernen, List leisten.

Gleisner *m* Heuchler, mh. *glīsnære gelīchsenaere*, ah. *gilīhhisōn* *gleich tun, sich verstellen (wie lt. *simulare* z. *similis);* nicht verw. gleißen.

gleißen mh. *glīzen*, ah. *glīʒan*, an. *glita*, got. *glitmunjan*, eng. *glitter*, urv. gr. *chlidṓn* Schmuck; s. Glanz, glitzern.

gleiten mh. *glīten*, ah. *glītan*, and. *glīdan*, eng. *glide*, ags. *glidder* schlüpfrig; z. glatt, Glanz u. ä., s. glitschen.

Gletscher *m* fz. mu. (Wallis) *glatšer*, fz. *glacier*, vulgärlat. **glaciārium* z. lt. *glaciēs* Eis; s. Glacé, Glacis; die österr. Bez. ist Ferner, s. firn, tirol. Kees; 16. Jh.

Glied *n* ah. *gilid*, afries. ags. *liþ*, got. *liþus:* lt. *lītuus* Augurstab. Mit∼, ∼ern, ∼maßen, weil die Glieder (Fuß, Elle, Spanne) als Maße dienen.

glimmen mh. *glīmen* leuchten, eng. *glimmer* dazu *gleam* Glanz; urv. gr. *chliaínō* wärme, air. *glē* glänzend; Glimmer *m* leicht spaltbares Gestein; Glimmstengel *m* um 1820 für Zigarre; nur noch scherzhaft. F.N.: Gleim (Glühwürmchen): ah. *gleimo.*

Glimpf *m* † mh. *gelimpf*, ah. *gilimpf* Rücksicht, angemessenes Betragen, Billigkeit, * Herabhängen, hannov. *mit der Limpe* = rücksichtsvoll, eng. *limp* schwach, hinkend: ai. *lámbatē* hängt nieder; ∼lich, veran∼en, ∼wort; s. Liste 48.

glitschen z. gleiten, 15. Jh.

glitzern z. mh. *glitzen*, an. *glitra*, z. gleißen.

Globus *m* 15. Jh. v. lt. *globus* Kugel, urv. ist Kolben.

Glocke *f* ah. *glocca*, pl. Klock, v. nlt. (7. Jh.) *clocca* (fz. *cloche*, eng. *clock);* Wort der irischen Missionare, kelt. Ursp. (lautm.?), air. *cloc;* Glöckner *m*, F.N.: Glöckler, Glöckle, Klockgether; ∼nblume *f*, Käse∼, Taucher∼, Maiglöckchen *n*.

Glor||ie *f* Ruhm, Herrlichkeit, Strahlenkranz, Heiligenschein, v. lt. *glōria* Ruhm; Vkl. ∼iole *f*, ∼reich.

Glosse *f* erklärende Bemerkung z. Schriftwerken, dann (kritische) Bemerkung, v. gr. *glōssa* Zunge, Sprache; Glossár *n;* 16. Jh.

glotzen mh. *glotzen* starr sehen, an. *glotta* hohnlächeln, eng. *gloat* anstarren, wohl im Ablaut z. glitzern.

Glück *n* mh. *gelücke*, anl. * *gilukki* z. as. *lúkan* schließen; entl. sind: dä. *lykke*, schw. *lycka*, eng. *luck* aus ndl. *(ge)luk.* Das Ztw. ∼en zeigt noch d. Grbd.: wie etwas ausschlägt, ob zum Guten od. Bösen; ∼lich.

Glucke *f* Bruthenne, pl. Kluck, lautm. glucksen d. Schlucken haben.

glühen ah. *gluoan*, ags. *glowan*, eng. *glow*, an. *glōa;* dazu Glut *f* (eng. *gloom* Dämmerung), gelb, Gold, viell. auch glau, Glanz.

Glyptothek *f* gr. *glyptá* Bildhauerwerke u. *thḗkē*, n. Pinakothek neugebildet.

Glyzerin *n* 1776 v. Scheele entdeckt u. Ölsüß genannt, v. gr. *glykerós* süß; s. Lakritze.

Gnade *f* mh. *genāde*, *gnāde* Herablassung, Unterstützung, ah. *ginād̄a* (Wort der irischen Mission?), schw. *nad*, dä. *naade*, got. *niþan* helfen, ai. *nāthám* Hilfe, *Herablassung; gnädig; ∼ uns Gott! letzter Rest d. Ztw. † gnaden. O.N.: Herrnhuter Gründungen, z. B. ∼nfrei, Gnadau b. Magdeburg (1767); ∼nstoß.

Gneis *m* dem Granit verwandtes Gestein: ah. *ganeheista*, *gneista* Funke, an. *gneisti*, urv. viell. aind. *kana* Funke, apreuß. *knaistis* Brand; entl. fz. *gneiss* (18. Jh.).

Gnom *m* kleiner Erdgeist, scherzhaft »kleiner Mensch« 18. Jh. v. fz. *gnome*, v. nlt. *gnomus* Erdgeist, b. Paracelsus zuerst (n. gr. *gē-nómos* Erdbewohner? od. n. gr. *gnṓmē* Geist?).

Gobelin *m* Wandteppich m. eingewebten Bildern, n. d. Teppichweber Jean Gobelin (um 1500) i. Paris, 18. Jh.

Goj *m* 19. Jh. Nichtjude, v. hebr. *goj*, *gojum.*

Gold *n* ah. *gold*, got. *gulþ*, ags. eng. *gold*, ndl. *goud*, an. *gull*, schw. dä. *guld*, z. Wz. *ghel* gelb, aslaw. *zlato*, russ. *zoloto;* entl. finn. *kulta;* s. gelb, glühen, Gulden.

Golf[1] *m* v. fz. *golfe* (eng. *gulf)*, z. gr.-lt. *colpus*, gr. *kólpos* Busen: schon spätmh. *chullfe* aus spätgr. *kólphos.*

Golf[2] *n* engl. Rasenspiel, wohl v. schott. *gowf* schlagen.

Golgatha hebr. Schädel: nach der Form des ~Hügels.

Gondel *f* 16. Jh. v. it. venez. *gondola*, friaul. *gondolá* schwanken, Vkl. z. *gonda*, z. gr. *kóndy* Trinkschale? Gondolier *m* v. *gondoliere.* ~n 19. Jh.

gönnen mh. *gunnen*, ah. *giunnan*, and. ags. *unnan*, got. *ansts*, ah. *anst* Gnade, viell. urv. gr. *ap-ēnḗs* abgeneigt. O.N.: *Övelgönne* (vgl. Neideck); Gunst *f*.

Göpel früher **Gepel** *m* Winde, bergm. W., dann landwirtsch.; unerklärt.

Göre *f* Mädchen, Mz. auch = Kinder; mh. *gurre* Stute wird nd. seit d. 15. Jh. auf Menschen übertragen; oder z. rhein. *gor* gering?

Gorilla (1847 Savage in Gabun). War ~ im griech. Reisebericht des Karthagers Hanno um 460 = Schimpanse? *Gorillai* »wilde Menschen«, s. Lamer, Wtbch. der Antike unter Kamerun.

Gösch *f* kleine Schiffsflagge, ndl. *geus(je)* ursp.: Geusen (fz. *gueux* Bettler).

Gose *f* md. obergäriges Bier, nach dem Flüßchen Gose bei Goslar.

Gosse *f* Straßenrinne, z. gießen.

Gote *m f* mu. Pate u. Patin aus ah. *gotfater* u. *gotmuoter* wie noch in eng. *godfather* u. *godmother.*

gotisch 1) älteste erhaltene germ. Sprache; 2) ~er Stil (Baustil, Schriftgattung) 18. Jh. aber auch = roh, geschmacklos: fz. (16. Jh.) *gothique*, ausgehend vom mittelalterl. halbgerm. nordöstl. Frankreich.

Gott *m* mh. ah. *got*, got. *guþ*, and. ags. eng. *god*; das german. Wort ist *n*: wohl eher z. ai. *hūtá-* angerufen *(puruhūtá* d. Vielgerufene ist ein Beiname Indras) als z. gr. *chytón* gegossen. Ab~, ~voll (Berlin), Gottesacker *m* mu. = Friedhof 16. Jh., nicht bei d. Kirche, sondern i. Felde gelegen. Beim Fluchen wird d. Name Gottes oft verdunkelt, s. Potztausend. P.N.: Gottfried, Vkl. Goedeke, Goethe, (nicht: Göte = Pate), Götz, Gottlieb, Gotthold (s. walten), Gotter, Gottschalk, Gottschall (s. Schalk). O.N. Göttingen: *goding, guding* Priester, Richter.

Götze *m* Vkl. z. Gott aus **got-izo* wie Götz z. Gottfried; 14. Jh. = Heiligenbild, = falscher Gott seit Luther.

Gouache *f* Wasserfarbenmalerei (Deckfarben), it. *guazzo*: vulgärlat. *aquatio* Lache?

Gourmand *m* Feinschmecker, v. fz. *gourmand* Vielfresser. Feinschmecker heißt fz. *gourmet.*

Gouvern||ante *f* 18. Jh. v. fz. *gouvernante* z. *gouverner*, lt. *guberno* regiere, leite (ursp. nur Schiffe): gr. *kybernáō* lenke. ~eur *m* 17. Jh. v. fz. *gouverneur* Prinzenerzieher.

graben ah. got. *graban*, ags. *grafan*, eng. *grave*, an. *grafa*, urv. ablg. *grebą* grabe, nicht: gr. *gráphō* ritze ein, schreibe, s. kerben. Die Tätigkeit d. Schreibens bestand ursp. im Eingraben, Einritzen i. Stein (Lapidarschrift) dah. noch jetzt d. alten Ausdrücke; s. auch schreiben, eng. *write* (eig. ritzen). *Grab* aslaw. *grobŭ*, *č. hrob* Graben, be~, Griffel, Grube, grübeln, Gracht, Gruft; vgl. Graphit, graphisch, gravieren, Gramm.

Gracht *f* Kanal, i. holl. Städten Straße m. Kanal, nd. = Graben Fleet, mh. *graft*, z. graben.

Grad *m* ah. *grād*, v. lt. *gradus* (it *grado*, fz. *gré, degré)* Schritt, Stufe

Gradierwerk *n*, de~ieren, ~uieren; s. Grassieren, Ingredienzien, Kongreß.

Graf *m* mh. *grāve*, ah. *grāvo*, *grāvio*, ags. *gerēfa*, * *gegrēfa*, viell. zu got. *gagrēfts* Befehl, also eig. Befehlshaber, hess. Grebe Dorfvorstand, siebenbürg. Gref, Richter. Urspr. war Graf ein ernannter Beamter (Burg~, Gau~, Deich~, Pfalz~, Mark~, Salz~, Send~), später wurde d. Würde erblich, endl. z. bloßen Titel; s. Sheriff unter Schar. O.N.: Grevenbroich, Gravelingen (vläm.), Grasdorf. F.N.: ~, Graff, Gräf, Greef, Grewe, Greb, Dinkgräve, Vkl. Grävell, Graewel.

Gral *m* der Sage nach d. Schale, in d. Christus d. Abendmahl m. seinen Jüngern nahm u. worin später sein Blut gesammelt wurde, viell. v. lt. **cratalis* z. *cratis* Flechtwerk, also ursp. = geflochtenes Gefäß (Zs. f. dt. Phil. 70, 365); s. Flasche.

gram mh. ah. ags. ndl. *gram*, an. *gramr*, * *zornig*, nur noch: jem. ~ sein; urv. gr. *chróm(ad)os* das Knirschen; Gram *m*, sich grämen, grämlich, verw. m. Grimm, entl. it. *gramo*, s. Griesgram; vergrämen = verscheuchen (d. Wild).

Gramm *n* Gewichtseinheit, 19. Jh. v. fz. *gramme* z. gr.-lt. *gramma* eig. *gráphma*, Schriftzeichen, $^{1}/_{24}$ Unze, z. *gráphō* schreibe. **Grammatik** *f* Sprachlehre v. gr.-lt. *grammatica*, gr. *grammatikḗ* (ergänze *téchnē*) Kunst d. Schreibens u. d. Sprache; Grammophon *n*; s. Phonograph, kerben, Griffel.

Gran *m n* ganz kleines Gewicht v. lt. *grānum* Korn (fz. *grain)* s. Filigran; Granat v. mlt. *(lapis) granātus* körniger (Stein); Granate *f* Granatapfel, v. lt. *(mālum) granātum* gekernter (Apfel); Granate *f* 17. Jh. v. it. *granata* Granatapfel, nach d. Ähnlichkeit u. weil m. Bleikörnern gefüllt; s. Grenadier; Granit *m* v. mlt. *(marmor) granītum* körniger (Stein). O.N.: Granada Granatenstadt.

Grand *m* Sand nd., s. Grind.

Grandezza *f* feierliche Würde wie die e. span. Granden, v. sp. *grandeza*, it. *grandezza*, z. lt. *grandis* groß; grandios großartig, v. it. *grandioso* (it. sp. *grande*, z. lt. *grandis*); 17. Jh.

Granne *f* stachlige Spitze bes. d. Gerste, mh. *gran* Haarspitze, ah. *grana*, ags. *gronu* Schnurrbart, aus ders. Wz. wie Grat, Gräte, also Hervorstechendes.

Grans (Gransen) *m* obd. (in Schillers Tell 4, 1) Schiffsschnabel, verw. m. Granne, * spitzes Ende.

graphisch d. Schreib- u. Zeichenkunst betr., z. B. d. graphischen Künste, Graphik *f* Griffelkunst, z. gr. *gráphō* schreibe; Graphologie Handschriftendeutung; Graphit *m* 18., 19. Jh. v. fr. *graphite*; s. Grammatik.

Gras *n* mh. ah. got. *gras* Kraut, eng. *grass*, z. ah. *gruoen* grünen, urv. lt. *grāmen* Gras, s. grün. O.N.: Greßthal.

Grasmücke *f* ah. *grasmucca* irrt. an Mücke angelehnt, jedoch wahrsch. Grassmücke = Grasschlüpferin, z. mh. *smucken* = schmiegen.

grassieren herrschen, bes. v. Krankheiten, v. lt. *grassāri* wüten, herrschen, z. lt. *gradior* schreite; s. Grad, Kongreß; 16. Jh.

gräßlich z. † graß (noch bei Bürger), mh. *graz* wütend, ah. *grazzo* Adv. heftig; ob: got. *gretan* weinen u. ai. *hrādatē* tönt?; nicht verw. ist kraß.

Grat *m* mh. *grāt* Fischgräte, schmaler Bergrücken, Granne; Rück~ *n*, früher *m*, jetzt v. dem ursp. gleichbed. **Gräte** *f* getrennt; Grdb.: spitz, stachelig, urv. poln. *grot* tschech. *hrot* Pfeilspitze; s. Granne.

gratis eig. *grātiis* Abl. Mehrz. aus Gefälligkeit, * f. e. bloßen Dank, v.

lt. *grātia* Gunst, Dank, 16. Jh. unentgeltlich, s. Grazie; Gratifikation *f*.

grätschen z. mh. *greten* die Beine spreizen, anfangs (17. Jh.) -gehen, dann (Ende 18. Jhs.) als Turnerwort = spreizen; dazu Grätsche.

gratulieren 16. Jh. v. lt. *grātulor* wünsche Glück; Gratulant *m*.

grau mh. *gra*, ah. *grāo*, an. *grār*, eng. *grey*, *gray*, urv. lt. *rāvus* * *hrāvus* grau(gelb); ~wacke *f* zu Wacke, s. d. O.N.: Gravenstein b. Flensburg, am grauen Stein, Grafenbruch i. Hess.; **grauen**^{1} d. Morgen graut, d. Haare ergrauen.

grauen^{2} mir graut vor jm., Grauen *n*, grausen (es graust ihn), Grausen *n*, Graus *m*, grausam, mh. *grūwesam*, Greuel *n*, greulich, ah. *ingrūēn* schaudern, urv. aslaw. *grŭdŭ* schauderhaft, russ. *grust* »Kummer«.

Graupen *f* Mehrz. enthülste Körner v. Gerste u. Weizen; es graupelt, es hagelt i. kleinen Körnern, frühnh. *eysgrūpe* (schles. 15. Jh.), urv. aslaw., sorb. *krupa* Hagel- u. Getreidekorn.

gravieren^{1} v. fz. *graver* eingraben, von dtsch. graben (Rückw.); Graveur *m* 18. Jh.

gravierend v. † gravieren^{2}, ~e Beweise für d. Schuld, mh. *gravieren* v. lt. *gravo* beschwere, drücke, z. *gravis* schwer, belastet; **gravitätisch** gewichtig, feierlich, zu lt. *gravitās* Schwere, würdevoller Ernst; Gravität *f*, Gravitation (neult.) Schwerkraft.

Grazi||e v. lt. *grātia* Anmut; ~ös v. fz. *gracieux* z. lt. *grātiōsus* gefällig, beliebt; s. gratis. P.N.: it. *Graziella* 18. Jh.

Greif *m* sagenhafter Vogel, ah. *grīfo*, nicht z. greifen, sondern v. gr.-lt. *gryphus*, gr. *grȳps* (dah. auch fz. *griffon*, sp. *grifo)*, vgl. assyr. hebr. *kĕrūb*.

greifen mh. *grīfen*, ah. *grīfan*, got. *greipan*, pl. *gripen*, ags. *grīpan*, eng. *gripe*, schw. *gripa*, dä. *gribe*; urv. lit. *griebiù* greife, lett. *grībēt* wollen, * wonach greifen; entl. fz. *griffe* Kralle, *gripper* ergreifen; an~, Griff *m*, s. begreifen; dazu grapsen, grapschen, eng. *grasp* packen.

greinen mh. *grīnen*, ah. *grīnan*, dazu mh. *grinen knirschen*, mnd. *grīnen* den Mund verziehen, pl. grienen, eng. *grin* grinsen, *groan* grunzen, stöhnen; Eberhard d. Greiner der zornig Knurrende; F.N. Grein(er); entl. it. *digrignare* d. Zähne fletschen, prov. *grinar* grinsen; dazu grinsen.

greis † Adj. pl. gris, mh. *grīs* grau; ~ *m* mh. *grīse*, viell. verw. m. grau; entl. it. † *griso*, *grigio*, fz. *gris* grau.

grell mh. *grēl* zornig, rauh, zu *grēllen* vor Zorn laut schreien, ags. *gryllan* knirschen. Die Bed. ist v. Gehör allmählich mehr auf d. Gesicht übergegangen (die Sonne scheint grell); s. Grille, Groll, hell.

Grempel u. **Krempel** (~markt) oberd., v. lt. *comparāre* erwerben, it. *comprare* > *crompare*, mh. *grempen* Kleinhandel treiben, *grempeler* Trödler.

Grenadier *m* 17. Jh. eig. Werfer v. Handgranaten, v. fz. *grenadier*, it. *granatiere*; s. Granate.

Grendel Grindel, mnd. *grindel*, Riegel, oberes Schleusentor. O.N.: Grindel in Hamburg.

Grenze *f* mh. *grenize*, 13. Jh. i. deutschen Ordensland aufgekommen, v. poln. russ. *granica*, tschech. *hranice* Grenzstein, Grenze, ablg. *granĭ* Ecke. O.N.: Ranis i. Thür.; F.N. Ranisch. Das dtsch. W. Mark wurde verdrängt, erhält sich aber in Mark Brandenburg, Nordmark u. in d. Schweiz, Bismarck, s. Mark^{2} u. a.

Greuel *n* mh. *griuwel*, mnd. *grūwel*, s. grauen^{2}.

Griebe *f* ausgebratener Fettwürfel ah. *griobo*, mh. *griebe*, nd. *greve* wohl verw. m. Griebs u. grob. Südd dafür auch Grammeln. Bildl. auch = blasenartiger Lippenausschlag *Herpes*.

Griebs *m* Kerngehäuse d. Obstes, mh. *grübiz*, verw. mit Griebe.

Grieche *m* lt. *Graecus*, got. *Krēks*, ah. Mz. *Kriahha*; lt.-gr. b. Schiller neben Gallo-, Gräkomanie, übertrieb. Vorliebe f. d. ~ntum.

Griesgram *m* mürrischer Mensch, i. dieser Bed. erst um 1800; mh. *grisgram* Zähneknirschen, s. Gram, 1. T.: ags. *ā-grīsan* schaudern.

Grieß *m* grob gemahlenes Getreide, schwäb. *n*, mh. *griez* Sandkorn, Kies, ah. *grioz*, ags. *grēot*, an. *griōt* Gestein, urv. lit. *grúdas* Korn, lt. *rūdus* Geröll; s. Grus, Grütze; grieselig. F.N.: Grieshaber, ~maier.

Griff *m* mh. *grif* zu greifen.

Griffel *m* ah. *graf* (v. afz. *grafe* < gr.-lt. *graphium* z. gr. *gráphō* schreibe) wird volksetym. an Griff, greifen angelehnt und zu ah. *grifil* umgebildet; entl. lett. *gripele*.

Grille *f* ah. *grillo*, nicht zu grell (wegen d. lauten Zirpens), sondern: gr.-lt. *gryllus* Heuschrecke. Bildl.: ~n (wunderliche Ideen), ~n fangen, grillisieren s. Launen nachhängen, s. Mücke, Marotte.

Grimasse *f* Gesichtsverzerrung, um 1700 v. fz. *grimace*, das german. Ursprungs (an. *grīma* Maske), und zwar über westgot. span. *grima* Grausen, *grimazo* panischer Schrekken; Grimbart (d. Dachs) = Grimbert, der im Helm (*grima*) Glänzende; ah. *grimmizōn* wütend sein.

grimm † Adj.; ~ig mh. *grimme*, ah. *grimmi* zornig, and. ags. eng. *grim*, verw.: gram.

Grind *m* † schorfiger Ausschlag, mh. ah. *grint*, im Ablaut z. *grand* Sand; Wz. *grend* zermalmen: lt. *frendĕre* zerknirschen, lit. *gréndžin* reibe; schweiz. schwäb. *grind* »Kopf«; Bergn. Hornisgrinde, Schwarzer Grinten (Allgäu).

grinsen frühnhd. *grinzen* weinen, z. mhd. *grinnen* knirschen; greinen.

Grippe *f* v. fz. *grippe* um 1800 aus russ. *chripŭ* Heiserkeit (»die russische Grippe oder Influenza« kam damals von Osten nach Europa).

Grips *m* nordd. umg. ›Verstand‹, viell. zu greifen.

Grisette *f* fz. Näherin, Studentenliebchen i. Paris, z. *gris* grau, n. d. früheren Farbe ihrer Kleidung.

grob ursp. = massig (nicht tadelnd), ~es Geschütz, mh. *grob*, *gerob*, ah. *girob*, nd., ndl. *grof*, eng. *gruff* mürrisch; urv. lit. *kraupùs* rauh; gröblich.

Grobian *m* scherzhafte Form m. lt. Endung, 15. Jh.; s. Dumm(e)rian.

Groden *m* nd. eingedeichtes, d. Meere abgerungenes Land (= Polder); s. Gras u. eng. *grow* wachsen.

Grog *m* 19. Jh. angeblich Spitzname *Old Grog* d. Admirals Vernon (n. seinem aus Grogram: fz. *gros grain*: Kamelhaarstoff, gefertigten Rock), der 1740 d. Matrosen statt Rum e. Gemisch v. Rum u. Wasser gab.

grölen 17. Jh. lärmend schreien, frühnh. *grālen* z. *gral*, das im späten Ma. ein bürgerliches (lärmendes) Turnierfest bedeutete.

Groll *m* mh. *grolle*; ~en mh. *grüllen* höhnen, spotten, aber auch vom Donner; verw. m. grell.

Grönländer (vgl. Kajak d. Eskimo) schmales, einsitz. Boot m. Paddelruder.

Gros[1] *n* (fz. Ausspr.) Hauptmasse d. Heeres, 17. Jh. v. fz. *gros*. **Gros**[2] *n* (dtsch. Ausspr.) zwölf Dutzend (bes. bei Kurzwaren, Stahlfedern), 18. Jh. wahrsch. v. fz. *grosse douzaine* eig. großes Dutzend; Grossist *m*. **Groschen** *m* mh. *grosse*, *gros*, v. fz. *gros*, it. *grosso*: mlt. *dēnārius grossus* od. *grossus Turonensis* (fz. *gros Tournois*) 1266 ff., * »Dickpfennig (aus Tours)«; *s* > *sch* tschech. über Prager Kanzlei.

groß mh. ah. *grōz*, pl. *grot*, ags. eng. *great*; ~mut *f* 17. Jh., ~artig 19. Jh.; ~herzog *m* i. Italien (Florenz) seit 16. Jh. (Granduca), i.

Deutschland seit 1806 (Baden, Hessen); ~mutter *f*, ~vater *m* um 1500 n. fz. *grandpère, -mère* gebildet.

grotesk phantastisch, seltsam, 16. Jh. v. it. *grottesco* um 1500 = n. Art d. Malereien i. d. »Grotten« röm. Fundstätten.

Grotte *f* 17. Jh. v. it. *grotta*, fz. *grotte*, v. gr.-lt. *crypta*, gr. *kryptḗ* unterirdisches Gewölbe, z. *krýptō* verberge.

Grube *f* mh. *gruobe*, ah. *gruoba*, got. *grōba*, eng. *groove* ~, Furche; biblisch ist Grube = Grab; s. graben; Fund~ nur noch bildl.

grübeln ah. *grubilōn*, eig. herumgraben, -bohren, dann Nachforschungen anstellen, z. graben.

Grude *f* Koksstaub als Brennstoff, dann Herd mit solchem, mnd. *grude* Asche, viell. z. Grus.

Gruft *f* mh. ah. *gruft*, z. graben, nicht Lehnwort v. lt.-gr. *crypta*, s. Grotte.

Grummet *n* zweiter Heuschnitt, mh. *grüenmāt, gruonmāt*, v. grün u. Mahd (z. mähen), schwäb. Öhmd.

grün mh. *grüene*, ah. *gruoni*, pl. gräun, and. *grōni*, ndl. *groen*, eng. *green*, schw. dä. *grön* z. Wz. *grō* grünen, wachsen, mh. *grüejen*, ah. *gruoen*, ags. *growan*, eng. *grow*, s. Gras. ~ Farbe d. Hoffnung, daher: grüne (d. h. angenehme) Seite, jem. nicht ~ sein. O.N.: Gröningen b. Halberstadt, Groningen (Holland), Grüningen (Württemb.) entstellt in *Krehen*heimstetten (Ulr. Megerle!) Gstz.: Dürrenheimstetten, Gronau (7), Grönland, Greenwich (s. Weichbild). Über 200 O.N. m. -grün i. N.O. Bayern, i. Vogtland u. Böhmen. **Gründonnerstag** *m* seit etwa 1200 üblicher Name, wahrsch. n. lt. *dies viridium* Tag der Grünen (Lk. 23, 31), d. h. öffentlichen Büßer, die d. Absolution u. Wiederaufnahme i. d. Kirchengemeinschaft erhielten u. so aus toten Gliedern d. Kirche lebende, aus dürren Zweigen grüne wurden; daher ~ auch mh. *antlāȝtac* (T. des Erlasses der Kirchenbußen).

Grünspan *m* essigsaures Kupfer, mh. *grüenspan*, nach lt. *viride hispānum* spanisches Grün, weil in Spanien zuerst künstlich hergestellt.

Grund *m* mh. ah. *grunt*, and. ags. *grund*, eng. *ground*, an. *grund* Ebene, *grunnr* Meeres~; im Ablaut z. Grand u. Grind. Gründer *m* in Östr. schon vor 1870, gründen, ~lage *f*, Anfangsgründe, gründlich, Gründling *m* Fisch, ~riß m, ~stück *n* Ab~ *m*, ~ieren (= ~farbe auftragen), zu Grunde gehen (eig. v. Schiffen).

grunzen mh. ah. *grunzen*, verstärk. z. *grunnen* (wie krächzen, z. krähen), z. mh. *grinnen* knirschen; s. greinen, grinsen.

Gruppe *f* 18. Jh. v. fz. *groupe*, das über prov. *gropar* verknüpfen < lt. *co-* + afränk. *rēp* Seil.

Grus *m* Zerfallenes, Abfall, Schutt, Geröll, mh. *grūȝ* Sand- u. Getreidekorn; urv. lit. *grúdas* Korn, aslaw. *grudā* Erdscholle, lt. *rūdus* Gen. *rūderis* Geröll; s. Grude, Grieß, Grütze.

gruseln z. grausen; mir gruselt.

Gruß *m* mh. ah. *gruoȝ*; grüßen mh. *grüeȝen*, ah. *gruoȝan* anreden, angreifen, ags. *grētan*, eng. *greet*, ndl. *groeten*. Bew. z. mh. *grāȝen* schreien, also eig. »reden machen«?

Grütze *f* ah. *gruzzi* (daher fz. *gruau* Grütze, Grieß), pl. Grütt, ags. *grytt*, eng. *grit*, an. *grautr*, dä. *gröd*; s. Grieß. Grütze bildl. = Verstand.

Guano *m* als Dünger benutzte Exkremente v. Seevögeln i. Stillen Ozean, v. sp. *guano*, peruan. *huanu* Vogelmist (1830 Humboldt).

Guardian s. Wardein.

gucken, auch kucken (nordd.), pl. kieken (Kieker *m* Fernrohr); Guckkasten *m*, Ausguck (seemänn.).

Guerillakrieg *m* (tautol.) Klein-, Bandenkrieg, v. sp. *guerilla* kleiner

Krieg, od. *guerrillas* Streifscharen (um 1810 Spanienkrieg), z. *guerra* Krieg, fz. *guerre* (z. ah. *werra* Streit); s. wirr u. Liste 41.

Guillotine *f* Fallbeil, das 1789 der fz. Arzt Guillotin zur Einführung empfahl (der vorgeschlagene Name Mirabelle n. Mirabeau, wurde verworfen).

Guinee *f* eng. *guinea* Goldmünze = 21 Schilling, d. ersten ~n 1664ff. aus d. Gold v. Guinea geprägt.

Gulasch *m* Pfefferfleisch, 19. Jh. v. magyar. *gulyás* Rinderhirt und seiner Speise, ~kanone (Scherzname für d. Feldküche).

Gulden *m* mh. *gulden*, *guldīn*, eig. der goldene (Pfennig od. Schilling), weil ursp. aus Gold; Gold~ tautol., s. Liste 41; Silber~.

Gülle *f* mu. alem. Jauche, Pfütze; mh. *gülle*, viell. verw. mnd. *gole* Sumpf.

gültig eig. im Preise stehend, preiswürdig, jetzt: in Gültigkeit, geltend, z. gelten; s. gleich~.

Gummi *m* lt. *cummi (gummi)*, gr. *kómmi*, ägypt. *kmjt;* um 1500; ~lōwe, umg. für einen, der sich zunächst drohend wie ein Löwe gebärdet, dann aber weich wird wie ~.

Gundermann *m* Gundelrebe (ah. *gundrēba* <* *grundreba)* angel. an P.N. Gundram.

Gunst *f* z. gönnen, ah. *gi-unnan;* Un~ (d. Verhältnisse), Miß~ (d. Menschen), günstig, Günstling.

Gur *f* 16. Jh. aus dem Gestein gärende Masse, z. gären.

Gurgel *f* ah. *gurgula* v. lt. *gurgulio*.

Gurke *f* 16. Jh. v. poln. *ogórek*, tschech. *okurka*, spätgr. *angurion*, pers. *angōrah;* südd. Kukumer *f*, fränk. Kümmerling, v. lt. *cucumis (cucumer)*, dah. eng. *cucumber* ~.

Gurt *m* z. gürten, ah. *gurtan*, got. *bigaírdan*, and. *gurdian*, ags. *gyrdan*, eng. *gird*, z. Wz. *gerd* umschließen; Vkl. Gürtel *m* ah. *gurtil*, eng. *girdle;* s. Garten, Gürtler = Gelbgießer, Spengler.

Guß *m* mh. ah. *guʒ* z. gießen, vgl. gr. *chýsis* Opferguß; Ab~, Er~.

gut mh. ah. *guot*, pl. gaud, afries. ags. *gōd*, eng. *good*, schw. dä. *god*, got. *goþs*, verw. m. Gatte, Grbd. passend, urv. aslaw. *godŭ* günstige Zeit. Die Steigerungen besser, best stammen v. e. verloren gegangenen Adj.; Gutsle s. Bonbon, Güte *f*, gütig, gütlich, ~achten *n* Kanzleiw. 16. Jh., vergüten, begütigen, pl. begäuschen; ~schein *m* 20. Jh. f. fz. *bon;* **Gut** *n* Besitztum, bes. Land~, Fracht~, Stein~, Strand~.

Guttapercha *f* Ledergummi aus d. Milchsaft e. Baumes gewonnen, malay. *gettah* (Baumharz) u. *pertja* (der betr. Baum); 19. Jh.

Gymnasium *n* 16. Jh. v. gr.-lt. *gymnasium*, gr. *gymnásion* öffentl. Platz z. Leibesübungen, die nackt *(gymnós)* ausgeführt wurden, dann Versammlungsort der Philosophen i. Athen; seit 16. Jh. im heut. Sinne.

Gymnastik *f* Kunst d. Leibesübungen; 16. Jh.

H

Haar[1] *n* mh. ah. and. *hār*, pl. Hor, eng. *hair*, dä. *haar*, urv. lit. *šerŷs* Borste; ~e auf d. Zähnen haben, hären †; ags. *haere* härene Decke, entl. fz. *haire* Bußkleid.

Haar[2] *m* † ah. *haru* Flachs, dän. *hør*, urv. aslaw. *česati* kämmen, gr. *keskíon* Werg, s. Hede.

haben ah. *habēn*, got. *haban*, pl. hewwen, and. *hebbjan*, ags. *habban*, eng. *have*, an. *hafa*, dä. *have*, schw. *hava*, urv. lt. *capio;* s. heben. Handhabe *f*, Habe *f*, Besitz, Hab u. Gut; Haben *n* in »Soll u. H.« f. lt. Debet u. Kredit; habhaft eig. m. Besitz versehen, jetzt einer Sache h. werden; Habseligkeiten Mehrz. geringer, ärmlicher Besitz, 19. Jh., gehab dich wohl; s. behäbig, Behuf.

Habergeiß *f* Schnepfenart n. d. *meckernden* Ton; 1. T. z. schwäb. Haberling »einjähr. Bock«, an. *hafr*, urv. m. lt. *caper Ziegenbock*, aeng. *hæfergāt* Heerschnepfe. Haberfeld (treiben) = Bocksfell (der Bestrafte wurde ursp. in ein Bocksfell gesteckt, vgl. Bockshorn).

Habicht *m* mh. *habich*, ah. *habuh*, ags. *heafoc*, eng. *hawk*, an. *haukr*, pl. Häwk; z. heben = nehmen, packen, also eig. Ergreifender, Pakkender? urv. russ. *kobec* Bienenfalke; Habsburg (eig. ~sburg), Habsheim, Hachborn, nd. F.N. Hafkesbrink, 2. *brink* Hügel, Hawickhorst, *Flurn.; schwäb. F.N.: Häbich, Hebich.

habilitieren sich, das Recht, Vorlesungen a. d. Universität z. halten, erwerben durch e. wissensch. Schrift u. deren Verteidigung, v. lt. *habilito* erweise mich als geschickt, z. *habilis* geschickt; 17. Jh. **re~** wieder i. d. vorigen Zustand setzen, wieder in guten Ruf bringen.

Hacken *m*, **Hacke** *f* nordd., westd. Ferse, weder z. hacken noch z. eng. *heel;* verw. m. Hachse.

hacken ah. *hacchōn*, ags. *haccian*, eng. *hack*, viell. aus ders. Wz. wie hauen; dazu Hacke *f* (landwirtsch. Gerät), Häcksel *m*, Häckerling *m*, schwäb. F.N. Hacker * Weingärtner.

Hachse, Haxe, Hechse, nd. Hesse *f* »Kniebug«, mh. *hehse*, *hahse*, ah. *hahsa*, urv. lt. *coxa* Hüfte, *Einbiegung, air. *coss* Fuß; o. zsgz. aus * *hanhsenwa* Hängesehne? s. Kissen.

Hader[1] *m* Streit, mh. *hader*, früh durch Kampf u. Krieg ersetzt. *Hǫđr* Balders blinder Bruder; Hadubrand Kampfschwert, Hedwig, ah. *Haduwig* Kampf u. Streit, Kf. Hedda, entl. poln. Jadwiga, urv. gr. *kótos* Haß, Groll; kelt. P.N. *Catu-volcus*, *Catualda* kelt. = germ. * *Hathuwald;* s. Haß; Alfons s. Adel.

Hader[2] *m* Lumpen, Fetzen, Zeug, ah. *hadara*, frk. **hadilo*, mh. *hadel*, entl. fz. *haillon*.

Hafen[1] *m* (südd.) Topf, mh. *haven*, ah. *havan*, Wz. *haf* in sich fassen (lt. *capere);* Glücks~ = Glückstopf. F.N.: Hafner, * Töpfer, schwäb. Hefele, Mosthaf. Dass. W. ist viell.

Hafen[2] *m* nd. 17. Jh., ags. *hæfene*, eng. *haven*, dä. *havn (Köbenhavn* = Kaufmannshafen, Kopenhagen), schw. *hamn*, zu Haff. Havel, die an Ausbuchtungen Reiche.

Hafer *m* nd., oberd. Haber (~feldtreiben s. Habergeiß), mh. *haber*, ah. *habaro*, got. eng. fehlt (dafür *oats)*, an. *hafri* entl. fz. *havresac* Tornister u. eng. *haversack* Rucksack; viell. z. *Haber* »Bock« als Bocksgetreide (Hafer m. *f* a. d. Nd. entl.). F.N. Haberer, Häberle, Habermann u. a.

Haff *n* nd. eig. = Meer, jetzt = Bucht (Ostsee), afries. *hef*, mnd. *haf* Meer, See, schw. *haf*, dä. *hav;* s. Hafen[2].

Haft *f* mh. ah. *haft*, and. *hafta* Gefangenschaft, z. heben = * fassen, ergreifen; lt. *captus* * ver-haftet, haften an, für; ~ung *f* um 1900 für älteres ~pflicht; heftig.

-haft s. Liste 54.

Hag *m* (meist dichter.), mh. ah. *hac* Gebüsch, Einfriedigung, ndl. *haag* Hecke ('s Gravenhage des Grafen Hag), ags. *haga* Umzäunung, Grundstück, an. *hagi* Weidepl., schw. *hage*, aus ders. Wz. wie hegen, Hecke, Hain, Hagen, s. Hexe, Koog. Urv. altgallisch *caium* Gehege, s. Kai; lt. *caulae* Gehege; Hainbuche, ~ebuche *f*, ah. *haganbuohha* s. o.; hage- (meist hane) büchen (bildl.), ~butte *f*, ah. *hagan* Dornstrauch u. mh. *butte* Butze = Kernhaus od. nd. *but* stumpf, ~dorn *m*, eng. *hawthorn;* s. ~estolz *m* ah. *hagustalt* Hagbesitzer (s. Hagestolz); Hegereiter *m* berittener Forstaufseher. O.N.: auf hag, Dat. Mehrz. hagen, Hagen, Hagenau, Hanau, Hahn (oft), Hambach (Hagenbach), Hahnentor in Köln; F.N.: Hagen, Heine, Hayn, Hein, Heyer (Hag- od. Dorfbewohner), Bornhak, entl. fz. O.N. *la Haie, Haye.*

Hagel *m* ah. *hagal*, ags. *hagol*, eng. *hail*, urv. gr. *káchlēx* Kiesel, vgl. mu. es kieselt = hagelt.

hager nd., spätmh. *hager*, urv. apers. *kasu-* klein.

Hagestolz *m* mh. *hagestolz, hagestalt*, ah. *hagustalt*, and. *hagustald*, ags. *hægsteald* Krieger * Hagbesitzer, -bewirtschafter (z. got. *staldan* besitzen). Das Hauptgut ging i. altgerm. Zeit auf d. Erstgeborenen über, d. jüngeren Söhne bekamen Nebengüter, Hage, deren Ertrag ihnen keine Heirat gestattete; sie blieben abhängig v. ältesten Bruder. Das W. wurde an stolz u. hager angel.; s. Hain, Hecke[1].

Häher *m* mh. *hĕher*, ah. *hĕhara*, ags. *higera* Häher, Specht, an. *hegri;* s. Reiher *heigaro;* Eichel~, Tannen~.

Hahn *m* ah. *hano*, got. *hana*, ags. *hona* (eng. fehlt, dafür *cock* verw. m. *chicken* Huhn, pl. Küken), an. *hani*, Grbd. wahrsch. Sänger, lautlich dem lt. Stamm *can-* singen (*cantor* Sänger) entspr.; westd. Gu(h)l (wenn zu Nachtigall, s. d., s. Gickel); gr. *ēi-kanós* *Frühsänger; tochar. *kan* Melodie; ~ im Korbe, bes. geschätzt, wie d. ~ unter d. Hühnern; Kampf~; ~ am Gewehr, am Faß, Wetter~; Gas~; Haupt~ (auch bildl. Rädelsführer); Zins~, den d. Hörigen an den Herrn liefern mußten; ~rei *m* Mann, dem d. Frau untreu ist, 2. viell. z. ndl. *ruin*, ostfries. *rein*, kastriertes Pferd, urv. lett. *rūnīt* kastrieren; vgl. fz. *cocu* u. eng. *cuckold: cuckoo* Kuckuck; ~enfuß *m* s. Henne, Huhn.

Hai *m* 17. Jh. v. ndl. *haai*, an. *hā*, norweg. *haa* Ruderpflock, Pfahl, isländ. *hāi* z. ai. *šankúš* spitzer Pfahl, Art Wassertier.

Hain *m* lange verschollen, durch Klopstock neu belebt, zsgz. aus Hagen, s. Hag; O.N.: Lichten~, Kirch~, Neuen~ (pl. Nienhagen), Hainichen.

Hainbund *m* 1772 i. Göttingen gestifteter Dichterbund i. Anlehnung an Klopstocks Ode »Der Hügel und der Hain«, worin Wodans Hain (der Dichtkunst) dem Hügel des Zeus gegenübergestellt wird; zuerst gebraucht hat das Wort 1804 J.H. Voß.

Haken *m* mh. *hāke*, ah. *hāko;* im Ablaut dazu ags. *haca*, isländ. *haki;* ags. *hōc*, eng. *hook*, ndl. *hoek*, F.N. Vandenhoeck; dazu häkeln; urv. lit. *kénge~*, russ. *kogotu* Klaue. ~kreuz erscheint schon in der german. Bronzezeit, ai. *Swastika: su* = gr. *eu* wohl u. *asti* Sein, * glückbringendes Zeichen, ~pflug, entl. *č. hak;* ~büchse = Arkebuse, s. Hecht, Hechel.

Halali Jägerspr. 18. Jh. v. fz. *halali*, wohl lautmalend od.: arab. Gebetsformel *lā ilâh illa'llāh*, oder vom Psalmensingen hebr. *Haloli* Preise (meine Seele, 2. B. Ps. 146, 1)?

halb mh. *halp*, ah. *halb*, pl. halw, got. *halbs*, ags. *healf*, eng. *half;* ah. *halba* Seite, Richtung, viell. urv. ai. *kḷptás* geordnet, geschnitten u. lt. *s-calpĕre* in Holz od. Stein schneiden. F.N.: Halfmann, Halfen, * Halbhufner? Hälfte *f*, ~ieren, ~insel *f*, ~mond *m*, ~starker *m* um 1900 Hamburg, allgemein um 1955, ~welt *f* (Lüs. v. fz. *demi-monde*

Dumas 1855), ~tot, ~wegs, **-halben** s. Liste 54.

Halde *f* Bergabhang, auch Schuttablagerung, ah. *halda*, ags. *heald* z. Wz. *kel* geneigt: urv. lt. *auscultare* * Ohr neigen; Anhalt i. Selketal, Burg an e. Halde, schwäb. e. Faß helden = neigen. F.N. Abderhalden (schweiz.); Halder; s. hold, Huld.

Hälfte *f* nd. 15. Jh. schriftd., z. halb, mnd. *helfte*, <* *halbida.*

Halfter[1] *m* Zaum bei Pferden, Grbd. Handhabe, ah. *halftra*, ags. *hælftre*, eng. *halter*, urv. lit. *kilpa* Schlinge; ab~n (übertr.) jem. in Ungnaden entlassen. Hiermit oft vermischt: **Halfter**[2] *m*, eig. Holfter, Hulfter = Pistolenbehälter am Sattel, mh. *hulfter* Köcher, fränk. *hulftī* Tasche für Bogen u. Pfeile, ah. *hul(u)ft* Hülle; z. hehlen, vgl. got. *hulistr* Hülle.

Halkyonische Tage sind Tage glücklicher Ruhe; nach antiker Vorstellung (z. B. Ovid, Metam. 11, 410) sind es d. Wintertage, in denen d. Eisvogel *(halkyṓn)* s. Nest baut u. d. Meer sturmlos ist; 18. Jh. Wieland, 19. Jh. Lieblingswort Nietzsches, später O.E. Hartlebens; vgl. *halkyonische* Bläue (Wilh. Raabe).

Halle *f* lange verschollenes W. neu belebt u. beliebt (18. Jh. Klopstock), ah. *halla* Tempel, ags. *healla*, eng. schw. *hall*, z. Wz. *hel* bedecken, also die Verborgene, Verdeckte, urv. lt. *cella*, gr. *kaliā́* Hütte, s. Zelle (gr. P.N. Kalypso die Bergende); entl. fz. *halle;* s. hehlen, Helm, Hülle. O.N. Halle, Ort d. Salzgewinnung auch hierher? vgl. ah. *halhūs* Saline.

Hallelujah hebr. preiset Jah(we)!

hallen mh. *hëllen*, s. hell.

Hallig *f* 18. Jh., wohl z. nordfries. *hall* seicht, mnl. *hael* ausgetrocknet, also * trockne Stelle (im Meer).

hallo eig. Zuruf an d. Fährmann u. auf d. Jagd, Imp. z. ah. *halōn* holen, dass. wie holla, s. auch hurra.

Halluzination *f* Sinnestäuschung, Trugbild, 19. Jh. v. lt. *hālūcinātio* Träumerei: *hālūcinārī* faseln.

Halm *m* mh. ah. and. schw. dä. *halm*, ags. *healm*, eng. *halm*, urv. gr. *kálamos* Rohr, lt. *culmus*, *calamus* Halm, ablg. *slama* Stroh~, Grbd. viell. Emporragendes; s. Exzellenz, Schalmei, Kalamität, Kulm.

Hals *m* mh. ah. got. *hals*, eng. † *halse* Hals, umhalsen, and. an. schw. dä. *hals*, urv. lt. *collum*, * *colsum;* mh. *halsberge* Panzerhemd, woher afz. *halberc*, nfz. *haubert.* **~starrig** eig. die Halsstarre (eine Krankheit) habend; vgl. mh. *halsstarr* »hartnäckig«.

halt südd., eig. Komp. zu dem Adv. got. *haldis* lieber, mehr, an. *heldr* vielmehr, ah. *halto* schnell = vielmehr, jetzt zum Flickwort abgeschwächt, nicht z. halten.

halten ah. *haltan* bewahren, hüten, ags. *healdan*, eng. *hold (behold* sehen), bewachen, hüten, an. *halda* hüten, got. *haldan* Vieh weiden, urv. ai. *kaláyati* treibt, gr. *bū-kólos* Rinderhirt = ir. *búa-chaill.* Grbd.: hüten, beobachten, lenken, später festhalten; ungehalten, enthalten, reichhaltig u. a., Halter *m* Hirt (b. Raimund), Halterbub (Rosegger), Buch-, Stamm-, Statt-, Federhalter. Die Bed. von ~ ist weit verzweigt, z. B. e. Versprechen ~, auf Ordnung ~, e. Schläfchen ~, es m. d. Feinde ~, d. Mund ~, Treue ~, bereit~, sich rechts ~, d. Wagen hält, für e. Freund ~; **Halt** *m*, halt! Ge~ *m*, *n*, An~, Vorbe~, Aufent~, Hinter~, ~ung *f*, Behälter *m*, Verhältnis *n*, ent~sam.

Halunke *m* 16. Jh. Holunke, v. tschech. *holomek* Bettler (z. *holý* nackt).

Hamen[1] *m* Angelhaken, -rute, mh. *hame*, entl. aus lt. *hāmus* Haken, Angel. Grdb.: Gekrümmtes.

Hamen[2] *m* Fangnetz, Tuch, mh. *hame*, ah. *hamo*, Grbd.: Bedeckendes, Scham, dann Hülle, Kleid; s. Hemd, Leichnam, Chemisett, Kamisol.

hämisch versteckt, boshaft, ah. *hamo* Kleid, dass. wie heimisch Bed.-W.: häuslich, im Verborgenen, heimlich, tückisch, hinterlistig (b. Lessing noch Hämtücke); s. Heim.

Hamme *f* † Hinterschenkel ah. *hamma*, eng. *ham* Schinken; viell. z. gr. *kámptō* biege, beuge.

Hammel *m* ah. *hamal*, pl. Hamel, * Adj., verschnitten, verstümmelt, Hämling (Eunuch), eng. *to hamble* † s. Schöps, urv. ai. *šámala* Fehler; ~sprung *m* ursp. scherzh., Abstimmung i. Parlament, wobei die Abgeordneten den Saal verlassen u. je nachdem durch die Ja- od. Nein-Tür wieder eintreten, ihren Führern (Leithämmeln) nach; v. Windthorst n. 1870.

Hammer *m* mh. *hamer*, ah. *hamar*, ags. *hamor*, eng. dä. *hammer*, an. *hamarr*, eig. Fels, Stein, dann das Werkzeug daraus (Steinzeit!), urv. aslaw. *kamy* Stein, gr. *ákmōn* (steinerner) Amboß; slaw. Stubbenkammer (tautol. = Felsstein), Hammerstein (tautol.). Kammin i. Pommern, Kamin i. Schlesien, Kamenz, Chemnitz; Liste 38, ~schlag = Metallschüppchen in d. Schmiede.

Hampelmann *m* 16. Jh. z. nd. hampeln, sich hin- u. herbewegen.

Hamster *m* ah. *hamastro* Kornwurm, ~, auch ~er (bildl.) schon 19. Jh.; v. aslaw. *chomĕstorŭ?* entl. fz. *hamster*.

Hand *f* Grbd. wahrsch. »Zehnheit« * *kont* in gr. *triákonta* 3 Zehnheiten; mh. ah. and. ndl. ags. eng. schw. *hand*, got. *handus*, afries. *hond*, dä. *haand;* s. aller~ : *hant* »Seite«; ~lich, un~lich, ~fest, ~greiflich, ~geld *n*, ~buch *n*, ~gemenge *n*, ~gemein, abhanden, ~habe *f:* z. T. urv. gr. *kṓpē* Griff, lt. *capulus*, *capere* fassen, ~schuh *m*, ~werk *n*, ~langer *m*, ~lung *f*, Ab~lung, Ver~lung, aller~, über~nehmen, s. über, unter d. ~ (also eig. verborgen, jetzt abgeschwächt), s. behende, Hantel, zu ~ mh. *zehant*, ndl. *thans* sogleich.

handeln ah. *hantalōn* m. d. Händen fassen, bearbeiten, ags. *handlian* betasten, eng. *handle* handhaben, in mannigfacher Bed., sich betätigen, unrecht~, es handelt sich um dich, über den Preis ver~, Handel treiben; Handel *m* i. heutigen Sinn 16. Jh., Händel.

hanebüchen mh. *hagenbüechin* vom Holz der Hagebuche; = klotzig, grob schon 18. Jh.

Hanf *m* ah. *hanaf*, an. *hampr*, eng. *hemp;* ins Urgerm. entl. (vor der 1. Lautverschiebung!) v. skytho(?)-gr. *kanabis* (vgl. tscheremiss. *kyńe* Hanf + wotjack. piš Nessel), aslaw. *konoplja*, poln. *konop;* fz. *Kanevas m* Gitterleinwand, eig. hanfenes Zeug.

Hänfling *m* weil er sich v. Hanfsamen nährt, mh. *henfeling*, nd. *hemperlink*.

Hang *m* Geneigtsein (e. Berges Halde) meist übtr. Neigung, Trieb, v. **hangen,** das sich m. andern Ztw. vermischt hat, mh. *hāhen*, ah. *hāhan* hängen (vgl. lautlich fahen - fangen), got. *hāhan* in Zweifel lassen, ah. *hangēn*, mh. *hangen* hangen; mh. *hengen*, ah. *hengen;* urv. lt. *cunctor* zaudere; ai. *sañkatē* schwebt, schwankt; *Hahl* Kesselhaken **han-hala*, ah. *hāhala*, Ab~ *m*, abhängig, An~ *m*, Vor~ *m;* Anhängsel *n*, Henkel *m*, Henker *m*, Hängelampe *f*, Verhängnis *n*, nicht verw. ist **Hängematte** *f*, ndl. *hangmat*, volkset. aus karaib. *hamaca* (= span.) Schlafnetz gedeutet, fz. *hamac*, eng. *hammock*.

Hangar *m* Schuppen, Flugzeughalle, v. fz. *hangar:* afränk. **hangart* »was am Hause hängt«.

Hanse *f* latinis. als Hansa, spätmh. (1358) *dudesche hense*, *hanse* Städtebund, Kaufmannsgilde, bes. d. großen nordd. Städte, ah. got.

hansa, ags. *hós*. Schar; z. lt. *scandula* »Abgeteiltes«? **hänseln** z. besten haben, eig. m. allerlei Gebräuchen in e. Hanse, Innung aufnehmen, wobei d. Betreffende geneckt wird, u. etwas z. besten geben muß, z. T. an Vorn. Hans (Hensel), »Genosse«, angel., vgl. schwäb. 's Michele mit ei'm mache' = hänseln; mnd. *hansen*.

Hans|narr *m* zu Hans, das wegen seiner Häufigkeit z. Gattungsnamen wurde: ~ u. Grete (Bauernbursche u. -mädchen), Prahl~, Schmal~, ~ in allen Gassen, s. Hinz und Kunz.

Hanswurst *m* ursp. Hans Wurst, eig. Dickwanst, dann komische Figur i. Schauspiel, seit 1573. ~ Huckebein, ~ Langohr.

Hantel *f* v. Jahn (1816) eingeführt, nd. ~ = Handhabe.

hantieren aus fz. *hanter* hin- u. herziehen, oft besuchen (eng. *haunt)*, an. *heimta* (Heim)holen, aeng. *hāmettan* beherbergen, eig. herumziehend Handel treiben, dann Handarbeit tun; spätmh. (14. Jh.) *hantierunge* Kauf und Verkauf, Handel.

Hapag *f* s. Liste 22

hapern nd. 18. Jh. schriftd., ndl. *haperen* ~, stolpern, stocken, stottern.

Harde *f* schlesw.-holst. Gemeindebezirk, mnd. *harde, herde*, an. *herađ*, dän. *herred*, zu an. *herr* Heer.

Harem *m* Frauenwohnung bei d. Türken, v. arab. *haram* Verbotenes, Heiligtum, Frauenwohnung; 17. Jh.

Häresie *f* gr. Irrlehre, Ketzerei, mlat. *haeresia*, klass. lat. *haeressi* Lehrart, gr. *haíresis* das Erwählte, schon spätlat. *haeresis Ariana, haereticus* einer Sekte zugetan.

Harfe *f* ah. *harfa*, an. *harpa*, ags. *hearpe*, eng. *harp;* entl. fz. *harpe*, it. *arpa, arp-eggiare* .., *die m. krummen Fingern gezupfte, an. *herpask* krampfen, urv. gr. *krámbos* eingeschrumpft; schwäb. F.N.: Herpfer.

Harke *f* nd. für oberd. Rechen *m*, mnd. mndl. *harke*, schw. *harka*, urv. *ai. khṛgala* Bürste.

Harlekin *m* Hanswurst, 17. Jh. v. it. *arlecchino* (komische Figur i. it. Lustspiel), v. fz. *arlequin, arlequinade* Hanswursterei, afz. *mesnie Hellequin* wilde lustige Schar; v. **Harilo* dem Führer des Totenheeres, der Wilden Jagd (Wodan), d. ags. **Her(e)la cyng*, dann *Herle king* genannt wurde; 1. z. Heer (Wodansname), 2. = König (Flasdieck, ~ 1937).

Harm *m* altes germ. W., 18. Jh. neu belebt durch eng. Einfluß, ah. *haram*, ags. *hearm*, eng. *harm;* urverw. aslaw. *sramŭ* Schande; ~los 18. Jh. Lüs. v. eng. *harmless;* verhärmt.

Harmon||ie *f* Ein-, Wohlklang, 17. Jh. v. gr. *harmoníā* Fügung, z. *harmóttō* füge passe, *harmós* Fuge; ~isch, ~ieren, ~ika *f* im 18. Jh. erfunden, ~ium *n*.

Harn *m* mh. ah. *harn*, an. *skarn* Kot: gr. *skōr*.

Harnisch *m* mh. *harnesch, harnas*, v. afz. *harnais* (< an. *hernest* Heeresvorrat?); jem. i. ~ bringen (bildl.); ge~te Erklärung.

Harpune *f* 17. Jh. v. ndl. *harpoen*, fz. *harpon*, eng. *harpoon*, zu rom. *harpa, arpa* Haken, z. gr. *hárpē* Sichel.

harren mh. *(er)harren*, schriftd. erst durch Luther, urv. serb. *korota* Trauer, lett. *cerēt* hoffen.

harsch hart, rauh, nd., 17. Jh. schriftd.; urv. lt. *carduus* Distel, russ. *korosta* Krätze; e. Wunde verharscht, überzieht sich m. e. Kruste; Harsch (mu.) = Schneekruste (mh. *verharsten* »verharschen«).

Harst *m (†)* schweiz., Heerhaufe Vortrab, ~horn, schwäb. F.N. Harscher; spätmh. *harst*.

hart mh. *hart, herte*, ah. *harti*, got. *hardus*, eng. *hard*, ~näckig, schwed. *hårdnackad;* urv. gr. *kratýs* stark *krátos, kártos* Stärke, Adv. *kárta* sehr; entl. fz. *hardi* kühn; 31(

männl. P.N. Gerhard, Lienhard, Richard, Reinhard, Hartmut, Hartmann, umgekehrt Mannhart. F.N.: Harder, doch auch = Hirt.

Hart, Hardt, Haardt, Harz v. ah. mh. *hart, hard* Bergwald; z. westf. *hār* Anhöhe im Rothhaar(gebirge), urv. gr. *korthys* Erhöhung; Name v. Gebirgen u. Wäldern i. Nord- u. Westdeutschland; Spessart *m Spëhteshart.* Spechtswald, auch Name e. Eifeldorfes; O.N.: Harthausen, Hasserode, Erdeborn, Königshardt, Eisenhard b. Belzig, Berkert Birkenwald; norw. Hordaland, Hardanger. F.N. Herthum, Terhardt.

Hartschier, Hatschier *m* Leibtrabant a. Wiener u. Münchener Hofe, v. it. *arciere*, fz. *archer* Bogenschütz **arcārius*, z. lt. *arcus* Bogen; s. Arkade.

Harz *n* mh. ah. *harz*, nd. *hart;* urv. ai. *kard-áma* Schlamm od. lett. *kāres, lit. korÿs* Wabenhonig?

Hasardspiel *n* Glücksspiel, 17. Jh. v. fz. *hasard* Glück, Zufall, z. *arab.* Ztw. *jasara* würfeln.

haschen erst mh. erwischen, ergreifen, verw. m. heben, Haft; **hafskōn*: lat. *capere*, dazu Häscher *m* † Gerichtsdiener, Scherge.

Haschisch *n* Art Hanf, Berauschungsmittel, fz. *assassin* Meuchelmörder, it. *assassino* (d. Assassinen des »Alten vom Berge«, z. Z. der Kreuzzüge!): arab. *hašīš* u. (Mehrz.) *haššāšin*, ~esser; 19. Jh.

Hase *m* ah. *haso*, an. *heri*, ags. *hara*, eng. *hare*, dä. schw. *hare*, urv. ai. *šašás*, kymr. *ceinach*, Grbd. grau (wie noch ah. *hasan)* als Tabuname, vgl. lat. *cānus* grau, **casnos*, entl. fz. *hase* Hasenweibchen; ~fuß *m* Feigling, ~npanier *n* eig. Schwanz d. Hasen, ~nscharte *f* Spalte i. d. Oberlippe wie beim Hasen.

Hasel *f* ah. *hasala*, an. *hasl*, eng. *hazel*, urv. lt. *corulus;* O.N.: Hasselfelde, Hessellohe, Haßloch (s. Lohe), Haslital; ~huhn, vgl. Birkhuhn.

Haspe *f* mh. *haspe, hespe* Türhaken, -angel, Garnwinde, ah. *haspa;* urv. m. lt. *capere* fassen. **Haspel** *f* Garnwinde, mh. ah. *haspil;* ~n auf d. ~ winden, sich b. e. Rede ver~n.

Hast *f*, ~en, ~ig; entl. aus ndl. *haast*, mnd. *hast*, afz. *haste* (fz. *hâte)*, dies zu afrk. *haist* heftig, got. *haifsts* Streit, eng. *haste.*

Haß *m* mh. *haz*, got. *hatis*, and. *heti*, an. *hatr*, ags. *hete*, eng. *hate*, verw. m. Hader, urv. gr. *kẽdos, kādos* Kummer. Germ. Bdtg. a. verfolgen (s. Hatz, hetzen), hassen, mh. *hazzen*, ah. *hazzōn*, an. *hata*, and. *hettian* verfolgen, verfluchen; kurhess. F.N.: Hassenpflug. **häßlich** eig. hassenswert, jetzt meist = unschön; gehässig aber noch v. d. Gesinnung.

hätscheln, ver~ 17. Jh., tirol. *hatschen* streicheln, »*-tsch* malt d. Ausbreitung über e. Fläche«, unerklärt.

Hatz *f* † s. hetzen, Haß. F.N.: ~mann, *Führer eines Hetzhundes.

Haube *f* ah. *hūba* Kopfbedeckung f. Männer (Sturm~, Pickel~) u. Frauen, jetzt vielfach auf die verheirateten Frauen beschränkt, an. *hūfa* Mütze, urv. lat. *cūpa*, gr. kret. *kyphḗ* Kopf, poln. *kubek* Becher, ai. *kupa* Höhle; unter die ~ kommen (am Hochzeitstage wurde sie aufgesetzt).

Haubitze *f* seit d. Hussitenkriegen v. *č. houfnice* Steinschleuder: entl. fz. *obus.*

hauchen mh. *hūchen*, 18. Jh. neu belebt (s. Halle, Harm, Hain u. a.); dazu Hauch *m;* lautm., vgl. keuchen.

Hauderer *m* Lohnkutscher, 18. u. 19. Jh. südwestd. (bei Goethe), z. haudern aus spätmh. *hūren* im Mietwagen fahren, verw. m. Heuer, Miete, eng. *hire* mieten, ndl. *huurder* Mieter.

hauen mh. *houwen*, ah. *houwan.* and. *hauwan*, ags. *hēawan*, eng. *hew*, schw. *hugga*, dä. *hugge*, urv. aslaw. *kovati* schmieden, lit. *káuju* schlage, schmiede, lat. *cūdĕre* schlagen, *incūs*

Amboß; entl. fz. *houer* hacken, *houe* Hacke; Heu, Hieb, Verhau, Hacke, hacken, Hauer *m* Eberzahn; Hauer, Häuer *m* Bergmann, Haudegen *m* s. Degen[1]; s. Hieb, Heu, hacken.

Haufe(n) *m* ah. *hūfo*, ags. eng. *heap*, dafür pl. Hümpel; urv. ablg. *kupŭ*, lit. *kaũpas;* häufen, häufig, eig. haufenweise, seit 18. Jh. = oft; F.N. Schlagenhauf.

Haupt *n* mh. *houbet*, ah. *haubit*, got. *haubiþ*, pl. Höwt, ndl. *hoofd*, ags. *hēafod*, eng. *head*, schw. *hufud*, dä. *hoved*, urv. lt. *caput*, ind. *kapāla* Schädel, westschweiz. ~ = Stück (7 ~ Vieh), s. Haube. Häuptling *m*, be~en, über~, ~mann *m*, ah. *houbitman* (wohl Lüt. v. mlat. *capitaneus)* d. Oberste unter seinesgleichen, i. M.-A. auch Anführer, sogar Oberbefehlshaber (Wallensteins Lager 7), später durch Kapitän ersetzt. ~**wort** *n* Substantiv, Dingwort, 1682 b. Morhof; s. Haube. O.N.: Bornhöved (1227!) = Quelle; Hunds~, Roß ~en.

Haus *n* mh. ah. got. ags. *hūs*, pl. Hus, ndl. *huis*, Vkl. Hüsung, eng. *house*, dä. *hus*, verw. Hütte, urv. gr. *keuthō* verberge. Etwa 1400 O.N. auf -hausen, pl. -husen, -hüsen, gekürzt -sen, Dat. Mehrz. b. d. Wohnstädten: Nord-, Sachsen-, Sonders-, Westerhausen, Westerhüsen, Westerhusen, Husum; gekürzt: Mackensen (b. Holzminden, auch F.N.), Ottensen (b. Hamburg), Hausen allein (95). Das W. hat vielfache Bed. angenommen: Zeug~, Kern~, altes ~, frommes ~, ~Hohenzollern, aus gutem Hause, von Hause aus; ~en wohnen, jetzt meist m. d. Nebensinn d. Unheimlichen; ~ierer *m*, Be~ung *f*, Gehäuse *n* Häusler *m*, armer Dorfbewohner, ~backen, jetzt meist übtr. = »spießig«, alltäglich; ~ehre *f* † = ~frau *f*, ~freund *m*, ~rat *m*, aus d. Häuschen sein.

Hausen *m* Störart: zool. *Acipenser huso*, ah. *huso* z. Haus; norw. mu. *hūse* Hirnschale v. Fischen. ~blase.

Haut *f* mh. ah. *hūt*, ags. *hyd*, eng. *hide*, schw. dä. *hud*, urv. lt. *cutis*, gr. *kýtos*, *skýtos*, lt. *scūtum* Schild; ai. *skáuti* er bedeckt; ehrliche ~ (~ als Vertreter d. ganzen Menschen, s. Geizhals); s. Hütte, Hut, Hort.

Havarie *f* Schiffsschaden, 19. Jh. v. fz. *avarie* seit 17. Jh. Haverey, nd. *haferye* v. ndl. *averij*: fz. *avarie*, arab. *ʿawārīja* beschädigte Ladung, z. arab. *ʿawār* beschädigte Ware (H wohl durch irrt. Anlehnung an Hafen).

Hebamme *f* ah. *hevianna*, zu heben, die Hebende, 2) angel. an Amme.

Hebel *m* 15. Jh. z. **heben,** ah. *hevan*, got. *hafjan*, and. *hebbian*, ags. *hebban*, eng. *heave*, dä. *hæve*, urv. lt. *capio* fasse, ergreife, gr. *kōpē* Griff; s. haben, Haft *f*, Heber *m*, Hefe *f*, Heft[1], Behuf, anheben, Hebung *f* (Gegensatz: Senkung), Urheber *m*. F.N.: Hebenstreit.

Hechel *f* stacheliges Werkzeug z. Durchziehen d. Flachses, mh. *hechel*, pl. Hekel, eng. *hatchel*, *hackle;* hecheln, durchhecheln (meist bildl.), vgl. ah. *hecchen* stechen. F.N.: Hechler; s. Hecht, Haken.

Hecht *m* mh. *hechet*, ah. *hahhit*, ags. *hacod*, Grbd. wahrsch. stechend (wegen d. spitzen Zähne); s. Haken, Hechel; nd. F.N. Bradenhekt!

Hecke[1] *f* pl. Häg, ah. *hecka*, *hegga*, ags. *hecg*, eng. *hedge*. Heckenschütze *m* s. Franktireur; Heck (des Schiffes, ndl.), weil einge»hegt«; hegen Gehege, Hain, behagen; z. Hag.

Hecke[2] *f* pl. Hick, Heck, Brüten u. Fortpflanzen d. Vögel, eng. *hatch*, z. mh. *hecken* fortpflanzen, ah. *hegidruosa* Hode; aus~n, bes. bildl.; Hecktaler, -pfennig, -apfel.

Hede *f* nd. *hēde* für oberd. Werg, afries. *hede*, viell. aus mndl. *herd* Flachsfaser, ags. *heorde*, eng. *hard*

Mehrz. Werg, vgl. ah. *haru* Flachs.

Hederich *m* ah. *hëderīh*, pl. Harrick, v. lt. *hederacea (herba)* efeuähnliche (Pflanze) z. *hĕdera* Efeu, wohl unter Einfluß von Wegerich.

Heer *n her*, ah. *heri*, *hari*, got. *harjis*, and. *heri* Volk, Menge, auch einzelner Krieger, ags. *here* (eng. fehlt, dafür rom. *army)* an. Beiname Odins *Herjann:* gr. *koíranos* Kriegsherr, urv. air. *cuire* Schar, altpreuß. *karjis* Heer, lit. *kãras* Krieg, *kãrias* ~, *karỹs* Krieger, ablg. *kara* Streit, apers. *kara-* ~. Dazu ~bann *m* (Aufgebot sich z. ~ z. stellen), ~schau mh. *herschouwe;* Walther (im ~ waltend, ~führer); Herbert (im ~ glänzend), Hermann (Kriegsmann), Herzog, Herberge, Hering, ver~en, s. verheeren; Herold. O.N.: Herford, Hersfeld, Heringen, Herborn, Herbede.

Hefe *f* ah. *hevo*, z. heben; Grbd.: das Hebende vgl. Bärme; da d. Hefe als Bodensatz niedersinkt, Ausdruck d. Schlechten: ~ d. Volks.

Heft[1] *n* Griff am Messer, mh. *hefte*, ah. *hefti*, mnd. *hechte*, urv. gr. *kṓpē*, lt. *capulus* Griff z. *capio;* Grbd.: das Haltende, zu heben, haben.

Heft[2] *n* Schreibheft, 18. Jh., z. heften, got. *haftjan.*

heftig ah. *heiftig*, s. Hast.

Hegemonie gr. *hēgemoníā* Führerstellung: *hēgemṓn* Führer, 19. Jh.

hegen m. einem Hag umgeben, umzäunen, dann in sich schließen, schonen, pflegen (nicht: pl. sick hägen (högen), sich freuen = mh. hügen, *hogen);* abgeschwächt: Verlacht ~; s. Hag; ah. *hegan.*

Hehl *n* er macht kein ~ daraus z. **hehlen,** mh. *hëln*, ah. *hëlan* verbergen, and. ags. *helan*, ndl. *helen*, afries. *hela*, urv. lt. *cēlāre* ~, *occulere* (dazu P.N. Kalypso Verbergende, gr. *kalýptein* verbergen); Part. verhohlen, unverhohlen, Hehler *m;* hehlings südd., heimlich, Halle, Hölle, Hülle, Hülse, hohl, Höhle, Helm, Zelle; Grbd.: bedecken.

hehr mh. ah. *hēr*, aeng. *hār;* eng. *hoar* grau, an. *hārr* altersgrau, urv. aslaw. *sĕrŭ* grau, mir. *cíar* dunkelbraun, neu belebt 18. Jh.; s. Herr.

Heide[1] *f* waldloses, wildgrünendes Land, Heidekraut, auch Wald, got. *haiþi*, eng. *heath*, urv. kelt., kymr. *coit* Wald, lat. *bū-cētum* Kuhtrift. Heidjer *m* Heidebewohner. O.N.: *Heiđabyr* = Haddeby b. Schleswig, Heideort. Dazu **Heide**[2] *m* got. *haiþnō* Heidin, eig. Bewohner d. Heide, der Dörfer i. Gegensatz z. Städter, ahd. *heidano* Nichtchrist, Lüs. v. lt. *pāgānus:* in den Städten war d. Christentum als Staatsreligion durch Konstantin eingeführt, während sich der alte Glaube noch auf d. Lande hielt. Auch im Fz. ist *païen* Heide lautlich = *paysan* Bauer, beide v. lt. *pāgānus*, das (nur volkset.?) hergeleitet v. *pāgus* Gau. **Heidelbeere** *f* mh. *heidelber*, ah. *heidberi*, mu. Waldbeere, Bickbeere, Taubeere. **Heidschnucke** *f* kleine Schafart i. d. Lüneburger Heide; 2. Teil mnd. *snucken* »Laute stoßweise hervorbringen«, lautm.

Heiduck *m* eig. Mehrz., 16. Jh. ff. magyar. *hajdúk* (Einz. *hajdú* Räuber) ungarische Miliz zu Fuß, dann Diener i. deren Tracht, zunächst am Wiener Hof, andere Form: Haiduk.

heikel wählerisch, mißlich, anstößig, erst 16. Jh., südd. für ekel.

heil unverletzt, gesund, ganz, pl. b. Fr. Reuter: heil u. deil »ganz u. gar« mh. ah. *heil*, got. *hails*, ags. *hāl*, eng. *whole*, an. *heill* (entl. eng. *hail*), got. *hails*, ags. *wes hāl*! = an. *ves heill*! ~ dir! daraus eng. *wassail* Gelage, urv. ablg. *cĕlŭ* ganz, kymr. *coel* Vorzeichen, apreuß. *kails* heil; dazu ~en: ~ *n* eig. Freisein v. Verletzung, dann Glück, Wohlfahrt; ~ig, ~sam. O.N.: Heilbronn, pl.

Hilgenfeld. F.N.: Helwig, Helbig. **Heiland** *m* alt. Part. z. heilen, mh. ah. *heilant*, and. *heliand*, ags. *hælend* (Lüs. v. lt. *salvātor)*; s. Freund, Feind. **heilig** mh. *heilec*, ah. *heilag*, and. *helag*, ags. *halig*, eng. *holy*, (göttliches) Heil bringend. O.N.: Helgoland. **heillos** eig. ohne Heil, meist übtr. schlimm.

Heim *n* mh. ah. *heim* Haus, Wohnsitz, got. *haims* Dorf, and. *hēm* Wohnort, ags. *hām*, eng. *home*, 18. Jh. neu belebt; urv. gr. *koimáomai* lagere mich, gr. *kṓmē* Dorf, aslaw. *semija* Gesinde; entl. fz. *hameau* Weiler. Etwa 2000 O.N.: Rüdes~, Mann~, Hildes~, Hoch~, zsgz. Hoym, Bachem, Dahlem, Kochem, Heimsen (Heimsheim); Böhmen, mh. *Bēheim* Bojerheim; *Boiohaemum (Tac. Germ. I, 28)* in England etwa 1000 O.N. auf *-ham* (Buckingham, s. Buche); heim, ~gehen, ~schicken, an~fallen, ~stellen, ~geben, ~leuchten, ~zahlen (zurück), ~suchen (eig. besuchen, dann i. üblem Sinn), ein~sen (s. Hamster), ~isch, ~lich, hämisch (s. dies), ~tückisch, an~eln, un~lich, ge~, ~weh *n* (ursp. schweiz.), ~wehr (österr.). Ge~nis *n*, ~chen *n* Hausgrille, eig. kleiner Hausbewohner, mh. *heime*, ah. *heimo* (wohl umgestellt aus ahd. *mūh-heimo* ›Sanftheimer?‹ Zfda 69, 46), ags. *hām;* Heinrich (oder z. Hag), entl. fz. *Henri*, Vkl. Hintze, Henze, latin. Heinsius.

Heimat *f* mh. *heimōt*, ah. *heimuoti*, zu Heim mit ders. Abl.-Silbe wie Kleinod, Einöde, Armut. Heimatlos im 1. Weltkriege in d. fz. Gerichtsspr. übernommen, s. Ersatz.

Heimweh als Seelenzustand wird schon im 9. Jh. von Otfrid beschrieben (I 18, 32), das Wort dafür aber erscheint zuerst 1569 bei dem Schweizer Ludw. Pfyffer und ist anscheinend noch bis zum Anf. d. 19. Jhs. schweiz. und zugleich medizinischer Fachausdruck, für den 1688 in Basel die gr.-lt. Lüs. *nostalgia* erscheint. Vgl. Paul-Betz 300.

Hein Freund = der Tod; schon 1650: »Fr. Hain läßt sich abwenden nit m. Gewalt, m. Güt, m. Trew noch Bitt«, bekannt geworden u. neu belebt 1774 durch Matthias Claudius: Name e. Arztes, den sein Freund im »Wandsbecker Boten« unter d. Bild d. Sensenmanns setzen ließ; z. Heinrich.

heint (Adv.) mu. heute, vergangene od. kommende Nacht : ah. *hīnaht*.

Heinzelmännchen Mehrz. Hausgeister, 16. Jh., durch d. Gedicht v. Kopisch bekannt geworden; z. Heinz.

Heirat *f* ah. mh. *hīrāt* eig. Hausbesorgung, Hauswesen, dann Ehestand, endlich Eheschließung; der 1. Teil gehört zu ah. *hīwo* Gatte, *hīwa* Gattin, got. *heiwa-frauja* Hausherr, urv. lt. *cīvis* Einheimischer, Bürger, ai. *šivás* traut, d. 2. Teil ist Rat i. d. älteren, eigentlichen Bed.: Zurüstung, Versorgung; s. Rat.

heischen † dringend fordern, mh. *eischen*, *heischen*, ah. *eiskōn*, and. *ēscōn*, ags. *āscian*, eng. *ask* fragen mit h wegen irrt. Anlehnung an heißen; anheischig gehört z. heißen, urverw. aslaw. *iskati* suchen, ai. *iccháti* sucht.

heiser bei Luther heisch, 18. Jh. heischer (Lessing), pl. heisch, mh. *heiser* rauh, ags. *hās*, eng. *hoarse*.

heiß mh. ah. *heiʒ*, got. *heitō* Fieber: lit. *kaitrùs;* Heißsporn (A.W. Schlegel = *Hotspur*, Shakesp.), ndl *heet*, ags. *hāt*, eng. *hot*, dä. *hed* schw. *het;* s. Hitze, heizen.

heißen 1) befehlen, er hieß ihn zu sich kommen, 2) einen Namen führen, mh. *heiʒen*, ah. *heiʒan* nennen genannt werden, befehlen, got. *haitan*, an. *heita*, ags. *hātan* (eng. fehlt) urv. lat. *ciēre* rege machen, *ac-cīr* herbeirufen, gr. *kīnéō* treibe, bewege; Geheiß *n* Befehl, dazu Schultheiß, anheischig.

Heister *f* † junge Buche, mh. *heister*, Eichheister (Stock d. Heideschäfer), mnd. *hēster*, * junger Baum im Landhag (germ. * *haisja-*: lt. *Caesia silva)*, urv. lt. *caedo* schlage, 2. T. s. -der i. Liste 54; entl. fz. *hêtre* Buche; F.N. Buch~; O.N. Hiesfeld: ags. *hæs* Waldland, and. *hēsia*, Heisfelde (Ostfriesland), Heisterbach.

-heit (-keit) s. Liste 54.

heiter ah. *heitar*, and. *hēdar*, ags. *hādor*, urv. ai. *citrás* glänzend, hell, lit. *skaidrùs* klar, Abl. zu -heit, vgl. lt. *caelum* Himmel *(*caidlom)*. ~keit, ange~t.

heizen mh. ah. *heizan*, an. *heita*, heiß machen, eng. *heat;* s. heiß, Hitze.

Hekatombe *f* eig. 100 Rinder gewinnendes Opfer (P. Thieme, Verh. d. Sächs. Ak. d. Wiss. Bd. 98, Heft 5, 52ff., 1952), 18. Jh. v. gr. *hekatómbē*, *hekatón* einhundert, 2) *būs* Rind.

Hektar *m* 1868 v. fz. *hectare*, 2) : lt. *area* Fläche, s. Ar; **hektographieren** (Geschriebenes) vervielfältigen.

hektisch gr. »m. Schwindsucht behaftet«, *hektikós* anhaltend, mlat. *febris hectica;* 18. Jh.

Held *m* mh. *helt*, and. *helið*, ags. *hæleð*, wohl z. halten mit der ursp. Bed. »Hirt«. »Held d. Dramas« erst 18. Jh. ~enbuch *n*, ~engesicht *n*, ~enmut *m*, ~entat *f*.

helfen ah. *hëlfan*, pl. helpen, got. *hilpan*, ags. *helpan*, eng. *help*, lit. *šelpti;* Helfer *m* geistliches Amt in Schwaben u. i. d. Schweiz (Lavater führte d. Titel). P.N.: Hilperich, Hilbrig, Helferich; Helfershelfer *m* eig. Genosse d. Helfers, Mitkämpfer, so noch Schiller, Jungfrau II, 1, jetzt nur in üblem Sinne; unbeholfen.

Heliograph *m* »Blinker«, gr. *hēlios* Sonne u. *gráphō* schreibe.

Heliogravüre *f* gr. fz. Kupfer(platten)lichtdruck, 1) *hēlios*, 2) *gravure* Stich: *graver*.

Heliotherapie *f* Heilverfahren m. Sonnenlicht, 2. T. gr. *thĕrapeirā*.

Heliotrop *m* »Sonnenlichtwender«, 2. Teil *trépō* wende; a) Pflanze, b) Edelstein.

Helium *n* Gas, zuerst auf d. Sonne durch Spektralanalyse entdeckt.

hell mh. ah. *hël* laut, tönend, urv. lt. *clamo*, gr. *kaléo* rufe; später auf Gesichtseindrücke übtr., aber noch südd. ~ = laut, einhellig, Mißhelligkeiten, helle Stimme, in hellen Haufen, in ~ Fluchten (v. Wild b. Löns); in Sachsen volkst. helle = klug; s. hallen, Pracht, grell, Knall.

Helldunkel *n* 18. Jh. Lüs. v. fz. *clair-obscur;* it. *chiaroscuro*.

Hellebarde *f* mh. *hëlmbarte*, Stielbarte († Barte = Beil, Axt), 1) z. Helm²; daher fz. *hallebarde*, it. sp. port. *alabarda;* s. Bart. F.N.: Bardenheuer, der H. haut, macht.

Heller *m* mh. *heller*, *haller*, zuerst 1208 i. Hall (Schwaben) geprägte Münze, eig. *haller phenninc;* s. Taler, Florin.

Helling *f* geneigte Ebene z. Abgleiten d. ausgebess. Schiffe, s. Dock u. Halde; 17. Jh. v. mnd. *heldinge*.

Helm¹ *m* mh. ah. and. afries. ags. *hëlm*, got. *hilms*, eng. *helmet*, wahrscheinl. zu hehlen (eig. bedecken, schützen); entl. afz. *helme*, nfz. *heaume*, it. *elmo*, lit. *šálmas*, preuß. *salmis*, slaw. *šlěmŭ*, poln. *szlom*, č. *slem*, urv. ai. *šárma* Schutz; P.N.: Anselm s. Asen, Wilhelm der mit Willen (also gern) Schützende.

Helm² *m* mh. *helm* südwestd. Stiel, z. Halfter.

Heloten gr. *heílōtes* d. Staatsleibeigenen der dorischen Spartiaten, später verallgem. »Rechtlose, Unterdrückte«, vgl. Paria.

Hemd *n* ah. *hemidi* langes Unterkleid, afries. *hemethe*, *hamede*, ags. *hemeþe*, eig. Verkl. v. ah. *hamo*

Hülle, ags. *hama* Kleid, got. *gahamōn* bekleiden; entl. gallolat. *camisia* Unterkl., Hemd, it. *camicia*, sp. *camisa*, fz. *chemise*, *camisole;* urv. aind. *sāmúla* wollenes Hemd; s. Hamen, Leichnam, Kamisol, Chemisett.

Hemisphäre *f* gr. *hēmi-sphaírion* Halbkugel *(: sphaíra);* 18. Jh.

hemmen mh. *hemmen*, oberd. weidende Pferde anbinden, viell. urv. lit. *kãmanos* Zaum, gr. *kēmós*, lat. *cāmus* Maulkorb.

Hengst *m* mh. *hengest*, ah. *hengist*, *hangisto* (Superl.), pl. Hingst, ags. *hengest*, an. *hestr* ~, *»schnellster«, schw. *häst*, dä. *hest*, urv. lit. *szankinti* springen lassen; Hengist u. Horsa sagenhafte Begründer d. ags. Herrschaft i. Britannien; s Roß.

Henkel *m* zu henken = aufhängen, ah. *henchan;* **Henker** *m* mh. *henger*, *henker;* zum ~; ~smahlzeit *f* 16. Jh. ursp. letzte Mahlzeit d. Verurteilten, s. hangen, hängen.

Henne *f* ah. *henna*, auch *hanīn*, *henīn*, mnd. *henne*, eng. *hen*, z. Hahn.

her mh. *hēr*, ah. *hēra*, got. *hiri* komm! zum Stamm *hi-*, der auch in hin, heint, heuer, heute, hier steckt.

Heraldik *f* Wappenkunde, v. mlt. *heraldicus*, z. *heraldus* Herold, dieser hatte bei Turnieren die Wappen zu prüfen; s. Herold; um 1700.

† **Herauch** *m* (andere umdeutende Schreibungen Höhen-, Heer-, Haarrauch) in Vbdg. m. d. nordwestd. Moorkultur, »heißer«, trockener Rauch?, ah. *heien* brennen, *gihei* Hitze : südd. *gehai* dürr, ausgetrocknet, dunstig : gr. *kaíō*.

herb mh. *häre*, *härwer*, viell. z. scharf, urv. mir. *cerb* scharf; entl. finn. *karwas* ~ u. ital. *garbo* bitter.

Herbarium *n* Sammlung getrockneter Pflanzen, z. lt. *herba* Pflanze.

Herberge *f* mh. *herbërge*, eig. das Heer bergender Ort, Schutz, dann Unterkunft für Fremde, Gasthaus; and. *heriberga*, an. *herbergi*, eng. *harbour* Herberge, Zufluchtsort (auch für Schiffe), Hafen; entl. it. *albergo*, fz. *auberge;* s. Heer, Herzog, bergen.

Herbst *m* mh. *herbest*, ah. *herbist*, nd. Hārst, »am besten zu schneiden« (Superl.), eng. *harvest*, an. *haust*, urv. lt. *carpo* pflücke, lit. *kirpti* scheren, ai. *kṛpāna* Schwert, gr. *karpós* Frucht, gr. *krṓpion* Sichel, der athen. Heros Kekrops *Erntegott (?Usener). Ursp. bedeutet ~ die Tätigkeit d. Einerntens (noch jetzt: d. Trauben~); ~zeitlose s. Zeit.

Herd *m* mh. *hërt*, ah. *hërd*, and. afries. *hërth*, pl. Hird, ags. *heorþ*, eng. *hearth;* z. got. *hauri* Kohle? Grbd. viell. Brennendes, zu lett. *ceri* Glutsteine, lat. *carbo* Kohle **cardho?* lt. *cremāre* verbrennen; e. eigenen ~ gründen; Krankheits~.

Herde *f* mh. *hërt(e)*, ah. *hërta* got. *haírda*, ags. *heord*, eng. *herd* schw. dä. *hjord*, urv. *ai. šárdha* Schar; Herdenmensch *m* (Nietzsche 1879); F.N.: Herder = Hirt falls nicht z. hart.

Hering *m* mh. *haerinc*, ah. *hārinc* ags. *hæring*, eng. *herring*, zu ags *hār* grauweiß (o. z. ndl. *haar* al »Grätenfisch«?) entl. lt. *aringu* (3. Jh.), fz. *hareng*, sp. *arenque*.

Herling *m* herbe, unreife Weintraube, ah. *herling*, z. hart *Härtling?

Hermandad *f* die heilige ~, Polizei, v. sp. *la santa hermandad* di heilige Brüderschaft, Verbindung Städte i. 13. Jh. gegen d. raub lustigen Adel, z. sp. *hermano* Bruder, lt. *germānus* Bruder; 16. Jh.

Herme *f* gr. Säule m. Hermeskopf, später auch m. andern Köpfen; Hermaphrodit *m*.

Hermelin *m n* mit undeutscher Betonung, eig. Verkl. z. mh. *harm* Wiesel, and. *harmo*, ags. *hearm* davon mh. *hermelīn* kleines Wiesel (wie Büchlein - Buch, P.N.: Böcklin - Bock), urv. lit. *šermuō* Wiesel; entl. it. *armellino*, *ermellino*, afz. *erme*, *ermine*, nfz. *hermine*, s. Liste 14 (wenn nicht: *mūs armenius*, od. rhätoroman. *karmun)*.

hermetisch luftdicht, 17. u. 18. Jh. v. neult. Adv. *hermetice* eig. m. geheimnisvollem Siegel versehen, n. d. ägypt. Gott *Thoth* = *Hermēs trismégistos* d. dreim. größte H., s. Liste 8.

hero||isch 16. Jh. v. lt. *herōicus*, z. gr. *hḗrōs* Held; ~ismus *m*, ~ine *f* Bühnenheldin, it. Eróica *f* Heldensinfonie.

Herold *m* mh. *heralt*, *herolt*, v. afz. *heralt*, nfz. *héraut* z. ah. (nicht erhaltenem) *heriwalto* der im Heere Waltende (umgekehrt Walther), daher mlt. *heraldus*, sp. *heraldo*, it. *araldo*, dazu eng. *herald* Herold, Skandin. P.N.: Harald, Harold. Ältester Beleg P.N.: Chariowalda, Führer der Bataver (Tacitus, Annalen II, 11), F.N. ~, Herl(e)t, Ehrenhold, s. Heraldik, Heer, verheeren, walten.

Herr *m* mh. *hērre*, ah. *herro*, *hēriro*, and. *hērro*, afries. *hēra*, ndl. *heer*, eig. Komp. z. hehr (alt, ehrwürdig) Lüs. v. lt. *senior*, also eig. d. Ältere, Ehrwürdigere, Dienstherr; ~in *f*. Ähnl. Entwicklung zeigt das Rom.-Engl.; fz. *seigneur*, *monsieur*, *sire*, eng. *sir*, it. *signor*, sp. *señor*, alle v. lt. *senior* d. Ältere s. hehr, mu. Herr = Pfarrer; alem. *Hēre Hūs* = Pfarrhaus; ~isch, ~lich, *(hērlīk* vornehm), ~schen, ~scher *m*, ~schaft *f*, ~jeh (~ Jesus), s. hehr, Junker.

Herz *n* mh. *hërze*, ah. *hërza*, got. *haírtō*, pl. Hart, ags. *heorte*, eng. *heart*, an. *hjarta*, dä. *hjerte*, schw. *hjerta*, urv. air. *cride*, gr. *kardía*, lit. *szirdis*, ablg. *srĭdĭce*, lat. (Genet.) *cordis* = hethit. *kardiaš*, ai. *śraddhā* Vertrauen, lat. *crēdere*, * d. ~ *(cor)*, Vertr. auf jmd. setzen; ~en liebkosen, ~ig, ~haft, ~lich, ~blatt *n* Liebling, ~eleid *n*, be~igen, beherzt, gut~ig, hoch~ig; O.N.: Herzberg, Herzfeld s. unter Hirsch.

Herzog *m* mh. *herzoge*, ah. *herizogo*, and. *heritogo*, schw. *hertig*, dä. *hertug*, ags. *heretoga*, eng. fehlt, v. ah. *heri* Heer, *ziohan* ziehen *(togo: tiuhan*, lt. *dux: duc-)*, der m. d. Heer Ausziehende, Heerführer; Lüs. v. gr.-byzantin. *stratēlátēs*; s. ziehen, Heer; Groß~ 19. Jh. O.N.: ~enbusch, Herzegowina.

Hetäre *f* v. gr. *hetaíra* Genossin, Freundin, Geliebte, Buhlerin.

hetzen mh.; dazu i. 16. Jh. Hetze *f*, Hatz *f;* s. Haß.

Heu *n* mh. *höuwe*, *höu*, *hou*, ah. *hewi*, got. *hawi*, ags. *hēg*, eng. *hay*, zu hauen, also eig. abgehauenes (Gras), alem. Heuet = Gras; urverw. russ. *kovýlĭ* Steppengras. Heuer = ~macher. **Heupferd** *n* (selten), **Heuschrecke** *f*, südd. **Heuschreck** *m*, mh. *höuschrëcke*, ah. *hewiskrëkko* Heuspringer z. ah. *scrëkkōn* springen, hüpfen, daf. alem. Heugumper, ndl. *springhaan*, ags. *gærshoppa*, eng. *grasshopper*, s. Schreck.

heucheln md., seit Luther schriftd., z. hocken, mh. *hūchen* kauern, sich ducken, sich verstellen; o. Intensivbildung z. got. *hiwi* Schein?

heuer (südd. schweiz. *hūūr)*, mh. *hiure*, ah. *hiuru* verkürzt aus *hiu jāru* in diesem Jahre, pl. tojohr; der Heurige = diesjährige Wein; s. heint, her, hin, hier, heute.

Heuer *f* (nordd.) Miete, Löhnung d. Matrosen, pl. Hür, ndl. *hūren* mieten, ags. *hyr*, eng. *hire*, schw. *hyra*, dä. *hyre;* heuern anwerben (Seeleute), Heuerbaas *m* Stellenvermittler; s. Hauderer.

heulen mh. *hiulen* heulen, schreien, ah. *hiwilōn*, *hiulōn* lautm.;

ah. *hūwila* Eule; Schallw. wie gr. *kōkýō* wehklage, lt. *ululo* heule.

heute mh. *hiute*, ah. *hiutu* : *hiu tagu*, got. *himma daga*, afries. *hiudega*, ags. *hēodæg* = an diesem Tage, entspr. lt. *hodie* = *hoc die* (frühe Lüs.?), *hi-* lt. *ci-;* s. heint, heuer, hier, jetzt.

Hexameter *m* sechsfüßiger Vers Homers, Klopstocks, Goethes, 18. Jh. v. gr. *héx* sechs, *métron* Maß; s. Thermo-, Barometer.

Hexe *f* mh. *hecse*, ah. *hagzissa*, *hagazussa*, ags. *hægtesse* »Zaundämonin«, 2): norw. mu. *tysja* Elfin, kelt. *dusius* Dämon, ursp. viell. böser Geist i. Walde, falls i. 1. Teil Hag steckt; od. 2) z. ags. *tienan* plagen? s. Hag, Heister.

Hexenschuß *m* rheum. Schmerzanfall, früher auf Hexen zurückgeführt, 16. Jh.; aber schon ags. *hægtessan gescot.*

Hidalgo span. Edelmann, *hijo d'algo* *»Sohn v. etwas«, aspan. *algo* Habe, Besitz.

Hieb *m* zu hauen, Hieber *m* Hiebwaffe (stud.).

hier, hie ah. *hior*, got. ags. *hēr*, eng. *here; hi-* diesseits (urv. lt. *cis* diesseit, gr. *(e)kei* dort, aslaw. *sĭ* dieser), ein Stamm, der auch in heint, heuer, heute, her, hin steckt; hiesig 17. Jh. Kanzleispr.

Hierarchie *f* v. gr. *hierarchía* heilige, geistliche Herrschaft (kirchl.) Rangordnung, z. gr. *hierós* heilig, *árchō* herrsche; s. Architekt, Archiv u. erz- i. Liste 54; um 1700.

Hieroglyphe *f* Zeichen d. ägypt. Bilderschrift, v. gr. *hierós* heilig, *glýphō* grabe ein, hieratische Schrift = Priesterschrift, 18. Jh.

Hifthorn *n* erst nh. (Hüfthorn, irrt. an Hüfte angelehnt) früh. Hiefhorn nach Hief, Hift Ton d. Jagdhorns, wohl lautm.

Hilfe, Hülfe *f* zu helfen, mh. *hëlfe*, *hilfe*, pl. Hülp, ah. *hilfa*, *hëlfa*, ags. *helpe*, eng. *help;* hilfreich, behilflich.

Himbeere *f* mh. *hindber*, ah. *hintberi*, dä. *hindbaer* Beere d. Hindin, nordeng. *hindberry*. »Der starkdornige Brombeerstrauch (ags. *heorotbrēr*, erzgeb. Hirschbeere) wurde m. d. geweihtragenden Hirsche, der ihm ähnl. schwachdorn. Himbeerstr. m. der geweihlosen Hinde verglichen« (Rich. Loewe).

Himmel *m* mh. *himel*, ah. *himil*, got. *himins*, anord. *himinn*, schw. dä. *himmel*, ags. *heofon*, eng. *heaven*, pl. Hewen, im Heliand *himilhëbankuning*. Grdb. viell. Decke, Gewölbe, wurzelverw. m. Hemd, urv. gr. *kmélethron* Zimmerdecke; ~bett *n*, himmlisch, verhimmeln, ~schreiend (biblisch).

hin z. dems. Stamm *hi-* wie her, hier, heute, pl. hen, mh. *hin*, ah. *hina*, ags. *hin;* dazu ~ab, ~auf. ~fort, von ~nen, ~fällig, ~läng, lich.

hindern mh. *hindern*, ah. *hintarōn*, ags. *hinderian*, eng. *hinder*, eig. nach hinten treiben; s. fördern.

Hindin *f* (tautol., früher Hinde) mh. *hinde*, ah. *hinta* Hirschkuh, ags. eng. an. *hind*, urv. gr. *kemás* Hirschkalb. Alle Wörter stimmen in d. Bed. z. ai. *šámas* ungehörnt; s. Himbeere.

hinken ah. *hinkan*, verw. m. an. *skakkr* lahm, urv. gr. *skázō*, aind. *khañjati* hinkt, vgl. ferner gr. *skambós* krummbeinig.

hinrichten eig. zugrunde r., s. richten.

hinten mh. *hinden*, ah. *hintana*, ags. *hindan*, eng. *behind*, got. *hindana*, *hindumists* äußerster; viell. urv. gall. *Cintus*, lt. *(re)cens*, burgund. *hendinos* König. **hinter** mh. *hinter*, ah. *hintar;* dazu hindern. Zs.: ~bleiben † nur noch im Part. ~bliebene üblich, ~bringen, ~legen, ~gehen, ~rücks, ~treffen *n* (ins ~treffen kommen = in Nachteil geraten), ~treiben, ~wäldler *m*

Lüt. v. eng. *backwoodsman* i. Amerika, 19. Jh.

Hinz u. Kunz, alle Welt, jeder Beliebige, zwei früher sehr verbreitete Namen, Koseformen für Heinrich u. Konrad (Kuonzo); s. Hansnarr.

Hiobspost *f* böse Nachricht (Buch Hiob 1, 14ff.), erst 18. Jh.

† **Hippe** *f* seit Luther schriftd., seit Bürger (Lenore) Abzeichen des Todes (Offenb. Joh. 14, 18), entl. it. *accia*, fz. *hache* Axt : mh. *heppe*, ah. *happa*, **hapja* urv. gr. *kopís* Opfermesser, lit. *kapõne* Hackm., *kapóti* hacken, spalten, zerschlagen.

Hippodrom *m* Pferderennbahn, gr. *hippó-dromos* (vom Glanz in Byzántion bis z. ärml. Reitzelt).

Hippogryph *m* gr. *hippos* Roß u. *gryphos* Greif »Flügelroß«, Musenroß in Wielands Oberon.

Hirn *n* mh. *hirne*, ah. *hirni*, an. *hjarni*, nd. eng. fehlt (dafür *brain* Brägen, urv. gr. *brechmós* Vorderhaupt), urv. lt. *cerebrum* Gehirn, gr. *krãníon* Schädel, *kára* Kopf, pers. gr. *kárānos* Oberhaupt, Statthalter; ~gespinst *n*, ~verbrannt, 19. Jh.

Hirsch *m* mh. *hirȝ*, ah. *hiruȝ*, and. *herut*, ndl. *hert* (dazu *hartebeest*, afrik. Antilopenart?), ags. *heorot*, eng. *hart*, schw. dä. *hjort*, urv. lt. *cervus* Hirsch, gr. *kéras* Horn, Geweih, *keraós* gehörnt, zur Form noch *koryd(all)ós* Haubenlerche, preuß. *sirwis* Reh, also eig. mit Geweih, Gehörnter. O.N.: Hirsau, Herzberg, Hirschberg, Hirzbach, Hirzenach, Herzfeld, Herten. F.N.: Hirschel, Herschel, Hirzel (Vkl.) Beißenhirz! Cherusker = Hirsch-Leute(?); ~fänger.

Hirse *f* ah. *hirsi*, wohl urv. lt. *Cerēs* Göttin d. Feldfrüchte, lt. *cresco* wachse, lit. *šeriu* füttern, gr. *korénnȳmi* sättige.

Hirt *m* ah. *hirti*, got. *haírdeis*, ags. *hyrde* (eng. nur zgs. *shepherd* Schafhirt) zu Herde. P.N.: Herder = Hirt.

hissen nd. = i. d. Höhe ziehen (Boote, Segel, Fahnen), ndl. *hijschen*, schwed. *hissa*, eng. *hoist;* lautm.; entl. fz. *hisser*, it. *issare*, sp. port. *izar*. Seit 1879 b. d. dtsch. Kriegsflotte in ndl. Form: heißen.

Historie *f* Geschichte v. gr. *historía* Erforschen, Kunde z. *historéō* erforsche, berichte das Erforschte; des Plinius *Naturalis historia* bdt. Natur*kunde*!, s. Polyhistor; 13. Jh.

Hitze *f* *hizza*, pl. Hitt, ags. *hitt*, dä. *hede*, zu heiß; entl. it. *izza* Zorn. Hitzschlag *m* 19. Jh.; hitzig (oft bildl.).

Hobel *m* mh. *hobel*, *hovel*, ah. *hovil*, nd. *hovel* Hügel, mu. Hübel; urv. lit. *kuprà* Buckel. ~n (Höcker beseitigen); ungehobelt (bildl.).

Hoboe *f*, **Oboe** *f* hölzernes Blasinstrument, 18. Jh. v. fz. *haut-bois*, mlt. *altus buxus* Hochholz (bis z. hohen Tönen gehend).

hoch ah. *hōh*, got. *hauhs*, and. *hōh*, ags. *hēah*, eng. *high*, ndl. *hoog*, an. *hār*, urv. lit. *kaukarà* Hügel, ai. *kucati* krümmt sich (vgl. mh. *houc* Hügel); der Stammesname Chauken die Hohen. O.N.: Homburg (zur hohen Burg, prov. Autafort), Hannover am hohen Ufer(?), bei Haltern »Auf dem Hanower«, Hanstein, *Haanstedihus* Haus auf der hohen Stätte, s. Ufer, Hügel, Höcker, Höhe *f*, Höhenrauch, s. Herauch; Hoheit *f*, höchlich, höchstens, ~amt *n*, ~deutsch eig. Spr. des höher gelegenen Süddeutschland, dann schriftd.; ~fahrend, Hoffart *f*, ~gemut, ~gericht *n* eig. hohes Gericht (über wichtige Dinge, Leben u. Tod), dann Stätte d. Hinrichtung, Galgen; ~mut *m* (ursp. nicht tadelnd, ritterliches Ideal: mh. *hōher muot)*, ~ofen *m*, ~schule *f* für Universität (um 1800). ~stapler *m* im 18. Jh. aus dem Rotwelsch 2) *stabuler* Bettler: Stab od. stapfen? ~trabend eig. wer hoch zu Roß trabt (jetzt bildl.), ~würden,

Volks~schule v. Grundtvig (†1872) i. Dänemark gegründet, ~zeit *f* mh. *hôchzît* Fest, mit Bed.-Verengung. Noch Luther: hochzeitlich Kleid = Festkleid, s. Hoboe.

hocken kauern = mh. *hûchen*, erst nh., pl. hucken; mnd. *hocke* Haufe, urv. lit. *káugē* großer Heuhaufe; Hocker = Schemel; Höker *m*, ~in, ~frau. F.N.: Mooshake, Mushacke Gemüsehändler, andere Erkl. = Mäusehabicht; s. heucheln.

Höcker *m* mh. *hocker*, *hoger*, ah. *hovar*, ags. *hofer*, viell. verw. m. hoch, Hügel, urv. aslaw. *kuko-nosŭ* krummnasig, s. a. *houc* Hügel; ~reihen geg. Panzerwagen (1939).

Hockey *n* engl. Ballspiel, afz. *hoquet* Krummstab. Durch d. Fund e. Grabdenkmals in Athen »wurde .. *kerētízein* klar; es heißt ~ spielen ... zu *kéras* = Horn, wegen des gebogenen Endes des ~stabes« (H. Lamer).

Hode *f* ah. *hodo m*, afries. *hotha;* urv. kymr. *cwd* Hodensack, lit. *kutis*, lt. *cōleus* <* *kautsleios* Beutel.

Hof *m* mh. afries. ags. *hof;* Haus u. ~, Fried~, Kirch~, Bauern~, Fürsten~; Höfling *m*, höflich, höfisch (s. hübsch), hofieren, den ~ machen, Gehöft *n*, Gast~, Bahn~ 19. Jh., Hof um d. Mond, ~meister *m* eig. Aufseher d. fürstl. Hofhaltung, 18. Jh. Erzieher, ~narr *m*, ~rat *m* eig. Gesamtheit d. fürstl. Räte; ~reite (Wirtschafts~), ~-schranze; Grbd.: umfriedigter Raum od. Anhöhe (= norweg. mu. *hov*, mh. *hübel* Hügel, awest. *kaofa*-Bergrücken); etwa 500 O.N. auf -hofen, -hoven, -kon (schweiz.) Dat. Mehrz. bei, zu d. Wohnstätten: -inghofen.

Hoffart *f* mh. *hôchvart* Art, vornehm zu leben, Glanz, Pracht (ohne üblen Sinn); hoffärtig, hochfahrend.

hoffen ags. *hopian*, eng. *hope;* eig. aufspringen, erwarten, Bürger »d. Hochzeitsgäste ~«; das Wild verhofft = bleibt stehen und horcht, viell. z. hüpfen (s. d.); mh. *hoffen*, vorher: *gedingen;* hoffentlich mh. *hoffenlich*, Hoffnung *f*.

hohl mh. ah. afries. ags. *hol*, eng. *hole* substant. Adj. = Loch, *hollow* hohl, urv. gr. *kylă* (Mehrz.) Vertiefung unter d. Auge, * *kowoi*, *kóoi* Höhlungen, lt. *cavus* ~, gr. *kaulós* ~er Stengel, lt. *caulis;* s. Kohl.

Höhle *f* mh. *hüle*, ah. *hulī* Höhlung, eng. *hole* Loch, entl. fz. *houle* hohle, d. h. starkbewegte See; s. hohl.

Hohn *m* ah. *hōna*, and. *hōnitha*, z. Adj. ah. *hōni* verachtet, schmachvoll, got. *hauns* niedrig, *haunjan* höhnen, höhnisch, hohnlachen: lett. *kauns* Schmach, gr. *kaunós* (= *kakós)* schlecht. Entl. fz. *honnir* beschimpfen, *honni* (älter *honny)* ehrlos, *honte*, it. *onta* Schande.

Höker s. hocken.

Hokuspokus *m* Gaukelwerk, Taschenspielerei, d. verstümmelte Formel eines eng. Gauklers i. 17. Jh., viell. entstellt aus d. Zauberformel *hax paxmax Deus adimax* (im 16. Jh. mehrfach belegt).

hold ah. *hold* gnädig, günstig, got. *hulþs* gnädig, and. afries. ags. *hold*, eng. fehlt, schw. dä. *huld* hold, ergeben. Grbd.: geneigt, s. Halde; Huld, huldigen, ab~, Un~ *m*. F.N.: Vkl. Hölty, Holtei; Berthold, Gotthold, Reinhold gehören z. walten, s. -hold i. Liste 54.

-hold, -old als Nachsilbe s. Liste 54.

holen ah. *holōn*, *halōn*, ndl. *halen*, ags. *geholian*, eng. † *hale*, an. *hala* ziehen, viell. urv. gr. *kálōs* Seil; s Kalender; er~, ein~, aus~ nach~. Dazu Imp. **holla** mh. *holā* eig. Ruf an d. Fährmann z. Her überholen (mit verstärk. *-a* wie mh *neinā);* s. hallo, hurra.

Hölle *f* mh. *helle*, ah. *hella*, got *halja*, and. *hellja*, ags. eng. *hell*, an

Hel Todesgöttin, z. ah. *hëlan* bedecken, verbergen, also eig. die bergende; urv. mir. *cel* Hölle, lt. *celare* verbergen; wohl entl. finn.-ugr. *Koljo* Unterweltsdämon; s. hehlen, Halle, Hülle, Hülse, Helm, Hellweg (Totenstraße).

Holm *m* nd. (öfters bei Voß) Insel, Schiffsbauplatz, an. *holmr*, ags. *holm* hohe See, eng. † *holm* Flußinsel, Hügel, and. *holm*, schw. *holme*, dä. *holm* (Stock~, Born~ = Burgunderinsel), Bordes~ b. Kiel, Dän~ (Stralsund), Holm, Hauptstraße in Flensburg, ~gang *m* Zweikampf, weil gewöhnlich auf kleinen Inseln; urv. lt. *collis*, *culmen* Hügel, gr. *kolōnós* Hügel, eig. Erhöhtes, (auch O.N.: Sophokles' Geburtsort Kolōnos b. Athen), lit. *kalnas* Berg entl.; russ. *cholmŭ*.

holprig, zu holpern; mh. *holpeln*, schweiz. *hülpen* hinken; Holterdiepolter.

Holunder, südd. verkürzt Holder *m* mh. *hólunder*, *holder*, ah. *holuntar*, urv. russ. *kalína* Wasser~; s. -der i. Liste 54 F.N.: Vkl. Hölderlin. O.N.: Hollerbach.

Holz *n* mh. *holz* Wald, Holz, pl. Holt, and. afries. *holt* Wald, ndl. *hout*, ags. *holt* Gehölz, eng. fehlt, urv. gr. *kládos* Zweig, aslaw. *klada* Holz, Balken, air. *caill* Wald; ~weg *m*, auf d. Holzweg sein (hier noch Waldweg, also falscher Weg). O.N.: Holzhausen (75), pl. Holthausen (26) b. d. Häusern i. Walde, Anholt (Westf.), Holtemme: Fluß i. Harz, Holland, früher Holtland, n. d. einstigen dichten Buschwerk am Niederrhein; Holstein s. unter sitzen. F.N.: Holscher, Hölscher = Holzschuher.

Homiletik *f* *-ētiké* Lehre v. d. geistl. Beredsamkeit, gr. *homilía* predigtart. Ansprache.

homogen (gr.) gleichartig, *homós* derselbe (eng. *same)* u. *génos* Art; 18. Jh.

homonym gr. *homṓnymos* gleichlautend, doppelsinnig (Rätsel) *homós* + *ónoma* Name.

Homöopathie *f* v. gr. *hómoios* ähnlich, *páthos* Leiden, um 1800 v. Dr. Hahnemann eingeführte Heilweise. Gstz. Allo-pathie, 1. T.: *allo* anderes, entgegengesetztes (Mittel); *hómoia homoíois* = *similia similibus*, s. Antipathie, Pathos.

Honig *m* mh. *honec*, ah. *honag*, pl. Honnig, an. *hunang*, got. fehlt, afries. ags. *hunig*, eng. *honey*, urv. gr. *knēkós*, dor. *knākós* gelblich, lt. *canicae* Kleie, ai. *kāñcana* Gold; vgl. Met.

Honorar *n* »Ehrensold«, 18. Jh. v. lt. *honōrārium*. **honorieren** Ehrenlohn geben, bezahlen, z. *honōro* ehre, belohne. **Honoratioren** Mehrz., d. angesehensten Bürger, (bes. d. Kleinstadt), Steigerung z. *honōrātus* geehrt, alle z. lt. *honōs (honor)* Ehre.

Hopfen *m* mh. *hopfe*, ah. *hopfo*, ndl. eng. *hop*, viell. z. hüpfen, weil v. Ast z. Ast hüpfend, o. z. afränk. * *humilo* (Garten-)Hopfen (ags. *hymele*, an. *humli)* m. * *humn* – >* *hubn* wie in entl. fz. *houblon*.

hopsen z. hoppen, hüpfen, ags. *hoppetan;* hoppeln v. langs. Gehen d. Hasen; Hopser *m*, hopsa! Ausruf.

horchen ah. *hōrechen*, pl. horken, eng. *hark*, zu hören; ge~, gehorsam; Horchposten.

Horde *f* Nomadenschar, wilder Haufe, tatarisch *urdu* Lager: *urmak* aufschlagen, über pers.-türk. *orda* u. d. Balkansprachen im 16. Jh. aufgenommen (poln. *horda*, eng. fz. *horde)*.

Horen Mehrz. gr. Göttinnen *(Hōrai)* der Jahreszeiten, Name der v. Schiller 1795-97 herausgeg. Zeitschr.; s. Jahr.

hör||en ah. *hōran*, got. *hausjan*, ags. *hȳran*, eng. *hear*, and. *horian*, urv. gr. *akū́ō* höre, * habe e. *scharfes* Ohr auf etw.: Wz. * *ak* scharf, s. Ecke, Ähre u. **ous* Ohr (s. d.)?

Davon ~ig †, schwer~ig, auf~en, ge~en, ge~ig, horchen, Be~de *f*, Ge~ *n*, Zube~ *n*, Ver~ *n*, vom ~ensagen *n* (ich habe es sagen ~); s. horchen.

Horizont *m* Gesichtskreis, 16., 17. Jh., Part. v. gr. *horízō* begrenze z. *hóros* Grenze (seemänn. Kimmung, s. d.); s. Aphorismus; ~al, s. Liste 3, 30.

Hormon *n* gr. Wirkstoff; s. Sturm.

Horn *n* mh. ah. and. an. afries. ags. eng. schw. dä. *horn*, got. *haúrn*, urv. lt. *cornu*, ir. *corn*, gr. *kéras* Horn; hebr. *keren;* s. Liste 16; ~ist *m*, s. Liste 14; gehörnt, s. Hirsch; Hift~, Ein~, Nas~, Matter~, slaw. *Krn* Berg i. ehem. östr. Küstenld.; ~ = Landvorsprung, Zürich~, Romans~, Buch~ (alt. N. f. Friedrichshafen): Wz. verw. Hirn u. gr. *kárēnon*.

Hornisse *f* ah. *hórnaʒ*, ags. *hyrnet*, eng. *hornet*, urv. lt. *crābro*, lit. *širšuonas*.

Hornung *m* Februar, mh. ah. *hornunc*, viell. = Bastard, weil gegen d. Januar (m. 31 Tagen) zurückgesetzt, od.: an. *hiarn* hartgefror. Schnee, russ. *serenu* Reif, armen. *sařn* Eis.

Horst *m* Raubvogelnest, mh. ah. *horst*, *hurst* Gebüsch, Dickicht, eng. *hurst* Wäldchen; verw. Hürde, urv. lt. *cratis* Flechtwerk. ~en, nisten. Flieger~; 68 O.N.: Uhlenhorst (öfters), Horstmar, s. Eule.

Hort *m* Schatz, Schutz, mh. ah. *hort* Schatz im 18. Jh. durch Bürger neu belebt (Nibelungen~), got. *huzd*, and. ags. *hord*, eng. *hoard*, wahrsch. aus e. Wz., die decken, verbergen (gr. *keuthō)*, bedeutet; Ztw. horten: Schätze sammeln; s. Hütte, Haut, Haus, Hut, Hose.

Hortensie *f* botan. 1769 n. Hortense Barré genannt.

Hose *f* ah. *hosa*, eng. *hose* Kniehose, an. *hosa* Grdb.: Verhüllende. vgl. ai. *kōšas* Behälter; ursp. Bed. »Strumpf« (ags. auch = Schote d. Hülsenfrüchte); Wasser~, Wind~.

Hosianna, Hoschana, Osanna hebr. Herr, hilf doch!

Hospital *n* Armen-, Krankenhaus, schon i. M.-A. v. lt. *hospitālia* Mehrz. Gastzimmer, z. *hospes* Gast, eig. Gastherr: **hosti-potis;* hospitieren. O.N.: Hospental (Schweiz). **Hospiz** *n* Herberge, bes. v. Mönchen geleitete (St. Bernhard u. a.) v. lt. *hospitium* Gastfreundschaft, Herberge; s. Spital, Spittel, Hotel.

Hostie *f* seit 8. Jh. Bezeichnung des ungesäuerten Brotes für Messe u. Kommunion, mh. *hostie*, v. lt. *hostia* Sühneopfer, Opfer.

Hotel *n* um 1700, herrschaftl., fürstl. Palast, Ende 18. Jh. = Gasthof, v. fz. *hôtel*, z. lt. *hospitālia* Mehrz. Gastzimmer, z. *hospes* Gast; s. Hospital.

Hübel *m* s. Hof.

hüben hier üben, diesseits (wie mu. hoben hier oben), ~ u. drüben.

hübsch mh. *hübesch* hofgemäß, höfisch, feingebildet, daneben *hövesch*, *hüvesch* z. Hof, Lüs. v. afz. *corteis;* spätere Bed. schön, aber jetzt noch (i. Thüringen) hübsche Leute = freundliche, nette L.

Huf *m* mh. ah. *huof*, ags. and. *hōf*, eng. *hoof*, anord. *hōfr*, urv. ai. *šaphás*, awest. *safā*.

Hufe *f* eingefaßtes (Stück Land), gegen 30 Morgen, nd. (oberd. Hube, wie Hafer - Haber), mh. *huobe*, ah. *huoba*, wahrsch. urv. gr. *kēpos*, *kāpos* Garten (z. lt. *capio* fasse ein?); Hufner *m* Hufenbesitzer. F.N.: Hufner, Hüffner, Hübner, Huber, eng. (amerik.) *Hoover*.

Hüfte *f* mh. ah. *huf*, got. *hups*, ags. *hype*, eng. *hip*, urv. lt. *cubitum* Ellenbogen, gr. *kýbos* Wirbelknochen, Würfel; Hüfthorn, s. Hifthorn.

Hügel *m* eig. Verkl. im Ablaut z. mh. *houc*, seit Luther (oberd. Bühel); s. hoch.

Hugenotten fz. *Huguenots*, Protestanten, verstümmelt aus Eidgenossen, angel. an *Hugues Besançon* Bürgerm. v. Genf u. Protestantenführer.

Huhn *n* mh. ah. *huon* Huhn, Hahn, got. ags. eng. fehlt, z. Hahn. **Hühnerauge** *n* Leichdorn, Lüs. v. mlt. *oculus pullinus* (s. auch Krähenauge), nicht = hürnen.

Huld *f* z. hold (wie Güte z. gut, Fülle z. voll), mh. *hulde*, ah. *huldī*, an. *hylla* huldigen, älter hulden. P.N.: Hulda.

Hulk, Holk *m n* ausgedientes Schiff, 19. Jh. v. eng. *hulk;* z. ags. *hulc*, ah. *holco* v. mlt.-gr. *holkás* Lastkahn (z. *hélkō* ziehe).

Hülle *f* ah. *hulla*, z. *hehlen;* ~ u. Fülle eig. Kleidung u. Nahrung, dann = reichlich.

Hülse *f* *hulsa*, ags. *hulu* Hülle, Hülse, eng. *hull* z. hehlen.

Hulst *m* Stechpalme, ah. *hulis* Mäusedorn, eng. *holly*, urv. kymr. *celyn;* nordam. O.N. Hollywood, Hülshoff; entl. fz. *houx*, *housson*.

human menschenfreundlich, 17. Jh. v. lt. *humānus*. z. *homo* Mensch (Vkl. Homunkulus), z. *humus* Erde (also der aus Erde Geschaffene). ~ität *f* Schlagwort seit Herder; ~ismus *m*, wissenschaftl. Betreiben der »*Humaniora*« (menschl. Bildung Förderndes, altklass. Schrifttum).

Humbug *m* Schwindel, Unsinn 1835 v. eng. *humbug*, kaum von * nordamerik. *Hambourgh (news)* unzuverläss. Nachrichten aus Hamburg.

Hummel *f* ah. *hūmbal*, schw. *humla*, dä. *humle*, eng. *humblebee* ~, lautm., auch ~ schwäb. »Zuchtstier« bdt. Brummer, hummen = summen.

Hummer *m* nd., um 1600 schriftd., an. *humarr*, schw. dä. *hummer*, entl. fz. *homard;* urv. gr. *kámmaros* Seekrebs, lt. *camur* gekrümmt (eng. fehlt, dafür *lobster:* lt. *locusta* »Heuschreckenkrebs«).

Humor *m* 16. Jh. v. lt. *hūmor* Feuchtigkeit (im M.-A. d. Säfte d. Menschen, die sein Wesen u. s. Charakter bestimmten), dann Gesinnung, Laune, dann unter Einfluß d. eng. Literatur (Swift, Sterne) i. d. heutigen Bed. (alte u. neue Bedeutung heute noch dän. als *hūmốr* u. *hū́mor* geschieden); ~ist *m*, ~eske f.

humpeln nd. 18. Jh., vgl. bayr. *humpen* hinken, lautm. o. urverw. gr. *skambós* krummbeinig.

Humpen *m* 16. Jh. (student.) urv. gr. *kýmbos*, *kýmbē* Becher, ai. *kumbhás* Gefäß, Topf; nd. *humpe* »Klumpen« (Brot).

Humus *m* lt. Erde, s. *human*.

Hund *m* mh. ah. *hunt*, got. *hunds*, anord. *hundr*, ags. *hund*, eng. *hound* Blut-, Hetz-, Jagdhund (sonst *dog)*, ndl. *hond*, urv. lt. *canis*, gr. *kýōn;* Hund bergm. Erzwagen, aber viell. aus slowen. *hyntow* umgedeutet (H. Wolf, Bergmannspr. 84, 1958); auf d. ~kommen, ~eleben, hündisch; ~ekälte, ~srose = gr. *kynó-rhodon*, ~sfott *m*. 2. = mh. *vut (cunnus);* ~stage d. heißeste Zeit v. 23. Juli bis 23. August, beginnend m. d. Frühaufgang d. Sirius, Hundssterns (i. Sternbild d. großen Hundes), s. verhunzen, zynisch.

hundert mh. *hundert*, eig. Hundertzahl, (-ert z. got. *ga-raþjan* zählen), ah. *hunt*, and. ags. *hund*, urv. lt. *centum (c = k)*, tochar. *känt*, gr. *hekatón* einhundert, aind. *šatám*, awest. *sata*, aslaw. *sŭto*, russ. *č. sto*, lit. *szim̃tas*, uridg. *kmtóm* »Zehnheit«, s. zehn, vgl. *Satakunda*, finn. Landschaft (Liste 41).

Hüne *m* nd. Riese, mh. *hiune*, nh. lautlich richtiger Heune, 18. Jh. neu belebt, n. d. Volksstamm d. Hunnen (ah. *Hūni);* aber in P.N. Humboldt, ah. *Hūnbolt* d. Riesenkühne, Humbert (it. *Umberto)*, Humperdinck (s. bald) = an. *hūnn* »Tierjunges, bes. junger Bär«, norweg. *hūn* j. Bursche. Hünengräber (in denen man Riesen begraben glaubte).

Hunger *m* ah. *hungar*, afries. *hunger*, *honger*, ags. *hungor*, eng. *hunger*, an. *hungr*, got. *hūhrus*, *huggrjan* ~n, urv. gr. *kénkei* er hungert, *kánkanos* dürr, trocken, lit. *kankà* Qual. An d. ~pfoten saugen ursp. vom Bären; am ~tuch nagen (ärmlich leben, nagen viell. aus nähen). Das ~tuch od. Fastentuch, ein gestickter Vorhang, wurde früher (jetzt selten) in kath. Kirchen während d. Fastenzeit zwischen Chor u. Hochaltar aufgehängt, als Sinnbild d. Buße. F.N.: Unger, Hunger, meist z. Ungarn.

Hupe *f* Signalhorn, ~n, vgl. oberhess. *Huppe* kl. Pfeife aus Weidenrinde, weidm. Bastpfeifchen; lautmal. um 1800.

hüpfen mh. *hupfen*, *hüpfen*, *hopfen*, eng. *hip*, *hop*, an. *hoppa*, urv. ai. *kubhanyuš* tanzend; s. hoffen, hopsen, Hopfen, Wiedehopf.

Hürde *f* Einzäunung f. Vieh, mh. *hurt* Flechtwerk aus Reisern, ah. *hurd*, got. *haúrds* Tür, ags. *hyrdel*, eng. *hurdle* Hürde, Flechtwerk, urv. gr. *kyrtía*, *kártalos* Korb, *kýrtē* Fischreuse, lt. *crātēs* (Mehrz.) Flechtwerk, ai. *kr̥ṇátti* spinnt.

Hure *f* ah. *huora*, got. *hōrs* Ehebrecher, *hōrinōn* Ehebruch begehen, eng. *whore*, urv. lt. *cārus* lieb, air. *caraim liebe*.

hurra 18. Jh. verstärkter Imp. z. mh. *hurren* sich schnell bewegen, eng. *hurry*, vgl. holla, hallo, urv. lt. *currĕre* laufen, gr. *epí-kūros* z. Hilfe eilend.

hurtig mh. *hurtec* z. *hurt* Stoß, Losrennen i. Turnier u. Kampf, eig. tüchtig z. Angriff, buhurdieren (: Buhurt), v. afz. *hurt* Stoß, *heurter* stoßen, norman.-fz.: an. *hrūtr* Widder(?), it. *urto* Stoß; Ztw. aprov. *urtar*.

Husar *m* 16. Jh. v. magyar. *huszár*, über serb. *kursar* v. mlt. *cursārius* Seeräuber, volkset. an *húsz* 20 angel.

husch lautm.; davon huschen, flüchtig hingleiten, Husche *f*, Husch *m* mu. nordd. plötzlicher Regenguß.

hussa (mh. *hossā)* verst. Imper.: *hossen* rennen, vgl. hurra.

Husten *m* mh. *huoste*, ah. *huosto*, ags. *hwōsta*, pl. Hausten, urv. ai. *kās-*, lit. *kóseti* (Ztw.), aslaw. *kašĭlĭ* Husten.

Hut[1] *m* mh. ah. *huot*, ags. *hōd*, eng. *hood* Kappe, eng. fries. *hat*, schwed. Trollhättan d. Teufelshut; urv. lt. *cassis* * *kat-tis* Sturmhaube, Helm, ndd. F.N. Hodemaker; Grdb.: Schutz, dazu: **Hut**[2] *f* Aufsicht, Hüten des Viehs, mh. *huote*, ah. *huota;* hüten, ah. *huotan*, and. *hōdian*, ags. *hǣdan hēdan*, eng. *heed*, behüten, verhüten, O.N. Harvestehude, 2): Weidehutung. Ob~, Nach~, Vor~, be~sam, Finger~ *m*, ~ung *f*, Zucker~ *m*, d. Zimmer hüten, Ladenhüter *m*, s. Laden, Haus, Haut, Hort.

Hütte *f* ah. *hutta*, and. *huttia*, z. Haus, ags. *hȳdan*, eng. *hide* verbergen, urverw. gr. *keúthein;* Senn~, Eisen~, Hunde~, ~nwerk *n*, Hüttner (F.N. * kl. Landwirt).

Hutzel *f* zs.geschrumpfte Frucht, ver~n einschrumpfen, vgl. mnd. *hotte* geronnene Milch; übertr.: alte ~; mh. *hutzel*.

Hyäne *f* 15. Jh. v. gr. *hýaina*, z. *hȳs* Schwein, n. d. Ähnlichkeit d. borstigen Rückens; spätmh. *īena*.

Hyazinthe *f* 17. Jh. v. gr. *hyákinthos* violette Schwertlilie, *-intho-* vorgr.; s. Absinth.

Hydrant *m* gr. eng. Wasser-, Feuerhahn: *hýdōr* Wasser; 19. Jh. v. eng.-amerik. ~.

hydraulisch durch Wasserkraft getrieben, 18. Jh. z. gr. *hýdōr* Wasser + *aulós* Röhre.

Hygiene *f* Gesundheitslehre, 18 Jh. v. gr. *hygieinós* heilsam, also eig. die heilsame (Kunst), *hygieiná* (Mehrz.) des Galenos, s. Liste 15a.

Hygrometer *m* Luftfeuchtigkeitsmesser, gr. *hygrós* feucht u. *métron* Maß.

Hymne *f* ah. *imin(o)*, mh. *imne* v. lt. *hymnus:* gr. *hýmnos* Band, Gefüge, Gesang, Feier, Loblied; neu entl. als ~ 18. Jh.

Hyperbel *f* Übertreibung, mathem. Figur, 18. Jh. v. gr. *hyperbolḗ* z. *hyperbállein* über d. Ziel hinaus werfen; hyperbolisch übertrieben. **Hyperboreer** gr. *hyper-bóreios* die jens. des Nordwindes *(boréās)* Wohnenden. **hyperklug** überklug, 17. Jh. v. gr. *hypér* über, m. diesem urv. P.N.: Hyperion der ob. (am Himmel) Wandelnde, Beiname d. Sonnengottes, auch e. Titane.

Hypno||se *f* eigenartiger, schlafähnl. Zustand, starke geistige Einwirkung, 19. Jh. v. gr. *hýpnos* Schlaf; ~tisch, ~tisieren. ~tismus *m*.

Hypochond||rie *f* grillenhafte, krankhafte Gemütsverfassung, Schwermut, 18. Jh. v. gr. *hypochóndria* (Mehrz.), *hypó* unter, *chóndros* Brustknorpel; d. Milz galt als Sitz d. Stimmungen; ~er *m*, ~risch.

Hypokaustum *n* (gr. m. lt. Endg.) röm. Heizanlage (z. B. in d. Saalburg, antike Zentralheizung), zu *hypó* unten + *kaíein* brennen; s. Pesel.

Hypotenuse *f* gr. Gegen-, Hauptseite d. rechtw. Dreiecks, *hypoteínūsa* die (sich) unten ausstreckende (Linie).

Hypothek *f* gerichtliche Schuld- od. Pfandverschreibung auf unbewegliche Güter (Häuser), 16. Jh. v. gr. *hypothḗkē* Unterpfand, Handfeste, eig. Untersatz, zu *hypotíthēmi* gebe als Unterpfand; s. Apotheke, Bibliothek.

Hypothese *f* unbewiesene Annahme bes. i. d. Wissenschaften, 18. Jh. v. gr. *hypóthesis;* s. Hypothek, These, Thema.

Hyster||ie *f* Nervenkrankheit (ursp. nur v. Frauen), 18. Jh. v. gr.lt. *(passio) hysterica*, gr. *hystérā* Gebärmutter, ai. *udaram*, lt. *uterus;* ~isch, 18. Jh. f. weibliche Hypochonder, dann allg. »sich Leiden einbildend« u. Modewort = überspannt.

I

Ibis *m* Nilreiher, heil. Watvogel, ägypt. *hbj*, gr.-lt. *ībis;* 16. Jh.; mh. *eib.*

ich mh. *ich*, ah. *ih*, pl. ik, got. and. afries. *ik*, an. *ek*, ags. *ic*, eng. *I*, schw. *jag*, dä. *jeg*, urv. lt. *ego*, gr. *egṓ*, hettit. *uga*, lit. *asz*, aslaw. *jazŭ*, ind. *ahám*, apers. *adam*, idg. *egóm* = gr. Nf. *egōn*.

Ichneumon *m n* ägypt. Wieselart, gr. *ichneúmōn* * Spürer *(ichneúō* spüre nach).

Ichor homer. gr. *ichṓr* Götterblut (b. Bürger, der Droste u. W. Raabe).

Ideal *n* Urbild (Lessing), Vorbild, v. fz. *idéal*, 18. Jh. z. **Idee** *f* Gedanke, volkstüml. eine ~ »äußerst wenig« v. fz. *idée*, gr. *idéa* äußere Erscheinung, Gestalt, Bild, Vorbild, Urbild; ideal vorbildlich, vollkommen; ideell nur vorgestellt, geistig (Ggs. materiell).

ident||isch dasselbe, gleichlautend, v. fz. *identique*, z. lt. *idem* ebendass.; 18. Jh. ~ität *f*.

Idiom *n* eigentümliche Sprache,

Mundart, 17. Jh. fz. *idiome*, z. gr. *idíōma* Eigentümlichkeit, v. *ídios* eigen, privat; **Idiosynkrasie** * eigentüml. Mischung, krankh. Neigung od. Abneigung, gr. *ídios* eigen + *syn* mit + *keránnȳmi* mische. **Idiotikon** *n* = Mundart-Wörterbuch; 18. Jh.

Idiot *m* Dummkopf, 16. Jh. v. gr. *idiṓtēs* Privatmann i. Gegensatz z. Staatsmann, i. Staatsgeschäften unkundig, dann unwissend übh.

Idol *n* Abgott, Götze, 18. Jh. v. gr. *eídōlon* Bild, Trugbild; ~atrie Götzendienst, 2) *latreíā* Dienst.

Iduna an. *Iđun*, nord. Göttin d. ewigen Jugend, vgl. Idafeld, z. an. *iđ* Tätigkeit oder an. *iđ* wiederum.

Idyll *n*, **Idylle** *f* ländliches, bes. Schäfergedicht, dann Stilleben, 18. Jh. v. gr. *eidýllion* kleines Bild, kl. Gedicht, Vkl. v. *eídos* Bild.

Igel *m* pl. Swinegel, ah. *igil*, mnd. *egel*, ags. *igl*, an. *igull*, urv. gr. *echínos*, aslaw. *ježĭ*, lit. *ežȳs*, *stechend, gr. *échis* Schlange, ai. *áhiš*. Nicht verw. ist Blutegel, mh. *ëgel*, ah. *ëgala*.

ignor||ieren nicht beachten, nicht kennen wollen, v. lt. *ignōrāre* nicht wissen; ~ant *m* Dummkopf, ~anz *f* Unwissenheit; s. nobel, Note.

ihr (lt. *vos)*, ah. *ir* (vgl. wir) <* *jiz* nach * *wīz*, got. *jūs*, lit. *jūs* usw., gr. *hȳmeís* * *jusmes*, ai. *yūyám*, tochar. *yās* nach *wās*.

ihro (z. B. Majestät) Gen. Mehrz. *iro* wie in dero = lt. *eorum*.

Illumination *f* (lt.) Festbeleuchtung, lt. *in* + *lūmināre* »erleuchten«. Illuminat(enorden) 1776ff.: »Aufklärung«.

Illusion *f* Täuschung, Einbildung, 17. Jh. v. fz. *illusion*, z. lt. *illūsio* Verspottung.

Illustr||ation *f* Abbildung 16. Jh. v. lt. *illūstrātio* Erleuchtung; ~ieren.

Iltis *m* ah. *illitiso*, *ellinsīn* (Adj.), bayr. *elledeis*, pl. Ilk, 2. T. z. Wiesel: ah. **ellintwiso* (s. Elend) = d. fremde Wiesel, aber 1. T. z. * *elwa* gelb.

imaginär lat.-fz. »nur angenommen« *bildlich, lat. *imāgo* Bild.

Imbiß *m* pl. Imt i. d. Zs. Lüttimt, mh. ah. *inbiz*, *imbiz* z. *enbīzan;* s. beißen.

immatrikulieren i. d. Matrikel (Stammliste) bes. d. Universität einschreiben, v. mlt. *immātriculo*, z. *mātricula* Stammrolle, v. *māter* Mutter. 16. Jh., schon splat. *mātrix* auch d. öffentl. Verzeichnis.

Imme *f* mh. *imbe*, ah. *immi*, ags. *ymbe;* urv. air. *imbed* Menge? o. gr. *empís* Stechmücke? Bienenschwarm, später einz. Biene; s. Liste 25. Imker *m*, 2): z. * *kar* (got. *kas*, an. *ker)* Gefäß F.N.: Immler.

immer mh. *imer*, *iemer*, ah. *iomēr*, aus *io* je *mēr* mehr; ~grün *n* s. Singrün.

Immobilien Mehrz. unbewegliche (ergänze Güter), 18. Jh. v. lt. *immōbilia (bona)*, Liegenschaften; Gegensatz: Mobilien, Möbel; s. mobil, Motiv.

Immortelle *f* Pflanze m. unverwelklichen Blumenblättern, 19. Jh. v. fz. *immortelle*, z. lt. *immortālis* unsterblich.

immun abgaben-, seuchenfrei, 19. Jh. v. lt. *immūnis* frei v. Leistungen.

Imperativ *m* befehlende (Form), v. lt. *(modus) imperātivus;* 17. Jh.

Imperialismus *m* Streben n. e. Weltreich, n. d. Weltherrschaft, Ende 19. Jh. i. England entstanden, z. lt. *imperium* Herrschaft; um 1900. Vorher (Heine 1832) Imperialist = Napoleonist.

impertinent dreist, frech, 18. Jh. v. fz. *impertinent*, z. lt. *pertinēre* sich erstrecken, gehören, Beziehung haben, also eig. was sich nicht gehört s. Kontinent.

impfen mh. *impfen*, *impfeten*, ah. *impfōn*, *impfitōn*, ags. *impian* ein Reis impfen, pfropfen, eig. Wort d

Gartenbaus, v. lt. **imputāre* einschneiden; Blatternimpfung 18. Jh. (vgl. amputieren).

Imponderabilien in d. Politik (zun. im physikal. Sinn 18. Jh.) lat. *imponderabilia* (Mehrz.) unwägbare Dinge; 19. Jh.

imponieren jem. Achtung einflößen, Eindruck machen, 18. Jh. v. fz. *imposer*, lt. *impōnere* auflegen; imposant; dis-, komponieren, s. Pose, Post.

Import *m* Einfuhr v. Waren, 18. Jh. v. eng. *import* z. lt. *porto* trage, führe; s. Export, Rapport, Transport, Porto, Reporter.

Impresario *m* it. (bes. reisender) Theater-, Konzert- u. ä. Unternehmer, z. it. *imprendere* (fz. *entreprendre)* unternehmen; s. preisgeben, Prise; 18. Jh.

improvisieren (bes. Dichtungen) aus d. Stegreif vortragen od. schaffen, um 1800 v. it. *improvisare* aus dem Stegreif dichten.

Impuls *m* um 1800 v. lt. *impulsus* z. *impellĕre* vorwärts stoßen, antreiben; ~iv; s. Puls, Propeller, poussieren.

in mh. ah. got. and. ags. eng. ndl. *in*, schw. dä. *i*, urv. lt. *in*, gr. *en*, *ení*, lit. *i;* erinnern, innig, Innung *f*, binnen; in steckt in d. 1. Silbe v. Imbiß, empor, entgegen.

Inbrunst *f* zunächst körperlich: innere Glut, dann bildl. (bes. religiös), zu brennen; s. Brunst.

Indanthren *n* wasch- u. lichtechter Farbstoff, ursp. (1901) nur Indigo, gebildet aus Indigo + Anthrazen aus Steinkohlenteer gewonnener Stoff; s. Anthrazit) v. René Bohn in Ludwigshafen, für einen gelben wasch- und lichtechten Farbstoff gleichzeitig *Flavanthren;* seit etwa 1920 setzte sich ~ für alle entsprechenden Farben durch.

Indemnität * Schadloshaltung, Befreiung, (Bismarck 1866 ff. im Sinn v. nachträgl. Genehmigung, Gutheißung, Entlastung), n. eng. *indemnity* z. lt. *in-demnis in* (un-) + *damnum* Schade.

Indus *m* = Strom, Fluß (s. Elbe); **Indien** = Stromland. **Indianer** *m* eig. Bewohner Indiens (jetzt Inder, Indier), dann irrt. auf d. Bewohner Amerikas übtr., da Kolumbus d. Ostküste Indiens entdeckt zu haben meinte; im Eng. u. Fz. gilt dass. W. für beide. **Indigo** *m* indisches Blau, mh. *endit*, *indich* später *Endich*, *Indig*, *indisch* (1693), v. sp. *indigo*, z. lt. *indicum*, gr. *indikón* das Indische; s. Tamarinde.

Individuum *n* Einzelwesen, 18. Jh. v. lt. *indīviduum* unteilbares (Wesen), z. *dīvido* teile; s. dividieren.

Industrie *f* Gewerbefleiß, v. fz. *industrie*, eng. *industry* (Adam Smith 1776), v. lt. *industria* Betriebsamkeit, *indu-struere* hineinbauen; ~ritter *m* (Hochstapler) Gutzkow Lüs. v. fz. *chevalier d'industrie.*

Infallibilität *f* Unfehlbarkeit, bes. d. Papstes, wenn er in Glaubensfragen *ex cathedra* spricht; v. neult. *infallibilis* unfehlbar, z. *fallo* täusche, fehle.

infam ehrlos, schändlich, 17. Jh. v. lt. *infāmis* verrufen, z. *fāma* Ruf, Infamie *f;* s. famos, Fabel, Infant.

Infant *m* span. Prinz, v. sp. *infante*, z. lt. *infāns* kleines Kind, eig. nicht sprechend, zu *fāri* sprechen (fz. *enfant* Kind); s. Fabel, Fant.

Infanterie *f* Fußvolk, 17. Jh. v. fz. *infanterie*, z. sp. *infanteria* v. *infante* Knabe, Knappe, Soldat zu Fuß.

Infinitiv *m* Nennform des Zeitworts, v. lt. *infinitivus.*

Inflation *f* lt. künstl. *Aufblähung* der Zahlungsmittel (1919 bis 1923), lt. *in-flāre;* s. blasen.

Influenza *f* Grippe, 18. Jh. v. it. *influenza*, eig. Einfluß, literar. Influenzen (Gervinus), z. lat. *influo* fließe hinein, dann auch Seuche.

-ing s. Liste 54.

Ingenieur *m* 16. Jh. = Kriegsbaumeister, v. fz. *ingénieur*, z. lt. *ingenium* Scharfsinn; s. Genie.

Ingredienzien Mehrz. Bestandteile, Mischung, z. lt. *ingredior* gehe hinein; 17. Jh.

Ingwer *m* Gewürzpflanze, mh. *ingewër*, *gingebere*, eng. *ginger*, afz. *gingibre*, entl. v. spätgr. *zingíberis*, ind. (Pali) *singivera-*, ai. *śṛṅgavēram* frischer ~, *hornförmig (n. d. Wurzel).

Initiale *f* Anfangsbuchstabe, 18. Jh. v. lt. *initium* Anfang. **Initiative** *f* Recht, Fähigkeit, d. ersten Schritt zu e. Handlung zu tun; die ~ ergreifen.

Injurie *f* Beleidigung, 16. Jh. v. lt. *injūria* Unrecht (*jūs* Recht).

inklusive nlt. einschließlich, z. lt. *claudo* schließe; Gegensatz: exklusive.

inkognito unerkannt, unter fremdem Namen, 17. Jh. v. it. *incognito*, z. lt. *incognitus* unbekannt (*cognōsco* kenne); s. nobel, Note, ignorieren.

Inkunabel *f* Erstlings-, Wiegendruck vor 1500, v. lt. *in-cūnābula*, Mehrz. Wickelbänder, Wiege, bildl. Anfang, weil d. Buchdruckerkunst bis 1500 noch i. d. Windeln lag; Lbi. Wiegendruck 19. Jh.

Inlett *n* eng. nd. Überzug, i. den die Bettfedern »eingelassen« werden.

innig mh. *innec*, z. *inne* innerlich; innig, andächtig, s. in.

Innung *f* mh. *innunge*, z. ah. *innōn* aufnehmen (i. d. Innere), z. in.

Inquisition *f* eig. Untersuchung, dann Glaubensuntersuchung, Gerichtsverfahren gegen Ketzerei, v. lt. *inquīsītio*, z. *inquīro* untersuche; 16. Jh.

Insasse *m* mh. *insaze*, eingesessener Einwohner, nd. *insete*, Inste = Häusler, Häusling, nd. Instenkate; z. Bildung vgl. Holsten: Holtseten: Holstein.

Insekt *n* v. lt. *insectum* z. *insecāre* einschneiden, s. Sektion; 18. Jh.; vgl. Kerbtier.

Insel *f* mh. *insele*, ah. *īsila*, v. lt. *insula*, (wovon it. *isola*, sp. *isla*, afz. *isle*, nfz. *île*), * *en salo* die im Salzmeer (seiende). Die dtsch. W. Aue, Wert, Werder, Eiland wurden zurückgedrängt. Insulaner *m*, Insulinde *f*; s. isolieren. Inselsberg i. Thür., wahrsch. eig. Emselberg; hier entspringt die Emse.

Inser||at *n* Zeitungsanzeige, v. lt. *inserātur* man möge einfügen, z. *insero* füge ein; ~ieren, ~tion *f*, s. Serie; 17. Jh. als Aktenvermerk.

Insignien lt. Mehrz. *in-signia* Abzeichen; 16. Jh.

Insinu||ation *f* Einflüsterung, Verdächtigung, früher auch Zustellung, Aushändigung (16./17. Jh.), sich ~ieren, sich einschmeicheln, v. lt. *insinuāre* i. d. Busen stecken (*sinus* Busen).

Inspektor *m*, **inspizieren** z. lt. *inspector* Aufseher, *inspicio* beaufsichtige; s. Prospekt, Respekt, Spektakel; 16. Jh.

installieren in e. Stelle, e. Amt einsetzen, v. mlt. *installāre*, das auf ah. *stal* Stelle beruht (Rückw., rom. Endung). **Installation** *f* feierliche Einweisung ins Amt, bes. e. Kanonikers, Abtes (eig. in d. Chorstuhl, mlt. *stallus*). **Installateur** *m* um 1900, wer Gas- u. Wasserleitungen legt; Installationsgeschäft *n*.

Instanz *f* lat. *instantia* zuständige Amtsstelle, Dienstweg; 14. Jh.; *instare* auf etw. stehen, darauf bestehen; vgl. inständig = beharrlich, got. *instandan* b. etw. beharren.

Inster *n* nd. mu. Gekröse, an. *īstr* Fett, wohl urv. lt. *intestīna* (Mehrz.) Eingeweide.

Instinkt *m* Naturtrieb, 18. Jh. v. mlt. *instinctus* z. *instinguĕre* anreizen; ~iv unwillkürlich, v. fz. *instinctif*, 19. Jh.

Institut *n* Anstalt (bes. Lehr-), v. lt. *institūtum* Einrichtung, z. *insti* *tuo* stelle hin, richte ein; ~ion *f*; s. Konstitution, Statur, Statue; 18. Jh.

instruieren v. lt. *instruo* baue, richte zu, unterrichte; Instruktion *f*, instruktiv; Instrument *n* v. lt. *instrūmentum* Werkzeug, 16. Jh.

insultieren beleidigen, beschimpfen, 17. Jh. v. lt. *insultāre: insilīre* auf etw. springen, jem. anfallen.

Intarsia *f* it. eingelegte Arbeit »Holzmosaik«, 19. Jh. v. it. *tarsia* u. *intarsiare* v. arab. *tarsī* z. *raṣṣa'a* einlegen.

Integration *f* nach 1945 (1949 ?) nach eng. ~ von der ~ Europas, der »Vereinigung« Europas.

intellig||ent verständig, begabt, um 1800 v. lt. *intelligens*, z. *intelligĕre* einsehen; ~ enz *f*, Intellekt = Verstand, Denkvermögen; intellektuell um 1770 aus fz. *intellectuel:* den ns. pejorativen Gebrauch (im Fz. vorgebildet) behält noch der Gr. Brockhaus 1954 bei: ein ~er ist »ein Mensch, der seinem Verstande nicht gewachsen ist«; vgl. Zs. f. Dt. Wortf. 16/1960, 120.

Intend||ant *m*, fz. ~ 18. Jh. Verwalter; Leiter (bes. bei großen Theatern), v. lt. *intendĕre* spannen, worauf achten; ~anz *f*; ~antur *f* milit. Behörde; s. Superintendent.

Interdikt *n* Versagung kirchlicher Trostmittel, schwerer Kirchenbann, lt. *interdicere* *untersagen; 16. Jh.

Interess||e *n* v. lt. *inter-esse* dabei-, dazwischen sein, v. Wichtigkeit, Reiz sein; ~ent *m*, ~ant, ~ieren, s. Liste 54.

Interim *n* vorläufige Regelung streitiger Verhältnisse, bes. d. Religionsstreites i. 17. Jh., v. lt. *interim* unterdessen, einstweilen; ~istisch.

Intermezzo *n* it. = Zwischenspiel, z. lt. *intermedius* i. d. Mitte; 18. Jh.

Intern||at *n* Lehranstalt, wo die Schüler zugleich wohnen, v. lt. *internus* innerlich; ~ieren i. Haft halten, bes. i. neutralen Ländern, e. bestimmten Ort z. Aufenthalt anweisen; 19. Jh.

international zwischenstaatlich, die Beziehungen zwischen d. Völkern betr., seit 1789; die **Internationale** 1864 i. London gegründeter Arbeiterverband.

Interpell||ation *f* Zwischenfrage, Einspruch (bes. i. Parlament), 19. Jh. v. lt. *interpellātio*, z. *interpellāre* dazwischen reden; ~ieren.

interpretieren auslegen, erklären, schon i. M.-A. v. lt. *interpretāri*.

Interpunktion *f* v. lt. *interpunctio* Zwischensetzung e. Punktes, z. *interpungere* eig. dazwischen stechen (ursp. in Wachstafeln); s. Punkt; 18. Jh.

Interregnum *n* Zwischenregierung (bes. d. kaiserlose Zeit 1254–73), v. lt. *inter* zwischen, *rēgnum* Regierung.

Intervall *n* Zwischenraum, Pause, bes. i. d. Musik, v. lt. *intervallum* eig. Raum zwischen 2 Palisaden, lt. *vallus* Schanzpfahl, dann Raum, Pause; s. Wall; 18. Jh.

Interview *n* eng. nach 1870, Zusammenkunft, Unterredung, insbesondere mit einem Journalisten.

intim 18. Jh. v. lt. *intĭmus* der innerste, vertrauteste.

Intrig||e *f* List, Kniff, Ränke, 17. Jh. v. fz. *intrigue* heimlicher Anschlag, List, z. it. *intrigare*, lt. *intrīcāre (trīcae* Widerwärtigkeiten, Ränke), verwickeln; ~ant *m*, ~ieren.

Intuition *f* geistige Anschauung, anschauende Erkenntnis, z. lt. *intuēri* hinschauen; intuitiv.

Invalide *m* Dienstunfähiger, 18. Jh. v. fz. *invalide*, lt. *invalidus*, z. *validus* kräftig, z. *valēre* stark sein; s. Valét, Baldrian.

Invent||ar *n* »Hofwehr«, Guts~, Gesamtheit u. Verzeichnis d. Besitzes, 16. Jh. v. lt. *inventārium* Verzeichnis, z. *invenio* finde; dazu ~ur *f* Aufnahme d. Besitzstandes, d. Vorräte, lt. *inventūra*.

Investitur *f* feierliche Einweisung

i. d. (geistliche) Würde, jetzt nur noch v. niederen Kirchenämtern d. kath. Kirche, v. mlt. *investitūra* Einkleidung z. lt. *vestis* Kleid; s. Weste, Travestie.

Ion *n* elektr. geladenes Teilchen (Mz. Jonen), gr. *ión* gehend, wandernd; ~isieren »elektrisch leitfähig machen«.

irden mh. ah. *irdīn*, *ërdīn*, got. *aírþeins* irden, z. Erde; irdisch mh. *irdesch*, ah. *irdisc*, der E. eigen.

irgend mh. *iergen*, ah. *io wergin*, *io* = je, *wergin* an e. unbestimmten Ort, and. *hwergin: hwar* »wo«, + **gen* irgend, got. *hun*, lat. *-cunque*.

Iris *f* gr. Götterbotin, Regenbogen (als Brücke zwischen Himmel u. Erde), Regenbogenhaut (im Auge), Schwertlilie, eig. d. Eilende, Hurtige, Wz. *vī* streben; irisieren (vom Glas).

Irland v. ir. Erin, Eirin: lat. *Hibernia*, kelt.-kymr. *Vergyn* die westliche (Insel)?

Ironie *f* versteckter Spott, 18. Jh. v. fz. *ironie*, z. gr. *eirōneíā* Verstellung.

irr||e ah. *irri*, got. *aírzeis* irre, verführt, ags. *yrre* zornig, urv. lt. *errāre* irren, Wz. *ers* sich bewegen, ai. *irasyáti* zürnt; ~en, ~ig, ~tum, ~enhaus *n*, ~wisch *m* = ~licht (irrlichtelieren Faust Vers 1917), zu mh. *wisse*, *wysche* leuchtende Fackel; s. Wisch.

irritieren reizen, erzürnen, v. lt. *irrītāre;* 16. Jh.

Ischias *f* gr. Hüftweh, gr. *ischíon* Hüftpfanne; s. Eisbein².

Isegrimm der Wolf, mh. *Isengrīm* (seit 10. Jh. als P.N.) = Eisenhelm (2. T. s. Grimasse).

Islam *m* Mohammedanismus, v. arab. *islām* Hingabe d. Menschen an Gott.

Isobare *f* gr. Gleichdrucklinie *ísos* gleich u. *barýs* schwer, ~therme, 2) *thermós* warm.

isolieren vereinzeln, absondern, 18. Jh. v. fz. *isoler*, z. it. *isolare*, v. *isola*, lt. *insula;* s. Insel.

Italien Kälberland v. lt. *vitulus*, (gr. *italós* junges Rind?), osk. *Viteliú*.

J (Mitlaut)

ja mh. ah. *jā*, got. *jai*, *ja*, and. *ja*, ags. *gea*, eng. *yea*, *yes*, **géa-sī* ja, (es) sei; afries. *ge*, *je*, an. *jā*, schw. dä. *ja*, viell. urv. kymr. *ie* ja, umbr. *ie* schon; entl. lit. *je* ja; nh. bejahen, Jawort *n*.

Jacht *f* 16. Jh. gekürzt aus Jag(e)schiff wie ndl. *jaghte;* daher auch eng. *yacht*.

Jacke *f* 15. Jh. v. fz. *jaque*, eng. *jacket* Jackett *n*, über sp. *jaco* v. arab. *šakk* Panzerkleid.

Jagd *f* mh. *jaget*, zu **jagen**, ah. *jagōn*, afries. *jagia*, urv. viell. ai. *yahu-* rastlos; dazu Gejaid (dicht.); ~staffel.

jäh, jach † mh. *gaehe*, *gāch*, ah. *gāhi*, *ga-āhi*. Jähzorn *m*, Gaudieb *m*, nd. *gaudēf* jäher, schneller Dieb, Gauner. O.N.: Gastein, Gasteig *(gāch)*.

Jahr *n* mh. ah. *jār*, got. *jēr*, ags. *geār*, eng. *year*, ndl. *jaar*, and. *jār*, an. *ār*, dän. *aar*, urv. aslaw. *jarŭ* Frühling, gr. *hṓrā* freundliche Jahreszeit (s. Horen), *enné-ōros* 9jährig: *horōs* ~; lat. *hōrnus* diesjährig, **hōjōrinos;* Grbd. viell.: Lauf d. Sonne; ~hundert *n* 17. Jh. für lt. *saeculum*, ~tausend *n* v. Lessing empfohlen, ~zehnt *n* 1730 bei Bengel; bejahrt, verjähren.

Jalousie fz. 1) Eifersucht, dann übertr. auf 2) durchbrochener Fensterladen, Gleitrolladen, it. *gelosia*, **zelosia*, gr. *zēlos* Eifer(sucht), Neid; 18. Jh.

Jambus *m* (⏑— Vers), gr. *íambos*, * Sturmschritt od. Pfeil (A. Wilh. Schlegel: »Wie rasche *Pfeile* sandte mich Archilochos«).

Jammer *m* mh. *jāmer*, ah. *jāmar*, * substant. Adj. *jāmar* traurig, ags. *gēomor;* wohl eher lautmal. als urv. gr. *hēmeros* sanft, still; jämmerlich, jammern, ~gestalt, ~tal, ~schade.

Janhagel *m* Pöbel, 17. Jh. Schimpfwort i. Hamburg, 18. Jh. auch Johann Hagel, Hans Hagel (vom Fluchen?); s. Rüpel, Stoffel, Metze.

Janitscharen Mehrz. v. türk. *jeni tscheri* neue Truppe, früher bevorrechtete Kerntruppen d. Sultans, 1826 aufgehoben u. vernichtet.

Januar *m*, österr. **Jänner** *m* mh. *jenner*, v. lt. *jānuārius* dem Gotte Janus geweihter Monat (v. Karl d. Gr. *wintarmānōth* genannt) z. *jānua* Tür, also eig. Jahreseingang, -anfang; port. Rio de Janeiro Januarfluß: Vespucci entdeckte 1. 1. 1502 den Eingang zur Bucht u. hielt ihn f. e. Fluß. *Jānus:* ai. *yāti* geht, *yānas* Bahn, vgl. mh. *jān m* fortlaufende Reihe, schweiz. »das geht in einem Jahn«. F.N.: Jenner, heil. *Januarius* († 305).

jappen mnd. *jap(p)en*, ndl. *gapen* den Mund auftun, gaffen; Nebenf. japsen.

Jargon *m* 18. Jh. Kauderwelsch, schlechte Mundart, v. fz. *jargon*, unerklärt, *garg* Gurgel?, * »Gegurgel«, it. *gergo(ne)*.

Jasmin *m* 16. Jh. v. arab. *jāsemīn*, pers. *jāsāmīn*.

Jaspis *m* v. gr. *íaspis*, hebr. *jāšĕpheh*, assyr. *ašpū*, mh. *jaspis*.

Jast s. Gischt.

jäten mh. *jëten*, *gëten*, ah. *jëtan*, *gëtan;* viell. urv. ai. *yátatē* strebt, awest. *yat-* sich rühren.

Jauche *f* nd. v. poln. *jucha* Brühe, Jauche, russ. *juchá* Brühe, Suppe; urv. lt. *jūs* Brühe, ai. *yusán*.

jauchzen mh. *jūchezen*, v. *jūch*, *jū* (wie ächzen v. ach) mu. nordd. juchen; juchhe, vgl. Jubel, gr. *aṻō*, **a-jūjō*, rufe laut.

jaulen kläglich heulen (wie Hunde), lautm.

Jause *f* (österr.) Vesperbrot, mh. *jūs* v. slov. *júžina* Mittagessen z. slov. *jug* Süden (Mittag); s. Jugoslawien.

je mh. *ie* (bis ins 17. Jh.), ah. *ío*, *eo*, got. *aiw* (Akk.) irgend einmal (*aiws* Zeit, Ewigkeit), an. *ei* immer, verw. m. gr. *aieí*, *āeí* (**aiwei*) immer; s. nie, nicht, jetzt; ~länger ~lieber = Geißblatt.

jeder mh. *iewëder*, *ieder*, ah. *iowëdar* jeder v. zweien (*wëdar* wer v. beiden); aus d. Beschränkung auf zwei wurde d. Beziehung auf alle. Dass. W. ist eng. *either*, jeder v. beiden (noch mit Beschränkung), jedweder mh. *ietwëder* (*tw* <*gw*) jeder v. beiden, ah. *io* (immer) u. *giwëder* irg.einer von beiden; ~mann, ~zeit.

jeglich † mh. *iegelīch*, ah. *eogalīh*, *eo* immer u. *galih* gleich, jeder, eig. jeder, gleichviel welcher; s. gleich.

jemand (mit irrt. d) mh. *ieman*, ah. *eoman* irgend e. Mann, s. niemand, Mann.

jéminé v. lt. Anrede *Jesu domine* Herr Jesus; 17. Jh.

jener ah. *genēr*, *jenēr*, got. *jains*, ags. *geon*, eng. † *yon;* jenseits mh. *jensīt*, *jene sīte* (vgl. *einsīt*, *andersīt*).

Jesus hebr. *Jehōschūa* Gott hilf! Andere Form Josua. Dazu

Jesuit *m* Mitglied d. Gesellschaft Jesu, *S. J.* = *Societās Jesu*, v. Ignatius v. Loyola 1534 gestiftet, v. nlt. *Jesuita*.

Jett *m* schwarze Pechkohle, Gagat, z. Schmucksachen verarbeitet, v. eng. *jet*, über afz. *jaieet* v. gr.-lt.

gagātēs Glanz-, Pechkohle v. der Stadt *Gagai* in Lykien.

jetzt (m. späterem irrt. t) mh. *ieze*, *iezuo*, viell. eig. *ie zuo*, m. anderer Abl. jetzund, mh. *ietzunt*, *iezen*, auch *itzunder*. Altertüml. Formen: fränk. *ezetla*, jetzo, itzt (mu. thür. itze). **jetzig** wurde gebildet, ehe das t an jetzt trat. **Jetztzeit** *f* mißlautende, häßliche Neubildung für Gegenwart, seit etwa 1800 (Jean Paul).

Joch *n* ah. *joh*, got. *juk*, *gajuka* Genosse (= lt. *coniu(n)x)*, ags. *geoc*, eng. *yoke*, schw. *ok*, dän. *aag*, urv. lt. *jugum*, gr. *zygón: zeúgnȳmi* verbinde = lt. *jungo*, ai. *yugám* Joch, Gespann, lit. *jungas*, aslaw. *igo*. Das Vorkommen d. Wortes i. so vielen idg. Spr. bezeugt d. frühe Verwendung; s. Juchten.

Jockey *m* Reitknecht, Bereiter, v. eng. *jockey* z. *Jack*, fz. *Jacques*, Abkürzung v. Jakob.; um 1800.

Jod *n* chemischer Grundstoff, 1811 entdeckt u. von Gay-Lussac n. d. Farbe der Dämpfe fz. *iode* genannt, v. gr. *iodés* veilchenfarbig; s. Chlor, Levkoje.

jodeln Alpenwort; lautm. z. johlen; vgl. Jubel.

Johannis||beere *f* weil z. Johanni (24. Juni) reifend, 16. Jh.; ~brot *n* Frucht d. ~brotbaums, von der Johannes d. Täufer sich angeblich nährte. ~käfer *m*, ~würmchen *n*, ~trieb *m* zweiter Trieb d. Pflanzen, auch übtr. auf Menschen.

johlen wild schreien u. laut singen, lautm.; mh. *jōlen* z. (Freuden-) Ruf *jō!*

Jolle *f* nd., kleines Boot, eng. *jolly boat*, unerklärt; 16. Jh.

Jongleur *m* Taschenspieler, Gaukler, um 1800 v. fz. *jongleur*, z. lt. *joculātor* Spaßmacher, v. *jocus* Scherz, s. Jux.

Joppe *f* Jacke, v. it. *giuppa* Jacke, Wams, fz. *jupe* Weiberrock, sp. *aljuba* Oberkleid, v. arab. *ǧubba (dschubba)* Rock; mh. *jope* u. *schōpe*.

Journal *n* in verschiedener Bed.: Tagebuch, Tageblatt, Zeitung, jetzt meist Zeitschrift, 17. Jh. v. fz. *journel*, it. *giornale*, z. spätlt. *diurnālis* (ergänze: Blatt, Buch), vgl. die *acta diurna* »tägl. Geschehnisse« seit Caesar; ~ist *m*, ~ismus *m*, abwertend Journaille (nach Kanaille).

jovial heiter, leutselig, 18. Jh. v. fz. *jovial*, z. lt. *joviālis*, d. Jupiter angehörig, dessen Stern Heiterkeit, Frohsinn verleiht.

Jubel *m* mh. *jūbil*, *jūbilus*, v. mlt. *jubilus* Frohlocken im Kirchengesang; jubeln, jubilieren, lat. schon *jūbilum* z. B. d. Jodeln der Hirten, Kriegsgeschrei *(jūbilāre)* auch *jūbilātio*, vgl. Jauchzen, juch. Nicht verw. ist **Jubel** in Jubeljahr, Freudenjahr, Sabbat-, Halljahr, Erlaßjahr d. Juden alle 50 Jahre, v. hebr. *jōbēl* Widder, Widderhorn z. Blasen (3. Mos. 25), daher (spätlat. *jubilaeus annus)*, Jubiläum, Jubilar (vermischt m. d. lat. W.). In d. kath. Kirche wurde hiernach i. Jahre 1300 das 100., später das 50., endlich das 25. Jahr als Ablaßjahr bestimmt (»heiliges Jahr«); alle Jubeljahr = selten.

Juchten *m n* viell. mit nd. ch für hd. f, v. russ. *juftŭ* u. *juchtu*; früher mnd. *juften* u. *juchten*.

jucken ah. *jucchen*, ags. *gyccan* eng. *itch*, unerklärt; (md.) Nebenform mit Umlaut: jücken, auch = springen.

Jucker *m* leichtes, zunächst ungarisches edles Halbblutpferd meist zu Vieren eingespannt, eig Springer.

Jude *m* ah. *judeo*, v. lt. *Jūdaeus*

Jugend *f* mh. *jugent*, ah. *jugund* got. *junda*, eng. *youth*, Abstr. z jung, urv. lt. *juventa*.

Jugoslawien = Südsl., aslaw *jugŭ* Süden; s. Jause.

Jujutsu japan. Ringweise, meis

Jiu-Jitsu *(Dschiu-Dschitsu)*, *jū* zehn + *juts* Kunstgriff.

Jul *m* nd. mu. Weihnachts-, Sonnwendfest, entl. a. d. Skandinav.: an. *jōl*, schw. dä. *jul*, eng. *yule*, got. *jiuleis* Dezember; <* *jehwla* Zeit der Schneestürme z. an. *ēl?* mu. nordd. Julklapp *m*.

Juli *m* v. lt. *Jūlius*, nach Julius Caesar, der d. Kalender verbesserte, vorher Quintilis fünfter Monat; ah. *hewimānōth* Heumonat.

jung mh. *junc*, ah. *jung*, got. *juggs*, ndl. *jong*, ags. *geong*, eng. *young*, schw. dä. *ung*, urv. lt. *juvenis*, *juvencus* (Juno die jugendlich Blühende), ai. *yuvaṣ́ás*, *yúvan-*, aslaw. *junŭ*, lit. *jáunas;* Junge *m n*.

Jünger *m* n. lt. *junior* zu jung, Untergebener, jetzt Schüler Christi; Jüngling *m* mh. *jungelinc*, ah. *jungaling*, ags. *geongling*, eng. *youngling* †; jüngst neulich, mh. *ze jungest*, ah. *zi jungist;* d. jüngste Tag = d. letzte Tag.

Jungfrau *f* mh. *juncvrouwe*, ah. *juncfrouwa* Edelfräulein. **Jungfer** *f* 17. u. 18. Jh. bürgerliches Mädchen i. Gegensatz z. Fräulein (adeliges), Kammerjungfer, Zofe; ~ = Libelle, mu. Otterjüngferle = Eidechse; alte Jungfer; Jungfernrede *f* 19. Jh. Lüs. v. eng. *maidenspeech*, erste Rede e. Abgeordneten i. Parlament.

Junggeselle *m* eig. Handwerksbursche, dann unverheir. Mann; alter ~. **Junker** *m* mh. *junc-herre* Edelknabe, bis ins 18. Jh. Sohn d. adligen Gutsherrn, daher Hofjunker, seit 19. Jh. oft Bez. für d. ostelbischen Gutsbesitzer.

Juni *m* v. lt. *Jūnius* n. d. Göttin Juno, dtsch. Brachmonat.

junior lt. d. Jüngere, s. senior.

Jura Mehrz. die Rechte, Rechtswissenschaft, v. lt. *jūs* Recht, **Jurist** *m* Rechtskundiger. **just** genau, gerade, 16. Jh. v. lt. Adv. *jūstē* gerecht, gehörig (dah. fz. *juste*, eng. *just)* »gut justiert« (v. Münzen). **Justiz** *f* Rechtspflege, 17. Jh. v. lt. *jūstitia* Gerechtigkeit.

Jute *f* indische Bastfaser, 19. Jh. v. eng. *jute*, ind. Urspr., bengal. *jūt*.

Juwel *n* v. mndl. *juweel* v. afz. *juel*, *joël*, nfz. *joyau* z. mlt. *jocale*, **jocellum:* lt. *jocus* Scherz, Kurzweil; ~ier *m* v. fz. *joaillier*.

Jux *m* 18. Jh. student. v. lt. *jocus* Scherz, woraus fz. *jeu* Spiel, eng. *joke* Scherz; ~platz Belustigungsplatz; ver~en (Geld) durchbringen; s. Jongleur.

K

Kabale *f* List, Ränke, 18. Jh. v. fz. *cabale*, z. rabbinisch *qabbālāh* Geheimlehre, v. hebr. *kabal* empfangen, also eig. empfangene (Geheimlehre).

Kabarett *n* v. fz. *cabaret* Schenke, Überbrettl, v. Ernst v. Wolzogen 1901 gegründet; s. Brett.

kabbeln, sich k. nd. 17. Jh., mnd. *kabbelen*, *kevelen* zankend reden, z. Kiefer[1]?

Kabel *n* 1) 14. Jh. nd. Schiffs- u. Ankertau, seit 1849 unterseeische Telegraphenleitung, v. fz. *câble*, angel. a. mlt. *capulum* Tau, Fangseil: arab. *habl* Seil; vgl. im Gudrunlied *ankerseil* von *Arabê*, s. Heft[1], kapieren. 2) *f* nd. Anteil, *Los:* an. *kafli* längl. Rundholz, pl. Kawel (e. Ackerstück); urv. lit. *žãbas* Ast; Butenkawel im Außengelände des Stadtgebietes; F.N.: Langkawel.

Kabeljau, Kabliau *m* (getrockneter Stockfisch) mnd. *kabelaw*, v. ndl. *kabeljauw* das an Kabel[1] angelehnt ist, aus ndl. *bakeljauw* v. span. *bacallao* z. lt. *baculum*, also »Stockfisch«.

Kabine *f* Schiffszimmer, 17. Jh. v. fz. *cabine*, v. eng. *cabin*, z. fz. *cabane*, mlt. *capanna* Hütte; Vkl.: Kabinett *n* um 1600 v. fz. *cabinet*.

Kabriolett *n* fz. *cabriolet* leichter Wagen, *cabrioler* Luftsprünge machen, it. *capriolare*, *capriuolo* Rehbock; 18. Jh.

Kabüse s. Kombüse.

Kachel *f* ah. *chachala* irdenes Gefäß, Ofenfliese, v. lt. **caccalus* für *caccabus* Gefäß, Topf, gr. *kákkabos*, ~ *ábē;* F.N. (obd.): Kachler »Töpfer«.

kacken 17. Jh., nd. *kacken* 15. Jh. v. lt. *cacāre* (o. urv.? russ. *kakatu)*.

Kad *n* † (1. Kön. 17, 12) »kein Mehl im ~«, mu. Behälter v. lat. *cadus*, gr. *kádos* Krug.

Kadaver *m* Tierleichnam, 17. Jh. v. lt. *cadāver*, z. *cado* falle, s. Kaskade, Kasus, Schanze[2]; ~gehorsam *m* 19. Jh. unbedingter G.

Kadett *m* 18. Jh. v. fz. *cadet*, (gask.) *capdet*, d. Jüngere, dann junger Adliger im Kriegsdienste, z. lt. *capitellum* junges Haupt, Vkl. z. *caput* Haupt, s. Kap.

Käfer *m* mh. *këver*, ah. *këvar*, ags. *ceafor*, eng. *cock chafer* Maikäfer, vgl. mh. *kifen* nagen; s. Kiefer[1].

Kaff[1] *n* Spreu, Schund, ags. *ceaf*, eng. *chaff*, nd. *kaf*, ah. *chëva* Schote.

Kaff[2] *n* Dorf, Nest; rückgebildet aus Kaffer, s. d.

Kaffee *m* 17. Jh. v. fz. *café* z. eng. *coffee*, ndl. *koffie*, v. arab. *qahwa* Trank aus Beeren.

Kaffer *m* rotw. einfältiger, ungebildeter Mensch, v. hebr. *kāphār* Dorf, also eig. Dorfbewohner. O.N.: Kapharnaum, Kapernaum Dorf des Nahum; s. Tölpel, dagegen d. südafrik. Negerbezeichnung ~n: arab. *kāfir* Ungläubiger.

Käfig *m* mh. *kevje*, ah. *chevia*, v. lt. *cavea* * *cagvea* s. Hag, Höhlung, Vogelbauer, zu *cavus* hohl (fz. *cage)*, s. Koje, Kajüte.

Kaftan *m* seidenes Obergewand d. Türken, v. türk. *kaftān* 17. Jh., arab. *qaftan*, Gewand d. orthodoxen Ostjuden.

Käfter *n* eng. Kammer, ah. *chaftere* Bienenkorb, v. lt. *capisterium*, gr. *skaphistérion* Mulde.

kahl ah. *kalo*, ags. *calu*, eng. *callow* ungefiedert, ~ v. lt. *calvus* (fz. *chauve)* od. urv. aslaw. *golŭ*~. P.N.: *Chauvin*, lt. Calvin; s. Kalvarienberg. O.N. fz. *Chaumont* = fläm. *Calemberg*.

Kahm *m* Schimmel, mh. *kām*, *kān*, isländ. *kam* Ruß = eng. *coom*, v. lt. *cāna graue* Schmutzschicht auf Wein?

Kahn *m* md. nd., schriftd. seit Luther, dafür oberd. Nachen, adän. *kane*, daf. in Franken noch Schelch, spätahd. *schaltīch*, ah. *scalta* Stoß-, Ruderstange, s. Schalde.

Kai *m* Ufer, Hafendamm, 17. Jh. v. ndl. *kaai* (Kies), eng. *quay*, fz. *quai*, viell. kelt. *caio* Gehege, sp. *cayos* Klippen; s. Hag.

Kaiser *m* mh. *keiser*, ah. *keisar*, got. *kaisar*, v. lt. *Caesar* (*c* bezeichnet im Lat. d. K-Laut); so wurde d. Eigenname z. Gattungsnamen; i. Bulgarien u. Rußland z. Czar, Zar verkürzt; aslaw. *česarĭ*.

Kajak *m n* 17. Jh. eskim. (Männer)boot.

Kajüte *f* nd. 17. Jh. Kojüte (Koje + Kajüte?), ndl. *kajuit* v. afz. *cahute* < *cabane* (s. Kabine) + ah. *hutta* Hütte.

Kakadu *m* 18. Jh. *kakatūwa* lautmal. malaisch. W., ndl. *kakatoe*, eng. *cockatoo*, fz. *cacatois*.

Kakao 16. Jh. *m* span. *cacao*, aus mexik. *cacauatl* Kakaobaum; s. Schokolade.

Kaktus *m* v. gr. *káktos* Fackeldistel, Artischocke.

Kalabreser *m* breitkrempiger Filzhut aus Kalabrien in Italien stammend, um 1840 v. Hecker u. a. als Demokratenhut getragen.

Kalamität *f* v. lt. *calamitās* Unglück, Kriegsunglück; 17. Jh.

Kalauer *m* 19. Jh. Wortwitz, nicht v. d. Stadt Kalau b. Frankfurt a. d. O., v. fz. *calembour*, viell. n. d. Schwankbuch der »Pfaff vom Kalenberg«.

Kalb *n* mh. *kalp*, ah. *chalb*, got. *kalbō f*, pl. Kalw., ags. *cealf*, eng. *calf*, urv. ai. *gárbhas* Mutterleib, gr. *delphýs* Gebärmutter, gr. *delphax* Ferkel; * Junges von Tieren überh.; s. Delphin.

Kaldaunen Mehrz. Eingeweide, v. mlt. *caldūna*, viell. z. lt. *calidus* warm, eig. also dampfende Eingeweide frisch geschlachteter Tiere; mh. *kaldūne;* s. Kuttelfleck.

Kalebasse *f* fz. *calebasse* Flaschenkürbis, span. *calabaza*, vulg.-lt. * *cucurbacea*, lt. *cucurbĭta* Kürbis.

Kaleidoskop *n* * Schönbildseher, *kalós* schön + *eídos* Gestalt, Bild + *skopéō* sehe; 1815; ~isch in buntem Wechsel.

Kalender *m* 15. Jh. v. lt. *calendārium*, z. *calendae* erster Monatstag, v. *calāre* rufen; die Kalenden wurden i. Rom öffentlich ausgerufen, m. d. Angabe, ob die *nōnae* am 5. od. 7. seien.

Kalesche *f* 17. Jh. v. poln. *kolaska*, tschech. *kolesa: kolo* Rad (fz. *calèche*, it. *calesse).*

kalfatern 17. Jh. ein (hölzernes) Schiff ausbessern, wasserdicht machen, v. arab. *qalafa* Ritzen verstopfen über mgr. *kalaphatein.*

Kali *n*, **Alkali** *n*: arab. *al-qali;* s. Algebra, Alkohol u. Liste 1.

Kaliber *n* Durchmesser d. Geschützrohrs, v. it. *calibro*, fz. *calibre* z. arab. *qālib* Form v. gr. *kālopódion* Leisten, s. Galosche; 17. Jh.

Kalif *m* Nachfolger Mohammeds, mh. *kalif*, v. arab. *chalīfa* Nachfolger.

Kaliko *m* Baumwollstoff, 17. Jh. v. eng. *calico*, n. Kalikut i. Ostindien.

Kalk *m* mh. *kalc*, ah. *kalk*, *chalch*, and. *calc*, ags. *cealc*, eng. *chalk* (Kreide), v. lt. *calx* Kalkstein, gr. *chálix* kalzinieren zu ~ brennen, vlat. *calcināre*. **kalkulieren** berechnen, 16. Jh. v. lt. *calculāre* eig. m. Steinchen berechnen, z. *calculus* Steinchen, s. Chaussee.

Kalligraph *m* Schönschreiber, 18. Jh. v. gr. *kállos* Schönheit, *gráphō* schreibe; ~isch, ~ie *f*.

kalmanken † (~e Jacke, J.H. Voß »Der siebz. Geburtstag«): Kalmank »gestreiftes oder geblümtes Wollzeug«, v. eng. *calamanco*, sp. *calamaco*.

Kalmäuser 16. Jh. (stud.) gelehrter Stubenhocker, v. lt. *calamus* Schreibrohr mit Anlehnung an Duckmäuser, pl. *ütklamüsern* ausklügeln.

Kalme *f* Windstille(ngürtel): fz. *calme*, it. *calma*, z. gr. *kauma* Hitze u. lt. *calēre* warm sein; 16. Jh.

Kalorie *f* Wärmeeinheit, z. lt. *calēre* warm sein, *calor* Wärme, Glut; s. Kalme.

kalt got. *kalds*, pl. koll, an. *kaldr*, an. *kala* frieren, ags. *ceald*, eng. *cold*, eig. Part. wie laut, alt, tot, urv. lt. *gelu* Frost, *gelidus* kalt, gr. *gelandrós* ~; ~ er Krieg 1947 (W. Lippmann?); Kälte *f*, ~schmied = Kupferschmied; s. kühl.

Kalvarienberg *m* v. lt. *calvaria* Hirnschale (z. *calvus* kahl), Schädelstätte, Übs. d. gr. Form Golgatha (v. hebr. Gulgoleth Schädel), in kath. Gegenden Hügel m. Kreuzigungsgruppe od. Kreuzweg, 14 Leidensstationen.

Kamarilla *f* einflußreiche Hofpartei (in schlechtem Sinne wirkend), um 1820 v. sp. *camarilla* kleines Zimmer, dann Hofschranzentum,

z. lt. *camera* Zimmer; s. Kamerad, Kameralist.

Kamée *f* geschnittener Stein m. erhabenem Bild, 18. Jh. v. it. *cammeo*, sp. ptg. *camafeo* Bilderstein, mlt. *camahutus* v. pers. *chumahän* Achat; mh. *kamahū*.

Kamel *n* mh. *kamēl*, v. gr.-lt. *camēlus*, z. arab. *gemel*, hebr. *gāmāl*, noch im 16. Jh. Kämelthier.

Kamelie *f* von Linné n. d. mähr. Jesuiten Kamel (latinis. *Camellius)* benannt, der d. Pflanze v. Japan n. Europa brachte (1738).

Kamera *f* Fotoapparat, verkürzt aus lat. *camera obscūra*.

Kamerad *m* 16. Jh. v. fz. *camarade* z. it. *camerata* Stubengenossenschaft, dann d. einzelne Person; ~enschinder *m*, etwa 1950 für Kriegsgefangene, die im Lager ihre eigenen Kameraden mißhandelten; s. Bursche, Frauenzimmer, Kammer.

Kameralist *m* Staatswirtschaftskundiger, um 1800 v. mlt. *cameralista* z. lt. *camera* Kammer, Zimmer, wo d. Staatseinkünfte verwaltet wurden; Kameralia Mehrz. Staatswirtschaftslehre; s. Kammer.

Kamille *f* v. mlt. *camomilla* z. gr. *chamaímēlon* Erdapfel, wegen d. Apfelgeruchs d. Blüte; s. Chamäleon, Melone (Kamillenberg bei Koblenz verstümmelt aus Karmeliterberg); pl. olle Kamellen = alte bek. Sachen.

Kamin *m* Feuerstätte (Esse, Schornstein), ah. *kemīn*, v. gr.-lt. *camīnus* Feuerstätte, gr. *kámīnos* Ofen, aslaw. *kamy* Stein, s. Hammer, (fz. *chemin* Weg, *cheminée* Kamin), s. Kemenate.

Kamisol *n* Wams, 17. Jh. v. fz. *camisole* Unterjacke aus it. *camiciola*, z. spätl. *camīsia* Hemd; s. Hamen, Hemd, Chemisett, Camisarden (Blusenmänner) in d. Cevennen.

Kamm *m* mh. *kam*, ah. *kamb*, *champ*, ags. *camb*, eng. *comb*, anord. *kambr*, Grbd.: gezahntes Werkzeug, urv. gr. *gómphos* Zahn, aind. *jámbhas* Hauer; tochar. *kam* Zahn, Pflock; ~rad *n* gezahntes R. O.N.: Kamburg, Komburg, Kamberg, Camberg (~ = gezackter Höhenzug). Roßkamm *»der d. Pferde m. d. *Striegel* herausputzt«(?) = Pferdehändler.

Kammer *f* mh. *kamer* Schlaf-, Schatz-, Vorrats-, Gerichtszimmer, fürstl. Wohnung, öffentl. Kasse, ah. *kamara*, v. lt. *camera* (lt. *camur* gewölbt), gr. *kamára* gewölbter Raum, it. *camera*, sp. port. *camara*, fz. *chambre* (daher eng. *chamber);* Kämmerer *m* Hofbeamter, Kammerherr, Schatzmeister, ~diener *m*, ~gericht *n* oberstes Gericht i. Berlin, eig. i. d. fürstl. Kammer, Stadtkämmerei *f*, ~gut *n* Domäne, Staatsgut, Salz~gut *n;* ~jäger *m* verhüllende Bez. für Vertilger v. Ungeziefer; ~kätzchen *n*, ~jungfer *f*, ~musik *f* Musik für kleine Räume (ursp. fürstl. Gemächer); ~rat *m* Finanzrat; s. Kamerad, Kamarilla, antichambrieren. Nicht hierher gehört **Kammertuch** *n* feine Leinwand, Tuch aus Kamerijk (fz. Cambrai), wo es zuerst verfertigt wurde; ndl. *kamerdoek;* 16. Jh.

Kämpe *m* nd. um 1800 v. Voß u. a. wieder eingeführt (nicht bei Goethe u. Schiller), and. *kempio*, ags. *cempa*, afries. *kampa*, Kämpfer, Krieger, z. lt. *campus*. **Kampf** *m* mh. ah. *kampf*, v. lt. *campus* (Schlacht-) Feld (fz. *champion:* vlat. *campiōnem* Kämpfer), mlt. *campus* Zwei~. **kampieren** lagern (im Freien), 17. Jh. v. fz. *camper*. O.N.: Kampanien, fz. Champagne; Champignon *m* eig. Feldpilz. **Kamp** (nd., alt. Lw., eingehegtes St. Feld); O.N. Hessen-, Ellen~ u. a.; F.N. ~mann, ~hausen.

Kampfer *m* mh. *kampfer* v. fz. *camphre*, mlt. *camphora* z. arab. *kāfūr*, ai. *kanpura*.

Kanaille *f* 17. Jh. v. fz. *canaille*,

it. *canaglia* Hundepack z. lt. *canis* Hund; eig. Sa., dann d. Einzelperson, s. Frauenzimmer, Kamerad, Bursche.

Kanal *m* ah. *kanali* v. lt. *canālis* Röhre, Rinne, zu *canna* Rohr, Schilf, eng. *channel.* O.N.: Kehl (urk. *Kenle)*, Altwasser, Nebenarm d. Rheins; lt. *Cannae* »Rohrheim«; s. Kaneel, Kanone, Kanon.

Kanapee *n* Sofa, 18. Jh. v. fz. *canapé*, it. *canapè*, v. gr. *kōnōpeíon* Vorhang, Bett mit Netz als Mückenschutz, z. *kōnōps* Mücke, lt. *conopium* b. Horaz (9. Epode).

Kanarienvogel *m* um 1600 v. sp. *canario*, n. d. Kanarischen Inseln, anfangs auch Canarienvögelin, Canarienzeißle.

Kandare *f* Gebißstange d. Pferde, 18. Jh. v. magyar. *kantar* Zaum.

Kandelaber *m* hoher Armleuchter, um 1800 v. fz. *candélabre*, z. lt. *candēlābrum*, v. *candēla* Kerze, z. *candēre* weiß sein, glänzen. **Kandidat** *m* 16. Jh. v. lt. *candidātus* Weißgekleideter, weil i. Rom d. Bewerber um e. Amt e. weißes Gewand trugen, v. *candidus* weiß.

kandidelt sonderbar, wohl nach nd. *kandidel* vergnügt, angeheitert; v. lt. *candidus* heiter? über~ übergescheit.

Kandis(zucker) *m* arab. *qand* Saft d. Zuckerrohrs, ind. *khanda* Stück Rohrzucker, it. *zucchero candito;* kandieren, it. *candire* m. Z. überziehen; s. Konditor; 18. Jh.

Kaneel *m* nd. (oberd. Zimt), mh. *kanēl*, v. fz. *cannelle*, it. *cannella*, Zimt, Vkl. z. lt. *canna* Rohr (n. d. Form).

Kanevas *m* Hanfgewebe, Stramin, Gitterleinwand, fz. *canevas*, mlt. *canavacium*, gr. *kánnabis* Hanf.

Känguruh *n* seit Cook, eng. *kanguru*, austral. W.

Kaninchen *n* mh. *küniklīn*, v. lt. *cuniculus* (iberisches W.: bask. *unchi?)*, oberd. Kunigel, nordd. mu. auch Karnickel *n*, obd. Küllhas; ~ v. Luther durchgesetzt.

Kanker[1] *m* Krebs, v. lt. *cancer:* ah. *chanchar.* **Kanker**[2] *m* mu. Spinne, mh. *kanker*, an. *kǫngurvāfa* z. *kengr* Biegung, wohl z. e. germ. Stamm * *kang-* drehen.

Kanne *f* ah. *channa*, an. *kanna:* lt. *canna* (6. Jh.). **Kannegießer** *m* Zinngießer, meist übtr.: politisierender Philister, nach des Dänen Holberg Lustspiel (1742) »Der politische Kannegießer« *(Den politiske Kandestøber)*, dessen Hauptperson e. Zinngießer ist. F.N.: Kandler.

Kannibale *m* 16. Jh. v. sp. *canibale*, wohl verw. m. d. Namen d. Kar(a)iben auf d. kleinen Antillen; dazu mit *r* > *l* wohl a. *Caliban.*

Kánon *m* Maßstab, Vorschrift, d. anerkannten biblischen Bücher, Kettengesang, v. gr.-lt. *canōn* Regel, Richtschnur (Polyklets~), z. gr. *kanṓn* Rohrstab, Maßstab d. Zimmerleute, hebr. *qāneh*, assyr. *kanu* Rohr, sumer. *gin* Schilfrohr. ~iker *m* Chorherr, Pfründeninhaber an e. Dom- od. Kollegiatkapitel, lt. *canonicus;* * der in d. Kirchenmatrikel eingezeichn. Kleriker; ~isieren heilig sprechen, in den ~ d. Heiligen aufnehmen; s. Kanal, Kanel, Kanone.

Kanone *f* 17. Jh. v. it. *cannone*, eig. großes Rohr, z. lt. *canna* Rohr; stud.: Kanonen Reiterstiefel. Unter aller Kanone, urspr scherzhaft umdeutend nach lt. *sub omni canone* unter aller Kritik, zu Kanon; s. Kanal, Kaneel.

Kantate *f* lyrisches Chorwerk, 18. Jh. v. it. *cantata* (lt. *cano, canto* singe).

Kante *f* nd., 17. Jh. schriftd. (früher auch: Brüsseler Kanten); v. afz. *cant:* lt. *cantus* Radreif; s. kentern. Kantel = 4 kant. Lineal. **Kanthaken,** eis. Haken z. *Umkanten* v. Lasten; beim ~ kriegen = hart anpacken, vermischt mit der Redensart »beim Kamm kriegen«; F.N. Kanthack.

Kantine *f* (Soldaten)schenke 19. Jh., im 18. Jh. auch Feldflasche, v. fz. *cantine*, it. sp. *cantina* (Flaschen)-keller, Kasernenschenke.

Kanton *m* (bes. i. d. Schweiz) v. fz. *canton* z. Kante, Grbd. wahrsch.: Winkel, Ecke; Ur~; unsicherer ~ist = (ursp.) Heerespflichtiger e. Kantons (Aushebungsbezirkes).

Kantor *m* v. lt. *cantor* Sänger z. *canto* singe, s. Hahn; 15. Jh.

Kantschu *m* 18. Jh. v. tschech. *kančuch* kurze Riemenpeitsche, poln. *kánczuk*, ursp. türk. *kamčy* Peitsche.

Kanu *n* eig. Baumkahn d. Indianer, 18. Jh. v. fz. *canot*, eng. *canoe*, span. *canoa*, karaib. W. = Baumstamm.

Kanzel *f* ah. *cancella*, für d. Geistlichkeit abgesonderter Raum i. d. Kirche, dann Predigtstuhl, Lehrstuhl, v. lt. Mehrz. *cancelli (z. cancer* Nebenf. z. *carcer) altaris* Gitter, das Altarraum u. Schiff trennt, später jeder durch Gitter getrennte Raum, dann Söller, Balkon, Predigtstuhl, Lehrstuhl; abkanzeln eig. v. d. Kanzel her e. Strafpredigt halten.

Kanzlei *f* für d. Schreiber abgesonderter Raum, mh. *kanzelie;* Kanzler *m* Vorsteher e. Schreibstube, dann höchster Beamter d. Reichs, v. lt. *cancellārius* * Öffner der Schranken; Kanzlist *m* Schreiber.

Kap *n* 17. Jh. v. ndl. *kaap*, it. *capo* Kopf, Spitze, z. lt. *caput* Haupt; s. Kapitän, Kapital, Kapitel, Kapitell, Kappes, Kataster, Korporal.

Kapaun *m* verschnittener, gemästeter Hahn, mh. *kappūn*, v. lt. *cāpōnem*, gr. *kápōn* (dah. fz. *chapon*, it. *cappone)*.

Kapelle *f* v. mlt. *capella* kleiner Mantel, z. *capa* Mantel, Kappe. Der Mantel des hl. Martin v. Tours wurde i. einem Raum d. fränk. Königspfalz aufbewahrt, der daher d. Namen Kapelle erhielt; später dehnte sich dieser auf kirchliche Gebäude überh. aus; dann nannte man K. auch d. Gesamtheit der i. d. Kirche wirkenden Musiker, endlich auch e. weltliche Musikerschar, s. Kaplan. O.N.: Kapelle (7 mal), Kapellen (11), Kappel (30), Kappeln (8). F.N. Kapp(e)ler.

Kaper(nstrauch), it. *cappero:* gr. *kápparis*, pers. *käbär;* 15. Jh.

kapern durch Seeräuber erbeuten, z. Kaper *m* Raubschiff 17. Jh. v. ndl. *kaper;* n. euphemist. afries. *kāp* »Kauf« für »Raub«? Kaperbrief.

kapieren v. lt. *capio* fasse; 18. Jh.

Kapillarität *f* Anziehungskraft in *Haar*röhrchen, lt. *capillāris* haarfein, *capillus* Härchen.

Kapital *n* eig. Hauptgeld (Voß) v. fz. *capital*, z. lt. *capitālis* das Haupt, Leben betr. (daher ~verbrechen), *capitāle (dēbitum)* hauptsächliche (Schuld), z. lt. *caput* Haupt, Hauptsumme; ~ismus *m* 1868 v. fz. *capitalisme* 1850, Gegensatz: Sozialismus. Jägerspr. ~er Hirsch (= v. stattl. Größe).

Kapitän *m* Schiffsführer, früher auch Hauptmann (bis 1842 i. preuß. Heere), v. fz. *capitaine*, z. lt. *capitaneus* v. *caput;* Kap. ~ z. See entspr. dem Oberst, ~leutn. dem Hauptmann.

Kapitel *n* Hauptabschnitt, -stück, lt. *capitulum* Hauptstück e. Schrift; andere Form: Kapitell, Kapitäl *n* v. lt. *capitellum* oberer Teil d. Säule, Knauf; Kapitol *n* in Rom; dass. W. ist Kapitel *n* geistl. Körperschaft (Dom~, Kollegiat~), Ordens~: beschließende Versammlung der stimmberechtigten Mitglieder; ~saal *m*. **Kapitular** *m* Mitglied e. Kapitels, v. lt. *capitulāris*. **Kapitulation** *f* Übergabe, Ergebung (auf Grund v. Verhandlungen), z. lt. *capitulatio* eig. Verzeichnis d. Hauptstücke od. -bedingungen, Kapitulant, sich z. freiw. Längerdienen. Verpflichtender.

Kaplan *m* v. mlt. *capellānus*, eig. Geistlicher an e. Kapelle, dann Hilfsgeistlicher, s. Kapelle.

kapores 18. Jh. rotwelsch kaputt, s. d.

Kappe *f* mh. *kappe* mantelartiges Kleid, ah. *kappa* Mantel, das zugleich d. Kopf bedeckt (z. B. Tarnkappe), v. mlt. *cappa* (eng. *cap*, fz. *chape* Chorrock, *chapeau* Hut, *chaperonrouge* Rotkäppchen), verkappt, Käppi *n* südd. Vkl., entl. fz. *képi* Soldatenmütze; Kapotte (sp. *capote* Mantel); s. Kapelle, Kapuze.

kappen nd. *abhauen* (d. Ankertau), ndl. ~, dän. *kappe*, wohl z. germ. * *kapp-* spalten. Aber Kappzaum entst. aus it. *cavezzone*.

Kappus, Kappes *m* mu. rhein. u. schwäb. *Kohl*, mh. *kappaȝ*, ah. *kabuȝ*, v. fz. *cabus* aus it. *cappuccio*, z. lt. *caput* Kopf (hier Kohlkopf).

Kapriole *f* Bocks-, Luftsprung, 16. Jh. v. it. *capriola;* **Kaprize** *f* 17. Jh. v. fz. *caprice* wunderlicher Einfall, it. *capriccio*, z. lt. *caper* Ziegenbock (wegen seines launischen Benehmens): kapriziös, sich kaprizieren. O.N.: Capri, Caprera Ziegeninsel.

Kapsel *f* 15. Jh. v. lt. *capsula* Kästchen z. *capsa* Kiste, *capere* fassen, s. Kasse.

kaputt entzwei, 17. Jh. v. fz. *capot* eig. verloren im Spiel, *capoter* kentern; nicht verwandt ist **kapores** hebr. *kappārōth* Sühnopfer.

Kapuze *f* 16. Jh. v. it. *cappuccio* z. lt. *capa* Mantel, s. Kappe. **Kapuziner** it. *cappuccino* *m* Mitglied d. 1525/28 aus den Franziskanern hervorgegang. Ordens. **Kapuzinade** (komische Strafpredigt), schon vor Schillers Wallensteins Lager bekannt.

Kar *n* Gebirgskessel (in d. Alpen), got. *kas*, ah. mh. *kar* Gefäß, (and. *bīkar* Bienenkorb?).

Karabiner *m* 18. Jh. v. fz. *carabine*, it. *carabina*, z. fz. *carabin* leichter Reiter.

Karaffe *f* 18. Jh. v. fz. *carafe*, it. *caraffa*, z. sp. arab. *garrāfa*.

Karamel *m* 19. Jh. über fz. *caramel* aus span. *caramelo* gebrannter Zucker (viell. v. mlat. *calamellus* Röhrchen). Dazu **Karamelle** *f* niederrhein. Bonbon, Rahmbonbon.

Karat *n* kleines Gewicht für Gold u. Edelstein, v. fz. *carat*, it. *carato* z. gr. *kerátion* Frucht des Johannisbrotbaumes, Hörnchen, kleines Gewicht, Vkl. v. *kéras* Horn, arab. *qīrāt*.

Karausche *f* karpfenähnl. Fisch, mnd. *karūske*, pl. Krūtsch, v. lit. *karūšis*, urv. gr.-lt. *coracinus* v. ihrer rabenschwarzen Farbe.

Karawane *f* v. it. *caravana*, z. pers. *kārwān* Kamelzug, Reisegesellschaft, Karawanserei *f* s. Serail.

Karbatsche *f* starke Peitsche, 17. Jh. v. poln. *karbacz*, tschech. *karabáč* a. d. Türk. *kyrbač*.

Karbon Steinkohlenformation, lt. *carbo* Kohle (ders. Stamm in *Karbid* Kohlenstoffverbindung u. a.).

Karbonade *f* in Berlin und Wien Rippen- od. Bruststück, v. fz. *carbonade*, it. *carbonata*, z. it. *carbone*, lt. *carbo* Kohle; um 1700.

Karbunkel *m* bösartiges Geschwür, v. lt. *carbunculus* kleine glühende Kohle, Geschwür, z. *carbo* Kohle, dass. W. ist **Karfunkel** *m* Granat, m. irrt. Anlehnung an funkeln.

Karch *m* südwestd. zweirädriger Wagen, ah. *karuh*, v. lt. *carruca*.

Kardetsche *f* 16. Jh. Stallbürste, z. it. *cardeggiare* hecheln v. lt. *carduus* Distel.

Kardinal *m* Titel v. etwa 70 Bischöfen, die über d. andern u. im Fürstenrang stehen (Titel: Eminenz) u. insbesondere den Papst wählen; v. lt. *cardinālis* zur Türangel (lt. *cardo)* gehörig, dann bildl. der vornehmste, hauptsächlichste (wie sich um die Angel die ganze Tür dreht), grundlegende; ~zahl *f*, ~tugend; s. Scharnier.

Karfreitag *m* mh. *karvrītac*, z. ah. *chara*, *kara* Trauer, Klage, and. *cara*, ags. *caru*, eng. *care*, got. *kara* Sorge, urv. air. *gairm* Geschrei, gr. *gērys*, *gārys* Stimme, s. karg.

karg mh. *karg* klug, listig, knauserig, ah. *charg*, *karag* traurig, z. got. *kara* Sorge, ags. *cearig* besorgt; kärglich, wort~; s. Karfreitag.

kariert gewürfelt, v. fz. *carré* viereckig, z. lt. *quadrātus;* **Karo** *n* (Kartenspiel) v. fz. *carreau* Viereck, s. Quadrat; 18. Jh.

Karikatur *f* 18. Jh. v. it. *caricatura* Überladung; s. Zerrbild.

Karkasse *f* Tier-, Schiffs-, Drahtgerippe, v. fz. *carcasse*, it. *carcassa*, mlt. **carnecassa?*

karmesin hochrot, it. *carmesino*, v. sp. *carmesí* = *carmes* Cochenille, fz. *cramoisi*, z. arab. *qirmizī* scharlachfarb., *qermiz* Schildlaus; auch **karmin.**

Karn *m* Butterfaß, s. Kernfaß.

Karner (Kerner) *m* mu. bayr. Fleischkammer, mh. *karnare* v. mlt. *carnārium.*

Karneval *m* um 1700 v. it. *carnevale* Fastnacht, viell. v. lt. *carrus navālis* Schiffswagen (i. Faschingszug); it. *carnevale* dem Fleisch Lebewohl sagen (wegen d. Fastenzeit) ist volkstüml. Umdeutung.

Karosse *f* 17. Jh. v. fz. *carosse:* mlt. *carrocium.*

Karotte *f* Möhre, 16. Jh. v. fz. *carotte*, it. lt. *carōta*, z. gr. *karōtón.*

Karpfen *m* mh. *karpfe*, ah. *charpho*, poln. *karp*, v. mlt. *carpa* Donaufisch 6. Jh. (sp. *carpa*, fz. *carpe)*, viell. z. *Karpaten.*

Karree s. Quadrat.

Karren *m*, Nf. **Karre** *f*, rheinfränk. Karch, kelt. *carrūca*, lt. *carrus* Transportwagen, ah. *karra* (irisch *carr)*, daher auch fz. *char*, eng. *car*, Kärrner *m* oft bildl., spätlt. *carr-āgō* Wagenburg. 2. germ. *hag* Umfriedigung. F.N.: Kärcher, Karcher. **Karrete** *f* 16. Jh. (it. *carretta*, sp. *carreta)*.

Karriere *f* Laufbahn, voller Lauf, fz. *carrière*, it. *carriera*, *carro* Wagen?

Kartätsche *f* 17. Jh. v. it. *cartoccie* üb. eng. *cartage* Patrone, v. *carta* Papier (z. lt. *charta)*, s. Kartusche.

Kartaune *f* Geschütz z. 1/4 Zentner, mlt. *quartana* u. it. *cortana* kurze (Kanone).

Kartäuser *m* (z. Kartause, it. *Certosa)*, Mitglied d. Ordens, gegründet 1084 v. hl. Bruno v. Köln im Felsental La Chartreuse b. Grenoble, zu fast ausnahmslosem Schweigen verpflichtet (in Deutschland gibt es nur noch ein Kloster: Hain b. Düsseldorf).

Karte *f* in vielen Bedeutungen, mh. *karte* v. fz. *carte* z. lt. *charta*, gr. *chártēs* * Blatt d. Papyrusstaude, Papier; s. Kartell, Kartätsche, Karton, Papier, Kerze, Scharteke; Kartograph *m;* Kartothek *f*, Kartei *f*, s. Theke. **Kartell** *n* schriftl. Aufforderung z. Zweikampf, Vertrag, Verband (z. B. Studenten-, Bühnenverbände), (kaufm.) Schutzvertrag; v. fz. *cartel*, Fehdebrief, it. *cartello*, zu mlt. *cartellus* Zettel. **Karton** *m* 18. Jh. v. fz. *carton*, it. *cartone*, z. lt. *charta* Papierblatt, ~ieren.

Kartusche *f* * Papprolle, Geschützpatrone, Patronentasche, fz. *cartouche*, it. *cartoccio: cartuccia* grobes Papier: *carta.*

Karthago eig. *Karth Chadasch* (phönik.) Neustadt; sp. *Cartagena* (lt. *Carthago nova)* neue Neustadt; s. Neapel.

Kartoffel *f* 18. Jh. dissimil. a. d. Vkl. Tartuffel, v. it. *tartufolo* Trüffel, pl. Tüft. Mu. (ostfränk.) Patake v. it. sp. *patata*, beruhend auf e. W. aus Haiti *batata*, woher auch eng. *potato*, s. Trüffel. Erdapfel ist keine Übers. v. fz. *pomme de terre;* schon

i. M.-A. hießen Knollenfrüchte so; s. Trüffel.

Karussell *n* v. fz. *carrousel* (Platz z.) Ringelstechen, it. *carosello*, z. * pers. *kurrā(k)* Füllen, arab. *kurradsch* Spiel mit hölzernen Pferdchen.

Karyatide *f* weibl. Gestalt als Säule, nach d. Priesterinnen d. Artemis i. Karyai i. Lakonien od. n. den in d. Sklaverei geführten Frauen dieser Stadt.

Karzer *m* Studentengefängnis, v. lt. *carcer*, s. Kerker; 14. Jh.

Kasack *m* 16. Jh. schlupfblusenartiges Gewand, über fz. *casaque* v. türk. *kazak* (wovon auch Kosak) Nomade.

Kaschemme *f* Gaunerspr., Verbrecherkneipe, *ind. = zigeun. *katšīma*.

Kasel *f* Meßgewand v. lt. *casula*.

Käse *m* ah. *chāsi*, pl. Kes', v. lt. *cāseus* (daher auch afries. *tzise*, ags. *cēse*, *cȳse*, eng. *cheese)*.

Kasematte *f* gewölbter od. gepanzerter Raum in Festungswerken, um 1600 v. fz. *casematte*, it. *casamatta* v. mgr. *chasmata* Erdkluft.

Kaserne *f* 17. Jh. v. fz. *caserne*, it. *caserma*, rum. *cazarma*, russ. *kazarma;* wohl aus vlat. * *quaderna* für je vier (Wachen).

Kasino *n* (bes. Offiziers~) um 1700 v. it. *casino* Häuschen, z. lt. *casa* Haus.

Kaskade *f* Wasserfall in Absätzen, v. fz. *cascade*, it. *cascata*, zu *cascare* fallen, s. Kadaver, Kasus; 17. Jh.

Kasse *f* 16. Jh. v. it. *cassa* Kasten, zu lt. *capsa* Behältnis; Vkl. **Kassette** *f* 18. Jh. v. fz. *cassette*, it. *cassetta;* einkassieren; s. Kapsel.

Kasserolle *f* um 1700 v. fz. *casserole* (m. irrt. r) aprov. *casola: casa*, fz. *casse* Pfanne, Tiegel m. Stiel; daneben mu. Kastrol v. fz. mu. *castrole*.

Kassiber *m* heiml. Schreiben v. Gefangenen, v. hebr. *kethibha* Geschriebenes.

kassieren vernichten, für ungültig erklären, um 1500 v. it. *cassare*, fz. *casser* zerbrechen, z. lt. *quassāre* erschüttern, Kassation fz. *cassation*, * *quassationem* Amtsentsetzung, Urteilsaufhebung, s. diskutieren.

Kastagnetten Mehrz. Klapperinstrument z. Taktschlagen beim Tanze, aus 2 kleinen, kastanienförmigen Holzschalen, i. 17. Jh. aus sp. *castañeta*, fz. *castagnette;* s. Kastanie.

Kastanie *f* ah. *chestinna*, mh. *kesten*, eng. *chestnut* (volksetym.), fz. *châtaigne*, it. *castagna*, v. lt. *castanea*, gr. *kastáneia* (Pl. v. *kastánion* [*karyon*]: armen. *kask* [*eni*] wohl aus einer unbek. asiat. Spr.) über die danach benannte Stadt Kastanis am Schwarzen Meer.

Kaste *f* 18. Jh. v. fz. *caste*, sp. port. *casta* Rasse, Abkunft, Gattung, eig. Unvermischtes, Reines, z. lt. *castus* rein: *carēre* frei, ledig sein; Kastengeist *m* 1797 (Seume).

kasteien durch Bußübungen abtöten, ah. *castigōn*, v. lt. *castīgo* strafe, züchtige (dah. fz. *châtier)* z. *castus* rein, also eig. reinigen.

Kastell *n* v. lt. *castellum*, Vkl. z. *castrum* Burg, Festung. O.N.: Kastél bei Mainz, Bernkástel (Mosel), Kastilien (n. d. vielen v. d. Goten angelegten Burgen, z. sp. *castillo* Burg); in England: Lancaster, Leicester, Manchester, Winchester (2. Teil ags. *ceaster*, *cester* Burg), tirol. O.N.: Kastelruth = *castellum ruptum* (zerstört), span.-arab. *Al-cazar*. ~an Schloßvogt *(castellānus)*.

Kasten *m* mh. *kaste*, ah. *chasto* Kasten, Schatzkasten, mu. (Eifel) *kasten* »Garbenhaufen«, verw. m. Kar, s. d. Kastner, Kästner, Kestner *m* † Rentmeister (nur noch F.N.); bei Luther: gemeiner Kasten = Kirchen-, Staats-, Gemeindekasse.

Kasuar *m* (Straußenart): malay. *kasuwāri;* ~ine (Baum, Strauch).

Kasus *m* Fall, Vorfall, gramm. Fall, v. lt. *cāsus* Fall zu *cadĕre* fallen, s. Kadaver, Kaskade.

Katafalk *m* Leichen-, Trauergerüst, 18. Jh. v. it. *catafalco*, fz. *catafalque.*

Katakomben Mehrz. frühchristl. unterird. Höhlengänge, Felsenhallen, Leichengewölbe, 18. Jh. v. it. *catacomba*, fz. *catacombe*, v. spätlt. *catacumba* Grabgewölbe, **katá cumbas*, z. gr. *katá* (s. Liste 54) u. *kýmbē* Höhlung od. z. *týmbos* Grab.

Katalog *m* Verzeichnis, 16. Jh. v. gr.-lt. *catalogus*, z. gr. *katalégō*, zähle auf, s. Dialog, Prolog.

Kataplasma *n* erweichender Umschlag, Pflaster, gr. *katá* »nieder« u. *plássō* bilde, forme.

Katapulte *f* Wurfmaschine, lt. *catapulta*, gr. *katapéltēs: katapállein* * herabschwingen; Katapultflug = Schleuderflug.

Katarakt *m* großer Wasserfall, Stromschnelle, um 1600 v. lt. *cataracta*, gr. *katarráktēs*, z. *kat-arássō* stürze herab.

Katarrh *m* Erkältung, 16. Jh. v. gr.-lt. *catarrhūs* eig. Herabfluß, s. Kater², Rheumatismus.

Kataster *m n* Steuer-, Flurbuch, 17. Jh. v. it. *catastro* Steuerregister, kaum z. lt. *capitum registrum* Kopfsteuerliste; aus mlt. *capitastrum* abgek., vgl. *capitularium.*

Katastrophe *f* entscheidendes Schlußereignis im Drama, folgenschweres, unglückliches Ereignis, um 1600 v. gr. *katastrophḗ* Wendung, Umkehr, s. Strophe, Apostroph u. kata- i. Liste 54.

Kate *f* nd. Häuslerwohnung, Kotten s. Kossat. F.N.: Kater.

Katechese *f* Unterricht in Frage u. Antwort, bes. der Religion, 18. Jh. v. gr. *katḗchēsis* Unterricht z. *katēchéō* töne entgegen, unterrichte; Katechét: *katēchētḗs* Unterrichter, seine Schüler d. Katechuménen *(katēchúmĕnoi)*; s. Echo. Katechismus *m* Religionslehrbuch i. Frage u. Antwort, nach 1500 auch andere Lehrbücher d. Art, v. gr. *katēchismós* Unterricht.

Kategor||ie *f* allgemeiner Grund-, Stammbegriff, 18. Jh. v. gr. *katēgoría* Anklage, Aussage, Eigenschaft; ~isch entschieden, rund heraus; s. Allegorie.

Kater¹ *m* ah. *kataro*, s. Katze.

Kater² *m* stud. um 1850, aus Katarrh in Leipziger Aussprache.

Katheder *n m* 17. Jh. v. gr.-lt. *cáthedra*, gr. *kathédrā* Stuhl, Lehrstuhl. **Kathedrale** *f* bischöfliche Hauptkirche, auch allg. Dom, Münster, v. lt. *cathedrālis* z. Sessel, d. h. Bischofssitz gehörig, z. mlt. *cathedra* Bischofssitz.

Kathete *f* gr. *káthetos (grammḗ)*, »herabgelassene« Linie.

Kathode(nstrahlen), gr. *kat-hodos* * Hinabweg, Gstz. Anode(nstrahlen).

katholisch v. mlt. *catholicus*, gr. *katholikós* allgemein, dann kirchlichrechtgläubig, von *katá* durch – hin (verstärkend), *hólos* ganz, ungeteilt: * *kat'hólēn tēn gēn* üb. d. ganze Erde.

Kattun *m* mh. *kottūn*, v. mndl. *kotoen*, fz. *coton*, eng. *cotton*, it. *cotone*, sp. *algodón* Baumwolle, arab. *quṭn;* sem. Urspr. auch gr. *chitṓn* Kleid (ion. *kithṓn*, lt. *tunica*, * *ctunica)*.

Katze *f* ah. *kazza*, pl. Katt, eng. *cat*, dä. *kat*, spätlt. *cat(t)us*, *catta* (fz. *chat*, *chatte)*, air. *cat*, lit. *katẽ*, dunkl. Urspr. Kätzin = Wildkatze (mu.); Geld~ = Gürtel ursp. aus Katzenfell; Eichkätzchen *n*, pl. Katteker, ~njammer *m* seit 1768 (b. Goethe, Arndt, Eichendorff), s. Kater; katzbuckeln, sich katzbalgen, 16. Jh.; ~ntisch *m* Nebentisch, ~nkopf *m* mu. Ohrfeige.

kauderwelsch 16. Jh. eig. »Churwelsch« für das schwer verständliche Rätoromanisch (zunächst von Chur). Tirol. *Kauer* f. Chur, dann Kaurerwelsch dissim. z. ~.

kauen ah. *chiuwan*, anord. *tyggia* (<**kyggia*, wohl nach *tǫgla)*, ags. *cēowan*, eng. *chew;* urv. lit. *žiáunos* Kiefer, tochar. *św-a-tsi* essen, aslaw. *živati* kauen.

kauern hocken, eng. *cower*, an. schwed. *kura* untätig sein; urv. gr. *gȳrós* krumm.

kaufen mh. *koufen*, ah. *koufōn*, got. *kaupōn* Handelsgeschäfte treiben, pl. köpen, and. *kōpōn* erhandeln; entl. v. lt. *caupo* Schenkwirt, Händler, ah. *choufo* Kauf *m* eig. Handel, Geschäft, dann Ware, Preis; in den Kauf nehmen, leichten Kaufes; verw. ist ags. *ceap* Kauf, Preis, eng. *cheap* billig, *chapman* Käufer, Kaufmann, Kopmann als jüd. F.N. gehört z. Jakob. O.N.: Kopenhagen s. Hafen.

Kaule *f* mh. pl. Kule = Grube, urv. gr. *gyliós* Tasche; Straßenname: Sandkaule (Köln, Bonn). F.N.: Zerkaulen u. Zurkuhlen.

Kaulquappe *f* Grbd. d. 2. Teiles weich, wie auch in mu. quabbelig; Kaulbarsch *m;* 1. T. = zsgz. Kugel; vgl. F.N. Kaulfuß.

kaum pl. kūm, mh. *kūme* schwach, krank, ah. *chūmo* z. ah. *chūma* Klage; urv. lit. *gàudas*, gr. *góos*, Klage; vgl. lt. *aegrē* kaum: *aeger* krank.

kausal ursächlich-zusammenhängend, um 1800 v. lt. *causa* Ursache.

kaustisch gr. *kaustikós* brennend, ätzend *(káō);* 18. Jh.

Kaution *f* 16. Jh. v. lt. *cautio* Vorsicht, Sicherstellung, z. *cavēre* sich hüten.

Kautschuk *m* 18. Jh. v. fz. *caoutchouc*, in Peru u. Ecuador *kahutšu* Saft eines Baumes.

Kauz *m* Eulenart, wie Uhu (s. d.) mh. *kūze* z. mnd. *kūten* schwatzen (s. Köter); bildl. seltsamer Mensch (Goethes Faust), nordd. aufgesteckter Zopf, mh. *kūze*.

Kavalier *m* 17. Jh. v. fz. *cavalier*, it. *cavaliere*, eig. Reiter, Ritter, mlt. *caballārius* z. *caballus* Pferd (fz. *cheval)*. Kavalkade *f* 17. Jh. v. fz. *cavalcade*, z. it. *cavalcata;* Kavallerie *f* 16. Jh. fz. *cavalerie*, it. *cavalleria*.

Kaviar *m* fz. *caviar*, it. *caviale*, *caviaro*, sp. port. *cavial*, v. türk. *chāvijār* Stör(rogen) (das russ. W. für ~ ist *ikrá);* 17. Jh.

Kebse, Kebsweib, ah. *chebis*, ags. *ciefes*, an. *kefsir* Sklave; dunkel.

keck mh. *quëc*, *këc*, ah. *chëc* lebendig, and. *quik*, ags. *cwicu*, eng. *quick* lebhaft, schnell, got. *qius* (Genet. *qiwis)*, an. *kvikr*, urv. ai. *jīvás*, lt. *vīvus*, lit. *gývas*, lett. *dzīga*, gr. *zōē*, *bíos* Leben (s. Weiher), O.N. i. Holstein: Quickborn lebendiger Quell; Kochbrunnen *m* (z. B. i. Wiesbaden) lebendige Quelle, ah. *quëcbrunno*, erst. volkset. z. kochen; erquicken, verquicken, queck, Quecksilber lebendiges bewegliches Silber, Quecke.

Kegel *m* mh. *kegel* Kegel, Stock, Knüppel, ah. *chegil* Pflock, Pfahl, schw. *kägla* Kegel (entl. fz. *quille* Kegel). Davon der mathem. Begriff Kegel; Kind u. ~ (unehel. Kind), *Pfahl (vgl. Bengel); urv. lit. *žaginiai* Palisaden.

Kehle *f* mh. *kël*, ah. *këla*, ags. *ceolu*, urv. lt. *gula* Kehle, aind. *gala* Hals; Rotkehlchen *n*, Kniekehle *f*, Kehlkopf *m*.

kehren[1] wenden, ah. *kēran*, ags. *cyrran;* Kehraus *m* Schluß bei Tanz u. Hochzeit; entl. fz. *carrousse* Zecherei (16. Jh. *carous)*, »Feierabend«. Kehrreim *m* seit Bürger f. fz. *refrain;* Kehrwieder = Sackgasse; be~, Verkehr *m* eig. Wendung, dann Umgang; ver~, ein~.

kehren[2] fegen, reinigen, mh. *kern*, ah. *kerian;* Kehricht *m*, isländ. *kar* Schmutz, schwed. *kara* scharren; urv. lit. *žerti* scharren.

keifen mh. *kīben*, *kīfen*, anord.

kīfa, dä. *kīv;* f ist nd. für hd. b (wie Hafer – Haber, Hufe – Hube).

Keil *m* mh. ah. *chīl*, aisl. *kīll* schmale Bucht, s. Kiel, mh. *zerkīnen* bersten, s. Keim, keilen = prügeln 18. Jh.; = werben 19. Jh. stud.; dazu wohl auch Keiler, Keuler *m*, Eber als »Hauer«.

Keim *m* mh. *kīme*, ah. *chīmo*, got. *us-kijans* hervorge~t, ah. *kinan* *aufspringen, ags. *cīnan* bersten.

kein mh. *kein*, ah. *nihhein* nicht einer, got. *nih* Verneinung (lat. *neque)* + *ein*, and. *nigēn*.

keineswegs noch 18. Jh. bisw. getrennt; keines Weges (vgl. eng. *always* immer, eig. auf allen Wegen).

-keit s. heit i. Liste 54.

Keks *m* eig. Mehrz. v. eng. *cake* Kuchen, s. Liste 25.

Kelch *m* ah. *chelīh*, v. lt. *calix*, Akk. *calicem;* Blüten~ 17. Jh. Lb. n. lt.-gr. *kalyx*.

Kelle *f* ah. *kella*, mh. mnd. *kelle*, viell. urv. russ. *zelobitu* aushöhlen.

Keller *m* ah. *chëllāri*, and. *këlleri*, v. lt. *cellārium* Speisebehältnis, z. *cella* Vorratskammer, s. Zelle; Kellner *m* eig. Kellermeister, mh. *këlnaere*, ah. *këlnāri*, v. mlt. *cellenārius* Aufseher d. Vorratskammer, Aufwärter i. e. als Schenke dienenden Keller; endlich Aufwärter übh.

Kellerhals *m* (Pfl.) = Seidelbast.

Kelt *m* Axt, Steinaxt, v. eng. *celt*, viell. Lesefehler *celte sculpantur* (für *certe* Hiob 19, 24).

Kelter *f* ah. *calctūra* und *kelketra* v. lt. *calcātūra*, z. *calcāre* treten v. *calx* Ferse, verdrängte dtsch. Trotte z. treten; d. Trauben wurden m. Füßen getreten, s. dreschen; and. W. Torkel, v. lt. *torculum*.

Kemenate *f* † Frauengemach d. Burg, eig. heizbares Zimmer, ah. *cheminâta*, v. mlt. *camīnāta*, z. *camīnus* Feuerstätte; s. Kamin; O.N.: Kemnat.

kennen ah. *chennan*, got. *kannjan* bekannt machen, afries. *kenna* anerkennen, an. *kenningar* dichter. Umschreibungen, *kenna* kennenlernen, dä. *kende*, s. können; Kenner *m* Kenntnis *f*, kenntlich, erkenntlich. Kennwort-Losung.

Kenotaph(ion) *n* gr. *keno-táphion* leeres Grabmal.

kentern nd. eig. sich auf d. Kante legen, v. Schiffen, urspr. aber »d. Walfisch auf d. andere Seite legen zum Bearbeiten«, s. Kanthaken.

Keramik *f* gr. *keramikḗ (technē)*, *kéramos* Töpfererde, Gefäß; 19. Jh. v. fz. *céramique*.

Kerbel *f* ah. *kervola*, v. lt. *caerefolium*, gr. *chairéphyllon* »Freudenblatt« (wegen der Würze).

kerben mh. *kërben*, afries. *kerva*, ags. *ceorfan*, eng. *carve;* urv. gr. *gráphō* *ritze ein, grabe, dann schreibe, apreuß. *girbin* Zahl < * Kerbung, aslaw. *žrěbŭ* Los. **Kerbe** *f* mh. *kërp*, *kërbe;* Kerbholz *n* früher zur Notierung v. Schulden, bes. i. Wirtshaus, jetzt meist bildl. **Kerbtier** *n* um 1800 von Campe für Insekt.

Kerker *m* got. *karkara*, ah. *karkāri*, v. lt. *carcer* Gefängnis, s. Karzer.

Kerl *m* nd. mh. *karl*, ah. *karal* Mann, Geliebter, mnd. *kerle* freier Mann einf. Standes. (P.N.: Karl, pl. Korl, entl. fz. *Charles*, *Charlotte*, it. *Carlo*, sp. *Carlos*, rum. *Carol)*, pl. Kirl, ags. *ceorl* Unfreier, eng. *carl* Mann aus d. Volke, *churl* Bauer; schwed. Mehrz. Dalekarlier Talmänner; urv. gr. *gēraléos* alt, ai. *járati* altert.

Kern *m* mh. *kërne*, ah. *kërno*, anord. *kjarni*, verw. m. Korn; ~ig, ~gesund, ~truppen *f*, ~spruch *m*.

kernen md., daneben nd. *karnen*, *kirnen*, eng. *churn*, schwed. *kärna* buttern, wohl z. Kern als »Milchrahm«.

Kerze *f* ah. *kerza*, nicht z. lt. *cēra* Wachs, sond. z. lt. *charta*, *Docht

keß schick, gerissen; rotw. 18. Jh. Berliner Wort des 20. Jhs.

Kessel *m* ah. *chezzīn*, *chezzil*, pl. Ketel, got. *katilus*, eng. *kettle*, an. *ketill*, schw. *kettel*, dä. *kedel*, v. lt. *catīnus (catillus)* Napf, Schüssel. Mu. auch bildl. = Dummkopf, rotw. v. hebr. *kesīl* dumm, d. an ~ angelehnt wurde; Tal ~, ~treiben *n*.

Kette[1] *f* ah. *chetina*, v. lt. *catēna* (fz. *chaine*, sp. *cadena)*. F.N. Kettner. Nicht verwandt: **Kette**[2] e. Volk Rebhühner, ah. *kutti* Herde, afries. *kedde* Schar, urv. lit. *guta* Herde.

Ketzer *m* mh. *ketzer*, eig. Anhänger e. manichäischen Sekte im 11. bis 13. Jh., die sich gr. *Katharoí* d. Reinen nannte, it. *Gazari* mit *z* für mgr. spirantisches *th;* dann alle, die vom anerkannten kath. Glauben abwichen. Nd. mit historisch unberechtigter Verniederdeutschung auch Ketter (s. Zins). P.N.: Katharine (Kf. Käthe, Trine) die Reine.

keuchen schwer atmen (noch bei Goethe u. sogar Rückert keichen), mh. *kūchen* hauchen, *kīchen* ~, pl. b. Fr. Reuter quöchen (v. Lungenkranken), verw. m. eng. *cough* husten. Keuchhusten eng. *chincough*.

Keule *f* mh. *kiule*, verw. m. Kugel (wegen d. kugelförmigen Endes d. Stange); vgl. Kaul-.

keusch mh. *kiusche* mäßig, ruhig, sittsam, ah. *chūski* enthaltsam, v. lt. *cōnscius* »(der christl. Lehre) bewußt« über got. * *kuskeis*.

Kichererbse ah. *chichera*, v. lat. *cicer* (Cicero!).

kichern nh., lautm., mh. *kachen* laut lachen, vgl. lat. *cachinnus* ausgelassenes Lachen.

Kiebitz *m* mh. *gībitze*, schwäb. Geifitz, pl. Kiwitt, lautm.

Kiefer[1] *m* mh. *kiver*, an. *kjaptr* Kinnbacken, urv. air. *gap* Schnabel, Mund, awest. *zafar-* Mund, wahrsch. z. e. Wz., die nagen bed., s. Käfer. **Kiefer**[2] *f* 16. Jh. zsgz. aus Kienföhre, ah. *kienforha*, s. Kien, Föhre.

Kieke *f* nd. Feuer~, Kohlentiegel z. Fußwärmen (J. H. Voß Siebz. Geb.) schlesw.-holst. *kiek*, vgl. westfäl. *fürkīpe* u. dän. *ildkikkert*.

Kiel[1] *m* nd. Schiffskiel, ah. *kiol*, ursp. d. ganze Schiff bezeichnend, eng. *keel*, anord. *kjōll* Schiff, urv. gr. *gaûlos* Kauffahrteischiff; in ~linie = hintereinander. **Kiel**[2] *m* 16. Jh. Grundbalken des Schiffes, mnd. mnl. *kel*, *kil*, an. *kjǫlr;* dass. Wort wie Kehle, s. d. **Kiel**[3] *m* Federkiel, mh. *kil*, eng. *quill* ~, Pose, Spule. **Kiel**[4] pl. tom Kyle Stadt an d. *keil*förmigen Bucht.

Kieme *f* der Fische 18. Jh.; nd. u. ostmd. Form für Kimme, s. d.

Kien *m* Kienspan, ah. *chien*, *kēn*, ags. *cēn*, Fichte, Kienspan, Fackel, z. ags. *cīnan* spalten; s. Kiefer[2].

Kiepe *f* nd. mu. Rückenkorb, mnd. *kipe*, ags. *cýpa* Korb, schwed. *kypa*, norw. mu. *kaup*, urv. gr. *kýpē;* seit Claudius schriftd.

Kies[1] *m* mh. *kis*, urv. lit. *žiezdros* grober Sand; Kiesel *m* mh. *kisel*, ah. *chisili* Kieselstein, Hagel, Schloße.

Kies[2] (rotw.) = Geld v. ~[1]; = Beutel v. hebr. *kis* Beutel.

kiesen † ah. *chiosan*, got. *kiusan* prüfen, wählen, ags. *ceosan*, eng. *choose*, dazu Kur, küren, erkoren, nd. *kören*, Körung *f* (landwirtsch.), urv. lt. *gusto* schmecke, gr. *geúō (*geuso);* entl. fz. *choisir;* s. Kur[1], kosten[1].

Kilo||gramm *n* 1868 v. fz. *kilogramme*, z. gr. *chílioi* 1000, *grámma* Schriftzeichen, kleines Gewicht; ~meter *m n* 1868 v. fz. *kilomètre*, z. gr. *métron* Maß; ~watt *n* Watt = Leistungseinheit d. elektr. Stromes, n. d. Schotten Watt, d. Erfinder d. Dampfmaschine (1736–1819).

Kimme *f* 17. Jh., mnl. *kimme*, mengl. *chimbe;* im Ablaut z. Kamm? 1) scharfer Einschnitt, z. B. im Visier der Feuerwaffen, 2) scharfer Rand in d. Bdtg. Sehkreis, Horizont auch Kimmung, Kimming, nordfries. *rym Hart klar Kimming;* vgl. Kieme.

Kind *n* mh. *kint*, ah. *kind*, an. *kundr* Sohn, eig. Part. zu e. Wz. *kan-*, *ken-* erzeugen, urv. lt. *genus*, *gens* Geschlecht *gi-gnĕre*, gr. *génos*, *gí-gno-mai* werde, aind. *janas* = *genus*, lit. *gentis* Verwandter, got. *kuni* Geschlecht, s. König. ~lich, ~isch; Kindergarten (Fröbel 1840).

Kinematograph *m* Apparat z. Herstellung lebender Photographien, z. gr. *kinēma* Bewegung, *kinéō* bewege, *gráphō* schreibe; v. fz. *cinématographe* (1895 Lumière). **Kino** *n*, **Kientopp** *m* umg.

Kinken *m* seem. Verdrehung eines Taus, mnd. *kinke*, eng. ndl. schwed. *kink;* urv. viell. lt. *gingīva* Zahnfleisch. Dazu kinken = e. K. bekommen.

Kinkerlitzchen 18. Jh., Mehrz. mu. nordd. Tand, Flitterkram, v. fz. *quincaille*, u. -litz (verklein.).

Kinn *n* mh. *kinne*, ah. *kinni*, got. *kinnus* Backe, ags. *cinn*, eng. *chin*, schw. *kinn*, urv. lt. *gena* Backe (Bed.-W.), gr. *géneion*, *génys;* ~lade, 2. = Behälter, ein Witz d. 17. Jhs. (wie etwa heute »Birne« für »Kopf«).

Kiosk *m* Zelt, Pavillon v. türk. *kjösk* Gartenhaus, fz. *kiosque;* Goethe 1777. (Triumph d. Empf.)

Kipfel *m n* hörnchenförm. Gebäck, v. lt. *cippus* Pfahl, ah. *chipf* Runge.

Kippe[1] *f* nd. Spitze, Kante, auf der ~ stehen, dazu kippen; z. ags. *cippian* abschneiden v. vlat. **cippāre?*

Kippe[2] in ~ machen v. jidd. *kübbo* Gemeinschaft < * Kammer.

Kipper (u. Wipper) im Dreißigj. Krieg, Münzenverschlechterer, vgl. eng. *chip* abschnitzen, abschaben.

Kirche *f* ah. *kirihha*, pl. Kark, and. *kirika*, afries. *kerke*, *zierk*, ags. *cirice*, eng. *church*, schw. *kyrka*, dä. *kirke*, v. gr. *kyriakḗ (oikía)* od. *kyriakón* den Herrn betreffendes (Haus), Kirchspiel *n*, der 2. Teil wahrsch. zu ah. *spël* Rede, eng. *spell*, also »Bezirk, innerhalb dessen d. Wort e. Kirche gilt«, s. Beispiel. F.N. Bi(e)dekarken; Kerkhei = ~spielvogt. Gegen 200 O.N. auf -kirch, -kirchen, pl. -kerk, -kerken, dazu in Meyers Ortslexikon noch 21 Spalt. mit O.N., die mit Kirche anfangen: Kilchberg b. Zürich u. b. Tübingen, s. Liste 2. **Kirchweih** *f* ah. *chirihwīhī* Kircheneinweihung, dann das damit verbundene weltliche Fest, Jahrmarkt; schwäb. Kirbe, alem. Chilbe, ostfränk. Kerwe; Kirmes (Kirmse), ndl. *kermis* die zur Einweihung gelesene Messe, dann Jahrmarkt.

kirnen s. kernen.

kirre zutraulich; jem. ~ machen, anlocken, mh. *kürre* zahm, mild, ah. *quirri*, got. *qaírrus* sanft; urv. lit. *gùrti* sich legen? kirren.

Kirsche *f* ah. *kirsa*, alem. *kriese*, ags. *cyrse*, nd. *kasbe(e)r*, v. lt. Mehrz. vlat. *ceresia*, gr. *kerásia* ~n: *kerásion;* fz. *cerise*, it. *ciriegia*, *ciliegia;* gr. O.N.: *Kerasūs* in Kleinasien.

Kissen *n* mh. *küssen*, ah. *chussīn*, pl. Küssen, v. afz. *coissin*, galloroman. * *cuilcinum* Kissen z. *culcita* Polster = *culcitra;* s. Kolter.

Kiste *f* ah. *kista*, ags. *cest*, eng. *chest*, v. lt. *cista*, gr. *kístē;* F.N.: Kistler.

Kitsch *m* Unechtes, Schund, 1862 (Müller v. Königswinter), v. mu. lautm. *kitschen* = schnell machen, zs.streichen: »die kleinen Genrebilder werden mit fabriksmäßiger Oberflächlichkeit hergestellt, werden ›gekitscht‹«, O. v. Leixner 1877.

Kitt *m* mh. *küte*, ah. *kuti*, ags. *cwidu* Baumharz; urv. ai. *jatu* Lack, lat. *bitūmen* Erdpech.

Kittchen *n* 19. Jh. v. rotw. *kit* (z. Kate?) u. mh. *kīche* Gefängnis.

Kittel *m* mh. *kitel*, mnd. *kedele*, v arab. *qutn* Baumwolle?, s. Kattun

Kitze *f* ah. *kizzīn*, Kosewort z. Geiß, Ziege; das Kitz-Junge vom Reh; schw. dä. eng. *kid* Ziege.

kitzeln ah. *chizilōn*, nd. *ketteln*, ags. *cytelian*, eng. *kittle*, *tickle* (m. Umstellung); kitzlich, auch bildl. = mißlich, heikel; Kitzel *m* erst nh.

Klabautermann *m* Schiffsgeist: z. kalfatern: der m. d. Kalfathammer, ndl. *klavaatshamer*, a. d. Wand klopft.

Kladde *f* nd. 17. Jh. vorläufiger Entwurf, Konzept, Buch zu vorläufigem Eintragen in Geschäft u. Schule, eig. Schmutz; mu. klatrig = kläglich.

Kladderadatsch *m* Schallnachahmung e. krachenden Falles od. Zusammenbruchs, dann Name d. polit. Witzblattes (1848 gegründet), z. klatschen.

klaffen gespalten sein, mh. *klaffen* schallen, tönen, *ūfklaffen* auseinanderbrechen, ah. *chlaphōn*, eng. *clap*, Grbd.: d. Mund offen haben; kläffen 18. Jh., s. klopfen.

Klafter *f* ah. *klāftra* Längenmaß, zwischen d. ausgespannten Armen, mnd. *klachter* (bergm. Lachter), vgl. fz. *toise* ~, *tensa bracchia*, eng. *to clip* umfassen, urv. lit. *glóbiu* umarme; s. Elle, Faden, Fuß, Spanne.

Klage *f* ah. *klaga* klagen, ah. *klagōn*, urv. ai. *gárhati* klagt.

Klamauk *m* umg. Lärm, Streit; lautm. Bildung, die von Berlin ausging.

Klamm *f* (obd.) Felsspalte m. Gießbach, eig. Eingeklemmtes.

Klammer *f* sich anklammern; urv. lt. *glomus*, *-eris* Knäuel; klamm nd. mu. erstarrt v. Frost, feucht, geizig an sich haltend; ~ sein = kein Geld h., sich wirtschaftl. nicht regen können; s. klimmen, klemmen, beklommen, Klemme, Klemmer, Klempner.

Klamotte *f* meist Mz., 1) alte Kleider, alte Sachen überhaupt, v. hebr. *klaffot* Kleid? 2) Ziegelsteinstück, v. fz. *chamotte* u. tschech. *klamol* Bruchstück?

Klampfe *f* Zupfgeige (der Wandervögel), z. mhd. *klimpfen* zs. drücken.

Klang *m* eng. *clank* Geklirr, *clang* Klang, Getöse, z. klingen, wie lt. *clangor*, gr. *klangḗ* lautm. An~, bildl.

Klappe *f*, **klappen**, **Klaps** *m*, **Klapper** *f*, **klappern** lautm. s. klopfen.

klar pl. klor, v. lt. *clārus* glänzend, hell schallend (fz. *clair*, it. *chiaro*, sp. *claro*, eng. *clear*); nd. klar = fertig; ~ Schiff: gefechtsbereit. Klara die Glänzende (entspr. dtsch. Bertha, s. -bert), klären, erklären, aufklären. O.N.: fz. Clermont = Blankenberg.

Klarinette *f* Holzblasinstrument, v. fz. *clarinette*, it. *clarinetto*, vgl. fz. *clairon* Horn (b. d. Infanterie).

Klasse *f* 16. Jh., v. lt. *clāssis* (fz. *classe*); Klassiker *m* 18. Jh. v. fz. *classique* z. lt. *classicus* Bürger d. 1. Abteilung, daher vorzüglich; klassisch. ~er Zeuge = vollgültiger Z.

klaterig mnd. *klatte* Fetzen, s. Kladde.

klatsch||en lautm., oft bildl. ~base 19. Jh., Ab~ *m*, s. Kladderadatsch.

klaub||en schwäb. zs.lesen, sammeln, eng. *cleave* klieben, spalten, ah. *klūbōn* m. d. Fingern zerpflücken, spalten, meist bildl.; Wort~er *m*. Nebenf. klieben, ah. *klioban*, an. *kliūfa*, verw. lt. *glūbĕre*, gr. *glyphō* schnitze aus (Glyptothek). F.N.: Kluibenschädel! s. Kluft.

Klaue *f* mh. *klāwe*, ah. *klāwa*, pl. Klaw, urv. ai. *glāu-* Ball; klauen volkst. = stehlen, 18. Jh.; früher »kratzen«, ah. *klāwēn*.

Klause *f* mh. *klūse*, ah. *chlūsa* Einsiedelei, Engpaß, v. mlt. *clūsa* z. lt. *claudĕre* abschließen; Klausner *m* mh. *klōsenaere* Einsiedler; s. Kloster. Klauster (rhein.) Vorhängeschloß.

Klusberge b. Halberstadt, Vaucluse i. Südfrankr. v. lt. *vallis clausa* geschlossenes Tal. **Klausel** *f* Einschränkung, Vorbehalt, eig. Schlußsatz. **Klausur** *f* Abgrenzung gewisser Klosterräume; ~arbeit *f* in verschlossenem Zimmer od. unter Aufsicht gefertigte Prüfungsarbeit.

Klavier *n* 17. Jh. v. fz. *clavier* Tastenbrett, -reihe, Klaviatur, z. lt. *clāvis* Schlüssel, z. *claudo;* Klave = Taste (b. Schiller u. Goethe), s. Enklave, Konklave.

kleben ah. *chlēbēn, klīban* haften, ags. *cleofian*, eng. *cleave;* urv. gr. *gloiós* klebrig, *glía* Leim, serb. *glib* Kot, *glūten* Leim; Kleiber (Vogel) klebt s. Nest zu; s. Klee, Kleie, Klette.

Klecks *m* 18. Jh., vorher Kleck *m*, z. klecken fallen, tönend aufschlagen: e. »Klack« machen z. mh. *klac* Krach, e. Fleck machen, schwäb. das kleckt nicht (reicht nicht aus); erklecklich erheblich, z. erklecken †.

Klee *m* mh. *klē*, ah. *chlēo*, Gen. *chlēwes*, pl. Klewer, ndl. ostfries. *Klaver*, ags. *clæfre*, eng. *clover* z. ags. *cleofan* spalten (s. klauben), eig. Spaltblatt (?), od.: kleben, (klebr. Saft!).

Klei *m* † Lehm, Ton, eng. *clay*, urv. gr. *gloiós* klebr. Feuchtigkeit, lt. *glūs* Leim, ablg. *glina* Ton, gr. *glínē* Leim, lit. *glimùs* schleimig. Kleie *f*, Kleister *m*.

kleiben † = kleben; *Kleiber*¹ = Lehmarbeiter, Gipser. F.N. ~ Klaiber u. Kleber; ~² = Blauspecht; s. kleben.

Kleid *n* mh. *kleit*, ags. *cild-clāþ* Kinderzeug, eng. *cloth*, z. ags. *cliđan* anhangen u. Klette; pl. Kledasche *f*.

klein mh. *kleine* rein, schwach, ~, ah. *kleini* sauber, zierlich, glänzend, gering, and. *klēni* zierlich, klug, klein, ags. *clæne*, eng. *clean* rein. Grbd.: rein, glänzend; s. ~heit *f*, ~igkeit *f*, ~lich (bildl.), ~laut (eig. schwachklingend), ~bahn *f* (seit 1892), ~stadt *f*, ~ beigeben (Spielerwort), kurz u. ~ schlagen, zer~ern, ver~ern (meist bildl.), (ältere Bez.: lützel,) dazu **Kleinod** *n* (neue Mehrz. Kleinodien neben ~e), mh. *kleinōt, kleināt* eig. zierliches, feines Ding, ursp. ohne d. Begriff d. Kostbaren, z. klein m. Abl. *-ōt* (wie in Armut, Einöde, Heimat).

klemmen, Klemme *f* (bildl., i. d. ~ sein, sitzen), schwäb. klemm = engherzig, übersparsam. F.N.: Klemm. **Klemmer** *m* um 1850 f. fz. *pince-nez* wie Kneifer u. Zwicker, s. Klamm; **Klempner** *m* früher *Klemperer: klemberen*, Blechschmied, der m. d. Klammer, Zange Arbeitende (südd. Spengler), mh. Ztw. *klamben*, s. Klammer.

Klepper *m* Klöpfer, altes Pferd † (früher nicht verächtlich) n. d. Gangart, md. *kloppen* v. Schlag der Hufe, od. n. d. Schellen am Geschirr.

Kleptomanie *f* krankhafter Hang z. Stehlen, 19. Jh. z. gr. *kléptō* stehle, *manía* Sucht, s. Manie.

klerikal 19. Jh. z. **Klerus** gehörig, dann polit.: streng kirchlich (kath.) gesinnt. ~ismus *m*, Kleriker *m* mh. *cleric, klerke*, mlt. *clēricus*, v. mlt. *clērus* Geistlichkeit; eng. noch jetzt *clerk* Schreiber (i. M.-A. verstand fast nur d. Geistliche d. Schreibkunst). **Klerus** *m* v. gr. *klēros* abgebroch. Stück (z. *kláō* breche ab), Steinchen, als Los dienend, dann Los, zugeteilte Erbschaft, dah. auserwählter, bes. begnadeter Stand, Geistlichkeit; Klerisei *f* †.

Klette *f* ah. *klētto, chlētta*, ags. *clate*, eng. † *clotbur*, verw. m. kleben, Kleie, Kleid, entl. fz. *glouteron*, **klettern** * sich ankleben, ~ daf. pl. auch klaspern.

Klicker *m* südwestd. Murmel, nd. Knicker, obd. Klucker z. ah. *cluch* Kügelchen, das auf ein germ. Kinderwort **klu-klu* zurückgeht (?).

klieben s. klauben.

Klient *m* Schutzbefohlener in Rechtssachen, 16. Jh., v. lt. *cliens* alt, *cluens* Hörender, Höriger, z. *clueo* höre, gr. *klýō*.

Klima *n* 16. Jh. v. gr. *klíma* Neigung, dann Witterung u. Wärme, z. *klínein* sich neigen; ak~tisieren; s. Klinik.

Klimbim *m* Ende 19. Jh. bes. Berlin, lautm. abschätziges Wort für Musik, dann für jeglichen Aufwand.

klimmen ah. *chlimban*, mnd. *klimmeren*, wohl z. Klamm, Klampfe, ags. *climban*, eng. *climb*.

klimpern 17. Jh. lautm. u. auch z. *klempern* Blech hämmern.

klingen ah. *klingan*, eng. *cling* lautm., vgl. gr. *klangé*, lt. *clangor*, Löns: »Enten ~ vorüber«, dazu 1) *Klinge f* (d. Schwertes u. a.), Klingel *f* (17. Jh.), klingeln, ah. *chlingilōn*, Klinke *f* einfallender Türriegel, wohl: ah. *gichlenken* umschlingen; Klinge(l)beutel *m*. F.N.: Klingler, *= Mesner. 2) *Klinge* mu. Talschlucht, ah. (820 Hammelburg) *in thie teofun clingun*, häuf. O.N.

Klinik *f* v. gr. *klīniké* (ergänze *téchnē)* Heilkunst am Krankenbett, z. *klīnē* Lager, *klīnein* sich neigen, niederlegen, s. Klima; 19. Jh.

Klinker *m* nd., ndl. hartgebrannter, »klingender« Ziegel (vor allem ostfries., schlesw.-holst.).

klipp u. klar nd. ganz klar, 19. Jh., z. † klippen stimmen, passen, Ablautform v. klappen.

Klippe *f* and. *klif*, aisl. *klif: kleif* Bergrücken, eng. *cliff*. O.N.: Kleve, Hahnenklee (Harz).

Klippschulden *kleine* Sch., Klippschule *f* Winkel-, Kleinkinderschule, ~werk »geringe Ware« (v. Ton »klippklapp«).

klirren 17. Jh., lautm. Kreuzung v. klingen u. schwirren.

Klischee *n* Druckstock, Abklatsch v. Lettern, Holzschnitten u. a., 19. Jh. v. fz. *cliché* Stereotypplatte *(clicher* = afz. *cliquer)*.

Klistier *n* v. gr. *klystḗr*, *klýzō* spüle, mh. *klistēr*.

klitschig (vom Brot) unausgebacken, mu. auch klintschig, kluntschig, ostmd. u. nd. Kluntsch formloses, feuchtes Gebäck.

Kloake *f* Abzugskanal, 16. Jh. v. lt. *cloaca*, *cluere* = *purgare*.

Kloben *m* mh. *klobe* gespaltenes Holzstück zum Festhalten, Klemmen, dickes Stück Holz, z. pl. klöben spalten; klobig = klotzig, unförmlich, s. klauben, Kluft, Knoblauch.

klopfen ah. *clophōn*, pl. kloppen, verw. m. klappen, klaffen; Türklopfer *m*, Klöppel nd., Klöpfel hd. *m* (Glocke, Spitzenklöppeln), Klops *m* Kurzf. f. Klopffleisch.

Klosett *n* seit 1840 gekürzt aus eng. *watercloset*, eig. verschließbares Gemach, v. eng. *closet* z. *close* verschließen, v. lt. *clausus* verschlossen.

Kloß *m* ah. *clōʒ* geballte Masse, Kugel, ndl. ostfries. *kloot*, ags. *cléot*, eng. *cleat*, urv. russ. *glúda;* pl. Klut, Klüt (als Speise), Kluten Ackerschollen, ~pedder *Schollenzertreter, scherzh. Landwirt.

Kloster *n* ah. *chlōster*, v. lt. *claustrum* verschlossener Raum, z. *claudo* verschließe, s. Klause.

Klotz *m* mh. *kloz* Holzblock, ags. *clott* Klumpen; auch bildl. grober Mensch, verw. m. Kloß.

Klub *m* geschlossene Gesellschaft. 18. Jh. v. eng. *club*, an. *klubba*, eig. Keule, Stock, die zur Einladung d. Mitglieder herumgeschickt wurde; s. Kolben, Klumpen; fz. *clubiste* 1789 ff.

Kluft[1] *f* Spalte, Höhle, eng. *cleft*, z. † klieben, pl. klöben. **Kluft**[2] *f*, rotw. u. Soldatenspr. für Kleid: hebr. *klipha* Schale v. gr. *kélypos*.

klug mh. *kluoc* fein, höfisch, klug, tapfer, listig, allmählich auf d. Geistige beschränkt, pl. klauk;

klügeln, ausklügeln (s. Klüngel); urv. air. *glice* klug. Grbd. (kugel)glatt?

Klumpen *m* erst nh., eng. *clump*, urv. poln. *głąb* Strunk; s. Kolben, Klub, vgl. lt. *globus* Kugel, *glēba*, poln. *gleba* Erdscholle.

Klüngel *m* ah. *clungilīn*, Knäuel, niederrh. bildl.: Clique, Cliquenwirtschaft (von Bonn u. Arndt aus schriftsprachl.); 1958 erhielt die größte Glocke im Glockenspiel des Kölner Rathauses die Inschrift: »*Unse Schirmhär, dä Kunrad, dä ganz groß hück rigeet, hät als Meister der Bürger dat em Rothus durch der Klüngel geleht*«; ags. *clingan* sich zs.ziehen, eng. *cling* fest anhaften; ausklügeln, eig. ausklüngeln = entknäueln, entwirren.

Klunker *f* Troddel, Quaste, erst nh., vgl. mh. *glunke* baumelnde Locke.

Kluppe *f* Zange, Klemme, ah. *chluppa*, mh. *kluppe*, z. klieben.

Klüse *f* nd. Ankerkettenloch, schwed. *klys* v. mlt. *clusa* s. Klause; ndl. *kluis* = Klause u. Klüse; bildl. f. Auge.

knabbern nd. 18. Jh., »nagen«, ndl. *knappen* knacken, essen, verw. m. *knabbeln*, knuppern; eng. *knab*, dazu *Knappsack* * Zehrsack, eng. *knapsack* Tornister.

Knabe *m* ah. *knabo*, Nf. **Knappe** (vgl. Rabe - Rappe), mh. *knappe*, ah. *knappo*, eng. *knave* Knabe, Schurke; Grbd. wohl in schw. mu. *knabb* Pflock, hess. *knabe* »Stift, Bolzen«, vgl. Bengel, Stift.

knacken eng. *knack*, *knock*, lautm. s. knicken, schwed. *knäckebröd* Knäckebrot.

Knagge *f* Knorren, Zacken, Aufhänger, mnd. *knagge*, dän. *knage*, an. *knakkr* Schemelfuß.

Knall *m* z. mh. *er-knëllen* schallen, ags. *cnyll*, eng. *knell* Glockengeläut. **~ u. Fall** plötzlich (Mann od. Wild fällt sofort nach od. zugleich m. d. Schuß). ~rot grellrot, Übergang v. Ton auf d. Farbe, s. hell, Spektakel.

knapp nd. dä. *knap*, schw. *knapp*, norweg. mu. *kneppa* zs. kneifen; viell. urv. gr. *gnámpto* biege, poln. *gnębić* bedrücken; nd. *knapphin* = kaum; ~en (fränk.) hinken.

Knappe *m* mh. *knappe* Jüngling, Knecht d. Ritters, ah. *knappo*, jetzt auch Berg~, Knappschaft, Mühl~, s. Knabe.

knarren lautm., verw. m. knirren, knurren, knirschen.

Knaster[1] *m* 18. Jh. v. ndl. *kanaster*, *knaster*, z. sp. *canastro* Korb aus Rohr f. gute Tabake (gr. *kánastron)*, dann d. Tabak selbst.

Knaster[2] »brummiger Tadler«, nd. *knast* Knorren, grober Kerl; schwed. *knarr* Murrkopf aber: *knarra* knarren, knirschen, murren.

knattern, knittern lautm.

Knäuel *n m* mh. *kniu(we)l*, ah. *chliwelīn: chliuwa*, nd. klönen e. ~ Zwirn abwickeln, (langw. erzählen), vgl. mu. Klüngel, Klicker.

Knauf *m* (Säulen~, Schwert~, Turm~) m. Knopf verw., mh. *knouf*.

Knauser *m* 17. Jh., Geiziger, ~n, z. mh. *knūz* hochfahrend (gegen Arme), urv. norw. *knauta* knurren; ~ig.

Knebel *m* ah. *knebil*, an. *knefill* Querstange; wohl zu Knabe m. Grbd. Pflock. ~bart *m*.

Knecht *m* mh. ah. *knëcht* Knabe, Jüngling, Knappe, später Geselle, Soldat (Lands~!) afries. *knecht* Diener, ags. *cniht*, Knabe, Jüngling, eng. *knight* Ritter, verw. m. Knagge? (s. d.); Edel~ (Schillers Taucher); ~schaft = Unfreiheit, ~isch = unterwürfig.

kneifen v. pl. knipen (Kniff *m*), stud. sich e. Verpflichtung, z. B. Herausforderung, entziehen. **Kneifer** *m* n. fz. *pince-nez* wie Klemmer u. Zwicker. **kneipen** 18. Jh., stud. **Kneipe** *f* 18. Jh. aus Kneipschenke

»kleine Schenke«. **Kneif** Kneip *m* Messer (kurz u. gekrümmt), mnd. *knīp*, eng. *knife*.

kneten (bes. Teig) ah. *knëtan*, ags. *cnedan*, eng. *knead*, urv. aslaw. *gnetą* drücken, kneten.

knicken 1) eng. *knick* knacken, knirschen lautm. wie knacken, 2) = *geizen*, * abknicken, Knicker = Geizhals. **Knick** *m* i. Schleswig-Holstein Hecke, lebender Zaun um Weideland, der alle paar Jahre geknickt wird, Knicks *m*, **Knickebein** (stud. Jena 1840ff.) »Eierlikör« n. einem ~igen Mecklenburger?

Knie *n* mh. *kniu*, *knie*, ah. *chniu*, *kneo*, got. *kniu*, pl. Knei, ags. *cnēo*, eng. *knee*, urv. lt. *genu*, gr. *góny*, ind. *jā́nu*, hettit. *genu;* ~en, ~holz *n* (winklig gewachsenes Holz).

Kniff *m* 18. Jh. betrüger. Kunstgriff, vom Einkneifen d. Karten, um zu betrügen; zu kneifen.

Knilch Knülch *m* umg. unangenehmer Mensch, mu. in der Kasseler Gegend um 1900 zu Hause, von dort über die hessischen Universitäten Marburg und Gießen sowie über Berlin seit 1920 etwa verbreitet (vgl. Zs.f.dt.Phil. 78/1959, 309); z. schwäb. *Knülf*, rhein. *Knülbes*, bayr. *Knülz* grober Mensch? oder zu knüll? s. d.

knipsen 17. Jh. lautm. m. d. Schere ~; 20. Jh. auch: photographieren.

Knirps *m* md., mu. Knurps, auch knirfix, 18. Jh. schriftd., viell. z. Knorpel.

knirren erst nh. lautm. wie knarren, knurren, knirschen, knistern, Knasterbart.

Knittel s. Knüttel.

knobeln würfeln, 19. Jh. stud., zu Knobel (Fingerknöchel), pl. Mehrz. Knäweln = Finger, Würfel *meist aus Knochen.

Knoblauch *m* mh. *knobelouch*, dissimiliert aus *klobelouch* gespaltener Lauch, ah. *klovolouh*, and. *cluflōk*, ags. *clufe* Zehe des ~s, z. 1. klieben, 2. s. Lauch, Kloben, Klaue, Klee.

Knöchel *m* eig. Verkl. z. Knochen, hervorstehender Knochen am Fußgelenk, Fingerknöchel, s. knobeln.

Knochen *m* mh. *knoche* (früher Bein, eng. *bone)*, s. Elfenb.; verknöchert (bildl.).

Knödel *m* bayr. Mehlkloß, z. Knoten, mh. *knödel*.

Knollen *m* mh. *knolle*, eng. *knoll* Hügel, an. *knollr* Bergkuppe, ndl. *knol* Rübe. Dazu nach 1945 **Knolly Brandy** umg. f. selbstgebrannten Rübenschnaps.

Knopf *m* mh. ah. *knopf*, pl. Knop, kugelartige Anschwellung an Pflanzen, dann an Stöcken, Nadeln, Kleidern usw.; eng. *knop* Knopf, Knospe, *knob* Knopf, Knorren, verw. m. Knauf, Knospe, knüpfen, Knüppel.

knorke »vorzüglich!« Berlin 1916; v. Cläre Waldoff nach ihrer eigenen Angabe bei einer Kaffeebestellung geprägt: ein Kaffee, keine Lorke, er soll sein ~.

Knorpel *m* mh. *knorpelbein*, s. Knirps, Knorren.

Knorren *m* Knoten, Auswuchs, mh. *knorre*, ah. *chnorz*, schwäb. Knorr (u. F.N.), schweiz. *chnūs*, eng. *knar* Ast im Holze, dazu

knorrig (auch bildl.).

Knospe md. (oberd. Knopf), pl. Knupp, 18. Jh. schriftd., s. Knopf. Grbd.: Geschwollenes, Auswuchs, vgl. fz. *bouton* Knopf u. Knospe.

Knote *m* roher, ungebild. Mensch, i. 18. Jh. = Handwerksbursche, Nichtstudent, entweder z. Knoten, od. zsgz. aus nd. *genōte* Genosse.

Knoten *m* ah. *chnodo*, *kinoto*, eng. *knot* Knoten, *knit* knüpfen, stricken, pl. knütten, stricken, knütern = basteln, an. *knūtr*; verw. m. Knüttel, urv. lit. *gnùtulas* Klumpen; s. Knödel; Knöterich *m* (Pflanze); Knotenpunkt *m* (bildl.).

knuffen nd., wohl lautm., vgl. norw. *knubbe* schlagen.

knüll 19. Jh. betrunken; v. knüllen, mh. *knüllen* stoßen, heute nur noch von Papier u. Stoffen!

Knüller umg. für einen journalist. »Schlager« (nach eng. *striker?*) um 1920 in Berlin von B.Z.-Redakteur E.A. Dupont geprägt, aber erst nach 1945 weiter verbreitet (vgl. Zs. f. Dt. Wortf. 17/1961), z. knüllen »schlagen«, mh. *knüllen*.

knüpfen ah. *chnuphen*, z. Knopf.

Knüppel *m* nd., mh. *knüpfel*, z. Knopf; Knubben = Knoten i. Holz.

knurren 18. Jh. lautm. wie knirren, knarren.

knuspern knabbern, knusperig, lautm., vgl. ah. *chnussan* stoßen, an. *knosa* zerschlagen.

Knust *m* Brotende, z. Knorren u. mh. *knüssen* stoßen.

Knute *f* 18. Jh. v. russ. *knutŭ* Riemenpeitsche, v. skandinav. *knut* Knoten.

knutschen drücken, zärtlich drücken; mh. *knutzen* z. ah. *chnussan* stoßen.

Knüttel *m* ah. *chnutil* eig. Stock mit Knoten; ~vers *m* gew. Knittelvers, unregelmäßiger, holpriger, gereimter Vers mit 4 Hebungen, dann schlechter Vers übh., Lüs. v. lt. *versus rhopalicus* (gr. *rhópalon* Keule, Knüttel); 16. Jh.

Koalition *f* v. fz. *coalition* Bündnis z. lt. *coalēscĕre* zs. wachsen; s. alt, Proletarier; um 1800.

Kobalt *n* Element, arsenhalt. Erz, (Erzgebirge), n. d. Berggeist, dem **Kobold** *m* genannt, der d. Silber raubte u. dafür d. früher für wertlos gehaltene Kobalt gab, mh. *kobold* neckischer, schadenfroher (oft auch harmloser) Geist, Hausgeist, Kobold, viell. Hausverwalter, **kubawalda*, mh. *kobe* Käfig, Stall, später Gemach, Haus, (*-old* = walt, s. walten, Herold); od. *-old* z. hold? vgl. die *guoten holden* = *penates*, ags. *cof-godas* Hausgötter; mu. Kobólz schießen e. Purzelbaum schlagen, s. Nickel.

Koben *m* Holzverschlag f. Schweine, auch Kofen, an. *kofi* Kammer; urv. gr. *gýpē* Erdhöhle, Kammer: ai. *guptás* verborgen.

Kober *m* mu. ostmd. Korb.

Koch *m* mh. *koch*, and. *kok* v. lt. *coquus* (eng. *cook*); kochen (*coquĕre* = ah. *cochōn*), verdrängte sieden; Kochbrunnen, s. keck; s. Küche, Aprikose, Biskuit, Koks. F.N.: alem. Köchly, latin. *Coccejus* u. *-eji*.

Köcher *m* ah. *chohhāri*, afries. *koker*, ags. *cocur*, mlt. *cucurum* v. mgr. *cúcūron* v. hunnisch * *kukur*.

Kodak *m* photogr. Apparat (1890), v. Hersteller Eastman als möglichst überall gleich aussprechbar geprägt.

Kodder *m n* Lumpen; ~schnauze; ~ig schmutzig, unbehaglich.

Köder *m* mh. *köder*, *querder* Lockspeise, ah. *quërdar*, urv. gr. *déletron* Köder.

Kodex *m* Gesetzbuch, alte Handschrift, v. lt. *caudex*, *cōdex* Baumstamm, dann Buch (aus m. Wachs überstrichenen Holztafeln); kodifizieren, Kodizill *n* Zusatz z. e. Testament.

Koedukation neult. (Ende 19. Jh.) = eng. *coeducation* gemeins. Erziehung v. Jungen u. Mädchen.

Kofent *m* Dünnbier, eig. Konventsbier, v. spätmh. *covent*, v. mlt. *coventus*.

Koffer *m* 16. Jh. pl. Kuffert, v fz. *coffre*, lt. *cophĭnus*, z. gr. *kóphinos* Korb.

Kogge *f*, Orlog~, Schiff der deutschen Hanse, mnd. *kogge*, ah. *cocha* z. Kugel[1].

Kohäsion *f* lt. *co-haesio: cohaerēre* Zs.halt, gegenseit. Anziehungskraft usw.

Kohl[1] *m* mh. ah. *kōl*, v. lt. *cauli*. (eng. *cole*, fz. *chou*). **Kohl**[2] bildl. Un sinn (stud.), v. hebr. *qol* Stimme, Gerücht; kohlen = dummes Zeug reden.

Kohldampf *m* Hunger, v. rotw. *kolldampf* (1835) n. *koller* = Hunger u. Dampf, das ebenfalls in der Gaunersprache Hunger bedeutet.

Kohle *f* ah. *kolo*, eng. *coal*, urv. air. *gūal* * *goulo-;* Köhler *m*, Köhlerglaube *m* früher lobend, jetzt blinder, äußerlicher Glaube; Kohlmeise *f*, ags. *colmāse*, Meise m. kohlschwarzem Kopf.

Kohlrabi *m* 16. Jh. m. d. Pflanze aus Italien eingeführt, it. Mehrz. mu. *cauliravi;* schriftsprachl. it. *cavoli rape;* ergibt Kohlrabe.

Kohorte *f* v. lt. *cohors* Haufe, Schar, römische Infanterieeinheit, 10 ~n e. Legion, s. Cour, Kur³.

Koje *f* nd. ndl. Schlafraum i. Schiff, v. lt. *cavea* Verschlag; s. Käfig, Kajüte.

Kokarde *f* früher Bandschleife, jetzt aus Metall; Nationalabzeichen, zuerst in Frankreich, seit 1813 auch in Deutschland, v. fz. *bonnet à la cocarde* Mütze m. hahnenkammähnlicher Schleife, z. *coq* Hahn; **kokett** gefallsüchtig, eig. wie e. Hahn *(coquet);* 18. Jh.

Kokon *m* Gespinst um d. Seidenraupenpuppe, fz. *cocon*, vgl. nprov. *coucoun* Eischale, Puppe; 18. Jh.

Kokosnuß ptg. sp. *coco* Butzemann, Nikolaus (weil Larve dafür a. d. Nuß geschnitten).

Koks *m* 19. Jh. v. eng. Mehrz. *cokes*, eig. ausgebrannte Steinkohle.

Kolben *m* ah. *kolbo;* verw. sind: Klumpen, eng. *club* Keule, an. *kōlfr* Wurfsp. m. knolliger Spitze, urv. lt. *globus* Kugel, s. Klub, Klumpen.

Kolibri *m* 17. Jh. v. sp. *colibri*, karaib. W., »leuchtende Fläche«.

Kolik *f* krampfartiger Leibschmerz 16. Jh. v. gr. *kōlikḗ* (ergänze *nósos* Krankheit), Adj. z. *kōlon* Dickdarm, s. Kolon.

Kolk, Kulk *m* nd. (Droste-Hülshoff) Wasserloch; Kulk, Str. i. Halberstadt: *kolken* dumpf gurgeln, dän. *kulk* Schlund; Kolkrabe *m*: * *kolkrawe* kohlschwarze Krähe? od. lautm. n. d. Ruf. d. Vogels?

Kolleg *n* Vorlesung, Kollegium *n* Amtsgenossenschaft, Lehrkörper, v. lt. *collĕgium;* **Kollege** *m* lt. *collēga* Mitgewählter, z. *lego* lese, *con-*, *cum-* zusammen, *colligĕre* z. lesen, s. elegant; 16. Jh.

Kollek||te *f* Sammlung (v. Geld) v. lt. *collecta* Zus.gelesenes, -getragenes, 16. Jh.; ~ion *f*, ~iv *n*.

Koller¹ *n* eig. Halsbekleidung, Kragen, dann Wams, v. fz. *collier*, mlt. *collārium* Halsband, ah. *chollāri*.

Koller² *m* krankh. Anfall bei Menschen u. Tieren, Tobsucht d. Pferde, v. gr. *cholérā* Gallensucht, s. Cholera, cholerisch, ah. *kolero*.

kollern mu. kullern = rollen, z. md. Kulle, s. Kugel.

kolli||dieren zus.stoßen, v. lt. *collīdĕre*, 17. Jh.; ~sion *f*, 16. Jh.

Kolon *n* Doppelpunkt, 16. Jh. v gr. *kōlon* Glied, Glied e. Satzverbindung, s. Kolik.

Kolon||ie *f* 16. Jh. v. lt. *colōnia* Ansiedelung (Name vieler Städte i. Altertum; *Colōnia Agrippīna* = Köln, Lincoln; Neukölln aber z. slaw. *kolm* Hügel), ~ialwaren Mehrz. um 1800, s. Kultur, Kultus.

Kolonnade *f* Säulengang, v. fz. *colonnade*, z. Kolonne *f* Säule, Abteilung, 18. Jh. v. fz. *colonne*, z. lt. *columna* Säule.

Kolophonium *n* Geigenharz, n. d. Stadt Kolophōn i. Kleinasien; 16. Jh.

kolor||ieren ausmalen, z. lt. *color* Farbe; ~atur *f* künstliche Tonverzierung, ~it *n* Farbengebung, it. *colorito*.

Koloß *m* 16. Jh. v. gr. *kolossós* Riesenstandbild, zunächst das d. Sonnengottes z. Rhodos, ~al, ~eum *n*.

Kolport||age *f*, **~eur** *m*, **~ieren** v. fz. *colporter*, z. lt. *collum* Hals, *porto* trage (also eig. am Halse tragen).

Kolter *m f* gefütterte Decke mh. *culter*, v. fz. *coultre:* lt. *culcitra* Matratze, Polster, s. Kissen.

kombin||ieren verbinden, z. spätlt. *combīnāre* je zwei verbinden; ~ation *f*.

Kombüse *f* (seem.) Schiffsküche, ndl. *kombuis*, mnd. *kabūse*, mndl. *kabuys*, eng. *caboose*.

Komet *m* 15. Jh. v. gr. *komḗtēs* Haar tragender (Stern), z. *kómē* Haar.

Komfort *m* Behaglichkeit, um 1800 v. eng. *comfort* Trost, z. lt. *conforto* stärke (*fortis* stark), ~abel behaglich.

Kom||iker *m* 19. Jh., ~isch, v. gr. *kōmikós* scherzhaft (*kōmos* Festmahl d. Dorfschaft, s. Heim); s. ~ödiant, ~ödie.

Komitee *n* leitender Ausschuß, 18. Jh. v. fz. *comité*, eng. *committee*, z. eng. *commit*, lt. *committo* übergebe, vertraue an, s. Kommiß-.

Komma *n* 17. Jh., Beistrich, v. gr. *kómma* Einschnitt, zu *kóptō* haue ab.

Kommand||ant *m* 17. Jh. v. sp. it. *comandante;* ~ieren, Kommando *n* sp. it. *comando*, z. lt. *commendāre* empfehlen, auftragen, s. Komtur.

kommen mh. *komen*, ah. *quëman*, pl. kamen, got. *qiman*, ags. *cuman*, eng. *come*, and. *cuman*, anord. *koma*, schw. *komma*, dä. *komme*, urv. ai. *gámāmi* komme, lt. *věnio* (eig. **gvemio)*, gr. *baínō*, tochar. *käm;* Nachkomme *m*, Ab-, Emporkömmling *m*, Zu-, An-, Ab-, Übereinkunft *f*, Einkünfte, künftig, um~, be~, bekömmlich, will~, voll~, aus~, Aus~ *n*, Ab~ *n*, Ein~ *n*, s. bequem.

Komment *m* stud. Brauch, bes. beim Kommers, um 1800 v. fz. *comment* (lt. *quo modo + mente)* wie (sich d. Bursch z. benehmen hat).

Kommentar *m* Erläuterung, 16. Jh. v. lt. *commentārius (liber)* Erläuterung(sschrift).

Kommers *m* (stud.) Trinkgelage, vor 1800 v. fz. *commerce* Verkehr.

Kommerzienrat *m* v. fz. *commerce* z. lt. *commercium* Handel; kommerziell; 17. Jh.

Kommilitone *m* Universitätsgenosse, Mitstudent, v. lt. *commīlito* Mitkämpfer, z. *mīles* Soldat; 16. Jh.

Kommis *m* Handlungsgehilfe, um 1700 v. fz. *commis* z. lt. *commissus* Beauftragter.

Kommiß- v. Gegenständen, die i. Menge i. Auftrag gegeben werden (Kommißbrot um 1550), z. lt. *committěre* anvertrauen, beauftragen; dazu ~ar *m* Beauftragter (oft als Titel), ~ion *f* Auftrag, Vollmacht, Gesamtheit d. Beauftragten, s. Komitee.

kommode † bequem, 17. Jh. v. fz. *commode*, lt. *commŏdus*, eig. d. rechte Maß *(modus)* habend; Kommode *f* Schiebkastenschrank, s. Mode.

Kommun||e *f* vor 1300 v. fz. *commune*, lt. *commūnio* Gemeinschaft; ~al; ~ion *f* Abendmahlsfeier, ~ikant *m*, ~ismus *m* Gütergemeinschaft; s. ex~izieren.

Komintern *f* (Kurzw.) kom||munist. Intern||ationale.

Komödiant *m* Schauspieler (heute verächtlich), 16. Jh. v. it. *commediante*, zu *commedia*, lt. *comoedia* Lustspiel. **Komödie** *f* (früher jede Dichtung m. glücklichem Ausgang, z. B. Dantes *Divina Commedia);* s. Komiker, Melodie, Tragödie.

kompakt fest, gedrungen, v. lt. *compactus* zs.gefügt; Prager Kompaktate(n) 1433, s. Pacht, Pakt.

Kompanie *f* um 1200 mh. *kumpanie* Gemeinschaft, um 1400 v. fz. *compagnie* Handelsgesellschaft (Kaufmannswort), um 1600 i. milit. Sinne, schon früh. in Frankreich die Ordonanz~n, z. mlt. *compānium* Brotgenossenschaft (lt. *pānis* Brot);

Kompagnon *m* Geschäftsteilhaber, s. Kumpan = got. *gahlaifs*, Apanage, Gesell, Genoß, Gefährte.

Komparativ *m* 2. Stufe d. Adj. im Vergleich (groß - größer), v. lt. *comparo* vergleiche.

Kompaß *m* vor 1500 v. it. *compasso* Zirkel, *compassare* abmessen z. lt. *cum* + *passus* Mitschritt.

Kompendium *n* kurz gefaßtes Lehrbuch, 16. Jh. v. lt. *compendium* Zuwaage, Ersparnis, Abkürzung, Richtweg (O.N.: Compiègne z. *compendĕre* zs. wägen); s. Stipendium, Pfund, Pensum, Pension.

Kompens||ation *f* Ausgleich, ~ieren 17. Jh. v. lt. *compēnsāre* abwägen.

kompet||ent zuständig, ~enz *f*, ~enzen † = Gebührnisse z. lt. *competĕre* gemeinsam erstreben, s. Appetit, Petition, repetieren; 18. Jh.

kompil||ieren zus.stellen aus anderen Büchern, ~ation *f* 16. Jh. z. lt. *compīlāre* plündern, eig. zs.raffen.

Komplet *f* mlat. *complēta* Tagesabschlußgebet des kathol. Geistlichen.

komplett 17. Jh. v. fz. *complet*, lt. *complētus* gefüllt, vollständig; **Kompliment** *n* 17. Jh. v. fz. *compliment*, it. *complimento* eig. Erfüllung (der Höflichkeitsbezeigungen).

Komplex Gesamtumfang, *complector* umfasse (*plectere* = flechten); 19. Jh.

Komplize *m* Mitschuldiger, 17. Jh. v. fz. *complice*, lt. *complex* Verbündeter; *complicāre* * zs.falten, *complicatio* Verwickelung; **kompliziert** verwickelt (um 1800), s. perplex.

Komplott *n* 17. Jh. v. fz. *complot*, *comploter* heimlich verabreden, *compeloter* zs.knäueln, *pelote* Kugel, Knäuel, lt. *pila* Ball; s. Peloton.

kompon||ieren (bes. musik.) vertonen, v. lt. *compōnĕre* zus.setzen; ~ist *m* Tonsetzer, Komposition *f* lt. *compositio;* **Kompott** *n* 18. Jh. v. fz. *compote*, z. lt. *composita* Mehrz. Zus.gesetztes, dens. Urspr. hat **Kompost**; s. dis-, im-, opponieren, Pose, Post.

Komprom||iß *n m* Übereinkunft, 15. Jh. v. lt. *compromissum* gegenseitiges Versprechen; ~ittieren v. fz. *compromettre* bloßstellen, lt. *compromittĕre* gegenseitiges Versprechen geben.

Komtur *m* bei d. geistl. Ritterorden Bezeichnung d. Ritter, denen d. Verwaltung d. Ordensgüter (Kommenden) anvertraut war, heute Rang u. Klasse b. Ordenszeichen, mh. *kommentiur*, *komtūr*, v. afz. *commendeor*, fz. *commandeur*, z. mlt. *commendator* Befehlshaber e. Ordensgutes, eng. *commodore* Geschwaderführer, viell.: span. *comendator*, s. Kommandant.

Konchylie *f* Schaltier, Muschel, gr. *konchýlion*, fz. *coquille*, *coque* Schale.

kondensieren 18. Jh. v. lt. *condēnsāre* dicht machen, zus.pressen.

Konditor *m* um 1700 angel. an lt. *condītor* z. *condīre* würzen, v. it. *candire* überzuckern: arab. *qand*, s. Kandis(zucker).

kondol||ieren um 1700 v. lt. *condolēre* mitleiden, Beileid bezeugen; ~enz *f*.

Kondor *m*, sp. *condor*, peruan. *cuntur;* um 1600.

Kondukteur *m* Schaffner, nach 1700 v. fz. *conducteur* z. *conduire* führen.

Konfekt *n* Zuckergebäck, v. mlt. *confectum* z. *conficio* verfertige, Apothekerlatein des 16. Jhs.; dazu ~ion *f* fertige Kleidung, 19. Jh. v. fz. *confection;* s. Konfitüren, faktisch, Faktor.

Konferenz *f* Tagung, 16. Jh. v. mlt. *conferentia* Unterredung, z. *confero* trage zs., teile mit.

Konfession *f* Bekenntnis, Glaubensb. v. lt. *confessio*, eig. Ausgesprochenes z. *confiteor* bekenne; 16. Jh.

Konfirm||ation *f* eig. Kräftigung, Bestätigung, bes. Einsegnung, z. Bestätigung d. Taufbundes u. Aufnahme in d. ev. Gemeinde; ~ieren, ~and *m* z. lt. *confirmāre* festmachen, bestätigen (*firmus* fest); s. Firmung, Firma, Farm.

konfis||zieren gerichtlich einziehen, um 1500 v. lt. *confiscāre* f. d. Staatsschatz (*fiscus*) einziehen; ~kation *f*.

Konfitüren Mehrz. Eingemachtes, bes. Früchte, um 1700 v. fz. *confiture*, z. mlt. *confectura*, s. Konfekt.

Konflikt *m* Streit, 18. Jh. v. lt. *conflictus*, z. *conflīgĕre* feindlich zus. treffen.

konfus verwirrt, 16. Jh. v. lt. *confūsus* z. *confundĕre* zus.gießen, verwirren; ~ion *f*; 15. Jh.

Kongregation *f* Vereinigung, bes. kirchl. Gesellschaft, Ordens~, sonstige v. Papst bestätigte Genossenschaften, v. lt. *congregātio* zu *grex* Herde. **Kongreß** *m* Zus.kunft, lt. *congressus* z. *congredior* komme zus.; um 1700.

Konifere *f* lt. * Zapfenträger, *cōnus* u. *ferre*.

König *m* mh. *künec*, ah. and. *kuning* (dafür got. *thiudans*), afries. *kining*, ags. *cȳning*, eng. *king*, an. *konungr* * Sohn eines Edelgeborenen (*konr*), schw. *konung*, dä. *konge*, z. e. Wz., von der auch got. *kuni* Geschlecht, Herkunft; eng. *akin* verwandt (= *of kin*) also eig. aus (edlem) Geschlecht Stammender, entl. *kuningas* i. Finn., ins Lit. als *kùnigas* Pfarrer, ins Lett. als *kùngs* Herr; s. Kind. **Königtum** *n* altes, 1792 v. Wieland gegen Campe erneuertes W., and. *cuningdōm*, eng. *kingdom*.

konkáv hohlrund, eingebogen, lt. *concăvus*; 18. Jh.

Konklave *n* Papstwahlzimmer, auch d. darin Befindlichen, v. lt. *conclāve* Zimmer, Verschluß, z. *clāvis* Schlüssel, 16. Jh.; s. Enklave.

Konkordat *n* Vertrag e. Fürsten od. Staates m. d. Papst über Kirchensachen, v. lt. *concordātum*, z. *concordāre* zus. stimmen, s. kordial, Rekord.

konkret sinnlich wahrnehmbar, v. lt. *concrētus* verdichtet z. *concrēscere* zus.wachsen, Gegensatz: abstrakt; 18. Jh. s. Rekrut.

Konkurr||ent *m*, **~ieren, ~enz** *f* z. lt. *concurrĕre* mit-, zus.laufen (also um die Wette); Konkurs *m* eig. Zus.lauf, dann Zus.kunft d. Gläubiger zur gerichtl. Teilung d. Vermögens e. Schuldners, s. Korridor; 18. Jh.

können pl. känen, mh. *künnen*, *kunnen*, ah. got. *kunnan*, eig. geistig innehaben, kennen, dann imstande sein; verw. kennen, Kunst, kund, kühn, urv. lit. *žinóti* (ah. *irchnāan* erkennen), lt. *nōsco*, gr. *gi-gnōskō*, ai. *janāti* erkennt.

Konnexion *f* einflußreiche Verbindung, 18. Jh. v. fz. *connexion*, z. lt. *connecto* knüpfe zus.

Konnivenz *f* Nachsicht, Duldung, z. lt. *cō-nīvēre* e. Auge zudrücken, s. neigen.

Konsekration *f* Weihung, z. lt. *consecrāre* (: *sacer*), der Gottheit weihen.

konsequent folgerecht, ~enz, 18. Jh. z. lt. *consequor* folge; Konsekutivsatz = Folgesatz.

konserv||ieren; **~ativ** erhaltend (das Alte), polit. in England seit 1830, ~atorium *n* v. it. *conservatorio* Pflegeanstalt f. arme Kinder, die z. T. musikal. ausgeb. wurden, dann Schule z. Erhaltung d. guten Musik; eins der ersten 1537 i. Neapel, v. lt. *conservo* bewahre.

Konsistorium *n* Versammlungsort, z. lt. *consistĕre* »n. dem *consistere* erhielt d. *kaiserl. Ratsversammlung* d. N. *consistorium*« (O. Seeck: Diocletian), dann Versammlung d. Kardinäle um d. Papst; i. M.-A. auch geistl. Gericht; i. d. ev.

Kirche: oberste geistliche Behörde e. Provinz.

Konsole *f* Kragstein, Holz-, Metallstütze a. d. Wand, v. fz. *console* Tragstein, z. lt. *consolido* befestige; s. solide. **Konsols** gesicherte Anleihen, Staatspapiere, v. eng. *consols* für *Consolidated Annuities*, 19. Jh.

Konsonant *m* v. lt. *consonans* z. *consonāre* mitertönen, s. sonor, Person, Mitlaut.

Konsorten Mehrz. (meist herabsetzend) Genossen, 16. Jh. v. lt. *consors* Teilhaber, z. lt. *sors* Los, Weissagung, Schicksal, also eig. Schicksalsgenossen; Konsortium *n;* s. Sorte.

Konstabel *m* † (17./18. Jh.) Feuerwerker, Kanonier, v. mlt. *constabulus*, eig. *comes stabuli* Stallmeister (fz. *connétable* Feldherr i. Schillers Jungfrau); Konstabler *m* eng. Schutzmann.

konstant beharrlich, unveränderlich, 18. Jh. v. lt. *constans.*

konstatieren feststellen, um 1800 v. fz. *constater.*

Konstellation *f* schon spätlt. *constellātio*, i. d. Astrologie: auf d. Schicksale der Menschen einwirkende Stellung der Gestirne *(stellae).*

konsterniert lt. *consternāre* scheu, bestürzt machen; 17. Jh.

Konstitution *f* Leibesbeschaffenheit, Staatsverfassung 1789ff.; um 1500 v. lt. *constitūtio* Feststellung, Einrichtung, s. Institut, Statue.

konstruieren, Konstruktion *f* z. lt. *construĕre* zus.schichten, verbinden, *constructio* Zusammenfügung; 16. Jh.

Konsul *m* 1500 v. lt. *cōnsul* höchster Beamter i. Rom *(consulĕre senātum* d. Senat zus.rufen); ~at *n*, ~ent *m* Berater (rechtlich), ~tation *f* (meist ärztliche) Beratung, ~tieren.

Konsum *m*, **~ieren** verbrauchen, verzehren v. lt. *consūmĕre* völlig nehmen *(emo* nehme m. d. Vorsilben *con* u. *sub);* ~tion *f*, ~verein *m* Mitte 19. Jh.

Konter- in Zs. lt. *contrā* gegen, s. Kontrast, Kontrolle; ~admiral *m* entspr. Generalmajor, 18. Jh., ~bande *f* Bannware, verbotene W., v. it. *contrabbándo* † gegen d. Bekanntmachung, fz. *contrabande* 16. Jh., it. *bando* Befehl, öff. Verkündigung, ~eskarpe Außenwand eines Festungsgrabens, ~fei *n* Abbild, mh. *kunterfeit* nachgemacht, v. fz. *contrefait*, lt. *contrafactus;* s. Faktum; ~tanz *m* v. eng. *countrydance* eig. ländlicher Tanz, um 1800.

Kontinent *m* 18. Jh. v. fz. *continent* z. lt. *continēri* zusammenhangen, s. Festland, impertinent.

Kontingent *n* Anteil, milit.: Truppenzahl d. Einzelstaates f. d. Bundesheer, v. fz. *contingent* zukommender Teil, z. lt. *contingĕre* betreffen, angehen; 17. Jh.

Konto *n* im kaufmänn. Buch geführte Rechnung, v. it. *conto* Rechnung z. *contare:* lt. *computāre* zus. berechnen. Dazu Kontor *n* um 1500 aus it. *contore* Geschäftszimmer (fz. *comptoir).*

Kontrah||age *f* Herausforderung z. Zweikampf, z. lt. *contraho* ziehe zus., ~ieren, Kontrakt *m* Vertrag, lt. *contractus*, s. Extrakt.

Kontrast *m* 18. Jh. v. fz. *contraste*, it. *contrasto* z. *contrastāre* i. Gegensatz stehen (lt. *contra* gegen, *sto* stehe).

Kontribution *f* Kriegssteuer im Feindesland, v. lt. *contribūtio* Beitrag, z. *contribuo* teile zu, s. Tribun, Attribut; 16. Jh.

Kontroll||e *f* 18. Jh. v. fz. *contrôle*, eig. *contrerôle* Gegenrolle, Gegenrechnung; ~eur *m*, ~ieren; s. Konter-, Rolle.

Kontumazial(urteil), ~ Verfahren, Versäumnisurteil usw., lt. *contumācia: tumēre* aufwallen, v. Stolz sein, * Widerspenstigkeit gegen d. Richterspruch od. gegen d. Ladung vor Gericht.

Kontur *m f* Umriß, 18. Jh. v. fz. *contour*, it. *contorno*, gr. *tórnos* Kreisstift; s. Tour.

konven||ieren um 1700 v. lt. *convenīre* zus.kommen, passen; **Konvent** *m* Versammlung d. Mitglieder e. Klosters, dieses selbst (fz. *couvent)*, v. lt. *conventus* Zus.kunft. ~tion *f* Staatsvertrag; Genfer ~ (des Roten Kreuzes) 1863ff.; ~tionell 18. Jh. d. Herkommen gemäß, formell. **Konvenienz** *f* meist: Rücks. auf d. äuß. Verhältnisse (~heirat); 18. Jh.

Konversation *f* Unterhaltung, 16. Jh. v. lt. *conversātio*, ~slexikon *n* Sachwörterbuch, Handbuch d. allg. Wissens, um 1700, s. Enzyklopädie.

Konvertit *m* * eng. *convertite*, z. e. andern (bes. z. kath.) Religion Übergetretener, v. lt. *converto* kehre um, wende um; Konversion *f* Bekehrung; i. Finanzwesen: Umwandlung d. Staatsschuld unter andern Bedingungen.

konvex rund erhaben, gewölbt, hochrund (Ggs. konkav), lt. *convexus;* 17. Jh.

Konvikt *m* v. lt. *convictus* Zus.-leben, meist Knaben- od. Studentenheime mit gemeins. Erziehung; 18. Jh.

konzentrieren i. e. Punkt zus.-drängen, um 1700 v. fz. *concentrer* z. lt. *centrum* Mittelpunkt, s. Zentrum.

Konzept *n* erster Entwurf, 15. Jh. v.lt. *conceptum* zu *concipio* fasse zus.

Konzern *m* Verband, Ring, spätlt. *concerněre* zs.sieben u. so vermischen.

Konzert *n* Übereinstimmung, Zusammenklang, Musikaufführung, im 17. Jh. v. fz. *concert:* it. *concerto*, z. it. *concertare* ›übereinstimmen‹ aus lat. *conserere* ›zs.fügen‹.

Konzession *f* Erlaubnis (amtliche) 16. Jh. v. lt. *concessio*, z. *concēděre* einräumen.

Konzil *n* Kirchenversammlung (zuerst b. Tertullian), v. lt. *concĭlium* **con-caliom: calāre* zs. rufen, vgl. gr. *kaléō*, s. holen; mh. *concīlje*.

Koog *m* pl. (Schleswig-Holst.), ein durch Eindeichung dem Meere abgewonnenes Land, fries. *Kuug*, mndl. *cooch*, entl. dän. *kog*. O.N.: Cuxhaven früher Koogshaven, s. Hag u. Liste 58.

Köper *m* 17. Jh. nach ndl. *keper* »(schräger) Balken im Wappen« für Gewebe mit diagonalgestreiftem Aussehen.

Kopf ah. *chopf* Trinkgefäß, Becher, Hirnschale, Haupt, pl. Kop, ags. *cuppe* Becher, eng. *cup* Obertasse, Tassenkopf, v. mlat. *cupa*, *cuppa* Becher (it. *coppa* Kelch, Trinkschale), vgl. prov. *coba* Schädel, Kufe, Tonne; Entwicklung: Schale, Hirnschale, endl. Haupt (ähnlich fz. *tête* < lt. *testa* Schale, umg. Birne); ursp. Bed. noch in Tassen~, Schröpf~, Pfeifen~; bildl. Kehl~, Kohl~, Brücken~, Nadel~, Brief~; ~über, ~scheu (eig. v. Pferden); köpfen. Kuppe *f*, schlesisch Koppe *f;* Vkl. Kübel *m*.

Kophta *m* Groß~, geheimnisvoller ägypt. Weiser, Haupt e. Geheimbundes, kophtisch dem ~ eigen, ~es Lied (Goethe); Anklang an d. Kopten?

Kop||ie *f* v. lt. *copia* Vorrat, dann den Vorrat (vermehrende Abschrift); 14. Jh. ~ieren, ~ist *m*.

Koppel *f* mh. *koppel*, *kuppel* Band, v. fz. *couple* Leitriemen, z. lt. *cōpula* Band. Hunde~ *f* = Hundeschar, Jagdhundpaar, fz. *couple* Paar; kopulieren verbinden, bes. ehelich; zs.-koppeln s. kuppeln, Couplet. 2) (nd.) *eingezäuntes* Weideland.

Kopra *f* Kokosnußkern, v. hindostan. *khoprā: khapnā* trocknen.

Koralle *f* v. mlt. *corallus*, gr. *korállion*.

Koran *m* v. sp. arab. *alcoran* Lesung, Buch, s. Liste 1.

Korb *m* ah. *chorp*, *korb*, wahrsch.

v. lt. *corbis;* einen ~ geben – i. M.-A. wurde d. unerwünschte Liebhaber in e. ~ z. Fenster d. Burg emporgezogen, dessen (schadhafter) Boden unterwegs brach, so daß d. Insasse durchfiel; s. Korvette.

Kordel *f* mu. Bindfaden, Schnur, v. fz. *cordelle*, Vkl. z. mlt. *corda*, gr. *chordḗ* Darmsaite, s. Garn. **Kordon** e. Reihe stärkerer Posten.

kordial herzlich, 17. Jh. v. lt. *cordiālis* z. *cor* Herz, s. Akkord, Rekord, Konkordat, kredenzen.

Korduan(leder) v. Ziege u. Bock: sp. Stadt Cordova, mh. *kurdewan*, afz. *cordouan*, eng. *cordovan.*

Korinthe *f* 16. Jh. v. fz. *raisin de Corinthe* kleine Rosine (n. d. Ausfuhrhafen Korinth).

Kork *m* Rinde der Korkeiche, Flaschenstöpsel, 16. Jh. v. sp. *corcho* z. lt. *cortex* Rinde, od. durch arab. Vermittl. *alcorque* Schuh m. Korksohle, v. lt. *quercus* Eiche.

Kormoran *m* eng. *cormorant* Seerabe, afz. *cormareng*, lt. *corvus marīnus.*

Korn *n* mh. ah. *korn*, got. *kaúrn*, ags. eng. *corn*, urv. lt. *grānum* Korn, Kern, air. *gran* Korn; s. Kern, Schrot, schwäb. = Dinkel, in Franken und Thüringen = Roggen, im Norden auch Weizen. 2) b. Zielen Fein-, Grob-, Voll-, gestrichenes ~.

Kornelkirsche *f* lt. *cornus f* Baum d. ~, wegen des *hornart.* Holzes, Einwirkung v. *corneolus* hornartig; schwäb. Arlesbaum.

Kornett *m* Fahnenjunker der Kavallerie, früher d. jüngste Offizier eines Reiterfähnleins v. fz. *cornette*, Vkl. v. *corne* Horn (lt. *cornu)*.

Körper *m* mh. *korper*, *körpel*, v. lt. *corpus* (Gen. *corpor-is)*. ~schaft *f* um 1800, Korporation *f*, Himmels~, Lehr~, Bahn~. **Korps** *n* stud. Verbindung, v. fz. *corps*, lt. *corpus* Körper; **Armee~**; **korpulent** wohlbeleibt, 17. Jh. zu lt. *corpulentus.*

Korporal *m* (m. irrt. *r)* 17. Jh. v. fz. *caporal* v. it. *caporale* Anführer zu *capo* Haupt (lt. *caput)*, ~schaft, s. Kap, Kapitän, Kapital, Kapitel, Kadett.

korrekt fehlerlos, 16. Jh. v. lt. *correctus* z. *corrigĕre* grade machen, verbessern; **korrigieren.**

korrespond||ieren 17. Jh. aus mlt. *correspondēre* wieder antworten; ~enz, Briefwechsel (Harsdörffer); ~enzkarte 1. X. 1869 in Österreich; s. Gespons.

Korridor *m* 18. Jh. v. it. *corridore* Laufgang, lt. *curro* laufe, s. Korsar, Korso, Kurrende, Kurrent, Kurant, Konkurrent, Kurs, Kurier, kursiv.

Korruption *f* Sittenverderbnis, Bestechlichkeit, 17. Jh. v. lt. *corruptio*, z. *corrumpo* verderbe.

Korsar *m* Seeräuber, 16. Jh. v. it. *corsaro*, mlt. *cursārius*, lat. *cursāre* hin- u. herlaufen, also eig. Renner, s. Korridor, Korso.

Korsett *n* verdrängte Schnürleib, Mieder, Leibchen, 18. Jh. v. fz. *corset* z. afz. *cors*, nfz. *corps* Leib, s. Korps.

Korso *m* Rennbahn, Schau- u. Lustfahrt, v. it. *corso* Lauf; 18. Jh.

Korvette *f* kleines, schnelles Kriegsschiff, 17. Jh. v. fz. *corvette*, it. *corvetta*, sp. *corbeta*, lt. *corbīta* Lastschiff, zu *corbis* Korb; ~nkapitän entspr. dem Major.

Koryphäe *f* gr.-lt. *coryphaeus*, gr. *koryphḗ* Scheitel, Gipfel; die ~ unter Einfl. des fz. *coryphée*, *Chorführer, an d. Spitze Stehender.

Kosaken kirgis. *kazaki* Freibeuter, türk. *kazak.*

koscher 16. Jh. v. hebr. *kāschēr* rein, recht, tauglich.

kosen ah. *kōsōn* verhandeln, reden, plaudern, z. lt. *causa* Rechtssache, 18. Jh. neu belebt für liebkosen.

Kosmos *m* Weltall, v. gr. *kósmos* (z. *kosméō* ordne, schmücke) Ordnung, Schmuck, System d. Himmelskörper (zuerst bei Pythagoras). Mikro~ Welt i. kleinen: der Mensch; Kosmologie *f* Lehre vom Weltall, ~gonie Weltentstehungslehre, ~naut Weltraumfahrer (1961 Gagarin, Shephard; vgl. Astronaut). **Kosmopolit** *m* Weltbürger, 18. Jh., 2) v. gr. *polītēs* Bürger; Kosmetik *f* Verschönerungskunst.

Kossat, Kossäte *m* nd. *kossāte* eig. Kotsasse, der auf einer Kot(e), Kate (kleiner Bauernhof, westf. Kotten, ags. *cotsæta*, eng. *cot*, *cottage* Hütte) sitzt. Kätner s. Köter; F.N.: Koschat, falls nicht slawisch.

kosten[1] »schmeckend prüfen«, ah. *kostōn*, ags. *costian*, verw. kiesen, urv. gr. *geúō (*geuso)*, lt. *gusto* koste; Kost *f*.

kost||en[2] (i. Preise) z. stehen kommen, mh. *kosten*, v. afz. *coster*, nfz. *coûter*, eng. *cost*, zu lt. *con-stāre*, mlt. *costāre* stehen, i. Preise stehen; Kosten Mehrz., köstlich, ~bar, ~spielig erst Anf. 18. Jh., mh. *spildec* verschwenderisch mu. schlesw.-holst. (Wasser) spillen = hingießen, ah. *gaspildan*, dä. *spilde* verschütten, entl. fz. *gaspiller* vergeuden.

Kostüm *n* 18. Jh. v. fz. *costume*, it. *costume* zu lt. *consuētūdo*, Akk. *-inem*, Gewohnheit; daher auch fz. *coûtume*.

Kot *m* eig. Adj., mh. *quāt* böse, häßlich, pl. quade Blööm, Wucherblume, urv. lit. *géda* Schande, russ. *gadit'* beschmutzen.

Kotau *m* chines. = Verbeugung, ~ machen = sich demütigen, 20. Jh.

Kotelett *n* Rippenstück, 18. Jh. v. fz. *côtelette* Rippchen, zu *côte*, lt. *costa* Rippe, s. Küste. 2) = Backenbart, um 1870 Berlin.

Köter *m* eig. wohl »Kläffer«, mnd. *koterhunt*, z. kauzen, gauzen = kläffen, mnd. *kūten;* urv. gr. *goáō* klage, ai. *gavatē* tönt; s. Kauz.

Kothurn *m* v. gr. *kóthornos* Jagdstiefel, dann Schuh der Schauspieler m. hohem Absatz, auf hohem ~ schwülstig, s. Pantoffel.

Kotillon *m* Gesellschaftstanz, v. fz. *cotillon* Unterrock, z. *cotte*, v. afränk. * *kotta* z. ah. *chozzo* grobes Wollzeug, s. Kotze; um 1800.

Kotze *f* Kotzen *m* grobes Wollzeug, Decke, ah. *kozzo*, mh. *kotze*, as. *cot;* v. der unverschobenen german. Form *kotta-kutta* stammt mlt. *cotta*, s. Kutte.

kotzen (früher: sich), 15. Jh., lautm., vgl. spätmh. *kopp(e)zen* »*eructare*«.

Krabat *m* mu. nordd. kleines munteres Kind; z. Krabbe vermischt m. Kroat? s. Krawatte.

Krabbe *f* nd. (s. Ebbe, Robbe u. a.), ags. *crabba*, eng. *crab*, verw. m. Krebs; krabbeln, mnd. *krabben* kratzen, viell.: gr. *gráphō* ritze ein.

krachen ah. *krahhōn*, ags. *cracian*, eng. *crack*, lautm.; krächzen 18. Jh., entl. fz. *crac*, *craquer*, s. Krakeel.

Kracke *f* mu. nordd. altes, schlechtes Pferd, viell. z. krank od. nd. *kraken* krachen, brechen.

Kraft *f* mh. ah. *kraft*, and. *craft*, afries. *krecht* (F.N.: Krechting), ndl. *kracht*, auch nd. F.N. wie ~ (vgl. hd. Schaft nd. Schacht, sanft sacht), eng. craft Fertigkeit, Handwerk, List, an. *kraptr;* kraft meines Amtes eig. in ~ 16. Jh.; ~fahrer, ~fahrzeug, ~wagen (20. Jh.).

Kragen *m* mh. *krage* Hals, Nacken, später auch dessen Bekleidung, eng. *crag;* Kopf u. ~, jem. beim ~ nehmen; fränk. »Gänskragen«, Geiz~ = Geizhals (noch in alter Bed.), Kragstein *m*, urv. gr. *brónchos*, *bróchthos* Kehle.

krähen ah. *krāen*, ags. *crawan*, eng. *crow*, nicht nur vom Hahn, sondern auch v. d. **Krähe** *f* eig. die Krähende, urv. lit. *groti*, ablg. *grajati* krächzen; gr. *krṓzō*, lt. *crōcio:* ah. *hruoh* Krähe; nordd. Krähenauge Leichdorn, Hühnerauge. Krähwinkel *n*, ah. *chrāwinchil* abgeleg. Ort. O.N.: Cranzahl (»~schwanz«) im Erzgebirge, (viell. auch Krefeld).

Krakeel *m* ndl., 16. Jh. hd., viell. zu mnd. *krakelen* lärmen, westfläm. *kreel*, beeinflußt v. fz. *querelle* Streit z. lt. *queror* beklage mich.

Krakel *f* schlechte Schrift, z. Krakel = dürrer Zweig? ~füße (Lessing).

Kral, Kraal *m n* umzäuntes Negerdorf, v. afrikaans *kraal* < portug. *curral* Stall, Hürde; 1835 Freiligrath.

Kralle *f*, um 1600: z. mh. *krellen* kratzen.

Kram *m* eig. Zelt, kleiner Laden, dann Ware darin; kramen eig. kaufen, *chrome* einkaufen, z. Geschenk mitbringen (J. P. Hebel); dann suchend hin- und herlegen, herum~; ah. mh. *krām* Bude, *Zeltdach; Krämer *m;* Kleinigkeitskrämer (bildl.).

Krambambuli *m* Danziger Wacholderschnaps, dann übh. geistiges Getränk, stud., s. Krammetsvogel; 18. Jh.

Krammetsvogel *m* zu ah. *kranavitu* Kranichholz, Wacholder, also * Wacholdervogel; östr. F.N. Kranawetter, O.N.: Kranewitten, s. Kran, Wiedehopf.

Krampe *f* nd. Haken, and. *krampo*, eng. *cramp*, daher fz. *crampon* Klammer; vgl. Cochemer Krampen-(Mosel)bogen; s. Krampf, krumm.

Krampf *m* ah. *chrampho*, eng. *cramp*, eig. Gekrümmtes; urv. poln. *kr̯by* runzelig; s. krumm, Krampe, Krempe, Krüppel.

Kran *m* Hebewerkzeug, wegen d. Ähnlichkeit m. d. langhals. Vogel genannt; Kran *m* m. Abl.-Silbe **Kranich** *m*, ah. *cranuh*, pl. Kron, Kraun, urv. gr. *géranos*, kelt. *garan*, lt. *grūs;* s. Krammetsvogel, Kronsbeere, eng. *cranberry*, Geranium. O.N.: Kronberg (16), Kronach (dah. F.N.: Cranach), Kranichfeld. O.N. Cranzahl aber: Krähe.

krank mh. *kranc* schwach, schmal, gebrechlich (das ältere W. für krank ist siech); ~ (beim Wild) verwundet. ~en, kränken, eig. ~machen, verletzen, meist bildl., s. Kracke.

Kranz *m* ah. *chranz*, mh. *kranc*, Genet. *kranges* Kreis, Bezirk, Kränzchen *n* z. B. Lesekränzchen; wohl z. Kring v. mh. *krenzen* < **krangizzen*. Oder urv. m. lit. *grandis* eis. Reifen, Ring, lett. *grùods* stark gedreht (v. Faden u. Garn).

Krapfen[1] *m* Haken, ah. *krāpfo*, entl. it. *grappo*, *grappa* Haken, *grappino* Anker, fz. *agrafe* Spange; eig. Gekrümmtes, s. Krampf, krumm usw.; dass. W. ist **Krapfen**[2] *m* Gebäck n. d. Form, Vkl. Kräpfel, »Kreppel«; hierher auch **Krapp** ndl. *krap*, *krappe* Haken »wegen d. hakenförm. Stacheln der Blattränder u. Stengelknoten«, auch = Färberröte.

kraß auffallend, außergewöhnlich, v. lt. *crassus* dick, oft vermengt m. † graß wütend, 18. Jh.; s. gräßlich.

Krater *m* Schlund d. Vulkans, v. gr. *krātḗr* Mischkrug, Krater.

kratzen ah. *chrazzōn*, daher fz. *gratter*, it. *grattare;* Krätze *f* Ausschlag; kritzeln.

krauen mh. *krouwen*, ah. *chrouwōn*, dazu Krume *f*.

kraus mh. *krūs*, pl. krus, Krause *f*, kräuseln, Gekröse, verw. m. mh. *krol* lockig (* *kruzlō)*, F.N. ~haar.

Kraut *n* mh. ah. *chrūt*, pl. Krut, Blattpflanze, Gemüse, Kohl (Sauerkraut, Sauerkohl, daher fz. *choucroute)* Unkraut, urv. gr. *brýō* schwelle, sprosse, *brýon* Moos; übertr. loses Schwarzpulver, ~ u. Lot = Pulver u. Blei.

Krawall *m* um 1830 Aufruhr, Lärm, z. mlat. *charavallium*, fz. *charivari* Lärm, bayr. Grabel (Lärm), hess. Graball (Hanau 1830).

Krawatte *f* 18. Jh. v. fz. *cravate* (it. *cravatta)*, i. 30jähr. Krieg n. d. Halstüchern d. Kroaten.

kraxeln 18. Jh. bayr. österr. klettern, kärnt. *krāgeln.*

Kreatur *f* mh. *crēatiure*, v. lt. *creātūra* z. *creāre* schaffen, s. Kreole.

Krebs[1] *m* mh. *krebiʒ*, ah. *chrēpaʒo* (entl. fz. *écrevisse*, *crevette* Garnele), ndl. *kreeft*, s. Krabbe; ~ = Brustharnisch: ~schale.

Krebs[2] (Krankh.), Lb. n. lat. *cancer* u. gr. *karkínos*, *karkinóō* krümme, *karkínōma* ~geschwür, (Karzinom).

kredenzen (Wein feierlich) darbieten, eig. Speise u. Trank durch Vorkosten als unschädlich, ungiftig beglaubigen, 15. Jh. *crēdenzen* v. it. *credenza* Glaube, z. lt. *crēdere* glauben (s. Herz!), jm. sein Herz, Vertrauen geben. **Kredit** *m* eig. Geglaubtes, Vertrauen (geschäftlich), v. fz. *crédit*, it. *credito* 15. Jh., ~iv *n* Beglaubigungsschreiben e. Gesandten.

Kreide *f* ah. *krīda*, v. lt. *(terra) creta* gesiebte (Erde), daher it. *creta*, fz. *craie* Kreide, *crayon* Bleistift; irrt. bezogen auf d. Insel Kreta; in die ~ (des Wirts) kommen = verschuldet werden.

Kreis *m* ah. *chreiʒ*, zu *kriʒen* e. ~ ziehen, einritzen, K. also eig. eingeritzte (ursp. nicht krumme) Linie, s. kritzeln; kreisen, Einkreisung *f* 20. Jh. *(Kreisel*, pl. Brummküsel, gehört z. krus, s. Kraug[1] = Kräusel).

kreischen mh. *krīschen*, lautm. gr. *krízō*, Nf. kreißen, eig.: in Geburtswehen schreien, mh. *krīzen* schreien.

Krematorium *n* lt. 19. Jh., Feuerbestattungsanstalt, z. lt. *cremāre* verbrennen.

Kreml *m* russ. Stadtfestung, z. *Krimjen* Kiesel-, Feuerstein, also aus harten Steinen Gebautes, Burg.

Krempe *f* Hutrand, mh. *chramph* gekrümmt, s. Krampf, Krampe, krumm, Krücke, Krone.

Krempel[1] *f* Wollkamm = *Häkchen, Krampe. ~[2] s. Grempel.

Kremser *m* 1825 stellte Hofagent K. die ersten vielsitzigen Mietwagen am Brandenb. Tor i. Berlin auf.

Kren *m* südostd. Meerrettich, mh. *chrēn*, v. aslaw. *chrěnu.*

Kreole *m* v. fz. *créole*, sp. *criollo* v. ptg. *crioulo:* lt. *creāre* erschaffen, s. Kreatur.

krepieren 17. Jh. lt. it. *crepāre* bersten.

Krepp *m* 16. Jh. v. fz. *crêpe*, afz. *crespe*, lt. *crispus* kraus.

Kresse[1] *f* ah. *chresso*, eng. *cress*, urv. gr. *grástis* Grünfutter; entl. fz. *cresson*, it. *crescione;* in Göttingen (Straßen) ob. u. unt. Karspüle * Kressenpfuhl (2) nd. *pol*, mnd. dän. *karse;* schwäb. O.N.: Kreßbach, Kreßbronn.

Kresse[2] *f* d. Fisch Gründling, ah. *chrësso: chrësan* kriechen.

Krethi u. Plethi Gesindel, eig. Leibwache des Königs David (2. Sam. 8, 18), 18. Jh. *»Kreter u. Philister«.

Kretin *m* um 1800 v. fz. *crétin*, it. *cretino* z. lt. *christiānus* Christ (Glimpfwort, s. Liste 48); Campes Ersatz Kreidling wurde (m. Recht wie die meisten seiner Vorschläge) abgelehnt.

Kretscham *m* slaw.-ostd. Dorfschenke, v. č. *krčma*, poln. *karczma* F.N.: Kretschmar *Wirt; 14. Jh.

Kreuz *n* mh. *kriuze*, ah. *crūci*, pl. Krüz, eng. *cross*, fz. *croix*, v. lt. *crux* (Akk. *crucem);* ~en, ~igen, ~brav 18. Jh. Steigerung durch das dem Christen Heiligste, ebenso ~fidel stud., ~ u. quer, ~er *m* mh. *kriuzere* Münze, d. ursp. e. ~ trug, seit 13. Jh.; ~er *m* schnelles Kriegsschiff, v. ndl. *kruiser*, woher eng. *cruiser*, fz. *croiseur;* ~worträtsel 1900; s. Kruzifix.

kribbeln wimmeln, jucken, 16. Jh. zu krabbeln; kribbelig, zu ndl. *kribben* kritzeln u. *krabben* (s. Krabbe); Kribskrabs u. Krimskrams (an Kram angel.).

Kricket *f* eng. *cricket* Schlagballspiel, afz. *criquet* Stock, Stab: mndl. *kricke*.

Krieche *f* wilde Pflaume, ah. *kriach*, mh. *krieche*, v. *(prūnum) graecum?*

kriechen ah. *chriechan*, norw. mu. *krjuka* auch »sich zs.ziehen«, pl. krupen, Kroppzeug = kleine Kinder (F. Reuter), ags. *crēopan*, eng. *creep;* urv. lit. *grubinéti* stolpern.

Krieg *m* in heutiger Bed. seit 14. Jh., Grbd. Anstrengung, Streben nach etwas, daher kriegen (volkstüml.) = bekommen, erhalten; ah. *chrēg* Hartnäckigkeit, mh. *kriec* Anstrengung, Kampf. Das ältere W. war Orlog, ah. *ur-liugi;* südd. F.N.: Krieger, Krieg.

Kriek-, Krickente *f* lautm. (Ruf *krlik)*.

Kriminal||ist *m* Kenner od. Lehrer d. Strafrechts; ~richter *m;* um 1700 z. lt. *crīminālīs* v. *crīmen* Verbrechen; ~roman, dafür seit etwa 1950 umg. **Krimi** *m*.

Krimmer *m* eig. Lammfell aus der Krim. **Krimstecher** *m* zuerst im Krimkriege benutztes Fernglas.

Kringel *m* Vkl. z. Kring. Nf. Krang, s. Kranz; kreisförm. Gebäck, Brezel, eng. *crank* Krümmung, *crankle* sich schlängeln, anord. *kringla* Kreis; s. Brezel.

Krinitz (Grünitz) *m* (erzgeb.-vogtländ.) Kreuzschnabel, v. tschech. *krivo-nos* *Krummnase.

Krinoline *f* Reifrock, 1856 v. fz. *crinoline*, it. *crinolino* z. lt. *crīnis* Haar, *līnum* Flachs (eig. Zeug v. Flachs u. Pferdehaar).

Krippe *f* Futtertrog, wehrartiger Einbau i. Flüssen, ah. *krippa*, ags. *cribb*, eng. *crib*, schw. *krubba*, dä. *krybbe*, viell. zu mh. *krēbe* Korb (weil ursp. geflochten), entl. it. *greppia*, fz. *crèche*, got. dafür *uz-ēta* (zu *itan* essen); ~nreiter.

Krisis *f* Entscheidungs-, Wendepunkt, 18. Jh. v. fz. *crise* z. gr. *krísis* Entscheidung, mediz. seit Hippokrates: *krínō* scheide, urv. lt. *cerno* s. Kritik, rein.

Kristall *m* ah. *christalla*, v. gr. *krýstallos* Gefrorenes, Eis, Bergkristall, *krystaínō* mache durch Kälte gerinnen *(krýos* Kälte, Eis).

Kriterium Maßstab, Beurteilungsprinzip, 17. Jh.

Kritik *f* 17. Jh. v. fz. *critique* z. gr. *kritikḗ (téchnē)* Beurteilung(skunst), s. Krisis. Angelehnt ist kritteln, das als gritteln (zanken) schon früher bestand. ~aster = kleinlicher Kritiker. **kritisch** verhängnis-, entscheidungsvoll ~er Tag, 17. Jh.

kritzeln Vkl. zu mh. *kritzen*, ah. *krizzōn* einritzen, zu kratzen, s. Kreis.

Kroki *n* Riß, einfache Geländezeichnung v. fz. *croquis: croquer* skizzieren; um 1800.

Krokodil *n* mh. *kokodrille*, v. gr. *krokódīlos*, aus *kroko-drīlos* Steinwurm, *krokálē* Kiesel + *drīlos* Wurm. ~ stränе hinterlistige Träne n. *crocodili lachryma* (1500), dann heuchlerische, dann große Träne.

Krolle *f* rhein Locke, mh. *krolle*, *krülle*, mnl. *crolle*, *crulle;* z. kraus.

Kromlech *m* breton. *kromm-lech* vorgeschichtl. ringförm. Steinkreis.

Kron||e *f* ah. *corōna*, eng. *crown*, schw. *kruna*, dä. *krone*, fz. *couronne*, alle v. lt. *corōna*. gr. *korṓnē* Türring Haken, *korōnós* gekrümmt. O.N.: ~nburg, ~stadt; krönen, ~leuchter *m* 18. Jh., ~prinz *m* 17. Jh., Krone *f* (Münze m. Krone), ~zeuge *m* Hauptzeuge, um 1870 Lüt. v. eng. *king's evidence* d. geständige Angeschuldigte, d. gegen seine Mitschuldigen zeugt, um selbst begnadigt zu werden; ~taler od. ~entaler *m* 18. Jh.; Baum~e, Zahn~e. P.N.: Corona, Kronsbeere s. Kran.

Kronide Zeus als Sohn des Kronos, gr. *Kronídēs: krainō* vollende, herrsche.

Kronsbeere *f* nordd. 17. Jh., Nf. z. Kran- u. Kranichbeere, s. Kran.

Krönsel, Krönzel *f* rhein. Stachelbeere u. Preiselbeere, z. Kronsbeere.

Kropf *m* german. **kroppa* runde Masse, mh. ah. *kropf*, ags. *cropp*, eng. *crop* Kropf; Grbd. viell. hervorstehende Rundung, urv. gr. *grȳpós* gekrümmt, s. Kruppe.

Kröte *f* ah. *chrota, chreta*, urv. gr. *bátrachos*, ion. *brotachos* Frosch. Bildl. kleiner bösartiger Mensch; dazu umg. krötig »boshaft«. Schildkrot s. Schildpatt.

Krücke *f* ahd. *chruckia*, eng. *crutch*, dä. *krykke*, Grbd.: Gekrümmtes, verw. m. kriechen, krumm, Krampf, Kropf, Krüppel.

Krug[1] *m* ah. mh. *kruog*, ags. *crōg;* viell. m. aslaw. *krugla* Becher, gr. *krōssós* v. e. unbek. Sprache.

Krug[2] *m* nd. Dorfwirtshaus, wahrsch. nicht zu Krug[1], brem. *klippkrog* Winkelschenke, schwed. *krog*, Gasthaus, mnd. *krōch* Winkel, dän. *krog* Winkel; s. Nobiskrug. F.N.: Krüger, Krieger, pl. Kröger.

Kruke *f* nd. für Krug[1], and. *krūka*, ags. *crūce, crocca*, dän. *krukke.*

Krüllschnitt *m* v. Tabak, z. mh. *krol* lockig. s. Krolle.

Krume *f* nd., Vkl. Krümel, zu krauen, isl. *krumr*, urv. lat. *grūmus* Erdhaufe, gr. *grȳméa* Gerümpel.

krumm ah. *chrumb*, ags. *afries. crumb*, eng. *crump*, urv. gr. *grȳpós* gekrümmt, s. Krampf, kriechen, Krücke, Kropf; ~stab *m* Bischofs-, Abtsstab, sprichwörtl.: »unterm ~ lebt sich's gut«.

Krümper *m* mu. = * Zugabe über d. Sollbestand, * v. Tuchhandel (Zugabe für d. Schrumpfen od. Einkrümpen der Wolle), i. Preußen 1808–12 auf die Zahl der Soldaten angewandt, ~pferd *n* überzähliges Pferd, ~wagen, Kutschwagen einer Truppe.

Kruppe *f* Kreuz d. Reittiere, v. fz. *croupe; croupier* * Hintermann auf dems. Pferde, z. dtsch. Kropf, s. Liste 33; 17. Jh.

Krüppel *m* afries. *kreppel*, ags. *crypel*, eng. *cripple*, mh. *krüpel;* urv. gr. *grȳpós* gekrümmt, s. krumm, Krampf, Kropf.

Kruste *f* ah. *krusta*, v. lt. *crusta* Rinde (dah. eng. *crust*, fz. *croûte).*

Kruzifix *n* v. lt. *crucifixum (signum)* angeheftetes (Bild) Christi, s. Kreuz; mh. *crucifix.*

Kübel *m* großes Gefäß, s. Kopf, mh. *kübel*, ags. *cyfel;* s. Kufe.

Kubik- in Zs. 18. Jh. v. lt. *cubus*, gr. *kýbos* Würfel; Kubismus *m* 20. Jh.

Küche *f* ah. *kuchina*, pl. Käk, ags. *cycene*, eng. *kitchen*, v. spätlat. *coquīna*, mlat.-it. *cucina*, fz. *cuisine*, zu *coquo* koche, ~nlatein schlechtes Latein, wie es i. M.-A. i. d. Klosterküche gesprochen wurde, münsterl. um 1500 *quat latijn oft kokenlatijn spreken.* O.N.: Kösen (Salzküche, Sudhaus).

Kuchen *m* ah. *kuocho*, pl. Kauken, eng. *cake*, schw. *kaka;* v. germ. *kaka-kōka* Kindersprache? entl. it. *Cuccagna*, fz. *pays de Cocagne* Schlaraffen- (eig. Kuchen-)land.

Küchlein *n* mh. *küchelīn*, pl. Küken, ags. *cycen*, eng. *chicken* Huhn, an. *kjūklingr;* lautm. für das Küken wie ags. *coec*, eng. *cock* für den Hahn.

kucken s. gucken.

Kuckuck *m* lautm., mh. ah. *gouch*, vgl. fz. *coucou*, lt. *cucūlus*, gr. *kokkyx*, aslaw. *kukavica*, ai. *kokilás*, wahrsch. alle selbständig entstanden. ~ verhüllend für Teufel; zum ~, da hol' mich der ~, ich schere mich den ~ darum, s. Gauch u. Liste 48.

Kuddelmuddel *m* nd. 19. Jh. Durcheinander, z. nd. *koddeln* (Sudelwäsche halten) + Modder?

Kufe[1] ah. *chuofa*, v. lt. *cūpa* Faß, Tonne, s. Kopf. *Küfer m;* Küper *m* (nordd. Böttcher zu Bottich). O.N.: Kufstein.

Kufe[2] am Schlitten, ah. *slitochōho*, mnd. *kōke*, verw. Kegel, urv. lit. *žãgaras* dürrer Ast.

Kugel[1] *f* mh. *kugel*, mndl. *kogghele* Keule, zu Keule, urv. poln. *guga* »Beule«; kugeln, Ztw. kullern, schles. *kullen* rollen, *Kulle* ~, Rolle; Kugelung *f*.

Kugel[2] *f*, **Gugel** *f* † Kapuze, ah. *kugula* Mönchskappe, eng. *cowl* Kapuze, v. lt. *cucullа*, schwäb. F.N.: Gugeler.

Kuh *f* mh. ah. *chuo*, pl. Kauh, ags. *cū*, eng. *cow*, schw. dä. *ko*, urv. lt. *bōs*, gr. *būs*, **gvōus* (Böotien Rinderland, Bosporus s. Furt, Euböa Insel m. schönen Rindern, s. Evangelium), aind. *gáuḥ*, lett. *gúovs*, air. *bó*, toch. *ko*. Die ~ gehörte also, wie Pferd, Schaf, Hund u. a., schon z. d. idg. Haustieren; viell. v. sumerisch *gu* Rind.

kühl ah. *chuoli*, pl. *käul*, ags. *cōl*, eng. *cool*, z. kalt.

kühn mh. *küene*, ah. *chuoni*, ags. *cēne* weise, kühn, scharf, eng. *keen* scharf; Grbd.: weise, erfahren; Konrad, *Chuonrad* = weise, erfahren im Rat, entspr. gr. *Thrasýbūlos*, verk. Kurt, Kuno, afries. *Keno*, Kühn; z. ders. Wz. wie können, kennen, aber dann auf Kampf u. Krieg beschränkt, sich er~en, ~lich, toll~.

kujonieren 17. Jh. v. fz. *coïonner* jem. ein. *coïon* = Schuft schelten; v. it. *coglione* Schuft u. lt. *cōleus* Hode.

kul||ant entgegenkommend, 19. Jh. v. fz. *coulant* fließend; ~anz *f*.

Kule s. Kaule.

Kuli *m* ind. u. chines. Lastträger, Tagelöhner, tamul. *kuli* Lohn (*Kulī*, *Koli*, Volk in Guzerat); 19. Jh.; Tinten~.

Kulisse *f* Schiebewand auf der Bühne, 18. Jh. v. fz. *coulisse* zu *couler* fließen, rinnen.

Kulm *m* Bergspitze (Rigi~), v. churwelsch *culm* z. lt. *culmen* Gipfel, eig. *columen*, z. *(ex)cellĕre* hervorragen; slaw. O.N.: Kulm, Chlum, Golmberg (Fläming); Kulminationspunkt *m*; s. Halm, Hals, Holm.

Kultur *f* 17. Jh. v. lt. *cultūra* Anbau, Landbau, Geistesausbildung; ~geschichte *f* seit Adelung 1782, vorher: Gesch. d. Menschheit (s. Menschheit); ~kampf *m* schon 1840, dann 1873 v. Virchow erneuert für d. Kampf zw. preuß. Staat u. kath. Kirche; **Kultus** *m* 17. Jh. v. lt. *cultus* Anbau, Pflege, Verehrung d. Gottheit, z. *colo* bearbeite, pflege, verehre; s. Kolonie.

Kümmel *m* pl. Käm, ah. *chumil*, v. lt. *cumīnum*, gr. *kýmīnon*, arab. *kammūn;* nicht dazu **~blättchen** *n* Glücksspiel m. 3 Karten, rotw. nach hebr. *gīmel* Zahlbuchstabe für 3; **~türke** stud. Philister (Goethe 1810 brieflich, Arnim); »Student aus d. Umkr. v. Halle, wo starker ~bau getrieben wurde«.

Kummer *m* mh. *kumber*, Bauschutt, Trümmerhaufen, Sorge, also v. d. Last, Beschwerung ins Seelische übtr.: Beschwerde; ~ † = Arrest (Rechtspr.); viell. v. kelt. *comboros* Zus.getragenes, dazu afz. *encombrer* beschweren, belästigen; sich kümmern eig. sich quälen, bedrücken (später abgeschwächt): sich um etwas bekümmern.

Kummet, Kumt *n* aus d. Slaw. im 12. Jh. entl., Halsjoch d. Zugtiere, vgl. poln. *chomąto*, viell. aus d. German., ndl. *haam*, westf. *hame*, viell. urv. gr. *kēmós* Maulkorb.

Kump, Kumpf *m* mu. Schale, mh. *kumpf*, mnd. *kump*, ags. *cumb;* dazu **Kumme**; urv. lit. *gum̃bas* Knorren.

Kumpan *m* mh. *kumpān* v. afz. *compaing*, nfz. *compagnon*, lt. *com-*

pānio Brotgenosse = got. *ga-hlaiþs*, s. Kompagnie.

Kumpel *m* bergm.-westf. »Arbeitskamerad« s. Kumpan.

kund ah. *kund*, got. *kunþs* bekannt, eig. Part. zu kennen, können, ags. *cūþ* (eng. *uncouth* unbekannt, ungeschlacht, seltsam). **Kunde** *m*, **Kundschaft** *f* eig. im Geschäft Bekannter; Kunde *f* Kenntnis; künden, kundig, ortsk., Herzenskündiger † Apg. 15, 8; kündigen eig. d. Lösung e. Vertrages melden; Kundschafter *m* Spion, s. kennen, können, kühn.

künftig = was kommt, v. Kunft †, Zukunft, zu kommen (wie Vernunft - vernehmen, Brunft - brennen).

Kunkel *f* ah. *chunchla* v. mlat. *conucula* Spinnrocken, Vkl. z. lt. *colus*; ~lehen (in weibl. Linie), ~mage Verwandter weiblichers., Gstz. Schwertmage; schwäb. ~stube.

Kunst *f* zu können, Künstler *m*, künsteln, ~stück *n* (früher = Kunstwerk), ~pause *f* (scherzh.).

kunterbunt um 1500 viell. aus mlt. *contrapunctum* vielstimmig, dann verworren.

Kupfer *n* ah. *kupfar*, v. lt. *cuprum* eig. *(aes.) cyprium* Erz v. d. Insel Cypern (Kypros), eng. *copper*, fz. *cuivre*, sp. *cobre*.

Kuppe *f* schles. Koppe, ah. *chuppha* Kopfbedeckung, s. Kopf; 18. Jh. v. nd. ~.

Kuppel *f* 17. Jh. v. it. *cupola* zu mlt. *cupula* v. *cūpa* Becher, also n. d. Gestalt d. umgestürzten Bechers; s. Kopf.

kuppeln (bildl. meist in bösem Sinn), v. lt. *cōpulo* verbinde, s. Koppel, Couplet; Kuppler *m*.

Kur¹ *f* † mh. *kür*, ah. *churi*, ags. *cyre* Wahl; Willkür *f*, Kurfürst *m*, küren, kiesen, erkoren; pl. kören, Körung *f* (landwirtsch.).

Kur² *f* ärztl. Fürsorge, 16. Jh. v. lt. *cūra* Sorge; kurieren, s. kurios, akkurat, Prokura, sicher; Sinekure.

Kur³ *f* jem. die K. (d. Hof, fz. *cour)* machen, s. Cour, Garten.

Kurant gangbare Münze, 16. Jh. v. it. *corrente*, um 1700 v. fz. *courant* laufend (v. *courir)*, s. Kurrende, Korridor, Kurs u. ä.

Küraß *m* 15. Jh. v. fz. *cuirasse* Lederpanzer *(cuir* Leder, lt. *corium)*, Kürassier *m* (1616); um 1525 (Pavia) Kyrisser wie schon Ende 15. Jh.

Kurat *m* Seelsorgegeistlicher (bes. in Österreich), lt. *cūrātus*, it. *curato*, fz. *curé*, v. lt. *cūra* Sorge; Feld~, ~él *f* Vormundschaft, ~or *m*, ~orium *n*.

Kurbel *f* Winde, zu † Kurbe *f*, ah. *churba*, v. fz. *courbe*, z. lt. *curvus* gekrümmt, s. Kurve; 15. Jh.

Kürbis *m* mh. *kürbez*, ah. *churbiz*, ags. *cyrfet*, v. lt. *cucurbita*.

küren zu Kur, Wahl, s. kiesen, Willkür, Walküre, kosten¹.

Kurie *f* v. lt. *cūria* Rathaus, Senat, Amtshaus; römische ~ seit 13. Jh. päpstl. Hofstaat, dann Regierung.

Kurier *m* 16. Jh. v. fz. *courrier* Eilbote, v. it. *corriere* zu lt. *currere*, fz. *courir* laufen, s. Kurant, Kurrende, Kurrentschrift, Kurs, kursiv, Korridor.

kurieren heilen, s. Kur².

kurios seltsam, 17. Jh. v. fz. *curieux* neugierig, sonderbar, zu lt. *cūriōsus* sorgfältig, neugierig. ~ität *f* Seltenheit.

Kurrende *f* Schülerschar, die von Haus zu Haus um Almosen sang (noch Ende 19. Jh. in Halle), zu lt. *corradere* zs. kratzen, dann angelehnt an lt. *curro* laufe; Kurrentschrift *f* gewöhnliche (eig. laufende, gangbare) dtsche Schreibschrift, s. Kurant, Korridor.

kurrig (nur b. Bürger), viell. nd. *kurren* = knurren? = streitsüchtig, wunderlich.

Kurs *m* Lauf (d. Schiffes, d. Wertpapiere), Lehrgang, 16. Jh. v. lt. *cursus* Lauf, ~ieren, ~ivschrift schrägliegende, eig. laufende Lateinschrift.

Kürschner *m* mhd. *kürsenaere*, z. *kürsen*, ah. *chursinna* Pelzwerk, v. aslaw. *kŭrzno* Pelz.

Kurtisan *m* Höfling, Buhler, fz. *courtisan*, it. *cortigiano: corte* Hof, fz. *courtisane*, it. *cortigiana* Buhlerin; 16. Jh.

Kurve *f* Krümmung, 18. Jh. v. lt. *curvus* krumm, s. Kurbel; seit etwa 1950 umg. f. weibliche Formen.

kurz ah. *churz* v. lt. *curtus* (fz. *court*): gr. *kartós* abgeschnitten; kürzlich, ~schluß *m* 19. Jh., ~schrift *f* 19. Jh., ~waren *f* Zutaten zum Nähen, ~weil *f*, den kürzeren ziehen (d. k. Halm beim Losen), zu ~ kommen, ~ angebunden eig. v. bissigen Hunden; s. Schürze.

kusch Befehl an d. Hund, v. fz. *coucher* legen, v. lt. *collocāre* e. Platz (*locus*) anweisen; 17. Jh.

Kuß *m* eng. *kiss* küssen, lautm. (wie südd. Busserl), ah. *kus*, an. *koss*; ~hand *f*; Küssenpfennig »Geizhals«.

Küste *f* 16. Jh. v. ndl. *kust*, mndl. *cost* v. afz. *coste*, nfz. *côte* Rippe, Seite, Seeufer, zu lt. *costa* Seite, s. Kotelett.

Küster *m* ah. *kustor*, pl. Köster, v. mlt. *custor*, lt. *custōs* Hüter; südd. Mesner, nordd. Oppermann, südd. Opfermann, köln. Offermann, schweiz. Sigrist; nd. Küsters Kamp = Kirchhof, weil d. Gras d. ~ gehört.

Kutsche *f* 16. Jh. v. magyar. *kocsi* Wagen aus Kocs b. Raab (sp. fz. *coche*, it. *cocchio*, eng. *coach*, ndl. *koets*).

Kutte *f* Mönchskleid, mh. *kotte* aus mlt. *cotta* langes Oberkleid, beruhend auf germ. *kotta-*, das verschoben in ah. *chozzo* grobes Wollenzeug, and. *kotta* Mantel, eng. *coat* Rock; s. Kotze.

Kutteln oberd. mh. *kuteln* = Kaldaunen, mh. *kutelvlëc* zerschn. Gedärme; verw. got. *qiþus* Leib, Magen u. urverw. m. lat. *botulus* < **gvot-* Darm, Wurst; s. Kaldaunen.

Kutter *m* 18. Jh. v. eng. *cutter* eig. (Meer)durchschneider z. *cut* schneiden.

Kuvert *n* Briefumschlag, um 1700 v. fz. *couvert* bedeckt z. *couvrir*, v. lt. *cooperīre* bedecken (die fz. Bez. ist *enveloppe*), s. Liste 40.

Kux *m* Anteilschein, Besitzanteil an e. Bergwerk, v. tschech. *kus*, *kukus*, *kusek* Stück, Teil(chen); 14. Jh.

Kyrie eléison Herr erbarme dich, s. Almosen.

L

Lab *n* Gerinnmittel, ~kraut, ~magen: ah. *lab*, *chesluppe*~, *lebirmeri* »geronnenes« Meer.

laben ahd. *labōn* waschen, erquicken, viell. v. lt. *lavāre* waschen. Labsal *n*. F.N.: Laváter * Wäscher, lt. *lavātor*, s. Lava.

Laberdan *m* 17. Jh. eingesalzener Kabeljau, v. fz. *laberdan* (nach *tractus Lapurdanus* = Küste bei Bayonne, von wo aus die Basken zum Kabeljaufang ausliefen).

labét sein, fz. *la bête*, im Kartenspiel ohne Stich = verloren sein.

Labor||atorium *n*, ~**ieren** (an e. Übel) z. lt. *labōro* arbeite, bin mühselig, leidend.

Labskaus *n* ndl. u. nd. Seemannsgericht, eng. *lobscouse*, viell. z. *lob* Klumpen u. *course* Gericht; 19. Jh.

Labyrinth *n* 16. Jh. v. gr. *labýrinthos*, ursp. Bez. v. Höhlen u. Bergwerken m. vielen Gängen, dann ähnliche künstliche Bauwerke, bes. i. Ägypten u. Kreta. * Haus d. Doppelaxt, *labrys*, *-inth-* vorgr.

Lache *f* ah. *lahha*, ags. *lacu* Fluß, nd. Lake, wahrsch. z. leck; O.N.: Maria Laach (Abtei), Dinslaken a. Rhein, s. Dienstag.

lachen ah. *lahhan*, got. *hlahjan*, eng. *laugh;* lächeln; urv. wohl gr. *klṓssō* <**klṓkjō*, air. *clocc* Glocke.

Lachs *m* mh. *lahs*, ags. *leax*, dä. schw. *lax*, urv. lit. *lãszis*, tocharisch *laks* = Fisch, tschech. *losos*, russ. *lososŭ*, viell. z. aind. *lajati* »wird rot« n. d. Farbe seines Fleisches (Zs. f. dt. Phil. 1953, 71); s. Salm.

Lack *m* 14. Jh. v. it. *lacca*, z. pers. *lak*, ai. *lākṣā́* »100000« (Insektenstiche, - harzige Absonderung: übertr. v. Lachsschwarm, also ~ ursp. = Lachs? s. d.); ~mus, 16. Jh. v. ndl. *lakmoes* (2: *moes* Mus), 1: an Lack angel., aber z. mndl. *lēken* tropfen.

Lade *f* mh. *lade* Behälter, Kasten (Bundes~, Bett~, Schub~, Kinn~), an. *hlađa* Scheuer; **Laden** *m* mh. *lade* Fenster~, Kauf~, eig. Brett, Latte; ~hüter *m* 17. Jh., s. Hut[2].

laden[1] ah. *hladan*, got. *hlaþan*, ags. *hladan*, eng. *lade*, urv. aslaw. *kladą* lege, s. Lade, Last.

laden[2] (ein~, auffordern) ah. *lādōn*, got. *laþōn* berufen, viell. z. Laden u. Latte, weil d. Vorladung durch e. Brett erfolgte; s. Klub.

Lady s. Laib.

Lafette *f* Stückwagen, Gestell der Geschütze, umgestaltet aus fz. *l'affût*, afz. *fust*, lt. *fustis* Knüppel, Stock; 17. Jh.

Laffe *m* alberner Mensch, mh. *lappe;* wohl z. Laffe »Hängelippe« (s. hd. Lefze, Lippe), dann »Gaffer«, vgl. auch Maulaffe; läppisch.

Lage *f* ah. *lāga*, z. liegen; Lager *n* mh. *lëger*, ah. *lëgar*, got. *ligrs*, ags. *leger*, eng. *lair:* Auf~, Lagerist, s. Liste 14 u. 54 (Gelage).

Lägel *n* Fäßchen, ah. *lagilla*, mh. *lăgel*, v. lt. *lagēna* v. gr. *lágynos* Flasche.

Lagune *f* v. it. *laguna* z. lt. *lacūna* Lache, *lacus* See.

lahm mh. ah. *lam*, and. eng. *lame*, urv. aslaw. *lomiti* brechen; im Ablaut ah. *luomi* matt, s. Lümmel; hierher viell. belemmert »verlegen, betrogen, kläglich«, ndl. *belemmeren* verhindern, beschweren, hemmen.

Laib *m* (meist tautol. Laib Brot) mh. ah. *hleip* ältere Bez. für Brot, got. *hlaifs*, ags. *hlāf*, eng. *loaf (lord* = ags. *hlāford*, *hlāfweard* Brotwart, Herr); *lady* = ags. *hlǣfdīge* Brotverteilerin: *dǣge*, aisl. *deigja* Brotmagd, *Brotkneterin; entl. aslaw. *chlebu*, finn. *leipä;* s. Lebkuchen.

Laich *m*, Ztw. ~en, : mh. *leich*, ah. *leih*, mnd. *lēk*, schwed. *lek*, auch Liebesspiel: † Leich (Liedform), anord. *leikr* Spiel, Kampf.

Laie *m* Nichtgeistlicher, dann Nichtfachmann, mh. *leie*, ah. *leigo*, v. lt. *lāicus*, gr. *lāikós*, z. *lāós* Volk.

Lakai *m* 16. Jh. v. fz. *laquais*, sp. *lacayo*, mgr. *ūlákēs (ē* sprich *ī)*, türk. *ulak* Läufer, Eilbote.

Laken *n* nd. Lein-, Bettuch, ah. *lahhan*, and. *lakan;* Leilach(en), 1) Lein, ah. *līnlahhan*, urv. gr. *láganon* dünner Kuchen.

lakōnisch kurz u. treffend i. Reden 17. Jh., v. gr. *Lákōn* = Spartaner wegen dieser Eigenschaft berühmt.

Lakritze *f* mh. *lakeritze*, gr. *glykýrrhiza* *Süßwurzel, s. Glyzerin.

lallen lautm. wie auch lt. *lallo*, gr. *laléō (Lalagē!)*, ohne urv. zu sein.

Lama[1] *n* aus d. Peruanischen, sp. *llama;* um 1600.

Lama² *m* buddhist. Priester(mönch), v. tibetan. *(b)lama;* der höchste ~: Dalai ~.

lamentieren 16. Jh. v. lt. *lamentor* wehklage; Lamento *n.*

Lametta *f* Metallblättchen, Engelshaar (Schmuck f. d. Weihnachtsbaum), wohl it. *laminetta,* Vkl.: *lamina,* das auch Lamelle, z. B. beim Pilz, dünnes Blättchen bedeutet.

Lamm *n* mh. *lamp,* ah. got. and. ags. eng. *lamb;* urv. aslaw. *lani* Hinde, gr. *élaphos* Hirsch; lammen.

Lampe¹ *f* mh. *lampe* v. fz. *lampe,* it. *lampa,* z. gr. *lampás* v. *lámpō* leuchte, Olympos, leuchtender Berg. Lampion *m n* fz. Vkl., ~nfieber *n* 19. Jh., s. Laterne.

Lampe² *m* Name d. Hasen, Kurzform Lampo v. Lamprecht, ah. *Lantpëraht* der im Lande Glänzende, s. Pracht, Lenz.

Lamprete *f* ah. *lamprēta,* fz. *lamproie,* eng. *lamprey,* v. mlat. *lampetra* * Steinleckerin *(lambĕre* u. *petra).* Neunauge (Fisch).

Land *n* mh. ah. *lant,* got. anord. ags. eng. *land,* urv. air. *lann, land,* bretonisch *lan* Heide (daher fz. *lande* Heide), ablg. *ledina* Heide; Aus~, mh. *lenden,* noch bayr. *land* = Ufer, ~en um 1700; Ländler *m* Tanz aus dem Landl (Oberöstr.), 19. Jh.; ~drost nd. s. Drost, ~flucht *f,* ~pomeranze *f* erst bei Hauff; ~schaft *f* 16. Jh., ~schafter *m* 18. Jh., ~rat *m,* ~ratte *f* um 1800, ~streicher *m,* ~sturm *m,* ~wehr *f* 1813, früher (s. Tacitus) Erdwall, Grenzbefestigung, ~sknecht *m* 15. Jh., entl. fz. *lansquenet;* ~smann *m* 15. Jh. ~smannschaft *f* stud. 18. Jh., Gelände *n,* Ländereien, hierzulande, ~ u. Leute, ländlich. 62 altd. P.N.: auf -land, viele damit beginnend: Lambert, Lamprecht i. Lande glänzend, Vkl. Lemke, s. Lampe², elend.

Landauer *m* 18. Jh. weil zuerst in Landau gefertigt (Goethe, Hermann u. Dor. I, 55), als Joseph I. die Stadt belagerte (1702).

lang ah. *lang,* got. *laggs,* ags. eng. *long,* urv. lt. *longus;* pl. *»linkelanken* föl he hen«; ~en ausreichen, sich erstrecken, er~en, be~en, ge~en, ver~en, Länge *f;* ~sam, ah. ags. *langsum,* verm. m. ah. *langseime* zögernd: mh. *sẹine* träge, got. *sainjan* säumen; längs, ent~, längst, Langeweile *f* 17. Jh., ~finger *m,* ~mut *f,* ~ohr *n* (Hase, Esel), ~-stielig 19. Jh. meist bildl., ~wierig (z. währen), Zeit~, Leben~, ~en u. bangen; Langobarden, dazu Lombardei (dah. Lambertsnuß); s. Lenz.

Languste *f* Seekrebs, fz. *langouste,* aprov. *langosta,* vlat. **lacuster,* verm. m. lt. *locusta* Heuschrecke.

Lanze *f* mh. *lanze* v. fz. *lance,* lt. *lancea,* gr. *lonchē,* keltiber.-gr. *lankía,* viell. z. mir. *do-lēcim* lasse los, werfe. ~tte *f,* lancieren; fz. *lancier,* eng. *lancer* ~nreiter.

Lapidarschrift, -stil *m* kurz u. bündig, wie bei Steininschriften, um 1800 z. lt. *lapis* Stein.

Lappen *m* mh. *lappe,* ah. *lappa,* an. *leppr,* eng. *lap* (Läppchen, Schoß), urv. gr. *lobós* Hülse, Ohrläppchen, lt. *labo* wanke; es läppert sich zus., Läpperschulden; Lappalie *f* Kleinigkeit (lt. Endung).

läppisch s. Laffe.

-lar in O.N. s. Liste 54.

Lärche *f* mh. *lerche* v. lt. *lărix, lăricem, *darix* s. Teer u. -der Liste 54; o. z. bask. *lerra* Föhre?

Larifari *n* *ital. Absingen d. Töne *la re fa ...,* ~ u. Kinderspiel (Abr. a St. Clara).

Lärm *m* 16. Jh. Lerman v. it. *allarme* zu d. Waffen! (Ruf d. Landsknechte), fz. *alarme,* s. Alarm.

Larve *f* 14. Jh. v. lt. *lārva* Gespenst, *böser Geist eines Verstorbenen, d. Gegenstück d. *Laren,* Maske; ent~n (bildl.).

lasch 15. Jh. schlaff, mnd. *lasich,* z. got. *lasiws* schwach, s. Lasche.

Lasche *f* *Lappen z. lasch, mh. *lasche*, isl. *laski*, urv. aslaw. *loscutŭ* Lappen, toch. *ljäṣk* Weiche.

laß mh. ah. *laȥ*, got. *lats*, anord. *latr*, urv. lt. *lassus* abgespannt; lässig; **lassen** mh. *lāȥen*, ah. *lāȥȥan*, pl. laten, got. *lētan*, ags. *lǣtan*, eng. *let;* urv. lit. *léidmi* lasse, gr. *lēdein* müde werden; aus urv. lt. *laxāre*, it. *lasciare*, fz. *laisser;* lassen zu laß, also eig. nach~, ab~, dazu ge~, ausge~, unter~, lässig, läßliche Sünden (Lüs. v. lt. *peccata venialia)* = geringe S., zuverlässig, Ablaß *m*, Gelaß *n*.

Last *f* ah. *last*, *hlast*, eng. *last*, z. laden; daher it. *lasto*, fz. *laste* Schiffsgewicht, fz. *lest:* altfries. *hlest*, Ballast; Lastadie *f* Ort, wo Schiffe laden; Straßennamen in Danzig, Königsberg, Stettin, mh. *ladestat*, mlat. *lastadium;* s. Liste 14.

Laster *n* ah. *lastar*, afries. *laster* Beschädigung, mndl. *lachter* Schande, Hohn, **lahstra*, ags. *leahtor* Tadel, Sünde, z. ah. *lahan* tadeln, ah. *lastarōn*, mndl. *lachteren* lästern, Lästerzunge, Lästerung *f*, urv. air. *locht* Fehler.

Lasurfarbe *f* durchsichtige Deckfarbe, v. mlt. *lazarium*, pers. Urspr., s. Azur.

Lateran *m* päpstl. Palast i. Rom, i. Altertum Besitz d. Familie Laterani.

Laterne *f* v. lt. *laterna*, *lanterna*, z. gr. Akk. *lamptēra* Leuchter, s. Lampe; mh. *la(n)terne*.

Latsche[1] *f (ā)* 17. Jh. breitgetretener, schlechter Schuh, ~n schleppend gehen, »*-tsch* malt hier d. Ausbreitung über e. Fläche«.

Latsche[2] *f (ā)* niedr. Föhre, Legföhre, Knieholzkiefer.

Latte *f* ah. *latta*, eng. *lath*, *lattice* Gitter: fz. *lattis* ~nwerk, verw. Laden; entl. it. *latta*, fz. *latte*, s. Geländer.

Lattich *m* Kopfsalat, ah. *lattūh*, v. lt. *lactūca* z. *lac* Milch, weil d. ~ Milchsaft enthält, Huflattich *m* aber v. lat. *lapath(i)um*, gr. *lápathon* Ampfer, n. Huf wegen d. Blattform.

Latwerge *f* v. spätlt. *ēlectuārium* dicker Heilsaft, gr. *ekleiktón* z. *ekleichō* lecke aus, * zu Zerleckendes; mh. *electuārje* u. *latwērje*.

Latz *m* (Brust~) mh. *latz*, v. afz. *laz*, eng. *lace* Schnürband (nfz. *lacs*, *lacet)*, z. lt. *laqueus* Schlinge, it. *laccio*.

lau mh. *lā*, ah. *lāo*, an. *hlǣr* mild, lau, urv. lt. *calēre* warm sein, entl. fz. *flou* weich, sanft, s. flau.

Laub *n* mh. *loup*, ah. *loub*, got. *laufs*, and. *lōf*, eng. *leaf* Blatt, dä. *löv*, urv. lit. *lãpas* Blatt, č. *lupina* Hülle, gr. *lepos* Schale, Hülse.

Laube *f* ursp. Halle, jetzt meist Gartenlaube, mh. *loube* Vorhalle, Galerie, ah. *louba* Vorbau, Schutzdach (irrt. an Laub angelehnt), an. *lopt* Zimmerdecke, Oberstock, urv. poln. *lub* Baumrinde, Wagendach, lt. *līber* Bast; entl. it. *loggia*, fz. *loge;* schweiz. F.N.: Zurlauben.

Lauch *m* mh. *louch*, ah. *louh*, and. *lōk*, an. *laukr*, eng. *leek*, viell. urv. gr. *lýgos* biegsamer Zweig, russ. *luk* Bogen.

lauern mh. *lūren*, pl. luren, an. *lūra* schlummern, eng. *lower*, *lour* finster blicken, *lurk* lauschen, lauern; Lorelei, s. Lei.

laufen ah. *hlauffan;* pl. lopen, got. *hlaupan*, ags. *hlēapan* laufen, springen, eng. *leap* springen; entl. fz. *(ga)loper*, it. *galoppare*, sp. *galopar;* geläufig; südd. Lauf = Wasserfall, dah. O.N.: Lauffen, Laufenburg u. a.; s. Galopp.

Lauge *f* ah. *louga*, ags. *lēah*, eng. *lie*, an. *laug* Badewasser; dazu urv. lt. *lavo* wasche, gr. *lúō* **loweō*.

Laune *f* mh. *lūne* wechselnde Stimmung, Mondwechsel, v. lt. *lūna* Mond, dazu fz. *lunes* Grillen, Launen, eng. *lunatic* mondsüchtig, wahnsinnig.

Laus *f* mh. ah. an. ags. *lūs*, eng.

louse, urv. kymr. *llau*, tochar. *luwa* Tier; lausig (bildl.), s. Wanze.

lauschen mh. mnd. *lūschen* verborgen liegen, lauern, z. ags. *lūtian;* ah. *lūzēn*, z. ags. *lūtan* sich neigen.

laut ah. *(h)lut*, mh. *lūt*, and. afries. ags. *hlūd*, pl. lut, eng. *loud*, eig. altes Part. zu idg. Wz. *klu* hören: ai. *ṣrūtá*, gr. *klytós*, lt. *inclitus*, *inclutus* berühmt; ferner urv. aslaw. *sluti* heißen, gr. *kléos*, toch. *klyne* Ruhm. P.N.: Chlodochar, Chlothar, Hluthar, Lothar, Luther, Ludwig (Kf. Lutz, Lotze), Chlotilde, entl. fz. *Louis*, it. *Luigi*, latin. *Ludovīcus*, verw. got. *hliuma* Gehör; s. Leumund. **Laut** *m* ah. *hlūtī f*, mh. *lūt;* laut dem Befehl (nach d. Laut, Wort~; s. kraft); lauten; läuten, ah. *hlūten* tönen, eig. laut, hörbar machen, mh. *liuten*.

Laute *f* mh. *lūte*, port. *alaud*, v. it. *liuto*, fz. *luth*, arab. Urspr. *al 'ūd* Instrum. aus Holz; F.N.: ~nschläger.

lauter mh. *lūter*, ah. *hlūttar*, got. *hlūtrs*, ags. *hlūttor;* urv. gr. *klýzō* spüle, lt. *cluo*, lit. *šlúoju* reinige; läutern, Läuterung *f*, erläutern; erstarrte Form: lauter Soldaten, s. eitel.

Lava *f* eig. Überfließendes, -flutendes, 18. Jh. v. it. *lava*, verw. m. it. *lavagna* Schiefer.

Lavendel *m* mlt. *lavandula: lavāre* waschen, b. d. Römern u. im Mittelalter zu stärkenden Bädern *(lavande)*, s. laben.

lavieren nh. v. mnd. *lavēren* hin- u. hersegeln, kreuzen, ndl. *laveeren*, mnl. *loveren* v. fz. *louvoyer* (< *loveer)* z. Luv, s. d.

Lawine *f* rätorom. *lavīna*, Láuwine noch b. Goethe u. Schiller; v. spätlat. *labīna* Erdrutsch, z. *lābi* herabgleiten o. z. Lava? östr. Lahn, Lähn.

lax 18. Jh. v. lt. *laxus* schlaff, locker.

Lazarett *n* 16. Jh. v. it. *lazzaretto*, v. Lazarus, nach dem im 15. Jh. e. Krankenhaus in Venedig benannt war u. v. Santa Maria di Nazaret, wo d. Neubau lag: *Lazzaro* + *Nazareth* > *lazzaretto* (it. *lazzaroni* Gesindel i. Neapel). **Lazaristen** n. d. Mutterhause St. Lazare in Paris, Kongregation v. Weltpriestern, 1624 v. hl. Vincenz von Paul gegründet.

leben ah. *lēbēn*, an. *lifa* (auch übrig sein), got. *liban*, pl. lewen, ags. *libban*, eng. *live*, urv. gr. *līparéō* beharre; Grdb. wahrsch. verharren, bleiben (im Gegensatz zu vergehen, sterben), die sich noch deutlicher in dem mit be- zsgs. bleiben (got. *bileiban)* und in Leib (Bleibendes, Beharrendes) erhalten hat. Lebéndig (seit 18. Jh.) mh. *lébendec*, *lemtic*, ah. *lēbentīg*, z. lebend; lebhaft, Lebewesen; Lebensmittel *n* (Mehrz.) 17. Jh. ~sversicherung (zuerst eng. 18. Jh.), Lebemann *m* um 1800f. fz. *bonvivant*, Lebewohl *n* um 1800, mein Lebtag (Mehrz.).

-leben als Endung s. Liste 54.

Leber *f* ah. *lēbara*, ags. *lifer*, eng. *liver*, anord. *lifr;* urv. armen. *leard*, lt. *jecur*, gr. *hēpar*, aind. *yákṛt?* od. z. gr. *liparós* fett u. z. leben?

Lebkuchen *m* mh. *lēbekouche*, *lēbezēlte*, viell. z. *leip* Laib (Brot), od. v. lt. *lībum* Kuchen (tautologisch); Lebzelter = küchner *m* südd. Konditor. F.N.: Zelter, *Bäcker.

lechzen z. mh. *lēchezen: lēchen*, ahd. *lēhhan*, austrocknen, z. *lēch* nd. **leck** undicht; ~ *n*, verw. m. Lache u. an. *leka* tröpfeln, urv. air. *legaim* (Intr.) schmelze.

lecken[1] leck sein. **lecken**[2] (m. d. Zunge), ah. *lēcchōn*, got. *laigōn*, eng. *lick*, urv. gr. *leíchō*, ai. *lehmi*, aslaw. *ližati*, air. *ligim*, nicht: *lingua* Zunge * *dingua*, nur angelehnt an *lingere* ~*;* Lecker Zunge d. Hochwilds; entl. it. *leccare*, fz. *lécher;* dazu schlecken u. **lecker,** Leckerbissen *m*, Leckermaul *n* mh. *lēckermunt*.

Leder *n* ah. *lēdar*, pl. Ledder, eng.

leather, anord. *lethr*, schw. dä. *läder*, urv. air. *lethar;* ledern (oft bildl.) 18. Jh. F.N.: Lederhose, verkürzt Lerse (Goethes Götz); Lersner Verfertiger von Lederhosen.

ledig mh. *lēdic*, Grbd.: frei, Muße habend, meng. *lethe* freie Zeit, viell. z. Glied; ~lich, er~en, sich ent~en.

Lee *f* dem Winde abgewendete Schiffsseite, 17. Jh. v. nd. *lē*, and. *hleo*, eng. *lee*, anord. *hlē* Schutz, verw. m. lau, s. d. u. Luv.

leer mh. *laere*, ah. *lāri*, ags. *lǣre*, eng. *leer* †; z. lesen: »ablesbar« > »aufgelesen« (vom abgeernteten Feld u. s. Ähren).

Lefze *f* oberd. (ah. *lefs*, *leffur:* and. *lēpur)* f. nd. Lippe.

legal gesetzlich, 17. Jh. v. lt. *lēgālis* z. *lēx* Gesetz (fz. *loi*, *loyal)*, s. loyal.

Legat[1] *m* päpstl. Gesandter, mh. *legāt* v. lt. *lēgātus* z. *lēgo (lēgāre)* senden (m. e. Auftrag); ~ion *f*, ~ionsrat *m*. **Legat**[2] *n* Schenkung, Vermächtnis, z. lt. *lēgāre* m. e. Auftrag senden, durch Gesetz *(lēx)* vermachen; legieren † »e. ~ aussetzen«.

legen pl. leggen, got. *lagjan*, Bew. z. liegen = liegen machen, aslaw. *ložiti;* dazu Lage, Gelage, Belag, Beleg, Gelege (alle Eier i. e. Nest), Part.: verlegen, überlegen, unterlegen, aufgelegt (bildl.).

Legende *f* Heiligenerzählung, mh. *legende* v. lt. *legenda* Mehrz. = zu Lesendes, z. *lego* lese, s. Legion.

legieren um 1700, zu lt. *ligāre*, it. *legare* binden; it. *lega* Legierung, Metallverbindung.

Legion *f* römische Heeresabteilung von 4–6000 Mann, dann große Menge übh., v. lt. *legio* z. *lĕgĕre* lesen, sammeln, s. Legende, Lektion, elegant; 16. Jh., gefördert durch Lutherbibel (z. B. Mark. 5, 9).

legitim v. lt. *lēgitĭmus* gesetzmäßig, z. *lēx* Gesetz; ~ation *f* Ausweis; s. legal, loyal.

Leguan *m* 17. Jh. v. ndl. ~, span. *la iguana*, hait. *iguana* (große Eidechse) [Iguanodon!].

Lehde *f* Niederung, mnd. *lēgede*, z. mh. *læge*, eng. *low;* z. liegen.

Lehen *n* ah. *lēhan*, eng. *loan* (v. anord. *lān* Darlehen), dä. *laan*, urv. aind. *rēknas* Gut, Reichtum; dazu belehnen; s. leihen. F.N.: Lehmann (Lehnsmann).

Lehm *m* nd. für hd. Leimen, Leim, ah. *leimo*, ags. *lām;* urv. lt. *līmus* Schlamm. O.N.: Lehmbruck, pl. Lembeck, Lemberg i. Westf., Lenbach; vgl. I. Trier, Lehm, 1951.

lehnen ah. *hlinēn*, sich anlehnen, *hleinen* etw. anl., eng. *lean*, Wz. *hli*, wozu auch lt. *clinare* neigen, inklinieren, gr. *klī́nō* lehne, beuge, lit. *szlaītas* Abhang (s. Klinik, Klima); Lehne *f;* s. Leiter.

lehren mh. ah. *lērren*, pl. lihren, got. *laisjan*, ags. *læran*, eng. fehlt (jedoch *lore* Kenntnis, Lehre, *folklore* Volkskunde 1846), Bew. z. got. *lais* ich weiß, eig. bin auf der Spur gegangen, habe erwandert, erfahren, urv. lt. *līra*, * *līsa* Furche, s. lernen, List, Gleis, leisten, Leiste, Leisten.

Lei *f* † Fels, Schiefer, mh. *lei*, urv. gr. *lā́as* Stein, air. *lia*, gall., spätlt. *lausa* Stein-, Schieferplatte, viell. im O.N. *Lausanne*. Lorelei, Lauerfels, Erpeler Lei v. Remagen, Bäderlei b. Ems, Teufelslei, Dorf Lay a. d. Mosel, tautol. Felsenlay. F.N.: Leyendecker (Schieferdecker), von der Leyen.

-lei s. legal, loyal u. Liste 54.

Leib *m* mh. *līp* Leben, Leib, ah. *līb*, pl. Liw, an. and. ags. *līf*, eng. *life*, dä. *liv*, i. d. Bed. Leben heute nur noch: beileibe! (b. meinem Leben), wie er leibt u. lebt! es geht ihm an den ~; ~rente *f* Lebensrente; Grbd.: beharren; s. leben, bleiben. ~chen *n*, s. Korsett. ~arzt *m*, ~wache *f*, ~gericht *n* (Lieblingsg.), ~haft, ~eigen, m. dem *lībe* eigen, s. eigen.

Leichdorn *m* mh. *līchtorn*, isl. *līkþorn*, ndl. *likdoorn* Hühnerauge (Leich(e) noch = Körper).

Leiche *f* mh. *līch* Leib (auch lebender), ah. *līh* Leib, Fleisch, got. *leik*, pl. Lik, and. *līk*, ags. *līc*, eng. *like* gleich, s. gleich, -lich, solch, welch; eng. *only* einzig = ags. *an-līc;* eng. *lichgate* Friedhofstor.

Leichnam *m* mh. *līchname*, ah. *līhhinamo*, ursp. *līhhin-hamo* des Körpers Hülle, Leibesgestalt, and. *līkhamo*, ags. *lic-homa*, anord. *līkamr: hamr* Haut, Gestalt, ags. *homa* Hülle, got. *gahamōn* sich bekleiden, s. Hemd, Fron~.

leicht ah. *līhti*, pl. licht, got. *leihts*, ags. *lēoht*, eng. *light*, schw. *lätt*, verw. m. gelingen u. Lunge; Leichter *m* kleines Schiff zum Entlasten größerer; ~sinn *m*, ~fertig (beide ursp. nicht tadelnd); s. lichten².

Leid *n* eig. substant. Adj. z. **leid,** mh. *leit*, ah. *leid*, pl. Led, afries. *lēd*, ags. *lāþ* (eng. *loath* abgeneigt), schw. *led* unangenehm, dä. *led* häßlich, abscheulich; entl. it. *laido*, fz. *laid* häßlich; urv. gr. *a-leitēs* Frevler, air. *liuss* Abscheu; ~er ah. *leidōr* * betrübender, eig. Komp. v. leid; leider Gottes, * Leiden Gottes, ~enschaft *f* 17. Jh. als Lüs. v. fz. *passion* geb.; ~ig, ~lich, be~igen.

leiden nicht zu leid, ah. *līdan* erdulden, ursp. fahren, gehen, *irlīdan* erfahren, ergehen, er~, *ga-līdan* gehen, got. *galeiþan;* s. leiten.

Leier *f* mh. *līre*, ah. *līra*, v. gr.-lt. *lýra*, i. M.-A. meist durch e. Kurbel gedrehtes Instrument, ~kasten *m;* ~n; abge~t, ausge~t, die alte ~; s. lyrisch.

leihen mh. *līhen*, ah. and. *līhan*, got. *leihwan*, ags. *lēon*, urv. lt. *linquo* lasse, *reliquus* übrig, gr. *leípō* verlasse, lit. *likti* zur. lassen; Anleihe *f;* s. Lehen.

Leikauf *m* mh. *lītkouf* Gelöbnistrunk b. Abschluß e. Handels, 1. mh. *līt* Obstwein, got. *leiþus;* dass. bdt. »*Weinkauf*«; Leitgeb (auch F.N.) oberd. »Wirt«.

Leim *m* mh. ah. *līm*, ags. *līm*, pl. Lim, eng. *lime* Leim, Kalk, urv. lt. *līmus* Schlamm, *linĕre* bestreichen, gr. *a-línō;* s. Lehm.

-lein s. Liste 54.

Lein *m* Flachs, mh. ah. *līn*, ~fink, mu. auch = Hänfling; dazu **Leinen** *n* pl. Linnen, ah. *līnīn* aus ~, entl. aus od. urv. m. lt. *līnum*, gr. *línon*, ablg. *linŭ*. **Leinwand** *f* mh. *līnwāt* Leinenzeug, 2. Teil ah. mh. *wāt* Kleid z. idg. Wz. *wē* weben, irrt. an Gewand angelehnt; **Leine** *f* mh. *līne*, ah. *līna* Seil, Tau, ags. eng. *line* eig. aus Lein Gedrehtes, urv. gr. *linéa* Seil, s. Linie.

leise mh. *līse*, pl. lis', ah. *līso* (Adv.), schwed. *līsa* Linderung, v. mnd. *līse*, dazu mh. alem. *linse* ~, matt; viell. urv. lit. *lysti* mager werden.

Leiste *f* mh. *līste*, ah. an. *līsta*, ags. *līste*, eng. *list*, dä. *liste* Streifen, Kante; entl. fz. *liste* Streifen, it. *lista;* s. Liste.

Leisten *m* (d. Schuhmachers) mh. ah. *leist*, ags. *lāst* Spur, eng. *last* Leisten, got. *laists* Spur; leisten mh. ah. *leisten*, got. *laistjan* nachfolgen, ags. *læstan* leisten, aushalten, eng. *last* dauern; idg. Wz. *lis* gehen, s. List, Lehre, lernen, Gleis.

leit||en mh. ah. *leiten*, and. *lēdian*, ags. *lǣdan*, eng. *lead*, schw. *leda*, dä. *lede*, Bew. z. ah. *līdan*, also gehen machen, lassen, s. leiden. ~stern *m* eig. Polarstern, nach dem d. Schiffer sich richten, mh. *leitsterne;* ~faden *m* 18. Jh. eig. Faden der Ariadne, der Theseus aus d. Labyrinth leitete; ge~en, beg~en, ~artikel *m* um 1850 Lüt. v. eng. *leading article*, ~hammel *m* (oft bildl.) 16. Jh., ~motiv *n* seit Wagner; s. Lotse.

Leiter *f* ah. *hleitar*, ags. *hlæder*, * die Schräge, Angelehnte; *Leite* ah. *hlīta* Bergabhang, Halde; urv.

gr. *klitýs* Abhang, *klīmax* Leiter; s. lehnen. F.N. Sonnleithner, Hain~.

Lektion *f* Lesung e. Bibelabschnitts, dann Unterricht, Aufgabe, Zurechtweisung, v. lt. *lectio (lĕgo* lese). Lektüre *f* 18. Jh. v. fz. *lecture*, s. Lettner, Legende, Legion, elegant.

Lende *f* ah. *lenti;* norw. *lund*, urv. lt. *lumbus* (dah. mu. Lummerbraten), aslaw. *lędvija*.

lenken mh. *lenken* biegen, wenden z. mh. *lanke*, ah. *hlanca* Hüfte, urv. lt. *clingĕre* umgürten; s. Flanke, Gelenk.

Lenz *m* ah. *lenzo, lengizin*, ags. *lencten* langtägig *(-zin, -ten* urv. aslaw. *dĭnĭ* Tag, got. *sin-teins* täglich); 1. T. z. lang, also: Zeit d. langen Tage; im 18. Jh. neu belebt; schweiz. Langsi; eng. *lent* Fastenzeit. Vgl. Frühling.

l **Leopard** *m* v. lt. *leopardus*, z. gr. *éōn* Löwe, *párdos* Parder, Pardel, Panther; 14. Jh.

Lepra *f* Aussatz, gr. *leprós* schuppig, rauh; gr.-lt. *leprōsus*, fz. *lépreux;* s. Miselsucht.

Lerche *f* ah. *lērahha*, pl. Lēwark, ags. *lāwerce*, eng. *lark*, an. *lævirki*, schw. *larke*, dä. *lerke*, v. d. Westgoten entl. nordportug. *laverca;* lautm.?

lernen ah. *lirnēn lërnēn*, and. *līnōn* (ohne *r)*, ags. *leornian*, eng. *learn*, z. got. *lais* ich weiß, idg. Wz. *lis* gehen; Leisten, Leiste, Gleis, List, s. lehren.

lesen ah. *lësan*, got. *lisan*, ags. *lesan* sammeln, aufheben, lesen (Ähren, Trauben), dann Auflesen der zur Weissagung ausgestreuten Stäbchen (aus Buchenholz) durch die Priester, endlich übtr. Lesen der Buchstaben mit d. Auge (Entw. wie bei lt. *lĕgĕre* lesen); lit. *lesù* picke auf; Lese *f*, belesen, erlesen. Dagegen ags. *rædan*, eng. *read* lesen = die Runenzeichen erraten; s. Buch, Buchstabe, Federlesen.

Lethargie *f* gr. *lēth-ārgía* Schlafsucht, geist. Erschlaffung, *léthē* das Vergessen, 2. *ārgía* * *awergía* »Nichtwirken«.

Letten *m* Tonerde, ~boden, ah. *lëtto*, urv. lt. *latex* Flüssigk., gr. *látax* Tropfen, lit. *latãkas* Pfütze.

Letter *f* v. lt. *lit(t)era* Buchstabe (dah. auch fz. *lettre* Buchstabe, Brief); es gibt 20 Arten, die größte heißt Imperial, die kleinste Diamant, die mittlere Borgis z. fz. *bourgeois* (v. Bürger) = Mittelstand, Mittelsorte; mh. *litter*, 17. Jh. ~ n. fz. u. ndl. Vorbild.

Lettner *m* v. mlt. *lectionārium* * Buch! (z. *lego* lese) mh. *lettener* Lesepult zwischen Chor u. Schiff, dann die Abschlußwand zwischen beiden, s. Lektion.

letzen (selten) laben, erquicken, mh. *letzen* ein Ende mit etwas machen, dann: freundlich verabschieden, erquicken; zu guter Letzt, eig. Letze zu gutem Abschiedsschmaus, *zur letz* oder *zum valete* (16. Jh.). Letzte = Erquickung, mh. *letze* Abschiedsgeschenk.

letzte ah. *lezist*, Superl. z. *laz* laß, matt, and. *lezto*, ags. *lætest*, eng. *last*.

Leu *m* † s. Löwe.

leuchten mh. ah. *liuhten*, pl. lüchte, got. *liuhtjan*, urv. lt. *luceo* leuchte (Lucia die Leuchtende), gr. *leukós* weiß; ein~, heim~; Leuchte *f* Leuchter *m;* s. licht, Loh, erlaucht, Durchlaucht.

leugnen mh. *löugenen*, ah. *lougінen*, got. *laugnjan;* and. *lōgnian* z. Wz. *lug*, s. lügen; ver~.

Leukämie *f* Blutkrankh.: gr *leukós* weiß u. *haima* Blut.

Leumund *m* ah. *hliumunt* Ruf Gerücht, got. *hliuma* Ohr, Gehör t-Ableitung v. **hliuman-* z. Wz *hliu;* urv. gr. *klýō* höre, *kléos* Ruhm *šrōmatam* guter Ruf; s. verleumden laut.

Leute Mehrz. mh. *liute*, ah. *liut (liut* Volk), pl. Lüd, ags. *lēode*, urv aslaw. *ljudŭ* Volk, *ljudije* ~, lett *laudis* Volk, gr. *eleútheros* freie

Volksgenosse, lt. *līber* frei z. Wz. *leudh* wachsen; s. lodern. P.N.: Liutpold, Luithold, Leopold, Liebhold (alle: volkskühn, s. bald). Leutpriester = Weltgeistlicher, mh. *liūtpriester*.

leutselig dem Volke geneigt, freundlich, mh. *liutsælec* (dem Volke) wohlgefällig, s. selig[1].

Leutnant *m* 16. Jh. v. fz. *lieutenant* (lt. Akk. *locum tenentem)* Stellvertreter (des Hauptmanns), General~, Oberst~, Königs~ (b. Goethe).

Levante *f* Kleinasien, asiat. Türkei 16. Jh. v. it. *levante* Osten, Morgenland, z. *levare* erheben v. d. Sonne, also Sonnenaufgang, wie auch Anatolien u. Nippon, f. Asien, Orient.

Leviáthan *m* große Schlange, Meerungeheuer, Walfisch, Krokodil (Ps. 104, 26; Jes. 27, 1; Hiob 40, 20 u. ö.), v. hebr. *liwjāthān* Gewundenes; s. Viper, Schlange.

Levirat(sehe), nlt. Ehe m. d. Bruder des verstorb. Gatten, lt. *levir* Schwager = gr. *dāḗr *dawēr*, lit. *dëveris*.

Leviten, einem d. ~ lesen, n. d. *liber Leviticus*, worin d. geistl. Pflichten stehen, vgl. abkapiteln.

Levkoje *f* 18. Jh. v. it. *leucojo*, gr. *leukóïon* weißes Veilchen, v. *leukós* weiß, *íon* Veilchen; s. licht, Jod, Veilchen.

Lexikon *n* Wörterbuch, 17. Jh., v. gr. *lexikón biblíon* das die Rede betr. Buch, zu *légō* rede; s. logisch u. -logie in Philo-, Theologie.

Liane *f* trop. Schlinggewächs, v. fz. *liane* z. *lier* (v. lt. *ligāre)* verbinden u. *viorne*: lt. *vīburnum* Schlingbaum.

Libelle *f* Wasserjungfer, 18. Jh. v. lt. Vkl. *libella, libellula*, z. *libra* Waage, s. Niveau, ~ fliegt mit waagerechten Flügeln.

liberal freisinnig, -denkend, -gebig, 16. Jh. v. lt. *līberālis* zu *līber* frei, als polit. Schlagw. n. 1815 a. d. Span.

Libretto *n* Operntext, v. it. *libretto* Vkl. z. *libro*, lt. *liber* Buch; 19. Jh.

-lich s. Liste 54

licht hell, klar, mh. *lieht*, ah. *lioth*, ags. *leoth*, eng. *light*, ~ *n*, got. *liuhaþ*, *lauhmuni* Blitz; urv. lt. *lūx*, *lūmen* Licht, *lūna* Mond (leuchtendes Gestirn), *lūceo* leuchte, *lūcus* gerodeter lichter Wald, *leukós* weiß, glänzend, aslav. *luča*, awest. *raoxšna* hell (: lt. * *lucsna* Mond): apers. weibl. P.N.: *Rōxánē;* idg. Wz. *leuk* leuchten; ~meß *f* (2. Febr.); ~bild *n* 19. Jh., ~spiel *n* 20. Jh., lichterloh (eig. Gen.); s. Luchs, Loh, Lohe[1], Levkoje, Lüster.

licht||en[1] hell machen (den Wald, die Reihen d. Kämpfer), 17. Jh.; ~ung *f* 19. Jh. Lüs. v. fz. *clairière*, ~blick *m* (meist bildl.) 18. Jh., be~en 20. Jh.

lichten[2] (Anker) »leicht machen«, 17. Jh.

Lid *n* (Augen~) Deckel, Verschluß, mh. *lit*, ah. *lit*, *hlit*, ags. *hlid*, eng. *lid (eye-lid)*, z. and. *hlīdan* verschließen; urv. aslaw. *kleti* schließen, gr. *klīsía* Zelt. Veraltet sind: Ofen~, Ofentür, Fenster~, Schiebefenster.

lieb mh. *liep*, ah. *liop*, pl. *leiw*, got. *liufs*, and. *liof*, *lēf*, ags. *lēof*, eng. *lief* †, anord. *ljūfr*, urv. lt. *libet*, *lubet* es gefällt, *libīdo* Lust, aslaw. *ljubŭ*, aind. *lōbha* Begierde; dazu Lob, geloben, erlauben, glauben. ~en ah. *liubōn*, ags. *lufian*, eng. *love*; ~elei, ~eln, ~ling *m* 17. Jh., ~haber *m*, ~haberei *f* 18. Jh., ~äugeln 16. Jh., ~enswürdig 18. Jh., ~chen *n* 18. Jh., be~ig, vor (für) ~ nehmen, ~kosen eig. z. Liebe sprechen, s. kosen. Ew. Liebden = Eure Liebe (lautlich wie Gemeinde zu Gemeine).

Liebstöckel *m* u. *n*, ah. *lubestëcco* an Stecken angel., mh. *liebstuckel*, v. mlt. *lubisticum* nach *lubet* es beliebt, aus: lt. *ligusticum* (Pfl. aus Ligurien).

Lied *n* mh. *liet*, ah. *lied*, ags. *lēoþ*, anord. *ljōd* Strophe, got. *awi-liuþ* Danksagung; urv. air. *lōid* ~, lt. *laus*, *laudis* Lob. **Liedertafel** *f* die erste wurde 1808 v. Goethes Freund Zelter in Berlin gegründet (n. Artus-Tafelrunde).

liederlich mh. *liederlich*, 18. Jh. lüderlich, ags. *lieđre*, urv. griech. *leútōn* fahrlässig.

liefern um 1400 v. mnd. *leveren* v. fz. *livrer*, z. lt. *līberāre* freimachen, aushändigen, s. Livree; Lieferant *m* 17. Jh. m. lt. Endung, s. Trabant.

liegen mh. ah. *ligen*, got. *ligan*, ags. *liegan*, eng. *lie*, urv. lt. *lectus*, gr. *léchos* Bett, *lóchos* Lager, Hinterhalt, air. *lige* Lager; s. legen, Lager, löschen[1].

Liesch *n* Riedgras, ah. mlt. *lisca*, mh. *liesche;* entl. fz. *laîche.*

Lieschen Müller um 1950 als Verkörperung des Geschmacks der breiten Masse.

Liesen Mz. Berlin Eingeweidefett; aus d. Mndl.

Liga *f* Bund, 17. Jh. v. lt. *ligo* verbinde; s. Liane.

Likör *m* v. fz. *liqueur*, lt. *liquor* Flüssigkeit, *liquēre* flüssig sein; s. liquidieren. 18. Jh.

lila 18. Jh. v. fz. *lilas*, sp. *lilac* z. arab.-pers. *līlak* Flieder.

Lilie *f* ah. *līlja* v. lt. *lilia* Mehrz. zu *līlium*, gr. *leírion*, eig. ägypt. W., kopt. *rēri* = *lēli;* tirol. Gige, schwäb. Jlg.

Liliput(an)er Bewohner v. Liliput, d. Zwerglande in »Gullivers Reisen« v. Swift (1726).

Limonade *f* 17. Jh. v. fz. *limonade* z. it. *limone* Zitrone, arab. *laimūn*, pers. *līmūn*, malay. *liman.*

lind[1] ah. *lindi*, eng. *lithe* biegsam, urv. lt. *lentus* biegsam.

lind[2] als Farbe für ›lind(en) = grün‹.

Linde *f* ah. *linta*, ags. anord. schw. dä. *lind*, eng. *linden*, urv. russ. *lut*, lt. *linter* Trog, Mulde, Kahn, *lit. lentá* Brett, lt. *lentus* (s. lind), gr. *elátē* Tanne. Zahllose O.N.: Lindau, Limburg, norw. Lindesnäs, Lindenkap.

Lindwurm *m* mh. *lintwurm*, ah. *lindwurm*, 18. Jh. neu belebt; an. *linn-ormr* ~, ah. *lind* Schlange, Wurm (tautol.), urv. lt. *lentus* biegsam; s. Wurm.

Lineal *n* 15. Jh. v. mlt. *lineale* z. *līnea* Linie; Linearzeichnung: lt. *līneārius* (Adj.).

-ling s. Liste 24.

Linguistik *f* Sprachwissenschaft, z. lt. *lingua* Zunge, Sprache; 18. Jh., älter als fz. *linguistique* (1835).

Linie *f* ah. *linia*, v. lt. *līnea;* s. Leine; ~nschiff * aus d. Zeit d. Segelschiffe.

link mh. *linc*, ah. *lenka* l. Hand; urv. viell. lt. *langueo* bin matt, ai. *lañgas* lahm, gr. *lagarós* schlaff; d. alte W. f. ~ ist ah. *winistar*, dän. *venstre.* ~isch, links.

Linnen *n* nd. Form, and. *līnīn* leinen f. Leinen.

Linoleum *n* 1860 England, Korkteppich m. Leinöl bestrichen, lt. *līnum* Lein, *oleum* Öl; s. Öl, Petroleum.

Linse *f* ah. *linsī*, wohl mit lt. *lens*, aslaw. *lęšta*, lit. *leñszis* aus einer unbekannten Sprache entl.

Lippe *f* nd. verdrängte seit Luther oberd. Lefze, afries. ags. *lippa*, eng. *lip*, urv. lt. *labium*, *labrum;* lt. *lambere* lecken, entl. fz. *lippe* dicke Unterlippe, s. Lefze, Löffel.

liquidieren (Geld) flüssig machen, in Rechnung bringen, 17. Jh. v. lt. *liquidāre* z. *liquidus* flüssig; Liquidation *f;* s. Likör.

lispeln ah. *lispan*, eng. *lisp*, ndrhein. (15. Jh.) *wlispen*, ags. *wlisp.*

List *f* mh. ah. and. ags. eng. anord. schw. dä. *list*, got. *lists*, z. got. *lais* ich weiß, s. lehren, lernen; entl. aslaw. *listi*, fz. *leste*, it. *lesto* gewandt.

Liste *f* 16. Jh. v. fz. *liste*, it. *lista*, auch Streifen, z. dtsch. Leiste.

Litanei *f* v. gr.-lt. *litania*, gr. *litaneíā* Flehen, z. *litaneúō* bitte; mh. *letanīe*.

Liter *m n* 1868 v. fz. *litre*, gr. *lítra* Gewicht v. 12 Unzen.

Literatur *f* 16. Jh. v. lt. *litteratūra* z. *littera* Buchstabe; Literat *m* 16. Jh., literarisch 18. Jh., s. Letter.

Litewka *f* blusenartiger Waffenrock 19. Jh. v. poln. *litewka* eig. Litauerin.

Litfaßsäule *f* Berlin 1855 n. d. Buchdrucker E. Litfaß.

Lithographie *f* Steinzeichenkunst, Steindruck, um 1800 v. gr. *líthos* Stein, *gráphō* schreibe, zeichne.

Liturgie *f* v. gr. *leiturgíā* Staatsamt, *lāós leṓs* Volk + *ergon* Werk (* W. fürs Volk), dann kirchl.: Formen u. Ordnung d. Gottesdienstes; . Organ, Energie.

Litze *f* v. lt. *līcium*, fz. *lice* Gewebefaden, mh. *litze;* s. Drillich, Zwillich, Kinkerlitzchen.

Livree *f* 17. Jh. Liverey v. fz. *livrée* eig. (den Dienern) gelieferte Kleidung), v. mlt. *liberata;* s. liefern.

Lizenz *f* Erlaubnis, 17. Jh. v. lt. *licentia*, z. *licet* es ist erlaubt; Lizentiat *m* wer d. Erlaubnis z. Halten v. Vorlesungen besitzt, 16. Jh.

Lloyd *m* ir., wal. F.N., Name v. Zeitungen, Handels- u. Schiffahrtsgesellschaften, n. Lloyd, Besitzer e. Kaffeehauses i. London (17. Jh.), wo Kaufleute u. Schiffsmakler Versicherungen abschlossen; 1857 ff. Norddeutscher ~.

Lob *n* mh. *lop*, ah. *lob*, and. ags. afries. an. schw. *lof*, dä. *lov*, z. ders. Wz. wie erlauben, glauben, mhd. *gelouben*, lieb, Urlaub; lit. *liaupsẽ* ~gesang; ~en, ge~en, ange~en, er~en, löblich, ~esam †, ~lied *n*, ~hudeln um 1800, ~enswert, Gelibde *n*.

Loch *n* ah. *loh*, eig. zu Verschließendes, an. *lok* Schloß, Deckel, ags. *loc* Verschluß, eng. *lock* Schloß, got. *usluks* Öffnung, z. got. *lūkan* schließen, urv. ai. *rujáti* bricht, lit. *lúsztu* breche; s. Lücke, Luke.

Locke *f* mh. ah. *loc*, afries. ags. *loc*, eng. *lock*, an. *lokkr* z. idg. Wz. *lug* ziehen, biegen, krümmen, urv. gr. *lygóō* biege, lit. *lùgnas* biegsam; vgl. Lauch.

lock||**en** ah. *locchōn*, ags. *loccian*, an. *locca;* z. lügen, urv. lit. *lugoti* bitten? ~speise *f*. 17. Jh., ~spitzel *m*, s. Spitzel.

löcken † mh. *lecken*, wider d. Stachel ~, Apg. 9, 5, d. pflügende Ochse schlägt gegen d. antreibenden Stachelstab; urverw. gr. *laktízein* m. d. Ferse, *lax* (Adv.), ausschlagen; s. frohlocken.

locker erst nh. (auch bildl.) viell. urv. m. Loch o. Lücke.

Loden *m* mh. *lode*, ah. *lodo* grobes Tuch, an. *lođi* grobes Überkleid, ags. *lođa* Mantel; z. got. *liudan* wachsen?

lodern emporflammen, eig. emporwachsen, z. got. *liudan* wachsen, noch westf. ~ diese Bdtg., aber an Lohe[1] angelehnt, s. Leute.

Löffel *m* mh. *leffel*, ah. *leffil*, z. germ. Wz. *lap* trinken, lecken, schlürfen, ah. *laffan* lecken, ags. *lapian* schlürfen, urv. lt. *lambo* lecke; sich löffeln stud. nachtrinken, dazu viell. Lippe.

Log *n* 18. Jh., eng. *log* Block, Klotz, Fahrtmesser; z. liegen; ~buch, ~gast (Matrose), ~leine u. a., ~gen d. Geschwindigk. messen.

Logarithmus gr. nlat. *logos* u. *arithmós* Verhältniszahl (John Napier, 1550–1617).

Loge *f* (Theater-, Freimaurer-) 18. Jh. v. fz. *loge*, it. *loggia*, z. dtsch. Laube (s. Liste 33); logieren v. fz. *loger* wohnen; Logis *n*.

logisch vernunftgemäß um 1800 v. gr. *logikós;* Logik *f*, mlt. *logica*, fz. *logique* 13. Jh.; s. analog, Philolog.

Loh *m n* † Gebüsch, Niederwald,

Holz, in O.N.: Hohenlohe, Iserlohn s. Eisen, Stadtlohn, Dat. Mz. *lōhun*, Brilon s. Blei, Venlo, Waterloo, Beverloo, Marxloh Wald d. Markus, Loh b. Sondershausen, Finsterloh, Wäldchen b. Wetzlar, Buchloe, mh. *lōch*, ah. *lōh*, urv. lt. *lūcus* Hain, Lichtung i. Walde, z. *lūceo* leuchte; s. Luchs.

Lohe[1] *f* mh. *lohe*, *loug* Flamme, an. *logi*, *Loki* Gott d. Feuers, z. idg. Wz. *luk* leuchten, lt. *lūx* Licht, *lūceo* leuchte, *lūna* Mond; Waberlohe; Lohengrin volksetym.: leuchtender Helm (s. Grimasse); s. licht; lichterloh, lohen. **Lohe**[2] *f* (Gerber~) mh. ah. *lō*, Gen. *lōwes;* viell. germ. * *lawa* * Baumrinde: idg. Wz. *leu* lösen, ai. *lu-nā-ti* schneidet, lt. *luo*. F.N.: Löher, Lohr.

Lohn *m* mh. ah. and. *lōn*, got. anord. *laun*, ags. *lēan*, ~en ah. *lōnōn*, viell. urv. lt. *lucrum* Gewinn, gr. *apo-laúō* genieße, aslaw. *lovu* Beute.

Lokal *n* 18. Jh. v. lt. *locālis* z. *locus* Ort; ~ örtlich, ~ität *f* um 1800.

Lokomo||bile *f* 19. Jh. v. lt. *locus* Ort, Stelle, *mōbilis* beweglich; ~tive *f* 19. Jh. v. eng. *locomotive*, z. lt. *moveo* bewege, s. mobil, Motiv, Möbel, Lokal.

Lolch *m* Grasart, ah. *lolli* v. lt. *lollium*, mh. *lulich*.

Lombard *m* 17. Jh. v. fz. [*maison de*] *lombard;* die lombardischen Kaufleute hatten schon im M.-A. in Frankreich Leihhäuser; ~ieren verpfänden; s. lang.

Lomber *n* (Kartensp. fz. *l'hombre)*, span. *el hombre* = lt. *homo* Mensch; um 1700.

Lorbeer *m* ah. *lōrberi*, *lōrboum*, v. lt. *laurus*. P.N.: Laura. O.N.: Loretto.

Lord s. Laib.

Lorelei s. Lei.

Lore, Lori *f* = eng. *lowry*, *lorry: low* niedr. offener Eisenbahnpackwagen.

Lorgnette *f* **Lorgnon** *n* 18. Jh. v. fz. *lorgnette*, *lorgnon*, z. *lorgner* heimlich betrachten.

Lorke *f* 18. Jh. fades Getränk, trübe Flüssigkeit.

Los *n* ah. *lōȝ*, *hlōȝ*, got. *hlauts*, and. *hlōt*, eng. *lot*, an. *hlutr*, *hlotr* Los, an. *hlaut* Opferblut; ah. *hlioȝȝan* er~en; urv. lett. *kl'ūt* werden, geraten, *kl'ūtas* Schicksal; viell. Ausdruck d. altgerm. Opferwesens; entl. fz. *lot* Anteil, *loterie*, it. *lotto* Glücksspiel.

los mh. ah. *lōs*, got. *laus* leer, nichtig, ags. *lēas* ledig, frei, eng. *-less* in Zs. arg~, ehr~, (dagegen *loose* lose aus d. Nord.); urv. gr. *lýo* löse; s. verlieren, Verlust; Losung Kot d. Wildes; lose ist dass. W. aufs Sittliche übtr.: böse, schelmisch; lösen ah. *lōsen*, got. *lausjan*, erlösen; s. Liste 54.

losen (alemann. »hören«) u. Losung = Erkennungsruf; s. lauschen.

löschen[1] er~, ver~ mh. *lëschen* ah. *lëskan*, * *leg-skan* z. liegen (eig. sich legen).

löschen[2] die Schiffsladung, 18. Jh. v. nd. *lossen*, dä. *losse*, schw. *losse* lösen, also eig. los, leer machen.

Lot *n* Blei z. Messen d. Meerestiefe, Gewicht (1/32 Pfd.), mh. *lō* Blei, Senkblei, ags. eng. *lēad*, v. kelt * *(p)loudia* z. fließen, mir. *lūaid* Blei, eig. also: gießb. Metall; ~en löten.

Lotse *m* 18. Jh. v. nd. ndl. *loots (man)*, eng. *loadsman* Wegweiser z. ags. *lād* Weg, Kurs, *lādman* Wegweiser, (jetzt *pilot)*, zu leiten.

Lotter(bube, -bett) mh. *lote* leichtsinnig, ah. *lotar* eitel, leer, s liederlich.

Lotterie *f* 16. Jh. v. ndl. *loterij* z Los; Lotto *n* 18. Jh. v. it. *lott* Glücksspiel (1733 in Bayern).

Löwe, Leu † *m* mh. *lewe*, *leu*, ah *lewo*, v. lt. *leo*, gr. *léōn* (fz. *lion* eng. *lion);* ~nanteil *m*, ~zahn (r

d. gezähnten Blättern u. d. gelben Farbe der Blüte), 16. Jh. *Lewenzan;* O.N.: Lauenstein, Lauenbrück, Lemberg eig. Leonberg, 1260 n. e. Prinzen Leo, Lëu (Mehrz. Lëi) rum., Lew, bulgar. Münzeinheit; s. Chamäleon.

loyal gesetzlich, ehrlich, 18. Jh. v. fz. *loyal*, s. legal, legitim.

Luchs *m* mh. ah. *luhs*, and. *lohs*, ags. *lox*, urv. gr. *lýnx*, lit. *lúszis*, wohl z. Wz. *leuk* leuchten (wegen d. scharfen Augen); s. licht.

Lücke *f* ah. *luccha*, z. Loch; ~nbüßer *m* Nehemia 4, 7, eig. was d. Lücken büßen (ausbessern) soll, s. Buße.

Luder *n* mh. *luoder* Lockspeise: laden[2]? (daher fz. *leurre* Lockspeise) Aas; Schind~; abgeschwächt: armes, dummes ~, südd. ~müßig = schlecht.

Luft *f* got. *luftus*, pl. Luft, Lucht, ags. *lyft*, an. *lopt* Obergeschoß u. ~, zu lüpfen; lüften, ~abwehr (aktive u. passive), ~brücke (1949 nach Berlin), ~schutz, ~aufklärung, ~schiff u. a. ~ig, ~ikus *m* 19. Jh., s. Liste 14, ~dicht 19. Jh., ~schiff *n* 18. Jh., ~schloß *n* 16. Jh.

lugen spähen, ah. *luogēn*, z. ags. *lōcian*, eng. *look;* urv. kelt. (korn.) *lagat* Auge, toch. *läk-* sehen.

lügen mh. *liegen*, ah. *liogan*, got. *liugan*, ags. *lyge*, eng. *lie*, urv. aslaw. *lŭgati* lügen; s. leugnen. **Lüge** *f* ah. *lugina*, mh. *lügene*, bestimmte Vokal d. Zws. *(ie > ü)*.

Luke *f* nd. (i. Dach, auf d. Schiff), z. got. *lūkan* verschließen, eig. verschließbare Stelle, isl. *lūka* Dach~ndeckel, schw. *lucka* Falltür; s. Loch, Lücke; um 1600.

Lulatsch *m* 19. Jh. langer, ungeschickter Kerl.

lullen (ein~) lautm. eng. *lull.*

Lummel *m* mu. Lende(nbraten), ah. *lumbal*, mh. *lumbel* v. lt. *lumbulus.*

Lümmel *m* 16. Jh. v. Adj. *lumm* † schlaff, schlotterig. z. lahm (ah. *luomi).*

Lump *m* (bildl.) dass. wie **Lumpen** *m* Lappen, mh. *lampen* welk niederhängen, verw. ai. *lámbatē* hängt herab; sich nicht lumpen lassen, eig. s. nicht für e. ~ ansehen lassen; vgl. Tropf - Tropfen.

Lunge *f* ah. *lungun*, ags. *lungen*, eng. *lungs* Mehrz. Gelünge *n* = Lunge u. and. Eingeweide, mh. *lunger* rasch, munter, ah. *lungar*, urv. gr. *elaphrós*, lt. *levis*, lit. *leñgvas*, aslaw. *liguku*, russ. *legkij* leicht (dazu *legkoje* Lunge), ursp. also d. leichte, weil leichter als d. and. Eingeweide; s. leicht, gelingen; lungern = gierig aufpassen (s. o. *lungar)*, sich müßig umhertreiben.

Lünse *f* Achsnagel, spätmh. *luns(e)*, and. *lunisa*, ags. *lynis*, eng. *linch-pin;* urv. ai. *āṇí* ~, Schenkel.

Lunte *f* Zündstrick, um 1500 z. mh. *lünden* brennen; n. d. brandroten Farbe auch = Schwanz d. Fuchses; z. nd. *slunte* Fetzen.

Lupe *f* 19. Jh. v. fz. *loupe* zu lt. *lupa* Wölfin, wohl nicht wegen d. Ähnlichkeit m. d. Wolfsauge, sondern: *lupa* *Wolfsgeschwür, kreisförm. Geschwulst (vgl. Lupus).

lupfen, lüpfen (oberd.) emporheben, b. Wieland, Goethe, Heyse; z. Luft.

Lurch *m* pl. Lork, z. an. *lurkr* Knotenstock, urv. air. *lorg* Keule? o. z. armen. *lerk* glatt o. z. lauern?

Lust *f* mh. ah. *lust*, got. *lustus*, and. ags. eng. *lust*, urv. lt. *lascīvus* ausgelassen, gr. *lilaíomai* begehre; ~ig, ~spiel *n* 16. Jh., ~wandeln 17. Jh. f. spazieren, Wollust; lüstern, gelüsten.

Lüster *m* Kronleuchter, 18. Jh. v. fz. *lustre* z. lt. *lustrāre* hell machen; s. licht.

lutschen lautm. erst nh., vgl. nutschen.

lützel † noch schwäb. klein, pl. lütt, eng. *little;* O.N.: Luxemburg (früher ~burg), ~hausen, ~sachsen; s. michel.

Luv *f* dem Winde ausgesetzte Schiffsseite, holl. *loef*, z. an. *lófi* flache Hand, Hilfsruder (z. Windseite); s. lavieren, Lee; 17. Jh.

Luxus *m* lt. Pracht, Üppigkeit, um 1600; luxuriös um 1700 n. lt. *luxuriosus* üppig.

Lymphe *f* v. lt. *lympha* klares Wasser.

lynchen eigenmächtige Volksjustiz üben, v. eng. *lynch*, 19. Jh., viell. n. einem (nicht sicher bezeugten) Farmer Lynch i. Virginia i. 18. Jh.

lyrisch 18. Jh. v. gr. *lyrikós* z. *lýra* Leier; Lyrik *f*, 19. Jh. n. fz. *(poésie) lyrique.*

Lyzeum *n* früher Gelehrtenschule für Knaben, später höh. Schule für Mädchen, 16. Jh. v. lt. *lycēum*, gr. *Lýkeion* Name e. Gymnasiums bei Athen, *d. heil. Hain des *Apóllōn Lýkeios* (s. Licht).

M

Maat *m* Unteroffizier d. Marine, v. nd. *maat* Genosse, eng. *mate* Genosse, ah. *gimazzo* Speise-, Tischgenosse (got. *mats* Speise, urv. ir. *maisse* Speise); s. Mast, Messer, Mettwurst, eng. *meat* Fleisch, Matrose, Mus.

Machandel nd. Wacholder.

machen ah. *mahhōn*, pl. maken, ags. *macian*, eng. *make*, germ. Wz. *mak* passend zus.fügen; and. *makōn* bauen * (Lehm) kneten; urverw. aslaw. *mazati* schmieren, gr. *magís* Teig, *mássein* kneten; s. gemach, Gemach, Makler. Machenschaft *f* ursp. schweiz. Vergleich, Handlungsweise, jetzt: Ränke; Mache *f*, Machwerk *n* 18. Jh.; ver~, Vermächtnis *n*, Aufmachung *f;* s. mäkeln.

Machinationen Mehrz. Ränke, v. lt. *māchinātio;* s. Maschine, mechanisch; 16. Jh.

Macht *f* mh. ah. *maht*, got. *mahts*, and. *macht*, ags. *meaht*, eng. *might*, z. got. *magan* mögen, vermögen; mächtig, be-, ermächtigen. ~voll, Voll~, All~, Groß~, Haus~, ~haber *m* 16. Jh., ~wort *n* 17. Jh., s. mögen.

Mackes Mz. 18. Jh. mu. Schläge, v. hebr. *makkoth* Schläge.

Mädchen *n* erst nh., z. Magd, b. Goethe noch Mägdgen, pl. Mäten oberd. Maidle, Mädel, s. -lein i. Liste 54.

Made *f* ah. *mado*, got. *maþa*, eng. *mawk* (v. an. *maþkr);* wohl verw. m. Motte, urv. aind. *mathuna* Wanze, armen. *mat'il* Laus.

Madonna *f* it., z. lt. *mea domina* meine Herrin, fz. *madame*, s. Dame.

Madrigal *n* it. *madrigale* kl. Hirtenlied, viell. **mandriale: mandriano* Hirt, v. gr. *mandra* Hürde.

Magazin *n* 16. Jh. v. it. *magazzino*, fz. *magasin*, sp. *almacén*, v. arab. Mehrz. *machāzin: machzan* Warenlager, *mayzen* Scheuer.

Magd *f* mh. *maget* Jungfrau, Dienerin, ah. *magad*, got. *magaþs*, and. *magath*, eng. *maid*, *maiden* z. got. *magus* Knabe; urv. awest. *majava* unverheiratet, lett. *mač* klein, *māc* ah. *māge* Blutsverwandter, air. *mac* Knabe, Sohn (schott. P.N.: Macbeth, Macdonald usw.); O.N. Magdeburg, Mägdesprung i. Harz, s. Maid, Mädchen.

Magen *m* mh. ah. *mago*, ags. *maga*

eng. *maw* Kropf, an. *magi*, entl. it. *magone* ~; urv. aslaw. *mošina*, lett. *maks* Beutel.

mager ah. *magar*, an. *magr*, urv. lt. *macer* mager, gr. *makednós* schlank, *makrós* lang.

Mag||ie *f* Zauberei, 16. Jh. v. gr. *mageíā* z. *mágos* Zauberer, ursp. medisch-pers. Priester; ~isch.

Magister *m* akad. Titel unter d. Doktorgrad, v. lt. *magister* Lehrer, s. Meister, Minister, Mätresse. Mistral *m* v. lt. *magistrālis (ventus)* herrschender Wind, Nordwestwind i. Südfrankreich. **Magistrat** 16. Jh. v. lt. *magistrātus* obrigkeitliches Amt alle z. lt. *magis* mehr.

Magnat *m* vornehmer Adliger i. Ungarn, v. lt. *magnus* groß; 17. Jh.

Magnet *m* mh. *magnes*, v. gr. *magnētis (líthos)* Magnet(stein), nach d. thessalischen Landschaft Magnesia *f*, dah. auch **Magnesia** »Bittererde«: nlt. (n. 1700) *magnesia alba*, ben. nach *magnētis* Talk.

Magnolie *f* 18. Jh. n. d. fz. Botaniker Magnol.

Mahagoni *n* 18. Jh. v. eng. *mahogany*, westind. W. (jamaic. *mohogeney)*.

mähen mh. *maejen*, ah. *māen*, ags. *māwan*, eng. *mow*, urv. gr. *amá(ei)n* ernten, mähen, lt. *metĕre;* Mahd *f;* s. Grummet, Matte[1], Öhmd.

Mahl *n* mh. *māl*, eng. *meal*, eig. dasselbe wie Mal, bestimmter Zeitpunkt, dann Essenszeit, s. Etmal.

mahlen ah. and. got. *malan*, an. schw. *mala*, urv. lt. *molĕre*, gr. *mýllein*, lit. *málti*, aslaw. *mlěti*, air. *melim* mahle; s. Mühle, Müller, Malter, Mehl, Milbe, zermalmen, Maulwurf, Mahlstrom = Wirbelstr. Strudel.

Mahlstatt, Versammlungsort, s. Gemahl.

Mähne *f*, ah. *mana*, eng. *mane*, an. *mön*, Grbd.: Hals(schmuck) (ah. *menni)*, urv. lt. *monīle* Halsband, gr. (dorisch) *mánnos* Halsband, aind. *manyā* Nacken.

mahnen ah. *manōn*, ags. *manian*, got. *man* »meine«, *ga-munan* sich erinnern; urv. lt. *monēre* mahnen, mlt. *mannire* vor Gericht rufen; lt. *memini*, *reminiscor* erinnere mich, *mēns* Verstand, gr. *ménos* (aind. *manas)* Sinn, *mimnēskō* erinnere; s. meinen, Minne, Münze, Moneten, Monument, monieren, Mentor.

Mahr *m* ah. an. *mara*, ags. *mare* Alp, drückendes Nachtgespenst, -unhold, b. Fr. Reuter *Mōrtriden*, eng. *nightmare*, entl. fz. *(cauche)-mar;* urv. air. *Mor-rigain* Mahrenkönigin, russ. *kikimora* Gespenst, poln. *mora* Alp; s. Alp; viell. z. an. *meria* zerstoßen, ai. *mṛnấti* zerschlägt.

Mähre *f* mh. *märhe*, ah. *mariha*, eng. *mare* Stute, an. *merr*, germ. *marha* Streitroß, ah. *marah* Pferd, air. *marc;* s. Marschall, Marstall; O.N.: Merenberg b. Weilburg; s. Steward.

Mai *m* mh. *meie*, ah. *meio*, v. lt. *Māia* Göttin d. Wachstums od.: *Juppiter Māius*, z. *māior*, Komp. v. *magnus* groß; ~käfer *m* 16. Jh., Maie *f*, Maibaum *m* Birke.

Maid *f* (dicht.) mh. *(meytgin) meit* aus *maget*, alem. Maidli; s. Magd u. Liste 9.

Mais *m* 16. Jh. v. sp. *maíz* (fz. *maïs*, eng. *maize)*, sp. *maizena*; ~mehl, westind. W. *mahis*.

Maisch *m* 1: Trauben, 2: Malz. ~bottich; Maische *f*, ~n; *Mischung? urv. aslaw. **mězga* Baumsaft, lt. *mingere* harnen; aeng. *māsc*, eng. *mash* Gemisch, mnd. *mēsch*, mh. *meisch*.

Majestät *f* mh. *majestāt*, v. lt. Akk. *majestātem* Hoheit z. *magnus* groß; -tät < lt. *-tāt-* + fz. *té*.

Majólika *f* v. it. *majolica*, fz. (16. Jh.) *majorique*, n. d. Insel Mallorca, wo diese Tonwaren hergestellt wurden; 17. Jh.

Major *m* unterster Stabsoffizier, 16. Jh. v. sp. *mayor*, it. *maggiore*, lt. *māior* d. Größere, Höhere (als d. Hauptmann); *Maior domūs* *d. Größere des Hauses, *»Hausmeier«, unter d. Merowingern, s. Meier; ~at *n* d. auf d. Ältesten vererbliche Familiengut, 17. Jh. v. lt. *maiorātus;* ~enn großjährig, 18. Jh. (*māior* größer, älter, *annus* Jahr); ~ität *f* Mehrheit, 18. Jh. v. mlt. *māioritās*, ~isieren »durch Stimmenmehrheit zwingen«, überstimmen, ~secke *f*.

Majoran *m* v. mlt. *maiorana*, gr. *amárakos;* ah. *maiolan.*

Majuskel *f* großer Buchstabe, v. lt. *māiūscula (littera)* größerer (B.).

Makel *m* v. lt. *macula* Fleck, mh. *makel;* Makulatur *f* eig. beschmutztes Papier, 16. Jh.

mäkeln, makeln den Unterhändler machen, dann etwas an d. Ware auszusetzen finden, v. nd. mäkeln, ndl. *makelen*, z. *maken* machen, Makler *m* Unterhändler, v. ndl. *makelaar*, Mäkler *m* kleinlicher Tadler; Mäkelei *f* s. machen.

Makrele *f* mh. *macrēl* v. mndl. *mak(e)reel*, eig. »Kuppler«, weil er angeblich die Heringe zs. bringt.

Makrokosmus gr. *makrós* lang, weit u. *kósmos* Welt »Weltgebäude« (Paracelsus), Gstz. Mikrokosmus kl. Welt, d. Mensch als e. Welt im Kleinen.

Makrone *f* 18. Jh. v. fz. *macaron* Mandeltörtchen v. it. *maccarone*, daher auch **Makkaroni** Rohr-Nudeln.

Mal[1] ah. *māl* Zeitpunkt, got. *mēl* Zeit: idg. Wz. *mē* messen, gr. *métron* Maß, s. Mahl u. Maß. Daher die Nachsilbe -mal: einmal eig. an einem Zeitpunkt; zumal, ah. *ze māle* »zur Sache«; einstmals, mh. *eines māles* an e. Zeitpunkt. **Mal**[2] »Zeichen« ah. *māl*, got. *mēl*, Mehrz. *mēla* Schrift(en), vermischt m. ah. *meil*, ags. *māl*, eng. *mole* Fleck, got. *mail* Runzel, urv. gr. *miaínō* beflecke. Noch bayr. *Mailen* Fleck. **malen** eig. mit Malen, Zeichen versehen, dann färben, ah. *mālōn* malen, zeichnen, got. *mēljan* schreiben, an. *mæla* malen.

Malachit *m* grünes Kupfererz, 16. Jh. v. gr. **malachítēs (maláchē* Malve, n. d. Farbe).

Malaria *f* Sumpffieber, v. it. *mala aria* schlechte Luft; 19. Jh.

maledeien, ver~ (ver)fluchen, mh. *(ver)maledien* v. afz. *maldire* v. lt. *maledicere.*

Malheur *n* Unglück, v. fz. *malheur* (mit falschem *h*, da nicht z. *heure* Stunde, lt. *hōra*, sondern z. lt. *malum augurium* böse Vorbedeutung); 18. Jh.

Malter *m n* südd. Getreidemaß = 12 Scheffel, mlat. *maltrum*, z. mahlen, eig. das auf einmal z. Mahlen gegebene Korn; ah. *maltar.*

Malve *f* 16. Jh. v. lt. *malva*, eng. *mallow*, fz. *mauve*, gr. *málbax* u. *maláchē;* s. Malachit.

Malz *n* mh. ah. *malz*, and. *malt*, ags. *mealt*, eng. *malt* (: fz. *malt), to melt;* z. idg. Wz. *meld* weich, urv. gr. *méldō* mache schmelzen, s. schmelzen, Milz, Emaille.

Mama *f* 17. Jh. v. fz. *maman*, eig. Naturlaut wie Papa u. lt. *mamma* Mutterbrust.

Mameluck *m* v. it. *mammalucco*, z. arab. *mamlūk* Kaufsklave; 15. Jh.

Mammon *m* 16. Jh. got. *mammōna* v. aram. gr. *mam(m)onās* Schatz, Reichtum.

Mammut *n* um 1800 v. fz. *mammouth* das v. russ. *mamont* (1696ff.) verlesen; dies aus westtungus. *yamęndi̯* Bär in Anlehnung an den russ. Namen Mamont (Zs. f. slaw. Phil. 21/1952, 293ff.).

Mamsell *f* 18. Jh. v. fz. *mademoiselle* (mlt. *mea dominicella* meine Herrin), früher wie Jungfer Anrede für Bürgerliche; s. Fräulein.

man[1] dasselbe wie Mann, mh. ah. *man* irgendein Mensch, Mann, s. jemand, niemand. Auch fz. ist *on* = afz. *omne*, nfz. *homme* (lt. Akk. *hominem* z. *homo)* Mann, Mensch.

man[2] nd., mu. nordd. = nur; sei ~ still, ich habe ~ zehn Mark; entstanden aus and. *newan* außer, ah. *niwan* nichts als, nur: *ni* nicht + *wan* fehlend (vgl. Wahnwitz).

Mänade *f* rasendes Weib, Bacchantin, gr. *mainás, -ádos: maínomai* rase.

Manager *m* um 1948 (dt. Ausgabe v. J. Burnham, *The managerial revolution)* v. amerikan. ~ ; dazu 1950 ~krankheit (Mich. Bauer, Bonn).

manch mh. *manec*, ah. *manag* viel, manch, got. *manags* viel, ags. *monig*, eng. *many* viele, manch; urv. aslaw. *mŭnogŭ*, air. *menice* oft; s. Menge.

Mandarin *m* hoher chines. Beamter, v. ai. *mantrin* Ratgeber, über port. *mandarim*, angel. an *mandár* befehlen.

Mandarine *f* kl. Apfelsine, um 1850 v. eng. *mandarin* (wegen ihrer Güte und Farbe).

Mandat *n* Auftrag, Wahlauftrag v. lt. *mandātum* z. *mandāre* auftragen, **mani-dare* ind. Hand geben.

Mandel[1] *f* ah. *mandala* v. spätlt. *amandula*, gr. *amygdálē* (dah. auch fz. *amande*, it. *mandola*, eng. *almond)*. Mandeln im Gaumen u. Rachen: Lb. nach arab. *lauz(at)* = Eß- u. Hals~.

Mandel[2] *f* nordd. mu. Getreidehaufen, Zahl v. 15; mlt. *mandala:* Mande (Korb), ndl. *mand*, eng. *maund*, ags. *mand*, z. Mund[2], s. d.

Mandoline *f* 18. Jh. v. fz. *mandoline*, *Mandore (wegen der Mandelform?), Pandure, v. mlt. *pandura;* ait. *mandola, pandora* (mit Umstellung v. *p.* u. *d.):* arab. *tanbūr* Zither.

Manen Mehrz. Seelen d. Verstorbenen, 17. Jh. v. lt. *mānēs* ursp. *Dii mānēs* die wohlmeinenden (Götter).

Mangel *f* Glättrolle f. Wäsche mh. *mange* Schleudermaschine, v. mlt. *mango*, lt. *manganum*, gr. *mánganon;* ~n, 16. Jh.

mangeln ah. *mangolōn*, urv. lit. *meñkas* gering, viell. urv. lt. *mancus* verstümmelt (dah. it. *mancare*, fz. *manquer);* Mangel *m;* s. Manko.

Mangold *m* Gemüsepflanze, wie P.N. ah. *Managold* (gr. *Polýkrates):* ah. *manag* viel + *waltan* (od. 1. = umgestelltes *magan* Macht?).

Mangrove *f* malay. *manggi-manggi* Wurzelbaum u. eng. *grove* Gehölz; 19. Jh.

Manie *f* Sucht, 19. Jh. v. gr. *maníā* Wut, Raserei; Gallo~, Anglo~, Nordo~ ; s. Kleptomanie.

Manier *f* mh. *maniere*, v. fz. *manière*, it. *maniera* Art etwas zu handhaben, z. lt. *manus* Hand; ~iert gekünstelt, 18. Jh., ~lich; Manipulation *f*, fz. *manipuler* kunstgerecht handhaben, s. Manöver, Manschette.

Manifest *n* feierliche Staats-, Regierungserklärung, v. lt. *manifestum* zu *manifestus* handgreiflich, offenbar, eig. m. d. Hand gestoßen *(manus* Hand, *fendo* stoße, s. defensiv); 17. Jh.

Manko *n* Fehlbetrag v. it. *manco* Verlust, z. *mancare* fehlen, s. mangeln; 19. Jh.

Mann *m* mh. ah. and. afries. ags. eng. schw. *man*, got. *manna*, eig. Mensch, urv. ai. *mánuś* Mensch, auch Stammvater d. Menschen, *Mannus* (b. Tacitus) Stammvater d. Germanen, *Mánēs* Urahn der idg. Phryger; Männchen *n*, fläm. *man(n)ekin*, dah. fz. *mannequin* Puppe, Modell, Vorführdame; ~bar, ~haft, männlich, männiglich † eig. der Menschen jeder, ah. *manno gilīh*, s. jemand, niemand, ~schaft *f*, ~weib *n*, ~sbild *n*, ~szucht *f*, er~en, über~en, ent~en. Mann bergm. = Erzgang: alter ~ abgebautes Flöz, toter ~ Gang ohne Erze, auch Bergname, in Frankreich: *Mort homme.* O.N.: Mansfeld, Mainflingen a. Main, Mahndorf b. Halberstadt. P.N.: Manfred, umgekehrt Friedemann, s. Friede, schwäb. Kf. Manz.

Manna *n* mh. ah. *mannā*, hebr. 2. Mose 16, 15 z. *manah* zuteilen, also Gabe, Geschenk.

mannigfach s. Liste 54 ~fach.

Manöv||er *n* Handbewegung, Kniff, milit. Übung, 18. Jh. v. fz. *manœuvre* (lt. *manus* Hand, *opera* Arbeit); ~rieren; s. Opfer. **Manufaktur** *f* 17. Jh. v. fz. *manufacture* (lt. *facio* mache). **Manuskript** *n* 17. Jh. v. lt. *scriptum* Geschriebenes *(manū* m. d. Hand); Druckvorlage.

Mansarde *f* Dachkammer, 18. Jh. v. fz. *mansarde*, n. d. fz. Baumeister Mansard † 1666.

manschen s. mantschen.

Manschette *f* 17. Jh. fz. *manchette* z. *manche* Ärmel, lt. *manica* *(manus* Hand); s. Manier, Manöver.

Mantel *m* ah. *mantal*, v. lt. *mantellum* (fz. *manteau*, it. *mantello*, sp. *manto*, *mantilla);* Mantille *f*, Deck~, bemänteln bildl.

mantschen s. Matsch.

Mappe *f* 17. Jh. Landkarte, eng. noch jetzt *map*, v. mlt. *mappa* (ursp. punisch. W. = Tuch) *mundi* Weltkarte, später deren Umhüllung, jetzt Akten-, Brief-, Schulbüchertasche.

-mar[1] u. -mar[2], s. Liste 54.

Marasmus *m* gr.-lt. = Abzehrung, z. gr. *marainō* lösche aus, urv. got. *maúrþr*, nh. Mord, lt. *morior* sterbe; s. mürbe.

Märchen *n* mh. *maerelīn* Vkl. z. *maere* Erzählung, ahd. *māri* Nachricht, got. *mērs* bekannt, berühmt, also eig. Erzählung e. berühmten Begebenheit; mu. sächs. mären schwatzen.; urv. gr. *(enchesí)mōros* (speer-)berühmt.

Marder *m* pl. Mort, ah. *mardar*, entl. mlt. *martus*, daher fz. *mart(r)e*, it. *martora*, sp. port. *marta*. Tabuname (s. Bär), der z. lit. *martì* Braut u. lt. *marītus* Gatte gehört (wie it. *donnola* für Wiesel).

Margarine *f* Kunstbutter (Reklamewort) 19. Jh. (1866/69 v. Miges-Mouriès erfunden), gebildet v. *Margarin n* (1813 Chevreul) chemische Bezeichnung der festen Fettbestandteile, v. gr. *márgaros*, *margarítēs* Perle.

Marine *f* 17. Jh. v. fz. *marine*, z. lt. *(rēs) marīna* See(wesen), z. *mare* Meer. **marinieren** eig. mit Seewasser einsalzen, v. it. *marinare* einsalzen, fz. *mariner;* 17. Jh.

Marionette *f* Drahtpuppe, 17. Jh. v. fz. *marionette*, z. *Marion* Mariechen, s. Marotte.

Mark[1] *n* mh. *marc*, ah. *mar(a)g*, ags. *mearg*, eng. *marrow;* ~ig (meist übtr.), ~ u. Bein, urv. ablg. *mozgŭ* Gehirn; ausmergeln, m. Einwirkung v. lt. *marcor* Schlaffheit?

Mark[2] *f* mh. *marke*, ah. Grenze, got. *marka*, an. *mörk* Wald (große Wälder bildeten oft Völkergrenzen), dä. schw. *marka*, entl. fz. *marche*, it. *marca*, sp. *marca;* urv. lt. *margo* Rand, air. *mruig*, gall. * *morga* im Fluß-N. *Murg;* s. Grenze. Markomannen Grenzleute (?), Ge~ung, *f* (got. *ga-marko* Grenznachbarin), ~ Brandenburg, Alt~, Däne~, Königs~, Ost~, Steier~, Nord~, Feld~ (Grenzgebiet), ~graf *m* mh. *marcgrave* Verwalter e. Grenzlandes, dah. fz. *marquis* (it. *marchese);* ~-scheider *m* der e. Zeche (e. Bergwerk) abgrenzt; ~stein, Marchstein † (vor allem schweiz.), Bismarck eig. Bischofsmark. Marburg (i. Steiermark) Grenzburg. P.N.: Marquardt Grenzwächter.

Mark[3] *f* mh. *marc*, $^1/_2$ Pfund Silber od. Gold, seit 1873 dtsch. Münzeinheit, an. *mark* Zeichen, dazu **Marke** *f* rückentl. 17. Jh. v. fz. *marque* *(remarquer* bemerken), it. sp. *marca;*

merken, brandmarken, s. Brand, markieren, Brief~, markant.

Marketender *m* 16. Jh. v. it. *mercatante* Händler. **Markt** *m* mh. *market*, ah. *markat*, v. lt. *mercātus* (it. *mercato*, fz. *marché*, eng. *market)*, ~en feilschen; ~flecken *m*, ~-schreier *m;* s. Dult.

Marmelade *f* eig. Quittenmus v. sp. *marmelada* <* *mermelata;* port. *marmelo* Quitte, v. gr. *melímēlon* Quitte *(méli* Honig, *mēlon* Apfel); 16. Jh.

Marmor *m* ah. *marmul*, v. lt. *marmor*, gr. *mármaros* z. *marmaírō* glänze, also glänzender (Stein); ~iert. Marmarameer. Marmeln Murmeln, Marbeln = Klicker.

marode matt, 17. Jh. v. fz. *maraud* Schurke, *maraudeur* plündernder Nachzügler.

Marone *f* Edelkastanie, 16. Jh. v. it. *marrone*, fz. *marron*, schweiz. Marre.

Maroquin *n* fz. 18. Jh. eig. Leder aus Marokko (gegerbtes Ziegenfell).

Marotte *f* Grille, 18. Jh. v. fz. *marotte*, eig. Püppchen, z. *Marion* Mariechen; s. Marionette.

Marquis *m* v. fz. *marquis*, it. *marchese*, v. dtsch. Markgraf.

Marsch[1] *m* 17. Jh., v. fz. *marche;* = Musikstück erst 18. Jh.; ~ieren v. *marcher*, v. gallorom. * *marcare* hämmern, v. lt. *marcus* Hammer.

Marsch[2] *f* fruchtbare Niederung, Weideland, as. *mersk*, mnd. *mersch*, *marsch*, fries. *marsk*, ags. *mersc*, eng. *marsh* Sumpf, verw. m. Meer, Maar, Moor; d. Masch in Göttingen *»uppe dem mersche«*, s. Geest, Dithmarschen.

Marschall *m* mh. *marschalc*, ah. *marahscalc*, eig. Pferdeknecht (s. Mähre, Schalk), später Hofbeamter, Marschall; s. Seneschall, Steward.

Marstall *m* s. Mähre, Stall; F.N. ~er.

Märte *f* nd. Mischmasch, Kaltschale; ah. *mereda* v. lt. *merenda* Vesperbrot?

Marter *f* mh. *marter*, v. gr. *martýrion* Zeugnis, Blutzeugnis, Qual; Märtyrer, Martyrer *m* Blutzeuge, gr. *mártyr* Zeuge. Mordkapelle b. Bonn aus Martyrerk. entstellt.

martialisch kriegerisch, v. lt. *martiālis* (z. *Mars)*, 16. Jh., s. März; P.N.: Martin der Kriegerische, Merten, Gen. Mertens, Martensen, s. Sohn.

März *m* ah. *merzo*, v. lt. *Mārtius (mēnsis)* d. Kriegsgott Mars geweihter Monat, mit dem d. römische Jahr ursp. begann; fz. *mars*, eng. *March;* s. ausmerzen.

Marzipan *m* um 1500 v. it. *marzapane* Zuckerbrot; *marzapane* ursp. venez. Münze, dann e. Maß, in d. Levante 10 *marzapani* = 1 *moggio* (Scheffel). In Schachteln = 1 *marzapane* wurde d. Gebäck aus Cypern ausgeführt u. d. Name des Gefäßes auf d. Inhalt übertragen. D. Name der venez. Münze (mlt. *matapanus)* m. thronendem Christus ist entl. v. arab. *mauthabān* sitzender König und wurde volksetym. umgedeutet in lt. *Marci panis* Brot des Markus.

Masche *f* ah. *masca*, ags. *mæsce*, eng. *mesh*, schw. *maska*, dä. *maske*, urv. lit. *mãzgas* Knoten, indog. Wz. *mezg* flechten. Umg. seit etwa 1945 = Trick, geschicktes (erfolgreiches, nicht ganz normales) Verfahren.

Maschine *f* 17. Jh. v. fz. *machine* aus lt. *māchina*, z. gr. *mēchanḗ* Werkzeug, s. Machination, mechanisch, mögen.

Maser *f* natürliche Zeichnung, Geäder i. Holz, ah. *masar*, entl. afz. *masre;* **Masern** Mehrz. Krankheit, n. d. Form(?) ah. *masala* Entzündung, ndl. *mazelen* ~, mnd. *masele.*

Maske *f* 16. Jh. v. fz. *masque*, mlt. *masca*, it. *maschera* ~, maskierte Person v. arab. *maschara* Possenreißer; ~rade *f* 17. Jh., demaskieren.

Maß *n* mh. *māȝ*, *māȝe*, ah. *māȝa*, pl. Mat, urv. ai. *māti* mißt, lt. *modus*

Art u. Weise; mäßig, gemäß, Gemäß *n*, ~stab *m*, Glied~en, s. Glied; der~en, ~gabe, ~werk *n*, ~regeln polit. (1840), ~liebchen *n* 15. Jh. v. ndl. *mateliefe*, z. ah. *maz* Speise, s. Messer.

Mass||age *f*, ~ieren, ~eur *m*, ~euse *f* 19. Jh. v. fz. *masser*, *massage*, z. arab. *mass* betasten; nicht z. gr. *mássō* knete, *māza* Teig, dazu: **Mass||e** *f* mh. *masse*, v. lt. *massa* Stoff; ~ig, ~iv um 1700 v. fz. *massif* dicht, gediegen, stark.

Maßholder *m* Feldahorn, ah. *mazzaltra;* 1) z. ah. *maz* Speise, 2) -der i. Liste 54.

Mast[1] *m* mh. ah. eng. *mast*, an. *mastr;* urv. lt. *mālus* aus * *masdos* Mastbaum; entl. sp. *mastil*, afz. *mast*, nfz. *mât*.

Mast[2] *f* mh. ah. eng. *mast*, urv. aind. *mēdas* Fett; mästen, ah. *mesten*.

Mastdarm *m* nicht z. Mast[2] sondern als verhüllender Ausdruck für ah. mh. *arsdarm* spätmh. z. *maz* Speise; vgl. Maßholder, Mettwurst, Messer.

Masurka *f* masurischer Tanz, s. Polonäse; 18. Jh. über fz. ~.

Matadór *m* Held, eig. Töter d. Stieres, 18. Jh. v. sp. *matador* Mörder *(matar* töten v. lt. *mactāre)*.

Mater||ie *f* mh. *materge*, v. lt. *māteria* Stoff (aus dem etwas hervorgeht, z. *māter* Mutter), dann auch Bauholz (port. *Madeira* Holzinsel); ~ial *n;* ~ialismus *m*.

Mathematik *f* 16. Jh. v. gr. *mathēmatikḗ (téchnē* Kunst) z. *máthēma* Gelerntes, *mathḗmata* Zahlenlehre; s. Chrestomathie.

Matjeshering *m* 18. Jh. v. ndl. *maatjesharing*, *maatje* Freundchen f. mndl. *»mēdykenshēring«* *Mädchenh. (noch ohne Rogen u. Milch), d. h. also frisch, zart (Gegensatz: Vollhering).

Matratze *f* mh. *matraz*, v. it. *materassa*, fz. *materas*, später *matelas*, z. *arab. matrah* Lager.

Mätresse *f* 17. Jh. v. fz. *maîtresse* Herrin, Geliebte, z. lt. *magister* Herr.

Matrikel *f* Stammrolle, Liste, 15. Jh. v. lt. *mātrīcula* z. *māter* Mutter, s. immatrikulieren.

Matrone *f* 14. Jh. v. lt. *mātrōna* verheir. Frau, z. *māter*.

Matrose *m* 17. Jh. v. ndl. *matroos*, afz. *matenot*, ndl. *maatgenoot*, fz. *matelot* z. anord. *mötunautr* Tisch-, Schiffsgenosse, s. Maat.

Matsch *m* 18. Jh. Schlamm, lautm.; dazu matschen u. mantschen, 17. Jh., durcheinandermengen.

matt mh. *mat* v. it. *matto*, sp. *mate*, fz. *mat* Ausdruck d. Schachspiels, pers. *schāh māt* (d. König ist verblüfft, arab. *šāh māt*, d. K. ist tot).

Matte[1] *f* Wiese, mh. *mate*, ags. *mǣd*, eng. *meadow*, afries. *mēth*, z. idg. Wz. *met*, urv. lt. *meto*, kymr. *medi* mähe. O.N.: Andermatt, Zermatt (zur ~), ostfries. die Meedlande.

Matte[2] *f* (Stroh~) mh. *matte*, ah. *matta*, ags. *meatte*, eng. *mat*, v. lt. *matta*, *natta* Binsendecke (fz. *natte*, it. *matta)*, pun. W.: hebr. *miṭṭāh* Decke, *nāṭāh* ausbreiten; s. Hängematte. Dazu wohl **Matte**[3] *f* mu. md. 14. Jh. Quark.; wie fz. *maton* Quark n. d. Tuchmatte, über der d. geronnene Milch abtropfte; vgl. Topfen.

Mätzchen *n* Albernheit, z. **Matz** (Koseform für Matthias) = kleiner Kerl.

Matze *f*, Matzen *m* 15. Jh. v. hebr. *mazzah f* ungesäuertes Brot.

mau 19. Jh. schlecht, nur in: das ist ~; aus matt + flau?

Mauer *f* mh. *mūre*, ah. *mūra*, pl. Mur, ags. *mūr*, v. lt. *mūrus*, woher auch fz. *mur*.

Mauke *f* Fußkrankheit der Pferde, mnd. *muke*, mh. *mucke;* z. ndl. *muik*, got. *muka* weich.

Maul[1] *n* ah. *mūla*, pl. Mul (noch

in Lessings Minna für Mund), urv. gr. *mýllon* Lippe; ~en schmollen; ~affe *m* viell. pl. Mul apen (~ offen), ~schelle *f*, s. Ohrfeige.

Maul[2] *n* (†, noch i. Schillers Tell, Mäuler = Maultiere), mh. *mūltier*, *mūl*, ah. *mūl*, v. lt. *mūlus*. O.N.: ~bronn.

Maulbeere *f* mh. *mūlber*, ah. *mūrberi*, v. lt. *mōrum* (eng. *mulberry)*, gr. *mōron*, Moréa Maulbeerland.

Maulwurf *m* mh. *moltwërf*, ah. *multwurf* (pl. aber volkset. Mullworm), z. *molte* Erde, also Erdaufwerfer, aschwed. *muldvarper*, an Maul angelehnt, od. (wegen d. ah. Frühform *mūwerf)*: z. ags. *muwa*, eng. *mow* Hügel, Haufen »Tier, das Erdhaufen aufwirft« (und dann an *molt* »Erde« angelehnt).

Maus[1] *f* mh. ah. *mūs*, pl. Mus, ags. *mūs*, eng. *mouse*, urv. lt. *mūs*, gr. *mȳs*, ablg. *mysi*, aind. *mūś;* s. Muskel, Muschel; **Maus**[2] Daumenballen, n. d. Form, ah. an. *mūs* Muskel = gr. *mȳs;* Duckmäuser s. ducken.

mauscheln z. hebr. Mōscheh Moses, also wie Moses (d. h. jüdisch) reden, 17. Jh.; od. besser z. hebr. *mōschel* gemessen reden?

mausern, sich, Federn, Haut, Haare wechseln, mh. *mūȝen*, ah. *mūȝȝōn*, v. lt. *mūtāre* ändern, wechseln, sich mausig machen 16. Jh. sich keck hervortun, wie der Vogel nach d. Mauserung; mh. *mūȝec* v. Jagdfalken.

Mausoleum *n* prächtiges Grabmal, um 1600 v. gr. *Mausṓleion*, Grabmal, das dem König Mausōlos († 353 v. Chr.) v. s. Gattin Artemisia gesetzt wurde.

Maut *f* (bayr.) Zoll, mh. *mūte*, ah. *mūta*, got. *mōta* (Mäuseturm b. Bingen wahrsch. = Mautturm), F.N.: Mauthner = Zöllner (got. *mōtareis)*. O.N.: Mautern b. Krems; ~hausen u. a.; aus der Zeit der ostgot.-bayr. Nachbarschaft.

Maximum *n* lt. = Höchstbetrag, Höchstzahl; Maxime *f* v. lt. *maxima (regula)* höchster Grundsatz, um 1700.

Mayonnaise *f* **sauce mahonnaise* n. d. Seesieg des Herzogs v. Richelieu (1756) b. Mahon auf Minorca.

Mäzen *m* Gönner u. Beschützer von Kunst u. Wissenschaft, n. *Maecēnās* in Rom (70–8 v. Chr.); 18. Jh.

mechan||isch, ~iker *m*, **~ismus** *m*, **~ik** *f* 18. Jh. z. gr. *mēchanḗ* Werkzeug, s. Machinationen, Maschine, mögen.

meckern z. mh. *mëcke* Ziegenbock, lautm. wie homer. *mēkádes aíges* (Ziegen), lit. *mekenù* ~, ai. *mēká* Bock.

Medaille *f* Denk-, Schaumünze, 16. Jh. v. fz. *médaille*, mlt. *medalia (lamina)* Metallscheibe, z. *metallum;* Medaillon *n* v. it. *medaglione*, fz. *médaillon*. F.N.: Meldenschmied; s. Metall u. Liste 7.

mediatisieren 1803 reichsunmittelbares (immediates) Gebiet mittelbar machen, eig. in die Mitte e. andern Staates einbeziehen, v. fz. *médiatiser*, z. mlt. *mediātus* mittelbar. **Medium** *n* eig. vermittelnde Person b. spiritist. Versuchen, v. lt. *medium* Mitte; s. Meridian.

Medikament *n* Arznei, Heilmittel, 16. Jh. v. lt. *medicāmentum* zu *medeor* heile, Medikus *m* † Arzt, Medizin *f* um 1500 v. lt. *medicīna*.

Meer *n* mh. *mer*, ah. *meri*, got. *marei*, and. *meri*, ags. *mere*, eng. *mere* Weiher, Teich *(mermaid* Meerweib), anord. *marr*, urv. air. *muir*, lt. *mare*, aslaw. *morje*, russ. *more*, lit. *mārēs* kur. Haff; gr. *Amphimaros*, Sohn Poseidons, *amárā* Graben, *plēm(m)yrís* Flut des * Vollmeeres; verw. Marsch, Moor; ~busen *m* 17. Jh. Lüs. v. lt. *sinus maritimus;* ~rettich; 1) z. mehr = *maior*, ah. *meriratich*, mnd. *merraddich*, ~schaum *m* 18. Jh. Tonerde in

Kleinasien. ~katze *f* u. ~schweinchen *n*, beide über d. M. zu uns gekommen. Dümmer (See i. Hannover, s. Liste 58), Mirbach; Flandern s. flach u. -mar i. Liste 54; slaw. Müritz kl. Meer, Pommern, *pomorju* Anwohner d. Meeres, kelt. *Moridunum* Murten (1476!), 2) s. Zaun.

Megäre *f* Rachegöttin, dann böses Weib, 18. Jh. v. gr. *Mégaira* die Feindliche, eine der Erinnyen.

Mehl *n* mh. *mēl*, ah. and. *mëlo*, ags. *melu*, eng. *meal*, urv. lt. *immolare* mit Opfermehl bestreuen; s. mahlen, Malter, Melde. **Mehltau** *m* ds. W. wie Meltau (s. d.), heute orthogr. v. ihm unterschieden als »Pilzkrankheit d. Pflanzen«.

mehr mh. ah. *mēr*, got. *maiza* (zu *mikils* groß), eng. *more;* ~en, ~heit *f* um 1700, ~zahl *f* um 1800 für lt. Plural, ~er *m* (d. Reichs) Lüt. v. lt. *Augustus* um 1300, s. August.

meiden mh. *mīden*, ah. *mīdan*, urv. lett. *mite't;* s. miß-, missen.

Meier *m* Gutsverwalter, -pächter, Verwalter einer Milchwirtschaft (Meierei), ah. *meior*, v. lt. *major* d. größere (fz. *maire*, eng. *mayor* Bürgermeister), eig. *maior domūs;* s. Magister, Major, Meister. Häufiger Name m. verschied. Schreibung u. i. zahllosen Zs.

Meile *f* mh. *mīl*, ah. *mīla*, v. lt. *mīlia (passuum)* tausend (Schritte), (it. *miglia*, fz. *mille*, eng. *mile)* s. Million.

Meiler *m* (z. Gewinnung d. Holzkohlen) mh. *mīler*, * lt. *miliārium* »*1000 Stück« Holz, geschichteter Holzstoß der Köhler; entl. poln. *mielerz.*

mein mh. ah. and. ags. *mīn*, pl. min, got. *meins*, urv. lt. *mens*, gr. *moi* mir, ai. *mē;* ~ethalben eig. v. m. Seite (mh. *halbe* Seite), ~etwegen v. meinen Wegen.

Meineid *m* ah. *meineid*, and. *mēnēth;* 1. Teil ah. *mein* falsch, ags. *mān* Frevel, anord. *mein* Schade, urv. lit. *maĩnas* Tausch, *mainyti* wechseln ändern, (ver)tauschen.

meinen mh. ah. *meinen*, ags. *mǣnan* meinen, denken, sagen, lieben (»Freiheit, die ich meine« = liebe); urv. aslaw. *meniti*, air. *mian* Wunsch. s. mahnen, Minne.

Meise *f* ah. *meisa*, anord. *meisingr* (dah. fz. *mésange)*, eng. *titmouse* Kohl~, urv. kymr. *mwyalch* Amsel.

Meißel *m* ah. *meizil* z. *meizan*, got. *maitan* hauen, schneiden, bayr. *maißen*, also eig. Schneidender.

meist mh. ah. *meist*, got. *maists* (z. *mikils* groß), and. *mēst*, ags. *māst* eng. *most;* s. mehr.

Meister *m* ah. *meistar*, v. lt. *magister* z. *magis* mehr, größer (it. *maestro*, fz. *maître*, eng. *master*, *mister);* s. Magister, Meier, Major. Alt~, Groß~, Münz~, Richt~, Ritt~, Schul~, Stall~, Wald~, Zunft~.

Melancho||lie *f* Schwermut, v. gr. it. *melancholía* (gr. *mélās* schwarz, *chólos* Galle); ~isch 16. Jh.; s. Cholera, cholerisch.

Melde *f* Atriplex (Unkraut) ahd. *mëlta*, dän. *meld*, z. Mehl (der weißbestäubten Blätter wegen); urv. gr. *blíton* <* *mliton?*

melden pl. mellen, ah. *mëldōn*, ags. *meldian* anklagen; z. lit. *meldžiù*, hethit. *mald-* beten? Meldung *f* ah. *mëlda*, *mëldunga* Verrat; Meldegänger, ~reiter.

melken ah. *mëlchan*, urv. lt. *mulgeo*, gr. *amélgō*, ir. *mligim*, aslaw. *mlěsti*, tochar. *mālkaut* sie gaben Milch, s. Milch, Molke.

Melodie *f* mh. *mēlodīe* (ah. dafür *scōnisanc)*, v. gr. *melōdía (mélos* Glied, dann Lied, *ōdé* Gesang). Melodrama *n* Schauspiel m. Musikbegleitung 18. Jh. v. fz. *mélodrame*, s. Drama, Ode, Odéum, Parodie, Rhapsodie, Komödie, Tragödie.

Melone *f* 16. Jh. v. it. *mellone* eig. großer Apfel, Gestalt eines Quittenapfels: gr. *mēlōn* Apfel, lt. *mēlo* aus gr. *mēlo-pépōn*, 2) = reif, dazu Pfebe, mh. *pfeben m*, ah. *pepanno*, *pfedemo*.

Meltau *m* ags. *meledēaw*, ah. *militou*, eng. *mildew;* z. Mehl oder z. lt. *mel*, got. *miliþ* = Honig; ds. W. wie Mehltau (s. d.), heute aber orthogr. v. ihm geschieden als »Blattlausbälge, ~honig«.

Memme *f* eig. Mutterbrust: mh. *memme*, dann Mensch, der sich feige zur Mutter hält (Luther).

Memoiren Mehrz. 18. Jh. v. fz. *mémoires*, zu lt. *memoria* Erinnerung; memorieren auswendig lernen, z. lt. *memor* eingedenk.

Menage *f* Haushalt, Wirtschaft, Speisekorb, Gewürzständer, v. fz. *ménage*, mlt. *mansionaticum* »z. Hause gehörig«, z. *maneo* bleibe; ~rie *f* fz. eig. großer Haushalt m. Tieren, um 1700.

mendeln 20. Jh., sich nach den Vererbungsregeln des Augustiners Gregor Mendel (1822–84) verhalten.

Menetekel (Upharsin) *n* Warnungsruf, Buch Daniel V, 25, chaldäisch, wahrsch. gezählt, gewogen zerstückt).

Menge *f* ah. *menigī*, got. *managei*, *manags* viel, s. manch; nicht verw. ist **mengen** nd. and. *mangian* v. *mang* Gemeinschaft, Schar; mu. nordd. mank, mitten mank, eng. *among* zwischen; urv. lit. *minkyti* kneten.

Menhir *m* breton. vorgeschichtl. Steinsäule, *men* Stein u. *hir* lang.

Menkenke *f* md. umg. 20. Jh., fast nur in: M. machen = Durcheinander, Schwierigkeiten m.; z. mengen?

Mennig *m* roter Farbstoff, ah. *minig*, v. lt. *minium*, iber. Wort: Fluß Minho n. d. Farbe; s. Miniatur.

Mensch *m* ah. *mannisco*, pl. mensch, and. *mennisco*, eig. Adj. z. Mann; ~ *n* 17. Jh. für weibl. Dienstboten, später verächtlich; ~lich, vgl. ai. *manušía:* ~heit *f*, zunächst menschliche Art: der M. ganzer Jammer, Faust I, 4406; der M. Würde (Schillers Künstler), dann Gesamtheit der Menschen; ~lichkeit *f*, ~ensohn *m*, entmenscht; s. Mann.

Mensur *f* v. lt. *mēnsūra* Maß, abgemessener Fechterabstand der Gegner um 1600, nach 1800 stud., s. Abfuhr unter führen.

Mentor *m* älterer Ratgeber, n. d. Beschützer d. Telemachos (Odyssee), urv. lt. *monitor* Mahner, z. *moneo* ermahne; 18. Jh.

Menü *n* Speisefolge, 19. Jh. v. fz. *menu* das Kleine, Einzelne, lt. *minūtus* klein, s. Minute; **Menuett** *n* um 1700 v. fz. *menuet* eig. Tanz m. kleinen Schritten.

Mephistopheles Lichthasser?, gr. *mē* nicht, *phōs* Licht, *philein* lieben, unter vielen and. Erkl. noch **Megistōpheles*, *megistos* sehr groß u. *ōpheléō* nütze »allezeit dienstb. Handlanger« od. hebr. *mephīs tophel* »der Lüge verbreitet«.

Mergel *m* ah. *mergil* v. mlt. *margila*, lt. *marga*, v. altgall. *marga;* ausmergeln s. Mark[1].

Meridian *m* Mittagslinie, 18. Jh. v. lt. *merīdiāna (linea)*, *meridiēs* (eig. *medi-dies)* Mittag; s. Medium.

Merino(schaf) sp. n. d. Berberstamm der *Beni Merin*, od. v. lt. *(lana) mēra* Kernwolle.

merk||en ah. *merchen*, an. *merkia;* be~, s. Marke; ~lich, Augen~ *n*, *Merksel *n* 1920f. kleine Notiz (Köln. Volkszeitung).

Merzeris||ation glänzend machen d. Baumwolle, benannt n. d. eng. Erfinder John Mercer (1844); ~ieren.

meschugge 19. Jh. verrückt, v. hebr. *meschugga*.

Mesner *m* südd. (nordd. Küster), mh. *mesnaere*, ah. *mesinări*, v. mlt. *mansiōnārius* Haushüter, z. *mansio* Haus (eig. Bleibendes, fz. *maison)*, nicht z. Messe.

Messe[1] *f* 1) ah. *mëssa* Feier d. Altarsakraments, v. lt. *missa (ite! missa est* = geht! sie, die Versammlung (aller Gläubigen), ist entlassen); lt. *missale* Meßbuch; 2) d. m. kirchl. Feiern verbundene Markt, endlich jeder große Jahrmarkt; z. Bdtg. vgl. Dult. Zu ders. Wz. gehört **Messe**[2] *f* Schiffs~, Offiziers~ 19. Jh. v. eng. *mess* Tischgesellschaft, z. afz. *mes*, nfz. *mets* Speise, das Aufgetragene, eig. d. aus d. Küche geschickte (lt. *missum*, z. *mitto* schicke) Essen.

messen ah. *mëȝȝan*, got. *mitan*, z. idg. Wz. *med* messen, erwägen, wozu lt. *modus* Maß, gr. *médomai* erwäge, *mētis* Klugheit; vgl. Maß, Metze[1], sich anmaßen, angemessen, vermessen, gemäß, gewissermaßen, dermaßen.

Messer *n* mh. *meȝȝer*, ah. *meȝȝiras*, **meȝȝisahs*, pl. Metz, ags. *meteseax*, ursp. steinernes Werkzeug z. Zerlegen d. Speise, got. *mats* Speise (eng. *meat* Fleisch, Speise, südd. maßleidig = der *Speise* überdrüssig, Mettwurst), ah. *sahs*, ags. *seax* ursp. Steinmesser (urv. lt. *saxum* Stein), Messer, kurzes Schwert, urv. lt. *seco* schneide, *secūris* Beil; s. Maat, Hammer, Sachsen, Sichel.

Messing *n* mh. *messinc*, viell. v. d. *Mossynoikoi* (Volk a. Schw. Meer) gr. *Mossýnoikos chalkós* ~isches Erz. **Messingisch**, missingsch, angel. a. Messing als *Misch*metall, also »hd. u. nd. gemischt«, aus »misnisch«: obersächs. *meiß*nisch (vgl. d. Hamburger Dav. Wolder (1595), dem die Vermischung der »rechten, *purreynen Sassischen sprake m. d. Misnischen«* ein Greuel war).

Mestize *m* Mischling v. Weißen u. Indianern, v. sp. *mestizo* z. lt. *mixtus* gemischt, s. mischen, Mixtur; um 1600.

Met *m* ah. *mëto*, afries. *mede*, ags. *medu*, eng. *mead*, urv. aind. *mádhu* Honig, gr. *méthy* Wein *(méthē* Trunkenheit), ablg. *medŭ* Honig, Wein, lit. *medùs* Honig, also ursp. »Honigwein«; s. Bär, idg. Wz. *medhu* süß; finn. *mete*, ungar. *mēz;* s. Amethyst. F.N.: Metter = Metsieder, Methfessel.

Metall *n* v. lt. *metallum*, z. gr. *métallon* Grube, Bergwerk, Erz, mh. *metalle*, verdrängte dtsch. Geschmeide, s. Medaille.

Metamorphose *f* Umbildung, Verwandlung, z. B. der Pflanzen (Goethe), gr. *metá* mit, nach u. *mórphōsis: morphḗ* Gestalt, lt. *forma*, 17. Jh.

Metápher *f* Übertragung, bildl. Ausdruck, v. gr. *metaphorā́ (meta* zwischen, anderswohin, *phérō* trage); metaphórisch; s. Bahre; 17. Jh.

Metaphysik *f* Lehre v. d. letzten Gründen, Zusammenhängen d. Welt, eig. rein äußerlich: weil des Aristoteles ~ hinter *(metá)* seiner Physik steht; 14. Jh.

Metathesis *f* Lautumstellung, vgl. *morphḗ: forma, kartos: kratos* Born: Bronn, gr. *metá* u. *thésis: títhēmi* setze. **Metonymie** *f* Ersatz des üblichen Namens durch ein weniger übliches Bild *(metá* u. *ónoma* Name; vgl. Lorbeer: Sieg, Ruhm.

Meteor *m* 17. Jh. v. gr. *meteōros* i. d. Luft schwebend; ~ologie Wetterkunde.

Meter *m n* 1868 v. fz. *mètre*, z. gr. *métron* Maß (anfangs wurde auch die dtsche. Bez. Stab versucht); s. Metrik, Hexameter, Baro~, Thermo~.

Methode *f* planmäßiges Verfahren, Lehrweise, um 1700 v. gr. *méthodos (hodós* Weg, *metá* nach) eig. das Nachgehen, Verfolgen, d. Gedankens; s. Periode, Synode.

Metier *n* Handwerk, Beruf, um 1700 v. fz. *métier*, verkürzt aus lt. *ministerium* Dienst; s. Minister.

Metrik *f* Lehre vom Versbau, v. gr. *metrikḗ (métron* Maß); s. Meter; 16. Jh.

Metropole *f* Hauptstadt, v. gr. *mētrópolis (mḗtēr* Mutter, *pólis* Stadt); 19. Jh.

Mette *f* Frühgottesdienst, mh. *mettī*, ah. *mattina*, v. lt. *(laudes) mātūtīnae* Morgengebete u. *mātūtīna (hōra)* frühe (Stunde), dah. auch it. *mattino*, fz. *matin* Morgen.

Metten Mz. Sommerfäden, nd. *metjensamer* = Mathildchensommer, wohl nach d. heilig. Königin Mathilde († 968).

Mettwurst *f* 16. Jh. v. mnd. mndl. *metworst*, s. Messer.

Metze[1] *f* Getreidemaß, ah. *mĕzzo*, pl. Matt, z. messen. F.N. Metzner = Mühlknappe.

Metze[2] *f* mh. *metze* (nur noch im üblen Sinne), aber nicht im Schwäb.! eig. Kf. zu Mechthild, Mathilde; s. Ruprecht, Grobian, Stoffel; s. Metten.

metzeln nieder∼, Metzelei *f;* s. Metzger.

Metzger *m* (nordd. Fleischer, Schlachter), mh. *metzjaere* v. mlt. *matiārius* Wurstler z. *matia* Darm (Wurst) v. thessal. *mattýē* Fleischfüllsel; aber metzeln geht zurück auf mlt. *macellare* schlachten.

meuch||eln, Meuchler, ah. *mūhhilāri*, urv. lt. *mūger* Falschspieler b. Würfeln, verw. m. schmuggeln? mh. *vermūchen* heiml. auf d. Seite schaffen, z. Wz. *mūk* heimlich auflauern, ∼lings, ∼lerisch, ∼elmord *m;* s. munkeln, mucken.

Meute *f* Schar v. Jagdhunden, 18. Jh. v. fz. *meute;* meutern, Meuterei *f* Aufstand, v. mlt. **movita* z. *moveo* bewege, s. Mob, mobil, Möbel, Motiv, Motor.

Mezzie *f* 20. Jh. billiger Kauf, v. hebr. ∼ = Fund.

Miasmen Mehrz. giftige Gase, um 1700 v. gr. *míasma* zu *miainō* beflecke, verunreinige.

michel † groß; noch in O.N.: Michelstadt (Odenwald), Mecklenburg, s. Burg; Mögeltondern, got. *mikils*, eng. *mickle*, urv. lt. *magnus*, gr. *mégas;* irrt. angelehnt ist Michael, Michel hebr. wer ist gleich Gott? Daniel 10, 13.

mickrig 19. Jh. umg. klein, kümmerlich, über Berlin v. mu. mecklenb.?

Midder *n* westnd. Kalbs∼, ah. *mittigarni* s. Garn, ags. *mid-gerne* Eingeweidefett.

Mieder *n* ah. *muodar*, mh. *müeder* Bauch, ∼; wohl z. Mutter.

Mief *m* 20. Jh. umg. schlechte Luft; z. ndl. *muf* muffig?

Miene *f* 17. Jh. v. fz. *mine* Gesichtsausdruck, v. breton. *min* Schnabel, Schnauze.

mies 20. Jh. übel, v. hebr. *mĕ'īs* abstoßend; ∼macher *m.*

Miesmuschel *f* 1. Teil = Moos, mh. *mies*, ah. *mios;* s. Moos.

Miet||e[1] *f* ah. *miata*, *mēta* Lohn, Zahlung, got. *mizdō*, pl. Meid, ags. *mēd*, eng. *meed*, urv. gr. *misthós*, ablg. *mĭzda*. ∼en, ∼ling *m.*

Miete[2] *f* 18. Jh. aus d. Nd., mnd. mndl. *mite* v. lt. *mēta (foeni)* (Heu-) Schober; einmieten (i. die Erde).

Mieze *f* Kosename der Katze, z. lautmal. miau; auch Koseform z. Maria (Mizzy) wie Hinz z. Heinrich.

Migräne *f* einseit. Kopfschmerz, um 1700 v. fz. *migraine*, verkürzt aus gr. *hēmikrānía (hēmi* halb, *krānion* Schädel, Hirn, m. diesem urv.).

Mikado japan. *mi* erhaben + *kado* Tor, vgl. Hohe Pforte u. ägypt. Pharao hohes Haus; 19. Jh.

mikro- gr. klein, z. B. Mikroben (Mz.) kleinste Lebewesen, 2. *bíos* (Leben). ∼phōn Schallumwandler, 2. *phōnéō* lasse ertönen u. a.

Mikroskop *n* um 1700 z. gr. *mikrós* klein, *skopéō* schaue; s. Teleskop.

Milan *m* fz. *milan (falco milvus).*

Milbe *f* mh. *milwe*, ah. *mil(i)wa*, z. Mehl mahlen, eig. Staub oder Mehl verursachendes Tier.

Milch *f* ah. *miluh*, pl. Melk, got. *miluks*, ags. *milc*, eng. *milk*, urv. air.

melg, *mliucht*, aslaw. *mlěko*, tochar. *malke;* s. melken.

Milchstraße *f* Lüs. v. lt. *via lactea;* altdeutsch: *Iringes strāȥȥa.*

mild mh. *milte*, ah. *milti* freundlich, gütig, freigebig, got. *mildeis*, an. *mildr*, urv. air. *meld* weich, gr. *malthakós* zart, lt. *mollis* * *moldvis*, ai. *mṛdú*, aslaw. *mladŭ* zart.

Milieu *n* fz. Umwelt, seit A. Comte 1837; afz. ~ v. lt. *medius locus* Mitte.

Milit||är *n* 18. Jh. v. fz. *militaire*, z. lt. *mīlitāris* v. *mīles* Soldat; ~arismus *m* Schlagwort Ende 19. Jh. Treitschke: Soldaterei; Miliz *f* 17. Jh.

Milliarde *f* tausend Millionen, 18. Jh. v. fz. *milliard* (lt. *mille* 1000), s. Meile, Billion, **Million** *f* 15. Jh. v. it. *millione* großes Tausend; ~är *m* Ende 18. Jh. n. fz. *millionaire* (1740).

Millibar *n* Maßeinheit für Luftdruck, s. Barometer.

Milz *f* ah. *milzi*, eng. *milt*, entl. it. *milza*, sp. *melsa;* viell. (nebst Malz) aus Wz. *melt* erweichen, schmelzen, weil sie d. Blut leichtflüssig machen sollte; s. Emaille.

Mime *m* Schauspieler, 18. Jh. v. gr. *mīmos (mīméomai* ahme nach); Mimik *f* lt. *(ars) mīmica* Gebärden(kunst), Mimikry *f;* s. Pantomime.

Minarett *n* arab. *manāra* Moscheenturm * Ort des Lichtes *(nar)*, türk. *mināré*, fz. *minaret.*

minder mh. *minre*, ah. *minniro*, got. *minniza* Komp. z. *luzzil* klein, wenig, urv. lt. *minor* kleiner, *minuo*, gr. *minýthō* vermindere.

Min||e *f* 17. Jh. v. fz. *mine*, mlt. *mina* Erzgrube, kymr. *mwyn;* schon um 1600 als Kampfmittel: Sprenggrube; unter- ~ieren 17. Jh., ~eral *n* 16. Jh.

Miniatur *f* Kleinbild, ursp. m. Mennig gemalt, um 1600 v. it. *miniatura* z. lt. *minium* Zinnober.

Minim||um *n* lt. Mindestbetrag, 18. Jh.; ~al.

Min||ister *m* 17. Jh. v. lt. *minister* der Geringere (als d. Fürst), Diener; mlt. *ministeriālis* Dienstmann, afz. *mēnestrel*, eng. *minstrel* Spielmann; Ministrant *m* Kirchendiener; ~orität *f*, ~orenn, ~us, ~ute *f* 15. Jh. v. lt. *pars minūta prima (p. m. secunda* = Sekunde), s. Menü, Metier; ~orit *m* »Minder(bruder)« nannten sich aus Demut die Franziskaner.

Minne *f* mh. *minne* Erinnerung, Liebe, ah. *minna*, and. *minnia*, an. *minni* Erinnerung, got. *gaminþi* Andenken, dazu eng. *mind* merken, Sinn, got. *muns* Meinung, z. idg. Wz. *men*, *mon* denken, gr. *ménos* Mut, Sinn, lt. *memini*, gr. *mémona* gedenke, *mimnḗskō* erinnere, lt. *mēns* Sinn, Verstand; s. mahnen; P.N. Minna Liebchen; entl. fz. *mignon.*

Minze *f* ah. *minza* Pflanze (Pfefferminz), v. lt. *menta*, gr. *mínthē.*

Mirabelle *f* Pflaumenart, um 1800 v. fz. ~, it. *mirabella*, gr. *myrobálanos.*

Mirakel *n* mh. *mirakel* v. lt. *mīrāculum* Wunder z. *mīrāri* sich wundern.

Misanthrop *m* Menschenfeind, 18. Jh. v. fz. *misanthrope* z. gr. *mīséō* hasse, *ánthrōpos* Mensch.

mischen ah. *miskan*, eng. *mix*, wahrsch. urv. lt. *misceo*, gr. *mísgō*, *meignȳmi;* s. Mixtur, Mestize.

***Miselsucht** *f* ah. *misalsuht*, v. lt. *misellus*, *miser* Elender; s. Aussatz.

miserabel 17. Jh. v. lt. *miserābilis* elend.

Mispel *f* ah. *mespila* v. lt. *mespilum*, gr. *méspilon* (fz. *nèfle*, it. *nespola)*. O.N.: Mespelbrunn i. Spessart.

miß- mh. *misse*, ah. *missa*, *missi*, eig. Part. z. Wz. *mith*, Grbd.: verfehlt, unrecht; missen ah. ags. *missan*, an. *missa*, eng. *miss (amiss* unrecht, fehlerhaft); urv. got. *inmaidjan* u. lt. *mutare* <* *moitare* verwandeln. – Miß- in Zs.: ~brauch *m*, ~erfolg *m* um 1800, ~handeln, ~fallen *n*, ~lingen, ~geburt *f*, ~geschick *n*, ~griff *m*, ~heirat *f* 18. Jh., ~kredit *m*, ~lich, ~mut *m*, ~trauen *n*, ~vergnügen *n*, ~verständnis *n*, Missetat *f*, got. *missa-dēþs;* ~raten.

Mission *f* 17. Jh. v. lt. *missio* Sendung, z. *mitto* schicke; ~ar *m* Glaubensbote 18. Jh.

Mist *m* mh. ah. *mist*, got. *maíhstus*, eng. *mist* Nebel, z. mnd. *migen* harnen, urv. lt. *mingĕre*, gr. *o-michein*, ai. *méhati* harnt.

Mistel *f* ah. *mistil*, ags. schw. dä. *mistel*, eng. *mistle(-toe)*, an. *mistilteinn* ~zweig; viell. z. (Vogel-) Mist.

mit mh. ah. *mit*, got. *miþ*, and. *midi*, afries. *mithi*, ags. *mid* (eng. fehlt), schw. dä. *med*, urv. gr. *metá* zugleich, zwischen, unter, nach; ~arbeiter *m* 17. Jh., ~esser *m* 17. Jh. (Lüs. v. mlt. *comedo)*, ~gift *f* (s. Gift), ~hin, ~laut 16. Jh. (Lüs. v. lt. *consonans)*, ~leid *n* 17. Jh. (Lüs. v. lt. compassiv, mh. *mitelīden, -līdunge)*, ~mensch *m* 18. Jh. **Mittag** *m* mh. *mittetac*, ah. *mittitag*. **Mitte** *f* ah. *mitti*, z. Adj. *mitte*, got. *midjis*, urv. lt. *medius*, gr. *mésos* (Mesopotamien, die Mitte d. Flüsse Euphrat u. Tigris), ai. *mádhyas*, ablg. *mežda*. **Mittel** *n* substant. Adj. mittel, ah. *mittil;* ~bar, ~alter *n* 18. Jh. Lüs. v. nlt. *medium aevum* (17. Jh.), ~mächte 1. Weltkrieg (Deutschland, Österreich-Ungarn, Bulgarien, Türkei). ~meer *n*, ~punkt *m* 16. Jh. für lt. *centrum*, ~stand *m*, 17. Jh., mitunter 18. Jh., ermitteln, bemittelt (ohne Inf.). **Mitternacht** *f* erstarrter Dativ, mh. *ze mitter naht*, ah. *zi mitteru naht*, eng. *midnight*, dä. *midnat*. **Mittwoch** *m* (ursp. *f*) mh. *mittewoche*, ah. *mittiwëhha*, d. übrigen germ. Spr. haben d. Götternamen Wodan, Odin bewahrt: schw. dä. *Onsdag*, anord. *Odinsdagr*, ags. *Wōdnesdæg*, eng. *Wednesday*, westf. *Gunsdag* (mnd. *Gudensdag);* (aber isl. *miđvikudagur)*, s. Wut u. Liste 56.

Mitrailleuse *f* 1870 »Kugelspritze«: *mitraille* zerhackte Blei- und Eisenstücke: afz. *mite* kl. Münze, vgl. anord. *meita* zerschneiden.

Mixtur *f* v. lt. *mixtūra* Gemisch (*miscēre* mischen). Mischtrank (Arzenei); mh. *mixture*.

Mnemotechnik *f* Gedächtniskunst, v. gr. *mnémē* Gedächtnis, *techniké;* s. Amnestie, Technik; 19. Jh.

Mob *m* Pöbel, 19. Jh. v. eng. *mob*, viell. z. lt. *mōbile (vulgus)* bewegliches, fahrendes (Volk). **Möbel** *n* 17. Jh. v. fz. *meuble*, vermöbeln (bildl.). **mobil** v. lt. *mōbilis* beweglich, *moveo* bewege; ~ien, ~iar bewegliche Habe, Hausrat (Gegens.: Immobilien), ~isieren, de~isieren; s. Meute, Moment, Motiv, Motor.

Mode *f* (Zeitgeschmack) 17. Jh. v. fz. *mode* z. lt. *modus* Art, Weise.

Modell *n* 17. Jh. v. it. *modello*, lt. *modulus;* modeln, ~ieren; s. Kommode.

Moder *m* mnd. *modder*, pl. Modd, Modder, Morr, eng. *mother* Bodensatz (Essigmutter!), *mud* Schlamm, dän. *mudder;* modrig, pl. muddig trübe; urv. ai. *mū́tra-* Harn.

modern 18. Jh. v. fz. *moderne*, z. lt. *modo* jetzt, soeben.

mogeln 18. Jh. stud., rotw. beschneiden, durch Einschnitte kennzeichnen (Spielkarten); v. hebr. *mōgal* o. z. mu. maucheln »betrügen«?

mögen mh. *mugen*, ah. *mugan*, *magan* können, vermögen, got. *magan*, pl. mägen, eng. *may*, urv. ablg. *mošti* können, *mogǫ* ich kann; gr. *mēchané* Werkzeug, Hilfsmittel; ver~, Ver~ *n*, möglich, s. Macht.

Mohn *m* mh. *mān*, ah. and. *maho*, urv. gr. *mḗkōn*, dor. *mā́kōn*, ablg.

makŭ; dazu *Magsamen:* Nebenf. *māge*, ah. *māgo*.

Möhn *f* rhein. ältere Frau, dissimil. z. Muhme (s. d.) wie an. *mōna*, nd. *mōne;* umg. ~especk *m*, Kerze- ~*f*.

Mohr *m* mh. ah. *mōr* v. lt. *Maurus* = Mauretianer. P.N.: Moritz v. lt. Mauritius, Vkl. Mörike.

Möhre *f* ah. *mor(a)ha*, ags. *moru*, entl. sloven. *mrkva*, russ. *morkov*, urv. gr. *brákana* wildwachs. Gemüse; Morchel, *Möhrchen, ah. *morhila:* fz. *morille*.

mok||ieren, sich, 18. Jh. v. fz. *se moquer;* ~ant.

Molch *m* ah. *mol(m)* (dazu *Olm?)*, mh. *molle;* urv. arm. *molēz* Eidechse; mu. Mollenkopf, Kaulquappe.

Moldworf, Moldwolf mu. = Maulwurfsgrille, s. Maulwurf.

Mole *f* Hafendamm, v. fz. *môle*, it. *molo* Steinmasse, z. lt. *mōlēs* Masse, Damm; 17. Jh. Molékel, Molekül *n* kleinster Körper, um 1800 fz. *molécule;* s. demolieren, mühen.

Molke *f* Molken *m* z. melken, Milch; mh. *molchen*, ags. *molcen*.

Moll *n* (Tonart) 16. Jh. v. it. *molle*, lt. *mollis* weich; ~ig weich; mouilliert erweicht; ~uske *f* Weichtier, v. it. *mollusco*, lt. *mollusca;* s. Dur.

Molle *f* Berlin = Glas Bier; Nebenform z. Mulde, s. d.

Moment *m* Augenblick, ~ *n* entscheidender Umstand, v. lt. *mōmentum (moveo* bewege), eig. *movimentum* Bewegungsmittel, s. mobil, Motiv; 17. Jh.

mon-, mono-, s. Liste 54.

Monarch *m* 16. Jh. v. gr. *monárchēs* u. *mónarchos;* Monarchist (17. Jh.); *mónos* allein, *árchein* der erste sein, herrschen.

Monat *m* pl. Maand, mh. *mānōt*, ah. *mānōd*, got. *mēnōþs*, ags. *mōnaþ*, eng. *month*, dä. *maaned*, dass. W. wie **Mond** *m* pl. Maand, Maan, mh. *māne*, ah. and. *māno*, got. *mēna*, ags. *mōna*, eng. *moon*, dä. *maane*, urv. lt. *mēnsis* Monat, aind. *mās*, gr. *mēn* ablg. *mĕsęcĭ*, z. idg. Wz. *mē* messen, also (die Zeit) Messender, während lt. *lūna* eig. * *lucsna* leuchtender (Stern); s. Montag.

Mönch *m* mh. *mūnch*, ah. *munih*, ags. *munuc*, eng. *monk*, dä. *munk*, v. gr. *monachós* allein lebend, z. *mónos* allein; s. Einsiedler u. móno- i. Liste 54. O.N.: **München** (7) z. d. Mönchen (ursp. Kloster), pl. Munkbrárup i. Schleswig, Mönchengladbach (bis 1950 München-Gladbach).

Moneten Mehrz. 18. Jh. v. lt. *monēta* Münze, s. Münze, Monument.

monieren rügen, v. lt. *moneo* mahne; s. Münze; 17. Jh.

Monismus *m* philos. Weltanschauung, d. alle Erscheinungen auf e. einziges Prinzip zurückführt, 19. Jh. v. gr. *mónos* einzig, allein. **Monogramm** *n* 18. Jh. z. *grámma* Buchstabe. **Monolith** Einzelblock, 2) gr. *líthos* Stein. **Monolog** *m* Selbstgespräch, z. gr. *lógos* Rede. **Monopol** *n* 15. Jh. v. gr. *monopṓlion* Recht d. Alleinhandels, z. *pōléō* verkaufe, s. feil. **Monotheist** *m* Verehrer *eines* Gottes, z. gr. *theós* Gott. **monoton** eintönig, z. gr. *tónos* Ton, 18. Jh., s. mono- i. Liste 54.

Monstranz *f* Gehäuse z. Aufbewahren u. Zeigen d. heiligen Hostie zur Schau Stellendes, eig. Zeigendes, v. mlt. *monstrantia* z. lt. *mōnstro* zeige; mh. *monstranze*.

Monstrum *n* Ungeheuer, 16. Jh v. lt. *mōnstrum* Seltsames, z. *moneo* mahne, warne; s. Muster.

Monsun »Passat« ndl. *monssoen* eng. *monsoon*, ptg. *monção:* Druckfehler f. *moução:* arab. *mausim* Jahreszeit; 17. Jh.; aber fz. *mousson*.

Montag *m* mh. *māntac*, ah. *māna tag*, pl. Mandag, ags. *monandæg* eng. *Monday*, dä. *mandag*, Lüs. v lt. *Lunae dies* d. Mondgöttin ge weihter Tag (fz. *lundi*, it. *lunedi*), s. Monat u. Liste 54.

montieren 17. Jh. v. fz. *monter* aufstellen (z. lt. *mōns* Berg), ausrüsten, ausstatten: Monteur *m* (Mai 1917 amtlich: Richtmeister, das sich nie durchgesetzt hat); Montur † f. Uniform; mh. *muntieren*.

Monument *n* 16. Jh. v. lt. *monumentum* z. *moneo* erinnere, mahne.

Moor *n* nd. and. ags. *mōr*, eng. *moor*, mh. *muor* Sumpf, ah. *muor* Meer; im Ablaut z. Meer, s. d.

Moos[1] *n* mh. ah. *mos* Moos, Moor, Sumpf, ags. *mos*, eng. *moss*, urv. lt. *muscus;* die Moore i. Bayern heißen Moose (Dachauer M.), eig. Moosboden, urv. aslaw. *mŭchŭ*, entl. fz. *mousse* Moos; s. Miesmuschel; ~kuh = Rohrdommel. F.N.: Moser, Möser.

Moos[2] *n* Geld, 18. Jh. stud. rotw. v. späthebr. *māōth* (Mehrz.: *mā'ā* kl. Münze) Geld; er weiß, wo Barthel d. Most holt: Barthel *(barsel)* = Brecheisen, Most = Moos.

Moped *n* 1953, Fahrrad m. Motor: Mo(tor) + Ped(al).

Mops *m* um 1700 v. nd. ~ (mh. *muff* Fratze) eig. mürrisches Gesicht, ndl. *moppen*, *mopperen* brummen, maulen, schmollen, eng. *mop* den Mund verziehen; sich mopsen, sich langweilen; muffig = verdrießlich.

Moral *f* 16. Jh. v. fz. *morale*, lt. *morālis (doctrina)* Sitten(lehre), z. lt. *mōs*, Gen. *mōris* Sitte; de~isiert, be~isieren (Frau Rat Goethe); Moralin (Nietzsche).

Moräne *f* Schuttwall am Gletscher, um 1800 v. fz. *moraine* (savoy. *morēna*, nprov. *mourreno* Geröll), wohl eine Weiterbildung zum Alpenwort Mure, s. d.

Morast *m* 17. Jh. mnd. *moras*, fz. *marais* Sumpf, fränk. **marisk* Marsch, mlt. (8. Jh.) *mariscus*, *marisca*, an Moor angelehnt.

Moratorium *n* Zahlungsaufschub, Fristverlängerung: spätl. *morātōrius* säumend, *morāri* verzögern.

Morchel *f* s. Möhre.

Mord *m* pl. Murd, eng. *murder*, eig. = Tod, urv. lt. *mors* Tod, *morior* sterbe, gr. *brotós* **mrotós* sterblich, ai. *mṛtám* Tod, ablg. *mrŭtvŭ* tot, lit. *mirtis* Tod, gr. *marainō* reibe auf; entl. fz. *meurtre* Mord; s. mürbe, Marasmus; ~en, got. *maúrþrjan*, Mörder *m*, mörderisch, ~io, ~skerl *m* stud. 1830.

morganatisch Ehe e. Fürsten m. e. unebenbürtigen Frau nur auf Morgengabe, mlt. *mātrimōnium ad morganaticam* zu ah. *morgan* Morgen **ad morgengabam* (German. Gesetze, z. B. Lex Alam. 54, 3); 18. Jh.; s. Liste 14.

Morgen *m* pl. Morrn, ah. *morgan*, got. *maúrgins*, ags. *morgen*, eng. *morn*, üblich aber m. Abl.-Silbe: *morning* (wie *eve* – *evening* Abend); urv. lit. *merkti* blinzeln, lett. *mirgas* plötzl. Hervorblinken; morgen eig. am Morgen (d. folgenden Tages); Morgen, was e. Gespann an *einem* Morgen pflügen kann; ~stern 14./15. Jh. Keule m. Stacheln, ~land *n* Orient, ~schön (Goethe).

Morphium *n* n. d. gr. Traumgott Morpheus (Sertürner 1804); s. Form.

Morphologie *f* Gestaltlehre (auch v. Sprachformen u. Dichtungen: Günther Müller † 1957), gr. *morphḗ* = *forma* u. *lógos*.

morsch 16. Jh. ostmd. mh. *mürsen* zerstoßen; verw. mürbe, Mörser.

Mörser *m* Gefäß z. Zerstoßen, dann (n. d. Form) kurzes Geschütz, mh. *morsaere*, ah. *morsāri*, v. lt. *mortārium* Mörser, daher auch Mörtel *m*, eig. Inhalt d. Mörsers; mh. *morter*, *mortel*.

Mosaik *n* 17. Jh. v. it. *mosaico*, z. lt. *(opus) musīvum* musivische (Arbeit), die Musen (Künste) betr.; s. Muse.

Moschee *f* 16. Jh. v. fz. *mosquée*,

span. *mezquita*, v. arab. *masdjid* Ort, wo man sich niederwirft, Bethaus.

Moschus *m* um 1700 n. d. Beutelsaft d. Moschustiers, gr. *móschos*, arab. pers. *musk* v. ai. *muškáḥ* Hode; s. Muskat. Wegen d. starken Geruches heißt Waldmeister pl. Möschen.

Moskito *m* 16. Jh. v. sp. *mosquito*, lt. *musca* Fliege.

Most *m* mh. ah. *most* v. lt. *mustum*, junger, frischer (Wein); **Mostrich, Mostert** *m* mh. *mostert* m. ~ angemachter Senf, v. afz. *mostarde*, it. *mostarda: mosto* Most, fz. *moutarde* (eng. *mustard*).

Motette s. Motto.

Motiv *n* Beweggrund, 16. Jh. v. mlt. *mōtīvum*, z. lt. *moveo* bewege; als künstler. ~ 18. Jh. v. fz. *motif*.

Mótor *m* lt. 19. Jh., s. mobil.

Motte *f* mh. mnd. *motte*, an. *motti*, ags. *mođđe*, eng. *moth*, z. Made (beide = Nagende).

Motto *n* Sinn-, Wahlspruch, 18. Jh., v. it. *motto* Wort, z. mlt. *muttum* »Muckser« (*muttīre* mucksen); urv. gr. *mýthos* Wort; Motette *f* kirchl. Gesang n. Bibelworten, 15. Jh.

moussieren 18. Jh. v. fz. *mousser* brausend schäumen zu *mousse* Schaum, *mulsa (aqua)* *Wassermet, **mulsum (vīnum)* Honigwein.

Möwe *f* ndl. *meeuw*, ags. *mæw*, eng. *mew*, an. *mār* (Mz. *māvar*, z. mh. *māwen* schreien).

Mucke *f* Laune, meist Mehrz. ~n, obd. unumgelautete Form v. Mücke; vgl. Grille

Mücke *f* ah. *mucka*, pl. Mügg, ags. *mycge*, eng. *midge*, urv. lautm. gr. *myĩa*, lt. *musca* Fliege.

muck||en, ~sen, ~s *m* mnd. *mucken* halblaut aufbegehren, z. mh. *mugen* brüllen u. viell. gr. *mykáomai* brülle, wohl z. T. verm. m. meucheln, s. d. **Mucker** *m* Heimtücker, relig. Scheinheiliger: 1717 als Spitzname der Pietisten; auf~en, mu. nordd.

müde mh. *müede*, ah. *muodi*, pl. mäud, eig. Part. zu mühen.

Muff[1] *m* Muffe *f* nd., 17. Jh. z. mndl. *muffel* v. mlt. (9. Jh.) *muffula*, fz. *moufle* Fausthandschuh.

Muff[2] *m* Schimmel, ndl. *muf* ~ig, dumpfig, moderig; viell. aus dem German. fz. *moufette*.

Mufti *m* 17. Jh. muslim. Oberpriester, -richter, v. arab. *muftī*.

mühen, sich mh. *müejen*, ah. *muoen*, got. *af-mauiþs* ermüdet, urv. gr. *mōlos* Mühe, lt. *mōlēs* Anstrengung; Mühe *f*, müde, mühsam, Mühsal; s. Mole.

Mühl||e *f* mh. *mül*, ah. *mulī(n)*, pl. Möll, Mähl, ags. *mylen*, eng. *mill*, an. *mylna*, dä. *mölle*, mit der neuen Wasser~ v. spätl. *molīna* z. lt. *mola* (*molo* mahle), gr. *mýlos*, s. mahlen, Müller. O.N.: ~berg (4 mal), ~hausen (33), ~bach (30), pl. Mulmke b. Halberstadt (Mühlenbach), Mölln (b. d. Mühlen), ~heim (10), Mül||heim (10), ~hausen (6), schweiz. *Mülenen* z. d. ~n. Das germ. W. (für die alte Hand~) ist got. *qairnus*, ags. *cweorn* (Hand~), mh. *kürn*, bis 1800 noch pl. Grützquern = Grützmüller, lit. *girna*. O.N.: Querfurt, Quarnebeck, Quirrenbach, ndl. *Karnebeeck*, Kürnach, Kernbach, Kehrenbach. P.N.: Querner, Querndt, schwäb. Kirner, Kirn (Mühle).

Muhme *f* mh. *muome*, ah. *muoma* Mutterschwester, später auch Schwägerin u. Base; s. Mutter, Möhn.

Mulatte *m* Abkömmling v. Weißen u. Negern, um 1600, vgl. sp. ptg. *mulato* junger Maulesel, angel. a. lt. *mūlus* Maultier v. arab. *muwallad* unechter Araber.

Mulde *f* Gefäß, Vertiefung im Boden ah. *muoltera*, v. lt. *mulctra* Melkkübel, schwäb. nur Back~.

P.N.: Molden-, Mollenhauer, Molkenmarkt (Berlin).

Mull[1] *m*, **Müll** *m* (nordd.) Schutt, Erde, z. mahlen, eig. Gemahlenes; zermalmen; mu. mulmig (übertr. = brenzlig), mulsch.

Mull[2] *m* dünner Baumwollstoff, 18. Jh., nicht zsgz. aus Musselin, sond.: ind. *malmal*, eng. *(mul)mull.*

Müller *m* pl. Möller, mh. *mülner*, ah. *mūlināri*, mlt. *molinārius*, ndl. F.N. *Molenaar*, Müller, s. Mühle.

Mulm *m* 17. Jh. Stauberde, nd. *molm;* vgl. schwed. *malm* Erz, sandige Ebene; z. mahlen; s. zermalmen.

multiplizieren v. lt. *multiplicāre (multus* viel, *plico* falte), 15. Jh.

Mumie *f* 16. Jh. v. arab. *mūmija* einbalsamierte Leiche, z. pers. *mūm* Wachs.

Mumm *m* 19. Jh. Mut; student. n. »keinen *(ani)mum* (= Mut) haben« o. jidd. *Mum(e)* Geld?

Mumme *f* †, ~rei *f* Verkleidung, eng. *mumm* sich maskieren, ver~n; fz. *momerie* ~nschanz (»Wurf im Glücksspiel«, s. Schanze[2]) z. sp. *momo* Grimasse; mh. *mummen* ein Glücksspiel, später umgedeutet: Maskerade an Fastnacht, dagegen Mummelsee: Mummeln, »Nixblumen« (Nymphäen), Seerosen; ~lgreis wohl: *mummeln* mühsam essen, *mümmeln* äsen.

Mumme *f* Bier (Braunschweig 1492), angeblich nach einem (wohl nachträglich erfundenen) Brauer Christ. Mumme; vgl. Vertikow.

Mumpitz *m* hess. *mombotz* Schreckgestalt; Mumme = Maske u. mh. *butze* Kobold. 1870ff. Berliner Börsenausdr. = Unsinn.

Mumps *m* Ohrspeicheldrüsenentzündung, 19. Jh. v. eng. ~.

Mund[1] *m* mh. *munt*, ah. *mund*, got. *munþs*, eng. *mouth*, urv. ai. *math-* fressen, lt. *mandere* kauen, ~en, ~art *f* 17. Jh., ~vorrat *m* 18. Jh. (für Proviant); ~gerecht. Mündung *f* 18. Jh., münden. O.N.: Tangermünde, Gmunden, Roermond, Emden (früher Amutha), eng. Portsmouth. Nicht verw.: Leumund.

Mündel *n* nh., zu † **Mund**[2] *m* Schutz, Hand, mh. ah. *munt*, an. *mund* Hand, urv. lt. *manus* Hand; Vormund, ah. *muntboro m;* lothring. (F.N.) Momber, mündig, ah. *muntōn*, and. *mundōn* schützen; P.N.: Siegmund durch Sieg schützend, Edmund Vermögensschutz, s. Adel, Allod, Egmont durch das Schwert schützend, s. Ecke.

Munition *f* Schießbedarf, 16. Jh. v. fz. *munition*, it. *munizione* z. lt. *mūnitio* Befestigung *(mūnio* verschanze).

munkeln 16. Jh. nd. heimlich reden, mnd. *munkelen*, lautm. wie schweiz. *munggen* brummen.

Münster *n m* Kloster, Stiftskirche, ah. *munistiri*, eng. *minster*, v. gr.-lt. *monastērium* Kloster z. gr. *mónos* allein, *monastḗs* Mönch. O.N.: Münster (33mal), Neu~, ~eifel, ~maifeld.

munter ah. *muntar*, *muntrī* Eifer, got. *mundōn* streben, *mundrei* Ziel, also eig. strebsam, lit. *mundrùs* aus d. Nd. entl.; urv. gr. *manthánō* lerne, ablg. *madrŭ* weise, lebhaft, rum. *māndru* stolz.

Münze *f* ah. *muniza* v. lt. *monēta* Münzstätte i. Rom am Tempel d. Juno Moneta (d. mahnenden J., weil sie bei e. Erdbeben d. Römer erinnert hatte, Opfer z. bringen); daher fz. *monnaie*, eng. *mint*, *money;* s. Moneten, monieren.

Muräne *f* aalart. Seefisch, mh. *marēne*, *murēn* v. lt. *muraena*, gr. *mýraina.*

mürbe mh. *mür(we)*, ah. *muruwi*, pl. mör; verw. m. morsch, 2. an. *meria* zerstoßen, urv. gr. *maraínein* auslöschen, aufreiben, lt. *morbus* Krankheit; s. Marasmus.

Mure *f* Schuttmassen (in den

Alpen), vermurt, wohl z. mürbe; s. Moräne.

Murkel *m* kleiner Kerl, z. Murk = Brocken, abgebrochenes Stück; dazu wohl auch **Murks** *m* schlechte, unordentliche Arbeit; murksen.

murmeln ah. *murmulōn*, wohl als Klosterwort (und lautm.) v. lautm. lt. *murmurāre*.

Murmeltier *n* wie Elentier, Tigertier gebildet, mh. *murmendīn*, ah. *murmuntīn*, *muremunto*, v. lt. Akk. *mūrem* (z. *mūs) montis* Bergmaus, dah. auch rätorom. *murmont*, it. *marmotta*, fz. *marmotte*.

murren lautm., mh. mnd. *murren*, an. *murra;* mürrisch, Murner = Kater (F.N.).

Mus *n* mh. ah. *muos*, and. ags. *mōs*, im Ablaut z. got. *mats* Speise, urv. ai. *mēdas* Fett (s. Maat, Mettwurst, Messer, Mast[2]); Gemüse, Haber∼, ostschweiz. *Herdöpfelmues* Kartoffelbrei, schweiz. Fasten∼ = Fastengericht; hierher Musteil = Witwenteil. F.N.: Moshake, Mushacke; s. Höker u. Gadem.

Muschel *f* ah. *muscula*, v. lt. *mūsculus* Mies∼, eig. kleine Maus, s. Muskel.

Muse *f* 17. Jh. v. lt. *mūsa*, z. gr. *Mūsa* aus *Montja*, *Monsa*, *Mōsa*, *Moisa* Bergfrau (urv. lt. *mōns* Berg)? od.: *máomai*, ersinne, gedenke, »die den Sänger begeistert«? s. Mosaik. **Museum** *n* 16. Jh. (Studierstube, Goethes Faust I, 530), v. gr. *museíon* Musensitz. **Musik** *f* ah. *mūsica*, v. gr. *mūsikḗ* Musen-, Ton-(kunst).

Muselman *m* 17. Jh. v. it. *musulmano*, pers. *musulmān:* arab. *muslim* d. Gläubige, Gottergebene.

Muskatnuß *f* mh. *muscāt* v. mlt. *nux muscāta;* Muskateller Gewürzwein, it. *moscadello;* 14. Jh.

Muskel *f* m 16. Jh. v. lt. *mūsculus* kleine Maus *(mūs* Maus), auch gr. *mȳs* ∼, Myóm ∼fasergewächs, n. d. Form; s. Muschel.

Musket||**e** *f* 16. Jh. fz. *mousquet*, it. *moschetto*, sp. *mosquete*, fz. *mousquet* (vgl. *falconet* f. e. Gewehr), v. mlt. *muscēta* Sperber (z. lt. *musca:* der »Fliegen«-Gesprenkelte); ∼ier *m*.

Muße *f* ah. *muoʒa*, and. *mōta* freie Zeit, Möglichkeit; müßig; zu **müssen** mh. *müeʒen*, ah. *muoʒan* Freiheit, Möglichkeit haben, notwendig sein, and. ags. *mōtan*, pl. möten, eng. *I must*, got. *gamōtan* »den Raum durchmessen«, Raum haben; sich be-, gemüßigt sehen.

Musselin *m* 18. Jh. v. fz. *mousseline*, it. *mussolino* Nesseltuch; n. Mosul am Tigris, wo dieser feine Stoff zuerst gefertigt wurde.

Muster *n* 15. Jh. v. it. *mostra* zu mlt. *mōnstra (mōnstro* zeige); s. Monstrum, Monstranz. Dazu mustern, ∼haft 18. Jh., ∼schutz *m* Ende 19. Jh.

Mut *m* mh. ah. *muot* Geist, Gemüt, Mut, got. *mōþs* Zorn; Grbd.: heftiges Streben, innere Erregung, urv. gr. *mōsthai* streben, lt. *mōs* Brauch; **muten** (ah. *muotōn)* † Verlangen haben, begehren, nur noch bergm.: d. Recht z. Bergbau beantragen; Mutung *f* †, s. Wismut. An∼, De∼, Groß∼, Klein∼, Lang∼, Miß∼, Un∼, Über∼, Weh∼, Sanft∼; die Abl. sind *m* u. *f;* sein Mütchen kühlen; ∼ig, got. *mōdags* zornig, an∼ig, ∼los 17. Jh., ∼maßen, mh. *muotmāʒe* Abschätzung, Vermessung n. d. Sinn; ∼wille *m*, wohlge∼, Gemüt *n*, an∼en, ver∼en, ver∼lich, zu∼en, er∼igen.

Mutation *f* Stimmwechsel, plötzl. Erbänderung, v. lt. *mūtātio*, *mūtāre* verändern; vgl. Mauser.

Mutter *f* mh. ah. *muoter*, got. fehlt, dafür *aiþei*, pl. Moder, Mauder, ags. *mōdor*, eng. *mother*, an. *mōđir*, schw. dä. *moder*, urv. lt. *māter*, air. *māthir*, gr. *mētēr*, dor. *mātēr*, Demeter = Erdmutter, aslaw. *mati*, ai. *mātā́-* (Akk. *matáram)*, armen. *mair*, tochar. *mācar;* ~seelenallein, unter Heranziehung v. ~seele (Seele einer ~) verstärktes ~allein, mh. *aleine* m. Genet. »getrennt von«; s. Moder.

Mütze *f* mh. *almuz*, mnd. *mutze*, dän. *mösse*, fz. *aumusse*, v. mlt. *almutia*, eig. Kappe für Geistliche, arab. *al-mustaqah* Pelzmantel.

Myriade *f* gr. *myriás*, *-ádos* Zahl v. 10000, Unzahl; 18. Jh.

Myrrhe *f* ah. *myrra*, mh. *mirre*, v. gr. *mýrrha* Balsamstaude, z. altsemit. *murr* bitter.

Myrte *f* 15. Jh. v. lt. *myrtus*, gr. *mýrtos* orient. Urspr., z. Myrrhe.

Myst||erium *n* Geheimnis, Geheimlehre 16. Jh. v. gr.-lt. *mystērium* zu gr. *mýstēs* Eingeweihter. ~eriös 18. Jh., ~isch 18. Jh., ~izismus *m*, ~ik *f* 16. Jh., ~ifizieren irre führen 18. Jh. (lt. *facio* mache).

Myth||e *f* Göttersage, v. gr. *mȳthos* Wort, Rede; ~ologie*f*, ~isch.

N

Nabe *f* ah. *naba*, eng. *nave*, dä. *hulnav* (1. = Rad), urv. altpreuß. *nabis* Nabe, Nabel, ai. *nā́bhiṣ* Nabe, pers. *nāf* Nabel. Wagen waren schon bei d. Idg. in Gebrauch (s. a. Rad, Achse, Deichsel, Joch); schwäb. F.N.: Nabholz; **Nabel** *m* ah. *nabalo* (pl. Buknagel), eng. *navel*, urv. ai. *nābhīlam*, lt. *umbilīcus*, gr. *omphalós;* dazu Naber (Näber) Bohrer * *naba-gēr* (2. Ger), ags. *nafogār*, entstellt zu Nagelbohrer, schon ah. *nagabēr;* entl. fz. *navrer* durchbohren.

Nabob *m* arab. *nûwâb* = Statthalter, dann reicher Beamter i. Ostindien, endlich sehr reicher Mann übh.; 18. Jh.

nach mh. *nāch*, ah. *nāh*, pl. nah, zu nahe; **nachahmen** 16. Jh., mh. *amen* im Faß nachmessen, zu *āme*, *ōme* Maß, s. Ohm. **Nachbar** *m* ah. *nāhgibūro*, and. *nābūr*, pl. Nahwer, ags. *nēahgebūr*, eng. *neighbour*, schw. dä. *nabo*, der nahe Mitbewohner; s. Bauer[2]. **nachgerade** = allmählich, schließlich, 2. *rāt* Reihe. **nachhaltig** um 1800. **Nachnahme** 1833. **Nachricht** *f* eig. Mitteilung zum Danachrichten, 17. Jh. **Nachrichter** *m* † Henker, eig. Richter nach d. Richter. **Nachruf** = Nekrolog (Zesen 1648 = Echo). **Nächste** ah. *nāhisto:* nahe = lt. *proximus: prope.*

Nachen *m* ah. *nahho*, and. *naco*, ags. *naca*, an. *nǫkkvi*, urv. ai. *nága-* Baum (Einbaum!); s. Aak.

Nacht *f* mh. ah. and. *naht*, got. *nahts*, ags. *neaht*, eng. *night*, schw. *natt*, dä. *nat*, urv. lt. *nox*, gr. *nyx*, lit. *naktis*, aslaw. *nošti*, ai. *náktiš*. Die Idg. rechneten nach Nächten, eng. *fortnight* 14 Tage; s. Weihnacht.

Nachtigall *f* Nachtsängerin, ah. and. *nahtigala*, ags. *nihtegale*, eng. *nightingale*, zu germ. *galan* singen; s. gellen. **Nachtschatten** ah. *nahtscato*, ags. *nihtscada* (schwarze Giftbeeren).

Nacken *m* ah. *hnach*, an. *hnakk*, ags. *hnecca*, eng. *neck;* urv. air. *cnocc* Hügel, tochar. *kñuk* Genick. F.N.: Hartnacke, Harnack.

nackt mh. *nacket*, ah. *nackut*, got. *naqaþs*, mnd. *naket*, ags. *nacod*, eng. *naked;* an. *nakinn;* urv. lt. *nūdus*, air. *nocht*, ablg. *nagŭ*, ai. *nagnás;* tabuistisch entstellt: gr. *gymnós*

(Hesych lymnós). ~ setzt idg. Kleidung voraus; s. weben.

Nadel *f* ah. *nādala*, got. *nēþla*, eng. *needle*, dä. *naal*, zu nähen.

Nadir *m* arab. (dem Zenit) gegenüberliegend, Fußpunkt.

Nagel *m* am Finger, später hölzerner, eiserner ~, ah. *nagal*, eng. *nail*, urv. gr. *ónyx*, lt. *unguis*, air. *ingen*, aind. *nakhás*, ablg. *nogŭtĭ*, lit. *nãgas* Nagel; ~n got. *nagljan*, s. Nelke, Onyx.

nagen ah. *(g)nagan*, and. ags. *gnagan*, eng. *gnaw*, anord. *gnaga*, dä. *nage*, verw. mhd. *gnaz* Schorf, urv. lett. *gńēga* »m. lang. Zähnen essend«; am Hungertuch ~, s. Hungertuch.

nahe mh. *nāch*, ah. *nāh*, pl. neg, ags. *nēah*, eng. *nigh* (Komp. *near*, nochmals gesteigert: *nearer)*, got. *nēhw* (Adv.); s. nach, Nachbar.

nähen mh. *naejen*, ah. *nājan*, pl. neihen, urv. lt. *neo*, gr. *néō* spinne; s. Naht, Nadel.

nähren mh. *nern*, ah. *nerian*, eig. Bew. z. (ge-)nesen = genesen machen, am Leben erhalten, got. *nasjan* erretten, *nasjands* Heiland; Nahrung *f;* s. genesen.

Naht *f* mh. ah. *nāt*, mh. *nātaere* Schneider, *nātaerīn* Nähterin, urv. gr. *nēsis* das Spinnen, s. nähen, Nadel.

Najade *f* Wassernymphe, v. gr. *Nāiás, -ádos* z. *náō* fließe.

naiv natürlich, treuherzig, 18. Jh. v. fz. *naïf* z. lt. *nātīvus* angeboren, natürlich; ~ität *f;* s. Natur, Nation.

Nam|e *m* ah. and. *namo*, got. *namō*, ags. *nama*, eng. *name*, schw. *namn*, dä. *navn*, urv. lt. *nōmen*, gr. *ónoma*, aind. *nāman*, tochar. *ñom, ñem;* nämlich, ah. *namolīch* m. Namen bestimmt, ~haft, ~entlich, ~enlos, be~sen, ~enstag *m*, ~ensvetter *m* 18. Jh.; s. nennen.

Nänie *f* (b. Schiller) lt. *(naenia)*, *nēnia*, ›*carmen fūnebre*‹ Totenklage.

Napf *m* mh. ah. *(h)napf*, ags. *hnæp*, an. *hnappr*, daher fz. *hanap* † Humpen, it. *nappo*.

Naphtha *n* 16. Jh. v. gr. *náphtha:* assyr. *naptu* Erdöl.

Narbe *f* ah. *narwa*, zu and. *naru*, pl. Nor, ags. *nearu*, eng. *narrow* eng, also eig. Verengtes, urv. lit. *nérti* einschlüpfen, lett. *nāre* Zwinge, vgl. an. *Nǫrfasund* Meerenge v. Gibraltar. O.N.: Narwa, Narvik (vik-Fjord); s. Nehrung.

Narde *f* ah. *narda* v. lt. *nardus*, gr. *nárdos*, ~nöl, ai. *naladā* Duft gebend; s. Narten.

Narkose *f* Betäubung, 18. Jh. v. gr. *nárkōsis* Erstarrung, narkotisch = *narkōtikós*. **Narzisse** *f* 16. Jh. v. *nárkissos* n. d. betäubenden Geruch; P.N.: Narkissos, der Sage nach i. diese Blume verwandelt.

Narr *m* mh. *narre*, ah. *narro*, vernarrt; viell. v. spätlt. *nārio* Nasenrümpfer, Spötter, oder z. Norne? s. d.

Narten *m* Narde *f* mu. südwestd. Mulde, Teller, ah. *narto*, mh. *narte;* daneben a. Arde(n).

Narwal *m* v. dän. schw. *narhval* (wie auch eng. *narwhal)*, v. anord. *nā-hvalr* Leichenwal.

naschen ah. *nascōn*, dän. *gnaske* knappern, schwed. *snaska*~.

Nase *f* ah. *nasa*, pl. Näs', ags. *nasu*, eng. *nose*, urv. lt. *nāsus*, *nārēs* (Mehrz.), ai. *nas*, ablg. *nosŭ*, lit. *nósis;* ags. *næss*, an. *nes*, mnd. *ness* Vorgebirge. O.N.: Blanke-nese; näseln; ~weis eig. Jägerwort: m. gutem Geruch begabt, dann tadelnd f. Menschen; ~nstüber *m* 17. Jh. stud., stieben (auch = fliegen), s. Nüster.

naß mh. ah. *naȝ*, pl. natt; germ. * *nata-* naß bisher ohne sichere Verknüpfung; s. netzen.

nassauern schmarotzen, 19. Jh., wohl eher z. jidd. *nossen* schenken als nach (unbezeugten) Freitischen d. Nassauer Studenten i. Göttingen.

Nation *f* 14. Jh. v. lt. *nātio* Geschlecht, Volk (fz. *nation*, it. *nazione);* ~al, ~alisieren, ~alismus.

Natron *n* 16. Jh. v. fz. sp. ~, v. arab. *natrūn*, ägypt. *ntr* (das über gr. *nítron*, lt. *nitrum*, fz. *nitre* Kalisalpeter ergab).

Natter *f* pl. Adder, bayr. Atter, ah. *nātara*, got. *nadrs*, ags. *næddre*, eng. *adder*, urv. ir. *nathir*, lt. *nātrix* Wasserschlange; Ringel~; s. Otter².

Natur *f* mh. *natūre*, ah. *natūra*, v. lt. *nātūra* Geburt, Wesen, Beschaffenheit, zu *nātus* geboren; s. naiv; natürlich, ~ell *n* 17. Jh., ~alien, ~alismus *m* um 1800, bes. 1880ff., ~bursche *m* 19. Jh., ~trieb *m* 18. Jh., ~volk *n* 18. Jh., ~wüchsig 19. Jh., ~gemäß; P.N.: Natalie, am Weihnachtstage Geborene.

Naue *f* mh. *nāwe*, *næwe*, v. lt. *navem/navis;* urv. an. *nōr*, air. *nau*.

Nebel *m* ah. *nëbul*, anord. *nifl-* Dunkelheit (in Zs.), ags. *nifol* dunkel, urv. lt. *nūbēs* Wolke, *nebula*, gr. *nephélē* Wolke, Nebel, ind. *nábhas*, ablg. *nebo* Himmel; ~krähe (n. d. grauen Farbe); vgl. Nimbus, Nuance.

neben mh. *nëben*, *enëben*, ah. *nëben*, *inëben* (eig. in d. Ebene, in gleicher Weise), ags. *on* (an) *efen;* ~buhler *m* 17. Jh. s. buhlen; dazu **nebst** 16. Jh.

necken mh. *necken*, *neckisch*, *nachaft* boshaft; Intensivbild. z. nagen.

Neffe *m* mh. *nëve*, ah. *nëvo*, Schwestersohn, Enkel, Verwandter, urv. ai. *nápāt*, lt. *nepōs* Enkel, gr. *népodes* Nachkommen, Brut, *a-nepsiós* *Mitenkel, naher Blutsverwandter. Aus lt. *nepōs*, fz. *neveu*, woher eng. *nephew*.

negativ v. lt. *negātīvus* zu *nego* verneine, 18. Jh.

Neger *m* 17. Jh. v. fz. *nègre*, it. sp. *negro*, z. lt. *niger* schwarz.

Negligé *n* Hauskleid, 18. Jh. v. fz. *négliger* vernachlässigen.

nehm||en ah. *nëman*, got. and. ags. *niman*, urv. gr. *némō* teile zu (Némesis, Göttin der Vergeltung, eig. Zuteilende), lett. *nemt*, lit. *imù* nehme = lt. *emo* nehme, kaufe, lit. *núoma* Zins, gr. *némos* Weide, Waldwiese, *nomós* Weideplatz, zugeteilter Wohnsitz, dann *nómos* Ordnung, Gesetz, lt. *nemus* Hain, lt. *nummus* Geld, lt. *numerus* Zahl; ursp. ein Wort alter Hirtenkultur, dann übertr.; dazu ge~, ange~, vor~, Vernunft *f;* s. Nomade.

Nehrung *f* Landzunge (Ostpreußen), z. and. *naru* eng, mh. *Nerge*, kurische ~, s. Narbe.

Neid *m* mh. *nīt*, ah. *nīd*, ags. *nīđ*, got. *neiþ* Kampf, Zorn, Haß, an. *nīđ* Hohn, urv. air. *nith* Kampf. Neidhart (Lessing, Goethe), P.N. *Nīthart*, eig. d. Kampfstarke, mu. ~hammel, ~nagel, Niednagel, vgl. fz. *envie*. O.N.: Neideck, schwäb. Neipperg (*~berg).

neig||en ah. *nīgan*, *hnī-gan*, and. ags. *hnīgan*, got. *hneiwan*, sich ~, sinken, urv. lt. *cō-nīvēre* d. Augen schließen, *nītor* stütze mich; ~ung *f;* s. nicken u. Liste 5.

nein mh. ah. *nein*, eig. *ni-ein* (nicht eins), and. *nēn*, urv. lt. *ne* (daß) nicht, *nōn (ne ūnum*, altlt. *oinom)*, gr. *nē-* in *nēleēs (nē + éleos)* un-erbittlich, nicht, aind. *na*, ablg. *ne* nicht, s. ein.

Nektar *m* Göttertrank 16. Jh. v. gr. *néktar*.

Nelke *f* nd. Vkl. z. Nagel, ndl. *nagelbloem* (ähnl. Reineke, z. Reinhard, Mörike), Gewürz~, später Nelke übh., oberd. Nägelein, mh. *negellīn* = md. *negelkīn*, n. d. Form. F.N.: Nägele.

nennen got. *namnjan*, ah. *nemnan*, and. *nemnian*, pl. näumen, ags. *nemnan*, an. *nefna*, schw. *nämna*, z. Name, vgl. gr. *o-nomaínein*.

Nepotismus *m* Begünstigung der Verwandten, 17. Jh. v. lt. *nepōs* Neffe, Enkel.

neppen übervorteilen, aus der Gaunersprache, z. hebr. *na'ap* ehebrechen; Nepp, Nepper.

Nerv *m* 16. Jh. v. lt. *nervus* Sehne, gr. *neúron;* ~ig 18. Jh., ~ös 18. Jh., Neuralgie *f*.

Nerz (Nörz) *m* kl. Sumpfotter, mh. *nörz* v. aslaw. *norĭcĭ* Taucher, russ. *norka*.

Nessel *f* ah. *nezzila*, pl. Nettel, ags. *netele*, eng. *nettle*, urv. gr. *adíkē* < * *n̥d-ikā;* ~tuch (v. d. Bastfasern d. Brennessel) = ndl. *neteldoek*, s. Netz.

Nest *n* mh. ah. ags. eng. *nēst*, urv. ai. *nida*, lt. *nīdus* Nest aus * *nisdos*, 1. Teil nieder, 2. Teil *sedēre* sitzen, aslaw. *gnězdo* (O.N.: Gnesen), armen. *nist* Sitz, Lager, dah. Grbd.: Niederlassung; nisten, sich einnisten.

Nestel *f* ah. *nestila*, Vkl. z. an. *nist(e)* Heftnadel, Schnalle, ah. *nusta* Verknüpfung, urv. lt. *necto* knüpfe, lt. *nōdus* Knoten; nesteln, entl. it. *nastro* Band.

nett 15. Jh. v. mndl. fz. *net*, z. lt. *nitidus* glänzend, rein (*niteo* glänze); **netto** 15. Jh. als Handelswort v. it. *netto*, z. lat. *nitidus*, s. nett.

Netz *n* ah. *nezzi*, pl. Nett, got. *nati*, ags. eng. *net*, an. *nōt* großes Netz, urv. lt. *nassa* * *nad-tā* Fischreuse, verw. m. Nessel; Wz. *ned* zusammendrehen, nähen.

netzen naß machen, z. naß, got. *natjan*.

neu mh. *niuwe*, ah. *niuwi*, pl. ni, got. *niujis*, ndl. *nieuw*, ags. *nēowe*, eng. *new*, urv. lt. *novus*, gr. *néos*, ai. *návyas;* ~gier *f*, ~jahr *n*, ~zeit *f*, ~ling *m*, ~lich, ~erdings, er~ern; s. neun. O.N.: Neuenburg, md. Naumburg, Nimburg, pl. Nienburg, Niendorf, Nienstedt, Neinstedt, Naunheim, Naurod (frische Rodung), Nauheim, Neustadt (71), Neustädtel, eng. Newton (Newtown), Neuenhain (pl. Nienhagen), Neunkirchen, slaw. Naugard (Nowgorod), s. Garten, hess. Nausis = Neuses (: Sitz). F.N.: Niebuhr neuer Ansiedler, Neumann, pl. Niemann, slaw. Nowak, Noack (Neumann); (die) Neue (weidm.) frischgefallener Schnee.

neun mh. ah. got. *nium*, pl. nägen, and. *nigun*, ndl. *negen*, ags. *nigon*, eng. *nine*, urv. gr. *ennéa*, lt. *novem*, ai. *náva*, viell. zu neu, da nach dem Dual acht jetzt die 3. Viererreihe beginnt; ~auge *n* (mit 7 augenähnlichen Kiemen, 1 Nasenloch u. 1 Auge); s. acht, neu.

Neuralgie *f* * Nervenschmerz, gr. *neũron* u. *álgos;* Neurasthenie »Nervenschwäche«, 2) *a-sthenés* schwach; 19. Jh.

neutr||al parteilos, 15. Jh. v. lt. *neutrālis* zu *neuter* keiner v. beiden; ~um *n* sächl. Geschlecht, weder männl. noch weibl., vgl. ndl. *onzijdig*.

nicht mh. *niht*, ah. *niwiht*, *neowith* = *ni eo wiht* nie etwas, süd- u. westd. nit, schwäb. 'it. u. 'et, ags. *nāwiht*, eng. *not* nicht, *nought* nichts; ~ig, ver~en; **nichts** got. *ni waihts;* erst nh. (mh. *niht:* Meister Eckart *ūȥer got enist niht)* v. mh. *nihtes niht* (Verstärkung); s. nie, Niete[2], Wicht; nichtsdestoweniger: nach mnd. *nichtes desde min* nicht deshalb weniger.

Nichte *f* nd. verdrängte hd. Niftel, ah. *niftila* Vkl. z. *nift* Enkelin, Stieftochter (z. Neffe); vgl. nd. sacht, hd. sanft, Schacht – Schaft, Gerücht – Ruf, echt – eft †.

Nickel *n* eig. neckender Berggeist, s. necken, Kobold (Kobalt), * widerwärt. Person, Zorn ~! (* Kf. f. Nikolaus); d. Metall ergab trotz d. Farbe kein Kupfer u. narrte so d. Bergleute, erzgeb. Kupfernickel, daraus Nickel verkürzt seit 1754 v. d. schwed. Mineralogen v. Cronstedt.

nicken z. neigen (wie bücken z. biegen) s. Liste 5; auch = einschlummern.

Nidel *m f* mu. südd. Sahne; vielleicht vorgerm. kelt. W. d. alpinen Milchwirtschaft.

nie ah. *nio*, *neo*, *ni* nicht, *eo* je, got. *ni aiw* nie; s. nicht, je, nimmer.

nieder mh. *nider*, ah. *nidar*, pl. nedder, eng. *nether*, urv. ai. *nitarām* (Kompar.): *ní*~, gr. *neíatos* unterster; hienieden, ~tracht *f*, ~trächtig eig. herablassend, dann v. niedriger Gesinnung, z. tragen; ~ung *f*; ~wald *m* (Gegens.: Hochwald). O.N.: schweiz. »nid dem Wald« (Unterwalden).

niedlich z. ah. *niot* eifriges Streben, mh. *nietlīche* Adv. mit Eifer, Fleiß, and. *niudsam* angenehm, pl. nüdlich, urv. lit. *naũdyti* begehren; 16. Jh. appetitlich, 18. Jh. zierlich.

niemand mh. *nieman*, ah. *nioman*, pl. nüms; s. nie, jemand; ~sland (im Stellungskrieg d. 1. Weltkriegs).

Niere *f* ah. *nioro*, an. *nyra*, urv. gr. *nephrós* ~, Hode, lt. *nefrōnes*.

niesen ah. *niosan*, an. *hniōsa*, ags. *ge-fnesan*, schwäb. Pfnüsel (Katarrh), alem. *pfnūsen* ~; lautm.

Nießbrauch *m* Nutzungsrecht, 17. Jh. n. lt. *ūsus (et) fructus*, v. Brauch = Verwendung, Nieß = Ertrag; s. genießen.

Niete[1] *f*, **Niet** *m* mh. *niet* breitgeschlagener Nagel, z. ah. *hniotan* befestigen, urv. gr. *knýthos* Dorn; niet- u. nagelfest.

Niete[2] *f* 18. Jh. v. ndl. *niet* nichts.

Nietnagel *m* s. Neidnagel.

Nigromantie s. schwarz.

Nihilist *m* v. lt. *nihil* nichts, schon mlt. *nichilianista* Ketzer, 1799 F. H. Jacobi Nihilismus = Idealismus, 1804 gebraucht Jean Paul das Wort im Ggs. z. Materialist; Schlagwort seit Turgenjew 1862.

Nikotin *n* Tabaksgift, 17. Jh., *nicotiana* Tabakspfl., n. d. Franzosen Nicot († 1600), der d. Tabak n. Frankreich brachte.

Nimbus *m* Glorienschein, 18. Jh. v. lt. *nimbus* Platzregen, Wolke, i. der d. Götter den Menschen erscheinen, verw. m. *nebula;* s. Nebel.

nimmer mh. *niemer*, *nie-mēr*, aus *ni-eo-mēr;* s. nie, nicht.

Nippel *m* Rohrverbindungsstück, Felgenschlüssel; wohl z. mnd. *nebbe*, eng. dän. *neb* Schnabel; oder eng. *nipple?*

nipp||en 17. Jh. v. nd. ndl. *nippen*, wohl z. norw. mu. *nipa*, *nibba* die Spitze v. etw. berühren, an. *hnippa* stechen, ags. *nypel* Rüssel; ~sache *f* 18. Jh. v. fz. *nippe* (<*guenipe* Fetzen v. germ. * *knīp*- kneifen); ~flut = geringe Flut, z. eng. *neap* niedrig.

nirgend mh. *nirgen*, *niergen*, aus ah. *ni-io-wergin;* s. irgend.

Nirwana *n* ai. *nirvāna* erloschen, Erlöschen, selige Ruhe; 19. Jh.

Nische *f* 17. Jh. v. fz. *niche*, it. *nicchia* Muschel.

Niss(e) *f* Lauseei, ah. mh. *niz;* urv. gr. *konís*, armen. *anic*, kymr. *nedd*.

nisten zu Nest.

Niveau *n* fz. 18. Jh. waagerechte Ebene, Wasserspiegel, v. *nivel* < *livel* z. lt. *libella*, Vkl. z. *libra* Wasserwaage; nivellieren, ein-, abwiegen; Nivellement *n* Höhenaufnahme.

Nix *m* mh. *nickes*, ah. *nihhus* Krokodil, Wasserungeheuer, aisl. *nykr* Wassergeist, Flußpferd, dä. *nök*, schw. *näck*, urv. gr. *nípsō*, *nízō* (* *nigwjo)* wasche, ai. *nénēkti* wäscht; Nixe *f*, ah. *nicchessa*.

nobel 17. Jh. v. fz. *noble*, lt. *nōbilis* kennbar, bekannt, berühmt, edel, z. lt. *nōtus* bekannt, *nōsco* (eig. *gnosco* lerne kennen); Nobel d. Löwe in d. Tierfabel.

Nobiskrug (auch O.N.). In der spätmittelalterl. Gaunersprache wird *nobis* für »nicht« gebraucht (kaum < ah. *niowiht);* ~ also »Nichtkrug« weil u. Polizeiaufsicht (zw. Hamburg u. Altona, 1526).

noch[1] Adv. der Zeit ah. *noh*, got. *naúh*, zgs. aus *nu* nun, jetzt u. *-h*, urv. lt. *que*, ai. *ca* und.

noch[2] (Bindew.) ah. *noh (*< *ne* + *ouh)*, got. *nih (*< *ni* + *uh)* »und nicht«, vgl. lt. *neque;* ah. *noh-noh* weder – noch, n. lt. *neque-neque.*

nölen nd. nicht von der Stelle kommen, wohl lautm., entl. dän. *nöle*, schwed. *nöla.*

Nomade *m* 16. Jh. v. gr. *nomás* ohne festen Sitz m. d. Herde umherschweifend, z. *némō* weide; s. nehmen. Numidien Hirtenland.

Nominativ *m* lt. *(casus) nōminātīvus* Nennfall, *nōmen* Name als Subjekt.

Non(e) *f* neunte Stunde = Mittag, Breviergebet; ah. *nōna* v. lt. *nōna;* eng. *noon* Mittag.

Nonne *f* ah. *nunna*, ags. *nunne*, eng. *nun*, v. gr.-lt. *nonna (nonnus* Mönch).

Noppe *f* Knoten, Erhöhung im Gewebe, Leder, mnd. dän. *noppe;* ags. *hnoppian* pflücken.

Nord *m* mh. *nort*, ah. *nord*, ags. eng. *north* (daher fz. *nord*, it. sp. *norte)*, an. *norđr*, urv. umbr. *nertru links*, v. dem n. Osten (Sonnenaufgang) Schauenden, gr. *nérteros* weiter unten befindl.; ~licht *n* 18. Jh., ~stern *m* Polarstern 17. Jh. (Opitz).

Normannen, Normandie *f*, nach den »Nordmannen«, den Wikingern; daraus in russ. Entstellung: Murmanküste.

nörgeln, nergeln, 17. Jh., undeutl. in d. Kehle sprechen, kritteln; ndl. *nurken* knurren, ~; verw. an. *snǫrgla* röcheln, urv. lett. *ňurk'ēt* brummen; z. schnarchen u. schnurren.

Norm *f* Richtschnur, Regel, mh. *norme* v. lt. *norma (loquendi* z. reden b. Horaz), ~en; ~al 18. Jh., s. abnorm, enorm.

Norne *f* 18. Jh. v. an. *norn*, Mehrz. *nornir*, nord. Schicksalsgöttinnen: mu. schwed. *norna* heiml. mitteilen, meng. *nurnen* hersagen, mh. *narren* knurren (lautm.); auch ah. *narro* Narr?

Not *f* mh. ah. *nōt* Mühe, Drangsal, Kampf, got. *nauþs*, pl. Nod., ags. *nēad*, eng. *need;* nötig, nötigen; ~taufe, ~wehr *f* »Abwehr v. Gewalt«, ~wendig eig. was die ~ wendet, 16. Jh., ~durft *f*, ~helfer *m*, schwere ~ eig. fallende Sucht, jetzt nur als Fluch, Ausruf. P.N.: Gernot, umgekehrt Notker Kampfspeer, s. Ger.

Notabene 18. Jh. v. lt. *notā bene* merke wohl; **Notar** *m* ah. *nōtari* v. lt. *nōtārius* Schreiber; ~iell durch den ~, rechtsgültig; Note *f* v. lt. *nota* Zeichen, Kenn-, Tonzeichen; Notiz *f* v. lt. *nōtitia* Kenntnis, Nachricht; Notizbuch *n* 19. Jh., notieren, notorisch allg. bekannt, 17. Jh. v. lt. *nōtōrius*, alle z. lt. *notāre* bemerken, *nōsco* kenne; dazu Notabeln Mehrz., nobel, Renommee, Nominativ.

Novelle *f* 16. Jh. v. it. *novella*, fz. *nouvelle*, z. lt. *novella (fābula)* neue (Erzählung); i. d. Rechtsspr. Nachtragsgesetz. **Novität** *f* Neuheit, 18. Jh. v. lt. *novitās;* **Novize** *m f*, wer vor Ablegung der Ordensgelübde sich i. der (mindestens einjähr.) Probezeit befindet, v. lt. *novicius* Neuling z. *novus* neu; s. Nuntius.

November *m* v. lt. *november* 9. Monat (März war der 1. M. b. d. Römern), v. Karl d. Gr. durch *herbistmānōth* Herbstmonat verdeutscht.

Nuance *f* Abstufung, Abschattung, 18. Jh. v. fz. *nuance*, z. lt. *nūbēs* Wolke; s. Nebel.

nüchtern ah. *nuohtarnīn*, *nuohturn*, Klosterwort, lt. *nocturnus* nächtlich, *nocturnum* nächtliches Gebet; *ŭoh* angelehnt an ah. *ŭohta* Morgendämmerung.

nuckeln nd. saugen.

Nudel *f* 16. Jh. v. lt. *nōduli?* Mehrz. Knötchen, Knödel, schles. *knūdel;* nudeln, mu. schnell u. liederl. arbeiten; entl. fz. *nouille.*

Null *f* 15. Jh. v. it. *nulla* nichts, zu lt. *nullus* keiner, übers. arab. *ṣifr* leer s. Ziffer, an~ieren.

Nulpe *f* dämlicher, unbedeutender Mensch; z. Null?

Numismatik Münzkunde, gr. *nómisma*gesetzmäßige gangb. Münze.

Nummer *f* 15. Jh. v. it. *numero*, z. lt. *numerus* Zahl (dah. auch fz. *numéro*, eng. *number*); numérisch.

nun mh. ah. got. pl. ags. *nū*, eng. *now*, urv. ind. *nù*, lit. *nú*, gr. *nўn*, *nȳn*, lt. *nunc*; im Nu; mh. *daʒ nū der ēwikeit*, schon got. *fram himma nu* v. jetzt an; s. neu, neun, noch[1].

Nuntius *m* päpstl. Gesandter, v. lt. *nūntius* Bote (*nŏvus* neu + *vĕnio* komme), um 1700; s. Annonce.

nur mh. *newaere*, ah. *niwāri*, ags. *ne wœre*, eig. (wenn es) nicht wäre.

nuscheln nuseln, undeutlichreden, z. Nüster, s. d.

Nuß[1] *f* mh. ah. *hnuʒ*, ags. *hnutu*, an. *hnot*, pl. Nät, eng. *nut*, urv. lt. *nux*. F.N.: Nottebohm.

Nuß[2] *f* 16. Jh. Schlag (Kopf~), ags. *hnēotan* schlagen, stoßen.

Nüster *f* 18. Jh. v. nd. ~, im Ablaut z. Nase, frühnh. u. mu. *nuseln*, näseln, leise u. undeutlich reden; urv. aslaw. *nozdri* Nasenlöcher.

Nut(e) *f* Fuge, Ritze, ah. mh. *nuot*; ah. *nuoen*, mh. *nüejen* glätten.

Nutte *f* umg. Straßenmädchen; z. Nute?

Nutz||en *m* mh. ah. *nuz* (z. ~ u. Frommen, z. nutze machen, Eigen~), got. *ganiutan* fangen, ags. *nytt*, got. *un-nuts*, urv. lit. *naudà* ~, z. genießen; nütze, Nichts~ *m*, ~ung *f*.

Nymphe *f* 17. Jh. v. gr.-lt. *nympha* Naturgottheit in Quellen u. Wäldern; eig. Braut, urv. lt. *nūbo* heirate.

O

Oase *f* 19. Jh. v. gr. *óasis* v. ägypt. *wah* Anpflanzung, kopt. *ouahe*.

ob[1] mh. *obe*, ah. *oba*, eng. *up*, dä. *op*, ai. *úpa*, nur noch i. Zs. (Rothenburg ~ der Tauber, Östr. ~ d. Enns); Obwalden, tirol. Ob-Ladis; oben eng. *ab-ove*, ober nd. md. Form f. über, eng. *over*; oberhalb auf d. oberen Seite, Oberhand *f* eig. stärkere Hand; Obdach *n* eig. Überdach, Obmann *m*, Oberst *m* 16. Jh. Obrist, Sup. z. ober; Obacht *f*; Obhut *f* Schutz; Obrigkeit *f*; erobern, ~liegen, ~siegen; **oben** (ob[1]) ah. *obana*, an. *ofan* v. ~, ob schwäb. noch kausal = wegen. **Obers** *n* bayr.-öster. Sahne. **oberschlächtig** durch Wasser v. *oben* getrieben. **Obst** *n* mh. *obeʒ*, ah. *obaʒ*, ndl. *ooft*, viell. »dazu, obenauf Gegessenes«, z. ob[1] u. essen, Aas, s. d. od. * *upodo m* Zukost, vgl. ai. *úpa* zu u. lt. *ĕdĕre* essen.

ob[2] wie wenn, ah. *ibu*, *oba* wenn, ob, got. *ibai* ob denn? * im Zweifel, an. *if* Zweifel, and. *ef*, ags. *gif*, eng. *if*.

Obduktion *f* Leichenöffnung, 18. Jh. v. lt. *obductio* Verhüllung (nach beendigter Untersuchung).

Obelisk *m* Spitzsäule, 15. Jh. v. gr. *obelískos*, Vkl. z. *obelós* Spieß.

Objekt *n* mh. *object* v. lt. *objectum* entgegengeworfen, eig. philos.-theol. Ausdruck; frühere Lüs. (vor Gegenstand): Gegenwurf (noch bei Lessing); ~iv; s. Subjekt.

Oblate *f* ah. *oblāte Hostie*, v. lt. *oblāta* eig. Entgegengebrachte z. *offero* trage entgegen; s. Offerte.

obligat pflichtgemäß, üblich, 18. Jh. v. lt. *obligātus* verbunden;

~ion *f* Verpflichtung, dann Schuldverschreibung.

Oboe *f* s. Hoboe.

Obolus *m* Scherflein, 18. Jh. v. gr. *obolós.*

obskur dunkel, unbekannt, 17. Jh. v. lt. *obscūrus*, urv. ah. *scūr* Wetterdach, z. Schauer².

Obst *n* s. ob¹.

Obstruktion (parlam.) Widerstand, Verschleppung, lt. *obstruĕre* entgegenbauen, verrammeln; 19. Jh.

Ochs *m* ah. *ohso*, got. *aúhsa*, pl. Oß, ags. *oxa*, eng. *ox*, urv. ai. *ukṣā́* Stier, tochar. *okso*, Grbd. viell. Befruchter, urv. lt. *ūvidus* naß; ochsen 19. Jh. stud. eig. wie e. Ochse arbeiten, s. büffeln.

Ocker *m* ah. *ogar* v. gr.-lt. *ōchrā*, gr. *ōchrós* blaß, hellgelb.

Odaliske *f* 18. Jh. türk. *odalyq (oda* Zimmer), eig. Stubengenossin.

Ode *f* 17. Jh., gr. *ōdḗ*, *aoidḗ* Lied, Gesang, z. *aeídō* singe; s. Melodie, Parodie, Rhapsodie, Tragödie; Odeum *n* gr. *Ō(i)deíon* Singhalle.

öde mh. *oede*, ah. *ōdi*, got. *auþ-*, urv. gr. *aúsios* leer, *aútōs* vergebens; anöden; nicht verw. ist Einöde.

Odem *m* ostmd. Form zu Atem.

oder mh. *ode*, *oder*, ah. *odo*, *odar*, *ëddo*, got. *aiþþau (< * eh-/ef-þau?).*

Oder *f* (Fluß) Wasser, mit diesem urv.(?); s. Elbe, Rhein, Wasser.

Ofen *m* mh. *oven*, ah. *ovan*, got. *aúhns*, pl. Aben, eng. *oven* (s. Stube), an. *ofn*, *ogn*, schw. *ugn*, urv. gr. *ipnós*, lt. *aulla (< * auxla)*, ai. *ukhā́* Topf, Grbd. Topf.

offen ah. *offan*, pl. apen, ags. eng. *open*, an. *opinn* viell. eig. Part.; verw. m. auf; ~bar sich offen tragend, öffentlich, öffnen, s. Maulaffe. O.N.: Apenrade, dän. Aabenraa offene Reede, dän. *aabne* öffnen.

Offensive *f* Angriff, 18. Jh. v. mlt. *offensīvus*, z. *offendĕre* gegen etwas stoßen, angreifen, s. defensiv, *fendo:* gr. *theínō* schlage, *phónos* Mord.

offerieren anbieten, 16. Jh. v. fz. *offrir*, z. lt. *offero* bringe entgegen; Offerte *f* 17. Jh. v. fz. *offerte;* s. Oblate.

offiziell um 1800 v. fz. *officiel*, z. lt. *officiālis*, *officium * opi-faciom* * Dienst-leistung, Pflicht; z. B. kirchl. Amt m. s. Pflichten, auch liturgisch; *sacrum* ~ (Inquisition); Offizier *m* 15. Jh. höh. Beamter, 16. Jh. Offizier, v. fz. *officier;* spätlt. *officiārius;* offiziös halbamtlich.

Offizin *f* † Buchdruckerei, Apotheke (H. u. Dorothea III, 108) v. lt. *officīna*, eig. *opificīna* Werkstatt, z. *opus* Werk, *facio* tue; 16. Jh.; ~ell arzneilich.

oft ah. *ofto*, got. *ufta*, eng. *often:* an. *of (n)* Menge.

Oheim *m* mh. ah. *ōheim*, pl. Ohm, ags. *ēam*, viell. aus * awa-*haimaz*, 1): lt. *avus*, 2) = vertraut, also ~ = vertrauter Großvater (vgl. dän. *bedstefar*, ndl. *bestevader* »bester Vater« = Großvater); s. Onkel. F.N.: Oheims = eng. *Eames*, Ohm, schwäb. Ühmi.

Ohm¹ *m n* Flüssigkeitsmaß, mh. *āme*, *ōme*, v. gr. *ámē* Wassereimer, lt. *ăma* Feuereimer; s. nachahmen; nd. F.N. Ahmsetter = Eichmeister.

Ohm² *n* elektr. Maßeinheit: Physiker Ohm † 1854.

Öhmd *n* s. mähen.

ohne mh. *āne*, ah. *āno*, pl. ahn, an. *ān*, got. *inu*, urv. gr. *áneu*, iran.-osset. *änä*, verw. m. *un-*; ohngefähr irrt. ungefähr, etwa: mh. *ān gevaere* ohne böse Absicht, s. Gefahr; umg. nicht (so) ~ (zu ergänzen etwa: Reize). Ohnmacht: ah. *āmaht* * Unmacht, dann an ~ angelehnt.

Ohr *n* mh. *ōre*, ah. *ōra*, got. *ausō* pl. Uhr, ags. *ēare*, eng. *ear*, an. *eyra* urv. lt. *auris*, lt. *audio * ausdio* höre, gr. *ūs*, lit. *ausis*, wahrsch. verw. m. hören; ~feige *f* mnd. *ōrvīge*, s. Dattel; Öhr *n*, ah. *ōri* Öse *f*. Lichtösel (b. Fr. Reuter).

okkupieren in Besitz nehmen, 16. Jh. v. lt. *occupo*, z. *capio* nehme.

Ökonom *m* Landwirt, eig. Hausverwalter, 17. Jh. v. gr. *oikonómos* (*oīkos* Haus, *némō* teile zu); s. ökumenisch, Parochie, Diözese.

Oktav *n* Achtelgröße (Buchformat), 17. Jh. v. lt. *octāvus* d. Achte.

Oktave *f* mh. *octav*, d. 8. Ton (nach e. Grundton) u. d. 8. Tag (nach e. Kirchfest) sowie d. Ton- u. Zeitraum dazwischen.

Oktober *m* v. lt. *octōber* 8. Monat (März der 1. bei d. Römern), Karl d. Gr. nannte ihn *windumemānōth* Weinlesemonat (v. lt. *vīndēmia*).

Oktroi *m n* städt. Verzehrsteuer, oktroyieren, fz. *octroi* u. *octroyer* gewähren, nfz. *autoriser* ermächtigen, * mlat. *auctorizare;* 17. Jh.

okulieren d. Auge (Knospe) e. Baumes in d. Rinde e. andern setzen, 17. Jh. v. lt. *inoculāre* z. *oculus* Auge.

ökumenisch allgemein u. allg. gültig, 16. Jh. v. gr. (*gē*) *oikūménē* bewohnte (Erde), z. *oikéō* bewohne; s. Ökonom, Parochie.

Okzident *m* Abendland, z. *óccido* falle, gehe unter, also eig. untergehende (Sonne), mh. *occident;* s. Orient.

Öl *n* ah. *oli*, and. *olig*, ags. *ele* v. lt. *oleum*, gr. *élaion* Baumöl v. d. Olive *f* Ölbaum, lt. *olīva*, gr. *elaía*, daher fz. *huile* (m. irrtüml. *h*, afz. *oil*, woher eng. *oil*); letzte Ölung *f* kathol. Krankensakrament. O.N.: Oliva (Ölberg); s. Linoleum, Petroleum. ~götze v. Luther als Klammerform f. Ölberggötze gebildet m. Anspielung auf d. dort teilnahmslos schlafenden Jünger.

Oleander *m* 16. Jh. v. it. *oleandro* z. mlt. *lorandrum* v. gr.-lt. *rhodódendron*, irrt. an lt. *olea* Olive angelehnt.

Olm *m* Molch. s. d.

Omelette *f* v. fz. *omelette* <* *alemette* < afz. *alumelle* z. *lamelle* Plättchen, 18. Jh.; s. Liste 25.

Omen *n* lt. Vorbedeutung, 16. Jh. i. 1. Teil steckt viell. *avis* Vogel: *ōmen* = * *ovis-men;* aus d. Vogelflug weissagten d. Priester; ominös.

Omnibus *m* 19. Jh. großer Stell- od. Lohnwagen zunächst i. Nantes (1825) nach einem Schild »Omnès Omnibus«; Omnès war der Agent, lt. *omnibus* für alle.

Onkel *m* pl. Unkel, um 1700 v. fz. *oncle*, z. lt. *avunculus* Oheim, Vkl. z. *avus* Großvater, also eig. Großväterchen, verdrängte vielfach Oheim; s. Enkel u. Oheim.

Onyx *m* gr. (Finger-)nagel (damit urv.), dann, n. d. Farbe, der Edelstein.

Opál *m* lt. *ŏpalŭs* v. gr. *opállios*, ind. *upala* Stein, Edelstein, Lessings Nathan III, 7; 17. Jh.

Oper *f* 17. Jh. v. it. *opera;* dazu ~ette *f* hieß im 18. Jh. Singspiel.

Operation *f* 16. Jh. v. fz. *opération*, lt. *operātio;* operieren 16. Jh., alle z. lt. *opus* Werk, Arbeit; s. Manöver.

opfern ah. *opfarōn*, v. lt. *operāri* eig. arbeiten, dann religiöse Handlungen verrichten. F.N.: pl. Oppermann (Küster) = rh. Offermann (aber rhein. Oppermann-Handlanger) Opfer *n*, Opferstock *m* = Gotteskasten.

Opium *n* 15. Jh. v. gr. *ópion* Mohnsaft, Vkl. z. *opós* Saft.

oppo||nieren 16. Jh. v. lt. *oppōnĕre* entgegensetzen; ~sition *f;* s. dis-, komponieren.

optieren sich für e. Staatsangehörigkeit entscheiden, v. lt. *opto* wünsche; s. ad~.

Optik *f* 17. Jh. v. gr. *optikḗ* (*téchnē*) Seh(kunst), optisch, s. Zyklop. Dazu: *ophthalmós* Auge, Ophthalmologie.

Optimismus *m* eig. des Leibniz Lehre v. der besten aller Welten, dann heitere Lebensauffassung, Zuversicht, 18. Jh. v. lt. *optimus* d. beste.

Orakel *n* 16. Jh. v. lt. *ōrāculum*

Götterspruch z. *ōro* rede, bitte, bete, z. *ōs*, Gen. *ōris* Mund.

Orange *f* 17. Jh. v. fz. *orange* (irrt. an *or* Gold angelehnt) z. it. *arancia*, venez. *naranza:* pers. *nārāng*, ind. *nārañgás* Orangenbaum; mh. *arans*, mlt. *orangus*.

Orangutan *m* 17. Jh. v. malay. *ōrang* Mensch, *hūtan* wild.

Oratorium *n* (lt.) 1. Bethaus: *ōrāre*, 2. † Gesamtheit v. Musikern, 3. großes Tonstück geistl. Inhaltes.

Orchester *n* 18. Jh. v. it. *orchestra*, z. gr. *orchēstra* Tanzplatz d. Chores zwischen Bühne u. Zuschauerraum, z. *orchéomai* tanze. Orchestrion *n* 1789 erfunden.

Ordalien Mehrz. Gottesurteil v. mlt. *ordalia* Mehrz., verstümmelt aus ah. *urteili*, mnd. *ordēl*, ags. *ordāl* Urteil.

Ord||en *m* ah. *ordena* Regel, Ordnung, geistl. Orden, Auszeichnung, Ehrenzeichen, v. lt. *ordo;* ~nen, ah. *ordenōn*, lt. *ordināre;* ~entlich, mh. *ordenlich*, ~nung *f*, ~inär 18. Jh. v. fz. *ordinaire* gewöhnlich, gemein; ~onnanz *f* 16. Jh. v. fz. *ordonnance*, z. mlt. *ordinantia* Befehl; s. Ornament.

Oreaden Bergnymphen, gr. *oreádes: óros* Berg; s. Muse.

Organ *n* 18. Jh. v. gr. *órganon* Werkzeug, urv. Werk; ~isch, ~ismus *m*, ~isation *f;* s. Energie, Liturgie.

Orgel *f* mh. *organa orgela*, v. gr. *órganon* Werkzeug: *ergázomai* arbeite; Organist *m* s. Werk. **Orgie** *f* wüstes Gelage, 17. Jh. v. gr. Mehrz. *órgia* heiliges Opfer, Mysterien, bes. Bacchusfest, nicht: gr. *orgáō* schwelle, *orgás* schwellend, üppig, gr.-lt. *orgasmus* Erregung, Wut.

Orient *m* = Morgenland (Luther), mh. *ōrient* v. lt. *oriens (sol)* aufgehende (Sonne), v. *orīri* sich erheben, ähnlich gr. Anatolien Aufgang (der Sonne); sich ~ieren 18. Jh. v. it. *orientare* sich n. d. Sonnenaufgang richten u. so zurechtfinden; s. Okzident.

Oriflamme *f* altes französ. Reichsbanner, *auri flamma*, aber umgedeutet aus *labari flamma: labarum* Kreuzes-Reichsfahne seit Konstantin d. Gr.

Original *n* 17. Jh. v. lt. *originale* v. *orīgo* Ursprung, fz. *original* Urschrift (b. Urkunden).

Orkan *m* 17. Jh. v. ndl. *orkaan*, sp. *huracán*, eng. *hurricane*, karaibisches W.

Orlogschiff *n* Kriegsschiff 17. Jh. v. ndl. *oorlogsschip*, z. ah. *urliugi* (= außerhalb des Vertrags? got. *liuga* Vertrag, air. *luige* Eid), dä. *orlog*, schw. *örlog* Krieg (nur noch in Zs.); s. Krieg.

Ornament *n* 14. Jh. v. lt. *ornamentum*, zu *orno* schmücke, verkürzt aus *ordino* ordne; Ornat *m*.

Ort *m* ah. *ort widar orte*, mh. *ort* Spitze, Schwertspitze, Ende, Ecke, jetzt Platz, Raum, die alte Bed. noch in Ort = Schusterahle, Ortscheit (f. d. Zugseile); vor ~ arbeiten (i. Bergwerk); † Ort »Viertelmaß«, auch $^1/_4$ einer Münze, die durch e. Kreuz in 4 *Orte* od. *Ecken* (s. oben!) geteilt war (dän. *rigsort)*. P.N.: Ortwin Schwertfreund, Ortrun Schwertzauberin; O.N.: das Ort (Passau), Brüsterort, Leerort, Ruhrort (Landzunge zwischen Rhein und Ruhr), ~enburg (z. B. in Bautzen), ~enberg, (vgl. an. *oddr* Spitze im O.N. Odde, Ortler, eig. Ortle »kleine Spitze«); örtlich, ~schaft 18. Jh., **orten** Standort bestimmen; **erörtern** bis z. Ende ausmessen, dann gründlich erwägen.

orthodox rechtgläubig 16. Jh. v. gr. *orthós* grade, recht, *dóxa* Meinung; s. Dogma. **Orthographie** *f* 15. Jh. z. gr. *gráphō* schreibe.

Öse *f* Öhr u. Liste 31.

Ost *m*, **Osten** *m* mh. *ōsten*, ah. *ōstan*, *ōstana* v. ~, *ōstar* n. ~ hin, ags. *ēast*, eng. *east* (daher fz. *est)*, urv. lt. *aurōra*, früher *ausōsa* Morgenröte, gr. *ēṓs*, *hḗōs*, äol. *aúōs*, lit. *auszra*, aind. *ušā́s;* ah. *ostrōni* östlich, vgl. lt. *austrālis* südlich. *Austrogoti* Ostgoten, - Austrasien (Ostland) - Ggstz. Neustrien d. *neueroberte Westen;* Österreich, Osterburg (b. Magdeburg), Osterwieck.

Osteologie *f* Knochenlehre, gr. *ostéon* Knochen u. *lógos*.

Ostern Dat. Mehrz. mh. *osteren*, ah. *ōstarūn*, ags. *ēastron*, eng. *Easter*, altes germ. Frühlingsfest (mit d. später d. christliche zus.fiel), germ. * *Austara* Licht-, Frühlingsgöttin, s. Ost. Weniger wahrscheinlich ist Lüs. v. lt. *albae* (das als ~ Bezeichnung nur vermutet wird).

Otter¹ *m* Fischotter, ah. *ottar*, ags. *otor*, eng. *otter*, an. *otr*, schw. *utter*, dä. *odder*, urv. gr. *hýdros*, *hýdra* Wasserschlange (z. *hýdōr* Wasser), ai. *udrás*, lit. *údra*, ablg. *vydra;* s. Wasser, Oder.

Otter² *f* ostmd. irrt. für Natter mit Abstoßung des N, 16. Jh., pl. Adder, eng. *adder;* vgl. Kreuzotter; s. Aak.

Ottomane *f* um 1700 niedriges Sofa, v. fz. *ottomane*, eig. ottomanisches = türkisches Sofa.

Ouvertüre *f* 18. Jh. v. fz. *ouverture* Eröffnung, z. lt. *apertura:* *aperio* öffne, s. April.

oval eirund 17. Jh. v. lt. *ōvālis* z. *ōvum* Ei.

Ovation *f* Ehrung, Huldigung, v. lt. *ovātio* kl. Triumph, siegreicher Einzug d. Feldherren i. Rom, z. *ovāre* jubeln, urv. gr. *euázein* jubeln; 16. Jh.

Oxhoft *n* altes Hohlmaß, nd. 18. Jh. v. ndl. *(h)okshoofd* (2. Teil) * Haupt, n. d. aufgemalten Tierkopf, v. eng. *hogshead* Schweinskopf.

Oxyd *n* 18. Jh. v. fz. *oxyde*, z. gr. *oxýs* scharf, urv. lt. *ācer* scharf.

Ozean *m* mh. *occēne*, v. gr.-lt. *ōcéanus*, gr. *ōkeanós* Weltstrom, -meer, kaum v. semit. *ogeg* »der e. Kreis bildet«, eher noch: ai. *ācáyāna* umlagernd, anliegend?

Ozón *n* 1840 v. Schönbein entdeckt u. benannt, eig. riechendes (Gas) v. gr. *ózō* rieche, urv. lt. *odor* Geruch; eng. *ozone* noch 1840 entl.

P

Päan *m* feierl. Gesang, gr. *paiā́n* Heilgesang, Danklied, Heilgott *Paiā́n;* 18. Jh.

Paar *n* mh. ah. *pār* gleich, pl. Por, v. lt. *pār* gleich, ähnlich; it. *al pari* zum Nennwert, fz. *pair*, eng. *peer* Großvasall (eig. den andern gleich, ebenbürtig); s. Parität, Pärchen *n*, sich ~ en, ~weise. Zu ~en treiben gehört nicht hierher (eig. zum Paren, Baren = in die Einzäunung?).

Pacht *f* westmd. mh. *pfaht*, v. mlt. *pactum* Vertrag z. *pango* u. *paciscor* befestige, verabrede, *pāx* Festsetzung, Vergleich, Friede; dass. W. ist **Pakt** *m* 16. Jh. ~ieren; s. kompakt.

Pack *n* Bündel, Gesindel, v. fläm. *pak* (im Wollhandel), woher fz. *paquet*, eng. *pack;* ~en, sich ~en, Gepäck *n*, Paket *n*, od. verw. m. lt. *bāiulus* * *bagiolos* Lastträger?

Pädagoge *m* um 1500 v. gr. *paidagōgós* z. *paîs* Knabe, *ágō* führe, leite, Lüs.: ah. *magazogo* (Erzieher), dazu **Page** *m* 17. Jh. v. fz. *page*.

Paddel *f n* 19. Jh. zweiblattiges Ruder, v. eng. *paddle*, wohl lautmal.; ~boot 1883; ~n 20. Jh.

paff!, paffen lautm.

Pagode *m*, f. Götzenbild, -tempel, 16. Jh. ptg. *pagoda*, malay. W.

Paket *n* 16. Jh. v. fz. *paquet*, it. *pacchetto* * Päckchen: *pacco*, s. Pack.

Pakt *m* s. Pacht.

Paladin *m* 17. Jh. v. fz. *paladin*, it. *paladino* z. lt. *palatīnus* Großer d. Palastes (eig. Karls d. Gr.).

Palast *m* mh. *palas* v. fz. *palais*, z. lt. *palātium*, eig. Anger, dann das Kaiserhaus auf d. palatin. Hügel i. Rom, wohl z. lt. *pālus* Pfahl; s. Pfalz.

Paläo- alt, gr. *palaiós;* ~graph (2. *gráphō)* Kenner alter Schriftarten; ~ntolog Kenner d. Urzeit, *ónta* (Mehrz.) Wesen u. *lógos*.

Palatschinken *f* Mz. österr. (gefüllter) Eierkuchen v. ungar. *palacsinta:* rumän. *placinta:* lt. *placenta* Kuchen.

Palaver *n* ptg.-eng. Ratsversammlung der Neger u. a., Besprechung, ptg. *palavra* (v. gr.-lt. *parabola* Bericht), d. v. d. Negern als ~ übernommen u. dann v. d. Engländern entlehnt wurde, v. wo es im 19. Jh. ins Deutsche kam.

Paletot *m* um 1840 v. fz. *paletot*, mitteleng. *paltok:* eng. *pall:* lt. *pallium* Mantel.

Palette *f* 17. Jh. v. it. *paletta*, Verkl. z. *pāla* Schaufel, lt. *pāla* Spaten, Schaufel.

Palimpsest 18. Jh. *n* zweimal beschriebenes Pergament, v. gr. *palimpsēstos: palin* wieder + *psáō* schabe ab.

Palindrom *n* vorwärts u. rückwärts lesbare Lautfolge, insbesondere Rätsellösung: z. B. Neger — Regen; v. gr. *palin* wieder + *drómos* Lauf.

Palisade *f* um 1600 v. fz. *palissade*, it. *palizzata*, z. lt. *pālus* Pfahl.

Palladium *n* Bild der Pallas, das Troja schützte, dann Schutzheiligtum übh., 17. Jh. v. gr. *Palládion*.

Pallasch *m* 17. Jh. v. russ. *palasch*, poln. *palasz*, magyar. *pallos*, türk. *pala* Krummschwert.

Palme *f* ah. *palma*, schw. ags. eng. *palm*, dä. *palme*, v. lt. *palma* flache Hand (n. d. Blattform); urv. ah. *folma;* Stech~; Palmkätzchen auch: Salweide.

Pampelmuse *f* aus ndl. *pompelmoes* (volksetym. aus tamnl. *bambolmas)* unter Einfluß von frz. *pamplemousse*.

Pamphlet *n* Schmähschrift, 18. Jh. v. eng. fz. *pamphlet*, Broschüre, Flugschrift, afz. *pamphilet*, zu gr. *pamphil(et)os?;* lt. Komödie des 12. Jh. *Pamphilus de Amore?* vgl. Pasquill: *Pasquinus* (Statue i. Rom), it. *pasquino* bösartiger Witzbold.

Panazee *f* Allheilmittel, 16. Jh. v. gr. *panákeia* z. *pān* alles *akéomai* heile.

Pandur *m* 18. Jh. v. magyar. *pandúr*, serb. *pandur*, ursp. Fußsoldat aus Ungarn?

Paneel *n* 18. Jh. v. ndl. *paneel* Täfelung, z. mlt. *pannellum*, Verkl. z. *pannus* Tuchstückchen, Stückchen; mh. *panel*.

Panegyrikus *m* Lobrede, v. gr. *panēgyrikós* zur Festversammlung gehörig, preisend z. *panégyris* Volksversammlung, Volksfest v. *pān* alles, ganz, *agorá* Versammlung; s. Allegorie; 17. Jh.

Panier *n* mhd. *panier*, *banier*, v. fz. *bannière;* s. Banner (Rückw.).

panieren m. geriebenem Brot (lt. *pānis)* bestreuen, einkrusten, v. fz. *paner* 18. Jh.

Panik *f* plötzlicher allg. Schrecken, 19. Jh. v. fz. *panique* z. gr. *pānikós*, v. d. Waldgott Pan, den man sich als Ursache solchen Schreckens dachte; panisch 16. Jh.

† **Panisbrief** (in Bürgers Ged. »D. Kaiser u. d. Abt«): lt. *pānis* Brotbrief, Laienpfründe.

Panne *f* 20. Jh. v. fz. *panne* Steckenbleiben, *être dans la panne* in der Patsche sitzen (v. Segler i. d. Flaute).

Pan||optikum *n* 19. Jh. z. gr. *pān*

alles, *optikós* d. Sehen betr., ~orama *n* Rundsicht, um 1800 z. *horáō* sehe, ~*dóra* die Allbeschenkte; s. Optik.

panschen klatschend schlagen, mischen, verfälschen, lautm. (vgl. patschen).

Pansen (Panzen) *m*, v. fz. *panse* Bauch, v. lt. *pantex*, wie it. *pancia*, sp. ptg. *panza*, vorderster Teil des Magens der Wiederkäuer, s. Panzer.

Pantheismus *m* (Weltall = Gott) 18. Jh. z. *theós* Gott; Pántheon, eig. *Pántheion n;* s. Theolog.

Panther *m* ah. *pantēr*, v. lt. *panthēra*, gr. *pánthēr*, ai. *puṇḍarīkas* Tiger, *pāṇḍaras* weißgelb.

Pantine *f* Holzschuh, Holzpantoffel, um 1400 v. mndl. *patijn* v. fz. *patin* (auch Schlittschuh): *patte* Pfote.

Pantoffel *m* um 1500 v. it. *pantofola*, fz. *pantoufle* z. spätgr. **pantóphellos* ganz aus Kork bestehend (*pān* alles, *phellós* Kork), Kothurn.

Pantomime *f* Gebärdenspiel, 17. Jh. v. fz. *pantomime*, z. gr. *pās* (Gen. *pantós*) alles, *miméomai* ahme nach, s. Mime u. pan- i. Liste 54.

Panzer *m* mh. *panzer*, *banzier* v. it. *panciera*, afz. *panciere*, z. it. *pancia*, fz. *panse*, lt. *pantex* Wanst, Leib, also d. Leib deckende Rüstung; F.N. ~bieter (2 ausbessern), s. Pansen.

Papa *m* 17. Jh. v. fz. *papa*, gr. Anredeform *páppa*, wie Mama eig. Lallaute.

Papagei *m* mh. *papagey*, *papegān*, v. afz. *papegai*, sp. *papagayo*, z. arab. *babaghā*, westafrik. *pampakei*.

Papier *n* mh. *papīr*, v. gr.-lt. *papȳrus*, gr. *pápȳros* ägyptische Pflanze, auf deren abgelöster Haut man schrieb, ägypt. W.; Papeterie *f*.

Pappe *f* eig. dicker Mehlbrei, dann Papierbrei, endlich daraus gefertigtes dickes Papier, mh. ndl. eng. *pap* Brei, Kinderlallwort wie lt. *papa* Brei; aufpäppeln. Pappenstiel aber *pappus* Stiel d. Löwenzahns; bildl. etw. Unbedeutendes.

Pappel *f* mh. *papel*, v. lt. *pōpulus*.

Papst *m* mh. ah. *bābes* (mit später angefügtem t wie in Obst, Axt, Palast), ndl. *paus* v. lt. *pāpa* Vater, *Titel der Bischöfe (dah. auch it. *papa*, fz. *pape)*.

par- u. **para-** s. Liste 54.

Parabel *f* Gleichnis, mathem. Figur, mh. *parabelle*, ah. *parabola*, v. mlt. *parabola*, z. gr. *pará* neben, *bállō* werfe, also Nebeneinandergeworfenes (u. somit Verglichenes), s. Parole, Parlament, parlieren, Palaver, Polier.

Parade[1] *f* Truppenschau 17. Jh. v. fz. *parade*, sp. *parada* z. *parár* zieren, schmücken, altsp. Stillstehen, Anhalten des Pferdes. Dass. W. ist:

Parade[2] *f* Abwehr eines Hiebes, 15. Jh. v. fz. *parade* z. *parer* ablenken, parieren, lt. *paro* bereite; s. parat, parieren[2].

Paradies *n* ah. *paradīsi*, v. gr. *parádeisos* Park, Tiergarten, z. pers. awest. *pairidaēza* Umwallung; Paradeiser, österr. = Tomate.

Paradigma *n* gr. *pará-deigma* Musterbeispiel, 17. Jh.

paradox gegen die Erwartung, widersinnig, 16. Jh. gr. *pará* gegen, *dóxa* Meinung, *parádoxon* scheinbarer Denkwiderspruch; s. orthodox, Dogma.

Paraffin *n*, wachsähnl. Stoff, 1830 v. Reichenbach entdeckt, z. lt. *parum* wenig, *affīnis* verwandt, weil keine Neigung z. Verbindung m. andern chemischen Stoffen; ~kerze.

Paragraph *m* Schriftsatz v. gr.-lt. *parágraphos* daneben geschriebenes (Zeichen), z. *pará* neben, *gráphō* schreibe; mh. *paragraf*.

parallel 16. Jh. v. gr.-lt. *parállēlos* nebeneinander laufend.

Paralys||**e** *f* mh. *paralyssus*, *parlis;* ~**ieren** lähmen, unwirksam machen,

18. Jh. z. gr. *parálysis* Auflösung, *lýō* löse.

paraphieren unterzeichnen (diplom.) gr.-fz. *parafer, parapher, paraphe* Schnörkel, Namensabkürzung, s. Paragraph; 18. Jh.

Paraphrase *f* gr. *paráphrasis* Umschreibung, Erklärung; 16. Jh.

Parapluie *m* † Regenschirm, v. fz. *parapluie*, um 1700; *parer* abwehren, *pluie* Regen, s. Parade², parieren².

Parasit *m* Schmarotzer, 18. Jh. v. gr. *parásītos* Mitesser (*sītos* Weizen, Getreide, Speise), s. Vatermörder.

parat v. lt. *parātus* bereit; s. Parade, parieren², Apparat; 16. Jh.

pardauz Schallwort für Fall u. ä., nd. *pardues* 17. Jh., dän. *bardous*, schwed. *burdus*.

Pardel *m* gr. *párdalis*, ai. *pṛ́dākuš* Tiger; s. Panther; ah. *pardo*.

Pardon *m* 17. Jh. v. fz. *pardon*, lt. *perdono* Vergebung, Schonung.

Parenthese *f* eingeschobener Satz, Klammer, 15. Jh. v. gr. *paréntheis* das Dazwischenstellen.

Parforcejagd *f* 18. Jh. z. fz. *par force* mit Gewalt, Hetzjagd.

Parfüm *n* um 1800 v. fz. *parfum*; ~ieren um 1500 v. fz. *parfumer*, it. *perfumare*, z. lt. *per* durch, sehr, *fūmo* dampfe.

Parias in Südindien wohnendes Volk außerhalb d. Kastenordnung v. tamulisch *parai* Trommel, *parriar, paraiyar* erbl. Trommelschläger, dann »niederste Kaste« (1613); 18. Jh.

parieren¹ 15. Jh. v. lt. *pāreo* erscheine, gehorche.

parieren² (einen Hieb) 15. Jh. v. fz. *parer* ablenken, (d. Pferd) zum Stehen bringen, lt. *parāre* bereiten.

parieren³ † wetten, 18. Jh. v. fz. *parier* z. mlt. *pariāre* (z. *pār* gleich) etwas Gleiches setzen.

Parität *f* gleichmäßige Anerkennung, bes. v. Religionsgesellschaften, 17. Jh. v. lt. *paritās* Gleichheit, z. *pār păris* gleich; Imparität; s. Paar.

Park *m* 18. Jh. v. fz. *parc*, eng. *park*, v. mlt. *parricus* Pferch; Grbd.: umzäunter Raum, s. Pferch; ~platz, parken, Geschütz~, Fahr~.

Parkett *n* 18. Jh. v. fz. *parquet*.

Parlament *n* 17. Jh. v. eng. *parliament*, mlt. *parlamentum* Besprechung; ~är *m* Unterhändler i. Kriege; parlieren (spött.); s. Parole, Parabel, Palaver, Polier; mh. *parlament*.

Parochie *f* Kirchspiel, Pfarre, um 1500 v. mlt. *parochia* Bischofssprengel, z. gr. *paroikía* das beieinander Wohnen; s. Pfarre, Ökonom, ökumenisch, Diözese.

Parodie *f* 17. Jh. kom. Umbildung, v. fz. *parodie* z. gr. *parō(i)día* Nebengesang, s. Ode, Melodie, Rhapsodie.

Parole *f* Losung, 17. Jh. v. fz. *parole* Wort, it. *parola*, v. mlt. *parabola*; mh. *parol(le)* Gleichnis; s. Parabel, Parlament, Polier.

Pároli *n* (it.) Verdoppelung des Einsatzes beim Pharo; ein ~ bieten (= doppelt heimzahlen), d. Spitze bieten; ~ biegen (v. Ohr der Karte); 18. Jh.

Parrhesie *f* Offenherzigkeit (Goethe D. u. W. 6); gr. *pán* alles + *rhēsis* Rede.

Partei *f* mh. *partie* v. fz. *partie* Teil, *parti* Partei, z. *partir* † teilen, lt. *partīri*; dass. W. ist: **Partie** *f* im 17. Jh. neu entlehnt; nochmals entl. im 20. Jh. als **Party** *f* v. eng. *party*.

Partikularismus *m* 19. Jh. v. lt. *particulāris* e. Teil betr.; s. Eigenbrödelei; **Partisane** *f* Spieß, v. it. *partigiana* eig. Waffe d. Parteigängers: **Partisan** *m* 17. Jh. v. fz. *partisan*. Partitur *f* (eig. Verteilung d. Stimmen); Vkl. Partikel *f*, Part *m* † halbpart; Widerpart; Partner *m* Teilnehmer, 19. Jh. v. eng. *partner*; s. Portion.

† **Parteke** *f* mlt. *partheca* Stück

Almosenbrot, gr. *parathḗkē* * das Zugelegte; Luther: ~nhengst = armer Latein-, Singschüler.

Parterre *n* 17. Jh. v. fz. *parterre* Beet, Raum i. Theater z. ebener Erde, *par terre* auf d. Erde (Erdgeschoß ist fz. *rez-de-chaussée)*, s. Terrain, Terrasse, Souterrain.

Parze *f* nicht zu *pars* Teil, sond. ursp. Geburtsgöttin: *parĕre* gebären, dann *Parcae* (Mz.) Schicksalsgöttinnen; 17. Jh.

Parzelle *f*, fz. *parcelle:* lt. * *particella* Ackerstück, Grund- und Bauplatz; parzellieren, um 1800: fz. *parceller* zerstückeln.

Pasch *m* Wurf m. gleich vielen Augen auf 2 od. 3 Würfeln, v. fz. *passe-dix*, *»überschreite 10«; 17. Jh.

paschen schmuggeln, 18. Jh. v. fz. *passer* überschreiten (die Grenze) od. a. d. Rotwelsch z. hebr. *pāsah* überschreiten; o. z. zigeun. *pāš* Teil oder z. mu. paschen »Vieh auf die Weide treiben« (v. lt. *pāscere)?* Dazu auch der F.N. Pascher (am Niederrhein): zu *pasch* »Weide« v. lt. *pāscuum.*

† **pascholl** russ. pack dich! vorwärts (Blücher 1813).

Paspel *m f* Litze, Streifen, Vorstoß, ~n, ~ieren »einfassen«, v. fz. *passepoil*, *passer* durchziehen u. *poil* * Haar, Gewebe.

Pasquill *n* s. Pamphlet.

Passafest *n* hebr. *pēsah* »Verschonung«; im christl. Sinne Osterfest, v. gr. *pascha*, lt. *pasca*, in d. roman. Spr. (fz. *pâque(s)*, it. *pasqua*, sp. *pascuas* u. a.), nd. westf. *paschedag*, *påskai* (Osterei) usw.

Paß *m* 16. Jh. v. ndl. *pas*, it. *passo* Erlaubnis z. Durchgang, * *passaporto* durchfahre du d. Hafen!; dass. W. ist: ~ *m* (im Gebirge) v. fz. *pas* Schritt, enger Durchgang, z. lt. *passus* Schritt: *pandere* ausbreiten, urv. m. Faden, eng. *fathom* auch »Klafter«. Lauf~ (bildl.); ~gang e. Pferdes; Passage *f* v. fz. *passage* Durchgang, Passagier *m* 16. Jh. v. it. *passegiero* z. *passare* gehen, Fahrgast; Passátwinde, v. d. Holländern so genannt, weil sie m. sicherem Schritt die Schiffe gen Westen trugen; Passant *m*, passen, 1) angemessen sein, 2) im Spiel = am Sp. vorbeigehen; verpassen, aufpassen; passieren, 1) durchgehen, 2) sich zutragen, fz. *se passer;* unpäßlich, passabel; s. Kompaß, Posamentier.

Pass||ion *f* Leiden Christi, mh. *passie*, *passion* v. lt. *passio;* dann Leidenschaft, Hang v. fz. *passion;* ~iv leidend, untätig, 18. Jh. v. lt. *passīvus*, ~ität Teilnahmslosigkeit, z. *patior* leide. Passiva Schulden, Verbindlichkeiten.

Past||e *f* Teig 17. Jh. v. it. *pasta*, z. gr. *pástē* Brei; ~ellmalerei *f* 18. Jh. v. it. *pastello* aus Farbenteig geformter Stift; ~ete *f* mh. *pastēte* v. mlt. *pastāta*, z. *pasta* Teig (fz. *pâte);* ~ille *f* Kügelchen, Plätzchen, 18. Jh.; ~os.

Pastinak *m*, **Pastinake** *f* 15. Jh. v. lt. *pastināca* Möhre, ah. *pestinac*, *-naga.*

Pastor *m* 14. Jh. v. lt. *pastor* Hirt (z. *pāscere* Vieh weiden), ev. (u. kath.) Geistlicher, Betonung: Pástor, Pastór (jenes v. lt. *pástor*, dies v. Akk. *pastórem);* ~at *n.*

Pate *m* mh. *pate*, pl. Päd, v. lt. *pater (spirituālis)* (geistlicher) Vater.

Patent *n* v. mlt. *(littera) patens* offener, Frei-(Brief), 16. Jh.; ~ieren; ~ Adj. geschniegelt, modisch 19. Jh. stud., jetzt: tüchtig, brauchbar.

Paternoster * Vaterunser, dann: d. großen Kugeln des Rosenkranzes; *übertr.* ~werk, in beständiger Bewegung befindlicher Aufzug, Wasserhebewerk.

Path||os *n* leidenschaftliche Ergriffenheit, 17. Jh. v. gr. *páthos* Leiden; ~etisch; s. Sympathie, Antipathie, urv. ist lt. *patior* leide, davon Patient *m;* 16. Jh.

Pátina *f* Edelrost (b. Wieland), 18. Jh. v. it. *patina* Firnis, Lackierung.

Patriarch *m* v. gr. *patriárchēs* Stamm-, Erzvater, z. *patḗr* Vater, seit d. Konzil v. Chalkedon (451) Bez. der höchsten Metropolitangewalt; s. erz- i. Liste 54. **patrimonial** erbherrlich: *patrimōnium* Vater-, Erbgut. **Patriot** *m* 16. Jh. v. fz. *patriote*, z. gr. *patriṓtēs* Landsmann. **Patrizier** *m* 18. Jh. v. lt. *patricius* bevorrechteter Bürger i. alten Rom, z. den *patrēs* (Vätern) gehörig. **Patron** *m* Schirmherr, -heiliger, mh. *patrōn* v. lt. *patrōnus* Schutzherr, z. *pater*, s. Pate, ~at(srechte). **Patrone** *f* 17. Jh. v. fz. *patron* eig. schützende Hülse.

Patrouille *f* Streifwache, Spähtrupp, 17. Jh. v. fz. *patrouille* z. *patte* Pfote.

Patsche *f* Straßenpfütze, klatschender Schlag, übertr. Verlegenheit; i. d. ~ sitzen, Patschhand *f*, Schallwort; 17. Jh.

patzig frech, grob, aufgeblasen, *batzen* Klumpen, 16. Jh.

Pauke *f* mh. *pūke;* ~n, mh. *pūken* darauf losschlagen, trommeln; büffeln; dazu **Pauker** (< Hosen ~) = Lehrer.

Pausback *m*, ~**ig** nd. z. mh. *pfūsen* schnauben, aufgeblasen sein (schweizer. a. Pfausback).

Pauschquantum n, **Pauschalsumme** *f* Gesamtabfindung, 19. Jh. s. Bausch.

Paus||e *f* mh. *pūse*, v. afz. *pose* z. lt. *pausa*, gr. *pausis* Aufhören, *paúō* lasse aufhören; ~ieren. Dagegen **pausen,** durch~en (durchzeichnen) 18. Jh. v. fz. *ébaucher* flüchtig entwerfen: afz. *bauc* Balken, * den Balken aus einem rohen Stamm heraushauen, womit sich *poncer*, * m. Bimsstein *(ponce* = lt. *pumicem)* abreiben, durchpausen vermischte.

Pavian *m* 15. Jh. v. ndl. *baviaan*, fz. *babouin* z. prov. *baboue*, Schnute.

Pavillon *m* 17. Jh. v. fz. *pavillon* z. lt. *pāpilio* Schmetterling, Zelt (s. Falter), fz. Nf. *papillon* Schmetterling; mh. *pavilūn* starb aus.

Pazif||ist *m* eig. Pazifizist unbedingter Friedensfreund, v. fz. *pacifiste* z. lt. *pāx* Friede, *facio* mache um 1900; ~ismus.

Pech *n* mh. *pëch*, *bëch*, ah. *pëh*, *bëh*, pl. Pick, ags. *pic*, eng. *pitch*, v. lt. *pix*, gr. *pissa* * *pikia;* aslaw. *pĭklŭ:* lt. *pix;* bildl. Unglück, 18. Jh. stud. ~vogel, erpicht (bildl.). Bickbeere: pechschwarz? O.N.: Pöchlarn s. -lar i. Liste 54.

Pedal *n* 16. Jh. v. lt. *pedālis* z. *pes* Fuß.

Pedant *m* 17. Jh. v. fz. *pédant*, it. *pedante* * Hofmeister, *pedantesco* ~isch, schulmeisterhaft, kleinigkeitskrämerisch; viell. z. vlt. * *paedagogans* Erzieher, s. Pädagog.

Pedell *m* 15. Jh. v. mlt. *bidellus*, Gerichtsbote, z. ah. *bitil* Büttel: bieten, s. Liste 14.

Pegel *m* nd. Maßstab, den Wasserstand d. Flüsse z. messen, *pagina* Seite, Vkl. *pagella* Spalte, mlt. = Maßstab, ags. *pægel*, mnd. pegel; **peilen** eig. pegeln, d. Seetiefe messen; s. Pilot.

Pein *f* mh. *pīne*, ah. *pīna*, pl. Pin, v. lt. *poena* Strafe, gr. *poinḗ;* ~igen, ~lich, penibel, verpönen.

Peitsche *f* 14. Jh. v. tschech. *bič*, poln. *bicz*, aslaw. *biti* schlagen, verdrängte vielfach dtsch. Geißel.

Pekesche *f* Rock m. Schnüren, meist stud. 18. Jh. v. poln. *bekiesza* ungarischer Pelzüberrock.

pekuniär um 1800 geldlich v. fz. *pécuniaire*, z. lt. *pecūnia* Geld; s. Vieh.

Peleton *n* b. Schiller »die Schlacht«, v. fz. *peloton* * kl. Knäuel, Zug v. Soldaten; z. *pelote* Knäuel u. lt. *pīla* Ball, ~feuer.

Pelikan *m* lt. *pelicānus*, gr. *pelekān* »Kropf- u. Beutelgans«: *pélekys* Beil.

Pelle *f* nd. Schale, mnd. mndl. *pelle* v. lt. *pellis* Fell (fz. *peau)*; Pellkartoffeln.

Pelz *m* ah. *pelliz*, mh. *bellīz*, *pelz*, v. mlt. *pellicia (vestis)* Fell(kleid).

pelzen pfropfen, ahd. *pelzon*, mh. *pelzen*, v. galloroman. **impeltare* z. lt. *pelta* Schildchen (wegen der Form der eingepfropften Triebe).

Penaten lt. *penātēs* Hausgötter, übertr. heimischer Herd, 15. Jh.

Pendant *n* Seitenstück, 18. Jh. v. fz. *pendant* (Gegenüber)hangendes, z. lt. *pendēre* hangen; Pendel *m* 18. Jh. mlt. *pendulum* Perpendikel, eig. Herabhangendes.

Pennal *n* Federbüchse, 16. Jh. v. mlt. *pennāle* z. *penna* Feder; übtr. = Gymnasium, dann in Anlehnung an die Gaunersprache dafür auch: Penne (s.d.); ~ismus früher Mißhandlung der Neulinge od. »Penäle« durch ältere Studenten; Pennäler *m*.

Penne *f* Spelunke, Herberge; Gaunersprache v. jidd. *binjan* Haus, dazu volkset.: pennen v. jidd. *pannai* müßig = übernachten, schlafen.

Pension *f* um 1500 v. fz. *pension* z. lt. *pendo* wäge, eig. das Zugewogene, Ruhegehalt, Verpflegungsstätte gegen Entgelt, ~at *n*; Pensum *n* Aufgabe, 18. Jh., s. Stipendium, Pfund, dispensieren.

Pentagramm *n* gr. *pénta* u. *grámma* »Fünfwinkelzeichen«, Drudenfuß.

Pentameter *m* aus d. Hexameter entstand. fünffüß. Vers; 2) gr. *métron* Maß.

Pentateuch *m* d. 5 Bücher Moses, 2) gr. *teũchos* * Gefäß, Band, Buch.

per lt. = durch, je, 15. Jh. s. Liste 54.

pereat lt. = er möge untergehen, 18. Jh., stud.

perfekt 16. Jh. v. lt. *perfectus* z. *perficio* vollende; s. Faktum.

perfid 18. Jh. v. fz. *perfide*, lt. *perfidus* treulos, *per fidem* an der Treue vorbei.

Pergament *n* mlt. *pergamentum*, mh. *pergamente*, *per(i)mint*, ah. *pergamīn*, n. Pergamon i. Kleinasien, wo Tierhäute z. Schreiben zugerichtet wurden. F.N.: Berminter, Permentergasse (Erfurt).

Pergola *f* v. it. *pergola* Weinlaube, östr. Pergl, lt. *pergula* bedachter Vorraum: *pergĕre* vorstrecken; 17. Jh.

Perikope *f* zum Vorlesen an Sonn- u. Festtagen bestimmter Bibelabschnitt, gr. *peri-kopḗ* Abschnitt.

Periode *f* Kreislauf, Zeitabschnitt, Satzgefüge; 16. Jh. v. gr.-lt. *periodus* v. gr. *perí* um, herum, *hodós* Weg, Gang; s. Methode, Synode.

Peripetie *f* Umschwung, Wendepunkt (bes. im Drama): gr. *perí* um + *píptō* falle; 17. Jh.

Peripherie *f* Kreisumfang, äußerster Rand, 17. Jh. v. gr. *periphéreia* das Herumtragen, -gehen, Umkreis.

Periskop *n* * Ringsherumschauer, Fernrohr am Unterseeboot, 2) gr. *skopéō* schaue.

Peristyl(ium) *n* gr.-lt. mit Säulenhallen umgeb. offener Raum; 2) gr. *stȳlos* Säule.

Perle *f* noch b. Luther *berle*, ah. *bërla*, *përala*, v. lt. *pirula* kleine Birne (nach d. Form), venez. *peroli*, veron. *piroli* birnenförm. Ohrgehänge, od. aus der Kontamination * *perla* v. lt. *perna* Muschel b. d. Ponzainseln + *sphaerula* kleine Kugel; vgl. it. sp. prov. *perla*, fz. *perle*, eng. *pearl*.

Perlmutter *f* d. Muschel als Erzeugerin d. Perle, mh. *bërlinmuoter* Lüs. v. lt. *mater perlarum:* fz. *mèreperle*, it. sp. *madreperla*, eng. *mother of pearl*, dän. *perlemor*.

permanent 16. Jh. v. fz. *permanent* z. lt. *permanēre* andauern.

Perpendikel *n* lt. *perpendiculum* Richtblei, Bleilot, später Uhrpendel, 16. Jh.; *ad ~um* schnurgerade.

perplex v. lt. *perplexus*, durcheinander verflochten, verworren, verschlungen, 17. Jh. z. *plecto* flechte; s. Komplize, kompliziert, flechten.

Perron *m* † Bahnsteig (19. Jh.), 18. Jh. fz. *perron* Freitreppe, gr. *petra*, *pétros* Fels, lt. **petrō-nem* großer Stein.

Persenning *f* s. Presenning.

Persil *n* v. Hersteller Henkel n. d. Anfangssilben der Bestandteile Perborat u. Silikat benanntes Waschpulver.

Person *f* mh. *persōn* v. lt. *persōna;* eig. etruskisch *phersu* in umgestalteter Entlehnung aus gr. *prósōpon* Antlitz, Maske; daraus lt. *persōna* M. d. griech. Schauspielers, Rolle, Charakter, früh angelehnt an lt. *personāre* hindurchschallen (d. Stimme d. Schauspielers tönte lauter durch d. breite Mundöffnung der Maske); s. sonor, Konsonant; eng. *parson* (kirchl.) ~, Pfarrer. **Person|al** *n* nach 1800, ~ifikation *f* 18. Jh., persönlich, schon i. M.-A.: *personlicheit* = *personalitas* (Scholast.).

Perspektive *f* 16. Jh. fz. *perspective* (~iv Fernrohr), Fernbild, Zukunftsaussicht, z. lt. *perspicĕre* durchsehen.

Perücke *f* pl. Prük, 17. Jh. v. fz. *perruque*, it. *perruca* z. lt. *pilus* Haar, daher span. *peluca*, s. Plüsch, od.: prov. † *perruca* Sittich?

pervers unnatürlich, verderbt, v. lt. *perversus* verkehrt, 16. Jh.; s. Vers.

Pesel *m* nd. Zimmer, ah. *phiesal* heizb. Gemach, v. lt. *balneum pensile* (auf Schwibbögen) hängende Badestube, die von unten mit Dampf geheizt wurde; z. lt. *pendere* hängen (fz. *poêle* Ofen); s. Stube.

Pessimismus *m* Schwarzseherei 18. Jh. v. lt. *pessimus* d. schlechteste.

Pest *f* 16. Jh. v. lt. *pestis* Seuche; ~ilenz *f* lt. *pestilentia;* mh. *pestilenzie* 14. Jh.

Petersilie *f* i. M.-A. v. gr. *petrosélinon* Steineppich, s. Sellerie; ah. *petersilia.*

Petition *f* 14. Jh. v. lt. *petitio* z. *peto* bitte, s. Appetit, kompetent, repetieren.

Petroleum *n* 16. Jh. z. gr. *pétros* Stein, lt. *oleum* Öl; s. Perron.

Petschaft *n* mh. *petschat* (Prag 14. Jh.) v. tschech. *pečet* Siegel; petschieren.

petto, in~ (eig. im Herzen) im Hintergrund haben, verschweigen, it. *petto*, lt. *pectus* Brust; 18. Jh.

Petz *m* Koseform z. Bär (wie Spatz z. Sperling), s. Batzen.

Pfad *m* ah. *pfad*, afries. eng. *path*, schw. *(Medel)pad:* germ. **paþa*, nd. *pedden* treten: ags. *pæþþan;* wohl v. iran. awest. *path*-Weg. Pfadfinder *m* Lüs. v. eng. *pathfinder*.

Pfaffe *m* ah. *pfaffo*, pl. Pap (Papenwasser, Teil der Oder b. Stettin), Geistlicher (ohne übeln Sinn), nicht v. lt. *papa* (Ehrenanrede d. Bischöfe), sondern v. spätgr. *papās* geringerer Geistlicher (daher auch russ. Pope). F.N. Vkl. Pfeffel. O.N.: Paffrath z. roden, pl. Papenrode, Papenburg. Pfäffikon Dat. Mehrz. b. d. Höfen d. Geistlichen, 2) *i(n)-gho(ven)*. O.N. Pappenheim aber: P.N. *Babo*!

Pfahl *m* pl. Pahl, ah. mh. *pfāl* v. lt. *pālus* s. Palisade; ~bauten vorgeschichtliche Ansiedlungen auf Pfählen i. Wasser (1820 i. Zürichsee entdeckt), ~bürger *m* außerh. d. Stadtmauer, aber innerhalb d. Palisad. der Landwehr wohnend (nur noch bildl., ähnl. Spießbürger), röm. Pfahlgraben *(līmes* bis 259), mh. *pfalburgære*, daher O.N.: Pohlgöns (Wetterau) u. ~bach, ~bronn.

Pfalz *f* Wohnung d. deutschen Königs i. M.-A., v. lt. *palātium*, mlt. *palantia*, ah. *phalanza*, s. Palast; ~graf *m* Aufseher der Pfalz, der später Land am Rhein (Unterpfalz), dann auch in Bayern (Oberpfalz) z. Lehen erhielt.

Pfand *n* mh. ah. *pfant*, afries. *pand* * Wertobjekt, viell. v. afz.

pan(d) Tuch, Weggenommenes, v. lt. *pannus* Stück Tuch; s. Pfennig.

Pfanne *f* ah. *pfanna*, pl. Pann, Panhas (Speise, w. z. Pansen, s. d.); eng. *pan*, v. lt. *patina* Schüssel, s. Pfennig. Pfänner = Salzkottenbesitzer; Pfannkuchen *m*, ah. *pfankuocho.*

Pfarre, Pfarrei *f* pl. Parr, ah. *pfarra*, wahrsch. angel. an gr.-lt. *parochia f*, gr. *par-oikía* Bischofssprengel; viell.: germ. Sippe *Pferch*, »Bezirk«, got. * *parra* wohl in span. *parra* Spalier u. mitteleng. *parren* einsperren, erhalten. **Pfarrer** *m* mh. *pfarraere*, ah. *pfarrāri.*

Pfau *m* mh. *pfāwe*, ah. *pfāwo*, ags. *pāwa*, eng. *peacock*, dä. *paafugl* (volksetym.) v. lt. Akk. *pavōnem* (dah. auch it. *pavone*, fz. *paon).*

Pfebe *f* s. Melone.

Pfeffer *m* ah. *pfĕffar*, pl. Päper, v. lt. *piper* (fz. *poivre*, it. *pepe*, eng. *pepper)*, gr. *péperi*, v. ind. *pippalī*, Pfifferling *m* Pilz, auch bildl. (Wertloses); ~minz, s. Minze.

Pfeife *f* ah. *pfīfa*, pl. Pip, v. mlt. *pīpa* Röhre, *pīpāre* pfeifen; Pfiff.

Pfeil *m* mh. ah. *pfīl*, v. lt. *pīlum* Wurfgeschoß; alem. F.N. ~sticker.

Pfeiler *m* mh. *pfīlaere*, ah. *pfīlār* v. mlt. *pīlāre* (daher auch it. *piliere*, fz. *pilier*, eng. *pillar).*

Pfennig *m* ah. *pfenning*, pl. Penning, ags. *penninc*, eng. *penny*, dä. *penge*, früh angel. an ah. *phant*, *pfant*, aber wohl auf eine frühere Entlehnung v. lt. *pannus* »Stück Stoff« als »Zahlungsmittel« zurückgehend (od. z. Pfanne?), Gottes~, Zehr~.

Pferch *m* ah. *pferrich*, Umhegung für Vieh, ags. *pearroc*, v. mlt. *parricus*, *parcus* Umzäunung (aus sp. *parra)*, provenz. *parran* eingefriedigtes Gartenland, ndl. *perk*, s. Park u. Pfarre; ein~en, vgl. meng. *parren* einsperren.

Pferd *n* mh. *pfärt*, ah. *pferfrit*, pl. Pird, v. mlt. *paraverēdus* Beipferd: * *páredrus* (gr. *pará neben*, kelt. *verēdus* Postpferd, *rêda* [kelt.] Reisewagen), mlt. *palafrēdus*, it. *palafreno*, fz. *palefroi*, eng. *palfrey* Zelter. F.N.: te Peerdt, Gstz. Tovote.

Pfette *f* westoberd. waagrechter Dachbalken, v. lt. *patena* Firstbaum.

Pfiff *m* Pfeifen, Kniff, Trick; ~ig, ~ikus *m* stud. 18. Jh.; s. Pfeife.

Pfifferling *m*, s. Pfeffer.

Pfingsten mh. *phingeste*, pl. Pingsten, eig. Dat. Mehrz., ah. fehlt zufällig, and. *te pincoston*, got. *paíntēkustē* v. gr. *pentēcostḗ* der 50. z. ergänzen: Tag n. Ostern (it. *pentecosta*, fz. *pentecôte);* Pfinztag s. Liste 56.

Pfirsich *m* mh. *pfērsich*, pl. Persch, noch bei Goethe Pfirsche, vlat. *(mālum) persicum* persischer (Apfel); s. Apfelsine, Kirsche, Pflaume, Birne.

Pflanze *f* ah. *pflanza*, pl. Plant, v. lt. *planta* (it. *pianta*, fz. *plante*, eng. *plant);* pflanzen, Pflanzer *m*, fortpflanzen, aufpflanzen (bildl.).

Pflaster *n* ah. *pflastar* Wundpflaster, dann (14. Jh.) Straßendecke aus Stein, v. lt. *emplastrum*, gr. *émplastron*, eig. das Hineingeschmierte (dah. auch it. *empiastro*, fz. *emplâtre)*, Wundpflaster, mlt. *plastrum* Gips, it. *piastra* Metallplatte; dah. Piaster *m*, fz. *plastron* Vorhemd.

Pflaume *f* mh. *pflūme*, ah. *phrūma*, pl. Plumm, an. *plōma*, ~nbaum, v. lt. Mehrz. *prūna* z. *prūnum*, gr. *prūmnon* (niederrh. Prumme), woher auch eng. *plum*, fz. *prune;* an~en = verulken.

pflegen pl. plegen, ah. *phlĕgan*, and. *plegan*, afries. *plega*, Grbd.: d. Verantwortung übernehmen; z. Pflug? ohne sichere außergerm. Entsprechungen. **Pflicht** *f* * Gewöhnung, mh. ah. *pfliht*, ags. *pliht* Gefahr, eng. *plight* Beschaffenheit, Pfand, Verpflichtung; beipflichten, zustimmen; Gepflogenheit *f* Kanzlei spr., ursp. östr.

Pflock *m* mh. *pfloc*, eng. *plug*, dä. *plög*, schw. *plugg*, ndl. *plug* Stopfen, Pfropf; Grbd. Holznagel?

pflücken pl. plücken, mh. *pflükken*, ags. *pluccian*, eng. *pluck*, dä. *plukke*, v. spätlt. it. *piluccāre* Trauben abbeeren, prov. *pelucar* rupfen: lt. *pilus* Haar.

Pflug *m* mh. *pfluoc*, ah. *phluog*, pl. Plaug, ags. *plōg*, anord. *plōgr*, eng. *plough*, dä. *plov*, schw. *plog*, langob. lt. *plōvus*, lombard. *piò*, tirol. *plof*, d. germ. W. f. d. neuen Räderpflug (d. d. Römer im 1. Jh. v. Chr. über Rätien kennenlernten) geht viell. auf idg. **d(e)l(e)gh*-Astgabel zurück (pl- <tl-), urv. Zelge (J. Trier); entl. lit. *plūgas*. ~schar mh. *pfluocscar* s. scheren.

Pforte *f* ah. *pforta*, and. *porta*, ags. dä. schw. *port*, v. lt. *porta;* Pförtner *m*, s. Portal, Hohe ~ = türk. Regierung, Übs. v. *bāb i āli* oberstes Büro d. türk. Regierung.

Pfosten *m* mh. ah. *pfost*, pl. Post, eng. *post*, v. lt. *postis* Türpfosten.

Pfote *f* mh. fehlt, pl. Pot, eng. *paw*, fz. *patte*, provenz. *pauta* aus germ. * *pautō?*

Pfragner *m* südd. Krämer, ah. *phraganāri* z. Pranger, s. d.

Pfriem[1], Pfriemen *m* starke Ahle, mh. *pfrieme*, an. *priōnn* Stricknadel; **Pfriem**[2], Ginster ah. *pfrimma*, *brimma* Brombeere. Grdb. »Spitzes«: Dornstrauch.

pfropfen z. ah. *pfropfo* Setzling v. lt. *propāgo* Ableger, *propāgāre* fortpflanzen (s. Propaganda), dazu **Pfropfen** *m* pl. Proppen, ndl. *prop* Kork, Stöpsel.

Pfründe *f* mh. *pfrüende*, ah. *pfruonta* Lebensunterhalt, v. mlt. *provenda* (unter d. Einfluß v. lt. *providere* vorsorgen) = *praebenda* eig. zu Gewährendes (an Lebensmitteln) zu *praebeo* gewähre; s. Präbende, Proviant.

Pfuhl *m* mh. *pfuol*, eng. *pool*, pl. Paul, ndl. *pol;* urv. aslaw. *blato*, lit. *balà* Sumpf; F.N.: Tepohl.

Pfühl *m* mh. *pfülwe*, ah. *phuluwi*, schwäb. Pfulb, pl. Pähl, ags. *pyle*, v. lt. *pulvīnus* Kissen (dah. auch eng. *pillow)*.

Pfund *n* mh. ah. *pfunt*, and. got. *pund*, eng. *pound*, v. lt. *pondo: pondus* Gewicht, z. *pendĕre* wägen; s. Pensum, Pension, Stipendium, Kompendium.

pfuschen um 1600, wohl z. (p)fu(t)sch »kaputt«, unzünftig (dah. schlecht) arbeiten, bayr. *fuseln* übereilt arbeiten.

Pfütze *f* ah. *pfuzzi*, pl. Pütt, ndl. *put*, ags. *pytt*, eng. *pit*, v. lt. *puteus* Brunnen; lt. *Puteoli* Brünnlein (it. *Pozzuoli)*, nd. F.N. Pütter.

Phalanx *f* 18. Jh. gr. Schlachtordnung, s. Balken.

Phänomen *n* 17. Jh. v. gr. *phainómenon* Himmelserscheinung.

Phantasie *f* mh. *fantasie*, v. gr. *phantasía* Sichtbarmachen, Einbildungskraft z. *phainō* mache sichtbar, *phōs* Licht (s. Phosphor), dafür früher meist lt. Imagination; Phantast *m*, Luther: Schwarmgeist; Phantom *n* Trugbild, 18. Jh. v. fz. *fantôme* z. gr. *phántasma* Gespenst.

Pharao ägypt. *per-a'a* großes Haus, Palast, Hof; hierzu d. französ. Glückspiel *pharaon:* Pharo Herzkönig.

Pharisäer *m* jüd. Sekte, v. hebr. *pārāsch* absondern, trennen, dann übtr. Selbstgerechter, Scheinheiliger.

Pharmazeut *m* v. gr. *pharmakeutḗs* Bereiter v. Arzneimitteln; um 1800.

Phase *f* Lichtwechsel (d. Mondes), dann Abschn. übh., 18. Jh. v. fz. *phase* z. gr. *phásis* Erscheinung; s. Fenster, Fanal. P.N.: Pháethon (eig. *Phaéthōn)* der Leuchtende. Phantasmagorie *f* * Truggebilde.

Phil||anthrop *m* Menschenfreund,

18. Jh. z. gr. *philéō* liebe, *ánthrōpos* Mensch; ~osoph *m* 15. Jh. z. gr. *sophós* weise, *sophía* Weisheit; P.N.: Philḗmōn Liebender, Philipp(os) Pferdefreund. O.N.: Philadelphia Bruderliebe (Städte i. Syrien u. Amerika); Philalethes, Freund d. Wahrh., Philomele, Freundin des Gesangs, »Nachtigall«.

Philippika *f* sprichw. f. harte Anklagerede (Demosthenes gegen Philippos v. Makedonien, Cicero g. Marcus Antonius); 18. Jh.

Philister *m* 17. Jh. stud. (Jena), beschränkter Spießbürger, an den Stammesnamen Philister angelehnt, volkstüml. seit Schiller (Xenien 1796); ~ium *n* 19. Jh.

Philolog *m* 16. Jh. v. gr. *philólogos* Freund der Rede, dann besonders Sprach- u. Literaturforscher; s. logisch, Philosoph, Theolog.

Phiole *f* mh. *viole*, ah. *fiala* v. gr. *phiálē* Trinkschale (Faust I, 690).

Phlegma *n* 16. Jh. v. gr. *phlégma* Schleim i. Körper, den man als Ursache dieses Temperaments ansah (eig. Entzündung); ~tisch gelassen, träge.

Phon||etik *f* Lehre v. d. Bildung d. Sprachlaute, 19. Jh. v. gr. *phōnē* Stimme; ~ograph *m* 19. Jh. z. gr. *gráphō* schreibe, umgekehrt Grammophon *n;* ~ologie Lehre v. d. Bedtg. d. Sprachlaute (Trubetzkoy).

Phönix *m* v. gr. *phoinix* purpur-, dunkelrot; man dachte sich den sagenhaften Vogel rot. An der Küste Phönikiens fand man die Purpurschnecke, mit deren Saft man Stoffe färbte; mh. *fenix*, **Phönikien** also »Land der roten Schnekke od. Muschel« (gr. *Phoiníkē).*

Phosphor *m* 17. Jh. v. gr. *phōsphóros* Lichtträger *(phōs* Licht, *phérō* trage, s. Bahre).

Photographie *f* Lichtbild, 19. Jh. v. gr. *phōs* u. *graphō.*

Phrase *f* (abgedroschene) Redensart, v. gr. *phrásis* z. *phrázein* angeben, sprechen; 17. Jh.

Phys||ik *f* 16. Jh. v. gr. *physikḗ (téchnē)* d. Natur betreffende (Kunst) v. *phýsis* Natur; ~isch natürlich, körperlich; s. bauen, Metaphysik. **Physiognomie** *f* 14. Jh. v. gr. *physiognōmía*, Wissenschaft der Beurteilung *(gnōmē)* nach d. Äußeren, **Physiologie** *f* Lehre v. d. Lebenserscheinungen, 16. Jh. v. gr. *physiología*, ~kratie *f*, 2. *krátos* Kraft, volkswirtschaftl. Richtung: »d. Quelle d. Nationalreichtums ist nicht d. Außenhandel, sondern Grund u. Boden u. d. Ackerbau.«

Pianoforte od. auch Fortepiano, *n* 18. Jh. v. it. *piano* leise, *forte* stark; Pianino *n* (um 1850).

picheln 18. Jh. trinken: mu. *pegeln* z. Pegelmarke am Trinkgefäß.

Pick *m*, s. picken.

Pickelhaube *f* mh. *beckenhūbe, beckelhūbe* (mlt. *bacillētum: bacīnum* Becken, n. d. Form), an Pickel = Spitze angelehnt.

picken ah. *bicken*, an. *pikka* stechen, eng. *pick*, fz. *piquer;* ein. Piek, Pick, Pike (= Groll) auf jem. haben; Picke *f* Spitzaxt; Pickel *m* = Hautunreinigkeit.

Picknick *n* 18. Jh. Mahl im Freien, wozu jeder Teilnehmer beiträgt, v. fz. *pique-nique*, eng. *picnic.*

Pidgin *n* Englisch-chinesisch, verderbtes Englisch: *business* Geschäft.

piekfein 19. Jh. ndl. *puik* auserlesen, westf. *pück* sicher, haltbar; ostfries. *pük* rein, fein, ags. *pīc* Spitze.

piepen lautmalend, in vielen Sprachen ähnlich.

Pier *m f* (seem.) Hafendamm, Landungsbrücke, 19. Jh. v. eng. *pier*, mlt. *pēra.*

piesacken nd. *ossen-pesek* Ochsenziemer * m. d. O. bearbeiten, dann ~ plagen, quälen (Campe

1809 als nordd.); o.z. jidd. *pisseach* krumm?

Piet‖ät *f* 16. Jh. v. lt. *pietās* Frömmigkeit; ~ist *m* um 1700 ursp. stud. Spottname für Speners Anhänger, ~ismus *m.*

Pigment *n* 18. Jh. Farbstoff z. lt. *pingo* male; lt. *auripigmentum* * Goldfarbe in Operment, mh. *ōpermint.*

Pik *n* 18. Jh. v. fz. *pique* im Kartenspiel = Schüppen.

Pike *f* 15. Jh., fz. *pique* Spieß, v. d. ~ auf dienen. **pikant** (oft bildl.), ags. *pīc* Spitze, 17. Jh. v. fz. *piquant* z. *piquer* stechen; pikiert empfindlich, gereizt.

Pikkolo *m* jüngster Kellner, 19. Jh. v. it. *piccolo* klein, *piccare* stechen, vgl. Punkt, Tüpfelchen; Pickelflöte *f* kleine Flöte.

Pilger, Pilgrim *m* ah. *piligrīm* (angel. an d. P.N. *Piligrīm* = Schwerthelm), *piligrīn*, v. it. *pellegrino* (fz. *pèlerin)* z. lt. *peregrīnus* Fremder, Wallfahrer, *per* über, *ager* Land; entl. ist eng. *pilgrim;* Pelerine *f*, 19. Jh.

Pille *f* mh. *pillule* v. lt. *pilula* z. *pila* Ball, Kügelchen, it. *pillola.*

Pilot *m* Lotse 16. Jh., Flugzeugführer 20. Jh., v. ndl. *piloot*, fz. *pilote*, it. *piloto*, v. gr. *pēdṓtēs* Steuermann z. *pēdón* Ruder.

Pilz *m* ah. *buliȝ*, v. lt. *bōlētus*, gr. *bōlítēs.*

Pimpf *m* n. d. 1. Weltkrieg in d. Jugendbewegung Bezeichnung der Kleinsten (etwa Zehnjährigen); ursp. = schwächere Form v. Pumps »Magenwind«, s. a. Pumpernickel.

Pinakothek *f* Gemäldesammlung, gr. *pinako-thḗkē (pínakes* Gemälde), 18. Jh.

Pinie *f* 18. Jh. v. lt. *pīnus* Fichte *(pic-* s. Pech), dazu **Pinasse** *f* um 1600 v. fz. *pinace*, it. *pinaccia*, sp. *pinaza*, eig. Schiff aus Fichtenholz.

Pinke *f* Geld, a. d. Gaunersprache v. neuhebr. *pīnkā* Geld; o. lautm.?

Pinne *f* Nagel, dah. Schusterzwecke, 18. Jh. v. nd. ~ statt mh. *pfinne*, ah. *pfinn*, ags. *pin*, urv. mir. *benn* Horn, dazu auch ~, Hebelarm des Steuerruders.

Pinscher *m* (Goethe Brief 6. 5. 1816) z. eng. *pinch* stutzen (gestutzter Hund).

Pinsel[1] *m* mh. *pēnsel*, *bensel*, v. afz. *pincel*, lt. *pēnicillus* Pinsel < *pēniculus* Schwänzchen (fz. *pinceau);* F.N.: Benseler, Benzler, Maler; damit nicht verw. scheint **Pinsel**[2] *m* in Einfalts~, 18. Jh. stud.; * »Berufsschelte des Schusters«: nd. *Pinn-Suhl* Schusterahle; Knauser, Geizhals (?).

Pinte *f* Flüssigkeitsmaß, Kneipe, mh. *pinte*, eng. ndl. *pint*, fz. *pinte*, it. sp. port. *pinta*, viell. z. lt. *picta (* pincta)* gemaltes (Eichzeichen).

Pinzette *f* kleine Zange, 18. Jh. v. fz. *pincette* z. *pincer* kneifen < * *punctiāre*, lt. *punctio* Stich.

Pionier *m* 17. Jh. v. fz. *pionnier* z. *pion* Fußsoldat, * *pedōnem*, sp. *peón*, lt. *pes* Fuß.

Pips *m* Vogelkrankheit, eng. *pip*, v. vulg.-lt. *pīpīta*, lt. *pītuīta* Schleim; rhein. Form gegenüber ah. obd. *pfiffiȝ.*

Pirat *m* Seeräuber v. lt. *pīrāta*, gr. *peirātḗs* z. *peiráomai* versuche auf Abenteuern, mh. *perate;* s. Empirie, fahren.

pirschen s. birschen.

pissen mnd. *pissen*, v. afz. *pissier*, it. *pisciare*, wohl lautm. Kinderwort (vgl. dän. *tisse)*, das seit d. 14. Jh. in Nord- u. Mitteldeutschland eingedrungen ist, während im Süden weiter *brunzen* (z. Brunnen) gilt.

Pistole[1] *f* v. tschech. *pištal* Feuerrohr z. *pisk* Pfiff; wohl mit Einwirkung v. fz. *pistolet* = ~[2] kleine Goldmünze, v. it. *pistolese* »Jagdmesser aus Pistoia«; 15./16. Jh.

pittoresk malerisch, 18. Jh. v. it. *pittoresco* z. lt. *pictor* Maler.

placken 15. Jh. Intensivbildung z. plagen wie bücken z. biegen, nicken z. neigen.

plädieren 18. Jh. v. fz. *plaider*, vor Gericht reden, als Verteidiger auftreten, *plaidoyer* Verteidigungsrede, z. *plaid* Gerichtssitzung, lt. *placitum*, eig. was man beschließt, (z. *placēre* gefallen), dann Gericht.

Plafond *m* Zimmerdecke, v. fz. *plafond (plat* platt, *fond*, lt. *fundus)*, 18. Jh.; s. Fond, Fonds, Fundament.

Plage *f* ah. *plāga* himmlische Strafe v. lt. *plāga* (verw. *plangĕre* schlagen), dies wiederum entl. v. dor. gr. *plāgā́* Schlag, Stoß, Wunde (dah. auch fz. *plaie* Wunde, eng. *plague* Plage); plagen.

Plagiat *n* Gedankenraub, um 1800 v. fz. *plagiat* z. lt. *plagium* Seelendiebstahl; ~or; wohl: gr. *plágios* schief, quer, unredlich.

Plaid *n* schottisch. W. (gäl. *plaide)* 18. Jh.

Plakat *n* Anschlagzettel 16. Jh. v. fz. *placard* eig. Aufgelegtes z. *plaquer* belegen, überziehen, v. ndl. *plakken* aufkleben; vgl. nd. *Plagge* *f* Rasenstück z. Bodenverbesserung, Plakette *f*.

Plan[1] *m* freier Platz (z. B. Frauen~ i. Weimar), v. mlt. *plānum* Fläche; ~ieren, s. Esplanade.

Plan[2] *m* Absicht 18. Jh. v. fz. *plan* f. *plant* Pflanzung, Grundriß; ~en 19. Jh.

Plane *f* in ~wagen, mh. *blahe* grobes Leintuch, ah. *blaha*, urv. lt. *floccus* Wollflocke.

Planet *m* Wandelstern, mh. *plānēte* v. gr. *(astḗr) planḗtēs* umherschweifend.

Planke *f* mh. *planke*, an. *planka*, v. mlt. *planca* Bohle, gr. *phálangai* Balken, Bohlen.

plänkeln, Plänkelei *f*, Geplänkel *n*, Plänkler *m* (fz. *tirailleur)*, 18. Jh.; z. mh. *blenkeln*, *blenken* hin u. her bewegen? (blinken).

Plankton *n* griech. »Treibendes«, *planktón: plázomai* werde verschlagen, 1887 (v. Hensen).

Plantage *f* 17. Jh. fz. z. lt. *plantāre* pflanzen, s. Pflanze.

plantschen, planschen, 18. Jh. im Wasser plätschern, lautm.; Planschbecken.

plappern, plärren lautmalend, eng. *blare* brüllen; pl. [Klären un] Blären = [Schreiben u.] Singen.

Plastik *f* 18. Jh. v. fz. *plastique* z. gr. *plastikḗ (téchnē)* Bildhauer(kunst), z. *plássō* forme, gestalte; seit etwa 1930 auch für (biegsame, unzerbrechliche) Kunststoffe (vgl. schwed. *plast*, Ture Johannisson); Plasma *n* eig. Geformtes, 19. Jh.

Platane *f* 16. Jh. v. gr. *plátanos.*

Platin *n* 18. Jh. v. sp. *platina*, Vkl. z. *plata* Silber.

platt um 1600 v. nd. *plat*, fz. *plat*, gr. *platýs* eben, platt; ~deutsch nach d. platten Verständlichkeit im Gegensatz z. Schriftspr., ~ = gerade heraus; vgl. gr. *plateiázein* i. dorischer Mundart, platt reden; Plateau *n* Hochfläche; plätten (bügeln), Plätte *f*. **Platte** *f* (Fels~, kahle Stelle d. Kopfes, flache Schüssel); Plattform *f* des Straßburger Münsters (Goethe), v. fz. *plate-forme*, eng. amerik. *platform* Wahlprogramm; platterdings geradezu.

Platz[1] *m*, Plätzchen *n* Kuchen (süd- u. westdtsch.); wohl eher v. ~[2] als entl. v. lt. *placenta* Kuchen.

Platz[2] *m* mh. *platz*, v. fz. *place*, it. *piazza*, z. lt. *platea* Straße, z. gr. *platýs*, breit, platt, *plateía (hodós)* br. Weg. P.N.: Platōn Breitstirniger. F.N.: Blettner (geschorenes Haupt).

platzen (Platzregen), **platschen, plätschern,** pl. pladdern.

plaudern lautm. mh. *plūdern*, wie wohl auch lt. *blaterāre* schwätzen.

plausibel annehmbar, 17. Jh. v. fz. *plausible* z. lt. *plaudo* klatsche

Beifall, s. applaudieren, Explosion.

Plauze *f* ostd. Lunge, Brust, Mund, v. poln. *pluca* Lunge; viell. an Schnauze angel.

Plebejer *m* 18. Jh. v. lt. *plēbēius* bürgerlich, niedrig, z. *plēbs* Volk, v. *pleo* fülle, also Fülle, großer Haufe; Plebiszít *n*, v. lt. *plēbisscītum* Volksabstimmung; s. Plenum.

Pleite *f* Bankerott, v. hebr. *pelētā* Flucht; vgl. flöten gehen, fließen; 19. Jh.; ~geier, umg. = Adler des Pfändungssiegels.

Plempe *f* 17. Jh. Säbel, langes Seitengewehr; Plempe(l) fades Getränk; beides z. *plempen, plampen* baumeln.

plempern, meist: ver~, Zeit u. Geld für Nichtigkeiten vertun.

Plenum *n* Vollversammlung v. lt. *plēnus* voll, 19. Jh.; s. Plebejer.

plombieren mit Blei versiegeln, füllen, dann auch m. andern Stoffen, v. fz. *plomber* z. lt. *plumbum* Blei; 18. Jh.; dazu: Plombe *f*.

Plötze *f*, Plötz *m* Rohrkarpfen, v. poln. kassub. *plocica;* ~nsee.

plötzlich mh. *plozlīch* z. *plotz* schnell auffallender Schlag; (Luther schrieb erst *blotzling*, d. Oberdeutschen dafür *gähling)*.

plump nd. 15. Jh. lautm., plumps.

Plunder *m* mh. *blunder* Gerät, plündern eig. d. Gerät wegnehmen, eng. *plunder*, ndl. *plunderen.*

plus lt. mehr. 15. Jh.; Plural *m* Mehrzahl, 17. Jh.

Plüsch *m* 17. Jh. v. fz. *peluche* z. lt. *pilus* Haar, s. Perücke.

plustern die Federn sträuben, um 1600 v. nd. mnd. mnl. *plusteren.*

Plutokratie *f* Herrschaft der Reichen, gr. *plūtos* Reichtum, *kratéō* herrsche, 19. Jh.

Pneumatik *m* † Luftreifen (heute dafür nur noch Pneu in fz. Aussprache), v. gr. *pneumatikós* d. Luft betreffend, 19. Jh.

Pöbel *m* mh. *povel*, v. ostfz. *poble*, fz. *peuple*, lt. *populus* Volk; s. populär, Publikum.

pochen mh. *puchen, bochen*, lautm.

Pocke *f* nd. 16. Jh. eig. Blase, Anschwellung, ndl. *pok*, eng. *pock*, daher afz. *pōke*, fz. *poche* Tasche aus fränk. * *pokka*, ags. *pocca* Tasche.

Pódagra *n* »Zipperlein«, mh. ~ v. gr.-lt. *podágra* z. gr. *pod-* Fuß, *ágrā* Fang, s. Fessel, Chiragra.

Podést *m n* Treppenabsatz, viell.: Podium *n* 16. Jh., Vkl. z. gr. *pod-* Fuß *(pūs)*, gr. *pódion:* fz. *puy*, it. *poggio.*

Poesie *f* 16. Jh. v. fz. *poésie*, gr. *poíēsis* Dichtkunst *(poiéō* mache, schaffe); Poet *m* eig. Schöpfer, mh. *poēte.*

Pogrom *m* um 1905 v. russ. *pogróm* das Zertrümmern, Verwüstung.

Pokal *m* 16. Jh. Bokal v. it. *boccale* Becher, z. gr. *baukálion* od. *baúkalis* Gefäß.

Pökel *m* nd. Salzbrühe, eng. *pickle;* n. d. Holländer *Beukelsz* († 1397), Erfinder e. neuen Verfahrens, Fische durch Einsalzen haltbar z. machen; pökeln, Pickelhering.

Pol *m* 18. Jh. v. gr. *pólos* Wirbel, Achse, z. *pélō, pélomai* bewege mich; mh. *polus;* ~ar.

Polder *m* eingedämmte Niederung, 18. Jh. v. ndl. eng. *polder;* z. mnd. *pōl* Pfuhl ?

Polem||ik *f* Streit, 18. Jh. v. fz. *polémique* z. gr. *polemikḗ (téchnē)* Streit(kunst), *pólemos* Krieg; ~isch.

Police *f* fz. 17. Jh., it. *polizza* Zettel, Schein, v. gr. *apódeixis* Beweis, s. zeigen (vgl. gr. *apothḗkē:* sp. *bodega* Weinkeller).

Polier *m* Obergesell (bei Maurern, Zimmerleuten), eig. Parlier (15. Jh.) = Sprecher, v. fz. *parler*, s. Parlament, Parabel, Parole. Balier = Bauleiter (Urach).

polieren mh. ~ v. lt. *polīre* glätten; Politur *f*.

Poliklinik *f* Stadtkrankenhaus, um 1820 v. gr. *pólis* Stadt u. Klinik.

Polio *f* für spinale Kinderlähmung seit 1955 im Zs.hang mit dem neuen amerikan. u. dt. Serum nach *Poliomyelitis* (engl. skandin. ~) als willkommenes Kurz- und Schonwort übernommen.

Politik *f* 17. Jh. v. fz. *politique*, z. gr. *politiká* Mehrz. Stadt-, Staatsgeschäfte; **Polizei** *f* 15. Jh. v. mlt. *policia;* Polizist *m* 19. Jh.; s. Ecke.

Polka *f* um 1840, v. tschech. *polka* »Polin«: Rund-, Halbschrittanz, der den unterdrückten Polen zu Ehren umbenannt wurde (vgl. *polovice* Hälfte, *pùlka: pùl* halb).

Polonäse *f* 18. Jh. v. fz. *(danse) polonaise* polnischer (Tanz).

Polster *n* ah. *bolstar*, ags. eng. schw. dä. *bolster*, z. ah. *bëlgan* schwellen, s. Balg, Beule, entl. fz. *poltron* Weichling, Memme, desgl. it. *poltrone* v. lgbd. *polstar* ~.

polter|n lautm., mh. *boldern*, z. bellen; ~er *m*, ~abend *m;* ~kammer *f*, holter die polter; Poltron *m* Polterer, Maulheld.

poly- v. gr. *polýs* viel, urv. got. *filu* viel, lt. *plūs* mehr; ~chrom vielfarbig *(chrōma* Farbe, dah. Chrom *n);* ~gamie *f* Vielweiberei (gr. *gaméō* heirate); ~histor *m* Vielwisser (gr. *hístōr* Wisser), s. historisch; Polyp *m* eig. Vielfuß (gr. *pūs* Fuß); ~technikum *n* (gr. *téchnē* Kunst) um 1800; ~theismus *m* (gr. *theós* Gott), ~hymnia *f* die Liederreiche, s. Hymne, P.N.: Polykrates Vielherrscher (vgl. Mangold), ~phém viel berühmt (dtsch. Vilmar), s. Prophet; ~nesien Vielinselland, s. plus.

Pomade[1] *f* 17. Jh. v. fz. *pommade*, it. *pomata* z. *pomo* Apfel (früher Bestandteil d. Salbe), s. Pomeranze.

Pomade[2] *f* stud. Gemächlichkeit, pomadig bequem, gleichgültig, v. poln. tschech. *po malu* allmählich.

Pomeranze *f* 15. Jh., it. *arancia* Orange: pers. *naräng* bittere Apfelsine, angel. an *pomo* Apfel: *pomarancia;* Land~ (bildl.); s. Orange, Pomade[1].

Pomp *m* mh. *pomp(e)*, 17. Jh. v. fz. *pompe*, lt. *pompa*, gr. *pompḗ* feierlicher Aufzug, Geleit, z. *pémpō* sende, ~ös. Pumphose, pomm. *pump* = Prunk.

Pompadour *m* Damen-Handtasche, 19. Jh. n. d. Marquise de Pompadour (1721–64), fz. aber *réticule* v. lt. *rēticulum* kleines Netz, Beutel, z. *rēte* Netz.

Pomuchel(skopp) *m* Ostseewort b. Fritz Reuter, vgl. poln. *pomuchla* Dorsch.

Ponem *n* rotw. Gesicht, v. jidd. *ponim* Gesicht.

Pontón *m* Brückenschiff, 17. Jh. v. fz. *ponton* (lt. *pōns* Brücke), ~brücke *f* (tautol.), nd. *Pünte* = Fähre. O.N.: Pfünz, Pfinz *(ad pontem)*.

Pony *m n* eng. 19. Jh., eng. *pony: powny*, afz. *poulenet*, fz. *poulain*, lt. * *pullanus: pullus* Fohlen, Füllen.

Popanz *m* 16. Jh. viell. v. tschech. *bubák* Schreckgestalt, Trugbild; od. v. slaw. * *bobonici* z. poln. *za-bobon* Götze?

Popo *m* 18. Jh. Kinderspr. Doppelung d. 1. Silbe v. lt. *podex* ~.

populär volkstümlich, 18. Jh. v. fz. *populaire*, lt. *populāris (populus* Volk); s. Pöbel, Publikum.

Pore *f* 18. Jh. v. gr. *póros* Hautröhre, s. fahren.

Porphyr *m* 16. Jh. v. fz. *porphyre* z. gr. *porphyrūs* purpurfarbig *(porphýra* Purpurschnecke, -farbe).

Porree *m* v. fz. *porrée* (lt. *porrum* Lauch, gr. *práson);* ah. *phorro*.

Port *m* Hafen, v. lt. *portus*, s. Furt; mh. *port(e)*.

Portal *n* 15. Jh. v. mlt. *portāle* Vorhalle, z. *porta* Tor; s. Pforte, Portier.

Porte||feuille *n* fz. 18. Jh. z. *porter* tragen, *feuille* Blatt; ~monnaie *n* Geldtäschchen fz. 19. Jh. (*monnaie* Geld), ~pee *n* 18. Jh. (fz. *épée* Degen).

Portier *m* Pförtner, fz. 18. Jh. z. lt. *portārius* Türhüter (*porta* Tor); Portière *f* fz. 19. Jh. Türvorhang, s. Portal.

Portion *f* fz. 16. Jh. z. lt. *portio* Anteil (z. *pars* Teil); s. Proportion. Vkl. Portiuncula Bethaus d. hl. Franz z. Assisi (sein »kleiner Anteil«), dann auch P.N.

Porto *n* it. 17. Jh. z. lt. *portāre* tragen.

Porträt *n* 17. Jh. v. fz. *portrait* z. *portraire*, lt. *protrahĕre* hervorziehen, -bringen.

Portwein *m* 18. Jh. v. eng. *portwine* Wein aus *(O)porto* = »der Hafen«.

Porzellan *n* 16. Jh. v. it. *porcellana* Seemuschel, der die Porzellanmasse an Farbe ähnelt.

Posamentier *m* »Bortenwirker« 17. Jh. v. fz. *passamentier*, z. *passer* gehen; das Posament (15. Jh.) (d. Borte) geht um das Zeug herum.

Posaune *f* mh. *busūne:* afz. *buisine*, v. lt. *būcĭna* Blashorn, * *bovi-cina* * Hirtenhorn, gr. *bykánē* Trompete.

Pose[1] *f* pl., Federkiel, auch als Pfeifen- u. Zigarrenmundstück (I.H. Voß), unerklärt.

Pose[2] *f* 19. Jh. gekünstelte Stellung, v. fz. *pose* »Ziererei« z. *poser* v. lt. *pausare* ausruhen; **Posit||ion** *f* fz. 16. Jh. z. lt. *positio;* ~iv festgesetzt, bestimmt, bejahend, gläubig, 18. Jh. v. fz. *positif*, lt. *positīvus;* ~ivismus; ~ur *f* 17. Jh. v. lt. *positūra* Stellung, s. Post.

Poss||e *f*, ~en *m*, »komische Gebärde«, *: *bosse* wasserspeiende Brunnenfigur, 15. Jh. v. fz. *bosse* Beule, Reliefarbeit, z. ah. *bōzan* stoßen s. Amboß; ~ierlich; pl. jem. 'n Putzen spielen, sinen P. driwen mit...

Post *f* 15. Jh. v. it. *posta*, fz. *poste*, mlt. *posta* Standort v. lt. *posita* (: *pōnĕre* stellen); *statiōnes, mānsiōnes positae* »festgelegt«; v. den an bestimmten Orten aufgestellten Pferden; ~illon *m* 16. Jh., v. fz. *postillon*, it. *postiglione*, z. *poste;* ~karte *f* 1875 (H. Stephan), Feldpostk. (1870 H. Stephan), ~lagernd 1875, ~ament *n* Gestell, Untersatz, 16. Jh., ~en *m* Wache, eig. Standort, dass. W. wie Post; Posto fassen, Stellung nehmen, it. *posto*, ~ieren, ~en *m* Betrag, eig. eingesetzte (Summe), ~alisch; s. dis-, im-, komponieren, Pose.

Postille *f* Predigtbuch, 16. Jh. v. lt. *postilla*, abgekürzt aus: *post illa verba textūs sacrae scripturae* nach jenen Worten d. Heiligen Schrift (früher üblicher Anfang d. Predigten) od. (*Paulus Diaconus*) Lesestücke in der Volkssprache, die nach Epistel u. Evang. (*post illa*) dem Volke vorgetragen wurden.

Postulat *n* (philos.) v. lt. *postulāre* fordern: »notwendige Überzeugung«, 15. Jh.

Potentat *m* fz. 16. Jh. neult. *potentatus* Macht; lt. *potens* mächtig.

Potpourri *n* Allerlei (bes. musik.), 18. Jh. v. fz. ~ eig. »zerkleinerter Topf«, Lüs. v. sp. *olla podrida*.

Pott *m* mnd. *pot*, fz. *pot*, v. vlat. **pottus* (*pōtus* Trinkbecher, 6. Jh. *Venantius Fortunatus*).

Pottasche *f*, 18. Jh. v. ndl. *potasch*, fz. *potasse*, eng. *potass* ~, Kali * in Töpfen hergestelltes Laugensalz.

Pottharst, Potthast *m* westfäl. Fleischgericht, 1. Pott = Topf, 2. mnd. *harsten* braten, rösten.

Pottlot *n* nd. Ofenschwärze, 2. (ndl.) Bleistift, v. ndl. *potlood*.

Pottwal *m* 18. Jh., ndl. *potwal*, *potvisch*, z. Pott.

potztausend 16. Jh. eig. Gotts tausend Sakrament (um d. Namen Gottes u. d. Teufels nicht z. mißbrauchen); so auch fz. *parbleu* statt *pardieu*, s. blümerant und tausend.

poussieren vorwärtstreiben, d. Hof machen, 17. Jh. v. fz. *pousser*, v. lt. *pulsāre* schlagen; s. Puls, pulsieren, Impuls, Propeller.

prä- s. Liste 54.

Präambel *f* Vorrede, Einleitung, lt. *prae-ambulāre* vorangehen.

Präbende *f* s. Pfründe, Proviant.

Pracher *m* Bettler, prachern b. Bürger, 16. Jh. v. poln. mu. *pracharz* Bettler, urv. lt. *precāri* bitten; entl. dä. *prakker* Bettler; s. fragen.

Pracht *f* mh. ah. *praht*, *braht* Lärm, Geschrei, and. *braht* Lärm, z. ags. *breahtm*, an. *brak* Lärm; urv. lt. *fragor* Getöse; prächtig.

Prädestination *f* Vorherbestimmung, Gnadenwahl; prädestiniert = vorherbestimmt, ausersehen: lt. *praedēstināre* im voraus bestimmen.

Prädikat *n* 18. Jh. v. lt. *praedicātum* eig. Ausgesagtes, z. *praedicāre* laut sagen; s. predigen, Predigt.

prägen * brechen machen, Bew. z. brechen, ah. *brāhhen*, *prāhhen*, mh. *brœchen*, *prœchen*, ags. *ābracian* eingraben.

pragmatisch gr. *prāgmatikós* den ursächl. Zs.hang der Handlungen *(prāgmata)* ins Auge fassend, 18. Jh.; bei Polybios = tatsächlich(e Geschichte).

prägnant kurz- u. doch vielsagend, 17. Jh. v. fz. *prégnant*, lt. *praegnans* strotzend, trächtig.

prahlen mh. *prālen* lärmend großtun, z. mh. *pral* Lärm, z. prallen u. prellen.

Prahm *m* 16. Jh. v. nd. *prām* flaches Schiff, ndl. *praam*, dä. eng. *pram;* ins Nd. elbabwärts 14. Jh. *prom* v. tschech. *prám* z. aslaw. *pramŭ* Fahrzeug z. idg. Wz. *per fahren*.

praktisch 18. Jh. v. gr. *prāktikós*, tätig, geschickt, z. *prā́ttein* tun; pragmatisch; Praktikus *m;* s. Praxis.

Prälat *m* höh. kath. Geistl. (a. d. Kurie außerh. des Kardinalkollegiums), auch als bloßer Titel verliehen, mh. *prēlāt* v. mlt. *praelātus* vorgezogen.

Praliné *n*, **Pralíne** *f* n. d. fz. Marschall *du Plessis-Praslin* (17. Jh.), dessen Koch d. ersten P. verfertigte; *praliner* in Zucker rösten.

prall 18. Jh. v. nd. *pral* gedrungen, straff; ~ *m*, (ab)~en, s. prellen.

Präludium *n* Vorspiel 16. Jh. z. lt. *lūdus* Spiel.

Prämie *f* 16. Jh. v. lt. Mehrz. *praemia* z. *praemium* Belohnung, Vorteil, eig. vorweg Genommenes, *prae* vorweg, *emo* nehme, s. prompt.

prangen mh. *brangen*, *prangen* sich zieren, prahlen, mh. *prank* Prahlerei, z. Prunk; Prangtag (Steiermark) Fronleichnam; urv. lit. *brangùs* teuer?

Pranger *m* mh. ndl. *pranger* Halseisen, nd. *prangen* drücken, got. *ana-praggan*, mh. *pfrengen* einzwängen, urv. o. entl. lit. *brañktas* Strangholz; Ztw. an ~n.

Pranke *f* Tatze d. Bären, mh. *pranke* v. mlt. *branca* Klaue (fz. *branche* Zweig, it. sp. ptg. *branca:* o. v. lt. *brāchium* Arm?), urv. lit. *rankà* Hand.

Präpar||and *m* † Vorbereitungsschüler z. Lehrerseminar, v. lt. *praeparandus* Vorzubereitender z. *praeparāre* vorbereiten; ~**at** *n*, ~**ation** *f*.

Prärie *f* 19. Jh. v. fz. *prairie* z. *pré* Wiese, it. *prato*, v. lt. *prātum* (daher d. Wiener Prater, Pradopark u. -museum i. Madrid). Prätigau (Graubünden) »Wiesental«.

Präsens *n* v. lt. *(tempus) praesens* gegenwärtige (Zeit), Gegenwart; **Präsent** *n* Geschenk, mh. *prēsent* v. fz. *présent* z. lt. *praesento* überreiche; ~ieren 17. Jh.; Präsenz *f* Anwesenheit.

Präses *m* lt. 14. Jh. z. *prae* vor, *sedeo* sitze; Präsident *m* 16. Jh.

prasseln mh. *brasteln* z. *brasten*

krachen, *brësten* brechen, ags. *brastlian*, z. bersten.

prassen 16. Jh. v. ndl. *brassen* schwelgen, * lärmen: *bras* Schmaus.

Prätendent *m* Kronbewerber, 17. Jh. v. fz. *prétendant* z. lt. *praetendĕre* vorstrecken, verlangen, s. Intendant.

pratschen, sich hin~ mu., viell. z. breit *(ā + tsch* lautm.); vgl. Lätsche.

Pratze *f* 17. Jh. v. it. *braccio:* lt. *brachium* Arm.

Präventiv-krieg, lt. *praevenīre* zuvorkommen (das Prävenire spielen, 18. Jh.); ~maßregel.

Praxis *f* gr. 17. Jh., Tätigkeit, Handlung, s. praktisch.

Präzedenzfall *m* 17. Jh. z. *praecēdĕre* vorhergehen.

Präzeptor *m* † 15. Jh. z. lt. *praecipio* nehme vorher, lehre.

präzis 17. Jh. v. fz. *précis* z. lt. *praecīsus* abgeschnitten, kurz gefaßt.

Predella *f* Sockelgemälde eines Altars (Altarstaffel), v. it. *predella:* ah. *brët.*

predigen ah. *predigōn,* v. mlt. *praedicāre* (fz. *prêcher*, eng. *preach* predigen); s. Prädikat; **Predigt** *f* mh. *predigate*, v. mlat. *praedicata.*

Preis *m* mh. *prīs*, pl. Pris, v. afz. *pris* (nfz. *prix)*, z. lt. *pretium* Wert, Lohn; preisen, mh. *prīsen* v. afz. *preisier*, lt. *pretio* schätze (eng. *praise* loben); preisgeben ist nicht verwandt, s. Prise; Impresario.

Preisel-, Preißelbeere *f* 16. Jh., aus tschech. *bruslina*, russ. *brusníka:* aslaw. *brusiti* streifen; s. Kronsbeere, Kran.

prekär fz. *précaire* aus Gnade erlangt, *unsicher* (auf Widerruf gewährt): lt. *precārius;* 18. Jh.

prellen betrügen stud. * aufprallen machen, »d. Zeche v. d. Füchsen (= jungen Studenten) zahlen lassen«, ursp. Füchse ~, d. h. auf straffgespanntem Tuch hochschleudern (d. Fuchs wird in Erwartung d. Befreiung getäuscht), um 1700; Prellbock *m;* s. prall.

prepeln, präpeln, umgspr. essen (bes. leckere Kleinigkeiten), wohl z. *pröbeln* probieren; dann auch = nörgeln, wohl z. *brabbeln, bröbbeln* lautm. = nuscheln.

Presbyter *m* (kirchl.) Gemeindevorsteher 16. Jh. v. gr. *presbýteros* älter, s. Priester, in d. Frühzeit auf Bischöfe angew.: persönl. Würde, Alter; Aufseheramt.

preschen, angeprescht = angejagt kommen, dass. wie birschen, s. d.

Presenning, Persenning *f* ndl. geteertes Segeltuch, Schutzdecke, fz. *préceinte*: lt. *prae-cingĕre* umgürten, 18. Jh.

Presse *f* mh. *prësse* Schar, Haufe, Wein~, später Buchdrucker~, ah. *pfrëssa* Weinkeller, v. mlt. *pressa* Zwang, Druck; Preßfreiheit (18. Jh.), pressen, erpressen (bildl.), pressieren, s. expreß, Printe.

Priamel *n f* mh. *preambel*, spätmittelalterl. Gedichtart mit einem zu mehreren Vordersätzen passenden Schluß, v. mlt. *praeambulum* »Vorangehendes«.

prickeln nd., 18. Jh. schriftd., eig. stechen, nd. F.N. (Aal-) Prikker; ndl. *prikkelen*, eng. *prick* stechen, an. *prika* m. Stock schlagen.

Prieche *f* nd. Empore in d. Kirche, Schlesw.-Holst.: *prieg edder bön*, vgl. schweiz. *brügi* Brettererhöhung, s. Brücke.

Priel *m f* 18. Jh. nd. kl. Wasserrinne im Watt; Urspr. dunkel.

Priem *m* v. ndl. *pruim* eig. Pflaume.

Priester *m* ah. *priestar*, pl. Preister, ags. *prēost* (v. lt. *praepositus* Vorsteher?), eng. *priest*, afz. *prestre*, nfz. *prêtre*, v. gr.-lt. *presbyter* Gemeindeältester, z. gr. *presbýteros* d. ältere, s. Presbyter.

Prima *f* lt. *prīma (classis)* erste (Klasse). Primaner *m* 16. Jh.; Primas *m* mh. *primāte*, erster Bischof d. Reiches (z. lt. *prīmārius* einer d. ersten) früher allgem. auf Bischöfe angewandt; Primát *m n* Vorrang; Primel *f* 18. Jh. v. lt. *prīmula vēris* erste (Blume) i. Frühling; primitiv, ursprünglich, einfach, v. lt. *prīmitīvus* erster; Primiz *f* erste Messe e. neugeweihten kath. Priesters. Primzahl, Z., die sich nicht zerlegen läßt (Grundz.). **Prinz** *m* mh. *prinze* Fürst (so noch in Lessings E. Galotti) v. fz. *prince* z. lt. *prīnceps (capio* nehme) die 1. Stelle Einnehmender; Prinzeß *f* Prinzessin (mit doppelter weibl. Endung) v. fz. *princesse*. **Prinzip** *n* Grundsatz, v. lt. *prīncipium* Anfang, erster Grund. **Prinzipal** *m* Brotherr, eig. erster, s. Gambrinus, alle z. lt. *prīmus* erster, *prīncipālis* * Gefreiter im röm. Heere od. *prīnceps* * einer, der *zuerst* von der Kriegsbeute *nimmt?*

Printe *f* Aachener ~ (Gebäck) ursp. Pfefferkuchen mit eingepreßtem Heiligenbild z. ndl. *prenten* drucken, v. lt. *prĕmĕre* drücken, pressen, s. Brente.

Prior *m* mh. *prīor*, *prīol* v. mlt. *prior* der Obere i. Kloster (n. d. Abt), z. lt. Komp. *prior* d. frühere, vorzüglichere; ~ität *f* Vorrecht (z. B. bei Erfindungen), s. Prima.

Prise *f* Beute, gekapertes Schiff, kleine Schnupftabaks-, Salzmenge, v. fz. *prise* eig. Genommenes z. *prendre* nehmen, v. lt. *prehendo* fasse; preisgeben 16. Jh. Lüt. v. fz. *donner en prise* als Beute schutzlos hingeben; s. Impresario; 16. Jh.

Prisma *n* 16. Jh. gr. *prīsma* Zersägtes, dann dreiseit. Säule, z. *prīō* säge.

Pritsche *f* Werkzeug z. Schlagen (beim Karneval), Lager aus Holz, abgeleitet v. Brett, ah. *britissa*, mh. *britze*, *britzel*-meister.

privat nicht öffentlich, 16. Jh. v. lt. *prīvātus* (vom Staat) abgesondert, ohne Amt, z. *prīvāre* berauben; **Privileg(ium)** *n* Sonderrecht, z. lt. *prīvus* abgesondert, einzeln; 2. *lēx* Gesetz, Recht; 13. Jh.

pro- gr. u. lt. Vorsilbe, s. Liste 54.

Prob||e *f* mh. *prōbe*, pl. Prauw, v. it. *prova*, z. mlt. *proba* v. *probo* erkenne als gut, ~at bewährt, v. lt. *probātus* approbiert, amtlich zugelassen; ~en, ~ieren; s. prüfen.

Problem *n* 16. Jh. v. gr. *próblēma* vorgelegte (Streitfrage) z. *pró* vor, *bállō* werfe; **~atisch** zweifelhaft, schon b. Thomasius, Schlagwort seit Goethe (~e Naturen) u. bes. Spielhagen, s. Emblem.

Produkt *n* 16. Jh. v. lt. *prōductum* Hervorgebrachtes (im Rechnen, i. d. Landwirtschaft) z. *prōdūcĕre* vorführen; **~ion** *f*, **produzieren** u. a.

profan unheilig, 17. Jh. v. lt. *prōfānus* eig. außerhalb d. Heiligtums (*prō* vor, *fānum* Tempel, eig. *fasnum* z. *fās* göttliches Recht), s. fanatisch.

Profeß *f* Ablegung der Ordensgelübde, 16. Jh. v. mlt. *professus* z. *profiteor* bekenne; ~ion *f* Beruf, Handwerk (18. Jh. noch Professur), eig. was einer öffentlich bekennt; ~or *m* eig. der e. gelehrten Beruf öff. bekennt, schon in der röm. Kaiserzeit, 1400ff.: Theologie, 16. Jh. weltl. Fakultäten.

Profil *n* Seitenansicht 17. Jh. v. it. *profilo*, fz. *profil*, z. lt. *fīlum* Faden, Gewebe; ~iert Modewort seit etwa 1950.

Profit *m* 16. Jh. v. fz. *profit*, z. lt. *prōficit* es nützt, ~ieren; s. Defizit.

Profoß *m* mndl. *provoost* (milit.) Scharfrichter, Gefängniswärter, 16. Jh. v. afz. *provost* Aufseher, v. lt. *propositus* Vorgesetzter; s. Propst.

Prognose *f* um 1800 v. gr. *prógnōsis* Vorherwissen.

Programm *n* 18. Jh. v. gr. *prógramma* öffentl. schriftl. Bekanntmachung.

Projekt *n* Plan, 17. Jh. v. lt.

prōjectum eig. Vor-, Hingeworfenes, z. *prōicio* (fz. *projet*, eng. *project)*.

proklam||ieren, ~ation *f* 16. Jh. v. lt. *prōclāmo* rufe laut; s. de-, reklamieren.

Prokur||a *f* Vollmacht (kaufm.) 16. Jh. v. it. *proccura*, z. lt. *prō* für, *cūra* Sorge; ~ist *m* 18. Jh., s. Kur².

Proletarier *m* 19. Jh. v. lt. *prōlētārius* (= Bürger der verarmten, aber vollständig freien Klasse, der dem Staat nur mit seinen Kindern dient, z. *prōlēs* Nachkommenschaft), von den Saint-Simonisten wieder aufgenommen z. Bezeichnung der untersten, besitzlosen Klasse der Gesellschaft: fz. *prolétaire;* gekürzt: Prolét *m* grober Mensch, Flegel (stud.); s. alt, Koalition.

Prolog *m* v. gr. *prólogos* Vorrede, mh. *prologe;* s. Dialog, Katalog.

prolongieren 16. Jh. v. lt. *prō* u. *longus* lang.

Promenade *f* fz. 17. Jh. z. *se promener* spazierengehen (lt. *prōmināre* vorwärts treiben).

Promotion *f* Beförderung (zur *Dr.*-Würde) 17. Jh. v. lt. *prōmōtio* zu *prōmovēre* vorwärtsbewegen, promovieren eig. = z. *Dr.*-Würde befördern, aber jetzt auch = d. *Dr.*-Würde erlangen; s. mobil, Motiv, Motor, Mob, Möbel, Moment.

prompt schnell, pünktlich, 17. Jh. v. fz. *prompt*, lt. *prōmptus* eig. *prōemptus* sichtbar vor Augen gelegt, z. *prōemo*, *prōmo* nehme vor, s. Prämie.

Propaganda *f* Ausbreitung e. Lehre, polit. u. kaufmännische Werbung (relig. 1622: *De propaganda fide*, Gregor XV., polit. u. a.), v. lt. *prōpāgo* pflanze fort; s. pfropfen; 19. Jh.

Propeller *m* Schraube (bes. am Luftschiff u. Flugzeug) 19. Jh. v. eng. *propeller* z. lt. *prōpello* stoße vorwärts; s. Puls, Impuls, poussieren.

Prophet *m* mh. *prophēte* v. gr. *prophḗtēs* Weissager; *pró* vorher + *phēmí* sage, lt. *fāri* sagen (Fama, Fabel, Fatum), mh. *prophēzīe:* gr.-lt. *prophētīa* Prophezeiung.

prophylaktisch vorbeugend, gr. *pro* vor u. *phyláttō* behüte, 19. Jh.

Proportion *f* Verhältnis, 15. Jh. v. lt. *prō* für, *portio* Teil, s. Portion.

Propst *m* ah. *probōst* Vorgesetzter, Leiter d. Klosters v. lt. *praepositus*, fz. *prévôt*, wofür *propositus* eintrat, s. Profoß.

Prosa *f* 16. Jh. v. lt. *prōsa (ōrātio)* eig. geradeaus gehende (Rede) v. *prōrsus*, *prōvorsus*, *prōversus* gradeaus gerichtet, schlicht, ungebunden, s. Vers, in der kirchl. Dichtung = Sequenz; ah. *prosa*, mh. *prose*.

Proselyt *m* Übergetretener (z. e. andern Glauben) 18. Jh. v. gr. *prosḗlytos* Herübergekommener (z. Judentum bekehrter Heide).

prosit lt. es möge nützen, 16. Jh. stud. Prost nach 1700.

Prospekt *m* Ankündigung, Werbeschrift, -blatt, 17. Jh. v. lt. *prōspectus* Aussicht, Fernsicht, z. *prō* vorwärts, *spicio* sehe (bei Goethe: römische Prospekte = Stadtansichten); s. Respekt, Inspektor, Spektakel.

prostituieren bloßstellen, entehren, 17. Jh. v. fz. *prostituer* z. lt. *prōstituĕre* (öffentlich) hinstellen, noch bei Goethe nicht im heutigen einseitigen Sinne.

Protagonist *m* gr. *prōt-agōnistḗs* Hauptschauspieler, übertr. Vorkämpfer, 18. Jh.

protegieren 16. Jh. v. fz. *protéger*, lt. *prōtego* beschütze; Protekt||ion *f*, ~or *m* 18. Jh.

Protest *m* Einspruch, zunächst kaufmännisch, 18. Jh. v. it. *protesto;* ~ant *m* n. d. Reichstag z. Speyer 1529, wo d. Evangelischen Einspruch erhoben gegen d. Beschlüsse d. Mehrheit, z. lt. *prō* vor, *testāri* Zeuge sein, bezeugen; s. Attest, Testament.

Protokoll *n* Niederschrift, 16. Jh. v. mlt. gr. *prōtocollum* erstes, den Papyrusstreifen vorgeleimtes Blatt mit wichtigen Angaben, z. gr. *prōtos* erster, *kólla* Leim, dann Notariatsurk., Sitzungsbericht, schriftl. niedergelegte Verhandlung, Ordnung des Zeremoniells: Chef des Protokolls.

Protoplasma *n* gr. Urgebilde, lebender Inhalt der pflanzl. u. tier. Zellen, *prōtos* erster u. *plásma*, um 1840; s. Plastik.

Protz *m* »aufgebläht«, bayr. Kröte, dann aufgeblasener Emporkömmling, 19. Jh. (schwäb. *brossen* = knospen).

Protze *f* 19. Jh. Geschützvorderwagen, 15. Jh. *protzen*, zweirädriges Gestell v. venezian. *birozzo* (Nebenf. *baroccio)* zweirädriger Karren; ab~n, auf~n.

Proviant *m* Mundvorrat, 14. Jh. v. it. *provianda* z. lt. *praebenda* eig. zu Gewährendes; s. Präbende, Pfründe.

Provinz *f* 14. Jh. *provincie* v. lt. *prōvincia* außerhalb Italiens gelegenes erobertes Land; die gallische ~ = Provence.

Provision *f* Gebühr, Vergütung, v. fz. *provision*, lt. *prōvīsio* Fürsorge, z. *prōvidēre* vorsehen; **Provisor** *m* Apothekergehilfe, eig. Fürsorger; ~isch einstweilig 18. Jh.

provozieren herausfordern, 16. Jh. v. lt. *prōvocāre*, s. Vokal.

Prozedur *f* Verfahren, 17. Jh. z. fz. *procéder* z. Werke gehen. **Prozeß** *m* 14. Jh. v. mlt. *prōcessus* Fortgang, Handlungsweise, Rechtsstreit, z. *prōcedo;* **Prozession** *f* ndl. *processje* v. lt. *prōcessio* eig. Vorschreiten.

Prozent *n* 16. Jh. it. *per cento* fürs, vom Hundert, Rückbild.: lt. *prō*.

prüde 18. Jh. zimperlich, v. fz. *prude* z. afz. *preux* tapfer, eng. *proud* stolz, aber wohl vermischt m. lt. *probus* redlich u. *prūdens* klug, fz. *prouesse* Tüchtigk., * *prōditia*, vlat. *prode* Nutzen, Vorteil.

prüfen mh. *prüeven* v. afz. *prover*, nfz. *prouver* z. lt. *probāre;* s. Probe.

Prügel *f* mh. *brügel* Knüttel, Holzscheit, schwäb. *brīgl*, schweiz. *brügi* Holzgerüst (verw. m. Brücke u. Prieche).

Prunk *m* 17. Jh. v. nd. ~ z. prangen, eng. *prank* schmücken, *prink* putzen.

prusten 15. Jh. schnauben, niesen; mnd. *prusten*, lautm. wie ai. *prušnóti* spritzt u. russ. *pryskati* besprengen.

† **Prytane** *m* (b. Schiller) gr. *prýtanis* hohe obrigkeitliche Person.

Psalm *m* mh. *salm*, ah. *(p)salmo* v. gr. *psalmós* Lied, z. *psállō* zupfe die Saiten, s. Salm²; Psalter *m*.

pseudonym 17. Jh. v. gr. *pseúdos* Lüge, *ónoma* Name, s. anonym.

Psych||e *f* gr. Seele, z. *psȳchō* hauche, atme; ~ologie *f* Seelenlehre (17. Jh.), ~iater *m* Irrenarzt (gr. *iātrós* Arzt), Psychóse *f* Geisteskrankheit, **Psychotherapie** *f* Heilung auf seelischem Wege.

Publi||kum *n* 18. Jh. v. lt. *pūblicum (vulgus)* öffentliche, gemeine (Menge); ~zist *m* Tagesschriftsteller, Journalist; s. populär, Republik.

Puck (eng.) Kobold, aeng. *pūca*, an. *pūki* Kobold; z. ags. *pocca*, mh. *pfoch* Beutel?

Pudding *m* um 1700 v. eng. ~, v. fz. *boudin* Blutwurst < galloroman. * *botellinus* v. lt. *botulus* Wurst.

Pudel¹ *m* Hunderasse, mu. auch »Jauche«, 18. Jh. z. *pudeln* † i. Wasser plätschern, mu. *pudel* Lache, eng. *poodle* ~hund: *puddle* Pfuhl.

Pudel² *m* Fehler b. Kegeln. 18. Jh., übertr. v. ~¹ (Pudel als Trostpreis für den schlechtesten Schützen? vgl. e. Bock schießen).

Puder *m* 17. Jh. v. fz. *poudre* z. lt. *pulvis* Staub; s. Pulver.

puffen nd. stoßen, lautm.

Puffer *m* federnde Vorrichtung an Eisenbahnwagen, ~staat *m* 19. Jh.

Pulk *m* 18. Jh. v. poln. *pulk* Truppe; im 2. Weltkrieg wieder belebt für »Gruppe« (von Flugzeugen usw.); s. Volk.

Pulle *f* mu. nordd. Flasche, s. Ampel, daneben **Buddel** *f* v. fz. *bouteille* Flasche.

Pullover *m* über den Kopf zu ziehende Strickjacke, v. eng. *pullover* überziehen (1925).

Puls *m* mh. ~ v. lt. *pulsus* Schlag (d. Ader), z. lt. *pello* stoße, schlage; pulsieren (oft bildl.); s. Impuls, Propeller, poussieren.

Pult *n* mh. *pult*, *pulpet*, v. lt. *pulpitum* Brettergerüst (fz. *pupitre)*, Pult, eng. *pulpit* Kanzel.

Pulver *n* mh. *pulver* Staub, Asche, v. lt. *pulvis* (fz. *poudre*, it. *polvere);* s. Puder.

Pumpe *f* 16. Jh. v. mnd. *pumpe*, mndl. fz. *pompe*, v. sp. port. *bomba* Schiffs~; ~n Wasser schöpfen; ~n leihen, dass. W. rotw., 17. Jh.

Pumpernickel *m* westf. Schwarzbrot, ursp. ungeschlachter Mensch, »pumpernder« Nickel, Nikolaus, z. *pumper* abgehende Blähung, also eig. = Stinknickel (seit d. 30jährig. Krieg so benannt).

Punkt *m* mh. *punct* v. lt. *punctum* Stich z. *pungo* steche eig. in d. Wachstafel (fz. *point*, eng. *point);* ~ieren, pünktlich, Stand~; **punzen** erhabene Lederarbeit machen, v. it. *punzone* Stoß, Stempel; s. Spund, bunt, kunterbunt.

Punsch *m* 17. Jh. v. eng. *punch* z. ind. *pañca* fünf (weil ursp. aus 5 Teilen bestehend); Pandschab *n* Fünfstrom(land).

Puppe *f* mh. *puppa* v. lt. *pūpa* Mädchen, Puppe, *pūpa* Lb. nach gr. *nýmphē* Braut, (verschleiert) eingesponnene Insektenlarve; entpuppen; Vkl. Pupille *f*, lt. *pūpilla* Mündel, 18. Jh. übtr. Augenstern.

pur mh. *pūr* v. lt. *pūrus* rein; ~ist *m* übertriebener Sprachreiniger, 18. Jh. v. nlt. *purista*, ~itaner *m* eng. Sekte.

Purpur *m* ah. *purpura*, v. gr. *porphýrā* Purpurschnecke, dann deren Saft; s. Porphyr.

purren stockern, reizen, (seem.) wecken, mnd. *purren*, dän. *purre*, schwed. *purra*.

purzeln, z. mh. *burzen* stürzen u. Bürzel; Purzelbaum = Nackenrolle, 16. Jh.

Pustel *f* Bläschen, 19. Jh. v. lt. *pūstula*.

pusten 18. Jh. v. nd. *pusten;* z. mh. *phūsen*, schw. *pȳsa* schnauben; vgl. Pausbacke.

Puter *m* 18. Jh. nordd., weibl. **Pute** *f* lautm., s. Truthahn.

Putsch *m* (ursp. kleiner rascher) Volksaufstand, schweiz. 19. Jh. (G. Keller), eig. = Stoß, 15. Jh.

Putte *f* Kinderfigur (in Malerei, Bildhauerei), 17. Jh. v. it. *putto* Kind.

putzen 15. Jh. z. Butze(n) (s. d.) = Klumpen (getrockneten Nasenschleims); in der Wendung »die Nase p.« ist also noch die ursprüngliche Bedeutung erhalten; entl. ndl. *poetsen*, dän. *pudse*, schwed. *putsa*. Dazu (17. Jh.) **Putz** *m* Schmuck, Verputz.

putzig nordd. sonderbar, v. mh. *butze* Kobold.

Pygmäe *m* Zwerg, eig. Fäustling, v. gr. *pygmḗ* Faust (ähnl. geb. Däumling), 15. Jh.; s. Faust, fechten.

Pyjama *m n*, vor 1915 v. eng. ~, v. hindostan *pāējāma* lose Hosen.

Pyramide *f* v. gr. *pyramís*, ägypt. W. * *pimar* (Metathesis), um 1500.

Q

Quacksalber *m* 16. Jh. v. ndl. *kwakzalver*, mnd. *quacksalven* z. *kwakken* schwatzen + *zalf* Salbe; o. v. ndl. *kwakzalf* minderwert. Salbe?

Quaddel *f* Hautbläschen, ah. *chuadilla;* urv. viell. gr. *dothiōn.*

Quader *m* mh. *quāder*, v. lt. *quadrus (lapis)* viereckig behauener (Stein) z. *quattuor* vier (it. *quadro*, fz. *carré); **Quadr||at** n,* ~atisch, ~ille *f* Tanz v. 4 Paaren, v. fz. *quadrille* 18. Jh., ~iga *f* Viergespann (lt. *jugum* Gespann, s. Joch); ~ant *m* Viertelkreis 90°, Winkelmesser; s. Schwadron, Eskadron, Geschwader, kar(r)iert, Quatember, Kar(r)ee geschloss. vierseit. Gefechtsform.

Quai s. Kai.

quaken lautm. ndl. *kwaken* ebenso quieken, quackeln = sinnlos schwatzen.

Quäker *m* eig. Spottname d. 1649 gestift. Sekte (eng. *quaker* Zitterer).

Qual *f* ah. *quāla*, ah. *quēlan* Pein leiden, quälen, oldenb. pl. *Kuskellen* Zahnschmerzen, aeng. *cwalu* Tod, eng. *to kill* töten, eng. *quell* vernichten, unterwerfen; urv. lit. *gėlà*, aslaw. *žalĭ* Schmerz.

Qualifikation *f* Befähigung, um 1800 v. fz. *qualification;* z. lt. *quālis* wie beschaffen, *facio* mache; Qualität *f* 16. Jh.

Qualle *f* 16. Jh. ndl. *kwal*, z. quellen; Qualster *m* nordd. zäher Schleim.

Qualm *m* 16. Jh. mnd. *qualm*, ndl. *kwalm*, schw. *kvalm* Dunst; z. quälen u. quellen.

Quantität *f* 16. Jh. v. lt. *quantitās* Größe, Menge, z. *quantus* wie groß.

Quappe *f* s. Kaulquappe, as. *quappa*, urv. aslaw. russ. *žaba* Frosch; vgl. quabbelig.

Quarantäne *f* 17. Jh. v. fz. *quarantaine* (Zeit) v. vierzig (Tagen) z. lt. *quadrāgintā* 40; Reisesperre bei Seuchengefahr, ursp. 40 Tage dauernd.

Quark *m* Käseart, wertlose Sache, mh. *twarc*, *quarc*, v. poln. *tvarog* (weiterhin v. tatar. *turak?*).

quarren brummen, plärren, ah. *kërran*, mnd. *karren* lautmal., dazu (17. Jh.) **Quarre** mißtönendes Musikinstrument u. – im Reim auf Pfarre – Eheweib: »Erst die Pfarre dann die Quarre.«

Quart *n f* Viertel e. Maßes, e. Bogens, v. lt. *quarta (pars)* vierter (Teil); ~a *f* »vierte« (Klasse); ~al *n* Vierteljahr; ~ett *n* 18. Jh. v. it. *quartetto;* ~ier *n* 16. Jh. Stadtviertel, Lager, Herberge.

Quarz *m* mh. *quarz*, v. tschech. *kwardy (tvrdy)* ~ z. aslaw. *tvrudu* hart; entl. fz. eng. *quartz*, * Zwerglein, mu. *quarg*, md. *querch* Zwerg (»Bearbeiter der Erze«).

quasseln 19. Jh. nd. dummes Zeug sprechen, v. nd. *quasen*, *dwāsen* (z. dösen) schwatzen; vgl. nd. quedeln »faseln« (z. ah. and. *quedan* sagen); Quasselstrippe *f* umg. Telefon.

Quaste *f* Quast *m;* Büschel, Troddel, mh. *quast(e)*, schwed. *kvast* z. idg. Wz. * *gvos*-Gezweig, urv. apoln. *gwozd* Bergwald, gr. *bóstrychos* Büschel.

Quästor *m* (lt.), Quästur, noch an Hochschulen, v. lt. *quaestor: quaerĕre* *Untersuchungsrichter, später Finanz- u. Archivbeamter.

Quatember *m* Vierteljahr; kirchlich: Mittwoch, Freitag u. Samstag z. Anfang d. 4 Jahreszeiten als Fasttage (»Asch, Pfingst, Kreuz, Luzei: Mittwoch darauf ~ sei«), v. lt. *quattuor tempora* vier Zeiten (fz.

Quatre-Temps) spätestens seit Leo d. Gr. (440–61).

Quatsch *m* Unsinn, z. quatschen, lautm., pl. auch twatsch »töricht« (Kleist, Zerbr. Krug 9. Sz. »Ein twatsches Kind«).

queck † lebendig, tautol. quicklebendig, ah. *quec.* **Queck||e** *f* eig. lebendige (Pflanze), weil unausrottbar; eng. *quitch-grass* ∼engras; ∼silber *n* ah. Lüs. v. mlt. *argentum vivum*, mu. Quickgold (am Christbaum); s. keck, verquicken; Kochbrunnen (Wiesbaden), ah. *quëcbrunno.* O.N.: Quickborn.

Quell *m*, **Quelle** *f* mh. z. *quëllen*, ah. *quëllan* schwellen, quellen, urv. ai. *galati* trieft, gr. *blýein* aufwallen, *balaneîon* Bad.

Quendel *m* ah. *quënala, chonila* v. lt. *conīla*, gr. *konílē;* mh. *quen(d)el.*

quengeln nörgeln, 18. Jh., zu mh. *twengen* zwängen, zwingen; für *qu/tw* vgl. Quark, Quarz.

Quentchen *n* mlt. *quintīnus*, mh. *quentīn*, $^1/_4$ (urspr. $^1/_5$) Lot, v. lt. *quintus* d. 5.; s. Quinta.

quer mh. *twër*, ah. *dwër(ch)*, pl. dwēr, dwars, dwaß, got. *þwaírhs* zornig; urv. lt. *torquēre* drehen, gr. *á-traktos* Spindel; überzwerch; ∼-feldein; durch∼en, um 1880, Entd.-Reis.; ∼schläger *m* 20. Jh.; ∼treiber nd. *dwarsdrīver;* s. Zwerchfell, Quirl. O.N.: Zwerenberg.

Querul||ant *m* Nörgler, z. lt. *querulus* gern klagend; ∼ieren.

Quetsch *f* mu. Zwetsche, s. d.

quetschen mh. *quetzen*, mnd. *quetzen*, ndl. *kwetsen*, z. nd. *quadderen* zerschlagen, urv. ai. *gandh-* stoßen; Quetsche *f* umg. kleiner Betrieb; Quetschkommode *f* umg. Ziehharmonika. **Quese** *f* Blutbläschen (gequetschte Stelle); Drehwurm, mnd. *quasenworm.*

quick s. queck, keck.

quieken nh., quietschen lautm., vgl. quäken, »hell quaken«.

quienen nd. md. kränkeln, nicht recht gedeihen; quienig »schwächlich«; mh. mnd. *quīnen*, ndl. *kwijnen*, urv. ai. *jīna-* alt (auch z. ags. *dwīnan*, eng. *dwindle* schrumpfen?).

quinkelieren hoch singen, v. *quintelieren*, v. mnd. *quintēren* v. mlt. *quintare* in Quinten singen.

Quint||a *f* v. lt. *quinta (classis)* fünfte (Klasse); ∼essenz *f* Inbegriff, Kern v. *quinta essentia*, eig. 5. Stoff, Äther, feinster Stoff, z. d. 4 alten Elementen (Paracelsus), s. Essenz; ∼ett *n* 18. Jh. v. it. *quintetto*, s. Quentchen. F.N.: Quentin wie in St. Quentin * Heiligenn. *Quintīnus;* O.N.: Quint b. Trier (röm.) 5. Meilenstein.

Quirl *m* mh. *twirl*, ah. *dwiril* Rührstab, z. mh. *twërn*, ah. *dwëran* drehen, eng. *twirl;* verw. quer, Zwerch-, urv. lt. *trua*, gr. *torýnē* Rührlöffel.

Quissel *f* westd. alte Jungfer, Betschwester; ndl. *kwezel.*

quitt mh. *quīt* los, frei, v. afz. *quite*, mlt. *quittus*, lt. *quiētus* ruhig, frei, z. *quiēs* Ruhe; ∼ieren, ∼ung *f.*

Quitte *f* ah. *qitina* u. *chutina* v. lt. *quidōnia (cydonia)* u. *cotōnea* gr. *kydonéā, kydṓnion mālon* (dor. Apfel) u. *kodýmālon*, kleinasiat. Ursprungs aber angel. an d. Stadt Kydonia auf Kreta.

Quiz *m* (Rätsel-)Fragen-Stellen (auch im Rundfunk und Fernsehen) v. amerik. *quiz* Fragenstellen, Examen (19. Jh.), mu. Abkürz. v. *quest(ion)* fragen, forschen?

quosen, quasen s. quasseln.

Quote *f* Anteil, Verhältnisteil, lt. *quotus* der wievielte?, vgl. eng. *quota* »Dividende«. Quotient Teilzahl, ∼wert, lt. *quotiens* wie oft?

R

Rabatt *m* Nachlaß, Abzug v. Preise, 17. Jh. v. it. † *rabatto* (z. *rabattere* abziehen) v. lt. *re* zurück, *ab-battuo* schlage ab, s. Debatte, Batterie.

Rabbiner *m* 17. Jh. v. hebr. *rabbi (rabbuni)* mein Meister.

Rabe *m* mh. *rabe, rappe, ram*, ah. *rabo, hraban*, schwäb. u. ostfränk. Krabb, pl. Raw, ndl. *raaf*, an. *hrafn*, ags. *hræfn*, eng. *raven*, schw. *ramn*, dä. *ravn;* wohl lautmal.; der Rabe (wie d. Wolf) galt als heiliges, siegverheißendes Tier, dah. viele P.N.; Förstemann verzeichnet 125 männl., 17 weibl. mit Rabe zgs.: Wolfram, Wallraf, Wallrawe (Waldrabe), Bertram glänzender ~, falls nicht z. Rand; Wychgram Kampfrabe, Rabo (in lt. Form: Hrabanus); s. Rappe, Rappen. Kolkrabe noch jetzt i. Hannover vereinzelt, pl. Odensvagel. O.N.: Rambach, Ramberg, Ramsau, Ravensburg, Ramersdorf b. Bonn, Ramstein (Rheinpfalz).

rabiat mlt. *rabiātus: rabiēs* Wut, Tollheit, um 1700.

Rabitzwand *f* leichte Zwischenwand aus verputztem Drahtgeflecht; der gewöhnlich als Namensvater angegebene Berliner Maurer K. Rabitz (1878) müßte erst noch nachgewiesen werden. Vgl. Vertiko.

Rabulist *m* v. lt. *răbŭla* Zungendrescher, Rechtsverdreher z. *rabĕre* toll sein.

Rabuse s. Rapuse.

Rache *f* ah. *rāhha*, got. *wraka* Verfolgung, ndl. *wraak* Rache, z. **rächen,** mh. *rĕchen*, ah. *rĕhhan (wrĕhhan)*, got. *wrikan* verfolgen, *wraks* Verfolger, ags. *wrĕcan* vertreiben, rächen, eng. *wreak* rächen, z. idg. Wz. *wreg* verfolgen, woher auch lt. *urgeo* bedränge, gr. *eírgō (*ewergo)* schließe ein, ablg. *vragŭ* Feind, lit. *var̃gas* Not; Part. gerochen (dicht.); s. Recke, Wrack.

Rachen *m* ah. *rahho*, * *hrahho*, ags. *hrace* Kehle, urv. ai. *kharjati* knarrt, gr. *kradsō* schreie (Perf. *kékrāga)*.

Racker *m* Taugenichts, eig. Schinder, wahrsch. z. pl. racken zus.fegen (Kot, Abfall), s. Rechen; sich abrackern.

Racket (Rakett) *n* eng. Schläger, auch Schneeschuh, fz. *raquette* Schlagnetz: arab. *rāha* Handfläche.

Rad *n* mh. *rat*, ah. *rad*, urv. lt. *rota*, lit. *rātas* ~, Mz. *rātai* Wagen, *ritù* rolle, ind. *ratha* Wagen; Kornrade and. *rado* ~ (Kelchblätter gleichen ~speichen); s. rasch; rädern auf d. ~ hinrichten, ~ebrechen eig. dasselbe, Radebreche, dann bildl. Worte radebrechen, mißhandeln; ~eln, ~ler *m* Ende 19. Jh., Rädelsführer *m* 16. Jh. z. bayr. Rädel kleines Rad, kleiner Kreis Zus.stehender, jetzt nur i. bösem Sinne.

Radar *n* Funkortungsgerät, nach 1940 v. eng. ~ **ra***dio* **d***etection* **a***nd* **r***anging*.

Radau *m* Lärm, Ende 19. Jh.; vgl. stud. Randál, schles. Rant, Lärm (angel. an Skandal), lautm., wie gr. *rháthagos?* vgl. Klamauk (Berlin).

radieren 15. Jh. v. lt. *rādĕre*, schaben; s. rasieren.

Radieschen *n* 17. Jh. v. fz. *radis*, ndl. *radijs* z. lt. *rādīx* Wurzel; **radikal** gründlich, v. d. Wurzel aus, 17. Jh., volkset. nordd. ratzekahl; s. Rettich.

Radio *n* um 1920 v. amerik. it. ~ Rundfunk drahtlose Übertragung v. Wort, Ton und Bild.

Radium *n* chem. Grundstoff, ~bad »radioaktive Heilquellen«.

Radius *m* Halbmesser, v. lt. *radius* Stab, Strahl, Halbmesser; s. Rute.

raffen mh. *raffen*, eng. *rap*, **Raffke** *m* umg. Neureicher (n. 1. Weltkr.), s. reffen; ähnlich nach 2. Weltkrieg (aber nur als Romanfigur und nicht allgemeinsprachlich geworden): Grapsch.

raffiniert geläutert, verfeinert (bes. Zucker), dann bildl. durchtrieben, 16. Jh. v. fz. *raffiner* z. *fin*, it. *fino* fein, vgl. abgefeimt. Raffinesse < *raffinement* + *finesse*.

ragen z. mh. *rac* straff, steif, rege, s. regen, Rahe, ags. *ofer-hrægan* über~; urv. gr. *krossai* Zinnen, tschech. *krokva*, poln. *krokiew* Dachsparren.

Raglan *m* Mantel mit angeschnittenem Ärmel, um 1870 v. eng. ~ (n. General Raglan im Krimkrieg).

Ragout *n* fz. 17. Jh. z. *ragouter* d. Appetit reizen (*goût* Geschmack) z. lt. **re-ad-gustare* (z. *gustus* Geschmack) wieder Eßlust geben.

Rahe *f* Segelstange, mh. *rahe*, dä. *raa*, an. *rā*, ndl. *rā*, z. regen.

Rahm *m* mh. *roum*, pl. Rohm, mnd. *rōm*, an. *rjūmi*, ags. *rēam*; urv. viell. awest. *raochna* Butter.

Rahmen *m* ah. *rama*, mnd. mndl. *rame*, urv. lit. *remti*, ai. *ramnāti* stützt; s. Gerämś; ~heer, vgl. fz. *cadre*.

Rain *m* mh. ah. *rein* Ackergrenze, urv. ir. *roen* Weg; ~farn ah. *reinefano* = »Grenzfahne«. An~er (südd.) = Grenznachbar; Rennsteig, ~-stieg *m* Grenzweg (auf d. Thüringerwald).

Rakete *f* 16. Jh. v. it. *rocchetta*, Vkl.: *rocca* Spinnrocken (*rocchetto* Spindel, Stab der ~).

ramm||en (Pfähle, ein Schiff) z. Ramme *f* Fallklotz, ~sporn; ~bär, ~eln, ver-~eln, ~ler *m* männlicher Hase, eng. *to ram* stoßen: *ram* Widder, an. *ramr* stark, viell. urv. aslaw. *ramĕnŭ* heftig.

Rampe *f* 18. Jh. v. fz. *rampe* Auffahrt, z. *ramper* klettern stammverw.: **ramponieren** stark beschädigen, it. *rampognare* stark ausschelten: *rampone* eiserner Haken (v. germ. * *rampōn* z. rümpfen).

Rams *m* Bärenlauch, mnd. *ramese*, ags. *hramse*, eng. *ramson*, schwed. *rams(lök)*, urv. air. *crem*, lit. *kermùše*, russ. *ceremša*.

Ramsch *m* nordd. bunt zus.gewürfelte, billige Ware, 19. Jh. z. rotw. *ramschen* betrügen (z. hebr. *rammā' ūth* Betrug); auch: Spielart beim Skat, z. fz. *ramas* (z. *masse*) Haufe, Plunder.

Rand *m* mh. ah. *rant* Schildrand, dann allg.; ags. *rand*, an. *rǫnd* Schild; aus ~ u. Band (eig. v. Fässern), a. gl. Wz. Ranft = Rand, mu. »ein Ränftchen Brot«; F.N.: Hartranft.

Rang *m* 17. Jh. v. fz. *rang*, das auf ah. *hring* Ring zurückgeht, ~ieren 18. Jh. v. fz. *ranger*, s. Ring; ar~ieren, de~ieren, aus~ieren.

Range *f* um 1500 *rangen* böse Buben, ~ *Mutterschwein, s. ringen.

rank in ~ u. schlank (rank = flink, bewegl.), mnd. ndl. ~, ags. mndl. *ranc*; urv. ai. *r̥ñjáti* reckt sich.

Ranke *f* ah. *hranca* Waldrebe, mnd. mndl. *ranke*; z. ai. *śr̥ñgam* Horn?

Ränke Mehrz. (mh. *ranc* schnelle Wendung), listige Anschläge, Kniffe, eig. Krümmung; ags. *wrenc*, eng. *wrench*, s. renken, Ränkeschmied *m*, im eigentl. Sinne früher auch Ringeschmied; jem. d. Rang (d. krummen Weg) ablaufen, schwäb. der Rank auch Umrank = Straßenkurve, nicht z. Rang, s. renken, ringen.

Ranunkel *f* Hahnenfuß, v. lt. *rānunculus* kleiner Frosch, z. *rāna* Frosch also Pflanze, die an feuchten Stellen wächst, wo sich Frösche aufhalten.

Ranzen *m*, **Ränzel** *n* 17. Jh. Trag-, Reisesack, Schultasche v. Leder.

ranzig 18. Jh. v. ndl. *ransig* z. lt. *rancidus* stinkend über fz. *rance*.

Ranzion *f* † Lösegeld f. Kriegsgefangene, ~ieren einen »freikaufen«, fz. *rançon*, lt. *redemptionem* Loskaufung.

Rapier *n* 16. Jh. v. fz. *rapière*, eng. *rapier;* viell.: germ. *raspōn* (s. Raspel).

Rappe *m* schwarzes Pferd, **Rappen** *m* Schweizer Münze (ursp. e. i. Freiburg-Br. geprägte Münze m. schlecht ausgef. Adlerkopf), desgl. Kolmar~ (1291 des Herrn v. Rappoltstein); Nf. z. Rabe (Knappe – Knabe); be~n bezahlen aber n. hebr. *rappō jerappē* bezahle die Arztkosten!, Exodus 21, 19 (19. Jh.).

rappeln (es rappelt bei ihm) nd., eng. *rap* klopfen; vgl. ält. nh. *raffelen* klappern, lärmen, irre sein, nicht verw. mlt. *raptus* Anfall, *Verzückung, Ergreifung (lt. *rapere)*.

Rapport *m* fz. 17. Jh. Meldung, Bericht.

Raps *m* 18. Jh. mh. *rabsāme*, nd. *rapsād*, eng. *rapeseed;* 1) z. lt. *rāpa* Rübe.

Rapunzel *m f* Salatpflanze, v. mlt. *rāpuncium*, it. mu. *raponzolo*, 16. Jh.; (< * *radice puntia* z. lt. *phū* »Baldrian« < gr. *phoû)*.

Rapuse *f* *Kerbholz, 15. Jh. v. tschech. *rabuše* in Luthers Bibel in d. ~ geben = Plünderung.

rar v. fz. *rare*, lt. *rārus* selten, 17. Jh.

rasch ah. *rasc* feurig, lebhaft, *raskezzan* Funken sprühen, eng. *rash* hastig, dä. schw. *rask* gesund; z. got. *raþs*, ah. *rad* leicht; urv. air. *rethim* laufe; über~en.

Rasen *m* mh. *rase*, mnd. *wrase*, oberd. Wasen, pl. Wrosen, Wrausen, entl. fz. *gazon* aus ah. *waso*.

rasen mh. (md.) mnd. mndl. *rāsen* wüten, ags. *ræsan*, an. *rāsa* eilen, vgl. eng. *race* Lauf v. an. *rās*, urv. gr. *eroē* hast. Bewegung, Andrang, lt. *rōrārii* *rosarii (Mz.) Plänkler, Angriffstruppe; dazu Rosenmontag *m* im Karneval, eig. rasender Montag.

rasieren 17. Jh. v. ndl. *raseren*, fz. *raser* z. lt. *rādĕre* schaben, s. radieren.

räsonieren eig. m. Vernunftgründen untersuchen, dann schelten, schimpfen, 17. Jh. v. fz. *raisonner* z. lt. *ratio* Überlegung, Vernunft, s. Rate.

Raspel *f* 16. Jh. z. raspeln wie Raspe *f* Reibeisen, 16. Jh. v. fz. *raspe (râpe)* z. ah. *raspōn* raffen, zus.scharren, s. Rapier.

Rasse *f* 18. Jh. v. fz. *race*, it. *razza*, v. arab. *rās* Kopf, Ursprung, Anfang; Rassenkampf *m* um 1850 (Gobineau); rassisch 1922, ~nschande 1935.

rasseln mh. *razzeln* lärmen, nd. *rateln* klappern z. eng. *rattle* Rassel, urv. gr. *kradaínō* schüttle, *krótalon* Klapper, »Ratsche«, *krótos* (ags. *hratele);* ~ = durchfallen (stud.).

Rast *f* ah. *rasta*, and. *resta* Ruhelager, ags. *ræst*, eng. *rest*, schw. dä. *rast*, got. *razn* Haus, *rasta* ~, Meile *Maß, bestimmte Wegstrecke; verw. mit Ruhe; zur Rüste gehen (v. d. Sonne) zur Ruhe, untergehen; s. Ruhe. O.N.: Rastatt.

Rat *m* mh. ah. *rāt* Mittel, Vorrat an Nahrungsmitteln, Rat, and. *rād* Beratung, ags. *ræd;* zu Rate halten = z. Vorsorge bewahren; sparsam verwalten, es wird ~ = Abhilfe; s. Gerät; Vor~, Un~, Ver~. ~en ah. *rātan*, got. *ga-rēdan* auf etw. bedacht sein, ags. *rædan*, eng. *read* raten, lesen, urv. air. *imm-rādim* überlege, aslaw. *raditi* sorgen (s. Vor~); ent~en; ~sam, ~schlagen, ~haus *n*, ~schluß *m*, rätlich; s. Heirat. P.N. Konrad s. kühn; afries. *Rēdbad* = Ratbod, 2) (ge)bieten, vgl. *rēdieva* = ags. *rædgiefa* Ratgeber.

Rate *f* 19. Jh. v. lt. *(pars) rata*

berechneter (Teil) z. *reor* urteile; Ration *f*, rationell, rationieren, Rationalismus *m;* s. räsonieren.

ratifizieren (e. Vertrag) gut heißen, gültig machen, bestätigen, v. lt. *ratus* fest, gültig, *facio* mache (fz. *ratifier).*

Rätsel *n* mh. *rātsal*, and. *rādisli*, ags. *rædels*, eng. *riddle*, z. raten.

Ratte *f* pl. Rott, ah. *ratta*, ags. *ræt*, eng. *rat*, viell. Nagende u. urv. lt. *rādĕre*, *rōdĕre*, kymr. *rhathu* raspeln; ~nkönig *m*, Land~ (bildl.), mu. **Ratz** *m* (hess. auch Iltis, rhein. Feldtaube): mh. *ratze f* (< * *rat(i)so?).*

Raub *m* mh. *roup*, ah. *roub*, and. *rōf*, ags. *rēaf* Beute, Rüstung, dem Feinde entrissenes Kleid; daher fz. *robe*, it. *roba* Kleid; rauben, ah. *roubōn*, got. *biraubōn*, ags. *reafian*, eng. *reave;* urv. lt. *rumpĕre* (Perf. *rūpi)* brechen; entl. fz. *dérober*, it. *rubare;* Räuber *m*, ~bau *m*, ~staat *m* um 1830 f. afrikanische Seeräuber- u. thüring. Kleinstaaten; s. raufen.

Rauch *m* ah. *rouh*, pl. Rok, ags. *riec*, eng. *reek*, anord. *reykr;* viell. urv. alban. *rē* Wolke; s. riechen; rauchen; O.N. Reykjavik Rauchbucht; ah. *rouhhen* räuchern.

Rauchwaren Mehrz. Pelzwaren, Rauchwerk, z. rauch † mit Haaren bewachsen, s. rauh.

Räude *f* mh. *riude*, ah. *rūda*, and. *hrūtho* (Schorf), ags. *hruđe*, an. *hruđr.*

rauf||en ah. *roufan*, got. *raupjan*, and. *rōpian* rupfen, ags. *riepan* ausreißen, abrupfen, z. Raub; Raufe *f* (für Pferde); ~erei *f* um 1800; ~bold *m* s. bald; rupfen.

rauh mh. *rūch*, ah. *rūh*, eng. *rough*, dä. *ru;* urv. lit. *raūkas* Runzel; ~bein *n*, ~haardackel *m* (Bems v. Röderberg), ~reif *m*, ~frost *m*, älter Rauchfr.; Rauchnächte neb. ~nächte; s. Rauchwaren, Runzel;

Raugraf *m* mh. *rūgrāve*, Graf in rauhem Gebiet d. Rheinlandes. Rauhes Haus b. Hamburg, 1833 v. Wichern gegr., ist eig. Haus e. Gärtners Ruge. Rumohr, Dorf b. Kiel, dann F.N., eig. Rugemoor, rauhes (mit Gebüsch bewachsenes) Moor.

Raum *m* mh. ah. and. ags. got. *rūm*, eng. *room*, pl. Rum, eig. das Geräumige, viell. urv. lt. *rūs* Land, air. *rōi* Ebene, ablg. *ravinŭ* eben, toch. *ru-* öffnen; Ab~ (bergmänn.), räumen, einräumen, geräumig, geraume Zeit, aufgeräumt (bildl.), nordfries. *rym Hart;* nicht verw. ist anberaumen.

raunen ah. *rūnēn*, and. *rūnon*, ags. *rūnian*, eng. *roun* flüstern, heiml. reden; mh. *rūne* heimliche Rede, got. *rūna* Geheimnis, urv. lt. *rumor* Geräusch, urv. o. Lw. air. *rūn* Geheimnis; s. Rune, Alraun.

Raupe *f* and. *rūpa*, mh. mnd. mndl. *rūpe;* viell. im Ablaut z. Robbe.

Rausch *m* 16. Jh. z. rauschen, mh. *rūschen*, *riuschen*, mnd. *rūsen* lärmen, ags. *hryscan* krachen, eng. *rush* stürzen; Geräusch *n;* pl. Nebenf. runschen (v. d. Sense, vom Bach).

räuspern mh. *riuspern*, *riuspe(l)n*, wohl urv. lt. *rūspāri* suchen.

Raute *f* (Pfl.) ah. *rūta*, v. lt. *rūta*, gr. *rhȳtē* (~nblüte); dann auch = schiefes Viereck, Rhombus.

Razzia *f* v. alger.-arab. *ghāzija* Streif-, Kriegszug, über fz. it. *razzia* Streifjagd auf Gesindel; um 1840.

re- s. Liste 54.

reagieren, auf etwas (zunächst chemisch) v. lt. *re* zurück, *agĕre* wirken; Reaktion *f* Rückschlag, Gegenwirkung (bes. i. d. Politik) 19. Jh;. s. Redakteur, Akt.

real wirklich 17. Jh. v. mlt. *reālis* z. *rēs* Sache; s. reell, Rebus. ~isieren, ~ismus *m*, ~politik *f* 19. Jh., ~schule *f* 1706 v. Semler geb. W. (1. ~schule 1747 v. Hecker i. Berlin gegr.).

Rebe *f* ah. *rëba;* urv. lt. *rēpere* kriechen, lit. *rėpliốti*, ablautend *roplóti* kriechen.

Rebell *m* Aufrührer, 16. Jh. v. fz. *rebelle*, z. lt. *rebellis* eig. d. Krieg wieder aufnehmend *(re* wieder, *bellum* Krieg); ~ion *f*, ~isch.

Rebhuhn *n*, pl. Rappohn, mh. *rĕphuon*, ah. *rēbahuon*, urv. russ. *rjabka*, ablg. *rębŭ* bunt, gr. *orphnós* dunkel, also v. d. gesprenkelten Farbe.

Rebus *m* 18. Jh., fz. *rébus*, * satir. Bilderrätsel *de rēbus* über (städt.) Dinge (ursp. um 1600 in d. Pikardie).

Rechen *m* ah. *rëhho* z. *rëhhan*, got. *rikan* aufhäufen (s. Racker), urv. lt. *rogus* Scheiterhaufen, gr.-sikeliot. *rhogós* Schober, Scheune; **rechnen** ah. *rëhhanōn*, ags. *reconian*, eng. *reckon;* im Ablaut z. ah. *rahha* Rechenschaft, Sache, urv. lt. *regere* gerade richten, mir. *rēn (< * reg-no-)* Spanne, ai. *ráji-* Reihe, toch. *rakh*inbreiten; s. ruchlos, geruhen; Rechnung *f*, Rechenschaft *f*.

recht mh. ah. *rëht*, got. *raíhts*, ags. *riht*, eng. *right*, urv. lt. *rēctus*, * auf~ = gr. *o-rektós*, altes Part. z. *rego* lenke, richte; Recht *n*, ~en, ~s, ~fertigen, ~schaffen s. schaffen; ~schreibung *f* 16. Jh. Lüs. v. gr.-lt. *orthographia;* Ge~same *f*, An~ *n*, Vor~ *n*, richtig, Richter *m*, Bericht *m*, Richtschnur *f*, verrichten, unverrichteter Sache; s. recken, Regel.

Reck *n* 1816 v. Jahn eingeführt, nd. *reck* lange Stange, mnd. *reck*, mndl. *rec*, ndl. *rek*.

Recke *m* mh. *recke*, Held, ah. *recheo*, and. *wrekkio* Verfolgter, Verbannter (eng. *wretch* Elender), v. Wieland erneuert, angelehnt an »recken« (Vorstellung d. Hochgewachsenen) z. Rache, Wrack; entl. vlat. *waracionem*, davon fz. *garçon* Troßknecht. Umg. Rekel, langer, ungeschliffener Mensch; sich rekeln.

recken ah. *recchen*, got. *uf-rakjan*, urv. gr. *o-régein*, lt. *por-rigĕre*, air. *rigim* recke.

Redakteur *m* Schriftleiter 18. Jh. v. fz. *rédacteur* z. lt. *redigĕre* anordnen, s. reagieren, Akt.

Red||e *f* ah. *redia*, got. *raþjō* Rechenschaft, urv. lt. *ratio* Rechnung, Zahl, Vernunft; ~en, zur ~stellen, ~ stehen, ~lich; Ausrede; Redensart *f* um 1600 Lüs. v. fz. *façon de parler*.

Redoute *f* fz. 17. Jh. Verschanzung; Maskenball, z. lt. *reductus* zurückgeführt, also Ort d. Zurückziehens, geheimer Ort; reduzieren einschränken, v. lt. *redūco* führe zurück.

Reede *f* nd., 17. Jh. schriftd., mnd. *reede*, *reide*, mnl. *rēde*, eng. *road* Weg, Reede, verw. m. (be)reit, z. mnd. *reden*, mh. *reiten* ausrüsten, nh. bereiten; eig. Ausrüstungsplatz f. Schiffe, eng. *ride at anchor;* ~r, ndl. *reeder*.

reell zuverlässig, 18. Jh. v. fz. *reel*, z. mlt. *realis;* s. real.

Refektorium *n* Speisesaal i. Klöstern u. Burgen, v. spätlt. *refectōrius* erquickend *(re* wieder, *facio* mache, stelle her), auch verkürzt zu **Remter** *m*.

Refer||at *n* Bericht = lt. *referāt* er möge B. erstatten (vgl. *imprimātur* »Druckerlaubnis«), ~ent *m* Berichterstatter, ~endar *m* zunächst Jurist, übh. höh. Beamter im Vorbereitungsdienst, z. *refero* berichte, referiere, (schweiz.) Referendum Volksgenehmigungsverfahren.

Reff[1] *n* Rückentrage, ah. mh. *rëf*, an. *hrip*, urv. lett. *kribas* Stab, Schlittenboden, lt. *corbis* Korb.

Reff[2] *n* altes Weib, ah. *hrëf*, ags. *hrif* Bauch, urv. lt. *corpus* Körper.

Reff[3] *n* 18. Jh. Segelkürzvorrichtung, eng. ndl. *reef*, schwed. *ref*, z. reffen.

reffen nd. die Segel zus.binden, an. *rif: rifa* Reff, reffen.

reflekt||ieren Licht zurückwerfen, nachdenken, in Aussicht nehmen, 17. Jh. v. lt. *reflectĕre* zurückbiegen; ~ant *m*, Reflex *m*, Reflexion *f*.

Reform *f* 18. Jh. v. fz. *réforme* Umgestaltung, z. lt. *re* zurück, *forma* Gestalt; ~ieren 15. Jh.; ~ation *f* kirchlich 16. Jh.; s. Form, Uniform.

Refrain *m* fz. 18. Jh. v. Bürger m. Kehrreim übs., z. lt. *refringĕre* zurückbrechen; s. Fragment.

Refraktion *f* nlt. Strahlenbrechung, *re* zurück u. *frangere* brechen; s. Refrain.

Regal *n* (für Waren, Bücher) 17. Jh. viell. v. it. *riga* Zeile, Reihe, v. ah. *rīga* Reihe.

Regalien Mehrz. v. lt. *(jūra) rēgālia* königliche (Rechte).

regalieren† bewirten 17. Jh. v. fz. *régaler*, aus sp. *regalar* ~, *regalo* Geschenk.

Regatta *f* 18. Jh. v. it. venez. *regata* Boot-, Gondelwettfahrt, z. *riga*, * Gondelreihe; s. Regal.

Regel *f* ah. *rĕgula* v. lt. *rēgula* Lineal, Richtschnur, z. *rego* lenke, richte gerade, s. Regent; ~detri lt. *regula de tribus* ~ v. d. dreien; regeln, regulieren, Reglement *n* fz., Regulator, Ordner, Pendeluhr.

regen mh. *regen*, Bew. z. mh. *regen* emporragen, also eig. ragen machen: rege, 16. Jh. lebhaft; Regung *f*, Anregung.

Regen *m* ah. *rĕgan*, got. *rign*, ags. *regn*, eng. *rain*, urv. lit. *rokė* Staubregen, lt. *rigare* bewässern; regnen; ~bogen, ah. *rĕganbogo*, eng. *rainbow;* ~schirm *m* 18. Jh. n. fz. *parapluie*.

Reg||ent *m* 16. Jh. v. lt. *regens* z. *rego* leite; s. reich; ~ieren, ~ie *f* (bes. i. Theater) v. fz. *régie* 18. Jh.; ~isseur *m* Spielleiter; ~iment *n* Herrschaft, militärisch 16. Jh.; ~ion *f* Gegend, 15. Jh. v. lt. *regio* Richtung.

Register *n* Verzeichnis, ~ der Orgel, Blattweiser, 14. Jh. v. mlt. *registrum* = lt. *regesta* z. *regero* trage zurück; Regesten Mz. »Urkundenverzeichnis«, Registrator *m*, Registratur *f*.

Reh *n* mh. *rēch*, ah. *rēh(o)*, ags. *rāhdēor* (Rehtier), eng. *roe*, an. *rā*, dä. *raa*, urv. air. *rīabach* grau, gefleckt; dazu wohl (im grammat. Wechsel?) **Ricke** *f* 18. Jh. O.N.: Rechberg, schwäb. O.N. Raichberg, F.N. ~fuß.

Rehe *f* Fußerkrankung der Pferde, mh. *ræhe* zu mh. *ræhe* ›steif‹.

reiben ah. *rīban*, mnd. *wrīven;* dazu nd. *ribbeln*, urv. gr. *rīpé* Stoß; auf~, gerieben (beide bildl.).

Reich *n* mh. *rīche*, ah. *rīhhi* Reich, Herrschaft, got. *reiki*, an. and. *rīki*, pl. Rik, ags. *rīce*, eng. fehlt, schw. *rike*, dä. *rige;* wohl eher im Ablaut z. reichen: germ.* *rīkja-* Bereich (vgl. Zfdph 76, 80), als entl. aus kelt. *rīg* Herrscher (urv. lt. *rēx* Gen. *rēg-is*, ind. *rājā* König); reich mh. *rīche*, ah. *rīhhi* mächtig, v. hoher Abkunft, viel besitzend, daher it. *ricco*, fz. *riche;* Alt ~ *n*, ~lich, ~tum *m*, ~swehr (1921–35). P.N.: Richard (Reichert, Reichard(t), Rickert, Riechert) der durch Macht Starke, entl. it. *Ricardo;* Friedrich Friedensfürst, Dietrich, got. *þiudareiks* Volksfürst.

reich||en, sich erstrecken, geben, mh. ah. *reichen*, ags. *ræcan*, eng. *reach*, z. recken; urv. lit. *ráižytis* sich recken; ge~en, Be~ *m*.

reif mh. *rīfe*, ah. *rīfi*, pl. rip, ags. *rīpe*, eng. *ripe*, eig. was geerntet werden kann, ags. *rīpan* ernten; ~lich.

Reif[1], **Reifen** *m* mh. ah. *reif* Seil, Kreis, pl. Reep, Reepschläger = Seiler, Reeperbahn, Röpergasse in Danzig, got. *raips* Riemen, vgl. isl. *reifa* wickeln, s. Reff (am Segel), ags. *rāp* Seil, eng. *rope* Tau; ~rock *m* 18. Jh. F.N. Raiffeisen.

Reif[2] *m* mh. *rīfe*, ah. *rīfo*, *hrīfo*, pl. Rip, and. *hrīpo;* daneben an. ags. *hrīm*, eng. *rime*, obd. Reim »Reif«; urv. lett. *krèims* Sahne.

Reigen, Reihen *m* mh. *reie*, *reige*, v. afz. *raie* Tanz; z. Reihe, ah. *rihan* anreihen?

Reihe *f* mh. *rihe*, ah. *rīga* Linie, pl. Reig, mnd. *rege*, ags. *rāw*, eng. *row*, urv. ai. *rēkhā* Strich, Linie, *rikháti* reißt auf, gr. *ereíkein* aufreißen; s. Riege.

Reiher *m* mh. *reiger*, ah. *reigir*, *heigaro*, and. *hreiera*, ags. *hrāgra*, an. *hegri*, dah. fz. *héron* Reiher, *aigrette* Reiherbusch; lautm. **hraigr-*, urv. kymr. *crygg* heiser, aslaw. *kriku* Geschrei, gr. *krízō* kreische, s. Häher.

Reim *m* mh. *rīm* Vers (bei Reuter Rimels Verse), v. afz. *rime* v. ah. *rīm* Reihe(nfolge), Zahl *rhythmische Rede im Mannring (Thing)? urv. air. *rīm*, gr. *arithmós* Zahl.

rein mh. *reine*, ah. *hreini*, got. *hrains*, and. *hreni*, Grbd.: gesiebt, gesichtet, urv. gr. *krínō*, lt. *cerno* scheide, sichte, s. Krisis; *Reiter f* mu. südwestd. »Sieb«, ah. *rītera*, ags. *hriddel*, eng. *riddle*, urv. lt. *cribrum* Sieb.

Reineclaude *f* Pflaumenart n. d. französ. *Königin Claudia*, d. Gemahlin Franzens I.; mu. (österr.) Ringlotte.

Reineke de Vos mh. *Reinhart*, ah. *Raginhart* rateskundig, got. *ragin* Rat, Beschluß; davon nd. Reineke (Endung -ke, -chen, s. Nelke) u. fz. *renard*, das *goupil* (v. lt. *vulpēcula* Füchschen) verdrängte; Regine (nicht v. lt. *regīna* Königin: *m Régino);* Reinhold, Reinwald durch Rat waltend, entl. it. Rinaldo, s. walten. F.N.: Reinke, Ranke, Kf. Renz. O.N.: Gen. Reinerz (Besitz) des Reinhard.

Reis[1] *n* (Zweig), mh. ah. *rīs*, älter *hrīs*, and. *rīs*, anord. *hrīs*, germ. **hrisa*, z. got. *ushrisjan* abschütteln, schw. dä. *ris*, urv. apreuß. *craysi* Halm, lt. *crinis* Haar; Reisig, ah. *risahi* (schwäb. Reisach) *n.*

Reis[2] *m* mh. *rīs* v. it. *riso*, fz. *riz*, eng. *rice*, gr. *óryza*, z. ind. *vrīhíş; bahu-vrīhi* viel ~ (habend): aind. Beispiel f. e. Kompositionstyp (entsprech. dt. Dickkopf = e. dicken Kopf habend).

Reise *f* ah. *reisa* Aufbruch, Zug, bes. Kriegszug, Heerfahrt, z. mh. *rīsen*, ah. *risan* steigen/fallen, ags. *rīsan*, eng. *rise* sich erheben, aufgehen (v. d. Sonne), got. *urreisan* sich erheben; viell. urv. aslaw. *rištǫ* laufe; **reisen**; Reisige, Mehrz. zum Heereszug Gehörige, meist z. Pferde Dienende, Kriegsleute; Reislaufen; mh. *reisec* beritten; s. rieseln.

reißen ah. *rīʒan* (eig. *wrīʒan)*, pl. riten reißen, einritzen, schreiben (die Runen einritzen), auf Buchenstäbchen zeichnen (got. *writs* Strich), and. *wrītan*, afries. *wrīta*, ags. *wrītan*, eng. *write* schreiben, an. *rīta* schreiben; Reiß- (Zeichen-) brett *n* 17. Jh., Reißzeug *n*, Reißfeder *f*, Riß *m*, Umriß *m*, Ritze *f*, aus~, ent~, hin~, zer~, s. reizen.

reiten mh. *rīten*, ah. *rītan* sich fortbewegen, fahren, reiten *(reita* Wagen), pl. riden, ags. *rīdan*, eng. *ride* reiten, fahren *(road* Straße, s. Reede), an. *rīda (reid* Wagen), urv. air. *rīad* fahren, reiten, kelt. *rēda* Wagen (s. Pferd); Reiter *m*, entl. fz. *reître*, 16. Jh. Hugenottenkriege; Dachreiter, Prinzipienreiter, Schimmelreiter (Storm), Ritter *m* mh. *ritter* v. mndl. *riddere* Lbi. n. fz. *chevalier;* rittlings, Rittmeister *m*, s. bereit, dagegen Reuter, mnd. *ruter* Krieger z. Pferd, mndl. *ruiter* Wegelagerer (oft z. Pferd), : mlt. *rutārius: ruta*, *rupta* Schar s. Rotte.

reiz||en ah. *reizen*, an. *reita*, Bew. z. reißen, ~ *m*, Lieb~, ~end 17. Jh. f. ält. liebreizend, ~bar.

rekeln s. Recke.

Reklama||tion *f* Zurückforderung, Einspruch, 16. Jh. v. lt. *reclāmātio*

Gegengeschrei; ~ieren, Reklame *f* Heine 1840 v. fz. *réclame;* s. de~, proklamieren.

rekognoszieren 16. Jh., lt. *recōgnōscĕre* wiedererkennen, auskundschaften.

Rekonvaleszent *m* 18. Jh. v. lt. *re* wieder, *convalēsco* werde gesund.

Rekord *m* Höchstleistung (zunächst i. Sport) 19. Jh. v. eng. *record* aufzeichnen, z. lt. *recordāri* wieder ins Gedächtnis (*cor* Herz) bringen; s. Akkord, kordial, Konkordat.

Rekrut *m* 17. Jh. v. fz. *la recrue* neu angeworbene Mannschaft, eig. Part. z. *recroître* wieder wachsen, also Nachwuchs, dann der einzelne; s. konkret, Bursche, Kamerad, Frauenzimmer.

Rektor *m* 14. Jh. v. lt. *rector magistrorum et scholarium* z. *rego* leite; s. Direktor, Regent.

relativ sich beziehend, verhältnismäßig, 18. Jh. v. spätlt. *relātīvus* z. *relātus* Part. Pass. v. lt. *referre* zurückbringen, vor jem. zur Beurteilung bringen; ~itätstheorie (Einstein).

relegieren (v. d. Schule, Hochschule) 16. Jh. v. lt. *relēgāre* zurück-, fortschicken, verweisen.

Relief *n* fz. 18. Jh. erhabene Bildarbeit, z. lt. *relevāre* i. d. Höhe heben (z. *lĕvis* leicht, also eig. leichter machen).

Religio||n *f* 16. Jh. v. lt. *religio*, Gottesverehrung, wahrsch. nicht z. *religāre* festbinden, sondern z. *relĕgo* lese wieder, überdenke (Andacht); vgl. gr. *a-légō* nehme Rücksicht, habe Ehrfurcht; vgl. *dīlĭgĕre* »hochachten«, Gegent. *neg-lĕgere;* ~ös 18. Jh. v. fz. *religieux.*

Relikten Mehrz. Hinterbliebene, 18. Jh. v. lt. *relicti* z. *relinquo* lasse zur.; **Reliquie** *f* Überrest v. Toten, bes. Heiligen, v. lt. *reliquiae* Überreste.

Reling *f* 18. Jh. Decksgeländer d. Schiffes, eng. *railing* Gitter, Geländer, *rail* Riegel, Schlagbaum, Gitter, Schiene; z. mnd. *regel* Querholz, s. Riegel.

Reminiszenz *f* 18. Jh. z. lt. *reminisci* sich wieder erinnern; Sonntag *Reminiscĕre* gedenke!

Remise *f* fz. 18. Jh. Wagenschuppen z. lt. *remissus*, Part. z. *remitto* stelle zurück.

Remonte *f* fz. 18. Jh. Pferdeersatz beim Heer, z. *remonter* wieder beritten machen.

rempeln 19. Jh. stoßen, durch Student.-Sprache aus dem Nd.

Remuneration *f* 18. Jh. v. lt. *remūnerātio* Wiedervergeltung, Vergütung.

Renaissance *f* v. fz. *renaissance* (14. Jh.) z. *renaître*, lt. *renāsci* wiedergeboren werden, Wiedergeb. der antiken Kunst u. Wissenschaft, it. *rinascimento* (zuerst Giorgio Vasari 1550).

Rendant *m* fz. um 1800 Part. z. *rendre* wiedergeben, Rechnung ablegen (lt. *reddĕre* zurückgeben); s. Rente.

Rendezvous *n* fz. 17. Jh. zunächst milit., Imp. begebt euch (dorthin) z. fz. *se rendre;* s. Stelldichein.

Renegat *m* 17. Jh. eig. Christ, d. Mohammedaner wird, dann übh. Glaubensabtrünniger, v. lt. *renegāre* ableugnen, verneinen; s. negativ.

Renette *f* Apfelart (mu. andere Bez. Rabau, ndl. *rabauw)*, n. d. Farbe: fz. *rainette* Laubfrosch, Vkl.: afz. noch mu. *raine* v. lt. *rāna* Frosch; dann volkset. z. fz. *reine* Königin (v. lt. *regina)* als Verkl.: *reinette*, eng. *rennet.*

renitent 18. Jh. v. fz. *rénitent* z. lt. *renītī* sich entgegenstemmen.

renken mh. ah. *renken*, ags. *wrencan*, eng. *wrench* drehen, zu ringen, Ränke, Ranke, urv. gr. *rhémbō* drehe, lit. *reñgtis* sich krümmen, lt. *vergĕre* sich neigen, gerichtet sein, ai. *várjati* wendet, dreht, entl. sp. *arrancar* losreißen; ver~.

rennen eig. rinnen machen, Bew. z. rinnen, got. *urrannjan* aufgehen lassen; Rennsteig, s. Rain.

Renomm||ee *n* Ruf, 18. Jh. z. fz. *renommer* wieder ernennen, rühmen; ~ieren, prahlen, stud. um 1800; ~ ist *m* um 1700; s. nobel, Nominativ.

renovieren 16. Jh. v. lt. *re* wieder, *novus* neu.

Rent||e *f* mh. *rente*, v. fz. *rente*, it. *rendita* Part. z. mlt. *rendere*, lt. *reddĕre* zurückgeben, zahlen; ~ieren, ~abel, ~ner *m*, ~ier *m;* s. Rendant.

Rentier *n* 16. Jh. v. schw. *rendjur*, an. *hreinn*, ags. *hrān*, eng. *reindeer*, z. gr. *kéras* Horn, *kriós* Widder; volkset. an rennen angel.

reparieren wiederherstellen, 16. Jh. v. lt. *reparāre*, Reparation = Buße.

Repertoire *n* Spielplan, um 1800, v. fz. *répertoire*, z. lt. *repertōrium* Verzeichnis (*reperio* finde wieder).

repetieren wiederholen, 16. Jh. v. lt. *repetĕre* wieder verlangen; s. Appetit, Petition, kompetent.

Reporter *m* Berichterstatter f. Zeitungen, 19. Jh. v. eng. *reporter*, lt. *re* zurück, *porto* trage; s. Rapport, Export, Import, Porto.

Repräsent||ant *m* Vertreter 18. Jh., ~ieren 16. Jh. z. lt. *re-* u. *praesens* gegenwärtig.

Repressalie *f* fz. *représaille*, Wiedervergeltung 16. Jh. v. mlt. *reprensaliae* Zurücknahme d. Genommenen, z. *reprehendo* nehme zurück.

Reptil *n* 19. Jh. v. lt. *reptīlis* kriechend; bildl. 1869 ~ienpresse *f*, ~ienfonds *m*.

Republik *f* 17. Jh. von fz. *république*, z. lt. *rēs* Sache, *pūblica* öffentlich, * zunächst: *pūbēs* d. erwachs. Männer, »was d. erw. Männer angeht, erst dann an *populus* angel.« (Lamer); s. Publikum, Pöbel, populär.

Requiem *n* Akk. v. lt. *requiēs* Ruhe, Seelenmesse, Musikstück dazu, 18. Jh. v. lt. *requiem aeternam dona eis* gib ihnen d. ewige Ruhe; s. quitt.

requirieren (bes. milit.) 15. Jh. v. lt. *requīrĕre* nachforschen, fordern.

resch s. rasch.

Reseda *f* eig. Imp. z. lt. *resēdo* stille, heile; *resēdā morbos* heile die Krankheiten! (Plin. hist. nat. 27, 131); 18. Jh., vorher: Wau, s. d.

Reserv||e *f* 17. Jh. v. fz. *réserve* z. lt. *reservo* behalte zurück; ~atrechte 1870 ff., ~ieren, ~ist *m*.

Residenz *f* i. M.-A. v. mlt. *residentia* Wohnsitz; residieren, lt. *residēre*.

Resignation *f* Verzicht, Entsagung, 16. Jh. v. mlt. *resignātio*.

resolut entschlossen, 17. Jh. v. lt. *resolūtus* zügellos, z. *resolvĕre* losmachen; ~ion *f* 16. Jh., dafür Entschließung 20. Jh., z. lt. *resolūtio* Auflösung, Erklärung.

Respekt *m* Achtung, 16. Jh. v. lt. *respectus* Zurückblicken, Rücksicht; s. Prospekt, Spektakel, Inspektor.

Rest *m* Übrigbleibendes, um 1400 v. it. *resto*, fz. *reste*, z. lt. *re-stāre* zurückstehen, -bleiben; s. Arrest.

Restaur||ant *n* 2. Hälfte 19. Jh. v. fz. *restaurant* (1765), z. lt. *restaurāre* wiederherstellen; ~ation *f* Wiederherstellung polit. Zustände, beschädigter Kunstwerke, d. Körperkräfte (Wirtshaus).

Resultat *n* Ergebnis, 17. Jh. v. fz. *résultat* z. mlt. *resultāre* sich ergeben.

Resümee *n* Zs.fassung, 19. Jh. v. fz. *résumé:* lt. *re-sūmo* nehme wieder auf.

Retorte *f* 18. Jh. v. fz. *retorte*, lt. *retortus* z. *re* zurück *torqueo* drehe.

retour 18. Jh. fz. zurück, s. Tour.

retten ah. *rettan*, afries. *hredda*, ags. *hreddan* entreißen, eng. *rid* frei machen, urv. ai. *śratháyati* löst.

Rettich *m* ah. *rātīh*, v. lt. *rādīc-em*

(Akk.) Wurzel; s. Radieschen; Meer~.

retuschieren überarbeiten um 1800, v. fz. *retoucher* wieder berühren.

Reue *f* mh. *riuwe*, ah. *hriuwa*, Schmerz, an. *hryggr* traurig, ags. *hrēow*, eng. *rue* klagen (*ruth* Mitleid), reu||en, ~ig, ge~n = ndl. *berouwen;* urv. ai. *karuṇā* Mitleid.

Reuse *f* Korb z. Fischfang aus Rohr, ah. *riusa*, z. got. *raus;* s. Rohr.

reuten (oberd.) mh. *riuten*, ah. *riutan;* urbar machen (Reuthacke); md., nd. Nf. dazu im Ablaut **roden,** viell. z. Wz. *ruth* rütteln, lockern (Bäume), *rendh* roden, urv. awest. *raviđya* – »urbar zu machen«; s. rütteln, rutschen u. -rode in Liste 54. Rote Erde (Westfalen) weder z. rot noch z. rauh, sondern viell. gerodete E. O.N. Rütli, Reutte b. Füssen; schwäb. Ruit, Kreuth = Gereut.

revanchieren (sich), meist i. gutem Sinne, 18. Jh. v. fz. *revancher* zu lt. *re-vindico* räche.

Reverenz *f* v. lt. *reverentia* Scheu, Ehrerbietung.

Revers *m* fz. 18. Jh. z. lt. *reverto(r)* kehre um; s. Vers, pervers.

revidieren 16. Jh. v. lt. *revidēre* wieder durchsehen; Revision *f*, s. Vision; Revisor *m* 17. Jh.

Revier *n* mh. *rivier* Ufer, Bach, Bezirk v. fz. *rivière* Fluß, Ufer, it. *riviera* Ufer z. lt. *rīpa* Flußufer; s. Rival.

Revolte *f* 17. Jh. v. fz. *révolte* z. *révolter* aufwiegeln; Revolution *f* 16. Jh. Umdrehung d. Himmelskörper, dann Staatsumwälzung, v. lt. *revolūtio* z. *revolvēre* zurück-, umwälzen; Revolver *m* eng. 19. Jh. eig. Drehpistole, ~presse n. 1870.

Rezens||ent *m* 18. Jh. v. lt. *recēnseo* durchmustere, beurteile; ~ion *f;* s. zensieren, Zensur.

Rezept *n* jetzt (ärztliche) Vorschrift (z. Bereitung eines Mittels); ursp. *Rp.* = *recipe*! an d. Patienten: »Empfange (in d. Apotheke) ein n. Vorschrift d. Arztes anzufertigendes Heilmittel«; dann (Vermerk d. Apothekers) *receptum* (v. d. Kranken), 15. Jh. v. lt. *recipio* ich empfange; s. Präzeptor.

rezit||ieren 16. Jh. v. lt. *recitāre* öff. vorlesen; ~ativ *n* Sprechgesang; s. zitieren, Zitat.

Rhabarber *m* 16. Jh. v. it. *rabarbaro*, d. auf pers. *rēwend*, gr.-lt. *rhēum*, an *Rhā* Wolga, *bárbarum* ausländisch angelehnt, zurückgeht.

Rhapsodie *f* v. gr. *rháptō* nähe zs., *ō(i)dḗ*, *aoidḗ* Lied; Rhapsoden hießen i. Griechenland d. wandernden Sänger, die Homers Dichtungen vortrugen u. erweiterten.

Rhein *m* ah. *rīn*, wohl kelt. Ursprungs (vgl. *Reno)* u. viell. z. idg. Wz. *sreu*, gr. *rhéō* fließe; s. Strom, Elbe, Rheumatismus.

Rhetorik *f* 15. Jh. v. gr. *rhḗtorikḗ (téchnē)* Rede(kunst) z. *rhḗtōr* Redner.

Rheumatismus *m* z. gr. *rheũma* Fluß, Krankheitsstoff, z. *rhéō* fließe; s. Katarrh.

Rhinozeros *n* mh. *rinōceros* v. gr. *rhīnókerōs* z. *rhīs* Nase, *kéras* Horn, s. Horn.

Rhododendron *n* gr. *rhódon* Rose (Rhodos Roseninsel) u. *déndron* Baum, s. Oleander, Teer, Holunder.

Rhotazismus *m* Übergang des s in r: gr. *rhō* (neue Wortbildung), s. Liste 31.

Rhythmus *m* ah. *ritmus*, v. gr.-lt. *rhythmós* Zeitmaß, Ebenmaß, Tonfall d. Rede, Tongang, z. *rhýomai* ziehe.

Ribes *f* südd. Johannis-, Stachelbeerstrauch (Ribisel Johannisbeere), v. spätlt. *ribesium*, v. arab. *rībās*.

-rich in Personennamen (Friedrich, Heinrich, Wegerich), s. Liste 54.

richt||en ah. *rihtan*, got. *garaíhtjan*, z. recht; ~ig, ~ung *f*, ~er *m*, ~schnur *f* = Norm, ab~en, hin~-en, unter~en, Nach~ *f*, Nach~er *m*.

Ricke *f* s. Reh.

riechen ah. *riohhan*, ags. *reocan* rauchen, eng. *reek* rauchen, dampfen; an. *rjuka*, s. rauchen.

Ried, Riet *n* Schilfrohr, m. Sch. bewachsene Gegend, pl. Reth, mh. *riet*, ah. *riod*, *hriot*, and. *hriod*, mnd. *rēt*, ags. *hrēod*, eng. *reed*, nd. reitgedeckte Katen; urv. lit. *krutù* rege mich, tochar. *kru* Rohr. O.N.: *Riade* (933), Rheydt, F.N.: Rehbinder, Riethmüller.

Riefe *f* nd. *rīfe*, eng. *rifle* gezogene Büchse. F.N. Riefenstahl; s. Riff.

Riege *f* Turn~ (Fr. L. Jahn), mh. *rige*, ah. *rīga*, z. Reihe, ah. *rīhan* anreihen, davon it. *riga* Zeile, Reihe, *rigoletto* Ringeltanz.

Riegel *m* eig. Querholz z. Verschließen, ah. *rigil*, mnd. *regel*, vermischt m. lt. *rēgula* Leiste, Latte.

Riemen[1] *m* Lederstreifen, mh. *rieme*, ah. *riomo*, ags. *rēoma*.

Riemen[2] *m* Ruder, ah. *riemo* v. lt. *rēmus*, gr. *eretmón* Ruder, (fz. *rame)*, s. Ruder.

Ries *n* 1000 Bogen Papier, mh. *riʒ* v. mlt.-it. *risma*, arab. *rizma* Bündel, Ballen.

Riese *m* ah. *risi*, *riso*, anfrk. *wrisil*, asächs. *wrisilīk* riesig, viell. urv. gr. *rhíon* < * *wrison* Bergspitze.

rieseln mh. *riselen* tröpfeln, z. ah. *rīsan* fallen; s. Reise; Rieselfeld *n* 19. Jh.; Riese *f* (südd.) Holzrutsche.

Riesling *m* 15. Jh. Traubenart, unerklärt.

Riester *m* Besatzfleck am Schuh, z. mh. *altriuʒe* Schuhflicker, nürnb. Altreiß, oberd. F.N. Riesterer.

Riff *n* 17. Jh. v. nd. *riff*, *reff*, eng. *reef*, dä. *rev*, an. *rif* Rippe u. Riff; übertr. wie fz. *côte* Rippe u. Abhang, Küste; s. Rippe.

Rille s. rinnen.

Rind *n* ah. *rind*, *hrind;* urv. gr. *kéras* Horn.

Rinde *f* ah. *rinta*, ags. *rinde*, z. ags. *rendan* reißen, urv. ai. *rándhram* Spalt.

Ring *m* ah. *ring*, *hring*, and. ags. *hring*, eng. *ring*, an. *hringr* Kreis; daher fz. *rang*, *harangue* öffentliche Rede, Anrede (< * *hari-hring)*, poln. *rynek* Marktplatz (noch stets viereckig); urv. aslaw. *krǫgŭ* Kreis, *krǫglŭ* rund; ~s, ~el *m*, verw. Rinke *f* (~en *m)* Schnalle, Spange; s. Rang, Range, Ränke, Runge.

ringen ah. *ringan*, pl. wrangen, wringen (Wäsche), eng. *wring*, got. *wruggō* Schlinge, Grbd.: winden, drehen; renken, Ranke, eng. *wrong* unrecht (gewunden i. Gegensatz z. gerade); er~, Errungenschaft *f;* s. wringen.

rinnen ah. got. and. ags. *rinnan* laufen, eng. *run*, anord. *rinna* fließen, schw. *rinna*, dä. *rinde*, got. *rinnō* Gießbach, viell. urv. aslaw. *rinąti* Bach, ai. *riṇā́ti* läßt fließen, gr. *o-rī́nō* bewege; blutrünstig; Runs, Runse *f* Wasserrinne, Schlucht; ent~, ge~, Rinne *f*, md. Renne; Rille *f* 18. Jh. mh. *rinnlīn;* Rinnsal *n*, Rinnstein *m*, s. rennen.

Rippe *f* ah. *rippa*, mnd. *rebbe*, ags. *ribb*, eng. *rib*, got. *hirni-reba* Hirnschale, an. *rif*, urv. gr. *eréphō* überdache, *orophḗ* u. *órophos* Dach, ablg. *rebro;* s. Gerippe, Riff; Rips *m* gerippter Stoff 18. Jh. v. eng. *ribs* Mehrz. z. *rib* Rippe.

Risiko *n* 17. Jh. v. it. *risico*, fz. *risque* Gefahr, v. mgr. *rhiza* Wurzel, Wagnis; u. beeinfl. v. arab. *risq* »Gabe« v. Gottes Gnade, Löhnung, Glück; riskant um 1800, riskieren 17. Jh.

Rispe *f* mh. *rispe* Büschel, Gesträuch, ah. *hrispahi* Gesträuch (z. *hrēspan* rupfen, raffen?), urv. lt. *crispus* kraus.

Riß *m* mh. *riʒ* Riß, ah. *riʒ* Furche, Strich, Buchstabe, ags. *writ* Schrift, got. *writs* Strich, Punkt; Zeichnung in Linien: urnord. *wraita-r* Ritzung, an. *(v)reitr* Ritze, Furche; Ab~, Grund~, Um~, Schatten~; s. reißen.

Rist *m* mh. *rist*, mnd. nd. afries. ags. eng. *wrist* Fuß-, Handgelenk, an. *rist* Fußspann; urv. lit. *ríeša* Pferdefuß; verw. ndl. *wreef*, *wreeg* Fußbiege (entl. fz. *guêtre* Gamasche), Reihen = Fußrücken; dazu **Riste** *f* Reiste = Flachsbündel.

Ritter *m* mndl. *ridder*, s. reiten; ~gut *n*, ~schaft *f*.

Ritu||al *n* 18. Jh. v. lt. *rituālis* z. *rītus* heiliger Gebrauch; Ritus *m* 17. Jh., ~ell 19. Jh.

Ritze *f*, **ritzen** mnd. *rete* z. reißen.

Rivale *m* Nebenbuhler, 18. Jh. v. lt. *rīvālis* z. *rīvus* Bach (eig. wer an dems. Bach wohnt, ihn mitbenutzt).

Roastbeef *n* eng. 18. Jh. Rost-, Rinderbraten.

Robbe *f* 17. Jh. v. ndl. *rob* (16. Jh.), viell. im Ablaut z. Raupe u. z. nd. *rubbelich* rauh, an. *rūfinn* borstig; ältere Namen sind mh. *sële*, ah. *sëlah*, eng. *seal:* s. Seehund; soldat. **robben** = auf dem Bauch liegend sich mit den Ellenbogen vorwärts bewegen.

Robe *f* fz. 18. Jh. s. Raub.

Robot *f* Frondienst, mh. *robāt*, *robolt*, v. tschech. *robota*, urv.: Arbeit; ~en = fronen; ~er *m* künstlicher Mensch (Capek 1920).

robust stark, 18. Jh. v. lt. *rōbustus* z. *rōbur* Steineiche (sehr hart), Stärke.

Roche[1], Rochen *m* Seefisch, mnd. *roche*, dän. *rocke*, ags. *reohhe*, *ruhha;* z. rauh n. d. rauhen Haut; eng. *roach* Plötze.

† **Roche**[2] pers. fz. Turm im Schach; Rochade, rochieren; mh. *roche* v. mlt. *rochus*, fz. *roc* (12. Jh.): span. *roque*, arab. *ruh*, pers. *rukh.*

röcheln mh. *rücheln* z. ah. *rohōn* grunzen, brüllen, dazu got. *hrukjan* krähen; urv. ablg. *krakati*, lit. *kraũkti*, lt. *crocire* krächzen.

Rock *m* mh. ah. *roc*, and. *hroc*, ags. *rocc*, an. *rokkr*, Grdb. viell. Gesponnenes, urv. air. *rucht* Wams, entl. mlt. *roccus*, fz. *rochet* Chorhemd.

Rocken *m* mh. *rocke*, ah. *roccho*, an. *rokkr*, entl. sp. *rueca*, it. *rocca* Spinnrocken; z. Wz. *rug* spinnen wie Rock.

Rodel s. Rolle.

rodeln bayr., Rodel * Kinderschlitten, um 1900 schriftd.

roden md. nd. oberd. reuten, s. dies.

Rogen *m* Sa. Fischeier, ah. *rogan*, eng. *roe*, anord. *hrogn;* Rog(e)ner *m* weibl. Fisch, Gstz. Milchner; urv. lit. *kurklė*, russ. *krjak* Froschlaich.

Roggen *m* nd. hd. Rocken, mh. *rocke*, ah. *rocko*, and. *roggo*, ags. *ryge*, eng. *rye*, an. *rugr*, urv. lit. *rugỹs* ~korn, Mehrz. *rugiaĩ*, ablg. *rŭžĭ*.

roh ah. *rāo (rāwēr)*, *rō*, and. *hrā*, ags. *hrēaw*, eng. *raw*, an. *hrār*, urv. lt. *crūdus* roh, blutig, hart *cruor* Blut, mir. *cru* Blut, gr. *kréas* Fleisch, aind. *kravíṣ* rohes Fleisch, s. Räude.

Rohr *n* mh. ah. *rōr*, got. *raus*, daher fz. *roseau;* urv. lit. *rušùs* geschäftig; vgl. Reuse; Röhre *f*, Röhricht *n*, Rohrdommel, mndl. *rōsedrommel*, ags. *rara-dumbla* (2. T. Schallw.). O.N. F.N. ~acker, ~bach.

röhren, rören (v. Hirsch), mh. *rēren*, eng. *roar* röhren, brüllen; urv. aslaw. *rarŭ* Schall.

Rókoko *n* 19. Jh. v. fz. *rococo* (1829) z. *rocaille* kleine Steine, Grottenwerk, z. *roc* Fels.

Rolle *f* mh. *rolle* v. mlt. *rotulus* Rädchen, Schriftrolle z. *rota* Rad (fz. *rôle*, it. *rotolo*, eng. *roll); Rodel f* bayer.-östr. Akten~ (schwäb.-schweiz. ~ *m);* **rollen** v. fz. *rouler*, mlt. *rotolāre* umdrehen; Roller *m*, Rollermobil (1956 aus Roller + Automobil; Geröll *n;* s. rund, Rotunde, Kontrolle, Rouleau.

Roman *m* fz. 17. Jh. eig. Dichtung in rom. Spr., afz. *romant;* ~tisch 17. Jh. = romanhaft, dann (18. Jh.) = empfindsam; ~tik *f* um 1800; ~ze *f* 18. Jh. v. fz. *romance;* ~ischer Baustil (1825f.). **Römer** *m* grünes Weinglas, z. rühmen =

prunken, »Prunkglas«; ~ *m* Rathaus in Frankfurt a. M., hier stand früher e. Gasthaus »zum Römer«.

Rondell *n* v. mlt. *rondellum* Runde, Kreis; Rondo *n;* s. rund, Rotunde.

rosa rosenfarben um 1800 v. lt. *rosa* Rose.

Rose *f* ah. *rōsa* v. lt. *rŏsa* (it. *rosa*, fz. *rose*, eng. *rose)*, gr. *rhódon*, äol. *bródon* = *wródon*, pers. W., armen. *vard*, dazu ags. *word* Dornstrauch; ~ *f* Krankheit 17. Jh. (n. d. Farbe); rosig, Rosenkranz *m*, Rosette *f* um 1800 v. fz. *rosette* Röschen; Wind~; s. Rhododendron.

Rosenmontag gehört zu rasen.

Rosinante *f* s. Roß.

Rosine *f* mh. *rosine* v. fz. *raisin* z. lt. *racēmus* Beere, Traube, gr. *rhāx*.

Rosmarin *m* 15. Jh. v. lt. *rōsmarīnus* Meertau (die Pflanze wächst am Mittelmeer), irrt. an Rose u. Marie angelehnt, ebenso eng. *rosemary*, viell. schon im Lat. volksetym. gedeutet.

Roß *n* mh. *ors*, *ros* Streitroß, ah. *ros*, *hros*, and. *hros*, ags. *hors*. P.N.: Horsa (Stute), eng. *horse*, dä. *hors*, urv. ai. *kū́rdati* springen; dah. fz. *rosse* Mähre, it. *rozza;* ~wag, ~schwemme. Rosinante (sp. *Rocinante*, Don Quijotes Pferd) von *rocín* »Klepper« u. *antes* vorher. O.N.: Roßbach (11), Orsoy, sprich Orsau (= Roßaue) am Niederrhein (?); Flußn. Hörsel = *Horsilaha*.

Rösselsprung *m* um 1800, oberd. (im Schachspiel). P.N.: Rosamunde Rosseschirmerin.

Rost¹ *m* (Eisenoxyd, Metall~), mh. ah. *rost*, ags. eng. *rust*, urv. ablg. *ružda*, lt. *rōbīgo* Rost, lit. *rudeti* rosten, z. rot.

Rost² *m* (Eisengitter), mh. ah. *rōst*, entl. it. *ar-rostire*, fz. *rôtir* (dah. eng. *roast);* ~braten *m* 17. Jh.; rösten, *germ. * *raustjan*, ah. mnd. *rōsten*.

rösten Flachs mürbe machen, mh. *roetzen* faulen machen, *roȝ* mürbe; Röste, worin man d. Flachs röstet, vgl. eng. *to rot* faulen; ver-rotten.

rot pl. rod, got. *rauþs*, ags. *read*, eng. *red*, urv. lit. *rudas* braunrot, ablg. *rŭdrŭ* rot, air. *ruad* rot, lt. *rutilus* rötlich, *ruber* rot, *rūfus* rötlich, gr. *erythrós* rot, ai. *rudhirás;* s. Rost¹. O.N.: Rothenburg, Rottenburg, Rottweil, Rottenmünster. Rote Erde s. roden. Rötel *m*, Röteln Mehrz. Krankheit. ~haut *f*, ~kehlchen *n*, ~wild *n*, ~spon *m* Rotwein, mecklenb. 19. Jh. z. pl. Spon = Span (Faß). Wohl v. mh. *rōt* »falsch« aus: **Rotwelsch** Gaunersprache, welsch = unverständl. Sprache, *rōt* = Bettler.

Rotte *f* mh. *rotte* v. afz. *rote* Trupp, Schar, e. ~ Wildschweine, z. mlt. *rupta (cohors)* Bruchteil (einer Kohorte) v. *rumpo* breche, (Korruption, Eruption); s. Route, Rudel; ausrotten, rotten, s. reuten, roden. Reuter *m* † Reiter, eig. Wegelagerer v. spätlt. *ruptuārius*.

Rotunde *f* v. lt. *rotundus;* s. rund, Rondell.

Rotz *m* Nasenschleim, ah. *hroȝ*, z. ah. *rūȝan* schnarchen, urv. gr. *kóryza* Schnupfen; ~nase, ~näschen (Goethe i. Werther).

Rouleau *n* rollbarer Fenstervorhang 18. Jh. z. fz. *rouler* rollen (fz. aber *store*, eng. Fremdwort).

Rout||e *f* Reiseweg 18. Jh. v. fz. *route* z. lt. *rupta (via)* durchgebrochene (Straße); ~ine *f* 18. Jh. eig. Wegekunde, dann Übung, Fertigkeit; ~iniert; s. Rotte.

Rowdy *m* gewalttätiger, roher Mensch, amerik. Straßenpöbel (1819), z. *row* lärmen.

Rübe *f* mh. *rüebe*, ah. *ruoba*, pl. Röw, urv. lt. *rapa*, *rāpum* Rübe, gr. *rhápys*, ablg. *rĕpa*, lit. *rope;* **Rübezahl** *m* mh. *rüebezagel* Rübenschwanz (eig. Spottname), dazu Raps (s. d.), * Rübensaat, mh.

ruobsāme, ah. *rāba* Rübe; s. Kohl rabi, Rapunzel.

Rubel *m* v. russ. *rubl'*, eig. abgehauenes Stück Silberbarren, verw. m. ai. *rūpiya* Münze.

Rubin *m* mh. *rubīn* v. mlt. *rubīnus* z. *rubeus* rot. **Rubrik** *f* Abschnitt, 15. Jh. eig. Überschrift m. roter Tinte z. lt. *ruber* rot od. *rubrīca* Rötel.

ruchbar bekannt nd. 16. Jh. z. mh. *ruoft*, md. *rucht*, Ruf (lautlich wie nd. Schacht z. hd. Schaft); s. Ruf, anrüchig, Gerücht, berüchtigt; **ruchlos** eig. unbekümmert, eng. *reckless* (nur noch i. schlechtem Sinn), frevelhaft, ah. *ruahhalōs*, mh. *ruochelōs* z. *ruahha*, *ruoche* Sorge; s. geruhen.

Ruck *m* ah. *rucch*, urv. lt. *vergĕre* sich neigen; rucken, rücken, ein~, be~, verrückt (beide: bildl.).

Rück||**en** *m* mh. *rücke*, ah. *rucki*, *hrukki*, pl. Rügg, and. *hruggi*, ags. *hrycg*, eng. *ridge*, urv. lt. *crux* Krummholz, ai. *krúñcati* krümmt sich; ~grat *n* (s. Grat), ~sicht *f* Lüs. v. lt. *respectus* (Lessing 1759), ~ständig 17. Jh., ~wärts 17. Jh., Rucksack *m* 19. Jh. (Alpenwort), schweiz. *rugg*sack (1551 f.); s. zurück.

Rüde *m* ah. *hrudeo*, *rud(i)o* großer männlicher Hund, meist Jagdhund, unerklärt, entl. lit. *kùrtas*.

rüde 17. Jh. v. fz. *rude* z. lt. *rudis* roh; s. Rudiment.

Rudel *n* (v. Hirsch- u. Rehwild) 17. Jh., z. bayr. *rudeln* rütteln?

Ruder *n:* ~n, an. *rōa* (dazu *Ruotsi*, d. alten skandin. Russen, Waräger Ruriks?), ags. *rōwan*, eng. *row*, ndl. *roeijen*, mh. *rüejen*, nh. rojen, dazu m. e. t-Ableitung, ah. *ruodar*, pl. Rauder, eng. *rudder* rudern, urv. lt. *rēmus*, * *rētsmos*, gr. *eretmón*, ind. *aritra;* s. Riemen².

Rudiment *n* meist i. d. Mehrz., Anfangsgründe, verkümmerte Organe, 18. Jh. v. lt. *rudimentum* Anfang, z. *rudis* roh; s. *rüde*.

rufen mh. *ruofen*, ah. *hruofan*, *ruafan*, got. *hrōpjan*, pl. raupen, ags. *hrōpan;* Beruf *m;* s. ruchbar, ruchlos, Ruhm, Gerücht, anrüchig, berüchtigt.

Rüffel *m* Verweis, 19. Jh. z. rüffeln (18. Jh.), eig. durch die Riffel, Hechel ziehen, durchhecheln, u. auch z. ostfries. *ruffel* Rauhhobel.

Ruffi *f* schweiz. Rüfi (Schillers Tell), Ruffine Bergsturz, rätorom. *ruvina*, lt. *ruīna*.

Rugby *n* v. eng.~ n. d. Ort, wo es zuerst gespielt wurde (1823).

rügen mh. *rüegen*, ah. *ruogen* anklagen, tadeln, got. *wrōhjan*, *wrōhs* Anklage, and. *wrōgjan*, *wrōge* Geldbuße; urv. lit. *rėkiù* schreie.

Ruhe *f* mh. *ruowe*, ah. *ruowa*, pl. Rauh, ags. *rōw*, anord. *rō*, *ūrō* Un~, urv. gr. *erōḗ* Aufhören, Rast; s. Rast, Rüste (nicht: geruhen).

Ruhm *m* mh. ah. *hruom*, and. *hrōm*, ags. *hrēam* (z. gleich. Wz. auch ah. *hruod*, got. *hrōþeigs* siegreich), urv. gr. *kḗryx* Herold, lit. *kar̃das* Echo, ai. *kīrti* Ruhm; rühmen, berühmt. P.N.: Rudolf ah. *Hruodwolf* (ruhmgierig), verk. Rollo, Rolf, *Raoul*, Roderich, Ruhmesfürst, Ruprecht, Robert *Hruodbëraht* ruhmglänzend, Rüdiger, Roger, Ruhmspeer, Rotraut Ruhmzauberin, Roland i. Lande berühmt, in über 50 Städten des Magdeburger Rechts als Standbild (Zeichen d. Marktrechtes u. der Gerichtsbarkeit).

Ruhr *f* mh. *ruore* Bauchfluß, ah. *hruora* heftige Bewegung, z. **rühren** mh. *rüeren*, ah. *ruoren*, and. *hrōrian* bewegen, rühren, ah. *hruorjan* (eng. *rear-mouse* Fledermaus), urv. gr. *keránnymi* mische; Aufruhr *m*, rührig, ehrenrührig, Rührung *f*, gerührt (bildl.).

Ruin *m* Untergang 17. Jh. v. lt. *ruīna* z. *ruo* falle, stürze; Ruine *f* erst 18. Jh. v. Ruin geschieden; ~ieren.

rülpsen 17. Jh., auch: rülzen, mh. *rülz* Flegel, lautm.

Rum *m* 17. Jh. v. eng. *rum*, malay. *brum*.

Rummel *m* Lärm, wertloses Zeug v. mh. *rummeln* dumpf schallen; rumpeln, eng. *rumble*, Gerümpel *n*, lautm.; Rumpelkammer *f*, Rumpelkasten *m*, entrümpeln.

Rumpf *m* md. *rumpf* (dafür mh. *botech*, ah. *botah*, eng. *body)*, bayr. *rampf* Baumstumpf; urv. aslaw. *rąbŭ* Lappen (?).

rümpfen (die Nase), ah. *rimphan* runzeln, ags. *hrimpan*, *hrympel* Runzel; urv. gr. *krámbos* eingeschrumpft, gr.-lt. *crambē* Kohl.

rund mh. *runt* v. fz. *rond* z. lt. *rotundus* radförmig *(rota* Rad); s. Rolle, Rotunde, Rondell; Runde *f*, ab~en, ~ung *f*, ~ling *m* runder Turm, ~reise *f* nach 1800 für fz. *tournée*, s. Liste 46. Rundfrage hat *Enquête* verdrängt; ~funk Lbi. f. Radio 1924.

Rune *f* altgerm. Schriftzeichen, 17. Jh. v. an. *rūn* Geheimnis, Rune; s. raunen. P.N.: nd. Gudrun, hd. Guntrun, Runhilde Kampfzauberin.

Runge *f* Stützbalken der Wagenseitenwände, mh. *runge*, ah. *runga*, got. *hrugga* Stab, aus d. Germ. russ. *chorúgvĭ* Fahnenstange, urv. aslaw. *krǫglŭ* rund; s. Ring.

Runkelrübe *f* 18. Jh., vgl. thür. Runken, »klotziges Stück Brot«; z. mh. *runke* Runzel.

Runzel *f* ah. *runzala*, Verkl. z. *runza* (< * *hrunkza* z. mh. *runke* Runzel); ~n (die Stirn).

Rüpel *m* grober Mensch, Kurzform *Rūpilo* v. Knecht Ruprecht, 16. Jh.; s. Ruhm, Metze, Stoffel, Janhagel.

rupfen ah. *ropfōn*, mh. *rupfen*, an. *ruppa* reißen z. raufen; ruppig nd. mu. (eig. wie ein gerupfter Vogel aussehend) 18. Jh., Ruppsack *m* (bildl.); Rupfe(n) *m f n* »grobe Leinwand«.

Rusch *m* Binse mu. nordd. mh. *rusch*, v. lt. *ruscus* Mäusedorn.

Rüsche *f* Halskrause aus Tüll, 19. Jh. v. fz. *ruche* Bienenkorb, mlt. (9. Jh.) *rūsca* Rinde (kelt.).

Ruß *m* ah. *ruoȝ*, and. *hrōt*, mndl. ndl. *roet;* urv. pers. *karī* Schmutz. F.N.: Rußwurm scherzh. f. Schmied.

Rüssel *m* mh. *rüeȝel* z. ah. *ruoȝȝan* Erde aufwühlen, eng. *root* aufw., ags. *wrōt* = aufwühlende Schweineschnauze, urv. lt. *rōstrum* Schnabel, Rüssel, *rōdere* nagen.

Rüste *f* nur in: zur ~ gehen; s. Rast.

rüst||en ah. *rusten*, *hrustjan*, ags. *hyrstan*, z. ah. *rust* Rüstung, ags. *hyrst* Schmuck, Rüstung, *hrēodan* schmücken; urv. lit. *kráudinu* lasse laden; ~ung *f*, ~ig eig. (m. Kraft) gerüstet, ent~et (nur noch bildl.), Ge~ *n*.

Rüster *f* Ulme, 16. Jh. ah. mh. *rūst; -ter* = eng. *tree* (wie in Holunder usw.); urv. ir. *ruaimm*.

Rute *f* pl. Raud (Meßrute: Rod), ah. *ruota*, and. *rōda* Kreuz, ags. *rōd* Kreuz, eng. *rood* Kreuz, urv. lt. *ratis* Floß, aslaw. *ratište* Speerschaft.

rutschen mh. *rütschen* gleiten, Rutsche Gleitbahn f. Holz; nd. Rutsch = Fußbank.

rütteln mh. *rüteln*, z. *rütten* schütteln, z. roden, reuten, »Bäume losrütteln«, zerrütten, urv. lt. *rutrum* Spaten z. *ruere* aufreißen.

S

Saal *m* mh. ah. *sal* Haus (m. *einem* großen Zimmer), Halle, Herrenhof, and. *selihūs* Saalhaus, got. *saljan* wohnen, *saliþwōs (f* Mz.) Herberge, ah. *selida*, mh. *selde* Wohnung; urv. ablg. *selitva* Wohnung, lt. *solum* Grund, Boden; entl.: fz. *salle* = *sal* + *halla*, it. *sala;* s. Salon, Geselle, ~tochter (schweiz.). P.N.: Selmar der i. Hause Berühmte. O.N.: Bruchsal = Brüssel 1. *bruch*, *brock* Morast; Uppsala hohe Säle.

Saat *f* mh. ah. *sāt*, and. *sād*, eng. *seed*, got. *sēþs;* ~krähe (westf. *sādkreige)*, urv. lt. *sata* (Mz.), s. säen, Same.

Sabbat *m* mh. *sābāot*, got. *sabbatō*, v. gr. * *sámbaton: sábbaton* z. hebr. *schabbāth* wöch. Feiertag, z. *schābáth* aufhören; Samstag *m*.

sabbeln, sabbern, 18. Jh. Speichel fließen lassen, ablaut. z. ags. *sīpan*, mh. *sīfen* tröpfeln.

Säbel *m* (krumm, während d. Schwert gerade ist), 15. Jh., v. poln. *szabla*, russ. serb. *sablja*, magyar. *száblya.*

Sabotage *f*, **sabotieren** 20. Jh. z. fz. *sabot* Holz-, dann auch Hemmschuh, fz. *saboter* * m. Holzschuhen treten, etw. ohne Sorgfalt tun.

Sacharin *m* Zuckerersatz, 1879 v. Fahlberg erfunden, v. gr.-lt. *saccharon* Zucker; dasselbe Wort ist Zucker. Seit 1. Weltkrieg: Süßstoff.

Sache *f* ah. *sahha* Streit, Rechtshandel, Angelegenheit, pl. Sak, got. *sakjō* Streit, z. got. *sakan* streiten, ah. *sahhan;* Widersacher *m*, Sachwalter *m* zeigen noch die enge Bed.; Ursache, Tat~ *f;* eng. *for my sake* um meinetwillen, eig. für meine Sache; sachlich, sächlich; s. suchen.

Sachsen Mehrz. Volksstamm n. ihrer Waffe, ah. *sahs* Stein (urv. lt. *saxum* Fels, Stein), dann Waffe Messer aus Stein; s. Messer, Hammer u. Liste 38. O.N.: Sachsa, Sachsenhausen (8), Sassenberg.

sacht nd. u. schwäb. 16. Jh. schriftd., oberd. s. sanft (Schacht – Schaft), eng. *soft.*

Sack *m* mh. ah. *sac*, got. *sakkus*, eng. *sack*, v. lt. *saccus*, gr. *sákkos* Sack, hebr.-phönik. *saq;* ~gasse *f* (vgl. Strumpfg., Kehrwieder!) 18. Jh., Säckel *m* v. lt. *saccellus;* einsacken; Sack südd. Tasche; aber sacken (versinken) ist (platt)dtsch.! (z. sinken).

sackerment, sapperment, sackerlot, sapperlot Beteuerung u. Fluch v. lt. *sacrāmentum* Abendmahl, Leib Christi oder *sacré nom (de Dieu);* s. Sakrament.

säen mh. *saejen*, ah. *sāen*, got. *saian*, pl. seien, ags. *sāwan*, eng. *sow*, urv. lt. *sĕrĕre*, *sēvi* habe gesät, aslaw. *sěti*, lit. *sė́ti*, tochar. *sāry* = säen, s. Same, Saat, Saison.

Saffian *m* Ziegenleder, 18. Jh. v. poln. *safian* n. pers. *sachtijān.*

Safran *m* Krokus, mh. *safrān* v. fz. *safran*, sp. *azafrán*, arab. *za'farān.*

Saft *m* ah. *saf*, ags. *sæp*, eng. ndl. nd. *sap*, urv. ai. *sabar-* Saft, lt. *sapa* Mostsaft (fz. *sève).*

Saga *f* altnord. Prosaerzählung, 19. Jh. v. an. *saga.*

Sage *f* ah. *saga* Rede, Erzählung, ags. *sagu*, eng. *saw* †, an. *saga*, Mz. *sögur* s. sagen; Ab~, Aus~, Zu~.

Säge *f* mh. *sëge*, ah. *sëga*, pl. Sag, ags. *sagu*, eng. *saw*, anord. *sög*, z. idg. Wz. *sek* schneiden, wozu lt. *seco* schneide, *secūris* Beil, aslaw. *sekyra* Harke, ah. *sahs* Schwert, Messer (s. dies) u. Sech *n* (am Pflug), s. Sense, Sichel.

sagen ah. *sagēn*, pl. seggen, ags. *secgan*, eng. *say*, urv. altlat. *insectio* Erzählung, *inseque*, *insece*, homer.

gr. *énnepe (* ensepe)* sage an!, lit. *sakýti* sagen, aslaw. *sočiti* anzeigen, air. *sagim* ich spreche; entl. sp. *sayón* Henker, Gerichtsdiener (eig. Sprecher); ab~, be~, ent~, unter~, ver~.

Sago *m* 18. Jh., malaiisch *sāgū* Palmen-Stärkemehl.

Sahne *f* mh. *sane*, viell. urv. ai. *sānu* Gipfel, Oberfläche der Somaseihe; vgl. *Obers* (mu.); od. v. mndl. *sāne* v. afz. *sāime:* lt. *sagīna* Fett? Schlag~ (oberd. Rahm).

Saison *f* fz. 18. Jh., lt. *satio* Saatzeit z. *sero* säe; s. säen.

Saite *f* mh. *seite*, ah. *seita*, z. idg. Wz. *sai* binden, wozu Seil; urv. lit. *saitas* Strick, ai. *syáti* bindet, gr. *hi-más* Riemen; s. Seil, Siele.

Sakko *m* (auch *n*) Ende 19. Jh. aus älterem Sack für einen entsprechenden Männerrock italianisiert zu ~.

Sakrament *n* sichtbares Zeichen zur Heiligung d. Menschen, kirchl. Gnadenmittel, mh. *sagkermente* hl. Abendmahl, v. lt. *sacrāmentum* Soldateneid, vor heiligen Bildern abgelegt, z. *sacer* heilig; ~alien * sichtb. relig. Zeichen; ~ar *n* Zs.-fassung der wichtigsten Messetexte. **Sakrileg** *n* lt. *sacrilĕgium* Entwendung von Heiligtümern *(sacra legere* sammeln), Gotteslästerung. **Sakristei** *f* v. mlt. *sacristia* Kirchenzimmer; s. Sigrist, Küster, Mesner.

Säkul||um *n* v. lt. *saeculum* Generation, Menschenalter, Zeitalter, Jahrhundert; vgl. got. *mana-sēþs* * Menschensaat: Welt; ~arisieren geistl. (Gebiet) in weltliches verwandeln, 17. Jh. v. fz. *séculariser.*

Salamander *m* v. gr.-lt. *salamandra* aus pers. *samandar (samand* feuerrot): 1. Molch; 2. »Feuergeist« (alchim., Paracelsus), 3. student.: ~ reiben, * m. angezünd. Branntwein gerieben.

Salär *n* Gehalt (18. Jh. meist *salārium)* v. fz. *salaire* eig. Salzgeld = durch Geld abgelöste Ration Salz d. Soldaten u. Beamten; Salat *m* mh. *salāt* v. it. *insalata* eig. gesalzene (Speise); s. Salz, Saline, Salmiak, Salpeter, Sauce, Sole, Sülze.

Salbader *m* 17. Jh. 1. alberne Rede, flache Weisheit, »alte Leier«, 2. langweil. Schwätzer; ~n; unerkl.

Salband *n*, nur an Sal- u. Band angeglichen, mh. *sëlbende* eigenes gewobenes Ende der Gewebe, nd. *selfende*, *sülfegge*, *sülfkante*, ndl. *selfegge* = *zelfkant.*

Salbe *f* ah. and. *salba*, ags. *sealf*, eng. *salve*, urv. gr. *élpos*, kypr. *elphos* Butter, Öl, ai. *sarpíṣ*, tochar. *sälyp* Schmalz, salben, got. ah. *salbōn.*

Salbei *f* ah. *salveia* v. lt. *salvia* Heilpflanze; s. Quacksalber.

Salbuch *n* Grund-, Urkundenbuch: ah. *sala f* rechtl. Übergabe e. Gutes, vgl. ags. *sellan* übergeben, eng. *sell* verkaufen, *sale* Verkauf; urv. gr. *heleīn* nehmen, lt. *consulere* d. Rat versammeln.

Saldo *m* it. lt. *solidus* fest; Ausgleich(sbetrag), Überschuß, Guthaben.

Saline *f* Salzwerk, 18. Jh. v. lt. *salīnae* (Mz.) (*sāl* Salz), s. Salär, Salat, Salz, Salmiak, Salpeter, Sauce, Soda.

Salm[1] *m* mh. *salme*, ah. *salmo* v. lt. *salmonem* (fz. *saumon*, eng. *salmon)*, viell. z. *salio* springe, also springender Fisch; für südd. u. westd. ~ im Osten u. Norden: Lachs.

Salm[2] *m* langes und breites Gerede, volkstümlich von Psalm gebildet.

Salmiak *m* 16. Jh. v. mlt. *sāl ammoniacum* eig. Salz, beim Tempel d. Jupiter Ammon gefunden; s. Ammoniak, Salär, Salat, Salz, Saline, Salpeter.

Salon *m* kl. Saal 18. Jh. v. fz. *salon*, it. *salone* gr. Saal; s. Saal.

salopp fz. *salope* schmutzigschlumpig, eng. *sloppy* nachlässig u. fz. *sale* trübe: mh. *sal;* um 1800.

Salpeter *m* pl. Zapeter, 15. Jh. v. lt. *sālpetra* eig. Salzstein (*sāl* Salz, gr. *pétra* Stein), hess. *solper (sulper)* Salzlake; ~fleisch, ~knochen; s. Salmiak.

Salut *m* 19. Jh. v. lt. *salūs* Heil, ~ieren, milit. grüßen, 16. Jh. v. lt. *salūto* wünsche Heil. **Salve** *f* Gewehr~ (milit.) 16. Jh. v. fz. *salve* z. lt. *salvē* sei gegrüßt (*salvus* gesund).

Salweide *f* (tautol.) mh. *salhe*, ah. *salaha* Weide, ags. *sealh*, eng. *sallow*, z. ah. *salo* schmutzig-grau; entl. fz. *saule*, urv. kymr. *helygen*, lt. *salix*, dah. Salizyl *n* Bitterstoff aus d. Rinde e. Weidenart. O.N.: Salach, Sollach, Salbke; Selke (Fluß i. Harz), Seligenstadt.

Salz *n* mh. ah. *salz*, got. and. an. schw. dä. eng. *salt*, urv. ai. *salilá* ~**ig**, Meer, lt. *sāl*, gr. *hals* ~ u. Meer, armen. *al*, air. *salann*, ablg. *solĭ*, lett. *sāls*, tochar. *sāle;* ursp. also: Meersalz; s. Sülze, Sauce, Sole, Saline, Salat, Salär, Salmiak, Salpeter, Soda. O.N.: Salza, ~ach, ~burg, ~brunn, ~gitter, ~hausen, ~schlirf, ~uflen, ~ungen, ~-wedel, pl. Soltwedel, Furt a. d. Salzquelle (wedel z. waten), Soltau Salzfluß, dann O.N. Selters (4), Sulz, Sulza; Saale Salzfluß; ndl. F.N. *Zoutman* Salzmann; Lüneb. Sülfmeister: *sülte, süln.*

-sam s. Liste 54.

Same *m* ah. *samo*, z. säen, urv. lt. *sēmen*, ablg. *sěmę* Same, s. Saison.

sämisch mit Fett (statt mit Lohe) gegerbtes Leder, mh. *semisch leder*, v. poln. *zamesz* Sämischleder z. türk. *semir* fett; od. z. Samland?

sammeln mh. *samelen*, ah. *samanōn*, z. *saman* zugleich, zusammen, urv. gr. *háma*, lt. *simul*, *sim-plex* einfältig, ind. *samanā* (eig. n. demselben Ort hin), got. *sama* derselbe, eng. *same*, s. -sam. Sammelsurium *n* 17. Jh. ursp. saures Gericht, dann zs.gerafftes Zeug; m. lt. Endung, s. Liste 14.

Samowar *m* 19. Jh. russ. Teemaschine, v. *sam* selbst + *war* Kocher.

Samstag *m* süd- u. westdtsch. für md. nordd. Sonnabend, ah. *sambaʒtag*, v. Sabbat (s. dies), gr. * *sámbaton*, rumän. *sămbătă*, mnd. *sāterdach*, ags. *sæterdæg*, eng. *Saturday* v. lt. *Saturni diēs* Saturnstag.

samt ah. *samant;* got. *samaþ;* sämtlich mh. *samentlich;* s. sammeln, -sam.

Samt, Sammet, *m* mh. *samit* v. mlt. *samitum*, v. mgr. *hexámiton* sechsfädiges Zeug (*hex* sechs, *mítos* Faden), s. Drillich, Zwillich, Tresse.

Samum *m* Wüstenwind, 19. Jh. v. arab. *samūm.*

Sanatorium *n* 19. Jh. z. lt. *sanāre* heilen; sanitär, Sanitätsrat *m;* Sanitäter *m* 1. Weltkrieg.

Sand *m* mh. ah. *sant*, ags. *sond*, and. schw. dä. eng. *sand*, entl. finn. *santa*, urv. gr. *ámathos psámathos;* ~ig, ver~en.

Sandale *f* 15. Jh. v. gr.-lt. *sandalium* Pantoffel, pers. *sändäl.*

Sandelholz gr. ind. *santalon* Farbholz (arab. *ṣandal)*, ai. *candanas: candrás* glänzend »n. d. lebhaften roten Farbe«.

Sandwich *n* belegtes Weißbrot, um 1870 v. eng. ~ n. John Sandwich († 1792).

sanft mh. *senfte*, ah. *semfti*, pl. sachten, and. (Adv.) *sāfto*, ah. *samfto*, ags. *sōfte*, eng. *soft*, Sänfte *f* 16. Jh., besänftigen; got. *samjan* zu gefallen suchen; s. sacht.

Sang, Sänger z. singen.

sanguinisch leichtblütig, heiter, 16. Jh. z. lt. *sanguis* Blut.

Sankt mh. *sante*, ah. *sancte*, v. lt. *sanctus* Heiliger, *sancta* Heilige, eig. Part. z. *sancīre* durch religiöse Weihe als unverletzlich feststellen. **Sanktion** *f*. O.N.: Xanten, mh. *Santen* (Siegfrieds Heimat) = *ad sanctos* Ort

b. den Heiligen; hier wurde e. christliche römische Legion aufgerieben; sp. Santander, St. Andreasberg. F.N.: Sintenis = *Sanctus Dionysius*.

Sanskrit *n* d. alte heilige Sprache des arischen Indiens; ai. *samskṛta* zs. geordnet, vollendet.

Sanskülotte *m* Revolutionär, Ohnehosen (v. Arndt verdtscht.), Jakobiner, d. keine *culotte* Kniehose, wie d. Adligen, sond. *pantalon* lange Hose trugen.

Saphir *m* v. gr. *sáppheiros* durch phönik. Vermittlung *(sappīr)*: ai. *šanipriyam* »v. Planeten Saturn geliebt«.

Sappe *f* Laufgraben, 17. Jh. v. fz. *sape* Karst, Haue, mlt. *sappa*, it. *zappa*, sp. *zapa*, fz. *sapeur* Schanzgräber.

sapperment s. sackerment.

Sardelle *f*, **Sardine** *f* 16. Jh. v. it. *sardella*, *sardina*, Verkl. z. *sarda*, volkset. an Sardinien angel., gr. *sárda* Thunfischart.

Sarg *m* ah. *saruh*, and. *sark*, wahrsch. volkstüml. gekürzt * *sarcus* aus lt. *sarcophagus*, aus e. kleinasiat. Stein verfertigt, in d. die Leiche schnell verweste; gr. *sarkophágos* eig. = fleischverzehrend. Nicht dazu Sargstedt b. Halberstadt, i. 11. Jh. *Siricstedi*, Ansiedlung des Sigirik (Siegesfürst); dazu **sarkastisch** spöttisch, Sarkasmus *m* beißender Spott, 18. Jh. v. gr. *sarkázō* zerfleische *(sárx* Fleisch).

Satan *m* mh. ah. *satanās*, bibl. gr. *satanās* v. hebr. *sātān* Widersacher.

Satin *m* mh. *satin* v. fz. *satin*: sp. *setuni*: arab. *zaituni*: *Tseu-tung* (chines. Seidenausfuhrhafen).

Satire *f* 18. Jh. v. lt. *satura*, eig. *satura (lanx)* gefüllte (Schüssel), dann Mischgedicht, endlich Spottgedicht, verw. m. *satis*, s. satt. Nicht verw. ist gr. **Sátyros** *m* Waldgott m. Ziegenfüßen.

Satisfaktion *f* 16. Jh. z. lt. *satis* genug, *facĕre* tun.

satt mh. ah. *sat*, got. *saþs*, and. *sad*, eng. *sad* traurig (Bed.-W.) eig. Part. (alt, zart u. a.), urv. lt. *satis* genug, *satur* satt, gr. *hádēn* ~sam, *á-atos* unersättlich; s. Satire.

Satte *f* nd., auch Sette, nordd. Napf, worin sich d. Milch setzt, 18. Jh.

Sattel *m* ah. *satal*, pl. Sadel, ags. *sadol*, eng. *saddle*, dä. *sadel*, z. idg. Wz. *sed* sitzen, ablg. *sedlo* ~; Sessel, siedeln; satteln, umsatteln, Sattler *m*.

Satz *m* mh. *saz* eig. Ort, wo etwas sitzt, liegt, Stellung, Lage, z. sitzen; aufsätzig noch b. Gottfr. Keller f. aufsässig. Auf~, Zu~, Grund~; ~ung *f*, s. setzen.

Sau *f* mh. ah. *sū*, and. ags. *sū*, pl. Säg, eng. *sow*, schw. dä. *so*, urv. lt. *sūs*, gr. *sȳs*, *hȳs*, air. *socc*, toch. *suwo*, ai. *sukarás* Schwein, eig. *su*-Macher; s. Schwein. Sudeten = Wildschweingebirge?

sauber ah. *sūbar*, ags. *sȳfre*, wohl v. lt. *sōbrius* nüchtern, mäßig, besonnen, daher auch fz. *sobre* nüchtern.

Sauce, Soße, Salse *f* 16. Jh. eig. Salzbrühe, v. fz. *sauce* z. lt. *salsa* *(salsus* salzig); aber mh. *salse* v. afz. *salse*; s. Salz, Salat, Sole, Sülze.

sauer mh. ah. *sūr*, pl. sur, ags. *sūr*, eng. *sour*, urv. ablg. *syrŭ* roh, lit. *sūras* salzig; entl.: fz. *sur* sauer, *surelle* ~ampfer *m*; ~kraut *n* entl. fz. *choucroute*; ~stoff *m* 1791 Lbi. n. fz. *oxygène*; ~töpfisch; Surius *m* scherzh. saurer Wein. Sauerland gehört z. Süd.

saufen ah. *sūfan*, pl. supen, ags. *sūpan*, eng. *sup* schlürfen, urv. ai. *sū́paḥ* Brühe, mu. nordd. Süffel *m*; s. seufzen, Suppe.

saugen ah. *sūgan*, eng. *suck*, urv. lt. *sūgere*, lett. *sùkt*, lt. *sūcus (succus)* Saft; Bew.: säugen eig. saugen machen. Säugling.

Säule[1] *f* mh. ah. an. *sūl*, got. *sauls*, ags. *syl*, ndl. *zuil*, schwäb. Saul, and.

Irmin-sūl; viell. verw. m. Schwelle.

Säule² *f* mu. Schusterahle, ah. *siula* z. ah. *siuwan*, eng. *sew*, dän. *sy* nähen; s. Saum.

Saum *m* mh. ah. *soum*, pl. Sōm, ndl. *zoom*, an. *saumr*, eng. *seam*, z. ah. *siuwan*, got. *siujan*, lt. *suĕre*, gr. *kas-sýein* nähen; säumen.

säumen ah. *sūman*, urv. gr. *eáō* * *sewājō* lasse, zögere; säumig, Saumsal *n*, saumselig.

Saum||tier, ~roß *n caballus sagmarius* (Isid.) z. Saum † Traglast e. Saumtieres, v. mlt. *sauma*, gr. *ságma*, neugr. *samári* Packsattel, z. *sáttō* belade.

Saus u. Braus eig. geräuschvolles Treiben, z. sausen, mh. *sūsen*, ah. *sūsōn*, lautm., aslaw. *sysati* pfeifen, zischen; Verkl. säuseln; angesäuselt.

Saxophon *n* od. Saxhorn (1840ff.), n. d. Wallonen Adolphe Sax.

Sbirre *m* Häscher, 18. Jh. v. it. *sbirro* ~.

Schabe¹ *f*, mh. *schabe;* als ›Motte‹ viell. z. schaben, als ›Kakerlak‹ umgedeutet aus it. (ven.) *sciavo*› Slawe‹ und später von den Bayern wieder auf Nachbarn umgedeutet: Schwabe (ZfDWf. 17/1961, 187).

Schabe² *f* Schabeisen, ah. *scaba* z. schaben.

schaben ah. *scaban* kratzen, got. *skaban* scheren, ags. *sceafan*, eng. *shave*, ndl. *beschaafd* gesittet: *schaaf* Hobel, urv. gr. *skáptō* grabe, lt. *scabo* kratze, lit. *skabus* scharf; schäbig; s. Schaft, schaffen, Schuppe.

Schabernack *m* mh. *schabernac* Spott: schaben u. Nacken(?); auch F.N. (13. Jh.).

Schablone *f* 18. Jh. v. fz. *échantillon* Probe, Muster.

Schabracke *f* 17. Jh. v. türk. *čaprak* Satteldecke über ungar. *csáprág.*

Schach *n* eig. Königsspiel, in Indien erfunden, mh. *schāch* v. pers. *schāh* König (sp. *jaque*, fz. *échec*, it. *scacco);* s. Schecke, matt. F.N.: Schachtzabel, mh. *schāchzabel*, 2. *tabula.*

Schacher *m* v. hebr. *sāchar* i. Land umherziehen, 17. Jh.; ~n.

Schächer *m* † mh. *schāchaere*, ah. *scāhhāri* Räuber, ags. *scēacere*, z. ah. *scāh*, afries. *skāk* Beute.; wohl z. ags. *scēacan* schütteln, eilen; urv. ai. *khajati* rührt um.

Schacht *m* nd. hd. Schaft, lautl. wie sacht: sanft (eng. *shaft* beides); entl. russ. *schachty* Bergwerke, Gruben, ~elhalm *m* s. Schaft.

Schachtel *f* mh. *schahtel*, *schatel* v. mlt. *scatula* (: got. *skatts* Geld), it. *scatola* alte ~ (bildl.) 16. Jh.; ~satz *m*, s. Schatulle, Schatz.

schächten 17. Jh. v. hebr. *schāchat* schlachten.

Schadchen *m n* Heiratsvermittler, v. aramäisch *schadkhān.*

Schade *m* ah. *scado*, got. *skaþjan*, ~n; schädigen, urv. gr. *a-skēthḗs* schadlos; schädlich, ~nfreude *f* 16. Jh.

Schädel *m* mh. *schēdel*, ndl. *scheel* Deckel; z. scheiden, eig. abgeschnittene Schädeldecke; urv. air. *sciath*, aslaw. *štitu* Schild.

Schaf *n* ah. *scāf*, pl. Schap, ags. *scēap*, eng. *sheep*, unerklärt; sein Schäfchen ins Trockene bringen (bildl.) entw. nd. Schepken, Schiffchen od. vor d. Regen i. d. Stall; Schäfer *m;* Schäferstunde *f* 18. Jh. Lüs. v. fz. *heure du berger.*

Schaff *n* s. Scheffel.

schaffen ah. *scaffan*, got. *gaskapjan*, and. *skeppian*, ags. *scyppan*, eng. *shape* gestalten, bilden, eig. W. der Holzarbeit, urv. lt. *scabo* kratze, it. *skabù* schneide, haue, s. schaben; Schaffner *m* mh. *schaffenaere* Aufseher; s. schöpfen, Schöffe, recht~ (eig. recht ge~), Geschäft *n*, Geschöpf *n.*

Schafott *n* 15. Jh. v. ndl. *scafot* v. vlat. *excatafalicum*, fz. *échafaud* Gerüst, Schau-, Blutgerüst, dass. W. wie Katafalk.

Schaft *m* ah. *scaft*, Speer, Schaft, ags. *sceaft*, eng. *shaft*, schw. dä. *skaft* Stange, Speer, z. schaben = geglätteter (Stab), urv. gr. *skēptron* Stab, Zepter, dor. *skāpton*, lt. *scāpus* Schaft; s. schaffen, Schacht, Schuppe.

-schaft s. Liste 54.

Schakal *m* 17. Jh. v. fz. *chacal*, ai. *šrgālás*, pers. *šägāl* (türk. *čaqāl)*.

Schake *f* **Schäkel** *m* Kettenglied, ags. *scéac*, *scéacel*, eng. *shackle*, schwed. *skak*, *skakel;* viell. urv. lt. *cingere* umgürten.

schäkern 18. Jh. v. rotw. hebr. *šēqer* Lüge.

schal kraft-, geschmacklos, mh. *schal* trübe, eng. *shoal*, *shallow* seicht, flach; urv. gr. *skellein* austrocknen.

Schal *m* Umschlagtuch 19. Jh. v. eng. *shawl*, pers. *šāl*.

Schale¹ *f* mh. *schal*, ah. *scala*, got. *skalja* Ziegel, eng. *shale* Hülse, *shell* Schale, Muschel, z. idg. Wz. *skel*, an. *skilia* spalten z. ablg. *skolĭka* Muschel, russ. *skala* Rinde, entl. fz. *écaille*, it. *scaglia* Schale, Schuppe; s. Schellfisch, Scholle, Schild, Schellack, schälen. **Schalenwild** (Rot-, Reh-, Elch- u. Schwarzwild; läuft auf Schalen).

Schale² *f* (Trinkschale) ah. *skālā*, and. *scālā*, an. *skāl*, dä. *skaal*, im Ablaut z. ~¹ als abgespaltene Schädeldecke, dann Trinkgefäß.

Schälhengst, Schellhengst *m* Beschäler, Zuchthengst, ah. *scelo*, z. ags. *sceallan* Hoden, od. z. mh. *schell* (be)springend(?); beschälen »bespringen«.

Schalk *m* mh. *schalc* knechtisch böser Mensch, ah. *scalc*, got. *skalks* Knecht, Diener, allmählich in gutem Sinn entwickelt; viell. z. mh. *schel* springend; ~haft, ~sknecht *m* (bei Luther: ungetreuer Diener, tautol.), s. Schelm, Marschall, Seneschall.

Schall *m* mh. *schal*, ah. *scal*, ah. *scëllan* schallen, an. *skjalla*, ags. *sciellan;* urv. lett. *skal'š* laut; Schelle *f*, verschollen, zerschellen, s. Schilling; ~platten(konzert).

Schalmei *f* mh. *schalemīe* v. afz. *chalemie* z. lt. *calamus* Rohrpfeife, s. Kalamität, Halm.

Schalotte *f* fz. *échalotte*, lt. *(cepa) ascalonia* Zwiebel aus Askalon (span. *escaloña);* 17. Jh.

schalten ah. *scaltan* schieben, stoßen (bes. e. Schiff), dann lenken i. allg.; ein~, aus~, Schalter *m* Schiebefenster, mh. *schalter* Riegel; Schaltjahr *n;* s. schelten. **Schalte, Schalde** *f* Schiebestange d. Schiffer, auch Nebenschiff (auf d. Rhein), s. Kahn.

Schaluppe *f* 17. Jh. v. fz. *chaloupe* z. ndl. *sloep* Ruderkahn, eng. *sloop*, *shallop*, nd. *slūpen*, ndl. *sluipen* schlüpfen.

Scham *f* mh. *schame*, ah. *scama*, eng. *shame* z. Wz. *skam*, *kam* bedecken, got. *sik skaman* sich schämen = s. bedecken, vgl. got. *gahamōn* (s. Hemd, Leichnam, Hamen²).

Schamade *f* m. Trommeln od. Trompete gegeb. Zeichen der Ergebung, 17. Jh. v. fz. *chamade*, it. *chiamada* z. *chiamar* v. lt. *clāmāre* rufen. Gstz. Fanfare.

schampunieren, um 1900 Kopf waschen, v. eng. *shampoo* v. hindustan. *chāmpō* »knete!«; dazu *Shampoo n* Kopfwaschmittel, seit 1. Weltkrieg angel. an Schaum: Schaumpon.

Schande *f* pl. Schann, ah. *scanta*, got. *skanda* <**skamdu* z. Scham; schänden, schändlich.

Schanker *m* Geschlechtskrankheit, 18. Jh. v. fz. *chancre:* lt. *cancer* Krebs.

Schanze¹ *f* um 1500 Befestigung, ndl. *schans*, ndrhein. Schanz, Reisigbündel, hess. *schanze* Korb, v. it. *scansi*, *scanso* Abwehr z. *scansare:* lt. **excampsāre* a. d. Wege gehen. ~ auch = Achterdeck v. Kriegsschiffen (weil früher mit einer ~).

Schanze[2] *f* † sein Leben i. d. ~ schlagen (aufs Spiel setzen), aber: er hat viele Chancen, mh. *schanze* Fallen (d. Würfel), Glückswurf, zu~n (anderen heiml. e. ungehörigen Vorteil), v. fz. *chance* z. mlt. *cadentia* Fallen v. *cado* falle, s. Kadaver, Kaskade, Kasus.

Schar *f* ah. *skara*, entl. it. *schiera*, Grbd.: Abteilung, Abschnitt, z. scheren; Schar (in Pflug~), Scherge, Scharte; eng. *shire* Gerichtsbezirk, Grafschaft, eig. abgetrenntes (Stück Land); Sheriff *m*, ags. *scīrgerēfa* oberster Beamter darin, s. Graf; Scharwache, s. Wacht.

Scharade *f* 18. Jh. v. fz. *charade:* nprovenz. *charrado* Unterhaltung.

Scharbock *m* 16. Jh. v. ndl. *scorft* = Skorbut wurde ndl. * *schorbut* u. nlt. *scorbutus* gebildet, dann weiter n. ndl. *scheurmond* = Mundfäule, ndl. *scheurbuik*, eng. *scurvy*, dass. W. ist Skorbut, ~kraut geg. Skorbut.

Schäre *f* Seeklippe, schwed. *skär*, dän. *skær*, eng. *scar* Fels, Klippe, eig. abgetrenntes Felsstück, *shore* Küste.

scharf ah. *scarf*, pl. scharp, ags. *scearp*, eng. *sharp*, schw. dä. *skarp*, verw. m. schürfen, urv. lett. *skarbs* scharf, air. *cerb* scharf; entl. z. *escarpe* Böschung, *escarper*, sp. *scarpa*, it. *scarpa;* einschärfen (bildl.).

Scharlach *m* mh. *scharlāt*, *scharlach* (n. Laken), v. mlt. *scarlatum:* pers. *säqirlāt* mit Kermes rot gefärbtes Kleid: arab. *siqillāt:* gr. *kyklás* ringförm. gemustertes Frauenkleid.

Scharlatan *m* 17. Jh. v. fz. *charlatan*, it. *ciarlatano* Marktschreier z. *ciarlare* schwatzen.

scharmant 17. Jh. v. fz. *charmant* z. *charme* Zauber (lt. *carmen* Zauberlied, Gedicht).

Scharmützel *n* 13. Jh. v. it. *scaramuccia* (fz. *escarmouche)* z. *schermire* v. mh. *schirmen* fechten, s. Schirm; Scharmutzieren = Geplänkel.

Scharnier *n* 18. Jh. v. fz. *charnière* (lt. *cardo* Türangel, s. Kardinal).

Schärpe *f* pl. Scherf, 17. Jh. v. fz. *écharpe* Binde, Tasche v. afränk.-lt. *scrippa*, *scirpa*, mh. *schirpe* Pilgertasche.

scharren z. mh. *schërren*, ah. *scërran* kratzen, urv. lt. *carduus* Distel, lit. *kařšti* striegeln.

Scharte *f* mh. *scarte*, ah. *scart* zerhauen, z. scheren, Schar, s. Hase.

Scharteke *f* 16. Jh. altes schlechtes Buch, auch sonst Altes, Schlechtes; viell. z. lt. *charta*, it. *s-cartare*, fz. *écarter* d. Karten ablegen. 1. T. *ex-;* s. Karte.

Scharwenzel *m* vermischt m. it. *servente* Diener: »Verbeugung, Kratzfuß« aus tschech. *červený* rot, *červenec* roter Unter, Herzbube = Trumpfkarte = Allerweltsdiener (m. Anl. an Wenzel); ~n.

schassen 18. Jh. strafweise entfernen, entlassen; student. v. fz. *chasser* jagen.

Schatten *m* mh. *schate*, ah. *scato*, got. *skadus*, eng. *shade*, *shadow*, viell. urv. air. *scāth* ~, gr. *skótos* Finsternis; ~riß *m;* schattieren 17. Jh.; Nacht ~ *m*, ~kaiser *m*.

Schatulle *f* 17. Jh. v. it. *scatola* Schachtel, mlt. *scatula* Geldschrein; s. Schachtel.

Schatz *m* mh. *schaz*, ah. *scaz* Geld, Vermögen, got. *skatts* Geld, and. *scat* Geld(stück), Vermögen, anord. *skattr* Steuer, Tribut, afries. *sket* Vieh, Geld. Vieh scheint Grbd. z. sein; dies war frühestes Vermögen, sowie Zahl- u. Schätzungsmittel; urv. lt. *scatere* hervorsprudeln, entl. ablg. *skotŭ* Vieh, s. Vieh. Schätzen, brandschatzen.

Schaub *m* mu. Garbe, Strohwisch, ah. *scoub*, ags. *scéaf*, eng. *sheaf;* z. schieben u. Schober; in der Schriftsprache durch Luthers »Garbe« verdrängt.

Schaube *f* weites Obergewand mit langen Ärmeln, spätmh. *schube*, *schoube* v. lt. *giubba*, arab. *dschubba* (wie das vorher entl. Joppe).

schaudern 16. Jh. pl. schuddern, eng. *shudder;* s. schütten, schütteln, Schutt.

schau||en mh. *schouwen*, ah. *scouwōn*, eng. *show* zeigen; urv. gr. *koéō* schaue, erkenne, gr. *thyoskó(w)os* Opferschauer, lt. *cavēre* sich vorsehen; ~bühne *f* 17. Jh., ~münze *f*, ~platz *m*, ~spiel *n*, ~fenster *n*, s. schön, schon, schonen. O.N.: Schauenburg, zsgz. Schaumburg.

Schauer[1] *m* mh. *schūr*, ah. *scūr* Unwetter, got. *skūra windis* Sturmwind, eng. *shower*, urv. lt. *caurus (cōrus)* Nordwestwind, lit. *sziaurỹs*, ablg. *sěverŭ* Nordwind; ~lich, schaurig, schauern.

Schauer[2] *m* mh. *schūr*, ah. *scūr* Obdach, urv. ai. *sku* bedecken, lt. *obscūrus* dunkel, also eig. Bedeckendes, wie auch Scheuer, Scheune, Schober, Schote, Schaum.

Schauermann (Hafenarbeiter), Mz. ~leute, ndl. *sjouw* Last; aber **Schauer** *m* = Werftarbeiter z. ndl. *schouw* Kahn, Frachtschiff.

Schaufel *f* mh. *schūfel*, ah. *scūvala*, eng. *shovel*, z. schieben; s. Schüppe.

Schaukel *f* 17. Jh. v. mh. *schoc*, ah. *scoc*, schwäb. Schucker = Stoß n. vorwärts; entl. fz. *choc* Anstoß, Schlag *(choquer:* mndl. *schocken)*.

Schaum *m* mh. *schūm*, ah. *scūm*, pl. Schum, wohl z. idg. Wz. *skeu* bedecken; entl. fz. *écume*, it. *schiuma;* ~wein *m* Lüs. v. fz. *vin mousseux* (Herder 1779); Ab~ *m;* s. Schauer[2], Scheuer.

Schaumpon *n* s. schampunieren.

Schaute, Schote *m* 16. Jh. Narr, widerlicher Mensch, ndl. *schudde*, v. hebr. *šōte* töricht.

Scheck[1] *m* 1836, eng. *cheque* (amerik.-eng. *check)*: arab. *ṣakk* Vertrag, pers. *čäk*.

Scheck[2] *m* weißgeflecktes Pferd, (Schecke *f* scheckiges Tier), mh. *schecke* gescheckt v. fz. *échec* Schach (schwarz u. weiß kariert), eng. *checky* scheckig.

scheel mh. *schël(ch)*, ah. *scëlah*, urv. gr. *skoliós* krumm, lt. *scelus* Verbrechen; s. schielen.

Scheffel *m* ah. *sceffil*, pl. Schepel, (mlt. *scapilus)*, Vkl. z. and. *skap* eig. (aus Holz) geschnitztes (Gefäß), urv. gr. *skáphē* muldenart. Gefäß; s. schöpfen, südd. Schaff, ah. *scaf*, mh. *schaf;* s. schaffen, Wispel; Scheffler *m* südd. (nordd. Böttcher), Schäfflertanz *m* (München seit dem Pestjahr 1517), s. schaffen.

Scheibe *f* ah. *scība*, eng. *shive*, an. *skīfa*, urv. gr. *skoípos* Töpferscheibe, lt. *scipio* Stab; Kegelschieben: mh. *schīben* drehend bewegen.

Scheid||e *f* ah. *sceida* Schwertscheide, eig. scheidende Hülle, z. **scheiden** got. *skaidan*, urv. gr. *schízō*, lt. *scindo*, ai. *chinádmi* spalte; Scheide (Wasserscheide), eng. *shed*, in vielen O.N. Westdeutschlands: Mander~, Watten~, Lüden~, Rem~, Reiffer~ Ripuariergrenze (?): ~ung *f*, ~emünze *f* 17. Jh. z. Scheiden, Teilen d. großen Münze, Schiedsrichter *m*, Abschied *m*, Unterschied *m*, Be~ *m*, ~en, ent~en, be~en, unter~en, ver~en, gescheit. **Scheit** *n* mh. *schīt*, ah. *scit* Scheit Holz, urv. gr. *schiza* Scheit, *schisma* Spaltung, lett. *skaida* Span; Grab~, Scheiterhaufen *m* 16. Jh., scheitern eig. in Stücke, Scheite gehen; Schi, s. d.; s. Zettel. **Scheitel** *m* ah. *sceitila* Haarscheide.

scheinen mh. *schīnen*, ah. *scīnan*, got. *skeinan*, pl. schinen, ags. *scinan*, eng. *shine;* urv. ablg. *sinĭ* hell; s. Schimmel, schier, Schemen, schimmern; Scheinwerfer *m* 1791 v. Campe für fz. *réverbère* vorgeschlagen; Schein *m* (übertr.) augenfäll. Beweis.

scheißen ah. *scīzan*, ags. *scītan*, an. *skīta* »cacare«, urv. lt. *scindere*, s. scheiden.

Schelch *m* mu. westmd. Boot, durch Luthers »Kahn« in die Mundarten zurückgedrängt; ah. *schaltisch* z. ah. *scalta* Ruderstange; z. schalten.

Schellack *m* 18. Jh. v. nd. ndl. *schellak*, eng. *shellac*, eig. Lack, dünn wie Schale, s. Schale¹, Lack.

Schelle *f* ah. *scëlla;* schellen, zerschellen, verschollen = * verklungen, z. Schall; s. Schilling; in Fuß~, ah. *fuazscal* steckt e. and. Stamm, vgl. gr. *skōlos* Pfahl, lit. *skalà* Span.

Schellfisch *m* 16. Jh. v. nd. ndl. *schelvisch;* das Fleisch besteht aus Schalen wie das d. Zwiebel; Schelfe (Schilfe) *f* mu. auch = Schale v. Obst; »d. Haut schelfert sich«, s. Schale¹.

Schellkraut *n* ah. *scellawurz* v. gr.-lt. *chelidonium*, z. gr. *chelidṓn* Schwalbe (Plinius, Nat. hist. 25, 50).

Schelm *m* mh. *schelme*, ah. *scalmo* Seuche, Pest, Aas, später Bösewicht, Abdecker; z. Wz. *skel* schneiden?, heute n. d. günstigen Seite entwickelt (wie auch Schalk): ~isch.

schelten ah. *scëltan*, afries. *skelda* ~, pl. schellen, z. ah. *scëllan* schallen, also eig.: Lärm machen.

Schema *n* 18. Jh. v. gr. *schēma* Haltung, Entwurf, z. *échō* halte.

Schemel *m* ah. *scamal*, v. mlt. *scamellum*, lt. *scabellum* Fußbank; Schawell i. Frkft.-M., Schabelle *f* Mittel- u. Oberrhein.

Schemen *m* mh. *schëme* Schatten, an. *skīmi* Schimmer, ah. *scīmo* Glanz, urv. gr. *skiā́* Schatten; Schönbartspiel *n* (noch b. Goethe), s. scheinen, schimmern.

Schenkel *m* mh. *schenkel*, eng. *shank*, an. *skakkr* seitw. gebogen, urv. gr. *skázō* hinke (< * *sk̥ngjō)*, vgl. dän. *skank* lahm, s. Schinken.

schenken mh. *schenken* einschenken, z. trinken geben, ah. *scenken* ein~, afries. *skenka*, z. an. *skakkr* schief, also eig.: schief halten; später auch geben; **Schenk** *m* fränk. **skankjo* entl. fz. *échanson;* Schenke *f*, entl. it. *scancia* ~, Gestell f. Gläser. Schenkung *f*, Ausschank *m*, Geschenk *n*.

Scherbe *f* ah. *scirbi*, mh. *schërbe* (wie ah., schwäb. auch unzerbroch. irdener Topf), mu. ein wertloser Scherben, ablg. *črěpŭ*, z. Wz. *sker* schneiden, ah. *skarbōn*, ags. *scearfian* zerschneiden; Scherf *m* † * Bruchteil, kleinste Münze; Vkl. Scherflein *n*.

Schere *f* mh. *schaere*, ah. *scāri* Mehrz. (vgl. fz. *ciseaux*, eng. *scissors*), eng. *shears* große Schere, zu **scheren¹** mh. *schërn*, ah. *scëran*, ags. *sciran* z. Wz. *sker* zerschneiden, trennen, urv. gr. *keírō*, lit. *skiriù* trenne; s. Schar, Scherbe, Pflugschar, Feldscher, scharf, schroff, Schorf, Scharte, bescheren, schürfen, schröpfen.

scheren² belästigen, bekümmern, jm. ungeschoren lassen, scher' dich nicht um meine Sachen; sich scheren = sich packen, z. mnd. *scheren* eilen, urv. ablg. *skorŭ* schnell, gr. *skaírō* hüpfe; Schererei.

Scherge *m* Gerichtsdiener, eig. Scharmeister, ah. *scerjo*, *scario;* z. Schar.

scherzen mh. *schërzen*, z. ah. *skërōn* lustig sein, *scërn* Scherz, urv. lt. *scurra* Spaßmacher, gr. *skaírō* springe, ai. *kórdati* springt, gr. *kórdax* wilder Tanz; (entl. it. *scherzo*, *scherzare)*, ver~.

Scheu *f* mh. *schiuhe;* (vgl. Vogel~che u. schiech sehen); scheu mh. *schiech*, pl. schu, eng. *shy;* ~en, ah. *sciuhen* scheuen, urv. aslaw. *šćuti* hetzen: entl. it. *schivare*, afz. *esquiver;* ~chen; kopf~ eig. v. Pferden; ~che *f* (Vogel-), ~sal *n*, Scheuel – Greuel *n*, ~ßlich; Ab~ *m;* s. schüchtern, ~klappen.

Scheuer *f* mh. *schiure*, ah. *sciura*, *scūra* (daher fz. *écurie* Stall), schwäb. e. Höhle in der Alb, F.N.: Schurmaier; urv. ai. *skunấti* bedeckt, lt. *scūtum* Schild, *obscūrus* dunkel; dazu Schauer², Schaum, Scheune, Schote.

scheuern 16. Jh., pl. schüren, eng. *scour*, entl. a. mndl. *scūren* v. mlt. *scūrare* = *excūrāre* (dah. fz. *écurer*).

Scheune *f* mh. *schiune:* ah. *scugin-na*, norweg. mu. *skygne* Hütte, pl. Schün, s. Scheuer.

scheußlich s. Scheu.

Schi *m* im Schwarzwald 1892 (Todtnau) v. norw. *ski* Schneeschuh, Mehrz. Schier, aus ders. Wz. wie Scheit, an. *skīđ*.

Schibboleth *n* hebr. Ähre od. Strom, n. Buch d. Richter 12, 6 Erkennungswort (durch die Aussprache).

schick||en Intensivbildung z. geschehen, mh. *schicken* ordnen. Schick *m* gutes Aussehen (dah. fz. *chic*); schick 19. Jh. elegant; ~lich, ~sal *n* 16. Jh. nd.; ~ung *f*, sich an~en, Ge~ *n* 1. v. e. höh. Macht gesandt, 2. Gewandtheit; geschickt;

Schicht *f* 6–8 St. Arbeitszeit (bergm.); z. eng. *shift*, ags. *sciftan* teilen, anord. *skipa* ordnen. Schicht machen, aufhören z. arbeiten; aber ~ -Lage, schichten, Geschichte *f*, alle zu geschehen, s. dies.

schicker umg. beschickert, betrunken, v. hebr. *šikkōr*.

Schicksel *n*, Schickse *f* (Juden)-mädchen 18. Jh. v. hebr. *šikkūz* Greuel.

schieben pl. schuwen, ah. *scioban*, got. *af-skiuban*, urv. lit. *skùbti* eilen, aslaw. *skubati* zupfen, z. Wz. *skeub* stoßen, schieben, dazu Schaufel, Schüppe, Schuppen, Schuft, Schober, Schoof »Bund Stroh«, Schopf; auf~, ver~, Schiebung *f* (1882), Schieber *m* (1908), Schub *m*, Aufschub *m*, Vorschub *m*. Dazu schwäb. schupfen; Schof *m* Enten, Wildgänse »aus *einer* Brut« = »Schub«.

Schiedsrichter *m* mh. *schideman* (F.N.: Scheidemann, schwäb. Schieder), z. scheiden.

Schiedunter *m* 18. Jh. scherzh. Umkehrung v. Unterschied.

schief pl. scheif, eng. *skew*, anord. *skeifr*, dä. *skev*, schw. *skef*, urv. lt. *scaevus*, gr. *skaiós* links, *skimbós* lahm, lett. *šk'ībs* schief.

Schiefer *m* mh. *schiver* Stein-, Holzsplitter, ah. *scivaro*, eng. *shiver* Splitter, Schiefer; urv. lit. *skiẽbti* auftrennen; Grbd.: Abgetrenntes.

schielen ah. mh. *schilhen*, pl. schulen z. scheel; schillern.

Schienbein *n* mh. *schinebein* Schienknochen (s. Bein); ags. *scin-bān;* Schiene *f* schmales Stück Knochen, dann Metall; daher it. *schiena*, fz. *échine* Rückgrat; urv. lt. *scio* ich weiß (»scheide«).

schier¹ beinahe, mh. *schiere* bald, ah. *scēro* (Adv.) schnell; z. scheiden?

schier² nd. z. B. schieres Fleisch, mh. *schīr* lauter, glänzend, and. *skīri*, got. *skeirs* klar, deutlich, schwäb. meist schiergar; z. scheinen, urv. aslaw. *sinǫti* glänzen.

Schierling *m* ah. *sceriling*, and. *scerning*, z. mnd. *scharn*, an. *skarn*, Mist.

schieß||en ah. *sciozan*, and. *skeotan*, krimgot. *schieten*, ags. *scēotan*, eng. *shoot* z. Wz. *(s)keud* Grbd. schießen, eilen, urv. lit. *skudrùs* flink, russ. *kidadi* werfen; Schuß *m*, Ausschuß *m*, abschüssig, Schütze *m*, Schoß *m*, Geschoß *n*, Erdgeschoß *n*, Schößling *m*, Vorschuß *m*, verschossen (v. d. Farbe; verliebt), ~prügel *m* 18. Jh., ~hund *m*.

Schiff¹ *n* ah. *scif*, and. *skip* Schiff, Gefäß, pl. Schipp, ags. *scip*, eng. *ship*, schw. *skepp*, dä. *skib*, urv. lett. *šk'ibīt* schneiden, also eig. »ausgeschnittener Einbaum«; daher it. *schifo*, sp. port. *esquife*, afz. *esquif* Boot, sp. *esquifar* zu an. *skipa* e. ~ ausrüsten, afz. *esquiper*, nfz. *équiper* rüsten, dann übh. ausrüsten, *équipage* Schiffsmannschaft, Gerät, Kutsche, noch landwirtschaftl. Schiff (= Gefäß) u. Geschirr = gesamtes Hausgerät; ~er *m*, ~en, ~bruch *m*.

Schiff[2] *n* einer Kirche, Lb. nach mlt. *nāvis*, gr. *nāós*, att. *neṓs* Tempel; vgl. fz. *nef*, it. sp. ptg. *nave* Kirchen~.

Schikane *f* 17. Jh. v. fz. *chicane* Kniff, zu pers. *tschṓgân* Ballspiel zu Pferde (Polospiel!): byzant. gr. *tzyganízein* (od. z. schicken?); schikanieren.

Schild[1] *m* Schutzwaffe, mh. *schilt*, ah. *scilt*, got. *skildus*, and. *skild*, ags. *sceld*, eng. *shield*, dä. *skjold*, Grbd.: Brett, eig. Abgespaltenes vom Baum, z. an. *skilia* scheiden, urv. lit. *skiltis* Scheibe; s. Schale[1], Scholle, Schellfisch. **Schild**[2] *n* Gewerbezeichen, Tafel m. Firma, bei Lessing noch nicht getrennt. Im Schilde führen (i. Sinne haben) ursp. das auf d. Schilde gemalte Wappen als Parteizeichen; ~ern eig. d. ~ m. d. Wappen bemalen, mh. *schiltaere* ~maler, aber auch Schildwache stehen; ~erei *f*, ~erung *f*, ~kröte *f*, ~patt *n*, nd. Padde = Kröte, schwäb. ~krott; ~wache *f* eig. Wachen m. Schild u. Speer, schwäb. ~wacht; ~bürger *m*, m. ~ bewaffneter Bürger, angel. an Schildau b. Torgau; ähnlich Spießbürger. Schild in Haus-, später auch F.N.: Grün~, Roth~, Schwarz~.

Schilf *n* ah. *sciluf*, pl. Schülp, wohl v. lt. *scirpus (> * scilpus)* Wasserrohr.

Schill *m* 16. Jh. Zander, v. ungar. *süllö:* türk. *šēla* z. *šēl* »Zahn«.

schillern 16. Jh., Schillerwein *m* Rosé; s. scheel, schielen.

Schilling *m* ah. *scilling*, got. *skilliggs*, ags. *scilling*, eng. *shilling*, kaum z. schallen, eher Verkl. z. Schild; dah. sp. *chelin*, fz. *escalin* Schilling. F.N.: Schilling.

Schimäre *f* Hirngespinst, Einbildung, Trug-, Wahnbild, einged. Form, fz. *chimère*, aus gr.-lt. *chimaera*, s. Ilias VI 181 v. Ungeheuer *chímaira* (Löwe, Ziege u. Drache).

Schimmel *m* 1. weiße Pilchen, mh. *schimel*, ah. *scimbal*, wahrsch. z. Schimmer; 2. weißes Pferd, ah. *blanchez ros;* schimmeln.

Schimmer *m* 16. Jh. v. nd. *schemeren* schimmern, verw. scheinen, Schemen, Schimmel, schön; im Ablaut dazu nd. Schummerstunde, Zeit d. Abenddämmerung.

Schimpanse *m* um 1800, afrik. W. (Guinea).

Schimpf *m* ah. *scimpf* Scherz (so bis 17. Jh.); ~ u. Ernst; schwäb. schimpfle(n) = spielen; im Ablaut dazu mh. *schumpfe* Buhlerin < * Scherzende; ~en, ~lich; *verschimpfieren*, aber entstellt aus afz. *(d)esconfire* des Ansehens berauben, besiegen = mh. *(en)schumphieren.*

Schindel *f* ah. *scintula*, eng. *shingle*, v. lt. *scindula*, *scandula* Holzplättchen unter d. Dachplatte *(fz. échandole)*, vgl. gr. *schindálamos*. F.N.: Schindler.

schinden ah. *scintan* enthäuten (z. an. *skinn* Haut, woher eng. *skin)*, urv. bret. *scant* Schuppe; nordd. Schinn *m*, Schinne *f*, Schinnen Kopfschuppen; Schund *m* Abfall beim Schinden, also Unbrauchbares; Schinder *m* eig. wer totem Vieh d. Haut abzieht; Schindluder (abgezogenes Vieh) m. jem. treiben = verspotten.

Schinken *m* mh. *schinke* Schenkel, ah. *scinko*, ags. *scanca*, mu. Schunke, F.N. Schun(c)k; s. Schenkel.

Schippe *f* s. Schüppe.

Schirm *m* ah. *scërm* Schild, Schutz, dah. it. *schermo* Schutz, Wehr, *scherma* Fechtkunst, *schermire* fechten; urv. lt. *scortum* Fell, Leder, ai. *carma* Haut; schirmen eig. sich decken beim Fechten, dann fechten; ~herr *m;* Regen~, Sonnen~ (erst spät); s. Scharmützel.

Schirokko *m* 19. Jh. v. it *scirocco:* arab. *šarqī* Ostwind.

schirren, an∼, Geschirr *n* (s. d.), Schirrmeister *m*.

Schisma *n* Spaltung (d. Kirche), v. gr. *schísma* z. *schízō* spalte, ∼tisch, gr. *schismatikós;* zu *schízein* spalten, schizophrén geisteskrank (*phrēn*, Genet. *phrenós* Verstand, Geist), phrenetisch »rasend«; s. scheiden, Scheit, Zettel[1].

schlabbern schlürfend und schmatzend trinken, verschütten, eng. *slabber*, ndl. *slabberen*, wohl lautm. u. z. schlaff, nd. Herkunft.

Schlacht[1] *f* mh. *slahte*, ah. *slahta*, Tötung, Schlacht, z. schlagen; schlachten, Schlächter, Schlachter *m* (süd- u. westdtsch. Metzger); dass. W. ist **Schlacht**[2] (selten) Flußwehr, Damm: *schlagend* befestigen, schwäb. O.N.: Haberschlacht (Feld-, [Wald]-abteilung).

† **Schlacht**[3] *f*, **Schlag** *m* Geschlecht, entl. poln. *szlachta*, it. *schiatta* Geschlecht; nach jem. schlachten (arten), aus d. Art schlagen, Menschenschlag; ungeschlacht nicht v. guter, edler Art, grob, roh; s. schlagen.

Schlacke *f* Rückstand der Steinkohlen beim Erzschmelzen = »Geschlinge«, während Hammerschlag Metallabfall b. Schmieden ist, mnd. *slagge*, eng. *slag* bedeutet beides.

Schlackwurst *f* mu. nordd. in den Mast- od. Schlackdarm gefüllte Wurst, z. Schlacke mu. Weiches, Lockeres; urv. lt. *languēre* schlaff sein, lt. *laxus*, gr. *lagarós* schlaff; vgl. *Schlacker*schnee, ∼wetter.

Schlaf *m* mh. ah. *slāf*, z. **schlafen** mh. *slāfen*, ah. *slāfan*, got. *slēpan*, pl. slapen, ags. *slēpan*, eng. *sleep;* Schläfe Mehrz. eig. Stelle, auf der man schläft. Zu ders. Wz.: **schlaff** mh. ah. *slaf*, and. *slap*, urv. lt. *lābor* gleite, falle, ablg. *slabŭ* schlaff, lett. *slābēt* zs. fallen; s. schlapp.

Schlafittchen *n* Schlafittich *m* 18. Jh. aus Schlagfittich des Gänseflügels: Rockzipfel, Rockkragen, Genick.

Schlag *m* mh. ah. *slac*, schw. dä. *slag*, z. **schlagen** mh. *slahen*, ah. got. *slahan*, pl. slahn, ags. *slēan*, eng. *slay* erschlagen; urv. mir. *slachta* geschlagen; Ackerschläge (Mecklenb.); Schläger *m*, Schlager *m* um 1880 i. Wien: was durchschlagenden Erfolg hat (vgl. Knüller); Schlegel *m* Werkzeug z. Schlagen; Ver∼ *m*, ∼fluß *m* (17. Jh.), An∼ *m*, Be∼ *m*, Aus∼ *m*, ver∼en in falsche Richtung treiben, ver∼en schlau (durch Schlagen gewitzigt?); vgl. lt. *callidus: callēre;* ver∼en lauwarm (v. Wasser), abschlägig, ∼wort *n* um 1800, ∼fertig, Beschlagnahme *f* Kanzleispr.; s. Schlacke, Schlacht, Geschlecht, ungeschlacht.

Schlamassel *m* Mißgeschick, Durcheinander, v. schlimm + hebr. *mazol* Geschick.

Schlamm *m* mnd. *slam* minderwertige Mahlfrucht, md. 1300ff.; *slam* weicher Bodensatz; z. Schlampe, urv. gr. *lémphos* Schleim; ostd. Schlempe, wässer. Speise, schwäb. *m* ∼r; s. schlemmen.

Schlampe *f* nachläss. Frauenzimmer, schlampig, z. schlampen »schwatzen u. schlürfen«, mh. *slampen* herabhängen; 16./17. Jh. Streckform schlampampen; s. schlemmen.

Schlange *f* mh. *slange*, ah. and. *slango* die sich Schlingende, sich schlängeln (meist bildl.); s. schlingen[1].

schlank mh. *slanc*, mnd. *slang* biegsam, s. schlingen.

schlapp nd. dazu Schlappe *f* Niederlage, 16. Jh., s. schlaff. Schlappen *m* (mu.) = Pantoffel, schlappen = nachschleifen.

Schlaraffe *m* 16. Jh., Schlauraffe, mh. *slū(de)r-affe* üppiger Müßiggänger, *slūr* »das Faulenzen« z. Schluder (s. Schleuder) u. Schlummer (Maaler 1561: »vast schläfferig Mensch«).

schlau 16. Jh. bayr. schlaug, nd. *slū*, eng. *sly*, vgl. mnd. *slū-betsch* hinterlistig, *slū-bōrer* Horcher, schweiz. *slūch* wer *schleichend* geht; z. ndl. *sluiken* schleichen, urv. lit. *šliaužiù* ich krieche; ~berger *m* 19. Jh., ~meier *m* um 1870.

Schlauch *m* mh. *slūch*, and. *slūk* Schlangenhaut; z. schlau (s. d.), also eig. »worein man schlüpft«; ~boot; ~en umg. »weich wie e. ~ machen«; beim Exerzieren vornehmen.

Schlaufe *f* s. Schleife.

Schlawiner *m* unzuverlässiger Mensch: < Slowene?

schlecht mh. ah. *slëht* einfach, grade, schlicht, freundlich, got. *slaíhts* eben, gerade, pl. slicht, eng. *slight* gering; urv. air. *sliachtad* Glätten; s. schlicht; ~hin, ~erdings = durchaus, ~und recht zeigen die ursp. Bed.

schlecken nd. behaglich essen, mnd. *slicken*, an. *sleikia* lecken, z. lecken.

Schlegel *m* ah. *slegil* z. schlagen.

Schlehe *f* mh. *slēhe*, ah. *slēha*, ags. *slāh*, eng. *sloe*, schwed. *slån*, urv. lt. *līvidus* bläulich, air. *li*, breton. *liou* Farbe, slowen. *sliv* bläulich, aslaw. *sliva* Pflaume, serb. Slivovitz (Pflaumenschnaps).

schleichen ah. *slīhhan*, pl. sliken, an. *slīkr* glatt, urv. air. *sligim* schmiere, russ. *slizu* Schleim; Schlich *m*, Schleicher *m*, Schleichhandel *m* 1917, Schleichhändler schon b. Schiller, Kab. u. Liebe I, Blindschleiche *f;* hierher auch nd. *slick* **Schlick** »*slick un slamm*«, ndl. *slijk*.

Schleie *f* Karpfenfisch, mh. *slīe*, ah. *slīo*, pl. Sli, ags. *slīw*, * *slīwa* s. Schleim; O.N. *Schlier*bach, ~see.

Schleier *m* mh. *sloier*, *sleier*, pl. Sleuer, mndl. *slōie* Schleppe, ~, *slōien* schleppen; ~haft (rätselh.) 19. Jh.

Schleife *f* nh. v. nd. *sleuf* m. Umlaut z. Schlaufe., mh. *sloufe* Schlinge z. *sloufen* schieben, schlüpfen machen, Bew. z. *sliefen* schliefen, s. d. u. schlüpfen.

schleifen mh. *slīfen* gleiten, e. Waffe durchgleiten lassen, schärfen, schwed. *slīpa*, ah. *slīfan;* s. schlüpfen; dazu schleifen als Bew. mh. *sleifen* gleiten machen, nd. schleppen; spätmh. *e. burc sleifen;* Schleppe *f*, Schlepptau *n*, Schliff *m*, ungeschliffen (bildl.).

Schleim *m* mh. mnd. *slīm*, eng. *slime*, urv. lt. *līmus* Schlamm, gr.-lt. *līmax* Wegschnecke, poln. *ślimak*, s. Schleie, Schlick, schleichen.

schleißen abfasern, abtragen (v. Kleidern), ah. *slīȥan*, and. ags. *slītan* zerreißen, schwäb. ‚Schleiß' ‚Holzsplitterchen' (= Spreiß), eng. *slit* spalten, s. schlitzen, urv. lit. *sklaidýti* ausbreiten, entl. fz. *éclater* zerspringen, prov. *esclatar*, it. *schiattare* bersten. Verschleiß (bayr.-öster.) = Kleinverkauf, mnd. *vorslīten* in Stücke spalten u. so in d. Handel bringen.

Schlemihl *m* hebr. *šelú-mī-el* (4. Mos. 1, 6), der nichts taugt, dann Pechvogel (Chamisso 1813).

schlemmen 15. Jh. *slemmen* verprassen, *slamp* Gelage, s. Schlampe.

schlendern 17. Jh. v. nd. *slendern* (hd. umg. verschlenzen), altdän. *slente* erschlaffen, dazu Schlendrian *m* 17. Jh. m. lt. Endung (wie Grobian) = Bummler, seit 18. Jh. in heut. Bed.; s. schlingen².

schlenkern mh. *slenkern* schleudern, s. schlingen, Schlinge, ah. *slengira* Schleuder.

Schleppe *f* 17. Jh. v. nd. *slepe*, z. nd. schleppen, hd. schleifen, s. dies.

Schlesien geht über slaw. Umformung auf d. wandal. *Silingi* zurück.

Schleuder *f* 16. Jh. Schlauder; schleudern, ~preis; Schluderer »lässiger Arbeiter«; s. schlottern.

schleunig mh. *sliunec*, ah. *slūnīg*,

z. Wz. *sneu* eilen, got. *sniūmjan*, *sniwan*, ah. *sniumo*, *sliumo* (Adv.).

Schleuse *f* 16. Jh. nd. *slūse*, nd. Urk. 1336 *szlūze* (Stecknitz), ndl. *sluis* (auch O.N.), v. fz. *écluse* v. mlt. *(aqua) exclūsa* ausgeschlossenes (Wasser) z. lt. *exclūdĕre* ausschließen.

Schlich *m* (meist bildl.) mh. *slich* heimlicher Weg, z. schleichen.

schlicht Nf. z. schlecht, erst nh.; ~en, eben, glatt machen, das Haar ~en, jetzt meist bildl. (den Streit).

Schlick *m* s. schleichen.

schliefen ah. *sliofan* schlüpfen; Intensivbildung: schlüpfen; s. Schleife.

schließen ah. *sliozan*, afries. *slūta:* **skleud-*, urv. lt. *claudo* für *sclaudo*, schließe; Schloß *n*, Schlüssel *m*, lt. *clāvis*, gr. *kleís* u. dor. *klāís*, air. *clō* Nagel, lit. *kliúti* haken, *kliútė* Hindernis; Schluß *m*, Entschluß *m*, entschlossen (eig. aufgeschlossen), verschlossen (beide bildl.), schlüssig, unschlüssig.

Schliff *m* (auch bildl.), mh. *slif* z. schleifen, Bergn. ~kopf im Schwarzwald.

schlimm mh. *slimp* schief, schräg, ndl. *slimbeen* schiefbeinig, urv. lett. *slīps* < **slimpas* schräg, steil; entl. it. *sghembo* gekrümmt, später auch im sittl. Sinne.

Schlinge *f* ah. *slinga* Schleuder (in dieser Bed. bis 17. Jh.), dah. fz. *élingue* Schlinge, z. **schlingen**¹ mh. *slingen*, ah. ags. *slingan*, eng. *sling*, urv. lit. *slenkù* schleiche, Grbd. drehende Bewegung; s. Schlange, schlenkern, schlank, schleichen; schlingern (v. Schiffen) sich heftig hin- u. herbewegen; Schlingpflanze *f*; pl. Schluchter *m* Wirrsal verschlung. Garns; b. Fritz Reuter *sluchter*, verworrener Haufe (z. B. v. Vögeln). **schlingen**² hinunterschlucken m. md. *ing* < *ind:* mh. *slinten*, ah. *slintan*, got. *fraslindan;* Schlund *m*, s. schlendern.

Schlingel *m* pl. Slüngel, 16. Jh., mh. *slingen* schleichen n. d. Langsamk. des »Faulenzers«: vgl. bayr. Schlankl, herumschlankeln, sich müßig herumtreiben.

Schlips *m* um 1840 v. nd. *slips* Mehrz. Zipfel (d. seid. Halstuchs).

Schlitten *m* mh. *slitte*, ah. *slita*, *slito*, pl. Sleden, eng. *sled*, *sledge*, eng. *slide* gleiten, *slide* Eisbahn; urv. gr. *o-listhánō* gleite aus, lit. *slidù* glatt, lett. *slidas* Schlittschuhe; schlittern nordd. auf d. Eise gleiten; ags. *sliderian*, norweg. *slidra;* Schlittschuh *m*, 17. Jh., mu. u. bei Klopstock Schrittschuh.

Schlitz *m* mh. ah. *slitz*, eng. *slit* zum schleißen, schlitzen.

schlohweiß s. Schloße.

Schloß¹ *n* ah. *sloz* Schloß zum schließen; Schlosser *m;* dass. W. ist **Schloß**² *n* mh. *sloz* eig. festes, verschlossenes (Gebäude).

Schloße *f* Hagelkorn, mh. *slōze*, z. mnd. *slōt* Schlamm u. z. schlottern, s. d.; schloßweiß † > schlohweiß, weiß wie Hagel, nd. *slōtewit*.

Schlot *m* mh. ah. *slāt* (Schornstein, Rauchfang, Esse, Kamin), scherzh. Zylinderhut; viell. z. mh. *slāte* Schilfrohr.

schlottern z. mh. *sloten* zittern, got. *af-slauþjan* in Angst versetzen, *-nan* sich entsetzen; m. nd. *sluddern* u. mh. *slūdern* z. **sleu*-schlaff.

Schlucht *f* nd. 16. Jh., mh. *sluft* (wie sacht z. sanft, Schlacht z. Schaft), nh. Schluft *f* z. Schleife u. Schlüpfen.

schluchzen mh. *sluchzen* * wiederh. schlucken, z. mh. *sluchen* schlingen.

schlucken mh. *slucken*, urv. gr. *lýzō*, *lyngánō*, lit. *slugti* schlingen, kymr. *llyncu*~. Schlucken *m* (nordd.).

schludern schlechte Arbeit leisten, mh. *sludern* schleudern, s. d. u. Schlaraffe.

Schlummer *m* md. *slummer*, eng. *slumber*, v. schlummern, ags. *sluma* ~, verw. got. *slawan* schweigen.

Schlund *m* mh. ah. *slunt* z. *slinden*

schlingen, got. *fralindan* verschlingen.

Schlunz *m* Schlunze *f* unordentlicher Mensch, unordentl. Frau; *m* seem. = Lazarett; z. Schlund u. schlingen.

schlüpfen mh. *slupfen*, Intensivbildung z. schliefen; schlüpfrig (auch bildl.), urv. lt. *lūbricus*, gr. *olibrós;* Schlupfwinkel *m*, s. schleifen, s. Schaluppe, vgl. schliefen, Schliefer Dachshund.

schlürfen 16. Jh., mit *l* (n. schlukken) z. mh. *sürfeln*, urv. lautm. lt. *sorbeo*, gr. *rhophéō*, verw. schlurren, nd. schlurfen (v. Gang), pl. Schlarpen = bequeme Lederpantoffel.

Schluß *m* mh. *sluȥ*, mnd. *slut* z. schließen; Auf~, Ent~, schlüssig, unschlüssig; *Schlüssel m* ah. *sluȥȥil*, pl. Slätel, afries. *sletel;* Schlüsselblume *f* mh. *himelslüȥȥel*.

schmackhaft s. schmecken.

schmähen mh. *smaehen*, ah. *smāhen* verächtlich behandeln, z. *smaehe*, ah. *smāhi* klein, gering; Schmach *f* ah. *smāhī*, urv. gr. *s-mīkrós*, lt. *mīca* Krume; schmählich, schmachten, verschmachten, schmächtig, ah. *ga-smahteōn* vergehen.

schmal mh. ah. *smal* klein, gering, schmal, got. *smals*, and. *smal*, ags. *smæl*, eng. *small;* urv. ablg. *malŭ* klein, lt. *malus* schlecht, air. *mīl*, gr. *mēla* (Mz.) Kleinvieh = an. *smali*, ah. *smaliȥ fëho*, mh. *smalnōȥ*, *smalvihe;* schmälen eig. klein machen; schmälern, ~hans *m*, ~tier *n* junges Reh. Dazu im Ablaut *Schmiele f* Grasart, mh. *smilehe*, *smëlehe:* mh. *smëlhe* ~.

Schmalz *n* ah. *smalz* z. schmelzen.

Schmant *m* 15. Jh. mu. Sahne, Rahm, z. and. *smōđi*, ags. *smōþ*, eng. *smooth* weich.

schmarotzen erst 15. Jh., *smorotzen* betteln, kärnt. *schmoutzn*.

Schmarre *f* 16. Jh. mh. *smurre* Hieb, z. Schmer u. schmieren; vgl. jem. eine schmieren (= hauen).

Schmarren *m* (bayer.) Eierkuchen, übertr. »Wertloses«, z. schmieren.

schmatzen mh. *smatzen* z. *schmackezen*, dies z. *smacken* schmekken; Schmatz *m* oberd. Kuß.

† **Schmauch** *m* mh. *smouch;* ~en, pl. smöken, ags. *smēocan*, eng. *smoke;* Schmöker *m* * Raucher, altes Buch (dessen Blätter als Fidibus dienen), urv. gr. *smýchō* verbrenne langsam, lasse verschwelen, ir. *múch*.

Schmaus *m* 17. Jh., schmausen, ndl. *smuysteren* beschmieren, *smodderen* beschmutzen, *smoddig*.

schmecken ah. *smeccen*, ags. *smæccan* (v. d. Zunge, mu. auch v. Geruch), urv. lit. *smagùis* Näscher, *smagùs* angenehm; Geschmack *m*, schmackhaft, geschmackvoll, abgeschmackt, s. schmatzen.

schmeicheln mh. *smeicheln*, ah. *smeichen*, ags. *smācian* streicheln, z. an. *smeikr* glatt, urv. poln. *śmigły* schlank, lit. *smaĩgas* Stange.

schmeißen ah. *smiȥan* schlagen, pl. smiten werfen, eng. *smite* schlagen, got. *bi-smeitan* beschmieren, urv. gr. *smḗn* schmieren; Schmiß *m*, schmissig, verschmitzt (?); s. Geschmeiß.

schmelzen mh. *smëlzen*, ah. *smëlzan*, eng. *smelt*, *melt* schmelzen, urv. gr. *méldō* erweiche; Schmalz *n*, Malz *n*, Schmalte, Smalte *f* 18. Jh. v. it. *smalto* metallisches Glas, das, wie fz. *émail*, dem German. entstammt, s. Milz.

Schmer *m* ah. *smëro*, eng. *smear*, schw. dä. *smör* Butter; got. *smaírþr*, urv. lit. *smarsas*, gr. *mýron* Salbe, air. *smi(u)r* Mark; das W. wurde früh durch Butter verdrängt, s. Anke; ~bauch *m*, schmieren pl. smeren.

Schmerl *m* Lerchenfalke, ah. *smerlo;* entl. fz. *émerillon;* verw. m. *Schmerle f* (Fisch) Schmerling

(Gründling), urv. gr. *smarís* kl. Seefisch.

Schmerz *m* ah. *smërzo*, eng. *smart* Schmerz, schmerzhaft, schmerzen, scharf, gewandt, gerieben (vgl. sehr, eng. *sore)*, urv. gr. *smerdnós* schrecklich, lt. *mordeo* beiße. Grbd. d. Wz.: reiben; ver~en.

Schmetterling *m* 16. Jh. z. Schmetten (mu. Sahne), v. tschech. *smétana* Sahne, also Sahnenlecker (ähnl. pl. Bottervagel, eng. *butterfly);* 18. Jh. noch oft Papillon fz. (z. B. bei Goethe), s. Pavillon.

schmettern lautm., mh. *smettern*.

Schmied *m* mh. *smit*, ah. *smid*, eng. *smith*, schw. dä. *smed*, Erz-, Metall-, eig. Kunstarbeiter, got. *aiza-smiþa*, urv. gr. *smīlē* Schnitzmesser, *sminýs* Hacke; Geschmeide *n* eig. Geschmiedetes, geschmeidig, leicht z. schmieden.

schmiegen mh. *smiegen*, urv. ablg. *smučati* schlüpfen, lit. *smùkti* gleiten, poln. *smug* Engpaß; s. schmücken, schmuggeln, Grasmücke.

Schmiele s. schmal.

schmieren, an~ betrügen, sich an~ (einschmeicheln) = bestechen (14. Jh.), vgl. fz. *graisser la patte* die Pfote einschmieren; Schmiere *f* Fett, elende Schauspielertruppe, Schmieralien Mehrz. (um 1600); s. Schmer u. Liste 16.

Schminke *f* 15. Jh. *smicke*, *sminke*, z. norw. *smika* streichen u. schmeicheln.

Schmirgel, Schmergel *m* 16. Jh. v. it. *smeriglio*, gr. *smýris* Polierstein.

Schmiß *m*, *Schmitz m* Schlag, Hieb, mh. *smiʒ* Flecken, s. schmeißen.

Schmock *m* charakterloser, zeilenschindender Zeitungsschreiber, seit Freytags Journalisten (1853) v. slowen. *šmok* = Narr; verschmockt.

Schmöker *m* s. schmauchen.

schmollen aus Unwillen schweigen, 15. Jh. *smollen* lächeln z. *smielen* lächeln, eng. *smile*, urv. russ. mu. *chmyliti* lächeln; s. schmunzeln.

Schmollis *n*, ~ trinken (Brüderschaft), 18. Jh. stud., z. ndl. *smullen* prassen?

schmoren 17. Jh., nd. *smoren* dämpfen, rösten, ags. *smorian* ersticken; 2. gut essen (schweiz.).

schmorgen, schmorchen (der westmd. Aussprache entsprechend) mu. westmd. (b. Goethe) knausern, sich abdarben, Hunger leiden.

Schmu (unerlaubten Gewinn) machen, betrügen, 18. Jh. z. hebr. *šĕmūʼā* Gerede, Mehrz. *šĕmūʼōth* Erzählungen, Neuigkeiten, davon Schmus *m* Gerede; schmusen.

schmücken mh. *smücken* (e. Kleid) fest an sich schmiegen, sich schmükken, z. schmiegen (wie bücken z. biegen, zücken z. ziehen); Schmuck *m*, schmuck 16. Jh., pl. 'ne ~e Diern, eng. *smock*, ags. *smocc* (Hemd)bluse.

Schmuddel *m* schmutzige Unordnung, wohl aus Schmutz + (Kuddel)muddel; schmuddelig (18. Jh.).

schmuggeln nd. 18. Jh., eng. *smuggle*, dä. *smugle* z. schmiegen (m. Nebensinn d. Heimlichen), urv. poln. *smug* Engpaß; östr. schwärzen; vgl. paschen.

schmunzeln 15. Jh. z. mh. *smutzen* lächeln, s. schmollen.

Schmutz *m* mh. *smuz*, mu. Fett, eng. *smut*, urv. gr. *mýdos* Nässe, Fäulnis, lett. *mudēt* schimmeln.

Schnabel *m* ah. *snabul*, urv. lit. *snāpas;* ohne s: ags. *nebb*, eng. *neb* Schnabel, an. *nef* Nase; schnabulieren 17. Jh. scherzh., Gelb~ schnäbeln; s. schnappen, Schnepfe

Schnack *m* nd. Gerede, 18. Jh. schnacken, s. Schnickschnack.

Schnaderhüpfel *n* (auch Schnitterhüpfel) 18. Jh. bayr., eig. Ernte-, Tanzlied.

schnaffte Berlin n. 1920, vorzüglich: »dreimal knorke ist einmal ~«

»wenn ick 'ne Zigarre paffte, Sage ick: ›det Ding is ~‹«; z. schnappen? Vgl. schnieke.

Schnake[1] *f* mh. *snāke* Mückenart, norweg. *snaga* m. etw. Spitzem stechen.

Schnake[2] *f* Ringelnatter, mnd. eng. *snake*, an. *snākr*, ah. *snahhan* kriechen, urv. ir. *snaighim* krieche, lit. *snãke* Schnecke.

Schnalle *f* mh. *snalle*, vom Auf- u. Zuschnallen d. Schließhäkchens, z. schnell; schnallen, **schnalzen** Intensivbildung z. mh. *snallen* s. m. e. Schnall bewegen.

schnapp||en mh. *snappen;* auf~-en, über~en, sich ver~en, übereilt etwas sagen, was man verheimlichen sollte. ~hahn *m* Wegelagerer, dah. fz. *chenaan;* ~sack *m*, Schnaps *m* (eig. was man auf einmal schnappen kann), Schnabel *m*, Schneppe *f*, Schnepper *m*, schnippisch.

schnarchen z. mh. *snarren* schnarren (lautlich wie horchen z. hören) beide lautm.; s. schnurren.

schnattern mh. *snateren* lautm.

schnauben,schnaufen,schnobbern, schnoppern, schnuppern, schnüffeln, eng. *snuff* Schnupfen *m*, Schnuppe *f* (Abfall v. d. Kerze, Sternschnuppe), schnuppe gleichgültig (wertlos wie d. Schnuppe) 19. Jh. Berlin; schneuzen, Schnauze *f*, verschnupft (auch bildl.); urv. ai. *snāuti* triefen, mir. *snuad* Fluß, lt. *nutrio* v. * *sneu-tri.*

Schnaue *f* 17. Jh. zweimastiges Seeschiff, eig. geschnäbeltes Schiff z. nd. *snau* Schnabel wie ndl. *snauw*, eng. *snow*, dän. schwed. *snau.*

Schnauze *f* 16. Jh. z. pl. Snut, eng. *snout;* an~n, schneuzen; s. schnauben.

Schnecke *f* ah. *snëcko, slëcko;* ags. *snægel*, eng. *snail*, an. *snigill*, urv. lit. *snãkė*, s. Schnörkel, Schnake[2].

Schnee *m* ah. and. *snēo*, pl. Snei, got. *snaiws*, ags. *snāw*, eng. *snow*, schwäb. Schnai(b), urv. ablg. *snegŭ*, lit. *sniegas*, lt. *nix*, urlt. *snix*, gr. *niphás;* air. *snige* Regen; schneien, ~glöckchen *n* 18. Jh.

schneiden pl. mh. *snīden*, ah. *snīdan*, got. *sneiþan;* sich ~, sich irren, eig. sich m. d. Messer ~, auf~, Schneide *f*, schnitzen, Schnitt *m*, Schnitzel *m n*, Schnitzer *m*, Schneise *f*, schwäb. Schnait Durchhau i. Walde, Schneider *m*, Schnitter *m*, Schneid *m*, schneidig 19. Jh. = tatkräftig, Beutelschneider *m*, jem. ~ = nicht beachten 19. Jh., Lb. n. eng. *cut.*

schneien s. Schnee.

Schneise s. schneiden, ~ hess. Schnat, Schnede. F.N. Slevogt *: Schnede = Waldaufseher.

schnell mh. ah. *snël* tapfer, and. ags. *snël* mutig, schw. *snäll*, dä. *snild* klug, entl. afz. *isnel* tapfer, it. *snello* schnell, munter; fort~en, Schnalle *f*.

Schnepfe *f* mh. *snëpfe*, ah. *snëpfa*, eng. *snipe*, z. Schnabel (vgl. fz. *bécasse: bec).*

Schneppe s. schnappen.

schneuzen s. Schnauze.

Schnickschnack *m* Geschwätz, 18. Jh. z. Schnack (nd. *snāken* schwatzen).

schniegeln um 1800 (geschniegelt u. gebügelt), z. ah. *snegil* Schnecke, bayr. Schneckl »Haarlocke«.

schnieke 20. Jh. Berlin schick, angel. an *geschniegelt* und *knorke*, gebildet aus nd. *snicker* hübsch, schwed. *snygg*, eng. *snug.*

Schnippchen *n* jem. e. ~ schlagen (e. Streich spielen), v. schnippen fortschnellen (m. d. Finger); schnippeln, südd. schnipfeln, Schnippel *m*, eng. *snip* abschneiden.

schnippisch 16. Jh. z. aufschnupfen, also eig. wohl: den Kopf (hochnäsig) zurückwerfend.

Schnitt *m* ah. mh. *snit*, z. schneiden; Gold~, Schnitte *f*. **Schnitzel** *n* *m*, schnitzen, schnitzeln, Schnitzer *m* Fehler »Zerschneider (des Rechten)«, 16. Jh. (Luther).

schnobbern s. schnauben.

schnoddrig 19. Jh. mh. *snudereht* voll Rotz, z. mh. *snuder* Rotz.

schnöde mh. *snœde* ärmlich, ags. *besnýþþan* berauben, an. *snauðr* kahl, mh. *besnoten* knapp, Grbd. geschoren, urv. ai. *kṣṇāuti* schleift.

schnoppern, schnüffeln, Schnupfen, Schnuppe, schnuppe; s. schnauben.

Schnorchel *m* 1944 Luftrohr des U-Boots, z. schnarchen u. schnorcheln.

Schnörkel *m* 17. Jh. eig. Schnekkenlinie, dann Verzierung, z. Schnecke.

Schnösel *m* dummfrecher Grünschnabel; mit der Endung von Flegel, Bengel usw. z. schnoddrig?

schnorren s. schnurren.

Schnucke *f* Heidschnucke (Schafart), nd. *snucke* lautm.

schnüffeln, nd. ndl. *snuffelen* beriechen, z. schnauben.

Schnuller *m* Lutschgummi, lautm.

Schnulze *f* ›billig sentimentaler Schlager‹, wohl nach Schulze (= männl. Lieschen Müller + sentimentalisierendes n-Infix; als Name eines Kritikers billiger Lieder schon 1892 (Sprachforum 3, 305).

Schnupfen s. schnauben, mh. *snupfe*.

Schnuppe, schnuppe s. schnauben.

Schnur¹ *f* mh. ah. *snuor*, got. *snōrjō* Flechtwerk, Korb, z. idg. Wz. *(s)ner-* flechten, drehen, urv. lit. *nāras* Schlinge; schnüren, schnurstracks.

Schnur² *f* † Sohnsfrau, Schwiegertochter, ah. *snur(a)*, urv. lt. *nurus*, früher *snusus*, gr. *nyós* < * *snysós*, ai. *snušā́*, ablg. *snŭcha;* z. ai. *sánoti* erwirbt? in Franken mu. Söhnerin.

schnurren mh. *snurren* rauschen, sausen, lautm., z. schnarren; Schnurre *f* scherzh. Erzählg.; schnurrig; Schnurrbart *m* 18. Jh., nd. *snurbaard* z. *snurre* Schnauze, Mund. Schnurrpfeifereien der Bettelmusikanten = nd. *snurpiperijen* »lächerl. Possen«: nd. ~ = betteln, Schnurrer, Schnorrer = Bettler.

schnurz umg. = gleichgültig, um 1830 stud., viell. zu schnarzen ›schnarren‹; vgl. schnuppe.

Schnute *f* 18. Jh. v. nd. *snute*, s. Schnauze.

Schober *m* ah. *scobar*, z. ah. *scubil* Büschel, urv. russ. *čup* Schopf; s. Schopf.

Schock¹ *n* mh. *schoc*, ursp. Haufen (bes. v. Garben), sechzig Stück, *schocken* Korn i. Haufen setzen, s. Hocke, urv. lit. *kúgis* Heuhaufe.

Schock² *m* Nervenschock, v. fz. *choc*, eng. *shock* Schlag, Stoß.

schofel 18. Jh. v. hebr. *schāfāl* niedrig, gemein, s. Schuft.

Schöffe *m* pl. Schöppe, mh. *scheffe*, ah. *sceffeno* (dah. mlt. *scabinus*, ait. *scabino*, it. *schiavino*, fz. *échevin)*, z. germ. *skapjan* schaffen, also eig. Schaffender, Ordnender; s. schaffen, schöpfen.

Schokolade *f* um 1600 v. sp. *chocolate* z. mexik. *chocolatl (atl* Wasser), s. Kakao.

Scholar *m* † 16. Jh. v. mlt. *scholāris* Schüler, *schola* Schule; Scholastik *f* v. lt. *scholasticus* z. Studium gehörig.

Scholle *f* 1. Erd~, pl. Schull, ah. *scolla*, z. Wz. *skel* spalten, also eig. Gespaltenes (Eis, Erde), s. Schild, Schale, 2. ~ Fisch, 16. Jh.

schon mh. *schōne* bereits, Adv. z.

schön, mh. *schoene*, ah. *scōni*, got. *skauns* glänzend, schön, pl. scheun, ags. *scēne*, eng. *sheen* glänzend, z. schauen, also eig. was geschaut wird, schauenswert ist; schonen auf schöne Art behandeln; Schonung *f* (i. Wald), Schönheit *f*, Schöngeist *m*

18. Jh., s. Belletrist. Schönbartspiel *n* Fastnachtspiel (b. Hans Sachs u. Goethe), Schembartlaufen (Nürnberg), eig. Maske mit Bart, z. Schemen; beschönigen, Schönpflästerchen *n.*

Schoner, Schuner *m* Segelschiff, 18. Jh. v. eng. *schooner*, z. mu. (amerik.) **scoon* gleiten lassen?

Schopf *m* mh. *schopf*, ah. *scuft*, got. *skuft* Haupthaar, eig. Haarbüschel, z. Schober.

schöpf||en mh. *schepfen*, ah. *scepfan* schöpfen, schaffen, s. dies; ~er *m*, Ge~ *n*, ~ung *f*, dazu viell. **Schoppen** *m*, 16. Jh. südwestd., ah. *scaph* Weingefäß, vgl. gr. *skapheion* ~gefäß, entl. fz. *chopine*, *chopiner* zechen.

Schöps *m* mh. *schöpez* Hammel, v. tschech. *skopec* v. aslaw. *skopiti* kastrieren, urv. gr. *koptein* abhauen, beschneiden.

Schorf *m* mh. *schorf*, s. schürfen, ags. *sceorfan* nagen, beißen, urv. lit. *kárpa* Warze.

Schorlemorle *f* 18. Jh., halb Wein, halb Mineralwasser, pl. Schurr Murr (Fritz Reuter), wohl lautmal.; vgl. Schurlemurle 18. Jh. u. Bildungen wie fz. *pêle-mêle* u. eng. *hugger-mugger* Schlupfwinkel; als F.N. 1271 Lüneburg.

Schornstein *m* mh. *schor(n)stein*, z. mnd. *schōre*, eng. *shore* Stütze (auf d. d. Oberbau d. ~s ruhte).

Schoß[1] (kurzes o) *m* mh. *schoȥ* Schößling, z. schießen, dah. fz. *écot* Baumstumpf; **Schoß**[2] (langes o) *m* pl. Schot, ah. *scōȥȥa* Körper-, Rockschoß, got. *skauts* Kleidsaum. **Schoß**[3] *m* † Steuer (mh.), Wz. *skut* schießen, ags. *sceotan* auch beisteuern, an. *skot* ~, Abgabe; Schösser † = Steuereinnehmer.

Schote[1] *f* mh. *schōte* z. Wz. *sku* bedecken, s. Scheuer.

Schote[2] *f* Segelleine, ags. *sceata*, got. *skaúts* s. Schoß[2].

Schott *n* Schiffsscheidewand, Tür; nd. mnd. *schot* Riegel, z. schießen.

Schotte *f* mu. südd. aus d. Molke ausgekochte Flüssigkeit, Molke, ah. *scotto* v. lt. **excocta* ausgekocht. Schotten *m* aus d. Molke ausgekochte Quarkmasse.

Schotter *m* zerbröckeltes Gestein (z. Straßenbau) z. Schutt, schütten.

schraffieren 16. Jh. v. it. *sgraffiare:* ah. *krapho* Haken? * kratzen od.: mh. *schraffen*, s. schrapen.

schräg pl. schrat, 16. Jh. v. mh. *schregen* schräg gehen, z. Schrank, mh. *schrage* Holzgestell m. kreuzweis stehenden Füßen.

Schramme *f* mh. *schram* Schwertwunde, an. *skrāma* Wunde, vgl. *scramasax* langes Messer, urv. it. *crena* Einschnitt.

Schrank *m* mh. *schranc* Einfriedigung, Abgesperrtes (so noch in Schranke *f*), verw. schräg, entl. fz. *écran* Licht-, Ofenschirm; einschränken, verschränkt, beschränkt (oft bildl.).

Schranze *f* (Hof~) mh. *schranz* Bruch, Spalte, geschlitztes Kleid, Mann in geschlitztem Kleide, Höfling; verw. Schrunde.

schrapen, schrappen mu. nordd. 16. Jh., eng. *scrape*, an. *skrapa* schaben, kratzen, urv. lt. *scrobis* Grube, lett. *skrabt* kratzen, russ. *skrobátĭ* schaben; Schrippe, Brötchen m. aufgerissener Rinde, s. schröpfen, schrubben.

Schrapnell *m* 19. Jh. n. d. eng. General Shrapnel, dem Erfinder (1804).

Schrat *m* böser Geist, elbisches Wesen, (schwäb. Vkl. Schrättele), ah. *scrato*, an. *skratti*, z. mnd. *schrade* dürr. O.N. ~zmännle (Vogesen).

Schraube *f* mh. *schrūbe*, eng. *screw*, fz. *écrou:* lt. *scrōfa*, Sau nach dem Ringelschwanz oder nach d. weiblichen Natur d. Sau? (vgl. it. sizil. *scrufina*, portug. *porca*, span. *puer-*

ca, ~nmutter u. »weibl. Schwein«), verm. m. *vlat.* **scroba* »Scham, Schraubenmutter« (v. *scrobis* Grube); alte ~ (bildl.), verschroben, geschraubt.

Schrebergarten *m* Koloniegarten n. d. Leipziger Arzt D. G. Schreber (1808–61).

Schreck, ~en *m* mh. *schrëcke* z. *schrëcken* aufspringen, hüpfen (noch in auf~en, Heuschrecke *f); ~*lich, ~schuß *m.*

schreiben mh. *schrîben*, ah. *scrîban*, pl. schriwen, v. lt. *scrībĕre* schreiben, eig. ritzen. Im Engl. ist altgerm. *write* ritzen (s. reißen) bewahrt. Schrift *f*.

schreien mh. *schrîen*, ah. *scrîan*, and. *skrikon*, urv. air. *scret* Schrei, ir. *crāin*, lett. *krina* Sau, lt. *crīmen* * Notschrei.

Schrein *m* mh. *schrîn*, ah. *scrīnī* Kasten, ags. *scrīn*, eng. *shrine* Reliquienkästchen, v. lt. *scrīnium* Kapsel (fz. *écrin* Schmuckkästchen); ~er *m* (nordd. Tischler) mh. *schrînœre* v. mlt. *scrīnārius.*

schreiten mh. *schrîten*, ah. *scrītan;* Schritt *m*, urv. lit. *skritulŷs* Kreis.

Schrift *f* ah. *scrift* v. lt. *scriptum* Geschriebenes, s. schreiben; ~sprache *f* n. 1780; ~steller *m* 17. Jh.

schrill 16. Jh. nd. auch *schrel*, altnhd. *schrallen* laut bellen, eng. *shrill*, ags. *scralettan*, schw. *skrälla* lärmen; das Ge~ der Heuschrecken (Löns); s. Schrulle.

schrinnen die Wunde schrinnt, s. Schrunde.

Schrippe *f* 18. Jh. Berlin, Brötchen mit aufgerissener Kruste, z. *schripfen* aufreißen, z. schrappen.

Schrittmacher *m* um 1900 Motorfahrer, der den folgenden Radrennfahrer zu größerer Geschwindigkeit anspornen soll; Lüs. v. eng. *pacemaker* (1884).

schroff 16. Jh. z. mh. *schroffe* Felsspitze, Steinwand, mh. *schrufen* spalten, ah. *screvōn* einschneiden, schwed. *skreva* Kluft; urv. Skorpion.

schröpfen mh. *schrepfen*, z. Wz. *skrep* ritzen, viell. z. scharf, schroff; s. schrapen, Schrippe.

Schrot *n* Schnitt, Hieb, abgeschnittenes Stück, ah. *scrōt;* kleine Bleikugeln, Schrott *m* Alteisen; z. **schroten** ah. *scrōtan* hauen, schneiden, zerkleinern, daher mh. *schrōtaere*, dä. *skraedder* Schneider, ags. *scrēadian* schneiden. Schröter = Hirschkäfer (Kabale u. Liebe 1, 5 u. Droste); von echtem ~ u. Korn v. vollem Gewicht u. vorgeschriebener Beschaffenheit; ~brot *n*, vierschrötig eig. 4eckig geschnitten, urv. lit. *skraudùs* brüchig, lt. *scrautum* Köcher.

schrubben, 16. Jh. nd. scheuern, Schrubber »Kratzbesen«, ndl. *schrobben*, eng. *scrub*, z. schrapen.

Schrulle *f* 18. Jh. nd. närrischer Einfall, obd. Schroll (Anzengruber), z. mnd. *schrull* Laune, ndl. *schrollen* schimpfen; vgl. schrill.

schrumpeln, schrumpelig, schrumpfen, mh. *schrimpfen*, vgl. rümpfen, verw. eng. *shrimp* Zwerg, Garnele.

Schrunde *f* Riß, Spalt, Kluft: mh. *schrinden* bersten, ah. *scrunta: scrintan*, Grbd. faltig, rissig; vgl. Schranze.

Schubjack *m* 18. Jh. Schuft, ndl. *schobbejak* (17. Jh.), z. schubben + Jack: Schiebe-Jakob.

Schubkarren *m*, **Schublade** *f* (Schieb-), z. schieben.

schubsen stoßend schieben, Intensivbildung z. schieben wie krächzen zu krachen.

schüchtern, früher ohne n, z. scheu, westf. *schücht*, mnd. *schuchteren* verscheuchen.

Schuft *m* 17. Jh. eig. Schimpfwort für herabgekommene Adlige, jetzt allg. i. sittl. Sinne, v. mnd. *schūvūt* schieb aus, als Deutung des Uhurufs, dann: Uhu, dann: lichtscheuer Ritter.

schuften stud. 19. Jh., wohl z. Schub u. nd. *schoft* Vierteltagewerk, also viell. ursp. »ohne Pause durcharbeiten«; s. büffeln.

Schuh *m* mh. *schuoch*, ah. *scuoh*, got. *skōhs*, pl. Schauh, ags. *scoh*, eng. *shoe*, viell. urv. ai. *kōša*-Schote, ai. *skunāti* bedeckt; s. Schuster.

Schuld *f* mh. *schult*, ah. and. *sculd*, z. Wz. *skal* sollen; ~ig, ~en, ~ner *m*, s. Schultheiß.

Schule *f* mh. *schuole*, ah. *scuola*, pl. Schaul, ags. *scōl*, eng. *school*, schw. *skola*, v. lt. *schola*, gr. *scholē* Ruhe, Muße, Sammlung, gelehrte Unterhaltung, Vortrag; Schulmeister *m*, Schulfuchs *m*, schulen, Schüler *m*, s. Scholar.

Schulter *f* ah. *scultarra*, ags. *sculdor*, eng. *shoulder*, urv. gr. *skelís* Hinterfuß, Hüfte.

Schultheiß *m* ah. *sculdheizo* Vogt, mlt. *scult(h)etus*, eig. der e. Schuld, Verpflichtung heißt, befiehlt, anordnet, früher = Bürgermeister; verkürzt Schulze, Schulz, Schulte, in Altfrankfurt stand d. Stadtschultheiß (z. B. Goethes Großvater) über beiden Bürgermeistern; s. Schuld, sollen, heißen.

schummeln betrügen; z. Schummel = schmutzige Person.

schummerig dämmerig. s. Schimmer.

Schund *m* 16. Jh. Part. z. schinden, also Abgetrenntes, Abfall.

schunkeln 18. Jh., nd. md. z. schaukeln?

Schupo *f* Abkürzung für Schutzpolizei (1921).

Schuppe *f* (ursp. v. Fisch) mh. *schuope*, ah. *scuoppa* v. schaben.

Schüppe, Schippe *f* Schaufel, z. schieben, mnd. *schuppen* stoßen; Schüppen *n* Pik; Schipper = Armierungssoldat i. 1. Weltkrieg.

Schuppen, Schoppen *m* 16. Jh. z. schupfen, Schober verw. eng. *shop* Laden (entl. fz. *échoppe* Krambude), oberd. *Schupfen* (b. Anzengruber).

Schur *f* z. scheren.

schüren mh. *schürn* antreiben, z. *schor*, ah. *scora*, got. *skaúrō* Schaufel, urv. gr. *skýros* Abfall.

schürfen (n. Erzen) eig. kratzen, ritzen, schneiden, ah. *scurfen*, ags. *sceorpan*, z. scharf, Schorf, schrapen, schröpfen.

schurigeln 17. Jh. z. ah. *scurigen* stoßen, z. schüren.

Schurke *m* 17. Jh. armer Schlukker, spät. Bösewicht, z. ah. *fiurscurgo* Feuerschürer (Teufel).

schurren s. scharren.

Schurz *m* z. ah. *scurz*, ags. *scort*, eng. *short* kurz, *shirt* Hemd, an. *skorta* mangeln, z. mh. *scherzel* Schnittchen, Ästchen; urv. lett. *skēržu* spalte. **Schürz**||**e** *f* pl. Schört (schweiz. auch »Fürtuch«); ~en.

Schuß *m* z. schießen.

Schussel *f m* fahrige Person, z. schießen.

Schüssel *f* mh. *schüzzel*, ah. *scuzzila*, pl. Schöttel, v. lt. *scutella*, it. *scodella* (fz. *écuelle* Napf).

Schuster *m* mh. *schuoh-sūtaere*, ah. *sūtāri*, pl. Schauster, v. lt. *sūtor* Schuhnäher z. *suere* nähen; echt dtsch. ist *schuoch-würhte*, *schuchwert*. F.N.: Schuchardt, Schubert, Schurig, schweiz. Sutter, Sauter, Scheuchzer; Vkl. Sütterlin.

Schute *f* Kahn, mnd. *schute*, an. schwed. *skuta*, z. schießen. 2) 19. Jh. vorne vorspringender Frauenhut (wie ein Schiffssteven?).

Schutt *m* 16. Jh. mh. *schüt* Aufgeschüttetes, Erdwall, z. schütten, O.N. d. Gr. u. Kl. Schütt (Donauinseln), schütten, dazu schütteln, ah. *scutilōn* erschüttern, urv. aslaw. *skytati sę* umherschweifen; Schotter *m*.

schütter dünn, spärlich, ah. *skēter*, mh. *schiter;* urv. gr. *skidarós* dünn, ai. *chidrās* durchlöchert.

Schutz *m* z. schützen; ~engel *m*

17. Jh. Lüs. v. lt. *angelus tūtēlāris*, ~mann *m*, ~zoll *m*, Schützling *m*.

Schütz *m* ah. *scuzzo* z. schießen; Flur~, Feldhüter, Abc~, seit 15. Jh.

schützen mh. *schützen* z. *schüt* Erdwall; vor~, s. Schutt.

schwabbeln von Bewegungen flüssiger u. puddingartiger Massen, lautm., 15. Jh. z. schwapp!

Schwabe *f*, s. Schabe¹.

schwach mh. *swach* wertlos, gering, pl. swack, mnd. *swaken* schwanken, verw. m. schwanken; ~matikus *m*, scherzh. stud. 18. Jh. Schwäche *f*, Schwächling *m*.

Schwaden¹ *m* Dunst, Dampf, z. ah. *swëdan* langsam dampfend verbrennen, urv. lt. *sīdus* Gestirn.

Schwaden² *m* Reihe abgemähten Grases, Getreides, z. eng. *swath*, mnd. *swade*, pl. Schwatt *n*, ags. *swæd* Spur.

Schwadron *f* 17. Jh. v. it. *squadrone*, fz. *escadron* viereckiger Haufe v. Reitern (it. *squadrare* viereckig machen, z. lt. *quattuor* vier **exquadrare)*, s. Geschwader; ~ieren 18. Jh. eig. wild, planlos fechten (stud.), laut u. viel schwatzen, an schwadern »schwatzen« angelehnt.

schwafeln, schwefeln, leeres Zeug reden, nd. *sweeveln*.

Schwager¹, Schwäher *m* ah. *swëhur*, *swāgur* Schwiegervater, verschwägert, Schwägerschaft, Wz. *sve-*, wozu auch Schwieger, Schwester. Die vor allem in Mittel- und Süddeutschland noch volkstümlichen einfachen, aus indogermanischer Urzeit stammenden Verwandtschaftsnamen »*Schwäher*« (für Schwiegervater), »*Schwieger*« (für Schwiegermutter) und »*Schnur*« (für Schwiegertochter) sind durch die Zusammensetzungen von Norddeutschland aus allmählich verdrängt worden. Luther gebraucht z. B. Joh. 18, 13 *Schwäher*, Matth. 8, 14; 10, 35 (»Die *Schnur* wider ihre *Schwieger*«) und sonst *Schwieger*.

Schwäher mh. *swëher*, ah. *swëhur* Schwiegervater (u. Schwager), ags. *sweor*, got. *swaíhra*, idg. * *swékuros* = gr. *hekyrós*, lt. *socer*, aind. *švašura*, ablg. *svekrŭ*, lit. *szẽszuras* (1. Teil *sve-* »eigen«, vgl. Germanen).

Schwieger mh. *swiger*, ah. *swigar*, ags. *swëger*, got. *swaíhrō*, idg. * *swekrū́* = gr. *hekyrā́*, lt. *socrus*, ai. *švašrū́*, ablg. *svekry*. **Schwager²** † Postill(i)on, v. d. student. (18. Jh.) Anrede an Nichtstudenten: Schwager, dann auch Schwager Postillon.

Schwalbe *f* mh. *swalwe*, ah. *swalawa*, pl. Swälk, eng. *swallow*, urv. russ. *solowéj* Nachtigall.

Schwalch *m* Öffnung d. Schmelzofens (Schillers Glocke), mh. *swalch* Schlund, z. schwelgen.

Schwall *m* (Wasser~, Wort~), z. schwellen, mh. *swal*.

Schwamm *m* ah. *swam*, *swamb*, got. *swamms*, im Ablaut z. Sumpf, urv. gr. *somphós* locker, porös; oberd. für Pilz.

Schwan *m* mh. *swane*, ah. and. pl. *swan*, ags. *swon*, eng. *swan*, an. *svanr*, urv. lt. *sonāre* tönen, ai. *svánas* Ton, also eig. singender Vogel (d. Schwan singt n. d. Volksglauben kurz vor seinem Tode); ~engesang *m* 16. Jh. (bildl.), ~en (mir schwant Böses) 16. Jh., kaum aus »mir schwebt vor« u. »mir ahnt« od. *es wanet mir:* wähnen; vielmehr ein Lateinerwitz, d. *olet mihi* mir ahnt m. *olor* Schwan verband.

Schwang, im ~ sein, üblich sein; s. Schwank.

schwanger ah. *swangar*, ags. *swangor* schwerfällig, träge, urv. lit. *sunkùs* schwer.

Schwank *m* mh. *swanc* Schwingung, Schwung, Fechterstreich, heute: lustige Erzählung, Lustspiel; schwank, schlank, biegsam, eig. leicht z. schwingen; ~en.

Schwanz *m* mh. *swanz* wiegende, schwingende Bewegung, Schleppe d.

Kleides, später erst Schwanz, das (das obszön gewordene) mh. *zagel* verdrängte (s. Rübezahl), z. *swangezen*, *swankzen* sich schwingend bewegen, urv. gr. *saínō* wedele (aus *swanjo)*; schwänzen 16. Jh. eig. bummeln, umherstolzieren; schwänzeln, s. scharwenzeln.

Schwäre *f* † mh. *swër*, ah. *swëro* Geschwür, Geschwulst, Beschwerde, Krankheit; schwierig, Geschwür. **schwären** eiternd schwellen, ah. *swëran* schmerzen, mnd. *swëren* ~, urv. awest. *chvara* Wunde.

Schwarm *m* ah. *swaram* Bienen~, später Menge übh., z. schwirren; schwärmen (v. Bienen), urv. ai. *svárati* tönt; übtr. kirchl. (16. Jh.) von Sekten, dann übh. phantastisch begeistert sein (für etwas schwärmen); schwärmerisch.

Schwarte *f* mh. *swart*, pl. Schwår', behaarte Kopfhaut, Fell d. Wildsau od. d. Dachses; Speck~; altes Buch (in ~ Schweinsleder gebunden), eng. *sward* Schwarte, Rasendecke, urv. lett. *schwere*.

schwarz mh. ah. *swarz*, got. *swarts*, pl. and. *swart*, ags. *sweart*, eng. *swart* schwärzlich, an. *sorta* ~e Farbe, schw. *svart*, dä. *sort*, urv. lt. *sordidus* schmutzig: *sordēs*; ~kunst *f* irrtüml. Lüs. v. lt.-gr. Nigromantie (lt. *niger* schwarz), richtig Nekromantie (gr. *nekrós* Leichnam, urv. lt. *nex* Tod, *manteíā* Beschwörung) Geisterbeschwörung. ~wild *n*, schwärzen, einschwärzen (schmuggeln), ~-schlachten, anschwärzen (bildl.), rotw. *swerze* Nacht, ~arbeit, ~-handel.

schwatzen, schwätzen mh. *swatzen*, *swetzen* z. mh. *swatz* Geschwätz, Schwätzer *(swaderer)*.

schweben ah. *swëbēn*, z. schweifen, in d. Schwebe.

Schwefel *m* mh. *swëvel*, ah. *swëbal*, got. *swibls*, ags. *swefel*, urv. lt. *sulphur (sulpur)*; ~bande *f* ursp. Studentenverbind. i. Jena, 1770.

Schwegel *f* (Schwiegel) Querpfeife, schon got. *swiglja* Pfeifer: Ztw. *swiglōn*, ah. *swëgalā* Pfeife, Röhre, schwäb. F.N. Schwegler: *swëgalāri*.

Schweif *m* mh. *sweif* Schwung, Schleppe, Besatz des Kleides, Schwanz, z. **schweifen,** ah. *sweifan* schwingen, eng. *swoop* sich stürzen, *sweep* fegen, *swift* schnell; geschweift, ab~en, aus~end, weit~ig, ~wedeln; s. schweben.

schweigen ah. *swīgēn*, urv. gr. *sīgā́n;* verschwiegen, geschweige, s. dies. Nicht verw. ist F.N.: Schweiger (z. Schwaige »Sennhütte«).

Schwein *n* mh. ah. and. *swīn*, got. *swein*, schw. *svin*, eig. z. Sau m. Endung -īn; urv. lt. *suīnus*. ~ehund *m* (eig. Hund z. Saujagd), ~ stud. Glück. Das As im Kartenspiel hieß früher auch »Sau«!

Schweiß *m* mh. ah. *sweiʒ* Schweiß, Blut, pl. Sweit, ags. *swāt*, eng. *sweat*, urv. lt. *sūdor*, gr. *hīdrṓs*, ai. *svēdas;* schweißen (durch Glühhitze zs.-fügen), mh. *sweiʒen*, s. schwitzen.

Schweizer *m* Türsteher, Aufseher i. Kirchen, bes. i. Molkereiwesen (weil oft Schweizer dazu dienten); ~degen *m* Setzer u. Drucker zugleich, weil d. Hiebmesser der Schweizer Landsknechte für Hieb und Stich taugte.

schwelen nd. dampfend glimmen, ags. *swëlan* glühen, an. *svæla* dicker Rauch; urv. gr. *Helénē*, lit. *svìlti* ~, s. schwül.

schwelgen ah. *swëlgan* schlucken, eng. *swallow* verschlingen, an. *svelgr* Stromwirbel, Fresser; urv. awest. *chvar-* genießen; s. Schwalch.

Schwelle *f* mh. *swelle*, ah. *swelli*, ags. an. *syll*, mnd. *süll*, pl. Süll (Süllberg b. Blankenese), eng. *sill*, an. *svill*, *nisl. svoli* Holzklotz, ags. *selma*, as. *selmo* Bett, lit. *súolas* Bank, urv. gr. *sélma* Verdeck, Ruderbank, Gebälk, *selis* Planke, Ruderbank. Grbd.: Grundbalken.

schwellen ah. and. ags. *swëllan*, eng. *swell*, got. *ufswalleins* Hochmut; geschwollen (bildl.) hochmütig; Schwall, Schwiele, Schwulst (bildl.), Geschwulst, schwülstig (bildl.).

schwemmen Bew. z. schwimmen (schwimmen machen); Schwemme *f*.

Schwengel *m* z. schwenken, schwingen; Glocken~, Pumpen~, Laden~, der sich i. Laden hin- und herbewegt, Galgen~; nd. ~ am Ortscheit f. d. Zugtiere.

schwenken mh. ah. *swenken* schwingen; schleudern, got. *afswaggwjan* schwankend machen; volkstüml. = fortjagen (v. d. Schule), s. schwingen.

schwer mh. *swaere*, ah. *swāri*, pl. swer, swor, got. *swērs* wert, geehrt, dä. *svär*, urv. lit. *svarùs* schwer, *sveriù* wäge, *svāras* Waage, gr. *herma* Ballast; s. schwierig; ~lich schmerzlich, seit 16. Jh. = kaum; beschwerlich; ~fällig eig. mit schwerem Fallen, ~enot *f* eig. Fallsucht, Epilepsie, dann als Fluch, ~enöter *m* eig. dem man d. Fallsucht wünscht, 18. Jh. Schimpfwort, dann durchtriebener, tüchtiger Kerl, ~punkt *m* 18. Jh., Beschwerde *f*.

Schwert *n* mh. ah. *swërt*, ags. *sweord*, eng. *sword*, dä. *sverd*, schw. *svärd:* z. ah. *sweran* schmerzen, s. Schwäre; ~feger *m* (~putzer, ~macher Waffenschmied), s. fegen. ~lilie *f*, Schwertel *m*.

Schwester *f* mh. ah. *swëster*, pl. Süster, Swester, got. *swistar*, ags. *sweostar*, eng. *sister*, schw. *syster*, urv. lt. *soror*, ablg. *sestra*, lit. *sesuõ*, ai. *svásā;* s. Schwager; verschwistert.

Schwibbogen *m* (volkst. wieder an ursp. schweben angelehnt), ah. *swibogo*, **swibi-bogo* z. *swebēn*.

Schwieger noch i. Zs. ~mutter, ~vater usw., zu Schwager, s. d.

Schwiele *f* = Strieme, ah. *swilo*, ags. *swile*, z. Wz. *swel* schwellen.

Schwiemel *m* Schwindel, Rausch, mnd. *swīmen*, mh. *sweimen* schweben; ~n (stud.) bummeln.

schwierig mh. *swiric*, später schwürig, voll Geschwüre, Schwären, an schwer angelehnt; ~keit *f*, s. Schwäre, schwer.

schwimmen ah. and. ags. *swimman*, eng. *swim*, dä. *svömme*, wohl verw. m. Sund: an. *sund* auch »Schwimmen«, urv. lit. *sùmdyti* hetzen; s. Sumpf, schwemmen.

Schwindel *m* körperlich, dann sittlich mh. *swindel;* ~n, ah. *swintilōn* (v. Schwinden d. Sinne), an. *mik sundlar* mir ~t, Schwindler *m* (n. eng. *swindler* Hochstapler um 1760), schwindelig, alle zu **schwinden** mh. *swinden*, ah. *swintan* vergehen, urv. tochar. *ṣātür* kraftlos; Schwindsucht *f*, Schwund *m*, verschwenden, s. Liste 5. Schwende = Rodung.

schwingen ah. and. ags. *swingan*, eng. *swing*, schw. *svinga;* Schwinge *f* *m*, Umschwung, Schwank *m*, schwank, Schwengel *m*, unerschwinglich, überschwenglich, schwunghaft, i. Schwange sein, Schwanz.

Schwips *m* leichter Rausch, z. schwippen: schweben, vgl. überschwappen, u. angel. an eng. *tipsy* beschwipst.

schwirren 17. Jh., s. Schwarm; lautm. wie auch ai. *svárati* tönt, lt. *susurrus* Flüstern.

schwitzen ah. *swizzan*, urv. lt. *sūdare*, gr. *idíō (svid-)*, ai. *svédatē* schwitzt, lett. *swedri* Schweiß.

Schwof *m* stud. n. 1825 ostmd. für Schweif = Tanz, ~en tanzen.

schwören mh. *swern*, ah. *swerian*, got. *swaran*, eng. *swear*, an. *svara* antworten; and. *antswor* Anrede, Schwur *m*, ags. *andswaru*, eng. *answer* Antwort, Geschworener *m*, Verschworener *m*, beschwören, urv. lt. *sermo* Rede, aslaw. *svara* Zank.

schwül 17. Jh. v. nd. swaul, swul z. schwelen. **Schwulität** *f* 18. Jh.

stud. scherzh. bedrängte Lage, s. Liste 14.

Schwulst *m* bildl. überladener Ausdruck, 18. Jh.; mh. *swulst f* Geschwulst; schwülstig, z. schwellen.

Schwund *m* z. schwinden.

Schwung *m* mh. *swunc*, z. schwingen.

Schwur *m* ah. *(eid)suor* z. schwören.

Sech *n* Pflugmesser, mh. *sëch*, ah. *sëhh*, v. vlat. **secum* z. *secare* schneiden.

sechs mh. ah. and. *sëhs*, got. *saíhs*, pl. söß (ndl. *zes)*, ags. eng. *six*, urv. tochar. *säk*, ai. *šáš*, lt. *sex*, gr. *hex* (urgr. *sweks)*, awest. *chšvaš*, lit. *šeši*, ablg. *šešti;* Sechser *m* † Münze, in Berlin: Fünfpfennigstück.

Sechter *m* Sester altes Hohlmaß, ah. *sehtari*, *sehstari* v. lt. *sextārius*.

See *f m* mh. *sē* Meer, Landsee, ah. and. *sēo*, got. *saiws* Landsee, eng. *sea*, schw. *sjö*, unerkl.; ~hund *m* um 1500, früher: ah. *selah* z. an. *selr*, mnd. *sēlhund*.

Seele *f* ah. *sēla*, *sēula*, got. *saiwala*, ags. *sāwol*, eng. *soul*, ndl. *ziel*, z. See, wo man d. ~n v. d. Geburt u. n. d. Tode glaubte? übertr. d. innere Teil des Gewehrlaufs u. Geschützrohres, ~nachse, ~nruhe *f*, ~nverkäufer *m* (kleiner, unsicherer Kahn), Aller~ntag *m*, ~nvoll, be~n, schöne ~ 18. Jh., Krämer~, Seelsorger *m*, entseelt.

Segel *n* ah. and. *sëgal*, ags. *segel*, eng. *sail*, anord. *segl*, z. *segi* Streifen, urv. lt. *segmen* abgeschn. Stück; entl. ir. *seol*, kymr. *hwyl*, poln. *žegiel;* fz. *cingler*, span. *singlār*, segeln; ~flug seit Otto Lilienthal.

Segen *m* ah. *sëgan* v. lt. *signum* Zeichen (d. Kreuzes); segnen, ah. *sëganōn*, mlt. *signāre;* s. Signal, Siegel.

Segge *f* nd. Riedgras, ags. *secg*, ah. *sahar*, urv. ir. *seisg*, z. Wz. v. sägen (wegen der scharfen Blattränder).

sehen ah. and. *sëhan*, pl. seihn, got. *saíhvan*, anord. *sjā*, ags. *sēon*, eng. *see*, Grbd.: mit den Augen folgen, z. idg. Wz. *seq* folgen, geleiten, urv. tochar. *säk*, lt. *sequor*, gr. *hépomai* folge. Seher *m*, Sicht *f*, Gesicht *n*, Ansicht *f*, angesehen, zusehends. F.N.: Südekum (Siehdichum).

Sehne, Senne *f* mh. *sēne*, ah. *sēnawa*, and. *sinewa*, ags. *sionu*, eng. *sinew*, schw. *sena*, urv. ai. *snávan* Band, lett. *pasainis* Schnur, ir. *sin* Kette.

sehn||en z. mh. *sëne* Verlangen, mh. *sēnen* sich sehnen, ah. *senen* schlaff sein; ~lich, ~sucht *f*.

sehr mh. *sēre*, ah. *sēro* (Adv.) schmerzlich, heftig, pl. sihr, ags. *sār* schmerzlich, eng. *sore* wund = schwäb.-bayr. *sēr*, ndl. *zeer* verletzt, dä. *saar* Wunde, got. *sair* Schmerz; urv. air. *sāith* Leid, lt. *saevus* wild, lett. *sīvs* scharf; ver~en, ~en † (bei R. Wagner), unversehrt.

seichen harnen, ah. *seihhen* z. seihen u. sickern, urv. aslaw. *sicati;* dazu **Seich** *m* Harn; Geschwätz (19. Jh.).

seicht mh. *sīhte* seicht, nicht tief (Wasser), pl. auch: nicht hoch, niedrig; auch bildl., z. ah. *sīgan* sinken, sickern, seihen.

Seide *f* ah. *sīda*, provenz. nordital. span. *sēda* Seide, it. *seta*, fz. *soie:* v. lt. *sēta* Borste, Haar, *sēta sērica* * serisches Tierhaar: *Sēres* Volk in China, daher auch mongol. *sirkek* ~, vgl. eng. *silk* ~.

Seidel *n* mh. *sīdel* v. lt. *situla* Gefäß, Bierglas, * bayr.

Seidelbast *m* (Kellerhals), mhd. *zīdelbast*, s. Zeidler; angel. an Seide; viell. z. Ziu, an. *Tyr*, wie norw. *tybast* ~.

Seife *f* ah. *seifa*, pl. Sep, ags. *sāpe*, eng. *soap*, alt. dtsch. W., urgerm. * *saipōn* (z. ags. *sīpan*, mh. *sīfen* tröpfeln); daher finn. *saippio* u. lt. *sāpo*, urv. lt. *sēbum* Talg, tochar. *sip* salben. ~ † = Sumpfgelände (O.N. - seifen); Erzwäsche.

seigen, seihen durch ein Sieb od. Tuch sickern lassen, mh. *sîhen*, ah. *sîhan*, z. idg. Wz. *sik* tröpfeln, ai. *siñcáti* gießt aus, s. seicht, sinken, sickern, Sieb, Siel, versiegen, See, Fluß, Sieg. Dazu **Seiger** *m* † (Faust II, 5, wo aber meist Zeiger steht), mh. *seigære* Waage, z. *seigen* sinken machen; K. Hauptmann schreibt Seeger (Einhart I, 210), anhaltisch: Seher; s. Uhr; Seigerschmidt Uhrmacher; seiger als Adj. heißt langsam tropfend, zähflüssig.

Seil *n* mh. ah. an. *seil*, and. *sēl*, got. *in-sailjan* an ~e binden, ags. *sāl*, s. Saite, Siele, Sehne; urv. ablg. *silo*, ai. *syáti* bindet, gr. *himás* Riemen, awest. *hinu* Band; ~er *m*, ~tänzer *m*, spätmh. *seilgenger*.

Seim *m* Honig~, ah. mh. *seim*, and. nd. *sēm*, mndl. *seem*, an. *seimr* Honigscheibe, Hafer~, urv. gr. *haimýl(i)os* süß, seimig, *haima* Blut; o. z. ah. *seim* Band? sämig = dickflüssig.

sein[1] mh. ah. and. *sîn*, got. *seins* z. got. *si-s*, *si-k* sich, urv. lt. *sē*, gr. *he*, ablg. *sę*.

sein[2] pl. wesen, bildet die Formen aus 3 verschiedenen uralten, verdunkelten Stämmen: 1. *es* (ist, sind, sei), 2. *bheu* (bin, bist), 3. *ves* (war, mh. *was*, gewesen, Wesen *n*, Verweser *m*, Gewese *n*, Anwesen *n*, ab-, anwesend), urv. sind die betr. lt. gr. aind. Ztw.

Seismograph *m* Erdbebenanzeiger, gr. *seismós* Erdbeben, Sturm u. *gráphō* = »kerbe«, ritze.

seit mh. *sît*, *sint*, ah. *sîd*, got. *seiþus* spät, ags. *sîþ*, eng. *since*, pl. sörre (de Tid), urv. lt. *sētius* (Adv.) weniger, *sērus* spät, *aind. sāyám* Abend, spät, vgl. got. *sainjan* zögern; seit ist eig. Komp. = später; sintemal † eig. *sint dem māle* seit d. Zeitpunkt (dann begründend).

Seite *f* ah. *sîta*, pl. Sid, dä. ags. eng. *side*, schw. *sida;* * tief herabhängend (an. *sîðr);* einseitig (oft bildl.), beiseite, s. Abseite.

Sekretär *m* 15. Jh. v. lt. *sēcrētārius* Geheimschreiber z. *sēcrētus* abgeschieden, geheim z. *sēcerno* scheide, sondere.

Sekt *m* 17. Jh. aus trockenen Beeren (lt. *siccus*, it. *secco*, fz. *sec* trocken) bereiteter Südwein, eng. *sack* (Falstaff!); erst um 1830 durch Ludw. Devrients Bestellung von ~ bei Lutter und Wegener mit den Worten seiner Falstaffrolle »Ein Glas ~!« = Champagner, Schaumwein.

Sekte *f* mh. *secte* v. lt. *secta* * Gefolge, Philosophenschule, *sectāri*, *sectam sequi* sagt Cicero, also zu folgen; später: Begr. der Trennung v. d. Kirche; got. *siponjan* Jünger sein u. *siponeis* Schüler, J., sind m. gr. *hépomai* folge, lt. *sequor* urverw.; dagegen Sektion *f* Aufschneiden e. Leiche, Abteilung, 18. Jh.; s. sezieren, Sense, Säge, Insekt.

Sekunda *f* zweite (Klasse), lt. *secunda (classis);* Sekunde *f* lt. *secunda (pars)* zweiter, d. h. Unter-(Teil) der Stunde (s. Minute); Sekundant *m* eig. Zweiter, d. h. Gehilfe, lt. *secundans*, alle z. lt. *sequor* folge, der zweite der dem ersten Folgende; s. sozial.

selb mh. *sëlp*, ah. *sëlb*, and. *self*, got. *silba*, ags. *sylf*, eng. *self*, selber; selbst, pl. sülwst, sülm, * sülben, erstarrter Genetiv; selbander †, selbständig, Selbstverwaltung *f* nach 1800 n. eng. *selfgovernment;* Selbstherrscher *m*, Selbstlaut *m* 16. Jh. Lsch. f. Vokal (z. Mitlaut), Selbstmord *m* 17. Jh. Lüs. v. nlat. *suicidium*, Selbstsucht *f*.

selchen österr.-bayr. (Fleisch) räuchern, trocknen; Selcher = Metzger.

selig[1] mh. *saelec*, ah. *sālîg* glücklich, heilsam, z. got. *sēls* gut, tauglich, mh. *saelde*, ah. *salida* Glück, and. *sālig* fromm, gut, ags. *sēlig* glücklich, eng. *silly* einfältig, albern, schw. dä. *salig* selig, urv. lt. *sōlāri* trösten, air. *slān* heil, gesund, gr. *hilēmi* bin günstig, gnädig, *hilarós* heiter, froh; ~keit *f*, leut~, glück~, be~en. Seligenstadt z. Salweide.

-selig[2] s. Liste 54.

Sellerie *m* 17. Jh. v. fz. *céleri*, lombard. *seleri* z. lt. *selīnum*, gr. *sélīnon*, s. Petersilie.

selten ah. *sēltan*, mnd. *sēlden*, ags. *seldan*, eng. *seldom* seltsam, ah. *seltsāni*, schwed. *sällsynt* * ~ z. sehen, got. *sildaleiks* wunderbar.

Selterwasser *n* * Seltersw. n. d. Herkunftsort Niederselters a. d. Lahn.

Semester *n* Halbjahr, 16. Jh. v. lt. *sēmēstris* sechsmonatlich (*sex* 6, *mēnsis* Monat), Zeit von sechs Monaten, Vorlesungszeit der Hochschulen.

Semikolon *n* Strichpunkt, 15. Jh. v. gr.-lt. *sēmi* halb, *kōlon* Glied, s. Kolon, Kolik.

Seminar *n* eig. Pflanzschule, 17. Jh. v. lt. *sēminārium* z. *sēmen* Same.

Semmel *f* schwäb. = Wecke(n), mh. *sēmel*, ah. *simila* v. lt. *simila* Weizenmehl, gr. *semídalis* v. akkad. *samīdu*.

Senat *m* mh. *senāt* v. lt. *senātus* Versamml. bejahrter (*senex* Greis) Männer z. Leit. d. Staates; ~or *m*, Senior *m;* vgl. Herr.

send||en ah. *senten*, got. *sandjan*, and. *sendian*, ags. *sendan*, eng. *send*, Bew. z. germ. **sinþan* gehen, also gehen machen, s. Gesinde, sinnen. ~ung *f*, ~schreiben *n*. Ähnlich fz. *envoyer* schicken, eig. auf den Weg (*en voie*) bringen.

Sendgericht *n* z. mh. *sent*, ah. *senod*, v. lt. *synodus*.

Seneschall *m* † Oberhofmeister, mh. *sēneschalt*, *sineschalt*, v. afz. *seneschal*, fz. *sénéchal*, it. *siniscalco*, mlt. *siniscalcus:* * *sinaskalka*, z. got. *sinista* erster, ältester (urv. lt. *senex* Greis, *senior*), *skalks* Diener, also etwa Großknecht; s. Marschall, Schalk.

Senf *m* mh. *sënef*, ah. *sënaf*, pl. Semp, v. gr.-lt. *sināpi* (* ägypt.?).

sengen mh. mnd. *sengen*, ags. *sengan*, eng. *singe*, z. mh. *senge* Dürre, verw. mh. *sinc* Sengen, *sungen* anbrennen, an. *sāngr* versengt, urv. aslaw. *sęčilo* Ofen, russ. *izsjaklyi* trocken; ~ u. brennen. O.N.: Sangerhausen. Flurn. Sang u. Osang = Absang, * v. Niederbrennen d. Waldes, urverw. slaw. *Sagan* Rodung durch Feuer(?).

senior, Senior *m* lt. d. ältere; z. B. Senior d. deutschen Ärzte (Älteste, Angesehenste), urv. *sinistus* d. angesehenste Priester b. d. Burgunden; s. Senat, Seneschall, junior, Herr.

senk||en Bew. z. sinken, ah. *senken*, got. *saggjan* ver~, ~el *m* s. Anker; ~blei *n*, ~recht, 17. Jh. Lbi. f. lat. *perpendicularis*.

Senn, Senne, Senner *m* schweiz., ~erin *f*, ~hütte *f*, ah. *senno*, v. gall. **sanion-* Melker, urv. germ. * *span*, s. Spanferkel. F.N.: Senhofer.

Senne (b. Goethe) s. Sehne.

Sensal *m* 15. Jh. Makler, v. it. *sensale:* pers.-arab. *simsār*.

Sensation *f* Aufsehen, 18. Jh. v. fz. *sensation* z. lt. *sēnsus* Gefühl, Sinn; ~ell 19. Jh., s. Sentenz.

Sense *f* mh. *sëgense*, ah. *sëgansa*, pl. Seiß, eng. *scythe*, ndl. *zicht*, z. Wz. *sek* schneiden, urv. lt. *secāre* schneiden, *secūris* Beil, *sacēna* * *sacesna* Haue des Pontifex, vgl. and. *segisna*, s. Säge, Sech, Sichel, Sektion. F.N.: Segisser, Sägesser, ~nschmied, ~nmann *m* Tod, 17. Jh.

Sentenz *f* v. lt. *sententia* Meinung, z. *sentio* fühle, empfinde; **sentimental** 18. Jh. v. eng. *sentimental* gefühlvoll, mit Lessings Empfehlung durch empfindsam ersetzt; Sentimentalität *f*.

separat gesondert, 17. Jh. v. lt. *sēparāre* trennen. ~isten 1919ff.

September *m* v. lt. *september*, 7. Monat (v. März, d. 1. Monat d. Römer, ab), *septem* sieben; v. Karl d. Gr. durch *witumānōth* Holzmonat übersetzt (s. Wiedehopf).

Sequenz *f* lt. *sequi* folgen, * Reihe, kirchl. Chorlied, auf textlose Schlußtöne gedichtete Hymne (seit 9. Jh.).

Serail *n* 17. Jh. v. pers. *sārāj*, über fz. *sérail* Wohnung, Palast; Karawanserei Reiseherberge *f*.

Seraph *m* mh. *sēraph* z. hebr. *sāraph* (Mz. *sērāphīm)* verbrennend, also Lichtengel. P.N.: Seraphine.

Serenade *f* 17. Jh. v. fz. *sérénade*, it. *serenata* Abendständchen, Nachtmusik, z. *sera* Abend (lt. *sērus* spät).

Serenissimus *m* Durchlauchtigster, Superl. v. lt. *serēnus* heiter, s. Liste 21.

Serge (Sersche) *f* gr.-lt., fz. *serica* seid. Stoff: *terra Serica* Seidenland, China, s. Seide.

Sergeant *m* 17. Jh. v. fz. *sergent* Gerichtsdiener, höh. Unteroffizier, v. lt. *serviens* z. *servio* diene; mh. *sarjand* Fußsoldat; Service *n* Eßgeschirr 17. Jh. v. fz. *service*, servieren um 1800, Serviette *f* Mundtuch, v. fz. *serviette* 16. Jh., Servante *f* † Glasschrank.

Serie *f* v. lt. *seriēs* Reihe; s. desertieren, Inserat.

Serum *n* lt. *sĕrum* Flüssigkeit, Molken; Heil~ seit Behring († 1917), urv. aind. *sarás* flüssig, gr. *orós* Molken.

Sessel *m* ah. *sëȥȥal*, got. *sitls* Sitz, ags. *setl*, eng. *settle* z. Wz. *set* sitzen, urv. lt. *sedēre* sitzen, ablg. *sedlo* Sattel; seßhaft; s. siedeln, sitzen, Sattel.

setzen Bew. z. sitzen (sitzen machen), ah. *sezzen*, got. *satjan*, eng. *set;* Satz *m*, Aussatz, Ersatz, Satzung *f*, Gesetz *n*, über~, aus~, er~, nach~, Setzling *m*, gesetztes Alter, s. Satz.

Seuche *f* mh. *siuche*, ah. *siuhhī*, got. *siukei*, s. siech, Sucht.

seufzen mh. *siufzen*, ah. *sūftōn* z. *sūffan* trinken, schlürfen (seufzen z. saufen wie krächzen z. krachen), eng. *sob* Seufzer *m*.

Sexta *f* lt. *sexta (classis)* sechste (Klasse), s. Siesta.

sexuell um 1800 v. fz. *sexuel*, lt. *sexuālis* geschlechtlich, *sexus* Geschlecht.

Sezession *f* (Malerwort i. München), Ende 19. Jh. v. lt. *sēcessio* eig. Auswanderung d. Plebejer aus Rom.

sezieren 18. Jh. v. lt. *secāre* schneiden, s. Sektion.

Sherry *m* (eng.) Wein, nach d. Stadt Jerez i. Spanien, 19. Jh.

Sichel *f* ah. *sihhila*, eng. *sickle*, ags. *sicol*, mnd. *sekele* entl. aus lt. *secula*, **sicila* Sichel, z. *seco* schneide.

sicher ah. *sihhūri*, pl. säker, v. lt. *sēcūrus* sorglos *(sē* ohne, *cūra* Sorge), (fz. *sûr*, it. *sicuro);* ~n, ~heit *f*, ~ung *f*, s. Kur², akkurat.

Sicht *f* ah. *siht* Anblick; eng. *sight;* seemänn. 19. Jh. = Sehweite; in ~ kommen, ~en, in ~ bekommen; ~bar, ~lich, be~igen, Ab~, An~, Auf~, Durch~, Ein~, Rück~, Vor~, Zuver~.

sichten nd. 15. Jh. durchsieben, ags. *siftan*, eng. *sift*, ablg. *sipiti* fein regnen, z. **Sieb** *n*, mh. *sip*, ah. *sib*, eng. *sieve*.

sickern 16. Jh. ags. *sicerian*, s. sinken, seihen.

sie *f* (Nom. Einz.) ah. *siu*, ags. *sēo* die, urv. *ai.* *syā́* diese.

Sieb *n* s. sichten, vgl. lt. *dis-sipāre* zerstreuen.

sieben mh. *siben*, ah. got. *sibun*, pl. säben, ags. *seofon*, eng. *seven*, ndl. *zeven*, urv. lt. *septem*, gr. *heptá*, lit. *septyni*, ablg. *sedmi*, russ. *sjemi*, ai. *sapta*, awest. *hapta*, air. *secht-n*, tochar. *špât;* böse ~ wohl n. d. Sieben i. Kartenspiel als Sinnbild d. Teufels; ~sachen 17. Jh. (Faust I,

2031); ~schläfer *m* Langschläfer; eig. die 7 Jünglinge, die b. d. Christenverfolgung des Decius eingemauert in e. Höhle bei Ephesos geschlafen haben sollen.

siech (durch krank fast verdrängt) got. *siuks*, ah. *sioh*, ags. *sēoc*, eng. *sick*, z. saugen? (v. Dämonen ausgesaugt); ~en-, (Leprosen)haus (z. B. in Rothenburg); s. Sucht, Seuche.

siedeln ah. *gisidalen* z. *sēdal* Sitz; an~, Einsiedler *m*, s. sitzen.

sieden (durch kochen fast verdrängt) ah. *siodan*, eng. *seethe*, got. *sauþs* Opfertier, an. *sauđr* Schaf; s. Sud, sudeln; Siede *f* Viehfutter (~ d. Wassers usw.), Sod, Schwaden[1], Absud *m*. O.N.: Soden (Salzsiederei).

Sieg *m* mh. *sige*, ah. *sigi*, got. *sigis*, an. *sigr*, * *segaz*, *segiz*, urv. ind. *sáhas* Kraft, Macht, *sáhatē* bewältigt, erträgt, gr. *échō (*séchō)* habe, *Hektōr* Siegerhalter. ~en, ~er *m*, ~reich (früher sieghaft); P.N.: Segest (b. Tacitus), Siegfried, Seyfried, Seifert, Siefert, Gen. Sievers, der durch ~ d. Frieden bringt, Siegmund, der durch ~ schützt, Sebald kühner Sieger, siegeskühn, latin. Sebaldus; Siegwart, nord. Sigurd Siegeshüter; Siegmar, siegberühmt (s. -mar), altkelt. *Segomārus* (air. *seg* Kraft), Sigmaringen b. d. Wohnstätten der Nachkommen d. Siegmar, s. -ing i. Liste 54.

Siegel *n* mh. *sigel*, ah. *insigili*, an. *innsigli* (durch Einfluß v. lt. *insigne* Kennzeichen), got. *sigljō*, v. spätgr. *sigíllion:* lt. *sigillum* Bildchen, z. *signum* Zeichen, besiegeln (bildl.), s. Segen. **Signal** *n* 17. Jh. v. fz. *signal* z. lt. *signum* Zeichen. **Sigel** *n* Abkürzungszeichen (Stenographie, 19. Jh.), *littera singularis*, sp. *sigla*. **Sigle** *f* Abkürzungszeichen (bes. f. Handschriften) n. spätlt. *sigla* u. nlt. *siglae*.

Sieke *f* Sicke, weidm.: Vogelweibchen; nd. Vkl. v. sie; mh. *sie* = Frau.

Siel *n* Schleuse am Deich, Abzugskanal, z. seihen, afries. mnd. *sīl;* ostfries. F.N.: Zylman(n), ndl. van Zyl.

Siele *f* Riemen d. Zugtiere, z. Seil; i. d. Sielen sterben = bis z. Tode arbeiten, im Beruf sterben; s. Saite.

sielen s. Suhle.

Siesta *f* Mittagsschläfchen 18. Jh. v. sp. *siesta*, lt. *sexta (hōra)* 6. Stunde nach Sonnenaufgang (12 Uhr).

Sigel, Sigle s. Siegel.

Sigrist *m* schweiz. (Schillers Tell) z. mlt. *sacrista* u. **segrista* Sakristan, Küster, z. *sacrum* Gottesdienst (eig. das Heilige), ah. *sigristo;* s. Sakristei.

Silbe *f* ah. *sillaba* v. gr. *syllabḗ* Zus.gefaßtes (zs.gef. Buchstaben), einsilbig (bildl.). **Syllabus** *m* lt. 8. Dez. 1864 v. Pius IX. veröff. Verzeichnis d. Irrtümer der Gegenwart.

Silber *n* ah. *silabar*, got. *silubr*, ags. *seolfor*, eng. *silver*, ablg. *sĭrebro*, lit. *sidãbras*, i. idg. Zeit v. e. fremden Volk übernommen; z. pont. Stadt *Alybē (* Salybe)* n. O. Schrader o. v. assyr. *ṣarpu?* ~blick *m* (leichtes Schielen), ~ling *m*, ah. *silabarling;* ver~n (auch bildl.).

Silhouette *f* Schattenriß, 18. Jh. wegen ihrer Billigkeit n. d. sparsamen franz. Finanzminister Silhouette (1709 bis 1767), *à la Silhouette*.

Silo *m* v. sp. ~ Getreidespeicher, Futtergrube, gr. *seirós*, lt. * *sīrus* (vgl. gr. *leirion:* Lilie), 19. Jh.

Similistein *m* unechter Edelstein, v. lt. *similis* ähnlich; simulieren sich verstellen, 16. Jh. v. lt. *simulāre;* Simultanschule *f* v. Kindern verschiedener Bekenntnisse besucht, z. lt. *simul* zusammen, s. Faksimile.

Simonie *f* s. Apostelgesch. 8, 9; Handel m. geistl. Ämtern, mh. *simonie* v. lt. *simonia*.

simpel 15. Jh. v. fz. *simple*, lt. *simplus* einfach: *sem* – ein. Simpel = Einfaltspinsel; fach~n (1860).

Sims *n* ah. *simizstein* = *capitellum*, v. lt. *sīma* Rinnleiste, Glied d. Säulenkranzes (mlt. *simātus* * plattgedrückt), Ge∼ *n*.

Sinekure *f* Amt ohne Arbeit u. Pflichten, v. lt. *sine cūrā* ohne Sorge, s. Kur².

singen ah. and. ags. *singan*, got. *siggwan*, eng. *sing* (ah. auch = krähen, wie fz. *chanter*, vgl. Hahn); urv. gr. *omphḗ* Stimme; ∼ u. sagen n. lt. *cantāre et dicere*.

Singrün *n* Immergrün, ah. *singruoni*, z. got. *sin-teino* immer, urv. lt. *semper*, ai. *sánā* v. jeher; s. Sintflut.

Singular *m* v. lt. *singulāris*, v. Campe durch Einzahler setzt; s. Sigel.

sinken ah. *sinkan*, got. *sigqan*, ags. *sincan*, eng. *sink*, pl. dålsacken = nieder∼, z. seihen, sickern, versiegen, urv. armen. *iankanm* falle, homer. gr. *heáphthē* * *e-sáphthē* wurde hingestreckt, sank hin, fiel.

Sinn *m* mh. ah. *sin*, Grbd. Gang, Weg, dann übtr.: Weg der Gedanken; **sinnen** also den Gedanken nachgehen, wohin streben, ah. *sinnan* e. Weg machen, reisen, zunächst sinnlich; urv. lt. *sentīre* wahrnehmen, *sēnsus* Sinn, air. *sēt* Weg; be∼en, besonnen, gesonnen, versonnen, gesinnt, ∼ig, ∼lich, ∼-bild *n* 17. Jh., für gr. Epigramm, dann für Symbol; s. Gesinde.

sintemal †, s. seit.

Sinter *m* Tropfstein, ah. *sintar*, urv. serb. *sedra* Kalksinter, tschech. *sadra* Gips.

Sintflut, Sündflut *f* (an Sünde angelehnt), mh. *sintvluot*, ah. *sinvluot* große Überschwemmung, *sin* = immer, groß, allgemein; Sündengeld(?), d. Sintfeld a. d. Diemel, s. Singrün.

Sipo *f* † Abkürz. f. Sittenpolizei (1920).

Sippe *f* ah. *sippa* Blutsverwandtschaft, got. *sibja*, *ga-sibjon* sich versöhnen, ags. *sib*, eng. *(gos)sip*, urv. russ. *sobe* Eigenart; Sif, Gemahlin Thors, war Göttin d. Familie u. Ehe; Sippschaft *f* (verächtlich); 1933 ff. ∼ namt, ∼tafel, ∼nforschung, ∼nkunde (f. Genealogie), ∼nverband, ∼ntage; der, die Gesippe = Verw., Ehrengesippe; die Semnonen bei Tacitus = Sippengenossen *(* Sebnaniz)*, ebenso die *Swēben*.

Sirene *f* mh. *sirēne:* v. gr. *seirḗn* Meerjungfrau, die Tönende, Singende? seemänn. = Nebelhorn; (Luftschutz!).

Sirup *m* v. it. *siroppo*, arab. *šarāb* Trank, dass. W. wie Sorbet, mh. *sirup*.

Sitt||e *f* mh. *site m*, ah. *situ*, got. *sidus*, urv. gr. *éthos (* sethos)* Gewohnheit, Sitte, lt. Part. *suētus* gewohnt; ∼ig, ∼sam, ∼lich.

Sittich *m* v. mlt. *sitacus*, gr. *(p)sittakos* Papagei.

Situ||ation *f* fz. 18. Jh. z. lt. *situs* gelegen; (gut) ∼iert (meist bildl.).

sitz||en ah. *sizzan*, as., got. *sitan*, pl. sitten, ags. *sittan*, eng. *sit*, schw. *sitta*, urv. lt. *sedeo*, gr. *hézomai*, ai. *sad-;* ∼ *m*, ∼ung *f*, Be∼ *m*, seßhaft, Sessel *m*, besessen, versessen; Sasse u. Saß *m* Besitzer v. Grund u. Boden; Satz *m*, setzen, Gesetz *n*, Gesäß *n*, Truchseß *m* (nd. Drost), Insasse *m*, Holstein nd. Holtseten (Holzsassen, Waldbewohner), Velsen (Westf.), eig. Veltseten = Feldsassen, Elsaß, s. elend, Gossensaß i. Tirol (Gotensitz, m. Lautverschiebung), ansässig; Aufsatz *m*, Aussatz *m* eig. die wegen ansteckender Krankheit aus der Stadt Gesetzten, dann die Krankheit selbst, Ersatz *m*, Entsatz *m*, entsetzen, gesetzt, Einsiedler *m;* s. setzen, Satz, Kossat, Sattel, Nest; O.N.: Nanses = Nenses.

Six! meiner∼! Beteuerung: Seele.

Skalde *m* 17. Jh. v. schw. an. *skald* Dichter (1766 Gerstenberg »Gedicht eines Skalden«).

Skalp *m* 18. Jh., v. eng. *scalp* eig. Hirnschale, dann abgezogene Kopfhaut, z. dän. *skalp* Schale, Hülse, Schote; s. Schale, Schild.

Skandal *m* Ärgernis, Lärm 18. Jh. v. fz. *scandale* z. gr. *skándalon* Fallstrick, Anstoß.

Skapulier *n* breiter Tuchstreifen über Brust u. Rücken vieler Ordensleute, v. mlt. *scapularium* z. *scapulae* Schulterblätter; kleine Form: Laien-~.

Skat *m* 1818 v. Rechtsanwalt Hempel in Altenburg (dort ~brunnen seit 1903) beschriebenes Kartenspiel, v. it. *scartare* Karten weglegen (*ex + charta*), fz. *à l'écart* beiseite.

Skelett *n* 17. Jh. v. gr. *skeletón (sōma)* ausgetrockneter (Körper).

Skepsis *f* Zweifelsucht, 19. Jh. v. gr. *sképsis* Betrachtung, Untersuchen, Bedenken, z. *sképtesthai* sich umsehen, ausspähen, beschauen, urv. lt. *specio* sehe, dtsch. spähe, s. d.

Skizze *f* 17. Jh. v. it. *schizzo* erster Entwurf, gr. *schédios* i. d. Eile, ohne Vorbereitung gemacht.

Sklave *m* mh. *slave, sklave* eig. kriegsgefang. Slawe bei den Griechen, v. mlt. *Sclavus*, mgr. *Sklábos:* it. *schiavo*, fz. *esclave;* eng. *slave.*

Skorbut s. Scharbock.

Skorpion *m* giftiges Spinnentier, bibl. Stachelpeitsche, ah. *scorpion* v. lt. *scorpio*, gr. *skorpíos;* s. schroff.

Skribent *m* Schriftsteller (18. Jh. nicht verächtl.), z. lt. *scrībo* schreibe.

Skrofeln Mehrz. v. lt. *scrōfulae* Halsdrüsen z. *scrōfa* Sau, bei der d. Krankheit oft vorkommt; skrofulös; s. Schraube.

Skrupel *m* 16. Jh. v. lt. *scrūpulus* spitzes Steinchen, dann Bedenklichkeit; skrupulös, skrupellos.

Skulptur *f* um 1800 v. lt. *sculptūra* Bildhauerkunst z. *sculpĕre* aushauen.

Slalom *m* Tor(schi)lauf, 1928 v. norw. *slalom* »Hügelspur«.

Smaragd *m* ah. *smaragdus* v. gr. *smáragdos* (dah. fz. *émeraude)*, ai. *marakata-m.*

Smoking *m* um 1900 in Anlehn. an eng. *smoking* (Rauch-) gebildet; aber eng. = *dinner-jacket*!

Snob *m* vornehm tuender Mensch, um 1870 v. eng. *snob* (Thackeray 1846); daß es v. lt. *s(ine) nob(ilitate)* (hinter bürgerl. Namen in Oxford usw.) stamme, ist ein hübscher, aber durch nichts bestätigter Einfall. (ZfDWf. 19/1963, 64).

so * *swō*, got. *swa*, mh. ah. and. eng. *sō*, ags. *swa*, anord. *svā*, dä. *saa*, urv. altlat. *suād*, awest. *hvat* wie gleich.

Socke *f* Socken *m*, mh. ah. *soc* kurzer Strumpf v. lt. *soccus* leichter Schuh, z. gr. *sykchís* Art Schuh, *sýkchoi* phryg. Sohlen; **Sockel** *m* 18. Jh. v. fz. *socle*, z. lt. *socculus*, kleiner Schuh.

Soda *f* 17. Jh. v. mlat. span. *soda* Aschensalz, * Kopfwehmittel, nach arab. *sudāe* Kopfweh.

Sodbrennen *n* mh. *sōt* Wallen, Sieden, z. sieden, Sud, Sod † auch = Brunnen (wallendes Wasser), O.N.: Soden, Sooden (mehrfach).

Sode *f* ausgestochenes Rasenstück, mnd. *sode*, eng. *sod.*

Sofa *n* 17. Jh. v. fz. *sofa*, it. *sofà*, z. arab. *ṣoffa* Ruhebank, Kissen auf d. Kamelsattel.

Sohle *f* ah. *sola* Fußsohle, got. *suljo*, v. lt. *sol(e)a* Sohle, Sandale; gr. *hylía* Schwelle; Tal~ (bildl.).

Sohn *m* mh. *sun*, ah. and. *sunu*, got. *sunus*, pl. Söhn, ags. *sunu*, eng. schw. *son*, dä. *søn*, urv. ai. *sūnus*, ablg. *synŭ*, lit. *sūnus*, awest. *hunu*, gr. *hyiós*, ai. *sūtē* gebiert, air. *suth* Geburt, also Geborener, Erzeugter, s. Schnur². F.N.: pl. Sönnecken (Söhnchen), s.-sen in Liste 54.

solch ah. *sulīh*, got. *swaleiks*, ags. *swylc*, eng. *such*, zsgs. aus so u. -lich, got. *leik* Leib, Form, Gestalt, eig. so eine od. diese Gestalt habend; s. Leiche, -lich, gleich, welch.

Sold *m* mh. *solt*, v. fz. *solde*, it. *soldo* (fz. *sou*) v. lt. *solidus (nummus)* feste, gediegene (Goldmünze); ~at *m* 16. Jh. v. it. *soldato* (dah. fz. *soldat)*, be~en, Be~ung *f;* Söldner *m* mh. *soldenaere*, Söldling *m;* solid.

Sole *f* v. mnd. *sole* Salzwasser, entl. v. aslaw. *soli* Salz, urv. lt. *sāl*, gr. *hals* Salz, s. dies.

solid(e) gediegen, dauerhaft, 18. Jh. v. fz. *solide*, z. lt. *solidus* dicht, fest, s. Sold; solidarisch, ~arität Zusammengehörigkeit, konsolidieren, s. Konsole; wie lt. *sollemnis* feierlich, zu *sollus* = *tōtus* ganz, völlig (gr. *hólos)*, it. *solenne.*

Solist *m* 19. Jh. *fz. soliste*, lt. *sŏlus* allein.

sollen mh. *soln*, ah. *scolan*, pl. sälen, got. *skulan* schuldig sein, eng. *I shall*, dä. *skulle*, schw. *skola*, urv. lit. *skelëti;* dazu Schuld *f* Soll u. Haben für lt. Debet u. Kredit.

Söller *m* ah. *solāri* v. lt. *sōlārium* eig. d. Sonne ausgesetztes (ergänze: flaches Dach, Terrasse, Balkon, Erker), z. *sōl* Sonne, Lüs. v. gr. *hēliakón.*

Solözismus *m* (grammat.) Sprachfehler, v. lt. *soloecismus*, gr. *soloikismós* n. d. schlechten Griechisch v. Soloi in Kilikien.

Sommer *m* mh. *sumer*, ah. and. an. *sumar*, ags. *sumor*, eng. *summer*, urv. ai. *samā* Jahr, awest. *hama*, air. *sam*, kymr. *ham* Sommer. Altweiber~, ~frische *f* tirolisch (Bozen) 17. Jh. (Lbi. n. it. *frescura)*, ~sprosse *f* 17. Jh., ~vogel *m* mu. Schmetterling, dä. *sommerfugl.*

Sonate *f* 18. Jh. v. it. *sonata* z. lt. *sonāre* tönen; s. Sonett, sonor.

Sonde *f* 18. Jh. v. fz. *sonde*, sp. *sonda*, sondieren v. fz. *sonder*, v. vulg.-lt. *su(b-u)ndāre* untertauchen.

sonder † mh. *sunder* ohne, got. *sundrō* abgesondert, eng. *asunder* abgesondert, entzwei; urv. ai. *sanutár* weit hinweg, gr. *áter*, * *sṇter* ohne; lt. *sine*, tochar. *snē;* Nf. sondern; besonders, ~gleichen, ~bar »sich besonders tragend«, ab~lich, sondern trennen, ~ ling *m*, samt und sonders (alle u. jeder einzelne), ~zug *m* um 1900 (f. Extrazug).

Sonett *n* 17. Jh. v. it. *sonetto*, fz. *sonnet* z. lt. *sonus* Klang, Schall; s. Sonate, sonor, Person, Konsonant.

Sonnabend *m* nordd., mh. *sunābent*, ah. *sunnūnāband*, Vorabend z. Sonntag, westd. südd. Samstag, s. Liste 56.

Sonne *f* mh. *sunne*, pl. Sünn, ah. and. *sunna*, got. *sunnō*, ags. *sunne*, eng. *sun*, ndl. *zon*, dän. an. *sol*, got. *sauil*, urv. lt. *sōl*, gr. *hḗlios*, * *sāwelios*, ai. *súvar*, *sūrga-*, kymr. *haul*, lit. *saule*, z. idg. **sāwel*, **sun-;* verw. m. schwelen u. mh. *sund* Süden; vgl. Mond = messendes, lt. *lūna* = leuchtendes (Gestirn); s. Söller.

Sonntag *m* mh. *suntac*, ah. *sunnūntag*, and. *sunnun-dag*, ags. *sunnundæg*, eng. *Sunday*, an. *sunnudagr*, mndl. *sonnendach*, schw. dä. *söndag* (Lüs. v. lt. *diēs Solis* dem Sonnengott geweihter Tag); dagegen anord. *dröttinsdagr* Tag d. Herrn, fz. *dimanche*, sp. *domingo*, it. *domenica* Tag d. Herrn (Lüs. v. lt. *diēs dominicus*, z. *dominus* Herr); Tag des Herrn.

sonor klangvoll, 18. Jh., v. lt. *sonōrus* rauschend z. *sonus* Schall, s. Sonate, Sonett, Person, Konsonant.

sonst mh. *sunst*, *sus(t)*, pl. süß (kurzes ü), ah. *sus* so; Bed.-W. viell. in d. elliptischen Drohung (Götze): »Bessere dich, so(nst) ...«, wo »sonst« gemeint war als »so du dich nicht besserst«, aber verstanden wurde als »andernfalls«.

Sophist *m* in Trugschlüssen u. Scheinbeweisen Gewandter, v. gr. *sophistḗs* Lehrer d. Weltweisheit z. *sophós* geschickt, gelehrt, klug; ~ik *f*, s. Philosoph. P.N.: Sophus, Sophie, Sophokles der durch Weisheit Berühmte.

Sopran *m* Oberstimme, 18. Jh. v. it. *soprano* z. mlt. *suprānus* oberer; s. Souverän.

Sorbet *m* 17. Jh. v. it. *sorbetto*, arab. W., s. Sirup; 16. Jh. Serbett, n. türk. *šerbet*.

Sorg||e *f* ah. and. *sorga*, got. *saúrga*, eng. *sorrow*, urv. lit. *sergù* bin krank, ai. *sūrkṣyati* bekümmert sich; ~en, ~falt *f*, ~sam, ~enbrecher *m* Wein, 18. Jh.

Sort||e *f* 15. Jh. v. fz. *sorte*, it. *sorta*, lt. *sors* Los; ~ieren, ~iment *n* Waren-, bes. Bücherlager, s. Konsorten.

Souffleur *m* 18. Jh. v. fz. *souffleur* z. *souffler*, lt. *sufflāre* **subflāre* v. unten her blasen (also leise zuflüstern).

Souterrain *n* Kellergeschoß, 18. Jh. v. fz. *souterrain*, z. lt. *subterrāneus* unterirdisch.

Souverän *m* 18. Jh. v. fz. *souverain:* mlt. *suprānus* oberer, s. Sopran.

Sowjet *m*, russ. aber *Ssowjét n* russ. Rat, Senat, ~regierung f. Räterég., ~rußland.

sozial, 18. Jh. v. fz. *social*, lt. *sociālis* gesellschaftlich, z. *socius* Genosse (z. *sequor* folge); ~demokratisch (Arnold Ruge 1849); ~ismus *m* v. fz. *socialisme* seit 1842. **Sozius** *m* Geschäftsteilhaber; s. Sekundant, Sekunde, Sekunda, konsequent.

Spachtel s. Spaten.

spachteln umg. tüchtig essen, 20. Jh. z. Spachtel; Fachwort d. Maler: m. d. Spachtel auftragen.

Spadille *f* sp. *espadilla* * kl. Degen, Pik As, höchster Trumpf im *L'Hombre* (Th. Körners »Männer u. Buben«).

Spagat *m* östr. südd. Bindfaden 16. Jh., v. it. *spaghetto* Vkl. z. *spago;* Schnur, Mz. *spaghetti* feine Nudeln; 2) Beinspreizen bis zu 180°.

spähen mh. *spëhen*, ah. *spëhōn*, and. *spāhi* klug, geschickt, urv. lt. *specio*, *-spicio* sehe, *ad-spectus* Anblick, *speculum* Spiegel, gr. *sképtomai* spähe herum, ai. *spaś-* sehen. Entl.: fz. *épier* auskundschaften, it. *spia*, fz. *espion* Späher, Spion, woher eng. *spy* Spion (Rückw.); s. Skepsis.

Spalier *n* 17. Jh. v. it. *spalliera* (z. *spalla* Schulter) Lehne, Rückwand; ~ bilden.

spalt||en ah. *spaltan:* got. *spilda* Schreibtafel, urv. ablg. *rasplatiti* ~, russ. *raspolot* zerschneiden, gr. *spalýssō* zerreiße, *spálax* Maulwurf, ai. *sphāṭayati* ~et, tochar. *spāltk-* sich anstrengen; ~ung *f*, Zwie~ *m*.

Span *m* mh. *spān*, pl. Spon (s. Rotspon), mndl. *spaen*, eng. *spoon* Löffel, ursp. v. Holz, urv. gr. *sphēn* Keil.

Spanferkel *n* bayr. Spenf., Spansau, mh. *spenvarch* saugendes Ferkel z. *spen* Zitze, Milch, an. *speni*, schw. *spene*, ags. *spane*, urv. lit. *spenỹs*, air. *sine*, s. Senner; abspenen † entwöhnen.

Spange *f* ah. *spanga*, mh. *spengen* einzwängen, ags. *spang*, an. *spǫng* dünne Platte, z. spannen; s. Spengler.

Spann||e *f* ah. *spanna* Maß der ausgespannten Hand (daher it. *spanna* Spanne, Hand; *spannare* spannen) z. ~**en** ah. *spannan*, eng. *span*, urv. gr. *spáō* ziehe; ~kraft *f* 18. Jh. (für Elastizität); Ge~ *n*, ~ung *f*, ge~t, abge~t, über~t (alle 3 bildl.), Einspänner *m*, s. spinnen, gespannt, widerspenstig; **Spant** *n* 18. Jh. nd. Schiffsrippe.

spar||en mh. *sparn*, ah. *sparōn*, eng. *spare*, an. *spara*, urv. tschech. *spory* ausgiebig, ai. *sphira* feist; entl. it. *(ri-)sparmiare;* ~sam, ~kasse *f*, 19. Jh., spärlich.

Spargel *m* 15. Jh. v. gr. lt. *asparagus* (dah. fz. *asperge*, it. *sparagio)*.

Sparren *m* dünner, schräger Dachbalken, einen ~ haben (bildl.), an. mh. *sparre*, ah. *sparro*, eng. *spar;* entl. afz. *esparne* Sparren; s. sperren, Speer, Sperling.

Sparte *f* Abteilung, Geschäftszweig. Im »Telephos« des Euripides sagt Agamemnon zu Menelaos: »Du hast Sparta erlangt, das ordne du!« Danach – mit d. Namen in d. griech. Form *Spártē* – (u. unter Einfluß v. gr. *spártē* Erbgut) um 1830 ∼ = Anteil, Aufgabe.

Spaß *m* 17. Jh. v. it. *spasso* Zeitvertreib, Vergnügen, *spassarsi* sich belustigen: lt. *expandĕre* ausbreiten.

Spat *m* mh. *spāt* blättrig brechendes Gestein, mnd. *spāt* Marienglas, dah. it. *spato*, fz. *spath;* vgl. Span.

spät, spat † mh. *spaete*, ah. *spāti*, got. *spēdiza* ∼er, urv. lt. *spatium* Ausdehnung, lit. *spētas* Muße.

Spaten *m* nd. Späden v. and. *spado* Hacke, mnd. *spade* Grabscheit, urv. gr. *spáthē* Schwert, ∼, woher lt. *spatha* (entl. it. *spada*, fz. *épée*). Vkl. Spatel, Spachtel lt. *spătŭla m* Malerwerkzeug; s. Epauletten.

Spatz *m* Kosef. für Sperling, wie Hinz – Heinrich, Kunz – Konrad, Fritz – Friedrich, Petz – Bär, z. ah. *sparo* Sperling, mh. *spatz;* Spätzle (n. d. Form), schwäb. Mehlspeise.

spazieren 13. Jh. v. it. *spaziare*, lt. *spatiāri* sich ergehen z. *spatium* Raum, Bahn; s. Stadium, lustwandeln.

Specht *m* mh. ah. *spëht*, urv. lt. *pīcus* ,ai. *piká-* Kuckuck; entl. eng. *speight*, fz. *épeiche;* Spessart *m*, mh. *spehtes hart* Spechtswald, s. Hart.

Speck *m* mh. ah. *spëc*, urv. aind. *sphigi* Hinterbacke; spicken (auch bildl.).

Specke *f* mu. Knüppeldamm, as. *spekkia*, mnd. *specke* z. ah. *spahha*, ags. *spaec* Reisig.

sped||ieren 17. Jh. v. it. *spedire* z. lt. *expedīre* * den Fuß (aus d. Fessel) losmachen, losbinden (*ex* aus, *pes* Fuß), abfertigen; ∼iteur *m* 18. Jh., ∼ition *f*, s. expedieren, Expedition.

Speer *m* mh. ah. and. *spër*, eng. *spear* (Shakespeare Schüttelspeer), dass. bdt. d. althess. Adelsnam. Schutzbar; verw. m. Sparren, urv. lt. *sparus* Speer.

Speiche *f* ah. *speihha*, and. *spēka* Radspeiche, eng. *spoke*, urv. lit. *speigliai* Stacheln, lt. *spīca* Ähre; hierher auch mh. *spīcher* Nagel, nd. Spiekeroog (2. Insel, s. Au); fries. Spake Handgriff am Steuerrad.

Speichel *m* ah. *speihhilla*, eng. *spittle*, z. speien; ∼leckerei *f*, s. Byzantinismus.

Speicher *m* ah. *spīhhāri*, and. *spīkāri*, v. mlt. *spīcārium* Kornhaus z. *spīca* Ähre; auf∼n.

speien ah. *spīwan*, got. *speiwan*, eng. *spew*, urv. lt. *spuo*, gr. *ptyō*, lit. *spiáuti*, s. Speichel, spucken.

Speise *f* mh. *spīse*, ah. *spisa*, pl. Spis', v. mlt. *spensa*, *spēsa* (an Arme) verteilte (Nahrung) v. lt. *expensa* (*pecūnia*) ausgegebenes (Geld), z. *expendo* wäge, bezahle; ∼n, mh. mnd. *spīsen*, entl. dän. *spise*. Glocken∼ *f;* s. Spesen, spenden.

Spektakel *m* 16. Jh. Schauspiel, später Lärm v. lt. *spectăculum* Schauspiel, z. *specto* sehe. **speku||lieren** forschen, grübeln, dann auf Handelsvorteile sinnen, 16. Jh. v. lt. *speculāri* spähen, beobachten, (Gott) anschauen; ∼ant *m* 18. Jh., ∼ation *f* mh. *spekūlacie* Nachdenken, ∼ativ, s. Spiegel, spähen, Prospekt, Respekt, Spezerei.

Spekulatius *m* ndl. *speculaas* Pfefferkuchengebäck, nach St. Nikolaus als Episcopus Speculator (Mentor u. Examinator)?

Spelt *m* od. Spelz (Getreideart) ah. *spëlta*, *spëlza*, entl. spätlt. *spelta;* z. spalten.

Spelunke *f* 15. Jh. v. lt. *spelunca*, gr. *spēlynx* Höhle.

spend||en ah. *spentōn*, ags. *spendan*, eng. *spend*, v. mlt. *spendo*, lt. *expendo* wäge, gebe aus, verteile; ∼e *f*, ∼ieren 17. Jh.; s. Speise, Spesen, Spind.

Spengler *m* bayr. u. alem., schwäb.

Flaschner (nordd. Klempner, westd. Installateur, südwestd. auch Blechner) z. Spange, mh. *spengeler*.

Spenzer *m* (Spenser b. Gottfr. Keller u. Anzengruber) ein nach Lord Spencer (1758–1834) benanntes Jäckchen.

Sperber *m* mh. *sperwaere*, ah. *sparwāri*, eng. *sparrowhawk* eig. Sperlingshabicht, wahrsch. v. ah. *sparo* u. *aro* also Sperlingsaar, weil er bes. auf Sp. stößt; entl. mlt. *sperverius*, it. *sparviere*, fz. *épervier*.

Sperling *m* Vkl. z. mh. *spar*, (schwäb. ~wiesen), ah. *sparo*, got. *sparwa*, ags. *spearwa*, eng. *sparrow*, urv. gr. *spérgūlos* kl. Federvogel, *spaírō* zappele; s. Spatz.

sperren eig. m. Sparren versehen u. dadurch unzugänglich machen, ah. *sperren*, mndl. *sperren*, an. *sparra:* Sper(r)enzien Mehrz. mu. nordd.; Sperrfort (1890ff.).

Spesen Mehrz. 17. Jh. v. it. *spese* Unkosten; s. Speise.

speuzen mh. *spiuzen*, an. *spȳta*, dän. *spytte*, westf. *spüetern;* verw. m. speien, spucken u. spotten.

Spezerei *f* mh. *spezerīe*, v. it. *spezieria*, mlt. *speciaria* Gewürzhandel, v. *speciēs* Anblick, Art, Stück.

Spezies *f* Art, v. lt. *speciēs* Anblick, einzelnes Stück, Sorte, z. *specio* sehe (s. spähen); **Spezi(al)** *m* mu. Busenfreund, dann *Gemäß* Wein für diesen; spezial - in Zs. besonders, einzeln, (z. B. ~gebiet, ~fall, ~arzt); ~ität *f;* spezifisch eigentümlich; speziell; s. Spektakel, spekulieren, Inspektor, Respekt.

Sphäre *f* Kreis, Bereich, ah. *spēra* v. gr. *sphaira* Kugel, s. Atmosphäre.

spicken z. Speck; aber **Spickaal,** ~gans z. mnd. *spik* trocken, geräuchert; an. *spikilax*, dän. *spegeflæsk* geräucherter Speck.

Spiegel *m* ah. *spiagal* v. mlt. *spēglum*, lt. *spēculum* (it. *specchio)* verdrängte, ah. *scūkar* Schattenbehälter; s. spähen, Spektakel, spekulieren. ~ung *f*, vor~n, Meeres~, ~fechterei *f* 16. Jh., eig. Scheinkampf, bei dem die Waffen nur »spiegeln« nicht treffen; Spiegelberg = Warte.

Spiel *n* ah. *spil*, Grdb.: Tanz; ah. *spilari*, *spiliman* Schautänzer.

spiel||en ah. *spilōn*, afries. *spilia*, ~hölle *f* 19. Jh. Schau~ *n*, Ge~e *m*, sich auf~en, auf d. ~ stehen, An~ung *f;* nicht verw.: Beispiel, Kirchspiel, kostspielig.

Spier *m n* (Gras)spitze, ags. *spīr*, mnd. mh. *spīr* Spitze, z. spitz; ~baum, ~schwalbe.

Spiere *f* seem. Segelstange, z. vorig.; 18. Jh.

Spieß[1] *m* Jagd~, Kampf~, mh. ah. *spioȥ*, an. *spiot;* ~bürger *m* eig. m. Sp. bewaffneter Bürger, dann (stud.) beschränkter Mensch (s. Schildbürger); die Kurzform Spießer seit etwa 1880; ~geselle *m* eig. Waffengenoß, jetzt in üblem Sinn. Nicht verw. ist **Spieß**[2] *m* Brat~, mh. ah. *spiz*, eng. *spit*, z. spitz, entl. fz. *épois* Geweihzacke; ~er junger Reh-, Hirschbock, ah. *spizzo;* ~rute *f*. Nach ~[1] (für Degen) heißt so schon um 1900 der Hauptfeldwebel.

Spill, s. Spindel.

Spilling *m* kleine gelbe Pflaume, mh. *spillinc*, ah. *spenilinch* z. bayr. Spenling = magerer Mensch; viell. urv. gr. *spanis* Mangel.

Spinat *m* i. M.-A. v. it. *spinace*, afz. *espinoche* (nfz. *épinard)*, pers. *äspänāh*, wegen d. gezackten Blätter an lt. *spīna* Dorn angelehnt (arab. *isfināǵ)*, mh. *spināt*.

Spind *n* nd., 18. Jh. schriftd., v. mlt. *spenda* Speiseschrank; s. spenden, Spesen, Speise.

Spindel *f* mh. *spinel*, ah. *spinala* (*spēnala* Stecknadel), z. spinnen; ~dürr, hierher Spillbaum *m* ah. *spinnilboum*, aus dem man Spindeln machte; dazu auch **Spill** *n* nd. Winde, Anker~ usw.

Spinett *n* ältere Form d. Klaviers,

16. Jh. v. it. *spinetta*, z. lt. *spīna* Dorn, Stachel, weil d. Saiten m. spitzen Federkielen angerissen wurden.

Spinne *f* ah. *spinna* v. spinnen, ah. got. ags. *spinnan*, eng. *spin*, schw. *spinna*, dä. *spinde*, lit. *pinti* flechten; ~feind todfeind; spintisieren Gedanken spinnen, grübeln, 16. Jh. m. fremder Endung, vgl. grillisieren »seinen Launen nachhängen«; kaum mit J. Grimm z. it. *spinta* »Antrieb«.

Spion *m* 17. Jh. v. it. *spione*, fz. *espion*, die auf dtsch. spähen beruhen.

Spirale *f* 18. Jh. v. lt. *spirālis* z. gr. *speira* Gedrehtes, Gewundenes.

Spirit||us verkürzt Sprit *m*, v. alchim. *spiritus vini* »Weindestillat«; ~ist *m*, ~ismus *m* z. lt. *spiritus* Geist.

Spital, Spittel *n* Krankenhaus, ah. *hospitālhūs*, v. lt. *hospitālis (domus)* Gast-, Fremden-(haus), z. *hospes* Gast, mh. *spital*, *spittel;* s. Hotel.

spitz ah. *spizzi*, z. Spieß[2], urv. lt. *spīca* Ähre, *spīna* Dorn, viell. auch *cuspis*, *-idis* Spieß; ~en, ~e *f*, ~findig. Spitz *m* 18. Jh. (wegen d. spitzen Ohren), Spitz[2] *m* kleiner Rausch, 16. Jh., ~bube *m* 16. Jh. viell. spitzer, d. h. verschlagener Mensch; ~el *m* östr., Lock~el 1888 Verdeutschung v. fz. *agent provocateur* durch Karl Henckell; ~name *m* 18. Jh. viell. z. mnd. *spīt* Hohn, vgl. Ekel- u. Ökelname; z. ders. Wz. *Spier* Grasspitze, eng. *spire*. Vkl. ein ~chen = ein wenig.

Spleen *m* v. eng. ~ 18. Jh. Milz, Hypochondrie, fixe Idee, v. gr. *splēn* Milz.

spleißen † mh. *splīʒen* spalten, eng. *split;* **Splitter** *m* abgespaltenes (Stückchen Holz); ~nackt 17. Jh. völlig nackt wie ein ~, ~fasernackt, sich zer~n (bildl.). ~richter *m* Matth. 7, 3 Luther. F.N. Splettstößer = Schindler, verw. *Splint*-(holz) eng. *splint*~, Splitter, Span.

† **Sponton** *m* Offiziersstock, halbe Pike, it. *spontone*, lt. *punctum*, fz. *sponton*, eng. *spontoon*.

sporadisch vereinzelt: gr. *sporás*, Sporaden »verstreute Inseln«, Gstz.: Kykladen »umkreisen Delos«.

Sporkel *m* Spürkel, rhein. Februar, v. mlt. *spurcalia* »german. Fruchtbarkeitsfest im Februar«, z. lt. *spurcus* unflätig.

Sporn *m* mh. *spor*, ah. *sporo*, ags. *spora*, eng. *spur*, z. Wz. *sper* stoßen, treten, ah. *spurnan*, eng. *spurn* treten (s. Spur, spüren), urv. lt. *sperno* verachte, ai. *sphur* wegstoßen, lit. *spiriù* stoße m. d. Fuß; entl. fz. *éperon*, sp. *espuela*, it. *sprone* Sporn; ~streichs eig. die Sporen streichend, also im Galopp, 17. Jh.

Sport *m* Ende 19. Jh. v. eng. *sport*, mitteleng. *disport* sich vergnügen, v. afz. *se disporter* sich zerstreuen, *disport* Belustigung, nicht: got. *spaúrds* Rennbahn!

Sporteln, Gebühren, Mehrz. v. lt. *sportula* Körbchen u. darin gereichte Geschenke: *sporta* Flechtkorb, 15. Jh.

Spott *m* mh. *spot*, afries. an. *spott*, ~en, ah. *spottōn*, an. *spotta*, verw. m. speuzen; ~vogel z. B. * Häher.

Sprache *f* ah. *sprāhha*, pl. Sprak, z. **sprechen** ah. *sprĕhhan*, pl. spreken, ags. *sprecan*, *specan*, eng. *speak*, an. *spraka* prasseln, urv. gr. *spharagéomai* prassele, zische, lit. *sprãga* prasseln, ai. *sphūrjati* bricht hervor, kymr. *ffraeth* beredt, alban. *shprech* spreche aus; s. entsprechen.

spreiten ags. *sprædan*, eng. *spread*, dä. *sprede*, ah. *sprītan* sich ausbreiten, urv. lett. *sprīest* spannen, alit. *sprainas* starr.

spreizen ah. *spriuʒan* z. mh. *spriuʒa* Stützbalken, s. sprießen, spritzen.

sprengen Bew. z. springen, eig. springen machen, dann spritzen, besprengen; dah. Sprengel *m* mh. *sprengel*, Wedel z. Besprengen m.

Weihwasser, dann Bezirk, soweit sich d. Rechte e. Geistlichen erstrecken, Amtsbezirk übh.

Sprenkel *m* Fangschlinge (m. hochspringenden Stellhölzchen), z. ah. *sprinka* Falle, ah. *springa* Vogelschlinge, eng. *springe*, z. springen; aber Sprenkel (Fleck), mh. *sprinkel*, Zw. nd. sprenkeln, urv. gr. *perknós* bunt, ai. *pr̥̄śniṣ;* s. Forelle.

Spreu *f* ah. *spriu* z. mh. *spraewen* sprühen, spritzen, urv. kymr. *ffrau* Fluß, gr. *speírō* streue; s. Sprudel, spröde.

sprießen ah. *sprioȥan*, eng. *sprout* sprießen, *sprit* keimen; dazu spreizen, spritzen, Sproß, Sprosse, Bugspriet, ags. *sprēot* Stange, ersprießlich.

spring||en ah. ags. *springan*, eng. *spring*, dah. it. *sp(r)ingare* zappeln; urv. gr. *spérchomai* eile, ent~en (Fluß); ~brunnen *m* 17. Jh., ~flut *f* 17. Jh., ~insfeld *m* um 1600; Sprung *m*, Ur-, Vorsprung; s. sprengen.

Sprinter *m* eng. »Kurzstreckenläufer«: *sprint* rennen, stark rudern, urnord. * *sprintan*, isländ. *spretta*, ah. *sprinzan* aufspringen, dazu Sprenz, Sprinz = Sperber?

Sprit *m* um 1800 v. fz. *esprit*, lt. *spiritus* (Wein)geist; seit etwa 1940 umg. auch = Benzin.

spritzen mh. *sprützen* (dah. it. *spruzzare)*, z. sprießen; Spritze *f*.

spröde 15. Jh., meng. *sprēþe*, norw. *spraa* ~ werden, ersetzt mh. *broede*.

Sproß *m* ah. *sproȥȥo* Nachkomme, Sprößling *m;* Sprosse *f*, Zweig, Leitersprosse; sprossen, alle z. sprießen.

Sprotte *f* nd. ags. *sprott*, eng. *sprat*, z. Sproß = (Herings)brut.

Spruch *m* z. sprechen.

Sprudel *m* 18. Jh. z. sprudeln, v. sprühen als Reim z. prudeln: brodeln.

sprühen z. Spreu, mh. *spraewen* zerstieben; vgl. eng. *spray* Zerstäuber.

Sprung s. springen.

spucken um 1700 Intensivbildung z. speien, mh. *spiuchen (< * spiwechen)*, wie horchen z. hören.

Spuk *m* um 1700, mnd. *spōk*, urv. lett. *spīgana* Hexe, lit. *spingu* glänze; ~en (Spökenkieker!).

Spule *f* ah. *spuola*, eng. *spool*, isländ. *spōla* Weberschiffchen, entl. it. *spuola;* z. spalten.

spül||en ah. *spuolen* unerklärt; ~icht *n*, mh. *spüelach*.

Spund *m* Verschlußzapfen am Faß, mh. *spunt*, Nf. *spont*, *punt*, v. lt. *punctum* Stich, Loch, *expuncta* * Ausstich; ~loch *n;* s. Punkt.

Spur *f* mh. ah. *spor*, *spurnan* m. Füßen treten (Jägerspr.), der Fährte nachgehen, dann übh. untersuchen; spüren, breit~ig; s. Sporn.

Spurt *m* 20. Jh., im Sport: Steigerung d. Anstrengung, v. eng. *spurt;* ~en.

sputen 18. Jh. v. pl. spöden, spauden (bei Voß); Goethe 1774: spude dich, Kronos! ah. *spuotan*, and. *spōdian* fördern, ags. *spœdan* gelingen, eng. *speed*, urv. ablg. *spěti* Glück haben, aber gr. *speudō* (eile) zu lt. *studeo*.

Staat *m* 15. Jh. v. mlt. *status* Stand v. *sto* stehe, afz. *estat;* dann polit. Gemeinwesen, Aufwand, Pracht; ~sbürger *m* seit 1789 (Wieland), ~smann *m* 17. Jh., ~saktion *f* eig. polit. Schauspiel, ~sräson nach ital. *ragione di stato* (~srecht), ~streich *m* 17. Jh. staatskluge Handlung, ~sanwalt *m* 19. Jh.; stattlich; s. Etat.

Stab *m* mh. ah. *stap*, got. *stafs*, pl. Staww, eng. *staff*, urv. gr. *a-stemphḗs* fest, ablg. *stoborŭ* Säule, lett. *stabs* Pfeiler, lit. *stãbas* ~, ai. *stabhnā́ti* stützt; ~reim *m* 19. Jh. n. an. *stafr* Reimstab (Snorri), Buchstabe *m;* Stab als Sinnbild d. Gewalt; Krumm~, General~, alem. ~halter = Schultheiß; ~soffizier zw. General u. Hauptmann.

stabil dauerhaft, 18. Jh. v. lt. *stabĭlis* z. *sto* stehe, s. Station.

Stachel *m* ah. *stachilla* v. stechen; ~beere *f* 17. Jh., ~schwein 16. Jh. Lüs. v. mlt. *porcus spinosus*.

Staden *m* oberd. (Ill~ Straßburg!) f. Ufer, mh. *stade*, ah. *stado*, got. *staþ*, * stehendes, festes Land; Gestade *n;* O.N.: Stade; O.N. Grafen~ b. Straßburg, die *Stedinger* fries. Uferbewohner der Wesermarsch; s. stehen, Statt.

Stadium Ende 18. Jh. v. lt. ~, gr. *stádion*, dor.-äol. *spádion* Spanne, Strecke, Längenmaß v. 125 Schritt-, Kampf-, Renn- u. Laufbahn, dann Zeitabschnitt, Entwicklungsabschnitt; s. spazieren.

Stadt *f* mh. ah. *stat* Stätte, Stelle, Ortschaft, dass. wie Statt, Stätte, eig. Stelle, wo die wandernde Schar *stehen* blieb, um sich anzusiedeln, z. stehen. O.N.: Höchst (< *hōhiustat)* (5), s. Staat.

Stafette *f* eig. Eilbote, der nicht v. Pferde steigt, dessen Füße i. Steigbügel bleiben, 17. Jh. v. it. *staffa* Steigbügel, *staffetta*, sp. *estafeta* reitender Bote, z. ah. *stapho* Tritt, Stufe, s. Stapfe; ~nlauf. **Staffel** *f* mh. *staffel* s. Stapel, Stapse, Stufe; ~ei *f* 17. Jh., staffeln.

(aus-)**staffieren** ausstatten, v. afz. *estoffer*, nfz. *étoffer*, fz. *étoffe*, s. Stoff; 16. Jh.; dazu um 1780 (ohne fz. Vorbild). **Staffage** *f* belebter Vordergrund.

Stag *n* nd. seem. Haltetau, ags. *stag*, eng. *stay*, m. *stag*, mnd. *stach;* entl. fz. *étai;* verw. m. stehen, Stahl.

Stahl *m* ah. *stahal*, eng. *steel*, z. stehen, urv. awest. *stachra* hart, entl. apreuß. *stakla* Stahl = Festes; stählen, ~helm, dag. der *Stahlhof* der Hanseaten in London (eng. *steelyard) Muster*hof: mnd. *stālhof* z. afz. *estale* Maß, vgl. ndl. *staalkaatr* Musterkarte. F.N. ~, Stählin.

staken s. stechen.

Staket *n* Lattenzaun, 16. Jh. v. it. *stacca* Haken, vgl. *steccato* Pfahlwerk, z. nd. Staken, ah. *stecco* Stock, Stecken (Rückw.).

Stalagmit *m* Tropfstein vom Boden her: gr. *stálagma*, *stalagmós* Tropfen. **Stalaktit** *m* Tropfstein an Decken: Ztw. *stalázein* tröpfeln, rinnen.

Stall *m* mh. ah. *stal*, eig. dass. wie Stelle, dah. it. *stallo* Aufenthalt, Sitz i. Theater, *stalla* Stall, *stallone* Zuchthengst = fz. *étalon;* fz. *étal* Fleischbank; urv. lt. *stabulum*, s. Konstabel; Stallung *f;* s. stellen, Marstall.

Stamm *m* mh. ah. *stam*, and. *stamn*, ags. *stemn*, eng. *stem*, z. idg. Wz. *sta*, eig. Stehender; urv. gr. *stámnos* Weinkrug; air. *tamun* Holz~, tochar. *štām* Baum; ~en, ~baum *m* 17. Jh., ~buch *n* (eig. Geschlechtsregister) 16. Jh., ~rolle *f* (milit.), ~tisch *m*, stämmig (bildl.); s. stehen, Steven.

stammeln stockend sprechen, ah. *stamalōn*, got. *stamms* * im Reden still stehend, pl. stamern, z. stumm, stemmen, s. ungestüm, Barbar.

stampfen ah. *stampfōn* z. (Fuß-) Stapfe, Stempel, urv. gr. *stembō* trete m. Füßen; entl. it. *stampare*, *stampa* Druck, fz. *estamper* stempeln, *estampe* Gepräge.

Stand *m* mh. *stant*, z. stehen; ständig, ständisch, Ständchen *n*, weil stehend dargebracht f. Serenade, 17. Jh., ~haft, ~esamt *n* 1875, ~bild *n* um 1800, ~ort *m* 17. Jh., seit 19. Jh. auch Verdeutschung für Garnison, ~punkt *m* 18. Jh., ~recht *n* um 1600 Kriegsgericht, ~rede *f* 18. Jh. eig. Leichenrede, stehend gehörte Strafrede; inständig, anständig, beständig, geständig, Aus~ *m* (19. Jh. für eng. Streik), Ab~, Bei~, Um~, Zu~ u. a.

Standarte *f* 13. Jh. v. afz. *estan-*

dard <altfränk. * *standōrd*, nfz. *étendard* Reiterfahne, angel. an. lt. *extendĕre* ausbreiten, entfalten, *Stander* (Kriegsmarine) dreieckige od. ausgezackte Signalflagge.

Stange *f* ah. and. *stanga* (dah. it. *stanga)* z. an. *stanga*, *stinga*, ags. *stingan*, eng. *sting* stechen, urv. gr. *stáchys* Ähre, s. Stengel; jem. d. ∼ halten (Partei nehmen für), im Turnier hielt d. Aufseher seine ∼ zum Schutz über den Besiegten.

Stanniol *n* Blattzinn, um 1400 aus it. *stagnòlo* z. lt. *stannum* Zinn, (ZfDWf. 17/1961, 81f.).

Stanze[1] *f* 18. Jh. v. it. *stanza* Aufenthalt, Wohnung, Zimmer (im Vatikan), z. lt. *sto* stehe; 8zeilige Strophe, zuerst i. Italien; Lb. n. arab. *bait* Zimmer u. Vers!

stanzen Metall prägen, in eine Form »stoßen«, wohl aus *stangezen* z. Stange n. mh. *stungen* stechen, stoßen, mu. südd. md. ∼, stänzen »stoßen«; dazu **Stanze**[2] *f* vertiefter Prägestempel, 18. Jh.

Stapel *m* (Holz∼, vom ∼ laufen), nd. Form für hd. Staffel, mnd. Säule, Gerüst, Stapelplatz, eng. *staple*, fz. *étape*, s. Etappe, vgl. an. *stǫpull* Turm, urv. ablg. *stoborŭ* Säule; aufstapeln, ∼recht *n*, z. B. früher in Emden gegenüber Leer.

Stapfe *f* Fußstapfe (falsch Fußtapfe), ah. *stapho* Fußspur, Stufe, eng. *step* Tritt, Schritt, ags. *stæppan* schreiten, urv. ablg. *stopa* Fußspur; entl. it. *staffa* Stegreif; s. Staffel, Stapel, Etappe, Stufe, stampfen, Stafette.

Star[1] *m* ah. *stāra*, eng. *stare*, *starling*, urv. lt. *sturnus*, thessal. *ástralon;* dafür nd. rhein. Sprehe, mh. *sprāe*, ah. *sprāa*, ndl. *spreuw*.

Star[2] *m* Augenkrankheit, ah. *starablint*, z. *starēn* (an)starren.

stark mh. ah. and. *starc*, ags. *stearc*, eng. schw. *stark*, z. starr; Stärke *f*, stärken. O.N.: Sterbfritz zsgz. aus *Starcfrides (husir)*.

starr ah. *stara(blint)*, mh. *sterre* an. *starr*, urv. gr. *stereós*, *sterrós* starr, fest, lit. *stiroti* steif dastehen; ∼en anstieren, emporragen (s. Star[2]); got. *andstaúrran* widerspenstig sein, bedrohen; störrisch, daz. stier, stur.

starten, Start *m* 19. Jh. eng. *start* sich plötzlich erheben (»Ablauf, Abflug«), s. Sterz.

Station *f* 18. Jh. v. lt. *statio* Stehen (z. *stare* stehen), Aufenthalt, Standort; **Statist** *m* stumme Person auf d. Bühne (18. Jh. auch = Staatsmann) z. lt. *status* Stellung; ∼ik *f* eig. Lehre vom Staat (in zahlenmäßigen Nachweisungen), Statik *f* (gr.) Lehre vom Gleichgewicht; Stativ *n* Gestell, alle z. lt. *sto* stehe, s. stabil.

Statt *f* mh. ah. *stat* Stelle, Ort, got. *staþs*, and. *stedi*, pl. Städ, ags. *stede* (eng. nur *instead* anstatt), eig. dass. W. wie Stadt; urv. gr. *stásis* Stellung; lt. *statim* * auf d. Stelle, aslaw. *po-statĭ* Bestimmung; Wahl∼, Werk∼, von ∼en gehen, ∼finden, ∼haft, ab∼en, aus∼en, ge∼en, be∼en, ∼halter *m* 15. Jh. Lüs. v. lt. *locum tenens*, Stätte *f* eig. Mehrz.; ∼lich gehört z. Staat, zu∼en ah. *zi statu* bequem, *stata* Gelegenh. (vgl. ∼finden); zahllose O.N.: Neustadt, Halberstadt (s. Adel), Hettstedt, Höchst (verkürzt), Rastede gerodete Stätte, Leutstetten Dat. Mehrz. **Stadel** *m* oberd. Scheuer ah. *stadal*.

Statue *f* 18. Jh. v. lt. *statua* Bildsäule; statuieren v. lt. *statuĕre* feststellen, Statur *f* 16. Jh. v. lt. *statūra*, Größe, Wuchs, Statut *n* Satzung, v. *statūtum* Festgesetztes; s. Institut, Konstitution.

Staub *m* mh. ah. *stoup*, got. *stubjus*, pl. Stoww, z. stieben, urv. gr. *tȳphōn*, *tȳphós* Windsbraut mit ∼, ∼wolke, ∼ig, ∼faden *m* 18. Jh., stäuben; pl. stöwen, stömen; sich

a. d. Staube machen, eig. feige a. d. Pulverdampf fliehen.

Stauche[1] *f*, ah. *stūhha* Ärmel, mu. rhein.-thür. Pulswärmer, eig. Hülle; entl. fz. *étui*, it. *astuccio*.

Stauche[2] s. Staupe[2].

Staude *f* ah. *stūda*, z. stehen, stützen, stauen: an. *stýđja*, urv. lett. *stuta* Stütze.

stauen v. mnd. *stouwen*, ah. *stouwan* Einhalt tun, klagen, ags. *stōwian* zur. halten, got. *stōjan* richten, * festsetzen, urv. ablg. *staviti* stellen; Staubecken *n*. **Stauer** Verlader, Verteiler d. Waren im Schiffsraum.

Stauf (ah. *stouf* Fels), kegelförm. Erhebung, z. mh. *stief*, eng. *steep* steil; übertr.: ah. *stouf*, ags. *steap*, an. *staup*, mnd. *stop* Becher (ohne Fuß). O.N.: Donaustauf, Hohenstaufen.

staunen (schweiz.) 18. Jh. seit Haller, er~ 16. Jh., mnd. *stūnen* sich widersetzen, urv. gr. *styein* steif dastehen, lt. *stupēre* betäubt sein, ai. *sthūṇā* Säule, also eig. »starr sein, starren«, verw. stauen, Staude.

† **Staupe**[1] *f* mh. *stūpe* Rute, Schandpfahl; stäupen † m. Ruten streichen; entl. aus altslaw. *stlŭpŭ* * Opferpfosten, Säule, *Pfahl*, über polab. *staup?* o. urverw. altlt. *stuprē* werde gezüchtigt?

Staupe[2] *f* um 1600, Hundekrankheit, v. ndl. *stuip*, mndl. *stūpe* Krampf; Nebenform: Stauche, nd. *stūke;* wohl z. Wz. *stāu: stū* stehen.

Stearin *n* 19. Jh. v. gr. *stéar* Talg, urv. lt. *stīria* Eiszapfen.

stechen ah. *stëhhan*, pl. steken, urv. gr. *stízō*, *stígma* Stich, Mal, lt. *(in-)stīgāre* anspornen, ai. *tigmás* spitzig; F.N.: Stecher, * Kupferst., be~ unerklärt, ab~; **steck‖en** Bew.: machen, daß etwas sticht, pl. steken; (**staken** = m. Staken fortbewegen, vgl. Stange, Staket); entl. it. *stëcco* Dorn; ~rübe, Kohlrübe *f* (die gesteckt, d. h. verpflanzt wird), ~brief *m* 16. Jh. eig. Urkunde, um jem. i. Haft z. stecken; ~en *m* ah. *stëcko*, eng. *stick* Stock. Ver~ *n*, Be~ *n*, Stich *m*, Stachel *m*, Stichling (Fisch), Staket *n;* ~enpferd *n* 17. Jh., n. eng. *hobby horse* = Lieblingsbeschäftigung 18. Jh.

Steg, Stieg *m* mh. ah. *stëc*, pl. Stegg, s. Steig, urv. lett. *stiga*, gr. *stíchos* Reihe, steigen; ~reif (aus dem Stegreif), Reif z. Besteigen d. Pferdes, Steigbügel, eig. wie e. Reiter, der, ohne abzusitzen, etwas erledigt, ah. *stëgareif*, an. *stigreip*.

stehen mh. ah. *stēn*, *stān*, got. *standan*, pl. stahn, eng. *stand*, dä. *staa*, urv. lt. *stare* stehen, gr. *hístēmi* stelle, *é-stēn* ich trat, ablg. *stati* stehen, ai. *sthā*, apers. *stāja* stellen, be~, ent~; dazu Stand, Stelle, still, Statt, Stadt, stet(s), Stuhl, Stunde, Gestade, Stamm, Steven.

stehlen mh. *stëln*, ah. and. ags. *stëlan*, got. *stilan*, eng. *steal*, schw. *stjäla*, urv. gr. *sterískō* beraube, dann aber an hehlen angel.?

steif (nd.) mh. *stīf*, pl. stiw, eng. *stiff*, urv. gr. *steibō* mache dicht, *stīphos* Haufe, lt. *stīpes* Pfahl, *stīpāre* dicht umdrängen, lit. *stiprùs* fest; s. Stift[1], steppen.

Steig *m*, s. Steg, Stieg, zu **steigen,** mh. *stīgen*, ah. and. *stīgan*, got. *steigan*, pl. stigen, ags. *stīgan*, eng. *sty*, z. idg. Wz. *steigh* schreiten, woher gr. *steichō* gehe, lt. *(ve-)stīgium* Fußspur, ai. *stigh* schreiten, lett. *stiga* Pfad; ~er *m* Bergwerksaufseher, ~erung *f*, ~bügel *m* 17. Jh., ~ern Bew. eig. steigen machen; s. steil.

steil ah. *steigal*, ags. *stægel* ansteigend, pl. steidel, z. steigen; ~feuer(waffe). O.N.: Steckelberg.

Stein *m* got. *stains*, and. *stēn*, ags. *stān*, eng. *stone*, schw. dä. *sten*, urv. ablg. *stěna* Mauer, serb. *stijena* Felswand, lt. *stīria* Eiszapfen, gr. *stéar* erstarrtes Fett, gr.*stīa* ~chen, *stīon* Kiesel; ~ern, ~igen, ~alt, ~reich (verstärkend), ~unglücklich (Paul

Keller), ~bock *m* Felsb., entl. it. *stambecco*, fz. *bouquetin*, ~druck *m* 19. Jh. (für Lithographie), ~metz, s. machen, ~öl *n* Petroleum, ~kohle *f*, ~pilz *m* (»härter als and. Speisepilze«). Zahllose O.N.: pl. Stendal (Steintal).

Steiß *m* ah. *stiuȥ*, pl. Stütz, ndl. *stuit* stoßen, vgl. Stoß, Endstück der Kanone.

Stell||e *f* mh. *stal* Stehort, z. **stellen,** urv. gr. *stéllō* stelle, schicke (s. Apostel, Epistel), ai. *sthálati* steht fest, armen. *stelem* ~e, s. stehen, Stall; be~en, ent~en, nach~-en, ver~en, an~ig, ~macher *m* (nordd.) der Gestelle macht (südd. Wagner), ~vertreter *m* 18. Jh., ~ung *f*, ~skrieg Sept. 1914–18; ~wagen *m* < Gestellwagen, ~dichein *n* 1791 v. Campe für Rendezvous vorgeschlagen; ~age *f* mit fz. Endung, Stall *m*, Stallung.

Stelze *f* ah. *stëlza*, eng. *stilt*, schwed. *stylta*, mnd. *stulten* fest, * stehend werden; s. stolz, Bachstelze. F.N. ~r.

stemmen z. Wz. *stem* stehen machen, an. *stemma* stauen, mh. *stemen* Einhalt tun, verw. auch stammeln, stumm, ungestüm; Stemmeisen *n*.

Stempel *m* 17. Jh. nd., eig. Werkzeug z. Stampfen, mh. *stempfel*, s. stampfen.

Stengel *m* Vkl. z. Stange, ah. *stengil*.

Stenograph *m* 18. Jh. v. gr. *stenós* eng, *gráphō* schreibe, n. eng. *stenography* (1602).

Stentorstimme *f* um 1800, nach d. homerischen Helden Stentōr, der so laut wie 50 Männer schrie.

Steppe *f* 18. Jh. v. russ. *stepĭ*.

steppen mh. *steppen* stellenweise stechen, and. *steppon* stechen, zeichnen, mh. *stopf* kurzer Stich, *stip* Punkt, hd. *stepfen* †, s. steif, Stift¹; vgl. mu. (ein)stippen, Stippe *f* (Tunke).

Steppke *m* kleiner Kerl, z. Stab?

Ster *m* alem. rhein. = 1 Raummeter, Festmeter, aus fz. *stère*, im 18. Jh. nach gr. *stereós* ›fest‹.

sterben ah. *stërbean*, pl. starwen, ags. *steorfan*, * erstarren, eng. *starve* vor Kälte, Hunger umkommen, anord. *starfa* sich mühen, *stíarfi* Starrkrampf, viell. urv. gr. *stérphnios* fest, lt. *torpeo*, lit. *tirpstù* erstarre, mir. *ussarb* (<**udsterbha*) Tod.

Stereometrie *f* Lehre v. d. Messung der festen Körper: gr. *stereós* fest u. *metréō* messe.; **stereotyp** feststehend: gr. *st.* + *týpos* Schlag; **Stereobild** dreidimensional erscheinendes Bild.

sterilisieren keimfrei machen, 19. Jh. z. lt. *sterĭlis* unfruchtbar.

Sterke *f* nd. junge Kuh, die noch nicht gekalbt hat, pl. Stärk, eng. *sturk*, got. *staírō*, urv. lt. *sterĭlis* unfruchtbar, aind. *stariš*, gr. *steira*, s. Färse.

Sterling *m* gr.-lt. *statēr*, Silbermünze (4 Drachmen), vulg.-lt. *istater*, afz. *esterlin*, mlt. *sterlingus*, mh. *staerlinc*.

Stern¹ *m* mh. *stërne*, *stërre*, ah. *stërno*, *stërro*, got. *stairnō*, and. *sterro*, ags. *steorra*, eng. *star*, an. *stjarna*, schw. *stjärna*, urv. gr. *astḗr*, *astron*, lt. *stella* (früher *sterula*), ai. *staras*; z. lt. *sterno* streue aus: die am Himmel Ausgestreuten? ~bild *n* 17. Jh., ~schnuppe *f* 18. Jh., 2. glühender Dochtabfall, ~warte *f* 18. Jh., Gestirn *n*, gestirnt, Un~ (bildl.), s. Aster.

Stern² *m* 19. Jh. Heck, s. Steuer

Sterz *m* mh. ah. *stërz*, ndl. *staart* eng. *start* Schwanz, urv. air. *tarr* Bauch, gr. *stórthynx* Zinke, Pflug~; pl. Wippsteert, Wepstärt *m*, Bachstelze; s. Wipfel, Start.

stet, stets, stetig, unstet z. stehen; dazu bestätigen.

Steuer *f n* mh. *stiure*, ah. *stiura*, pl. Stüer, an. *staurr*, Grbd.: Pfahl,

Stab, Stütze, woraus: 1. Abgabe, Unterstützung an Staat, Gemeinde, and. *heri-stiuria* Sold, 2. Stützung (z. ~ der Wahrheit), Lenkung, Leitung d. Schiffes, urv. gr. *staurós* Pfahl, lt. *(re)-staurāre* wieder aufrichten; steuern, beisteuern, Aus~ *f*, ~bord *n* mnd. *stūrbort* rechte Schiffsseite, wo sich früher d. ~ruder befand, s. Restauration, hierher *Stern* Schiffshintert., eng. *stern*, v. an. *stiōrn* Schiffs*steuer*.

Steven *m* nd. Form f. Stamm, aufrechtstehender Holz- oder Stahlbalken vorn u. hinten im Schiff, an. *stafn* auch Hausgiebel, mnd. *steven*, ags. *stefn;* s. Stamm.

Steward *m* Kellner, Aufwärter auf Seeschiffen, 19. Jh. v. eng. *steward*, ags. *stīgweard* Hauswart, Aufseher übh., dann Reichshofmeister (ähnlicher Aufstieg wie bei Marschall, s. dies); Haus Stuart.

stibitzen wohl Streckform einer *bi*-Schüler(geheim)sprache z. mu. nordd. stiezen, striezen (stehlen), um 1700.

Stich *m* ah. *stih*, mh. *stich*, got. *stiks*, ags. *stice* z. stechen; ~blatt *n* (am Degen), ~dunkel (so daß man keinen ~sehen kann) od. z. falsch verstand. pl. stickendüster (: Stock?), oberhess. stickfinster; ~haltig eig. was den Stich aushält; im ~lassen Turnierausdruck, ~wort *n* 15. Jh. verletzendes W., ~wahl *f* 19. Jh., ~el *m*, ~eln (meist bildl.).

Stichling *m* mh. *sticheline*, z. stechen (n. seinen Stacheln).

sticken ah. *sticchen* z. Stich, stechen.

Stickstoff *m* 1791 (Girtanner) f. eng. *azote;* Lüs. v. ~: dän. *kvælstof*.

stieben ah. *stioban*, s. stöbern, z. Staub, mh. *stöuben* Staub machen.

Stief (~sohn, ~mutter, ~vater usw.), ah. *stiuf*, ags. *stēop*, eng. *step*, an. *stiūpr* ~sohn; z. ah. *stiufan* d. Angehörigen berauben.

Stiefel *m* mh. *stival* v. it. *stivale*, ah. *stiful* v. afz. *estival* z. lt. * *aestivāle* Sommerschuh aus leichtem Leder, z. *aestās* Sommer. Vkl. ~ette *f*.

Stiege[1] *f* ah. *stiega* Treppe, dass. W. wie Stieg, Steg, s. Treppe.

Stiege[2] *f* mu. nordd. zwanzig Stück (z. B. Eier), krimgot. (16. Jh.) *stega*, viell. urv. gr. *stīchos* Reihe (u. also z. ~[1]).

Stieglitz *m* i. M.-A. (mnd. *steghelitze)* v. tschech. *stehlec* Distelfink, slowen. *ščegljec*.

Stiel *m* mh. ah. *stil*, pl. Stel, an. *stilkr*, vandal. P.N.: Stilicho = nd. Stilke; urv. lt. *stilus* Pfahl, Stengel, Griffel, Schreibweise: gr. *stélechos* Stammende, s. Stil; lang~ig (meist bildl.).

stier 18. Jh. z. starr mu. nd. stur, sturen, Sturheit; ~en, an. *stīra*, an~en.

Stier *m* (dafür nordd. meist Bulle), ah. *stior*, got. *stiur*, ags. *stēor*, eng. *steer*, anord. *þiōrr*, wahrsch. urv. lt. *taurus*, gr. *taúros*, ablg. *turŭ*, nach Entlehnung aus e. nichtidg. Sprache angel. an ah. *stiuri* stark, aschwed. *stūr* groß, dick, awest. *staora*-Großvieh?, s. Zentaur, Stör.

Stift[1] *m* ah. *stëft*, z. steif, viell. auch steppen, urv. lt. *stīpes* Pfahl; ~ jüngster Lehrling.

Stift[2] *n* eig. Bau, Gründung, bes. geistliche, Hoch~ Bistum, Erz~; ndl. *het sticht* [*van Utrecht*]*: stichten* = ~en (e. Orden, Religion, Nutzen, Frieden), mh. *stift* z. ah. mh. mnd. *stiften*, urv. lt. *stīpes* Stange, also eig. Stangen(bauten) errichten; ~ung *f;* an~en (nur i. bösem Sinn).

Stigma *n* 17. Jh. v. gr. *stígma* Stich, Wund-, Brandmal, urv. Stich, stechen. ~tisation *f* Empfindung der Leiden Christi am eigenen Körper m. d. Wundmalen (erster Stigmatisierter war der hl. Franz v. Assisi 1224).

Stil *m* Schreib-, Bauart, 15. Jh. v. mlat. *stīlus*, Griffel, Schreibart;

urv. Stiel; ~ist *m*, ~isieren, ~voll 19. Jh.; Stilett *n* kleiner Dolch, 17. Jh. v. fz. *stilet*, it. *stiletto* z. *stilo* Griffel, Dolch.

still ah. *stilli*, eng. *still* (still, noch), z. stellen, stehen, Grbd. ruhig, nicht in Bewegung; urv. ai. *sthāṇú* – unbeweglich, lit. *tìlti* verstummen ~en, ags. *stillan* besänftigen, Stille *f*, ~leben *n* 18. Jh. (Malerei), Lüs. v. eng. *still-life* n. ndl. *stilleven*. ~er Ozean Übers. aus d. Span. seit *Magalhães*.

Stimm||e *f* ah. *stimna*, got. *stibna*, ags. *stemn*, eng. *steven* Stimme, Schrei, viell. urv. gr. *stóma* Mund; ~en, an~en, be~en, ab~en, ein~en, ver~en, ~ung *f*, ~vieh *n* um 1860 Lüs. v. amerik. *voting cattles*.

stinken ah. *stinkan* riechen (gut od. schlecht), eng. *stink* stinken, got. *stigqan* stoßen, * v. stechenden Geruch: an. *stœkr* beißend, stinkend; Stänker *m* Streitsüchtiger.

Stint *m* 16. Jh. v. mnd. *stint;* mh. *stinz* z. mh. *stunz* kurz, an. *stuttr*.

Stipendium *n* Unterstützung (für Studenten), 16. Jh. v. lt. *stipendium* Sold, Steuer, z. *stips* Geldbeitrag, *pendo* wäge; s. Pension, Pensum, Pfund, Kompendium.

Stipp *m* Stippe *f* Kleinigkeit; ~visite = kurzer Besuch; ~en = tupfen, Stippeföttche, rhein. Karnevalstanz, bei dem jeweils das Hinterteil aneinander gestippt wird.

Stirn *f* ah. *stirna* (dafür eng. *forehead* eig. Vorhaupt), urv. gr. *stérnon* Brust, *strōnnȳmi*, lt. *sterno* breite aus, Grbd. breit, ablg. *strana* Landstrich, tschech. *Malá strana* Klein*seite* in Prag; ai. *stīrṇás* ausgebreitet.

stöbern (z. stieben, stäuben, Staub) herum~ = suchen (dabei Staub aufwirbelnd), mh. *stöuber* auf~der Jagdhund z. *stöuben* Bew. z. stieben; (Schnee-)Gestöber *n*.

Stock *m* mh. ah. *stoc*, ags. *stocc*, eng. *stock*, *stick*, an. *stokkr*, schw. *stock*, entl. it. *stocco* Stoßdegen, fz. *estoc*, *étoc*, *étau*, Wachs~, Wein~, Spazier~, Schraub~, Bienen~ (früher ausgehöhlter Baumstamm); Gebirgs~; ~werk *n*, ~haus *n* (Gefängnis: daher v. d. Eisenbändern ~fleckig, spät übertr.), ~blind, ~dumm, ~dunkel, ~finster, ~heiser, ~steif, ~taub (Verstärkung); stochern (i. d. Zähnen), stochen mu. (i. Ofen), mnd. *stoken*, s. Stück.

stocken aufhören sich z. bewegen, zögern, erstarren, gerinnen (südd. gestockte Milch = geronnene, saure Milch), d. Herz, d. Blut, d. Stimme, d. Verkehr stockt; mh. *stocken* m. Grenzpfählen versehen; ins ~ geraten; stockig, verstockt, Stockfleck *m*, Stockfisch *m* 14. Jh. (auf Stöcken getrockneter Fisch).

Stoff *m* 17. Jh. mndl. *stoffe* v. afz. *estoffe*, nfz. *étoffe*, it. *stoffa*, sp. *estofa*, viell. z. lt. *stuppa* Werg; s. stopfen, staffieren.

Stoffel, Stöffel *m* z. Christoph, **Töffel** *m* s. Rüpel.

stöhnen nd. 16. Jh., mh. *stenen*, mnd. *stönen*, ags. *stunian*, urv. ai. *stan-* rauschen, gr. *sténō* brause, stöhne, z. ders. Wz. wie dehnen, dünn, Donner.

stoisch gleichmütig, 18. Jh. v. lt. *stoicus* zur stoischen Philosophie gehörig: gr. *stoá* Säulenhalle (wo Zenon, der Begründer dieser Schule, lehrte).

Stollen[1] *m* bergm. = waagrechter Gang; ~[2] = Absatz in mh. Gedichten; ~[3] Stolle *f* = länglicher Kuchen, ah. *stollo* Stütze, Pfosten z. Wz. *stal*, woher auch Stall, stellen, urv. gr. *stēlē* Säule, ai. *sthūṇā́* Pfosten, s. stützen.

stolpern mnd. *stulpen* umstürzen, norw. *stolpa* m. steifen Schritten gehen, ~ s. stülpen.

stolz mh. ah. *stolz*, pl. stolt, kaum v. lt. *stultus* töricht, eher z. Stelze * steif aufgerichtet; entl. afz. *estout* woher eng. *stout);* ~ieren (mit fremder Endung); ~enfels zum steilen Berge.

stopfen ah. *stopfōn*, eng. *stop* anhalten, pl. stoppen (auch e. Schiff), v. mlt. *stuppāre* m. Werg zumachen (*stuppa* Werg): gr. *stýphein* zs.-ziehen?; ~ *m*, Stöpsel *m* nd., s. Stoff.

Stoppel *f* nd. (hd. Stupfel), ah. *stupfula*, mh. *stupfel*, mnd. *stoppel*, v. vlat. *stupula*, lt. *stipula* Halm, Stroh (it. *stoppia*, fz. *étouble*, eng. *stubble).*

Stör *m* ah. *sturio*, an. *styria*, viell. z. ah. *stiuri* stark, s. Stier; entl. afz. *esturgeon* (woher eng. *sturgeon)*, it. *storione;* viell. urv. russ. *osëtr* Stör.

Storch *m* ah. *storah*, eng. schw. dä. *stork*, viell. urv. gr. *tórgos* Geier u. z. ah. *storchanēn* starr werden (n. d. steifen Haltung), Storch heißt pl. Adebar, s. d.

stören ah. *stōran*, pl. stüren, eng. *stir*, dazu Sturm; ~fried *m* 16. Jh. Befehlsform; verstört (bildl.).

störrig, störrisch vgl. ah. *storro* Baumstumpf: *storrēn* herausstehen od. schwäb. storren gelind stoßen, s. starr.

stoß||en ah. *stōzan*, got. *stautan*, pl. stöten, schw. *stöta*, dä. *stöde*, urv. lt. *tundo* stoße, *tūdēs* Hammer; ai. *tudāmi* ~e; ~ *m*, An~, ver~en, (bildl.), ~seufzer *m* 18. Jh., ~degen *m* 17. Jh., Stößel *m* (Mörser), Stoßer *m* (Habicht); s. stützen, stutzen[1], stottern.

stottern nd. z. *stōten* stoßen, 16. Jh.

stoven nd. dämpfen, s. Stube.

strack z. strecken (oft b. Goethe); **stracks**, mh. *strackes (loufes)* gestreckten Laufs.

Strafe *f*, **strafen** mh. *strāfen*, Sproßform v. mh. *rafste* »strafte«, Prät. z. mh. *refsen* strafen? Strafpredigt *f* 17. Jh., Sträfling *m* 18. Jh.

straff mh. *straf* streng, hart, Ztw. ~en.

Strahl *m* ah. and. *strāla* Pfeil, Blitzstrahl, ags. *stræl*, eng. fehlt, urv. ablg. *strěla* Pfeil (dah. russ. *strělá* Pfeil, Strelitzen = Schützen. O.N.: Strelitz Schützenstadt); Stralsund; ~en.

strählen (d. Haar) mh. *straelen*, ah. *strālen*, mh. *strael* Kamm, ndl. *streelen* streicheln; wohl z. Strahl.

Strähne *f* ah. *strēno* Flechte, mh. *strēne*, verw. m. Strieme.

stramm nd., um 1800 schriftd., viell. verw. isl. *strembinn*, urv. gr. *sterémnios* hart.

strampeln nd. z. *strampen*, m. d. Füßen aufstampfen, hd. strampfen.

Strand *m* nd. ags. eng. schw. dä. *strand*, von der Küste ins Hochdt. übernommen; ~en; urv. lt. *sterněre* ausbreiten (vgl. Stirn u. Rand).

Strang *m* ah. *strang*, ags. *streng*, eng. *string* spannen, an. *strengr* Strang, Saite, urv. lt. *stringěre* zus.-ziehen, gr. *strangálē* Strick; ~ulieren 16. Jh. v. lt. *strangulāre* erdrosseln (fz. *étrangler);* s. Strick, streng.

Strapaze *f* 17. Jh. v. it. *strapazzo* Abarbeitung: *strappazare* anstrengen.

Straße *f* ah. *strāza*, pl. Strat, ags. *stræt*, eng. *street*, v. lt. *(via) strāta* gepflasterter (Weg), z. *sterněre* ausbreiten, ebnen, pflastern. Die ~ verband Ortschaften, Gasse war Bez. innerhalb d. Ortes, s. Chaussee, Wasser~ ist viell. Nachbildung v. eng. *straits* Enge z. lt. *strictus* zs.-gezogen, s. strikt. O.N.: Straßburg (am Anfang d. Heer~ über den Wasgau).

Strateg||e *m* 19. Jh. z. gr. *stratēgós* Heerführer; ~ie *f*, ~isch.

sträuben ah. *strūben* starr stehen, emporrichten; s. struppig, Gestrüpp, urv. gr. *strȳphnós* herb, spröde, ablg. *strŭpĭtŭ* Rauheit.

Strauch *m* mh. *strūch*, viell. z. Strunk, ~dieb *m* 16. Jh., Gesträuch *n*. **straucheln** *über e. ~ stolpern, mh. *strūcheln* wie mh. *strunken* *üb.

e. Strunk stolpern, früher strauchen, mh. *strūchen*, ah. *strūchōn*.

† **Strauß**[1] *m* Streit, mh. *strūʒ*, z. mh. *striuʒen* sträuben, spreizen, urv. air. *trot* Streit, aslaw. *trudu* Mühe.

Strauß[2] *m* z. mh. *gestriuʒe* Buschwerk: strotzen, pl. Blomenstrutz *(ū)*.

Strauß[3] *m* (Vogel) mh. ah. *strūʒ*, v. it. *struzzo* z. lt. *strūthio*, woher auch fz. *autruche*, sp. *avestruz (au-ave* = lt. *avis* Vogel), eng. *ostrich;* gr. *strūthós megálē* großer Vogel, * Sperling.

Strazze *f* 17. Jh. kaufm. Kladde, v. it. *stracciafoglio*.

strebe||n mh. *strēben* sich heftig bewegen, abmühen, ndl. *streven* streben, streiten, dah. afz. *estriver* streiten (woraus eng. *strive* streiten); Streber *m* 19. Jh. (in üblem Sinn); ~pfeiler *m* um 1800.

strecken ah. *strecchan*, eng. *stretch*, z. strack; Strecke *f*, übertr. Gesamth. d. erlegten Tiere; voll~, vor~. Streckvers *m* 1804 (Jean Paul).

streichen ah. *strīhhan*, pl. striken, eng. *strike* schlagen *(stroke* Schlag, Streich), urv. lt. *stringo* ziehe, berühre, streiche; s. Strick, Strang, Striegel, strikt; streicheln, pl. *stråken*, Streich *m*, Strich *m*, Landstrich, Landstreicher *m;* Schnepfenstrich: ~ = dahinfliegen.

streif||en mh. *streifen*, mh. *ströufen* abstreichen, mh. *striefen* streifen, eng. *strip* abstreifen, berauben; ~e *f*, ~zug *m*, ~en *m*, urv. air. *srīab* **streibā;* ~licht *n*, ~band *n;* s. Strippe.

Streik *m* Mitte 19. Jh. v. eng. *strike (work)* (Amerika), dafür um 1900 Ausstand; ~en.

Streit *m* mh. ah. *strīt*, pl. Strid, schw. dä. *strid*, z. ags. *strīdan* schreiten; ~en, be~en (nur noch bildl.), ~bar, ~ig, ~frage *f* 17. Jh., ~schrift 16. Jh.

streng ah. *strengi* stark, hart, and. ags. *strang*, eng. *strong* stark, schw. *sträng*, dä. *streng*, z. Strang (* angespannt); anstrengen.

Streu *f* mh. *ströu*, z. streuen, ah. *strewen*, got. *straujan*, ags. *strēowian*, eng. *strew*, urv. lt. *struo* schichte, *sterno* breite aus (s. Straße), *strāmen* Streu, ablg. *stīra* breite aus, serb. *strövo* Haufe, ai. *str̥ṇắti* ~t; s. Stroh, Stirn.

streunen mh. *striunen* umherschnüffeln, ah. *gistriunan*, ags. *strienan* erwerben, urv. lt. *struere* aufeinander schichten.

Strich *m* ah. mh. *strich* z. streichen, jem. auf d. ~ haben (nicht mögen), ~punkt *m* 17. Jh. für Semikolon.

Strick *m* ah. *strik* z. streichen; ~en, ah. *stricchen* verknüpfen, ags. *gestrician* Netze flicken; be~en, ver~en (beide bildl.), Galgen~ *m* 16. Jh. (nur noch bildl.).

Striegel *m* ah. *strigil* v. lt. *strigilis* Schabeisen, z. *stringo* ziehe, streiche; s. streichen, strikt.

Strieme *f*, **Striemen** *m* ah. *strīmo* 1. Teil, urv. lt. *stria* Rippung, Furche, Streifen; s. Strähne, Streif(en) u. Riemen.

Striezel *m* längliches Gebäck, mu. schlesisch, thüring.

strikt genau, 18. Jh. v. lt. *strictus* dicht, kurz z. *stringo*, s. Strick, Distrikt.

Strippe nd. (mh. *strūpfe)*, als Erbwort z. Streifen u. zugleich als ags. *stropp*, mnd. *strop*, nd. *strüppe* entl. v. lt. *struppus*, *stroppus* Riemen, gr. *strophos* Band.

Strobel s. struppig.

Stroh *n* mh. ah. *strō*, eng. *straw* z. streuen; ~mann *m* 19. Jh., ~witwe *f*, wie eng. *grasswidow*, schwed. *gräsänka* nach älterem ~braut »illegitime, scheinbare Braut« um 1700 im Witz auf die durch Abwesenheit des Mannes »verwitwete« Ehefrau übertragen; danach dann auch ~witwer *m* 18. Jh.

Strolch *m* 18. Jh. verw. eng. *stroll* herumstreifen; viell. rotw. W.; schweiz. *strolen;* vgl. fz. *trôler.*

Strom *m* mh. ah. and. *strōm*, ags. eng. *stream*, an. *straumr* * *sroumo-*, dä. schw. *ström*, idg. Wz. *sreu* fließen, urv. air. *sruaim*, ai. *srávati* fließt, lit. *sravéti* sickern, gr. *rheúma* Fluß, Strymōn (bulg. Struma) i. Thrakien; strömen (auch bildl.), s. Rhythmus, mh. *stromen* * strömen = stürmend einherziehen, (rotw.) Stromer = Vagant, 14. Jh.; pl. *Stromtid;* südd. herum~en.

Strophe *f* 17. Jh. gr. *strophḗ* Wendung d. Chores i. Theater, z. *stréphō* wende, s. Katastrophe, Apostroph, straff.

strotzen mh. *strotzen* schwellen, eng. *strut* strotzen, stolzieren; s. Strauß¹ u. ~².

Strudel *m* v. ah. *strēdan* wallen, brausen, urv. gr. *rhóthos* Wogenrauschen, viell. auch lt. *fretum* * *sretom* Brandung; auch = Gebäck (18. Jh.) wegen der strudelartig gewundenen Form.

Struktur *f* 18. Jh. v. lt. *structūra* Bauart z. *struo* baue, s. Konstruktion, Instruktion.

Strumpf *m* mnd. *strump* Halbhose, 16. Jh. Hosenstrumpf, also eig. Hosenende, Kurzhose, viell. verw. m. Stumpf, in Ansbach Stumpf = ~! (18. Jh.: m. Strumpf u. Stiel), s. Stummel, stumpf, sträuben.

Strunk *m* mh. *strunc*, ndl. *stronk*, urv. lit. *strungas* gestutzt; Kohl~; vgl. stumpf, Strauch.

struppig z. sträuben, Gestrüpp; Struwwelpeter *m* 1845 v. Irrenanstaltsleiter Hoffmann in Frankfurt a. M. verfaßt; strubbelig; schon ah. *strubilo-scalleo* * Strubelschädel, vgl. *Strobel* Schopf m. wirrem Haar.

Stube *f* pl. Stuw, ah. *stuba* heizbares, bes. Bade-Zimmer, ags. *stofa* Bad (eng. *stove* Ofen), pl. stowen = schmoren, nd. *Stövchen* = Kohlenbecken, v. sp. *estufa* Ofen, heizbares Zimmer, fz. *étuve* Badestube: vulg.-lt. *ex-tūfāre:* gr. *tŷphos* Qualm; od. einheimisch u. z. stieben (v. Dampf des Bades)? F.N.: Badstüber.

Stüber *m* niederrh. Münze, v. ndl. *stuiver*, mnd. *stuf* stumpf, abgehackt, vgl. Deut.

Stück *n* mh. *stücke*, ah. *stucki* Teil, Abschnitt, harte überkleidende Decke, wohl z. Stock (eig. Abgehauenes); ~ = Geschütz; ~ Geld~, Theater~; ~en, ~eln, ~faß (Wein), ~gut *n*, ~werk *n*, entl. fz. *stuc* Stuck, it. *stucco* Gips, Stuck, dav. dtsch. Stuck *m* 18. Jh., Stuckatur *f*, Stuckateur *m*.

Stud||ent *m* mh. *studente* z. lt. *studēre* ernstlich betreiben; ~ieren, ~ie *f*, ~ien Mehrz. 19. Jh., ~ium *n* 16. Jh., Studiker *m* 20. Jh. (stud.). Etüde *f* fz. (musik.).

Stufe *f* ah. *stuofa*, z. Stapfe, Staffel, urv. aslaw. *stepeni* ~.

Stuhl *m* mh. *stuol*, got. *stōls* Thron, pl. Staul, ags. *stōl*, eng. *stool*, schw. dä. *stol*, z. stehen; urv. gr. *stḗlē*, äol. *stā́llā* Säule, ablg. *stolŭ* Sessel; d. Heilige ~; Dach~, Lehn~, Web~; entl. fz. *fauteuil* Feldstuhl irrt. statt Falt-, Klappstuhl, s. falten.

Stulle *f* (mu. ostmd.) 17. Jh. Butterbrot, z. Stolle, Stollen.

Stulpe *f* **stülpen. Stulpstiefel** *m*, **Stülpnase** *f* nd. Stülp = Deckel; umstülpen, aufstülpen, s. stolpern.

stumm mh. and. *stum*, s. stammeln, stemmen, ungestüm.

Stummel *m* ah. *stumbal* eig. abgeschnittenes (Stück); verstümmeln, Stümper *m* eig. Verstümmelter, Stumpf *m* eng. *stump*, urv. lit. *stambas* Kohlstrunk; stumpf eig. verstümmelt, unvollkommen, pl. stump, s. Strumpf.

Stunde *f* ah. *stunta* Zeitabschnitt, pl. Stunn, ags. anord. schw. dä. *stund*, z. stehen, Stand, * festgesetzte Zeit, Haltepunkt; von Stund' an, stunden.

stupénd erstaunlich, v. eng. *stupendous:* lt. *stupendus.*

stupid 18. Jh. v. lt. *stupidus* betäubt, dumm.

stupsen, stupfen, ah. mh. *stupfen,* nd. stupsen, z. stippen. **Stups** *m* Stoß.

stur nd. s. stier; besonders verbreitet durch d. Soldatensprache des 2. Weltkriegs; ~ wie ein Panzer.

Sturm *m* mh. ah. *sturm* Unwetter, Kampf, and. pl. ndl. ags. eng. schw. dä. *storm,* z. stören, ags. *styrian,* eng. *stir* bewegen, urv. gr. *hormḗ* Angriff (z. dems. Stamm gebildet *Hormón* Drüsenstoff). Entl.: it. *stormo* Kampf, *sonare a stormo* Sturm läuten; stürmen (v. Wetter u. Krieg), ~flut *f*, ~glocke *f*, ~haube *f*, Land~, An~, bestürmen (heftig bitten), ~ u. Drangzeit (etwa 1770–1780). Stürmer *m* um 1800, bes. draufgängerische Studentenmütze.

stürzen pl. störten, ah. *sturzen,* eig. umstülpen, z. B. e. Topf (Kassensturz); ins Verderben ~, hinaus~, sich aus dem Fenster ~; Sturz *m*, Umsturz *m*, bestürzt, überstürzt (bildl.), z. eng. *start* aufspringen u. Sterz.

Stuß *m* 18. Jh. Unsinn, v. jidd. *schtus,* hebr. *šṭūth* Torheit.

Stute *f* mh. ah. *stuot* Herde v. Pferden, ags. *stōd,* eng. *steed* Roß, pl. Staut, urv. ablg. *stado,* lit. *stodas* Herde v. Pf., z. idg. Wz. *sta* stehen, * Standort (für Pferde); Bed.-W. wie bei Bursche, Kamerad, Frauenzimmer; Gestüt *n* 16. Jh.

Stuten *m* längliches Weißbrot, z. mnd. *stūt* z. Steiß (wegen der Form).

stutz||en¹ zurückscheuen, z. mh. *stutz* Stoß, Anprall, ah. *irstutzen* Intensivbildung z. stoßen; ~ig, s. stoßen.

stutz||en² beschneiden, kürzen (Bart, Schwanz), ~er *m* 17. Jh. eig. wer einen gestutzten Bart trägt. *Stutzen m* kurzes Gewehr.

stützen pl. stütten, ah. *stuzzen,* z. stoßen, an. *styđja,* ah. *studen* stützen; **Stütze** *f* mh. *stütze.*

subaltern untergeordnet, 18. Jh. v. lt. *sub* unter, *alter* ein andrer.

Subjekt *n* Person (vor 1800 ohne verächtl. Sinn), Satzgegenstand, 16. Jh. v. lt. *subjectum* Grundbegriff, z. *subjicio* unterwerfe; ~iv; s. Objekt, Trichter.

Submission *f* eig. Unterwerfung, dann Vergebung v. Arbeiten (bes. Bau-) an den Mindestfordernden 18. Jh. v. lt. *submissio,* z. *sub* unter, *mitto* schicke.

Subsidien Mz. Hilfsgelder, lt. *subsidium* Rückhalt, Stütze.

Subskription *f*, **Subskribent** *m*, **subskribieren** 16. Jh. z. lt. *sub* u. *scrībĕre* schreiben.

Substantiv *n* Haupt-, Dingwort v. lt. *(nōmen) substantīvum;* Substanz *f* Masse, Stoff v. lt. *substantia (sub* u. *stare* stehen, standhalten, bestehen).

subtil v. lt. *subtīlis* fein, genau v. *sub* unter u. *tēla* Gewebe, also eig. fein gewebt, mh. *subtil* v. afz. *subtil;* s. Text, Toilette.

suchen ah. *suohhan,* got. *sōkjan,* pl. säuken, ndl. *zoeken,* ags. *sēcan,* eng. *seek (beseech* besuchen), schw. *söka,* ursp. wohl Jägerspr., urv. lt. *sāgīre* scharf empfinden, nachspüren, *sagax* scharf witternd, gr. *hēgéomai* führe. Auf der Suche, gesucht (gekünstelt), be~, heim~, er~, unter~, Gesuch *n*, Versuch *m*, Versucher *m*.

Sucht *f* mh. ah. *sucht,* got. *saúhts* Krankheit, eng. *sick* krank, z. got. *siukan* krank sein, s. siech, Seuche.

Sud, Absud *m* eig. Gesottenes, z. sieden; s. sudeln.

Süd, Süden *m* eig. nd. (oberd. z. B. Sundgau i. Elsaß = Südgau), ah. *sund,* ndl. *zuid,* eng. *south,* an. *suđr* viell. z. Sonne, also Sonnenseite. Nh. *ü* nach ndl. Aussprache, spätmh. *sūd* Südpol(arland) 17. Jh.; O.N.: Suderode (Harz), Sudenburg

(b. Magdeburg), Sundhofen (Elsaß), Sonderburg (auf Alsen), Sondermühlen b. Osnabr., Sundremda südl. v. Weimar. Sundhausen b. Nordhausen, Sauerland (Westf.) = Südland (eng. *Sutherland)*, Sonthofen, Sontheim, Soest (Südsitz?), Sonneberg(?), Zuidersee. P.N.: Sudermann. Entl. ist fz. *sud*, wie alle Himmelsrichtungen; s. Föhn.

sudel||n mh. *sudelen* beschmutzen, eig. schlecht kochen, z. sieden; ~ei *f* nachlässige Arbeit; ~koch *m*.

Südwester *m* 19. Jh. seem. Ölhut, ndl. *zuidwester*, eng. *southwester*.

Suff *m* 16. Jh. z. saufen.

Suggestion *f* Eingebung, Anregung, Massen~, lt. *suggĕrĕre* herbeischaffen, eingeben.

Suhle *f* Lache, sich ~n, sich sielen, ah. *sulen*, ags. *sylian*, got. *bisauljan* beflecken, urv. lett. *sula* Baumsaft.

Sühne *f* mh. *süene*, ah. *suona* Gericht, Urteil, Vertrag, Versöhnung. mnd. *sōne;* ~n ah. *suonen*, versöhnen, mh. *versüenen;* verw. norw. mu. *svana* abnehmen, sich besänftigen, *svœna* nachlassen.

Sukkurs *m* (in Wallensteins Lager), Verstärkung, lt. *succursus* * *subcurrere* zu Hilfe eilen, fz. *secourir*, *secours*.

Sultan *m* arab. = Herr, mh. *soldān* v. afz. *soldan*.

Sülze *f* Wurstart, mh. *sulze*, ah. *sulza*, and. *sultia* Salzbrühe, s. Salz, entl. ital. *solcio*. Sulze = Salzlecke (weidm.). Orte m. Salzquellen: Sulza, Sulzbach, Sülzdorf, Solms, mh. *Sulzmiscen*. F.N.: Sulzer = nd. Sölter.

Summ||e *f* mh. *summe* v. lt. *summa* das Höchste, Gesamtheit (fz. *somme* Summe, *sommet* Gipfel); ~ieren; ~arisch.

summen lautmalend, wie Sums »Gerede«.

Sumpf *m* mh. *sumpf*, eng. *swamp*, z. Schwamm.; ~en »unsolide sein«, 19. Jh.

Sund *m* nd. anord. ags. *sund*, eng. *sound*, dä. schw. *sund*, entweder zu schwimmen, also e. Stelle, die man durchschwimmen kann; oder n. Edw. Schröder ält. Nebenf. v. Schwund = »Schw. d. Landes«.

Sünde *f* ah. *suntea*, pl. Sünn, ags. *synn*, eng. *sin;* viell. frühe Entlehnung v. lt. *sons*, *sontis* schuldig, od. urv. m. lt. *sons?* Sündenbock, ~ngeld, Sündflut *f* s. Sintflut.

super||fein, ~klug 16. Jh. v. lt. *super* über. **~intendent** *m* 16. Jh. v. lt. *superintendo* beaufsichtige, Übs. v. gr. *epískopos* Aufseher, Bischof (nach Augustinus), s. Intendant; ~lativ *m*.

Suppe *f* mh. *suppe* z. nd. supen schlürfen; entl. fz. *soupe*, *souper;* eng. *to sop* eintunken, verw. ist saufen.

† **Supplikant** *m* Bittsteller 16. Jh. z. lt. *supplicāre* flehend bitten.

surren s. schwirren.

Surrogat *n* Ersatz, um 1800 v. lt. *subrogāre* an Stelle eines andern wählen.

suspendieren aussetzen, nicht i. Kraft treten lassen, zeitweilig d. Amtes entheben, 16. Jh. v. lt. *suspendĕre* aufhängen, aufheben; Suspension *f*.

süß ah. *suoȝi*, pl. säut, and. *swōti*, eng. *sweet*, schw. *söt*, urv. gr. *hēdýs*, lt. *suāvis (suādēre* süß, annehmbar machen, dann raten), *ai. svāduś*, *svádati* würzt, gall. P.N.: *Suādurīx;* ~holz *n* mh. *süeȝholz* Lüt. v. gr.-lt. *glycyrrhiza;* ~holzraspler *m* um 1850; ~stoff *m* f. Sacharin seit 1. Weltkrieg.

Sutane, Soutane *f* langes faltenloses Gewand d. kath. Geistl. um 1800 v. fz. *soutane* z. mlt. *(toga) subtanea* nach unten gehendes (Kleid).

Sykophant *m* Verleumder, Ränkeschmied u. Erpresser, gr. *sȳkophántēs* * Feigenanzeiger.

Syllabus s. Silbe, »Verzeichnis«.

Sylphe *f* Luftgeist, 16. Jh. v.

alchim. lt. *Sylphae* Luftgeister f. *Sylvestres* * »die im Walde Befindlichen«, Sylphide *f*.

sym-, syn- s. Liste 54.

Symbol *n* Sinnbild, 18. Jh. v. gr. *sýmbolon* Zusammengeworfenes, dann Wahrzeichen, Kennzeichen. **Symmetrie** *f* 18. Jh. v. gr. *symmetría* z. *métron* Maß. **Sympathie** *f* 17. Jh. gr. *patheín* leiden, s. Pathos, Apathie, Antipathie. **Symphonie, Sinfonie** *f* v. it. *sinfonia* z. gr. *phōnḗ* Stimme, s. Phonetik. **Symptom** *n* Merkmal, 18. Jh. v. gr. *ptōma* Zusammenfallen. **Synagoge** *f* mh. *sinagoge* v. gr. *synagōgḗ* Versammlung z. *ágō* führe. **Syndik||at** *n* 18. Jh. v. fz. *syndicat*, z. ~us *m* 16. Jh. v. gr. *sýndikos* Rechtsbeistand (*díkē* Recht). **Synode** *f* 18. Jh. v. *sýnodos* Zusammenkunft (*hodós* Weg), s. Methode, Periode, **synonym** sinnverwandt, gleichbedeutend 18. Jh. v. fz. *synonymique* z. gr. *ónoma* Name. **Syntax** *f* Satzlehre, 16. Jh. z. gr. *táxis* Ordnung. **Synthese** *f* Zusammensetzung: gr. *syn* zusammen + *thésis* Setzung. **System** *n* Lehrgebäude, 18. Jh. v. gr. *sýstēma* Zus.-gestelltes.

Szene *f* 18. Jh. v. fz. *scène*, lt. *scēna* z. gr. *skēnḗ* Hütte, Laube, Schaubühne; ~rie *f*.

T

Tabak *m* pl. Toback, um 1600 v. sp. *tabaco* (fz. *tabac*, ndl. *tabak*, eng. *tobacco*, it. *tabacco)* indian. W. = Rauchrohr, n. d. Form d. Antilleninsel Tobago.

Tabelle *f* Verzeichnis, 17. Jh. v. lt. *tabella* Täfelchen z. *tabula;* Tablett *n*, Tablette *f*, 18. Jh. v. fz. *tablette;* s. Tafel.

tabu unverletzlich, unberührbar; eng. *taboo*, fz. *tabou:* aus dem Polynes.

Taburett *n* 18. Jh. v. fz. *tabouret* Schemel, Vkl. z. afz. *tabour* Handtrommel, v. arab. *tabl.*

Tadel *m* ah. *zādal* eig. Gebrechen, mh. *zadel* u. *tadel* d. aus d. Nd. entl. ist, ags. *tāl;* ~n e. Gebrechen, finden, ~los, un~ig.

Tafel *f* ah. *tavala* v. lt. *tabula* Brett, Schreibtafel; später = Tisch, Eßtisch; d. ~ aufheben: früher wurden d. Tische n. d. Mahlzeit hinausgetragen; ~n speisen; täfeln, ~runde *f*, n. fz. *table ronde* (zunächst d. Königs Artus); fz. *table* (dah. eng. *table)*, it. *tavola.*

Taft, Taffet *m* 16. Jh. v. it. *taffetà* z. pers. *tāftäh* gesponnen, gewebt.

Tag *m* mh. ah. *tac*, got. *dags*, pl. Dag, ags. *dæg*, eng. *day*, schw. dä. *dag*, z. idg. Wz. *dheguh* brennen, hell sein, lit. *dègti* brennen, *dãgas* Erntezeit, ai. *nidaghas* Hitze, Sonne, *dahati* brennt; also etwa »helle (Tageszeit)«; ~en hell werden; verhandeln schweiz. W. (Schillers Tell II, 2), ~ung *f*, ~eblatt *n* um 1800 v. Campe für Journal vorgeschlagen, ~ebuch *n* 17. Jh. für Journal, ~edieb *m*, ~egelder 18. Jh. für Diäten, ~esordnung *f* um 1790 Lüs. v. fz. *ordre du jour;* betagt, vertagen; s. verteidigen, heute. Über 50 altd. P.N. auf -dag, -tag, viell. n. d. Geburtstagen; auch zu Anfang (aber auch z. kelt. *dago-* gut: Dagobert): Dagmar berühmt wie d. Tag, auch weibl. Vorname; nd. Demat, ostfries. Diemat, Deemt = Tagesmahd, vgl. eng. *day*, 2) Maß.

Taifun *m* Wirbelsturm, 16. Jh. v. eng. *typhoon:* gr. *typhōn* Sturm u. chines. *tai fung* großer Wind.

Taille *f* 17. Jh. Einschnitt, dann

Wuchs (Goethe: er war v. meiner Taille), endlich Kleidungsstück, v. fz. *taille* z. *tailler* schneiden, s. Teller; it. *Tagliamento*, dass. w. Schrote (-bach), s. Schrot, Talje.

Takel *n* Flaschenzug 16. Jh. v. mnd. *takkel*, z. Zacken; ~werk *n*, ~age *f* Tau- u. Segelwerk, ~n; auf~n umg. aufputzen, ebenso ~zeug, pl. Takeltüg *n* wertloser Zierat.

Takt *m* v. fz. *tact*, lt. *tactus* Berührung, musikal. ~ 16. Jh.; Feingefühl (Campe); Auf~, ~fest, ~voll, ~los; s. tasten, Taxe, Tangente. Nicht verw. ist:

Takt||ik *f* 18. Jh. v. fz. *tactique*, mlt. *tactica* v. gr. *taktikḗ (téchnē)* (Kunst) des Aufstellens; ~isch. Dazu um 1955:

taktieren = Taktik anwenden. Zur Kurzform (statt »taktizieren«) vgl. Pazifist und ZfDWf. 17/1961. 189.

Tal *n* pl. Dal, and. got. *dal*, eng. *dale*, *dell*, urv. ablg. *dolŭ* Grube, *dolĭnŭ* unten befindlich, gr. *thólos* Kuppel, Dollart »Senke«; ~sperre *f* 19. Jh. 160 O.N. auf -tal, viele beginnen damit: Dello i. Norditalien (wo seit d. M.-A. viele germ. O.N. u. P.N.); Dalelf Fluß, s. Elbe. **Delle** *f* kleine Vertiefung, ah. *tellia*.

Talar *m* 16. Jh. v. lt. *(tunica) tālāris* bis z. d. Knöcheln gehendes (Gewand) z. lt. *tālus* Knöchel.

Talent *n* 17. Jh. Naturanlage: anvertr. Gut (Matth. 25, 15), v. lt. *talentum*, gr. *tálanton* eig. Tragendes, Gewogenes, Waage; Goldbarren als Rechnungseinheit etwa 4500 DM u. mehr.

Taler *m* pl. Daler, verkürzt aus Joachimstaler (Gulden), seit 1519 i. J. i. Böhmen geprägt; entl. it. *tallero*, eng. *dollar*, ndl. *daalder*.

Talg *m* nd., 16. Jh. schriftd. (oberd. Unschlitt), eng. *tallow*, got. *tulgus* fest, urv. lt. *in-dulgēre* langmütig sein, gr. *en-delechḗs* ausdauernd.

Talisman *m* v. sp. ~ 17. Jh. Zaubermittel, arab. *tilasm* v. mgr. *télesma* Erfüllung, geweihter Gegenstand.

Talje *f* um 1700 v. mnd. *tallige* v. it. *taglia* Flaschenzug v. lt. *tālea* Stäbchen, abgeschnittenes Stück, *taliare* schneiden, s. Taille.

Talk *m* Steinart, (Talk)puder, 16. Jh. v. fz. *talc*, span. *talque:* arab. *ṭalaq;* ~ um *n* 17. Jh. v. nlat. *talcum*.

Talmi *n* m. Gold plattierte Kupferlegierung, die der Pariser *Tallois* im 19. Jh. herstellte, *Tallois demi-or* u. abgekürzt *Tal. mi-or* nannte = Unechtes aller Art.

Talmud *m* rabbin. Lehre, Unterricht, mh. *talmut*.

Tamarinde *f* v. arab. *tamr* Dattel, *hindi* indisch, 16. Jh.; s. Indigo.

Tambour *m* fz. 17. Jh.; mh. *tambūr* Trommel; Tamburin *n* mh. *tamburīn* v. fz. Vkl. *tambourin*, fz. *tabouret* niedr. Sessel ohne Lehne: afz. *tabour* Handtrommel: ar. *tabl*.

Tamtam *n* 19. Jh. oriental. Blechpauke (Tieck), Lärm, Reklamerummel, v. fz. *tam-tam* (18. Jh.), kreolisch, lautm.

Tand *m* mh. *tant* leeres Geschwätz, wertloses Zeug, z. lt. *tantum* so viel (Kaufmannsspr.); tändeln, Tändelei *f*, mh. *tenterīe;* s. Tantième.

Tang *m* 18. Jh. v. dä. *tang*, anord. *þang*, viell. * dichte Masse u. verw. mit gedeihen.

Tangente *f* d. Kreis berührende Linie, 18. Jh. z. lt. *tango* berühre; s. Takt.

Tank *m* 17. Jh. ind. *tankh* Zisterne, ptg. *tanque*, 1. (Wasser-)Behälter, 2. gepanzerter Kampfwagen (nach dem eng. Decknamen während der Herstellung 1915), dafür seit 1936ff: Panzer *m;* ~en »mit Treibstoff versorgen«.

Tann *m* Wald, ah. mh. *tan*, z. Tenne, aber volksetym. als Tannenwald gedeutet.

Tanne *f* ah. *tanna*, urv. ai. *dhánvana-* ein bestimmt. Fruchtbaum.

Tante *f* um 1700 v. fz. *tante*, Kinderform v. afz. *ante:* lt. *amita* Vaterschwester (z. *amma).*

Tantième *f* fz. um 1800 Gewinnanteil, z. lt. *tantus* so viel, s. Tand.

Tanz *m*, **~en** 12. Jh. v. afz. *dancier*, fz. *danser*, z. ah. *dansōn*, *dinsan* ziehen, zerren, s. gedunsen, od. z. mlat. * *danetzare* (z. Tenne) »auf d. Tenne spielen«?

Tapet † *n* Teppich, Tischdecke aufs ~ bringen, eig. (Akten z. Besprechung) auf d. Tischdecke legen, (um 1700 Lüs. v. fz. *mettre sur le tapis)*, gr. *tápēs*, lt. *tapētum* Teppich; Tapete *f* 15. Jh., tapezieren; s. Teppich.

tapfer ah. *tapfar* schwer, gewichtig, eng. *dapper* nett, schmuck, gewandt, anord. *dapr* traurig, urv. aslaw. *debelu* dick, russ. *dobólyi* stark, tochar. *tappre* hoch.

tappen, er~, umher~, täppisch, Taps *m* ungeschickter Mensch, *tappe* Pfote, mh. *tāpe* (Umstellung v. fz. *patte?* lautm.?); nd. *tapern*, Tapergreis.

Tara *f* Gewicht der Verpackung, it. sp.: arab. *ṭarḥah* Abzug, um 1400.

Tarantel *f* 16. Jh. v. it. *tarantola* (n. d. Stadt Tarent); Tarantella *f*.

Tarif *m* um 1700: fz. *tarif*, sp. *tarifa*, it. *tariffa* Taxe: arab. *tarīf* Bekanntmachung, Verzeichnis: *'arafa* wissen; ~ieren d. Preis ansetzen.

Tarnkappe *f* unsichtbar machender Mantel, ah. *tarni* heimlich; daher fz. *ternir* trübe machen; tarnen, Tarnung, belebt 1921ff., mh. *tarnen* (im 1. Weltkrieg: camouflieren v. fz. *camoufler)*. O.N.: Derenburg (am Harz) verborg. Ort (1461 Derneborch): as. *derni;* s. Kappe.

Tarock *n* (78 Karten!): it. *tarocco*, daher noch um 1700 der ~; z. arab. *ṭaraḥa* entfernen, vgl. Tara.

Tartsche *f* an. ags. *targa* Schild, entl. fz. *targe*, sp. *tarja*, it. *targa*, Rückw. mh. *tar(t)sche;* vgl. nh. Zarge, Seiteneinfassung, ah. *zarga*, urv. aslaw. *po-dragŭ* Rand, gr. *dráttomai* fasse, ergreife, dazu Drachme.

Tasche *f* v. it. *tasca* Beutel, z. lt. *taxāre* schätzen, eig. Taxe, Geldbetrag, dann Geldtasche, ah. *tasca;* Plauder~ *f*, ~ntuch *n* 19. Jh., ~nbuch *n* 18. Jh., ~nuhr *f* 18. Jh.

Tasse *f* fz. 16. Jh., it. *tazza*, fz. *tasse*, arab. *ṭās*, pers. *tāšt* Unter~.

tasten mh. *tasten* v. afz. *taster*, v. lt. *taxāre* scharf berühren; Taste *f* v. it. *tasto;* s. Taxe, Tasche, Takt, Tangente.

Tat *f* mh. ah. *tāt*, got. *gadēþs*, eng. *deed*, dä. *daad*, z. tun; tätig, tätigen Kanzleispr., tätlich, betätigen, ~kraft *f* um 1800 für Energie, ~sache *f* 18. Jh. Lüs. v. eng. *matter of fact* (Lüs. v. lt. *rēs facti*).

Tatár *m* nd. mu. Táter (Zigeuner), ~ennachricht, 1854 falsche Nachr. v. Fall Sebastopols; Taterkorn = Buchweizen mu. Heide(n)korn.

tätowieren 18. Jh. v. fz. *tatouer*, eng. *tattow*, v. tahitisch *tatau* Zeichen.

Tatterich *m* Zitterkrankheit stud. 19. Jh., z. lautm. tattern »zittern, stottern«; mu. verdattert = verwirrt; Niebergalls Darmstädter Lustspiel »Der Datterich« 1841.

Tattersall *m* Reitbahn, 1777 n. Unternehmer ~ in London genannt.

Tatze *f* mh. *tatze*, z. * *tackezen*, Intensivbildung z. mnd. *tacken* betasten; mh. *tokzen* sich hin- u. herbewegen (A. Bach); oder Intensivbildung z. Tappe? (s. tappen); tatschen, Tatsche *f*, nassauisch Tötsch.

Tau¹ *n* nd. Schiffsseil, ndl. *touw*, got. *taujan* machen, mnd. *touwen*, ah. *zouwen* bereiten (mh. *gezouwe* Werkzeug, Webstuhl); s. Gezäh(e).

Tau² *m* * das herablaufende, mh. *tou*, Genet. *touwes*, pl. dàk, and.

dau, ags. *dēaw*, eng. *dew*, ~en; urv. gr. *tho(w)ós* schnell, ai. *dhávatē* fließt; angel. ist ~en schmelzen (v. Eise), mh. *douwen*, eng. *thaw*, urv. lt. *tābēsco* schmelze; s. verdauen.

taub empfindungs-, gehalt-, bes. gehörlos, mh. ah. *toup*, got. *daufs*, pl. dow, berlin. doof = dämlich, ags. *dēaf*, eng. *deaf*, urv. gr. *typhlós* blind; dazu betäuben, s. toben, dumm; taube Nuß; ~nessel *f* (die nicht brennt); ~stumm um 1800.

Taube *f* ah. *tūba*, got. *dūbō*, pl. Duw, eng. *dove*, urv. air. *dub* schwarz.

tauchen ah. *tūhhan*, pl. duken, mnd. mndl. *dūken*, eng. *duck*, s. ducken.

taufen mh. *toufen*, ah. *touffan*, got. *daupjan*, pl. döpen, z. tief, Lb. n. gr. *baptizein* eintauchen; Teufe, abteufen (bergm.).

taugen ah. *tugan*, pl. dägen, got. and. *dugan*, urv. gr. *týchē* Glück; s. tüchtig, Tugend; Taugenichts *m*.

Taumel *m*, **taumeln** mh. *tūmeln*, sich bewegen, drehen, ah. *tūmilōn*, dazu tummeln; urv. ai. *dhūnōti*- schüttelt.

Tausch *m* v. ~en, mh. *vertūschen*, mh. *rostūscher* Pferdehändler; die umgelautete Form besonderte sich dann z. »betrügerisch tauschen«: mh. *tiūschen* **täuschen**; Roßtäuscher: die Schelte wurde z. festen Berufsbezeichnung; s. vertuschen.

tauschieren Metall in Metall einlegen, nh. v. it. *tausia* Einlegearbeit, v. arab. *taušija* Färbung.

tausend mh. *tūsent*, ah. *thūsunt*, got. *þūsundi*, pl. dusend, ags. *þūsend*, eng. *thousand* * vielhundert, * *þūs*- urv. m. lt. *tumēre* schwellen (s. Daumen), ai. *tāvas* stark, gr. *tāýs* groß (i. *Tāýgetos*). Nur d. germ. u. slaw. Spr. stimmen überein, während Griechen, Römer u. alle idg. Völker andere Bez. haben, woraus man schließt, daß d. Idg. vor ihrer Trennung nicht bis ~ zählen konnten (od. nicht wollten). Ei der Tausend, Tausendsassa, verhüllend f. Teufel, s. potz~ u. Liste 48.

Tausendfuß *m* 18. Jh. Lüs. v. lt. *millepeda*, gr. *chiliópous;* 17. Jh. Tausendbein, Tausendfüßer (1725).

Tausendgüldenkraut *n* 15. Jh. Lüs. der als *centum* + *aurum* mißverstandenen »Kentaurenpflanze« *centaurium*, gr. *kentaúrion*.

Tautologie *f* 18. Jh. Bez. eines Gedankens durch mehrere gleichbedeutende Ausdrücke, v. gr. *tautología* * dasselbe sagen z. *autós* selbst m. vorgesetztem Artikel *tó*, s. auto- in Liste 54.

Tax||e[1] *f*, **~ieren** v. lt. *taxāre* scharf berühren (u. dadurch) schätzen, z. *tango* berühre; s. tasten, Takt, Tasche, Tangente; ~ameterdroschke *f*, Taxe[2] *f*, Taxi *n*.

Technik *f* 18. Jh. v. fz. *technique* z. gr. *technikḗ* zur Kunst *(téchnē)* gehörig: ~er *m* 19. Jh., technisch 18. Jh., s. Mnemotechnik.

Techtelmechtel *n* (östr.) aus it. *tecomeco* mit dir mit mir, unter vier Augen, geh. Einverständnis.

Teckel *m* (nordd., südd. Dackel), nicht Koseform z. Dachshund, da dem Nd. das Vkl.-Suffix *-l* fremd ist. Dackel (s. d.) ist trotz lautlicher Schwierigkeiten doch wohl nicht von ~ zu trennen.

Tedeum *n* Ambrosianischer Gesang; lt. *Te Deum laudāmus* dich Gott loben wir, irrtüml. Ambrosius zugeschrieben.

Tee *m* 17. Jh. v. ndl. *thee* (fz. *thé*, eng. *tea*, it. *tè* v. chines. *the*, *ts'a*: russ. *tschaj)*.

Teer *m* nd., eng. *tar*, an. *tjara*, schw. *tjära*, eig. aus Holz gewonnenes Harz: * *terwia*- (entl. finn. *terva)* z. germ. * *trewa* Baum, got. *triu*, eng. *tree* Baum, urv. gr. *drŷs*, kymr. *derwen* Eiche, aind. *dāru*, *dru* Baum, Holz, lit. *dervà* Fichtenholz; ~jacke *f* Seemann, v. eng. *Jack-Tar* Jakob Teer; s. Tran, Träne, Trog,

Truhe, Holunder, Wacholder, Rüster.

Teich *m* mh. *tīch*, pl. Dik, dass. W. wie Deich, frühnh. a. ~ f. Schutzdamm, urv. lit. *díegti* stechen, also eig. »Ausstich«.

Teig *m* mh. ah. *teic*, got. *daigs*, pl. Deig, ags. *dāg*, eng. *dough*, an. *deig*, z. got. *deigan* kneten, aus Ton bilden, urv. lt. *fingo* bilde, *figūra* Gestalt, gr. *teichos* Mauer, in awest. *pairi-daeza* s. Paradies, aind. *dēhmi* schmiere, bilde; s. Tiegel, Figur.

Teil *m n* mh. ah. *teil*, got. *dails*, pl. Deel, eng. *deal*, urv. ablg. *dělŭ* Teil; ~en, ~s, ~ung *f*, ~haber *m* 18. Jh., ~ nahme *f* 18. Jh., An~, zu ~ werden, Vor~, Welt~, Ur~ *n*, Gegen~, Drittel, Viertel, Hundertstel *n*.

Teint *m* Hautfarbe, fz. 18. Jh. z. lt. *tingo* färbe, s. Tinte, Tinktur.

Tele- in Zs., v. gr. *tḗle* fern, z. B. ~gramm *n* 19. Jh. (zuerst eng. *telegram)* Drahtnachricht, ~graph *m* fz. 1792 *télégraphe* Fernschreiber, ~phon *n* Fernsprecher 1861ff. (Reis), v. Stephan, ~skop *n* Fernrohr (eig. Fernseher), ~vision Fernsehen, s. Mikroskop.

Teller *m* 13. Jh. mh. *talier* v. it. *tagliere* eig. Brett z. Schneiden d. Fleisches, mh. *deller* v. fz. *tailloir* Fleischhackbrett *(tailler* schneiden), beide v. lt. *talea* Einschnitt; s. Taille.

Tempel *m* ah. *tempal*, v. lt. *templum*, eig. *tempulum* (z. *tempus* Abschnitt, Zeitabschnitt, z. gr. *témnō* schneide) kleiner abgegrenzter, dann geweihter Raum, Tempel. D. dtsch. W. war got. *alhs*, and. *alah* (Alsfeld, Alsberg, Allstädt).

Temperament *n* Gemütsanlage (bes. lebhafte) 17. Jh. v. fz. *tempérament* z. lt. *temperāmentum* eig. gehörige Einteilung (z. *templum)*, dann Mischung; Temperatur *f* 16. Jh., Tempo *n* it. Zeitmaß 17. Jh.

Tendenz *f* Absicht, Zweck, 18. Jh. v. fz. *tendance* z. lt. *tendo* spanne, strebe.

Tender *m* eng. 19. Jh. gekürzt aus *attender* Hilfswagen, Begleitschiff.

Tenne *f* ah. *tenni*, viell. festgehämmert. Lehmboden (dengeln = klopfen, hämmern, eng. *ding* schlagen, anord. *dengja)*, fläm. *den* Dreschplatz, vulg.-lt. *danea*, urv. gr. *thénar* (Hand-)Fläche (ah. *tenar* flache Hand), ai. *dhanu-* Sandbank, Gestade; hierher Dänen *(Danir)* = Niederungsbewohner (?); s. tanzen, Tann.

Tennis, Lawn-Tennis *n* Ende 19. Jh. v. eng. *lawn* Rasenplatz, *tennis* Ballspiel (fz. *tenez!* nehmt!).

Ténor[1] *m* Inhalt, Wortlaut, dass. W. wie **Tenór**[2] eig. Hauptstimme, die d. Melodie hält, v. it. *tenore* z. lt. *tenor* Fortdauer, Zus.hang, z. *teneo* halte.

Teppich *m* ah. *tepih*, Fußbodenbelag und Wandbehang, v. lt. *tapētum*, (gr. *tápēs)*, it. *tappeto*, fz. *tapis*, neupers. *täftan* drehen, spinnen; s. Tapete.

Terebinthe *f* s. Terpentin.

Termin *m* 16. Jh. v. lt. *términus*, gr. *térmōn*, *térma* Grenze, Ende; ~ologie *f*.

Terpe s. Werft[3].

Terpentin *m* Harz der Terebinthe, 16. Jh. v. gr.-lt. *terebinthus*, mlt. *terebintina (rēsīna)*, viell. pelasg. z. idg. Wz. derw- u.z. Teer (Idg.Forsch. 63/1958, 141).

Terrain *n* fz. 17. Jh. z. lt. *terra* Erde, Land; Terrakotta *f* um 1880 v. it. *terra* u. *cotta* (lt. *cocta)* gekochte, gebrannte Erde. **Terrasse** *f* eig. Erderhöhung, fz. 18. Jh., it. *terrazzo* † Estrich; Terrine fz. ird. Schüssel, Territorium *n* Gebiet 18. Jh.; s. Parterre, Souterrain.

Terror, ~ismus *m* Schreckensherrschaft, z. lt. *terreo* erschrecke, um 1800 v. fz. *terroriste* (1794), *terrorisme* (1796).

Tertia *f* lt. dritte (Klasse), **tertiär, Terz** *f*, **Terzine** *f* 3zeil. Strophe.

Terzerol *n* 17. Jh. v. it. *terzeruolo*, Vkl. z. it. *terzuolo* (vlat. *tertiolus)* Jagdfalke, man glaubte, das 3. Junge i. Nest müßte e. Männchen sein, dann Taschenpistole; vgl. Muskete.

Test||ament *n* 15. Jh. v. lt. *testāmentum* letzter Wille, z. *testāri* Zeuge sein; ~ieren bezeugen, s. Attest, Protest.

teuer mh. *tiure*, ah. *tiuri*, pl. dür, an. *dýrr*, ags. *dȳre*, eng. *dear*, s. dauern¹; be~n.

Teuf||e *f* bergmänn.; Nf. z. Tiefe, ~en, ab~en.

Teufel *m* ah. *tiufal*, pl. Düwel, ags. *dēofol*, eng. *devil*, got. *diabaúlus* v. gr. *diábolos* Hinübertragender, dann Verleumder, z. *diábállō* trage hinüber; teuflisch, verteufelt, diabolisch; s. tausend.

Text *m* Wortlaut, Ende M.-A. v. lt. *textus* Gewebe, Zus.hang d. Rede, z. *texĕre* weben; ~ilindustrie *f* 19. Jh. z. lt. *textĭlis* gewebt. F.N.: Textor (Weber) Goethes Vorfahren; s. Toilette, subtil.

Theater *n* (Schiller: Schaubühne, ndl. *schouwburg)*, 17. Jh. v. fz. *théâtre*, z. lt. *theātrum*, gr. *théātron* eig. Schauhaus, z. *theáomai* schaue; s. Theorie.

Theismus *m* Glaube an Gott, z. gr. *theós* Gott, 19. Jh. Apotheóse *f* Vergötterung. P.N.: Theodor, russ. Fedor *[Fjodor]*, Dorothea Gottesgeschenk, Theodizee: Rechtfertigung Gottes (wegen des Bösen in d. Welt; Leibniz). **Theolog** *m* 16. Jh. z. gr. *theológos* Gottesgelehrter *(lógos* z. *légō* rede); ~ie *f*; Theokratie, gr. *theokratía* (zuerst b. Josephus); Theosophie *f* z. gr. *sophós* weise.

Thek||e *f* v. gr. *thḗkē* Behältnis, Schrank, Niederlage (mu. auch Ladentisch) z. *títhēmi* stelle, lege; Apo~e, Biblio~ *f*, Glypto~ *f*, Sammlung v. Bildhauerwerken *(glýphō* haue i. Stein), Pinako~ *f* Sammlung v. Gemälden *(pinax* Tafel, Gemälde). **Thema** *n* gr. 16. Jh. (zur Ausführung, Bearbeitung) Gesetztes, s. These, Hypothese, Hypothek.

These *f* Satz, 18. Jh. v. fz. *thèse*, z. gr. *thésis* das Setzen.

Theorie *f* 18. Jh. v. gr. *theōría* das Beschauen, s. Theater.

Therapie *f* Heilkunde, 18. Jh. v. gr. *thērapeía* Dienst, Pflege.

Theriak *m* mh. *tyriacke*, *trīack* v. afz. *tiriaque:* lt. *theriaca:* gr. *thēriakón* Schlangengegengift (z. *thḗr* Tier).

Therm||e *f* warme Quelle, 19. Jh. v. gr. *thermós* warm; ~*ometer n* 18. Jh., s. Meter; s. warm.

Thespiskarren *m* Wanderbühne n. Horaz, Dichtkunst V. 276: Thespis habe seine Dramen auf umherfahrenden Wagen dargestellt.

Thrombose *f* Verstopfung durch e. Blutpfropfen, gr. *thrómbos haímatos* (Genet.) geronnenes Blut.

Thron *m* mh. *trōn*, v. fz. *trône* z. gr. *thrŏnos* Sitz, Stuhl; ~rede *f* 19. Jh., ~en, In~isation *f* (d. Bischofs).

Thunfisch *m* 16. Jh., lat. *thunnus* v. gr. *thýnnos:* arab. *tinnīn* großer Fisch; afz. *thon:* eng. *tunny*.

Thymian *m* (Quendel) gr. *thȳ́mon*, *thýmos: thýō* opfere, vgl. *thȳmíāma* Räucherwerk; ah. *thimian*.

Tiara *f* dreifache päpstl. Krone, v. gr. *tiára* Kopfbedeckung d. pers. Könige.

Tick *m* heftige Neigung, Grille (e. Tick auf jem. haben), 18. Jh. v. fz. *tic* Zucken, it. *ticchio:* got. *tiuhan* ziehen?

ticken, ticktack lautm.

tief ah. *tiof*, got. *diups*, pl. deip, ags. *dēop*, eng. *deep*, schwed. *djup*, urv. lit. *dubùs* tief, hohl, Flußn. *Dubysà;* s. Tümpel, Topf, Tobel, taufen, Tüpfel. ~e *f*, ~blick *m* 18. Jh., ~sinn *m* 18. Jh., ~ebene *f* 19. Jh., ~flieger (2. Weltkrieg).

Tiegel *m* mh. *tëgel*, ah. *tëgal*, anord. *digull*, v. lt. *tegula* Pfanne (it. *teglia)*: gr. *téganon* Pfanne.

Tier *n* ah. *tior*, got. *dius*, pl. Dird, afries. *diar*, ags. *deor* (eng. *deer* Rotwild), schw. *djur*, viell. z. Wz. *dheusó-* die hauchen, leben bedeutet, aslaw. *duša* Atem, lit. *dvesiù* hauche, also Lebendes (vgl. lt. *animal* Tier z. *anima* Hauch, Seele); ~garten *m*, Un~. Tier bez. ursp. frei lebendes Tier (Vieh = nutzbares Haustier).

Tiger *m* mh. *tigertier*, v. lt. *tigris* Tiger, z. gr. *tigris* (pers. Urspr.: awest. *tigri-* »Pfeil«), Fluß Tigris (wegen seiner reißenden Schnelligkeit).

Tilde *f* span., Wiederholungszeichen: ~.

tilgen mh. *tiligen*, ah. *tiligōn*, ags. *ādīlgian*, v. lt. *dēlēre* zerstören.

Tingeltangel *m* Ende 19. Jh., lautm. wie *Klingklang;* tingeln.

Tinktur *f* 16. Jh. v. lt. *tinctūra*.

Tinte *f* ah. *tincta* v. lt. *(aqua) tincta* gefärbtes (Wasser) z. *tingo* färbe, s. Teint; ~nfaß *n* 15. Jh.

Tinnef *m* 19. Jh. Schund, v. aram. *tinnūf* Schmutz.

Tip *m* Wink, Vorhersage (Börse, Sport), Ende 19. Jh. n. eng. *tip*.

tippen[1] berühren, nd. z. tupfen.

tippen[2] vermuten, vorhersagen, z. Tip.

tippen[3] Schreibmaschine schreiben, unter Anlehn. an ~[1] nach eng. *type* in *typewriter* Schreibmaschine gebildet u. jetzt fast ganz als v. ~[1] stammend verstanden; dazu scherzhaft **Tip(p)se** *f* für Stenotypistin.

tippeln mit Tüpfeln (Tippeln) versehen, kleine Schritte machen, auf der Landstraße leben: Tippelbruder.

tiptop hervorragend, Ende 19. Jh. v. eng. *tiptop* »Spitzenspitze«.

Tisch *m* ah. *tisc*, pl. Disch, and. *disk*, v. lt. *discus* Wurfscheibe, Eßplatte, Schüssel (eng. *dish* Schüssel, Gericht, it. *desco* Tisch, eng. *desk* Pult) z. gr. *dískos* Wurfscheibe z. *diskeúō* schleudere. Tisch ist also eig. rund, s. Trapez (viereckig). Im M.-A. hatte jeder ein bes. Tischchen z. Essen; ~ler *m* (west-, südd. Schreiner), Tischer (noch F.N.), auf ~en.

Titán||e *m* (nach griech. Sage) Himmelsstürmer, ~ide *f*, ~isch *(tītānikós)* riesenhaft, gewaltig. P.N.: Titania.

Titel *m* ah. *titul* v. lt. *titulus* Aufschrift, Ehrenname, fz. *titre;* titulieren.

Tituskopf *m* Frisur mit kurzem Lockenhaar, nach dem fz. Schauspieler Talma, der diese Frisur 1791 in Voltaires »Titus« trug.

† **Tjost** *f* mh. *tjoste* ritterl. Kampfspiel, v. afz. *joste* Kampf, z. lt. *juxta* neben, nächst.

Toast *m* (spr. Tōst), Trinkspruch, im 18. Jh. v. eng. *toast* geröstete Brotschnitte, die dem i. d. Glas getan wurde, der e. Spruch ausbringen sollte (lt. *tostus* z. *torreo* röste).

Tobel *m* mh. *tobel*, südd. u. Alpenwort, Schlucht, z. an. *dyfa* tauchen, urv. aslaw. *dupina* Höhle. F.N.: Tobler.

toben ah. *tobēn*, z. Wz. *dheubh* vernebelt, urv. gr. *typhos* Benebelung, dazu taub, dumm.

Tochter *f* mh. ah. *tohter*, pl. Dochter, and. *dohtar*, got. *daúhtar*, eng. *daughter*, schw. *dotter*, an. *dōttir*, urv. gr. *thygátēr*, lit. *duktẽ*, ai. *duhitā́;* s. Vater, Mutter; Töchterschule *f* 18. Jh. schweiz., ~ = Mädchen.

Tod *m* mh. *tōt*, ah. *tōd*, got. *dauþus*, pl. Dod, eng. *death*, ah. *touwen* sterben, an. *deyia*, eng. *die*, urv. aslaw. *daviti* erwürgen, lit. *dovyti* quälen, air. *duine* Mensch < * Sterblicher, lt. *funus;* tödlich, s. tot.

Töffel s. Stoffel.

Tóhuwabóhu *n (tōhū wa-bōhū)* wüstes Durcheinander, hebr. =

Wüste u. Leere, Chaos, s. 1. Mos. 1, 2.

Toilette *f* fz. 18. Jh. eig. Decke, Tuch über d. Putztisch, v. *toile* Leinwand, z. lt. *tēla* Gewebe *(texo* webe); s. Text, subtil.

Töle *f* nd. Hündin, Hund, Köter, viell. z. as. **tohila*, Vkl. z. ah. *zōha* Hündin; tölen = wie eine Tante reden.

tolerant duldsam v. lt. Part. *tolerans* z. *tolero* ertrage; Toleranz *f*, s. dulden.

toll mh. ah. *tol*, pl. dull, eng. *dull* dumm, schlesisch tälsch (Holtei), got. *dwals*, pl. dwalsch töricht, an. *dul* Torheit, ags. *dwala* Irrtum; urv. gr. *tholerós* verwirrt, lett. *duls* halbtoll, air. *dall* blind; ~en, ~kühn, ~haus *n*.

Tolle *f* mu. nordd. md. Haarschopf, dass. W. wie Dolde, mh. *tolde* Wipfel.

Tolpatsch *m* 18. Jh. eig. ungar. Soldat (der kein Deutsch versteht), v. magyar. *talpas* Fußsoldat (»großfüßig«): *talp* Sohle.

Tölpel *m* mh. *törpel*, *dörper*, *dörpaere*, *dörpel* Dorfbewohner, dem höfische Bildung fehlte, Lüs. v. afz. *vilain* ungebildeter (Bauer); über~n; pl. Talps; s. Kaffer.

Tomahak *m* Streitaxt (der Algonkin-Indianer), 17. Jh. v. eng. *tomahawk*.

Tomate *f* sp. 19. Jh. mexik. W. *(tomatl: tomana* schwellen).

Tombak *m* um 1700 Kupferlegierung, v. ndl. *tombak:* siam. *tambaque* Legierung aus Gold u. Kupfer.

Ton[1] *m* mh. *tāhe*, ah. *dāha*, got. *þāhō* Lehm, Ton, z. dicht; das *n* d. nh. Form v. d. flektierten Fällen: mh. *tāhen*, dann zs. gez. u. $\bar{a} > \bar{o}$ (wie Monat $<$ *mānōt)*, urv. lit. *tánkus* dicht; über idg. **tenk-* Zaun, urv. m. Ding? (J. Trier).

Ton[2] *m* mh. *tōn*, *dōn*, v. lt. *tŏnus*, gr. *tónos* Ton, eig. Spannkraft v. *teínō* spanne; z. T. verm. m. ah. *tuni* Geräusch, ags. *dyne*, an. *dynr;* ~dichter *m* um 1800 f. Komponist; ver~en, in~ieren, ~los um 1800, tönen; s. dehnen, dünn, Bariton.

Tonne *f* mh. *tunne*, ah. an. *tunna*, pl. Tunn, eng. *tun*, schw. *tunna*, dä. *tonde*, v. mlt.-kelt. *tunna* * Ledersack, air. *tonn* Haut; Raummaß, vor allem für Schiffe, seit dem 16. Jh.; s. Tunnel.

Tonsur *f* 17. Jh. v. lt. *tonsura* z. *tondeo* schere.

Topás *m* mh. *topāze*, v. gr. *tópazos*.

Topf *m* (oberd. Hafen; F.N. Hafner) pl. Pott, mh. md. *dupfen*, *topf*, mu. hess. Dippen *n;* z. tief, norw. *duppa* eintauchen; o. z. e. Flecht-Wz. * *dheub-*, also: * geflochtener ~? (Trier).

Topfen *m* bayr.-österr. Quark, mh. *topfe*, z. Topf.

Topographie *f* Ortsbeschreibung, 18. Jh. z. gr. *tópos* Ort, *gráphō* schreibe; s. Utopie.

Topp *m* nd. Spitze d. Schiffsmastes, dass. W. wie Zopf, z. schwed. *tipp* Spitze, Zipfel; viell.: tippen.

topp es gilt, aus nd. Rechtssprache *(toppschilling* Handgeld 14. Jh.), für den bekräftigenden Handschlag, z. tief (u. Topf); s. basta.

Tor[1] *m* mh. *tōre* irrsinnig, taub, ah. *tusīg* töricht, später abgeschwächt: unverständig, z. pl. dösig, Döskopp, Dusseltier, Dusel, eng. *dizzy* schwindelig; töricht, betören, ~heit *f*.

Tor[2] *n* got. *daúr*, *faúra-daúri* Gasse, pl. Dur, ah. *tor*, ags. *dor*, urv. lt. *fores* Tür, lit. *dùrys* Tür ablg. *dvori*, ai. *dvāram* Tor; s. Tür.

Torf *m* nd. ah. *zurba*, *zurf*, ags. eng. *turf* Rasen, an. *torf*, urv. ai. *darbhás* Grasbüschel. Grbd.: Zs. gedrehtes, entl. fz. *tourbe* Torf; s. Zirbel.

torkeln taumeln, v. lt. *torculare* z. *torculum* Weinkelter u. wohl a. z. mh. *turmel* Schwindel u. ä.

Törn *m* 18. Jh. seem. Wendung, Turnus, Abteilung, v. eng. *turn*.

Tornister *m* 17. Jh. v. tschech. *tanistra*, v. spätgr. *tágistron* Hafer-, Futtersack, *tagízō* gebe d. Pferde s. Futter, *tattō* ordne, verschmolzen m. gr. *kanistron* Körbchen, lt. *canistrum* (niederrh. Kanester).

Torpedo *m* 19. Jh. span. lt. *torpēdo* Zitterroche z. *torpēre* erstarrt sein, n. d. Form u. Wirkung; ~boot, ~flugzeug.

Torso *m* Bruchstück, v. it. *torso* Rumpf z. gr. *thýrsos* Stab.

Tort *m* Unrecht, Schaden, 17. Jh. v. fz. *tort*, it. *torto* eig. Verdrehtes; **Torte** *f* 16. Jh. v. fz. *tarte*, it. *torta*, Retorte *f*, s. Liste 4, 30; **Tortur** *f* Marter; v. mlt. *tortūra* Krümmung, z. lt. *tortus* gedreht, gewunden, z. *torqueo* drehe.

tosen mh. *dōsen*, ah. *dōsōn*, dazu ags. *þyssa* Sturm, an. *þausn* Lärm, viell. urv. ai. *tavás* stark.

tot ah. mh. *tōt*, and. *dōd*, ags. *dead*, got. *dauþs*, pl. dod, eng. *dead*, eig. Part. (wie kalt, laut u. a.), s. Tod; töten, got. *dauþjan;* mundtot.

total fz. 16. Jh. z. lt. *tōtus* ganz, n. fz. *totalisateur* 1869: ~isator *m* b. Pferderennen seit 1872; **Toto** *m* Wetteinrichtung (bes. für Fußball, seit 1948).

Totem *n* gedachtes Schutz- u. Kenntier eines Stammes, 1791 v. eng. *totem* (1760): Algonkin-indian. *ototeman*.

Tour *f* fz. um 1700 z. spätlt. *turnus*, gr. *tórnos* Dreheisen, Zirkel, Kreislinie; ~ist *m* eng. 19. Jh.; s. turnen.

trab||en pl. draben, mh. *draben* eig. e. Pferd antreiben; ~ *m*, ~er *m*, ~ant *m* 16. Jh. Leibwächter, Nebenplanet (Mond), mnd. *dravant* böhm. Söldner z. Fuß, tschech. *dráb* Infanterist viell. aus d. Deutschen entl.; vgl. noch ags. *þrafian* antreiben, s. Liste 14 u. trampeln.

Tracht *f* mh. *traht(e)*, s. tragen.

trachten ah. *trahtōn* v. lt. *tractāre* ziehen, behandeln, überlegen, z. *traho* ziehe; s. traktieren.

Tradition *f* Überlieferung, 16. Jh. z. lt. *trādo* übergebe (* *trans-do)*.

träge ah. and. *trāgi*, ags. *trāg* unwillig, zu got. *trigō* Trauer, and. *trego*, ags. *trega* Schmerz, schwed. *trägen* unermüdlich, urv. lit. *diřžti* zäh werden.

trag||en ah. *tragan*, got. and. ags. *dragan*, pl. drägen, eng. *draw* ziehen, dä. *drage* ziehen; urv. lt. *traho* ziehe, lett. *dragāt* reißen? ~bahre *f* (tautol.), ~weite *f*, v. Geschütz, dann bildl. (n. fz. *portée* v. Goethe 1806 geprägt). **Tracht** *f*, trächtig, niederträchtig, Eintracht, Zwietracht, Getreide.

Trag||ödie *f*, **~isch, ~ik** *f*, **~iker** *m* v. gr. *tragikós*, zum Trauerspiel gehörig; *tragōdía* v. *trágos* Ziegenbock, *ōdé* Gesang, eig. Bocks(opfer)-gesang; die Sänger b. d. dionysischen Festspielen waren a. d. Beinen m. Bocksfellen bekleidet; s. Ode, Melodie.

Train *m* 18. Jh. v. fz. *train* Zug, jetzt Fahrtruppen: *traîner* (lt. *trahĕre)* ziehen; ~ieren.

Trajekt *m* Überfahrt, Fähre, 19. Jh. v. lt. *trājectus*, s. trans-; O.N.: Maastricht: *Mosae traiectus* Maasüberfahrt.

Trakt||at *m* Abhandlung, Vertrag, davon ~ätchen *n* relig. Schriftchen; ~ament *n* * Löhnung, ~ieren behandeln, bewirten, 15. Jh. v. lt. *tractāre*, s. trachten.

trällern (ein Lied), tralala, lautm.

Trambahn *f* Ende 19. Jh., eng. *tramway* Schienenweg, 1) z. mnd. mndl. *trāme* Balken.

trampeln mh. *trampeln*, mnd. *trampen*, eng. *tramp*, z. got. *trimpan* treten, dazu trappen u. Treppe, wohl alle lautm.; Trampeltier s. Dromedar. Trampolin Sprungbrett v. it. *tremplino*, das auf ~ zurückgeht *(trampoli* Stelzen).

Tran *m* nd., eig. Tropfen (durch Kochen aus Fett herausgepreßt), dass. W. wie **Träne** *f* eig. Mehrz. mh. *trahen*, ah. *trahan*, bei Luther: Augenträne, verw. m. Zähre; tränen.

Trance *f* eng. Traumzustand, afz. *transe*, lt. *transīre* übergehen.

Trank *m*, **Tränke** *f* (für Vieh), tränken, Bew. z. trinken.

trans- s. Liste 54.

transchieren 16. Jh. schneidend zerlegen, v. fz. *trancher*.

Transfer *m* (lt.-eng.) Übertragung einer Geldsumme aus e. Währung in d. andere: lt. *trans-ferre* übertragen.

transparent durchscheinend v. lt. *trans* u. *pāreo* erscheine 18. Jh.; Transport *m* fz. 17. Jh. z. lt. *porto* führe, trage.

Trapéz *n* 18. Jh. v. gr. *trapézion* Tischchen (n. d. Form) z. *trápeza* Tisch * *tetrápeza* Vierfuß. s. Tisch.

Trappe[1] *f* † nordd. Fußspur (Roß ~ i. Harz), s. Treppe.

Trappe[2] *f* Kranichvogel, mh. *trap(pe)* v. poln. *drop*.

Traß *m* 17. Jh. Bimsstein-Aschenstoff, v. ndl. *tras*, *terras:* fz. *trasse:* it. *terazzo*.

Tratsch *m* Geschwätz, Klatsch; lautm. tratschen, früher: trätschen (Goethe); s. a. treten.

Tratte *f* 17. Jh. gezogener Wechsel, v. it. *tratta*.

Traube *f* ah. *trūbo*, *drūbo*, and. *thrūfo*, ostfries. *druwe* Klumpen, Haufe, viell. urv. ablg. *trupŭ* Glied, Körper; Traubapfel (Paradiesapfel), pl. Druwappel (b. Reuter) bildl.

trauen mh. *trūwen*, ah. *trūēn*, got. *trauan*, pl. trugen, ehelich verbinden, eig. e. Weib e. Mann anvertrauen; traulich 18. Jh., s. treu, Trost, traun.

Trauer *f*, **~n** ah. *trūrēn* d. Augen senken, z. got. *driusan* fallen, sinken; traurig mh. *trūrec*, eng. *dreary* düster, öde; ~spiel *n* Lsch. f. Tragödie (Zesen 1640).

Traufe *f* z. triefen; träufeln.

Traum *m* mh. ah. *troum*, pl. *Drōm*, eng. *dream*, an. *draumr*, wohl z. trügen: germ. * *drauma-* < * *draugma-*; träumen, träumerisch.

traun wahrlich, mh. *entriuwen* in Treue, s. trauen, treu.

traut ah. *drūt*, *trūt*, Part. z. e. verlorenen Ztw. (s. tot, alt, zart), mh. *trūt* lieb, Geliebter, Gemahl, pl. trut; urv. lit. *drútas* fest. Die Frauennamen auf -traut gehen z. T. auf Drude (s. d.) zurück.

Travestie *f* fz. scherzhafte od. spöttische Umgestaltung e. Gedichtes, z. lt. *trans* über hinaus, *vestis* Kleid, also eig. Umkleidung, s. Weste, Investitur.

Treber Mehrz. ah. *treber* *f* Rückstand b. Keltern, ~wein, z. an. *draf* Abfall, eng. *draff* ~, Spülicht; urv. tschech. *droby* Abfall; s. trübe.

Treff *n* 18. Jh. v. fz. *trèfle* z. lt. *trifolium* Dreiblatt, Kleeblatt (Kartenspiel), s. Folie, Feuilleton.

treffen ah. *trëffan*, pl. drapen, über ~, an. *drepa* stechen, schlagen, urv. aslaw. *drobiti* zerreiben; ~ *n* Gefecht, Treffer *m*, trefflich, triftig, betroffen (meist bildl.), Treffpunkt *m*.

treib||en mh. *trīben*, ah. *trīban*, got. *dreiban*, pl. driwen, eng. *drive;* über ~en, ~haus *n* 18. Jh., ~riemen *m* 19. Jh. **Trieb** *m*, Betrieb, Vertrieb, **Getriebe** *n*, **Trift** *f*, durchtrieben, Umtriebe Mehrz. (bildl.).

treideln Schiff vom Land aus ziehen, v. nd. ~ z. ndl. *treilen*, fz. *trailler:* lt. *trágula* Schleppnetz.

Tremse *f* nordd. Kornblume, mnd. *tremese*, ndl. *tremske*, viell. z. mh. *trëmen* leuchten.

trendeln trödeln, mh. *trendeln* sich drehen, z. mh. ags. *trendel* Kugel, eng. *trendle* Rolle; z. trennen?

trennen Bew. z. ah. *-trinnan* sich absondern; s. abtrünnig, verw. got. *ga-taúrnan* zerreißen; dazu entrinnen, ah. *intrinnan*, mh. *trinnen* davon gehen.

Trense *f* 16. Jh. Schnur, Zaum, v. ndl. *trensse:* span. *trenza* Seil.

trepanieren z. fz. eng. *trepan*, * (Stein-)Schädelbohrer, gr. *trýpanon* (Drillbohrer).

Treppe *f* (südd. Stiege), wohl z. Trappe[1], nordwestmd. Trappe, ostmnd. Treppe, mnd. *treppe, trappe*, afz. *treppe* Einzelstufe; Treppenwitz *m* 1827 (Fürst Pückler), Lüs. v. fz. *esprit d'escalier.*

Tresor *m* Schatz, Geldschrank, 15. Jh. v. fz. *trésor*, z. gr. *thēsaurós* Eingesammeltes, Schatz, schwäb. F.N. Dreßler, Drißler, Trißler, * Schatzmeister.

Tresse *f* Borte, v. fz. ~ 18. Jh., it. *treccia*, viell. z. gr. *trícha* dreifach; s. Zwillich, Drillich, Samt, Tribun.

Trester Mehrz. ah. *trestir* Rückstand gekelterter Trauben, ags. *dræst* Bodensatz, urv. altlit. *drage*, aslaw. *droždije* Hefe gr. *thràssō* beunruhige. ~wein.

treten ah. *trëtan*, got. *trudan*, eng. *tread*, pl. treden (nur i. Zs., sonst pedden); Tretmühle *f* (auch bildl.), Tritt *m*, Auftritt, be~ (als Part. bildl.), über~ (bildl.), ver~, Trott *m*, Trottoir *n*, verw. tratschen (vgl. lätschen) »breite Schritte machen« (?).

treu mh. *triuwe*, ah. *gitriuwi*, got. *triggws* treu, pl. tru, ags. *trēowe*, eng. *true* wahr, z. trauen; urv. gr. mu. *dróos* fest, kymr. *drūd* stark; verw. m. got. *triu* Baum, also wohl eig. »baumhart«; vgl. schweiz. bäumig.

Treue *f* ah. *triuwa*, got. *triggwa* Vertrag, dah. it. *tregua*, fz. *trève* Waffenstillstand, mlat. *treuga.*

Triangel *m* Dreieck; (Tonk.) Schlaggerät: lt. *tri-* drei, *angulus* Ecke; *Triangulation* Festlegung von Dreiecken [Landvermessung].

Tribun *m* v. lt. *tribūnus* Vorsteher d. drei Volksstämme (Tribus = Drittel) i. Rom, dann Beamter, der d. Volksrechte vertrat; ~al *n* Gericht, Tribüne *f* Rednerbühne; Tribut *m* eig. Abgabe an die Tribus, z. *tribuĕre* zuerteilen, geben; Attribut *n*, Kontribution *f*.

Trichine *f* 19. Jh. entdeckt, z. gr. *thrix* Haar (n. d. Form), also Haarwurm; dazu Trichinose.

Trichter *m* ah. *trahtāri* v. mlt. *tractārius* z. lt. *trājectōrium* Trichter, z. *trā-icĕre* hinüberwerfen, -schütten (in e. Gefäß), mh. (Nürnberg) *tri(e)chter*, sonst mh. *trachter, trechter;* 2. durch Geschoßaufschläge u. Minensprengungen entstanden, ~feld, Bomben~.

Trick *m* eng. 19. Jh. Kunstgriff, Kniff: afz. picard. *trique.*

Trieb *m* z. treiben; Be~, An~, Ver~, ~feder *f* 18. Jh., Umtriebe.

triefen ah. *triofan*, pl. drüppen, ags. *drēopan* tropfen, an. *drjūpa;* urv. air. *drucht* Tau(tropfen); s. Traufe, träufeln, Tropfen.

Triel *m* Regenpfeifer, lautm. n. seinem Ruf *trüel*, 16. Jh.

triezen (volkst.) quälen, eig. jem. an einer Trieze (Winde) hochziehen.

Trift *f* Weideplatz, nordd. auch Strömung, mh. *trift*, ndl. eng. *drift*, z. treiben; s. Acker.

triftig z. treffen.

Trikolore *f* französ. Fahne (blau-weiß-rot) seit 1789, z. lt. *trēs* drei, *color* Farbe.

Trikot *m* gewebter Strickstoff, um 1800 v. fz. *tricot:* nordfz. O.N. *Tricot*, vgl. Rasch: *Arras*, Kammertuch: *Cambrai*, Tüll: *Tulle* Damast: *Damaskus*, Musselin: *Mosul* u. a.

Triller *m* 17. Jh. v. it. *trillo*, wahrsch. Schallwort.

Trilogie *f* Dreiheit (v. Schauspielen) um 1800 v. gr. *trilogía.*

trimmen in Ordnung bringen (Hunde, Kohlen), v. eng. *trim* z. ags. *trymman* fest machen.

Trinität *f* v. lt. *trīnitās* Dreizahl, Dreieinigkeit, mh. *trinitāt*,

trinken ah. *trinkan*, got. *drigkan*,

pl. drinken, ags. *drincan*, eng. *drink*, dah. fz. *trinquer* anstoßen, it. *trincare* zechen, viell. urv. ai. *dhrajati* gleitet, zieht. Trank *m*, Trunk *m*, Tränke *f*, Getränk *n*, trunken, Trunkenbold *m;* s. bald.

Trio *n* it. 18. Jh. z. lt. *tri-*, *trēs* drei; Triole *f*, Trias *f;* s. Tertia, Tribun.

trippeln 15. Jh. z. trampeln, trappeln, traben.

Tripper *m* 17. Jh. Gonorrhöe, z. trippen, tropfen.

Triptychon *n* dreiteiliger Altaraufsatz: gr. *tría* drei + *ptychḗ* Falte.

trist traurig, 18. Jh. Stud.-Sprache; mh. *triste*, v. afz. *triste:* lt. *tristis*.

Tritt *m* z. treten.

Triumph *m* 16. Jh. v. lt. *triumphus* Siegeszug v. gr. *thríambos*, 1) Tanz im Dreischritt, z. *treis* drei; 2) Beiname d. Dionysos; ~ator *m;* s. Trumpf.

trivial gewöhnlich, abgedroschen, 18. Jh. v. lt. *triviālis* z. *trivium (trivia)* wo 3 Wege zs.stoßen, also Kreuzweg, daher: auf offener Straße, allen zugänglich, gewöhnlich (aber sicher auch mit Einfluß v. *trivium* = Anfangsgründe d. 7 freien Künste).

trocken pl. drög, ags. *drȳge*, eng. *dry*, ah. *trocken*, *trucchan*, mh. *trucken*.

Troddel *f* Vkl. z. mh. *trāde*, ah. *trādo*, *drādo*, *thrādo*, Franse, Saum, Quaste, unerklärt.

Tröd||el *m* wertloses Zeug »Kram«, **~ler** *m*, **~eln** (langsam sein); Zeit ver~eln.

Trog *m* ah. and. ags. an. *trog*, ndl. *troch*, eng. *trough*, wahrsch. z. got. *triu*, eng. *tree* Baum, urv. gr. *dóry*, also eig. Hölzernes, s. Teer, Truhe.

Troglodyt *m* Höhlenbewohner, 18. Jh. v. gr. *trōglodýtēs* der in Höhlen (eig. Äthiopiens) Schlüpfende.

Troll *m* gespenstisches Wesen, Kobold, schw. *troll*, dä. *trold*, an. *troll*, mh. *trolle* Tölpel, schwäb. Tralle.

trollen, sich, weggehen, mnd. *sik drullen* sich ~, mh. *trollen* in kurzen Schritten laufen.

Trombe *f* Wasser-, Windhose, v. eng. *tromb*, fz. *trombe*.

Trommel *f* mh. *trumbel* v. *trumbe*, ah. *trumba* Trompete, Posaune, Trommel (also übh. Tonwerkzeug), lautm.; entl. it. *tromba* Trompete, fz. *trompe* Jagdhorn, Trompete? Trompete *f* mh. *trummete*, v. fz. *trompette;* ~feuer (1. Weltkrieg).

Trope *f* bildl. Ausdruck, 18. Jh. v. gr. *trópos* Wendung, z. *trépō* wende; ~n Mehrz. Wendekreise, heiße Zone, 19. Jh. v. gr. *tropḗ* Wende, Umkehr; Trophäe *f* Siegeszeichen, eig. an d. Orte errichtet, wo sich d. Feind zur Flucht gewendet hatte, gr. *trópaion;* das falsche ph stammt v. fz. *trophée*, it. *trofeo* (18. Jh.).

Tropf *m* unbedeutender, armseliger Mensch, Nf. z. Tropfen *m*, ah. *tropfo*, pl. Droppen, ags. *dropa*, eng. *drop*, ir. *drucht*, * *drupt*, z. triefen; tropfen, tröpfeln; vgl. Lumpen – Lump.

Troß *m* Heergepäck, -gefolge, 16. Jh. v. mlt. *trossa*, woher fz. *trousse* Bündel, *trousseau* Aussteuer; ~knecht *m*.

Trosse *f* starkes Tau, um 1800, mnd. *trosse* v. fz. *trousse* Tau z. *trousser:* mlat. *tortiare* drehen.

Trost *m* z. ders. Wz. wie trauen, treu, got. *trausti* Vertrag, Bündnis, ah. mh. mnd. *trōst*, an. *traust;* ~los, (ver)trösten, tröstlich; s. getrost; fränk. *an-trustio* Gefolgsmann.

Trott *m*, **~en** v. it. *trotto* Trab, *trottare* traben, fz. *trot*, *trotter*, z. treten, ah. *trottōn; Trotte* (Lüs. v. lt. *calcatura)* mu. = Kelter (s. d.); dazu viell. ~el *m* blödsinniger, einfältiger Mensch, Ende 19. Jh., österr.; s. Kretin; ~oir *n* Bürgersteig, um 1800 v. fz. *trottoir* z. *trotter*.

Trotz *m* mh. *trotz, trutz;* viell. als * heft. Tritt. z. treten; trotz, ~en, ~ig, ~kopf *m* 18. Jh.

Troubadour *m* Minnesänger i. Südfrankreich, v. prov. *trobador* Finder, Erfinder v. Erzählungen, z. *trobar* (fz. *trouver)* finden.

trüb||e mh. *trüebe,* ah. *truobi;* ~en, got. *drōbjan,* viell. verw. m. Treber (s. d.); ge~t, be~en, be~t, ~sal *f,* ~sinn *m* um 1800 für Melancholie.

Trubel *m* 17. Jh. v. fz. *trouble* Unruhe, Lärm, z. lt. *turb(ul)a* Unordnung, Getümmel, s. Turbine.

Truchseß *m* mh. *truhtsaeȝe,* ah. *truhtsāȝo,* z. ah. *truht* Kriegerschar, an. *drōtt,* vgl. got. *ga-draúhts* Kriegsmann; urv. aslaw. *drugŭ* Gefährte, lit. *draũgas* Genosse; also eig. Vorsitzender d. Gefolges, der es auch m. Speisen versorgt; s. Droste.

Truck *m* eng. Tausch: fz. *troc: troquer;* ~system Lohnzahlung in Waren, Naturalien.

trudeln langsam u. ziellos gehen, v. Flugzeugen: drehend niedergehen (2. Weltkrieg), z. trödeln?

Trüffel *f* 18. Jh. v. ndl. *truffel,* fz. *truffe,* v. lt. *tubera* Mehrz. z. *tuber* ~; it. *tartuffo* viell. v. lt. *terrae tuber;* s. Kartoffel.

Trug *m* Lug und ~; Be~, ~bild *n* 18. Jh. für Phantom (schon ah. *trugibild imago),* ~schluß *m* 18. Jh.; trügen, mh. *triegen,* betriegen noch b. Lessing, ah. *triogan,* urv. awest. *draoga-* lügnerisch, mir. *aur-ddrach* Gespenst; untrüglich; s. Traum.

Truhe *f* ah. *truha, truccha,* z. Trog.

† **Trulle** *f* bäuerisches Mädchen (H. u. Dorothea II, 264), z. Troll, mh. *trülle* Hure.

Trumm *n* † kurzer, dicker Stamm, erh. im Schwäb. (Dremle kl. Ende Garn) u. in Franken. Mehrz. Trümmer, ah. *drum* Stück, Ende, Splitter, eng. *thrum* ~, Saum; urv. lt. *terminus* Grenze, gr. *térma* Ende; zertrümmern; Trümmer (Mz.).

Trumpf *m* 16. Jh. v. fz. *triomphe* (triumphierende Spielkarte), z. lt. *triumphus* Triumph; ~en, auf~en, über~en; s. Triumph.

Trunk *m* z. trinken; trunken eig. wer getr. hat, eng. *drunk;* ~enbold *m.* 2. z. bald = kühn, stark; s. bald, Witzbold, Raufbold.

Trupp *m,* **~e** *f,* **~en** 16. Jh. v. fz. *troupe,* v. germ. rom. *troppus* Herde u. afränk. *throp* (f. *thorp* Dorf) Ansammlung, z. B. v. Rot-, Elchwild (o. v. vlt. **interpedillare* trampeln?).

Trust *m* eng. Industrie- od. Handelsring, *Vertrauen, an. *traust,* Ztw. *trust,* an. *treysta* vertrauen.

Truthahn *m* 17. Jh., viell. zu ags. *þrūtian* anschwellen, mnd. *drōten* drohen; s. strotzen.

Trutz, zu Schutz u. ~, s. Trotz.

Tschako *m* um 1800 v. magyar. *csákó* (v. dtsch. Zackenhut).

Tube *f* röhrenart. Hülle (z. B. f. Farben), lt. *tŭbus* (auch Fernrohr), eng. fz. *tube.*

Tuberkel *f* 19. Jh. v. lt. *tūberculum* kleine Erhöhung, Beule, Geschwulst.

Tuch *n* mh. *tuoch,* ah. *tuoh,* pl. Dank, ndl. *doek,* eng. *duck* Segel~, schw. *duk;* viell. urv. ai. *dhvajá* Fahne.

tüchtig mh. *tuht* Tüchtigk., z. taugen, Tugend.

Tucke *f* Henne, alte Frau, Tante; lautmal. (Hühnerlockruf »tucktuck«); übertrag. Bed. n. fz. *toque* Frauenhut?

Tück||e *f* eig. Mehrz. z. Tuck † mh. *tuc* Stoß, Angriff, boshafter Streich, schwäb. Dugg; lautm.? ~isch, mu. nordd. ~schen schmollen.

Tuffstein *m* v. it. *tufo,* lt. *tōphus* z. gr. *tophiōn* ~bruch.

tüfteln grübeln, mu. *difteln,* schriftsprachlich erst Ende 18. Jh., dunklen Ursprungs.

Tugend *f* ah. *tugunt* Tauglichkeit,

später aufs Sittliche beschränkt; ~haft; s. tüchtig, taugen.

Tüll *m* netzart. Gewebe, 19. Jh. n. d. Herstellungsort Tulle (Südfrankr.).

Tülle *f* Röhre, mu. Dole, ah. *tulli*, an. *döl*, *dœla* Rinne, z. Tal.

Tulpe *f* 16. Jh. v. ndl. *tulp* z. it. *tulipano*, magyar. *tulipán(t)*, v. pers. *dulbänd*, türk. *tülbend* Turban (n. d. Form); s. Turban.

-tum s. Liste 54.

tummeln s. taumeln; Tümmler, eng. *tumbler*, 1. Taubenart, 2. Delphin.

Tümpel *m* ah. *tumfilo*, eng. *dimple* Grübchen, z. tief (m. Nasal), urv. lit. *dumburỹs* gegrab. Wasserloch, entl. it. *tonfano* Strudel; s. tauchen, taufen, Topf.

Tumult *m* 16. Jh. v. lt. *tumultus* Lärm, Aufruhr, z. *tūmeo* schwelle.

tun mh. ah. *tuon*, pl. dauhn, ags. *dōn*, eng. *do*, urv. gr. *títhēmi* setze, ai. *dá-dhāti* setzt, lt. *facio* tue, lt. *abděre* weglegen, aslaw. *dějati* tun, s. -tum i. Liste 54; tunlich, zutunlich, zugetan, Untertan *m*, Tunichtgut *m*.

Tünche *f*, **~n** ah. *tunihhōn*, z. lt. *tunica* Kleid, Hülle, also eig. (m. Kalkanstrich) bekleiden; F.N.: Dunker.

tunken eintauchen, ah. *tuncōn*, urv. lt. *tingo*, gr. *téngō* benetze; s. Tinte, Teint; Tunke *f*.

Tunnel *m* 1839 Leipzig-Dresden, v. eng. *tunnel:* fz. *tonnelle* Gewölbe, z. *tun* Tonne.

Tüpfel *m* Punkt, ~chen, alem. *düpfli*, ~n, tupfen: taufen (»eintauchen«); pl. Töppelewark »Haubenlerche«.

Tür *f* ah. *turi*, eig. Mehrz. (2 Flügel), pl. Dör, ags. *duru*, eng. *door*, got. *daúrōns* (Mehrz.), urv. gr. *thýrā*, lt. *forēs* (Mehrz.), lit. *durys*, ablg. *dvĭri*, *dvorŭ* Hof, ai. *dvār(as);* s. Tor².

Turban *m* 16. Jh., noch bei Lessing Nathan IV, 4 Tulban, Goethe: Tulbend, v. rumän. *turban*, z. pers. *dulbänd;* s. Tulpe.

Turbine *f* fz. 19. Jh. z. lt. *turbo* Wirbel, Rad; s. Trubel.

Türkis *m* fz. (13. Jh.) *pierre turquoise* türk. Stein, mh. *turkoys*.

Turm *m* mh. *turm*, *turn* (noch Goethe im Götz: Turn), pl. Torm, Torn, v. lt. *turris* Turm (dah. it. *torre*, fz. *tour*, eng. *tower):* gr. *týrris;* türmen, Türmer *m*.

turnen v. Jahn 1811 n. ah. *turnēn* »wenden« gebildet, v. lt. *tornāre* drechseln; s. Tour.

Turteltaube *f* ah. *turtulatūba*, v. lt. *turtur* (tautol.).

Tusch¹ *m* Musik beim Hochrufen, bayr., um 1800, mh. *duȝ* Schall, od. ursp. slaw. *tus* (18. Jh. in Danzig)?

† **Tusch²** *m* (stud.) Beleidigung: fz. *toucher*, *touche;* 18. Jh.; ~ieren beleidigen.

tuscheln heimlich flüstern, lautm.

tuschen 17. Jh. v. fz. *toucher* berühren, dann auftragen (Farben) vgl. (chines.) *Tusche;* retuschieren; s. zucken; ver~ gehört wahrsch. z. täuschen; s. Tusch.

Tute, Tüte, Düte, Deute (Goethe, Herm. u. Dor. VII) *f* v. nd. Tute eig. Blashorn (wie fz. eng. *cornet* ~), mnd. *tūte*, mndl. *tute* * Papierrolle zum Blasen (Kindersprache); tuten, blasen, lautm.

Tüttel *m*, **Tüttelchen** *n* zur Bezeichnung des Kleinsten, ah. *tuttilī* Vkl. z. *tutta* Brustwarze; s. Zitze.

Tuttifrutti it. alle Früchte, dann buntes Allerlei.

twatsch s. Quatsch.

Twiete *f* nd. schmale Zwischengasse: zwischen u. zwei; F.N. Twi(e)temeyer.

Twist *m*, s. Zwist.

Typ, ~us *m* Gepräge, Grundform, Vorbild 18. Jh. v. gr. *týpos* Schlag; Type *f* Buchstabe, Typographie *f* Buchdruckerkunst.

Typhus *m* 19. Jh. v. gr. *týphos* Dunst, Besinnungslosigkeit; s. toben.

Tyrann *m* 14. Jh. v. gr. *týrannos* Herr, später Gewaltherrscher, wahrscheinl. z. *týrsis* Turm (lt. *turris)*, eig. Burgherr, vgl. auch aind. *turanyús* kräftig vordringend.

U

U, jem. ein X für ein U machen: lt. *U*, früher auch *V* geschrieben, das zugleich 5 bedeutete, durch Verlängerung beider Striche n. unten *X* = 10, also eig. doppelt anschreiben.

übel ah. *ubil*, got. *ubils*, pl. äwel, ags. *yfel*, eng. *evil*, viell. verw. m. über, üppig (eig. über das Rechte hinausgehend), ah. *uppi* böse; Übel *n*, ~stand *m*, ~keit *f*.

üben mh. *üeben*, ah. *uoben* ins Werk setzen, betreiben (Landbau), ah. *uobo* Landbebauer, and. *ōbian* feiern, schw. *öfa*, dä. *öve*, pl. äuwen, urv. lt. *opus* Arbeit, Werk, *operāri* handeln, opfern, ai. *āpaḥ* Werk; Übung *f*, üblich.

über ah. *ubar*, got. *ufar*, pl. äwer, eng. *over*, schw. *över*, dä. *over*, urv. gr. *hypér*, lt. *super*, apers. *upariy*, aind. *upári;* Zs.: ~all (sich ~ alles erstreckend); ~blick *m* 1800, ~brettl *n*, s. Kabarett; ~druß *m* (Druß = Mühsal, s. verdrießen); ~fall *m*, ~fällig (v. Schiffen) 19. Jh.; ~flügeln: * sich in die Flügel des feindl. Heeres ausdehnen, oder: überfliegen, i. Fluge ~holen; ~fluß *m* mh. *übervluz*, Lüs. v. mlat. *superfluitas;* ~führen eig. an d. Leiche des Erschlagenen führen u. dadurch d. Schuld d. Täters feststellen; ~handnehmen, eig. über die Hand (Gewalt) hinaus; ~haupt mh. *über houbet* ohne d. Häupter (d. i. gezählte Menschen od. Tiere) nochmals zu zählen; ~holen = »überprüfen« 19. Jh. Lb. n. eng. *overhaul;* ~legen 1. erwägen, eig. die Gedanken zurechtlegen, 2. Part. Adj. eig. b. e. Belagerung höher gelegen u. darum uneinnehmbar; ~mensch *m* Schlagwort seit Nietzsche, aber schon in Goethes Faust, bei Herder, u. sogar schon im 16. Jh.; ~name *m* mh. *übername* Lüs. v. mlat. *supernomen;* ~natürlich = gr. *tó hypér phýsin* (theolog.); ~raschen zu rasch, 16. Jh.; ~schnappen (eig. vom Schloß, v. d. Stimme, dann: verrückt werden); ~schuß *m*, ~schüssig; ~schwänglich (was sich über den Rand schwingt); ~see (ohne Artikel) 19. Jh. Lüs. v. eng. *oversea* (1552); ~setzen 18. Jh.; ~spannt; ~treten (bildl.); sich ~werfen (sich beim Streit übereinander werfen); ~winden wahrscheinl. z. gewinnen, ah. *winnan* kämpfen, ags. *ofer winnan*, an. *vinna;* ~zeugen eig. durch Zeugen zur Anerkennung bringen; übrig mh. *überec;* übrigens.

U-Boot *n* Unterseeboot, 1906 wurde das erste U-Boot (»U 1«) der deutschen Marine in Dienst gestellt.

Ufer *n* nordd. (südd. Staden, Gestade) mh. *uover*, pl. Äuwer, ags. *ōfer*, eng. fehlt (doch O.N.: Windsor, ags. *Windles ōfer);* urv. gr. *épeiros*, äol. *áperros* Festland, ~lose Pläne Ende 19. Jh.

Uhr *f* um 1400 *(h)ore*, *ure*, mnd. mndl. *ūre* v. afz. *(h)ore* v. lt. *hōra* Stunde (fz. *heure*, it. *ora*, eng. *hour* Stunde); vier Uhr eig. die ursp. nur auf eine Stunde eingerichtete Sanduhr ist viermal abgelaufen; die dtsch. Bez. war Seiger, s. seigen, seihen.

Uhu *m* ah. *hūwo*, lautm., »*puhu*«, lt. *būbo*, gr. *býas*, bayr. Häuwel, oberd. Hüwel, schwäb. Hau; ~ostmd. 16. Jh.; anders lautm. südd. Auf, altbayr. *ūvo*, ags. *ūf*.

Ukas *m* 18. Jh. v. russ. *ukas* Befehl.

Ulan *m* poln. 18. Jh. leichter Reiter in tatar. Kleidung, z. türk. *oghlan* Bursche; Ulanka Waffenrock.

Ule s. Eule.

Ulk *m* 17. Jh. v. mnd. *ulk* z. Ztw. *ulken* z. *ūlke*, Vkl. v. *ūle* Eule, also eig. »sich wie ein Eulchen betragen«; 19. Jh. student. »lärmender Spaß«; hess. *ulk*, *ulch* Unfug.

Ulme *f* mh. *ulmboum*, v. lt. *ulmus*, *das* Erbwort ist ah. mh. *elm-*, *ilm-(boum)*, ags. mnd. *elm*, an. *almr*, urv. lt. *ulmus;* Elm, Elmen, Elmenhorst; O.N.: Elmau, Elmlohe, Ilmenau; Flüsse: Elm, Ilm.

Ulster *m* kräftiger, sportlicher Wollmantel (*aus Ulster), um 1900 v. eng. *ulster* (1878).

Ultimatum *n* letzte (diplom.) Aufforderung, 18. Jh. z. lt. *ultimus* letzter; Ultimo *m* letzter Tag d. Monats, 16. Jh. v. it. *ultimo*.

ultra||marin 16. Jh. v. lt. *ultrā* jenseit(s), *mare* Meer, weil d. blaue Farbe aus Asien kam; ~ **montan** lt. *mons* Berg, i. M.-A. nannten d. Italiener so d. Länder jenseits d. Alpen, 19. Jh. polit. Schlagwort gegen d. dt. Katholizismus.

um mh. *umbe*, ah. and. *umbi*, pl. üm, ags. *ymbe*, schw. dä. *om*, urv. gr. *amphí* um, lt. gall. *ambi* - ringsum, ai. *abhítas* zu beiden Seiten; ~bringen zerstören (auch Lebloses), töten, ~gang *m* das Umhergehen (jetzt meist bildl. = Verkehr), ~garnen (ursp. Jagdausdruck), ~gegend *f* um 1800, ~hang *m* 19. Jh., ~kommen (eig. ~ d. Leben kommen), ~laut *m* 18. Jh. (Klopstock), 19. Jh. (J. Grimm) a–ä, o–ö usw., ~riß *m* 18. Jh. (z. Riß = Zeichnung), ~-satteln 17. Jh. v. Religionswechsel, jetzt nur v. Beruf, Studium; ~-schichtig abwechselnd (Bergmannsspr.), ohne ~schweife z. Schweif; ~sonst, mh. *umbe sus* * um ein So, um e. Nichts, ohne Entgelt, Erfolg; ~stand *m* eig. die ~herstehenden, dann Verhältnis, auch Weitläufigkeit; ~standskasten *m*, ~ständlich; ~triebe Mehrz. (bildl.), ~welt *f* um 1800 Lüs. f. dän. *omverden*, dann für fz. *milieu*, ~zingeln z. lt. *cingulum* Gürtel, z. *cingo* umringe, mh. *zingel* Umschanzungsmauer.

un- s. Liste 54; ~art *f* (schlechte Art), ~artig, ~bändig (ursp. v. Hunden), ~beholfen, ~bescholten (nicht gescholten). ~bill *f* Mehrz. Unbilden, schweiz. (Haller), mh. *unbilde* Unrecht; *unbillich* ungemäß, ungerecht, 18. Jh. schriftd., unbillig, s. billig, Weichbild. ~ding *n* mh. *undinc* schlechtes Ding, Unrecht; ~entwegt schweiz. (Jer. Gotthelf, Gottfr. Keller) Ende 19. Jh. polit. Schlagwort, v. entwegen = von der Stelle bewegen; ~erhört, ~erschwinglich (z. schwingen). ~flat *m* † Schmutz, i. Magdeburgischen auch Schimpfwort, mh. *unvlāt*, im 6–9. Jh. gab es 35 Frauennamen auf -flat, zu *vlāt* Sauberkeit, Schönheit: mh. *vlaejen* spülen: gr. *pléō* schwimme; ~flätig (v. Worten); ~fug *m* (z. Fug); ~gefähr, mh. *ān gevaerde* ohne böse Absicht, jetzt = etwa; ~gehalten; ~geheuer z. ah. *ungihiuri*, mh. *gehiure* lieblich, also widerwärtig, jetzt auch = sehr; ~geheuer *n*, ~gemach *n* s. gemach; ~geschlacht z. mh. *geslaht* wohlgeartet, gute, geschlachte Bäume (Urach); also unförmlich, roh, s. schlachten, schlagen, Geschlecht; ~geschoren (bildl.) s. scheren; ~-gestalt, s. gestalt, ~gestüm z. mh. *gestüeme* sanft, s. stemmen = Einhalt tun, ~getüm *n*, an. *ōdœmi* beispiellose Begebenh., * *un-ga-dōmia* »was nicht s. rechte Stelle hat«, ~geziefer *n* z. ah. *zēbar* Opfertier, Ziefer, ags. *tīfer* = Geflügel und Kleinvieh, also nicht zum Opfern geeignetes, unreines Tier, ~heimlich nicht geheuer, s. heimlich, ~hold *m* ah. *unholdo* böser Geist, got. *unhulþa* Teufel; ~land *n* unfruchtbares Land (aber ~kosten Mehrz., früher Ungeld = Abgabe, ~masse *f*, ~menge *f*, ~summe *f*, ~zahl *f*: un = verstärkend, s. a. Untiefe); ~päßlich unwohl; ~rat *m* Schmutz, mh. *unrāt* schlechter Rat, Ungehöriges, s. Rat, ~säglich eig. was sich nicht sagen läßt, ~schlitt *n* Talg, ah. *ingislahti* inneres Schlachtwerk, * *ungislahti* z. Essen nicht verwendbares Schlachtw.: Inselt u. ~, ~stern *m* 16. Jh. Lüs. v. fz. *désastre*, ~tiefe *f* flache Stelle i. Wasser, seit 18. Jh. auch steigernd »abgrundartige Tiefe«, ~tier *n* pl. Undirt, ~umwunden um 1800, ~verfroren: Mitte 19. Jh. z. pl. sick verfiren = erschrecken, also unerschrocken, dreist (Berlin), mu. nd. *unvervērt* unerschrocken; ~wesen *n*, mh. *unwēsen* Nichtsein, dann verderbliches Wesen, ~wetter *n*, ~wirsch ärgerlich, unfreundlich, mh. *unwirs*, *unwirdesch* unwürdig, verächtlich, (m. Einfluß v. mh. *wirs* schlimmer), z. wert.

und mh. *unde*, ah. *unti*, *inti*, *enti*, *anti*, pl. un, and. *endi*, *andi*, ags. eng. *and*, ndl. *en*, an. *en(n)* ~, aber, urv. ai. *átha* auch.

Uni||form *f* 17. Jh. v. fz. *uniforme*, lt. *ūnus* ein, *forma* Gestalt; Einform (Nietzsche); uniform gleichmäßig, s. Form; ~kum *n* Einzigartiges, Seltenes v. lt. *ūnicus* einzig; ~on *f* 17. Jh. z. lt. *ūnio* Einheit, Vereinigung, z. *ūnus;* ~versal 17. Jh. z. lt. *ūniversālis (ūnus* u. *versus* gekehrt, gerichtet), ~versell 18. Jh. v. fz. *universel;* ~versität *f* v. lt. *ūniversitās* Gesamtheit (der Professoren u. Studenten: *magistrorum et scholarium)*, ~versum *n* Weltall, 16. Jh. eig. in eins Gekehrtes, Gewendetes; s. Unze.

Unke *f* Kröte, ~nruf, ah. *ūcha*, ags. *yce* Kröte, aber ah. *unc* Schlange, urv. lt. *anguis* Schlange, lit. *angìs*.

uns got. *uns*, ags. *ūs*, eng. *us*, urv. lt. *nōs*, ai. *nas*, gr. *hēmâs* (wir *hēmeîs* **asmeis)*, aind. *asmás* ~; **unser** ah. *unsēr*, got. *unsar*, and. *ūsa*, ags. *ūre*, *ūser*, eng. *our*.

unten ah. *untanān;* **unter** ah. *untar*, got. *undar*, pl. unner, ags. eng. *under*, urv. lt. *inter*, *infra* zwischen, aind. *antár* innen, zwischen; sich ~fangen etwas (Gewagtes) ~nehmen, ~führung *f* 19. Jh., ~richten, ~scheiden, ~schlagen, ~schleif *m*, mh. *undersleipf* Versteck, *sleipfen* gleiten lassen = *underslouf* Versteck, *sliefen* schlüpfen, ~seeboot (U-Boot) u. a., ~setzt, sich ~stehen, ~stand *m* (milit.), ~tan *m* Part. z. ah. *untartuon* unterjochen; ~wegs, ah. *underwēgen;* Unterwalden.

Untern *m* mu. Vesper, Zwischenmahlzeit, got. *undaurni-*, ah. *untorn* Mittag, ags. *undern*, an. *undorn* Vormittag; später durch die Lüs. v. lt. *meridies:* ah. *mittitac* ersetzt; urv. lt. *internus* innerer.

Unze[1] *f* rund 30 *g:* ah. *unza*, v. lt. *uncia* z. *ūnus* ein.

Unze[2] *f* Jaguar, v. mlt. *lyncea*, it. *lonza*, das als *l'once* ins Fz. u. im 18. Jh. ohne den vermeintlichen Artikel *l'* weiter ins Deutsche entlehnt wird.

üppig mh. *üppec*, ah. *uppig* leer, eitel, überflüssig, übermütig, z. über, das Notwendige überschreitend, got. *ufjō* Überfluß, Stammesname: Ubier(?), vgl. entl. finn. *upia* stolz; s. übel.

Ur *m* ah. ags. *ūr*, an. *ūrr* Auerochs, entl. lt. *ūrus* Auerochs; verw.

an. *ūr* feiner Regen, urv. lt. *ūrīna*, also ~ * Befruchter (wie Ochse); die alte Form Ur führt Klopstock 1769 wieder ein; s. O.N.: Uri, Auersberg, Urach, Urbach, Auerbach (16); s. -ach i. Liste 54.

ur- s. Liste 54. ~ahn *m* erster Vorfahr; ~alt; Urbar (z. pl. bören, s. Bahre) *n* † Ertrag, Zinsgut, Einkünfte, Steuer, vgl. got. *gabaúr*, gr. *phóros* Tribut (auch 2 Dorfnamen i. Rheinland). Davon erst nh. ~bar zinsgebend, z. B. e. Acker ~bar durch Anbau ertragbringend machen. ~aufführung *f* um 1900 für fz. *première*. ~faust *m*, ~fehde *f* † mh. *urvēhede* Aussein, Ende d. Fehde (Schillers Tell V, 1, 72), ah. *ur* aus = got. *us*, ~gicht Geständnis, mh. *erjëhen*, ah. *irjëhan* aussagen, bekennen, s. Beichte. ~heber *m* z. mh. *urhap* Anfang, ah. *urhab* Ursache (z. erheben), ~kanton *m*, ~kunde *f* ah. *urkundī* Zeugnis, *urchundo* Zeuge, z. erkennen, got. *uskunþs* bekannt. ~laub *m* mh. *urloup* z. erlauben; sich be~lauben Abschied nehmen. ~sache *f* eig. Anlaß z. gerichtl. Einschreiten, Luther (Luk. 23, 4), Goethe (Götz V, 4) »d. Bosheit sucht keine Gründe, nur Ursachen«. ~-schrift *f* 16. Jh. f. Autograph, Original, ~sprung *m* ah. *urspring* Quelle, ~teil *n* Ausgeteiltes, ah. *urteil(i)*, ~text *m* f. Original, ~wahl *f* 19. Jh., ~wald *m* 19. Jh.

urban 18. Jh. v. lt. *urbānus* städtisch, gebildet, fz. *urbain;* ~ität.

urig mu. urtümlich, schweiz.: urchig, mh. *urich.*

Urne *f* 17. Jh. v. lt. *ūrna* **urcna* (z. *urceus* Krug) Wasser-, Aschenkrug.

Urning *m* Homosexueller, um 1860 n. *Venus Urania.*

Urschel *f* mu. schlampiges Frauenzimmer, v. P.N. Ursel.

Urte, Ürte *f* oberd. Wirtszeche, mu. (schles.) thür. Örtenschmaus, im Ablaut z. Wirt, urv. gr. *heortḗ* Fest.

Usurpátor *m* Thronräuber, 18. Jh. z. lt. *ūsūrpāre* sich aneignen, eig. *ūsū rapěre* zum Gebrauche rauben.

Utensilien Mehrz. Gerätschaften, 18. Jh. z. lt. *ūtor* gebrauche.

Utopie *f* Schwärmerei, Hirngespinst, v. fz. *utopie*, nlat. *Utŏpia* Nirgendland, Name des v. Thomas Morus 1516 geschilderten Musterstaates, v. gr. *ū* nicht, *tópos* Ort; utópisch. vgl. Wolkenkuckucksheim (Aristophanes); s. Topographie.

Uttenschwalbe *f* mu. schwarzer Storch, ah. *utinswal*, *utin-* im Ablaut z. waten: Watvogel? Umgedeutet im südschwed. *odensvala* Odinsschwalbe.

uzen foppen 16. Jh. z. Utz, Koseform v. Ulrich; vgl. hänseln.

V

Vademekum *n* † (z. B. b. Lessing) Taschenbuch, Ratgeber, 16. Jh. v. lt. *vade* geh, *mēcum* mit mir.

vag unbestimmt, 18. Jh. v. lt. *vagus* unstet, ~abund *n* 18. Jh. v. lt. *vagābundus* Landstreicher, z. *vagāri* umherschweifen.

vakant frei, 16. Jh. v. lt. *vacāre* frei, ledig sein; Vakanz *f*.

Valét *n* Abschied, 16. Jh. v. lt. *valēte* seid gesund z. *valēre* wert, stark, gesund sein; s. Baldrian, Invalide.

Valuta *f* Wert, Kurswert, Währung, 17. Jh. v. it. *valuta*, z. lt. *valeo*.

Vampir *m* serb. 18. Jh. blutsaugendes Gespenst.

Vandal‖e *m* Barbar, nach d. german. Stamm d. Wándälen; ~ismus *n* fz. *vandalisme*, 1794 v. Bischof Henri Grégoire ähnlich unberechtigt pejorativ gebraucht wie vorher fz. *gothique*, gotisch = barbarisch; Andalusien (eig. Vandalusien).

Vanille *f* 18. Jh. v. sp. *vainilla*, Verkl. z. *vaina* Schote (v. Vkl. *vāgīnula* z. lt. *vāgīna* Scheide, Hülle).

Variation *f* 18. Jh. v. lt. *variātio*, *varietās* Veränderung; Varieté (-theater) *n* Bunte Bühne, 19. Jh. v. fz. *variété* Verschiedenheit, s. Überbrettl.

Vasall *m* mh. *vassal* v. fz. *vassal* z. mlt. *vasallus* Lehnsmann, z. kelt. *gwas* Bursche.

Vase *f* 16. Jh. v. fz. *vase* z. lt. *vās* Gefäß; s. Flasche.

Vater *m* ah. *fater*, got. *fadar*, pl. Vader, ags. *fæder*, eng. *father*, schw. dä. *fader*, urv. lt. *pater*, [*(D)iú-piter* Vater Zeus], gr. *patḗr*, air. *athir*, aind. *pitár*, tochar. *pācar;* viell. z. Wz. *pō-* < *pea₃-* schützen, zäunen (Jost Trier): ai. *pāti* schützt, lt. *pástor* Hirt, ah. *fuoten* ernähren, ah. *fatōn* ordnen, got.- *faþs* Herr (*brūþfaþs* Bräutigam), *faþa* Zaun; kaum Lallw. wie gr. *pā*, *pappa* (homer.); väterlich. ~land *n* (Lüt. v. lt. *patria:* mh. *faterlant)*, ~mörder *m* 1829 v. fz. *parricide*, in der Revolutionszeit scherzhafte Änderung v. *parasite* Schmarotzer, weil d. langen Kragenspitzen beinahe mitaßen; ~unser, ah. *fater unser*, got. *atta unsar* (mit germ. Nachstellung des Adjekt.), s. Gevatter, Vetter, Mutter.

Veget‖ation *f* Pflanzenwuchs, 18. Jh. v. lt. *vegetātio* Belebung, z. *vegeto* belebe, *vegeo* bewege; ~abilien Mehrz. Pflanzenstoffe, 18. Jh., ~arianer *m* 19. Jh. v. eng. *vegetarian*, ~ieren 18. Jh. ein Pflanzendasein führen, ohne geistige Bedürfnisse, v. lt. *vegeto* belebe, vgl. *vigeo* bin stark; s. wecken.

Veilchen *n* 17. Jh. Vkl. z. früh nh. *feil*, mh. *viel*, früher *viōl* v. lt. *viola*, gr. *(w)ion*, s. violett, Levkoje. Veielein (P. Hebel), Gelbveigelein (Goldlack = *viola lutea)* oberd. *veigelein*, mh. *vīolīn*.

Veitstanz *m* Zuckungen, z. deren Heilung d. hl. Veit angerufen wurde, Tänze (z. Sonnenwendfeier) an s. Tage (15. Juni), Lbi. n. mlt. *chorea sancti Viti;* Veitsbohne *f* mu. Fitzbohne, n. d. Zeit d. Blüte: Mitte Juni.

Velin(papier) *n* fz. *vélin*, lt. *vitulīnus* * Pergament v. Kalbe.

Veloziped *n* † Fahrrad, n. 1870 v. fz. *vélocipède*, lt. *velox* schnell, *pes* Fuß.

Venn, s. Fenn.

Ventil *n* 16. Jh., ~ation *f* 19. Jh. z. *ventus* Wind; ~ieren (auch bildl.: e. Frage sorgfältig erwägen).

ver- s. Liste 54. ~abfolgen 17. Jh. Kanzleispr., ~äppeln mu. z. Besten haben, ~bal(l)hornen n. d. Buchdrucker Johann Balhorn. Die von J. B. gedruckte Ausg. des Lübecker Stadtrechts (1586) enthielt viele Mängel; ~bieten ah. *forbiutan*, got. *faúrbiudan*, eng. *forbid;* ~bindlich verpflichtet, höflich; ~blendet, s. blenden, ~blüffen 18. Jh. v. mnd. *vorbluffen* bestürzt machen; ~blümt (eig. m. Blumen geschmückt, so daß es nicht recht zu sehen ist); ~bohrt (eig. falsch gebohrt), 19. Jh.: ~brämen z. † Brame, eng. *brim* Rand; ~brechen *n* (eig. Brechen d. Gesetzes) 15. Jh.; ~briefen sicherstellen (s. Brief, eig. Urkunde), ~dammen v. lt. *damnāre* eig. z. Schaden (lt. *damnum)* bringen, ~dattert verwirrt s. Tatterich, ~dauen eig. auflösen, ah. *firdouwen*, s. tauen; ~denken etwas an jem. für unrecht halten (~dacht *m);* ~derben, ags. *deorfan* sich anstrengen, in Gefahr sein, umkommen: urv. lit. *dirbti* arbeiten, *dárbas* Arbeit; ~dienen, ~dienst *m* u. *n* (noch bei Goethe nicht unterschieden); ~dingen s. dingen Ding, ~drießen, ah. *irdriozan*, got. *usþriutan* belästigen, ~druß *m:* urv. lt. *trūdo* stoße, ablg. *trudŭ* Mühsal, *truditi* quälen, ~duften, umg. verschwinden, ~dutzt, viell. z. mnd. *vordutten*, verwirren, mh. *vertutzen* betäubt werden, *tuz* Stoß, altmärk. dutzig dumm, stumpf; ~ein *m* 18. Jh., ~fahren z. fahren, ~fänglich eig. worin man sich fängt, ~fassen z. fassen, e. Buch, eig. i. Worte fassen; ~fasser *m* 17. Jh. schw. *författare* Lüs.; ~fassung (jetzt meist Staatsverfassung) *f*, ~femen, ~fitzen (Fäden) (verwirren,) ~flixt(~flucht), ~führen eig. an. e. anderen Ort schaffen, ~fumfeien »leichtfertig vertun« (nd. *fidelfumfei* Tanz z. Klang der Bierfiedel); ~gällen * bitter wie Galle machen, ~gatterung Signalruf bei d. Wachablösung, ~gattern versammeln, eng. *together*, s. Gatte, ~geben, ~gebens, ~geblich eig. geschenkweise, ah. *firgëban* wegschenken, *fergëbeno* umsonst, unentgeltlich, ~gehen *n* 18. Jh. eig. falsches Gehen, ~gessen mh. *vergëȥȥen*, ah. *firgëȥȥan*, z. germ. *gëtan* erlangen, got. *bigitan* finden, urv. lt. *prehendo*, gr. *chandánō* »fasse«; (eng. *get)*, also eig. aus d. Besitz verlieren; s. ergötzen, ~geuden, mh. *giuden* prahlen, verschwenden; ~gißmeinnicht *n* 15. Jh., eng. *forgetmenot*, schwed. *förgätmigej*, ~gnügen eig. genug geben, zufriedenstellen, seit etwa 1800 = ergötzen, ~grämen, ~hängnis *n* z. mh. *verhengen* (dem Roß) d. Zügel hängen lassen, nachgeben, Fügung (Gottes), Schicksal = *fātum*, ~hau, sich ~heddern sich verwirren, ~heeren eig. m. e. Heere überziehen, ~heißen, ~hoffen (v. Wild) = sichern, ~hunzen, schwäb. *hundsen* wie e. Hund behandeln, verpfuschen, ~kehren eig. umkehren, ändern (~kehrt falsch gerichtet), jetzt Umgang haben; ~kehr *m*, ~klären über d. Irdische erhöhen (z. klar), ~knaxen u. ~knacken, v. hebr. *kānas* bestrafen (Knast Geldstrafe), das zurückgeht auf lt. *cēnsus*, gr. *kēnsos* Schatzung z. Z. Christi (vgl. auch Luk. 2 u. Zs. f. dt. Phil. 74, 250), ~knöchert (meist bildl.), ~knusen nd. * verquetschen, verdauen, übertr. jem. nicht ~knusen können, ~kohlen z. Besten haben z. Kohl², ~korksen verpfuschen, ~kraften bewältigen, eig. ans Kraft- (strom-, -post-)netz anschließen, ~kümmeln verkaufen v. rotwelsch *verkimmern*, ~lag *m* eig. Auslagen für e. Unternehmen, jetzt fast auf d. Buchhandel beschränkt; ~langen z. langen, lang werden, sich ausstrekkend etwas z. erreichen suchen (Goethe: langen und bangen, an. *langa* sich sehnen, eng. *to long)*, das Geld langt nicht; ~legen ratlos 18. Jh. eig. durch Liegen schlecht geworden, untätig; ~legen wohin legen, daß man es nicht wieder findet; ~legen (Bücher), ~letzen, hemmen, schädigen, verwunden, z. letzen; ~leumden z. Leumund; ~lieren mh. *verliesen*, noch oberpfälz. *verlieȥen*, ah. *virliosan*, got. *fraliusan*, ags. *forlēosan*, eng. *lose*, urv. lt. *solvo*, **sĕ-luo* löse, *luo* wasche, büße, bezahle, gr. *lýō* löse, s. los, lösen; ~lies *n* eig. Ort, wo man sich verliert, 18. Jh., ~loben eig. versprechen, s. Lob, geloben, ~lust *m* z. ~lieren; ~mählen (früher = verloben); ~messen: ah. *firmëȥȥan*, eig. wer seine Kräfte falsch mißt, ~messenheit *f*, ~missen: meiden, miß-; ~mögen *n* Kraft, später auch Besitz, z. ~mögen, ah. *furimugan*, ~*magan*, imstande sein; ~möge, ~mummt s. Mumme, ~muten z. Mut (Gefühl), ~nebeln (künstlich), ~nunft *f* ah. *firnunft* eig. Tätigkeit d. Vernehmens, Hörens, Begreifens (wie Zukunft zu kommen), ~plempern vergeuden s. Plempe, ~pönen, s. Pein; ~quicken eig. mit Quecksilber vereinigen, dann allgemein (Paracelsus usw.), ~quisten = vergeuden, got. *qistjan*, ah. *quistan* verderben, ~raten eig. durch (falschen) Rat irre führen; ~recken s. recken, ~rottet, s. (Flachs) rösten, mnd. *vorrotten* faulen; ~rucht lasterhaft, mh. *verruochet* sorglos z. *verruochen* nicht achten, s. ruchlos; ~rückt eig. an d. falsche Stelle gerückt, ~schämt eig. in Scham versunken, ~scheiden sterben, dazu Part. verschieden, eig. sich getrennt, geschieden haben od.: ~scheiden = (sich) unterscheiden, ~scherzen, ~schießen d. Farbe verlieren, ~schlagen 1. von Schiffen, Truppenteilen, 2. von Wasser (lau), 3. listig * versteckt, mh. *verslahen* schlagend beseitigen; ~schleiß s. schleißen, ~schmähen, s. Schmach; ~schmitzt schlau, * »mit Ruten geschlagen« u. (dadurch) klug geworden: mh. *smicke* Peitsche, ~schollen z. † verschallen = aufhören z. schallen (v. Schiffen, Menschen, v. denen man nichts mehr hört); ~schossen verliebt, ~schroben eig. falsch geschraubt (s. ~bohrt), ~schwenden Bew. z. schwinden, also verschwinden machen, ~schwimmen ineinander übergehen, um 1800, ~schwommen (meist bildl.), ~sehren z. sehr, ah. *sēr* schmerzlich, eng. *sore* wund, got. *sair* Schmerz, ~sessen auf, eifrig bemüht, z. sitzen, ~siegen z. mh. *versīgen*, Part. v. mh. *versīhen*, mnd. *vorsīgen*, nicht mehr fließen, vgl. seihen, ~söhnen z. Sühne, ~stand *m* z. ~stehen, mh. *verstān*, eig. »durchstehen« (lt. *perstare)* vor d. Thing in e. Rechtssache, danach dann: können u. kennen; ~stauchen nd. verrenken, ndl. *verstuiken*, westf. *stūk* steif: urv. lit. *stugti* emporragen, ~stecken, ~stellen eig. anders stellen (Aussehen, Handschrift, Charakter), ~stohlen heimlich, z. verstehlen †, ~stockt unempfindlich, ~stoßen, ~stümmeln s. Stumpf, ~tagen um 1800 Lüs. v. fz. *ajourner;* ~teidigen mh. *verteidingen*, *vertagedingen* vor Gericht verhandeln, jmd. v. G. vertreten, z. *tagedinc* Gerichtsverhandlung, s. Tag, Ding; ~trackt nd. verwirrt, schwierig, z. mh. *vertrecken*, ~ziehen, ~tragen (sich) eig. wegtragen, ertragen, sich einigen, ~trag *m* = Kontrakt (Zesen), ~träglich, ~tuschen, viell. z. täuschen od.: mnd. *tuss* still!(?), ~unglimpfen s. Glimpf, ~wahrlosen (z. wahrlos †: achtlos behandeln), ~wandeln, ~wandt eig. zugewandt, ~wegen tollkühn, mh. *verwēgen* frisch entschlossen, *sich verwēgen* s. frisch entschließen, ~weis spätmh. *verwīz* strafender Tadel, ~weisen ah. *firwīzan* = ndl. *verwijten*, got. *fraweitan* rächen: gr. *(w)idein* sehen, lt. *vidēre*, got. *witan* beobachten, ~wesen[1] mh. *verwēsen* zunichte werden, angel. an *wēsen* sein, also: aufhören z. sein, ursp. z. ah. *wēsanēn* trocken werden, an. *visinn* welk; ~wesen[2] mh. *verwēsen* † verwalten, f. e. and. sein, ~weser *m* Stellvertreter, ~winden d. Schmerz überwinden, ~wirken (d. Leben) ah. *farwurchan* sich Schmach zuziehen, ~wittern unter dem Einfluß der Witterung verfallen, ~zeihen (s. zeihen) mh. *verzīhen* versagen, »den Anspruch auf Rache aufgeben«, dazu ~zicht *m*, ~zichten 18. Jh.; ~zückt, z. zücken = hinreißen, s. entzückt, ~zwickt z. Zweck.

Veranda *f* eng. 19. Jh., ind. *varanda;* im 16. Jh. schon aus dem Ind. entl. sp. ptg. *baranda*, *varanda.*

Verb *n* Zeitwort, 17. Jh. v. lt. *verbum* Wort.

Verdikt *n* eig. Wahrspruch d. Geschworenen, 19. Jh. v. eng. *verdict* (lt. *vērē dictum* wahr Gesprochenes).

Verlorener *Haufe* (Landsknechte um 1525).

Vers *m* ah. *fërs* v. lt. *versus* eig. Gewendetes, Umgedrehtes (beim Pflügen, dann b. Schreiben), Zeile, Linie, Vers, z. *verto* wende, drehe, oder: *verrĕre* am Boden schleifen: »Furche«, urv. an. *vǫrr* Ruderschlag; s. pervers, Revers, Prosa.

vertikal senkrecht z. lt. *vertex* Wirbel, Scheitel, Gipfel, z. *verto;* s. Vers.

Vertiko *n m* Zierschrank, jedenfalls nicht nach einem nachweislich nicht vorhandenen Tischler ~ w in Berlin.

Vesen *m* mu. Dinkel, ah. *fësa*, mh. *vëse*, urv. lt. *pisum* Erbse?

Vesper *f* Abend, Nachmittagsessen (4 Uhr), schwäb. auch Morgenimbiß um 10 Uhr, Ztw. »*veschbare*«, letztes Tagesviertel, Abendgottesdienst; ah. *vespera* v. lt. *vesper(a)* Abend (urv. gr. *hespérā* Abend; Hesperien Abendland, Italien, Spanien), Abendzeit; vespern 4-Uhr-Brot essen.

Veteran *m* Altkrieger, 18. Jh. v. lt. *veterānus* alter Soldat, z. *vetus* alt.

Veterinär *m* Tierarzt, Anf. 19. Jh. v. fz. *vétérinaire*, v. lt. *veterīnārius* z. Mehrz. *veterīnae* Zugvieh *(veho* ziehe).

Veto *n* Einspruch, 18. Jh. v. lt. *veto* ich verbiete, (urv. gr. *etṓsios* vergeblich).

Vettel *f* 15. Jh. altes Weib, v. lt. *vetula* z. *vetus* alt.

Vetter *m* mh. *veter* Bruderssohn, ah. *fetiro*, *fatureo* Oheim, pl. Vedder, ags. *fædera* Vatersbruder, urv. lt. *patruus*, gr. *pátrōs*, ai. *pitṛvya*.

vexieren 15. Jh. v. lt. *vexāre* quälen, hin- u. herreißen.

Vezier, Wesir *m* türk. Minister, Groß~ Ministerpräsident, v. arab. *wazīr* Träger, vgl. unser Würdenträger; 16. Jh.

via lt. 17. Jh. auf d. Wege über; s. trivial; 16. Jh.

Vieh *n* mh. *vihe*, ah. *fëho*, *fihu*, got. *faihu*, pl. Veih, ags. *feoh*, urv. lt. *pecus* Kleinvieh, ai. *paśu* Viehherde, awest. *pasu*, idg. Wz. *pek* pflücken, (Wolle) ausreißen, gr. *pékō* kämme, *pékos* Vlies, *pókos* abgeschn. Wolle; lt. *pectĕre* kämmen; Vieh war Hauptbesitz d. idg. Völker, daher = Besitz übh., lt. *pecūnia* Vermögen, Geld, *pecūlium* Vermögen, s. pekuniär; got. *faihu* Geld, eng. *fee* Lohn, Trinkgeld, dän. *fæ* Gut; d. alte Grdbtg. noch in schwed. *får*, dän. *faar* Schaf, Färöer an. *Fáer-eyjar* * Schafinseln; entl. fz. *fief* Lehen; s. feudal, Schatz. Vivatsgasse i. Bonn, früher Viehpfad.

viel germ. * *fëlu-*, mh. *vil*, ah. got. *filu*, pl. vel, ndl. *veel*, urv. gr. *polý-* viel, lt. *pollēre* stark sein, ai. *purú*, apers. *paru* in d. N. der Königin Parysatis (b. Xenophon), *Paruschjāti* viel Glück habend; dazu voll, Fülle; P.N. Vilmar. **vielleicht** mh. *vil līhte* sehr leicht; heute umg. auch = bestimmt: der ist ~ blöd!

Vielliebchen *n* eine Art Wette um das Geschenk d. Verlierenden, 19. Jh.: luxemb. Fílipchen v. fz. *Philippine*, *Valentine:* eng. *Valentine*, das nach den Liebesbräuchen am Valentinstag (14. Febr.) »Geliebte« bedeutet.

Vielfraß *m* n. ah. mh. *vil(i)frāʒ* Hyäne, wird norweg. *fjeldfross* »Bergkater« (e. Marderart) umged. z. mnd. *veelvratz*, *villefras*; rückwirkend wird dann das norw. Wort wiederum umgeformt z. *fjeldfras*.

vier ah. *fior*, got. *fidwōr*, pl. veer, idg. * *petwor*, urv. lt. *quattuor*, osk. *petora*, kelt. lt. *petor-ritum* vierräderiger Wagen; gr. *téssares*, att. *téttares* (äol. *písyres)*, ai. *catvāras*, ablg. *četyri*, russ. *tschetüre*, lit. *keturí;* ~bund *m* die Mittelmächte i. 1. Weltkrieg; ~eck *n* 16. Jh., ~schrötig, s. Schrot, ~tel *n* ah. *fierteil*, ~teilen, ~ung (im Kirchenbau), s. geviert.

Vignette *f* Titelblatt-, Druckverzierung, 18. Jh. v. fz. Vkl. *vignette* Weinranke z. *vigne* Rebe, lt. *vīnea* Weinstock, *vīnum* Wein.

Vikar *m* Stellvertreter, bes. d. Pfarrers, v. lt. *vicārius* z. Gen. *vicis* Wechsel; s. Vize, Wechsel.

Villa *f* 18. Jh. v. lt. *vīlla* Landhaus, O.N.: Rottweil; s. Weiler.

violett frühnh. *violet* v. fz. *violet* z. *violette* Veilchen; s. dies.

Violine *f* 17. Jh. v. it. *violino* (n. d. Veilchenform, ist wohl Volksetymologie, wohl urv. mit Fiedel, s. d.), Vkl. z. *viola*, s. Fiedel, Violoncello Vkl., it. *violone* Baßgeige.

Viper *f* lt. *vīpera* Natter, kaum z. *vibrāre* i. zitternde Bewegung setzen, eher * *vīvipara* »lebendige Junge gebärend«; mh. *vip(p)er*.

Virtuos *m* 18. Jh. v. it. *virtuoso* tüchtig, z. lt. *virtūs* Tüchtigkeit.

Visier *n* 15. Jh. v. it. *visiera* Helmgitter, fz. *visière*, z. fz. † *vis* Gesicht; Vision *f* Traumgesicht, Verzückung, v. lt. *vīsio* Anblick, Erscheinung, s. Revision; Visite *f* fz. 17. Jh. z. *visiter*, lt. *visito* sehe, besuche, z. *video* sehe.

Vitamin *n* *lebens*wichtiger (chemischer) Nährstoff: lt. *vita* + Amin »Ammoniakderivat« (C. Funk 1912).

Vitriol *m* 15. Jh. v. mlt. *vitriolum* z. lt. *vitreus* gläsern, *vitrum* Glas, wegen d. glasähnl. Aussehens; **Vitrine** *f* Glasschrank, s. Firnis.

Vivat lt. 18. Jh. er lebe! z. *vīvĕre* leben; Vivisektion *f* 19. Jh. v. lt. *vīvus* lebend, *secāre* zerschneiden; s. Sektion. Vivatsgasse s. Vieh.

Vize- in Zs. v. lt. *vice* (Abl. z. Gen. *vicis)* an Stelle von; Viztum *m* Stellvertreter e. Fürsten, Stiftshauptmann (12. Jh.) (Familie Vitzthum Grafen v. Eckstädt, V.sches Gymnasium in Dresden), mh. *viztuom*, mlt. *vicedominus; dominus* Herr; Vizekönig *m;* s. Vikar, Wechsel; fz. *vicomte* Vizegraf, ~kanzler.

Vlies, *Vließ n* ndl. *vlies*, ags. *flēos*, eng. *fleece* Schaffell, verw. m. Flaus z. Wz. *pleus* rupfen, urv. lit. *plùskos* Haarbusch, lt. *plūma* Feder.

Vogel *m* ah. *fogal*, got. *fugls*, pl. Vagel, anord. *fugl*, ags. *fugol*, eng. *fowl* Geflügel, dä. *fugl*, schw. *fogel*, viell. zu fliegen; ~frei »den Vögeln z. Fraße freigegeben«, ~schau *f*, Pech~, Spaß~; vögeln 16. Jh., mh. *vogelen* z. ~ männl. Vogel.

Vogt *m* Land~, Stadt~, Kirchen~, Schirm~, Fron~ usw. mh. *voget*, ah. *fogat*, afries. *fogid* Schulze, v. mlt. *vocātus*, lt. *advocātus* Anwalt, Rechtsbeistand (eig. Herbeigerufener, z. *voco* rufe); ~land *n* südw. Teil d. Freist. Sachsen, * bis zur Saale, früher durch Vögte verwaltet; Vogtei *f; vog(e)tīe* (13. Jh.); s. Advokat. F.N.: Voget, Voigt, Voit, Faut.

Vokabel *f* einzelnes Wort v. lt. *vocābulum* z. *voco* rufe; **Vokal** *m* 16. Jh. v. lt. *(littera) vocālis* tönender (Buchstabe), v. Gottsched durch Selbstlauter verdeutscht; Vokalmusik *f;* s. provozieren, erwähnen.

Voland *m* Teufel (Goethes Faust 4023), im Mittelalter *vālant* *der Schreckende, z. an. *fāla* Hexe, got. *us-filma* erschrocken, ags. *eal-felo* verderblich, urv. gr. *pállō* schwinge, aslaw. *plachŭ* Schrecken. F.N.: Fahland, Volland.

Volapük *n* (Weltsprache v. Pfarrer Schleyer, Konstanz, um 1880), worin *vol* Welt u. *pük* Sprache bedeutete (n. eng. *world* u. *speak)*.

Volk *n* mh. *volc*, ah. *folc* Volk, Kriegerschar, ags. *folc*, an. eng. *folk* Leute; Grbd.: Heerhaufe, viell. urv. alban. *plogu* Haufe; entl.; aslaw. *plŭkŭ* Kriegsschar, s. Pulk; ~heit *f* 1810 F. v. Wolke, 1829 Goethe. **völkisch** 15. Jh., 1875 als Verdeutschung für national vorgeschlagen, ags. *folcisc* volkstümlich. **Volksseele** *f* u. ~**lied** *n* (Lüs. v. eng. *popular song)* seit Herder,

~tum *n* 1809 v. Jahn geprägt, ~geist *m* für Nationalgeist (Campe 1794), ~ genosse Lüt. v. lt. *populāris* 1798 Voß; **Volkskunde** *f* 1806 in »Des Knaben Wunderhorn«, Volkstumskunde (Jahn 1809), eng. Lüs. *folklore* 1846.

Völkerwanderung 18. Jh. Lüs. v. lt. *migrātio gentium.*

voll mh. ah. *fol*, got. *fulls*, pl. vull, ags. eng. *full*, urv. lt. *plēnus*, gr. *pím-plē-mi* fülle an, ablg. *plŭnŭ*, lit. *pìlnas*, ai. *pūrṇá*, z. idg. Wz. *pel-*, *plē-*, füllen, dazu viel; ~ends mh. *(en) vollen* (mit späterem irrt. d u. s), völlig, ~auf, ~blut *n* um 1800 Lüs. v. eng. *fullblood*, ~kommen Partiz. z. mh. *volkomen* ans Ziel kommen, ~macht *f* (Lüs. v. lt. *plēnipotentia* 14. Jh.), Völlerei *f*.

Volontär *m* Freiwilliger, 17. Jh. v. fz. *volontaire:* lt. *voluntārius.*

voltigieren (17. Jh.) it. *volteggiare*, *volta* Wendung: lt. *volvĕre* drehen (Fachw. der Reit- u. Fechtkunst, fz. *voltiger).*

von mh. *von vone*, ah. *fona*, pl. van, ndl. *van;* z. got. and. an. *af*, urv. gr. *apó*, *ápo*, lt. *po- (situs* gesetzt) mit e. *n*-Ableitung? wie etwa * *pona* > kymr. *ona* (Hammerich)?

vor u. ver- s. Liste 54.

vor||bauen, ~beugen, ~bild *n*, ~der, ah. *fordaro* voranstehend; fürder, * Kompar. *-tero-*, vgl. ai. *pūrva* neben *purā* vor, dazu fordern, fördern, Fürst *m;* vorderhand einstweilen, ~fahr *m*, ~fall *m* Ereignis, ~gang *m*, ~gänger *m*, ~gebirge *n* 17. Jh. (Lüs. v. lt. *promontorium)*, ~handen eig. vor d. Händen, an. *fyrir hǫndum*, ~hang *m* (früher auch Fürhang), ~haut *f* 15. Jh. Lüs. v. lt. *praeputium*, ~hut *f* (Lüs. v. fz. *avant-garde)* 18. Jh., ~läufig, ~laut 15. Jh. zuerst v. Jagdhund, der z. früh anschlägt, ~lieb (fürlieb) nehmen, eig. etwas für Liebes ansehen, ~mund *m* ah. *foramunto* = *advocātus* Fürsprecher, Beschützer e. Unmündigen, mh. *munt* Schutz; s. Mund²; ~nehm: aus der Menge hervor nehmen, auszeichnen, mh. *fürnaeme*, ~nehmlich, ~rat *m* s. Rat, ~satz *m*, zum ~schein kommen, ~schlagen, ~schub leisten z. schieben, ~schützen, ~sehung *f*. 18. Jh., ~sicht *f*, ~sitzer *m* als Lüs. v. ndl. *voorzitter* 1788 in Goethes Egmont, 1892 v. dt. Sprachverein bekämpft, später gegenüber »Vorsitzender« empfohlen; ~sprung *m*, ~stellen, ~sündflutlich 1588 f. nlat. *antediluvianicus*, ~teil *m* eig. Teil, den man voraus empfängt, ~trag *m*, ~(für-)trefflich, ~witz (Fürw.) *m*, ~wand *m* 15. Jh. (Lüs. v. lt. *praetextus)* z. mh. *vürwenden*, s. Aufwand, ~wurf *m* 1. Lbi. n. gr.-lt. *problema*, lt. *objectum*, mh. *vürwurf* Objekt, Thema, Sujet, z. behandelnder Gegenstand (oft b. Lessing), 2. Tadel, ~ziehen eig. aus d. Menge, ~zug *m*, ~züglich, ~welt *f* 18. Jh.

vulgär gemein, gewöhnlich, 17. Jh. v. fz. *vulgaire*, lt. *vulgāris* gewöhnlich, z. *vulgus* Volk; Vulgärlatein.

Vulgata *f* die allgemein verbreitete, seit Gregor d. Gr. i. d. kath. Kirche allg. gebrauchte lat. Übers. d. Bibel (des hl. Hieronymus), ihre Vorgängerin: Itala od. *Vetus Latīna.*

Vulkan *m* feuerspeiender Berg, 17. Jh. v. lt. *Vulcānus* röm. Gott d. Feuers, im Ätna gedacht, eig. d. Strahlende, gr. kretisch *Velchānos*, ~isch 19. Jh., ~isierung »Verbindung v. Kautschuk m. Schwefel« 20. Jh.

W

Waage *f* ndl. *waag*, ah. and. *wāga*, pl. Wag u. Wacht *f*, auch »Ortscheit«, z. wagen, wägen, wiegen, bewegen; ~recht vgl. Wagen, Woge.

Wabe *f* Zellenbau d. Bienen, ah. *waba*, z. weben; s. Waffel.

Waberlohe *f* 19. Jh. (J. Grimm, R. Wagner) Lbi. nach an. *vafrlogi*, »flackernde Flamme«; wabern, an. *vafra* sich hin u. her bewegen, eng. *wave* wogen, verw. m. weben.

wach 16. Jh., ~en, ah. *wahhēn*, urv. lt. *vigeo* bin stark, aind. *vajas* Kraft; got. *wakan*, eng. *wake*, *watch;* ~e *f*, ah. *wacha*, ~t *f*, Wächter *m*, ah. *wahtāri*, entl. fz. *guet* Wache, *guetter* lauern, erspähen; s. wachsen, wacker, wecken.

Wacholder *m* mh. *wēcholter*, ah. *wēhhaltar*, viell. z. Wz. *weg* binden, mu. Queckholder, alem. Reckholder, s. Quecke, Holunder u. -der i. Liste 54, nd. Machandelbom.

Wachs *n* mh. ah. and. *wahs*, pl. Waß, ags. *weahs*, eng. *wax*, an. *vax*, urv. lt. *vēlum* »gewebtes« Tuch, air. *figim* webe, aslaw. *voskŭ*, lit. *vāszkas;* wichsen.

wachsen mh. *wahsen*, ah. and. *wahsan*, pl. wassen, got. *wahsjan*, ags. *weaxan*, eng. *wax*, urv. gr. *a(w)éxō* wachse; lt. *augēre* ~lassen, *auxilium* *Zuwachs, Hilfe, tochar. *oks-* ~; Wuchs *m*, Gewächs *n;* s. Wucher, auch.

Wacht *f* mh. *wahte*, ah. *wahta*, got. *wahtwō;* ~feuer *n* 17. Jh., ~meister *m* eig. Zunftm., dann milit. der die Wachen beaufsichtigt, 16. Jh., s. Biwak.

Wachtel *f* ah. *wahtala*, wie galloroman. *coacula* (fz. *caille)* lautmal.? Mischform hiervon ah. *quahtila*.

Wacke *f* mh. *wacke* Feldstein, Flußkiesel u. a., Grau~; ~rstein (in Grimms Märchen): *wēgan* bewegen.

wackeln z. mh. *wacken* schwanken, Intensivbildung z. mh. *wagen* sich bewegen, ah. *wagōn*, eng. *waggle;* s. bewegen.

wacker ah. *wackar* wach, frisch, (Odoaker = Odowakar Besitz u. ~), anord. *vakr* wach, rege, z. wecken, urv. ai. *ugrá* rege. F.N.: Weckherlin.

Wade *f* ah. *wado*, an. *vǫdvi* Muskel, ~; urv. lt. *vatius* einwärts gebogen, krumm *(vārus* auseinandergebogen).

Waffe *f* mh. *wāfen*, ah. *waffan*, *wafan*, got. *wēpna* Mehrz., ags. *waepen*, eng. *weapon*, s. Wappen; waffnen, wappnen (meist bildl.); ~nstillstand *m* 17. Jh. Lüs. v. fz. *armistice*.

Waffel *f* wabenähnl. Kuchen, entl. asp. *guafla* v. mndl. *wāfel*, aus flām. *wāfer*, afz. *wafre*, fz. *gaufre*(dah. eng. *wafer* neben *waffle)* Wabe, Waffel; 17. Jh.; s. Wabe.

Wagen *m* ah. *wagan*, krimgot. *waghen*, pl. Wag, ags. *wægn*, eng. *wain*, schw. *vagn*, dä. *vogn*, urv. aind. *vahana*, z. idg. Wz. *wegh* ziehen, gr. *(w)óchos*, lt. *veho* trage, fahre, also eig. der Ziehende, Fortbewegende, s. Weg, Waage, bewegen; Wagner *m* südd. (nordd. Stellmacher). Dazu **Waggon** *m* eng. 19. Jh. m. fz. Aussprache (Rückw.).

wagen mh. *wāgen* eig. auf d. Waage legen; Wagnis *n*, Wagehals *m* = (ich) wage d. H. = Leben 15. Jh., waghalsig.

wägen ah. and. ags. *wēgan*, an. *vega*, got. *ga-wigan;* mh. *wegen* sich bewegen, in Bewegung setzen, wägen; s. wiegen.

Wahl *f* mh. *wal*, ah. *wala*, anord. *val*, z. **wählen,** got. *waljan*, verw.

wollen, urv. ai. *váram* Wunsch, *varáyati* wählt aus. ~verwandtschaft *f* Ausdruck d. Chemie (Lüt. v. lt. *attractio electiva)*, seit 1809 auf menschl. Verhältn. übtr., ~spruch *m* eig. erwählter Spruch (auf Wappen) 17. Jh., wählerisch.

Wahn *m* mh. ah. and. *wān*, got. *wēns* Erwartung, Hoffnung (Bed.-W.); **wähnen** got. *wēnjan*, ah. *wānnen*, mh. *wænen*, an. *væna* z. Wunsch u. gewinnen. Argwohn *m*, ~fried (R. Wagner). Nicht verw.: ~sinn, ~witz *m* z. mh. *wan*, got. *wans*, an. *vanr* leer, fehlend, also eig. mangelnder Sinn, fehlendes Wissen, urv. ai *ūná-* ermangelnd, s. Wuhne, lt. *vānus* leer (fz. *vain* eitel, unnütz), s. erwähnen, das nicht verw. ist; s. man².

wahr mh. ah. and. *wār*, pl. wohr, ags. *wær*, afries. *wēr;* dazu ah. *wāra*, ags. *wær*, an. *vārar* Mz. Treugelöbnis; ah. *giwāri* »durch Treue verbunden«; got. *tuz-wērjan* zweifeln; germ. Grdb. also wohl »durch Treue sicher«; ~heit *f*, ~lich, ~haft, ~sager *m*, mh. *wārsage* Prophet, and. *wārsago;* urv. lt. *vērus*, air. *fīr*, aslaw. *věra* Glaube, atschech. *viera* ~heit, tschech. *verný* ~haftig; poln. *wierny*, lt. *se-vērus* streng; * un-freundl. gr. *ēra phérō* erweise e. Gefallen, vgl. wahren, be~en; s. albern, zwar.

wahren mh. *warn*, ah. *biwarōn*, and. *warōn* beachten, ags. *warian* bewahren, hüten, eng. *beware of* (eig. *be ware)*, anord. *vara;* be~, ge~; urv. gr. *horáō* sehe, *oũros* Wächter, lt. *vereor* scheue; s. Ware; wahrnehmen, ah. and. *wara nëman*, eig. seine Aufm. auf etwas richten, schw. *taga vara* achtgeben; Wahrung *f*, verw. sind warnen, warten, s. auch gewahr; entl. fz. *garder* acht haben u. *garer* hüten, *gare* Bahnhof, *gare* aufgepaßt!; afz. *warenne* Gehege, eng. *warren.* O.N.: *Varennes* am Argonner Wald. **wahrschauen** (seem.) warnend benachrichtigen, 15. Jh. v. mnd. *warschouwen*, ah. *wāra* Obacht + *sciuhan* erschrecken.

währen mh. *wërn*, ah. *wërēn*, z. mh. *wësen*, ah. *wësan*, got. *wisan* sein, verweilen, pl. wesen (sein), Währung *f*, mh. *wërunge*, mnd. *wëringe* Gewährleistung (d. Münzgehalts); s. Wesen, langwierig.

während eig. Part., 18. Jh.: währendes Krieges, währender Zeit, währender Arbeit, später getrennt: ~ d. Arbeit; endlich Konj.: ~ daß er sprach (oft bei Schiller).

Wahrzeichen *n* mh. *warzeichen*, mnd. *wartēken*, 1) *war* verdrängte ah. mh. *wortzeichen*, and. *wordtēkan* Buchstabe, Erkennungszeichen; s. wahren.

Waid *m* blaufärbende Pflanze, ah. mh. *weit*, ags. *wād*, eng. *woad*, urv. lt. *vitrum*, gr. * *witsatis*, *isátis*, entl. fz. *guède*, it. *guado*, tschech. *vejt*, russ. *vajda.* Waidmann usw. s. Weid-.

Waise *f* mh. *weise*, ah. *weiso*, z. ah. *wīsan* meiden, lt. *(di)vid(o)* trenne, ai. *vidhúš* vereinsamt, also viell. (v. d. Eltern) Getrenntes; vgl. got. *widuwaírna* ~ u. *widuwo* Witwe.

Wake *f* nd. an. *vǫk* Öffnung in d. Eisdecke = Wu(h)ne (oberd.); vgl. eng. *wake* Kielwasser, urv. gr. *hygrós*, lt. *uvidus* feucht; s. Ochse.

Wald *m* mh. *walt*, ah. *wald*, ags. *weald*, eng. *wold* †; entl. it. O.N.: *Gualdo;* ~meister *m* eig. ~arzt, da früher als Heilkraut benutzt; ~schrat s. Schrat; verw. m. wild?, ah. asächs. ~ auch = Wildnis; ~einsamkeit (Tieck 1797).

Walfisch *m* mh. *wal*, *walvisch*, ah. *wal*, *walfisc*, an. *hvalfiskr*, eng. *whale*, norweg. *hvalö* Walfischinsel, urv. apreuß. *kalis* Wels, lt. *squalus* Meersau; Walroß an. *hrosshvalr.*

wälig, wählig mu. nordd. Voß, Siebz. Geb. 120, jugendkräftig, ausgelassen, altnd. *wëlag: wëlo* Wohlbefinden.

Wálhall *f* 18. Jh. v. anord. *Valhǫll* Aufenthalt d. gefallenen Krieger (*valr* die Erschlagenen, *hǫll* Halle), ah. *wal*, *wuol* Niederlage, urv. tochar. *walu* tot, lit. *vēlés* (*f* Mehrz.) Geister der Verstorbenen; Walküre *f* die unter den Gefallenen auswählende Jungfrau, 18. Jh. v. an. *valkyria* (*valr* u. *kyria* küren, wählen); **Walstatt** *f* irrt. an Wahl angelehnt, z. B. O.N.: Wahlstatt: 9. IV. 1241.

walken schlagen (Wollstoffe), ah. *walkan*, an. *valka* rollen, urv. ai. *válgati* bewegt sich heftig; entl. afz. *gauchier*, it. *gualcare* walken, *gualchiera* Walkmühle; *wälgern* mu. Teig glatt rollen.

Wall *m* ah. and. *wal*, ags. *weall*, afries. *wal* v. lt. *vallum* Lager~, Schutzwehr, Damm, eng. *wall* Mauer, s. Intervall.

Wallach *m* um 1500, verschn. Hengst (aus der Walachei); v. aslaw. *Vlachu* ~e (Völkername).

wallen[1] fließen, sprudeln, ah. and. *wallan*, ags. *weallan;* an. *vella*, got. *wulan* sieden, dazu Welle *f*.

wallen[2] pilgern, ah. *wallōn*, ags. *weallian* wandern gehen; mh. *wallaere* Pilger, *wallevart* Wallfahrt; z. ah. *wadalōn* umherschweifen.

Walm *m* Fläche d. ~daches, zs. gez. aus Walben, mh. *walbe*, ah. *walbo* z. wölben.

Walnuß *f* nd. mnd. *walnut*, mh. *wälhisch nuz*, Lüs. v. spätlt. *nux gallica*, also eig. welsche Nuß; ags. *weal-hnutu*, eng. *walnut;* s. welsch. F.N. Wal(l)baum.

walten ah. *waltan*, got. *waldan*, ags. *wealdan*, eng. *wield* beherrschen, urv. lt. *valēre* stark sein, lit. *valdýti*, aslaw. *vlasti*, tochar. *wäl* König; 347 männl., 12 weibl. P.N. auf -walt; Walter, Walther ah. *Walthari* im Heer Waltender, Heerführer, entl. fz. *Gautier*, umgekehrt Herold, Harald, Ewald durch d. Gesetz, Arnold wie ein Aar, Berthold im Glanz, Reinwald, Reinhold (dah. it. *Rinaldo)* im Rat, Waldemar m. Ruhm waltend, dah. viell. russ. Wladimir; s. Kobold. Isolde ist kelt., doch volksmäßig gedeutet als: in Eisen waltend; Gewalt *f*, Anwalt *m* überwältigen, vergewaltigen; s. Herold.

Walze *f* z. walzen, pl. wöltern, ah. *walzan* sich drehen, wälzen, Bew. wälzen, ah. *welzen*, ags. *wieltan*, got. *waltjan* z. *walwjan*, urv. lt. *volvo*, gr. *eilýō*, ai. *válatē* dreht sich, lt. *vallus* Pfahl, s. Wurzel; Walzer *m* 18. Jh.; Wälzer (scherzh.) dickleibiges Buch (Lüs. v. lt. *volumen: volvere* wälzen, 18. Jh.); entl. fz. *valse;* s. Welle.

Wamme *f* mh. *wamme*, *wambe* Bauch, Schoß, got. ah. *wamba*, eng. *womb* Leib, entl. breton. *gwamm* Weib.

Wams *n* Bekleidung d. Rumpfes, mh. *wambeis* v. afz. *wambais:* mlt. *wambasium* gesteppter Rock unter dem Panzer, v. mgr. *bambax* Baumwolle; wamsen, prügeln, s. necken.

Wand *f* mh. ah. *want*, z. winden (da früher aus Flechtwerk), s. Wanze; got. *vandus* Rute *Gewundenes; ~ung *f*, Vor~ *m*, Auf~ *m*.

Wandel *m*, ah. *wantal* = Tadel, **wandeln** ah. *wantalōn*, *wantōn* wenden; **wandern** mh. *wandern* alle z. winden; verwandeln, wandelbar, bewandert.

Wange *f* eig. südd. ah. *wanga*, entl. it. *guancia;* verw. m. got. *waggs*, an. *vangr* Feld, Fläche? O.N. auf -wang, z. B. Breitenwang (= Br.-feld), schwäb. Ellwangen u. fränk. Erlangen; * Krümmung?, zu ai. *vakrá* gebogen, *vañcati* wankt, lt. *vacillāre* wanken, alban. *vangu* Felge (Radkranz), lit. *vingùs* krumm.

wanken ah. *wankōn* z. winken; ohne Wank, wankelmütig.

wann (erst um 1750 von wenn geschieden) mh. *wanne*, *wenne*, ah. *hwanne*, got. *hwan*, ags. *hwanne*, eng. *when*, urv. altlt. *quom* als *quando* ~, kymr. *pan* ~.

Wanne *f* ah. *wanna*, v. lt. *vannus* Getreideschwinge: *ventus* Wind, vgl. *ventilāre* Getreide worfeln; (n. d. längl. runden Futterschwinge: Bade~, 14. Jh.).

Wanst *m* (nur noch verächtlich), ah. *wanast*, mh. *wanst* Tierbauch, urv. lt. *venter* Bauch, *vēnsīca* Blase.

Want *f* starkes Stütztau, seem., Mz. Wanten, 17. Jh., wohl z. mnd. ndl. *want* Fischnetz, z. winden.

Wante *m f* nd. meist Mehrz. ~n, ostfries. Fausthandschuh, urgerm. entl. ins Finnische *vanttu;* mlat. fränk. (7. Jh.) *wantus*, fz. *gant*, it. *guanto*, sp. ptg. *guante*.

Wanze *f* mh. *wanze*, Vkl. z. ah. *wandlūs* i. Wandritzen lebend, ndl. *wandluis*, dän. *væggelus* = Wandlaus (vgl. tschech. *stěnice* ~: *stěna* Wand); alem. (Hebel) Wentele; s. Laus.

Wappen nd. Nf. z. Waffe, bezeichnete bes. den Schild mit d. darauf gemalten Abzeichen d. Ritters, dann dieses selbst, eng. *weapon;* s. Waffe.

Waran *m* Eidechse, 19. Jh. v. fz. *varan:* arab. *waran*.

Wardein, Münz~ *m* z. warten (acht haben), Prüfer d. Feingehalts d. Edelmetalle; mh. *wardīn* v. nordfz. *wardien*, mndl. *wardijn:* mlat. *guardianus* v. germ. **ward*-(warten); in latini. Form. *Guardian* Vorsteher e. Franzisk.- u. Kapuz.-Klosters.

Ware *f* nd. *war*, erst Ende 13. Jh. hd., hans. W., ags. *waru*, eng. *ware*, schw. *vara*, z. wahren, also eig. Behütetes, Bewahrtes; Warenhaus *n* -Kaufhaus Ende 19. Jh.

Warf s. Werft[3].

warm ah. *war(a)m*, an. *varmr*, got. *warmjan* wärmen, z. Wz. *wer* wallen, heiß sein, urv. ablg. *variti* kochen, *varŭ* Hitze, russ. *Samovár* Selbstkocher, lit. *virti* kochen; oder: idg. **gu̯hormo*, lt. *formus*, gr. *thermós* warm, ai. *gharmás* Glut; vgl. O.N. *Bormio* (Oberitalien); s. Therme, Wermut.

warnen ah. *warnōn* sich hüten, mhd. *warnen* aufmerks. machen, ags. *wearnian*, eng. *warn*, z. wahren, warten, germ. **warnjan* vorsehen, entl. fz. *garnir*, it. *guarnire* ausrüsten.

warten ah. *wartēn* lauern, got. -*wards* (in Zs.) u. *wardja* Hüter, and. *wardōn* auf d. Hut sein, ags. *weardian*, eng. *ward* schützen; Grbd. schauen, spähen, entl. fz. *garder* hüten, it. *guardare* sehen, hüten, s. wahren, warnen. Wart *m* † in Bann- = Flurschütz, Forst-, Tür- usw., Warte, ah. *warta* *f* Wachtturm; gegenwärtig, aufwarten, Anwartschaft *f*.

-wärts s. Liste 54.

warum mh. *wārumbe*, ah. *wār umbe (wār* = wo, *umbe* = um).

Warze *f* pl. Wratt, ah. *warza*, and. *warta*, an. *varta*, ags. *wearte*, eng. *wart;* wohl urv. aslaw. *vrědŭ* Ausschlag, *Erhöhung, aslaw. *vrŭchŭ*, lt. *verrūca;* vgl. mu. Werre, Wern »Gerstenkorn am Auge«.

waschen ah. *wascan*, an. *vaska*, eng. *wash*, germ. **wat-skō-* * im W. hin- u. herbewegen, tochar. *wāsk* sich bewegen; entl. afz. *waschier* rühren; Waschzettel (v. Neuerscheinungen des Verlages), 19. Jh.

Wase *f* md. nd. für Base, mnd. *wase*, ah. as. *wasa* Vaterschwester, < **baswa?*

Wasen s. Rasen, ~meister (Abdecker); Wesme = Gras (Hebel); O.N. Wasah.

Wasser *n* ah. *waȝȝar*, got. *watō*, Gen. *watins*, pl. Water, eng. *water*, afries. *wetir*, an. *vatn*, schwed. *vatten*, dän. *vand;* urv. gr. *hýdōr*, ai. *udán-*, ablg. *voda*, Vkl. *vodka* Wässerchen, russ. *wedro* »Eimer«; hethit. *watar*, Dat. *weteni*; verwässern, eng. *wet* naß, s. Otter[1]; Wasserzieher † Brunnenmacher, nur noch F.N.; ~n aufs ~ nieder gehen (v. Flugzeug); ~stoff *m* 1791 Lüt. v. fz. *hydrogène* (1787).

† **Wat** *f* Kleid (wodurch Wat im 17. Jh. endgültig verdrängt wurde), ah. mh. mnd. *wāt*, as. *wād*, ags. *waed*, an. *vađ*, z. got. *gawidan* binden, urv. lit. *áudžiu* webe.

Wate *f* Fischnetz, ah. *wata*, mh. *wate*, z. Wat.

waten ah. *watan*, pl. waden, ags. *wadan*, eng. *wade*, urv. lt. *vādo* gehe (fz. *je vais)*, *vădo* wate dazu: Watt *n* bei Ebbe bloßgelegter Meeresgrund; Wattenmeer *n*, urv. lt. *vadum* Furt; entl. it. *guado*, fz. *gué* Furt. O.N.: Salzwedel Furt a. d. Salzquelle, Wedel-(er Au).

Watsche *f* mu. Ohrfeige, mh. **watze* z. *(ōre)wetzelīn* Ohrfeige z. wetzen u. ah. *waȝ* scharf.

watscheln 16. Jh. v. spätmh. *wackzen* wackeln.

Watt *n* Einheit der elektr. Leistung, n. J. Watt, v. eng. *watt* (1882).

Watt||**e** *f* 17. Jh. v. ndl. *watten*, Vkl. *watje*, wie it. *ovatta*, fz. *ouate*, eng. *wad* v. mlat. *wadda* (1380), d. viell. entlehnt ist v. arab. *baṭn* Bauch, Inneres; Mehrz. *baṭā'in* Unterfutter.

Wau *m* Resedaart, gelbe Farbe daraus, ndl. *wouw*, altfränk. **walda*, eng. *weld*, mnd. *wolde*, entl. fz. *gaude*, sp. *gualda*, urv. lt. *lūtum* * *vlūtum* Färbekraut.

weben[1] ah. *wëban*, ags. *wefan*, eng. *weave*, anord. *vefa*, urv. gr. *hyphaínō*, *hýphos* Gewebe, ai. *ūrnavābhi* Spinne (»Wollenweber«), pers. *bāftän* ~; d. Idg. kannten die Webkunst, s. nackt; Gewebe *n*, Weber *m*, s. Wabe, Wespe, Waberlohe.

weben[2] in Luthers Bibel »sich bewegen«, vgl. mh. *wëben* sich hin- u. herbewegen, weben, spinnen.

Wechsel *m* an. *vīxl* Tausch, ah. *wëhsal*, pl. Wessel, 14. Jh. Lb. n. it. *cambio;* ~bank *f* 16. Jh. in Nürnberg; urv. lt. (Mehrz.) *vicēs* Abwechslung, Gegenseitigkeit; s. weichen. Woche, Vikar, Vize; ~balg *m* ah. *wihseling*, mh. *wëhselkint;* ~reiterei *f* 18. Jh. Lüs. v. ndl. *wisselruiterij*. 2) ~ s. Weg.

Weck *m* keilförm. Gebäck, ah. *weggi*, *wecki*, an. *veggr* Keil, urv. lit. *vãgis* Zapfen, Pflock; ~ Übern. f. d. Bäcker (vgl. Flad, Hebel, Hornaff u. a.), auch oberbad. F.N. in Öflingen, daher 1894ff. einwecken nach d. Erfinder.

wecken ah. *wecchan*, got. *us-wakjan*, urv. lt. *vigil* wach, *vegeo* bin munter, ai. *vājáyati* treibt an; s. bewegen, wachen, wacker.

Wedel *m* ah. *wadal*, *wedil* Büschel; * Schwankendes, schwäb. Schweif, † Wadel = Mondwechsel; wedeln (meist v. Hunde).

weden nd. *jäten*, an. *wiodon*, ags. *weodian*, ndl. *wieden* z. an. *wiod*, ah. *wiota* (Farn)kraut, eng. *weed*.

weder (jetzt nur noch: weder – noch, bei Goethe auch: weder – weder) ah. *wëdar*, *hwëdar* wer v. beiden, got. *hwaþar*, urv. ind. *katarás* gr. *póteros*.

Weg *m* mh. ah. *wëc*, got. *wigs*, afries. *wei*, an. *vegr*, eng. *way*, z. idg. Wz. *wegh* ziehen, fortbewegen, urv. lt. *veho*, ai. *vah-* fahren; s. bewegen, Wagen, Woge; **wegen** mh. *von wëgen* Dat. Mehrz. (von Rechts~); **Wegerich** *m* ah. *wëgarīh* (wohl nach P.N. wie *Diotrīh* usw.), vgl. *wëgabreita* Wegerich, s. Reich; Wegelagerer *m*, Wegweiser *m;* **weg** mh. *enwëc* eig. *in wëc* auf den Weg, ags. *onweg*, eng. *away*.

weh mh. ah. *wē*, got. *wai*, pl. weih, eng. *woe* (entl. fz. *ouais*, it. *guai)*, urv. lt. *vae*, ai. *uvé*, awest. *avōi*, gr. *aiaí*, lautm. Wehen, Nachwehen Mehrz.; s. weinen, wenig; ~mut *f* 15. Jh., mh. *wēmüetecheit*.

wehen ah. *wājan*, got. *waian*, pl. weigen, urv. gr. *áēmi*, ai. *vāyati*, awest. *vāiti* weht, aslaw. *vějati*, s. Wind.

wehren Grdbd. sperren, hindern; dann schützen, verteidigen, mh. *wern*, ah. *werian*, got. *war jan*, urv. ai. *vārati* hemmt, ai. *varaná* Wall, Damm, gr. *éryma* Schutz, Ztw. *(w)erýomai*, lt. *vestibulum* * *verostabulum* Raum b. d. Tür, aslaw. *vora* Verzäunung, entl. fz. *guérir* heilen; **Wehr** *n* Querdamm z. Stauen d. Flusses, alem. *wuor* * Hemmung; Ge∼ *n* Mehrz. eig. Waffen z. Wehr; Wehr *f* in Zs.: Land∼, Schutz∼, Not∼, ∼pflicht *f*, ∼stand *m*, ∼macht *f*, ∼haft; s. Werder.

Weib *n* mh. ah. *wīp*, pl. Wiw, and. ags. *wīf*, eng. *wife*, anord. *vīf*, viell. z. *(svell) vīfaðr* (eis)bekleidet, also eig. »die bekleidete, verhüllte« (Braut); vgl. lt. *nupta* z. *nubere* verhüllen. Oder im Ablaut z. ah. *weibōn* hin- und herlaufen (s. Weibel): dann wäre ∼ schon vorgeschichtlich als »die geschäftige (Hausfrau)« bezeichnet worden?

Weibel *m* † Gerichts-, Amtsdiener, ostmd. Nf. -webel in Feld∼, z. ah. *weibōn* sich hin- u. herbewegen, urv. lt. *vibrāre*.

weich ah. *weih*, and pl. weik, anord. *veikr* schwach, biegsam, eng. *weak* schwach, z. *weichen*, ah. *wīhhan*, and. *wīkan*, urv. gr. *eíkō*, also eig. nachgebend; Weichen Mehrz., ah. *weichī* Erweichung Weiche *f* (d. Eisenbahn) 19. Jh., 18. Jh. Wasserausweiche, z. mnd. nord. *wīk* Bucht (vgl. Wikinger, *Reykjavík Narvik)*.

Weichbild *n* Stadtgebiet, mnd. *wīkbelde*, mh. *wīchbilde*, z. ah. *wīh* Ort (got. *weihs* Flecken), u. Bild, also *»Ortsbild« als Zeichen des Marktrechts, dann: Ortsrecht, (vgl. mh. *wīchgrave* Stadtrichter, *wīchvride* Burgfriede), 1) v. lt. *vīcus* Ort (b. Tacitus *vici* Häuserreihen), gr. *oíkos* Haus (O.N.: Bardowiek n. d. Langobarden, Schleswig Stadt an der Schlei, Kettwig, Sandwig b. Flensburg, dah. eng. *Sandwich*, *Norwich*, Braunschweig Brunos Stadt, Osterwieck; Wyk, Vigo i. Spanien, Vichy, Greenwich Dorf im Grünen). Vgl. ZfDSpr. 20/1964, 91.

Weichsel *f* Sauerkirsche, * Holzk., ah. *wīhsela*, urv. lt. *viscum* Mistel, Vogelleim, gr. *(w)īxós*.

Weichselzopf *m* Haarverfilzung (durch Läuse und Schorf), v. poln. *wieszczyce* (z. ∼ *ca* Nachtgespenst), das zu *wichselzupp* u. schließlich Weichselzopf umgedeutet wurde.

Weide[1] *f* (Baum) mh. *wīde*, ah. *wīda*, pl. Wid, z. idg. Wz. *wi* sich biegen, wozu auch lt. *vītis* Ranke, Weinstock, gr. *itéa (* weitéa)*, poln. *witwa* Weide, awest. *vaēti* ∼ngerte, lit. *výti* drehen, flechten; Weiderich *m*.

Weide[2] *f* ah. *weida* Futter, Ort zum Weiden, Speisesuchen, auch Jagd, Fischfang, ags. *wāð*, an. *veiðr*, ah. *weid(an)ōn*, ags. *wǣðan*, an. *veiða* Futter suchen, auf Nahrung ausgehen, urv. lt. *vēnāri* jagen, hom. gr. *(w)īemai* strebe, air. *fiad* Wild, lit. *výti* jagen, aslaw. *voj* Krieger; weiden, ausweiden, sich weiden an, Augen∼ *f*.

Weidmann *m* *weidemann* Jäger, Fischer, auch F.N. = Weidner (ah. *weidināri)*; weidlich eig. jagdgemäß dann tüchtig, stattlich; s. Eingeweide, anderweit.

weifen † ah. *wīfan* winden, haspeln, Weife = Garnwinde, Haspel, nd. Wiepe, Strohwisch, pl. wippen, eng. *wipe* wischen, got. *weipan* kränzen; urv. lt. *vibrāre* schwingen, entl. fz. *guiper*, *guipure;* s. Wimpel, Viper.

weigern ah. *weigarōn*, *weigar* tollkühn, z. *wīgan* kämpfen, urv. lt. *vinco* besiege, ablg. *věkŭ* Kraft, air. *fichim* kämpfe; P.N.: Herwig im Heere Kämpfender, Ludwig berühmter Kämpfer, Weigand, Wiegand, ah. *wīgant*, and. *wīgand*, Wichmann; s. -wig i. Liste 54.

Weih(e) *m f* (Raubvogel) mh.

wīe, ah. *wīo*, pl. Wih, mndl. *wouwe*, z. Wz. *wei-/woi-* auf Fang gehen; s. Weide².

weihen mh. ah. *wīhen* heiligen, z. got. *weihs* heilig, urv. lt. *vincīre* binden, fesseln, * (relig.) gebunden, lt. *victima* Opfertier, Opfer (fz. *victime)*; **Weihnachten** Dat. Mehrz. mh. *ze den wīhen nahten* zu d. heiligen Nächten (Winterfest d. Germanen v. 26. Dez. bis 6. Jan.); **Weihbischof** *m* Hilfs-, Titularb., der d. Bischof bei Weihehandlungen unterstützt. **Weihrauch** *m* indisches Gummiharz, ah. *wīhrouh* heilig. Räucherwerk, i. d. kath. Kirche seit d. 4. Jh. i. Gebrauch.

Weiher *m* süd- u. südwestd.; mh. *wiwaere*, ah. *wīwāri* Fischteich, ndl. *vijver*, v. lt. *vīvārium* Behälter f. lebende Tiere (*vīvus* lebend z. *vīvĕre* leben); fz. *vivier*, it. *vivajo* Weiher.

weil mh. *die wīle* solange als, während, ah. *dia wīla sō*, also eig. zeitlich, afries. *hwīli* während, jetzt begründend; zu **Weile** *f* mh. *wīle*, ah. *wīla*, *hwīla* Zeit, Stunde, got. *hweila* Zeit, pl. Wil, ags. *hwīl*, eng. *while*, an. *hvīld* Ruhe, urv. lt. *quiētus*, *tranquillus* * *-qilnos*, **weilen** ah. *wīlōn*, an. *hvīla*, Weilchen *n*, zuweilen, weiland † vormals (* zu Zeiten), ah. *hwīlōm*, ags. *hwilum*, eng. *whilom;* kurz~, lang~, mittlerweile * mit d. Weile, pl. m. de Wil, entl. tschech. *chvile* ~, Vkl. *chwilka* Weile.

Weiler *m* ah. *wīlāri* (O.N.: Ahrweiler, Brauweiler, Gebweiler) v. mlt. *vīllāre* z. lt. *vīlla* Landhaus (dah. fz. *ville* Stadt, *village* Dorf); s. Villa; > *wīre* in Appen-, Reichenweier.

Wein *m* mh. ah. and. ags. *wīn*, got. *wein*, pl. Win, eng. *wīne*, schw. dä. *vin*, v. lt. *vīnum* (urv. gr. *oinos*, eig. *woinos);* s. Winzer, Vignette. Wingert *m* Weingarten.

Weinbrand *m* seit 1907 von Asbach gebraucht (vgl. ZfDWortf. 18/1962, 186) nach dem Verbot von *Cognac* (§ 275 Versailler Vertrag) für deutschen ~ allgemein eingeführt.

weinen ah. *weinōn* z. weh, ags. *wānian*, an. *veina*, afries. *wēnia;* verw. got. *qainōn* weinen, urv. lit. *vainóju* schelte; s. wenig.

weise mh. ah. and. *wīs*, got. *weis*, ags. *wīs*, eng. *wise*, schw. dä. *vis*, z. wissen; jem. etwas *weis* machen, mh. *einen eines dinges wīs tuon* wissend machen, belehren, (jetzt ironisch); weislich, wohlweislich; Weisheit *f* ah. *wīsheit*.

Weis||e *f* Art, Melodie, mh. *wīse*, ah. and. *wīsa*, pl. Wiss, afries. *wīs*, ags. *wīse*, eng. *wise*, an. *visa* Strophe, z. wissen; entl. fz. *guise*, it. *guisa;* ~en, Be~ *m*, ~ung *f*, An~ung *f*, Weg~er *m*, **Weisel** *m* mh. *wīsel* Bienenkönigin (eig. d. Weg Weisender, Führer, ah. *wīso);* teil-, beispiels-, haufen-, scherzweise, eig. in d. Weise d. Scherzes usw., seit 18. Jh. auch Adj.: die teilweise Zerstörung.

Weisheitszahn *m* 18. Jh. Lüs. v. lt. *dēns sapientiae:* gr. *sophronistér*.

weiß mh. ah. *wīȥ*, *hwīȥ*, got. *hweits*, pl. witt, ags. *hwīt*, eng. *white*, dä. *hvid*, schw. *vit*, an. *hvītr*, urv. aslaw. *světŭ* Licht, ai. *śvetá* ~; s. Weizen; Edel~ *n*. Hoher Meißner, früh. Wissener; südd. ~binder = Anstreicher.

weissagen ah. *wīssagōn* z. ah. *wīȥȥago* Wahrsager, z. *-wīȥȥag* wissend, ags. *wīt(e)ga* Prophet, z. wissen, irrt. an weise u. sagen angelehnt.

Weistum *n* mh. *wīstuom* Aufzeichnung über Rechtsgewohnheiten, Rechtsbelehrung, vgl. »e. Urteil weisen«.

weit mh. ah. *wīt*, pl. wid, eng. *wide*, urv. lt. *vitāre* meiden, ai. *vitaram* ~er; ~en, er~ern, ~erung *f* Kanzleispr. d. 16. Jh., ohne ~eres, ~läufig, nicht ~ her (u. deshalb gering geschätzt), seit Grimmelshausen 1673.

Weizen *m* mh. *weize*, ah. *weizzi*, got. *hwaiteis*, pl. Weit(en), eng. *wheat* z. weiß (wegen d. Farbe d. Mehls), vgl. sp. *candeal* ~, lt. *candidus* weiß.

welch ah. *hwalīh* wie beschaffen, ~er, wer?, ah. *welīh*, got. *hwileiks*, ags. *hwilc*, eng. *which*, zsgs. aus einem z. wer, wie gehörigen Wort und -lich, got. *leik* Leib, Gestalt, also eig. eine wie beschaffene Gestalt habend; s. Leiche, gleich, solch.

Welf † u. Welpe, junger Hund, Fuchs od. Wolf, ah. *hwëlf*, eng. *whelp*, an. *hvelpr* z. an. *hvellr* laut, ah. *(h)well* frech; urv. mir. *cuilen;* ~en Junge werfen, mh. welfen.

welk mh. ah. *wëlc* feucht, weich, schwach, eng. *welk* † schwinden, verwelken; Grbd. feucht; verw. ags. *wlæc*, mnd. *wlak*, bayr. *läck* lau, urv. lett. *vęlgs* feucht; s. Wolke.

Welle *f* ah. *wëlla*, z. ah. *wellen*, wälzen, z. Wz. *wel* drehen: urv. gr. *eilýō*, lt. *volvo* wälze, ai. *ūrmi* Woge, aslaw. *vlŭna*, lit. *vilnìs;* Reisig~; (mnd. *welle* Quelle, eng. *well*, ags. *wielle*, z. wallen[1]).

Wels s. Walfisch.

welsch ah. *wal(a)hisc*, mh. *walhisch*, *welsch* romanisch, italien., französ., dann undeutsch, fremd, unverständlich, südd., d. Kind ~t, = spricht undeutl.; ~ (-anderes Volkstum) war viell. vorbereitend. Gegenbegriff z. deutsch (-eig. Volkstum) (Weisgerber); ndl. *waalsch* wallonisch, ags. *Wealh* Kelte, eng. *welsh* fremd, welsch, wallisisch; O.N.: Cornwall, Wales, Waadt, Walachei, Wallonen, Gallien, Gälen, Galater (Kelten i. Kleinasien), Walchensee, Walheim, alle zu *Volcae* = germ. **Walhōs* (kelt. Volksstamm); s. Wallach, Walnuß (mu. noch Welschnuß), kauderwelsch, rotwelsch. F.N.: Walch, z. T. auch Wahl.

Welt *f* mh. *wëlt*, *wërlt*, ah. *wëralt* Zeitalter, ags. *weorold*, eng. *world* Welt, afries. *warld*, *wrald*, aus ah. *wër* Mann u. got. *alds* Zeit, Alter, also eig. Menschenalter, dann Erde Weltall, vgl. *saeculum;* s. alt, Wergeld, Werwolf. Weltall *n* 18. Jh., ~anschauung *f* (1790 Kant), ~bürger *m* 17. Jh. Kosmopolit, ~mann *m* 16. Jh. »Mann von Welt«, ~weisheit *f* 18. Jh. Philosophie; ~schmerz *m* seit Jean Paul (1827) u. Heine, ~literatur *f* seit Goethe (31. 1. 1827), Halb~ *f* Lüs. v. fz. *demimonde.*

wend||en Bew. z. winden, eig. w., drehen machen, ah. *wenten*, got. *wandjan*, eng. *wend* gehen = sich wenden; Wende *f*, Sonnenwende; ~ung *f*, ab-, in-, not-, auswendig können (indem man d. Buch nur v. außen ansieht), ~eltreppe *f* 17. Jh., mh. *wendelstein*, ~ehals (gr. *íynx*), els. *renkhälsle*, ndl. *draaihals*, ~epunkt *m* um 1800, ~ekreis *m* 18. Jh. Lüs. v. lt. *circulus tropicus;* s. bewenden.

wenig mh. *wēnec*, *weinec*, ah. *weinag* bejammerns-, beweinenswert, got. *wainahs* elend, z. weinen, meine ~keit Lüs. v. lt. *mea parvitas* (Opitz 1624), ~stens; s. winzig.

wenn ursp. dass W. wie wann.

wer mh. ah. *wër*, *hwër*, got. *hwas*. ags. *hwā*, eng. *who*, schon idg., lit, urv. *kàs*, ai. *kaḥ*, alt. *quoi* = lt. *qui*, tochar. *kus*, dazu: was, weder, welch, wann, wie, wo, warum.

werben ah. *wërban* sich drehen, tätig sein, and. *hwërban* hin- u. hergehen, afries. *hwërva* sich drehen, Handel treiben, got. *hvaírban* wandeln, urv. gr. *karpós* Handwurzel; Gewerbe *n*, er~, sich be~, schwäb. Worb *(m)* gedrehter Griff; s. Wirbel, Werft[1].

werden ah. *wërdan*, got. *wairþan*, ags. *weorðan*, urv. aslaw. *vratiti* drehen, ai. *vṛt* rollen, *sám-vṛt* entstehen, lt. *verto* wende; Grbd. sich wenden; Werdegang = Entwicklung; s. -wärts i. Liste 54.

Werder *m*, **Wert** *m* mh. *wert* Insel,

Flußinsel, Halbinsel, ah. *warid*, ndl. *waard* eingedeichtes Land, ags. *warođ* Gestade z. *werian*, ah. *werien* wehren; Woort *f* Bez. v. Plätzen i. mehreren md. Städten (Halberstadt), auch durch Sumpfgürtel geschützte Hofanlage; Worth Bodenwelle. s. Liste 54.

werfen ah. *wërfan*, got. *waírpan*, ags. *weorpan*, eng. *warp*, urv. lit. *verpti* spinnen; entl. afz. *guerpir*, fz. *déguerpir* i. Stiche lassen; ent~, Wurf *m*, Entwurf, Würfel *m*, Zerwürfnis *n*, unterwürfig.

Werft¹ *f* nd. Schiffsbauplatz, eig. nur Arbeitsplatz, z. werben; s. Wirbel: eng. *wharf*. O.N.: Antwerpen, s. ant- i. Liste 54.

Werft² *m* Kette e. Gewebes, ah. *warf*, ags. *wearp*, an. *varp*, z. werfen.

Werft³, **Warf(t)** *f* aufgeworfener Hügel, z. B. auf d. Halligen, z. werfen.

Werg *n* mh. *wërc*, ah. *wërah* (neben *āwirchi* Abfall b. d. Arbeit) Nf. zu Werk.

Wergeld *n* ah. *wërgëlt* eig. Mannesgeld, dann Buße f. Tötung e. Mannes; s. Werwolf.

Werk *n* mh. *wërc*, ah. *wërah*, pl. Wark, ags. *weorc*, eng. *work*, urv. gr. *érgon* * *wergon* Werk, Tat, tochar. *wark* Jagd; ~zeug *n*, ~statt *f*, Hand~, Schuh~, Busch~, Berg~, Uhr~, Mund~, Fach~, Festungs~, Feuer~, Vor~, Weid~; s. wirken, Werg, Organ.

Wermut *m* ah. *wër(i)muota (wormuota)*, pl. Wörmd, schlesw.-holst. Wrömp, ags. *wermōd (wormōd)*, eng. *wormwood* (volkset.); Urspr. dunkel.

wert ah. *wërd*, got. *wairþs*, pl. wirt, eng. *worth*, urv. kymr. *gwerth* Preis; Wert *m*, Würde *f*; s. unwirsch.

Werwolf *m* Mann, d. sich i. e. Wolf verwandeln kann, v. ah. *wër* Mann, urv. lt. *vir*, ai. *virá*, lit. *výras*; halb entl., halb übers. fz. *loupgarou*; vgl. gr. *lykánthrōpos* »Wolfmensch«; s. Wergeld.

Wesen *n* subst. Inf. *wësen*, ah. *wësan*, got. *wisan* sein, bleiben (s. verwesen¹), wesentlich, spätmh. *wësen(t)līch;* Un~ s. abwesend, anwesend, währen, wahr; lt. *Vesta* Göttin der Wohnung u. Heimat, ai. *vásati* wohnt, verweilt.

Wespe *f* mh. *wëspe*, *wëfse*, ah. *wafsa*, schwäb. Wefzg' z. weben, Wabe; urv. lit. *vapsá* Bremse, ablg. *vosa* Wespe, lt. *vespa* (fz. *guêpe*, *gu* unter germ. Einfluß, wie *guerre* v. *werra)*.

West *m*, **Westen** *m* ah. *wëstan*, ags. eng. *west*, an. *vestr*, urv. lt. *vesper*, gr. *hespérā* Abend, also Abendseite; O.N.: Westfalen, Westerland (Sylt). Westerwald, Westrich *n* Teil d. Rheinpfalz, Wessex (i. England = Westsachsen). Hesperien (= Italien, weil westlich v. Griechenland; dann übh. Westeuropa) s. o.: gr. *hespérā*. Entl. aus d. German., wie alle Himmelsrichtungen, ist fz. *ouest*.

Weste *f* 17. Jh. v. fz. *veste*, dafür jetzt *gilet*, z. lt. *vestis* Kleid, urverw. got. *wasti* Kleid, *wasjan* kleiden.

Wette *f* ah. *wetti* Pfand, Verbindlichkeit, got. *wadi* Pfand, Handgeld, pl. Wedd, ndl. *wet* Gesetz, entl. fz. *gage*, it. *gaggio Pfand*, urv. lt. *văs* (Gen. *vadis)* Bürge, lit. *vadúoti* e. Pf. einlösen, *ùžvadas* Stellvertreter (auch gr. *ēthos* Weide, Zaun, Sitte?); wett† = quitt; wetten, wettmachen; Wettbewerb *m* 18. Jh. für Konkurrenz s. Wetteifer *m*, um die ~; s. Gage.

Wetter *n* ah. *wëtar*, pl. Weder, ags. *weder*, eng. *weather*, Grbd. wahrsch. (bewegte) Luft, urv. aslaw. *vedro* gutes ~, *vedrŭ* heiter od. *větrŭ* Luft, Wind, lit. *vëtra* Sturm, bergmänn. schlagende ~; Gewitter *n* wittern, verwittern, Witterung *f*, ~glas *n* Barometer, wettern, fluchen (eig. ein Gewitter auf jem. herabwünschen), ~leuchten mh. *wëterleich*, norw. *vederleik* Blitz, z. mh. *leichen* tanzen, hüpfen, got. *laikan* (v. d.

zuckenden Bewegung d. Blitzes), an leuchten angelehnt, s. löcken, frohlocken; ~wendisch b. Luther = unstet (oberd.), launisch; norm. * *wedrwiti* ~weiser: z. *girouette* Wetterfahne.

wetzen ah. *wezzan* * *hwazzjan* = got. *gahwatjan*, an. *hvetja*, eng. *whet*, z. ah. *waȝ* scharf (< germ. * *hwata-*), also eig. »scharf machen«, urv. lt. (tri)- *quetrus* (drei)eckig; daneben germ. * *hwassa-*: got. an. *hvass*, ah. mh. *was* scharf, streng, m. Schärfe, dän. *hvass*; Bergn. Watzmann? F.N. Wachsmut; s. Watsche.

Wichs *m* 18. Jh. stud. Gala, z. wichsen, mh. *wihsen*, in altem Ablaut z. ah. *wahsen* mit Wachs überziehen, blank machen; s. Wachs.

Wicht *m* mh. ah. *wiht* Geschöpf, Ding, Zwerg, elender Mensch, got. *waíhts* Ding, ags. *wiht* Wesen, eng. *wight* Ding, Geschöpf, Wicht, an. *vēttr* übernat. Wesen, Ding; urv. aslaw. *věstĭ*; s. nicht; Wichtelmännchen *n*; **wichtig** gehört z. Gewicht, Nf. z. gewichtig.

Wicke *f* ah. *wicka*, v. lt. *vicia* (dah. auch it. *veccia*, fz. *vesce*: eng. *vetch*).

Wickel *m* ah. *wickilīn*, ~kind *n*, wickeln, s. entwickeln; verw. m. Wachs u. Wieche, urv. air. *figim* webe.

Widder *m* ah. *widar*, got. *wiþrus*, eng. *wether*, urv. lt. *vitulus* Kalb, ai. *vatsás* Kalb, Jährling, gr. *étos* Jahr, lt. *vetus* alt, »bejahrt«, also eig. Jährling, Junges.

wider ah. *widar* wider, zurück, wieder, got. *wiþra*, ags. *wiđer*, *wiđ*, eng. *with* mit, schw. *vid*, dä. *ved*; ai. *vitarám* weiter: *ví-* auseinander; ~-lich, widrig, er-widern, ~hall *m*, ~part *m* Gegner, ~rede *f*, ~rufen, ~sacher *m*: ah. *sahhan* streiten, s. Sache; ~setzen, ~sinnig, zu~, an~n, ~spenstig: mh. *widerspān*: *span(n)* Streit: ~wärtig, mh. *widerwart* Gegnerschaft, ~kehr *m* südd. Quergiebel; s. wieder.

widmen ah. *widimen* ausstatten, z. ah. *widamo* Mitgift, urv. gr. *hédnon* Brautgeschenk, lit. *vèsti* führen, heiraten; s. Wittum.

wie ah. *wio*, *hwio*, *hweo*, got. *hwaiwa*, and. *hwo*, ags. *hū*, eng. *how*; alte Verschiedenheit v. nördl. * *hwō* u. südl. * *hwē*.

Wiebel *m* Kornwurm, ah. *wibil*, eng. *weevil*, urv. lit. *vãbalas*; s. Wabe, Wespe.

Wieche *f* mu. Docht, ah. *wiohha*, mh. *wieche*, mnd. *wēke*, ags. *wēoce*; redupliz. z. Wz. *weg* weben, verw. m. Wickel u. Wocken.

Wiede *f* mu. Weidenband um eine Rute, ah. *wid*, mh. *wide*, *bi der wide* b. d. Strafe d. Hängens; z. Weide[1].

Wiedehopf *m* ah. *wituhopfo*, volksetym. als Holz-, Waldhüpfer, v. ah. *witu* Holz, schon in ah. Zeit aufgefaßt. Zugrunde liegt aber wohl eine ursprüngliche lautmalende Bezeichnung durch den Paarungsruf des Vogels: *hupup* (wie z.B. auch lt. *upupa* u. dän. *hærpop*); s. Krammetsvogel.

wieder Nf. z. wider, pl. wedder, erst i. 17. Jh. davon getrennt; ~geburt 17. Jh. Lüs. v. lt. *regeneratio*, fz. *renaissance*, it. *rinascimento*.

Wiege *f* ah. *wiga* (u. *waga*), pl. Weig, z. bewegen, wägen; **wiegen**[1], Wiegenlied *n* 19. Jh., s. gewiegt.

wiegen[2] e. Gewicht haben, 16. Jh. z. wiegt v. wägen; s. wägen.

wiehern lautm., ah. *wihōn*, verw. ags. *hwīnan*, eng. *whine* winseln, jammern, schw. *hvina*, dä. *hvine* kreischen.

Wiemen *m* Stange, 1) in d. Räucherkammer, 2) im Hühnerstall, mnd. *wime* Stangengerüst, über mnl. *wime*, (fz.) prov. *vime*, v. lt. *vīmen* Rute, Flechtwerk.

wienern um 1930 umg. soldat. putzen, ursp. m. Wiener Putzkalk.

Wiese *f* ah. *wisa*, and. *wīsca*, pl. Wisch, ags. *wisc*, verw. eng. *woosy* †, *oozy* feucht, sumpfig, ags. *wāse*, anord. *veisa*, urv. hethit. *weši*-Weide; O.N.: Wismar, Wasungen, Wasach, *Idisiaviso* = nd. Elbenwisch, Wiesbaden; s. -a, -aa in Liste 54.

Wiesel *n* ah. *wisula*, ags. *weosule*, eng. *weasel*, Vkl. z. *wis(j)o* Iltis, urv. lt. *vis(s)io* * *vis(s)iōnem* Gestank, afz. *voisôn* (Iltis).

wieten mu. Unkraut jäten, s. weden.

wild ah. *wildi*, got. *wilþeis*, pl. will, ags. *wilde*, eng. *wild*, m. Wald verw.?, urv. kymr. *gwyllt* ungezähmt; ~bad *n* natürliche warme Quelle, ~fang *m* mh. *wiltvanc* lebendig gefangenes Tier, fuchs~, ~fremd 17. Jh. Dass. W. ist: **Wild** *n* ah. *wilt;* ~ern, älter ~dieben, ~bret, ~(pret) *n*, 2) *brāt* eßb. Fleisch (s. Braten), ~dieb *m*, ~schütz *m*.

Wildheuer *m* (in Schillers Tell u. b. Goethe), z. Wildheu = H., das auf d. Kämmen u. Gipfeln der Berge gewonnen wird.

Wildschur *f* derber Reisepelz, aus poln. *wilczura* Wolfspelz, 18. Jh.

Will||e *m* ah. *will(i)o*, got. *wilja*, eng. *will*, z. wollen, urv. ai. *vára* Wahl, Wunsch, aslaw. *volja* ~. Unwille, ~ig, gewillt, willens, be-, ein- ~igen, ~fahren, ~kommen, eig. dem Willen entsprechend, angenehm kommen, ags. *wilcuma* Wunschgast, um Gottes ~en, ~kür *f* eig. freie Willenswahl (nicht tadelnd); s. Kur[1].

wimmeln mh. *wimmen*, ah. *wiumman:* got. *iumjō* Menge, Gewimmel?, frühnh. *wimmen* sich regen.

wimmern z. mh. *wimmer* Gewinsel, lautm.

Wimpel *m* 17. Jh. v. nd. md. *wimpel* Zeugstreifen, Kopftuch, Fähnchen; eng. *wimple*, ah. *winfila* Kopftuch, z. weifen; ~*as*., ags. *winpel*, volkset. angel. an winden u. ags. *pæll* Umhang (v. lt. *pallium*); entl. fz. *guimpe* Kopf-, Brusttuch.

Wimper *f* mh. *wintbrā*, ah. *wintbrāwa*, um d. Augen sich windende Braue (lautlich wie Jungfer, Jungfrau) od. 1. T. urv. air. *find* = Haar, *Haarrand.

Wind[1] *m* mh. ah. *wint*, and. ags. eng. *wind*, got. *winds*, an. *vindr*, urv. lt. *ventus*, ai. *vāta*, tochar. *wänt;* s. wehen. ~beutel *m* (bildl.) 18. Jh., ~jammer *m* Segelschiff (z. T. z. eng. *jam* kneifen?), ~rose *f* 18. Jh., ~sbraut *f* ah. *wintes brūt* für *(wi)-winta* *f* Wirbelwind.

Wind[2] *m* nur in ~hund *m*, ah. *wint*, ~spiel *n*, mh. *wintbracke*, nicht z. Wind[1], sond. z. ah. *Winida* Wenden, ursp. Name d. illyr. *Venedi*.

wind||en ah. *wintan*, eng. *wind*, entl. fz. *guinder*, it. *ghindare* aufwinden; ~e *f* Blume, Werkzeug, ah. *winta*, ~el *f*, ~elweich, ~ung *f*, Wand *f*, Gewand *n*, Wendeltreppe *f;* s. wenden, Wimper.

wink||en ah. *winkan*, eng. *wink;* Wink *m*, ~el *m* eig. Biegung, urv. lit. *vingis* Bogen, ah. *winkil*, ndl. *winkel* Laden, ~schule (16. Jh.); s. wanken.

winseln z. mh. *winsen*, ah. *winisōn* wohl z. wiehern u. wimmern, J. P. Hebel: wimsle.

Winter *m* ah. and. *wintar*, got. *wintrus*, ags. eng. schw. dä. *winter*, an. *vetr*, viell. z. weiß, air. *find* weiß. Die Germanen rechneten nach Wintern als der am längsten währenden Jahreszeit; ostfries. v. Rindern *Enter:* »ein ~«, *Twênter* 2 ~, eng. *twinter* 2-jähr. Schaf, ags. *twiwintre*.

Winzer *m* ah. *wīnzuril* (bayr. F.N. Weinzirl) v. lt. *vīnĭtor* (*vīnum* Wein) = oberd. Wingerter »Weingärtner«; dazu der O.N. Königswinter, d. Königs Weinberg?

winzig z. wenig.

Wipfel *m* ah. *wipfil*, z. nd. *Wippef* Vorrichtung z. Schaukeln, v. wippen sich schaukelnd bewegen, urv. lt. *vibrāre* schwingen (vibrieren), im Wipfel sich Schaukelndes; pl. wippwappen = schaukeln, Wippstert Bachstelze. Flüsse: Wipper, Wupper; s. Viper, Weife.

wir and. *wi*, *we*, an. *vēr*, got. *weis*, urv. ai. *vayám*.

Wirbel *m* eig. Drehung, ah. *wirvil*, ~wind *m*, ~säule *f*, ~tier *n*, vom ~ bis z. Zehe; s. werben, an. *hvirfill* Scheitel, eng. *whirl*, idg. Wz. *kwerp* sich drehen, auch in gr. *karpós* Handwurzel.

wirk||en ah. *wirchan*, got. *waúrkjan*, urnord. *worahto* ich stellte her, eng. *work*, urv. gr. *érgon* Werk, *órganon* Werkzeug (dah. Organ, Orgel); ah. *scuohwurhto*, mh. *schuochwürhte* Schuhmacher (P.N.: Schuchardt, Schubart, Schubert, Lichtwark, Lichtwer = Lichtzieher), Sallwürk (mh. *salwürke* < *sar-)* Panzerschmied, er~en, ver~en, ~lich, ~sam, ~ung *f*, Strumpf~er *m*.

wirr 17. Jh. z. wirren mh. *wërren*, ah. *wërran* verwirren, *wërra* Streit (dah. it. sp. port. *guerra*, fz. *guerre* Krieg); urv. lt. *verrere* am Boden schleifen, hethit. *waršija-* pflügen; unverw. unwirsch, s. un-; ~nis *f*, ~sal *n*, ~warr *m* 18. Jh. lautm.; s. Wurst.

Wirsing *m* v. it. *verzotto*, sp. *berza*, mlt. *versa* Kohl z. lt. *viridia* Mehrz. Gartenkräuter *(viridis* grün).

Wirt *m* eig. Eigentümer, Vorsteher d. Haushaltung, got. *waírdus* Gastfreund, afries. *hūswërda;* an. *verðr* Mahlzeit; urv. ai. *(kalya-) varta* (Früh-) Mahl, lit. *vìrti* kochen ?, ~schaft *f*, be~en, Volks~ ; s. Ürte.

Wirtel spätmh. ~ Spindelring, z. Wz. *wert* sich drehen, urv. lt. *vertex*, aslaw. *vreteno* Spindel.

Wisch *m* ah. *wisc* Strohwisch, Fackel, an. *visk* Bündel, eng. *whisk*, *wisp;* urv. lt. *virga (* uizgā)* biegs. Reis, ai. *veškā* Schlange; Irr~ *m*, s. irre; ~er *m* Verweis, erwischen.

Wisent *m* ah. *wisunt*, viell. nach seinem Moschusgeruch benannt u. urv. m. lt. *vissio* Gestank (wie Wiesel); entl. ist gr. u. lt. *bisōn*, Genet. *bisontis*. O.N.: Wiesensteig, Wiesenthal (9), doch auch z. Wiese; kelt. O.N. *Vesontio*, jetzt fz. Besançon, mh. P.N.: Wirnt = ah. *Wisunt*, *Wirunt*.

Wismut *m* 16. Jh. viell. n. d. ältesten ~zeche In der Wiesen bei Schneeberg; 2. Teil z. muten, das Recht z. Bergbau beantragen (1472), nlt. *bisemutum*, fz. *bismuth;* s. Mut.

Wispel *m* nd. (früher Trockenmaß) mnd. *wīkschepel* wahrsch. = Stadtscheffel, s. Weichbild, Scheffel; Lessing (M. v. B. I) Winspel.

wispern nh. lautm., eng. *whisper*, ags. *hwisprian;* daneben ah. *hwispalōn*, mh. *wispeln*.

wissen mh. *wiʒʒen*, ah. *wiʒʒan*, got. *witan*, pl. weiten, ags. *wāt*, eng. *wit*, an. *vita*, schw. *veta*, dä. *vide*, urv. ai. *vēda* er weiß, ablg. *věděti* wissen, gr. *oîda * woida* ich weiß, eig. Perf. z. idg. Wz. *veid* finden, sehen, also ich habe gesehen (u. weiß nun), gr. *(w)ideín*, lt. *vidēre* sehen; wissentlich, Gewissen *n*, gewiß, Witz *m*, weise, verweisen, bewußt, weissagen; s. Weise. Die Veden (= Wissen, Erkenntnis) die heiligen Bücher der Inder; s. Visier, Vision; ~schaft *f*, mh. *wiʒʒen*-schaft (Breslau 1295).

wittern (Jägerspr., dann bildl.) z. Wetter, mh. *witern;* Witterung *f*, verwittern.

Wittum *n* mh. *wideme* Brautgabe, burgund. *wittemo*, urv. gr. *hédnon*, *éedna* (Mehrz.) Brautgeschenk, aslaw. *věno* Mitgift, ai. *vadhū́* junge Frau, * d. Heimgeführte, aslaw. *vesti* führen, *vedù* führe heim, air. *fedid*; ~ Schenkung f. e. Kirche, schwäb. Widmann = der auf e. Kirchenlehen sitzt; nd. *Wedem* Pfarrhaus;

mnd. *wedemen* stiften; F.N. Wedemeier; s. widmen.

Witwe, Wittib *f* ah. *wituwa*, got. *widuwō*, pl. Wittfru, ags. *widuwe*, eng. *widow*, urv. lt. *vidua: viduus* getrennt, leer, *(dī)vid(o)* teile, trenne, aslaw. *vĭdova*, ai. *vidhávā*, gr. *ēítheos* **ēwíthewos* ledig, unverheiratet, ai. *vidhú* vereinsamt. Witwer, ah. *wituwo*, mh. *witwœre*, spätere, Abltg. aus ~ = mu. Wittmann; s. Waise.

Witz *m* ah. *wizzī* Wissen, Verstand, eng. *wit* z. wissen: Mutter~, Wahn~, Vor~, ~ig, nd. *wittig*, an. *vitugr* weise, urv. ai. *vidyā́* Kenntnis; ge~igt, ~bold *m;* s. bald.

wo ah. *wā*, *hwār*, got. *hwar*, pl. wur, ags. *hwœr*, eng. *where*, an. *hvar* wohin, urv. ai. *kár-hi* wann?, lt. *cūr* < *quōr* warum?

Woche *f* ah. *wëhha*, *wohha*, got. *wikō* Wechsel, ags. *wucu*, eng. *week*, an. *vika;* z. weichen u. Wechsel: urv. lt. *vicēs* (Mehrz.), wöchig, wöchentlich, Wöchnerin (eig. Sechswöchnerin, weil sie 6 Wochen Bett u. Haus hüten mußte); in d. Wochen sein. ~nende 1925 Lüs. v. eng. *weekend* (Muttersprache 1961, 85).

Wocken *m* nd. Spinnrocken, verw. m. Wieche (unverw. Rocken).

Woge *f* mh. *wāc;* ah. *wāg* bewegtes Wasser, in Darmstadt d. große u. kl. Woog, got. Mehrz. *wēgos*, an. *vāgr* z. bewegen; Woge, nordd. md., *ā* > *ō* wie in wo < *wā;* entl. fz. *vague;* wogen (auch bildl.); s. Wagen Waage.

wohl mh. *wol*, ah. *wola*, pl. woll, ags. *wel*, eng. *well*, got. *waíla*, urv. aslaw. *vole* ~an, kymr. *gwell* besser z. wählen, wollen, also eig. nach Wollen; ~ *n*, ~tat *f*, ~fahrt *f*, mh. *wol varn* glückl. leben, ~feil, mh. *wol veile* leicht käuflich, ~geboren, mh. *wolgeborn*, ~ig (Goethes Fischer), ~gemut, mh. *wolgemuot*, ~habend, ~stand *m* (18. Jh.) = Anstand, ~tat *f*, ah. *wolatāt* Lüs. v. lt. *beneficium;* Wollust *f*, ah. *wollust*.

wohnen ah. *wonēn*, pl. wahnen, ags. *wunian* wohnen; Grbd. wahrsch. sich erfreuen, Gefallen finden (u. darum, bleiben): an. *una*, got. **wunan* zufrieden sein; z. ders. idg. W. *wen:* and. *wini* Freund, an. *vanr* gewohnt, lt. *Venus*, ai. *vánas* Lieblichkeit, *vaní* Verlangen, *vanōti* verlangt, liebt, gewinnt; gewohnt (eig. das, woran man Gefallen hat), verwöhnen; s. Wonne, Wunsch.

wölben mh. ah. *welben*, and. *bihwelbian* überdecken, ags. *hwealf* gewölbt, an. *hvelfa* wölben, got. *hwilftri* Sarghälfte (ausgehöhlter Einbaum), urv. gr. *kólpos* Busen, Bucht; s. Golf; Wölbung *f;* s. Wulst, Walm.

Wolf *m* mh. ah. *wolf*, got. *wulfs*, pl. Wulf, ags. *wulf*, eng. *wolf*, an. *ulfr;* urv. russ. *wolk*, lt. *lupus*, gr. *lýkos* (auch Name mehrerer reißender Flüsse i. Altertum), ablg. *vlŭkŭ*, lit. *vilkas*, lt. *vulpēs* Fuchs(?), viell. z. gr. *hélkō*, Wz. *welk*, reiße, schleppe, so daß Wolf eig. Wegschleppender, Raubender wäre. Rabe u. ~ galten als heilige, Glück u. Sieg verheißende Tiere, dah. viele P.N.: Förstemann verzeichnet 464 altdtsche P.N. auf -wolf, -olf, -ulf. Das Wort sank schließlich zur bloßen Endung herab. Wulfila (Ulfilas) Wölflein, Rudolf Ruhmeswolf, Adolf (Atha-ulf) Edelwolf, Wolfgang, umgekehrt Gangolf, Wolfram (Wolf, Rabe), Arnulf (Aar, Wolf), Wolfhart, Wulfert, F.N.: Wohlfahrt; Beowulf s. Biene, s. Werwolf; ~sgrube. **Wolfram** *n* 16. Jh., eig. Wolfsschmutz (z. mh. *rām)*, weil es im Schmelzofen wie ein Wolf Zinn raubte.

Wolke *f* mh. *wolke(n)*, ah. *wolka(n)*, pl. Wulk, ags. *wolcen*, eng. *welkin* † Himmel, z. welk, Grbd. feucht; urv. aslaw. *vlaga* Feuchtigkeit (dazu Wolga?), *vlŭgŭkŭ* feucht, lit. *vilgyti* feucht machen; Gewölk *n*, bewölkt, wolkig, Wolkenkratzer *m* um 1900 Lüs. v. amerik. *skyscraper* (durch skandin. Vermittlung?, eng. *sky* Himmel, aber dän. *sky* Wolke!).

Wolle *f* ah. *wolla*, got. *wulla*, pl. Wull, an. *ull*, dä. *uld*, ags. *wull*, eng. *wool*, urv. gr. *ūlos* »kraus«, ai. *ūrṇā*, lt. *lāna* (eig. *vlānā*), *vellus* Vlies, lit. *vilna* Wolle, ablg. *vlŭna;* viell. lt. *vellere* zupfen; Gewölle (v. Raubvögeln) aber z. wüllen »würgen«, mh. *wüllunge* Seekrankheit?

wollen ah. *wellan*, got. *wiljan*, pl. wullen, eng. *will*, urv. lt. *velle*, aslaw. *voliti*, kymr. *gwell* Wahl, gr. *(w)éldomai* verlange, *(w)elpís* Hoffnung; s. wohl, Wahl; Wollust *f* (ursp. nicht tadelnd) z. wohl.

Wonne *f* mh. *wünne*, ah. *wunna*, z. got. **wunan* sich freuen, urv. ai. *vánas* Lieblichkeit, lt. *vĕnia* Gefälligkeit; s. wohnen; got. *winja* Weide, Futter, ah. *wunnja* Weideland; hierzu auch ah. *winni-*, *wunnimānōd*, das dann zu **Wonnemonat** (Mai) umgedeutet wird. s. Wunsch.

worfeln (Gerste: Luther Ruth 3, 2.) mh. *worfen* werfen, ah. *wintworfa* Wurfschaufel.

Wort *n* got. *waúrd*, pl. Wurd, ags. eng. *word*, urv. lt. *verbum*, gr. *eírō* rede *(* werjo)*, lit. *var̃das* Name; Mz. Wörter (der Sprache: beliebige), Worte (Christi: bestimmte, zitierte) 18. Jh. noch nicht geschieden; Ant-∼ *f* (!) eig. Gegenwort, wörtlich, ∼forschung *f* 17. Jh. für Etymologie; Wörterbuch *n* 17. Jh. für gr.-lt. *lexicon;* s. Wahrzeichen.

Wrack *n* 17. Jh. v. nd. ndl. *wrak*, eng. *wreck*, *Gestoßenes, Beschädigtes; pl. *wrackgood* Ausschuß, ∼stück; z. rächen, s. d.

wricken e. Boot m. nur einem Riemen vorw. treiben: 17. Jh. v. nd., ndl. *wrikken*, mh. *rigen* entgegen streben, ags. *wrīgian* sich wenden, eng. *wriggle; wry* drehen.

wringen (Wäsche) nd. Nf. f. ringen.

Wruke *f* 18. Jh. nordostd. Kohlrübe; Ableitung o. Grdlage: holst. *wrucken* krumm wachsen, *wruckig* knorrig; vgl. nd. *bruke*, v. poln. *brukiew* ∼ (o. umgek.?).

Wucher *m* mh. *wuocher*, ah. *wuohhar*, Ertrag, Gewinn, Zins (meist in üblem Sinn), got. *wōkrs*, an. *okr*, urv. viell. tochar. *okar* Pflanze; Wucher, wuchern (auch v. Pflanzen), pl. Wokerbloom *(Chrysanthemum);* s. wachsen.

Wuchs *m* 16. Jh. z. wachsen; urwüchsig.

Wucht *f* nd. 16. Jh. z. Gewicht. ∼boom (Hebebaum); ∼ig 19. Jh.

wühl||en mh. *wüelen*, ah. *wuolen*, z. mh. *wuol*, as. ags. *wōl* Niederlage, s. Walstatt; ∼er *m* 19. Jh.

Wuhne (Wune) *f* Loch im Eis, mnd. *wone*, urv. awest. *unā* Loch im Boden, lt. *vānus* leer, ai. *ūná* ermangelnd; s. Wahnsinn; gleichbedeutend nd. *wāke;* s. Wake.

Wulst *m* ah. *wulsta*, auch »aufgeworf. Lippe«, < * *hwulfsti-*, z. wölben.

wund mh. ah. *wunt*, got. *wunds*, altes Part. wie kund, alt, laut u. a.; Wunde *f*, ah. *wunta*, and. *wunda*, pl. Wunn, got. *winnan* leiden, ∼arzt 16. Jh. für Chirurg.

Wunder *n* ah. *wuntar*, pl. Wunner, eng. *wonder;* wundern, ∼lich, ∼bar, ∼voll, ∼schön, ∼kind *n* 18. Jh.

Wunsch *m* ah. *wunsc*, mh. *wunsch*, ags. *wūsc-*, an. *ōsk* ∼; wünschen ah. *wunsken*, ags. *wyskian*, eng. *wish*, dä. *önske*, urv. ai. *vāñchā* * *vānskā* ∼, *vāñch* wünschen; Wünschelrute *f*, mh. *wünschelruote*, ah. *wunschiligerta:* wünschen = zaubern; s. wohnen, Wonne.

wuppdich 18. Jh. westd. geschwind;

Wuppdizität *f* Geschwindigkeit, Berlin um 1880.

Würde *f* mh. *wirde*, ah. *wirdī;* würdig, mh. *wirdec*, ah. *wirdīg;* s.

wert; ~nträger *m* 19. Jh. Lüt. v. fz. *dignitaire*, lt. *dignitarius*.

Wurf *m* z. werfen; Würfel *m*, ah. *wurfil*, an. *verpill;* würfeln, gewürfelt (kariert); übertr. e. gewürfelter Kerl (vgl. verschmitzt).

würgen ah. *wurgen*, ags. *wyrgan*, eng. *worry*, mh. auch *(er)wergen;* and. *wurgil* Strick, an. *virgill*, *urga*, urv. lt. *vergere* wenden, gr. *órchatos* Gehege, lit. *veȓšti* zs.schnüren, aslaw. *vrěsti* binden.

Wurm *m* ah. and. mh. *wurm*, afries. ndl. *worm*, pl. Worm, got. *waúrms* Schlange, ags. *wyrm*, eng. *worm*, an. *ormr*, schw. dä. *orm*, urv. lt. *vermis* Wurm, gr. *rhómos (* wromos)* Holz ~, lit. *vaȓmās* Mücke, altruss. *vermije* Kerbtiere; Gewürm *n*. Bücher ~ *m;* es wurmt mich; s. Lind~.

Wurst *f* ah. mh. *wurst*, mnd. ndl. *worst*, pl. Wust, viell. z. wirren (Gemengsel), s. wirr; wursteln; ~ wider ~, das ist mir ~ (stud.): 2 gleichart.Enden beim Anschneiden od. Aufhängen (?).

Wurte *f* nd. Erderhöhung, and. *wurđ* Boden, ags. *worđ* Hof, an. *urđ* Steinhaufe, urv. air. *fert* Grabhügel; z. Werder, s. d.

Würze *f* mh. *würze*, z. *wurz* Kraut, and. *wurt* Pflanze (Niesw., Schwarzwurz), got. *waúrts* Wurzel, eng. *wort* Kraut, and. *wurtia* Spezerei

Wurzel *f* pl. Wörtel, ah. *wurzala*, ags. *wyrt-walu* Kraut-, Pflanzenstock, got. *walus* Stab; ~n, ent~n; urv. gr. *rhád-amnos* Ranke, lt. *rādīx* Wurzel, *radius* Speiche, air. *frēn*.

wuseln südd. sich schnell bewegen, wimmeln; viell. z. wischen; wuselig.

Wust *m* mh. *wuost* Schutt, Verwüstung; wüst, mh. *wüeste*, ah. *wuosti* unangebaut, öde, urv. lt. *vāstus;* **Wüst**||**e** *f*, ~en verschwenderisch umgehen, ver~en, ~enei *f*, ~ling *m*, ~ung *f*, dauernde Verödung einer Siedelung (meist 13.–15. Jh.).

Wut *f* mh. ah. *wuot*, z. got. *wōds* besessen, ah. *wuot* unsinnig, eng. *wood* † toll, urv. lt. *vātēs* rasender, gottbegeisterter Seher, gall.-gr. Mehrz. *ūáteis*, air. *faith* Dichter, an. *ōđr* Dichtkunst / rasend, ai. *api-vātáyati* regt geistig an; dazu Wodan, ah. *Wuotan*, an. *Óđinn*, der Gott der Initiationsriten, der Ekstase, des Totenheeres, des Krieges u. d. Dichtung. O.N.: Godesberg früher Wodenesberg; Gutenswegen (b. Magdeburg), Guthmannshausen, Wutach, Wutha (wilder Bach), Odense. Das wütende Heer = **Wuotanes heri;* ags. *Wōdnesdæg*, eng. *Wednesday*, ndl. *Woensdag*, afries. *Wōnsdei*, skandin. *Onsdag*, Lüs. v. lt. *dies Mercurii* (Mittwoch); wüten, Wüterich *m*, mh. *wüeterich* (wie Friedrich, Dietrich gebildet).

X

X für ein U machen s. U.

X-Beine umg.: krumm wie ein x, Ggs.: O-Beine.

x-beliebig, seit x Jahren: arab. *schai* irgend etw., etw. Unbekanntes, aus d. arab.-span. Mathematik entnommen (span. $x = ch$); od. aus d. it. Übersetzung v. arab. *schai* durch it. *cosa* Sache u. der Abk. *co.*, die wie ein x aussehen konnte; verbreitet durch Descartes' Verwendung für unbekannte Größen: x, y, z.

X-Strahlen: nannte Röntgen zuerst d. 1895 v. ihm entdeckten

Strahlen (wegen ihrer noch unbekannten Natur), d. dann v. d. Würzburger Anatom Köllicker Röntgenstrahlen genannt wurden; dazu d. Ztw. röntgen.

Xenien Mehrz. Gastgeschenke v. gr. *xénia* z. *xénos* Gastfreund, Sinngedichte v. Martial, dann v. Goethe u. Schiller 1797.

Xylophon *n* Musikinstrument aus abgestimmten Holzstäben: gr. *xýlon* Holz + *phōnein* tönen.

Y

gr. y *psilón* bloßes (nur m. 1 Buchstaben geschr.) *y*, (Gegens. d. Diphthonge).

Yankee *m* 1792, v. eng. *yankee* (1765) Amerikaner, bes. i. d. Neuenglandstaaten, ndl. Vkl. z. ndl. *Jan* (Neu York *Neu-Amsterdam!); als individueller Spitzname, eng. ~ schon 1683.

Yard *n* v. eng. *yard*, Längenmaß (= 0,914 m), s. Gerte.

Ysop (Würzkraut) mit der Bibel übernommen (z. B. 3. Mos. 14, 49): ah. *isipo* v. lt. gr. *hysopus*, hebr. *ēzōb*, babylon. Ursprungs.

Z

Zack||e *f*, **Zacken** *m* mh. *zacke*, pl. Tacken (Zweig), eng. *tack* Pflock, Stift; s. Tschako, Takel. Entl.: sp. *taco* Pflock; ausge~t, Drei~*m*, Zick~ *m;* zackig (soldat.) = schneidig.

zackern 15. Jh. westd. pflügen, v. mh. *z'acker gān* zum Acker gehen.

zag ah. *zago*, mh. *zage* Feigling, v. ~en ah. *zagēn* z. *agiso* Schrecken < * *at-agēn* (urv. air. *ad-agur* fürchte); ~haft, ah. *zaghaft*.

Zagel *m* mu. Schwanz, ah. *zagal*, ags. *tagel*, eng. *tail*, got. *tagl* Haar, urv. air. *dual* Locke.

zäh, mu. **zach,** mh. *zaehe*, ah. *zāhi*, *zāch*, ndl. *taai*, pl. tag, ags. *tōh*, eng. *tough;* m. gramm. Wechsel as. *bitengi*, ah. *gizengi* drückend, ags. *getenge* nahe; z. Zange?

Zahl *f* mh. *zal* Zahl, Erzählung, Menge, ah. *zala*, eng. *tale* Erzählung, pl. Tall, ndl. *taal* Sprache, dä. *tale* Rede; * *talō* * Einschnitt im Kerbholz, an. *telgia* schneiden (nordfries. *telk* »Kerbe«); verw. m. lt. *dolabra* Axt, *dolāre* behauen; Zähler *m* um 1400 Lüs. v. lt. *numerātor;* zahlen ah. *zalōn*, zählen, ah. *zellan;* erzählen, pl. vertellen, An~, ~ung *f*, vollzählig u. a., s. Zoll; aber Rübezahl, eig. Rübe*zagel* = Rübenschwanz (Spottname) zu *Zagel*.

zahm mh. ah. *zam*, pl. tamm, ags. *tom*, eng. *tame;* dazu zähmen, got. *ga-tamjan*, pl. tähmen, urv. lt. *domo*, gr. *damá(z)ō* bändige, zähme, ai. *damāyáti* bändigt, air. *dam* Ochse, z. lt. *domus* Haus (ursp. wilde Tiere ans Haus gewöhnen); s. ziemen, Zunft, Zimmer, Diamant.

Zahn *m* mh. ah. *zan(t)*, got. *tunþus*, pl. Tähn, eng. *tooth*, schw. dä. *tand*, eig. Part. z. idg. Wz. **ed-* essen, also Essender, s. Feind, Freund, urv. gr. *o-dús*, Gen. *odóntos* lt. *dens*, dah. Dentist *m*, lit. *dantìs*, aind. *dant*, entl. it. *zanno* Hauer; ~ d. Zeit 18. Jh., ~en, ge~t, ver~en, ~rad *n* 18. Jh., ~radbahn *f* 19. Jh.; s. Zander.

Zähre *f* eig. Mehrz. z. mh. *zaher*, ah. *zah(h)ar*, got. *tagr*, eng. *tear*, afries. an. *tār*, dä. *taar*, urv. lt. *lacrima*, alat. *dacruma*, gr. *dákry*, kelt. kymr. *dacr;* verw. Tran, Träne.

Zain *m* Weidengerte, Stab, ah. mh. *zein*, got. *tains*, ags. *tān*, an. *teinn* Zweig. **Zaine** *f* Korb, ah. *zeinna*, got. *tainjō;* entl. it. *zana* Korb, span. *zaina* Schäfertasche.

Zander, Sander, Sandart *m*, 15. Jh. nd. *sandāt*, urv. m. niedersorbisch *zandoř*, poln. *sandacz?*

Zange *f* ah. *zanga*, pl. Tang, eng. *tongs* Mehrz. (weil aus 2 Hälft. best.), dä. *tang*, gr. *dáknō* beiße, ai. *dášati* beißt, vgl. mnd. *tanger* bissig, scharf, entl. it. *tanghero* ungeschliffen, also eig. Beißendes; Kneif-, Beißzange, eig. tautol.

zanken mh. *zanken, zenken*, ah. *zanigōn* m. d. Zähnen zerren; Zankapfel *m* 16. Jh. n. d. Apfel, den Eris, d. Göttin d. Zwietracht, in d. Hochzeitsgesellschaft des Peleus warf.

Zapfen *m* ah. *zapfo*, pl. Tappen, eng. *tap;* entl. fz. *tape, ta(m)pon*, it. *zaffo*, sp. *tapon*, s. Zipfel; ~streich *m* 17. Jh. Schlag auf d. ~ d. Bierfasses, damit den Soldaten kein Bier mehr gegeben würde; eng. *tattoo*, ndl. *tap toe* ~ zu!, vgl. Garaus!, nd. F.N. Wientapper, Töpperwien.

zappeln ah. *zabalōn*, s. Zipperlein.

Zar *m* 16. Jh. v. lt. *Caesar*, f. Kaiser; Zargrad = Konstantinopel, s. Garten.

Zarge *f* s. Tartsche.

zart mh. *zart* altes Part. (wie traut, alt, kalt usw.), zärtlich, verzärteln, ah. *zartōn* schmeicheln, z. zerren, zehren, also eig. »gezerrt«, »dünn«, ~; ~gefühl *n* Ende 18. Jh. v. Campe für Delikatesse.

Zaser *f* Faser, z. nd. *tasen* pflükken, norw. mu. *tasa* ausfasern.

Zaspel *f* bestimmte Zahl gehaspelter Fäden, spätmh. *zalspille* < mh. *zal* Garnmaß + *spinnala* Spindel.

Zaster *m* 19. Jh. Geld, v. zigeun. *sáster* Eisen: ai. *śastra* Wurfgeschoß; Nf.: Zasseres, Zassemo.

Zauber *m* ah. *zoubar*, eng. *tiver* Rötel; eig. (ags. *tēafor)* Mennig, rote Farbe, womit Runen eingefärbt wurden, schließlich Zaubermittel, -spruch; ndl. Ztw. *tooveren*, pl. töwern, = ah. *zoubarōn;* fauler ~ stud. (wahrsch. v. schlechten Taschenspielern gesagt); ~isch, be~n.

zaudern 16. Jh., md. *zuwen* ziehen, pl. *täuwen* warten, mnd. *tœven*, dän. *töve.*

Zaum *m* ah. mh. *zoum*, and. mnd. *tōm*, afries. *tām*, pl. Tom, eng. *tēam* Gespann, an. *taumr*, dä. *tömme* Zaum, z. ziehen, Zügel; zäumen, im ~ halten.

Zaun *m* mh. ah. *zūn*, pl. Tun, ndl. *tuin* ~, Garten, ags. *tūn* eingefriedigter Ort (durch d. rechtlichen Hegecharakter d. ~s, J. Trier), eng. *town* Stadt, urv. kelt. (in lt. Form) *dūnum*, air. *dūn* Burg; O.N.: Thun, Daun, Autun, *Lugdunum* (Lyon, Laon), Verdun (Wir-ten); einzäunen, ags. *tȳnan;* vom ~ brechen, ~könig *m* 15. Jh. Übs. v. lt. *rēgulus*, Vkl. z. *rēx* König, ah. *kuningilīn*, mh. *küniclīn.*

zausen mh. *erzūsen*, ah. *zirzūsōn*, pl. tusen u. tasen, eng. *touse*, dazu mh. *zūsach* Gestrüpp, urv. lt. *dūmus (* dusm-)* Gestrüpp.

Zebra *n* 17. Jh. aus einer afrik. Sprache (Kongo 17. Jh. *serbá).*

Zeche *f* mh. *zēche* Ordnung, Reihenfolge, Gesellschaft z. gemeinsamem Essen u. Trinken, Bergwerksgesellschaft u. das ihr verliehene

Gebiet, ah. *gizëhōn* anordnen, *gizëh* geordnet, ags. *tiohh* Schar, urv. gr. *dokós* Balken, Riegel u. also aus d. hegenden Mannring entstanden (? J. Trier); zechen, mh. *zechen;* Lessing (Freig. II, 1) umzechig sein = wechseln. Vgl. Ürte.

Zechine *f* 15. Jh. it. *zecchino* 1280ff. venez. Goldmünze: z. *la zecca* d. Münzstätte v. arab. *sikka* Prägstock, *dār-as-sikka* = Münzstätte.

Zecke, Tecke *f* Holzbock, Schaflaus, mh. *zëcke*, ah. *zëcho*, eng. *tike*, *tick*, z. nd. *ticken* antippen; entl. fz. *tique*, it. *zecca;* urv. ir. *deg* Hirschkäfer, armen. *tiz* Wanze; mecklenb. Kotecke (Kuh∼) übertr. Heidelbeere!

Zeder *f* ah. *cēdarboum* v. lt. *cedrus* z. gr. *kédros* Wacholder (dah. it. *cedro*, fz. *cèdre;* s. Zitrone), das auf hebr. *qāṭár* zurückgeht.

Zeh *m*, **Zehe** *f* ah. *zēha*, pl. Tehn, Tegen *m*, eng. *toe*, dä. *taa*, urv. lt. *digitus*, gr. *dáktylos* Finger; ostthür. Fußziehe, thür. *Zīwe*, nd. *tēwe:* Wz. **deik-* zeigen.

zehn mh. *zëhen*, ah. *zëhan*, got. *taíhun*, pl. teihn, ndl. *tien*, ags. *tȳn*, eng. *ten*, schw. *tio*, dä. *ti*, urv. lt. *decem*, gr. *déka*, ablg. *desetĭ*, ai. *dáša;* Zehnte *m* Abgabe, ursp. an d. Kirche; Zehntel *n*, Jahrzehnt *n*.

zehren pl. tehren, mh. *zern*, ah. *firzëran* auflösen, zerreißen, got. *gataíran*, eng. *tear* zerreißen, zerren; urv. gr. *dérō* schinde, aslaw. *dĭrati* zerreißen, lit. *dìrti*, ai. *dṛṇā́ti* spaltet, birst, toch. *tsar* Hand < * Zerrer; verzehren, Zehrung *f*, Auszehrung *f;* dazu **zerren** u. *zergen* (reizen, nekken), ndl. *tergen*, pl. taren.

Zeichen *n* ah. *zeihhan*, got. *taikns*, an. *teikn*, pl. Teiken, ags. *tācn*, eng. *token*, dä. *tegn*, z. Wz. *dei-*, auch zeigen, zeihen, lt. *digitus* Finger (Zeigender); zeichnen, ah. *zeihhanen* * m. ∼ versehen, Zeichnung *f*.

Zeidler *m* Bienenzüchter, ah. *zīdalāri*, mh. *zīdelaere*, ah. *zīdalweida* Waldbezirk z. Bienenzucht, Zeidelbär (mnd. *tilbere)* dem Honig nachgehender Bär, vgl. russ. *medvedi* = Honigesser = Bär; s. Seidelbast.

zeigen ah. *zeigōn*, Intensivbildung z. **zeihen** mh. *zīhen* beschuldigen, ah. *zīhan*, got. *ga-teihan* anzeigen, urv. gr. *deíknȳmi* zeige, *díkē* Sitte, Recht, lt. *dīco* sage, ai. *dišáti* zeigt, weist; Zeiger *m*, Anzeige *f*, verzeihen, verzichten, bezichtigen; s. Zehe, Zeichen.

Zeiland *m* Seidelbast, ah. *zigelinta*, mh. *zīlant* = Linde, Bast des Ziu (wie in norw. *tybast* u. ursprüngl. viell. auch in Seidelbast, bevor der 1. Teil an ah. *zīdal-* Honig angelehnt wurde); s. Seidelbast.

Zeile *f* mh. *zīle*, ah. *zīla* Geordnetes, Reihe, Linie, Häuserreihe (Schillers Glocke; Zeil, Straße i. Frankfurt), westf. *tīle* ∼, 20 Garben; verw. m. Ziel, Zeit.

Zeisig *m* mh. *zise zīsic*, v. tschech. *čiž(ek)* (Schallw.).

Zeit mh. ah. *zīt*, pl. Tid, ags. *tīd*, eng. *tide* Flutzeit, *time* Zeit, an. *tīmi*, alem. *zīme;* Grbd.: Abgegrenztes, urv. ai. *dáyatē* teilt = gr. *daíetai* wird geteilt, armen. *ti* Alter, Jahre, alban. *dite* Tag; s. Zeile, Ziel; ∼ig (auch zittig, südd. reif, v. Obst), ∼igen, ∼lebens, ∼ung *f* Nachricht, Kunde, (eng. *tidings)*, jetzt nur noch Tageblatt; ∼lose, ah. *zītilōsa* für mlt. (um 1000) *tīdilōsa* * Krokus, angel. an ah. *zītelōs* = frühzeitig, seit 16. Jh. d. Name, dann übertr. auf *Colchicum autumnale* = »Herbst∼lose«, ∼wort *n* 17. Jh. für Verbum; ∼geist *m* Herder 1769; ∼gemäß, ∼schrift *f* 18. Jh. für Journal; s. Hochzeit, Gezeiten.

Zelge *f* mu. bestelltes Flurstück, ah. *zelga*, mh. *zelge*, z. ah. *zelg*, nd. *telge* Zweig, z. an. *telja* schneiden, südd. *zelgen* bearbeiten, urv. lt. *dolāre* bearbeiten; s. Pflug, Zoll[1].

Zelle *f* ah. *zella* Kloster, Klostergut, Kammer v. lt. *cella* Kammer, Stübchen, urv. Halle, s. Keller; Bienen~. O.N., die auf Klöster deuten: Zell (46), Zella (7), Zellerfeld, 58 auf -zell, z. B. Radolfzell, Paulinzella, Probstzella, Appenzell (Abts~).

Zellstoff *m* seit 1854 für Zellulose (z. lt. *cellula)*, Klammerform f. Zellwandstoff?

Zelót *m* Eiferer (bes. relig.), 16. Jh. v. gr. *zēlōtḗs* Nacheiferer (dah. auch fz. *jaloux* eifersüchtig).

Zelt *n* mh. *(ge)zëlt*, ah. *(gi)zëlt*, ags. *teld*, eng. *tilt*, an. *tjald*, z. ags. *beteldan* überdecken, ausspannen, entl. fz. *taude* Zeltdach, *taudis* Hütte, afz. *tauder* bedecken.

Zelter *m* ah. *zëltāri*, and. *tëlderi*, mh. *zëlten* im Paßgang schreiten, viell. z. iber. *thieldo* (b.Plinius astur. Pferd), * *teldo* verm. m. lt. *tolūtārius (equus)* i. *Trab* gehendes (Pferd): Adv. *tolūtim*, Paßgänger.

Zement *m* 18. Jh. v. fz. *cément* (1573), it. *cemento* v. lt. *caementum* Bruchstein, Mörtel, z. *caedo* haue.

Zenit *m* Scheitel-, Höhepunkt, arab. W., s. Nadir, verlesen aus *assamt [m: ni]*, it. *zenit(te)*; 16. Jh.

zensieren v. lt. *censēre* abzählen, abschätzen, dann i. allg. Sinn; Zensor *m* v. lt. *censor* 17. Jh., Zensur v. lt. *censūra f*; s. Rezensent, Zins.

Zentaur *m* v. gr. *kéntauros* z. *kentéō* stachle, treibe an, an *taúros* Stier nur angelehnt, *Kéntauroi* Volk m. menschl. Oberkörper, sonst v. Pferdegestalt; s. Zentrum.

Zentner *m* ah. *centenāri* v. mlt. *centēnārius* 100 Pfund schwer, mh. *zentenære;* Zentifolie *f* eig. 100 blättrige Blume, s. Folie; Zentimeter *m n*. Münzen: *Cent* (Verein. St., Niederl.), *Centimo* (Spanien), *Centime* (Frankr., Schweiz, Belgien), *Centesimo* (Italien), alle = $^1/_{100}$ z. *centum* hundert. Zentgericht, ~graf: mlt. *centa* (f. *centēna* d. fränk. Hundertschaft, Dingstätte, $^1/_4$ Gau). F.N.: Zentgreve, Zinkgreff.

Zentrum *n*, zentral, Zentralisation *f* z. lt. *centrum*, gr. *kéntron* Spitze, Stachel, Ort, wo man den Stachel, die Spitze d. Zirkels einsetzt, daher Mittelpunkt (Paracelsus); polit. in Preußen u. Deutschland 1848ff.; ex-, kon-, geo-, heliozentrisch, konzentrieren, zentrifugal; s. Zentaur.

Zéphir *m* milder Wind v. gr. *zéphyros* Westwind, z. *zóphos* Finsternis, Abend, Westen; mh. *zephyrus*.

Zeppelin *m* 1900 n. d. Erbauer Graf Z. benannter ~(lenkballon).

Zepter *n* mh. *cepter*, v. lt. *scēptrum*, gr. *skḗptron* Stütze, Stab z. *skḗptō* stütze, urv. lt. *scīpio* Stab (auch P.N.); s. Schaft.

zer- s. Liste 54, **~fahren** unbeständig, 19. Jh. **~knirscht** z. mh. *zerknürsen*, zerdrücken, lautm. m. Nebenf. *~knüsen*, *~knüsten* usw. **~malmen** z. mahlen, eig. z. Mehl zerreiben, z. got. *malma* Staub, entl. it. *melma* Schlamm; *Mjöllnir* Thors Hammer, »Zermalmer«; **~rütten** z. mh. *rütten*, s. rütteln; **~schellen** eig. schallend zerspringen; **~singen** von Volksliedern, Görres 1831; **~splittern** sich (bildl.); ~störer *m* Lüs. v. eng. *destroyer;* **~streut** (bildl. seit der Mystik); **~trümmern** 17. Jh. (mh. *zerdrumen)* z. Mz. v. Trumm, s. d.; intrans. 16. Jh.

Zeremonie *f* um 1500 v. lt. *caere-*, *caerimōnia* heiliger Brauch.

zergen md. nordostd. reizen; entw. z. ags. *tergan*, mnd. ndl. *tergen*, urv. russ. *dergati* reißen o. Nf. z. zerren.

zerren s. zehren, **Zerrbild** *n* um 1790 v. Campe für Karikatur empfohlen.

Zervelatwurst *f* it. *cervellata* * Wildbret v. Hirsch z. *cervus?* oder z. it. *cervello* Gehirn?, vgl. Brägenwurst.

zeter, Zetergeschrei *n* zetern, nd.

(te)jodute, *tiodute* < * *ti-jōd-ūta:* 1. Teil: *te*, *to* zu, 2. T. vgl. ai. *yudh* Kampf, lett. *jaũda* Kraft, P.N. Jutta?, got. *jiuka* Streit, 3. T.: *uta* hinaus, also »zum Kampfe hinaus«; mh. *zether*, *zietir* <**zi-jōt-hera* (L. Hammerich, *Clamor*, 1941).

Zettel[1] *m* mh. *zedele*, v. mlat. *cedula*, it. *cedola*, fz. *cédule* v. lt. *schedula*, Vkl. z. *scheda*, gr. *schídē*, *schédē* Splitter z. *schízō* spalte; s. Scheit, Schisma.

Zettel[2] *m* Aufzug, Kette d. Gewebes, z. ah. *zetten* zerstreuen, eng. *ted* Heu auf d. Feld ausbreiten; urv. gr. *datéomai* verzettle, verteile, tochar. *tät-k* teilen; an-, verzetteln; schwäb. F.N. Zettler, * Weber.

Zeug *n* z. ziehen m. gram. Wechsel, mh. *ziuc*, ah. *gaziugi*, pl. Tüg, schw. *tyg*, Grdb.: Zuggerät, Erzeugungsmittel; (fränk. bayr. = Fuhrwerk); Feuer~, Werk~, Schreib~, Strick~, Rüst~ (~haus *n*), Leinen~, dummes ~. **Zeuge** *m* (zur Aussage vor Gericht) Gezogener afries. *tiūga*, mh. *ziuc* ~, Zeugnis; ~en, mh. *ziugen* herstellen, be~en, er~en, ~nis *n*.

Zibebe *f* 16. Jh. südd. große Rosine, v. arab. *zibība* Rosine.

Zichorie *f* die Pflanze Wegwarte u. der aus ihren Wurzeln zum Trocknen und Rösten hergestellte Kaffeezusatz, 16. Jh. v. mlt. *cichŏrea*, gr. *kichórion*, dah. it. *cicoria*, fz. *chicorée*.

zickzack um 1700 f. d. Grabenverlauf in d. Belagerungstechnik; zu Zacke; entl. ist fz. *zigzag* (1680), *ziguezague* (1673).

Zider *m* Obstwein, Apfelmost, 18. Jh. v. fz. *cidre*, it. *cidro*, gr.-lt. *sīcĕra*, hebr. *schēchār* Rauschtrank.

Zieche *f* Bettdecke, ah. *ziahha*, v. mlt. *thēca* Hülle, Decke, gr. *thḗkē*.

Ziege *f* ah. *ziga*, urv. gr. *diza* *(<*digja)*; hd. Lw.: pl. Zeg; mu. Zicke *f*, Zicklein *n*, ah. *zikkīn*, ags. *ticcen;* Ziegenpeter *m* Krankheit 1853 ff. = Mumps n. d. tölpelh. Aussehen, Peter appelat. = Tölpel; pl. Hawer*zäg'* = Habergeiß = Heerschnepfe.

Ziegel *m* ah. *ziagal*, v. lt. *tĕgula*, spätlat. *tēgula*, z. *tĕgĕre* decken, it. *tegolo*, fz. *tuile;* dah. *Tuileries* Schloß i. Paris, ursp. dort e. Ziegelbrennerei.

Zieger *m* mu. südwestd. die beim (zweiten) Erwärmen der Milch (nach dem ersten der Molke) gewonnene Quarkmasse, v. * *tsigros* < * *dwigro-s* »zwei-warm«? (Hubschmid); s. Schotte.

ziehen ah. *ziohan*, got. *tiuhan*, ags. *tēon*, and. *tiohan* (pl. teihn, tehn †, trekken), Wz. * *deuk-*, urv. lt. *dūco* führe; auf~ (bildl.), ent~, er~, vorzüglich, anzüglich, Ziehung, Zug, Herzog, Zaum, Zügel, Zucht, Zeug, Zeuge, zucken, zücken, zeugen, erzeugen, zögern, Zögling. F.N.: Wolzogen (wohl gezogen).

Ziel *n* mh. ah. *zil;* an. *til* bis; got. (Speer-Runen v. Kowel) *tilarids* z. ~ strebend, *gatils* passend, afries. ags. *til* gut (urv. air. *dil* angenehm?), eng. *till* bis, *till* beackern, erreichen, ah. *zilōn* sich beeilen; Grbd. Festgesetztes, Bestimmtes, Abschnitt, verwandt: Zeit, Zeile; ~en (erreichen), ~bewußt um 1830, ~scheibe um 1810.

ziemen ah. *zēman*, got. *gatiman*, and. *tēman*, * sich zs.fügen, urv. gr. *démas* Gestalt, z. zahm, zähmen, Zunft, Zimmer, Diamant; ziemlich.

Ziemer *m* Hirschrücken, mh. *zimere*, entl. fz. *cimier* (Lendenstück); 2. = Drossel; 3. = Peitsche: Ochsen~, 2) ursp. = Sehne, dann: »Glied d. Ochsen«.

Zier *f* mh. *ziere*, ah. *ziarī* Schönheit, ags. *tīr* Ruhm, an. *tīrr* Ruhm, Ehre, eng. *tire* Putz, schmücken; s. Artillerie; urv. lit. *dyréti* gucken, tochar. *tiri* Art, ai. *su-dī-tí* schönen (1. Teil: gr. *eu-)* Glanz aufweisend?; ~at *m* mh. *zierōt*, -at i. Liste 54;

~de, ah. *ziarida f*, ~en, sich ~en, geziert (bildl.), ~lich (noch um 1800 feierlich; zierlicher Eid).

Ziesel *m*, ~maus ah. *sisi-mūs* aus d. Slaw., tschech. *sysel*, russ. *susolŭ*.

Ziffer *f* mh. *zifer*, fz. *chiffre*, eng. *cipher*, eig. Zahlzeichen ohne Wert, Geheimschrift: mlat. *cīfra*, v. arab. *sifr* **leer,** übers. ai. *śūnyá*- leer, Null; ~ =Zahlzeichen zuerst um 1400; entziffern, dechiffrieren.

-zig s. Liste 54.

Zigarre *f* 18. Jh. v. sp. *cigarro* (volksetym. wegen der Farb- u. Formähnlichkeit an *cigarra* Baumgrille angelehnt), Mayasprache *siqar* »gerollten Tabak rauchen«; die Verdeutschung Glimmstengel um 1820 drang nur als Scherzwort durch; Zigarette *f* um 1840 v. fz. *cigaret(te)* (1834); s. Zikade.

Zigeuner *m* wohl v. byzantin.-gr. *Athínganoi* (Mehrz.), it. *zingano*, *zingaro;* früher (15. Jh.) dt. Táter, s. d., auch sonst verschiedene Bezeichnungen: eng. *gipsy*, sp. *gitano* (weil über Ägypten aus Indien gekommen), fz. *Bohémien*.

Zikade *f* 18. Jh. v. lt. *cicāda*, fz. *cigale*, it. *cicala*, sp. *cigarra* Heuschreckengrille; s. Zigarre.

Zille *f* ostd. Kahn (auf Elbe, Oder, Donau), ah. *zulla*, mh. *zülle*, v. aslaw. *čilnu* Boot.

Zimbel *f* ah. *zymbala* v. gr.-lt. *cymbala* (Mz.) hellklingende Metallbecken.

Zimmer *n* mh. *zimber*, ah. *zimbar* Bauholz, Holzbau, Wohnung, pl. Timmer, ags. eng. *timber* Bauholz, schw. *timmer*, dä. *tömmer* Bauholz; Grbd.: Bauholz, urv. lt. *dŏmus* Haus (eig. v. Holz Gebautes), gr. *dómos*, ind. *dáma*, ablg. *domŭ* Haus; gr. *démō* baue; zimmern, ah. *zimbarōn*, got. *timrjan;* ~mann *m;* d. *Zimbern* b. Verona u. Vicenza = ursp. bayerische Zimmerleute: O.N. *Asiago* = deutsch *Sleghe* v. Holzschlagen; s. zahm, ziemen.

zimperlich nd., oberd. zimpferlich, mndl. *zimperlijc*, *simperlijc*, † schwed. *simp* geziertes Frauenzimmer, eng. *simper* einfältig, geziert lächeln.

Zimt *m* mh. *zinemīn*, *zinment*, ah. *sinamīn*, *cinment*, v. lt. *cinnamum*, gr. *kinnámōmon*, phönik. *qinnāmōn* v. malay. *kayumanis* (Holz u. süß).

Zindel *m* leichter Seidenstoff, mh. *zindal:* v. mlt. *cendalum* (it. *cendale)*, gr. *sindon* feine ind. Leinwand, vom Indus *(Sindhu)* eingeführtes Gewebe.

Zingel *m* Ringmauer, mh. *zingel*, v. lt. *cingulus* Erdgürtel; dazu mh. *zingeln* umzingeln.

Zink *n* (Ende 15. Jh.), früher auch der ~en, also als »Zacke« bezeichnet wegen der Zackenform im Schmelzofen; somit dasselbe W. wie ~en *m* »Zacke«, ah. *zinko*, z. Zinne; als »Gaunerzeichen« z. lt. *signum* Zeichen; hierher auch Zinke *f* Blasinstrument?

Zinn *n* mh. ah. *zin*, ags. an. eng. *tin*, schw. *tenn*, kelt.?, voridg.? od. germ. * *tina* (im Ablaut z. Zain) = Stäbchen?; nd. F.N. Tinner * Zinngießer.

Zinne *f* ah. *zinna*, schwed. *tinne*, dä. *tind(e)*, z. Zinken; urv. air. *dind* Hügel.

Zinnober *m* mh. *zinober*, v. afz. *cinabre:* lt. *cinnābaris* v. gr. *kinnábari*, pers. *šängärf*.

Zins *m* ah. mh. *zins* v. lt. *cēnsus* Abgabe, Schätzung, z. *cēnseo* schätze; (aber and. *tins*, also mit bewußter - aber verkehrter - Umwandlung eines hd. *z* in ein nd. *t*); s. zensieren; schwäb. F.N. Zais, Zaiser = Zinser.

Zion hebr. Hügel, dann die darauf erbaute Burg Davids, s. Akropolis unter Ecke; ~swächter (1791).

Zipfel *m*, pl. Zippel z. mh. *zipf* spitzes Ende, eng. *tip* Spitze; verw. ist Zapfen.

Zipperlein *n* mh. *zipperlīn* Fußgicht, z. zippern = trippeln, mh. *zipfen;* viell. verw. zappeln (v. Campe f. Podagra neu empfohlen).

Zirbel *f*, ~baum, ah. *zirbel* Tannenzapfen; mh. *zirbelwind* = Wirbelwind, ah. *sih zerben* sich im Kreise drehen, vgl. ags. *tearflian* sich wälzen; ~drüse n. d. eirunden Form, urv. ai. *dr̥bháti* windet, flicht. Vgl. Arve.

Zirk||el *m* ah. *zirkil* Kreis, Kreiszieher v. lt. *circulus* (fz. *cercle)* v. *circus* Kreis, Ring, s. Zyklus; dazu ~us *m* eig. kreisrundes Gebäude, Be~ *m*, ~ular *n*, ~ulation *f*, ~ulieren, ab~eln.

zirpen, zischen, zischeln lautm., vgl. tschirpeln u. tschilp der Spatzen u. pl. tüscheln; ah. *zispan.*

Zischlaut *m* v. Gottsched 1734 f. *Sibilans* vorgeschlagen.

ziselieren 18. Jh. v. fz. *ciseler* z. *ciseau* Meißel, lt. *sīcīlis* Sichel, Vkl. z. *sīca* Dolch.

Zistag s. Dienstag.

Zisterne *f*, mh. *zisterne* v. lt. *cisterna* Wasserbehälter unter d. Erde (z. *cista*, s. Kiste).

Zitadelle *f* 15. Jh. v. it. *cittadella* Stadtfestung, Vkl. z. *città* Stadt, v. lt. *civitās* Staat, Stadt.

Zitat *n* 18. Jh. v. lt. *citātum* Angeführtes, z. *citāre* herbeirufen; zitieren = vorladen 15. Jh.

Zither *f* ah. *cithara*, v. lt. *cithara:* gr. *kithárā:* pers. *sihtar*, s. Gitarre.

Zitrone *f* 16. Jh. v. it. *citrone*, fz. *citron*, v. lt. *citrus* Zitronenbaum, entstellt aus *cedrus* Zeder, gr. *kedrómēlon* Zedernapfel. Auch it. *cedro* heißt Zitronenbaum u. Zeder.

zittern ah. *zittarōn*, an. *titra*, urv. gr. *di-drāskō* entlaufe, ai. *drā́-ti* läuft.

Zitteroch *m* südd. Hautausschlag, ah. *zittaroh*, mh. *ziteroch*, z. ags. *teter*, eng. *tetter* Flechte, urv. ai. *dadru* Aussatz.

Zitz *m* (= Kattun), Baumwollgewebe, 18. Jh. v. ndl. *sits, chits:* bengal. *chits;* eng. *chintz:* hindostan. *chīnt* gefleckt: ai. *citrá* bunt.

Zitze *f* Brust, Brustwarze, pl. Titte, Vkl. Tüttel, Tüttelchen (nicht ein T. = kein bißchen), entl. fz. *tette*, it. *tetta*, *zizza*, sp. *teta;* s. Tüttel.

zivil bürgerlich, höflich, billig, 16. Jh. v. fz. *civil*, v. lt. *cīvīlis* z. *cīvis* Bürger; ~isieren, ~isation *f*, ~ist *m*, ~liste, ~courage.

Zobel *m* fz. eng. *sable*, it. *zibellino*, sp. *cebellina*, mlt. *sabellum*, ah. *zobel* v. russ. *sóbolĭ*, * sibir. W.

Zofe *f* 17. Jh. gekürzt aus *zoffmagd* (16. Jh. *pedisequa)* z. obersächs. *zoffeln* hinterdreinzotteln.

zögern v. mh. *zogen* hinhalten, ah. *zogōn* wanken, bayr. zögern ohne Zweck hin- und hergehen, ags. *togian* z. ziehen.

Zögling *m* 18. Jh. f. fz. *élève*, z. ziehen, ah. * *zogo* in *magazogo.*

Zoll[1] *m* $2^1/_2$ Zentimeter, mh. *zol* Klotz, Holzklötzchen, urv. ai. *dalam* Teil, gr. *daidállō* schnitze (Daidalos!), lat. *dolāre* behauen. ~ * Fingerglied?

Zoll[2] *m* Abgabe, mh. ah. *zol*, pl. Toll, ags. eng. *toll*, schw. *tull*, dä. *told*, v. spätlt. *tolōnēum*, gr. *telōneion* ~haus; zollen = zahlen (Dank z.). Zöllner *m*, ah. *zolanāri* v. spätlat. *tolōnārius*, gr. *telṓnēs;* F.N. Zoller; vgl. Maut.

Zone *f* Erdgürtel, Landstrich, 18. Jh. v. gr. *zṓnē* Gürtel z. *zōnnȳmi* gürte.

Zoologie *f* Tierkunde, 18. Jh. v. gr. *zṓon* Tier (z. *záō* lebe), *légō* sage.

Zopf *m* mh. ah. *zopf*, pl. Topp, Toppgasten = Matrosen, ags. eng. *top* Gipfel, Spitze, an. *toppr* Haarbüschel. Grbd.: Spitze (d. Haare); entl. it. *toppo*, sp. *tope* Gipfel, fz. *toupet* Schopf; ~stil *m* 18. Jh., ~ig pedantisch; s. zupfen, Topp.

Zores *m* 19. Jh. umg. Lärm, Ärger, Lumpenpack, v. hebr. *zārāh*, *zārōth* Not.

Zorn *m* mh. ah. *zorn*, ndl. *toorn*,

viell. z. Wz. *ter-* u. *-no* (wie zerren), also eig. Zerrissenheit, Zwist; zürnen, schwäb. F.N. Zorer.

Zossen *m* umg. alter Gaul, altes Auto, altes Gefährt, altes Gerät; v. rotw. hebr. *sūs* Pferd.

Zote *f* unanständige Redensart, Erzählung, 15. Jh., z. *Zotten* (Mz.) = Haare an den Geschlechtsteilen: Zoten reißen.

Zotte[1] *f*, ah. *zotta;* s. zottig.

Zotte[2] *f* mu. südwestd. md. »Gefäßausguß«, Nf. Zeute, nd. Teute; wohl z. Tüte.

zotteln 15. Jh. schlendern, z. mh. *zoten;* eng. *toddle* watscheln: * schwanken wie die Zotte der Schafe.

zottig z. mh. *zotte* Flausch, an. *toddi* Büschel, Gewicht f. Wolle; entl. aus dem Germ., it. *tattera* Gerümpel, Plunder; aus dem Hd. *zazzera* langes Haupthaar.

zu[1] mh. *zuo*, ah. *zuo, zua, zō*, pl. tau, and. *tō*, ags. eng. *to*, urv. aslaw. *do* bis, zu, lat. *endo, indu* in gr. *oikon-de* n. Hause; schwäb. z' Aurich = ~ Urach. zu[2] = allzu; dass. wie *zer-*.

Zuber *m* ah. *zubar*, auch *zwibar* (eig. Zweiträger, s. Eimer), z. zwei u. ah. *bëran*, s. Bahre.

Zucht *f* mh. ah. *zuht*, ags. *tyht*, and. *tuht*, pl. Tucht, got. *us-taúhts* Vollendung, z. ziehen (ursp. wohl bei gebärenden Tieren: Auf~); züchten, züchtig †, züchtigen, ~haus *n*, ~wahl *f* 19. Jh. Lbi. f. eng. *(natural) selection* (Darwin), Un~ *f*, Gezücht *n.*

Zuck *m* z. ziehen, dazu **zucken** eig. schnell ziehen (Blitz, Achsel), ah. *zucchen* heftig ziehen; zücken (d. Schwert). F.N.: Zuckschwerdt, ~enriegel, ~mantel; zucken, drukken ist oberd., zücken, drücken md., erst i. 19. Jh. geschieden; ent-, verzückt; entl. fz. *toucher*, it. *toccare* berühren.

Zucker *m* mh. *zuker*, ah. *zuccer*, *zuker* v. mlat. *zuccarum;* eng. *sugar*, fz. *sucre*, arab. sp. *azúcar*, schw. *socker*, it. *zucchero*, lt. *saccharum*, gr. *sákcharon* v. pers. *šäkär*, ind. (Pali) *sakkharā*, ai. *sárkarā;* ~kand it. *zucchero candito* v. arab. *qand* (= ai. *khanda-)* Zucker; s. *Kandis* ~; dass. W. in Sacharin; ~rübe *f* um 1800.

Zufall *m* mh. *zuoval* Lbi. n. lt. *accidens* (Mystik); zufällig, s. Beifall, Einfall.

zufrieden mh. *mit vride*, z. Adj. geworden; s. behende, vorhanden, apart.

Zug *m* mh. *zuc*, ah. *zug*, pl. Tog, eng. *tug* (mit vielen Bedeutungen); z. ziehen; Zügel *m* ah. *zugil*, pl. Tägel, schw. ags. *tygel;* zügeln um 1800, zügellos (bildl.), 18. Jh.

Zukunft *f* ah. *zuochumft*, mnd. *tōkumst*, ndl. *toecomst*, z. kommen (wie Kunst - können); ~smusik *f* 1854 (Spohr), ~sstaat *m* 1848/49.

Zülle s. Zille.

zünden ah. *zunten*, eng. † *tind*, got. *tandjan*, mh. *zinden* glühen, schw. *tända;* Zunder *m* ah. *zuntra*, eng. *tinder;* Zündnadelgewehr 1841 (Dreyse); schwäb. F.N.: Zundel.

Zunft *f* mh. ah. *zunft, zumft*, eig. was sich ziemt, Regel, Gesetz, dann Handwerksgenossenschaft m. bestimmten Gesetzen, z. ziemen; zünftig.

Zunge *f* ah. *zunga*, got. *tuggō*, pl. Tung, dä. ags. *tunge*, eng. *tongue*, urv. lt. *lingua* (älter *dingua);* züngeln, Land~, See~.

zupfen früher zopfen, wohl z. Zopf; südd. Hopfenzupfer, vgl. rupfen.

zürnen z. Zorn, ah. *zurnen.*

zurren seem. 19. Jh. v. ndl. *sjorren* (Anker usw.) festbinden.

zurück mh. *zerücke*, ah. *zi rucke*, pl. taurügg, z. Rücken.

zusammen mh. *zesamene*, ah. *zisamene, zasamana*, got. *samana:* urv. ai. *samanā́*, z. samt, sammeln.

Zustand *m* z. Stand, spätmh. *zuostant*, zuständig.

Zu||tat *f*, ~trauen *n*, ~versicht *f*, ah. *zuofirsiht* Vertrauen (auf Gott); ~weilen mh. *under wīlen.*

zwacken, abzwacken weniger geben als recht u. billig ist, mh. *zwacken* z. zwicken, Zweck.

zwagen mu. südd. waschen, ah. *dwahan*, mh. *dwahen*, mnd. *dwagen*, schwed. *tvätta*, s. Zwehle.

Zwang *m* mh. *twanc*, ah. *dwang*, dä. *tvang* z. zwingen; ~los 19. Jh., ~(s)läufig 1875 (F. Reuleaux); zwängen, ah. *dwengen.*

zwanzig mh. *zweinzec*, ah. *zweinzug*, pl. twintig, ags. *twentig*, eng. *twenty*, v. **zweine* u. zig = zwei Zehner, got. *twai tigjus*, s. -zig.

zwar mh. *ze wāre*, ah. *zi wāru* in Wahrheit, fürwahr, pl. *twors.*

Zweck *m* ah. *zwëc*, *auch Ast: Zweig (mit dem ~ verw. ist), Holznagel, Pflock, Schuh-, Reißzweck(e), eig. Holzpflock i. d. Scheibe, dann Zielpunkt, Absicht, um 1600 vom Sinnlichen aufs Geistige übtr.; be~en, ~mäßig 18. Jh., zwicken, verzwickt = * m. Zwecken behaftet, zwacken.

† **Zwehle** (ostmd. Quehle *f* Handtuch, noch in Südfranken Zwella); ah. *dwahila*, *dwahan* waschen, and. *thwahila*, got. *þwahan* sich waschen, urv. apreuß. *twaxtan* Badequast; entl. it. *tovaglia*, fz. *touaille* (: eng. *towel)* Handtuch; s. zwagen.

zwei mh. ah. *zwēne m*, *zwō*, *zwā f*, got. *twai*, *twōs*, *twa*, pl. twei, an. *tveir*, ags. *twēgen m*, *twā f*, eng. *two*, dä. *to*, urv. gr. *dýo*, lt. *duo*, lit. *dú*, ablg. *dŭva (dvojinŭ* doppelt), tochar. *wu*, ai. *dvā(u);* ~deutig 17. Jh., ~kampf 17. Jh. für Duell; ent~, ent~en, zwiefach, Zwieback, zwanzig, zwölf, zwischen, Zwilling, Zwitter, Zwist, Zwirn, Zwillich, Zuber, Daus. O.N.: Zweibrücken, Zwesten, Twiehausen.

Zweifalter *m* mu. Schmetterling, mh. *zwīfalter*, umgedeutet aus mh. *vīvalter*, s. Falter.

Zweifel *m* mh. *zwīfel*, ah. *zwīvo*, *zwīval*, ags. *twēo*, an. *tȳja*, got. *tweifls;* zweifeln, ah. *zwīvalōn*, got. *tweifljan;* z. zwei wie lt. *dubius* zwiespältig, *dubitāre: duo* u. gr. *doiázō* bin zweifelh.: *dýo.*

Zweig *m* pl. Twieg, mh. *zwīc*, ah. *zwīg*, ags. eng. *twig* Ast-*Gabelung, urv. ai. *dvikás* aus zwei bestehend; s. Zweck.

Zwerchfell *n* 1. Silbe mh. *twërch*, ah. *dwërah* quer, schräg, pl. dwars, ags. *þweorh* quer, verkehrt, zornig, got. *þwaírhs* zornig, schw. *tvär*, dä. *tver* eigensinnig, urv. lt. *torqueo* drehe; s. quer, Quirl, Zwerchsack (b. Hebel u. noch in Franken).

Zwerg *m* mh. *twërc*, *getwërc*, *zwerc*, *querch* (ostmd.), ah. *twërg*, pl. Dwarg, ags. *dweorg*, eng. *dwarf*, an. *dvergr*, urv. ai. *dhvarás* täuschend (v. Dämonen, oder verw. m. Trug u. Traum?).

Zwetsche auch **Zwetschge** *f*, v. mgr. *damáskēnon* (wegen des erhaltenen *g*, *k);* gr.-lt. *(prūnum) Damascēnum: davascēna* (afz. *davoisne)* Pflaume aus Damaskus; thüring. *quatschge*, hess. *quetsch;* s. Quitte; Quetsch(e).

zwicken mh. *zwicken* mit Zwecken (Nägeln) befestigen, einklemmen, daher kneifen, quälen, ags. *twiccian* zupfen; Zwickel *m* = Keil, ablaut. zwacken; Zwickmühle; Zwicker *m*, Klemmer, Kneifer, Mitte 19. Jh. n. fz. *pince(-nez).*

Zwieback *m* 17. Jh. Lüs. v. fz. *biscuit*, it. *biscotto*, lt. *bīs (*duis)* zweimal, *coctus* gekocht, gebacken; s. Biskuit, Aprikose, Koch.

Zwiebel *f* mh. *zibolle*, ah. *zwibolla*, v. lt. *cēpulla*, oberschwäb. Zibl(ī); einheim. Bez.: Lauch (schw. *lök)*, Rams (dän. *ramslög)*, nordd. mu. Bolle *f* (ah. *bolla*, aisl. *bolli* Schale), eig. Geschwollenes, verw. m. Ball[1]; zwiebeln mu. nordd. quälen (daß ihm die Augen tränen wie v. ~n); Zwiebelfisch *m* (Buchdruck) wie e. Haufe kleiner Fische durcheinander geratene Buchstaben verschiedener Schriftarten.

Zwie||licht *n* um 1800, eng. *twilight* (1440), ~fach mh. *zwivach*, ~gespräch *n* 19. Jh., ~sprache *f* um 1800, ~tracht *f* mh. *zwītraht*, z. tragen, s. Eintracht; ~sel *m* südd. Gabelung v. Ästen, Flüssen, Zwiesel zweigipfl. Berg b. Reichenhall; ah. *zwisila*, ags. *twisla;* s. Zweig.

zwier † zweimal, mh. *zwir*, ah. *zwirōr*, eng. *twice*, an. *tvis-var*, 1. T. urv. gr. *dis*, ai. *dviš*, lt. *bīs* * *duis*, 2. T. urv. ai. *vāra* Zeit, Mal.

Zwillich *m* ah. *zwilīh* eig. zweifädiges Gewebe, ags. *twilīc* übers. lt. *bilīx*, vgl. Drillich; s. Zwirn, Litze, Drillich, Drell, Tresse, Samt.

Zwilling *m* mh. *zwinelinc*, ah. *zwiniling*, z. ah. *zwinal* doppelt, z. zwie-, zwei, pl. Twäschen, eng. *twin*, dä. *tvilling*, aschwed. *tvinlinger;* schwäb. auch Zwiesel, mh. *zwiselinc*, ags. *getwisa;* urv. lit. *dvynù* ~e. F.N.: Zwiesele, Zwißler, Zwingli.

zwingen mh. *twingen*, ah. *dwingan*, *thwingan* drängen, drücken, pressen, besiegen, zwängen, ags. *đwinglian* aufbinden s. quengeln, urv. ai. *tvanákti* zieht zs.(?), awest. *þwąz̆aiti* gerät in Bedrängnis.

Zwinger *m* mh. *twingære* Raum zwischen innerer u. äußerer Stadtmauer (Faust 3587), dann Bären~; schweiz. Twing = Zwingburg; Zwingherr *m* um 1800 f. Despot, Zwingherrschaft *f*.

zwinkern (m. d. Augen) um 1700, z. mh. *zwinken*, eng. *twinkle*.

zwirbeln mh. *zwirbe(l)n*, *zirben* im Kreise drehen (wozu Zirbeldrüse), mh. *zwirbel* Kreisbewegung, wohl aus Zirbel + Wirbel.

Zwirn *m* eig. zweidrähtiger Faden, mh. *zwirn* z. ah. *zwirnēn* zweifach zs.-drehen, ndl. *tweern*, *twijn*, ags. *twīn;* vgl. an. *tvinnr* zwiefach, urv. lt. *bīni* je 2.

zwischen pl. tüschen, ah. *in zwiskēn* in d. Mitte v. je zweien, eng. *betwixt*, *between* (= bei zweien); ~raum *m*, ~zeit *f*, ~akt *m;* in~.

Zwist *m* mh. *zwist* Entzweiung, mnd. *twist* Streit, ags. *twist* Zweig; an. *tvistra* zerteilen, got. *twis-* auseinander, urv. lt. *bīs* **duis*, gr. *dís* zweimal, doppelt; eng. *twist* Geflecht, zweifäd. Strick; ~igkeit *f*.

zwitschern mh. *zwitzern*, ah. *zwizzirōn*, eng. *twitter*, schwed. *kvittra*, reduplizierend lautm.

Zwitter *m* zweigeschlechtiges Wesen, mh. ah. *zwitarn* Mischling, z. zwei.

zwölf mh. *zwelf*, ah. *zwelif*, ndl. *twaalf*, and. *twelif*, pl. twölf, got. *twalif*, anord. *tolf*, ags. *twelf*, eng. *twelve*, z. zwei u. *-lif*, s. elf, leben; vgl. lit. *dvy-lika* ~. ~fingerdarm *m* 17. Jh. Lüt. v. mlat. *duodēnum:* gr. *dōdekadaktylon.*

Zyane *f* Kornblume, v. gr. *kyáneos* dunkelblau z. *kýanos* Lasurstein, viell. ägypt. W.; Zyankali *n*.

Zyklón *m* Wirbelwind, 19. Jh. v. eng. *cyclone* z. gr. *kyklóō* bewege im Kreise; **Zyklóp** *m* v. gr. *kýklōps* rundäugig *(kýklos* Kreis, *ōps* Auge, s. Optik). **Zyklus** *m* gr.-lt. *cyclus* Reihe, urv. ags. *hweowol*, eng. *wheel* Rad, anord. *hjōl*, ndl. *wiel*, ostfries. *spinnwäl*, *Wäldreier;* s. drehen, Enzyklopädie. Zykladen, gr. *Kykládes* i. Kreise liegende Inseln.

Zylinder *m* v. lt. *cylindrus* Walze, gr. *kýlindros* z. *kylindō* rolle, wälze; als Hut gegen 1800 von Paris.

zynisch schamlos, roh, 18. Jh. v. gr. *kynikós* hündisch, z. *kýōn* Hund; n. d. v. Antisthenes (†366) gegründeten griech. Philosophenschule der Kyniker; Zyniker.

Zypresse *f* mh. *zipres*, *cypres(se)* v. it. *cipresso:* lt. *cyparissus*, *cupressus*, gr. *kypárissos* (**kyparitjos)*, vgl. hebr. *gofrit* Pech, Harz; Zypern, gr. *Kýpros*, Zypresseninsel(?); (s. Kupfer).